CW01650817

LES 1001 LIVRES D'ENFANTS QU'IL FAUT AVOIR LUS POUR GRANDIR

LES 1001 LIVRES D'ENFANTS QU'IL FAUT AVOIR LUS POUR GRANDIR

PRÉFACE DE QUENTIN BLAKE

OUVRAGE RÉALISÉ SOUS LA DIRECTION DE JULIA ECCLESHARE

Flammarion

Titre original : *1001 Children's books you must read before you grow up*

Publié sous la direction de Tristan de Lancey
Direction éditoriale : Jane Laing
Assistant d'édition: Philip Contos
Designer : Nicole Kuderer
Iconographie : Jo Walton

Direction de l'édition française : Ghislaine Bavoillot
Traduit de l'anglais par Stéphanie Alglave, Cécile Giroldi,
Jacques Guiod, Amandine Mathieu et Anne Marcy-Benitez.
Adaptation de la maquette : David Fourré
Suivi éditorial : Marie-Laure Miranda
Collaboration à l'édition française : Nathalie Beau, Nelly Bourgeois,
Adèle de Boucherville
Index : Julie Christolhomme
Couverture : Isabelle Ducat

ISBN : 978-2-0812-4010-0
Dépôt légal : septembre 2010
Imprimé en Chine

Sommaire

Préface de Quentin Blake

Il y a presque cinquante ans, j'ai accepté d'illustrer un livre pour enfants. Je pense me rappeler mon envie d'alors : je voulais que mes dessins ne soient pas seulement humoristiques, comme au début de ma carrière, mais qu'ils illustrent parfaitement le récit et soient bien disposés dans le livre depuis la première page de couverture jusqu'à la dernière. Comme j'avais reçu une formation de professeur (d'anglais), j'entrevoyais déjà le parallèle entre l'effet que peut avoir un bon cours et celui que peut produire un texte bien illustré.

Je ne crois pas avoir jamais pensé (pour ne parler que des illustrations) que mon travail se limitait à représenter les personnages et les événements dont il était question dans le texte ; cependant, j'ai dû peu à peu intégrer l'idée que pour créer des illustrations ou concevoir un album dans sa totalité, il est nécessaire de réfléchir à plusieurs choses en même temps. Il faut en effet s'identifier aux personnages et imaginer leur apparence, leurs expressions et leurs gestes, qu'il s'agisse d'un nourrisson vagissant et bavant dans les bras de sa nourrice ou du Pantalon maigre et pantouflard de la commedia dell'arte. Et puis, il faut aussi penser aux crocodiles, aux chiens, aux souris, aux singes, aux chèvres, aux éléphants ou aux insectes qui vont avec. Enfin, il faut s'identifier au lecteur et envisager ses réactions devant certaines illustrations. Le personnage a-t-il vraiment l'air triste ? Où se trouvent ces cacatoès ? Et il convient de se demander bien sûr combien d'images sont nécessaires, quels moments du récit illustrer, se demander où les dessins vont apparaître, quand la page sera tournée, quel matériel (le choix étant varié) convient pour réaliser les dessins, et s'il y a de la couleur, le rôle qu'elle va jouer et comment elle va influer sur l'atmosphère du livre ! Et ainsi de suite…

Cela dit, parce que j'avais eu à écrire moi-même quelques courts textes, je savais que les auteurs de livres pour enfants se posaient des questions du même ordre sur la construction de leur récit : l'imagination, la discrimination morale, la voix, le drame, la structure, le rythme, des questions souvent plus complexes que les miennes. C'est pourquoi lorsqu'en 1999, je suis devenu le premier Ambassadeur de livres pour enfants (« Children's Laureate »), c'est l'un des aspects de la littérature enfantine que j'ai voulu souligner. Lors du discours que j'ai prononcé à cette occasion, j'ai dit, faisant allusion aux auteurs présents dans la salle : « Je crois… que les personnes comme nous prennent au sérieux la création de livres destinés aux enfants comme nous prenons notre tâche d'écrivain au sérieux ; de la même façon, ceux d'entre nous qui les illustrent prennent eux aussi leur travail au sérieux ». J'ai continué en ajoutant : « … ces albums, lorsqu'ils sont très bons, jouent un rôle essentiel dans le développement des émotions, de la morale et de l'imagination. Et ils peuvent glorifier l'être humain. C'est en cela qu'ils sont importants. »

Je crois me souvenir qu'à d'autres occasions, j'ai fait remarquer que, pour moi, contribuer à la création d'un livre pour enfants revenait à franchir une porte et pénétrer dans une forêt enchantée, une manière peut-être un peu trop poétique de dire que pour le lecteur, c'était comme pousser une porte s'ouvrant sur un paysage riche et varié. Un paysage si varié que l'on peut se demander quel sentier emprunter. C'est en cela que j'ai trouvé *1001 Livres d'enfants* très précieux. Il s'agit d'un guide regorgeant de cartes et de pistes, d'informations et de suggestions qui vous aident à vous orienter. Et son immense vertu, à mes yeux, est de ne jamais se limiter aux sentiers battus. Sa mission est de signaler la qualité et l'intérêt. Il cite des livres de plusieurs pays et d'époques variées. *Clarice Bean, c'est moi* d'Angleterre figure sur la même page que *Le Chien au cœur jaune* originaire d'Allemagne ; *Oh, Boy !* de Marie-Aude Murail côtoie *Journal d'une sorcière*, de Celia Rees. Si vous ne connaissez pas *Ti'Train*, vous l'entendrez siffler. Et vous direz *Bonsoir, Lune*, avec Margaret Wise Brown et Clement Hurd. Vous ne manquerez pas non plus *Ernest et Célestine* et les merveilleuses illustrations de Gabrielle Vincent. De temps à autre, on parle d'un âge d'or des livres pour enfants, mais quelle que soit l'époque, certains albums sont de véritables joyaux, et Julia Eccleshare vous en fait découvrir ici mille et un.

Quentin Blake

Londres, Royaume-Uni

Introduction de Julia Eccleshare

Peu de choses nous marquent autant que les histoires que nous lisons dans notre enfance. Leur sens et leur langage suscitent des émotions et facilitent l'acquisition du vocabulaire permettant de les exprimer, un vocabulaire qu'il serait, autrement, difficile d'assimiler. Les histoires sont des sources d'enchantement, de mystère, de surprise et de frayeur, et par-dessus tout, de réconfort, et elles ne sont jamais aussi nombreuses que dans les livres pour enfants. Vous le constaterez en vous plongeant dans *Les 1001 livres d'enfants qu'il faut avoir lus pour grandir*, et en découvrant les récits les plus mémorables.

Cependant, ce recueil fascinant n'a pas pour seul objet de vous rappeler le plaisir que l'on éprouve en relisant les livres de son enfance. Regroupant les récits en fonction de l'âge des enfants auxquels ils sont destinés, il constitue un guide précieux pour tous les adultes qui souhaitent répondre à une question que les enfants posent souvent : « Et maintenant, qu'est-ce que je dois lire ? » Dans cet ouvrage, il y en a pour tous les goûts : cela va des albums illustrés sans texte aux romans que les adultes apprécient autant que les enfants.

Les livres sélectionnés reflètent une certaine perception de l'enfance à travers les époques et dans les différents pays du monde. Ils montrent que celle-ci peut être parfois idolâtrée ou diabolisée et combien des récits peuvent témoigner des changements sociaux affectant les enfants. Les livres sont présentés dans l'ordre chronologique, ce qui permet de voir l'évolution des attentes et des perspectives d'avenir des enfants au fil du temps, ainsi que le rôle joué par la littérature chargée d'éduquer les jeunes, de les divertir ou simplement de les aider à s'évader du réel.

Il est facile de déceler à travers les pages de cet ouvrage la nature changeante de la littérature enfantine en tant que forme artistique. Les entrées accompagnées, lorsque c'était possible, des illustrations figurant sur la couverture de la première édition en langue originale trahissent le changement spectaculaire des livres pour enfants, non seulement quant à leur contenu, mais aussi quant à leur mise en forme. Certaines évolutions sont évidentes ; des illustrations abandonnées car elles ne sont plus jugées aujourd'hui politiquement correctes trahissent les attitudes qui prévalaient à telle ou telle époque. Il existe néanmoins des changements plus subtils, mais aussi plus révélateurs touchant à l'art de l'illustration. Ainsi, les couleurs sourdes et douces qui prédominaient dans les livres publiés avant l'avènement du numérique ont progressivement cédé la

Note de l'éditeur

Certains titres présentés dans cet ouvrage n'existent pas, à ce jour, en traduction française. Nous avons donc pris le parti de les faire figurer sous leur titre original.

Signification des pictogrammes

 **Auteur**

 **Illustrateur**

place aux couleurs vives et aux coups de crayon nets qui rivalisent avec les références visuelles des enfants actuels. Certains changements sont dus aux innovations techniques ; d'autres au simple fait que les albums illustrés étaient autrefois l'unique référence visuelle des enfants, alors que maintenant ils ne sont plus qu'une référence parmi tant d'autres.

Parmi les livres retenus figurent les œuvres préférées de certains des écrivains contemporains les plus connus. Ainsi, Philip Pullman glorifie la nature subversive de *Down with Skool !* de Geoffrey Willans, trouvant en particulier un charme fou aux illustrations de Ronald Searle. Margaret Artwood se souvient d'un grand classique de la littérature destiné aux jeunes filles canadiennes, Anne, la maison aux pignons verts ; Eric Carle adore *Crasse-Tignasse*, mais réalisait déjà alors qu'il était enfant, que dans ce livre, la cruauté est exagérée et ne doit pas être prise au sens littéral ; Judy Blume chérit, elle, l'héroïne de Ludwig Bemelman, *Madeleine*, qui pourrait facilement avoir inspiré certains de ses personnages. Dans sa jeunesse, Marie-Aude Murail appréciait beaucoup *Sans Famille*, tandis que Gustavo Martin Garzo s'enthousiasmait pour *Éléonora la capitaine*. Comme on pouvait s'y attendre, ces écrivains ont généralement été fortement marqués par les livres de leur culture. Si certaines de leurs influences sont logiques, d'autres sont plus inattendues.

Un recueil de livres pour enfants suscite inévitablement de nombreuses questions, ainsi que leurs réponses. Qu'est-ce qu'un livre pour enfants? C'est un livre racontant une histoire que les enfants aiment et dont l'un des personnages est généralement un enfant ou un héros ressemblant à un enfant, souvent un animal. Cette définition convient jusqu'à un certain âge, mais il y a aussi des livres d'adultes qui peuvent être lus par les enfants et des livres d'enfants que les adultes apprécient. La définition que donne le poète et l'auteur d'œuvres de littérature enfantine, Michael Rosen, est peut-être meilleure : « Je pense que les livres pour enfants ne sont pas vraiment destinés aux enfants, mais qu'ils comblent l'espace existant entre le monde des enfants et celui des adultes. D'une façon ou d'une autre, tous les livres pour enfants doivent tenir compte de cet espace. »

C'est une définition utile parce qu'elle implique que les frontières entre les deux mondes peuvent changer et être redessinées au fur et à mesure qu'évolue la notion de ce qui est adapté ou non aux enfants. Un contenu trop explicite à une époque peut être jugé acceptable des décennies plus tard ; des livres qui étaient autrefois réservés aux adultes sont maintenant des œuvres considérées comme excellentes pour des adolescents. La définition de Rosen explique aussi, en partie, pourquoi les livres d'enfants restent autant appréciés des adultes : « l'espace » existant entre les deux mondes est un espace que les adultes aiment revisiter pour de multiples raisons, notamment parce qu'il présente un moyen de renouer avec un aspect de l'enfance qui, lui, semble permanent.

Le choix d'œuvres internationales comme celles présentées dans cet ouvrage souligne à la fois la particularité et l'universalité des livres pour enfants. Il montre en quoi tous ces albums sont éternels et comment ils sont apparus dans une société donnée. Ces livres sont aussi le reflet du monde dans lequel les enfants vivent ; ils jouent le rôle de véhicules, donnant à voir combien les enfances peuvent être différentes. Ils ont deux missions : celle de divertir les jeunes, mais aussi de les éduquer et de les cultiver. L'équilibre entre ces deux intentions, parfois complémentaires, parfois antagonistes, varie selon les attitudes qui prédominent envers les enfants, mais leur existence semble être universelle. Certaines histoires traversent les cultures et les époques et sont comprises par tous les enfants. Cela a été démontré au cours des siècles par la tradition orale et au cours de la dernière décennie par le succès phénoménal de la série *Harry Potter* de J. K. Rowling. Les récits destinés aux enfants peuvent être d'excellents ambassadeurs ; ils tissent des liens interculturels entre les enfants du monde entier qui connaissant les variantes des mêmes histoires et permettent donc à ces mêmes enfants, aux vies pourtant si différentes, de bénéficier d'une même expérience.

Apprendre à aimer la lecture dès l'enfance vous permet de continuer à lire une fois adulte. Alors que le mot d'ordre « faire lire les enfants » apparaît souvent dès l'école, la lecture peut très vite devenir un plaisir. Les enfants, lorsqu'ils se familiarisent dans la gaieté avec les textes et les illustrations conçus à leur intention dès leur plus jeune âge, ne sont pas réfractaires à la lecture. La littérature enfantine se distingue par un franc-parler et une honnêteté que les adultes trouvent souvent alarmants, mais dont les enfants raffolent. Ressentir de la peur dans le cadre rassurant d'un récit peut se révéler une délicieuse expérience. Pour un enfant, il n'y a rien de mieux qu'une œuvre de fiction pour prendre les risques qu'il ne serait pas autorisé à prendre dans la vie réelle et vivre d'autres vies.

Dans la littérature enfantine, les exemples d'enfants qui parviennent à vivre dans un monde d'adultes sans l'aide d'adultes abondent. En fait, la condition préalable au succès des grands livres de littérature enfantine est presque toujours l'absence des adultes et la présence d'enfants qui s'en sortent seuls. Les enfants endossent le rôle des adultes avec plus ou moins de réussite (souvent les adultes viennent à leur rescousse juste à temps).

Alors que dans la littérature pour adultes la forme et la structure sont très importantes, dans les livres pour enfants, c'est « l'histoire » qui prime. Les enfants aiment en effet la surprise et l'action ; ils veulent un récit à la fois attachant et captivant.

J'ai pris un grand plaisir à sélectionner les 1001 entrées de cet ouvrage. Se plonger dans le passé pour relire des classiques de tous les pays permet de se rendre compte des changements historiques et culturels qui ont eu lieu, mais également de découvrir des chefs-d'œuvre. Les pages de ce livre révèlent les attitudes à l'égard des enfants, les attentes de ces derniers et les messages jugés bons pour eux. Ce recueil nous remémore aussi les récits qui ont aidé les enfants à se forger leur toute première opinion sur un autre pays et un autre mode de vie, opinion souvent primordiale.

Lorsque vous les relisez, de nombreux récits vous paraissent meilleurs qu'ils ne l'étaient dans vos souvenirs. Souvent les illustrations qui ont marqué notre enfance sont restées gravées dans notre mémoire. Les histoires et les images qui les complètent ont la rare capacité de faire revenir les lecteurs les plus âgés dans le monde de leur enfance. Cependant, j'ai surtout été heureuse de choisir ces livres pour les transmettre à une nouvelle génération de lecteurs. À la joie de faire découvrir les classiques indémodables s'est ajoutée celle de faire connaître les illustrations et les récits contemporains les plus réussis. Alors qu'autrefois, les livres d'enfants traversaient lentement les frontières, il est à présent possible de les publier en même temps partout dans le monde.

Tous ceux qui ont contribué à la création de cet ouvrage ont eu la satisfaction, et parfois même le plaisir enfantin, de défendre les livres qu'ils préféraient. Ils ont apprécié la possibilité qui leur était offerte de retrouver leurs vieux amis et de louer leurs diverses qualités. C'est ainsi qu'est né ce guide unique permettant d'effectuer de formidables incursions dans l'univers du mystère, de l'aventure, de l'histoire, de la réalité, et plus encore. Qu'ils soient constitués seulement d'illustrations ou seulement de textes ou des deux à la fois, ces livres vous introduisent dans l'univers imaginaire des enfants et vous font connaître les histoires qui les nourrissent.

Index des auteurs et illustrateurs

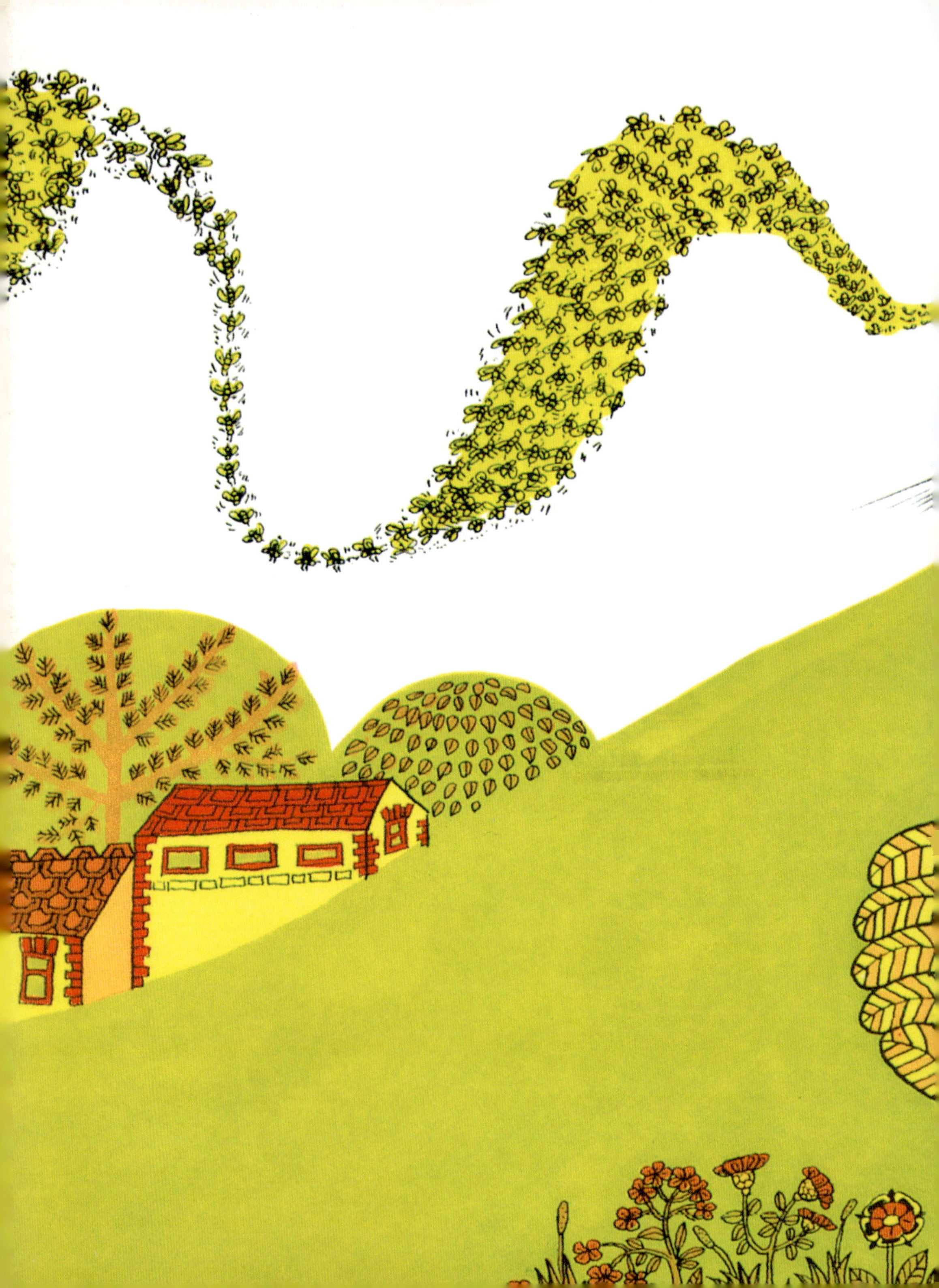

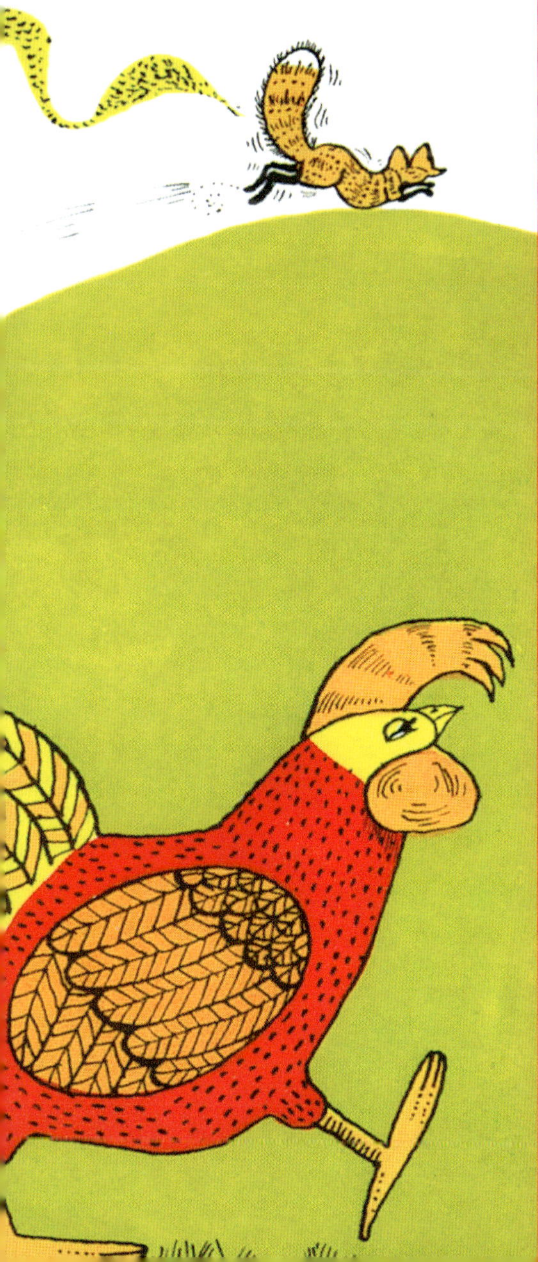

0-3

← *Rosie's Walk*, écrit et illustré par Pat Huchins

THE LITTLE ENGINE THAT COULD

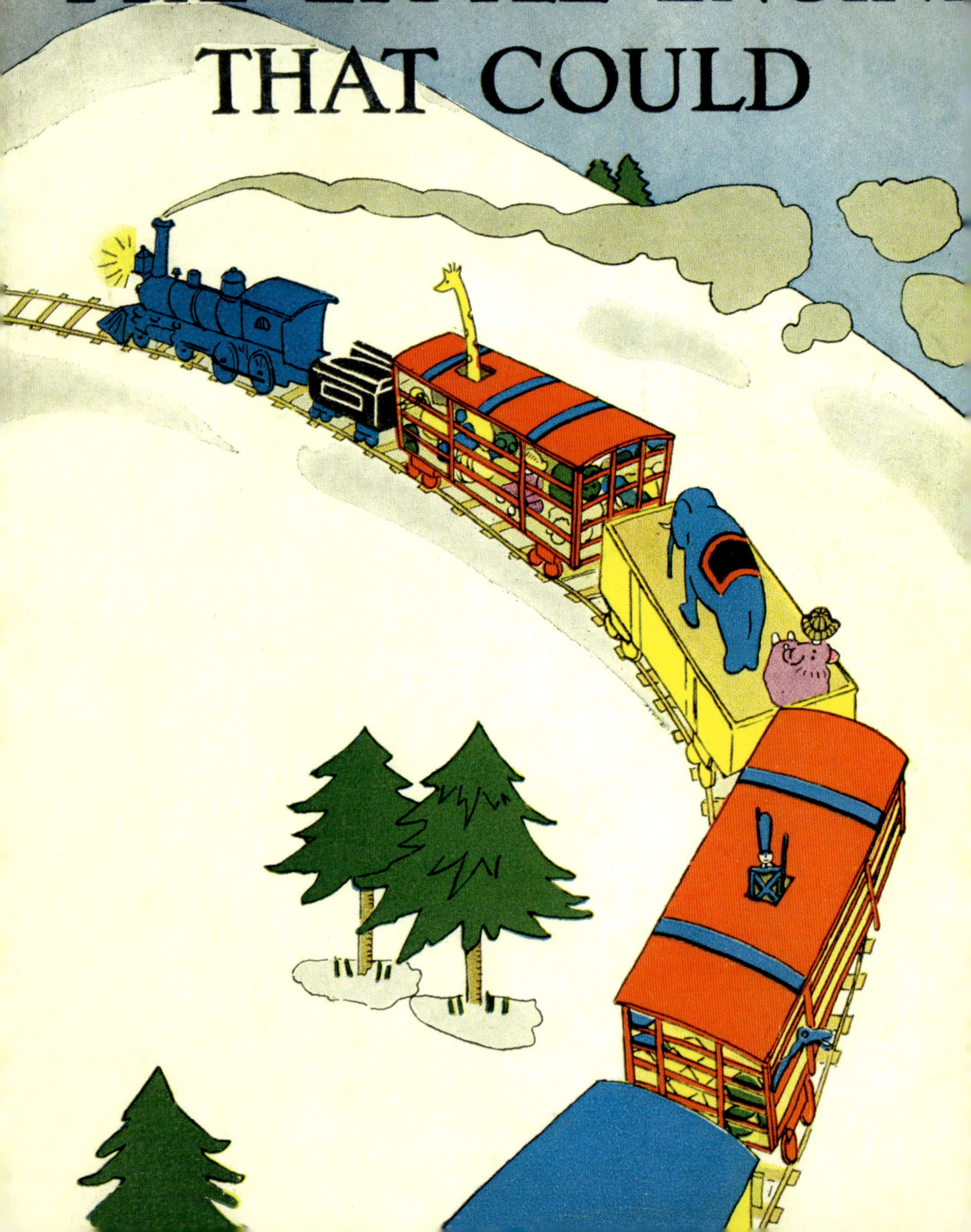

Ti'Train

Watty Piper Lois Lenski

Titre original *The Little Engine That Could*, 1930
Nationalité pseudonyme utilisé par l'éditeur (aut.) ; États-Unis, 1893 (ill.)
Édition française Micmac
Thèmes classiques, personnages préférés

À Noël, un train rempli de jouets et de cadeaux destinés aux enfants vivant de l'autre côté de la colline escarpée est bloqué à la suite d'une panne. Le clown, qui est le chef des jouets, demande l'aide d'autres locomotives, mais essuie des refus. Une locomotive de train de voyageurs se révèle trop snob pour effectuer ce genre de travail et celle d'un train de fret est déjà occupée ailleurs. Enfin, une vieille locomotive prétend manquer de vigueur. Le clown finit par s'adresser à la petite locomotive bleue qui se trouve au dépôt. Au départ, celle-ci n'est pas sûre d'être à la hauteur de la tâche. Elle se hisse au sommet de la colline, en sifflant un refrain entraînant pour se réconforter : « Je vais y arriver, je vais y arriver. » Quand elle parvient de l'autre côté, elle pousse un sifflement de triomphe et de jubilation en s'écriant : « J'y suis arrivée ! J'y suis arrivée ! »

Cette histoire est un récit du catéchisme américain intitulé « Penser qu'on peut le faire » (1906). Mary C. Jacobs (1877-1970) la réécrivit et la publia en 1910 sous le titre *The Pony Engine*. D'autres versions apparurent par la suite, mais celle attribuée à « Watty Piper » par ses éditeurs est la version généralement admise. *Ti'Train* reflète le credo américain selon lequel il est toujours possible d'y arriver en travaillant dur. « Rappelez-vous du petit train qui a réussi à faire l'impossible ! » C'est le genre d'injonction que l'on peut entendre de temps à autre dans la bouche d'éducateurs moralisateurs. Les jeunes enfants aiment en général le refrain entraînant du récit et les locomotives humanisées comme celle-ci, qui préfigure *Thomas et ses amis*. **VN**

Lapin câlin

Dorothy Kunhardt

Titre original *Pat the Bunny*, 1940
Nationalité États-Unis, 1901
Édition française Flammarion Père Castor
Thèmes histoires d'animaux, personnages préférés, littérature classique, famille

Lapin câlin est l'un des premiers livres à toucher. Il est donc souvent l'un des premiers livres offerts aux enfants. Demeurant un présent classique lors des anniversaires, il figure toujours sur les étagères des chambres d'enfants. Plus de sept millions d'exemplaires ont en effet été édités. Ce livre est devenu et reste un classique depuis 70 ans pour plusieurs raisons.

À la fin des années 1930, Dorothy Kunhardt, célèbre auteur de livres pour enfants, essaya de créer un album interactif pour sa fille Edith, encore bébé. En ajoutant des éléments qu'il était possible de toucher, de gratter ou de sentir, elle révolutionna la conception des livres destinés aux tout petits enfants.

Encore aujourd'hui, il est difficile de trouver un enfant ne se souvenant pas d'avoir caressé la douce fourrure du lapin, regardé dans le miroir, senti la barbe dure de papa Lapin ou essayé la bague de maman Lapin.

Ces ouvrages eurent une autre répercussion heureuse, que n'avait pas du tout entrevue Dorothy Kunhardt. En effet, les albums tactiles ont permis aux parents d'enfants malvoyants d'offrir à leurs enfants un support à l'histoire qu'ils leur racontaient, qu'ils pouvaient suivre en touchant le livre.

Plusieurs décennies plus tard, Edith Kunhardt, la fille de Dorothy Kunhardt pour laquelle ce premier album fut conçu publia, elle aussi, des livres de ce genre comme *Pat the Cat* en 1984, *Pat the Puppy* en 1991 et *Pat the Pony* en 1997. **KD**

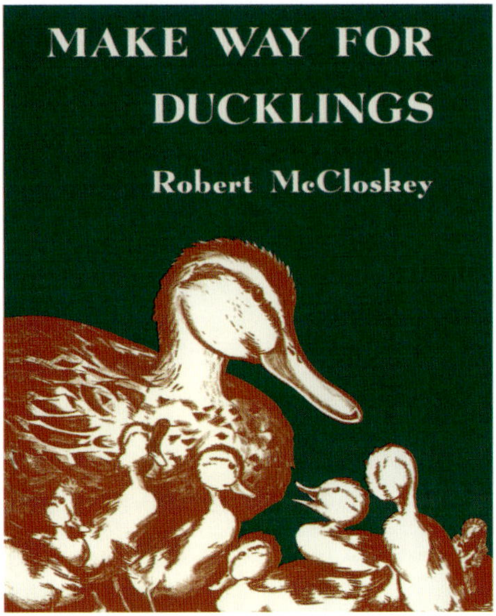

Laissez passer les canards

Robert McCloskey

Titre original *Make Way for Ducklings*, 1941
Nationalité États-Unis, 1915
Édition française Circonflexe
Thèmes histoires d'animaux, classiques, famille

Laissez passer les canards, le second livre d'images de Robert McCloskey, eut immédiatement du succès. L'auteur et la délicieuse famille de canards qu'il créa devinrent vite chers aux habitants de Boston.

M. et Mme Mallard se rendent à Boston afin d'y trouver un lieu pour élever leurs enfants, loin du danger représenté par les tortues et les renards. Ils vont voir l'étang du jardin public de la ville, s'installent sur une île près du pont Saint-Charles, avant d'élire finalement domicile dans le jardin public. Dans ce livre, les canards ressemblent à de vrais canards et font ce que font les canards. Ils ont néanmoins des personnalités sympathiques. Mme Mallard est très pointilleuse, tandis que M. Mallard est fier et très responsable. Les canetons Jack, Kack, Lack, Mack, Nack, Ouack, Pack et Quack sont bruyants et turbulents, comme leurs noms le suggèrent.

Boston et ses habitants sont les autres héros des dessins au fusain détaillés de McCloskey. Ce dernier dépeint avec amour sur presque chaque double page les lieux les plus connus de la ville. À la fin, Mme Mallard, altière, traverse avec ses canetons le centre de Boston, se frayant un chemin au milieu du trafic automobile afin qu'ils retrouvent leur père. À cette occasion, les policiers de la ville leur ouvrent la voie.

En 1987, Mme Mallard et ses canetons furent immortalisés par des statues en bronze les représentant en train de se diriger vers l'étang, dans le jardin public de Boston, à l'endroit où les enfants se retrouvent aujourd'hui. **CB**

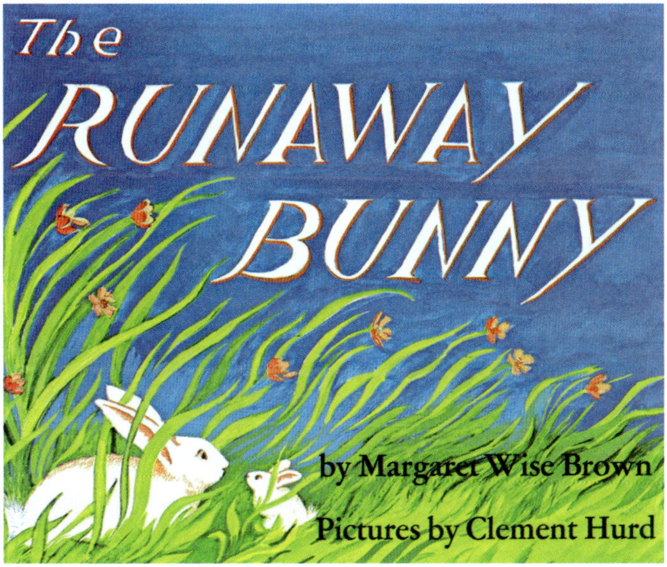

Je vais me sauver

Margaret Wise Brown Clement Hurd

Titre original *The Runaway Bunny*, 1942
Nationalité États-Unis, 1910 (aut.) ; 1908 (ill.)
Édition française multiples éditeurs
Thèmes histoires d'animaux, famille

Toujours réédité depuis sa première publication, cet album est un classique de la littérature enfantine. Pour de nombreuses familles, il s'agit avec *Bonsoir lune* du livre que l'on lit aux enfants avant qu'ils s'endorment.

Ce livre fut publié avant *Bonsoir lune*, et si vous regardez bien attentivement les illustrations de ce dernier, vous apercevrez dessus un exemplaire de *Je vais me sauver*. Dans ce récit, le héros est un petit lapin déterminé à quitter sa maman afin de partir à l'aventure. Les lecteurs aiment de façon générale la façon dont sa maman l'écoute, puis trouve un moyen de rester à ses côtés quels que soient ses divers projets.

Quand il lui annonce qu'il va devenir un poisson, un oiseau ou un rocher, elle contrecarre chacun de ses projets en rétorquant qu'elle deviendra dans ce cas un pêcheur et l'attrapera, ou encore l'arbre où il viendra faire son nid afin de pouvoir toujours veiller sur lui. À la fin, petit Lapin s'avoue battu et s'exclame que dans ce cas, il ferait aussi bien de rester comme il est et d'être son petit lapin. Sa maman lui dit alors qu'il aura une carotte, le récit se terminant sur cette note rassurante. Il faut que les parents s'attendent non seulement à lire à haute voix cet album, mais aussi à le relire encore et encore, car les enfants ne s'en lassent pas et adorent ses illustrations.

Parmi les autres albums classiques de Margaret Wise Brown, citons outre p. 26 *Bonsoir lune* (1947), *Mon petit monde* (1949) et *Little Fur Family* (1946). **KD**

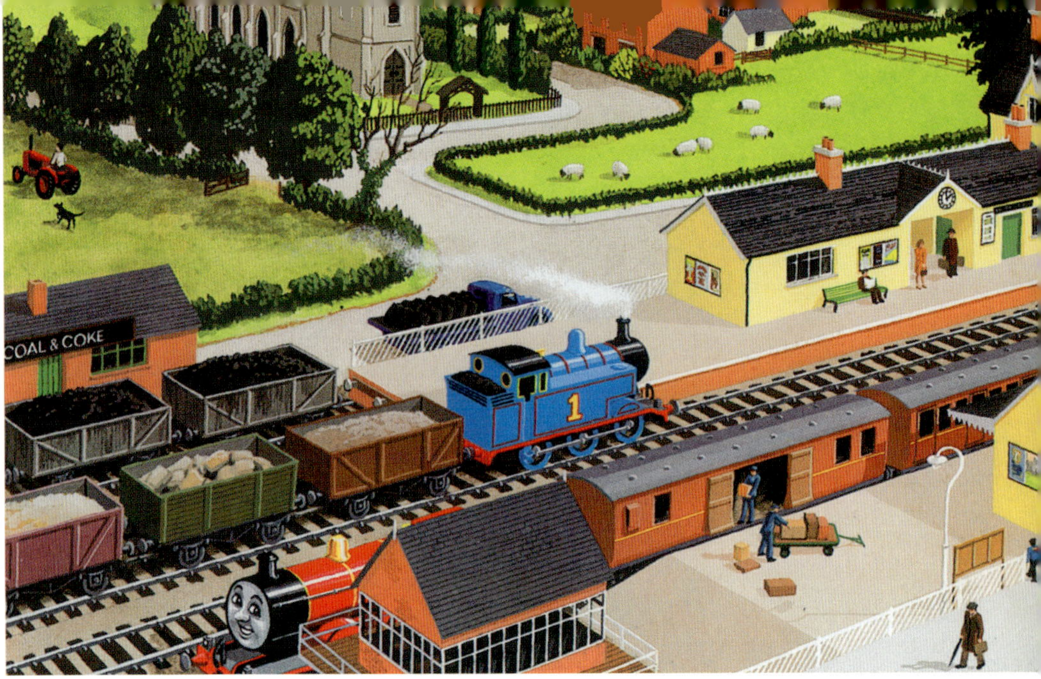

Thomas et ses amis

Wilbert Awdry William Middleton

Titre original *The Three Railway Engines*, 1945
Nationalité Grande-Bretagne, 1911 (aut.)
Édition française Deux Coqs d'or
Thèmes personnages préférés, classiques

Les locomotives anthropomorphes, imaginées par Wilbert Awdry, avaient des caractéristiques permettant de les identifier facilement. Il y avait en effet Gordon, la grosse locomotive m'as-tu-vu, Henry la locomotive verte s'effrayant d'un rien et Edward, la locomotive bleue à qui il arrivait toutes sortes d'aventures. Christopher Awdry adora le récit et demanda à son père de le lui raconter encore et encore. L'histoire serait peut-être restée inconnue du grand public si la femme d'Awdry n'avait remarqué son intérêt et persuadé son mari de l'envoyer à un éditeur. C'est ainsi que naquit « Thomas et ses amis », une collection de quatre albums consacrée à Thomas, Gordon et Henry. Le succès n'était pas garanti, car le premier album fut publié à la fin de la Seconde Guerre mondiale, quand le prix du papier était élevé et les livres onéreux. Cependant, il ravit le public et se vendit à plus de 22 000 exemplaires.

Les illustrations de William Middleton ne plurent pas à Awdry. C'est pourquoi les éditeurs demandèrent à Reginald Payne de réaliser celles de l'album suivant, *Thomas, le petit train*. C. Reginald Dalby s'occupa, lui, du troisième album. (Au bout de plusieurs années et plusieurs albums, il fut remplacé par John T. Kenney.) À cette fin, il examina de près les locomotives E2 construites entre 1913 et 1916 pour la ligne de chemin de fer reliant Londres, Brighton et la côte sud de l'Angleterre avant d'illustrer son premier livre, *James the Red Engine*. Il effectua également des modifications dans les rééditions de *Thomas et ses amis*. **VN**

Pages de garde des illustrations de C. Reginald Dalby pour les dernières éditions de *Thomas et ses amis*. ↑

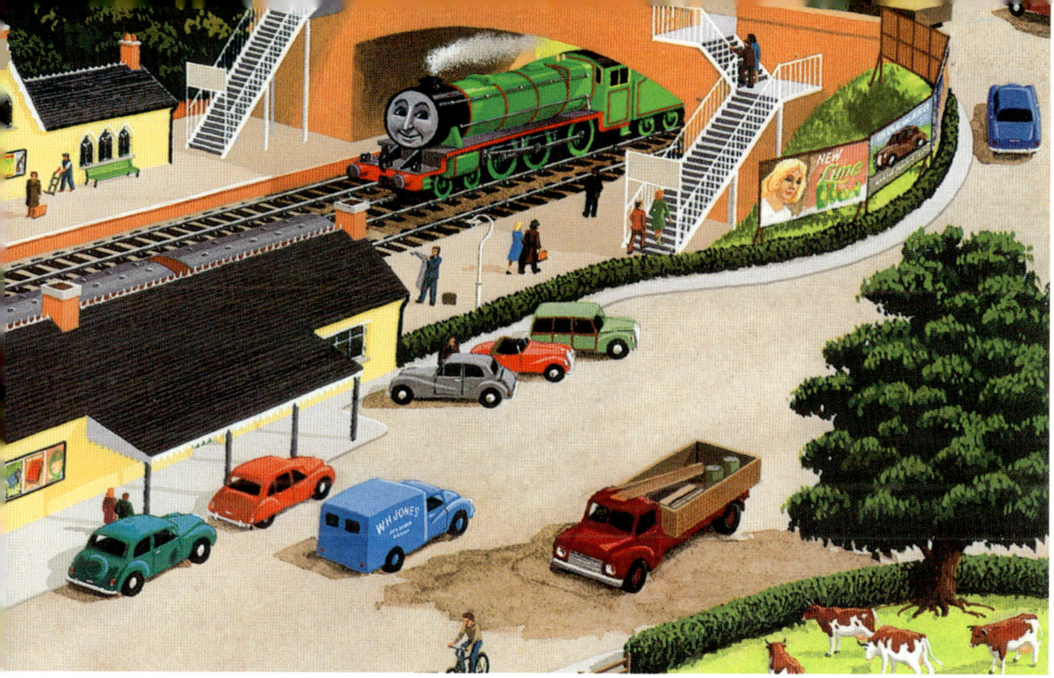

Thomas, le petit train

Wilbert Awdry — Reginald Payne

Titre original *Thomas the Tank Engine*, 1946
Nationalité G-B, 1911 (aut.)
Édition française Deux Coqs d'or
Thèmes personnages préférés, classiques

Le personnage de Thomas apparut quand le révérend Awdry fabriqua une locomotive en bois pour son fils, Christopher. Ce serait d'ailleurs ce dernier qui aurait choisi de baptiser le train Thomas.

Thomas, le petit train regroupait en fait quatre récits : « Thomas et Gordon », « Les trains de Thomas », « Thomas et les camions » et « Thomas et le train en panne ». Dans toutes ces histoires, Thomas, le train bleu au sourire effronté si caractéristique était entraîné dans toutes sortes d'aventures et irritait le possesseur de la ligne de chemin de fer. Néanmoins, il finissait toujours par faire ce qu'il fallait, se montrant indispensable.

La plupart des lecteurs pensent que *Thomas, le petit train* est le premier album de la série, alors que c'est en fait le deuxième, après *Thomas et ses amis*. Adaptés à la télévision et au théâtre, les récits de la série restent avec tous leurs personnages très appréciés des mordus du chemin de fer, enfants comme adultes.

Souvent attribuées à C. Reginald Dalby, les illustrations de *Thomas, le petit train* sont en fait l'œuvre de Reginald Payne. Ce fut lui qui créa les représentations emblématiques que nous connaissons aujourd'hui. Dalby s'en servit ensuite comme point de départ pour effectuer les siennes (à partir du troisième album). La vie de Payne demeure peu connue, malgré les nombreuses recherches effectuées pour en savoir plus sur lui.

Le révérend Awdry a écrit 26 livres. Depuis sa mort en 1997, son fils Christopher a repris le flambeau et imaginé une suite à *Thomas et ses amis*. **LH**

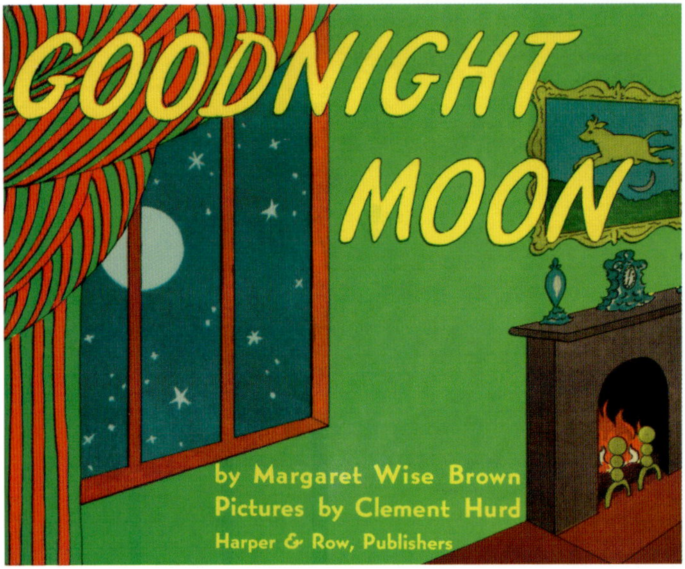

Bonsoir lune

Margaret Wise Brown Clement Hurd

Titre original *Goodnight Moon*, 1947
Nationalité États-Unis, 1910 (aut.) ; 1908 (ill.)
Édition française L'École des loisirs
Thèmes histoires d'animaux, famille, récits en vers

Bonsoir lune est un livre d'images que les petits adorent entendre au moment d'aller se coucher. Il a su résister à l'épreuve du temps. Publié à la fin des années 1940, il fait partie des classiques de la littérature enfantine américaine.

Illustré à l'aide de couleurs simples, le poème apaisant constituant le récit a pour décor une maison familière, dans laquelle un petit lapin vêtu d'un pyjama rayé bleu et blanc dit bonsoir à tout ce qu'il voit dans sa chambre.

Toute l'histoire se déroule dans celle-ci, mais l'auteur et l'illustrateur ont un tel talent que le texte et les images, ainsi que les détails infimes, sont d'une grande subtilité. Ainsi, l'éclairage de la chambre faiblit à chaque page, alors que la lune se lève peu à peu, apparaissant et grandissant dans la fenêtre de gauche.

Parmi les autres personnages, un petit chat et une petite souris ne participent à l'histoire que sur le plan visuel. Ils permettent aussi au jeune lecteur qui lit cet album agréable et réconfortant d'imaginer d'autres histoires.

Les tentatives perpétuelles du petit lapin afin de repousser le moment de s'endormir n'étonneront guère les parents habitués à ce genre de conduite et l'examen attentif des autres personnages représentés sur les illustrations les amusera sans doute.

Avec ses rimes claires et ses dessins rassurants, cet album constitue un premier album idéal pour n'importe quel enfant **NH**

« Dans la grande chambre verte, il y avait un téléphone... »

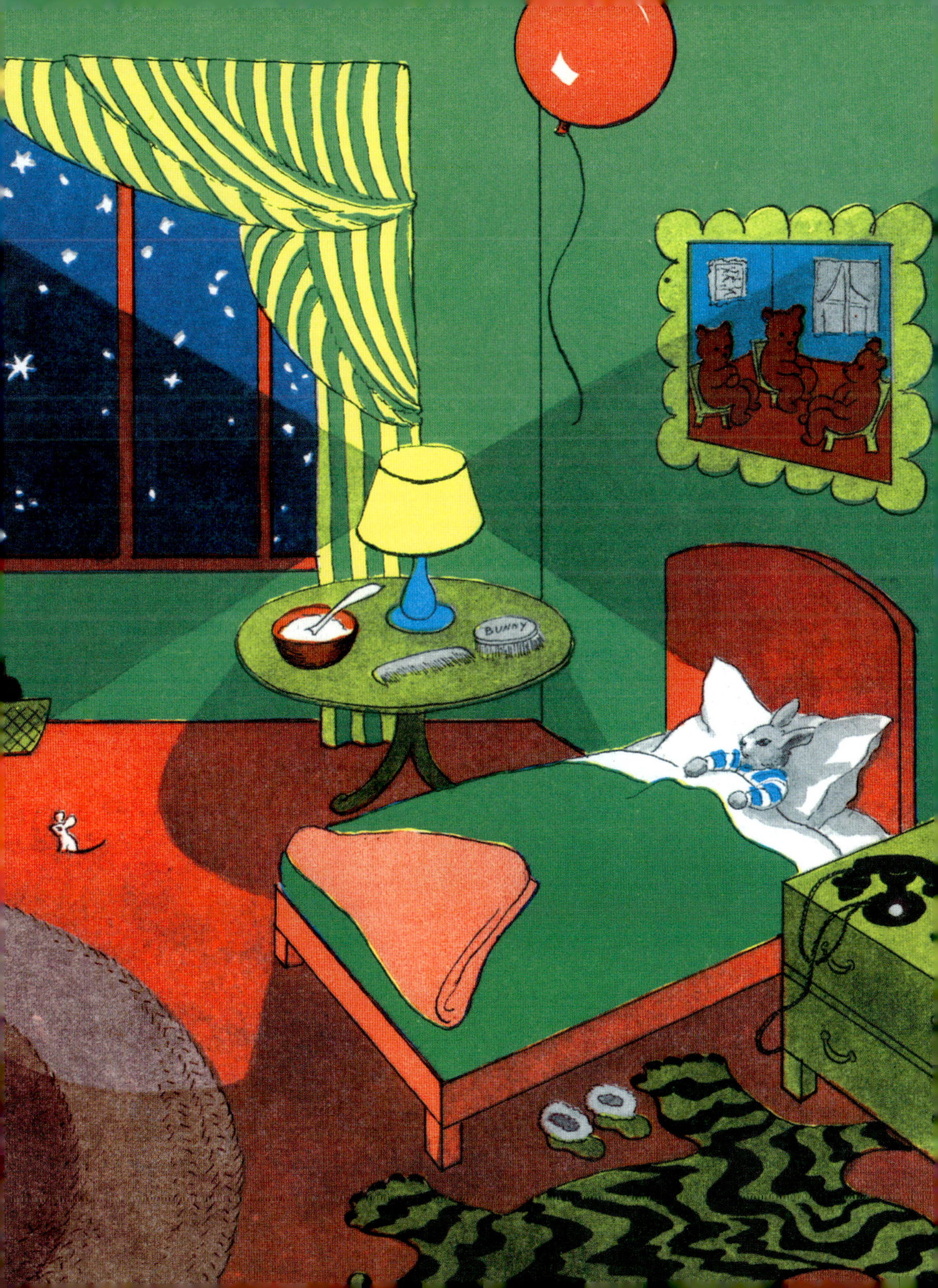
BUNNY

Lavender's Blue

Kathleen Lines Harold Jones

Nationalité G-B, 1902 (aut.) ; 1904 (ill.)
Édition Oxford University Press, Royaume-Uni, 1954
Thèmes comptines, poésie

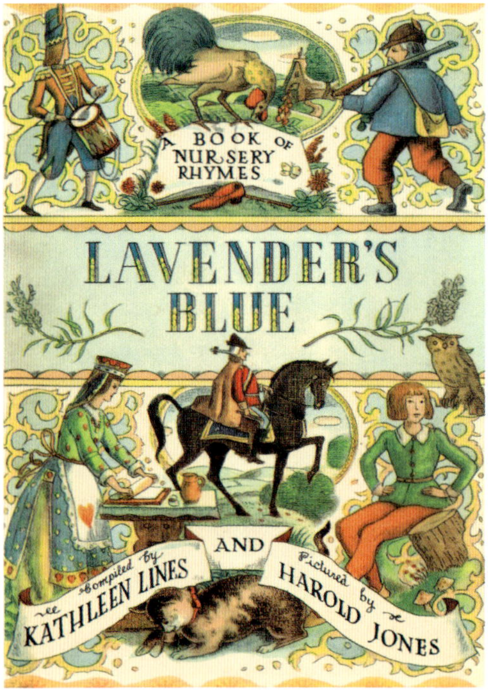

Autres recueils de poèmes et comptines

Poèmes sans sens, Edward Lear (p. 194)
Anthologie de la comptine traditionnelle francophone, R. Guichard
Enfantines, M. C. Bruley, P. Dumas
Pomme de reinette et pomme d'Api, A. Louchard

Tous les enfants en bas âge ont besoin d'un livre de comptines. Il existe des recueils de comptines annotées expliquant chaque terme peu courant, mais les enfants aiment avant tout le rythme et le surréalisme loufoque des poèmes proposés. Les vers peuvent être dits, chantés ou joués, mais sont encore plus évocateurs lorsqu'ils sont bien illustrés.

Spécialiste des livres destinés aux enfants, Kathleen Lines est l'auteur de ce recueil très complet de comptines. Cependant, si ce livre mérite de figurer sur les étagères des chambres d'enfants, c'est surtout pour ses illustrations originales, limpides et délicatement détaillées. Elles sont l'œuvre d'Harold Jones, artiste ayant reçu de nombreuses récompenses. Ce dernier confère en effet à chaque vers une autre dimension. Ainsi, quand un berceau tombe, quatre anges s'en saisissent, tandis que le bébé à l'intérieur les observe avec intérêt. Quand, dans une comptine, un papa part à la chasse, on peut voir la maman et son enfant le regarder s'éloigner sur le seuil de la maison tandis que deux lapins gambadent au premier plan. La comptine « Oranges et citrons » (dans sa version originale) est complétée par de superbes représentations occupant une double page des flèches des églises de Londres, deux sonneurs de cloches s'en donnant à cœur joie.

« Bleu de la lavande, joli, joli, vert de la lavande, quand je serai le roi… tu seras la reine. »

Les magnifiques illustrations en couleur de ce livre sont si variées que tous les enfants qui l'ouvriront bénéficieront d'une véritable introduction à l'art. Le monde magique décrit est tranquille, apaisant et incite à la réflexion. C'est un livre qui ne se démodera jamais.

Illustration de Jones : « Il y avait une vieille femme vivant dans une chaussure. »

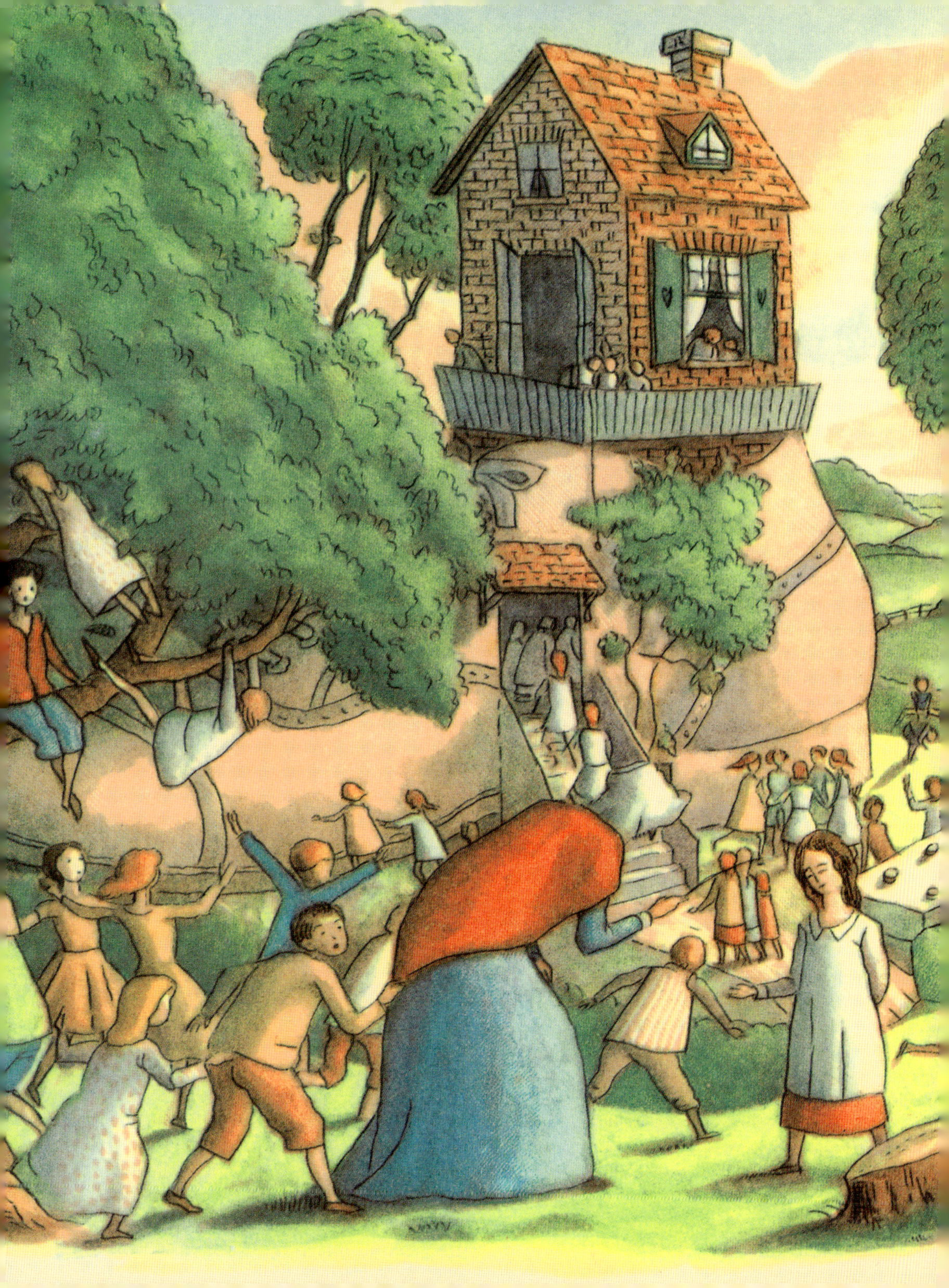

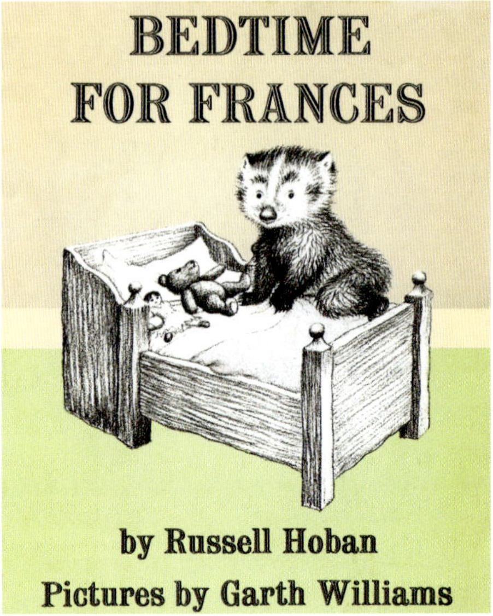

Bonne nuit, Adèle

Russell Hoban   Garth Williams

Titre original *Bedtime for Frances*, 1960
Nationalité États-Unis, 1925 (aut.) ; 1912 (ill.)
Édition française Pocket Jeunesse
Thèmes histoires d'animaux, famille

Dans ce livre, le premier de la série, Adèle, l'héroïne, n'a pas sommeil au moment d'aller se coucher. Elle invente des prétextes pour ne pas se mettre au lit. Il lui faut un verre de lait, puis quelques bisous supplémentaires. Une fois au lit, elle imagine des géants, des tigres et des choses effrayantes qui l'incitent à aller demander de l'aide à ses parents. Finalement, épuisée par tous ses stratagèmes, elle finit par s'endormir.

Le livre a été critiqué pour avoir mentionné la possibilité d'une fessée. Bien qu'Adèle n'en reçoive pas, c'est bien cette menace qui la force à rester au lit. Cependant, la plupart des enfants ne trouveront pas cela particulièrement perturbant. S'il y a des parents que cela gêne, ils peuvent toujours en profiter pour expliquer à leurs enfants qu'ils sont, eux, contre les châtiments corporels.

Le véritable charme de ce livre réside dans la langue employée. Les premières phrases ont un rythme de staccato, rappelant celui d'un vieux livre de lecture. Ce rythme change par la suite, les phrases devenant plus longues quand l'imagination d'Adèle prend le dessus, notamment lorsqu'elle avoue ne pas aimer la façon dont les rideaux bougent, suggérant qu'une chose y est peut-être cachée là, immobile. Faites attention à la première des chansons qu'Adèle chante. Ces chansons joueront un rôle essentiel dans les albums qui suivront. Elles ont ensuite été rassemblées dans un recueil à part. Ce sont des chansons absurdes dont les enfants raffolent. Aucun autre livre d'images n'a jamais semblé aussi authentique. **CW**

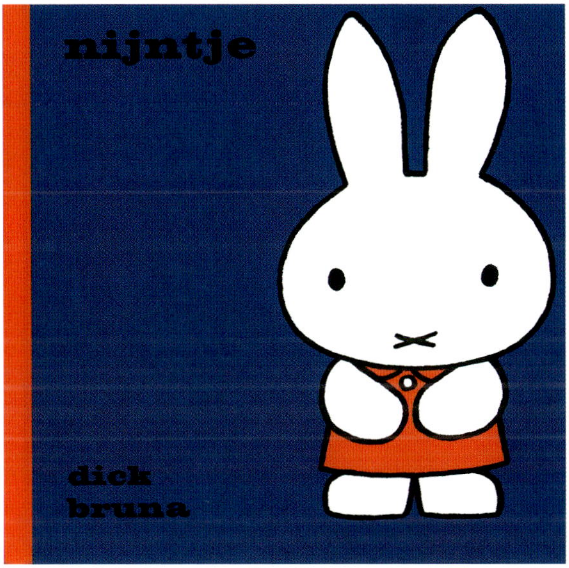

Miffy

Dick Bruna

Titre original *Nijntje*, 1963
Nationalité Pays-Bas, 1927
Édition française multiples éditeurs
Thèmes histoires d'animaux, personnages préférés

Comme Dick Bruna l'a dit lui-même, dans son livre, une maison reste une maison, et Miffy reste Miffy. Ce n'est que le plus infime changement sur le visage ou les habits de son personnage qui rend l'émotion qu'il éprouve ou un événement extraordinaire. Bruna explique qu'il a créé un alphabet d'images de façon que les enfants comprennent tout de suite de quoi il est question. Rien n'est réaliste, mais tout est familier. Miffy reste la même : un lapin vêtu d'une robe.

Les autres personnages de la série, notamment Boris, Barbara, l'Ours et le cochon Poppy ne changent pas, eux non plus. Dick Bruna a pris soin de conserver des illustrations minimalistes. Il a dessiné ses personnages avec un crayon noir et les a coloriés en utilisant des teintes vives, en évitant les tons sombres. « J'ai regardé les tableaux de Matisse et j'ai vu Miffy », dit-il.

Ayant créé 30 albums sur son héroïne Miffy (et plus d'une centaine d'albums en tout), Bruna a vendu plus de 80 millions de livres dans le monde. Chacun de ses albums est un livre de petit format, plus apprécié selon lui des enfants, comportant 16 pages sur lesquelles figurent une illustration et un quatrain. Le texte reflète le rythme de vie d'un enfant en bas âge. Celui-ci se rend sur le terrain de jeu, va à l'école, à un anniversaire, à un pique-nique, ou à la danse. Certaines histoires sont un peu plus sérieuses comme celle où Miffy va à l'hôpital ou celle où sa grand-mère meurt, mais une seule larme suffit dans le monde de Miffy à exprimer une peine immense et tous les albums ont une fin joyeuse. **VN**

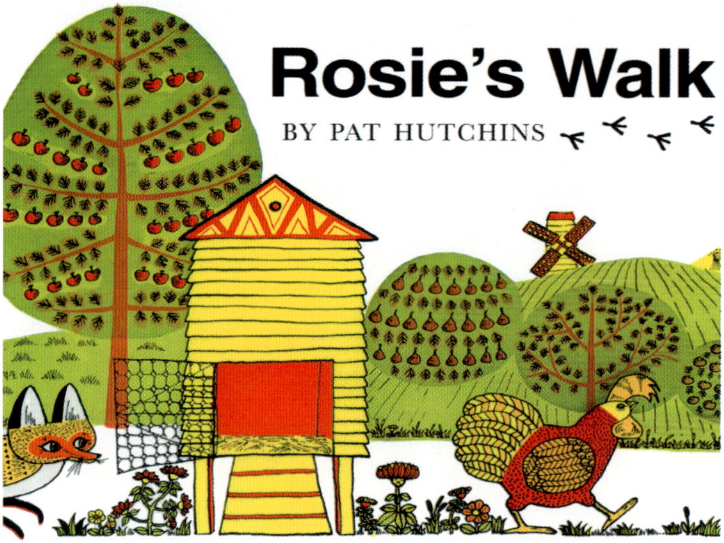

Rosie's Walk

Pat Hutchins

Nationalité Grande-Bretagne, 1942
Édition Bodley Head, Royaume-Uni ; Macmillan, États-Unis, 1968
Thèmes histoire d'animaux, amitié, classiques

Rosie's Walk (« La Promenade de Rosie ») n'a rien perdu de sa fraîcheur et de son charme pour ceux qui le découvrent aujourd'hui. Cet album comporte tous les ingrédients qui en font un livre d'images parfait.

Il s'agit d'un livre tout indiqué pour un bébé, car il permet à l'adulte qui le lit d'improviser, et surtout, il apprend aux jeunes lecteurs à déchiffrer les illustrations. Tout commence quand Rosie la poule va se promener. Elle ne se rend pas compte qu'un renard la suit, à la différence du lecteur qui constate avec plaisir les mésaventures de l'animal jusqu'à ce que celui-ci soit chassé de la cour de la ferme par un essaim d'abeilles furieuses. Inconsciente du chaos qui l'entoure, Rosie rentre à temps chez elle pour dîner, après avoir semé une joyeuse pagaille derrière elle.

Le texte ne comprend que 31 mots, mais rien n'empêche les adultes d'insister sur certains points afin d'accentuer le suspense. Rosie va-t-elle se retourner et voir le renard ? Les trois couleurs des illustrations (l'orange, le jaune et le vert olive) sont apaisantes. La page de couverture présente la cour de la ferme. Modèle de simplicité et de beauté, cet album est un livre merveilleux qui permet aux enfants de passer un agréable moment. **AG**

Autres livres de Pat Hutchins traduits en français

À nous de jouer
Le Plus Monstrueux des monstres
Un chasseur

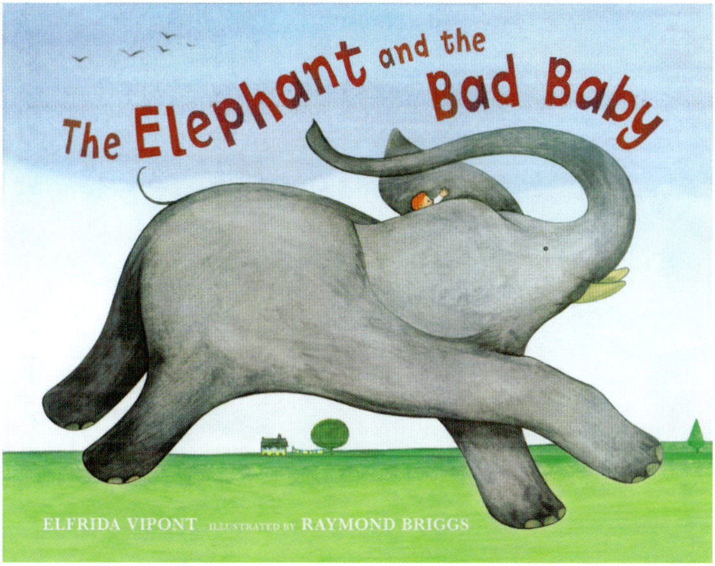

L'Éléphant et le méchant bébé

Elfrida Vipont Raymond Briggs

Titre orig. *The Elephant and the Bad Baby*, 1969
Nationalité G-B, 1902 (aut.), 1934 (ill.)
Édition française Flammarion
Thèmes histoires d'animaux, famille

Avec ses illustrations dynamiques et détaillées, cet album est l'un de ces contes à effet cumulatif rappelant *Le Gros Navet*. Un premier personnage, puis un deuxième commence à courir après le méchant bébé du titre, qui est lui-même poursuivi par un énorme éléphant. Finalement, c'est toute une file de commerçants courroucés qui court derrière le méchant bébé et son grand compagnon gris.

Le contraste entre le texte très prosaïque et le caractère extravagant de l'éléphant qui court en trompetant à tout va est à la fois amusant et surréaliste. Dans le récit, tout s'enchaîne parce que le méchant bébé ne dit jamais : « S'il vous plaît. » Les commerçants exigent seulement de lui qu'il soit poli. À la fin, le méchant bébé consent à dire la formule magique et l'éléphant ramène tout le monde à la maison du bébé pour déguster les crêpes que sa maman, très compréhensive, prépare. Tous les commerçants ne manquent pas d'ajouter très fort : « S'il vous plaît ! »

Il s'agit d'un livre entraînant, incitant même les enfants à chanter le refrain. Il est possible en leur lisant l'histoire de leur indiquer des petits détails, comme les articles que les commerçants laissent tomber pendant qu'ils courent. De plus, le méchant bébé peut être au choix un garçon ou une fille : chaque enfant peut donc s'identifier à lui. L'auteur et l'illustrateur sont parvenus à rendre crédible le spectacle d'un éléphant saccageant des magasins, des marchés et des rues ordinaires. C'est un livre d'images classique dont les enfants ne sont pas près de se lasser. **AG**

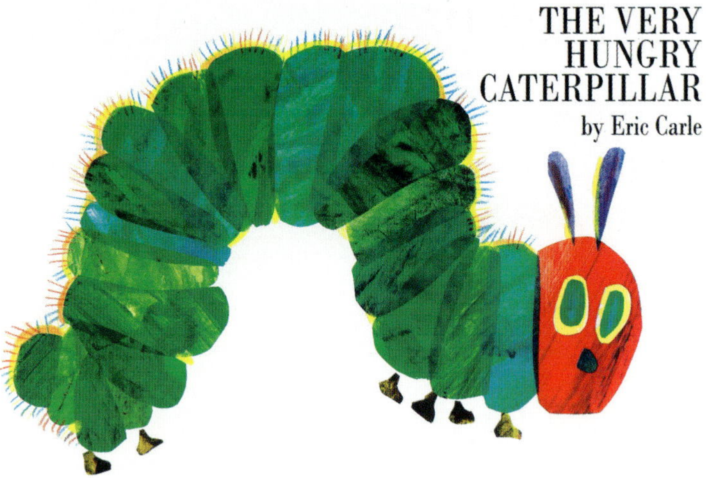

La Chenille qui fait des trous

Eric Carle

Titre original *The Very Hungry Caterpillar*, 1969
Nationalité États-Unis, 1929
Édition française multiples éditeurs
Thèmes histoires d'animaux, classiques

Une petite chenille émerge d'un petit œuf qui se trouve sur une feuille. Elle a très, très faim. Les lecteurs peuvent mettre leurs doigts dans les trous qu'elle laisse derrière elle et suivre le chemin qu'elle parcourt d'après les aliments auxquels elle a goûté. Le lundi, elle a croqué dans une pomme, le mardi dans deux poires, le mercredi dans trois prunes, puis elle a pris un peu de gâteau aux cerises et grignoté des saucisses et ainsi de suite. Elle finit par engloutir d'un coup dix morceaux de victuailles. Elle est grosse et a mal au ventre. Le moment est donc venu pour elle de se lover dans un cocon dont elle émergera sous la forme d'un superbe papillon.

Les illustrations aux couleurs magnifiques et le texte simple et répétitif ont captivé des générations d'enfants qui adorent mettre leurs doigts dans les trous de plus en plus gros creusés par la chenille.

Le texte rythmé fait, lui, penser à une comptine. Comme de nombreux livres d'images de Carle, l'album sert de livre de lecture dans les maternelles, mais aussi de documentaire et de point de départ pour des activités artistiques.

C'est un livre que les enfants et les adultes pourront savourer ensemble. En général, les enfants adorent chanter le refrain (« mais elle a encore faim »), crier les jours de la semaine et deviner ce que la chenille va bien pouvoir manger. Des détails amusants et absurdes sont mélangés au cycle de vie de la chenille dans ce livre court qui a remporté de nombreux prix, s'est vendu à plus de 25 millions d'exemplaires et a été traduit dans plus de 30 langues. **VN**

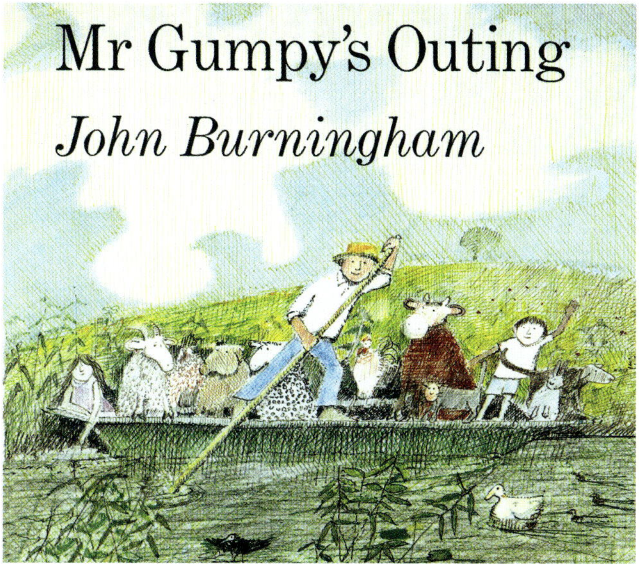

La Promenade de Monsieur Gumpy

John Burningham

Titre original *Mr. Gumpy's Outing*, 1970
Nationalité Grande-Bretagne, 1936
Édition française Flammarion
Thème amitié

La première page de ce livre présente une scène rurale britannique idyllique. M. Gumpy est debout, au premier plan, et il sourit en tenant un arrosoir à la main ; derrière lui, un chemin mène vers une maison anglaise typique.

Un par un, des enfants et des animaux demandent à M. Gumpy s'ils peuvent venir avec lui dans sa barque. M. Gumpy, parfaitement conscient des risques encourus, accepte joyeusement en disant : « Oui, si vous ne chahutez pas / Oui, mais ne sautez pas partout. » Sur la page de droite, un dessin exécuté avec de l'encre et un lavis de couleur montre l'animal en train d'implorer M. Gumpy, sur celle de gauche une esquisse couleur sépia du bateau suggère le drame à venir. Quand l'inévitable se produit, l'illustration s'étale sur une double page entière : le bateau chavire et les passagers tombent à l'eau.

L'ordre et l'harmonie reviennent vite, et M. Gumpy invite tous les occupants du bateau à venir prendre le thé chez lui. L'illustration présente une scène d'intérieur à l'heure du thé. Les dernières pages du livre rappellent celle du début, trahissant une composition circulaire. Cette fois, nous voyons l'arrière de la maison hachuré de noir se détachant sur un ciel nocturne nuageux, une trace de vert est encore visible dans les arbres quand M. Gumpy dit adieu à ses invités devant l'embrasure de la porte vivement éclairée. Son invitation : « Revenez vous promener un autre jour » est prise au pied de la lettre, puisqu'elle a donné naissance à l'album suivant : *Mr Gumpy's Motor Car* (1973). **KA**

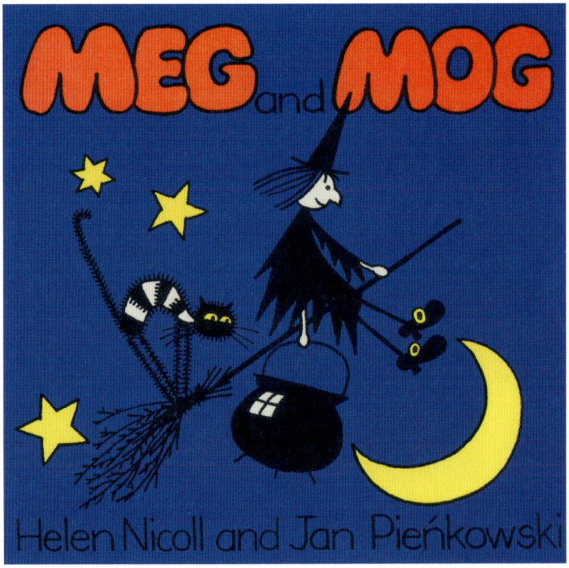

Meg et Mog

Helen Nicoll Jan Pieńkowski

Titre original *Meg and Mog*, 1972
Nationalité GB, 1937 (aut.) ; 1936 (ill.)
Édition française Gallimard Jeunesse
Thèmes histoire de magie, personnages préférés

Les livres de la série racontent les aventures de Meg, une sorcière infortunée au bon cœur, dont les sortilèges ont rarement l'effet attendu. Mog est le nom de son chat tigré d'une patience à toute épreuve.

Dans cet album, Meg doit se rendre à la fête d'Halloween. Elle est réveillée à minuit par sa chouette. Le pauvre Mog a droit à un réveil plus brutal car Meg marche sur sa queue. Dans la cuisine, la sorcière remue un petit déjeuner peu appétissant dans un grand chaudron, puis choisit ce qu'elle va mettre pour l'occasion. Après avoir vérifié qu'elle a tous ses accessoires (balai, chaudron et araignée), elle sort avec Mog par la cheminée et s'envole avec lui au milieu de la nuit. En criant : « Abracadabra ! », elle transforme par mégarde toutes ses amies en souris. Elle décide d'attendre la prochaine fête d'Halloween pour leur rendre leur apparence. Mog en profite pour s'amuser à pourchasser les rongeurs qui poussent des couinements aigus.

Le style de l'album se distingue par son originalité et ses personnages si particuliers. Dessinés avec du noir et du blanc, maigres et longilignes, ils se détachent sur des fonds de couleur vive. Composée uniquement d'un turquoise intense et d'un rouge vif, la palette limitée de l'illustrateur rappelle les broderies polonaises traditionnelles. Chaque page est conçue avec soin ; le texte est concis, mais efficace. Le vocabulaire employé est plus éducatif que créatif, mais l'intrigue originale et l'humour qui imprègne le livre produisent une forte impression. Les albums de la série ont été adaptés au théâtre et à la télévision. **MK**

Meg sort de la cheminée avec Mog dans son chaudron. ➔

and
she
flew
up
the
chimney
with
Mog

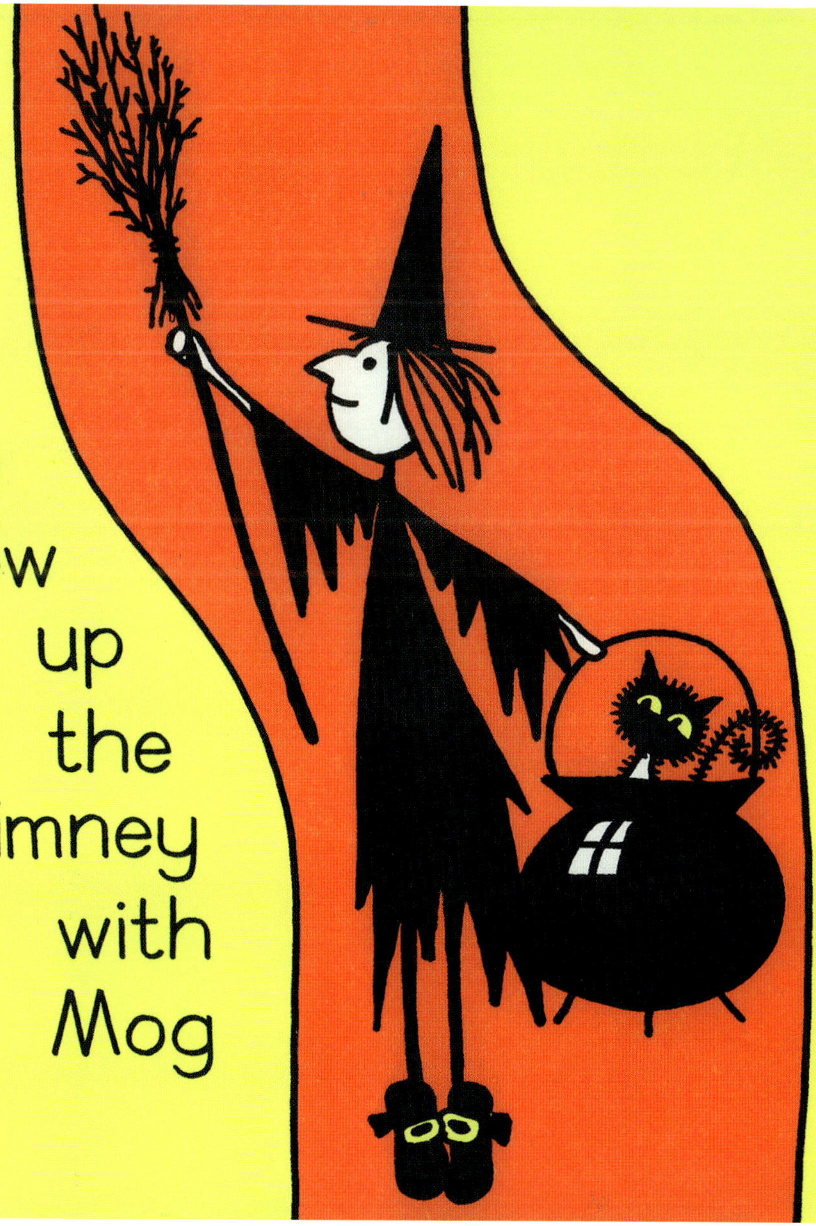

God natt Alfons Aberg

Gunilla Bergström

Nationalité Suède, 1942
Édition Rabén and Sjögren, Suède, 1972
Thèmes personnages préférés, famille

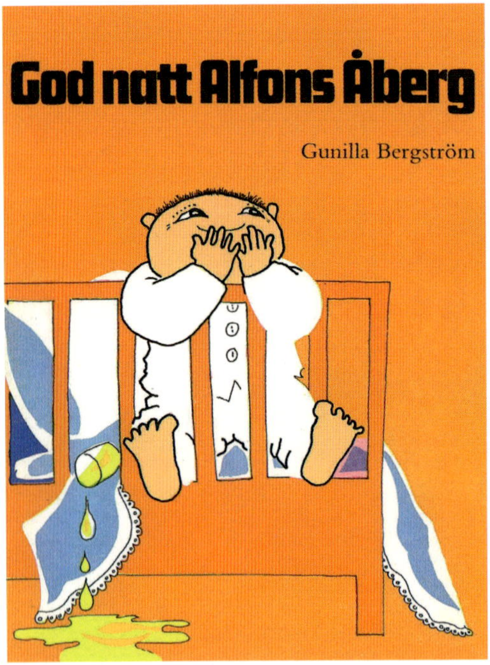

Le héros de 4 ans de cet album dont le titre signifie « Bonne Nuit, Alfie Atkins » n'a pas sommeil. Il n'a même pas du tout envie de dormir. Il y a tellement de choses qu'il voudrait faire auparavant. Tout d'abord, son papa doit lui lire une histoire. Après cela, notre héros se souvient qu'il ne s'est pas brossé les dents. Il a soudain soif. Hop là ! voilà qu'il a tout renversé ! À présent, il faut qu'il aille à la salle de bains. Il réalise alors qu'il n'a pas son ourson. Toutes ces allées et venues épuisent son père, qui s'endort par terre bien avant qu'Alfie soit prêt à se coucher.

C'est le premier album que Gunilla Bergström consacra à ce petit garçon, l'un des personnages les plus appréciés et les plus populaires de la littérature enfantine suédoise. Le livre fut considéré comme révolutionnaire lors de sa parution, parce que la famille dont il était question était une famille monoparentale composée d'Alfie et de son père.

« Alfie Atkins est parfois grincheux, parfois gentil. Ce soir, il est grincheux… »

Bergström sait raconter des histoires en s'appuyant sur des thèmes de la vie de tous les jours. Ses superbes illustrations donnent envie de tourner les pages encore et encore. Les dessins propres, semblables à ceux d'une bande dessinée, sont mélangés à des collages effectués à l'aide de tissu, de fil de coton, de dentelle et de papier coupé. Bergström utilise aussi la couleur pour rendre les mouvements et, bien que ses personnages soient simples, leur visage exprime toutes sortes d'émotions. Il existe toujours dans ses livres une pointe d'humour sous-jacente et l'histoire prend en général un tour inattendu. Les albums de la série ont été traduits dans 29 langues. **CC**

Autres albums consacrés à Alfie Atkins

Alfons och odjuret ? (p. 123)

Petit Ours Brun

Claude Lebrun   Daniele Bour

Nationalité France, 1937 (aut.), 1939 (ill.)
Édition Bayard Jeunesse, France, 1975
Thèmes personnages préférés, histoires d'animaux

Petit Ours Brun est le héros d'une collection de livres très populaire regroupant 52 histoires. Créé par Claude Lebrun et apprécié par l'équipe éditoriale des magazines pour enfants *Popi* et *Pomme d'Api*, Petit Ours Brun est aussi le héros d'une série de bandes dessinées qui ont été traduites dans plusieurs langues.

Petit Ours Brun raconte ce qui se passe dans la vie d'un petit ours qui vit avec son papa et sa maman. Il lui arrive en effet toutes sortes d'aventures excitantes, comme il en arrive à un petit enfant. Sa curiosité perpétuelle lui permet de faire les expériences que tous les enfants font. Ainsi, on le voit manger un œuf tout seul pour la première fois, tripoter le téléphone ou simplement jouer au ballon. Les jeunes lecteurs

« Petit Ours brun aime être petit. Mais parfois, il aimerait devenir grand tout de suite ! »

partageront son angoisse lorsqu'il se perd au supermarché et sa stupéfaction quand il contemple pour la première fois les étoiles. Chaque moment est précieux et étonnant pour un enfant qui découvre le monde, l'importance d'avoir des amis, et l'amour de sa famille. Les jeunes enfants s'identifieront facilement à Petit Ours Brun, car il leur ressemble beaucoup. Il est à la fois malicieux et naïf. À travers lui, ils apprendront à mieux se connaître.

Ces récits courts et simples sont complétés par les illustrations au style naïf si particulier de Danièle Bour. Celle-ci a exécuté des dessins vivants et colorés se distinguant par leurs nombreux détails. *Petit Ours Brun* permet d'accomplir un voyage agréable et affectueux dans l'univers de l'enfance. Les enfants plus âgés finissent par connaître les récits par cœur ; les plus petits les liront avec leurs parents. **SL**

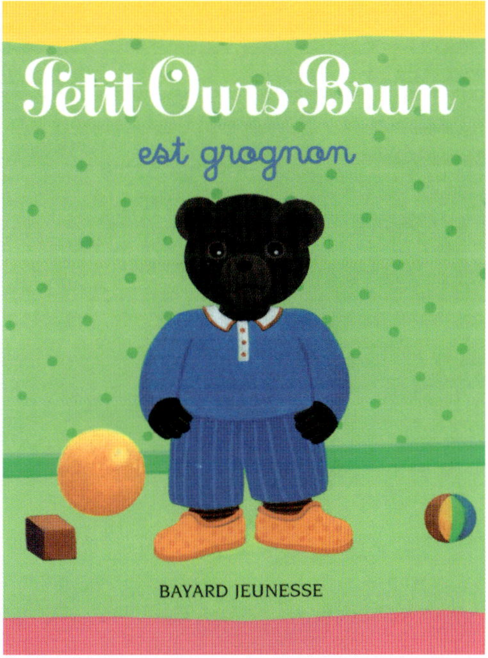

Autres titres de Petit Ours Brun

Petit Ours Brun et le pot
Petit Ours Brun et le bébé
Petit Ours Brun dit non

Lilla Spöket Laban får en lillasyster

Inger Sandberg Lasse Sandberg

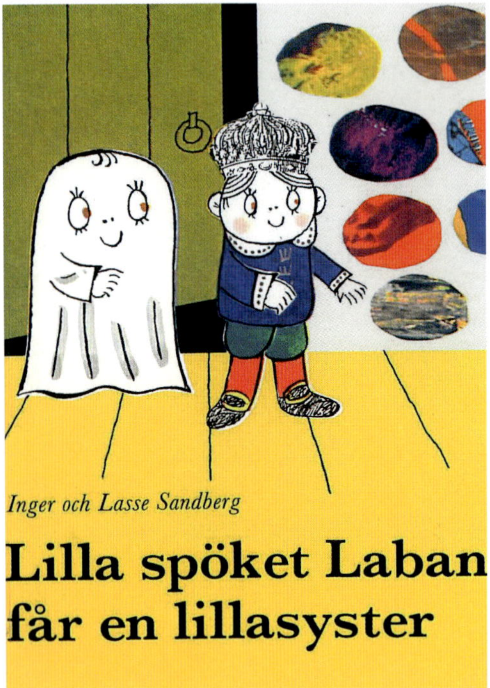

Nationalité Suède, 1930 (aut.), 1924 (aut.)
Édition Rabén et Sjögren, Suède, 1977
Thèmes famille, histoires de fantômes

« … Sa petite sœur faisait plus de bruit que nous deux réunis. »

Autres histoires de monstres et fantômes

***Toc ! Toc ! Qui est là ?*, Sally Grindley (p. 140)**
***La Maison du petit Bouh !*, Jean Maubille**
***Babar et le fantôme*, Laurent de Brunhoff**
***Bébé fantôme*, Nadja**

Quand le fils d'Inger et de Lasse Sandberg était petit, il avait peur des fantômes. « Nous allons te vacciner pour que tu n'aies plus peur d'eux », lui a alors dit Inger Sandberg. Cette simple conversation est à l'origine de la création du premier album de la série consacrée à un adorable enfant qui est en fait un fantôme.

Ce fantôme gentil et espiègle ne fait peur à personne. Les illustrations de Lasse Sandberg sont d'une simplicité astucieuse. Ses personnages dessinés au trait sont simples, mais pleins de charme et d'expressivité. Les fonds sont, eux, réalisés avec divers types de médiums, notamment de l'encre de Chine, des collages et pastels. Bien que paru dans les années 1970, cet album de Sandberg reste très moderne.

Le petit fantôme vit avec sa maman et son papa, qui ne font pas peur non plus, dans le château du Soleil du Matin. Le petit prince et la famille royale y demeurent aussi. Le petit prince et le petit fantôme jouent ensemble et sont les meilleurs amis du monde. Les parents du petit fantôme préfèrent, eux, rester à la cave dans la journée, et ne sortent que la nuit. Un jour, le petit fantôme et le petit prince entendent des bruits étranges dans la cave. Ils vont voir de quoi il s'agit et découvrent que le petit fantôme vient d'avoir une petite sœur plus bruyante qu'eux.

Les albums de la série sont tout indiqués pour les enfants qui traversent une période où ils ont peur des fantômes et des monstres. Ils rendent drôles et mignons des phénomènes qui pourraient être effrayants. **CC**

Vole, petit oiseau !

Francesco Tullio Altan

Titre original *Vola, uccellino !*, 1977
Nationalité Italie, 1942
Édition française L'École des loisirs
Thème histoires d'animaux

Francesco Tullio Altan (plus connu sous le nom d'Altan) travaillait à l'origine comme décorateur de théâtre et scénariste pour le cinéma et la télévision. Après avoir quitté l'Italie pour le Brésil en 1970, il a percé dans le monde des bandes dessinées et des dessins animés. Le premier personnage qu'il a inventé pour sa fille était Kika. Les récits consacrés à cette dernière furent publiés pour la première fois dans *Jornal de Brasil*.

Le petit oiseau Kika inspira toute une série de livres destinés aux enfants qui commencent juste à associer des mots et des images ou apprennent à lire. Dans ces albums, des éléments simples comme un ballon qui roule, un poisson qui nage, un petit oiseau qui vole, changent peu à peu de forme. Par exemple, le petit ballon qui roule se transforme en visage, puis en petit garçon courant dans l'herbe. Un éléphant blanc se métamorphose en petit enfant jouant dans la boue, qui va ensuite se débarbouiller avant de manger, puis de faire la sieste dans son hamac.

Altan est aussi le créateur du chiot Pimpa, autre personnage emblématique de la littérature enfantine italienne. Parmi les autres personnages apparus sous sa plume, citons Nino le manchot et Pipo le pic. Le style si particulier d'Altan se distingue par l'association de graphismes d'une grande sensibilité aux couleurs vives et d'un récit comique regorgeant d'actions. Les livres de petit format dotés de pages faciles à tourner sont adaptés aux mains des enfants. **SMT**

Prune, Pêche, Poire, Prune

Allan Ahlberg Janet Ahlberg

Titre original *Each Peach Pear Plum*, 1978
Nationalité G-B, 1938 (aut.), 1944 (ill.)
Édition française Gallimard Jeunesse
Thèmes comptine, poésie

Ce jeu où l'on essaie de deviner le nom d'un objet à partir de sa première lettre familiarise les enfants avec les rimes et les personnages qu'ils vont rencontrer dans les comptines et les contes de fées comme *Le Petit Poucet* et *Boucle d'or et les trois ours*. Chaque vers, suffisamment court pour retenir l'attention des enfants, incite ces derniers à trouver le personnage connu représenté sur l'illustration placée en vis-à-vis. Les détails du texte écrit et des images constituent une source d'intrigues et sont aussi appréciés des enfants plus grands, qui savent les repérer et deviner quel personnage va apparaître : Cendrillon avec son chiffon à poussière, la petite bergère avec sa houlette, et ainsi de suite. Les illustrations, très réussies, valurent à Janet Ahlberg la médaille Kate Greenaway.

Le livre s'ouvre sur le décor qui va être exploré : des collines, deux maisons, un ruisseau, un champ, un verger. Les pages de droite, introduisant le monde propre à un personnage, présentent des scènes où le personnage en question apparaît aussi dans le cadre commun, tandis qu'une vignette de la scène est reproduite sur la page de gauche. Le décor de la première page, c'est-à-dire le cadre de l'histoire, comprend tous les éléments du récit et il est possible d'y trouver tous les personnages. Chaque scène présente, elle, un point de vue différent. Les mondes des contes semblent des entités séparées, mais ils sont réunis par le récit, comme si, dans l'imagination de l'enfant, ils appartenaient à la même histoire. **GB**

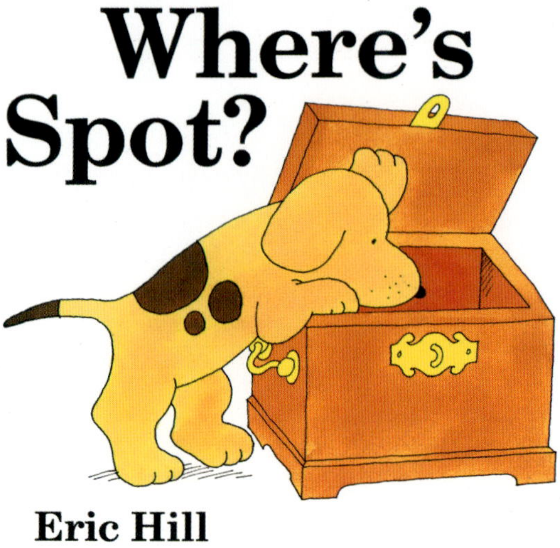

Où est Spot, mon petit chien ?

Eric Hill

Titre original *Where's Spot ?*, 1980
Nationalité Grande-Bretagne, 1927
Édition française Nathan
Thèmes littérature classique, histoires d'animaux, personnages préférés, famille

Spot, chiot sympathique au poil jaune tacheté de brun, est un héros très apprécié. *Où est Spot mon petit chien ?* est le titre du premier album de ce qui allait devenir une série de livres magnifiquement illustrés.

À l'origine, l'auteur créa le personnage de Spot pour son fils Christopher. L'enthousiasme de ce dernier face aux rabats qu'il était possible de soulever permit l'apparition d'un nouveau genre de livres interactifs.

« Je pensais qu'il serait amusant de dessiner une chaise d'une certaine époque plutôt qu'une chaise ordinaire. Un piano à queue plutôt qu'un piano droit, un piano rose plutôt qu'un piano marron, expliqua Eric Hill, afin d'élargir le champ visuel d'un enfant. »

Dans ce premier album, la maman de Spot explore la maison à la recherche de son chiot. Les légendes en caractères gras disent : « Où Spot peut-il bien se cacher ? Dans le coffre ? Non ! Derrière la porte ? Non ! » Le récit est court et simple, mais les enfants doivent soulever un rabat pour découvrir la réponse correspondant à chacune des huit questions, ce qui rend la lecture de l'album plus amusante et plus intéressante. Ce livre charmant se révèle aussi utile pour apprendre de façon divertissante les lettres et les chiffres aux enfants d'âge préscolaire.

Les albums de la série ont été traduits dans 60 langues et leur héros canin est devenu célèbre dans le monde entier. Spot est un chiot curieux, avide de découvertes. Il ressemble en cela à un enfant qui commence à explorer son environnement. **MK**

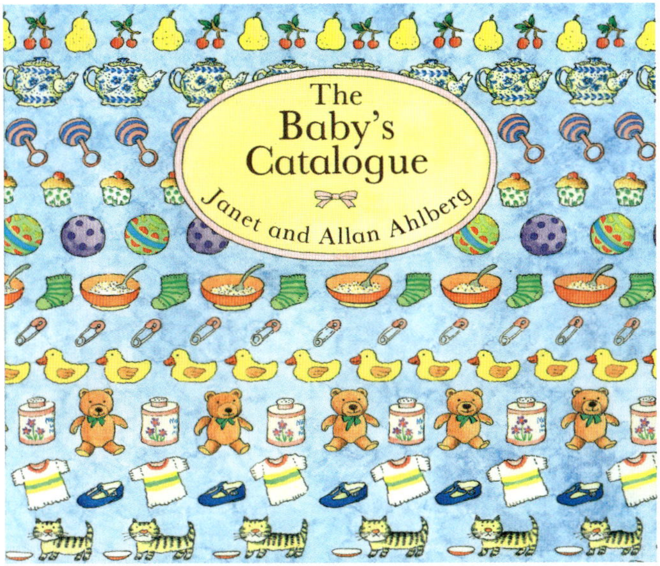

Le Livre de tous les bébés

Allan Ahlberg Janet Ahlberg

Titre original *The Baby's Catalogue*, 1982
Nationalité G-B, 1938 (aut.), 1944 (ill.)
Édition française Gallimard Jeunesse
Thèmes famille, classiques

À l'époque où nous faisons nos achats sur Internet, il y a probablement de moins en moins d'enfants qui découpent des maisons et des personnages dans le papier des catalogues de vente par correspondance. Les Ahlberg ont cependant décidé de reprendre ce procédé pour composer la maquette d'une famille idéale à assembler soi-même, merveilleusement illustrée à l'aide d'aquarelles aux couleurs douces. La première partie du catalogue présente la vie de six bébés au cours d'une journée typique. Le terme « bébé » désigne aussi bien des nourrissons que des enfants commençant à marcher.

Les lecteurs doivent s'absorber dans l'examen du catalogue afin de reconstituer les familles, noter ce qu'il y a de spécial à propos des uns et des autres. La maman qui va au travail (une seule) est celle de la famille de rouquins possédant le chiot et un ballon orné de motifs. Peintre et décorateur, le père du tout petit bébé a perpétuellement l'air fatigué. Le père des jumeaux a une barbe et des lunettes, et la famille possède une poussette sophistiquée. La mère du grand garçon aux cheveux blonds attend un quatrième enfant. L'éléphant et le canard jaune appartiennent au jeune enfant noir qui se trouve dans un petit lit en osier. Les enfants remarquent plus facilement les détails que les adultes.

Il y a quelque chose de très britannique dans ce livre, notamment l'assortiment de cresson, de radis et le cake typiquement anglais proposés pour le thé. L'album a néanmoins été traduit dans de nombreuses langues et apprécié dans le monde entier. **GB**

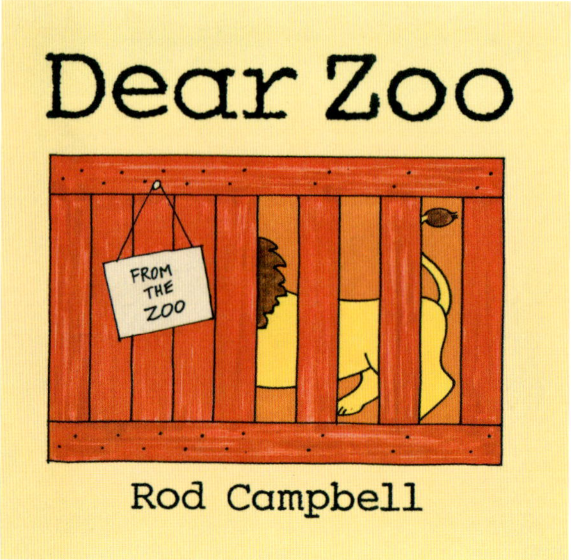

Le Zoo

Rod Campbell

Titre original *Dear Zoo*, 1982
Nationalité Écosse, 1945
Édition française Nathan
Thèmes littérature classique, histoires d'animaux, famille

Les pages en carton dur et les animations du *Zoo* ont révolutionné les albums pour enfants. L'album a pour but de développer aussi bien les aptitudes physiques que l'imagination des enfants. Le texte est répétitif, mais souvent humoristique. On peut noter l'emploi de procédés littéraires comme les allitérations, ou des phrases et des rythmes répétitifs.

Simples et bien construites, les histoires de Campbell font rapidement sourire. Les enfants apprécieront encore longtemps *Le Zoo*. Son dénouement sera chaque fois accueilli avec des cris de joie.

L'histoire est facile à raconter. Un enfant écrit à un zoo afin d'avoir un animal domestique. Le zoo lui envoie toute une série d'animaux. Chacun d'eux apparaît derrière des rabats en carton qu'il faut soulever ou dans des paquets qu'il faut ouvrir. Dessinés à l'aide de traits noirs et nets et colorés avec des teintes vives, ils tranchent sur le fond blanc.

Ils doivent tous être renvoyés au zoo pour diverses raisons : ils font trop peur, sont trop lourds ou trop féroces. Heureusement, le dernier est parfait, et il est donc possible de le garder. Mélangeant des éléments de la vie quotidienne et des éléments fantaisistes, Campbell discute avec les enfants comme s'il était dans la même pièce qu'eux. Combien d'enfants ont déjà demandé à avoir un éléphant après être allés au zoo ? Et quelles excuses les adultes ont-ils avancées pour motiver leur refus ? C'est le sujet de ce livre animé classique. **VN**

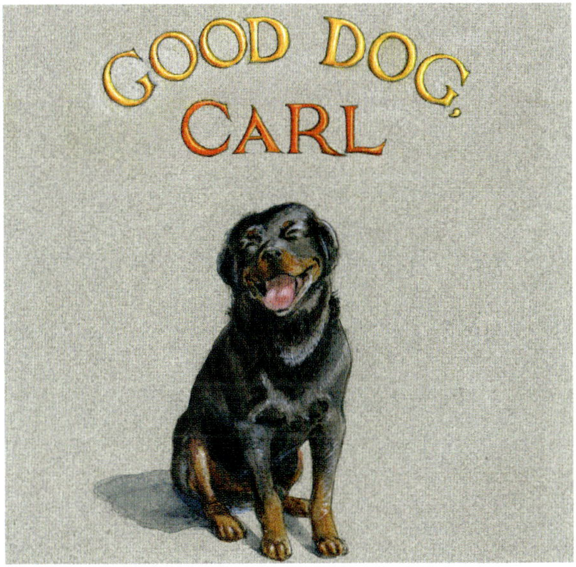

Good Dog, Carl

Alexandra Day

Nationalité États-Unis, née Sandra Louise Woodward Darling, 1941
Édition Green Tiger Press, États-Unis, 1985
Thèmes histoires d'animaux, famille

Il y a plus de mots dans le titre (« tu es un bon chien, Carl ») que dans tout l'album. Avec un texte limité à une douzaine de mots, Day a pourtant créé une histoire éloquente grâce à ses illustrations.

Pour apprécier le livre, les parents doivent oublier tout ce qu'ils pensent sur le baby-sitting et les rottweilers. Les petits enfants qui, eux, n'ont pas de préjugés, ignoreront le dilemme devant lequel sont placés les adultes. Dans le récit, une maman part faire des courses et laisse son bébé à la garde de Carl, le rottweiler, en lui disant : « Prends soin du bébé, Carl. Je reviens tout de suite. »

Mais Carl n'est pas un chien ordinaire, et dès que la maman est partie, l'histoire peut commencer pour de bon. Carl regarde par la fenêtre pour s'assurer qu'aucun adulte n'est dans les parages. Une fois que le champ est libre, le bébé sort à quatre pattes de son petit lit et grimpe sur son dos.

Tout d'abord, ils sautent sur le lit de la maman, puis se juchent sur la coiffeuse où se trouvent des houppettes et des chapeaux usés. Ensuite, le bébé, qui se trouve à présent entre les pattes habiles de Carl, effectue une glissade dans le panier à linge, nage dans l'aquarium et sème une pagaille incroyable. Puis Carl le baigne consciencieusement, le remet dans le lit et joue l'innocent quand la maman rentre. Tout heureuse, celle-ci s'exclame : « Tu es un bon chien, Carl ! »

Même les plus petits enfants aimeront raconter cette histoire encore et encore en s'aidant des images. Ils aimeront aussi la suite de la série. **KD**

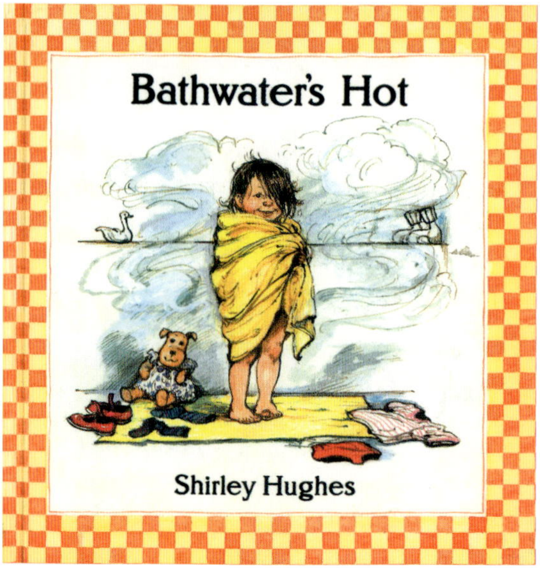

Chaud et froid

Shirley Hughes

Titre original *Bathwater's Hot*, 1985
Nationalité Grande-Bretagne, 1927
Édition française Gallimard Jeunesse
Thèmes personnages préférés, histoires en vers

L'auteur et l'illustrateur Shirley Hughes, qui a reçu de nombreux prix, a su créer des personnages crédibles en les plaçant dans des situations de tous les jours. Les principaux personnages sont Katie, une petite fille pétillante et son frère, qui est encore un bébé. Le succès du livre est dû à la réunion de plusieurs éléments.

Constitué de rimes, le texte simple se prête parfaitement à une lecture à voix haute, et son rythme chantant permet aux enfants de suivre la cadence des mots. Katie découvre des activités ordinaires d'une manière qui permet d'introduire facilement les notions de couleur, de forme, de nombre, de son et des contraires. Ces concepts sont magnifiquement exprimés à l'aide de superbes illustrations aux contours nets et aux couleurs vives présentant des personnages aux poses résolues rendant l'énergie, la joie et la vulnérabilité des enfants. Ces images captiveront les jeunes enfants quel que soit leur niveau de lecture.

Hughes commença sa carrière en tant qu'illustratrice. Elle réalisa notamment les illustrations des livres de la série *My Naughty Little Sister* de Noel Streatfield et Dorothy Edwards. Comme beaucoup d'auteurs de livres pour enfants à succès, elle se mit d'abord à créer des albums pour ses propres enfants. Elle trouvait qu'il n'y avait pas assez d'albums pour enfants dépeignant la vie quotidienne. Son sens de l'observation et son amour des enfants lui ont permis d'inventer des histoires qui plaisent à ces derniers. **AK**

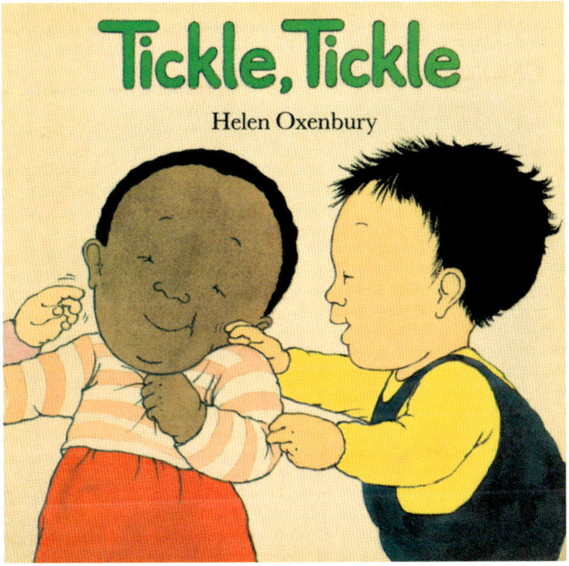

Chatouillis

Helen Oxenbury

Titre original *Tickle, Tickle*, 1987
Nationalité Grande-Bretagne, 1938
Édition francophone (Belgique) Casterman
Thèmes famille, amitié, histoires en vers

Chatouillis est un livre merveilleux apprécié des adultes comme des bébés et des jeunes enfants. Il montre un groupe de bébés de toutes nationalités, joyeux et aimant s'amuser, en train de jouer ensemble et prenant plaisir à effectuer les choses les plus ordinaires de la vie. Outre son ton chaleureux et tendre, il se distingue par ses illustrations minimalistes présentant des visages simples et des formes aux contours nets et aux couleurs vives, illustrations qui ont fait la renommée d'Helen Oxenbury.

Qualifiée de « grande dame » des livres d'images destinés aux bébés, cette illustratrice et créatrice prolifique est peut-être plus connue pour avoir lancé la mode des livres cartonnés dans les années 1980. Il s'agissait au départ de divertir l'un de ses jeunes enfants qui était malade. Sa compréhension intuitive des bébés et des enfants l'a incitée à se tourner vers les livres illustrés. Son mariage avec un auteur et illustrateur de livres pour enfants couronné de succès, John Burningham, l'a encouragée à poursuivre dans cette voie.

Dans *Chatouillis*, les enfants sont représentés en gros plan sur des pages dépouillées. Ils sont en pleine action et Helen Oxenbury prend soin de souligner chaque détail de leur comportement. Les quelques mots du texte riment et vont très bien avec les illustrations.

Oxenbury a été louée pour ces dernières, accessibles aux bébés et aux enfants en bas âge, ainsi que pour ses comédies subtiles qui font rire petits et grands. **AK**

Elmer

David McKee

Titre original *Elmer*, 1968
Nationalité G-B, né David McKee Owns, 1935
Édition française École des loisirs-Kaléidoscope
Thèmes histoires d'animaux, amitié

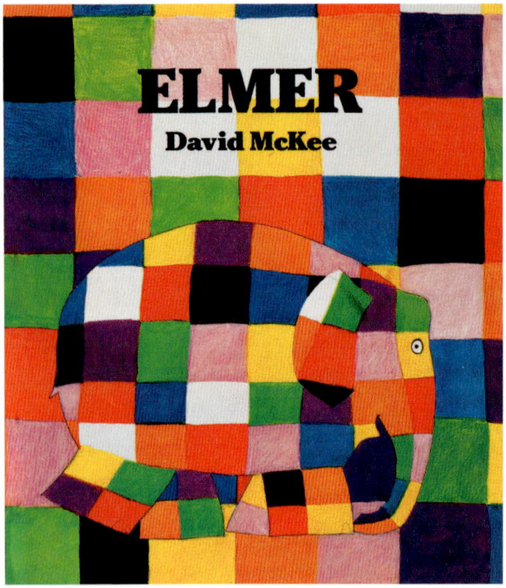

« Elmer était différent. Elmer était bariolé… Elmer n'avait pas la couleur d'un éléphant. »

Autres livres de David McKee

Le Petit Livre des contraires d'Elmer
Elmer et Rose
Le Nouvel Ami d'Elmer
Elmer et le nounours perdu
Elmer et le vent

Elmer, l'éléphant bariolé, pense que les autres éléphants se moquent de lui parce qu'il est différent. C'est pourquoi, un matin, avant que les éléphants de son troupeau s'éveillent, il s'éclipse et se peint en gris. Tout heureux de son déguisement, il revient au sein de son troupeau, mais les éléphants restent imperturbables, car Elmer n'est pas là pour les distraire.

Cependant, Elmer ne peut faire longtemps semblant d'être comme les autres éléphants du troupeau. Il ne peut s'empêcher d'être drôle. Quand il crie : « Hou ! », tous les éléphants sont surpris. « Cela doit être Elmer », déclarent-ils, et en effet, la pluie qui tombe fait rapidement disparaître son camouflage. Les éléphants décrètent alors qu'il s'agit de sa meilleure blague, et décident de célébrer le Jour d'Elmer en recouvrant leur corps de motifs aux couleurs éclatantes.

Comme beaucoup de livres illustrés de McKee, *Elmer* est un conte moral, abordant avec douceur les problèmes de la diversité et de la tolérance. Elmer s'inquiète, car les autres éléphants le traitent différemment, du fait de son aspect, mais il découvre que non seulement il est toléré mais aussi aimé des autres.

Il s'agit d'un livre d'images étonnant, dont les illustrations simples ressemblent à celles de bandes dessinées et se distinguent par leurs couleurs vives. Les carrés de couleurs du patchwork bariolé de la peau du héros et les éléphants gris se détachent sur un décor étrange constitué d'étonnantes plantes épineuses. Il est possible de remarquer de subtils changements de teinte en fonction des conditions atmosphériques. Ainsi, le jaune prédomine à l'aube quand Elmer s'éloigne du troupeau, puis c'est le bleu et le violet qui s'imposent quand des nuages noirs annonçant la pluie envahissent le ciel. Celui-ci, sombre en début de matinée quand les autres animaux accueillent Elmer dans la jungle, s'éclaircit dans la journée quand notre héros revient, tout bariolé. **CW**

Elmer se couvre de baies écrasées afin de changer de couleur. ➔

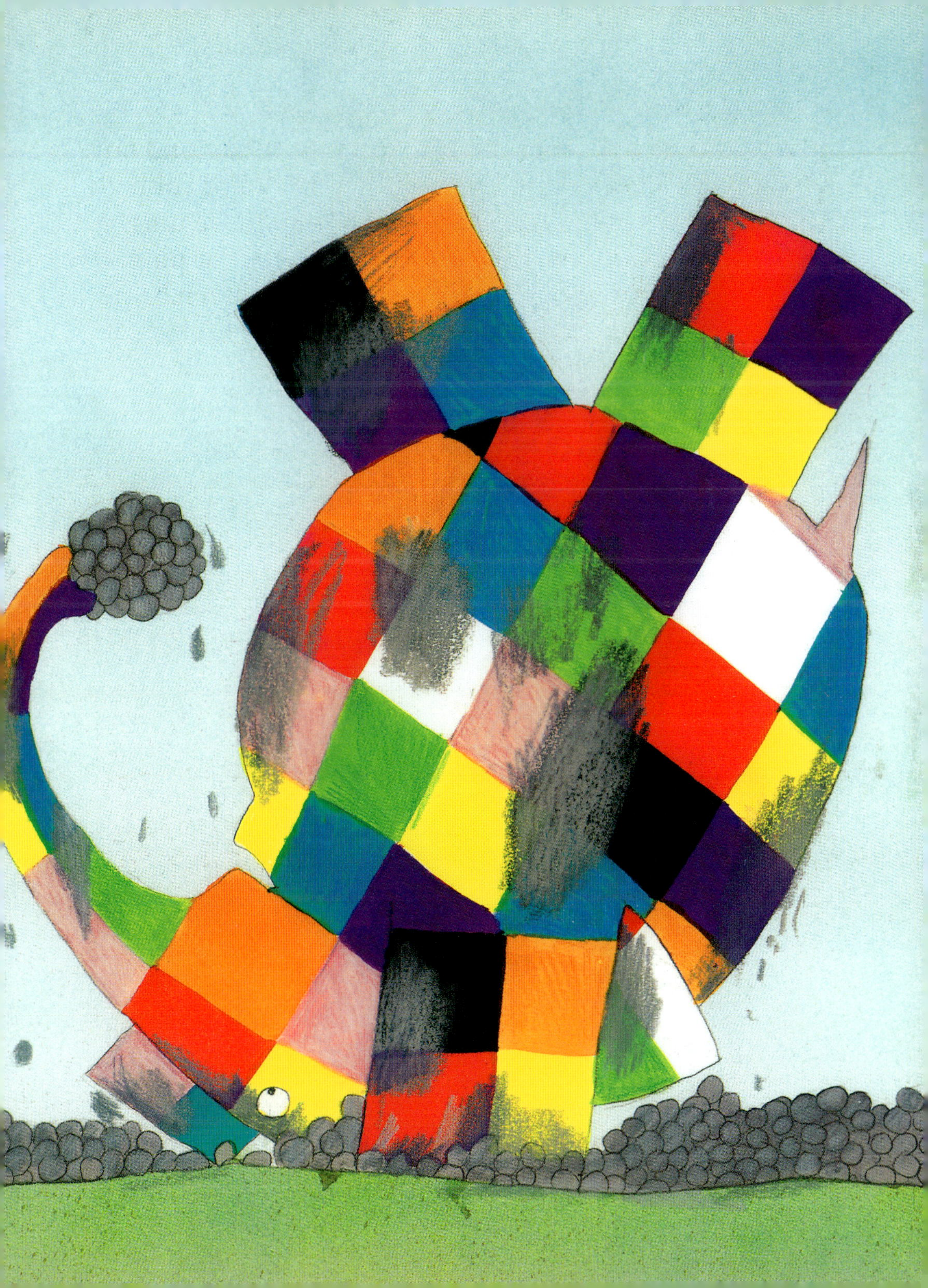

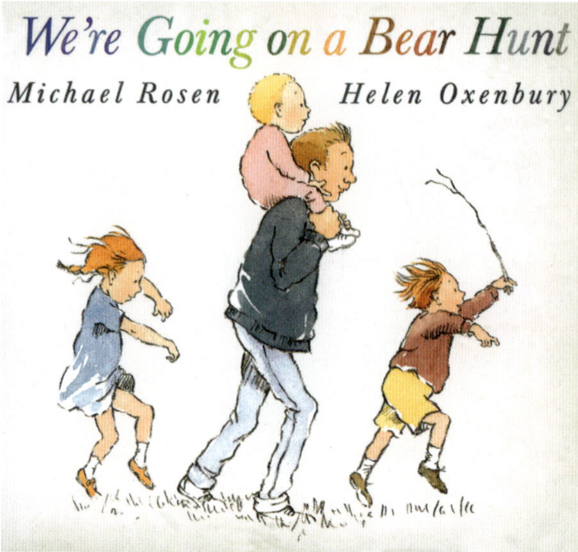

La Chasse à l'ours

Michael Rosen Helen Oxenbury

Titre original *We're Going on a Bear Hunt*, 1989
Nationalité G-B, 1946 (aut.) ; 1938 (ill.)
Édition française multiples éditeurs
Thèmes histoires en vers, classiques, famille

Michael Rosen, lauréat du Prix du meilleur livre pour enfants de 2007 à 2009, raconte l'histoire d'une famille qui va se promener et doit surmonter divers obstacles, comme la présence de boue ou d'herbes hautes. Après avoir croisé un ours, elle rentre en courant chez elle. C'est le langage employé et le rythme du texte qui rendent l'histoire particulière. Les répétitions marquant la cadence et le changement de rythme retiennent l'attention de l'auditeur. Les enfants adorent en général les sons des mots utilisés pour décrire les obstacles rencontrés en cours de route et aiment mimer les actions qu'ils leur suggèrent.

Les illustrations d'Helen Oxenbury confèrent plus de profondeur au récit. Nous voyons un père et ses trois enfants partir effectuer une promenade ordinaire, heureux et insouciants. Les dessins, en noir et blanc, montrant la famille immobile alors qu'elle considère chaque obstacle dressé sur son chemin, alternent avec des aquarelles la dépeignant une fois qu'elle a réussi à surmonter l'obstacle en question. Quand les obstacles deviennent menaçants, le sourire s'efface des visages. Les membres de la famille se blottissent les uns contre les autres au moment où ils doivent affronter une tempête de neige. Ils regardent avec incrédulité l'entrée d'une grotte lugubre, aperçoivent l'ours et s'enfuient. À partir de là, l'action s'accélère comme le rythme. On les voit rentrer en courant tandis que l'ours les pourchasse. Puis nous les voyons enfin chez eux, pelotonnés les uns contre les autres. Sur la page de garde, l'ours retourne dans sa grotte, l'air triste. **CW**

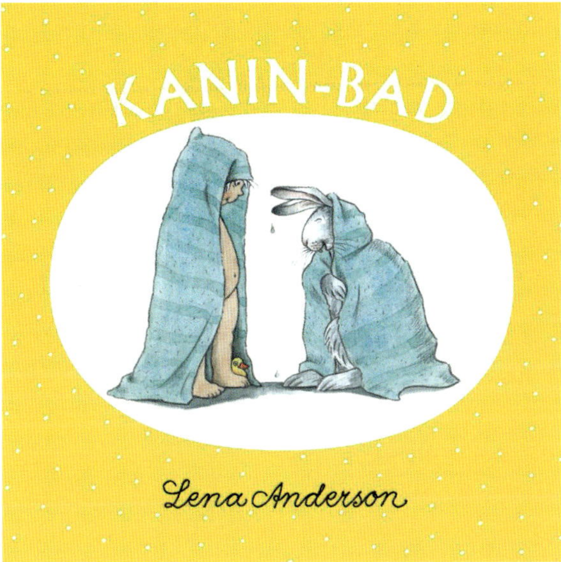

Au bain !

Lena Anderson

Titre original *Kanin-bad*, 1990
Nationalité Suède, 1939
Édition française Milan
Thème amitié

Avec seulement deux personnages, un enfant et un lapin, Lena Anderson nous raconte une histoire sans paroles sur la façon de se déshabiller pour prendre son bain. Le héros est un enfant chaudement habillé qui vient du froid. Au fur et à mesure qu'il se dévêt, il tend chacun de ses vêtements à un lapin représenté sur la page de gauche, qui les prend un par un. Le lapin prend soin des vêtements de l'enfant jusqu'à ce qu'un canard en caoutchouc apparaisse soudain, indiquant un changement. Sur la dernière page, on peut voir l'enfant et le lapin se détendre ensemble dans la baignoire, l'air satisfait.

Le travail d'Anderson a été comparé au naturalisme plein de douceur de sa compatriote Elsa Beskow. L'illustratrice a donné une touche plus moderne aux dessins aux contours sombres et aux aquarelles décoratives propres à Beskow. Le lapin est grand, doux et jovial. Il joue le rôle d'un parent patient et sécurisant. Il range et suspend les habits comme un adulte responsable, mais se montre aussi prêt à jouer. La compréhension entre les deux personnages est tangible. À la fin du livre, ils semblent impatients de partager leur bain.

Anderson est l'un des nombreux auteurs suédois dont l'œuvre introduit une note de fraîcheur dans un genre littéraire un peu statique. La série « Rabbit » (« Le Lapin ») comprend des albums classiques au texte vivant et très théâtral. Il ne s'agit pas seulement de nommer des choses et des concepts, mais de faire connaître des choses nouvelles aux enfants, ce qui est si important pour eux. **UR**

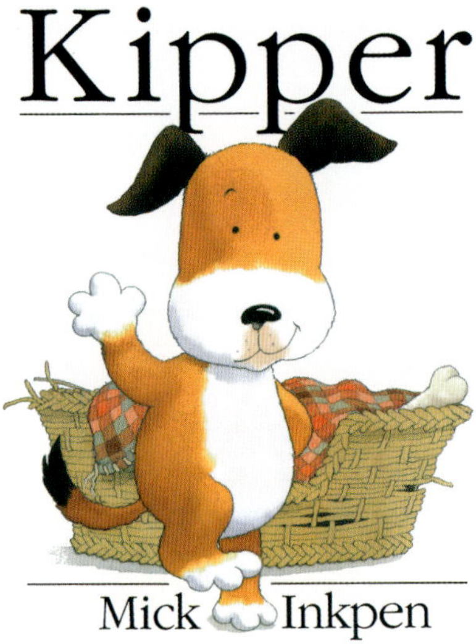

Kipper

Mick Inkpen

Titre original *Kipper*, 1991
Nationalité Grande-Bretagne, 1952
Édition française Hachette Jeunesse
Thèmes classiques, histoires d'animaux, amitié

Les aventures de Kipper le chien se sont vendues à plus de cinq millions d'exemplaires dans le monde entier. Notre héros est apparu pour la première fois dans *The Blue Balloon* (1989). *Kipper* devint ensuite le premier album d'une série consacrée à cet animal attachant. Petit chien marron et blanc, il a une grosse tête disproportionnée, des oreilles noires guillerettes et une apparence pleine d'optimisme. Sa naïveté le conduit fréquemment à commettre des méprises comiques. Ses tentatives pour résoudre les difficultés de la vie lui causent souvent des ennuis et expliquent sa popularité auprès des jeunes lecteurs et de leur famille.

Dans ce premier album, Kipper a décidé de nettoyer sa corbeille. Il en extrait un jouet mou, une balle, un os mâchouillé et, à son grand soulagement, une vieille tétine qui sent mauvais. Cependant, quand il essaie de s'endormir, sa corbeille ne lui semble plus aussi confortable, il a beau se tourner et se retourner dedans, rien n'y fait. Il décide d'aller voir comment font les autres animaux pour s'endormir. Sur les illustrations comiques, on le voit à l'envers et perplexe alors qu'il essaie de dormir comme un roitelet, ou chatouillé par de longues herbes alors qu'il tente d'imiter un mouton ou encore trempé au milieu d'un étang après avoir voulu, telle une grenouille, s'endormir sur une feuille de nénuphar.

Les jeunes lecteurs devineront la fin de l'histoire longtemps avant la fin du livre, attendant le moment où Kipper va rendre à sa corbeille son aspect antérieur et pouvoir enfin s'endormir tranquillement. **KA**

Kipper trie les vieux jouets présents dans sa corbeille.

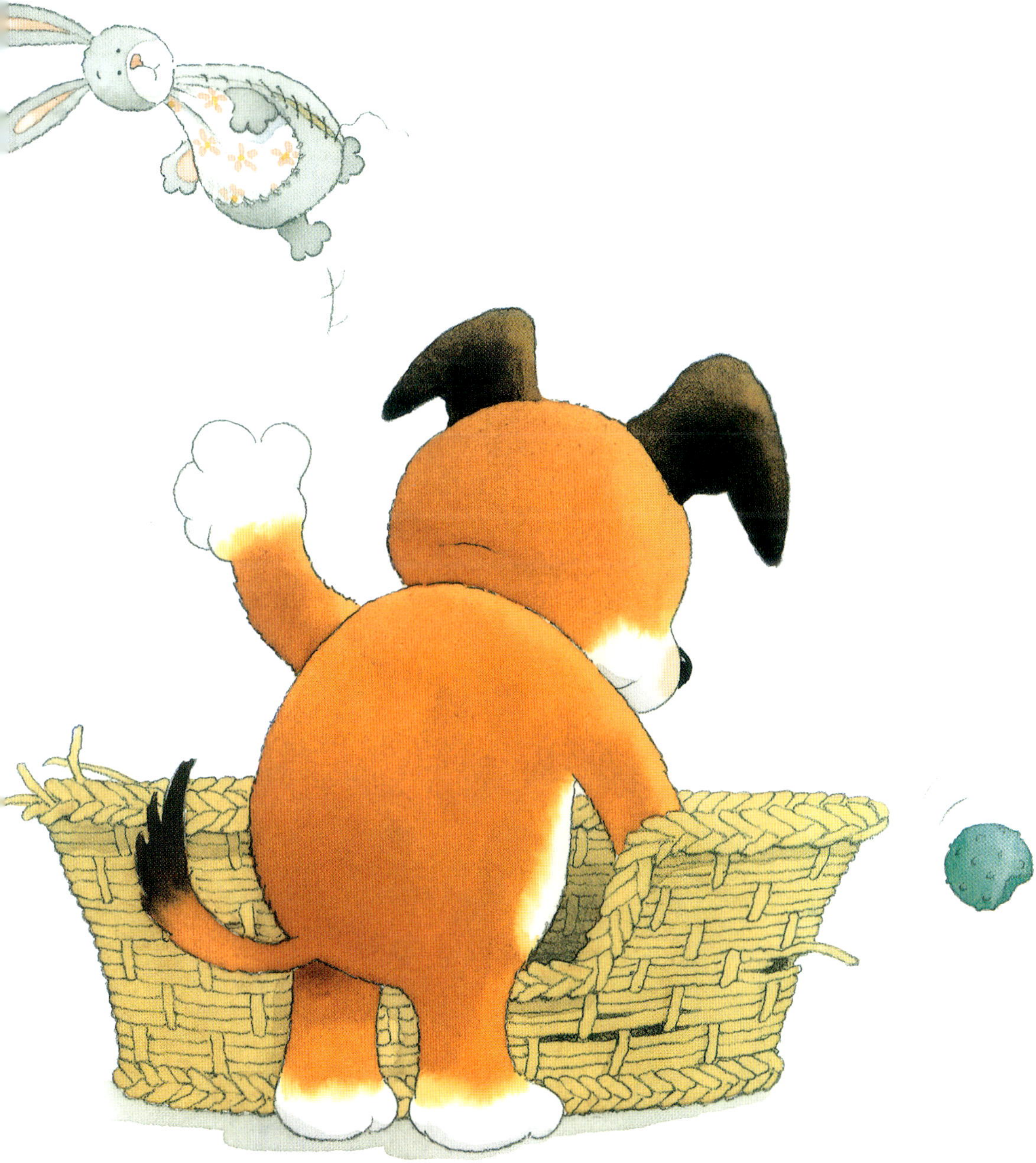

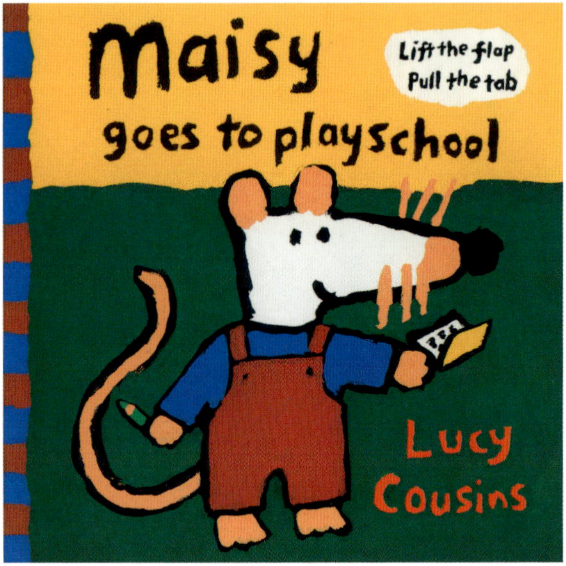

Mimi va à l'école

Lucy Cousins

Titre original *Maisie Goes to Playschool*, 1992
Nationalité Grande-Bretagne, 1964
Édition française Albin Michel Jeunesse
Thèmes personnages préférés, amitié, histoires d'animaux, école

Mimi, une gentille souris blanche, explore le monde qui l'entoure et a les occupations quotidiennes de tous les enfants en bas âge. Bien qu'elle ait des oreilles et une queue, elle a des mains et des pieds et se comporte comme un enfant.

Dans cet album, il est question de son premier jour à la garderie. Mimi fait de la peinture, gambade dans la salle de jeu, s'habille, danse et nourrit les poissons avant de rentrer chez elle. Ce sont les activités rassurantes qu'un petit enfant peut comprendre. Cependant, la série décrit aussi des expériences nouvelles, comme une visite chez le dentiste ou au musée. Mimi et ses amis, l'écureuil, le crocodile, l'éléphant, le poussin, ainsi que son jouet favori, un panda, sont stylisés et colorés avec des couleurs primaires. Ils apparaissent dans un nombre croissant de livres consacrés à leurs petites aventures. On les voit apprendre à nager, jouer dans le jardin, se rendre dans une ferme, faire du tricycle ou se faire des amis.

Plus de douze millions d'albums ont été vendus dans le monde. La série plaît énormément aux parents, aux enfants d'âge préscolaire et aux bibliothécaires, car elle introduit des notions élémentaires comme les couleurs, les nombres et les contraires, tout en soulignant les valeurs du partage et de l'entraide. Les livres sont disponibles en petit format. Il existe aussi des albums en tissu et des jeux en trois dimensions qui permettent aux enfants d'explorer les textures et les formes. **HJ**

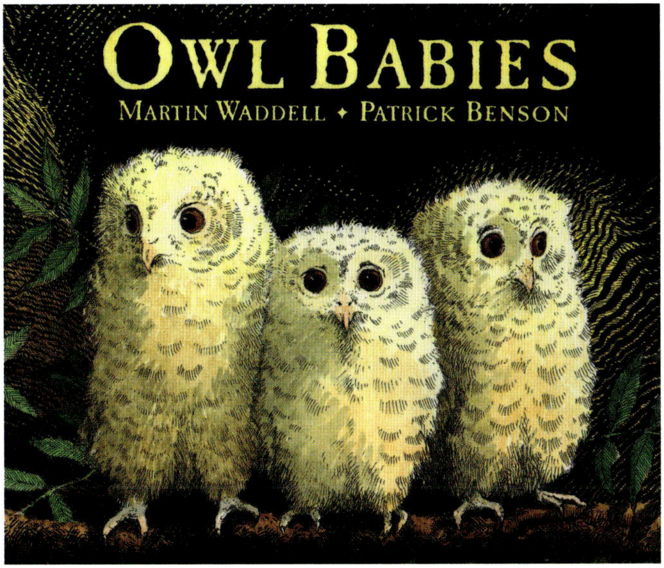

Bébés chouettes

Martin Waddell Patrick Benson

Titre original *Owl babies*, 1992
Nationalité Irlande, 1941 (aut.), G-B, 1956 (ill.)
Édition française L'École des loisirs-Kaléidoscope
Thèmes famille, histoires d'animaux

Au milieu de la nuit, dans un petit coin de forêt sombre, trois bébés chouettes sont assis sur les branches d'un arbre et attendent le retour de leur maman. Sarah se trouve sur une grosse branche, Percy sur une petite branche et Bill, le plus jeune, est perché sur un vieux morceau de lierre. Alors qu'ils attendent, leur anxiété croît. L'aînée, Sarah, fait venir les deux plus jeunes à côté d'elle et les réconforte. Le lecteur doit attendre de tourner la dernière page pour assister à l'arrivée triomphale de leur maman. Ce livre, très apprécié des enfants et des adultes, doit sa force à l'harmonie subtile entre le texte et les illustrations. Le premier, très répétitif et en grande partie monosyllabique, semble simple et superficiel, mais aux moments cruciaux, les allitérations et le changement de style procurent un véritable plaisir à l'auditeur comme au lecteur.

Les illustrations font ressortir le contraste entre la noirceur intense de la nuit, le blanc presque lumineux des plumes des bébés chouettes et les couleurs sombres de la forêt. Bien que le décor ne change jamais, les images sont variées, grâce à l'utilisation talentueuse du changement de point de vue. On passe d'une vue panoramique à un gros plan lorsque les bébés chouettes sont représentés sur la même branche en train d'essayer mutuellement de se réconforter, puis à un effet de perspective qui souligne leur vulnérabilité dans la vaste forêt.

Explorant et calmant les anxiétés enfantines au travers de ses personnages, cet album est plébiscité par nombre d'enfants. **KA**

Noir sur blanc Blanc sur noir

Tana Hoban

Titre orig. *Black on White, White on Black*, 1993
Nationalité États-Unis, 1917
Édition française L'École des loisirs
Thèmes imagier, photographie

Tana Hoban fut une des grandes photographes américaines avec une œuvre dédiée aux enfants. Elle fait d'eux des portraits qui la rendront célèbre dans les milieux de l'art comme de la publicité.

À partir de 1970, elle choisit de s'adresser directement aux enfants et publiera chez Macmillan près de 50 albums. Son éditeur français, Kaléidoscope, a publié une quinzaine de ses livres, dont le premier était *Des couleurs et des choses* en 1990. Le fil conducteur de son travail est basé sur une idée simple : inventorier le monde dans ses moindres détails, le montrer avec art aux enfants à travers des images du quotidien en les incitant sans cesse à faire attention, à regarder encore et encore, à adopter un autre regard sur les choses.

Noir sur blanc et *Blanc sur noir* répondent à ces exigences et aux premières perceptions de l'enfant basées sur le contraste maximal entre le noir et le blanc et les formes d'objets familiers. Tana Hoban alterne les effets du positif sur le négatif et vice versa avec une technique apparentée au photogramme, jouant de la brillance et du mat et donnant un relief tactile à l'objet regardé. L'ordonnancement des formes, loin d'être arbitraire, les réunit par deux selon leur fonction, leur nature, ou par des liens plus subtiles. Il est remarquable de trouver dans ces livres d'images une telle figuration artistique du réel, une telle exigence du regard, garant dès le plus jeune âge d'un apprentissage sensoriel de la beauté. **NB**

Alboum

Christian Bruel Nicole Claveloux

Nationalité France, 1948 (aut.), 1940 (ill.)
Édition Être, France, 1998
Thèmes aventure, jeu

Sous son petit format, *Alboum* cache un modèle d'album pour les plus petits. Il prend pour prétexte un des jeux préférés des bébés, empiler des cubes ou autres jouets jusqu'à ce que… !

Alors Bernard le canard prend place en bas de la page de droite, dite la bonne page, celle vers laquelle le regard est d'abord attiré. Le texte, lui, s'inscrit en bas de la page de gauche. Puis c'est le lapin en peluche Clindindin qui s'installe, puis le sceau, la pelle et le râteau pour aller à la plage, puis l'ours, la poupée, le ballon, le camion. Texte et images ont gravi la page.

Attention, ça penche ! S'ouvre alors une double page toute envahie par un énorme BOUM. Tous les jouets sont éparpillés sur le sol. « On recommence ? » interroge la dernière page.

La proposition de jeu va jusqu'au bout, jusqu'au désir de rejouer encore et encore si habituel chez l'enfant. Le livre et le jeu ont en commun d'être des lieux imaginaires d'expérience et *Alboum* le démontre parfaitement. Les jouets sont animés, ils créent eux-mêmes la pyramide. La très grande illustratrice Nicole Claveloux sait leur donner de subtiles expressions, avec son style incomparable. Le texte rimé empile les mots jusqu'à l'absurde.

Ce duo auteur-illustrateur a créé plusieurs albums pour les petits qui étonnent au premier abord, mais montrent une grande connaissance de la petite enfance et une confiance dans ses capacités à faire du sens. *Alboum* a reçu de nombreux prix.

Coucou Papa ! Bonjour Léon

John Prater

Titre orig. *The Bear Went over the Mountain*, 1999
Nationalité Grande-Bretagne, 1947
Édition française Nathan
Thèmes histoires d'animaux, famille, aventure

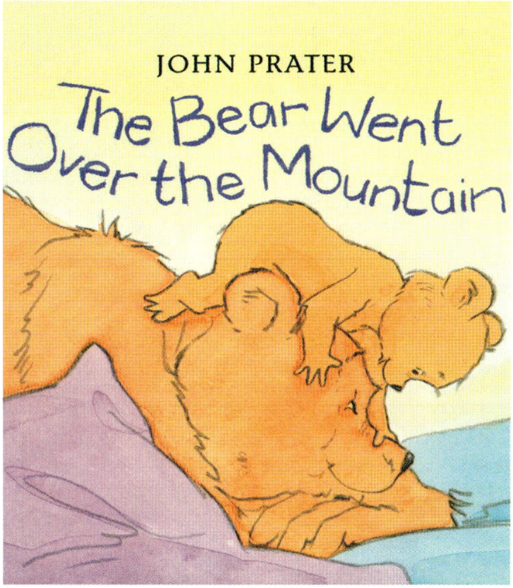

Loué par les critiques pour évoquer de façon nouvelle les réalités quotidiennes, l'écrivain et illustrateur britannique John Prater a dit qu'il avait eu l'idée d'écrire ses albums en observant ses deux filles espiègles. La principale caractéristique de ses livres est leur texte extrêmement réduit (Prater a avoué qu'il trouvait très difficile d'écrire), leurs illustrations expressives réalisées à l'aide d'un simple crayon et à l'aquarelle et leur manière de décrire avec humour les joies et les peines des enfants.

Cet album est un exemple parfait de ce qui vient d'être énoncé. Prater a pensé à l'écrire lorsqu'il est devenu grand-père. Le récit décrit un petit ours jouant affectueusement avec son père, mais d'une façon qui s'apparente pour lui à une aventure, ce qui prouve le sens de l'observation de Prater. Comme dans les autres albums de ce dernier, le texte très concis prend la forme d'une chanson qui se marie très bien avec les situations amusantes et tendres décrites. Il est donc facile de le chanter avec un bébé ou un jeune enfant et cela permet à ces derniers d'apprendre des sons, des mots et des notions élémentaires. L'auteur confère au visage des ours une expressivité qui les rend immédiatement sympathiques.

Prater fut à la fois illustrateur et enseignant. Le mélange de ces deux compétences lui a valu un grand succès dans le monde de la littérature enfantine avec la publication en 1982 de son premier livre d'images *On Friday Something Funny Happened*. **AK**

« L'ours gravit la montagne,
l'ours gravit la montagne,
l'ours gravit la montagne…
pour voir ce qu'il pouvait voir. »

Autres livres sur les ours

Petit ours brun, Claude LeBrun (p. 39)
Petit ours a disparu, Jane Hissey (p. 141)
Où est mon nounours ?, Jez Alborough (p. 155)

Humphrey's

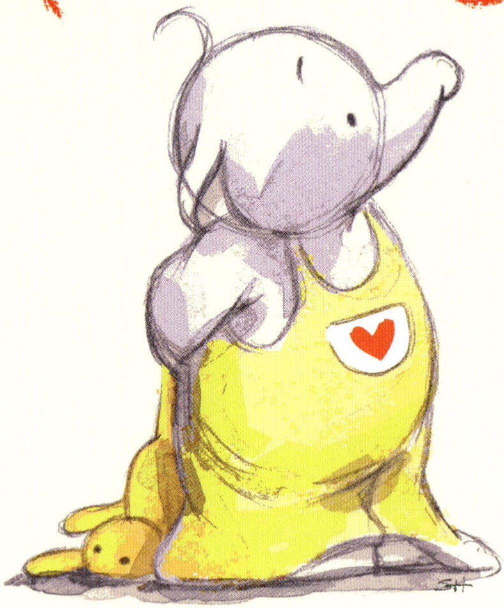

Corner

Sally Hunter

Humphrey

Sally Hunter

Titre original *Humphrey's Corner*, 1999
Nationalité Grande-Bretagne, 1965
Édition française multiples éditeurs
Thèmes personnages préférés, famille, amitié

Ce livre d'images raconte une histoire simple, mais il permet aussi aux enfants d'apprendre beaucoup de choses. Humphrey, un petit éléphant adorable, est en mission. Après avoir secouru son fidèle jouet et ami, Mop, qui a failli être écrasé alors qu'il se trouvait par terre à côté de son lit, il part avec lui à la recherche d'un lieu parfait pour jouer. Pour cela, il fait le tour de la maison, entre dans toutes les pièces et dans tous les placards. Aucun endroit n'est parfait, il continue donc à chercher. Le texte est simple et son ton est gentil, se mariant parfaitement avec les illustrations. L'intrigue est intéressante, car elle permet aux enfants d'explorer les différentes pièces d'une maison typique et d'en parler. À chaque endroit, Humphrey se saisit d'un objet, ce qui donne aussi la possibilité au lecteur de jouer à un jeu de mémoire amusant. Les enfants s'intéressent à l'histoire, car ils veulent connaître la suite et savoir si Humphrey va trouver le lieu idéal.

Chaque pièce est décrite au moyen de superbes illustrations très évocatrices. Les contours sont réalisés avec un crayon à la mine grasse et des lavis aux tons délicats et chauds. Il s'agit vraiment d'une représentation nostalgique d'une enfance radieuse dans une ambiance sécurisante. Sally Hunter a dit qu'elle avait été très influencée par la vie qu'elle avait connue étant enfant et par ses proches parents et ses trois enfants. Pour créer ses héros, elle s'est inspirée de son fils Ralph alors qu'il avait 3 ans, de sa fille Georgie quand elle en avait 5 et de son bébé, Kim. **AK**

Tout un monde

Katy Couprie et Antonin Louchard

Nationalité France, 1966 (KC), 1954 (AL)
Édition Thierry Magnier, France, 1999
Thèmes école, personnages préférés, imagier

Un formidable travail orchestré par deux illustrateurs qui, dans ce « Monde en vrac », renouvellent l'imagier et donnent à l'image narrative toute sa force. Les 250 images de ce petit pavé carré sont reliées entre elles par des associations logiques ou inattendues qui stimulent à la fois la curiosité, l'imagination et l'œil. Pas de classement par thème, mais un cheminement intime, artistique et poétique à travers la diversité du monde avec des suites d'images que l'on peut lier en associant les idées, les formes ou les couleurs. La première séquence se déroule ainsi : une chaise, suivie de quatre sièges, puis d'un enfant sur le pot à côté d'un cabinet, d'un siphon d'évier puis d'une éponge et du liquide vaisselle… Une autre suite, avec celle du biberon, du bol de lait, de la table du petit déjeuner, du pelage de la vache, de celle-ci dans un champ, d'un pré à demi tondu près d'une barbe d'homme à raser… et c'est reparti, marabout-bout d'ficelle ! Aucun mot n'accompagne ces images qui jouent avec les cadrages, les couleurs et les formes.

L'originalité naît aussi de la proximité des multiples techniques utilisées : pastels, gouaches, crayonnés, eaux fortes, sculptures, photographies, collages, monotypes, etc. Ces deux artistes ont exploré tous ces modes de représentation pour élargir et enrichir les points de vue, les détails et les plans d'ensemble. Il reste à chacun le choix de vaquer dans ces itinéraires possibles, de multiplier les lectures et de laisser les images parler. **NB**

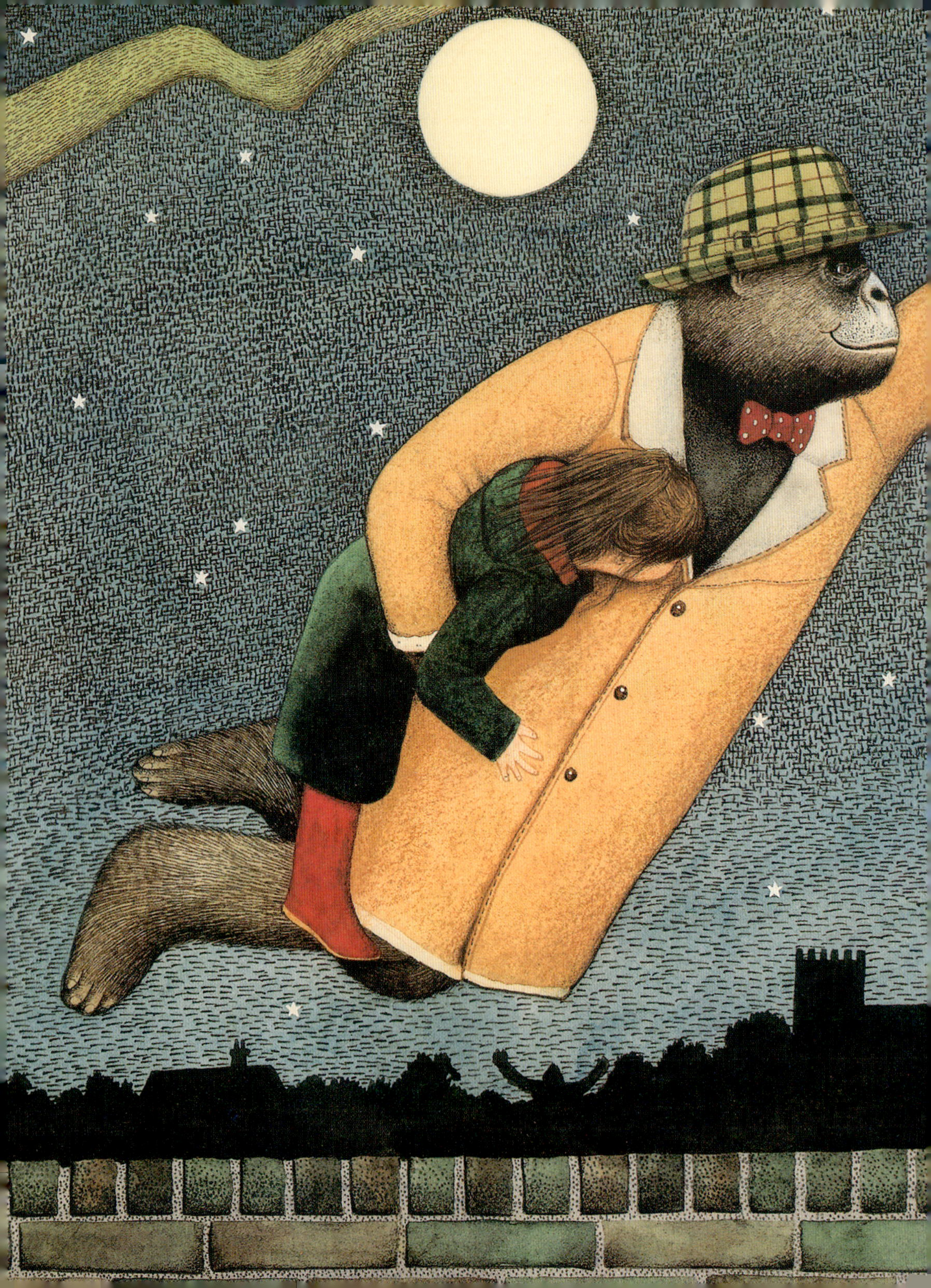

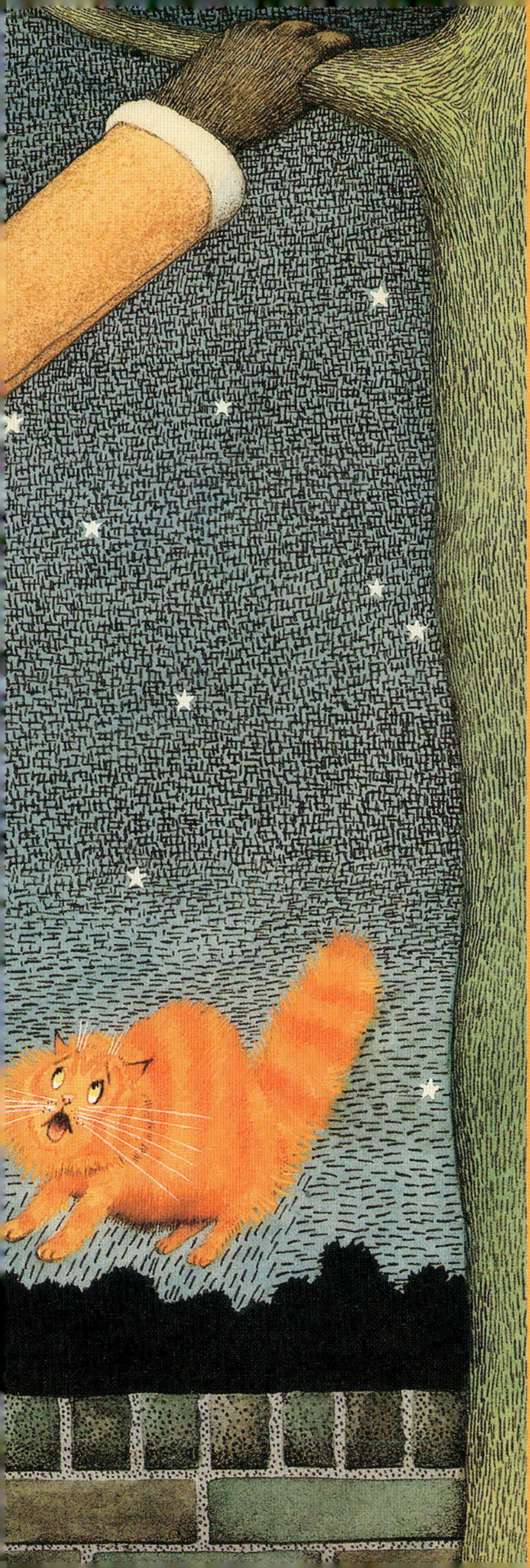

3+

Anna et le Gorille, écrit et illustré par Anthony Browne

3+

The Quangle Wangle's Hat

Edward Lear

Nationalité Angleterre, 1812
Édition Thomas McLean, Royaume-Uni, 1876 ; édition originale : Laughable Lyrics
Thèmes classiques, poésie

L'artiste, illustrateur et auteur anglais Edward Lear est devenu célèbre au XIXe siècle pour ses limericks, genre qu'il contribua à populariser, ainsi que pour ses poèmes absurdes. Son livre le plus connu est sans doute *The Owl and the Pussycat*. Aujourd'hui encore, les enfants se délectent de sa vision du monde loufoque.

Le présent livre raconte l'histoire d'une étrange créature, Quangle Wangle. Perchée au sommet d'un arbre touffu, elle porte un superbe chapeau qui cache son visage. Son couvre-chef mesure 30 m de large. Il est orné de « rubans et de pompons / de clochettes et de boutons, de boucles et de dentelle ».

Notre héros aime l'arbre dans lequel il vit, car celui-ci lui donne de la « confiture, du miel et du pain aussi », mais est triste car personne ne vient le voir. Et lorsque M. et Mme Canari lui demandent la permission de faire leur nid sur son chapeau, il s'empresse d'accepter. Très vite, d'autres créatures apparaissent : une cigogne, un canard, un hibou, un escargot, un bourdon et une grenouille, ainsi qu'un étrange et magnifique « oiseau doté d'une patte en tire-bouchon ». Ils sont rejoints par une foule de personnages, fruits de l'imagination débordante de Lear : la « Courge Attery », un « petit ours olympique », un babouin jouant de la flûte, la « chauve-souris Bisky » et « un veau d'Orient du pays de Luth ». Lear met en scène des personnages de ses poèmes comme « Pobble qui n'a pas d'orteils » et « Dong au nez lumineux ». Toutes ces créatures se lient d'amitié et Quangle Wangle n'est plus seul. **LH**

Mother Goose

Kate Greenaway

Sous-titre *The Old Nursery Rhymes*
Nationalité Angleterre, 1846
Édition Routledge, Royaume-Uni, 1881
Thème comptine

Le troisième livre de Kate Greenaway, *Mother Goose or The Old Nursery Rhymes,* contient 42 comptines très connues en Angleterre comme « Jack and Jill » et « Tom, Tom, the Piper'son », ainsi que d'autres moins familières comme « Pippin Hill ». L'auteur modifia les rimes quand elle en ressentit la nécessité. Les illustrations présentent une vision idéalisée de l'enfance dans un magnifique cadre rural. Kate Greenaway grandit dans le quartier East End de Londres, mais décrit la campagne qu'elle vit en rendant visite à des parents dans le Nottinghamshire.

Les costumes de la période Régence figurant sur les illustrations suscitèrent un regain d'intérêt pour cette mode. Les lecteurs de l'époque victorienne furent séduits par cette charmante représentation de l'innocence enfantine ; peut-être était-ce un antidote au réalisme de Charles Dickens. Kate Greenaway étudia à la Slade School of Art de Londres, une institution assez libérale pour l'époque puisqu'elle permettait aux femmes de peindre d'après nature. Son père lui enseigna la technique de la gravure sur bois. *Mother Goose* est un exemple de ce qu'elle fit alors qu'elle était au sommet de sa créativité.

Après le succès de son premier livre, *Under the Window* (1879), elle voulut réaliser un nouveau best-seller mais *Mother Goose* n'eut pas le même succès commercial. Il existe une version française de ce livre, illustrée par Arthur Rackham, parue sous le titre *Comptines de ma mère l'oie.* **WO**

Marigold Garden

Kate Greenaway

3+

Nationalité Angleterre, 1846
Édition anglaise Routledge, Royaume-Uni, 1885
Thèmes comptine, classiques, poésie

Kate Greenaway commença sa carrière en créant des cartes de vœux et des calendriers pour Marcus Ward. Grâce aux relations de son père, elle travailla pour le graveur Edmund Evans. Le premier livre illustré pour ce dernier, *Under the Window* (1879), fut une grande réussite tant sur le plan financier que créatif.

Après le succès de son anthologie, *Mother Goose*, elle souhaita continuer à illustrer des comptines. *Marigold Garden* en contient 51, à vrai dire assez pauvres sur le plan littéraire.

Si les vers sont loin d'être exaltants, les illustrations sont, elles, épurées et splendides. Dans « Les premières arrivées », trois enfants, un garçon et deux filles, sont représentés sagement assis sur un canapé rouge dans leurs plus beaux habits en soie avec de larges ceintures à nœud. On sent manifestement l'influence des portraits de Reynolds et Gainsborough. Greenaway utilise souvent l'espace de la page de façon très inventive. Par exemple dans « Les cloches du mariage », où cinq jeunes filles montent et descendent des escaliers dessinés autour des vers, tandis qu'un enfant situé à l'extrémité d'une ligne jette à la dérobée un regard au lecteur. Dans « Les chats sont venus prendre le thé », treize chats apparaissent soudain, tels des éléments décoratifs, sans qu'aucun principe de perspective ne soit pris en compte, alors que les petites filles se demandent ce qu'elles vont leur donner à manger. « Mon Dieu ! Oh ! Mon Dieu / Tous les chats sont venus prendre le thé ! » **WO**

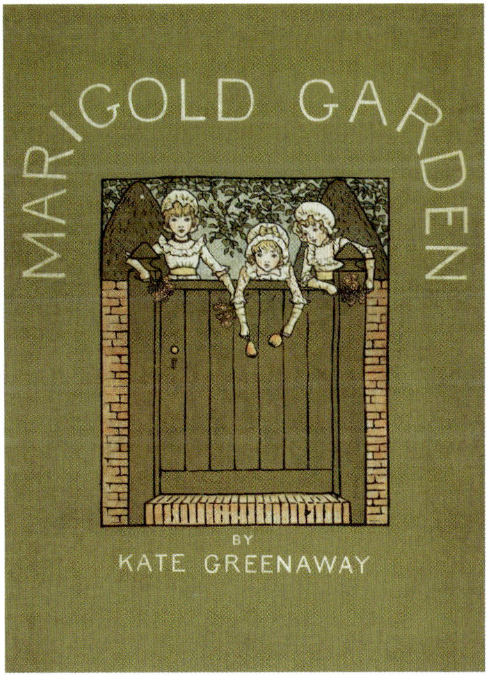

« Nous allons danser et nous pavaner en ville / Nous allons grimper sur le mur qui borde la ville. »

Livres de Kate Greenaway traduit en français

Récréation, jeux d'hier et d'aujourd'hui
Le Joueur de pipeau d'Hamelin
Mother Goose or The Old Nursery Rhymes **(p. 62)**

Die lustige Tante.

Ein komisches

Verwandlungsbilderbuch

von

L. Meggendorfer.

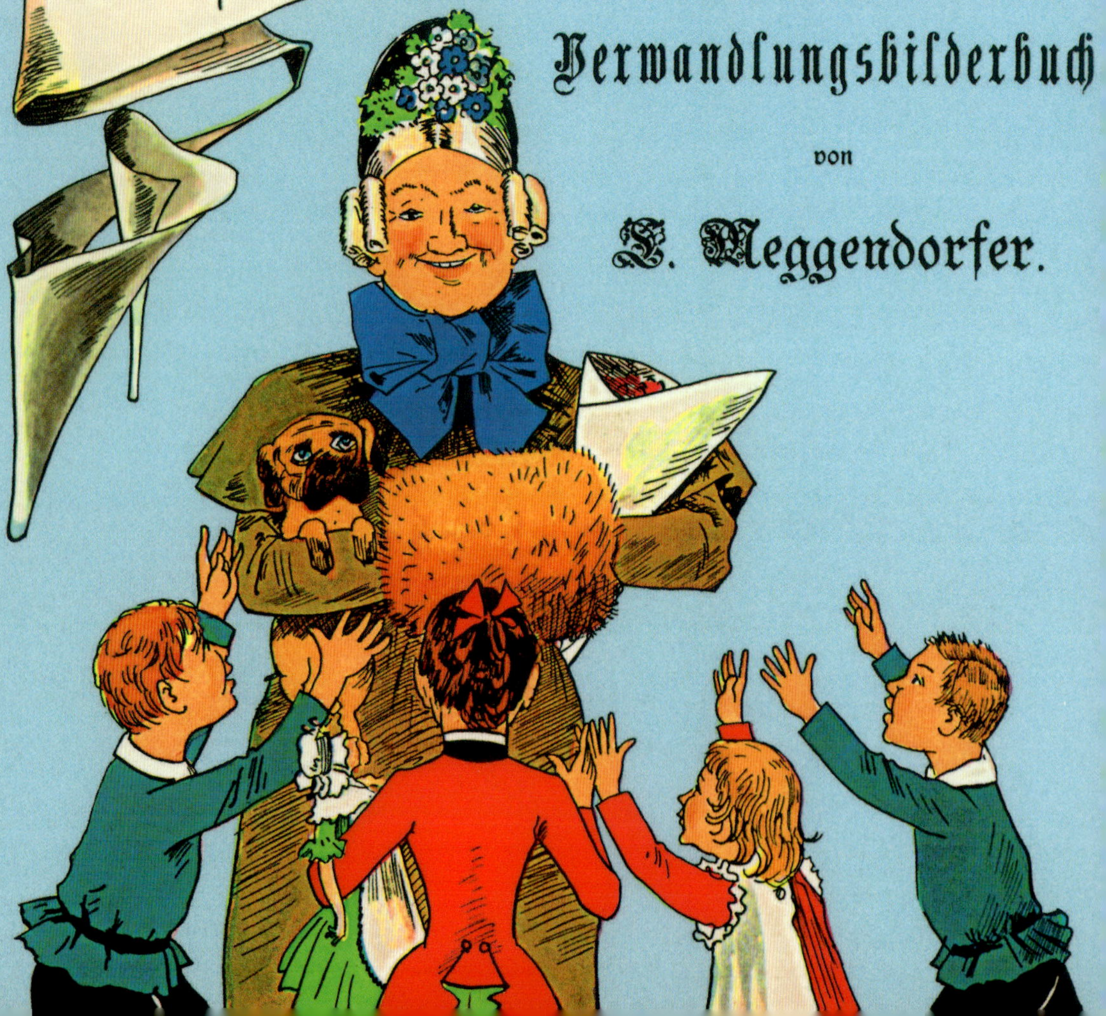

Die lustige Tante

Lothar Meggendorfer

Nationalité Allemagne, 1847
Édition Schreiber, Allemagne, 1891
Thèmes classiques, imagier

L'Allemand Lothar Meggendorfer était un illustrateur et un peintre célèbre au début du XIXe siècle. Il est souvent considéré comme l'inventeur des livres animés, bien que ces derniers soient apparus au milieu du XIXe siècle.

Néanmoins, il joua un rôle important dans l'histoire de ces livres et développa des techniques de plus en plus élaborées pour les animer, utilisant notamment des tirettes, des rivets et des fils. De nombreux créateurs modernes estiment qu'il est l'inventeur de cet art. Ses œuvres sophistiquées atteignent des prix élevés chez les bouquinistes.

Cependant, leur attrait n'est pas uniquement dû à leurs animations. Meggendorfer est en effet renommé pour ses textes spirituels et ses illustrations pleines d'humour, qui confèrent une dimension neuve à ses charmants personnages. À la différence de ce que l'on voit dans les livres du même genre, les scènes animées dépeignent des cadres divers et plutôt complexes : des cirques, des parcs et des maisons de poupée. *Le Cirque des animaux savants*, paru en français en 1997, en est un bel exemple.

Le style si particulier de Meggendorfer reste apparent dans la nouvelle édition anglaise de *Die lustige Tante* (2007). Sa technique si complexe a certes été simplifiée – chaque page est divisée en trois parties interchangeables –, mais l'humour et le sens du détail ont été préservés. Ce livre d'images sans paroles plaira sans nul doute à toute la famille. **GS**

Les Aventures de Peter au pays des myrtilles

Elsa Beskow

Titre original *Puttes äventyr i blåbärsskogen*, 1901
Nationalité Suède, 1874
Édition française Bonnier / Garnier frères
Thèmes fantastique, magie

Elsa Beskow est célèbre pour avoir été la première à avoir fait connaître la littérature enfantine suédoise au reste du monde. *Les aventures de Peter au pays des myrtilles* fut l'un de ses premiers ouvrages les plus populaires. C'est l'histoire d'un petit garçon prénommé Peter qui va chercher des baies dans la forêt pour les offrir à sa maman le jour de sa fête. N'en trouvant aucune, il s'assoit sur une souche et se met à pleurer.

Soudain, un étrange personnage surgit devant lui. Il s'agit du roi de la contrée des myrtilles. Il entraîne Peter, et le lecteur, dans une merveilleuse aventure au sein de son superbe royaume. Peter y rencontre tous les enfants-baies, et cueille des myrtilles et des airelles aussi grosses que des pommes. Quand il se réveille, il pense d'abord qu'il a rêvé, mais son panier est bien rempli à ras bord de baies.

Les livres de Beskow se distinguent par leurs illustrations si particulières et leurs textes en vers. Bien qu'elle ait plus d'un siècle, l'histoire est loin d'être démodée. Le fait qu'elle ait été traduite dans quatorze langues et soit encore disponible dans de nouvelles éditions en format poche le prouve. La créativité de Beskow semble infinie lorsque celle-ci explore un monde merveilleux dans un cadre naturel familier. **CC**

Autre livre d'Elsa Beskow

Les Petits Elfes de la forêt (p. 69)

3+

Pierre Lapin

Beatrix Potter

3+

Titre original *The Tale of Peter Rabbit*, 1902
Nationalité Angleterre, 1866
Édition française Gallimard Jeunesse
Thèmes animaux, personnages favoris

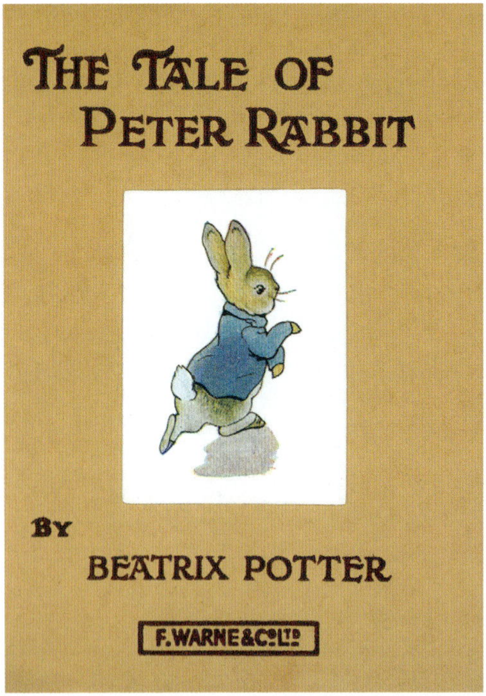

Autres livres de Beatrix Potter

***Jérémie Pêche-à-la-ligne* (p. 67)**
***Sophie Canétang* (p. 69)**
Noisette l'écureuil
Jeannot Lapin

Mieux vaut oublier les dessins animés et leurs lapins duveteux. Aussi charmantes et originales que ses dessins de grenouilles en caoutchouc et ses hérissons en lavandières, les histoires de Beatrix Potter sur la campagne anglaise ne manquent pas de faits sombres et de commentaires acides. Passionné de botanique et de mycologie, l'auteur s'inspira de la réalité pour créer ses personnages et ses décors, même si ses héros sont habillés comme des hommes. Dans ses œuvres, la nature est évoquée sans sensiblerie et sans complaisance. Sophie Canétang, la sotte, est séduite par « M. le Renard » ; l'insouciant Tom chaton finit dans le pâté confectionné par un rat perpétuellement affamé, Samuel le Moustachu ; un combat désagréable oppose un blaireau et un renard.

Pierre Lapin, son premier livre, est aussi l'un des meilleurs. Pierre est un lapin espiègle vêtu d'un manteau bleu aux boutons de cuivre rutilants. Il n'obéit pas à sa mère qui lui recommande d'éviter le jardin de MacGregor (« Ton père y a été victime d'un accident ; il a fini dans le pâté de Mme MacGregor »). Le jardin en question ne lui semble que plus tentant. Dès qu'il se fait remarquer, MacGregor se précipite sur lui. Nous avons droit à une course-poursuite amusante au milieu des rangées d'oignons, au cours de laquelle Pierre tente d'échapper au chat et se fourvoie après avoir demandé son chemin à une souris incapable de le renseigner. Fatigué, il fond en larmes, mais parvient finalement à s'enfuir. À la maison, sous un arbre, Maman Lapin le met au lit avec une infâme infusion de camomille, tandis que ses sœurs Flopsaut, Trotsaut et Queue-de-Coton ont, elles, du pain, du lait et des mûres pour le souper. Passionnée de jardinage, Potter éprouvait des sentiments ambigus pour les lapins. Le livre exalte cependant les merveilles de la nature et constitue une appréciation pleine d'humour de ses conflits perpétuels. Ses illustrations sont de superbes aquarelles. **VN**

Jérémie Pêche-à-la-ligne

Beatrix Potter

Jérémie est un crapaud qui vit dans « une petite maison humide parmi les renoncules des champs à l'extrémité d'un étang ». Décidant un jour de pluie d'aller à la pêche aux vairons pour festoyer le soir, il met ses caoutchoucs et son imperméable et saute sur une grande feuille de nénuphar.

Après une longue attente sous la pluie, il ne parvient à attraper qu'une épinoche garnie d'épines dangereusement pointues. Mais ce n'est pas le pire : il est soudain englouti par une énorme truite qui le recrache uniquement parce qu'elle déteste le goût de son imperméable beige. Ayant perdu dans l'aventure sa canne à pêche, son panier et l'un de ses caoutchoucs, Jérémie prend la poudre d'escampette. Il retrouve vite sa bonne humeur et va rendre visite à ses vieux amis, Isaac le lézard et Ptolémée la tortue. Ce soir-là pour le dîner, ils préparent une sauterelle rôtie nappée d'une sauce à la coccinelle, un vrai délice pour les crapauds, un plat que le narrateur trouve répugnant.

« Jérémie aimait avoir les pieds mouillés et il n'était jamais enrhumé ! »

Beatrix Potter aimait les crapauds, et en dessinait souvent dans les lettres qu'elle envoyait à ses jeunes amis. Elle réalisa une série de dessins de grenouilles et de crapauds en noir et blanc publiée dans un album pour enfants en 1902. L'histoire de *Jérémie Pêche-à-la-ligne* fut écrite et illustrée un an après la mort soudaine de Norman Warne, son fiancé, membre de la maison d'édition qui publiait ses livres. Contenant certaines de ses illustrations les plus belles et les plus détaillées, cet album est manifestement une œuvre d'amour envers la nature et un hommage à l'homme qu'elle avait perdu. **NT**

3+

Titre original *The Tale of Mr. Jeremy Fisher*, 1906
Nationalité Angleterre, 1866
Édition française Gallimard
Thèmes animaux, personnages favoris

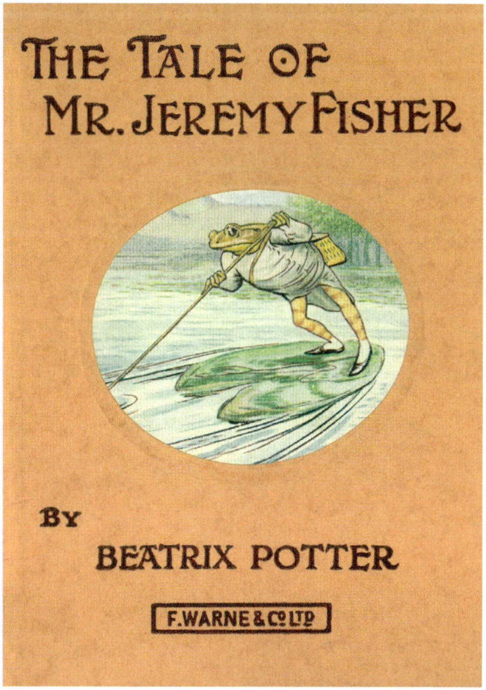

Autres livres de Beatrix Potter

L'Aventure des deux souris
Tom chaton
L'Aventure de M. Tod
Le Tailleur de Gloucester

Etwas von den Wurzelkindern

Sibylle von Olfers

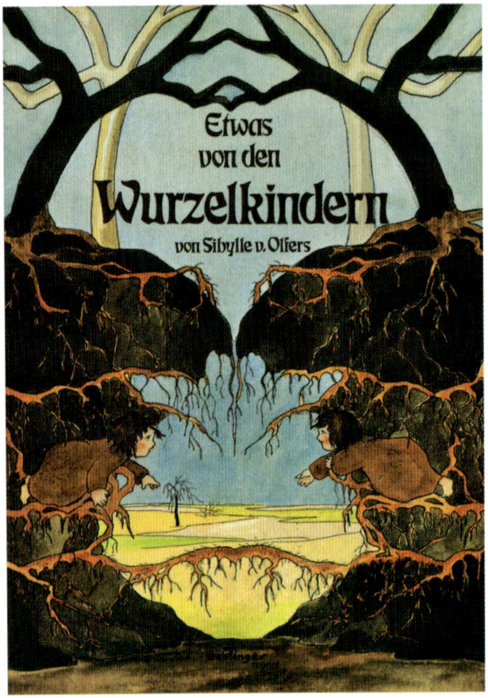

« Maintenant, allez au lit, mes chéris et dormez jusqu'à l'année prochaine. »

Nationalité Allemagne, 1881
Édition Schreiber, Allemagne, 1906
Thèmes aventure, merveilleux et fantastique

Les Enfants-Racines sont des humanoïdes. Ce sont des mauvaises herbes et des fleurs qui apparaissent et se développent au printemps, côtoyant les coléoptères et les autres insectes. Ces créatures naines au visage rond sont dépeintes à l'aide d'illustrations élégantes et romantiques au sein de leur mystérieux microcosme.

L'histoire débute au printemps, quand les plantes en période de dormance s'éveillent grâce à la Terre-Mère. Les petites filles trient leur garde-robe, tandis que les garçons peignent les coléoptères. L'été arrive et, comme leurs racines ont poussé, ils sortent tous à la surface de la terre. Ils jouent sur le terrain vert dont ils font en fait partie, nagent dans l'eau claire et s'ébattent sous le ciel bleu. Durant l'automne, ils retournent joyeusement dans les tréfonds de la Terre-Mère, qui les met au lit pour l'hiver. Les Enfants-Racines se distinguent par leur empressement joyeux à satisfaire les exigences de la nature, donnant la sensation rassurante que la vie est facile.

Comme ses prédécesseurs, l'illustrateur suisse Ernst Kreidolf et l'auteur et illustrateur suédois Elsa Beskow, Sibylle von Olfers utilise des personnages anthropomorphiques, mais les siens sont beaucoup plus simples. Dans des éditions plus anciennes de cet ouvrage, les images sont encadrées conformément au style Art nouveau à la mode à l'époque de l'auteur. Le renouveau récent de ce style, ainsi que les représentations colorées naturelles du monde et les petits poèmes qui les accompagnent, font que ce livre reste attrayant. **CS**

Autres histoires d'elfes et de lutins

Les Petits Elfes de la forêt, Elsa Beskow (p. 69)
Petite Reine de la forêt, (adaptation d'après Sibylle von Olfers)
Elfes et lutins, Vincent Boyer

Sophie Canétang

Beatrix Potter

Titre original *The Tale of Jemima Puddle-Duck*, 1908
Nationalité Angleterre, 1866
Édition française Gallimard Jeunesse
Thèmes animaux, personnages favoris

Ayant mis son plus joli bonnet et son châle, Sophie Canétang décide de quitter la ferme où elle vit afin de trouver un endroit sûr pour pondre ses œufs. Un renard enjôleur qu'elle rencontre en chemin la conduit jusqu'à un abri lugubre, mais confortable. Quand Sophie s'apprête à couver ces derniers, le renard l'invite à dîner et l'envoie chercher de la sauge et des oignons. Ne réalisant pas qu'il compte faire d'elle son plat principal, Sophie est sauvée à la dernière minute par Kep, le chien de la ferme. Mais celui-ci est accompagné par ses chiots qui engloutissent tout excités les œufs de la cane. Sophie, en larmes, est escortée jusque chez elle. Cependant, elle arrivera à pondre d'autres œufs le même été.

Beatrix Potter était versée dans les contes de fées, et il y a des accents rappelant *Le Petit Chaperon rouge* dans cette histoire sur la naïveté, où l'héroïne est menacée par un prédateur sans scrupule. Néanmoins, le présent conte est plus tendre que moralisateur et enraciné dans l'expérience de l'auteur. En effet, Kep ressemble à son chien de berger. Beatrix Potter a aussi introduit dans l'histoire la femme de son fermier : c'est elle qui est représentée en train de nourrir la volaille. Quant à Sophie Canétang, elle est en tout point pareille à l'un des canards de l'auteur, réputé pour sa suffisance et sa naïveté. Cette histoire comprend en outre de nombreuses descriptions merveilleuses du village de Sawrey de Lake District, où Beatrix Potter vécut pendant trente ans. **NT**

Les Petits Elfes de la forêt

Elsa Beskow

Titre original *Tomtebobarnen*, 1910
Nationalité Suède, 1874
Édition française Bonnier / Garnier frères
Thèmes fantastique, science et nature

La nature joua toujours un rôle important et prédominant dans les livres d'Elsa Beskow. Dans ces contes, des glands, des champignons, des fleurs et des myrtilles se multiplient au fin fond de la forêt. Les enfants de l'histoire découvrent que celle-ci est habitée par des insectes et des animaux, des elfes, des gnomes et des trolls qui ne sont pas si effrayants que cela.

Ce livre illustré avec brio témoigne d'un grand réalisme et d'une imagination débridée. Beskow disait à propos des enfants qui trouvaient ses motifs familiers : « Ce qu'il y a de merveilleux avec les enfants, c'est qu'ils font toujours la moitié du chemin pour se mettre à votre niveau. Si vous ne le savez pas, n'osez pas leur soumettre vos livres. »

Dans ce livre, nous faisons la connaissance de la petite famille des habitants de la forêt. Il s'agit de gnomes. Le père, la mère et leurs quatre enfants vivent au milieu des racines d'un vieux pin noueux. Nous assistons à leurs joies et à leurs difficultés au fil des saisons et partageons leurs aventures au sein d'une nature remplie d'esprits.

Beskow est l'un des auteurs et illustrateurs pour enfants les plus connus de Suède ; on l'a souvent comparée à Beatrix Potter. L'histoire à l'origine était écrite en vers, mais la traduction n'a pas conservé cette présentation. Choisissez plutôt un album de grand format, car les éditions plus petites ne rendent pas justice à ce magnifique ouvrage. **CC**

3+

Bill l'intrépide

William Nicholson

Titre original *Clever Bill*, 1926
Nationalité Angleterre, 1872
Édition française L'École des loisirs
Thème amitié

La jeune Mary fait ses bagages pour aller rendre visite à sa tante à Douvres, mais à la dernière minute, elle oublie de prendre son jouet favori, Bill, un soldat qui joue des cymbales. Après avoir versé quelques larmes, ce dernier est bien déterminé à ne pas se laisser abandonner de la sorte. Il court derrière le train de Mary et parcourt le trajet si vite qu'il arrive à Douvres en même temps qu'elle. Ravie de le voir, la petite fille descend précipitamment du train pour le retrouver.

William Nicholson fut un artiste influent de son époque. Il apporta une note de fraîcheur aux illustrations. Ce célèbre livre d'images a l'apparence d'une œuvre spontanée pleine de légèreté, mais atteste du début à la fin un grand savoir-faire. Chaque illustration est encadrée par de grosses lignes noires. Des légendes, en caractères cursifs épais, figurent à chaque bas de page. Les jouets démodés, les habits des enfants, les trains à vapeur, les poupées et les instruments de musique évoquent une époque révolue et fascinante.

Sur les pages de garde au début et à la fin du livre, un cheval est d'abord au repos dans un champ, puis tire une voiture de la poste sur laquelle sont inscrites les initiales de l'artiste, « W. N. ». Dans celle-ci, on peut voir deux colis adressés chacun à l'un des enfants de l'artiste, comme le signale la dédicace. Ces détails confèrent à ce livre charmant un caractère personnel authentique, un peu comme si les lecteurs faisaient partie de la famille. Sur la couverture, au dos du livre, on voit Mary embrasser avec joie son jouet temporairement perdu ; les jeunes lecteurs feront peut-être la même chose avec le leur à la fin du livre. **NT**

Winnie l'ourson

A. A. Milne E. H. Shepard

Titre original *Winnie-the-Pooh*, 1926
Nationalité Angleterre, 1882 (aut.), 1879 (ill.)
Édition française multiples éditeurs
Thème personnages favoris

Qui ne connaît pas *Winnie l'ourson* ? Les aventures de ce petit ours rond et de ses amis furent longtemps le livre favori des jeunes enfants. Winnie est un ourson affable, à la démarche légèrement claudicante, adoré par son propriétaire et par ses complices : le cochon Porcinet et l'âne Bourriquet. Parmi ses aventures innocentes figurent ses incursions chez les abeilles, la fois où il reste collé dans un trou en essayant d'attraper les légendaires éphélants ou nouïfes, ou encore son expédition avortée dans la forêt. Porcinet, qui fait des efforts désespérés pour l'aider, Bourriquet, qui laisse toujours tout tomber d'un air sombre, Maître Hibou et le tyrannique Coco Lapin, qui a tant d'amis et de relations, constituent d'excellents seconds rôles. Ils seront rejoints plus tard par des kangourous en peluche : Grand Gourou et son fils à la voix aiguë, Petit Gourou. La suite, *La Maison de l'ours Winnie*, introduit Tigrou, un tigre en peluche d'un dynamisme insupportable. La popularité constante et enthousiaste de Milne est due à son humour joyeux et à ses tours de phrase spirituels.

Les personnages en peluche inventés à l'origine par la femme de Milne mettent gentiment le doigt sur les travers humains. Bourriquet, pessimiste, fait ainsi remarquer sombrement le jour de son anniversaire qu'il ne peut pas se plaindre car il a des amis, d'ailleurs l'un d'eux lui a encore parlé la veille. La cocasserie de l'histoire laisse toujours aux lecteurs une sensation agréable, y compris à ceux qui, comme Porcinet, le cochon nerveux, se voient comme une Très Petite Personne. **VN**

Winnie et Porcinet vont chasser et sont sur le point d'attraper un nouïfe.

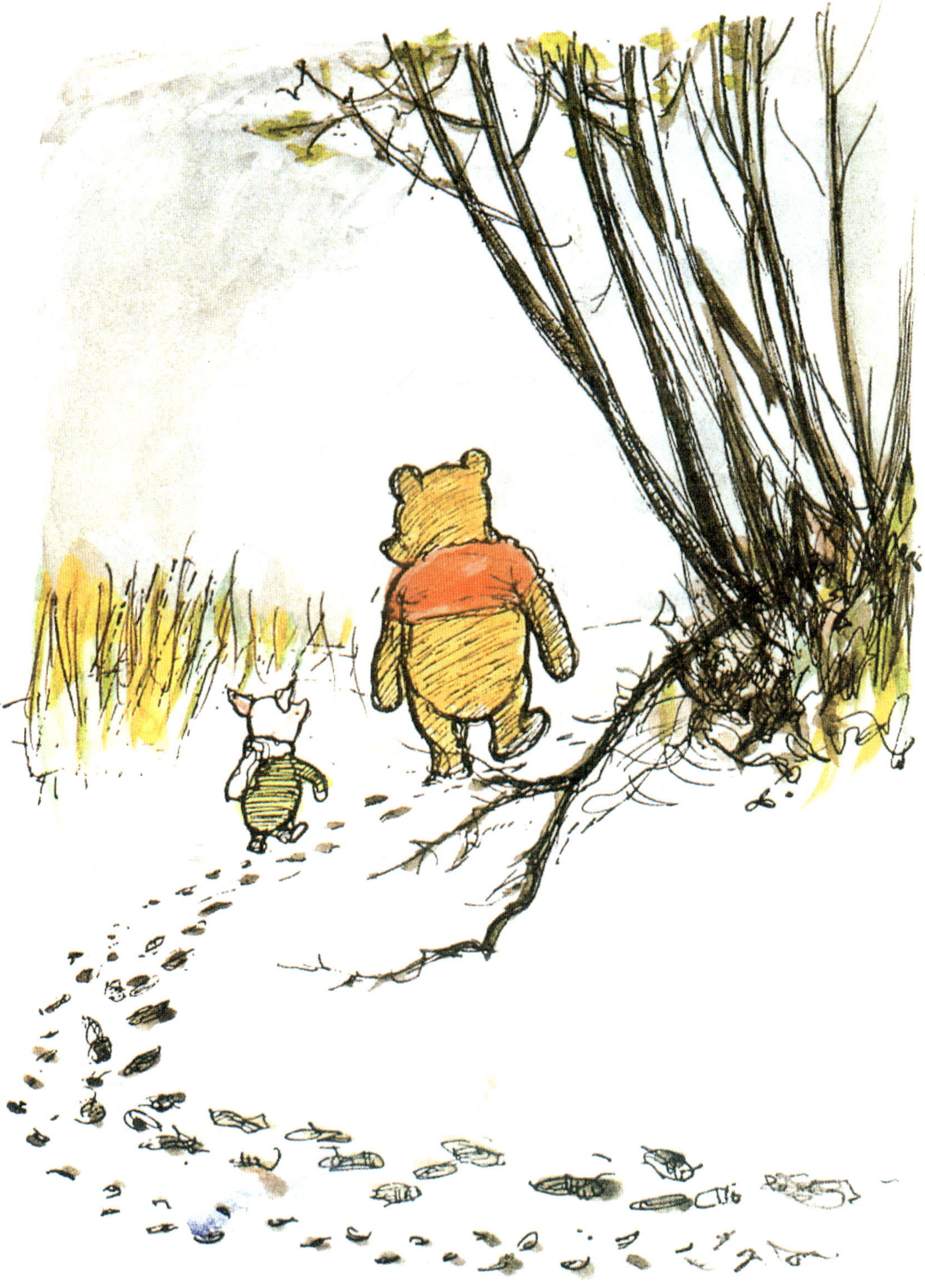

Histoire de Babar le petit éléphant

Jean de Brunhoff

Nationalité France, 1899
Édition multiples éditeurs, France, depuis 1931
Thèmes littérature classique, personnages favoris

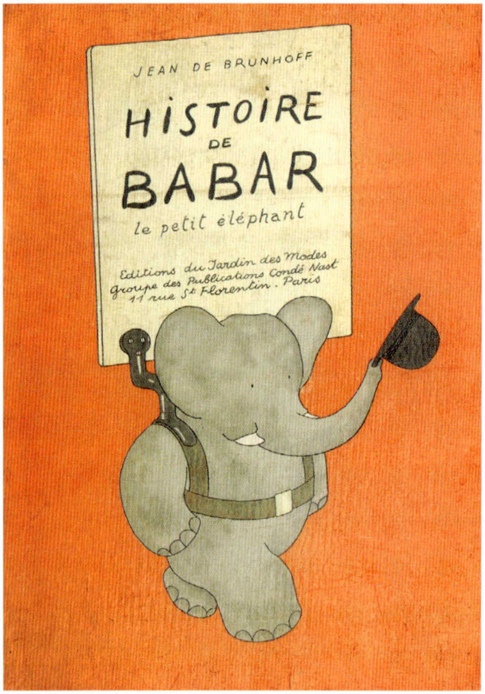

Autres livres de Jean de Brunhoff

Le Voyage de Babar
Le Roi Babar
L'ABC de Babar

L'Histoire de Babar le petit éléphant commence par l'enfance de Babar dans la forêt. Quand sa maman est tuée, Babar se réfugie en ville. Là, il se lie d'amitié avec une vieille femme qui l'habille et l'éduque. Babar est en train de regretter la forêt quand ses cousins, Arthur et Céleste, surviennent. Il leur fait connaître les merveilles de la ville, leur achète des habits et les emmène manger des gâteaux avant que leurs mères n'arrivent. Tous les éléphants retournent dans la forêt où Babar se marie avec Céleste et devient roi.

Quand Babar apparut en 1931, aucun livre d'images de ce genre n'avait encore vu le jour. La première édition proposa des livres plus grands que les livres illustrés habituels. Le texte écrit à la main, d'une taille de police variée, s'enroulait autour des lithographies. Dans cet album, la présentation change d'une double page à l'autre. Certaines regorgent de vignettes décrivant l'action ; d'autres présentent des scènes détaillées dans lesquelles les enfants peuvent se plonger ; d'autres encore comprennent une seule image qui marque un arrêt dans la progression du récit, comme la photographie sépia de Babar ou la représentation, la nuit, de la merveilleuse cérémonie du mariage en noir et blanc. Certaines scènes comme celle où Babar prend l'ascenseur restent difficiles à comprendre pour un enfant. En 1931, elles devaient paraître étonnantes. Pourquoi y a-t-il trois Babar ? Est-il dans deux ascenseurs à la fois ?

L'auteur est mort de la tuberculose à l'âge de 37 ans, après avoir écrit sept albums de Babar. Son fils, Laurent de Brunhoff, né en 1925, continua la série. Cependant, ses livres ne furent pas à la hauteur de ceux de son père. Depuis sa première publication, *Babar* est considéré comme un chef-d'œuvre, ce qui poussa A. A. Milne à s'exclamer : « Je salue M. de Brunhoff. Je suis à ses pieds ! » Aujourd'hui, *Babar* reste une source d'inspiration pour les créateurs de livres illustrés du monde entier. **CW**

Les animaux de la forêt assistent au mariage de Babar et de Céleste. ➔

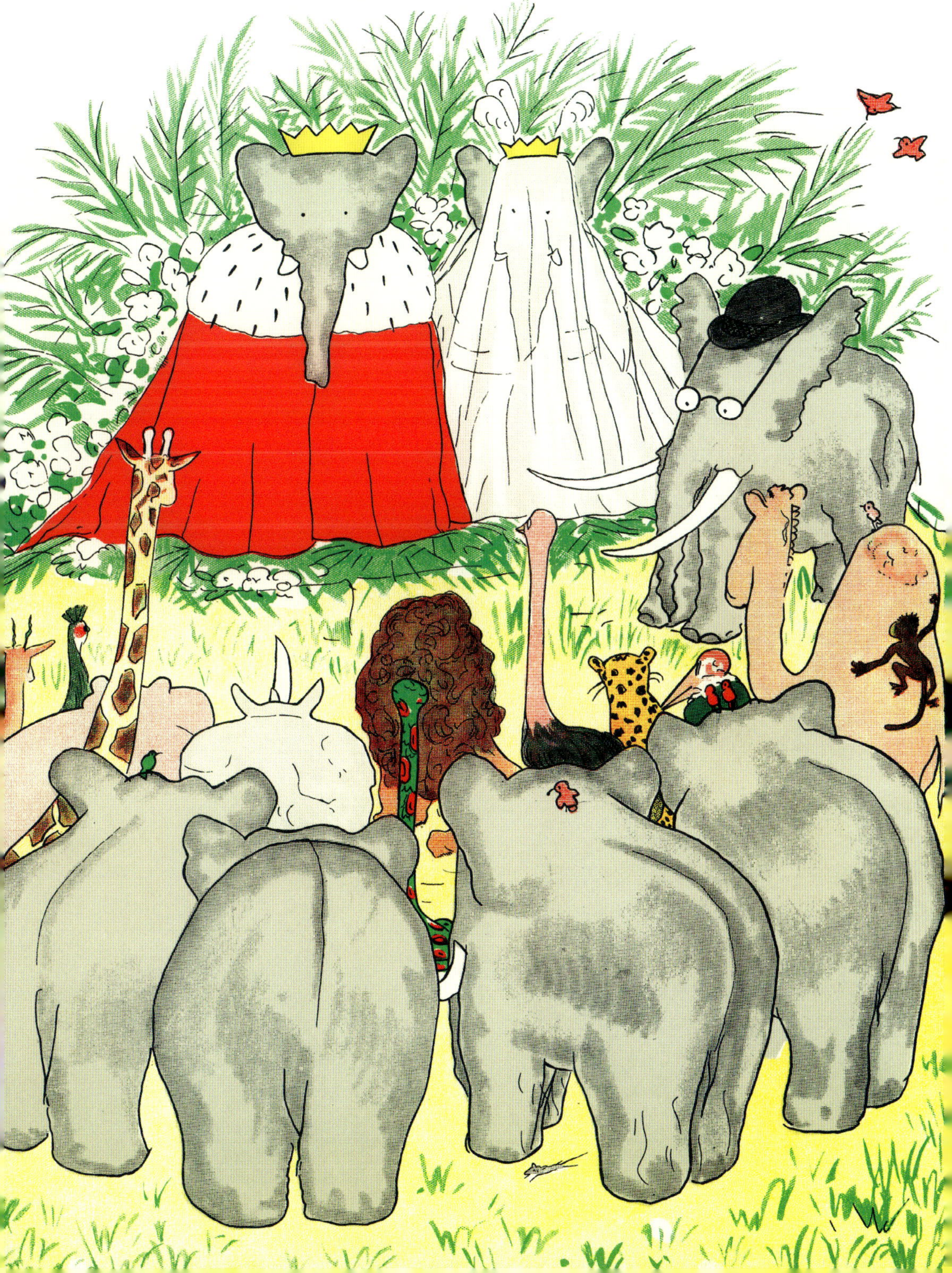

Ping, le petit canard chinois

Marjorie Flack Kurt Wiese

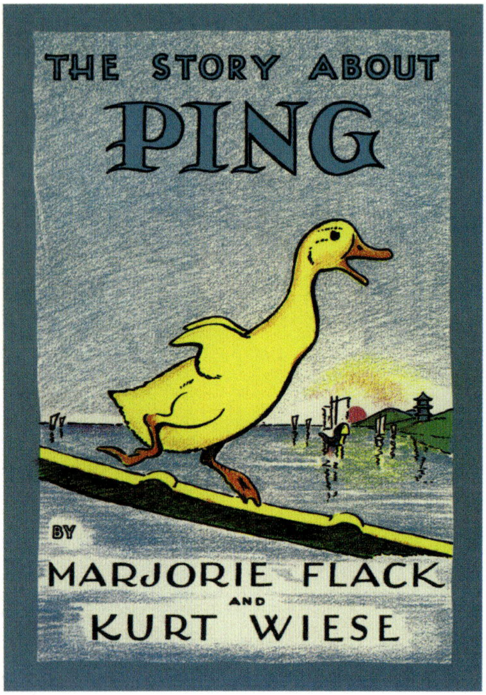

Titre original *The Story About Ping,* 1933
Nationalité É.-U., 1897 (aut.), All., 1887 (ill.)
Édition française L'École des loisirs
Thèmes animaux, aventure, famille

Ping, le petit canard chinois, est un superbe canard jaune qui vit « avec sa mère et son père, ses deux sœurs et trois frères, ses onze tantes et ses sept oncles, et ses quarante-deux cousins » sur « un bateau aux deux yeux sages naviguant sur le fleuve Yangzi Jiang ». Les canards vont pêcher tous les jours et reviennent à la fin de la journée sur le bateau où on les compte. « Ping faisait toujours très, très attention de ne pas être le dernier, car le dernier canard recevait toujours une fessée. » Ping se retrouve un jour séparé de sa famille, car il préfère se cacher sur la rive plutôt que de recevoir une fessée. Alors qu'il cherche sa famille le lendemain, il voit des personnes vaquer à leurs occupations journalières près du fleuve et finalement, grâce à la gentillesse d'un petit garçon, réussit de justesse à ne pas servir de repas à la famille de ce dernier et à rejoindre les siens.

L'histoire de Marjorie Flack est agréable à lire à voix haute, car elle est très rythmée et comporte des répétitions dont la sonorité évoque le bruit du Yangzi Jiang. Kurt Wiese fut un illustrateur prolifique et passa beaucoup de temps en Chine dans sa jeunesse. Très appréciée à l'époque, sa description de la vie en Chine est à présent critiquée pour ses stéréotypes raciaux. Cependant, ses illustrations sont empreintes d'affection, ainsi que d'un humour léger. Il les créa en utilisant les dernières techniques en matière de lithographie, ce qui rendit plus naturelle la teinte des canards, des gens, du fleuve et de la rive. **CB**

« Ping n'entendit pas l'appel, il tentait d'attraper un poisson, et seul son croupion émergeait. »

Autres histoires de canards

Laissez passer les canards, R. McCloskey (p. 22)
Sophie Canétang, Beatrix Potter (p. 69)
Le Vilain Petit Canard, Hans C. Andersen (p. 194)

Blinky Bill le Koala

Dorothy Wall

Titre original *Blinky Bill,* 1933
Nationalité Nouvelle-Zélande, 1894
Édition française Anatolia
Thèmes animaux, aventure

Ne vous laissez pas berner par l'impression de naïveté caractérisant Blinky Bill, le petit koala. Il s'attire souvent bien des ennuis. Il fit sa première apparition en 1933 dans un ouvrage ayant pour sous-titre *The Quaint Little Australian.*

L'auteur s'est inspiré pour écrire ce récit des frasques de son fils, auquel son album est dédié. Dorothy Wall aimait beaucoup les créatures du bush australien, plaidant en faveur de leur protection grâce à ses dessins. Ayant pour cadre la nature australienne et pour héros les animaux qui y vivent, ses livres reflètent le nationalisme courant en Australie entre les guerres. On pourrait dire que le malicieux Blinky personnifie lui-même les qualités associées au soldat australien de la Première Guerre mondiale : il est exubérant et manifeste une indifférence désinvolte face au danger et au pouvoir. Néanmoins, il est très mignon, émouvant et ses exploits touchèrent la corde sensible des enfants et des parents pendant de nombreuses années.

La collection suit l'enfance de Blinky Bill, son âge étant de façon amusante reflété par la longueur de sa culotte : d'abord il s'agit d'un short, puis de knickers, et enfin d'une salopette. Les illustrations noir et blanc des livres originaux ont été complétées par des illustrations en couleurs pleine page. Dans le dernier ouvrage, un koala femelle appelé Nutsy et un kangourou font une apparition. Animée par la même fougue que son personnage, Dorothy Wall gagna sa vie en tant qu'artiste et illustratrice. **SM**

Ferdinand

Munro Leaf Robert Lawson

Titre original *The Story of Ferdinand,* 1936
Nationalité États-Unis, 1905 (aut.), 1892 (ill.)
Édition française L'École des loisirs
Thèmes animaux, aventure

Ferdinand est un livre amusant et stimulant. Son héros, un petit taureau, n'a pas envie de donner des coups de cornes et de sabots aux autres jeunes taureaux, et aime plus que tout paresser sous un chêne-liège. Cependant, les hommes venus de Madrid arrivent pour chercher des taureaux féroces pour la corrida. Ils sont persuadés que Ferdinand est le plus féroce de tous, car, piqué par une abeille, il exécute devant eux de terribles cabrioles. Une fois qu'il est dans l'arène, le petit taureau s'installe confortablement et se laisse gagner par le sommeil. Il refuse de combattre, ce qui provoque les larmes et la colère du matador. Finalement, il est renvoyé chez lui.

Les illustrations en noir et blanc occupent des pages simples. Les images, l'utilisation de l'espace, ainsi que la relation entre les mots et les illustrations sont intelligentes et très agréables. Le chêne-liège porte des grappes de bouchons en liège. Les toréadors se pomponnent de manière cocasse et sont désordonnés en diable. Les banderilleros entrent en lice en se rentrant dedans et en se disputant, et les fiers picadors ont des lances cassées et des montures fourbues.

Malgré sa joie, ce livre dénonce implicitement la façon dont les hommes utilisent les animaux, et dont les hommes et les garçons (et les taureaux) sont censés se comporter. Ce n'est peut-être pas un hasard s'il est sorti au moment où les romans d'Hemingway exaltaient la corrida, la considérant comme la quintessence de l'aventure et du courage masculin. **CB**

3+

Orlando

Kathleen Hale

Titre de la série Orlando the Marmalade Cat
Nationalité Angleterre, 1898
Édition Country Life, Royaume-Uni, 1938
Thème animaux

Orlando, le chat poil de carotte autoritaire, est apparu en 1938 et a continué à faire des apparitions jusqu'en 1972. Les dessins doivent leurs merveilleux détails comiques et leurs coloris vifs au talent d'artiste de Kathleen Hale et à son savoir-faire. Elle réalisa 128 planches pour chaque album. Pour créer son héros, elle s'inspira de son mari, qu'elle aimait beaucoup mais qu'elle trouvait ennuyeux, elle-même se voyant plutôt sous les traits du vilain chaton Tinkle, qui rêve de devenir comme le chat tigré Grace, gracieux et d'une patience à toute épreuve.

Les jeux de mots abondent. Ainsi, Tinkle se demande si l'andouiller est l'andouille dont parlent les adultes. Les chats ont la vie des classes moyennes des années 1930. Ils fêtent leurs noces d'argent et font des voyages à l'étranger.

Les illustrations sont la principale réussite de la série. Elles fourmillent de détails : des grenouilles et des tritons lévitent dans les marges ; un cheval laisse ses sabots à l'extérieur pour les faire nettoyer. Ce monde où les animaux domestiques échafaudent des stratagèmes naïfs est réconfortant.

Il est étrange que la vie de Hale ait été pleine d'intrigues et de drames. C'est peut-être pour cela qu'Orlando avec ses « yeux comme des groseilles à maquereau d'un vert électrique » est si fascinant. **VN**

Livre de Kathleen Hale traduit en français

Orlando poil de carotte, une partie de camping

Little Toot

Hardie Gramatky

Nationalité États-Unis, 1907
Édition G. P. Putnam's Sons, É.-U., 1939
Thèmes aventure, merveilleux et fantastique, personnages favoris

L'un des thèmes les plus communs de la littérature, depuis les mythes et les légendes jusqu'aux romans modernes, est celui du héros improbable qui effectue un acte héroïque inattendu. Son action occupe le premier plan et crée l'admiration de tous. Ce thème est également très populaire dans la littérature enfantine. Des millions d'enfants ont apprécié le courage de Little Toot, le petit bateau à vapeur plein d'entrain qui apprend à vaincre sa peur.

Le petit bateau aime faire *teuf-teuf* en remontant et descendant le fleuve. S'il émet un bruit ténu et insignifiant, il projette en revanche d'énormes nuages de vapeur. Il a cependant un secret : il a peur de quitter les eaux relativement calmes du fleuve pour voguer avec d'autres bateaux sur celles, plus agitées, de l'océan. Les autres bateaux à vapeur ne trouvent pas cela normal et se plaignent qu'il est toujours sur leur chemin quand ils travaillent. Pis encore, ils se moquent de lui et le traitent de poule mouillée.

Un jour de tempête, alors qu'un autre bateau à vapeur est retenu au port, notre héros prend son courage à deux mains et s'aventure sur des eaux où il a très peur, car il sait qu'il ne peut compter que sur ses nuages de vapeur. Il surmonte sa crainte et son caractère puéril, devenant le héros du jour. Pour écrire cette histoire, Hardie Gramatky s'est inspiré d'un bateau à vapeur en difficulté sur l'East River, à New York. Il peignit plusieurs aquarelles sur ce sujet, puis écrivit *Little Toot* pour accompagner ses illustrations. Ce récit intemporel restera longtemps le livre préféré de nombreuses générations d'enfants. **KD**

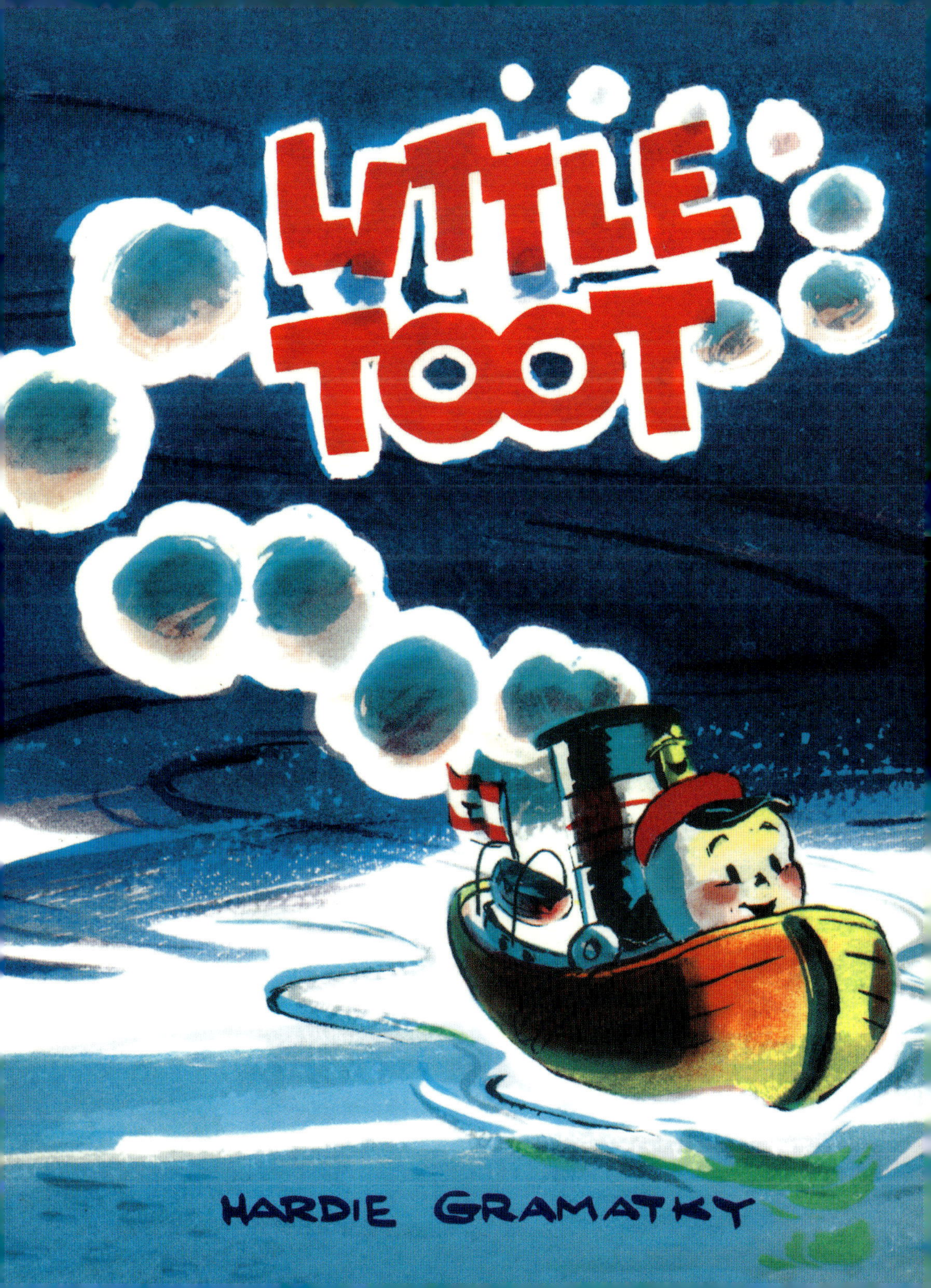
LITTLE
TOOT
HARDIE GRAMATKY

3+

Madeleine

Ludwig Bemelmans

Titre original *Madeline*, 1939
Nationalité Autriche / États-Unis, 1898
Édition française L'École des loisirs
Thèmes école, personnages favoris

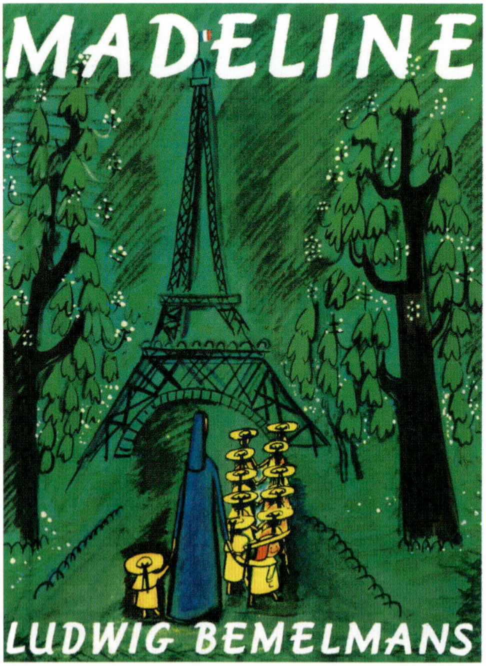

Autres livres de Ludwig Bemelmans

Madeline et le chenapan
Madeleine et les bohémiens
Le Noël de Madeleine
Le Sauvetage de Madeleine

Quand j'étais petite, ma mère m'emmenait à la bibliothèque municipale d'Elizabeth, dans le New Jersey, où je m'installais par terre pour feuilleter les livres. J'aimais non seulement leurs illustrations et leurs histoires, mais aussi leur contact et leur parfum. C'est là que j'ai découvert *Madeleine*, de Ludwig Bemelmans. J'ai adoré ce livre ! Il m'a tellement plu que je l'ai caché dans un de mes tiroirs pour que ma mère ne puisse pas le rapporter à la bibliothèque. Même après la réception de plusieurs avis de retard, je n'ai pas dit à ma mère où je l'avais mis. Si je le lui avais demandé, je suis sûre qu'elle me l'aurait acheté, mais j'étais persuadée que j'avais en ma possession l'unique exemplaire. Je savais que ce n'était pas bien de cacher ce livre, mais je ne voulais en aucun cas m'en séparer.

« "Maintenant, au lit, les petites et bonne nuit !" dit Mlle Clavel. »

Bemelmans commence tous ses livres par la même phrase : « Il y a longtemps, à Paris, dans une vieille maison aux murs recouverts de vigne, vivaient douze petites filles. » Madeleine est la plus petite et la plus courageuse. Comme elle, j'étais la plus petite de la classe. Mais Madeleine n'avait peur de rien, alors que moi, j'avais peur de tout. Comme j'aurais aimé être aussi brave que mon héroïne ! Je mémorisais les mots du livre, prétendant savoir lire, ce qui était faux.

Bien des années ont passé depuis, mais je peux encore réciter l'histoire par cœur. Quand ma fille est née, *Madeleine* a été le premier album que je lui ai acheté. Certains récits restent inoubliables. Leurs personnages demeurent toute votre vie vos amis.

Les fillettes se brossent les dents avant d'aller se coucher.

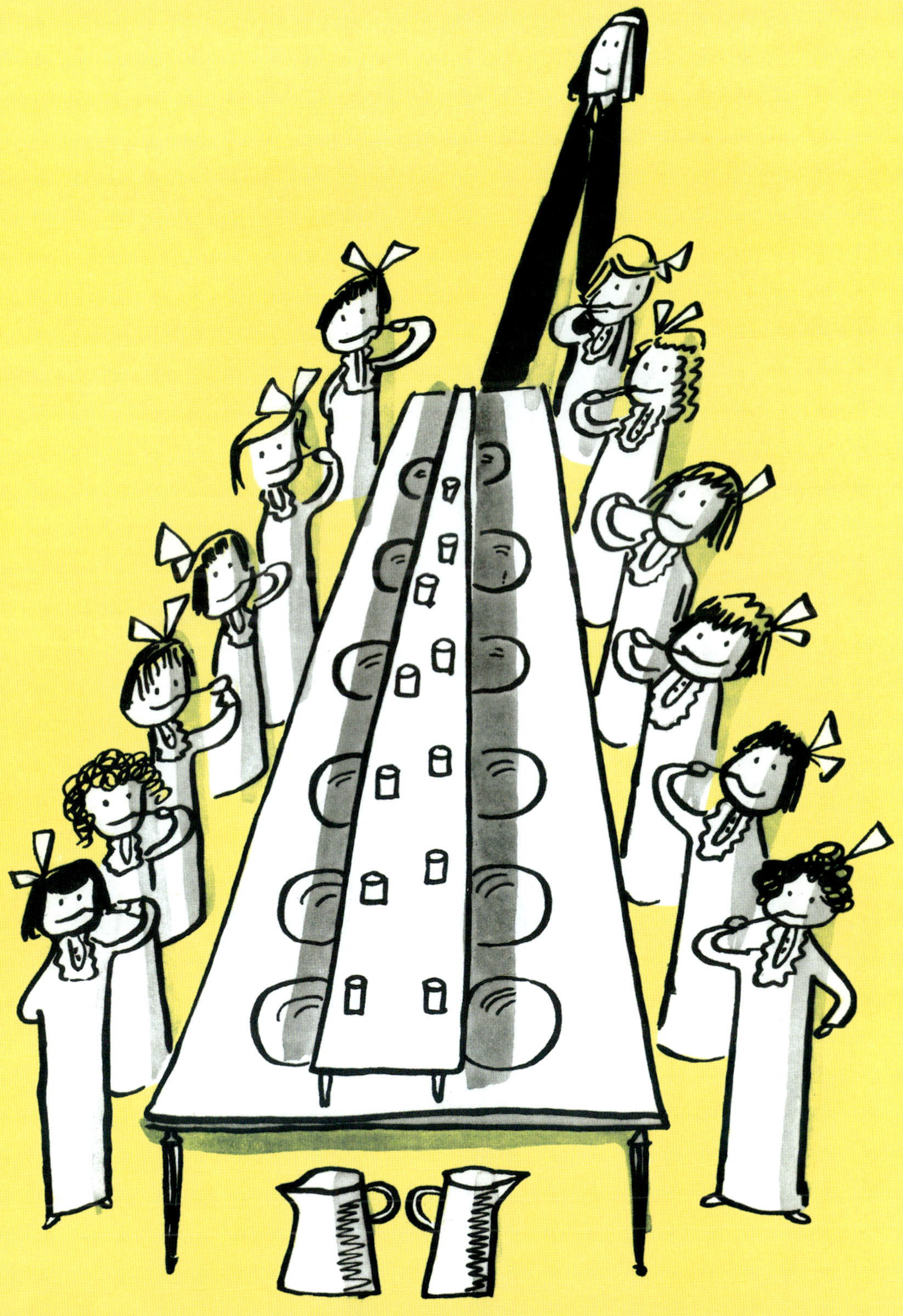

Mike Mulligan

Virginia Lee Burton

Titre complet *Mike Mulligan and his Steam Shovel*
Nationality États-Unis, 1909
Édition Houghton Mifflin, États-Unis, 1939
Thèmes amitié, aventure

Mike Mulligan and his Steam Shovel est le livre le plus connu de Virginia Lee Burton. Elle l'a écrit pour ses deux jeunes fils qui, comme tous les enfants, étaient fascinés par les machines et la mécanique. Ses albums sont célèbres pour leurs personnages au caractère résolu, leurs fins heureuses et leurs illustrations.

Il s'agit dans cette histoire de savoir si oui ou non le progrès engendre l'obsolescence, mais dans des termes simples, compréhensibles pour un enfant. L'ouvrier du bâtiment Mike et son excavateur, Mary Anne, se retrouvent ensemble sur de nombreux chantiers. Ils creusent des canaux pour les bateaux, des tunnels dans les montagnes pour le passage des trains, et s'occupent des travaux de fondations de gratte-ciel gigantesques. Mais le progrès industriel entraîne l'apparition de nouvelles machines et l'utilisation d'excavateurs fonctionnant avec de l'essence, du gazole et de l'électricité. Très vite, les deux amis se retrouvent sans travail. Mike va alors essayer de prouver que Mary Anne et lui peuvent surpasser les nouvelles machines. Cette histoire de deux amis animés par le même but et la croyance qu'ensemble ils sont capables de tout exalte les notions de loyauté, de détermination et de persévérance.

Les illustrations, réalisées avec des pastels, sont remarquables. Cependant, c'est l'intrigue ingénieuse et la fin astucieuse qui retiennent l'attention du lecteur et incitent ce dernier à relire le livre encore et encore. **KD**

Georges le petit curieux

Margret Rey H. A. Rey

Titre original *Curious George*, 1941
Nationalité Allemagne, 1906 (aut.), 1898 (ill.)
Édition française multiples éditeurs
Thèmes aventure, personnages favoris

H. A. Rey et sa femme Margret sont nés à Hambourg. Ayant quitté l'Europe en 1940 pour échapper aux persécutions nazies, ils se retrouvèrent aux États-Unis où leur petit singe eut tout de suite du succès, devenant le héros d'une série d'albums.

Georges est un petit singe qui ne fait pas exprès de faire des bêtises, mais à l'instar des enfants, il est très curieux et son aptitude à imiter les autres le met perpétuellement dans des situations embarrassantes. Dans ce premier livre, fasciné par un grand chapeau jaune, il est capturé par celui qui le porte et emmené dans le « grand zoo d'une grande ville ». Il lui arrivera par la suite toute une série de mésaventures. En essayant de voler comme une mouette, il tombe dans la mer, mais est sauvé. Dans la ville, il compose au hasard un numéro de téléphone et appelle ainsi les urgences : pour cela, il est jeté en prison. Il finit par être secouru par l'homme qui l'avait capturé, « l'homme au grand chapeau jaune » qui le juge plus en sécurité dans un zoo.

Les illustrations de H. A. Rey accentuent l'entrain, l'humour acerbe et le côté parfois émouvant du récit de Margret à l'aide de petites touches amusantes – par exemple quand Georges s'assoit sur une pile de livres pour être à la bonne hauteur à table. Même aux pires moments, les yeux du singe sont écarquillés et sa bouche est grande ouverte tant il est ébahi. Et dans ce livre comme dans les suivants, l'homme au grand chapeau jaune est là pour veiller sur lui. **CB**

Georges, curieux, plane au-dessus de la ville en s'agrippant à des ballons.

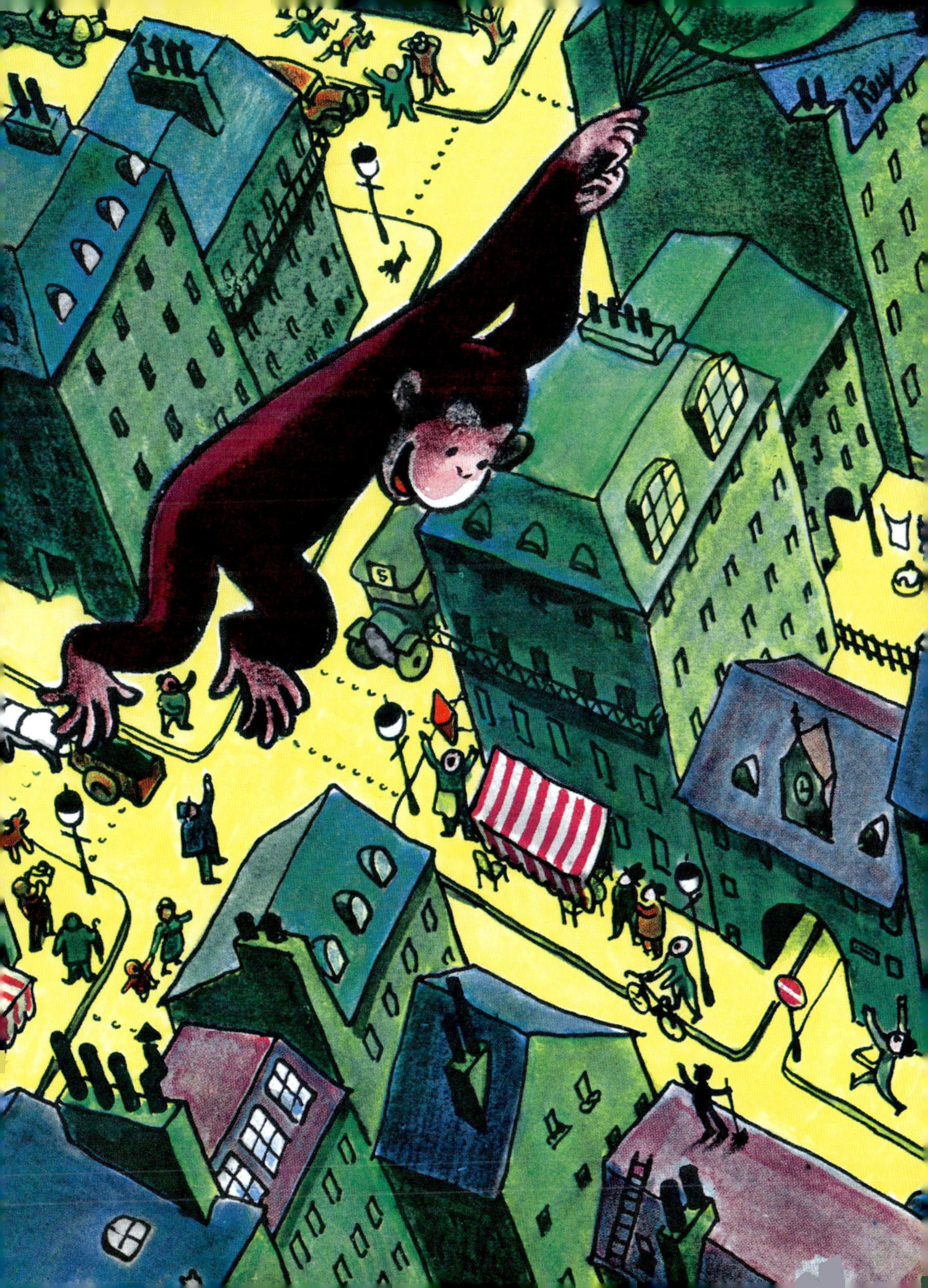
Rey

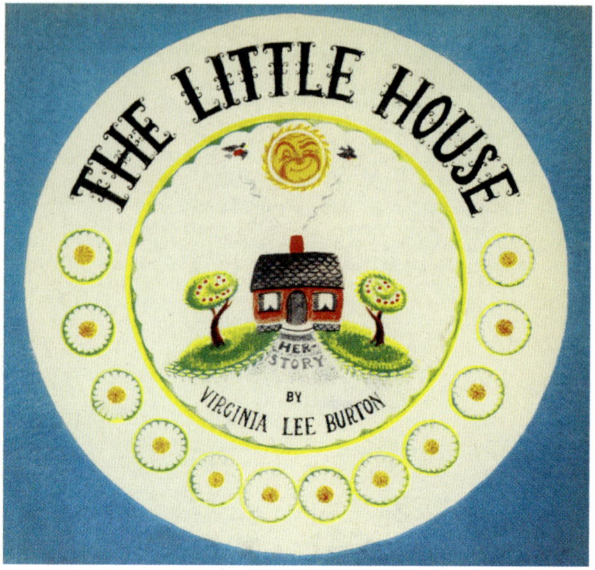

3+

La Petite Maison

Virginia Lee Burton

Titre original *The Little House*, 1942
Nationalité États-Unis, 1909
Édition française Circonflexe
Thème famille

Ce livre d'images magique montre la vie dans une petite maison de la campagne américaine bâtie au XIXe siècle par des colons. Au départ, la petite maison voit défiler les saisons, tandis que les enfants de ses propriétaires s'amusent dans le ruisseau, nagent dans la piscine et font du patinage l'hiver. Mais les choses finissent par changer quand ils grandissent et partent s'installer dans la ville voisine. Après cela, des routes sont construites, la ville empiète sur la campagne et la petite maison se retrouve entourée d'immeubles. Un métro aérien passe au-dessus d'elle ; un autre, souterrain, juste au-dessous. Laissée à l'abandon et désertée, elle est finalement sauvée par la petite-fille de l'homme qui l'a bâtie. Elle est alors remorquée à la campagne par un camion et peut à nouveau contempler, perchée au sommet d'une jolie colline, le rythme des saisons dans le calme.

Virginia Lee Burton avait le génie pour doter les objets de sentiments et de pensées propres aux hommes. Elle était très à l'aise pour décrire les choses techniques ainsi que les détails de la vie dans une grande ville. Dans ce livre, les enfants voient les changements historiques se produire devant eux. Le paysage typique de la campagne est peu à peu envahi par les routes et les voies ferrées, qui grouillent de personnes se hâtant pour être à l'heure au travail. Abondamment illustré à l'aide d'aquarelles chatoyantes, faisant face à chaque page de texte, ce récit simple mais touchant sur la nécessité de préserver les valeurs de la campagne est à méditer longuement. **NT**

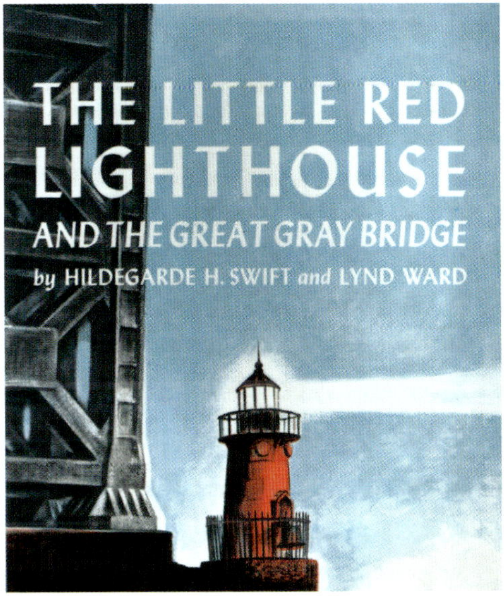

3+

The Little Red Lighthouse

Hildegarde H. Swift Lynd Ward

Nationalité États-Unis, 1890 (aut.), 1905 (ill.)
Édition Harcourt Brace, États-Unis, 1942
Thème amitié

Au pied de l'immense pont George-Washington à New York se trouve un petit phare rouge immortalisé par l'histoire d'Hildegard H. Swift devenue depuis un classique, *The Little Red Lighthouse and the Great Gray Bridge*. Bâti pour aider les marins à naviguer sur l'Hudson, le phare guide fièrement les bateaux les plus variés dans le port de New York. Dans cette histoire charmante, il prend conscience que son travail important risque de devenir superflu une fois le pont construit. Le petit phare rouge se sent minuscule et insignifiant et a peur d'avoir fait son temps. Le pont est si grand et la lumière de ses projecteurs si vive qu'il se sent démodé et inutile. Néanmoins, le pont, qui est plus au courant, le rassure. « J'avertis les avions, s'écrie-t-il, je projette mes faisceaux de lumière vers le ciel. Mais toi, tu es toujours le maître du fleuve. Vite, éclaire-le de tes rayons. Chacun a sa place, petit frère. »

Avec cette histoire originale agrémentée de superbes illustrations, l'auteur et l'illustrateur essaient d'enseigner aux jeunes enfants une leçon éternelle, à savoir que toutes les choses, grandes ou petites, ont leur place dans le monde. Les enfants doivent apprendre cette leçon encore et encore, car eux-mêmes se sentent parfois minuscules et insignifiants.

Cette histoire touchante célèbre l'amitié et l'esprit d'équipe qui ici animent le pont et le phare. Bien qu'il ne soit plus en service, le petit phare rouge existe toujours. **KD**

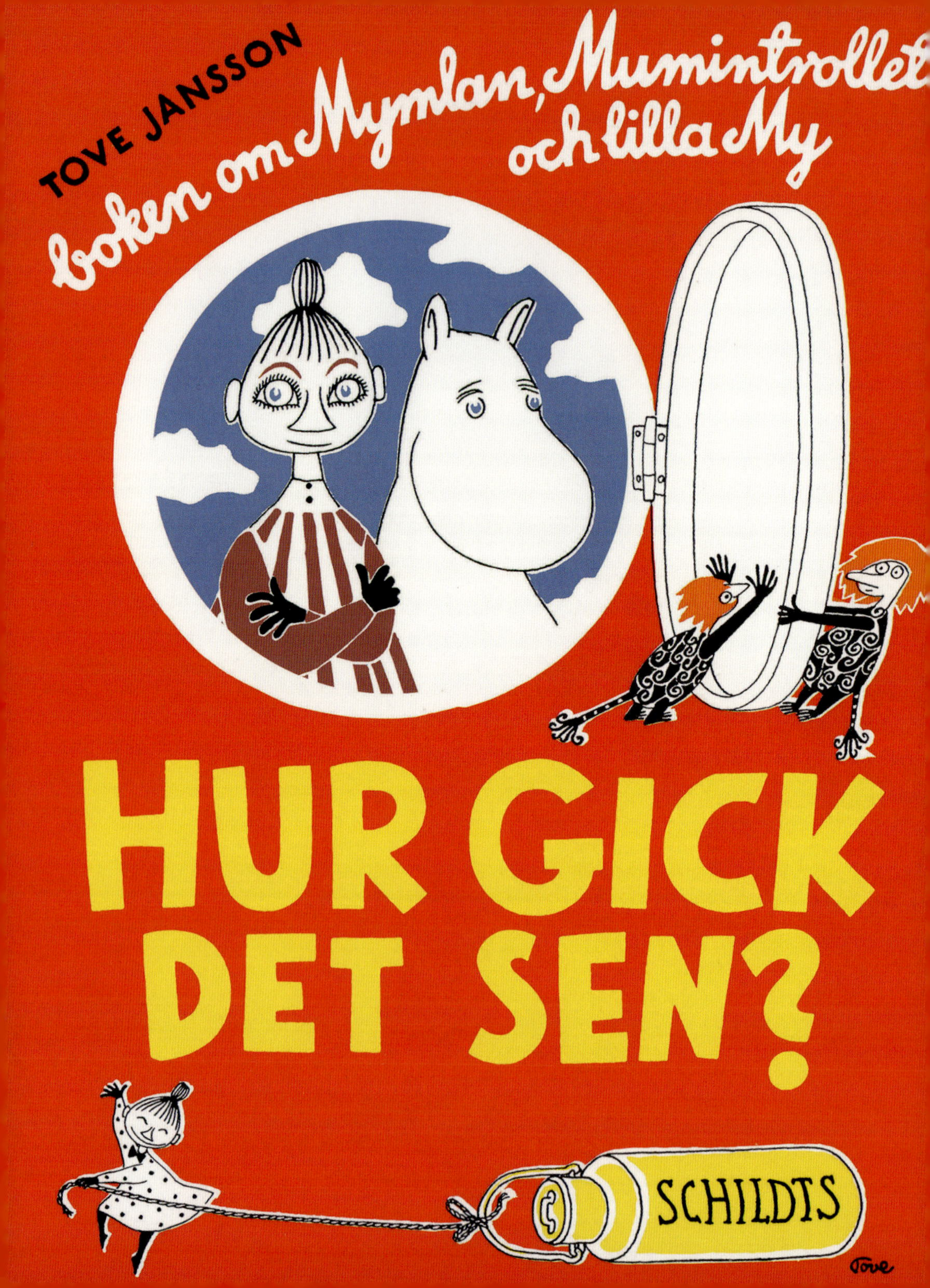

TOVE JANSSON
boken om Mymlan, Mumintrollet och lilla My
HUR GICK DET SEN?
SCHILDTS
Tove

L'Histoire de Moumine, Mumla et Petite Mu

Tove Jansson

Titre original *Hur gick det sen?*, 1952
Nationalité Finlande, 1914
Édition française Glénat
Thèmes aventure, personnages favoris

Depuis son apparition en 1945, l'adorable famille de Moumine, constituée de trolls blancs, fascine le monde entier. Avec leur face ronde et blanche et leur gros nez, ses membres font penser à de sympathiques hippopotames. Ils vivent dans le pays de Moumine et sont entraînés dans une série d'aventures captivantes grâce à l'imagination débordante de Tove Jansson et à ses charmantes illustrations.

Ce livre d'images, sous-titré *Que crois-tu qu'il arriva ?,* est l'un des plus populaires de la collection. Moumine revient chez elle avec un bidon de lait qu'elle doit apporter à sa maman. En chemin, elle rencontre Mumla, qui cherche sa sœur, la Petite Mu. Les deux trolls décident de chercher cette dernière ensemble. L'histoire a la forme d'une poésie. Des trous dans certaines pages permettent aux lecteurs de voir ce qui va se passer plus tard et à l'auteur de jouer avec ses personnages, comme si ces derniers s'interrogeaint sur la possibilité d'échanger leur place dans l'histoire.

Malgré les paysages et les situations étranges et fantastiques (dans l'histoire, il y a un aspirateur qui aspire des personnages), les aventures de Moumine ont des points communs avec celles des hommes. Les hauts et les bas de ces derniers sont observés avec justesse. Finalement, toutes les histoires de Moumine parlent d'amour, de l'amour que l'on porte à sa famille, à ses amis et à tous ceux qui nous entourent. La notoriété des Moumines s'est accentuée lorsqu'ils ont été adaptés pour la télévision. **NH**

My Naughty Little Sister

Dorothy Edwards H. Garland

Nationalité Angleterre, 1914 (aut.), date inconnue (ill.)
Édition Methuen, Royaume-Uni, 1952
Thèmes famille, personnages favoris

My Naughty Little Sister rend à la perfection la façon dont un adulte raconte son enfance à un très jeune auditoire. Vous pouvez presque entendre celui qui écoute demander : « Raconte-moi comment c'était quand tu étais petite », lorsque la narratrice commence à dire : « Quand j'étais une petite fille, et que ma vilaine petite sœur était toute petite… » L'emploi de la première personne et l'absence de noms confèrent plus d'authenticité aux histoires, comme si le lecteur était vraiment la grande sœur dont il est question dans le récit.

Écrites à l'origine pour le programme de la BBC *Listen with Mother*, toutes les histoires ont pour cadre les années 1930, mais restent actuelles pour un enfant d'aujourd'hui. Il n'est pas question de grands événements, juste de choses ordinaires caractérisant la vie de tous les enfants en bas âge, comme les promenades dans les parcs d'attractions, la perte d'une dent et les goûters d'anniversaire. Et la vilaine petite sœur n'est pas si méchante que ça, juste désobéissante, maladroite et têtue comme beaucoup d'enfants.

Le livre fut d'abord illustré par Henrietta Garland, mais Shirley Hughes fit de nouvelles illustrations. À partir des années 1960, ses dessins très expressifs devinrent indissociables de l'album. Les histoires de ce livre sont agréables, drôles à lire à haute voix à de très jeunes enfants. C'est peut-être le premier livre qui ne soit pas uniquement un livre d'images qui retiendra leur attention. **CW**

Martine

Gilbert Delahaye Marcel Marlier

Nationalité Belgique, 1923 (aut.), 1930 (ill.)
Édition Casterman, Belgique, 1954
Thèmes aventure, personnages favoris

Depuis la création en 1954 par Gilbert Delahaye de *Martine à la ferme*, les livres de la série ont joué un rôle important dans l'enfance d'innombrables femmes. Ils sont capables d'en jouer un tout aussi important pour les fillettes qui les découvrent aujourd'hui.

Martine est une petite fille parfaite : elle est jolie, sage, pleine d'humour et audacieuse. Tout le monde l'aime et elle aime tout le monde. Certains critiques ont cependant trouvé dès les premiers albums qu'elle était trop conservatrice et ont rechigné à offrir le livre à leurs enfants. Néanmoins, la série a évolué au fil des ans, s'adaptant aux nouveaux lecteurs. Les enfants apprécient les histoires très moralisatrices de Martine, qui reflètent les événements de leur vie de tous les jours, lorsqu'ils ont fait du vélo ou sont allés à l'école pour la première fois, lorsqu'ils sont partis de chez eux, lorsqu'ils ont gardé d'autres enfants, ont perdu leur chat ou ont déménagé. Les petites filles peuvent facilement s'identifier à l'héroïne, ainsi qu'apprécier ses équipées fantastiques et magiques.

Les illustrations de Marcel Marlier sont également fascinantes et inoubliables. Les lectrices se rappelleront sans aucun doute les superbes dessins de ses livres longtemps après avoir oublié l'intrigue de ces derniers.

Les 51 aventures de Martine ont été traduites dans de nombreuses langues. L'héroïne est devenue Debbie aux États-Unis, Martita en Espagne et Mimmi en Suède. Plus de 50 millions de livres ont été vendus en France depuis la première publication en 1954. **MGR**

Éloïse

Kay Thompson Hilary Knight

Titre original *Eloise*, 1955
Nationalité États-Unis, 1908 (aut.), 1926 (ill.)
Édition française Gallimard Jeunesse
Thèmes amitié, aventure

Chanteuse et actrice, l'auteur résidait au célèbre hôtel Plaza de New York quand elle collabora avec une jeune illustratrice prometteuse pour créer ce livre. Ce dernier fut publié pour la première fois en 1955. C'est ainsi que naquit l'une des héroïnes étonnantes ou plutôt légendaires de la littérature américaine.

Âgée de 6 ans, Éloïse vit à l'hôtel Plaza avec sa nanny, son chien Mouflet, qui ressemble à un chat, et sa tortue, Fanchounette, qui mange des raisins secs et porte des tennis. Éloïse a l'hôtel pour terrain de jeux. Elle y virevolte, voltige et tournoie à qui mieux mieux. Elle court tout le temps à perdre haleine et a tendance à répéter trois fois les mêmes choses pour leur donner plus de poids. Le livre est en outre écrit sans le moindre signe de ponctuation. Par conséquent, n'oubliez pas de reprendre votre souffle çà et là. Le récit, charmant, décrit les aventures de la petite fille dans l'hôtel, les gens qu'elle y croise, ce qu'elle y fait pour s'amuser et la vie d'une fillette d'à peine 6 ans.

Dans ce livre devenu un classique de la littérature enfantine, le lecteur est littéralement bombardé de mots, d'images et de jeux de mots. Les pages ont des rabats qui permettent de mieux rendre la vie bien remplie d'un enfant précoce dans un hôtel. Chaque lecteur aura envie d'être Éloïse, ou tout du moins le pensera, à l'instar des « grands enfants précoces » auxquels il est fait allusion sur la couverture. Les aventures d'Éloïse se poursuivent dans *Éloïse à Paris*, *Éloïse à Moscou* ou encore *Éloïse à Noël*. **KD** book for precocious grownups, about a little girl who lives at the Plaza Hotel

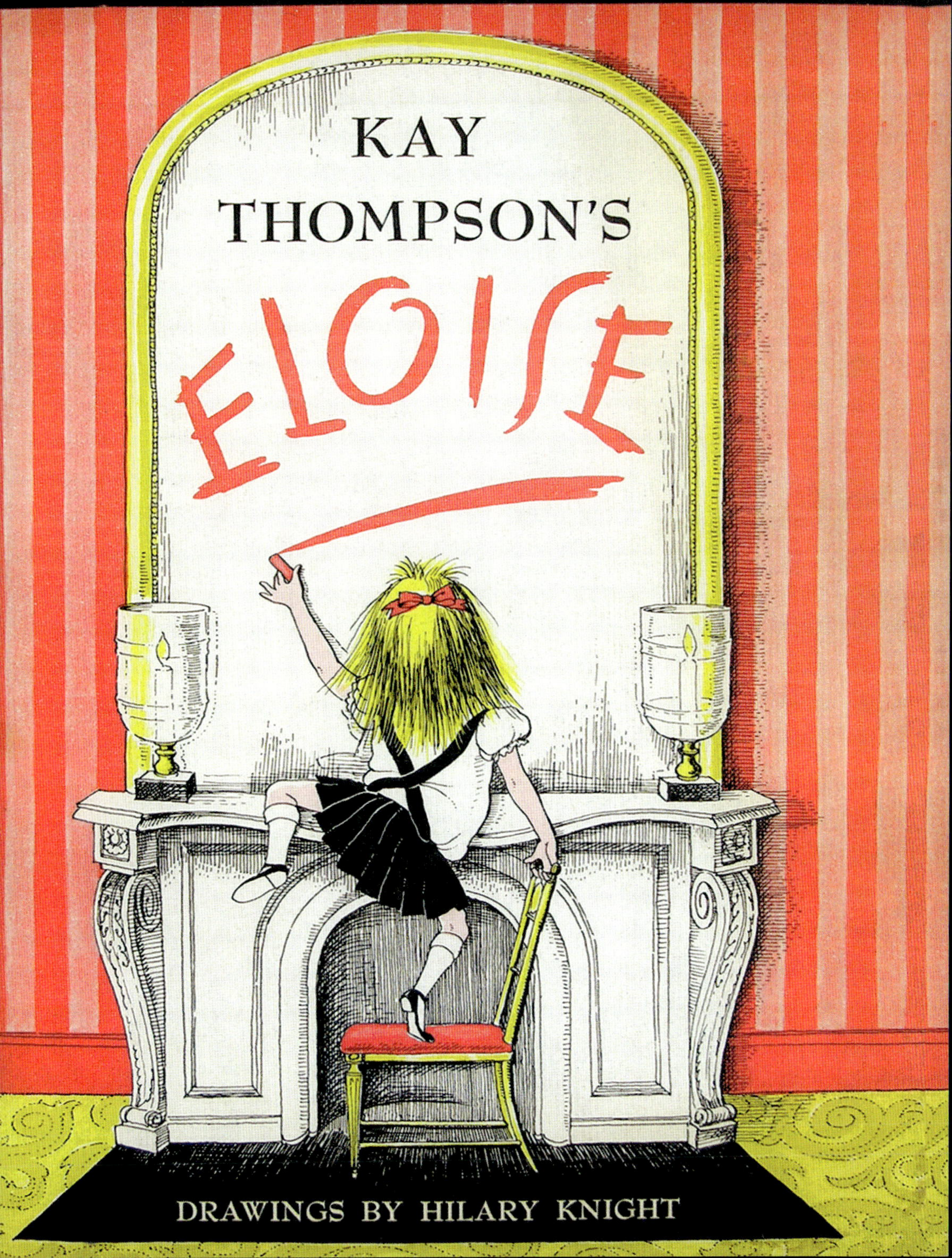

Harry the Dirty Dog

Gene Zion Margaret Bloy Graham

Nationalité États-Unis, 1913 (aut.), Canada, 1920 (ill.)
Édition Harper and Brothers, États-Unis, 1956
Thèmes aventure, personnages favoris

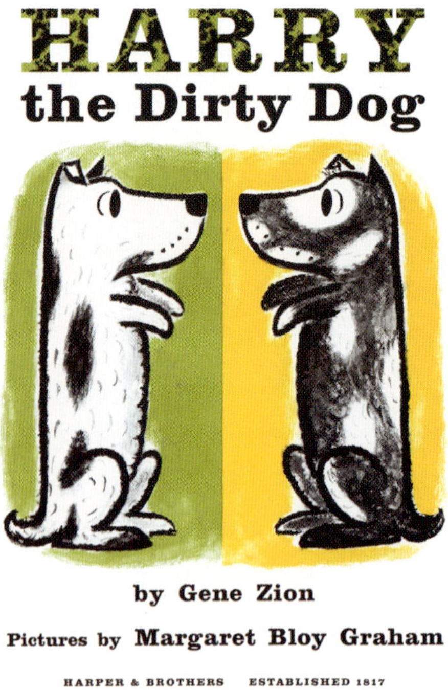

Autres histoires de chiens attendrissants

Où est Spot mon petit chien, **Eric Hill (p. 42)**
Clifford, le petit chien rouge, **Norman Bridwell (p. 97)**
Un chien tout petit, **Philippa Pearce (p. 554)**

Gene Zion et sa première femme, Margaret Bloy Graham, gagnante du prix Caldecott, ont créé ensemble de nombreux albums, y compris ceux de la collection très populaire consacrée au chien Harry. Les croquis à la craie de Graham, auxquels de la couleur a été ajoutée lors d'une récente réédition, constituent des illustrations tout à fait adaptées.

Au début de l'album, Harry, le chien blanc aux taches noires, réalise qu'il va avoir droit à un bain. Or lui qui aime presque tout les abhorre. Il s'empresse donc de voler la brosse qui doit servir à le toiletter et de l'enfouir dans le jardin, puis il s'enfuit avant que ses maîtres aient pu l'attraper et le placer sous le jet d'eau tant redouté. Il fait ensuite tout ce qu'il faut pour devenir vraiment sale. Il s'amuse dans la rue, sur les voies ferrées, et devient encore plus crasseux après avoir joué au chat avec d'autres chiens. Il finit même par tomber dans du charbon, et de chien blanc aux taches noires se transforme en chien noir aux taches blanches ! Après toutes ces aventures, il rentre chez lui. Cependant, personne ne le reconnaît, même quand il fait le beau. Comme il est malin, il va vite déterrer la brosse, et quémande un bain. Il redevient ainsi le chien blanc tacheté de noir que toute la famille connaît et aime.

« Harry était un chien blanc tacheté de noir qui aimait tout… sauf les bains. »

Cette histoire plaira certainement aux enfants qui rechignent à prendre leur bain, surtout après avoir joué à l'extérieur. Les bouffonneries de ce héros canin loufoque les feront rire et les réconforteront. Peut-être sera-t-il plus facile ensuite de les convaincre de passer sous la douche avant d'aller se coucher. **KD**

Le Chat chapeauté

Dr Seuss

3+

Titre original *The Cat in the Hat*, 1957
Nationalité États-Unis, 1904, sous le nom de Theodor Seuss Geisel
Édition française Pocket Jeunesse
Thèmes fantastique, personnages favoris

À l'aide de seulement 223 rimes, l'auteur est parvenu dans ce conte sur l'anarchie et l'ordre à influer sur les livres destinés aux enfants qui apprennent à lire. Chapeauté et moustachu, le chat du récit rend visite à un garçon solitaire et triste qui s'ennuie avec sa sœur, Sally. Avec ses acolytes, Chose 1 et Chose 2, il fait tout ce qui est interdit aux enfants. L'animal de la maison, un poisson rouge sage qui sait s'exprimer, proteste en vain. Il est ridiculisé par le chat. Bien que celui-ci soit le roi du chaos et bouleverse la vie ennuyeuse et prévisible des enfants, il parvient comme par magie à effacer toutes les traces de son passage avant le retour de leur mère.

Préoccupé par des rapports signalant que les enfants n'apprenaient plus à lire, Seuss pensait que ce phénomène était peut-être dû aux livres de lecture stéréotypés imposés à l'école. Certes, personne n'a jamais trouvé ses ouvrages insipides et, si les adultes se lassent parfois de leurs rimes, cela ne semble pas être le cas des enfants. Seuss a vendu des dizaines de millions de livres dans les pays anglophones et convaincu des générations de jeunes enfants que la lecture pouvait être un passe-temps amusant.

« Il pleuvait trop pour jouer. Nous sommes restés à la maison tout au long de cette journée. »

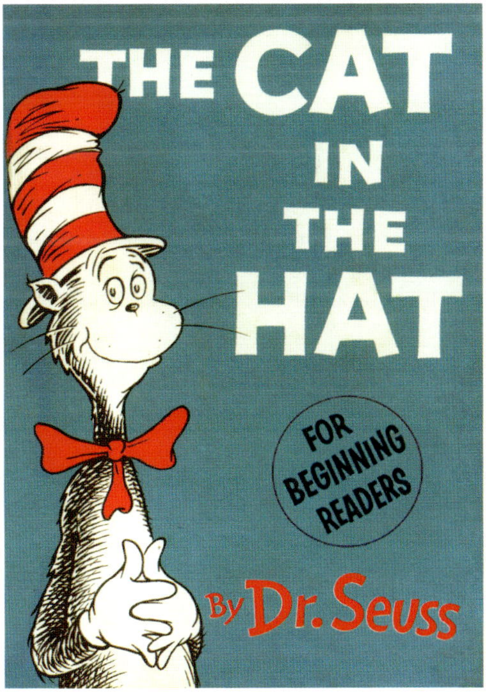

Certains lecteurs moralisateurs ont vu dans le chat une force du mal. Seuss évoque cette possibilité en posant à la fin la question suivante : « Les enfants devaient-ils dire à leur mère ce qui s'était passé ? » Si un lecteur est gêné par ce joyeux chaos, il faut se saisir de ce prétexte pour discuter de ce qu'il y a de bien ou de mal à respecter la propriété d'autrui. Un mystère demeure : comment le chat a-t-il fait pour éliminer toutes les traces de ses incartades ? **VN**

Pour apprendre à lire en s'amusant

Balthazar et les lettres à toucher, M.-H. Place, C. Fontaine-Riquier
Gruffalo, J. Donaldson, A. Scheffer
Armeline Fourchedrue, Quentin Blake

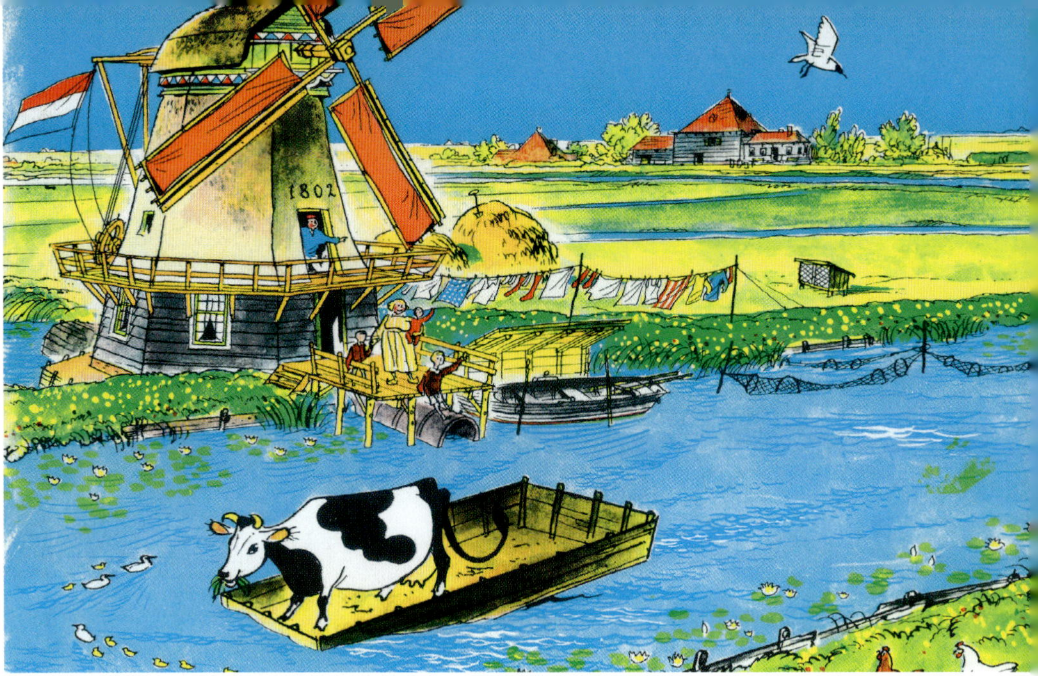

3+

The Cow Who Fell in the Canal

Phyllis Krasilovsky Peter Spier

Nationalité États-Unis, 1926 (aut.), 1927 (ill.)
Édition Doubleday, États-Unis, 1957
Thèmes animaux, aventure

Krasilovsky et Spier évoquent un monde de moulins à vent, de canaux, de chariots traînés par des chevaux et de marchés où l'on vend du fromage, un monde qui était en train de disparaître aux Pays-Bas au moment où ils le recréaient dans ce livre merveilleux.

Fatiguée de sa vie dans la ferme de M. Hofstra, Hendrika la vache a un accident. Devenue trop grosse à force de se morfondre, elle tombe dans le canal, mais parvient à se hisser sur un radeau, et quitte son champ pour gagner la grande ville où elle cause des dégâts en trottant dans les rues pavées et en traversant le marché poursuivie par une foule qui l'acclame. Heureusement, M. Hofstra est là, lui aussi, à vendre ses fromages et la ramène à la maison où elle retrouve vite sa vie tranquille, heureuse d'avoir vu le monde.

Comme Hendrika, les lecteurs longent la campagne hollandaise : « … passant devant la grange, la maison et le moulin à vent. Passant devant les tulipes… ». Puis ils suivent la vache en ville. Spier réalisa ses illustrations sur des doubles pages au stylo et à l'aquarelle, alternant avec des dessins en blanc et noir. Les espaces dégagés de la campagne et l'effervescence de la ville sont décrits de façon détaillée et exhalent une certaine atmosphère. Quant à Hendrika, elle est tantôt timide tantôt turbulente. **CB**

Autres livres illustrés par Peter Spier

Les animaux ont la parole
Il pleut

Hendrika la vache vogue sur le canal, passant devant le moulin à vent.

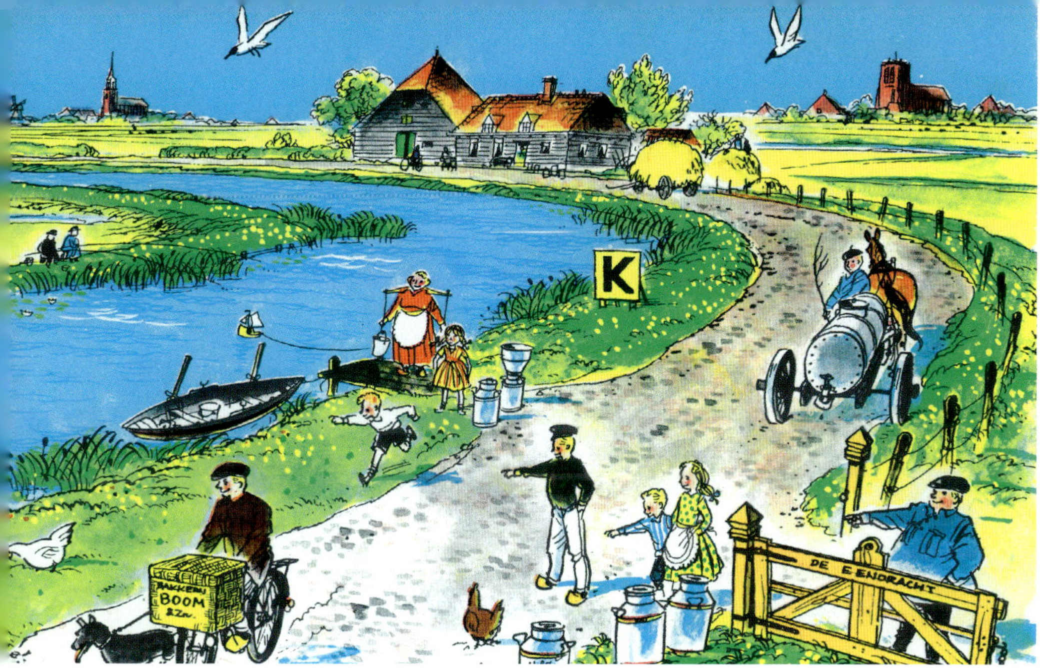

3+

Un ours nommé Paddington

Michael Bond Peggy Fortnum

Titre original *A Bear Called Paddington*, 1958
Nationalité Angleterre, 1926 (aut.), 1919 (ill.)
Édition française Hachette Jeunesse
Thèmes classiques, personnages favoris

Sur l'étiquette, on pouvait lire : « Prenez soin de cet ours. Merci. » Heureusement, celui-ci fut recueilli par M. et Mme Brown à la gare de Paddington à Londres. Ces derniers lui donnèrent non seulement une maison, mais aussi un nom, celui de la gare.

Avec ses bottes en caoutchouc et son duffel-coat, Paddington fut le héros de nombreuses aventures et de plusieurs éditions. Il a été immortalisé par d'innombrables jouets, ainsi que par une statue en bronze qui orne la gare de Paddington. Originaire du fin fond du Pérou, Paddington fait des bêtises sans gravité au cours de ses aventures simples, qui se résument en général à prendre un bain, aller faire des courses, se rendre au théâtre ou au bord de la mer. Il est extrêmement poli et amical, mais si des personnes n'ont pas l'heur de lui plaire, il leur lancera un regard dur comme sa tante Lucy le lui a appris. Il ne pense pas à mal comme le comprend son ami, M. Gruber. Cependant, le voisin de ce dernier, le méchant M. Curry, est moins indulgent à son égard. Un grand nombre des mésaventures de Paddington sont liées à sa gourmandise ou à son côté poseur. Il fourre ainsi des sandwichs au lard dans sa valise, ce qui ne manque pas d'attirer les chiens, est tout collant à force de se goinfrer de gâteaux à la crème ou devient par mégarde la vedette de la vitrine d'un magasin ou d'une pièce de théâtre. Tout cela est assez familier, bon enfant et comique.

S'il reste si populaire, c'est peut-être parce qu'il ressemble à un petit garçon. Il sème la pagaille, mais qui peut en vouloir à un petit ours si mignon ? **VN**

3+

Petit Bleu et Petit Jaune

Leo Lionni

Titre original *Little Blue and Little Yellow*, 1959
Nationalité Pays-Bas, États-Unis, Italie, 1910
Édition française L'École des loisirs
Thème amitié

Dans son premier album publié, Lionni familiarise les enfants avec les couleurs grâce à ses héros, Petit Jaune et Petit Bleu, qui sont en fait des taches de couleur. Il s'agit de deux excellents amis, qui vivent dans la même rue, mais du côté opposé. Ils sont voisins à l'école et aiment jouer ensemble. Un jour, après avoir cherché longtemps son ami, Petit Bleu trouve enfin Petit Jaune. Fous de joie, ils s'embrassent et deviennent tout… verts. Ils passent ainsi une journée riche en aventures, mais quand ils rentrent chez eux, leurs parents ne les reconnaissent pas et les ignorent. Heureusement, Petit Bleu et Petit Jaune parviennent à se dissocier et à reprendre leur couleur d'origine.

Pour illustrer son livre, Lionni eut recours à une technique innovante de collage. Il en eut l'idée alors qu'il distrayait ses petits-enfants au cours d'un long trajet en train. Cette œuvre d'art est plus compliquée qu'il n'y paraît et permet de représenter sur un fond uni des taches de couleur vive. Les enfants sont capables de comprendre ce qui se passe en regardant la façon dont les protagonistes en papier sont répartis sur la page.

Lionni, dont le père était juif, nia avoir créé *Petit Bleu et Petit Jaune* pour défendre la cause de l'intégration raciale. Cependant, tout en apprenant les couleurs aux jeunes enfants, ce livre leur enseigne qu'il est injuste de juger les autres d'après leur apparence et que la couleur ne doit pas être un obstacle. **CVB**

Green Eggs and Ham

Dr Seuss

Nationalité États-Unis, 1904, sous le nom de Theodor Seuss Geisel
Édition Random House, États-Unis, 1960
Thèmes classiques, personnages favoris

Dans ce classique, un personnage ronchon, aux oreilles pendantes, qui ne ressemble pas vraiment à un être humain, refuse de goûter le plat composé « d'œufs et de jambon verts » (signification du titre) que lui propose à maintes reprises un certain Sam. Notre grognon repousse longtemps ce plat répugnant, mais Sam finit par triompher. En effet, le narrateur accepte enfin de goûter les mets et s'en délecte.

On a assimilé ce conte en vers très rythmé à une fable destinée à encourager les enfants à essayer de nouvelles choses pour apprendre et se développer. Il y a tout lieu de se demander pourquoi le narrateur refuse aussi souvent et aussi fermement de goûter aux mets : par peur, par orgueil ou en raison d'un sentiment de supériorité ? L'enchantement suscité par ce livre tient à ses rimes et à son rythme, à la souplesse de la langue et à la présence de situations absurdes et d'illustrations qui fascinent les jeunes lecteurs.

Seuss pensait que les livres sentimentaux destinés aux jeunes enfants ne leur faisaient pas aimer la lecture. Ses œuvres sont une tentative de sortir de la réalité quotidienne. Les enfants semblent ne jamais s'en lasser et les partisans de l'auteur, fort nombreux, le louent pour sa sagesse et son originalité. **VN**

Livre du Dr Seuss traduit en français

Le Chat chapeauté (p. 89)

Green Eggs and Ham

I CAN READ IT ALL BY MYSELF
Beginner Books

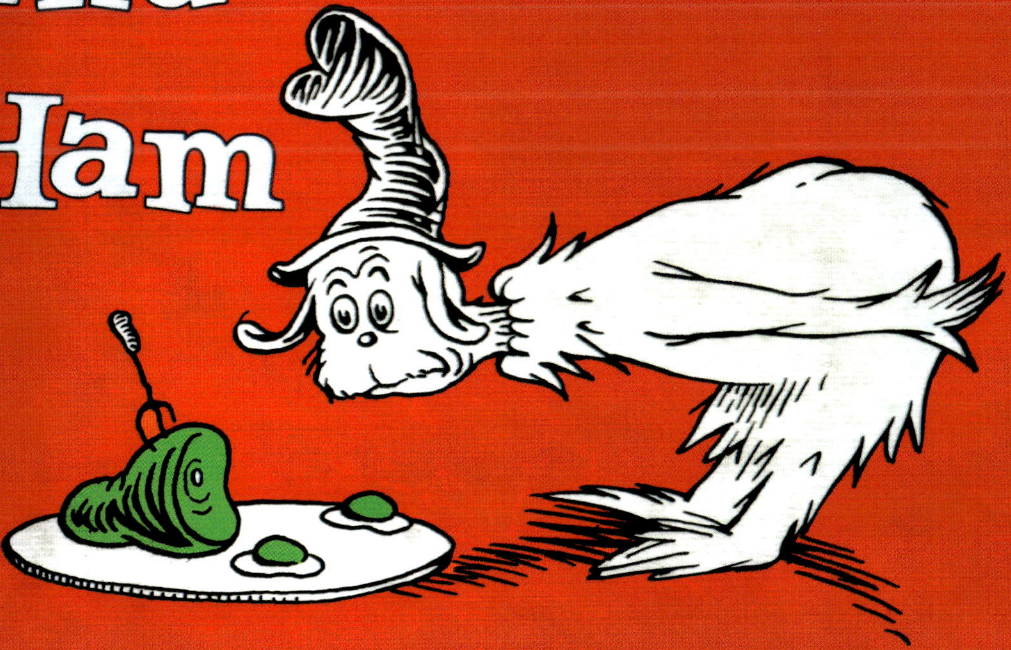

By Dr. Seuss

Go, Dog. Go!

P. D. Eastman

3+

Nationalité États-Unis, 1909 ;
nom entier : Philipp Dey Eastman
Édition Random House, États-Unis, 1961
Thèmes histoires en vers, littérature classique

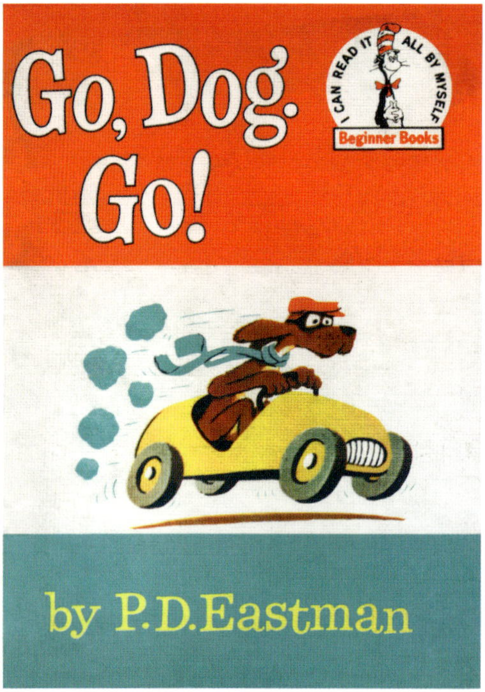

Autres livres de P. D. Eastman

Are You My Mother ? (p. 258)
The Best Nest (p. 276)
Gros chien, petit chien

Combien d'anglophones ont appris à déchiffrer leurs premiers mots avec ce livre devenu un classique. L'utilisation géniale de mots simples d'une syllabe répétés de façon rythmée et de rimes, ainsi que l'introduction des prépositions et des couleurs permettent aux enfants d'aborder l'apprentissage de la lecture.

Le texte est simple, mais lorsqu'il est lu par un enfant ou un adulte, son rythme peut se révéler extrêmement divertissant. Il faut aussi mentionner les illustrations originales de chiens de taille, de forme et de couleur variées (voire à pois) conduisant des voitures, faisant du ski ou du patin à roulettes, se promenant, portant des chapeaux et allant en tous sens. Tout cela fait rire les enfants en leur apprenant à reconnaître et à lire des mots élémentaires. Il est question d'un bout à l'autre du livre d'un différend à propos d'un chapeau. Tout rentre cependant dans l'ordre à la fin de l'album, qui est délicieusement loufoque. On dit qu'il peut être considéré comme le microcosme de la vie, en raison de la diversité des chiens qui en sont les héros et de l'idylle qui naît entre un grand chien jaune et un caniche rose qui se pomponne en permanence. C'est peut-être vrai. Cependant, sa force naît surtout de l'association harmonieuse des mots et des images. En prononçant les mots et en les lisant avec des adultes, les enfants apprennent à lire très rapidement.

« Un chien. Un grand chien. Un petit chien… Regarde ces chiens. Des petits chiens. Des gros chiens ! »

P. D. Eastman, qui était un des protégés du Dr Seuss, travailla comme scénariste pour Walt Disney et les Warner Brothers Cartoons. Il écrivit aussi les scénarios de la série *Mr. Magoo* avant de créer des livres amusants et originaux pour les enfants. **KD**

Les Coquinours

Stan et Jan Berenstain

Stan et Jan Berenstain se sont rencontrés dans une école d'art en 1941 et ont écrit plus de 50 livres ensemble. Leur famille d'ours maintenant devenue célèbre est apparue pour la première fois dans l'album *The Big Honey Hunt*. Les personnages du livre sont connus en France sous le nom des Coquinours. Dans cet album, nous faisons la connaissance de papa Coquinours, de maman Coquinours et de leur fils (qui dans les derniers livres aura une sœur), qui vivent dans le pays des ours.

L'histoire commence avec un pot de miel vide. Maman Coquinours demande à papa Coquinours et à leur fils d'acheter du miel dans la boutique située en face de leur maison, mais le père a une autre idée. Il prétend que lorsqu'un ours est astucieux, il sait comment s'y prendre pour trouver du miel dans la nature. Il emmène son fils avec lui et lui dit tout ce qu'il faut savoir sur le miel : à quoi il ressemble, quel goût et quelle odeur il a ainsi que son origine. Malheureusement, son plan échoue, car ils dérangent un essaim d'abeilles et sont obligés de plonger dans un étang pour leur échapper. Finalement, papa Coquinours doit ravaler son orgueil et acheter du miel au magasin, tandis que maman Coquinours le regarde avec un sourire narquois.

« Nous mangeons notre miel. Nous en mangeons beaucoup. À présent, nous n'en avons plus. »

Les textes sont très simples, tenant à la fois du conte moralisateur et du récit amusant en vers. Les premières illustrations représentaient des ours légèrement différents de ceux qui figurent dans les derniers albums. Depuis la mort de Stan, Jan a écrit et illustré les livres avec leur fils, Mike. **LH**

Titre original *The Big Honey Hunt*, 1962
Nationalité États-Unis, 1923
Édition française Rouge et Or
Thèmes famille, littérature classique, personnages favoris

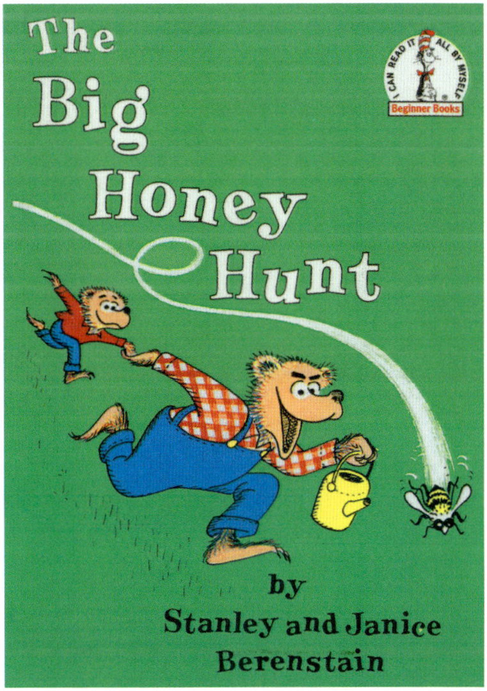

3+

Autres histoires d'ours

Petit Ours, Maurice Sendak
Winnie l'ourson, A. A. Milne (p. 70)
Un ours nommé Paddington, Michael Bond (p. 91)

IVOR the engine

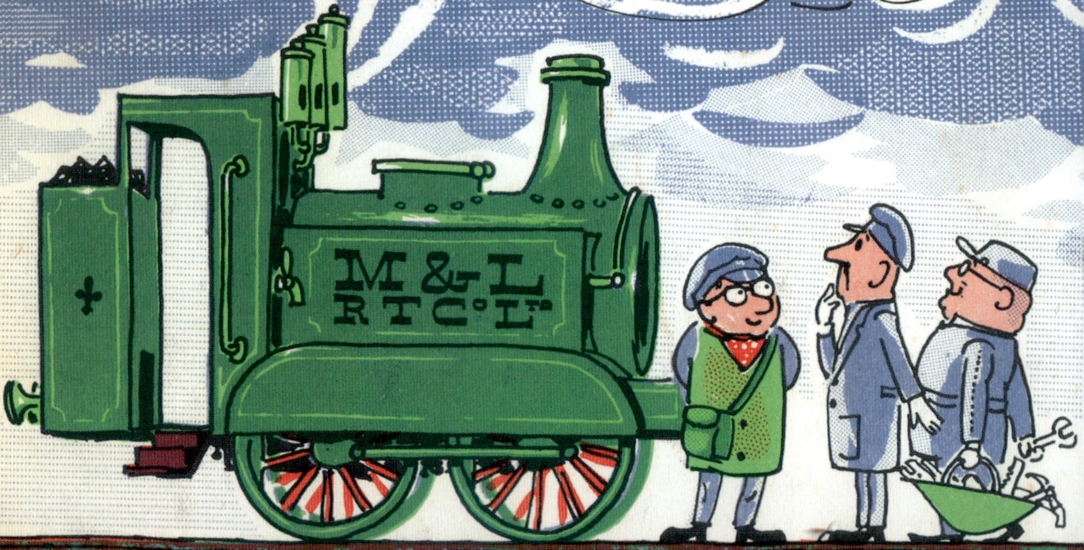

BY OLIVER POSTGATE

PICTURES BY PETER FIRMIN

Ivor the Engine

Oliver Postgate Peter Firmin

Nationalité Angleterre, 1925 (aut.), 1928 (ill.)
Édition Abelard-Schumann, Royaume-Uni, 1962
Thèmes littérature classique, personnages favoris

Il s'agit du premier album d'une collection de livres illustrés sur Ivor, une petite locomotive à vapeur verte très singulière qui a sa façon de voir les choses. En 1959, Ivor fit sa première apparition à la télévision britannique, dix minutes avant les actualités. La série très populaire fut écrite et racontée par Oliver Postgate ; Peter Firmin s'occupa, lui, des animations.

Ivor appartient à une entreprise fictive, la Merioneth and Llantisilly Rail Traction Company Ltd., « tout au nord du pays de Galles, dans le coin gauche ». Dans cette histoire, la locomotive est malheureuse bien qu'elle ait assez de charbon et d'eau dans sa chaudière. C'est à son conducteur, Jones la Vapeur, et au chef de gare, Dai Station, de découvrir la raison de sa tristesse. Quand ils apprennent qu'elle veut chanter dans un chœur, ils l'emmènent auprès d'Evans la Chanson (qui est chef de chœur). Celui-ci n'est pas impressionné par le sifflement en demi-ton mineur de la locomotive. M. Jenkis le Constructeur les met en relation avec M. Morgan des Attractions Morgan, car ce dernier possède un vieil orgue à vapeur qui excède ses besoins. Une fois que Mog le Plombier a arrangé quelques tuyaux, la locomotive à vapeur est finalement acceptée dans le chœur de Grumbley à titre de basse, et tout finit bien dans le meilleur des mondes.

Oliver Postgate était très influencé par le poète gallois Dylan Thomas et son texte fantaisiste est un vrai régal à lire et à entendre. Les illustrations de Peter Firmin ont un charme simple et intemporel. **WO**

Clifford, le petit chien rouge

Norman Bridwell

Titre original *Clifford, the Big Red Dog*, 1963
Nationalité États-Unis, 1928
Édition française Bayard Jeunesse
Thèmes amitié, animaux, famille, classiqus

Les habitants de l'île de Bridwell doivent rapidement faire de la place, et beaucoup de place, pour qu'Émilie, âgée de 8 ans, et son chien géant Clifford puissent s'installer dans leur nouvelle maison. Grâce à l'amour de la petite fille et à son dévouement, le petit chiot maigrichon et abandonné est devenu un énorme chien, bondissant et joyeux, ainsi qu'un membre de la famille. Bien que sa taille gigantesque et sa volonté de bien faire les choses le mettent souvent dans des situations délicates, Clifford parvient généralement à s'en sortir en prenant conscience de l'importance du partage, de la coopération, de la gentillesse et du respect.

Clifford est né quand son auteur, Norman Bridwell, décida d'arrondir ses fins de mois après la naissance de sa fille, Emily Elizabeth. (Ses livres lui sont dédiés.) Pour cela, il se tourna vers ce qui était sa passion lorsqu'il était enfant, à savoir le dessin. Après avoir essuyé le refus de nombreux éditeurs, il connut enfin le succès avec le tandem gagnant que constituaient Émilie et Clifford. La publication en 1963 de *Clifford, le petit chien rouge* entraîna l'apparition de multiples produits dérivés comme la série télévisée de PBS, un film et des sites Internet.

Tel un écho à la taille démesurée du chien d'Émilie (plus de 7 m), la maison d'édition américaine Scholastic Books devint grâce à à ce succès commercial l'une des plus importantes. La collection nous donne une leçon : il faut toujours persévérer. **JSD**

3+

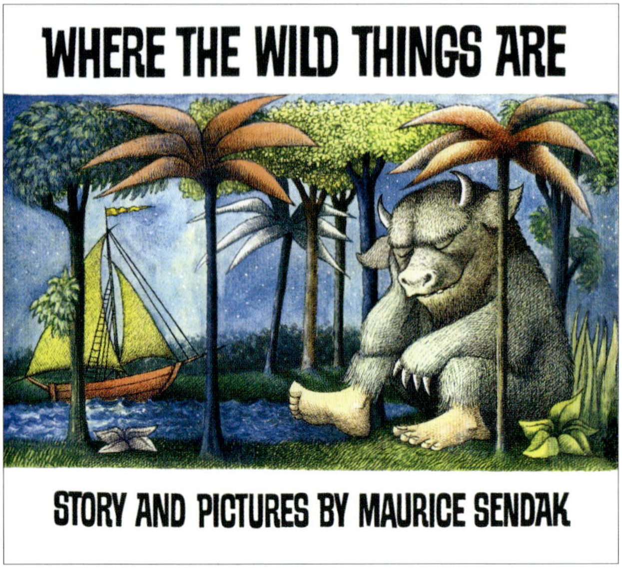

Max et les Maximonstres

Maurice Sendak

Titre original *Where the Wild Things Are*, 1963
Nationalité États-Unis, 1928
Édition française multiples éditeurs
Thèmes fantastique, littérature classique

Max et les Maximonstres est un superbe album qui peut se lire très tôt, mais qui n'en est pas moins d'une grande profondeur. Max est un petit garçon tellement en colère qu'il se dit prêt à manger sa mère. Pour cela, il est envoyé dans sa chambre sans dîner. Une forêt se met à y pousser et Max trouve un bateau sur lequel il s'embarque pour gagner un lieu étrange peuplé de créatures sauvages, entre êtres humains, reptiles et dinosaures, à la fois amusantes et horribles. Max les apprivoise, se chamaille avec elles, puis les quitte. Revenu dans sa chambre, il découvre que quelqu'un y a laissé son dîner et qu'il est encore chaud.

Il s'agit d'une fable sur la colère et la difficulté de contrôler ses démons, qui montre aussi l'attitude ambivalente de l'enfant à l'égard de la personne qui l'aime le plus au monde. Ce qui est stupéfiant et magnifique dans ce livre, c'est que Sendak ne dit nulle part de quoi il est vraiment question. Au lieu de cela, il nous entraîne dans un voyage initiatique avec Max. Quand celui-ci est loin, dans le pays des Maximonstres, il veut soudain être là où on l'aime le plus. Quand j'ai lu pour la quinzième fois ce livre à mon fils alors âgé de 3 ans, il s'est exclamé : « Et sa maman ? » Nulle part dans le livre, nous ne voyons la maman de Max. Nous savons seulement que celui-ci a été odieux envers elle.

Sendak a créé une histoire qui peut inciter un enfant de 3 ans à se poser des questions. C'est un récit qu'un enfant retiendra et auquel un adulte peut réfléchir. Il nous aide à méditer sur la façon dont nous vivons et la meilleure manière d'aimer nos enfants.

Max costumé pour aller voir les Maximonstres.

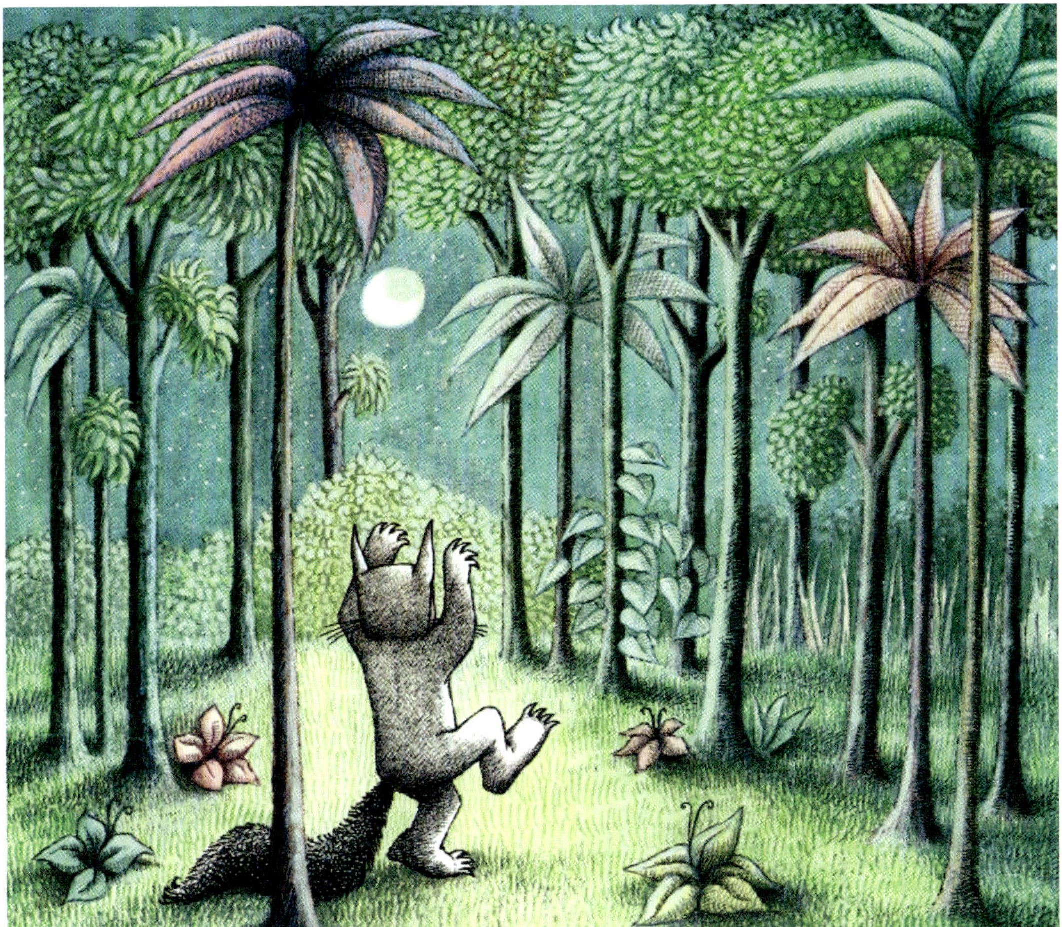

Lyle, Lyle, Crocodile

Bernard Waber

Nationalité États-Unis, 1924
Édition Houghton Mifflin, États-Unis, 1965
Thèmes animaux, personnages favoris

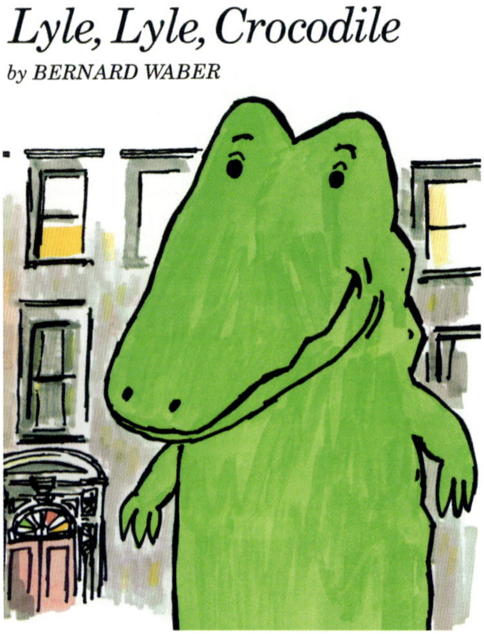

Lyle est un crocodile qui vit dans une maison (dans la baignoire bien sûr) à New York. Les illustrations originales de Bernard Waber représentent avec tendresse cet immense reptile, sans le rendre le moins du monde effrayant.

Lyle aime l'endroit où il vit ainsi que sa famille, les Primm. Qui n'apprécierait pas d'avoir un crocodile comme lui à portée de main ? Il aide Joshua à faire ses devoirs, saute volontiers à la corde avec les enfants du quartier, et fait même les courses avec Mme Primm. C'est donc un excellent compagnon. Cependant, en dépit de sa gentillesse et de son caractère inoffensif, il s'en prend au chat du voisin, Loretta, ce qui rend le maître du félin, M. Grumps (« Grognon »), encore plus bougon. Un jour, alors qu'il fait les courses avec Mme Primm, Lyle est séparé de cette dernière à la suite d'une bousculade dans le rayon des pyjamas. Or, il se trouve que le gérant du magasin n'est autre que M. Grumps. Celui-ci, n'ayant jamais apprécié Lyle, l'expédie au zoo central où l'adorable crocodile doit se retenir pour ne pas verser des larmes… de crocodile. Après quelques péripéties, Lyle finit par rentrer chez lui. Les illustrations gaies de Waber et son texte d'une grande finesse séduiront vite la plupart des lecteurs.

« M. et Mme Primm et leur fils Joshua vivent dans une maison, dans la 88e rue, à New York. Lyle aussi. »

Ce livre est souvent le préféré de la collection. Cependant, dès que les enfants connaissent Lyle, ils sont généralement avides de lire tous les albums qui lui sont consacrés. **KD**

Autres histoires de crocodiles

Peut-on faire confiance à un crocodile affamé, **D. Levy, C. Galibour**
Zékéyé et le crocodile, **Nathalie Dieterlé**
Les Larmes de crocodile, **André François**

Ours brun, dis-moi... ?

Bill Martin, Jr. Eric Carle

3+

Titre original *Brown Bear, Brown Bear, What Do You See ?*, 1967
Nationalité États-Unis, 1916 (aut.), 1929 (ill.)
Édition francophone (Belgique) Mijade
Thèmes animaux, histoires en vers, classiques

Bill Martin Jr., créateur de la collection « Instant Readers », demanda à Eric Carle d'illustrer son nouvel album : *Ours brun, dis-moi…* s'est vendu à plus de six millions d'exemplaires.

Martin expliqua ainsi son amour pour la poésie : « J'ai eu du mal à apprendre à lire, je n'aimais pas cela. Mais j'ai eu un instituteur qui nous lisait tous les jours un livre et j'adorais les histoires. Plusieurs années plus tard, un autre enseignant m'a fait connaître la poésie et tout a changé. » Eric Carle réalisa de superbes illustrations aux couleurs vives au moyen d'un mélange de collages, de peintures, de textures et de papier de soie. Comme il l'a dit un jour : « La plupart des enfants ont fait des collages chez eux ou en classe. Quand certains me lancent : "Oh, ça je peux le faire !" il s'agit pour moi du plus beau compliment. »

« Chat violet, dis-moi ce que tu vois ? Je vois un chien blanc qui regarde par ici. »

Ce livre est très simple. Un animal voit un autre animal, qui le regarde. Quand on tourne la page, on observe que l'animal suivant fait exactement la même chose. En fait, ce sont les vers et le caractère dynamique des illustrations qui retiennent l'attention des petits. Les jeunes enfants aiment dire à l'avance quels animaux vont apparaître et se souviennent très vite de l'ordre. Pour les tout-petits et les enfants qui s'apprêtent à entrer en maternelle, le fait que les chevaux soient bleus et les chats violets les rend simplement encore plus amusants. Cependant, les parents doivent savoir qu'à la fin du livre, il y a de fortes chances qu'ils entendent : « Lis-le-moi encore une fois. » **KD**

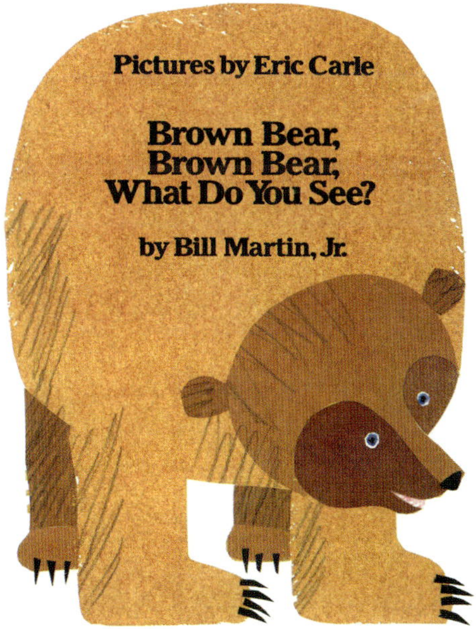

Autres livres illustrés par Eric Carle

L'Araignée qui ne perd pas son temps
Le Caméléon méli-mélo
La Chenille qui fait des trous (p. 34)
Ours blanc, dis-moi
Panda, dis-moi

Was denkt die Maus am Donnerstag ?

Josef Guggenmos Günther Stiller

3+

Nationalité Allemagne, 1922 (aut.), date inconnue (ill.)
Édition Georg Bitter, Allemagne, 1967
Thèmes littérature classique, poésie

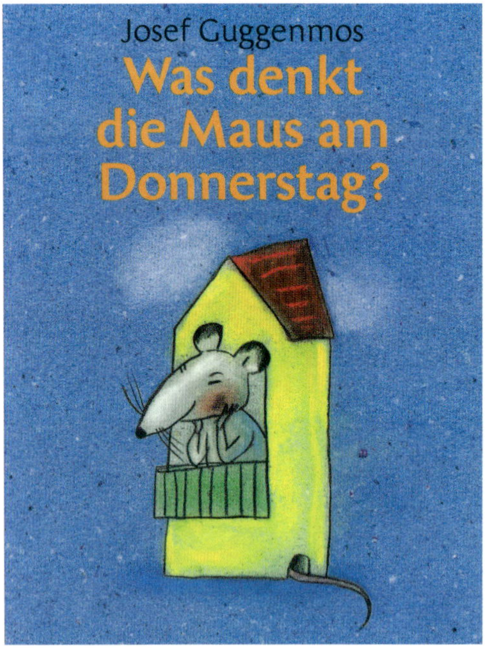

Pour jouer avec les mots

Jaffabules, Pierre Coran
Le Rire en poésie, collectif
Les Charades et les chats-mots, J.-H. Malineau, D. Maes

Ce recueil de 121 poèmes destinés aux enfants rendit Josef Guggenmos populaire auprès des jeunes lecteurs et des critiques allemands. Aujourd'hui, en Allemagne, il est avec Erich Kästner l'un des auteurs de livres pour enfants les plus importants.

Ses poèmes se caractérisent par leur humour déroutant. « Que pense la souris, le jeudi ? », dit le titre. Le jeudi, la souris pense exactement la même chose que les autres jours : elle pense à des sandwichs à la saucisse et au jambon. Il s'agit de Guggenmos du meilleur cru. Ses poèmes décrivent des personnages gais et charmants et ont souvent une chute étonnante. Et surtout, il parvient à faire réfléchir les lecteurs au moyen de questions saisissantes, notamment à propos de la relation pouvant exister entre une aiguille et un fil. Peu de poètes pour enfants parviennent à trouver le juste équilibre entre la beauté des vers et la profondeur du contenu. Guggenmos réussit à aborder d'une façon délicate et stimulante pour la réflexion des thèmes graves comme le fait d'accepter son identité. Sa souris contemple ce que sa vie serait si elle était un autre animal, un animal plus gros peut-être, un bœuf par exemple.

« J'ai envoyé à Amsterdam une lettre qui pesait vingt grammes. »

Guggenmos souligna toujours qu'il avait essayé de représenter le monde réel à ses jeunes lecteurs et que les écrivains qui ne le faisaient pas ne comprenaient pas vraiment les enfants. En fait, le succès de cet album est sans doute dû au fait que Guggenmos a su garder son âme d'enfant. **GS**

Que font les gens toute la journée ?

Richard Scarry

3+

Bien que cet album ait été publié en 1968, il est connu par des personnes nées bien après. Richard Scarry a aidé un nombre considérable d'enfants du monde entier à apprendre à lire. Les personnages de ce récit sont des animaux anthropomorphes, c'est-à-dire ressemblant à des hommes même si ce sont des cochons, des chats, des chiens, des lapins, des souris (voire des chouettes, des castors, des ratons laveurs, des hyènes ou des crocodiles). Parmi les personnages récurrents, citons Cassis le chat, Louis le chien et le Renard le maire.

Les jeunes enfants sont fascinés par les activités des personnages et les illustrations truffées de

« Maman emmena Abby chez le Dr Lion. Il regarda ses amygdales, et dit : "Hummm, elles ne sont pas belles à voir." »

détails les absorberont durant des heures. (Il faut en outre chercher sur chaque page un asticot.) Les personnages prennent l'avion, vendent des produits d'épicerie, vont à l'école ou à la poste, construisent des édifices ou cultivent la terre. Cet album ne peut qu'aider les enfants à apprendre du vocabulaire et à identifier des objets. Il leur révèle des choses familières et totalement nouvelles à chaque lecture.

Dans les années 1990, Nickelodeon produisit le film d'animation *The Busy World of Richard Scarry* (*Les Mystères de Richard Scarry*). Cet auteur, qui fut aussi un illustrateur prolifique, écrivit plus de 300 albums dont *Le Livre des mots* et *Le Noël des animaux*. Cent millions d'exemplaires de la même collection ont été vendus dans le monde. **KD**

Titre original *What Do People Do All Day?*, 1968
Nationalité États-Unis, 1919
Édition française multiples éditeurs
Thèmes amitié, famille, littérature classique, personnages favoris

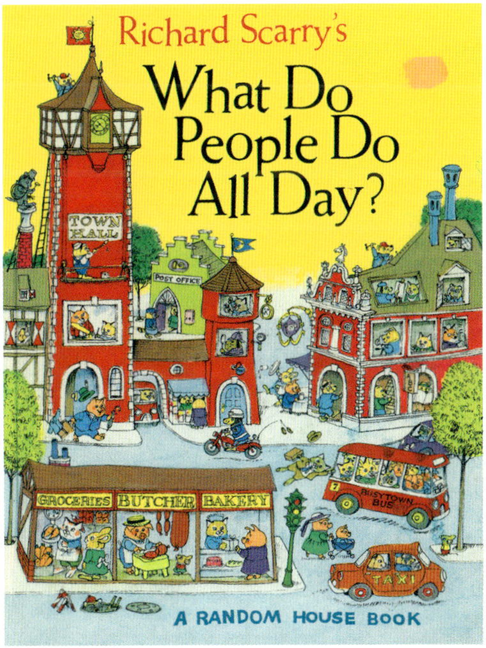

Autres livres de Richard Scarry

Le Grand livre de l'école
Le Livre des mots
Le Plus Grand Livre du monde
Collection « La petite bibliothèque de Richard Scarry »

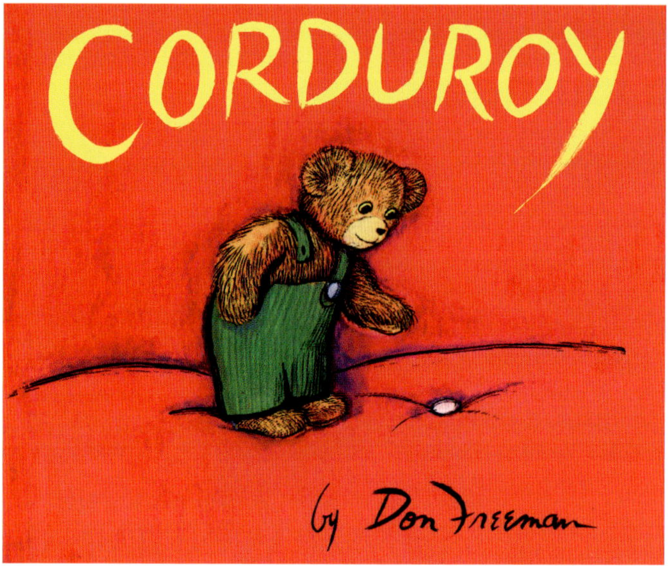

Corduroy

Don Freeman

Nationalité États-Unis, 1908
Édition Viking Pinguin, États-Unis, 1968
Thèmes amitié, littérature classiques, personnages favoris

L'ours en peluche Corduroy est installé sur le rayon de la section jouets d'un grand magasin, attendant impatiemment qu'une personne l'emmène chez elle. Une personne qui ne manquera pas de le réchauffer, lui, le petit nounours qui a l'air perdu avec sa bretelle de salopette dénouée sur l'épaule. Il a manifestement besoin qu'on s'occupe de lui. « Non, dit une maman à sa petite fille, nous avons déjà passé assez de temps dans ce magasin, et puis il y a un bouton qui manque à sa salopette. » Dès que le magasin ferme, Corduroy part à la recherche du bouton manquant. Il se fraie un chemin jusqu'à la section du mobilier et fait tomber une lampe en tentant d'arracher le bouton d'un matelas. Perplexe, le veilleur de nuit le remet sur son rayon. Le lendemain, Lisa, la petite fille, revient au magasin et achète Corduroy avec son argent de poche.

Cette histoire simple sur la gentillesse et l'amitié est à certains égards démodée. Elle l'était déjà au moment de sa création. Cependant, elle est également révolutionnaire, non seulement parce qu'il s'agit du premier album illustré mettant en scène une famille afro-américaine, mais aussi parce que le monde y est vu résolument par les yeux d'un enfant.

La profondeur des sentiments exprimée aussi bien par les mots que par les dessins traduit de manière éloquente l'empathie de l'auteur. Quand Lisa recoud le bouton de Corduroy, ne dit-elle pas à ce dernier ces paroles réconfortantes : « Je t'aime comme tu es… mais tu te sentiras mieux une fois que ta bretelle sera recousue. » **CB**

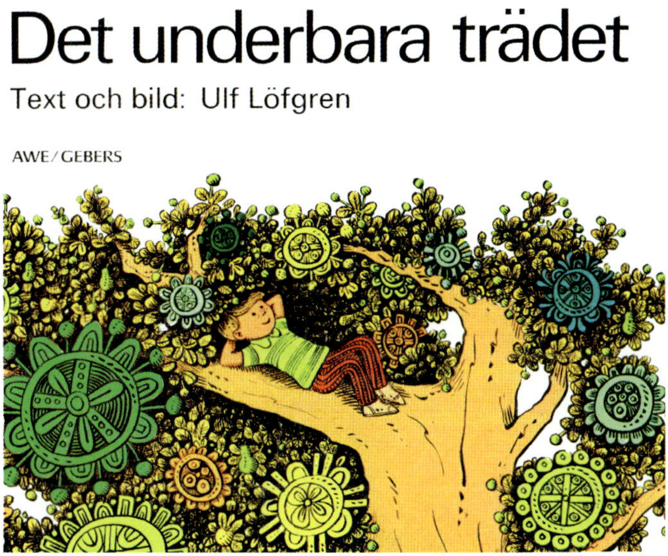

3+

Det underbara trädet

Ulf Löfgren

Nationalité Suède, 1931
Édition Almqvist et Wiksell, Suède, 1969
Thèmes fantastique, magies

Il s'agit de l'histoire quelque peu surréaliste d'un petit garçon nommé Edward. Cet enfant plutôt ordinaire part faire une promenade paisible, du moins le pense-t-il, au cours d'une journée plutôt ordinaire.

Soudain, il aperçoit une graine voler ; elle tombe à côté de lui et il décide de la planter. Après avoir creusé un petit trou, il l'enfouit et l'arrose avec soin. Très vite, il voit un arbre pousser, « un arbre merveilleux ».

Celui-ci croît rapidement, ses branches se dressent vers le ciel. Il pousse, pousse et pousse, devenant l'arbre le plus grand qu'Edward ait jamais vu. Le petit garçon est déterminé à l'explorer. Il grimpe et trouve au milieu des branchages un lieu qui semble fait pour lui. Dans l'arbre, il a l'impression d'être dans un autre monde. Un jour vert, puis bleu, puis rouge, puis jaune passent. En quatre jours, Edward observe défiler l'automne, l'hiver, le printemps et l'été. L'arbre est merveilleux et mystérieux.

Les illustrations de ce récit légèrement psychédélique, que certains voient comme la représentation d'un rêve de petit garçon, sont aussi originales que l'histoire elle-même. Superbes, regorgeant de détails authentiques, chacune raconte l'histoire de façon aussi frappante que le texte et permet aux jeunes enfants de bien la comprendre. Dans sa Suède natale et à l'étranger, Löfgren passe pour un conteur accompli dont l'art oscille entre fantaisie et réalité. **CC**

Cuisine de nuit

Maurice Sendak

3+

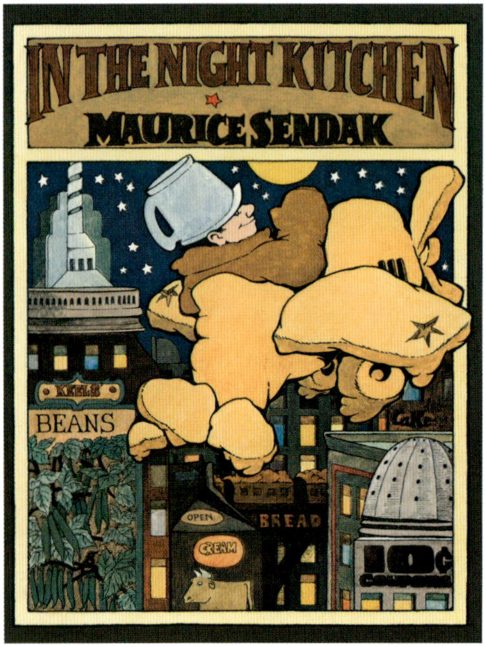

Titre original *In the Night Kitchen*, 1970
Nationalité États-Unis, 1928
Édition française L'École des loisirs
Thèmes magie, poésie

Une nuit, en s'endormant, un petit garçon entend des bruits alarmants. En rêvant, il perd son pyjama et se retrouve dans la cuisine. Représentée sans le moindre respect des proportions, celle-ci est étrangement occupée par trois pâtissiers coiffés d'une toque blanche, à la face ronde et luisante. Le petit garçon tombe dans un gigantesque pétrin contenant la pâte destinée à confectionner la brioche du matin.

Les pâtissiers se mettent à malaxer la pâte, apparemment sans se rendre compte de la présence de l'enfant. Juste au moment où ils vont placer la préparation au four, ce dernier émerge du pétrin en protestant. À l'aide de la pâte qui l'enveloppe jusqu'au cou, il construit un avion et atteint le goulot d'une bouteille de lait immense dans laquelle il plonge. Se trémoussant dans le lait pendant que la pâte qui l'entoure se désagrège, il en fait couler dans le pétrin des pâtissiers qui terminent joyeusement leur gâteau. À l'aube, le petit garçon tout nu pousse un cocorico comme un coq et s'extrait de la bouteille pour regagner son lit.

Apprécié par les enfants pour son style semblable à celui d'une bande dessinée et son récit loufoque et anarchique, cet album a néanmoins été critiqué par des adultes. Certaines personnes ont vu dans la bouteille de lait de forme phallique, la pâte féconde et les liquides qui giclent des connotations sexuelles. D'autres ont jugé obscène la nudité du petit garçon. Sendak est un écrivain révolutionnaire, qui n'a pas peur de traiter des strates très profondes de l'expérience humaine. Cet album mérite sa place dans le cœur et l'esprit des lecteurs. **VN**

« Battez bien fort ! Faites lever ! Mettez au four et vous aurez de délicieux pains briochés ! »

Autres livres de Maurice Sendak

Max et les Maximonstres (p. 98)
Maman ?
On est tous dans la gadoue
Quand Papa était loin
Rosie

Barbapapa

Annette Tison et Talus Taylor

Nationalité France, 1942 (Tison), États-Unis, 1933 (Taylor)
Édition multiples éditeurs, 1970
Thèmes amitié, magie

En donnant vie à Barbapapa, chose rose tenant à la fois d'un animal et d'un végétal, l'arrosoir du jeune François fit naître une collection très populaire d'albums et de dessins animés. Dans ce premier album, les parents de François décident que la créature qui vient de naître et qui ressemble à une grosse boule souple aux immenses yeux touchants est trop grande pour vivre chez eux. Barbapapa échoue donc dans un zoo parisien. Là, grâce à son aptitude à changer de forme et à se glisser dans des endroits où *a priori* il ne peut aller, il s'échappe de sa cage malgré les gardiens. Quand il entre dans la grande ville animée, il découvre que sa grande taille est un inconvénient. Il veut rendre les gens heureux, mais les Parisiens ont peur de lui. C'est uniquement quand il se sert de son aptitude à changer de forme pour aider les gens que ces derniers cessent d'être effrayés et qu'il trouve l'amitié dont il a tant besoin.

Il s'agit d'une histoire simple, mais émouvante, sur les différences et le désir d'être accepté par les autres. *Barbapapa* est aussi un merveilleux portrait de Paris. Les dessins au trait subtil de Tison et Taylor rendent parfaitement la splendeur des maisons et des rues de la ville. Leurs formes sinueuses et arrondies et leurs couleurs vives mais ocrées évoquent le style Art nouveau des auvents du métro et des colonnes Morris. *Barbapapa* est un conte optimiste mais dénué de toute sensiblerie sur le passé et le présent de Paris, magnifique dans sa simplicité. Les jeunes lecteurs auront plaisir à imaginer les formes que Barbapapa va prendre au fil des pages. **NA**

Monsieur Chatouille

Roger Hargreaves

Titre original *Mr. Tickle*, 1971
Nationalité Angleterre, 1935
Édition française Hachette Jeunesse
Thèmes excentricité, fantastique, classiques

En 1971, Roger Hargreaves entendit son fils, Adam, lui demander : « À quoi ressemble une chatouille ? » Cette question entraîna la création de *Monsieur Chatouille*, premier album de la collection très appréciée des *Monsieur*. « Les chatouilles sont petits et ronds et ont des bras qui grattouillent et chatouillent », explique le livre aux jeunes lecteurs. M. Chatouille est de couleur orange. Il porte un feutre bleu, arbore un grand et large sourire, a de petites jambes et de très, très longs bras. Il n'y a rien qu'il aime autant que chatouiller les gens, surtout les personnes qui ne peuvent pas le voir. Ses bras extraordinairement longs possèdent aussi d'autres facultés.

Un matin, M. Chatouille se réveille et décide qu'il s'agit d'un jour à chatouilles. Il part donc à la recherche de tous ceux qu'il va pouvoir chatouiller, et provoque toutes sortes de catastrophes. Il chatouille un policier chargé de la circulation, ce qui cause un embouteillage à un carrefour, puis un professeur qui à force de se tordre en tous sens de façon hystérique suscite l'hilarité de ses élèves. Il s'en prend également à un médecin, un boucher, un chef de train (après cela le train acculera un retard de dix minutes), un commerçant, dont les pommes se répandent sur la route, ainsi qu'à un vieux postier, qui finira par faire tomber toutes les lettres de sa sacoche dans une flaque.

Après tous ses méfaits, M. Chatouille rentre chez lui en se moquant de ses victimes. À la fin de l'histoire, l'auteur met en garde les lecteurs : M. Chatouille attend peut-être le moment propice pour les chatouiller. **LH**

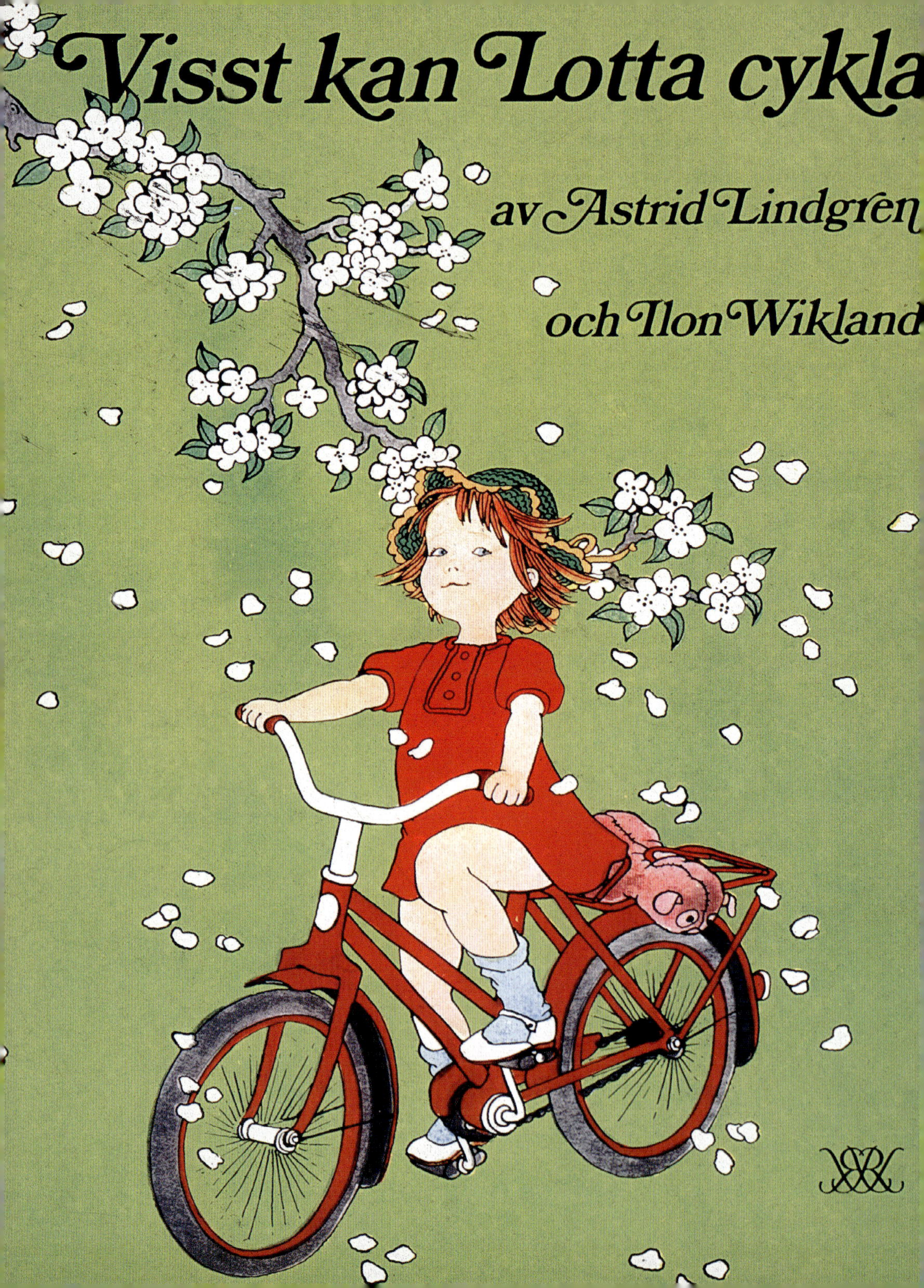
Visst kan Lotta cykla
av Astrid Lindgren
och Ilon Wikland

La Bicyclette de Julie

Astrid Lindgren — Ilon Wikland

Titre original *Visst kan Lotta cyckla*, 1971
Nationalité Suède, 1907 (aut.), Estonie, 1930 (ill.)
Édition française G. P., Grands Albums
Thème personnages favoris

L'héroïne de ce livre est l'un des personnages les plus populaires de la littérature enfantine suédoise. C'est une petite fille qui fait les quatre cents coups en compagnie de son frère et de sa sœur aînés. Tous les trois sautent par la fenêtre, apprennent des gros mots, jettent des boulettes de viande dans la cheminée et de manière générale irritent leur père, qui a pourtant une patience à toute épreuve. Julie est aussi extrêmement curieuse et pose tout le temps des questions qui sont la principale source d'humour du livre.

Dans *La Bicyclette de Julie*, elle espère recevoir une bicyclette pour son anniversaire, mais comme ses parents lui achètent autre chose, elle décide d'« emprunter » le vélo de ses voisins. Malheureusement, le vélo est trop grand pour elle et la côte qu'elle essaie de gravir trop escarpée. Cela aura bien sûr des conséquences inévitables, mettant en cause un rosier et le propriétaire de l'engin.

Les histoires de Julie ont généralement trait aux choses quotidiennes, ce qui permet aux très jeunes lecteurs de s'identifier à elle. Dans le livre *Julie quitte la maison*, l'héroïne est fâchée contre toute sa famille et décide de faire une fugue. Cependant, elle réalise vite qu'il n'existe nulle part de lieu comme la maison. Tous les albums de la collection – au ton légèrement humoristique et comprenant chacun une morale – peuvent être racontés par des adultes ou lus par les enfants.

Julie est plus jeune que la création plus célèbre d'Astrid Lindgren, *Fifi Brindacier*, mais comme Fifi, elle est très indépendante, espiègle et attachante, comme tous les personnages de Lindgren. **NH**

Das kleine Ich bin Ich

Mira Lobe — Susi Weigel

Nationalité Autriche, 1913, de son vrai nom Hilde Rosenthal (aut.), 1914 (ill.)
Édition Jungbrunnen, Autriche, 1972
Thèmes amitié, animaux

« Petit je suis moi » (*Das kleine Ich bin Ich*) aborde de manière plaisante la difficulté qu'il y a à trouver son identité et la nécessité d'accepter ses singularités. Merveilleusement illustré et composé de vers délicieux, il nous raconte l'histoire d'un petit animal bigarré rose et blanc qui poursuit un objectif bien précis après qu'une grenouille lui a demandé qui il était. Comme il est incapable de répondre à cette question, il décide de découvrir à quelle espèce il appartient.

Au cours de son voyage, il effectue des comparaisons avec tous les animaux qu'il croise et se trouve toujours des similarités avec eux. Cependant, aucun ne lui ressemble vraiment. Il continue donc ses recherches, suscitant des réactions mitigées autour de lui. Certains animaux, comme le perroquet, le traitent avec mépris et hostilité, d'autres sont gentils avec lui et prêts à l'aider. Finalement, le petit animal est sur le point d'abandonner sa quête, se demandant si au fond tout cela a un sens. C'est alors qu'il comprend soudain sa nature profonde en s'exclamant : « Je suis moi ! » Ayant trouvé son identité, il refait son voyage en sens inverse pour faire part aux animaux de sa découverte.

Les illustrations de Susi Weigel complètent à merveille le récit de Mira Lobe. L'alternance des images en couleurs et en noir et blanc, des images réalistes ou fantastiques, renforce la complexité du héros. Elles permettent, à l'instar des vers amusants et attachants de Mira Lobe, de traiter un sujet difficile et parfois pénible de façon optimiste et enjouée. Les enfants et les adultes ne pourront qu'apprécier cet album. **GS**

3+

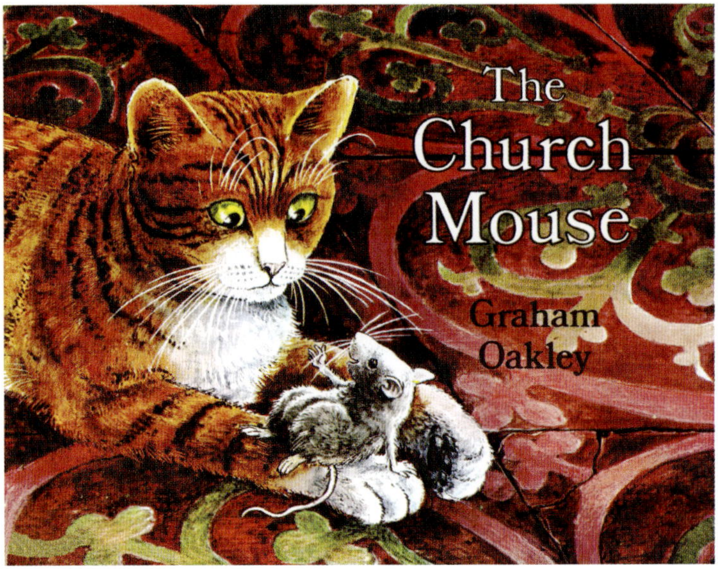

La Souris de l'église

Graham Oakley

Titre original *The Church Mouse*, 1972
Nationalité Angleterre, 1929
Édition française Gallimard Jeunesse
Thèmes animaux, amitié, personnages favoris

Cet album devait être le premier d'une collection. Chaque récit était censé se dérouler dans un nouvel édifice d'une ville fictive, mais face au succès rencontré par *La Souris de l'église*, l'auteur décida de ne plus modifier le cadre de l'action. Teintée d'un humour léger, l'histoire se passe donc dans une paroisse et est accompagnée d'illustrations détaillées qui sont de vraies œuvres d'art. Elle est très appréciée des jeunes enfants et de leurs parents.

La Souris de l'église est l'histoire simple d'une souris qui vit dans l'église d'une ville et qui entretient des liens plutôt amicaux avec un chat. Son objectif consiste à faire venir d'autres souris dans l'église pour les protéger des chats hostiles de la ville, mais aussi pour avoir de la compagnie. Cependant, ce n'est pas l'intrigue, mais plutôt les illustrations détaillées de l'album qui constituent son principal intérêt. Très traditionnelles, elles ont un côté presque victorien. Dans chaque coin de page, des actions sont représentées. Le conte d'Oakley propose une vision du monde assez moralisatrice, avec son église pour cadre et la bonté comme valeur suprême. Quelques plaisanteries seront comprises uniquement par les enfants plus âgés et les adultes, mais l'histoire divertira néanmoins les plus jeunes des lecteurs.

Ce récit convient tout à fait aux enfants d'âge préscolaire ou à ceux des petites sections de maternelle. Il a donné naissance à une collection d'albums, magnifiquement illustrés, qui plaisent autant aux enfants d'aujourd'hui qu'à ceux des années 1970. **LK**

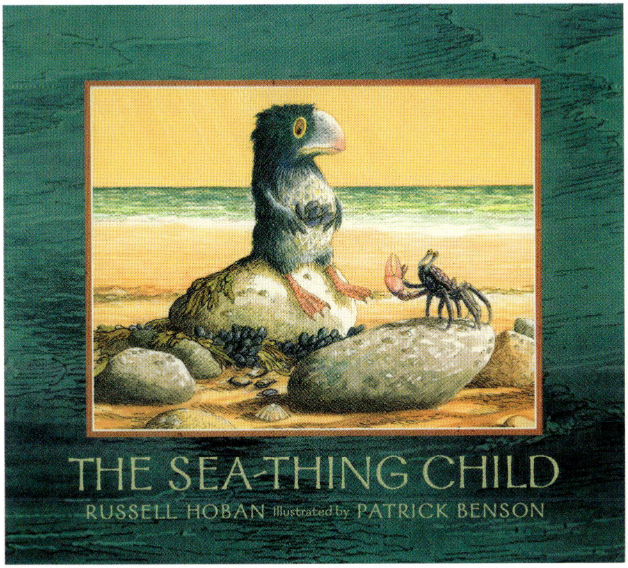

3+

The Sea-Thing Child

Russell Hoban   Abrom Hoban

Nationalité États-Unis, 1925 (aut.), inconnue (ill.)
Édition Harper and Row, États-Unis ; Gollancz, Royaume-Uni, 1972
Thèmes fantastique, histoires en vers

Cet album illustré très coloré s'ouvre de manière spectaculaire sur un étrange oisillon rejeté sur un vaste rivage désert par une sombre nuit de tempête. Dès le début, les idées et le langage reflètent le style très particulier de Russell Hoban, souvent qualifié de « réalisme magique », à la touche très personnelle.

The Sea-Thing Child est l'histoire d'une créature enfantine, qui tient à la fois d'un petit dronte et d'un perroquet de mer. Ses trois compagnons de voyage sont une anguille aventureuse, un crabe très émotif qui aimerait posséder un archet pour jouer du violon et un albatros qui fume la pipe.

La manière de camper les personnages et le surréalisme symbolique de l'album doivent beaucoup à Lewis Carroll. Le style de Russell Hoban n'en reste pas moins unique. Dans cette fable sur les défis qu'il faut relever dans la vie, son langage très lyrique est assez sophistiqué pour des jeunes enfants, mais il a des qualités poétiques inhabituelles et stimulantes. Les adultes devront peut-être expliquer les thèmes abordés aux enfants.

The Sea-Thing Child a été à nouveau illustré en 1999 par Patrick Benson (né en 1956). Les enfants adoreront les grandes et belles illustrations de ce dernier, plus nuancées que les premières, mais néanmoins très expressives.

Hoban parle souvent de la nature dans ses œuvres et Benson a rendu à la perfection les vastes étendues marines et le ciel évoqués dans ce récit émouvant. **AK**

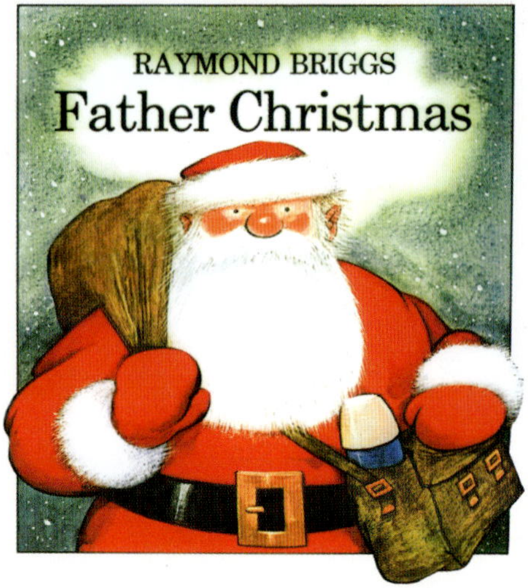

Sacré Père Noël

Raymond Briggs

Titre original *Father Christmas*, 1973
Nationalité Angleterre, 1934
Édition française Grasset Jeunesse
Thèmes littérature classique, personnages favoris

Le Père Noël de Raymond Briggs est un homme travailleur tel que de nombreux lecteurs peuvent en connaître au sein de leur famille ou parmi leurs proches. Il pourrait être leur père ou leur grand-père. Comme le père de Raymond Briggs, qui était laitier, il doit sortir par tous les temps (le laitier qu'il croise, lorsqu'il rentre chez lui à l'aube, est un hommage que l'auteur rend à son père) et il le fait seul, sans être accompagné de lutins. Il a donc toutes les raisons d'être parfois grognon. Pour se défouler, il adresse au ciel ses ronchonnements et ses imprécations. En revanche, il n'est jamais de méchante humeur avec son renne. Briggs ne déçoit pas les attentes des enfants, mais fait une petite entorse à la règle. Son Père Noël vit certes dans l'Arctique, mais pas dans un igloo ou un palais de glace. Il habite une maison tout à fait ordinaire, bien douillette mais un peu délabrée ; il a un chat, un chien, des poules ainsi qu'un renne.

Ce sacré Père Noël exècre les escaliers, la suie et les cheminées qui se terminent par des âtres où des bûches se consument. Le pire pour lui consiste à délivrer des cadeaux à ceux qui ne possèdent pas de cheminées ou vivent dans des caravanes ou des phares. Il adore les gâteaux de Noël et le petit verre d'alcool qu'on lui laisse. Il distribue des cadeaux à tout le monde, même à la reine. Il déteste le froid, rêve d'être allongé sur une plage, punaise des posters de Majorque et de Capri sur les murs, et apprécie la destination de vacances où Raymond Briggs l'envoie par la suite dans *Les Vacances du Sacré Père Noël*. **GB**

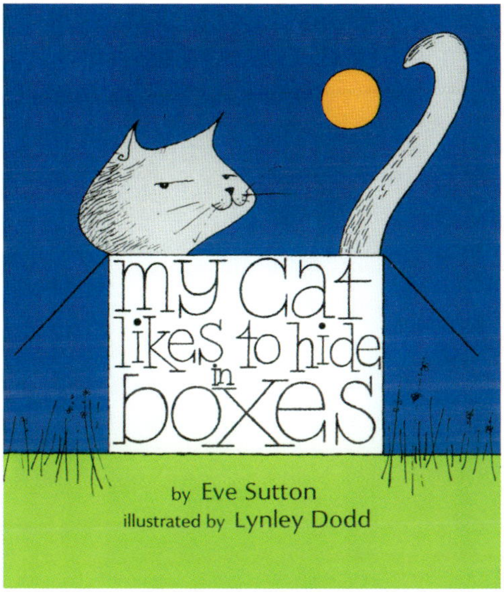

My Cat Likes to Hide in Boxes

Eve Sutton Lynley Dodd

Nationalité Angleterre, 1906 (aut.), Nouvelle-Zélande, 1941 (ill.)
Édition Hamish Hamilton, Royaume-Uni, 1973
Thèmes animaux, histoires en vers

Les personnes qui ont eu un chat passant ses journées à se dissimuler dans différents endroits trouveront le héros de ce livre très familier. Alors que des chats plus énergiques pilotent des avions ou s'engagent dans la police, celui-ci se contente de se cacher.

Eve Sutton raconte l'histoire d'un chat domestique appelé Wooksit, qui aime se cacher dans des boîtes, des sacs de provisions, des placards et toutes sortes de recoins. Elle chargea sa cousine Lynley Dodd, illustratrice indépendante, des illustrations. Ce fut le premier album illustré par celle-ci, qui par la suite devint l'auteur et l'illustratrice de la très populaire série « Hairy Maclary » consacrée à un chien hirsute et à ses compagnons canins, et de la collection « Slinky Malinki » dont le héros est un chat qui a constamment des ennuis.

My Cat Likes to Hide in Boxes est très apprécié des enfants qui aiment les vers répétitifs comme « le chat de France aime le chant et la danse. Mon chat, lui, aime les jeux de cache-cache ».

Les illustrations originales montrent rarement le héros en entier. On voit seulement sa queue, ses pattes ou ses yeux émerger d'une boîte. Chaque nouvelle page présente un chat doté d'une caractéristique particulière. Si le chat de Berlin est loin d'être un gros malin, le chat du Japon, lui, est un sacré fripon. Chaque félin est vêtu de son costume national. Notre héros en revanche ne semble rien avoir de spécifique. Il aime rester chez lui et se cacher dans les endroits les plus divers. Cela va du carton à chapeau au cageot, en passant par la boîte de jouets où il finit par se rouler en boule. **HJ**

3+

Le Sac à disparaître

Rosemary Wells

Titre original *Morris's Disappearing Bag*, 1975
Nationalité États-Unis, 1943
Édition française Gallimard Jeunesse
Thèmes animaux, famille

Le Sac à disparaître raconte l'histoire d'une famille de lapins à Noël. Sur la première illustration, quatre petits lapins descendent en sautillant l'escalier d'une maison pour découvrir leurs cadeaux de Noël. Le premier reçoit une tenue de joueur de hockey, le deuxième une trousse de maquillage, le troisième une boîte de chimie et Damien, le plus petit, un ours en peluche. Damien se rend vite compte que son jouet ne permet pas de faire autant de choses que ceux de son frère et de ses sœurs, et qu'il n'est pas invité à jouer avec ces derniers. Il décide alors de bouder sous le sapin de Noël.

Là, il trouve un cadeau qui n'a pas été remarqué et qui contient un sac magique. Ce dernier est invisible et celui qui se glisse à l'intérieur le devient aussi : ainsi Damien peut se cacher et jouer avec les jeux de son frère et de ses sœurs.

Les illustrations et le texte évoquent la vie de famille, et incitent les enfants à considérer avec humour et détachement les conflits et les frustrations de tous les jours. Le sac à disparaître est une création originale qui a donné naissance à des illustrations amusantes où l'on voit le petit Damien disparaître, puis réapparaître. Il permet aussi au lecteur de participer à un jeu de cache-cache avec les petits lapins de l'histoire, car un lecteur attentif peut constater que les oreilles et la queue de Damien sont bien visibles, même quand le petit animal est devenu « invisible ». **CB**

Quién ha visto las tijeras ?

Fernando Krahn

Nationalité Chili, 1935
Édition Dutton, États-Unis, 1975
Thèmes aventure, magie

À la différence de ce que l'on trouve dans la plupart des livres pour enfants, le héros de ce livre n'est ni une personne ni un animal, mais une paire de ciseaux qui aime l'aventure (le titre signifie « qui a vu la paire de ciseaux ? »). Elle appartient à un vieux tailleur très occupé, Don Hipólito. Après plusieurs années d'un travail répétitif, elle se sent fatiguée de couper toujours la même chose, c'est-à-dire des tissus. Elle décide donc de s'enfuir pour réaliser ses rêves et voir de nouvelles choses. Quittant la maison du tailleur, elle part se promener en ville. Dans son excitation, elle coupe tout sur son passage : le vent, les nuages, les cheveux des passants et même les fleurs d'un jeune homme amoureux.

Exécutées avec un humour plein de tendresse et une légère touche artistique, les illustrations de Fernando Krahn sont essentielles. L'album fut d'abord publié sans texte. Celui-ci, écrit par Maria Luz Uribe, n'apparut que dans des éditions plus tardives. Les dessins de Krahn sont colorés, d'une grande originalité et surprenants. Certains sont des chefs-d'œuvre d'humour qui méritent pleinement les éloges qu'ils reçurent, tout comme l'album. Ce dernier est un hommage enchanteur et ravissant à la liberté et à la diversité. Il encourage les jeunes lecteurs à faire appel à leur imagination. Krahn a obtenu de nombreuses récompenses, dont le Premio Apel Les Mestres (1982) et le Premio Austral de la Literatura infantil (1986). **LB**

Uppo Nalle

Elina Karjalainen Hannu Taina

3+

Nationalité Finlande, 1927 (aut.), 1941 (ill.)
Édition WSOY, Finlande, 1977
Thèmes amitié, animaux

Uppo Nalle (qui signifie « l'ours englouti ») a enchanté les jeunes lecteurs depuis sa première publication en 1977. Ce livre raconte l'histoire d'un petit ours très courageux, qui navigue sur toutes les mers du globe et auquel il arrive des aventures riches et passionnantes.

Un jour, il échoue sur une plage de sable blanc où une petite fille, Reeta, qui a aussi besoin d'un ami, le découvre. C'est le début d'une grande amitié, car *Uppo Nalle* est le premier album d'une collection que les enfants aiment beaucoup. Reeta emmène l'ours dans sa maison. Là, il vit avec la fillette, ses parents et son chien, l'oiseau-chien qui chante. L'ours raconte à Reeta et à sa famille ses nombreuses aventures merveilleuses et parfois dangereuses. Ensemble, ils parlent de leurs rêves et de leurs craintes. L'ours rêve d'écrire un recueil de poésie ; il crée chaque jour des poèmes sur des sujets tirés de sa vie quotidienne et les récite à ses nouveaux amis. Cependant, il a peur des oiseaux, en particulier des pinsons. Déterminée à le débarrasser de cette peur étrange, Reeta part avec lui en mer pour vivre de nouvelles aventures et pour l'aider à vaincre sa phobie. En chemin, ils découvrent qu'ils s'entendent parfaitement et que chacun est pour l'autre l'ami tant désiré.

Le style du récit d'Elina Karjalainen est merveilleux et drôle. Le livre est rempli de poèmes, de jeux de mots et de rimes qui feront hurler de rire les lecteurs. L'utilisation très fine du langage est mise en valeur par les illustrations charmantes de Hannu Taina. **LKK**

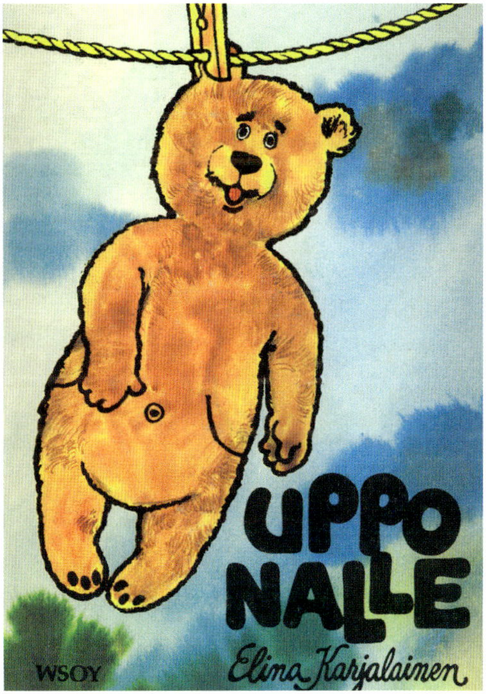

« Il y avait du sable blanc, et quelqu'un, une gentille créature, pour l'accueillir. »

Autres histoires d'ours attachants

Un ours nommé Paddington, Michael Bond (p. 91)
Petit ours a disparu, Jane Hissey (p. 141)
Il était une fois deux oursons, Hanna Muschg (p. 323)

Quentin la Cambriole

Allan Ahlberg Janet Ahlberg

3+

Titre original *Burglar Bill,* 1977
Nationalité Angleterre, 1934 (aut.), 1944 (ill.)
Édition française Gallimard Jeunesse
Thèmes excentricité, famille, histoires en vers

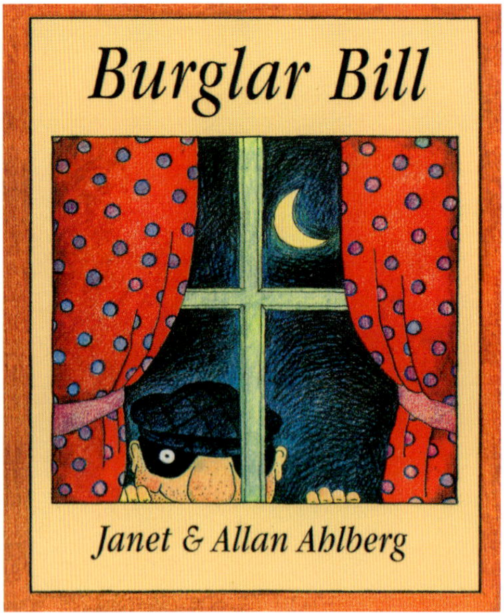

« C'est quelque chose que Quentin la Cambriole a déjà entendu auparavant… "Au voleur !" »

Autres livres d'Allan Ahlberg

Prune Pêche Poire Prune (p. 41)
Le Gentil Facteur (p. 333)
Les Bizardos
La Famille Petitplats

Cette histoire convient parfaitement aux enfants suffisamment âgés pour apprécier l'humour de *Quentin la Cambriole*.

Allan et Janet Ahlberg présentent un monde paisible dans lequel les cambriolages de Quentin ne sont faits ni dans l'intention de nuire, ni dans un but précis. Bien que tout dans la vie de Quentin ait été volé, celui-ci n'a pas besoin ou envie de la plupart des choses qu'il dérobe. Il n'y a pas d'affrontement avec la police dans ce récit, peut-être parce qu'on laisse entendre que celle-ci n'est pas de taille à lutter contre Quentin. Celui-ci ne cambriole-t-il pas effrontément une maison située dans une petite rue juste derrière le commissariat de police, et ne vole-t-il pas le casque d'un policier ? D'ailleurs, ce n'est pas la police, mais la force de l'amour qui le remet sur le droit chemin.

Le sujet du livre se prête à la discussion. Nul besoin de demander directement aux enfants si Quentin devait ou non commettre de cambriolages. Mieux vaut s'intéresser aux objets qu'il a volés, à ceux qu'il utilise (la carafe de la Chambre des lords et le pot du bateau de guerre *Eagle*), à ceux dont il n'a probablement aucun besoin (la moitié d'un horrible filet à cheveux) et à ceux qu'il rend : une fourrure de renard, le casque du policier, un piano de bar et un poisson empaillé dans une vitrine. Les enfants qui lisent seuls cet album prendront plaisir à découvrir toutes ces choses et trouveront l'entreprise de restitution décrite sur les illustrations aussi divertissante que les cambriolages qui, eux, doivent être imaginés. Pour ne pas se faire prendre, Quentin a en effet besoin de toute son adresse de cambrioleur lorsqu'il restitue les objets dérobés.

Les illustrations renversent le côté asocial de Quentin. Celui-ci a les attributs typiques du cambrioleur sous la forme d'un masque et d'un pull rayé (il a aussi un chat à rayures), mais on le voit aussi avec une robe de chambre douillette et des pantoufles. **GB**

Quentin la Cambriole rassemble son butin (dont une boîte de haricots et un chapeau).

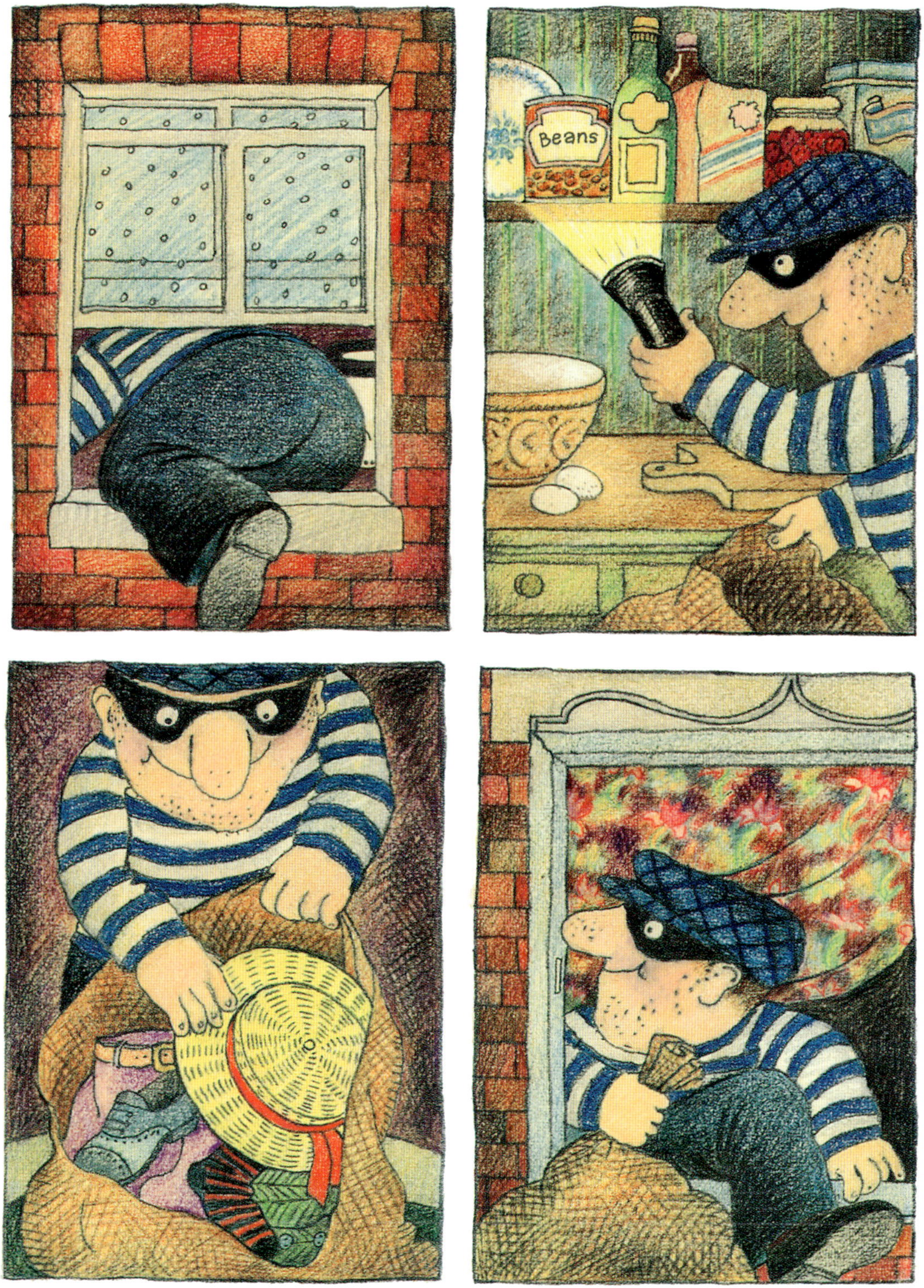
Beans

Dogger

Shirley Hughes

3+

Nationalité Angleterre, 1927
Édition Bodley Head, Royaume-Uni, 1977
Thèmes école, famille

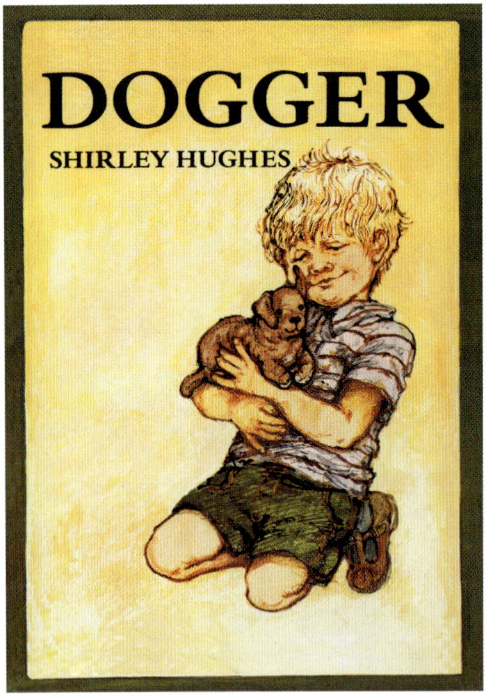

Un jour, entre le moment où il a acheté une glace et celui où il est allé chercher sa sœur aînée Bella à l'école, Dave Joses perd son chien en peluche. Il est tellement bouleversé qu'il devient silencieux. Puis un jour, le chien réapparaît au cours de la kermesse de l'école. Le petit garçon n'a pas d'argent pour l'acheter. Alors qu'il cherche sa sœur aînée, une catastrophe se produit : le chien est vendu à une petite fille. Heureusement, Bella réussira à arranger les choses ; Dave et son chien en peluche seront à nouveau réunis.

Dogger est l'œuvre de l'un des auteurs et illustrateurs de livres pour enfants les plus doués et les plus appréciés d'Angleterre. Shirley Hughes explore avec bienveillance et tendresse le monde des jeunes enfants en inscrivant ses récits dans des cadres anglais par excellence. Elle doit l'originalité de son graphisme à l'emploi d'un stylo, d'encre, de lavis et de gouache. Les dessins de son carnet à croquis sont esquissés très rapidement, « à la vitesse du regard », comme elle le dit elle-même. Elle s'en sert à la fois comme références visuelles et comme aide-mémoire pour créer des story-boards et des illustrations. Le ton de sa voix suggère parfois l'exaspération contrite d'un adulte, parfois la surprise naïve d'un enfant.

« Maman regarda partout. Dave attendait impatiemment, mais Dogger resta introuvable. »

Elle reçut la médaille Kate Greenaway pour l'album *Dogger* en 1977. Ses albums illustrés décrivent les détails les plus infimes de la vie d'un enfant et ses plaisirs les plus simples – comme sauter dans une flaque ou savourer une glace –, ou encore les instants les plus doux. Lorsqu'on les lit, on a l'impression d'être avec une grand-mère idéale. **VN**

Autres livres de Shirley Hughes

Chaud et froid **(p. 46)**
Quelle frousse !
Deux petits souliers
L'Anniversaire de Nicolas
Alfie Gets in First **(p. 130)**

Tout là-haut dans l'arbre

Margaret Atwood

Auteur renommé, Margaret Atwood a écrit à la main et illustré *Tout là-haut dans l'arbre* en 1978, à l'époque où la plupart des éditeurs pensaient que c'était là prendre un gros risque financier.

Pour limiter les frais d'impression, seules deux couleurs furent utilisées. Les illustrations et le texte furent imprimés avec diverses nuances de rouge et de bleu, ainsi qu'avec du brun obtenu en mélange les deux teintes. Tout cela donne au livre un aspect primitif rappelant celui d'un vieux poster imprimé à la main. Les superbes lettres moulées d'Atwood semblent danser sur la page. Les mots sont rehaussés de manière expressive par la diversité de leurs couleurs ou de leur taille.

« Comment allons-nous descendre de là ? Sommes-nous bloqués ici pour LA VIE ? »

Deux enfants vivent dans un arbre. Ils peuvent s'y balancer, faire de l'escalade et danser au fil des changements du temps et des saisons. Ils y sont très heureux, libres de faire ce qui leur plaît jusqu'à ce qu'un couple de castors affamés réduise en copeaux de bois leur échelle. Ils se retrouvent bloqués dans l'arbre, et comme ils n'ont plus la possibilité d'en descendre, celui-ci ne leur semble plus être un lieu idéal. « Flûte ! Il n'y a pas de téléphone ! » disent-ils en pleurnichant. « Allons-nous rester à TOUT JAMAIS dans cet arbre ? » Après avoir passé une nuit entière au milieu des branches, ils sont secourus par un oiseau masqué. Ils sont soulagés, mais très vite, bien sûr, ils veulent à nouveau grimper au sommet de l'arbre. Ils clouent donc des planches contre le tronc pour faire des marches, ce qui leur donne la possibilité de monter et de descendre quand bon leur semble. **CW**

Titre original *Up in the Tree*, 1978
Nationalité Canada, 1939
Édition française Rue du Monde
Thèmes animaux, histoires en vers

3+

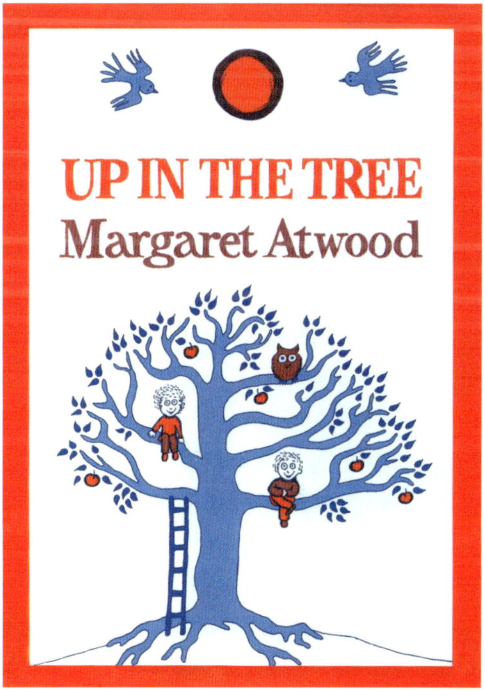

Autres histoires similaires

Ours brun, dis-moi…, Bill Martin (p. 101)
Quentin la Cambriole, Allan Ahlberg (p. 116)
Un, deux, trois, Monsieur Petunia, Quentin Blake (p. 124)

Le Bonhomme de neige

Raymond Briggs

3+

Titre original *The Snowman*, 1978
Nationalité Angleterre, 1934
Édition française Grasset Jeunesse
Thèmes amitié, magie

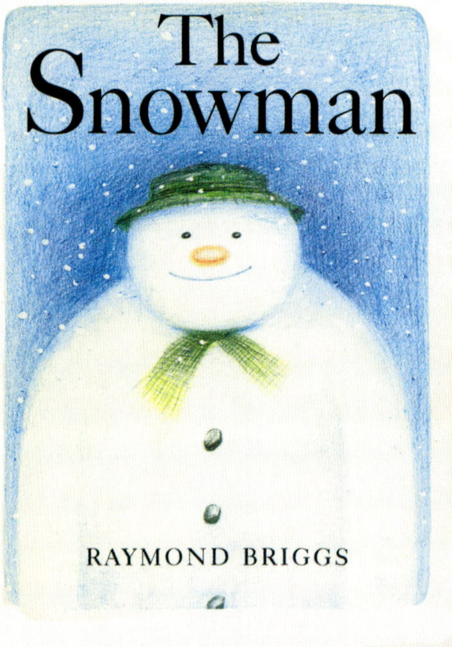

Autres livres de Raymond Briggs

Sacré Père Noël (p. 112)
Ethel et Ernest
L'Homme
Lili et l'ours
Monsieur Flaque

Représenté par des illustrations exécutées au crayon et au pastel, le monde sans paroles de l'album *Le Bonhomme de neige* s'ouvre sur une journée neigeuse au cours de laquelle un petit garçon fait un bonhomme de neige dans son jardin. L'histoire n'est pas censée se dérouler à Noël. C'est dans le film tiré du livre que des décorations de Noël ont été ajoutées, transformant l'histoire en récit de Noël.

À minuit, le bonhomme de neige s'anime. Le petit garçon est déjà au lit, mais il se lève, et descend jouer dehors vêtu de son pyjama et de sa robe de chambre. Le bonhomme de neige est l'ami idéal : il est grand et câlin, et, à la différence de la neige, il est chaud. Il est joueur et curieux, prêt à participer à tous les jeux.

Comme dans *Sacré Père Noël* du même auteur, le lecteur a le plaisir de placer un personnage imaginaire dans la vie de tous les jours et de voir comment il agit et se comporte. Les enfants seront heureux de constater que le bonhomme de neige a bien peur du feu et qu'il ne peut manger que des aliments froids.

L'apogée de ce conte sans paroles est le moment où le bonhomme de neige, qui peut voler comme les flocons dont il est constitué, emmène le petit garçon avec lui dans les cieux. Le paysage qu'ils voient d'en haut est celui d'une région que l'auteur connaît bien, celui du sud du Devon et de la ville de Brighton, au bord de la mer. Les deux héros atterrissent d'ailleurs sur la célèbre jetée de la station balnéaire. Ils y restent jusqu'à ce que le premier rayon de soleil les renvoie à la maison.

Le petit garçon se couche à l'aube. Quand il se réveille, son ami a fondu au soleil. Ce rappel du caractère éphémère de certaines joies et de certaines amitiés ne doit pas constituer une fin pessimiste. Le petit garçon aura la possibilité de revivre cette expérience la prochaine fois qu'il neigera. Pour l'heure, il en garde un agréable souvenir. **GB**

Le petit garçon effectue un voyage féerique avec son nouvel ami.

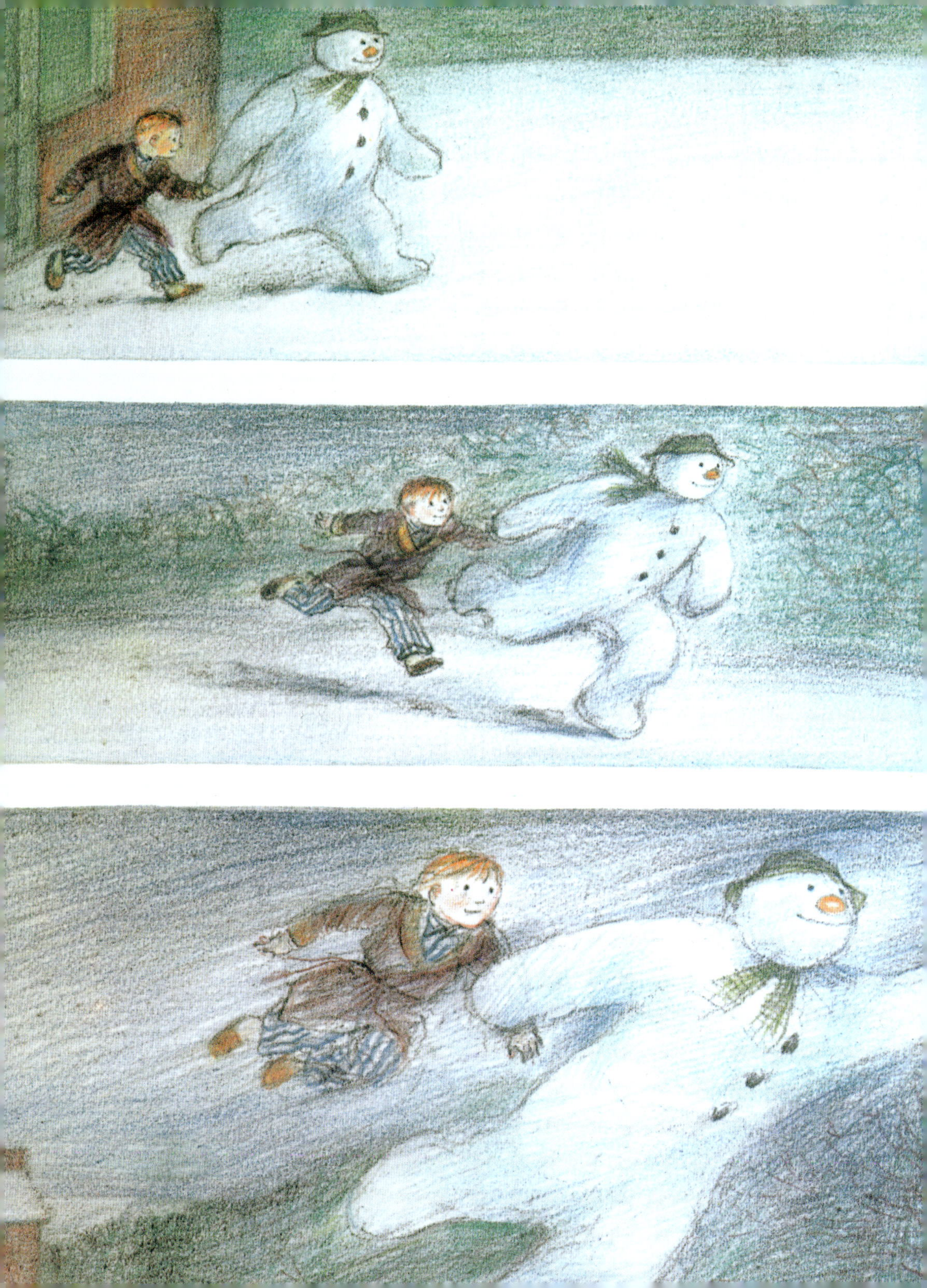

3+

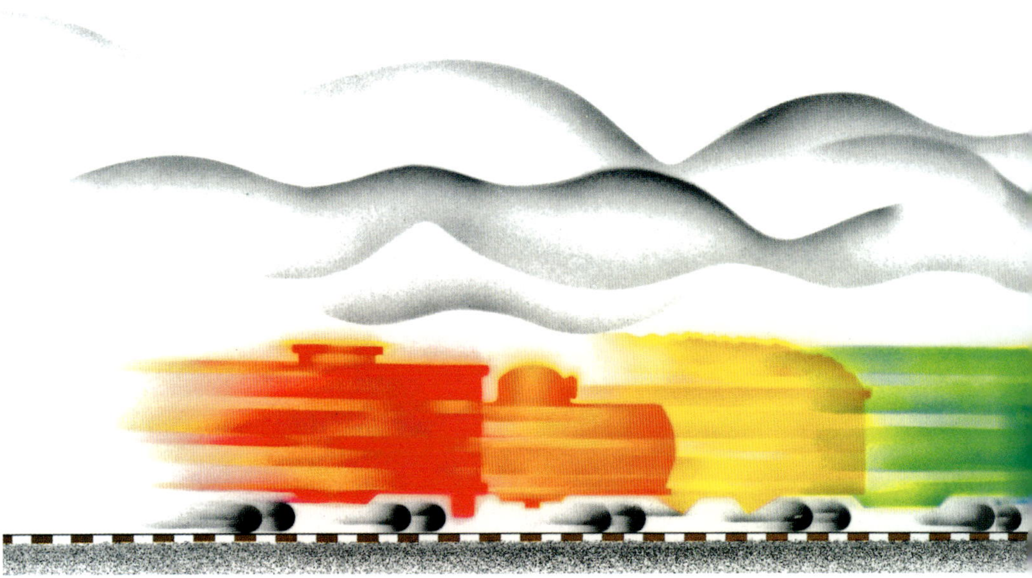

Un train passe

Donald Crews

Titre original *Freight Train*, 1978
Nationalité États-Unis, 1938
Édition française multiples éditeurs
Thème classiques

Auteur et illustrateur afro-américain, Donald Crews écrit des livres qui témoignent de sa vision du monde audacieuse et puisent leur inspiration dans un milieu urbain familier dont les hommes sont pratiquement absents. Ses illustrations puissantes et colorées et son habileté à raconter une histoire de façon visuelle avec peu de mots font de cet album une œuvre parfaite pour des enfants en bas âge ou d'âge préscolaire.

Les moyens de transport constituent un thème important dans les livres de Crews. Son père était cheminot et, quand il était enfant, il prenait souvent le train pour aller passer l'été chez ses grands-parents. *Un train passe* est un livre très simple, dépourvu de véritable intrigue. Il n'a que deux objectifs, tous deux parfaitement atteints : apprendre aux enfants qui ne savent pas encore lire à reconnaître les couleurs primaires et leur donner une idée de la notion de mouvement, chose qui n'est pas facile à représenter sur une feuille blanche et plate. Pour introduire le concept des couleurs, Crews utilisa des dessins statiques de wagons de couleurs vives. Ensuite, il estompa celles-ci afin de créer une impression de mouvement comme sur une photographie, ajoutant quelques hachures, mais jamais d'ombres. Cette technique graphique, qui était une innovation dans les livres pour enfants, lui valut de nombreuses récompenses. Crews parvient à montrer la progression entre le jour et la nuit, et en tournant les pages, les lecteurs peuvent suivre le « mouvement » du train dans l'espace jusqu'à sa disparition à la fin de l'album. **KD**

La vitesse, le mouvement et la couleur sont mis en valeur dans *Un train passe*.

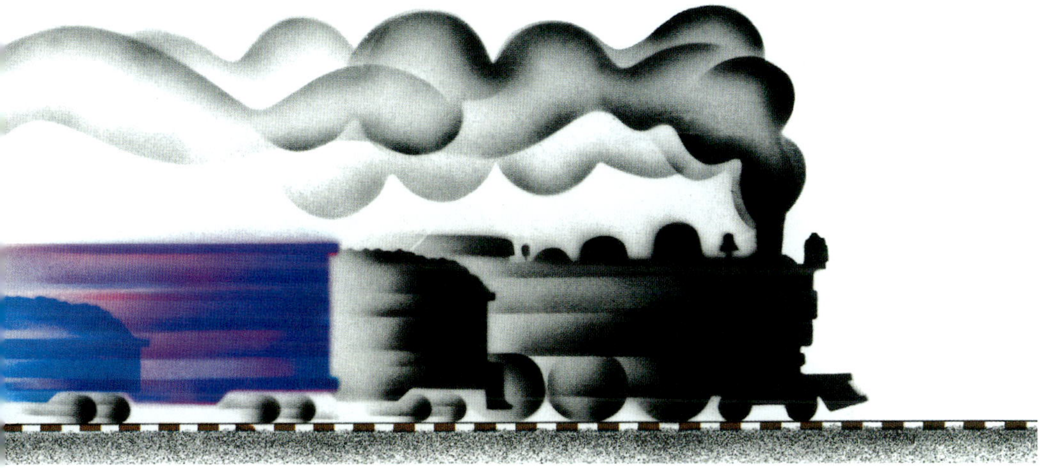

3+

Alfons och odjuret

Gunilla Bergström

Nationalité Suède, 1942
Édition Rabén and Sjörgen, Suède, 1978
Thème personnages favoris

Le pauvre Alfie n'arrive pas à dormir. Il y a un monstre sous son lit. Il est aussi tenaillé par le remords : « Alfie a des pensées sérieuses dans l'obscurité. Il a donné un coup de poing à un petit garçon. » Le héros pense en effet à ce qui s'est passé dans la journée alors qu'il jouait au football. Il a donné un coup à un enfant plus petit que lui. Il a été méchant et il en souffre. Le lendemain, à l'école, le petit garçon n'est pas dans la cour de récréation. Il ne s'y trouve pas non plus la semaine suivante. Où peut-il être ? Est-il parti à cause d'Alfie ? Chaque soir, quand celui-ci va se coucher, un monstre gronde dans le noir. La conscience d'Alfie ne le laisse pas en paix. La semaine qui suit, le garçon multiplie les bonnes actions, et le monstre qui était sous son lit disparaît. Étrange, n'est-ce pas ?

Cet album (dont le titre signifie « Alfie et le monstre ») fait partie d'une collection de livres très populaires. Pleins d'humour et réconfortants, ces derniers n'en abordent pas moins des thèmes comme la peur, la jalousie et l'égoïsme. Bergström étudie le psychisme des enfants et réussit à inciter ses lecteurs à être courageux et gentils. Elle a qualifié ses livres « de minidrames psychologiques ». Elle y parle de sujets que les enfants connaissent bien, et parvient à trouver des choses cocasses dans les situations de tous les jours. Ses illustrations réalisées avec maestria de façon à faire ressortir l'expression du visage de ses héros rendent ses histoires très vivantes. Les enfants savent voir la magie dans leur vie. Bergström la montre à merveille. **CC**

3+

Quand le fermier se rendait au marché

Donald Hall Barbara Cooney

Titre original *Ox-Cart Man*, 1979
Nationalité États-Unis, 1928 (aut.), 1917 (ill.)
Édition française Flammarion
Thème famille

Ce conte décrit la vie scandée par l'alternance des saisons d'une famille isolée dans la campagne au XIXe siècle. Père, mère, fille et fils travaillent ensemble de manière harmonieuse, produisant ce dont ils ont besoin pour vivre. En octobre, le père place la production de l'année sur un char à bœufs et va la vendre dans une ville lointaine qu'il atteint au bout de plusieurs jours de voyage. Il finira par vendre aussi son bœuf, en embrassant ce dernier sur le museau pour lui dire au revoir. Avec l'argent obtenu, il achètera des cadeaux pour sa famille, et le cycle des saisons pourra recommencer.

Le poète américain Donald Hall imagina ce récit à partir de l'un de ses poèmes. Son texte constitué de mots simples, aux accents poétiques, fait parfaitement ressentir le caractère paisible et ordinaire d'une année à la campagne. L'homme au char à bœufs et sa famille sont comme « les autres ».

Les enfants en bas âge apprécieront l'utilisation de termes récurrents faciles à retenir pour décrire les activités de l'année, tandis que les plus âgés seront heureux de disposer d'une foule de renseignements sur la vie, le travail et les occupations saisonnières de la famille. Les illustrations naïves de Barbara Cooney plairont, elles, à tout le monde. Chaque page révèle des aspects de la saison, de la ville et de la campagne, ainsi que les relations existant entre les gens, les animaux et la terre. « Je ne parlerai jamais à un enfant – ou ne ferai jamais de dessins pour lui – comme s'il était un enfant », dit Barbara Cooney. **CER**

Un, deux, trois, Monsieur Petunia

Quentin Blake

Titre original *Mister Magnolia*, 1980
Nationalité Angleterre, 1932
Édition française Gallimard Jeunesse
Thèmes fantastique, histoires en vers

Ce récit en vers absurde est consacré à un certain M. Petunia, qui a la particularité de n'avoir qu'une botte. Parmi les personnages qui aident le héros figurent des souris qui dansent, un dinosaure pourpre qui se gave de fruits, des perruches vertes qui picorent des tissus et des chouettes qui dorment au-dessus de son lit. M. Petunia attire aussi tout un auditoire au sein duquel on trouve des lapins, des vaches et un marchand avec ses enfants. *Un, deux, trois, Monsieur Petunia*, comme le sous-entend le titre, apprend aussi aux enfants à compter. En effet, notre héros rencontre deux sœurs jouant de la flûte, trois créatures des étangs, quatre perruches, cinq chouettes, etc.

La phrase « M. Magnolia n'avait qu'une botte » introduit des strophes de trois ou quatre vers, au rythme enjoué, indiquant clairement que le fait d'être mal chaussé n'empêche pas de profiter de la vie. Des pages doubles montrent les aventures de Mister Magnolia dans l'étang, à la piscine, sur un scooter et près d'un étal de fruits. Comme de nombreux héros de Quentin Blake, M. Magnolia a l'air énergique, ce que soulignent les vers décidés qui le décrivent, ainsi que son aspect. Il a en effet une écharpe flottant au vent, une queue-de-pie qui vole et une tignasse rebelle. Finalement, il reçoit un paquet contenant une botte qu'il chausse impatiemment. Elle n'est pas assortie à l'autre, mais cela n'a pas d'importance. L'absurdité génère encore plus d'absurdité, et il est amusant d'imaginer ce qui a pu arriver à l'autre botte. **GB**

Enfin la paix

Jill Murphy

Titre original *Peace at Last* 1980
Nationalité Angleterre, 1949
Édition francophone (Belgique) Mijade
Thèmes animaux, famille

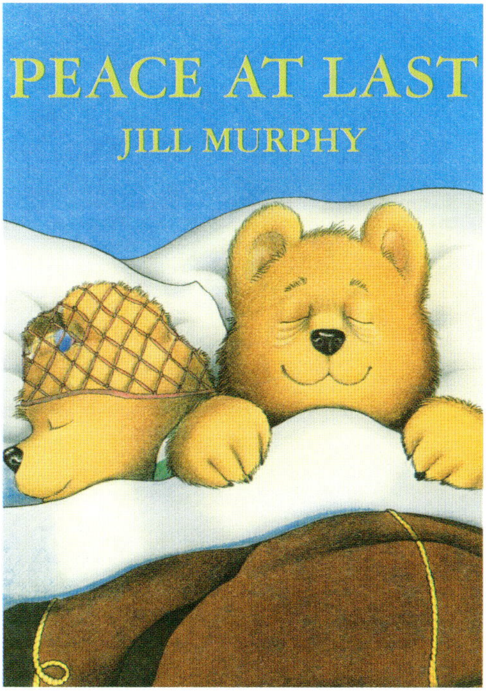

« Il était tard. Papa ours était fatigué, maman ours était fatiguée et bébé ours était fatigué… Ils allèrent donc tous se coucher. » Ainsi commence cette histoire que les enfants adorent et qui fut sélectionnée pour recevoir le prix Kate Greenaway.

Les pages d'introduction, avec leur langage monosyllabique dans lequel le rythme de la langue de tous les jours domine, donnent le ton de l'histoire qui va suivre. Alors que toute la maisonnée s'est endormie et que dehors la lune brille, papa ours ne parvient pas à trouver le sommeil. Il erre de chambre en chambre, gêné dans chacune d'elles par un bruit différent. Dans chaque pièce, il s'exclame que c'est insupportable et s'en va ailleurs. Le langage répétitif invite les jeunes lecteurs à participer à l'histoire. Le pauvre papa ours finit par s'effondrer dans sa voiture au moment où le soleil se lève. Il s'endort, mais est vite dérangé par des bruits matinaux. Revenu dans sa chambre, il s'endort enfin dans son lit pour être tout de suite réveillé, semble-t-il, par la sonnerie du réveil. Le fait que sa femme le matin n'ait pas la moindre idée des souffrances nocturnes qu'il a endurées ajoute une note plaisante à la scène. Les parents apprécieront aussi certainement la fin du récit, lorsque bébé ours saute sur le lit où son père est étendu, les yeux voilés de fatigue.

Les illustrations décrivent des scènes domestiques joyeuses. On peut voir des rideaux en vichy aux fenêtres et un bavoir de bébé sur le dossier d'une chaise. Le désespoir croissant de papa ours est évident même pour les enfants les plus petits. Il transparaît dans son regard et sa démarche lourde. **KA**

« RRR, ronflait maman ours. Tic-tac, tic-tac comptait la pendule. Hou hou hou faisait le hibou. »

Autres livres de Jill Murphy

Amandine Malabul (p. 296)
Le bain de Mme Trompette
Monsieur Trompette s'occupe de tout

3+

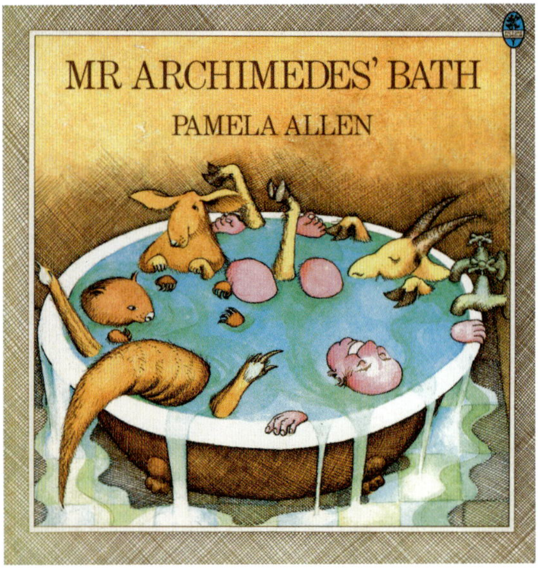

Mr. Archimedes' Bath

Pamela Allen

Nationalité néo-zélandaise, 1934
Édition William Collins, Australie, 1980
Thèmes science et nature

M. Archimède prend un bain avec ses amis : un kangourou, un wombat et une chèvre. Tout commence quand ils sautent ensemble dans une baignoire remplie d'eau. L'eau déborde. Il semble donc que l'un d'eux ait ajouté de l'eau en prenant place dans la baignoire. M. Archimède est fatigué d'éponger les flaques d'eau. Qui peut bien être le coupable ?

M. Archimède et ses amis se mettent à entrer et à sortir de la baignoire à tour de rôle afin de démasquer le responsable. Finalement, Archimède lance son fameux « Eurêka », réalisant pourquoi l'eau du bain a débordé.

Mr. Archimedes'Bath (« Le bain de M. Archimède ») est un album intelligent, qui rend la science drôle et compréhensible même pour les plus petits. Le savant grec Archimède aurait compris en prenant son bain que le volume de l'eau déplacée était égal au volume de son corps immergé. Dans ce livre, il fait sa découverte en compagnie de marsupiaux (et d'une chèvre), qui sont ses amis.

Avec ses phrases courtes, son vocabulaire simple et répétitif et ses illustrations humoristiques et expressives figurant au recto et au verso de chaque page, cet album aura la vertu non seulement d'enseigner aux enfants quelque chose de scientifique, mais aussi de les divertir. Il confirme la réputation de son auteur, celle de savoir créer des livres qui captivent les enfants, stimulent leur imagination et les éveillent. Parmi les autres livres de Pamela Allen, citons *Gros Ours et Petit Jules*. **CC**

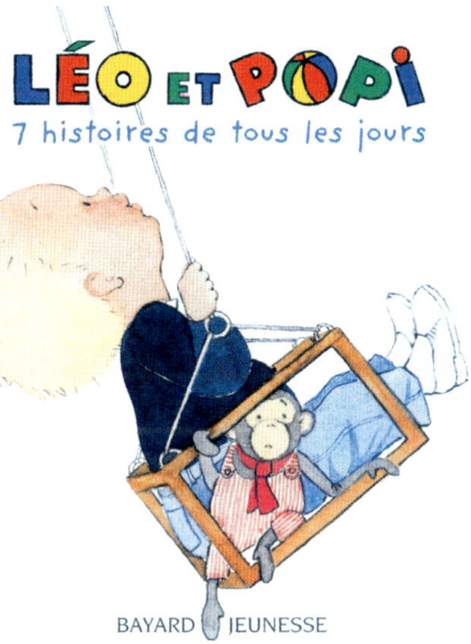

3+

Léo et Popi

Marie-Agnès Gaudrat Helen Oxenbury

Nationalité France (aut.), Angleterre, 1938 (ill.)
Édition Bayard Jeunesse, 1980
Thèmes amitié, animaux

Popi est un singe en peluche qui s'anime grâce à l'imagination de Léo, son petit propriétaire. Les personnages sont ceux d'une collection très populaire intitulée « Les histoires de Léo et Popi » dont les sujets sont élémentaires : le moment du coucher ou celui du bain, par exemple. Toujours accompagné de Popi, Léo découvre le monde. Nous le suivons à la plage, à Noël et lors d'une fête. Chaque histoire révèle quelque chose de nouveau au lecteur.

Réalisées avec des couleurs pastel, les illustrations d'Helen Oxenbury sont douces, toutes rondes et simples, le récit n'ayant pas de véritable toile de fond. *Léo et Popi* peut ainsi être apprécié comme un livre d'images concentrées chaque fois sur un ou deux détails du récit : un jouet, une personne, une humeur, un fruit ou un animal par exemple.

Léo et Popi sont célèbres depuis des décennies. Les parents et les enseignants ont loué la collection pour son rôle éducatif et la douceur de ses récits qui reflètent à la fois la réalité et le monde imaginaire d'un jeune enfant. Léo emmène Popi partout où il va, partage tout avec lui, lui parle et respecte ses réponses. Le discours indirect restitue la manière de s'exprimer d'un jeune garçon et son vocabulaire. Il confère à la série une tonalité naïve, qui permet aux jeunes enfants de s'identifier au personnage de Léo.

La collection a été adaptée au cinéma et a donné naissance à de petits dessins animés. Ceux-ci sont conformes aux livres grâce à la voix off du narrateur commentant les actions des personnages apparaissant sur l'écran. **MGR**

3+

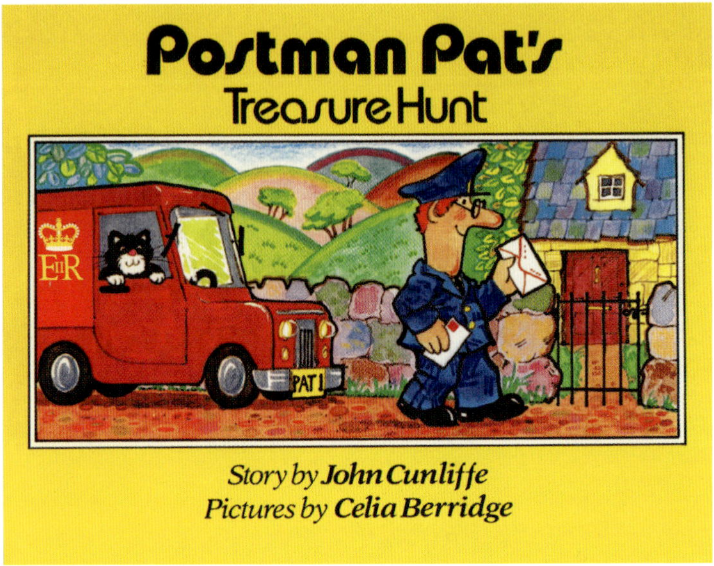

Postman Pat's Treasure Hunt

John A. Cunliffe Celia Berridge

Nationalité Angl., 1913 (aut.), date inconnue (ill.)
Édition André Deutsch, Royaume-Uni, 1981
Thème personnages favoris

En 1981, l'animateur Ivor Wood s'empara du personnage de Postman Pat (le postier Pat) et transforma ses aventures en une série très populaire destinée aux enfants qui fut diffusée par la BBC en Angleterre, puis dans plus de 50 pays. John Cunliffe écrivit les scénarios, mais ses livres ne furent publiés qu'après la série télévisée.

Les récits sont consacrés aux tournées du postier Pat, qui conduit sa camionnette à travers la campagne et les villages de Greendale en compagnie de Jess, son chat noir et blanc. Parmi ses amis figurent le révérend Timms, la receveuse des postes Mrs Goggins, le fermier Alf Thompson, le bricoleur Ted Glen et Miss Hubert, une fleuriste qu'il rencontre habituellement juchée sur sa bicyclette. De nouveaux épisodes ont été créés en 1991. La femme du postier, Sara, et leur fils, Julian, y font leur apparition. Les derniers récits parlent d'une école plus grande, d'une famille indienne voyageant en train et de divertissements comme le bowling à dix quilles.

Toutes les aventures se produisent quand Pat livre le courrier. Au cours de sa tournée, des petits tracas, comme du linge qui s'envole soudain ou des routes bloquées, coïncident avec des aventures plus importantes où il est question d'un cirque, d'un espion ou d'un train sans conducteur. Pat fait face à tous les problèmes sans se démonter et finit par les résoudre. Flegmatique, gentil et digne de confiance, cet homme qui aime la vie de famille est un héros discret, sympathique, à une époque où les super-héros bouffis d'orgueil sont en général à l'honneur. **VN**

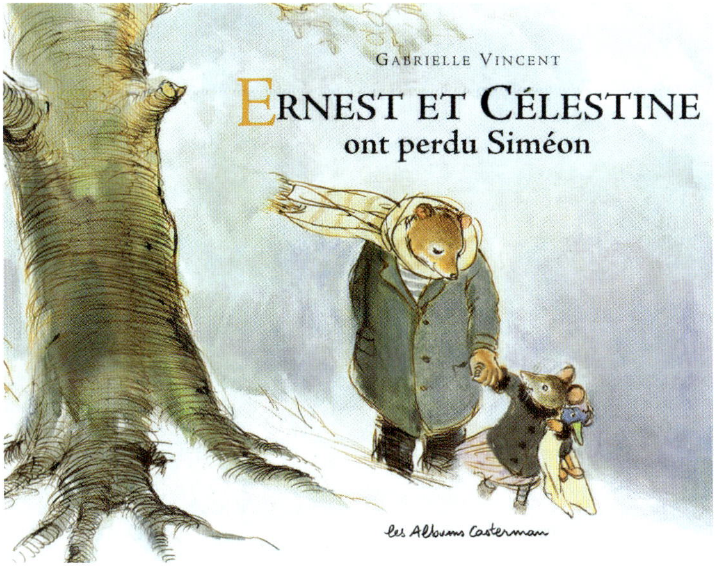

3+

Ernest et Célestine ont perdu Siméon

Gabrielle Vincent

Nationalité Belgique, 1928
Édition Casterman, Belgique, 1981
Thème amitié

Vous n'avez pas besoin d'ouvrir ce livre pour savoir que vous serez touchés par son histoire et ses personnages. La représentation d'Ernest et Célestine sur la couverture traduit parfaitement la tendresse et la poésie du récit de Gabrielle Vincent.

Ernest est un pauvre ours qui a recueilli Célestine et lui a servi de père après l'avoir trouvée au milieu des ordures alors qu'il balayait les rues. Elle n'était alors qu'un souriceau espiègle. Ensemble, ils vivent pauvrement mais joyeusement. Chaque album de la collection aborde des valeurs essentielles comme l'amour, la générosité et le pouvoir de l'imagination, notamment au cours du récit consacré à Noël quand Ernest et Célestine, trop pauvres pour s'offrir un sapin, parviennent quand même à faire plaisir à tous leurs amis en leur distribuant des cadeaux bien choisis.

Les illustrations, avec leurs animaux semblables à des êtres humains, mettent en valeur les émotions plutôt que les actions. Dans *Ernest et Célestine ont perdu Siméon*, le premier album de la collection, Célestine perd Siméon, son manchot en peluche. Nous voyons alors Ernest déployer une énergie sans précédent pour la consoler en lui apportant des douzaines d'animaux en peluche et des poupées. Ses efforts sont vains. C'est pourquoi, afin de faire oublier à Célestine sa tristesse, il décide d'organiser une grande fête. L'histoire simple traite avec tact de sujets émouvants comme la perte, le deuil, et avant tout, l'attachement, d'une manière que les jeunes enfants peuvent comprendre. Les livres sont charmants. On comprend que l'auteur soit devenu célèbre dans le monde entier. **MGR**

Alfie Gets in First

Shirley Hughes

Nationalité Angleterre, 1927
Édition Bodley Head, Royaume-Uni, 1981
Thèmes aventure, personnages favoris

Alfie Gets in First a pour un héros un jeune garçon que l'on voit d'abord courir résolument devant sa maman afin d'arriver le premier à la maison. L'action se déroule en Angleterre dans une rue bordée de maisons en brique. Prêt à tout pour arriver le premier, Alfie claque la porte de la maison derrière lui, et se retrouve seul, enfermé à l'intérieur alors que sa mère est restée dehors.

La tension est due à la division du récit en deux parties : Alfie, sur le côté droit des doubles pages, est triste et solitaire, ses doigts sont crispés. Sa posture angoissée est capable de faire comprendre même aux plus jeunes enfants combien il souffre. Pendant ce temps, sur la page de gauche, clin d'œil aux récits traditionnels comportant plusieurs personnages, des amis se succèdent suggérant des solutions pour lui venir en aide. En vain. Le nombre croissant de personnes qui se massent à l'extérieur fait ressortir l'isolement d'Alfie. Sa séparation du reste du groupe est indiquée par l'espace blanc entre les deux pages et rendue explicite par la ligne verticale noire de la porte qui la matérialise, avec son loquet placé très haut au-dessus de la tête du petit garçon. Alors que les amis réunis cherchent toujours une solution, les jeunes enfants voient qu'Alfie en cherche une, lui aussi. Cela n'apparaît pas dans le texte, mais dans les illustrations. Sa satisfaction quand il ouvre la porte, en s'effaçant « majestueusement » pour laisser entrer tout le monde, sera sans nul doute aussi celle des jeunes lecteurs. **KA**

One Woolly Wombat

Rod Trinca Kerry Argent

Nationalité Australie, 1954 (aut.), 1960 (ill.)
Édition Omnibus Books, Australie, 1982
Thèmes animaux, histoires en vers

Ce livre contient de nombreux animaux emblématiques de l'Australie, notamment des koalas, des kangourous, des échidnés et des ornithorynques. Ils sont magnifiquement décrits tandis qu'ils se livrent à des occupations typiquement australiennes. Chaque animal est présenté à l'aide de quelques vers rythmés foisonnant d'allitérations que l'on prend plaisir à lire à voix haute. Avec de la peinture à l'eau et un crayon, Kerry Argent a réalisé d'étonnantes illustrations très détaillées qui font de cet album un véritable joyau.

Il n'est pas facile de faire un portrait convaincant d'animaux occupés à faire des choses qui ne sont pas très naturelles pour eux. Néanmoins, ceux de Kerry Argent semblent à l'aise. Les kangourous dansent, portent des nœuds papillons et des perles. Avec sa toque de cuisinier et son tablier, le goanna qui se demande ce qu'il va préparer pour le souper est particulièrement réussi. Le wombat, allongé dans une chaise longue en short, avec son chapeau et ses lunettes de soleil est, lui, tout simplement adorable. Si ces illustrations sont attachantes, c'est parce que Kerry Argent a choisi des activités qui conviennent aux animaux en question. Les koalas, qui aiment les feuilles, boivent du thé ; les opossums, connus pour leur appétit, cherchent des friandises et les martins-pêcheurs géants écrivent des livres de devinettes.

La présentation est excellente. Chaque numéro de page ressort sous le texte. Ce livre instructif est parfait pour familiariser les enfants avec les nombres et la faune australienne. **SOR**

Bébé balèze

John Burningham

Titre original *Avocado Baby*, 1982
Nationalité Angleterre, 1936
Édition française Flammarion
Thèmes aventure, famille, littérature classique

3+

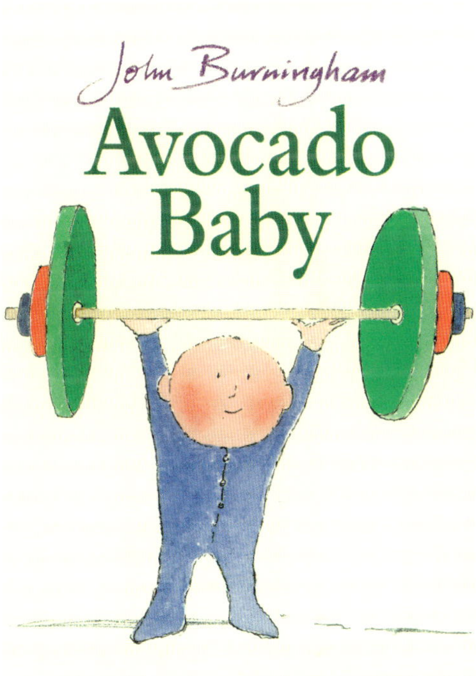

Avec ses illustrations colorées et son texte ironique, *Bébé balèze* enchante les jeunes lecteurs comme leurs parents depuis sa première publication en 1982. Récompensé par un prix, son auteur et illustrateur, aborde les problèmes des enfants qui se montrent difficiles en matière de nourriture.

Les Hargreaves et leurs enfants sont gentils, mais maigres. À la naissance de leur nouveau bébé, ils ont peur que celui-ci devienne aussi maigre qu'eux. Ils veulent qu'il soit grand et fort, mais l'enfant refuse de manger ce qu'ils lui présentent. Désespérée, Mme Hargreaves lui donne l'avocat qu'elle a trouvé dans le compotier. Des choses étranges se produisent alors. Soudain doté d'une force surhumaine, le bébé casse les sangles qui le retiennent à sa chaise. Encore vêtu de sa grenouillère bleue, il réalise des exploits qui demandent de la force et du courage. Ainsi, il fait fuir un cambrioleur, pousse la voiture qui ne veut pas démarrer et déplace le piano à queue. Son père est alors obligé de mettre un écriteau signalant que le bébé peut être dangereux sur le portail de la maison. Dans la dernière séquence, le bébé accomplit un acte encore plus résolu alors que ses frères et sœurs aînés sont importunés dans un parc. Il saute de sa poussette et jette les agresseurs dans l'étang.

En moins de 350 mots, John Burningham fait le récit de prouesses hilarantes qui feront glousser les plus petits. Il a dit qu'il n'écrivait pas seulement pour les enfants, mais pour tous… **HJ**

« Personne ne savait comment il avait abouti là, car les Hargreaves n'avaient jamais acheté d'avocat. »

Autres livres de John Burningham

Borka (p. 266)
Ne te mouille pas les pieds, Marcelle ! (p. 301)
La Promenade de M. Gumpy (p. 35)
Le Cadeau de Noël de Gaston Grippemine
C'est un secret !

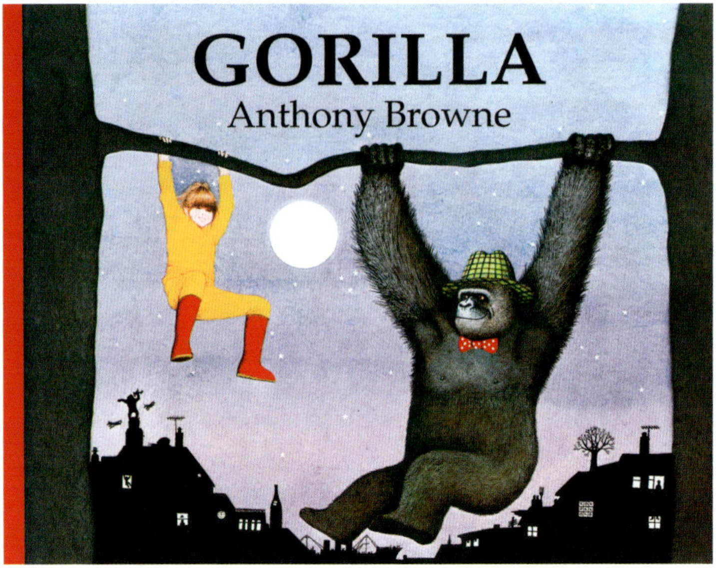

3+

Anna et le gorille

Anthony Browne

Titre original *Gorilla*, 1983
Nationalité Angleterre, 1946
Édition française multiples éditeurs
Thèmes amitié, fantastique

Anna et le gorille fit découvrir Anthony Browne et lui valut à la fois le prix Kate Greenaway et le prix Kurt Maschler en 1983. Cet album d'anthropomorphisme classique est aussi une histoire sur le pouvoir de l'imagination et des rêves.

Anna a un père qui se réfugie dans le travail et le seul signe de sa mère absente est un cadre de photo vide. La petite fille ne sombre pas dans la mélancolie grâce à son amour pour l'art et son engouement pour les gorilles. Elle en dessine et en peint tant que l'un d'entre eux s'insinue pour ainsi dire dans son psychisme et semble devenir son ombre. Quand elle prend silencieusement son petit déjeuner avec son père, des dessins de gorilles apparaissent sur la boîte de céréales et sur le journal de son père. Le monde sauvage d'Anna se manifeste la nuit, envahissant le mur alors qu'elle regarde la télévision.

Quand elle est déçue par le petit gorille en peluche que lui offre son père, les barreaux verticaux de son lit en fer forgé rappellent soudain les grilles d'une cage dans un zoo, lieu où elle a très envie de se rendre. Le gorille grandit durant la nuit, enfile les habits du père de la fillette et emmène celle-ci au zoo. Heureuse de ne plus être seule, Anna est cependant attristée par l'état des primates derrière les barreaux. Elle préfère le gorille en Celluloïd de *Supergorilla*, l'une de ses nombreuses références, et les topiaires évoquant des primates en compagnie desquels elle danse avec son père-gorille. Quand elle se réveille, elle réalise que son père semble commencer enfin à remarquer sa présence. **GB**

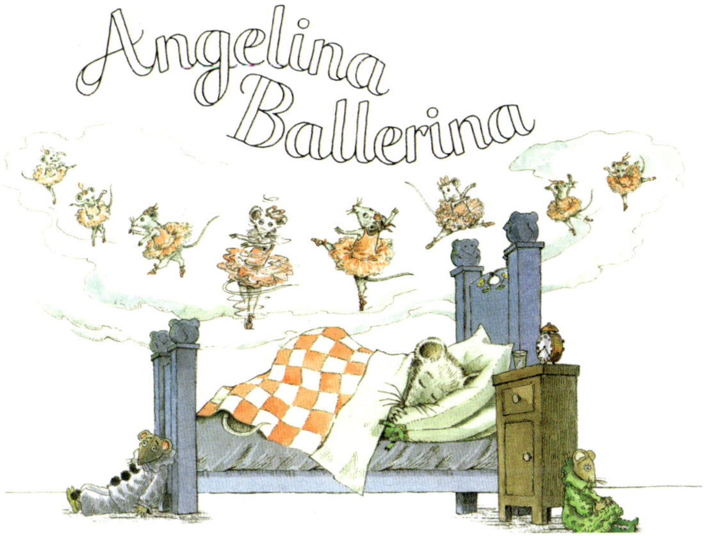

3+

Angelina ballerine

Katharine Holabird Helen Craig

Titre original *Angelina Ballerina*, 1983
Nationalité É.-U., 1948 (aut.), Angl., 1934 (ill.)
Édition française multiples éditeurs
Thème personnages favoris

Angelina est une petite souris qui rêve de devenir ballerine. Elle vit avec ses parents et est tout le temps en train de danser. Elle danse au lieu de faire ses devoirs, de nettoyer sa chambre ou de mettre le couvert. Elle est en retard à l'école, car elle ne parvient pas à s'arrêter de danser.

Ses parents sont d'abord mécontents de la voir ainsi danser en permanence, puis ils réalisent qu'il faut l'encourager et ont une idée merveilleuse. Ils lui offrent un tutu et lui annoncent qu'elle va prendre des cours de danse classique. Angelina est acceptée dans l'école de filles de Mlle Lilly, où elle fait la connaissance de nouvelles amies, mais aussi de rivales et où elle devient l'une des élèves préférées de la directrice. Ses parents sont plus heureux à présent, car depuis qu'elle danse à l'école, elle est plus concentrée à la maison et les aide toujours quand ils le lui demandent. Angelina, qui idolâtre Mlle Lilly, espère vite danser aussi bien qu'elle.

Angelina Ballerine montre que l'aspect et la taille des uns et des autres a peu d'importance : il est toujours possible de danser et de réaliser ses rêves. Depuis la publication de ce premier album, la petite souris qui voulait danser est devenue un phénomène. Elle apparaît dans une collection traitant de sujets divers comme l'apprentissage du patin à glace, la naissance d'une petite sœur, l'excitation éprouvée quand on se produit sur scène et le problème de la jalousie. **LH**

Hjälpa till, sa Pulvret

Inger Sandberg Lasse Sandberg

3+

Nationalité Suède, 1930 (aut.), 1924 (ill.)
Édition Rabén and Sjögren, Suède, 1983
Thème famille

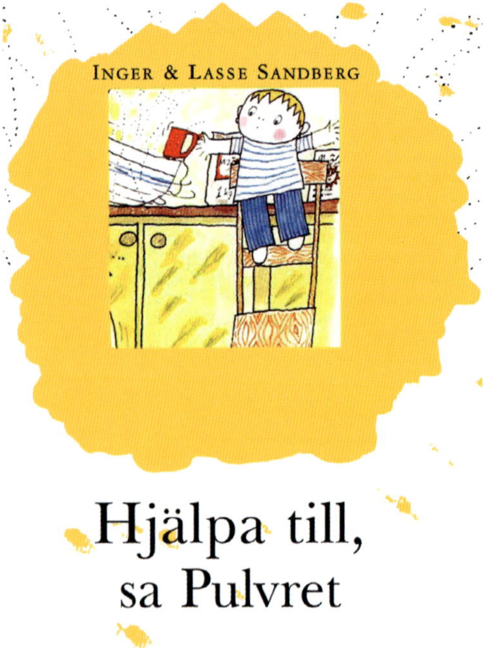

Dusty, le personnage de cet album, qui a eu beaucoup de succès en Suède, est un petit garçon charmant et énergique de 2 ans. Sa mère va faire des courses et le laisse sous la surveillance de son grand-père. Celui-ci, qui a promis de le garder, décide de faire des crêpes. Malheureusement, Dusty entend bien mettre la main à la pâte : « Je veux t'aider », lui dit-il en plongeant ses menottes dans la préparation. Le petit garçon, qui est très déterminé, sème la pagaille. Quand sa maman rentre, elle trouve un grand-père épuisé. Dusty a, lui, réservé une petite surprise aux deux adultes.

Mariés, Inger et Lasse Sandberg travaillèrent ensemble, l'un comme auteur, l'autre comme illustrateur, pendant plus d'un demi-siècle (Lasse mourut en novembre 2008). Ils devinrent les créateurs de livres d'enfants les plus populaires de Suède et acquirent une renommée mondiale. Leur objectif était d'écrire pour les lecteurs les plus importants, c'est-à-dire les plus jeunes. Ils publièrent plus d'une centaine d'albums.

« "Je veux t'aider", dit-il en plongeant ses mains dans la pâte à crêpes. »

Le droit pour les enfants de jouer est un thème constant dans leurs œuvres et c'est celui de cet album. La beauté de ce dernier, qui a reçu de nombreuses récompenses, tient à l'équilibre existant entre un texte adapté regorgeant d'actions et des illustrations drôles et pertinentes. Les personnages sont simples, mais très expressifs. Il s'agit d'un livre d'images aux couleurs vives ayant du cachet, qui plaira aux jeunes enfants et à leurs parents. **CC**

Autres livres d'enfants en cuisine

Cuisine de nuit, Maurice Sendak (p. 106)
L'École des gâteaux, Rachel Hausfater-Douieb

Les Trois Petites Sœurs

Roser Capdevila

Les fillettes de cette histoire, Ana, Teresa et Elena, se distinguent seulement par la couleur du ruban dans leurs cheveux (rose pour Ana, bleu pour Teresa et vert pour Elena). Mais ces rubans sont loin d'être un signe de coquetterie ou d'insouciance, comme c'est souvent le cas quand il s'agit de personnages féminins de la littérature enfantine. Les trois sœurs sont des petites filles curieuses, intelligentes et très autonomes.

L'auteur, Roser Capdevila, s'inspira de ses propres filles pour créer ses héroïnes en 1983. Admiratrice des dessins de Sempé, elle étudia les beaux-arts à Barcelone. *Som les tres bessones*, son premier livre, fut publié en catalan. Il raconte l'histoire des trois sœurs lorsqu'elles ont 1 an. Huit autres albums suivirent dont *Ya vamos a la escuela* (« Nous allons à l'école »), *Hacemos musica* (« Nous faisons de la musique ») et *Construimos una ciudad* (« Nous construisons une ville »).

Deux ans plus tard, en 1985, la collection « Las Tres mellizas y… » (« Les trois petites sœurs et… ») apparut, rééditée plus tard sous le titre « Las Tres mellizas y los cuentos clásicos » (« Les trois petites sœurs et les histoires classiques »). La série compte plus d'une centaine d'albums consacrés aux péripéties des trois sœurs. Leur mauvaise conduite est « punie » par une sorcière qui, par un tour de magie, les introduit dans le récit de contes de fées traditionnels comme *Cendrillon*, *Le Petit Chaperon rouge* et *Hansel et Gretel*, ainsi que dans des romans célèbres comme *Oliver Twist*, *Roméo et Juliette* et *Don Quichotte*. Les intrigues de ces classiques et certaines de leurs morales ont été modifiées afin de mieux correspondre au caractère des trois petites sœurs. Tous les albums se terminent par des jeux et des puzzles. Ils sont si populaires qu'une série télévisée a été réalisée d'après eux. Traduite dans plus de trente langues, elle a été diffusée dans 158 pays. **EB**

3+

Titre original *Som les tres bessones*, 1983
Nationalité Espagne, 1939
Édition française Nathan
Thèmes amitié, famille

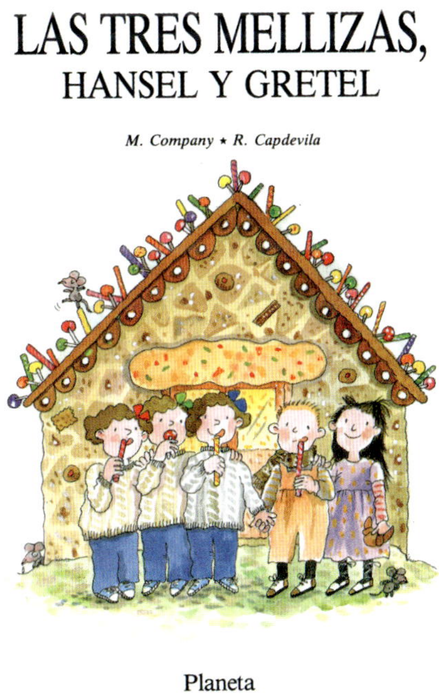

Autres livres illustrés par R. Capdevila

La Sorcière Camomille et le château hanté
Un animal, quelle aventure
Flora, chanteuse d'opéra
La Reine de la récré

3+

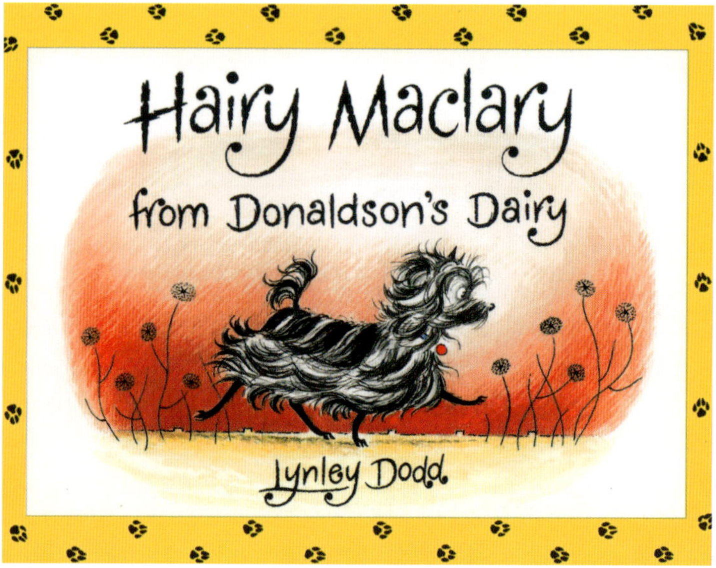

Hairy Maclary from Donaldson's Dairy

Lynley Dodd

Nationalité Nouvelle-Zélande, 1941
Édition Mallinson Rendel, Nouvelle-Zélande, 1983
Thèmes aventure, personnages favoris

Les chiens, dit Lynley Dodd, sont universels. Bien que ceux qui trottinent sur les pages des seize albums de la collection « Hairy Maclary » soient appréciés dans le monde entier, l'endroit où ils vivent est bien la Nouvelle-Zélande, dont l'auteur est originaire. Les dessins attestent le savoir-faire d'un artiste chevronné, mais c'est surtout leur association avec des vers formidables au schéma répétitif qui a rendu ces livres si populaires. Tous les héros canins sont décrits à l'aide de rimes : Hercule Morse par exemple apprend le morse, Schnitzel von Krumm aime le rhum. Leurs aventures sont bien celles de chiens. Ils volent un os ou sèment la pagaille dans la salle d'attente du vétérinaire.

Comme tous les grands héros de fiction, Hairy Maclary a une vie à part entière. « Je voulais écrire un seul album sur Hairy, mais un jour j'ai vu un petit chien qui sortait de chez le boucher avec une grosse quantité de viande dans la gueule partir en trottinant dans la rue, et je me suis dis : "C'est Hairy tout craché ! Que fait ce chien quand il rentre chez lui ? Va-t-il seulement manger toute cette viande ?" » se rappelle Lynley Dodd. Les albums de la collection mettent en scène, comme l'auteur le dit lui-même, « un monde de chaos et d'anarchie, mais un monde qui n'est pas triste. Je raconte une histoire pour divertir mes lecteurs. Je ne pense pas que les récits tristes soient bons pour les enfants. » La fin d'un autre livre très populaire de Lynley Dodd, *Dragon in a Wagon*, dit bien : « Pas de requins, de chauves-souris, de yaks poilus, pas de dragons. Juste la tête, la bonne tête de TOUTOU de Sam. » **VN**

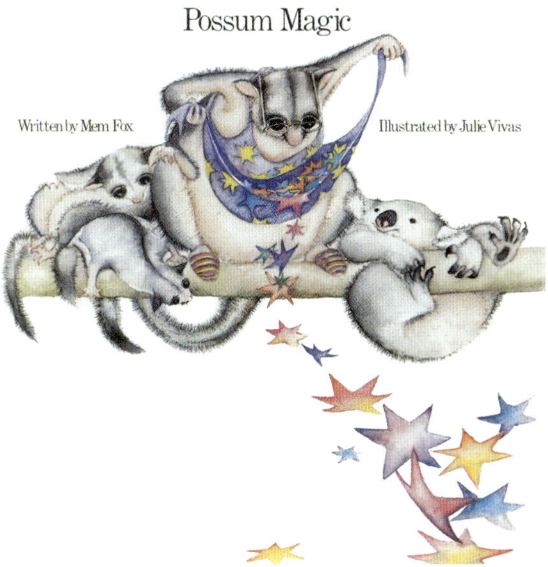

3+

Possum Magic

Mem Fox Julie Vivas

Nationalité Australie, 1946 (aut.), 1947 (ill.)
Édition Omnibus Books, Australie, 1983
Thèmes animaux, magie

Au fin fond du bush australien, grand-maman Poss se livre à des tours de magie. Son meilleur numéro consiste à rendre sa petite-fille Hush invisible. Celle-ci s'amuse bien en glissant le long des queues des kangourous et n'a plus peur des serpents. Cependant, quand elle veut redevenir visible, sa grand-mère ne se souvient plus de la formule magique. Elle relit tous ses livres avant de se rappeler quelque chose à propos « des mets que les hommes mangent ». La grand-mère et sa petite-fille vont alors effectuer un voyage à travers toute l'Australie pour goûter les aliments qui permettront à Hush de redevenir visible. À chaque bouchée, Hush reprend forme. À présent, chaque année, afin qu'elle ne disparaisse plus jamais, sa grand-mère prépare un festin avec tous ces aliments.

À l'origine, le récit de Mem Fox portait sur une souris, mais l'éditeur voulut qu'il soit plus australien ; c'est pourquoi le livre fut réécrit et à nouveau illustré. *Possum Magic* devint vite le livre d'images le plus célèbre d'Australie. Regorgeant de rimes et d'allitérations, il possède un rythme qui le rend amusant à lire à haute voix. Ses superbes illustrations à l'aquarelle sont humoristiques et originales. Avec ses tennis et ses monocles, grand-maman Poss a l'air d'une adorable excentrique. Les étincelles et les étoiles qui signalent le recours à la magie raviront les jeunes lecteurs.

Les parents et les enfants apprendront beaucoup de choses sur l'Australie. À la dernière page, vous trouverez un glossaire des mets australiens cités et une carte permettant de retracer le périple de la grand-mère opossum et de sa petite-fille. **CQ**

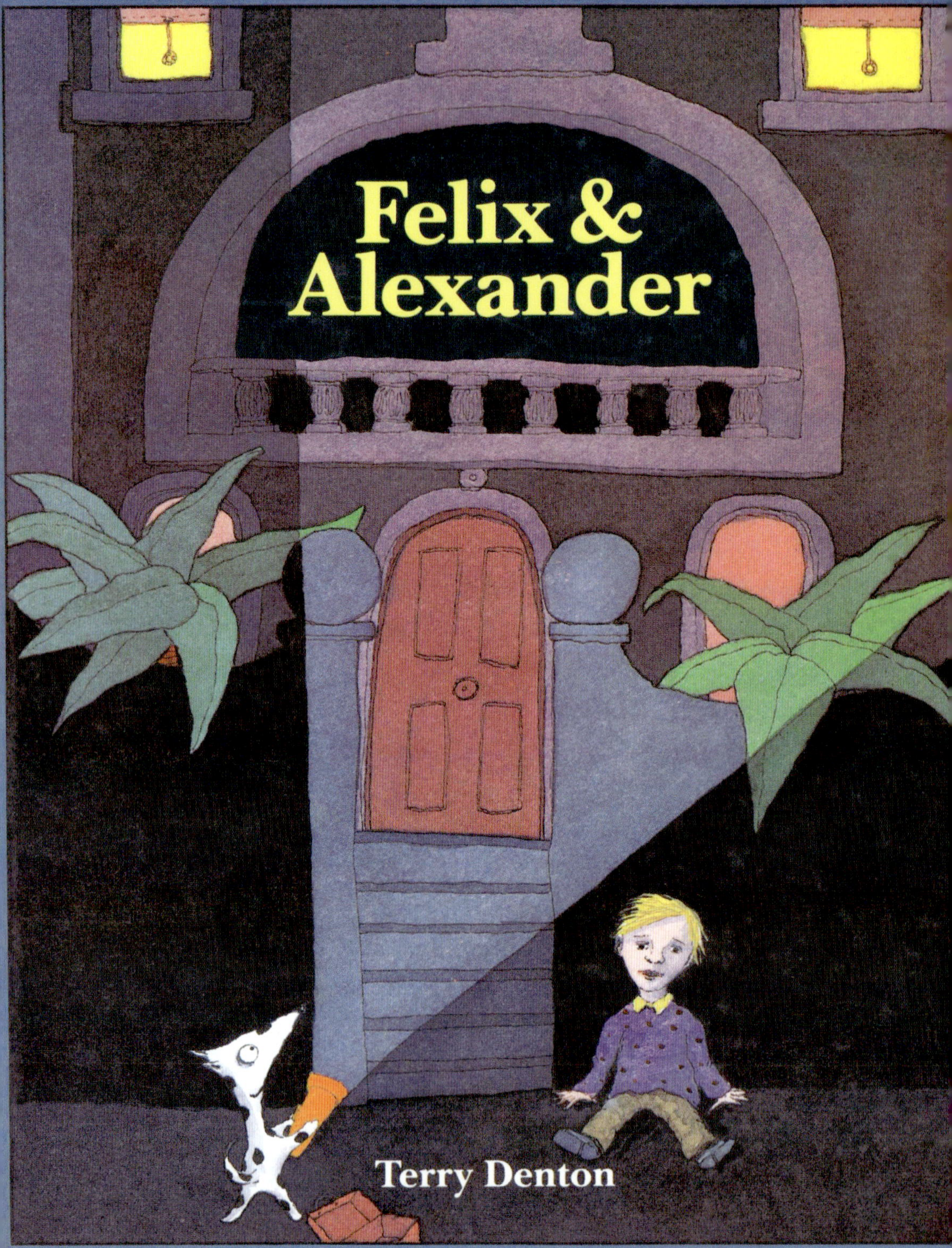
Felix &
Alexander
Terry Denton

Félix et Alexandre

Terry Denton

Titre original *Felix and Alexander*, 1985
Nationalité Australie, 1950
Édition française Syros
Thème amitié

La peur du noir peut être bien réelle quand vous êtes un enfant. *Félix et Alexandre* l'explorent d'une manière qui rassurera les plus petits. Le chien en peluche Félix est le compagnon favori d'Alexandre qui, bien qu'il soit petit, se promène près de son immeuble chaque après-midi. Un soir, Alexandre ne rentre pas chez lui à l'heure habituelle. Quand la nuit se met à tomber, Félix, très inquiet, s'échappe par une gouttière et s'engage dans les rues peu familières de la ville à la recherche de son ami.

Le récit est raconté sur un ton simple et charmant. Les illustrations de Terry Denton le rendent particulièrement vivant. À la tombée de la nuit, les maisons ont un aspect anthropomorphique. Elles semblent regarder de haut en bas le minuscule petit chien d'un air désapprobateur. Alors que Félix s'aventure dans la ville, les tons menaçants mauves et pourpres de la nuit prédominent.

Le style original qui est devenu la caractéristique de Denton est presque absent ici. Ses illustrations sont détaillées et architecturales. La présentation renforce l'impact du récit, car chaque page de texte est colorée afin de refléter les émotions exprimées par les illustrations qui l'accompagnent. Une fois que le courageux petit chien a sauvé son ami des « terreurs » de la nuit, ils trouvent le chemin qui les conduit chez eux en suivant les traces de bourre laissées par Félix, car le petit chien en peluche est troué. La fin est chaleureuse et réconfortante. **SOR**

Bon appétit ! Monsieur Lapin

Claude Boujon

Nationalité France, 1930
Édition L'École des loisirs, France, 1985
Thème personnages favoris

Claude Boujon a laissé derrière lui une trentaine d'albums publiés à L'École des loisirs, où il était aussi directeur artistique. Nombre d'entre eux sont toujours prisés des jeunes lecteurs et appréciés comme des classiques par les adultes. Son regard à la fois tendre et caustique, caricatural et impertinent, est chaleureusement à l'écoute de l'univers des enfants. Son trait, reconnaissable par ses hachures qui donnent à ses dessins tant de mouvement, surgit sur des fonds très colorés. Nul doute qu'il avait grand plaisir à dessiner lapins et renards, héros de nombre de ses albums, mais il a aussi croqué des rats, ogres, grenouilles et fées tout à fait réjouissants. Le thème de la nourriture revient dans plusieurs de ses histoires. Source de rêves ou de dégoûts, il est vrai qu'elle occupe ou préoccupe le monde des animaux comme celui des enfants. Dans *Bon appétit ! Monsieur Lapin*, la situation est grave mais loin d'être désespérée. Un beau jour, M. Lapin n'aime plus les carottes et s'en va chercher l'inspiration dans l'assiette de ses voisins. Mais les mouches aimées par la grenouille, les vers par l'oiseau, les larves prisées par le poisson, le n'importe quoi du cochon ne lui inspirent que « Pouah ! » et « Beurk ! », bref du dégoût. La fin justifiant les grands moyens, sa rencontre avec le renard mangeur de lapin et croqueur d'oreilles le fera retourner à ses carottes…Car, c'est bien connu, les carottes font pousser les oreilles des lapins ! Savoureux et mémorable. **NB**

L'Album d'Adèle

Claude Ponti

Nationalité France, 1948
Édition Gallimard Jeunesse, France, 1986
Thèmes imagier, fantaisie

Claude Ponti est devenu auteur-illustrateur en tentant, à la naissance de sa fille Adèle, de faire « un grand livre, comme une maison où elle puisse entrer, jouer, grandir et rapetisser, découper avec les yeux comme des ciseaux, mélanger, recomposer et coller avec l'eau des rêves ». Ce livre d'images géant sera suivi d'*Adèle s'en mêle* en 1987 et d'*Adèle à la pelle* en 1988 chez Gallimard. Avec *Pétronille et ses 120 petits*, il rallie, en 1990, L'École des loisirs, où il a publié à ce jour une soixantaine de titres avec un succès considérable auprès des enfants. À leur intention et attention, il réinvente le monde et tout ce qu'il contient avec une fantaisie pleine de sens et de non-sens, les comblant d'images aux personnages farfelus, complexes et récurrents, tels les poussins, faisant vivre chaque être et objet dans des situations drôles et tendres à la fois, stimulant leur sens de l'observation et leur imagination. Il leur invente aussi des mots et des noms qu'ils peuvent s'approprier avec jubilation tout en avançant dans des histoires où psychologie, philosophie et fantaisie forment un trio brillant et surprenant. Entrer dans *L'Album d'Adèle*, c'est remarquer de suite une fillette et un poussin avant une file d'objets bien rangés. Au fil des doubles pages, le désordre s'installe et pour finir c'est le grand bazar, les choses volent à l'endroit, à l'envers, digne d'un spectacle orchestré par une enfant et son ours qui au final vous saluent. Bienvenue dans le monde de Claude Ponti. **NB**

Toc, toc ! Qui est là ?

Sally Grindley Anthony Browne

Titre original *This is the Bear*, 1986
Nationalité Angleterre, 1946 (ill.), 1953 (aut.)
Édition française Flammarion Père Castor
Thèmes peur, imaginaire

Depuis 1975, Anthony Browne touche et impressionne les jeunes enfants par des histoires et des images qui nécessitent souvent plusieurs lectures. Dès le départ, il a donné le ton à son univers si reconnaissable en utilisant le vocabulaire graphique des surréalistes. Il donne à chaque livre une complexité qui est rendue par des mots et des images qui fonctionnent à la fois ensemble et séparément, par des propos sérieux illustrés avec un décalage artistique et humoristique. Avec *Anna et le gorille* en 1983, il introduit cet animal que l'on rencontrera dans nombre de ses albums. Marcel le petit chimpanzé, à travers sept livres, est devenu le héros de nombreux enfants, tant il est proche d'eux dans ses sentiments et ses émotions. En dehors des frères Grimm et de Lewis Carroll, il a illustré quelques textes d'auteurs, dont ce *Toc, Toc ! Qui est là ?* qui, au rituel du coucher, associe le suspense, la peur et l'humour. Une petite fille dans son lit voit successivement apparaître à la porte de sa chambre un gorille, une sorcière, un fantôme, un dragon et un géant. Chacun, immense mais chaussé de pantoufles, propose à la petite fille des choses délicieuses qui virent dans l'imagination de l'enfant au supplice. Jouant d'une formule répétitive et d'images où alternent des détails du personnage à venir, de celui-ci en grand et des pensées de l'enfant, l'album se clôt avec bonheur sur l'image réconfortante du père, celui qu'elle attendait. En 2000, A. Browne a reçu le Hans Christian Andersen Award pour l'ensemble de son œuvre. **NB**

Le Vieil Ours

Jane Hissey

Titre original *Old Bear*, 1986
Nationalité Angleterre, 1952
Édition francophone (Belgique) Duculot
Thèmes amitié, animaux, personnages favoris

3+

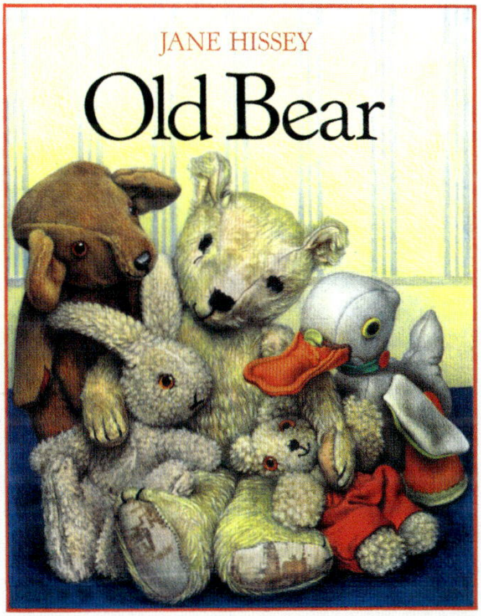

Vieil Ours est un ours en peluche élimé et râpé remisé par mesure de sécurité au grenier. Les autres jouets de la chambre d'enfants, dont Petit Ours, décident d'aller le chercher. Ce n'est pas une mince affaire, mais avec l'aide d'un avion, ils parviennent à le ramener dans la chambre, où il vit avec ses nouveaux amis.

Vieil Ours et ses amis apparaissent dans les nombreux récits que Jane Hissey illustre elle-même. Ils font toujours des choses que les enfants apprécient. Ils s'aident, jouent, fêtent leur anniversaire et organisent des camps.

Ces histoires gentilles et drôles raviront les plus jeunes lecteurs. Dans *Little Bear's Trousers* par exemple, Petit Ours se lève le matin et cherche son pantalon. Il demande à ses amis s'ils l'ont vu. Il apparaît très vite qu'ils l'ont tous utilisé à des fins diverses : le lapin comme bonnet pour aller skier et le canard comme drapeau afin de décorer son château de sable. Dans *Petit Ours a disparu*, Petit Ours réussit si bien à se dissimuler lors d'un jeu de cache-cache qu'il reste introuvable. Très vite, une chasse à l'ours désespérée est lancée. Comme dans tous les livres de la collection, l'histoire se termine bien malgré de nombreux rebondissements.

Hissey illustre ses récits lentement et soigneusement avec un crayon à papier et des pastels et choisit ses personnages en fonction de leur texture. Elle se sert des jouets qui étaient les siens quand elle était petite pour créer son monde enchanteur destiné aux enfants qui n'ont pas encore 5 ans. **HJ**

« Un jour, les jouets étaient assis près de la fenêtre quand ils se souvinrent de leur ami, Vieil Ours. »

Autres histoires d'ours en peluche

Winnie l'ourson, A. A. Milne (p. 70)
Où est mon nounours ?, Jez Alborough (p. 155)
Corduroy, Don Freeman (p. 104)

Un appel dans la nuit

Jane Yolen John Schoenherr

Titre original *Owl Moon*, 1987
Nationalité États-Unis, 1939 (aut.), 1935 (ill.)
Édition française Flammarion Père Castor
Thèmes famille, science et nature

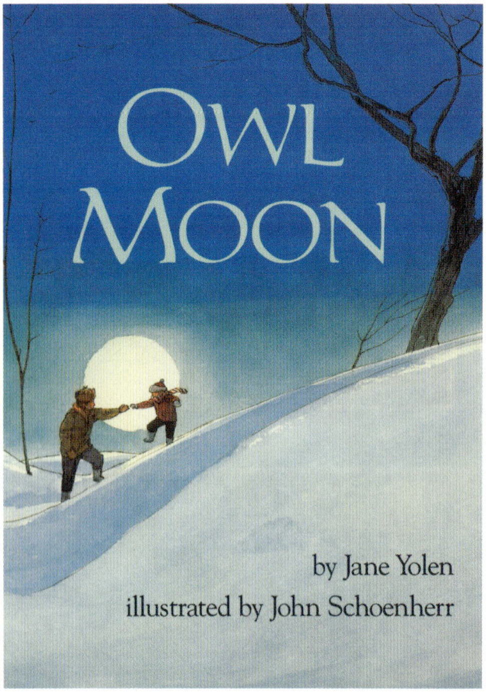

Ce récit poétique est une méditation sur la découverte par un enfant de la beauté de la nature. Par une nuit d'hiver neigeuse, un père sort avec sa fille afin de lui montrer pour la première fois un grand duc. L'histoire est simple et son rythme lent. *Un appel dans la nuit* est un conte plein d'émotion sur l'espoir et la découverte. Il incite les jeunes enfants à respecter la faune et la flore, et à révérer les merveilles de la nature. La petite fille apprend qu'elle doit faire attention à ce qui l'entoure et se montrer patiente, silencieuse si elle veut voir l'oiseau. Quand ce dernier apparaît enfin, le soulagement qu'elle éprouve est manifeste : elle a vu le grand duc et peut à présent rompre le silence.

« Une ombre de grand duc / dans l'ombre d'un grand arbre / bougea, puis vola au-dessus d'eux. »

Les illustrations de John Schoenherr accompagnent de manière saisissante le texte très évocateur de Jane Yolen. Celui-ci est, selon elle, le récit poétique des nombreuses sorties nocturnes que son mari David et sa fille Heidi étaient heureux de faire ensemble la nuit pour aller observer des grands ducs. *Un appel dans la nuit* est l'un des meilleurs ouvrages de Jane Yolen. En 1988, Schoenherr reçut la médaille Caldecott pour ses aquarelles délicates et pittoresques. Pour les réaliser, il s'inspira du superbe paysage hivernal qu'il peut admirer de sa ferme du New Jersey. Le récit a été traduit dans de nombreuses langues, dont l'allemand et le chinois. Bruce O'Brian s'en est même servi pour composer une chanson. Il s'agit d'un conte qui fait bien ressentir la relation très tendre unissant un père et sa fille, celle qui existe également entre les êtres humains et l'environnement, et qui montre en outre aux enfants la beauté et la fragilité de la nature. **ML**

Autres livres de Jane Yolen

Les Enfants du loup
Bonne nuit petit dinosaure
Devil's Arithmetic (p. 870)

Pélagie la sorcière

✎ Valerie Thomas ✎ Korky Paul

Titre original *Winnie the Witch*, 1987
Nationalité Australie (aut.), Angleterre, 1951 (ill.)
Édition française Milan
Thèmes magie, personnages favoris

3+

Pélagie est drôle, évaporée et terriblement désorganisée. Dès sa première apparition en 1987, Pélagie a conquis le cœur des enfants. Dans chacun des six albums publiés, elle est aux prises avec des occupations de la vie de tous les jours : refaire les peintures, préparer un anniversaire ou partir en vacances. Elle se montre d'ailleurs beaucoup moins compétente lorsqu'elle doit acheter une baguette magique, adopter un bébé dragon ou se rendre quelque part sur son tapis volant. Son étourderie et sa myopie ont des effets comiques.

La drôlerie et le succès de la série sont en grande partie dus au talent de l'illustrateur, Korky Paul, qui a exprimé les idées de Valerie Thomas au moyen de dessins fins effectués à la plume sur des aquarelles aux tons délicats.

« Pélagie vivait… avec son chat. Celui-ci était noir. Et c'est à cause de ça que tout commença. »

Le premier album de la série est très amusant. Il nous présente, comme le veut la tradition, une sorcière habillée de noir, accompagnée d'un chat noir, qui souhaite repeindre son château afin de voir son chat, sur les pattes duquel elle marche en permanence. Elle change d'abord la couleur du pelage de ce dernier, le transformant en chat vert. Constatant qu'elle ne le discerne plus dehors, elle brandit cinq fois sa baguette au-dessus de l'animal jusqu'à ce que son pelage soit de cinq couleurs différentes. Soucieux de sa dignité, le chat ne supporte pas d'être ainsi ridiculisé. Compatissante, Pélagie finit par trouver une solution simple : elle rend à son chat sa couleur noire d'origine et repeint son château de couleurs vives. **VN**

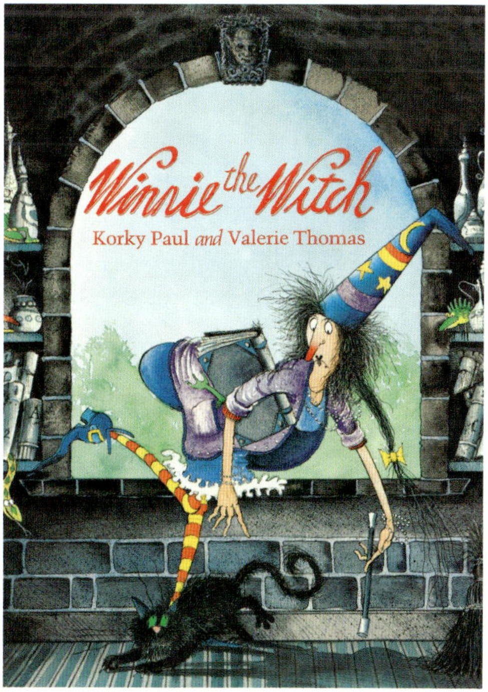

Autres titres de la série

L'Hiver de Pélagie
Le Tapis volant de Pélagie
Pélagie n'a peur de rien

CAN'T YOU SLEEP LITTLE BEAR?

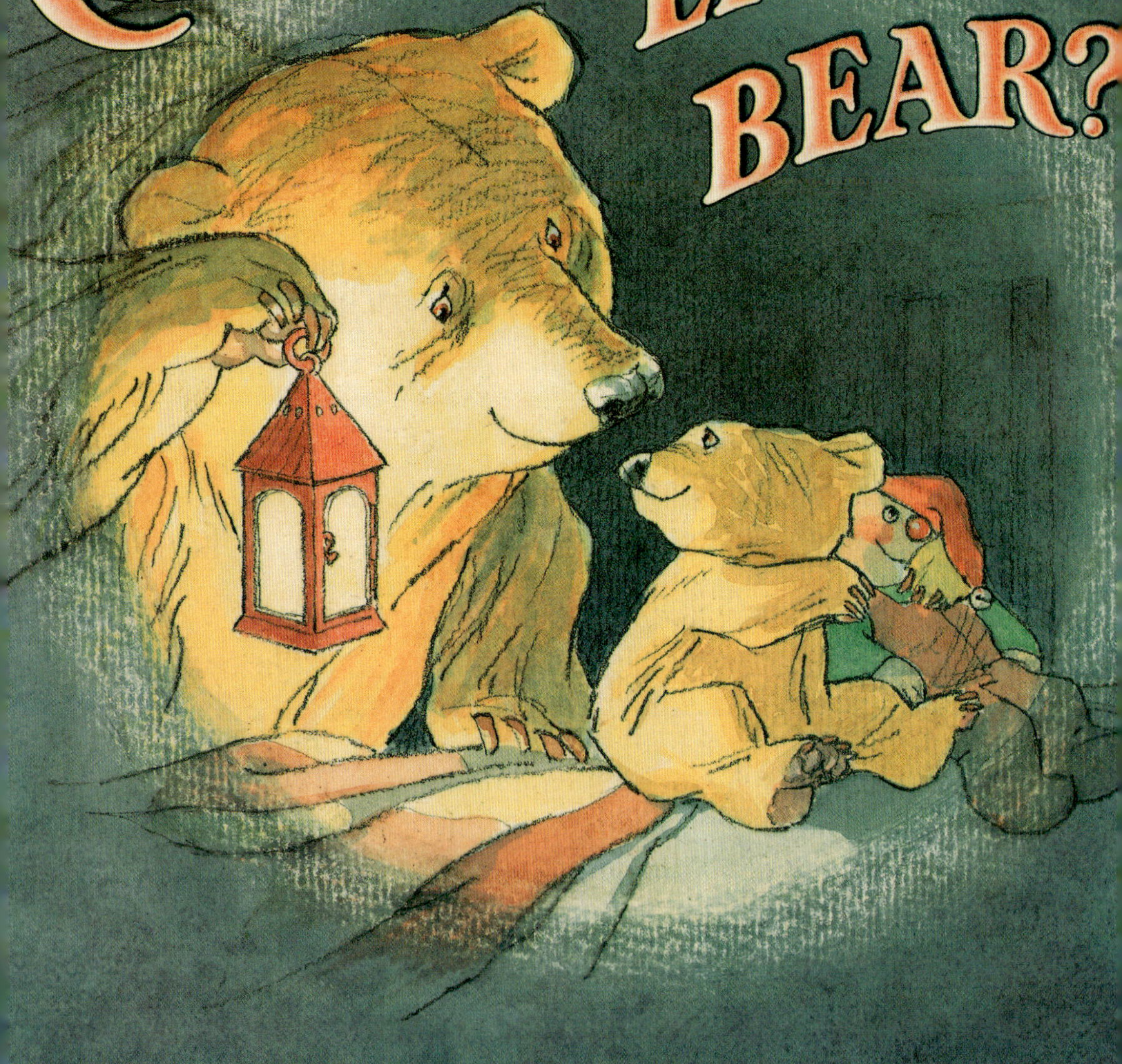

Martin Waddell Barbara Firth

Tu ne dors pas, Petit Ours ?

Martin Waddell Barbara Firth

Titre original *Can't You Sleep Little Bear?*, 1988
Nationalité Irlande, 1941 (aut.), Angl., 1928 (ill.)
Édition francophone (Belgique) Pastel
Thème personnages favoris

Dans ce premier livre, Petit Ours n'arrive pas à s'endormir car il a peur du noir. Grand Ours lui apporte des lanternes de plus en plus grandes afin de le rassurer, mais Petit Ours ne s'endort pas. Grand Ours a envie de terminer son livre qui, justement, est en train de devenir très intéressant. Cependant, il ne perd pas son calme et se montre raisonnable avec Petit Ours. Mais lorsqu'il apporte la « plus grosse de toutes les lanternes », Petit Ours lui dit qu'il a peur du noir qui se trouve dehors. Perplexe, Grand Ours conduit Petit Ours hors de la grotte dans l'obscurité. Suivent deux magnifiques doubles pages offrant des effets de contraste. Sur la première, Petit Ours sort de la grotte brillamment éclairée pour plonger dans l'obscurité. Sur la seconde, il se retrouve dans le noir complet alors que de la lumière jaillit de l'ouverture de la grotte. Grand Ours dit alors à Petit Ours : « Je t'ai apporté la lune, Petit Ours. Je t'ai apporté la lune et des milliers d'étoiles. » Grand Ours a apporté la lune pour éclairer l'obscurité. Ce livre montre de manière touchante combien les enfants ont confiance en leurs parents.

Ce récit se prête très bien à une lecture à voix haute. Chaque fois, les enfants peuvent discerner de nouveaux détails sur les charmantes illustrations de Firth, qui a passé des heures à observer les ours d'un zoo pour illustrer les albums de Petit Ours. Les deux ours sont donc parfaitement réalistes, ce qui est rare dans un livre pour enfants. D'autres albums de la série sont également remarquables. **CW**

Chien bleu

Nadja

Nationalité Égypte/France, 1955
Édition L'École des loisirs, France, 1989
Thèmes animaux, famille, peur, amitié

Depuis sa parution en 1989, *Chien bleu* est considéré comme un album incontournable. Cela est dû à la force et la portée symbolique qui en émanent, par son écriture qui va à l'essentiel, par son thème et par ses images. Sur la couverture, ce chien étrange d'un bleu magnifique, avec des yeux verts, qui fait face au lecteur intrigue. L'histoire va osciller entre réalisme et univers des contes.

Un chien venu d'on ne sait où se lie d'amitié avec une fillette. Charlotte voudrait le garder auprès d'elle. Mais sa mère ne veut rien entendre. Au cours d'un pique-nique dans la forêt, l'enfant, vêtue de sa robe rouge, son petit panier à la main, part cueillir des fraises des bois. La forêt et la nuit se referment sur elle. Mais Chien bleu est là. Il fera un feu pour réchauffer l'enfant qui s'endort et luttera toute la nuit contre la panthère noire qui incarne l'esprit des bois et des forces de la nuit. Au petit matin, c'est sur le dos de Chien bleu que Charlotte rentrera chez ses parents.

Toutes les peurs de l'enfant sont là, celle de se perdre, celle du noir, de l'abandon, de l'inconnu, mais elles permettent de consolider le poids de l'amitié et de la confiance. L'album est composé uniquement de doubles pages à fond perdu. Chacun de ces superbes tableaux, où la gouache épaisse modèle les formes, reflète le climat émotionnel par sa composition et ses gammes chromatiques. Nadja est aussi peintre.

Chien bleu a reçu de nombreux prix dont le Totem de l'album au salon du livre de Montreuil.

Stina

Lena Anderson

3+

Titre original *Storm-Stina*, 1988
Nationalité Suède, 1939
Édition Rabén and Sjögren, Suède
Thème famille

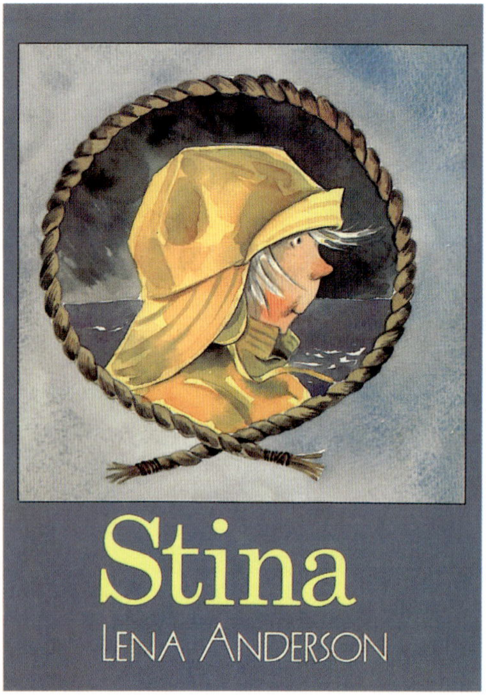

Stina est une petite fille qui passe les vacances d'été chez son grand-père sur une petite île de Suède. Ses journées sont remplies de plaisirs simples. Elle va pêcher, se promène et joue sur le sable. Une nuit, elle décide de s'éclipser de la petite maison grise de son grand-père pour partir à l'aventure, mais une énorme tempête est sur le point d'éclater, et elle apprend vite qu'il vaut mieux regarder ce spectacle en compagnie de son grand-père.

Lena Anderson écrit des livres simples, drôles et agréables. Bien que les histoires ne comprennent pas beaucoup d'action, elles reflètent un monde que les jeunes enfants reconnaissent immédiatement. À cet égard, son œuvre a été comparée à celle de l'écrivain britannique Shirley Hughes. Ses superbes aquarelles rendent parfaitement l'atmosphère du récit, évoquant l'univers nostalgique de vacances au bord de la mer.

Stina fut le premier de deux livres. Dans *Stina's Visit* (« La visite de Stina »), notre héroïne est encore une fois chez son grand-père. Ils décident d'aller ensemble rendre visite à Axel pour son anniversaire. Il s'agit d'un vieil ami du grand-père qui a le cafard là où il vit. Ils emportent des mets particuliers pour l'occasion et écoutent les histoires à dormir debout que leur raconte Axel à propos de sa vie en mer. Il s'agit d'un récit sur l'amitié. Même si le grand-père de Stina sait que son ami exagère quand il raconte des histoires, il s'assoit et l'écoute, pour lui faire plaisir. Stina est très contente qu'Axel lui offre une vieille baignoire où elle peut baigner son hippopotame en caoutchouc.

Anderson a eu du succès dans le monde entier avec ses livres sur Stina. Cependant, elle est plus connue hors de Suède pour son *Jardin de Monet*, une introduction à l'histoire de l'art qu'elle a illustrée et qui a été écrite par Christina Björk. **HJ**

Autres livres de Lena Anderson

À table !
Le Jardin de Monet
Pomme et ses plantations
Raconte
Tic Tac

Fire-Engine Lil

Janet McLean Andrew McLean

Nationalité Australie, 1946 (aut.), 1946 (ill.)
Édition Allen and Unwin, Australie, 1989
Thème aventure

Il s'agit d'une grande histoire à partager avec de jeunes enfants. Lil, une vieille voiture de pompiers, se sent aussi jeune et robuste que le jour de sa fabrication. Avec ses amis pompiers Bob et Bill, elle est venue à bout de centaines d'incendies. Malheureusement, elle n'est plus utilisée depuis très longtemps.

Par une chaude matinée d'été, alors que toutes les nouvelles voitures de pompiers clinquantes ont déjà été réquisitionnées, on apprend qu'un énorme incendie menace de détruire la ferme de Brown. « C'est enfin mon tour », fredonne Lil. Bill, Bob, un chat et un chien grimpent dans la voiture. Ils s'en vont, accompagnés par les hurlements de la sirène. Très évocatrices, les illustrations font sentir aux lecteurs tous les sentiments éprouvés par Lil et son équipage lorsqu'ils partent lutter contre l'incendie. On sent de l'exaspération quand ils sont retardés par un troupeau de moutons, de l'euphorie quand ils dévalent les coteaux herbeux et de la circonspection quand Lil traverse la rivière et que ses garde-boue s'enfoncent dans l'eau. Finalement, ils parviennent sur le lieu du drame. Très vite, les tuyaux de Lil entrent en action et éteignent le feu. Les enfants apprécieront le caractère animé de la scène et ses détails fort bien observés. L'incendie est presque terminé quand un vent violent le ravive, menaçant la ferme. Fiévreuse et épuisée, Lil dit en haletant : « Je ne peux m'arrêter à présent… J'ai été construite pour lutter contre les incendies. » Elle continue donc à pomper l'eau pendant des heures. À la fin, Lil et les pompiers parviennent bien sûr à maîtriser l'incendie.

Le livre charmant d'Andrew et Janet McLean se distingue par ses personnages forts, son sens du spectaculaire et sa toile de fond très réaliste. Les auteurs ont su rendre les gestes et les expressions des personnages et planter le décor comme seuls de grands conteurs savent le faire. **AJ**

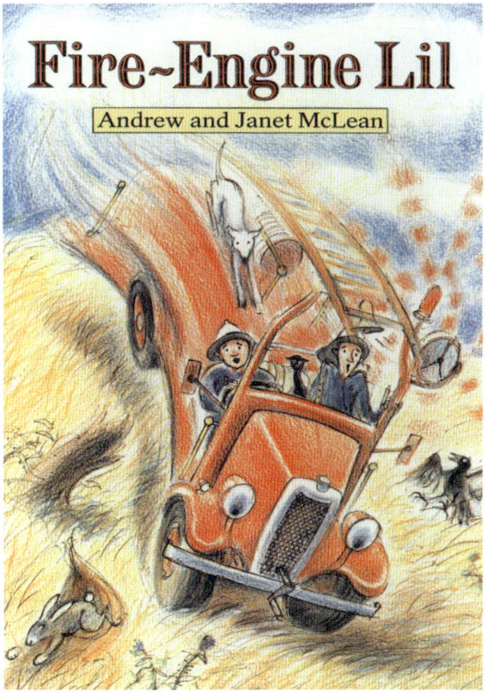

Autres moyens de transport fantasques

Ti'train, Watty Piper (p. 21)
La Petite Voiture à cheval, Graham Greene (p. 245)
Train de nuit dans la voie lactée, Kenji Miyazawa (p. 473)
La Voiture merveilleuse, Ian Flemming (p. 560)

3+

3+

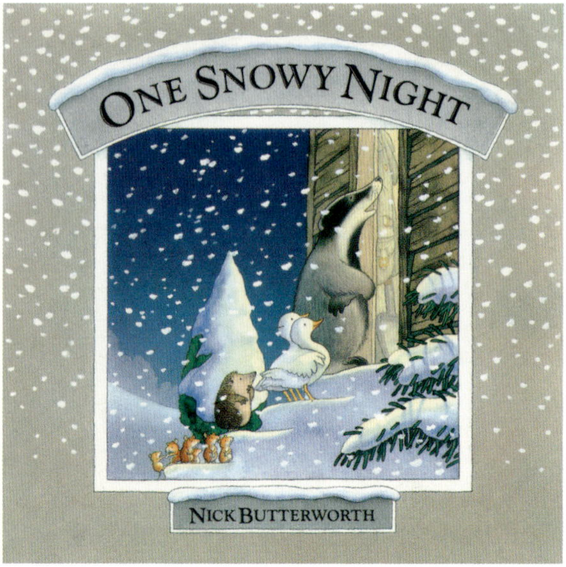

Une nuit enneigée

Nick Butterworth

Titre original *One Snowy Night*, 1989
Nationalité Angleterre, 1946
Édition francophone (Belgique) Lipokili
Thèmes amitié, animaux, aventure

Les histoires de Percy, le gardien du parc, enchantent les enfants depuis 1989, année de parution en anglais du premier album de la série, *Une nuit enneigée*. Les albums consacrés à Percy et ses amis sont devenus des classiques de la littérature enfantine, grâce à la tendresse et à l'humour de leurs récits et à leurs merveilleuses illustrations.

Avec sa brouette verte, Percy s'occupe dans la journée de l'entretien du parc avant de se retirer chaque soir dans sa cabane pour boire du chocolat, manger des biscuits au gingembre et écouter sa vieille radio. Même s'il vit seul, il n'est pas solitaire. Il s'occupe du parc, mais il est aussi un ami et un père pour les animaux qui y vivent et qui ont souvent des ennuis. Bien qu'il ait beaucoup de travail, il est toujours là pour les aider et heureux de le faire. Qu'il soit entouré par des canards qui dansent sur la glace, des lapins qui font des batailles de boules de neige et qui tombent dans des puits, un hérisson vexé de ne pouvoir attraper un ballon sans le faire éclater, ou un blaireau qui a besoin de prendre un bain, il sait toujours ce qu'il faut faire. Même lorsqu'il gèle, lorsqu'une tempête fait tomber l'arbre au sommet duquel un animal vit ou lorsque la nourriture manque, il trouve une solution.

Les animaux ont l'occasion de lui montrer leur gratitude quand il tombe malade. Ils doivent alors s'occuper du parc, ce qui a des conséquences inattendues. Les aventures de Percy enchanteront les jeunes lecteurs, qui seront curieux de savoir ce qui se passe dans le parc quand ils n'y sont pas. **SR**

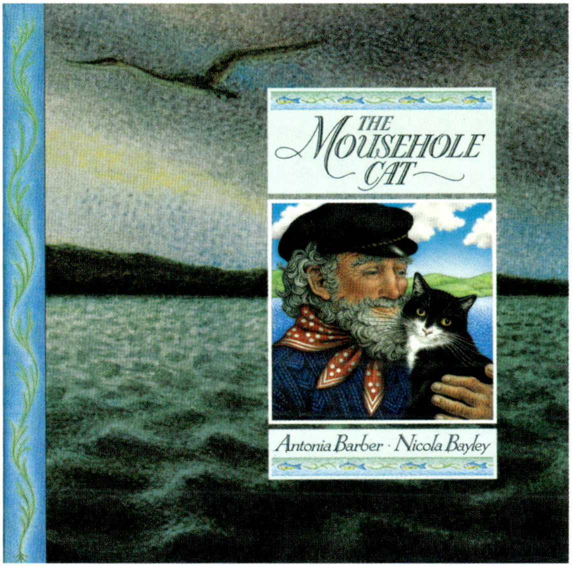

3+

Port Minou

Antonia Barber Nicola Bayley

Titre original *The Mousehole Cat*, 1990
Nationalité Angleterre, 1932 (aut.), 1942 (ill.)
Édition française Ouest France
Thème aventure

Cette histoire traditionnelle des Cornouailles parle d'un pêcheur courageux qui prend la mer malgré la tempête qui bloque le port de Mousehole (« Trou-de-Souris »). Elle est racontée par son chat, Mowser.

Dans ce conte spectaculaire et émouvant, Mowser, un chat noir et blanc alerte, accompagne Tom Bawcock dans la bataille qu'il livre au chat Grande Tempête (un immense chat tigré dont les zébrures se reflètent dans la mer et dans les ondes sonores visibles provoquées par les hurlements du vent). La tempête empêche les bateaux de pêche de sortir du port. Quand celui de Tom gagne la pleine mer, un jeu mortel s'engage, jusqu'à ce que Mowser apaise la Grande Tempête avec ses ronronnements et ses miaulements. Tom attrape suffisamment de poisson pour nourrir le village et rapporte sa prise la veille de Noël. Il est accueilli par les lumières du village.

La première partie de cette histoire consacrée à l'aventure de Tom et de Mowser est charmante, avec ses lieux villageois typiques, dépeints de façon très rassurante. Les illustrations, dans le style pointilliste, montrent des intérieurs complexes qui donnent l'impression d'être en émail. Le tissage d'une corde, le point de torsade du pull-over de Tom et la décoration en fer estampé du poêle sont représentés avec force détails. Offrant un contraste, les scènes de la tempête sont, elles, inondées de lumière et très dynamiques, suggérant l'existence d'un monde parallèle fantastique au-delà de la jetée du port, un monde à la fois excitant et dangereux. **GB**

Amazing Grace

Mary Hoffman   Caroline Binch

3+

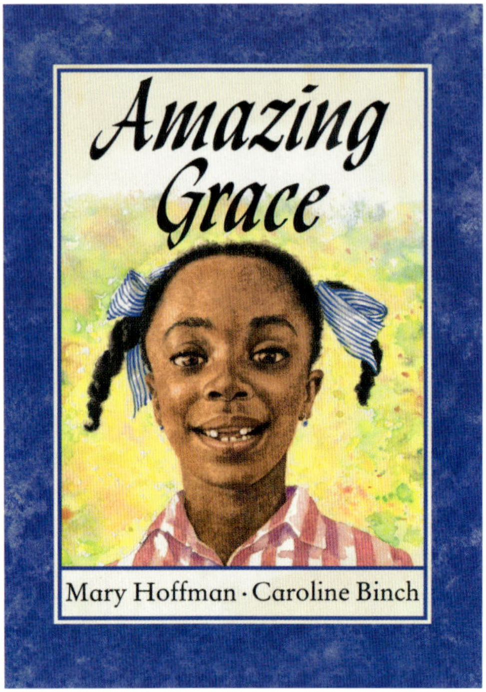

« Grace traversa les Alpes avec Hannibal et une centaine d'éléphants et parcourut les mers avec une jambe de bois… »

Livres de Mary Hoffman traduits en français

La Fille de Dracula
Rouge crime
Le Secret de Léo
***Stravaganza* (4 volumes)**

Nationalité Angleterre, 1945 (aut.), 1947 (ill.)
Édition Frances Lincoln, Royaume-Uni ; Dial Books, États-Unis, 1991
Thèmes amitié, école, famille

La première phrase : « Il était une fois une petite fille appelée Grace qui aimait les histoires », rend bien l'énergie de cet album d'une grande profondeur. Assimilant la sagesse de sa grand-mère et ses histoires, Grace apprend à réaliser ses rêves.

Mimant à l'aide de ses jouets et de son chat Paw-Paw ses histoires préférées, Grace joue des milliers de rôles. Elle aime être dans la peau d'Anansi, d'Hiawatha, de Dick Whittington et de Mowgli, ainsi que dans celle de pirates ou de médecins. Néanmoins, sa confiance est ébranlée quand un de ses camarades de classe lui dit dans la cour de récréation qu'elle ne peut interpréter le rôle de Peter Pan parce qu'elle est une fille et qu'elle est noire. Bien que sa mère soit en colère, sa grand-mère lui dit : « Tu peux être tout ce que tu veux, si tu le veux. » Grace se montre brillante lors des essais et finalement interprète le rôle dont elle rêve devant un auditoire émerveillé.

Les aquarelles de Caroline Binch présentent une vie de famille réelle, une mère épuisée à force de travailler, et une grand-mère à la fois taquine, sage et très digne. Les portraits ressemblants de Grace, de sa mère et de sa grand-mère ont été réalisés à partir de photographies réelles. Les illustrations enrichissent le texte en présentant la classe multiculturelle de Grace. À cela il faut ajouter une autre histoire, celle du chat Paw-Paw qui souhaite rejoindre Grace sur scène.

Ce livre permet d'introduire une discussion sur les races, les sexes et l'estime de soi. Dans les petites classes, il a servi à aborder les problèmes du respect des différences et de l'égalité des chances. **GB**

L'Art du pot

Michelle Nikly Jean Claverie

Nationalité France, 1946 (aut. et ill.)
Édition Albin Michel Jeunesse, France, 1990
Thèmes apprentissage, humour

Premier opus d'un triptyque auquel nous devons rajouter *L'Art des bises* (1993) et *L'Art de lire* (2001), *L'Art du pot* est une aventure familiale menée par deux auteurs-illustrateurs mariés dans la vie et publiant ensemble ou séparément des albums pour la jeunesse depuis 1977. Jean Claverie enseigne par ailleurs à l'école des beaux-arts de Lyon et à l'école Émile-Cohl. Dans cet album, c'est avec malice et complicité que ce duo touche à un rituel souvent délicat à évoquer et l'aborde avec humour et dédramatisation. D'entrée de jeu, c'est clair : « Si on n'a plus envie d'avoir de couches, il faut aller sur le pot. » Michelle Nikly développe ainsi à un rythme soutenu cette approche de l'objet à la fois convoité et craint par des formulettes quasi magiques : « On s'assoit d'abord comme il faut et seulement après on pousse », « Quand ça y est, on est content et on le montre à sa maman ». Et quand ça dure à n'en plus finir, pas besoin de s'énerver, on peut s'endormir, manger, dessiner, jouer au musicien et pourquoi pas, mettre le chien sur le pot… Chacun fait ce qui lui plaît ! Et papa, il est comment au cabinet ? En train de lire le journal… C'est donc ça. Un hymne à la lecture lié à un passage obligé avec une chute qui dévoile un bel ensemble de bambins lisant chacun sur leur pot, c'est osé ! Et avec ses grandes et délicates illustrations aux traits vifs rehaussés de pastels sur fond d'ocre, chaque posture, chaque mimique est rendue expressivement et c'est réjouissant. Ce livre a reçu de nombreux prix : Graphique Loisirs Jeunes, 1981 ; Plaquette d'or au B.I.B. Bratislava, 1983 ; IBBY Liste d'honneur, 1984. **NB**

Jojo la mache

Olivier Douzou

Nationalité France, 1963
Édition Le Rouergue, France, 1993
Thèmes vieillesse, mort

Jojo la mache n'est pas seulement le premier livre d'Olivier Douzou : il signe aussi l'acte de naissance, en 1993, du secteur jeunesse des éditions du Rouergue dont le petit format carré sera pendant des années la marque de fabrique. Dans ce carré s'inscrit une étrange vache, carrée aussi, c'est « Notre mache, elle s'appelait Jojo » dit le texte que l'auteur fait s'inscrire sur des pages détachées d'un petit carnet à spirale. Ainsi nous voilà témoin des extraordinaires transformations de ce vieil animal qui, de jour en jour, va perdre ses attributs. Ses cornes, sa queue, ses gamelles, ses taches s'envolent jusqu'à ce qu'il disparaisse complètement. Mais regardez bien le ciel, le croissant de lune ne ressemble-t'il pas à ses cornes, les nuages à ses taches et le soleil levant à ses gamelles ? La vieille vache n'est plus mais on peut se souvenir d'elle en regardant le ciel. Le texte joue, comme l'image sur les approximations, les ressemblances. Il utilise un langage familier qui implique le lecteur mais évite le pathos.

Et l'enfant qui découvre cet album est totalement libre d'y lire ou pas une histoire sur la mort.

Après des études d'architecture, c'est vers le graphisme et la communication visuelle qu'Olivier Douzou se tourne. En réalisant *Jojo la mache* pour sa fille qui avait alors 3 ans, il découvre que l'album est un extraordinaire terrain de jeux et de création. Il apporte à ce genre sa logique de constructeur et son sens graphique. Il est aussi le découvreur de nombreux talents.

T'choupi

Thierry Courtin

Nationalité France, 1954
Édition Nathan, France, 1992
Thèmes animaux, aventure, personnages favoris

Le personnage de T'choupi, manchot amusant et attachant, a été inventé par Thierry Courtin à la naissance de son fils. Depuis la publication du premier album, les histoires bouffonnes de cet adorable manchot sont à l'origine de toute une série de livres très populaires. La modernité des illustrations attire l'attention des lecteurs. Le petit manchot est délicieusement rond, simple et dessiné à l'aide de couleurs vives. Il charme aussi bien les enfants que les parents.

La popularité de T'choupi auprès des jeunes lecteurs est due à sa ressemblance avec un enfant. Il vit avec ses parents, est souvent avec ses grands-parents et voit sa famille s'agrandir avec la naissance de sa petite sœur. Son jouet préféré est Doudou, un ours en peluche qu'il emporte partout. Pour lui, il ne s'agit pas seulement d'un jouet mou, mais d'un véritable ami, voire d'un frère. T'choupi sent qu'il peut tout partager avec lui.

Les différentes histoires de la collection reflètent les progrès, les apprentissages ou encore les bêtises d'un enfant. T'choupi apprend ainsi à utiliser son pot (le livre est sur ce plan très efficace, selon les parents), il ne veut pas aller au lit, n'aime pas prêter ses jouets et a peur des orages. Tous les albums parlent de choses que les enfants connaissent bien. Dans *T'choupi est trop gourmand !*, notre héros a mal au ventre après avoir trop mangé (au dîner, il n'a pas d'appétit et ne peut manger ses frites, ce qui est pour lui une vraie tragédie). Les parents aiment, eux aussi, les aventures du petit manchot. L'album a eu un tel succès qu'en 2004 le récit a été transposé au cinéma. **MGR**

Petit-Bond en hiver

Max Velthuijs

Titre original *Frog in Winter*, 1992
Nationalité Pays-Bas, 1923
Édition française Pastel – L'École des loisirs
Thèmes amitié, animaux, aventure, nature

Un matin, Petit-Bond s'éveille et découvre, à sa grande surprise, qu'une nouvelle saison est arrivée. Comme la plupart des grenouilles à cette époque de l'année, il n'est pas équipé pour affronter les rigueurs de l'hiver. Il a du mal à comprendre pourquoi tout est blanc. Il glisse et dérape en se frayant un chemin sur un étang gelé. Petit-Bond ne s'amuse pas le moins du monde et a bien trop froid pour participer à la joie du canard qui fait du patin sur la glace ou du lièvre qui participe avec ses amis à une bataille de boules de neige. Cependant, les autres animaux décident de s'unir pour l'aider. Ils font du feu, lui servent une bonne soupe chaude et lui apportent une écharpe douillette afin de le réchauffer. En dépit du froid, les animaux sont prêts à secourir leur ami, mais Petit-Bond ne sera vraiment heureux que lorsque le printemps sera là.

À l'aide de phrases simples et précises et de couleurs puissantes et franches, Max Velthuijs raconte son récit sans effets de style, laissant aux lecteurs le soin de trouver ce qui se cache derrière cette histoire d'amitié. Bien qu'il soit originaire des Pays-Bas, ses livres ont d'abord été publiés en anglais. Son héros, d'un vert vif, a tous les traits d'un enfant. Il en a aussi les désirs et les pensées.

Chacune des aventures de la série aborde sans détour des sujets comme l'amour (*Petit-Bond est amoureux*) et les étrangers (*Petit-Bond et l'étranger*) par exemple. Dans un monde toujours compliqué, Petit-Bond est un personnage auquel les jeunes enfants peuvent facilement s'identifier. **NH**

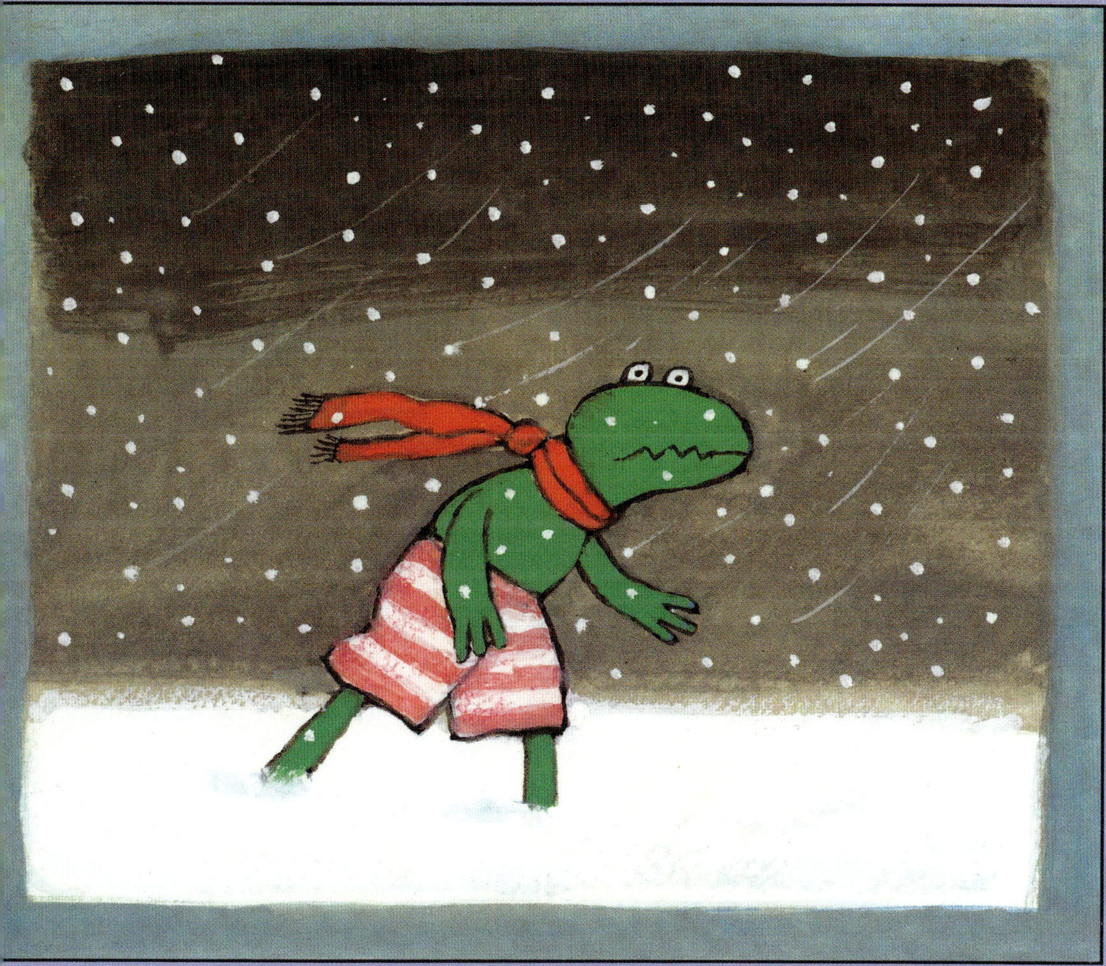

Frog in Winter

WHERE'S MY TEDDY?

Jez Alborough

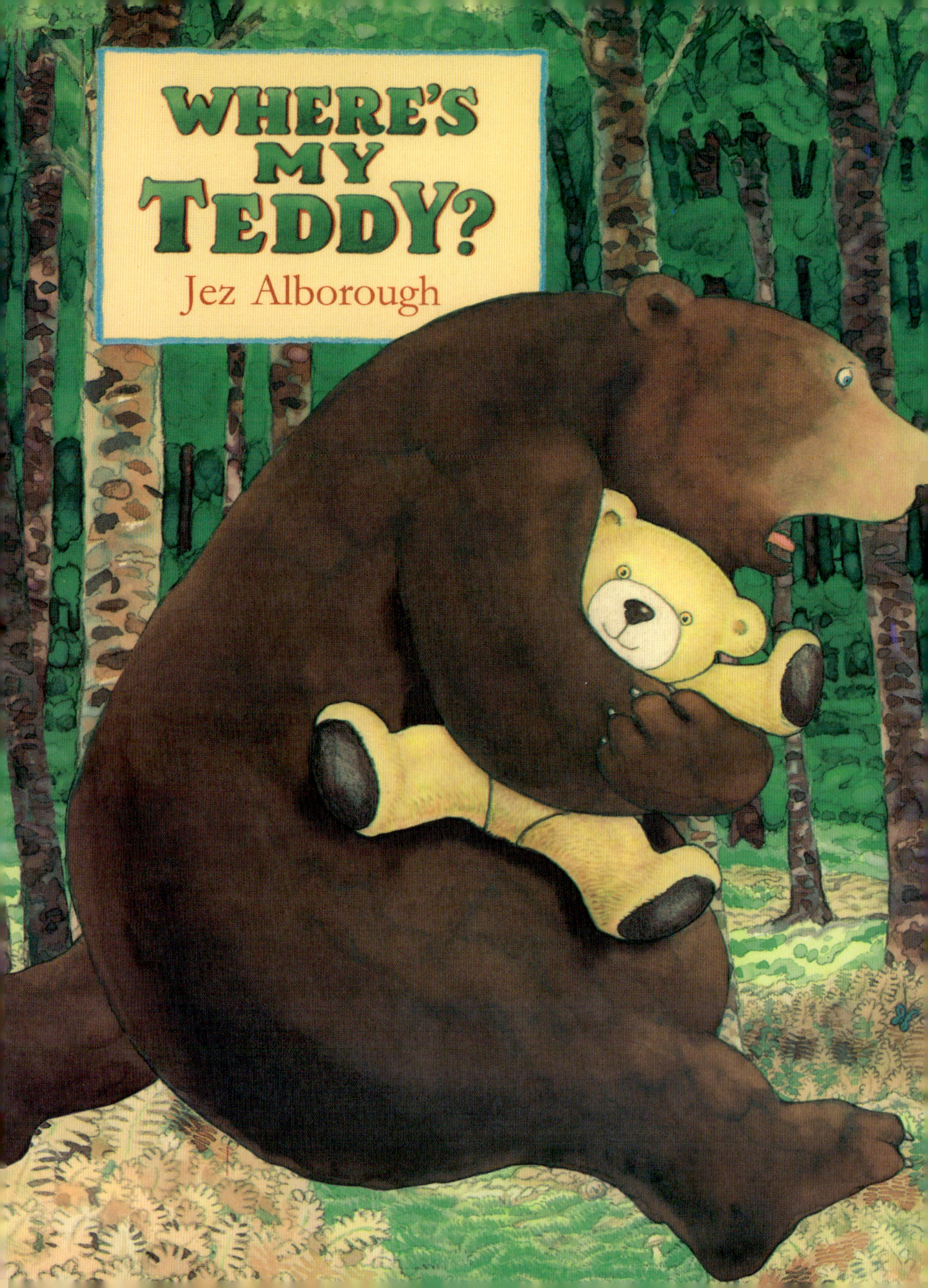

Où est mon nounours ?

Jez Alborough

Titre original *Where's My Teddy?*, 1993
Nationalité Angleterre, 1959
Édition française L'École des loisirs
Thèmes amitié, animaux, aventure, poésie

Eddy s'enfonce dans la forêt sombre pour retrouver son nounours. Entouré d'arbres hauts, il semble devenir de plus en plus petit. Soudain, il tombe sur un ours en peluche géant qui fait plusieurs fois sa taille, puis entend au loin des sanglots. Ce sont ceux d'un ours gigantesque qui tient dans ses bras le nounours d'Eddy. L'ours immense pleure bruyamment la disparition du nounours géant qu'Eddy vient juste de découvrir. Quand l'ours et l'enfant se retrouvent face à face, ils récupèrent chacun leur nounours, rentrent chez eux et s'endorment, blottis contre leur jouet préféré.

Accompagné d'un texte en vers, ce livre d'images aborde beaucoup d'autres sujets intéressants adaptés aux enfants très jeunes. Ici, il traite le problème de la taille, notion toute relative. L'ours en peluche qui semble immense à Eddy est minuscule par rapport à son propriétaire. Les enfants sont souvent habitués à être les plus petits dans une pièce et ne pensent pas qu'ils peuvent aussi paraître très grands à des êtres plus petits qu'eux. Reste la question de savoir qui est le plus effrayé des deux dans cette histoire. Eddy a bien sûr peur de l'ours qui est beaucoup plus grand que lui, mais ce dernier est lui aussi effrayé de voir quelqu'un d'aussi différent de lui. Les jeunes lecteurs seront peut-être inquiets de voir Eddy s'enfoncer seul dans une forêt dense et sombre, et rassurés en constatant qu'il y a toujours des personnes plus effrayées que soi. Ce livre rempli d'humour et d'une grande finesse est une réussite. **NT**

Okilélé

Claude Ponti

Nationalité France, 1948
Édition L'École des loisirs, France, 1993
Thèmes amitié, conte de fées, controverse, famille, fantastique

Les albums de Claude Ponti présentent des contes destinés aux enfants de tous âges. Les images, au graphisme riche et aux couleurs étonnantes, attirent immédiatement le regard des plus petits. *Okilélé* raconte le long voyage d'une petite créature en quête de reconnaissance et de sens. Okilélé a ainsi été nommé par sa famille à cause de son aspect physique repoussant (« Oh, qu'il est laid ! »). Prenant conscience de sa laideur, le petit être va tout mettre en œuvre pour s'intégrer à sa famille. Mais ses élans exaspèrent ses parents, qui le rejettent et lui reprochent d'être envahissant. L'enfant solitaire finit par trouver refuge sous l'évier de la cuisine, parmi les vieilles bouteilles et les ordures. Il y fait la connaissance de Martin Réveil, qui va se charger de lui apprendre à lire et à écrire. Parce qu'ils ne peuvent décidément plus supporter leur enfant, les parents décident d'abandonner leur fils et de l'emmurer vivant. Mais le parlophone a parlé : Okilélé est attendu sur une planète par quelqu'un qui a besoin de lui ! Ainsi débute une longue quête salvatrice où, au gré des rencontres et des obstacles, l'enfant va se métamorphoser et trouver les réponses à ses questions.

Okilélé est un récit riche et dense qui fait appel au monde du rêve et de l'imagination. Il invite le jeune lecteur à retrouver des émotions et un rapport intime aux choses, propres à l'enfance. On y traite des thèmes de la différence et du bonheur avec des moyens d'expression qui ne sont jamais menaçants, mais toujours drôles et ingénieux. Une longue histoire et un très beau voyage qu'on voudra relire pour qu'ils ne finissent jamais. **SL**

Quand les petits ours n'ont pas sommeil

Quint Buchholz

3+

Titre original *Schlaf gut, kleiner Bär*, 1993
Nationalité Allemagne, 1957
Édition française Pastel – L'École des loisirs
Thèmes animaux, histoires en vers

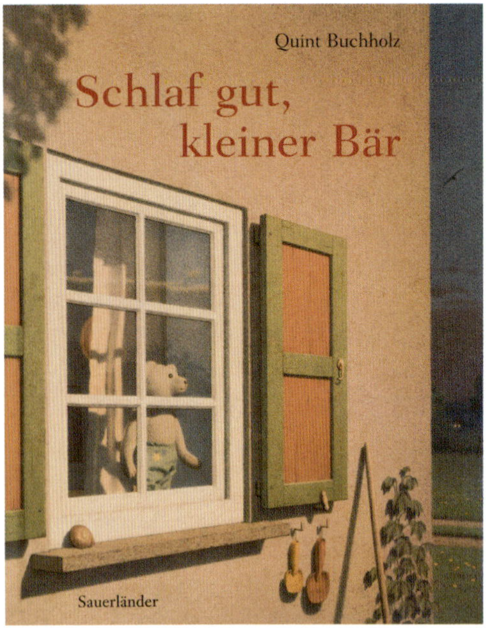

Autres livres illustrés par Quint Buchholz

Le Collectionneur d'instants
Opéra polaire
Nero Corleone, l'histoire d'un chat qui savait ce qu'il voulait
Sara et le clown

Quint Buchholz est avant tout connu en tant qu'illustrateur en Allemagne. Ce livre allie sa merveilleuse prose rythmique et ses illustrations si caractéristiques. Avec son texte dont le rythme évoque une berceuse, ce livre d'images est tout indiqué pour être lu le soir à un enfant fatigué et énervé.

Le récit suit les pensées d'un petit ours qui ne se sent pas fatigué au moment d'aller au lit. Il s'approche de la fenêtre et contemple les prairies et la lune. Il se souvient de tout ce qu'il a fait dans la journée. Il a joué dans la rivière avec les enfants, prétendu être un pirate parcourant les mers à la recherche d'un trésor, bêché le jardin avec Mme Rose. Il pense à ce qu'il fera le lendemain matin, dans la prairie, au soleil, et se dit que s'il pleut, il se blottira au grenier et observera la pluie.

« Dans le calme de la nuit, le clown joue une berceuse sur son violon pour le bébé éléphant. »

Finalement, le petit ours s'endort. Le langage utilisé est si propice aux rêves qu'il bercera sans nul doute les enfants et les fera dormir. À l'intérieur de la quatrième de couverture, une enveloppe est attachée à une illustration représentant un ballon rouge. Elle contient une lettre. Ce mystérieux ballon rouge qui apparaît dans le récit est le gage d'une merveilleuse surprise à la fin.

Les illustrations reflètent un paysage nocturne. Les dessins au crayon d'une grande finesse proches du pointillisme dépeignent des lieux où le temps semble s'être arrêté. La lune se réfléchit sur le fleuve, les fenêtres de la chambre, les musiciens féeriques qui jouent doucement quelque part dans la nuit. **RA**

Petit Ours contemple la lune qui brille.

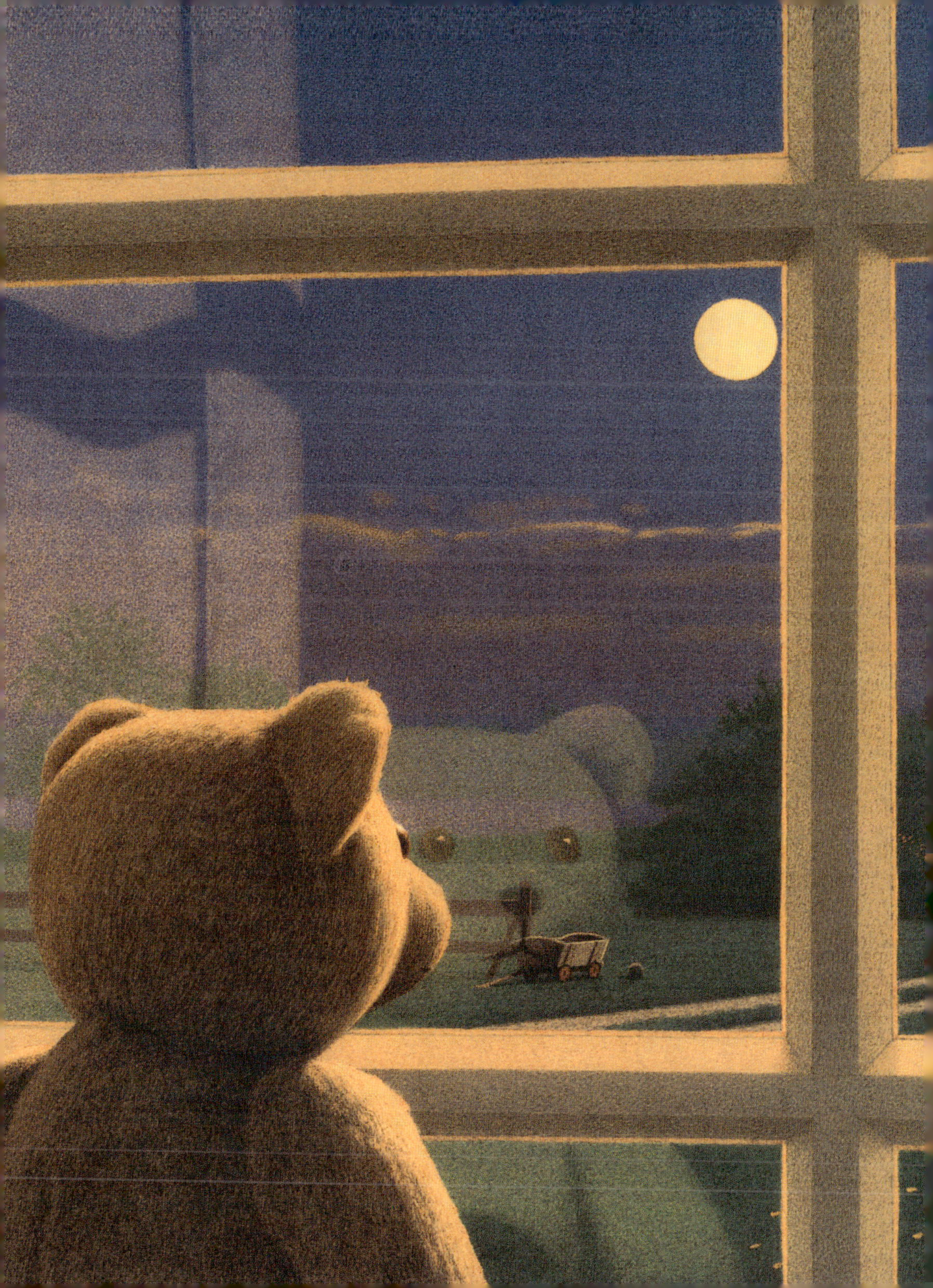

Poems for the Very Young

Michael Rosen Bob Graham

3+

Nationalité Angleterre, 1946 (éd.), Australie, 1942 (ill.)
Édition Kingfisher, Royaume-Uni, 1993
Thèmes poésie

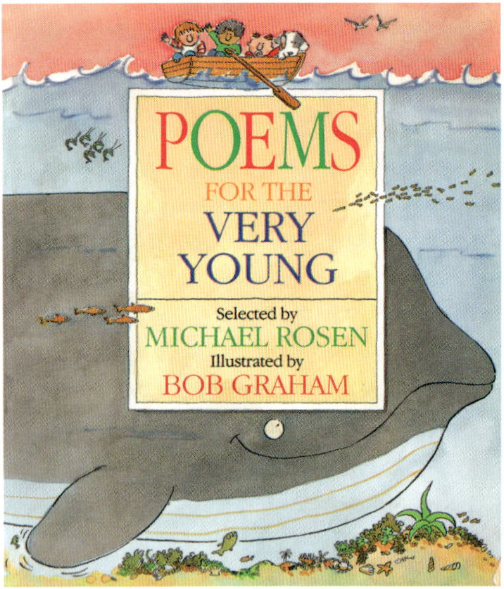

« Spaghetti ! Spaghetti ! / Vous êtes formidables ! / Je vous adore ! / Je n'en ai jamais assez de vous. »

Autres livres de Michael Rosen

La Chasse à l'ours
Quand je suis triste
Mind Your Own Business (p. 294)

En tant que poète, éducateur et personnalité de la radio, Michael Rosen sait que les petits enfants aiment les sons des mots et apprécient les répétitions, les allitérations et les rimes. Il s'agit, comme il le dit lui-même, d'une expérience physique.

Dans cette anthologie pour les tout-petits, Rosen (qui est éditeur) a choisi en gardant cette idée à l'esprit plus de cent poèmes courts. Ceux-ci furent écrits à différentes époques et proviennent de cultures variées. Ils sont groupés par thèmes. Rosen a même inclus des vers écrits spécialement pour les enfants. Tous les poèmes se déclament avec plaisir et font rire les lecteurs plus âgés, y compris les adultes. Citons par exemple le poème de Willard R. Espy qui commence de la façon suivante : « *Whipper-snapper, rooty-tooty / Helter-skelter, tutti-frutti / Have a wing-ding, silly Bill / Lickety-split, don't shally-shilly.* » Outre ces merveilleux vers dénués de sens, il y a des poèmes qui incitent à la réflexion comme « Snow Thoughts » de John Cunliffe, une méditation en quatre vers sur la vie d'un bonhomme de neige. L'anthologie comprend également des vers plus anciens comme « Little Jumping Joan » et « Up and Down », ainsi que des poèmes d'auteurs illustres comme A. A. Milne (« The more it snows / (Tiddely pom) »), Robert Louis Stevenson (« *We built a ship upon the stairs / All made of the back-bedroom chairs* ») et Eve Merriam (« *Chitchat, wigwag, zigzag / knickknack, gewgaw, riffraff, seesaw* »).

L'artiste Bob Graham a créé des illustrations indépendantes, des bandes dessinées et des dessins occupant des doubles pages pour compléter le texte. Il a notamment représenté un immense bonhomme horizontal qui a écrasé son chapeau et des manchots qui convergent vers lui. Tous ces dessins regorgent de détails. Il serait difficile, voire impossible de trouver un meilleur livre de poèmes pour les petits enfants. **WO**

Devine combien je t'aime

Sam McBratney   Anita Jeram

Ce livre d'images plein de tendresse est devenu un classique moderne pour des millions d'enfants et leurs familles. Il a été sélectionné pour le prestigieux prix Kurt Maschler. Racontant avec chaleur et simplicité la profondeur de l'amour unissant un lièvre à son petit, le dialogue émouvant de Sam McBratney se marie parfaitement avec les illustrations réalistes à l'encre et à l'aquarelle d'Anita Jeram, qui obligent littéralement les jeunes lecteurs à balayer du regard la page de bas en haut et de haut en bas. Ces dessins pleins d'émotion et le texte apaisant confèrent à l'histoire un rythme paisible proche de celui d'une berceuse.

Avant de se préparer à aller au lit, Petit Lièvre Brun veut s'assurer que Grand Lièvre Brun l'écoute bien. Il accapare son attention en lui demandant : « Devine combien je t'aime ? » Suit une comparaison entre l'amour et la taille des deux lièvres. Le dialogue soulève le problème de la manière dont nous montrons nos sentiments à ceux qui nous sont proches et que nous aimons le plus. Il nous montre aussi que cela peut nous faire du bien. La toile de fond rurale et les expressions humanisées des lièvres rendent ces derniers très familiers.

Alors que leur jeu se prolonge et que la nuit tombe, l'emphase des comparaisons croît. Grand Lièvre Brun et Petit Lièvre Brun finissent par contempler le ciel nocturne et la lune. Loin d'être gagné par le sommeil, Petit Lièvre Brun fixe l'étendue du ciel et la lune scintillante et déclare que son amour pour Grand Lièvre Brun est aussi grand que la distance qu'il faut parcourir pour aller de la terre jusqu'à la lune. Alors que son petit lit de branchages est fait et qu'il y est confortablement installé, il reçoit le plus doux des baisers de Grand Lièvre Brun qui lui dit que son amour pour lui est aussi grand qu'un aller-retour entre la terre et la lune. **NH**

Titre orig. *Guess how much I love You*, 1994
Nationalité Irlande, 1943 (aut.), Angl., 1965 (ill.)
Édition française Pastel – L'École des loisirs
Thèmes animaux, famille, littérature classique

3+

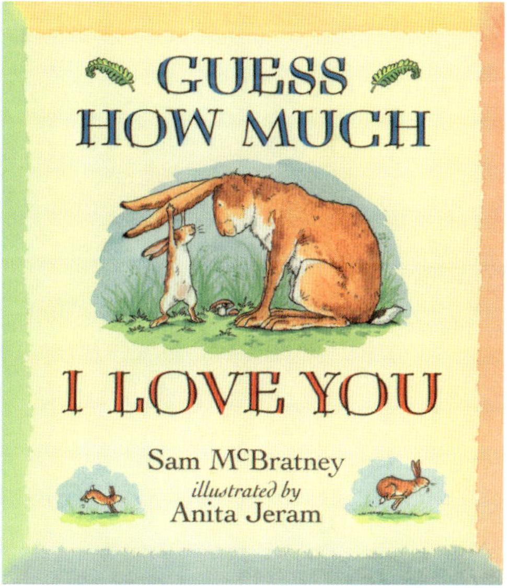

« "Mon amour pour toi est aussi grand que le chemin à parcourir jusqu'à la rivière" s'écria Petit Lièvre Brun. »

Autres livres de Sam McBratney

Vous êtes tous mes préférés (p. 380)
Devine combien je t'aime au fil des saisons
La Bataille de polochons

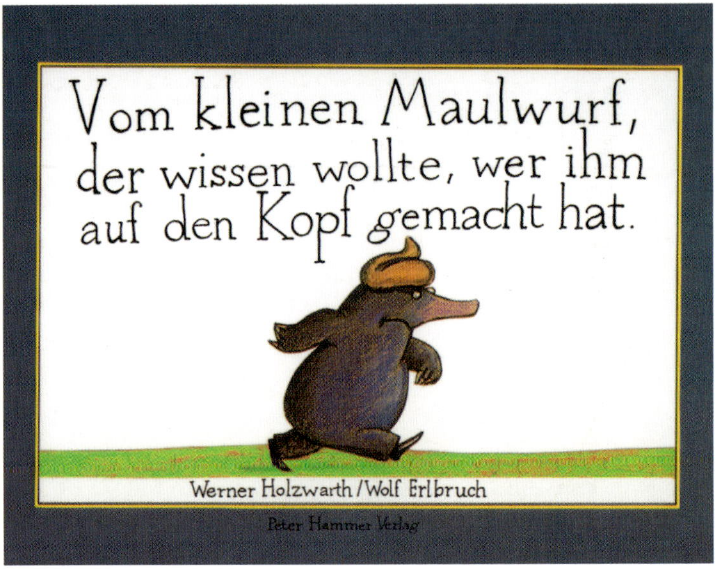

De la petite taupe qui voulait savoir…

Werner Holzwarth Wolf Erlbruch

Titre original *Vom kleinen Maulwurf, der wissen wollte, wer ihm auf dan Kopf gemacht hat*, 1994
Nationalité Allemagne, 1947 (aut.), 1948 (ill.)
Édition française Milan
Thèmes animaux, controverse, classiques

Quand une petite taupe sort de terre un matin, elle constate qu'on lui a fait sur la tête. Contrariée, elle entend bien trouver le coupable. La première créature qu'elle rencontre est un pigeon. Quand elle lui demande si c'est lui qui lui a fait ça, il lui explique que c'est impossible, et le lui démontre sur-le-champ. La même scène se répète avec toutes les créatures que la taupe croise, parmi lesquelles figurent un cheval, un lièvre, une chèvre, une vache et un cochon. La seule chose que les animaux soient capables de lui dire, c'est qu'ils ne sont pas les auteurs de l'outrage. Finalement, la petite taupe croise deux mouches imbattables pour reconnaître la nature des excréments. Elles affirment que l'auteur du forfait ne peut être qu'un chien.

La petite taupe comprend que le coupable n'est autre que Jean-Henri, le gros chien du boucher. Elle va le voir et le trouve endormi dans sa niche. Elle monte alors sur le toit de celle-ci et « une cacahuète noire atterrit entre les oreilles du cabot ».

Il s'agit d'un livre hilarant sur un sujet controversé. Le texte contient des apartés comiques sur la consistance des excréments des divers animaux. La petite taupe trouve même ceux du lièvre appétissants. Les illustrations amusantes aident les enfants à rire d'un sujet parfois gênant.

Publié à l'origine en allemand, cet album dont le titre complet en français est *De la petite taupe qui voulait savoir qui lui avait fait sur la tête*, est devenu un classique de la littérature enfantine moderne. **LH**

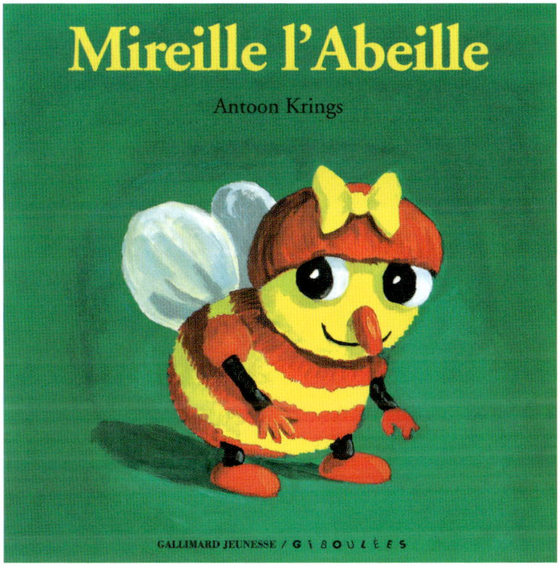

3+

Drôles de petites bêtes

Antoon Krings

Nationalité France, 1962
Édition Gallimard Jeunesse, France, 1994
Thème animaux

Il s'agit d'une charmante collection d'histoires sur diverses créatures, leur habitat, leur vie et leurs aventures inattendues. La série commence avec l'histoire de Mireille l'Abeille, une petite abeille qui travaille jour et nuit pour faire du bon miel. Un jour, ses pots de miel disparaissent. Après les avoir cherchés dans le jardin, au milieu des fleurs et des arbres, et partout où elle en a l'idée, elle rentre finalement chez elle, triste et perplexe. Quand elle ouvre la porte, elle découvre un nain endormi dans son lit. Il l'aide à trouver la clé de l'énigme.

Une autre histoire concerne Adèle la Sauterelle qui n'est pas très maligne. Elle doit transmettre deux lettres très importantes que lui a confiées Léon le Bourdon. L'une, élogieuse, est adressée à la reine des abeilles, l'autre, truffée de reproches, à Mireille l'Abeille. Se demandant durant des heures ce qu'elles peuvent bien contenir, Adèle cède à la tentation et les lit. Mais ensuite elle ne les remet pas dans les bonnes enveloppes.

Et puis, il y a aussi l'histoire d'Adrien le Lapin, qui se réjouit du retour du printemps. Mireille l'Abeille est surprise de le trouver dissimulé au milieu des fleurs, tout ça parce qu'Adrien est en fait un lapin de Pâques en chocolat.

Les albums d'Antoon Krings regorgent de toute sorte d'animaux : des chauves-souris, des chiens, des chats et bien d'autres à propos desquels l'auteur imagine des mystères et des histoires qui intrigueront tous les enfants. **LB**

Clown

QUENTIN BLAKE

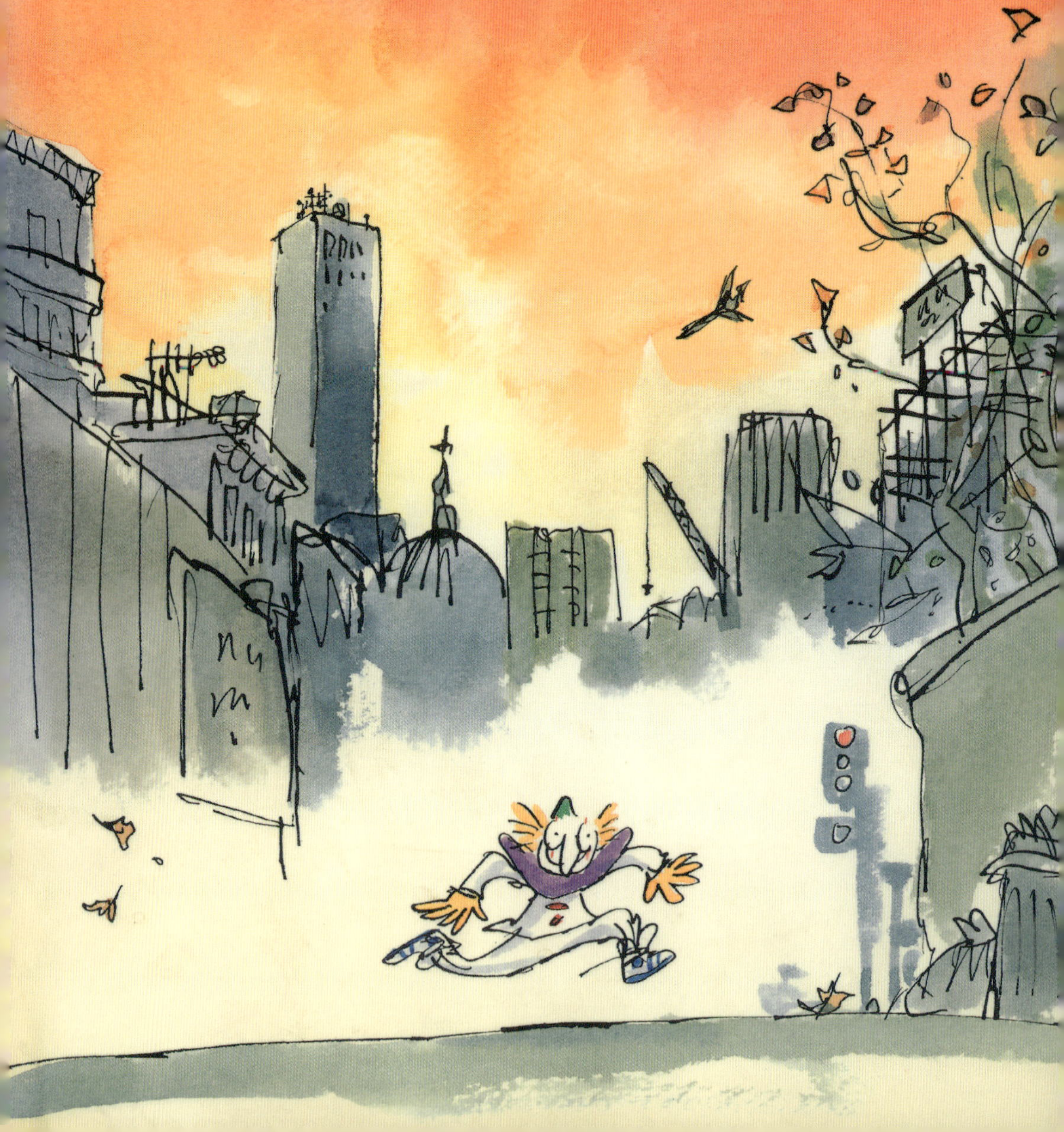

Clown

Quentin Blake

Titre original *Clown* 1995
Nationalité Angleterre, 1932
Édition française Gallimard Jeunesse
Thèmes amitié, aventure

Ce livre d'images sans paroles raconte une histoire profonde sur la loyauté à l'égard des amis et la persévérance face aux échecs.

Un jour, Clown se retrouve seul au milieu de jouets cassés jetés à la poubelle. Il parvient à s'échapper car, à la différence des autres jouets, il a des pouvoirs humains. Réalisant que les jouets sont restés au milieu des immondices, il décide de les aider. Le récit rappelle le « petit soldat de plomb » d'Andersen, car le clown est malmené par le destin, mais survit malgré le trafic urbain, les chiens et les hommes. Dans le monde des adultes, il est aussi impuissant et frustré qu'un petit enfant. Mais il a un avantage, il peut communiquer avec les enfants, alors qu'il n'y arrive pas avec des adultes. Les enfants perçoivent son côté humain et comprennent la mission qu'il s'est fixée. Ainsi, dès qu'il raconte son histoire à une petite fille, la mère de cette dernière s'empresse de l'éloigner. En aidant une autre petite fille vivant dans un appartement en désordre à apaiser son petit frère qui pleure et à ranger ses affaires avant l'arrivée de sa maman, il trouve une maison où les vieux jouets sont bien accueillis.

Les illustrations de Quentin Blake sont des chefs-d'œuvre. Le ciel s'embrase au-dessus d'un paysage urbain gris. Le bruit de la circulation, la claustrophobie que l'on ressent dans le boudoir de la mère de la petite fille riche et la désolation de l'appartement de la petite fille pauvre dans un gratte-ciel avant l'arrivée des jouets du clown sont parfaitement rendus. **GB**

Dans le brouillard de Milan

Bruno Munari

Nationalité Italie, 1907
Édition Seuil Jeunesse, France, 2000
Thèmes aventure,
imaginaire

Graphiste, peintre, designer, théoricien de l'art et éducateur, Bruno Munari a traversé le XXe siècle avec un esprit très novateur et fécond laissant derrière lui environ 150 livres dont plus d'une trentaine pour les enfants. Chacun de ceux-ci répond à une formidable exigence tant sur la démarche artistique que sur la démarche pédagogique. Il expérimente, explore et joue avec toutes les techniques de l'art et de nombreux matériaux, sculptant le livre à son idée, l'élaborant comme un objet en trois dimensions. En ce sens, chacun de ses livres peut être appréhendé comme un livre d'artiste.

Dans cet album, la nature dort et de ses rêves naît le brouillard. On y pénètre par le biais de pages en papier calque qui restituent en se superposant l'opacité et l'atmosphère que crée un brouillard épais. Les rues se dévoilent lentement par des formes obscures, des véhicules et des silhouettes, par des panneaux de signalisation, des chiffres et des mots qui semblent régenter la ville et la vie des gens. Quand les lumières d'un cirque jaillissent, les pages deviennent vives et colorées et par un jeu de découpes laissent entrevoir l'ensemble de ses occupants en pleine répétition. Après l'émerveillement, le retour à la maison se fait par le biais d'un jardin et à nouveau à travers un papier transparent. La composition et l'inventivité sont remarquables. Le texte, réduit, laisse durant cette traversée irréelle la place à une lecture des signes, à celle des images cachées, et bien sûr à l'imagination. **NB**

3+

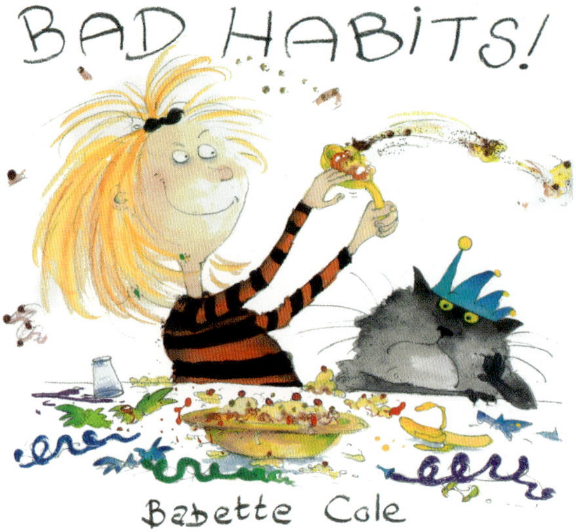

Sale gosse !

Babette Cole

Titre original *Bad Habits*, 1998
Nationalité Angleterre, 1949
Édition française Seuil Jeunesse
Thèmes controverse, famille

Que faire lorsqu'un enfant est « un petit monstre d'incivilité » ? Tout simplement le mettre en présence de véritables monstres. L'héroïne de ce livre est une sale gamine. Agrippine a la mauvaise habitude de cracher, de crier, de donner des coups de pied, de voler les affaires des plus petits et de tirer les cheveux des autres. Son père, un scientifique fou, invente sans trop de succès des remèdes pour la rendre plus sage, notamment un savon contre les grossièretés. Quand les amis de la fillette se mettent à imiter sa conduite épouvantable, trouvant cela « vraiment drôle », leurs parents décident de recourir à un traitement de choc. Déguisés en monstres, ils s'invitent à l'anniversaire de la fillette et choquent tout le monde en se comportant encore plus mal qu'Agrippine. Exécrables, ils dévorent tous les mets et ouvrent les cadeaux. Peut-être un peu trop crédule, la petite fille se transforme sur-le-champ en « petit ange ». Les enfants aiment sans nul doute tout ce qui se rapporte aux fonctions corporelles. Plus c'est grossier, plus ça leur plaît. Certains critiques ont regretté les rots et les flatulences dont il est question dans le récit.

Selon l'auteur, John Tenniel, Edward Lear et Quentin Blake ont eu une grande influence sur sa carrière, tout comme ses parents : « Mon père était peintre et avait un merveilleux sens de l'humour, ma maman, elle, était une fieffée menteuse, je suppose que c'est cela qui a fait de moi un artiste et un écrivain. » Sa collaboration avec Oliver Postgate et Peter Firmin pour la BBC l'a aussi aidée à créer son style graphique unique et fascinant. **WO**

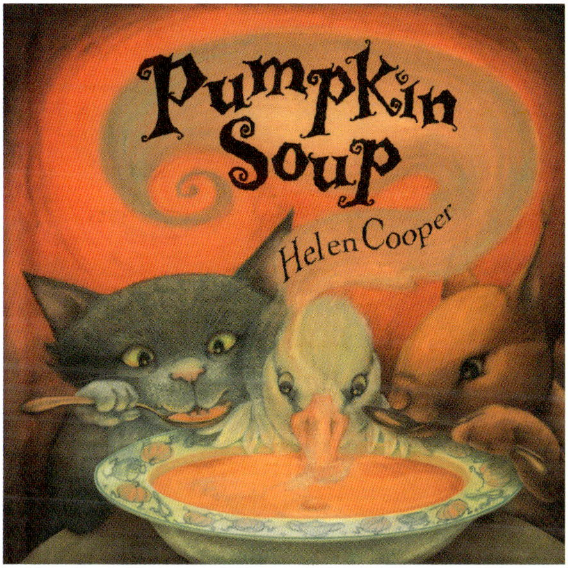

3+

La Soupe au potiron

Helen Cooper

Titre original *Pumpkin Soup*, 1998
Nationalité Angleterre, 1963
Édition française Kaléidoscope – L'École des loisirs
Thèmes amitié, animaux

Il s'agit d'une charmante histoire sur l'amitié et la loyauté, ainsi que sur les compromis et la façon de surmonter les différences. Le chat joue de la cornemuse, l'écureuil du banjo et le canard chante. Chaque animal a en outre un rôle spécifique : le chat coupe les légumes, l'écureuil est chargé de les remuer dans l'eau et le canard de saler le tout. Cette parfaite répartition des rôles permet un mode de vie satisfaisant jusqu'à ce que le canard monte sur ses grands chevaux et réclame un statut plus élevé. Après un combat monumental, merveilleusement illustré par un texte tronqué et des cuillères en bois qui volent, le canard quitte la maison.

Au bout d'un certain temps, ne le voyant pas revenir, les deux autres animaux, inquiets, partent à sa recherche. Ils craignent manifestement le pire. Quand ils abandonnent leurs recherches et reviennent dans la cabane, le canard y est déjà, sain et sauf. Les amis fêtent leurs retrouvailles en confectionnant une soupe au potiron que le canard est autorisé à remuer. Alors qu'on pense que tout est rentré dans l'ordre, le canard anarchique décide qu'il veut jouer de la cornemuse.

Helen Cooper est une artiste autodidacte qui, à l'origine, fit ses études à la Royal Academy of Music. Son intérêt pour la musique est d'ailleurs évident dans cet album. « La façon dont les enfants perçoivent le monde me fascine [...]. Les livres sont pour eux un moyen de trouver des solutions », dit-elle. Son écriture a une qualité lyrique. *La Soupe au potiron* a remporté la médaille Kate Greenaway en 1998 et a été sélectionné pour le prix Kurt Maschler. **WO**

Susie au magasin

Eva Eriksson

3+

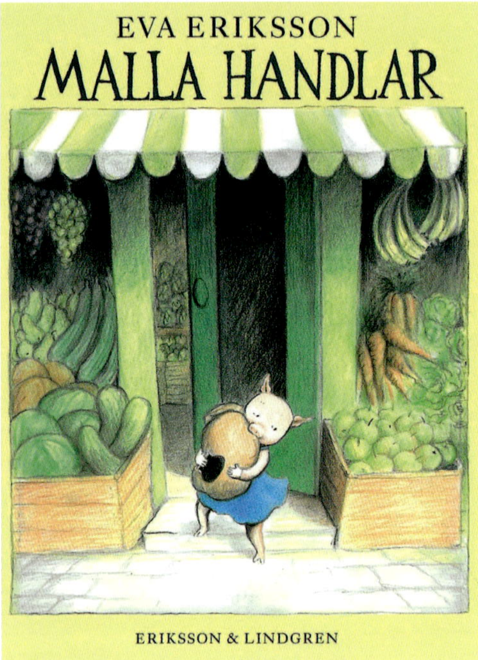

« À présent, Susie va aller faire les courses. Était-elle vraiment capable d'aller si loin toute seule ? »

Autres livres illustrés par Eva Eriksson

***La Maman et le bébé terrible*, Barbro Lindgren**
***Grand-père est un fantôme*, Kim Fupz Aakeson**
***Le Jour où nous étions seuls au monde*, Ulf Nilsson**

Titre original *Malla Handlar*, 1998
Nationalité Suède, 1949
Édition française Pastel – L'École des loisirs
Thèmes aventure, famille

C'est un livre d'images adorable sur le désir des enfants d'être suffisamment grands et matures pour qu'on leur confie des responsabilités. Il traite aussi de ce qui peut se passer quand on n'est pas assez grand pour assumer la tâche qui nous a été confiée et le sentiment que l'on éprouve lors d'un échec.

Susie est chez sa grand-mère et a été chargée de faire les courses : « Elle s'est en effet montrée si intelligente ces derniers temps. » Fière comme Artaban, elle se rend seule au magasin afin d'acheter un sac de haricots. Elle fait patiemment la queue, mais quand arrive son tour d'être servie, elle ne parvient plus du tout à se rappeler ce que sa grand-mère lui a demandé d'acheter. Finalement, elle rentre à la maison avec un sac de pommes de terre. D'autres tâches l'attendent cependant. Elle sera à nouveau chargée d'aller faire les courses, ce qui entraînera d'autres malentendus et mésaventures, puisqu'elle perdra son porte-monnaie. Néanmoins, grâce à l'aide de sa grand-mère, patiente et compréhensive, elle parviendra finalement à tout faire comme il faut.

Les illustrations d'Eva Eriksson sont délicates et merveilleusement réalisées à l'aide de couleurs douces et chaleureuses. Les personnages sont des jouets représentant des animaux. Susie est un petit cochon et sa grand-mère un gros ours polaire. Tous sont très expressifs. *Susie au magasin* est une histoire charmante racontée de manière touchante et humoristique, qui intéressera les jeunes lecteurs. **CC**

Zoo logique

Joëlle Jolivet

Nationalité France, 1965
Édition Seuil Jeunesse, France, 2002
Thèmes imagier, animaux

L'univers graphique de Joëlle Jolivet s'est développé au fil des années grâce à sa maîtrise de la linogravure, technique que l'on retrouve dans ses nombreux albums. Ses traits sont noirs et épais, minutieux dans les détails et sa palette de couleurs est riche de nuances. *Zoo logique* est le premier livre géant d'une série encyclopédique qu'elle a poursuivie ensuite avec *Presque tout* en 2004 et *Costumes* en 2007. Elle y ébauche une classification singulière des espèces animales : 400 spécimens sont présentés selon une logique aussi scientifique qu'artistique. Classés par planche, ils sont à cornes, à plumes, noirs et blancs, à tâches et à rayures, ils vivent la nuit, dans les arbres, sur le sable, ils viennent du chaud, du froid, ils sont géants ou minuscules et certains demeurent près des hommes. Bien rangés, uniformément traités par la technique de l'artiste, ils apparaissent sur de grandes pages beiges, sans aucun décor, de manière très précise et souvent de profil, dans l'esprit des planches scientifiques du XIXe siècle. On croirait qu'ils vont s'emboîter comme les pièces d'un puzzle et le jeu y est aussi présent par l'introduction dans chaque page d'un petit caméléon, sorte d'intrus au mimétisme bien connu, que l'on doit sortir de sa cachette. Après avoir admiré les formes et la beauté de tous ces animaux, on découvre leurs noms parfois compliqués et on se reporte avec curiosité à un glossaire final qui donne brièvement les caractéristiques souvent insolites de chacun. **NB**

Grand Loup et Petit Loup

Nadine Brun-Cosme Olivier Tallec

Nationalité France, 1960 (aut.), 1970 (ill.)
Édition Flammarion Père Castor, France, 2005
Thèmes différence, amitié

Pédagogue et psychothérapeute de formation, Nadine Brun-Cosme a travaillé avec des enfants et des adolescents, avant de se consacrer exclusivement à l'écriture, la sienne et celle de ceux qu'elle aide à écrire au cours d'ateliers. Elle n'a publié qu'une dizaine de romans ou textes d'albums, mais dans chacun d'eux le moindre mot compte pour éveiller des sensations et des émotions avec tact et une confiance formidable dans le lecteur enfant qui n'a pas besoin que tout soit dit et qu'une morale soit énoncée. Car il ne s'agit pas de morale mais de sentiments. Elle raconte, dans ce grand album, l'histoire du lent processus d'acceptation de l'autre, avec toutes ses différences, et qui est d'autant plus difficile que l'un des protagonistes est un grand loup solitaire. Le texte procède pas à pas, décrivant sobrement les faits et les transformations des sentiments, de la crainte à la méfiance pour parvenir graduellement au manque et enfin au bonheur d'être ensemble.

Olivier Tallec fait partie des plus talentueux de nos illustrateurs. Il a déjà publié de nombreux albums. Il s'empare ici de ce qui se joue entre Grand Loup et Petit Loup en peignant de superbes tableaux. Il fait souffler le froid et le chaud sur ces grandes doubles pages avec un sens aigu des couleurs et des compositions qui jouent habilement sur les cadrages, donnant vie à ces deux personnages de papier, ce Grand Loup efflanqué au long nez pointu et cet étrange Petit Loup bleu. C'est très beau.

3+

Kwela, kwela, Jamela

Niki Daly

Titre original *Jamelas' Dress*, 1999
Nationalité Afrique du Sud, 1946
Édition française Gautier-Languereau
Thèmes aventure, famille

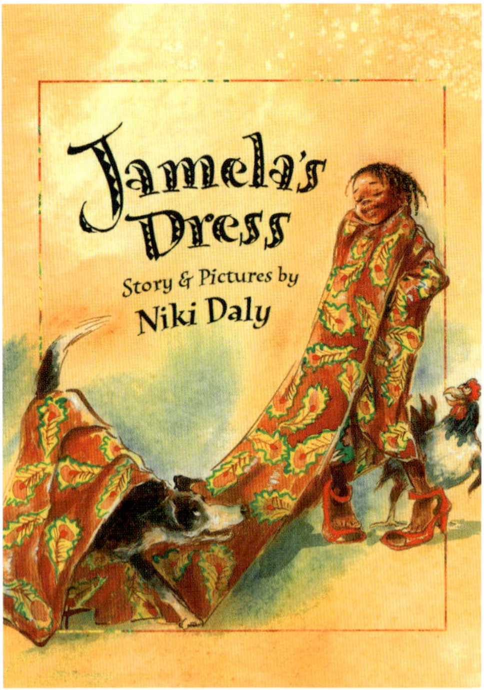

Autres livres de Niki Daly

***Pas si vite, Sangololo* (p. 330)**
Bienvenue rue Zanzibar
À toi de lire, Sarie !

Dans ce récit captivant et plein de vie, Niky Daly montre une Afrique du Sud multiculturelle et moderne. Racontée du point de vue d'un enfant, la danse joyeuse de Jamela dans les rues de la ville est en fait une réflexion sur l'acceptation et le changement.

Jamela est une petite fille espiègle qui apparaît dans de nombreux albums du même auteur. Sa mère achète un superbe morceau de tissu rouge soyeux. Jamela l'aide à le laver et à le faire sécher au soleil. Elle est chargée de le surveiller quand il sèche. Mais perdue dans ses rêves, elle se glisse dans les plis du tissu qui flotte et l'enveloppe comme une robe. Elle se met alors à parader dans cette tenue, laissant le tissu onduler comme un drapeau derrière elle. Jamela, dans sa robe rouge, est une vraie princesse africaine ! Mais le tissu est déchiré par les chiens qui aboient, picoré par les poules et traîne dans la poussière. Tout cela cause bien des ennuis à Jamela. Un photographe permet d'éviter le désastre : il gagne un prix grâce à la photo qu'il a prise de la fillette en princesse africaine et achète une nouvelle étoffe pour la robe de sa maman. Il y a même assez de tissu pour confectionner une robe rouge pour Jamela.

« Les enfants chantent : "Kwela, kwela ! Voilà la princesse Jamela !" … »

L'engouement de l'auteur pour le changement l'a conduit à créer des livres pour les enfants. Entre 1989 et 1992, il a assuré le développement de Songololo Books, une collection de livres pour enfants au sein de la maison d'édition David Philip Publishers. En tant qu'écrivain, éditeur et créateur d'ateliers d'écriture, il contribue à promouvoir en Afrique du Sud l'édition d'albums destinés aux enfants de toutes races. **RA**

Harry and the Bucketful of Dinosaurs

Ian Whybrow Adrian Reynolds

3+

Nationalité G.-B. (aut.), 1963 (ill.)
Édition David & Charles Children's Books, Royaume-Uni, 1999
Thèmes amitié, aventure

Le héros de ce récit est un petit garçon prénommé Harry qui aide sa grand-mère à ranger son grenier lorsqu'il trébuche sur une boîte de jouets poussiéreux. Il s'agit de dinosaures. Fou de joie, il entreprend de les nettoyer et de les réparer. Puis il les met dans un énorme seau qu'il transporte partout où il va. Il est tellement sérieux qu'il se rend même à la bibliothèque pour connaître le nom de chaque dinosaure. Ces créatures deviennent ses amis fidèles. Un jour, une catastrophe se produit. Harry oublie son seau dans le train. Heureusement, ce dernier est apporté aux objets trouvés. Dans un passage très humoristique, Harry prouve qu'il est bien le propriétaire du seau en étant capable de nommer tous les dinosaures.

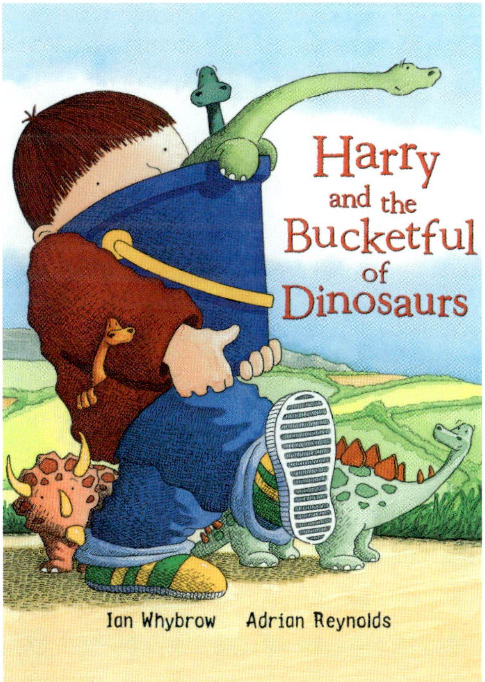

« Il trouva tous les noms… et les dit aux dinosaures. Il parla doucement à chacun d'eux. »

Le texte de Ian Whybrow est empreint de douceur et de charme, s'harmonisant parfaitement avec les illustrations d'Adrian Reynolds, caractérisées par leurs couleurs vives et nettes. Les faces expressives des dinosaures montrent bien que seul Harry est capable de cerner la personnalité de chacun d'eux. Ce détail plaît instantanément aux jeunes enfants qui ont souvent le sentiment d'être seuls capables de communiquer avec leurs jouets. Après avoir établi ce lien direct avec ses lecteurs, Whybrow leur fournit de solides informations sur les noms des dinosaures, ce qui lui permet de faire des jeux de mots, ainsi que de promouvoir de manière subtile l'intérêt des livres et des bibliothèques.

Il s'agit du premier album d'une série à succès. Whybrow est également l'auteur des albums de la collection « Little Wolf » (« Petit loup »). **AK**

Livres de Ian Whybrow traduits en français

Au lit, Barnabé !
Le Doudou perdu
Le Monstre chatouille
Le Réveil des dinosaures

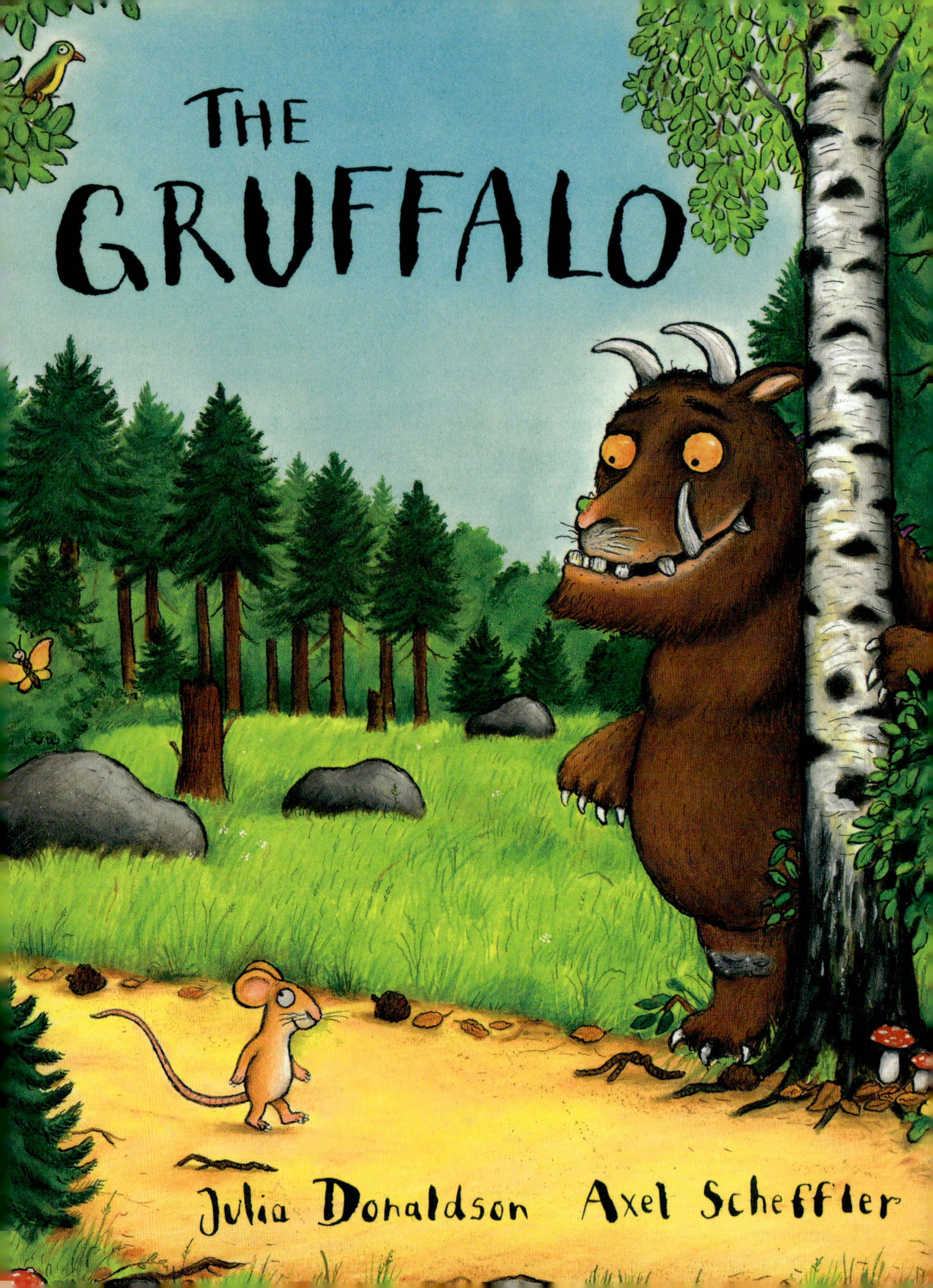
THE
GRUFFALO
Julia Donaldson
Axel Scheffler

Gruffalo

Julia Donaldson — Axel Scheffler

Titre original *The Gruffalo*, 1999
Nationalité Angl., 1948 (aut.), All., 1957 (ill.)
Édition française multiples éditeurs
Thèmes fantastique, poésie

Une souris réussit à effrayer trois créatures qui veulent la dévorer en leur affirmant qu'elle va rencontrer un « gruffalo » terrifiant. Ces créatures sont loin de savoir qu'un gruffalo n'existe pas. À la grande horreur de la souris, elle tombe sur un vrai gruffalo qui ressemble trait pour trait au monstre qu'elle vient de dépeindre. La description progressive de toutes les caractéristiques effrayantes de la bête, ses yeux orange, ses piquants violets et sa verrue vénéneuse, crée un formidable effet de suspense.

Le gruffalo d'Axel Scheffler est parfait, rappelant les bêtes sauvages effrayantes, mais câlines de Maurice Sendak. L'astucieuse petite souris fait en sorte qu'il la suive dans la forêt, si bien qu'il est vite convaincu qu'elle est bien la créature la plus terrifiante qui existe. En effet, tous les animaux qu'ils croisent ont tellement peur qu'ils s'enfuient. Quand la petite souris se tourne vers le gruffalo en lui disant : « Et maintenant, j'ai très faim. Et mon plat préféré, c'est le gruffalo en purée ! » l'hideuse créature s'enfuit, elle aussi apeurée.

Julia Donaldson a transposé ici un conte chinois dans lequel un renard se servait de la terreur que suscitait un tigre. Elle a inventé le terme de « gruffalo », car elle n'arrivait pas à trouver un terme qui rime avec « tigre » en anglais. Comme la plupart de ses albums illustrés, *Gruffalo* est écrit à l'aide de distiques composés de phrases répétitives et de rimes. Les mots sonnent bien et se gravent dans votre tête, si bien qu'après quelques lectures, vous savez le texte par cœur. **CW**

Le Tour du monde de Mouk

Marc Boutavant

Nationalité France, 1970
Édition Albin Michel, France, 2007
Thèmes aventure, voyages

Voilà un livre que nous aurions aimé avoir enfant. C'est un atlas, carré, léger, doux à la main (la couverture est légèrement rembourrée), grouillant de mille détails, aux couleurs douces et lumineuses. Il y a tant de personnages par double page – une par pays – que l'on a envie de les suivre du doigt, tout doucement, pour découvrir au passage une petite aventure qui a lieu à un demi-centimètre de là. Mouk est notre guide.

Prenons la page parisienne. On y voit la tour Eiffel, bien sûr, mais aussi un microscopique billet de métro mauve sur la table. Deux grenouilles se saluent à travers la vitre, c'est un café – Chez Titi – où un coq mange un œuf au plat sous le regard inquiet d'un poussin, où l'on déballe ses emplettes en commentant « C'est chic, non ? » – Paris capitale de la mode ! L'un d'eux lit en souriant *Alcools* de Guillaume Apollinaire.

Et puis, ne boudons pas notre plaisir. Soyons honnête. Les vignettes autocollantes rassemblées à la fin de l'ouvrage nous redonnent l'occasion de reparcourir avec gourmandise les pages pour décider de l'endroit où nous ajouterons un détail : des oreilles de fennec, un déguisement de grosse pomme, des fleurs, une pieuvre-boîte… et de changer vingt fois d'avis. Voilà un livre que nous n'avons pas eu enfant, mais que nous avons eu et lu *quand même*, avec joie, infiniment ! **AB**

3+

Max

Bob Graham

Nationalité Australie, 1942
Édition Walker Books, Royaume-Uni, 2000
Thèmes aventure, excentricité, famille

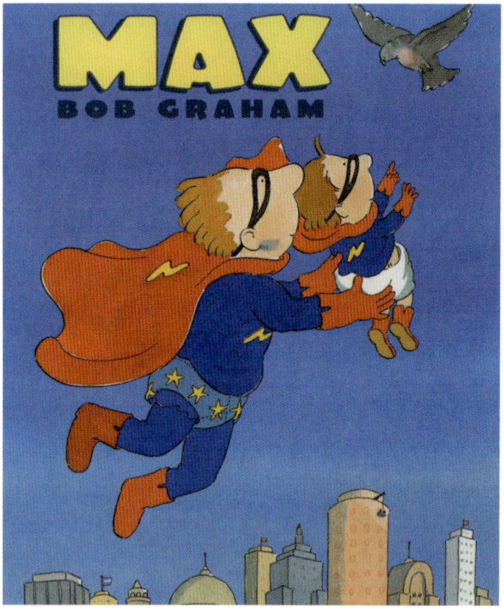

« Appelons-le un petit héros, un petit héros accomplissant des exploits tranquilles. »

Livres de Bob Graham traduits en français

Comment soigner une aile cassée
La Couverture rouge
Rose et Monsieur Brindiver
Un chien à la maison

Tous les enfants, et quelques adultes aussi, adorent les super-héros. L'écrivain et illustrateur très populaire Bob Graham en a créé un particulièrement réussi dans cet album illustré amusant, divertissant et d'une grande sagesse.

Max est le « super-bébé de deux super-héros, le capitaine Foudre et Mme Tonnerre ». C'est un petit garçon vif né dans une maison jaune qui a « la couleur du soleil et la forme d'un éclair ». Ses parents, comme ses grands-parents, sont des super-héros et des têtes brûlées capables de s'envoler très haut dans le ciel et d'accomplir des exploits. Cependant, la vie de Max ne commence pas vraiment comme on pouvait s'y attendre. Il ne semble pas capable de maîtriser l'art de voler, compétence essentielle s'il veut marcher sur les traces de ses parents. Heureusement, le petit garçon trouve sa façon à lui de devenir un héros. Le récit met en évidence sur le mode joyeux l'importance de trouver sa voie dans la vie et d'être fidèle à soi-même. Il est difficile d'aborder ces thèmes dans la littérature pour enfants sans paraître moralisateur ou sans dire des banalités, mais Graham, réputé pour son optimisme et son aptitude à promouvoir les différences, y réussit parfaitement.

Graham a bien sûr été influencé par les héros des dessins animés américains de son enfance ; il travaille d'ailleurs régulièrement pour un magazine français de bandes dessinées. *Max* contient des éléments typiques de cet art et les illustrations si caractéristiques de Graham, avec leur style amusant et coloré, leurs scènes regorgeant de mouvements, doivent beaucoup aux films d'animation. Le texte est simple et direct mais non dénué de passages merveilleusement poétiques, et exclut toute forme d'argot. Tout cela a contribué au succès de Graham dans le monde de l'album illustré, notamment chez lui, en Australie. **AK**

Olivia

Ian Falconer

Ce récit tendre et drôle nous fait faire la connaissance d'Olivia, un cochon tellement volontaire et exubérant qu'il épuise tout le monde, y compris lui-même. Olivia danse, chante, construit d'incroyables châteaux de sable et essaie tous les habits qu'elle possède. Comme Éloïse, le personnage d'album pour enfants auquel elle est souvent comparée, elle se prend très au sérieux et les adultes apprécieront ses références culturelles. Au musée, elle admire les détails des toiles de Degas et de Jackson Pollock. Les teintes de la scène où elle est dans sa baignoire ne sont pas sans rappeler celles d'un tableau célèbre de Jacques Louis David, *La Mort de Marat*.

Réalisées avec du noir, du blanc et du rouge vif, les illustrations sont sobres et pleines d'esprit, comme le récit. Ian Falconer pense qu'une grande partie de leur charme réside dans le fait que les « cochons ont la même forme que les petits enfants ». Il est vrai que les dessins rendent bien le caractère précoce et fier de la petite héroïne, en tournant celle-ci en dérision. Avec son groin retroussé et ses oreilles de guingois semblables à des ailes, Olivia est plus que ridicule dans son tutu et ses déguisements. L'illustration la plus drôle est un petit dessin qu'il est facile de rater où elle est saucissonnée dans la jambe d'une paire de collants qui lui monte jusqu'au cou, l'autre traînant par terre.

Olivia est tellement réaliste qu'il n'y a rien d'étonnant à ce qu'elle ait été inspirée à l'auteur par une personne réelle. Décorateur et illustrateur pour le *New Yorker*, Falconer écrivit au départ ce livre pour sa nièce, Olivia. Apparemment, la véritable Olivia a jugé que le succès du livre était dû à sa personne. Un jour, lors d'une lecture alors qu'elle avait 5 ans, elle s'est installée sur une chaise à côté de son oncle quand les signatures ont commencé et a soigneusement écrit son prénom O-L-I-V-I-A sur chaque exemplaire de l'album dont elle avait été l'inspiratrice. **CQ**

Titre original *Olivia*, 2000
Nationalité États-Unis, 1959
Édition française Seuil Jeunesse
Thèmes animaux, aventure

3+

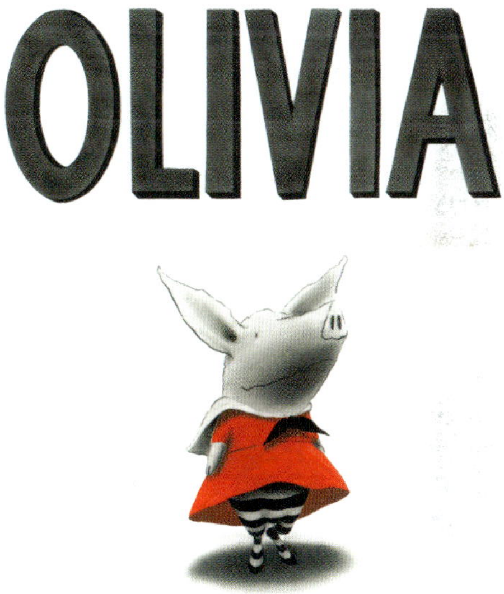

« Chaque jour, Olivia doit faire la sieste. "C'est l'heure de ta tu-sais-quoi", dit sa mère. »

Autres titres de la série des Olivia

Olivia fait son cirque
Olivia et les contraires
Olivia et le jouet perdu
Olivia et sa fanfare
Olivia prépare Noël

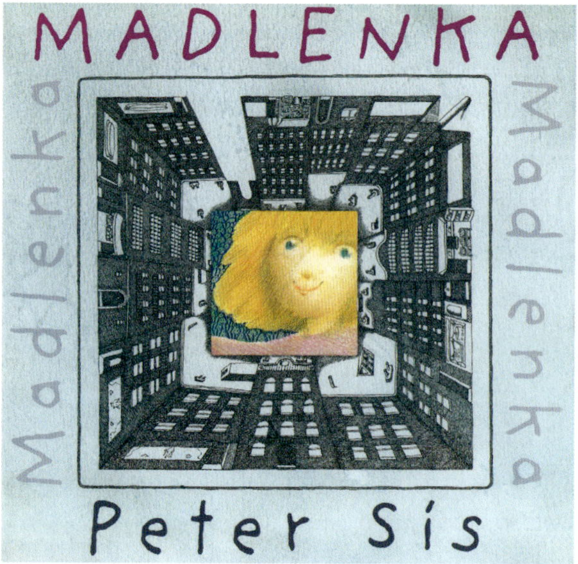

Madlenka

Peter Sis

Titre original *Madlenka*, 2000
Nationalité Tchécoslovaquie, 1949
Édition française Grasset Jeunesse
Thèmes amitié, aventure

Lorsque vous ouvrez pour la première fois un des albums de Peter Sis, vous constatez qu'il est aussi saisissant sur le plan visuel que profond. Les pages de garde s'ouvrent sur un point rouge situé sur la planète Terre. Ensuite elles zooment sur le cœur de l'île de Manhattan, puis sur une image de Madlenka assise près de la fenêtre de son appartement dans le Lower East Side.

Madlenka vous entraîne dans son monde où plusieurs surprises vous attendent. Elle décide d'aller annoncer qu'elle a perdu une dent à ses voisins : un boulanger français, un marchand de journaux indien, un vendeur de glaces italien, un épicier latino-américain, un chanteur d'opéra à la retraite originaire d'Allemagne, un camarade de classe afro-américain et un commerçant asiatique. À travers ces rencontres et les souvenirs que ces personnages ont gardés de leur pays d'origine, les lecteurs se rendent compte de la diversité des habitants de l'immeuble de Madlenka.

Les illustrations de Peter Sis, à l'encre et au stylo, proches de l'esquisse, se distinguent par leur souci du détail, leur complexité et leurs tons subtils. C'est comme s'il emmenait le lecteur faire un tour du monde à travers le regard de Madlenka. L'héroïne lui a été inspirée par sa propre fille et le livre plaira aux jeunes enfants qui considèrent que le sens de la vie consiste à faire des expériences, à apprendre des choses nouvelles et à en parler à tout le monde. Que vous viviez dans une grande cité ou une petite ville, vous aurez sans nul doute envie d'explorer le monde fascinant de Madlenka. **NH**

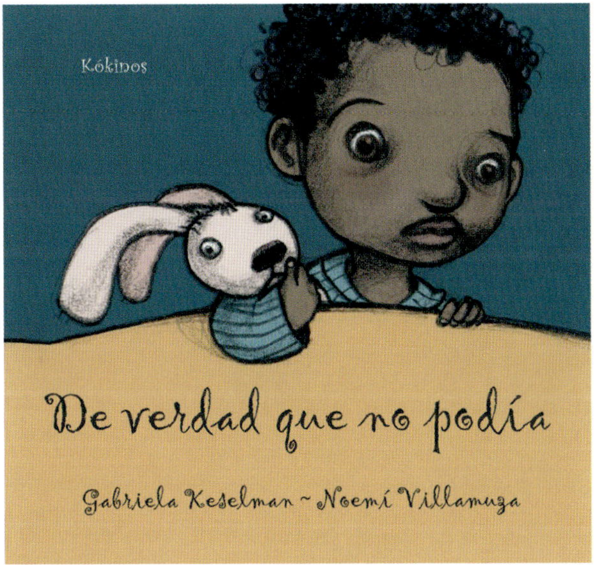

3+

De verdad que no podía

Gabriela Keselman Noemí Villamuza

Nationalité Argentine, 1953 (aut.), Espagne, 1971 (ill.)
Édition Kókinos, Espagne, 2001
Thèmes famille, fantastique

Cet album raconte une histoire, simple en apparence, au sujet d'un petit garçon qui a peur de s'endormir. Sa mère le rassure : « N'aie pas peur, mon chéri, je vais trouver une solution… et tu vas dormir comme un loir. » Marc appelle sa mère cinq fois de suite. Il peut donc lui expliquer en détail ce qui lui fait peur. La nature comique de l'album tient aux solutions folles et excessives trouvées par la mère du héros pour chasser les craintes nocturnes de son fils et à l'expressivité des illustrations de Noemí Villamuza. Keselman prouve qu'elle sait raconter avec brio dans une langue simple une histoire divertissante grâce aux jeux de mots.

La mère de Marc a des idées amusantes et créatives pour chasser les craintes de ce dernier : quand Marc a peur d'être terrorisé par toutes sortes d'insectes, elle lui confectionne un pyjama anti-moustiques et crée un ours en peluche qui fait cesser les « bourdonnements ». Elle tente de combattre d'autres peurs de son fils en envoyant une carte postale à la lune et en inventant un piège invisible pour attraper les fantômes. Finalement, elle découvre que la meilleure solution consiste à s'asseoir à côté de Marc pendant qu'il lui parle des choses qui lui font peur.

Cet album est un régal pour les parents comme pour les enfants. **EB**

Livre de Gabriela Keselman traduit en français

Le Bon Cadeau

3+

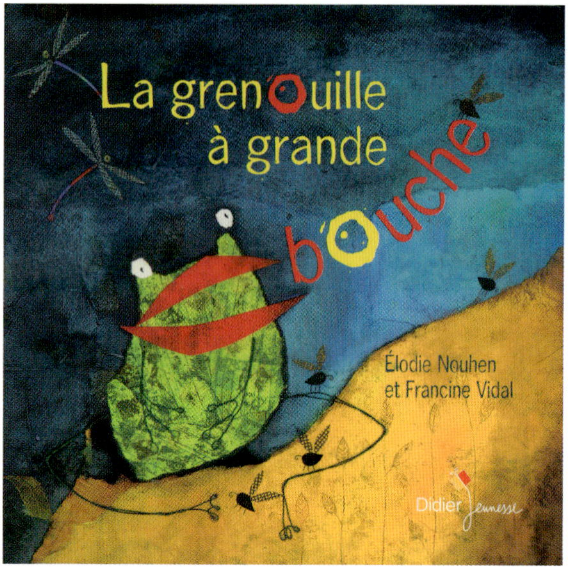

La Grenouille à grande bouche

Francine Vidal   Elodie Nouhen

Nationalité France, 1974 (aut.), 1970 (ill.)
Édition Didier Jeunesse, France, 2001
Thèmes animaux, aventure

Voici l'histoire d'une grenouille toute verte avec une grande bouche rouge, qui vit tranquillement dans un pays chaud, sur un nénuphar. Un soir, elle n'en peut plus de gober des mouches à chaque repas et décide de partir à l'aventure afin de s'informer auprès de ses voisins et voir si elle ne pourrait pas diversifier un peu sa nourriture. Elle rencontre d'abord un tamanoir qui lui apprend que lui mange des fourmis. La grenouille à grande bouche, écœurée, reprend sa route et s'élance par petits bonds en quête d'un mets plus à son goût. Lors de son voyage, elle va traverser des forêts, gravir des montagnes, se reposer un peu aussi. Lasse de cette longue expédition, elle reprend finalement le chemin de sa mare, mais se retrouve nez à nez avec un grand crocodile aux yeux pointus ! Heureusement, la grenouille à grande bouche est maligne ; mais échappera-t-elle à son prédateur ?

Le récit de Francine Vidal reprend une petite histoire qu'on entend souvent dans les cours de récréation. Le texte, destiné à de jeunes lecteurs, fonctionne par sa simplicité et les effets de répétition. Les enfants ne se lassent pas non plus de l'effet comique de la scène finale. Ce petit animal leur ressemble, eux qui ont tellement de questions à poser.

Les collages qui illustrent le grand voyage de la grenouille ont les couleurs d'une contrée sauvage, avec des rouges, des ocres et des verts juxtaposés ; les petits détails sont mis en valeur par des matériaux comme la toile ou le fil de fer. Les enfants prendront plaisir à s'identifier à cette grenouille qui les invite à partir à l'aventure, mais aussi à rester prudents ! **SL**

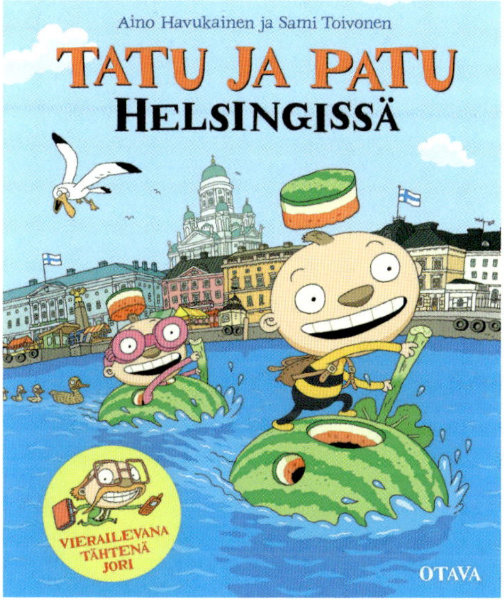

3+

Tatu ja Patu Helsingissä

Aino Havukainen et Sami Toivonen

Nationalité Finlande, 1968 (Havukainen), 1971 (Toivonen)
Édition Otava, Finlande, 2003
Thème aventure

Dans cet album, les frères Tatu et Patu arrivent dans la capitale de la Finlande, Helsinki, où ils vivent une folle aventure sur un rythme endiablé. Ne faisant pas les choses tout à fait de la même façon que les habitants de la cité, ils semblent parfois un peu étranges. Ils vont voir leur cousin, Jori, qui leur a promis de leur faire visiter la ville. Malheureusement, celui-ci a l'air très pressé et les frères ont du mal à le suivre. Les deux garçons sont happés par la vie trépidante de la capitale. Ils causent des dégâts partout où ils vont, au musée national, au stade olympique et dans d'autres lieux populaires d'Helsinki.

Quand ils perdent accidentellement la trace de leur cousin, ils trouvent leur propre moyen de transport pour se promener dans la ville, empruntant par exemple les autos tamponneuses d'un parc d'attractions. Ils aperçoivent leur cousin se hâtant vers un ferry pour se rendre au zoo, mais ratent le bateau. Cela ne les empêchera pas d'y aller. Ils achètent deux énormes pastèques et naviguent sur ces radeaux improvisés.

Cet album amusant montre aux lecteurs ce que la capitale peut offrir aux jeunes voyageurs comme Tatu et Patu, qui n'y sont jamais allés. Le texte humoristique et les illustrations novatrices d'Aino Havukainen et de Sami Toivonen rendent ce livre très vivant. **LKK**

Autre livre avec Tatu et Patu traduit en français

Les Incroyables Inventions

3+

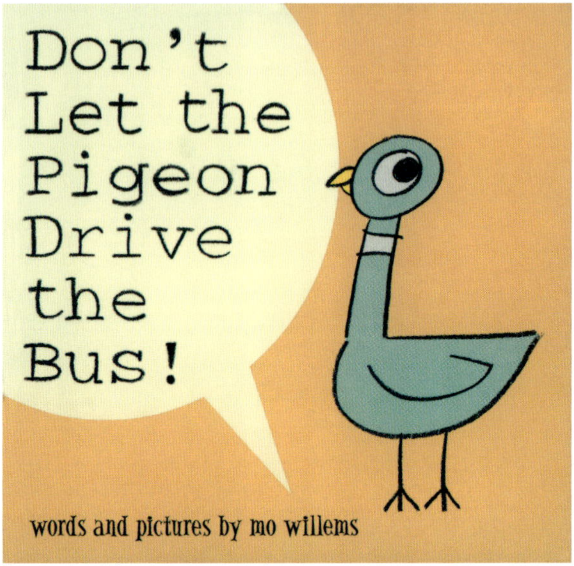

Ne laissez pas le pigeon conduire le bus !

Mo Willems

Titre original *Don't Let the Pigeon Drive the Bus*, 2003
Nationalité États-Unis, 1968
Édition française Kaléidoscope – L'École des loisirs
Thèmes aventure, excentricité

Après avoir passé de nombreuses années à recevoir des prix en tant qu'animateur, Mo Willems a fait irruption dans le monde des livres pour enfants en 2003, familiarisant les jeunes lecteurs avec son irrésistible pigeon. Celui-ci est la réincarnation de n'importe quel enfant obstiné de 3 ans, qui fait des scènes alternant câlins, prières, tentatives de négociation, crises d'hystérie et courts moments d'attention. Cet album simple et rétro rappelant un film d'animation plaît tout de suite aux parents et aux jeunes lecteurs.

Le lecteur est invité dès le début à participer au récit. Le conducteur du bus sort de son véhicule pour une courte pause et lui demande de le surveiller pendant qu'il s'en va. Avant de quitter la scène, il lui dit : « Ne laisse pas le pigeon conduire le bus. » Tout de suite après, un pigeon aux grands yeux apparaît et essaie d'obtenir du lecteur l'autorisation de se mettre au volant, en lui disant : « Je serai ton meilleur ami », « Je suis sûr que ta maman me laisserait faire » et « Si je te donnais un peu d'argent ? ». Finalement, le pigeon pique une crise de nerfs terrible et très amusante, mais totalement vaine puisque le conducteur revient. Celui-ci remercie le lecteur et fait démarrer son bus. Déçu, le pigeon se met à bouder bien sûr, comme un enfant d'âge préscolaire, mais cela ne dure pas longtemps, car très vite il aperçoit un énorme semi-remorque rouge sur la route. Cet album ne manquera pas de faire hurler de rire les plus petits, tandis que les plus grands ne pourront qu'être amusés par les tractations du pigeon désireux de conduire le bus. **KD**

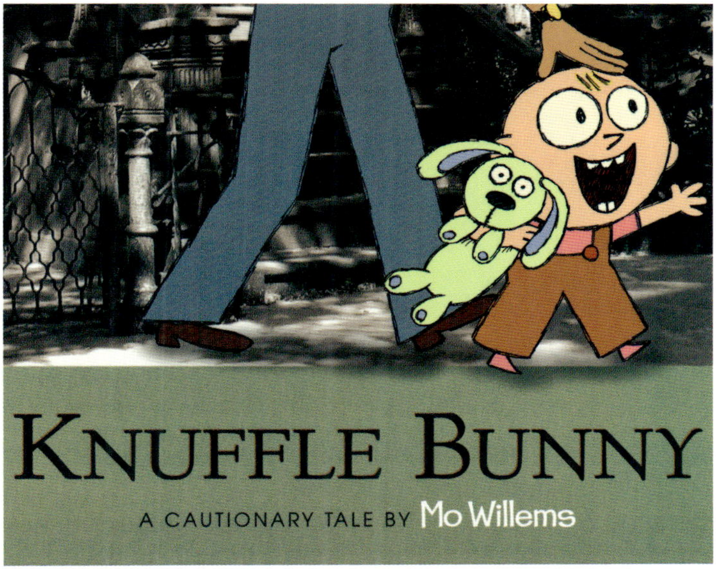

3+

Guili Lapin

Mo Willems

Titre original *Knuffle Bunny, a Cautionary Tale*, 2004
Nationalité États-Unis, 1968
Édition française Kaléidoscope – L'École des loisirs
Thèmes aventure, famille

Le passé d'animateur de Mo Willems transparaît dans cet album. Ses illustrations se détachent sur des photographies couleur sépia, tandis que le texte est imprimé sur une bande couleur olive qui encadre les dessins. Cela donne l'impression que les personnages du livre, notamment le père et la petite fille, qui ont été inspirés par Mo et sa fille, sont vivants et prêts à sauter hors du cadre.

L'héroïne porte joyeusement son jouet préféré, un lapin en peluche, tout en faisant les courses avec son père. Ensuite, ils marchent dans la rue, traversent un parc, passent devant l'école, puis se rendent à la laverie automatique. Trixie est heureuse d'aider son père en mettant des pièces dans les machines toute seule. Sur le chemin du retour, elle réalise qu'elle a oublié son lapin.

Comme elle ne sait pas encore parler, elle essaie dans son charabia d'expliquer à son papa ce qui s'est passé, mais celui-ci ne comprend pas. Frustrée, Trixie se met à pleurnicher et refuse de marcher, un scénario bien connu de tous les parents. Quand elle arrive à la maison avec son père, sa maman comprend immédiatement le problème. Le lapin manque, et ils repartent vite à la laverie. Le père trouve le lapin et la petite fille s'écrie d'une voie aiguë : « Guili Lapin ! » Ses premiers mots clôturent le récit.

Les jeunes enfants apprécieront l'histoire et les illustrations, et tous les parents se mettront à rire au moment où la petite fille prononce ses premières paroles. **KD**

3+

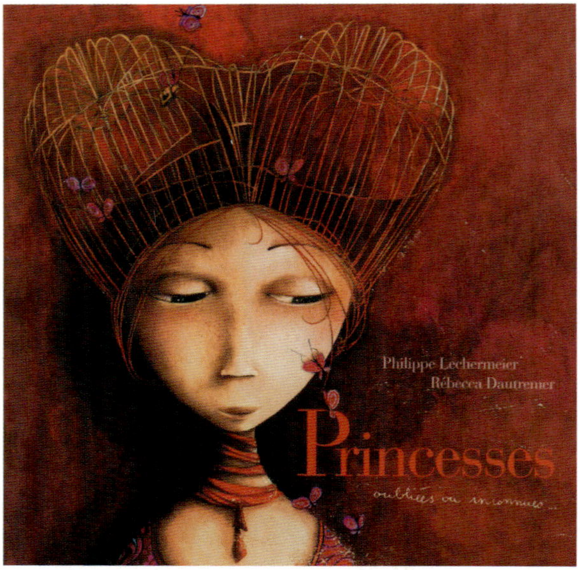

Princesses oubliées ou inconnues

Philippe Lechermeier Rébecca Dautremer

Nationalité France, 1968 (aut.), 1971 (ill.)
Édition Gautier-Languereau, France, 2004
Thèmes fantastique, histoires en vers

Cet album est une encyclopédie sur 40 princesses oubliées ou inconnues. Chacune d'elles a droit à deux pages. L'auteur présente leur famille, leurs goûts et leur caractère sur fond de secrets, de rumeurs de palais et de forêts enchantées.

La princesse Esperluette fait partie des princesses les plus charmantes : elle aime la lecture et les mots en « ette » ; la princesse Fatrasie est, elle, un moulin à paroles qui a le don extraordinaire d'ennuyer les gens et a un penchant pour les mots difficiles ; la princesse Poupoupidou, minuscule et douce, s'endort au son d'une berceuse ; la princesse Cappriciosa, jeune fille tatillonne, n'est jamais satisfaite et est connue pour ses demandes extravagantes ; quant à la princesse Amnésie qui oublie ses rendez-vous et arrive toujours en retard, elle rate son train, car à la place de la mémoire, elle n'a qu'un trou noir.

Les dernières pages contiennent un guide pratique afin de distinguer les vraies princesses des fausses et un questionnaire pour découvrir à quel genre de princesse correspond chaque jeune lectrice.

Ces histoires joyeuses sont écrites en vers, chaque portrait est élaboré à l'aide de rimes spécifiques qui sont un régal pour l'ouïe et une surprise permanente en raison de leur humour, de leur perfection formelle et de leur inventivité. Les illustrations de Rébecca Dautremer constituent un contrepoids visuel parfait avec leurs couleurs riches et leur mélange de collages et d'aquarelles. **LB**

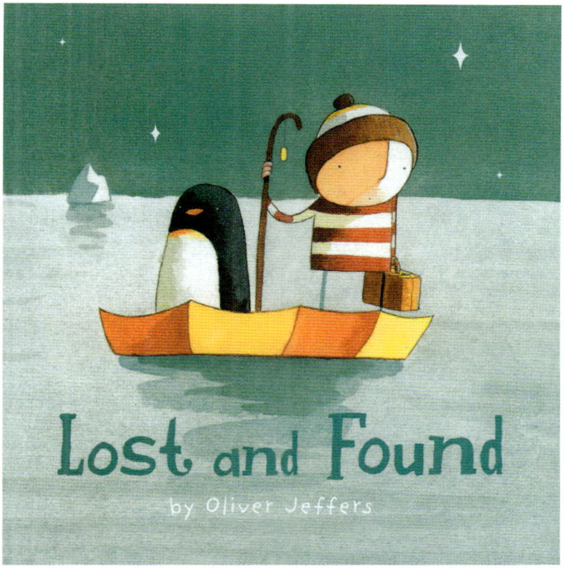

3+

Perdu ? Retrouvé !

Oliver Jeffers

Titre original *Lost and Found*, 2005
Nationalité Irlande, 1977
Édition française Kaléidoscope – L'École des loisirs
Thèmes amitié, aventure

Ce récit agréable a pour héros le même petit garçon charmant que dans le premier livre d'Oliver Jeffers, *How to Catch a Star*. Cette fois, le garçon trouve un pingouin qui a l'air triste et perdu. Il décide de le ramener chez lui seul, après avoir d'abord demandé l'aide d'un oiseau et d'un canard en plastique. Après une nuit sans sommeil, il découvre le pays d'où le pingouin est originaire et part avec lui sur un petit bateau à rames. Ils naviguent par beau temps et par mauvais temps, quand les vagues sont aussi grosses que des montagnes. Quand ils atteignent le pôle Sud, le petit garçon est surpris de constater que le pingouin est toujours triste. Il lui dit au revoir et réalise alors que l'animal n'était pas du tout perdu, juste solitaire. Il repart vers le pôle Sud, mais ne voit pas que le pingouin a déjà quitté ce dernier pour partir à sa recherche. Pensant qu'il a perdu son ami pour de bon, le petit garçon estime qu'il vaut mieux qu'il rentre chez lui.

La simplicité de Jeffers signifie toujours que les méandres de l'intrigue ne sont pas très mystérieux. Finalement, le petit garçon aperçoit son pingouin en pleine mer sur un parapluie retourné. Réunis, les deux amis se racontent leurs aventures respectives sur le chemin du retour. Jeffers est l'un des quelques illustrateurs britanniques contemporains dont les albums marquent un changement de style sur le marché du livre pour enfants britannique. Ses aquarelles uniques, leurs tons et leur style, leur fraîcheur et la palette contrastée des couleurs permettent aux enfants et aux adultes d'apprécier des paysages intéressants. **NH**

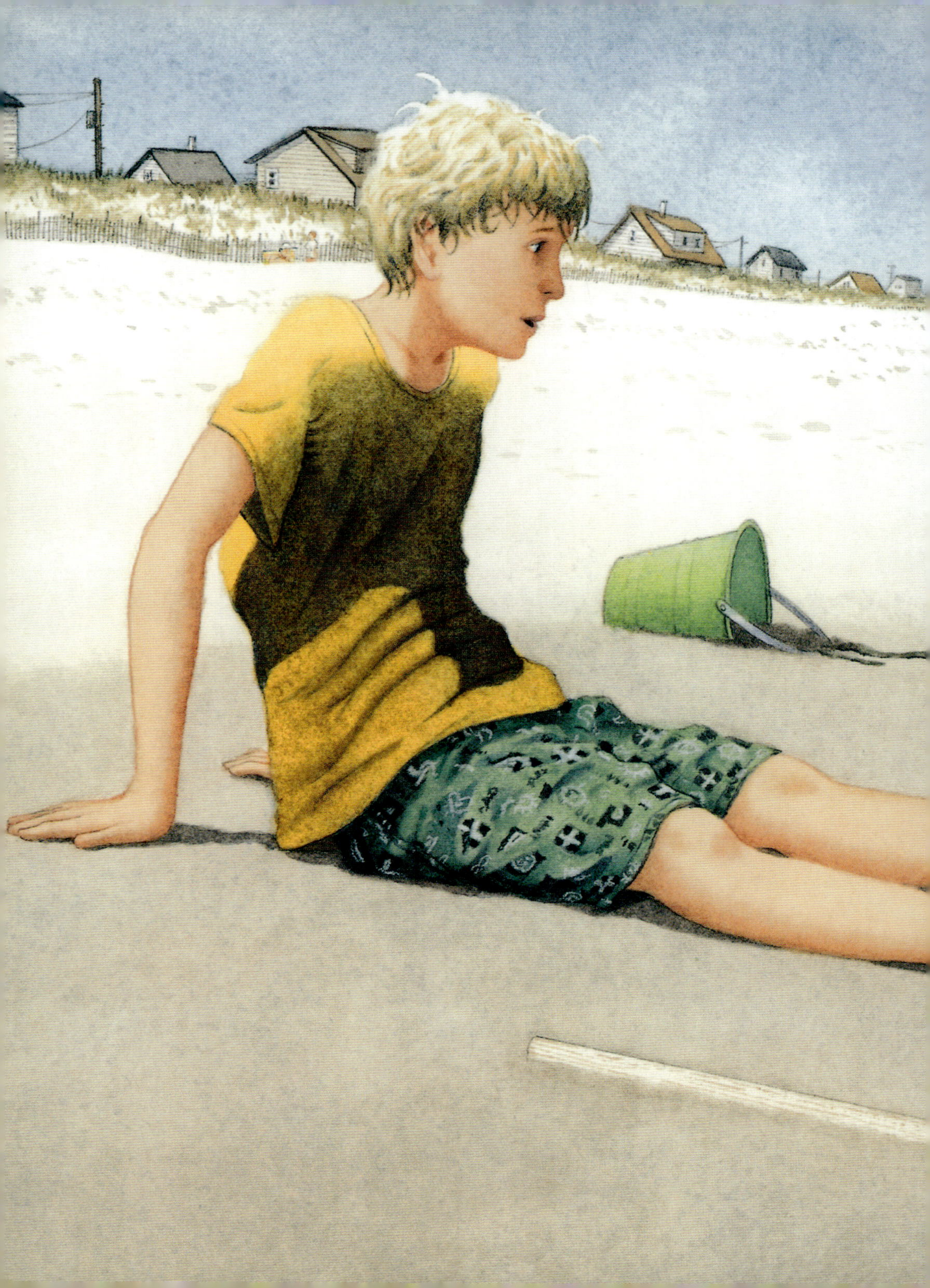

5+

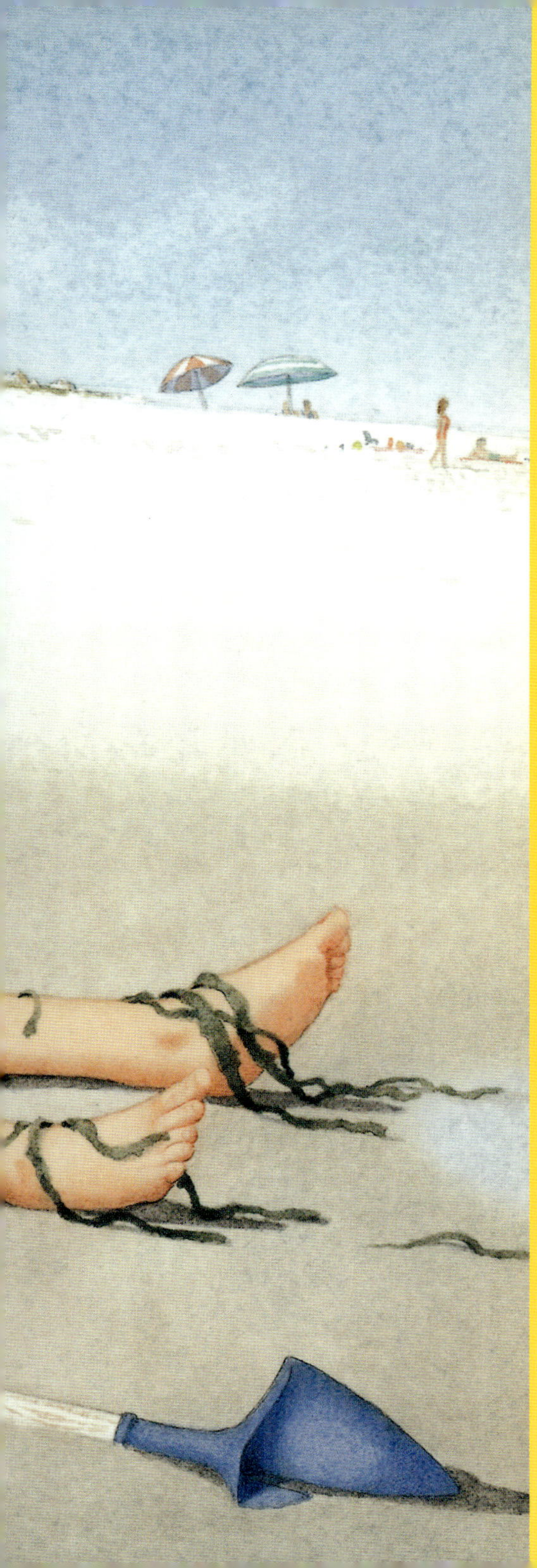

Le Monde englouti, écrit et illustré par David Wiesner

5+

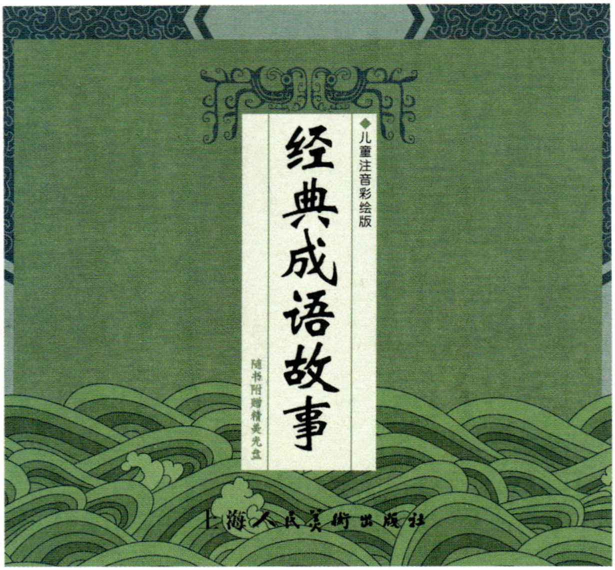

Classique des montagnes et des mers

Inconnu

Titre original *Shan Hai Jing*
Pays d'origine Chine, dynastie des Qin, 221-206 av. J.-C.
Thème contes populaires

La Chine est réputée pour l'importance de son œuvre poétique, littéraire et philosophique, mais peu de livres y furent écrits pour les enfants. Toutefois, certains des contes chinois les plus anciens remontent à la dynastie des Qin (221-206 av. J.-C.).

Le *Shan Hai Jing* (ou *Classique des montagnes et des mers*) est un recueil issu du folklore oral s'adressant aux enfants. L'un de ces contes, un classique, raconte l'histoire d'un cheval disparu (*Sài Wēng Shī Mǎ*). Il évoque un homme sage du nord de la Chine qui accepte les événements tels qu'ils viennent. Un jour, il réalise que son cheval a disparu. Lorsque ses voisins viennent le consoler, il déclare que cela n'est peut-être pas une mauvaise chose. Le temps passe et son cheval revient, ramenant avec lui un bel étalon. Chacun, dans le village, est content pour le vieil homme et le félicite de sa bonne fortune. Celui-ci répond que cela n'est pas nécessairement une bonne chose. Peu après, son fils chevauche l'étalon. Il tombe et se casse une jambe. Le vieil homme remarque que cela est peut-être une bonne chose. La guerre éclate et tous les jeunes hommes sont appelés à s'enrôler dans l'armée, mais le fils du vieil homme est exempté.

D'autres contes enseignent aux enfants les bienfaits du travail ou de l'étude. Dans une histoire intitulée *Shǒu bú shì juàn* (qui signifie « Le parchemin qui ne quitte jamais ta main »), un jeune homme est constamment plongé dans ses lectures. Sa capacité à ne pas se laisser distraire et sa concentration totale sont présentées comme vertueuses et admirables. **HC**

Un jeune homme lit ses parchemins sans se laisser distraire.

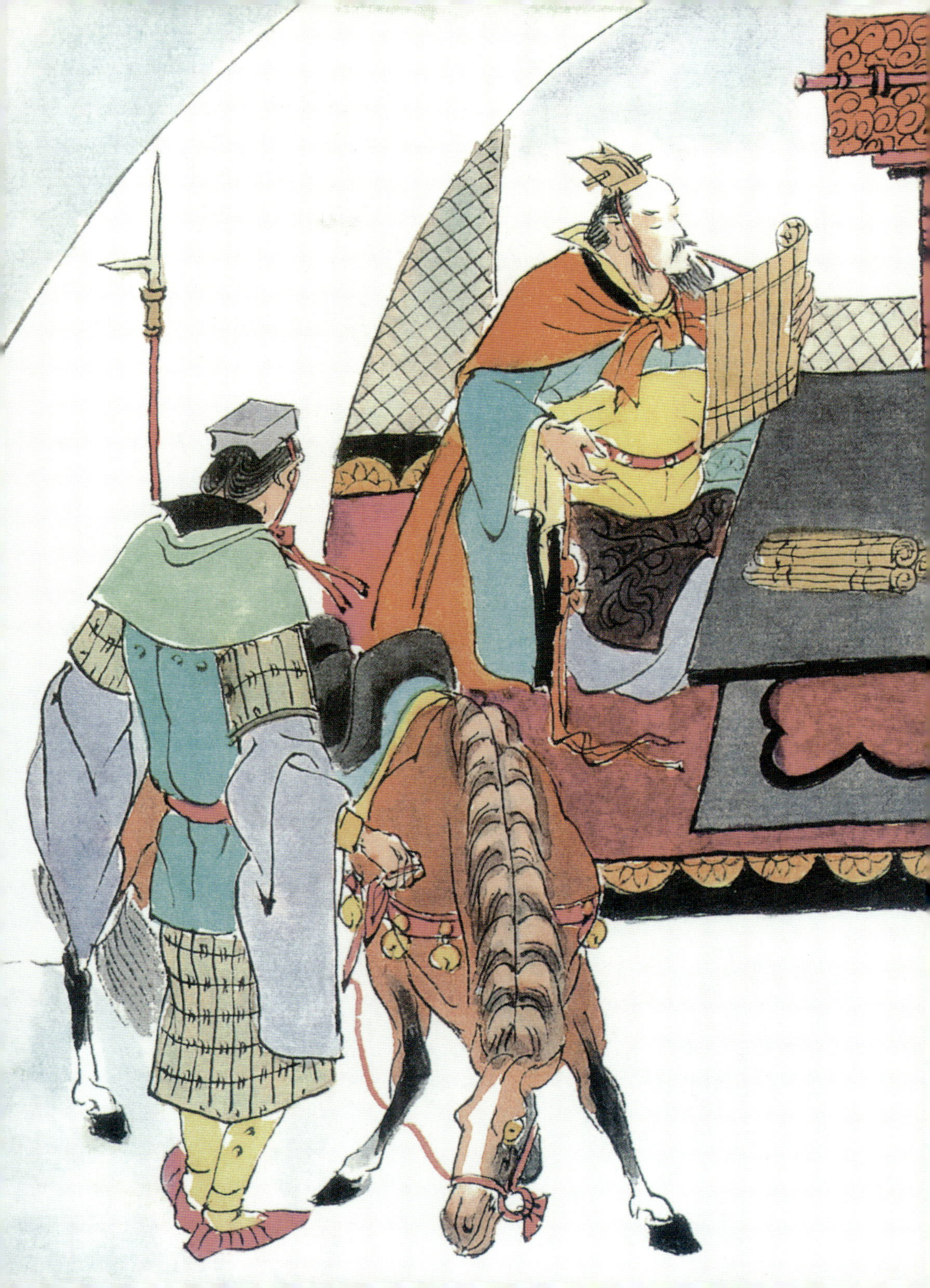

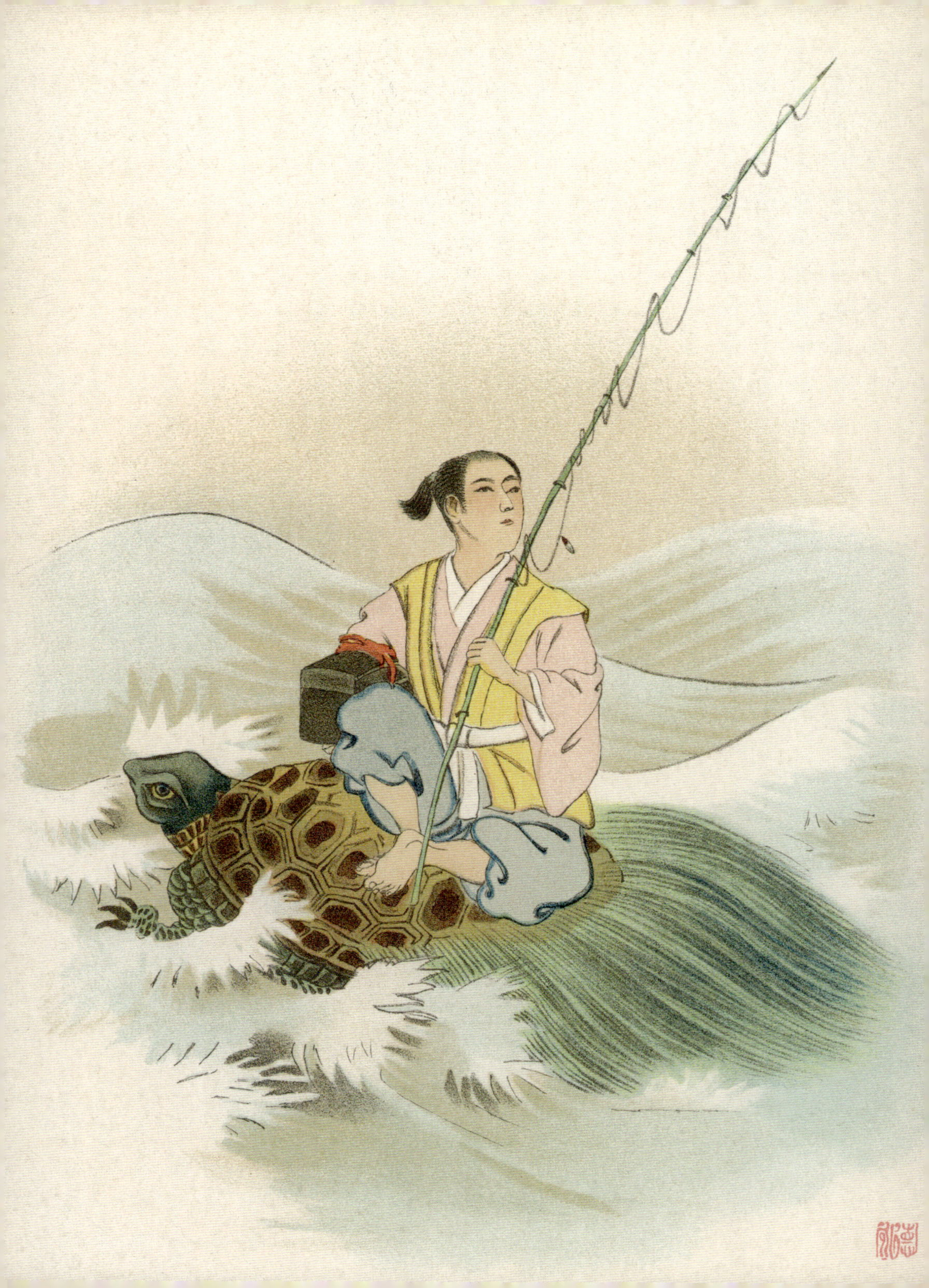

Contes d'Otogizouchi

Inconnu

Titre original *Urashima Taro*
Pays d'origine Japon, période de Muromachi, 1392
Thèmes contes populaires, classiques

Les contes d'Otogizouchi sont un recueil de contes japonais médiévaux illustrés. Ils traitent de thèmes allant de la famille et du mariage à l'illumination spirituelle en passant par des aventures fantastiques ou martiales. *Urashima Taro*, l'un des plus célèbres, existe en différentes versions dans toute l'Océanie. Un jeune pêcheur, Urashima Taro, sauve une tortue maltraitée par des enfants qui tentaient de la tuer. Tandis qu'il relâche la tortue dans l'océan, il médite sur le paradoxe qui veut que la vie d'une créature du monde animal dont la longévité est célèbre soit prise par des êtres humains dont la durée de vie est beaucoup moins longue.

Le temps passe et un jour, Urashima est invité par une tortue de mer à visiter le royaume sous-marin du roi-dragon. Il passe là trois journées merveilleuses jusqu'au moment où le souvenir de ses parents âgés et des devoirs qu'il a envers eux rompt l'enchantement. Au moment de partir, il se voit offrir une boîte rappelant celle de Pandore et qu'il ne doit pas ouvrir, selon certaines versions. Toutefois, lorsqu'il retourne dans son village et réalise que 300 ans ont passé, il ouvre la boîte, qui renferme le temps et l'âge qui passent et est instantanément transformé en vieil homme. Ce conte évoque la conception du temps chez les Orientaux et les bouddhistes, opposée à celle des Occidentaux, linéaire. Plutôt que de considérer le vieillissement d'Urashima comme une punition pour avoir ouvert la boîte, il symbolise peut-être la réconciliation entre l'être et le temps. **AR**

Momotarō, l'enfant des pêches

Inconnu

Titre original *Momotarō*
Pays d'origine Japon, période d'Edo, 1603
Thèmes contes populaires, classiques

5+

Le conte japonais *Momotarō* est attribué à la période d'Edo (1603-1868). Il a été revisité, notamment au XIXe siècle où il était utilisé pour valoriser la vertu et la piété filiale. Au début de l'histoire, une femme sort une énorme pêche du cours d'eau dans lequel elle lave son linge. Lorsque son mari coupe la pêche, un garçon en sort. Le couple, sans enfant, le prénomme Momotarō. Ils décident de l'élever et celui-ci devient un jeune homme courageux et d'une force exceptionnelle, qui prend grand soin de ses parents adoptifs, désormais âgés. Lorsque des monstres féroces sèment la terreur dans tout le pays, le jeune Momotarō décide d'aller les combattre. En route pour l'île des démons, il devient l'ami d'un chien tacheté, d'un singe et d'un faisan. Lorsque les quatre compagnons atteignent l'île, ils combattent avec bravoure les démons. Finalement victorieux, Momotarō rentre chez lui, chargé de trésors offerts par les démons pour l'honorer.

Momotarō est un conte présent sous diverses formes au Japon. Son interprétation par Ralph McCarthy rend hommage à la forme initiale du conte, rappelant aux lecteurs actuels que Momotarō était autrefois un héros populaire. Les illustrations colorées de Ioe Saito, datant d'un demi-siècle, tout en captant l'esprit de la culture rurale traditionnelle et des croyances religieuses du Japon, donnent un avant-goût de l'esthétique stylisée des artistes de mangas d'après-guerre, qui s'inspirent souvent des contes traditionnels japonais pour créer leurs bandes dessinées. **MKG/FHG**

Urashima Taro chevauchant sa tortue de mer.

Histoires ou contes du temps passé

Charles Perrault

Nationalité France, 1628
Édition multiples éditeurs, France, depuis 1696
Thèmes contes de fées, classiques

Les contes de fées sont aussi vieux que le monde, mais en Europe, Charles Perrault fut le premier à en publier un recueil sous une forme restée identique aujourd'hui. Il l'intitula *Histoires ou contes du temps passé, Les Contes de ma mère l'Oye*. Son style plein de fraîcheur donna leur ton aux contes de fées traditionnels. Les histoires subtiles de ses contemporains sombrèrent dans l'oubli, mais les récits de Perrault sont familiers à quiconque a grandi en entendant les contes de fées européens.

Son ouvrage se compose de huit histoires, comme *Cendrillon*, *La Belle au bois dormant* et *Le Chat botté*. Elles sont toutes écrites de façon engageante et, à l'exception du *Petit Chaperon rouge*, dans lequel la petite fille n'est pas sauvée par un chasseur, sont toutes plus enjouées et plus légères que les versions des frères Grimm, plus connues. Si les *Contes de Grimm* se complaisent à décrire les effroyables punitions qui frappent les méchants, Perrault privilégie les fins heureuses. Comme tous les contes de fées authentiques, ses histoires ont néanmoins leur part d'événements horribles, comme l'assassinat des femmes de *Barbe bleue*. Tout parent devrait garder à l'esprit qu'il ne s'agit pas d'histoires aseptisées.

Perrault naquit dans une famille de la haute bourgeoisie. Il publia de la poésie et devint membre de l'Académie française en 1671, mais ce fut son recueil de contes de fées qui lui valut la plus grande popularité. Il publia aussi deux contes de fées en vers et une version distincte en prose de *La Belle au bois dormant*. **JM**

Contes de Grimm

Jacob et Wilhelm Grimm

Titre original *Kinder- und Hausmärchen*, 1812
Nationalité All., 1785 (Jacob), 1786 (Wilhelm)
Édition française multiples éditeurs
Thèmes contes de fées, classiques

En 1805, Jacob et Wilhelm Grimm commencèrent à recueillir des contes, légendes, mythes, devinettes, chansons et dictons allemands, celtes et issus des langues romanes, appartenant aujourd'hui au patrimoine culturel. De nombreuses éditions de leur ouvrage furent traduites en plus de 160 langues.

La tradition consistant à raconter des histoires chez soi était encore très vivante au moment des premières publications. Aussi, à chaque nouvelle édition, le contenu et la narration des contes évoluaient. À l'origine, beaucoup de lecteurs regrettaient qu'ils ne contiennent pas de valeurs chrétiennes. La pensée chrétienne contemporaine commença donc à influencer considérablement les récits, entraînant leur modification. En outre, quelques mythes et légendes furent ajoutés au recueil par la suite.

Au début, les contes n'étaient pas destinés aux enfants. Ils ne furent considérés comme de la littérature enfantine que lorsque des illustrations furent ajoutées aux éditions ultérieures. Aujourd'hui, le débat se poursuit afin de savoir si ces contes conviennent aux enfants. Certains évoquent des meurtres, des parents abandonnant leurs enfants, des magiciens jetant des sorts et d'autres choses cruelles. Tous les contes de fées peuvent s'avérer perturbants pour de jeunes enfants et nécessitent souvent d'être interprétés par des adultes. Cependant, lorsque les contes de fées sont compris correctement, ils peuvent contribuer au développement de l'enfant de manière significative. **CS**

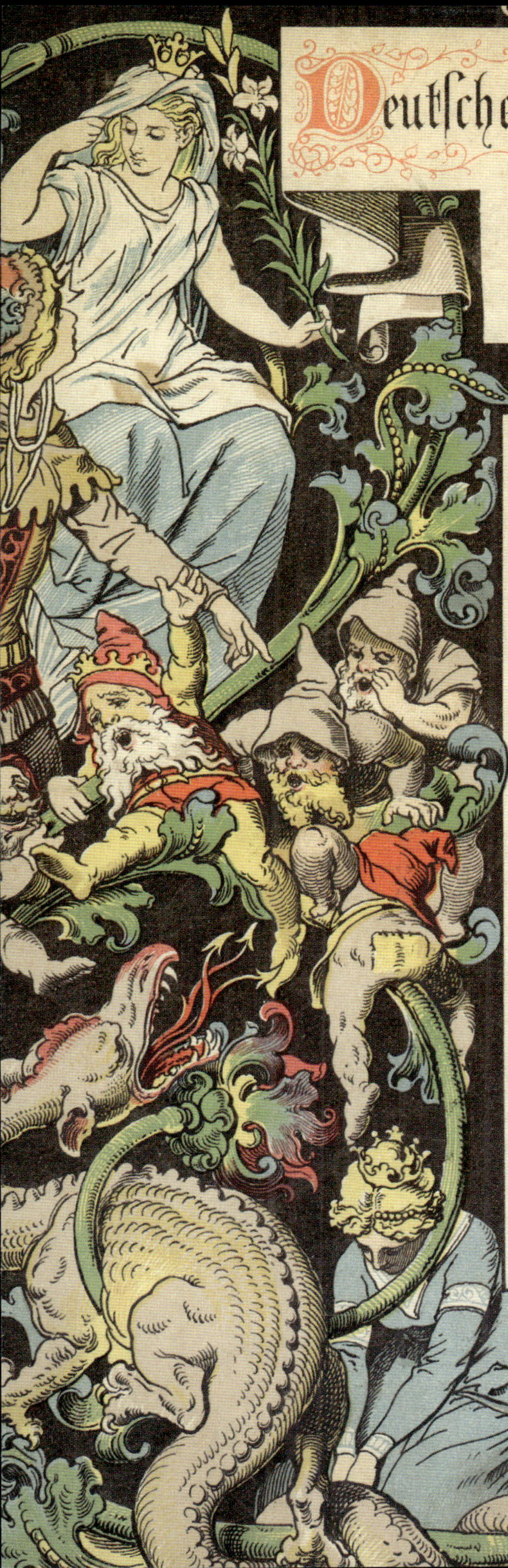

Deutsche Märchen in Wort und Bild.

2

Schneeweißchen.

Widmung.

Was wärst du schöne Jugendzeit
Denn ohne Märchenblüthen ?
Wenn sie nicht goldnen Sternen gleich
An deinem Himmel glühten.

Ein Jugendmorgen ohne sie
Er wäre halbes Leben ;
Du glücklich Kind, dem sie den Lenz
Der Jugend hold umschweben.

Gewiß man sagt es unbewußt:
„Das Märchen sei nur Lüge;"
Es ist des Kindes reinste Lust,
Des Kindergeistes Wiege.

Gedeih'! du ewig grüner Baum
Streu deinen Blüthensegen
Der goldnen Jugend in den Schooß
Wie einen Zauberregen.

Frankfurt am Main
Verlag von
C. G. May Söhne.

A visit from St. Nicholas

Clement Clarke Moore

5+

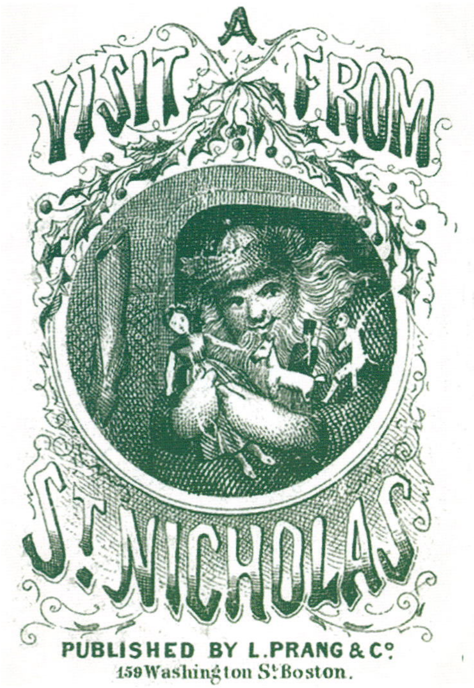

« Il avait le visage épanoui et son ventre tout rond / Sautait quand il riait, comme un petit ballon. »

Autres livres de Clément Clarke Moore

La Magie de Noël
La Mystérieuse Nuit de Noël
La Nuit de Noël
La Nuit magique de Noël

Titre ultérieur *Twas the Night Before Christmas*
Nationalité États-Unis, 1779
Édition Magazine *Troy Sentinel*, États-Unis, 1822
Thème classiques

Les vers « C'était la nuit de Noël, un peu avant minuit / À l'heure où tout est calme, même les souris » figurent parmi les plus célèbres jamais publiés. Moore écrivit *A Visit from St. Nicholas* pour l'offrir à ses enfants pour Noël. Le poème fut d'abord publié anonymement dans le magazine *Troy Sentinel*. En raison de cet anonymat, les spécialistes ont aujourd'hui des doutes quant à la paternité du poème. Si la plupart des sources l'attribuent à Moore, certains se demandent s'il n'y a pas un autre auteur ; au moins deux autres noms ont été proposés.

L'histoire est un poème narratif décrivant l'arrivée de saint Nicolas chez une famille en Amérique du Nord le soir de Noël. Les enfants sont au lit et rêvent ; les bas sont suspendus près de la cheminée et les parents viennent d'aller se coucher, quand le père entend un bruit. Il se précipite à la fenêtre et regarde dehors. Là, il voit au loin « un traîneau et huit rennes pas plus gros que le poing » dirigés par un vieil homme jovial. L'attelage s'envole et le père entend des sabots résonner sur le toit. Puis saint Nicolas apparaît dans la cheminée, couvert de suie. Saint Nicolas aperçoit le père, lui fait un clin d'œil pour lui signifier que tout va bien puis entreprend silencieusement de remplir les bas. Il disparaît dans la cheminée aussi vite qu'il est apparu. Tandis que saint Nicolas s'envole, il s'écrie : « Joyeux Noël à tous et à tous une bonne nuit. » **LH**

Cinquante fables pour les enfants

Wilhelm Hey / Otto Speckter

Titre original *Fünfzig Fabeln für Kinder*, 1833
Nationalité Allemagne, 1789 (aut.), 1807 (ill.)
Édition française Firmin-Didot Frères
Thèmes contes de fées, poésie

Fünfzig Fabeln für Kinder (« Cinquante fables pour enfants ») est un magnifique recueil d'histoires écrites par Wilhelm Hey. Les récits et leur style évoquent de façon vivante l'univers du XIXe siècle. Joliment illustrée par Otto Speckter, l'œuvre se compose de 50 poèmes de Hey qui comprennent chacun deux strophes dans lesquelles il est essentiellement question d'animaux et d'enfants. Le livre avait manifestement un objectif éducatif et se révèle toujours actuel aujourd'hui.

Dans *Le Cygne*, le protagoniste, un cygne, admoneste un enfant qui jetait des projectiles sur lui et ses petits. *Chauve-souris et oiseaux* évoque la discrimination, une chauve-souris étant mise à l'écart par les oiseaux en raison de son apparence. L'auteur introduisit aussi de l'humour dans ses poèmes afin de rendre leur message sous-jacent, sérieux, plus acceptable. Ainsi, dans un conte qui parle d'un cheval de bois, un petit garçon rappelle à un cheval à bascule prétentieux qu'il n'est fait que de bois.

En Allemagne, Hey est très connu pour les paroles de ses chansons. Son chant de Noël *Alle Jahre wieder* est l'un des chants de Noël allemands les plus populaires. Ses chants comme ses poèmes révèlent une compréhension profonde des émotions humaines et bien que son œuvre ait été écrite il y a longtemps, son recueil reflète toujours les sentiments et les façons d'agir des enfants. La lecture de ses fables est un voyage dans un passé lointain, mais aussi une leçon sur le monde d'aujourd'hui. **GS**

Les Habits neufs de l'empereur

Hans Christian Andersen

Titre original *Keiserens nye Klæder*, 1837
Nationalité Danemark, 1805
Édition française multiples éditeurs
Thème contes de fées

L'originalité des contes de fées d'Andersen réside moins dans leur intrigue que dans leur style narratif unique, empreint d'une mélancolie distante. Ainsi, beaucoup de personnages y possèdent des pouvoirs magiques anormalement bizarres. La petite Poucette, qui vit avec les hirondelles, n'est pas moins humaine que Gerda, enlevée par la reine des Neiges ; l'empereur superficiel qui préfère un rossignol en métal au véritable oiseau n'est pas moins humain que le pauvre soldat de plomb qui aime tant la danseuse qu'il se laisse volontiers jeter dans le poêle.

L'histoire de l'empereur vaniteux dans *Les Habits neufs de l'empereur* offre une morale plus compréhensible que beaucoup d'autres contes d'Andersen. Lorsque deux escrocs se présentent à la cour, l'empereur est dupé par leur promesse de réaliser pour lui le plus beau des habits avec le plus beau des tissus. Il s'agit, disent-ils, d'un tissu invisible aux yeux des personnes stupides ou qui ne méritent pas leur position. Naturellement, l'empereur ne peut voir le tissu, puisqu'il n'existe pas, mais il prétend qu'il le voit par peur de paraître stupide ou incompétent. Ses ministres, flatteurs, l'encouragent. Un jour arrive où les escrocs affirment avoir achevé le costume et ceux-ci « habillent » l'empereur. Ils font semblant, mais l'empereur continue de croire en cette comédie et défile dans les rues, pour montrer son nouvel « habit ». La population stupéfaite prétend le voir également, jusqu'à ce qu'un petit enfant énonce la vérité. **VN**

La Petite Sirène

Hans Christian Andersen

Recueil original *Eventyr, fortalte for Børn*, 1837
Nationalité Danemark, 1805
Édition française multiples éditeurs
Thème contes de fées

5+

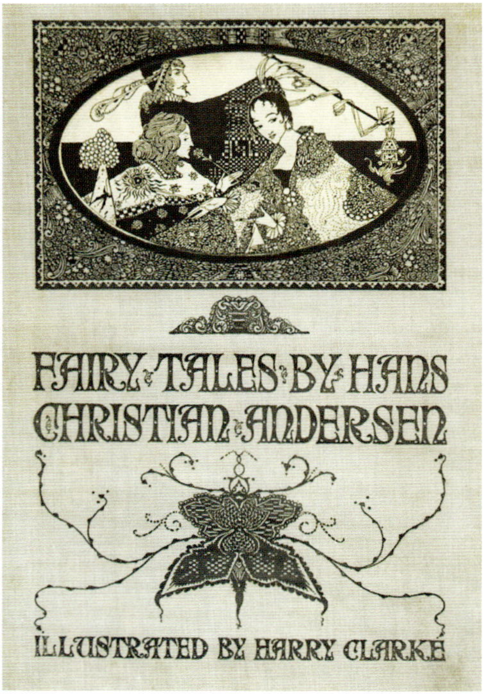

Autres contes d'Andersen

La Princesse au petit pois
La Petite Poucette
Les Souliers rouges
La Petite Fille aux allumettes

Les *Contes d'Andersen* fut l'ouvrage dont les récits et les illustrations enflammèrent le plus mon imagination. Andersen me fit pénétrer dans un univers dans lequel les personnages n'étaient pas simplement bons ou mauvais, mais souvent les deux à la fois ; où tout ne finissait pas toujours bien et où les personnages étaient prêts à souffrir et à faire des sacrifices.

Et William Heath Robinson avait réalisé de belles illustrations dans ma précieuse édition, le plus gros ouvrage de ma bibliothèque ! Comme ses dessins semblaient mystérieux et merveilleux, leurs planches en couleur étant disposées sous du papier de soie, côtoyant de ravissants dessins en noir et blanc, dont les magnifiques légendes incitaient à lire les histoires.

« Une dernière fois, les yeux voilés, elle contempla le prince… »

Les légendes disaient par exemple : « Le Nil en crue s'était retiré » ou « le tronc flottait » ou « elle comprenait le langage des oiseaux ». Elles m'incitaient à réaliser mes propres illustrations d'histoires imaginaires.

La Petite Sirène, notamment, me causa de la peine et j'avais alors envie de plonger dans le livre pour dire au prince qu'il devait l'épouser. Dans l'univers d'Andersen, il y avait des barons voleurs, des rois des marais, des soldats mélancoliques, des femmes sans enfants et des garçons perdus. Des cigognes, des hirondelles, des loirs et des hannetons côtoyaient des fées et des magiciens et des bébés dormaient dans des coquilles de noix. Si beaucoup de ces contes évoquent des dilemmes d'ordre moral ainsi que les faiblesses et les échecs des personnages, ceux-ci sont néanmoins toujours dépeints avec compassion. Andersen semble dire que la rédemption est toujours possible – une leçon que j'ai gardée en moi jusqu'à ce jour.

Illustration de la petite sirène avec la sorcière de la mer par Munro S. Orr.

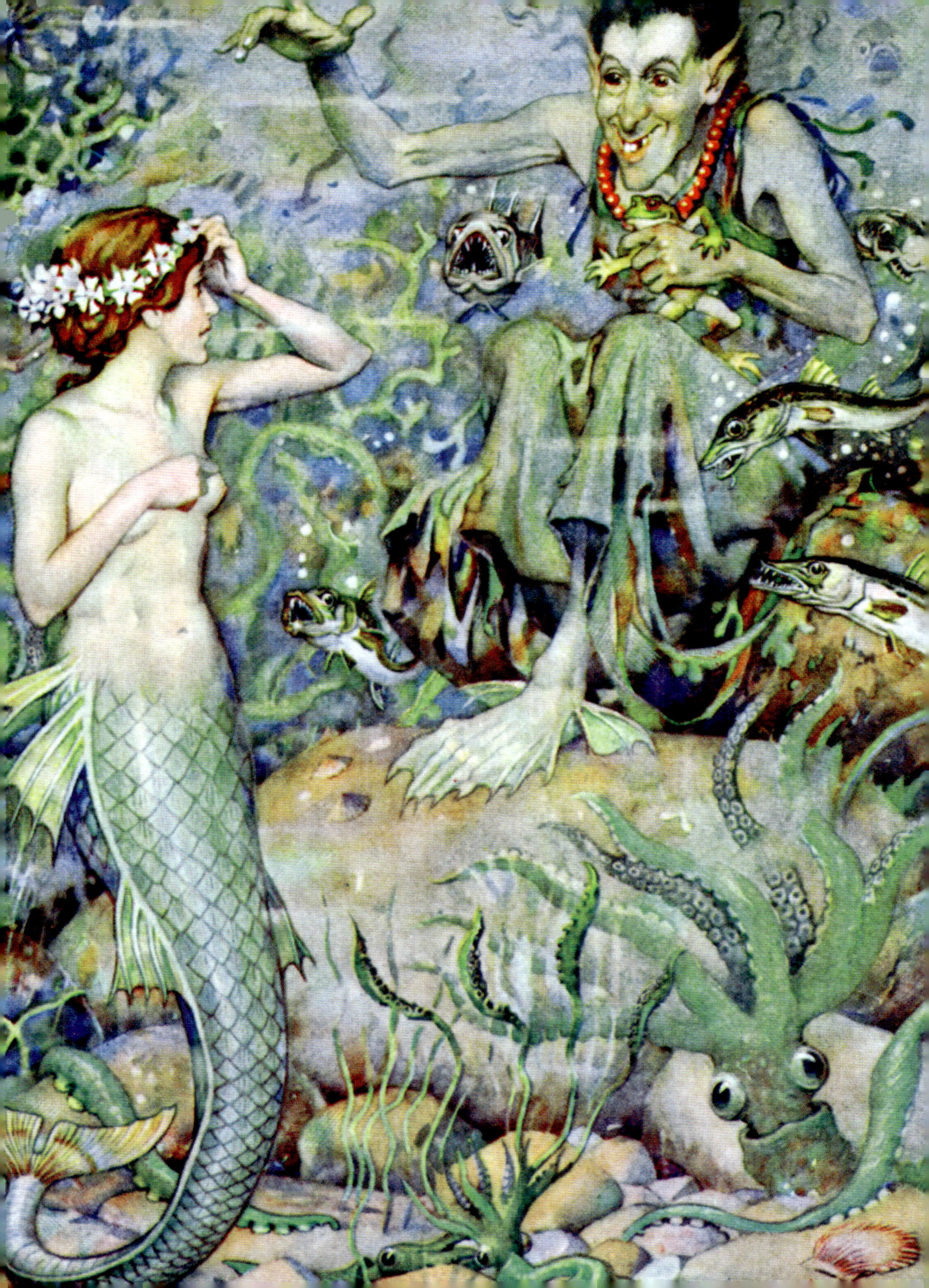

Le Vilain Petit Canard

Hans Christian Andersen

Titre original *Den grimme Ælling*, 1843
Nationalité Danemark, 1805
Édition française multiples éditeurs
Thèmes contes de fées, amitié

5+

Voici l'un des contes favoris de Hans Christian Andersen. Il fut publié dans un petit recueil d'histoires six ans après la publication de *La Petite Sirène*. L'histoire est un récit simple et touchant concernant le fait d'être – et surtout de paraître – différent. Au début, une cane couve ses œufs. Elle est fatiguée, s'ennuie et aspire à ce que ses canetons naissent pour leur faire découvrir le monde. Le plus gros œuf est long à éclore et lorsque enfin il s'ouvre, tout le monde est choqué par la laideur du petit canard.

La vie de ce dernier est très difficile. Il est conscient de sa laideur et cela le rend timide et triste. Sa mère essaie de souligner ses atouts en disant aux autres canards qu'il est le meilleur nageur de tous, mais elle avoue à une amie : « Selon moi, il embellira… » Il est tyrannisé par les autres animaux ainsi que par la fille qui leur donne à manger. Même ses propres frères et sœurs sont cruels à son égard, lui disant qu'ils espèrent que le chat l'emportera. La vie du vilain petit canard devient si insupportable qu'il s'enfuit. Il devient ami avec des oies, mais celles-ci sont bientôt tuées par des chasseurs et il reste seul.

Un soir, il voit passer une volée de cygnes blancs au-dessus de sa tête. Il pense que ce sont les plus beaux oiseaux qu'il a jamais vus et les envie. Il ne peut les oublier et rêve d'eux durant le long hiver. Au printemps, les cygnes reviennent et se posent à l'endroit où il nage. Certain qu'ils vont le tuer, il courbe la tête et attend leur attaque, mais rien ne se passe. Soudain, il aperçoit son reflet dans l'eau. Il n'est plus un affreux canard. Il est devenu un superbe cygne. **LH**

Poèmes sans sens

Edward Lear

Titre original *Book of Nonsense*, 1846
Nationalité Angleterre, 1812
Édition française Aubier – Flammarion
Thèmes personnages favoris, classiques, poésie

Edward Lear était un peintre et un poète qui aimait associer ses vers insensés et fantastiques à ses propres illustrations. Il commença à travailler à l'âge de 14 ans, son père ne pouvant plus subvenir aux besoins de son immense famille.

Lear commença à écrire à une époque où la littérature destinée essentiellement aux enfants prenait de l'importance. Il voyagea énormément, ce qui permit à sa grande imagination de s'épanouir, et enrichit son vocabulaire de nouveaux sons. Il se délectait à élaborer des mots inhabituels pour ses poèmes, qu'il écrivait la plupart du temps pour les enfants de ses amis et de ses connaissances.

Les *Poèmes sans sens* sont un recueil de limericks (poèmes composés de cinq vers rimés) concernant un ensemble de personnages du monde entier. Parmi ceux-ci figurent le « vieil homme barbu », dont les poils du visage sont si longs qu'il découvre que plusieurs espèces d'oiseaux y ont fait leur nid, et une jeune fille « au menton / Fin comme une épingle dit-on ». Elle tire le meilleur parti de son apparence étrange en apprenant à jouer de la harpe avec son menton pointu. Il y a aussi la vieille dame de Chertsey qui fait une révérence si remarquable qu'elle ne peut cesser de tournoyer et s'enfonce si profondément dans le sol qu'elle y reste coincée, ou encore le vieil homme de Kilkenny qui n'a jamais plus d'un penny et dépense tout ce qu'il possède en oignons et en miel.

Les limericks de Lear sont devenus célèbres et continuent d'être appréciés par des générations d'enfants pour leur absurdité et leurs rimes simples. **LH**

Les illustrations des « vieilles personnes » de Lear, qui mangent des légumes et des lapins.

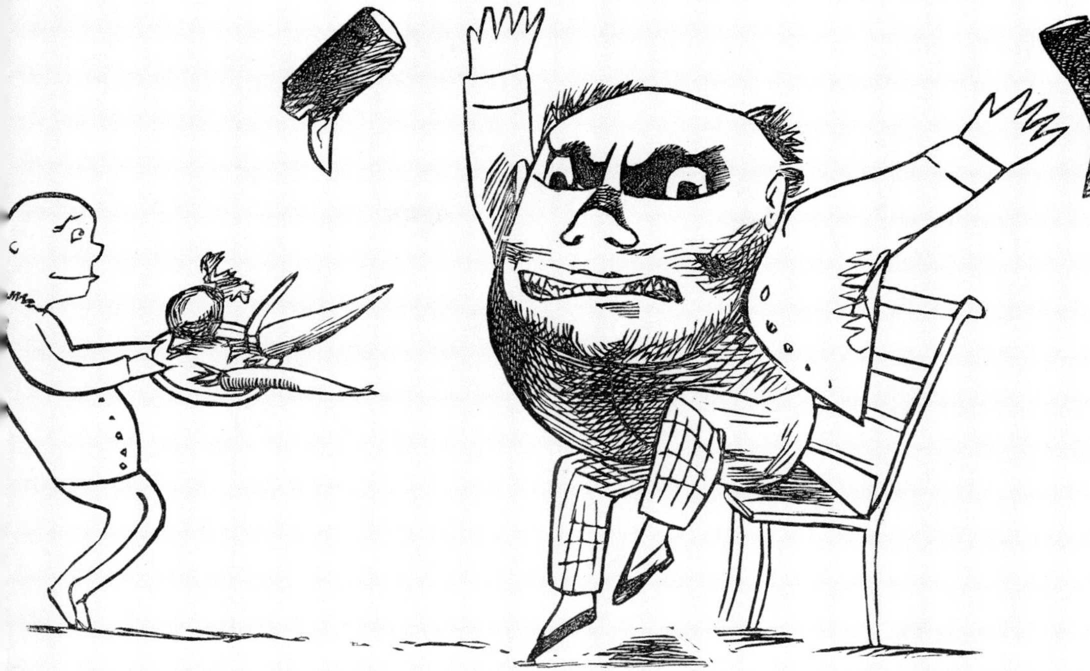

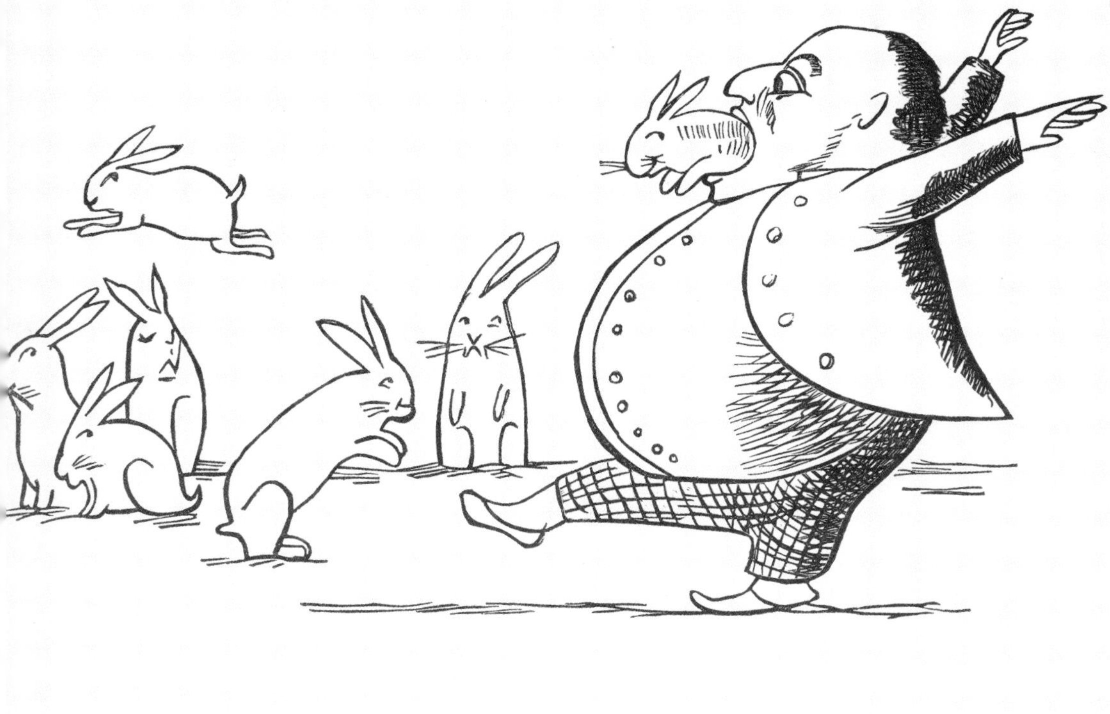

Max et Moritz

Heinrich Christian Wilhelm Busch

Titre original *Max und Moritz*, 1865
Nationalité Allemagne, 1832
Édition française L'École des loisirs
Thèmes personnages préférés, classiques

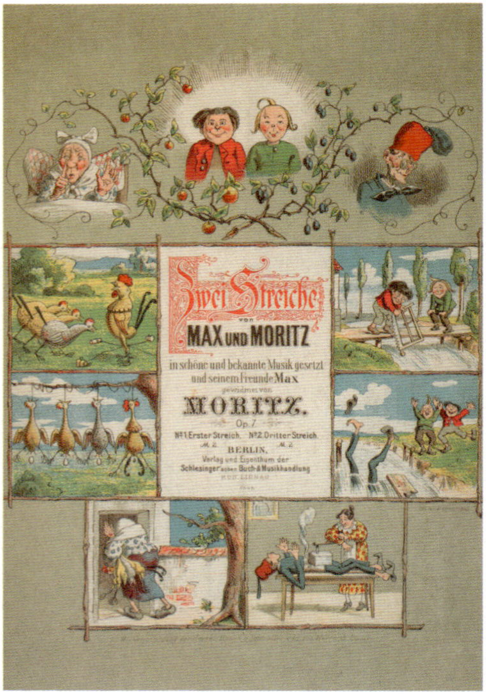

Max et Moritz (publié initialement sous le titre de *Max und Moritz – eine Bubengeschichte in sieben Streichen*) fut le premier livre pour enfants de Wilhelm Busch. Les critiques sont partagées au sujet de cet ouvrage prêtant à controverse. Certains pensent que les bêtises des enfants sont involontaires, qu'il s'agit davantage d'une recherche de liberté que de pure malice. D'autres, au contraire, trouvent que le livre est une accumulation d'horreurs. Les deux protagonistes s'encouragent l'un l'autre et, ensemble, ils s'en prennent à un monde empli d'adultes rejetant toute idée nouvelle. Malheureusement, leur tentative de se libérer des carcans de la société va au-delà de ce qui est acceptable.

« Max et Moritz (rien ne leur fait peur !) / Prirent une scie et personne ne les vit. »

Les garçons volent et tuent des poulets, forcent un vieil homme à se jeter dans la rivière et remplissent de dynamite la pipe de leur professeur. Ils placent des cafards dans le lit de leur oncle et tentent de voler les bretzels d'un boulanger. Ils manquent ainsi d'être cuits au sein de la pâte, mais s'échappent en la mangeant. Pour finir, les enfants font des trous dans les sacs de récolte d'un fermier. Pour se venger, ce dernier les enferme dans les sacs et les réduit en morceaux dans son moulin. Les restes des deux garnements sont ensuite dévorés par ses poules.

L'ouvrage n'eut pas beaucoup de succès lorsqu'il fut publié, mais Max et Moritz sont devenus les personnages les plus célèbres de l'auteur. Les géniales illustrations de Busch et ses superbes vers sont aujourd'hui considérés comme le tout début des bandes dessinées modernes. **CS**

Autres histoires d'enfants terribles

Fifi Brindacier, Astrid Lindgren (p. 231)
Ramona la peste, Beverley Cleary (p. 277)
Crasse-Tignasse, Heinrich Hoffmann (p. 406)
L'insupportable William, R. Crompton (p. 461)
Série des *Anatole*, Francesca Simon

Max et Moritz commettent une de leurs bêtises habituelles.

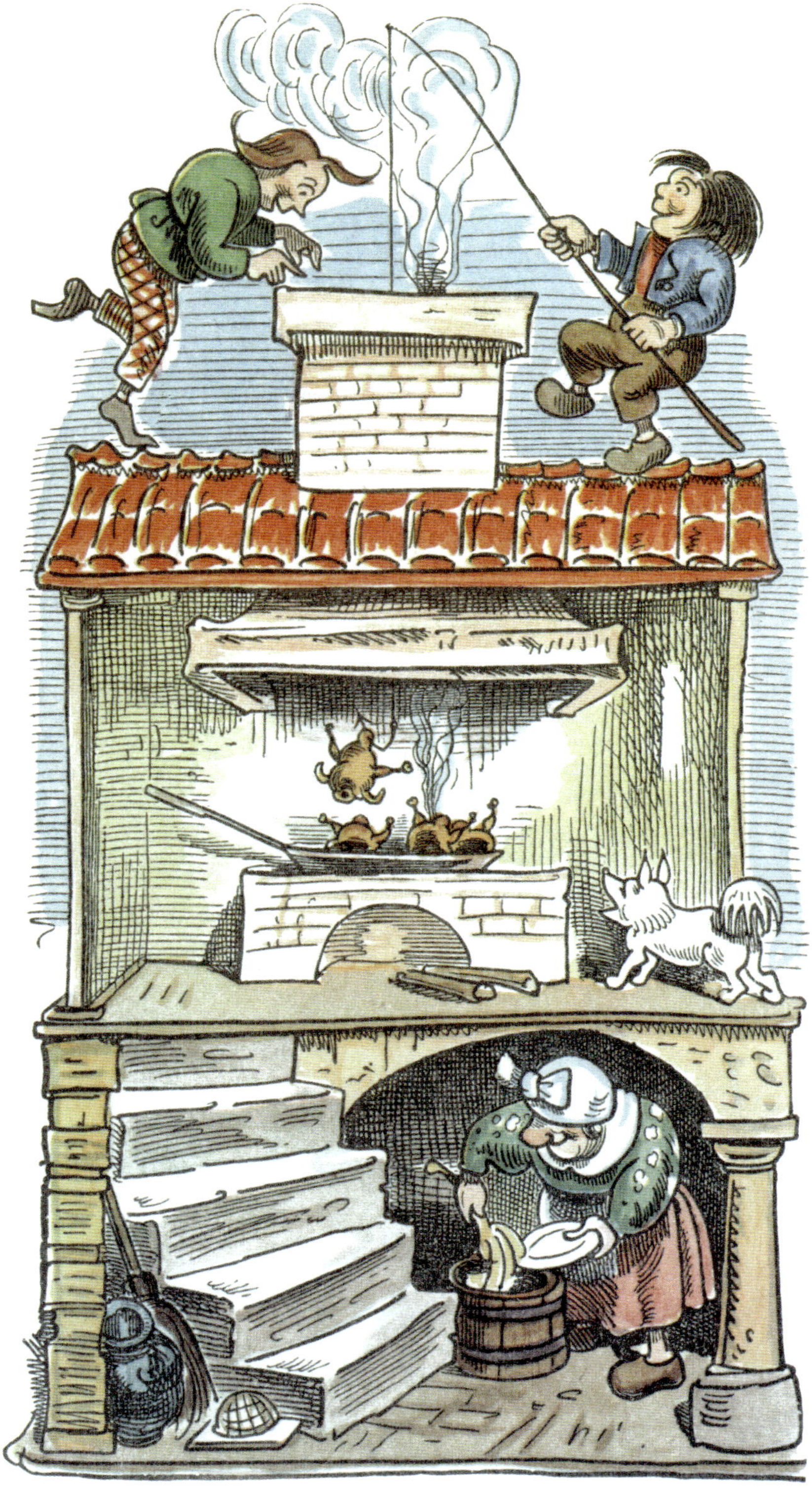

L'Arête enchantée

Charles Dickens John Gilbert

Titre original *The Magic Fishbone*, 1868
Nationalité Angleterre, 1812 (aut.), États-Unis, (ill.)
Édition française multiples éditeurs
Thèmes fantastique, famille

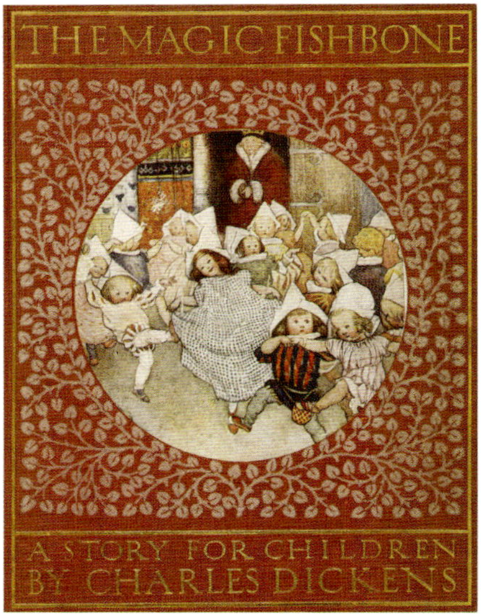

« Il apparut au roi qu'elle devait être une fée, car comment aurait-elle pu savoir cela ? »

Autres livres de Charles Dickens

Un chant de Noël (p. 404)
David Copperfield
Le Grillon du foyer
Le Magasin d'antiquités
Oliver Twist

Voici l'une des quelques histoires de Charles Dickens écrites spécifiquement pour les enfants. Son sous-titre était *Conte dû à la plume de Mlle Alice Rainbird*. À l'origine, l'histoire parut simultanément dans deux magazines : *All the Year Round* en Angleterre, que Dickens éditait, et *Our Young Folks* aux États-Unis. La version anglaise n'était pas illustrée tandis que la version américaine comportait des illustrations de John Gilbert.

La princesse Alicia est la plus âgée de 19 enfants nés d'un roi et d'une reine pauvres. Son père, le roi Watkins Ier, sort un jour faire des achats et se procure un morceau de poisson bon marché lorsqu'une mystérieuse vieille femme apparaît. Le roi ne la connaît pas, mais il s'agit de la fée Grandmarina. Elle lui dit de donner une partie du poisson à la princesse Alicia et de lui transmettre un message. La princesse Alicia doit prendre l'arête laissée sur son assiette, la sécher, la frotter et la polir jusqu'à ce qu'elle brille comme de la nacre puis la conserver jusqu'au moment où elle s'en servira pour faire un vœu. Il s'agit d'une arête magique qui ne peut être utilisée qu'une fois et seulement au moment opportun.

Le jour suivant, la reine tombe très malade. La princesse Alicia la soigne, prend soin des autres enfants, effectue les réparations et les travaux ménagers et, lorsque la cuisinière s'enfuit avec un soldat ivre, fait aussi la cuisine. Le roi veut qu'Alicia utilise l'arête magique, mais celle-ci sait que le bon moment n'est pas arrivé. Finalement, lorsque son père lui dit qu'il n'a plus d'argent, elle émet le souhait que le jour de sa paie arrive. Le moment est parfaitement choisi, car elle a attendu d'avoir tout essayé avant de faire un souhait. La fée Grandmarina arrive, guérit la reine, pare tous les enfants de beaux atours et habille Alicia en mariée. Tous vont rencontrer le prince Certainpersonio, qui est le futur époux de la princesse. **LH**

La maison que Jack a bâtie

Inconnu   Randolph Caldecott

Beaucoup de personnes ont sans doute vu des œuvres de Randolph Caldecott sans savoir qui il était. Ses superbes illustrations sont instantanément reconnaissables et ont marqué de nombreuses enfances victoriennes.

The House that Jack Built est en réalité une ancienne comptine dont l'auteur n'est pas connu. À travers la vision de Caldecott, l'histoire est devenue un classique intemporel. Sur la toute première page figure une illustration en couleurs, concise, d'une maison victorienne pittoresque. Les deux oiseaux qui dansent dans le ciel et les deux chiens qui s'ébattent dans le jardin transmettent un sentiment de bien-être immédiat. Il en est de même pour le majestueux personnage désignant fièrement la maison construite par Jack à trois badauds entourés de fleurs aux couleurs pastel. La comptine se déroule au fil des pages, illustrée par des dessins aux lignes simples et aux couleurs vives.

Il s'agit de l'un des premiers livres illustrés par Caldecott. Le graveur Edmund Evans lui commanda deux ouvrages pour Noël, le faisant profiter du fait qu'un autre illustrateur s'était retiré. Caldecott réalisa ainsi *The House that Jack Built* et *The Diverting History of John Gilpin*. Les deux livres furent publiés en 1878 et connurent un succès immédiat. Ils eurent même un tel succès que Caldecott fut chargé d'écrire deux livres par an jusqu'à sa mort.

Même s'il était avant tout un illustrateur de romans et de livres d'images, Caldecott était aussi un artiste amateur et ses sculptures ainsi que ses tableaux sont exposés dans diverses galeries d'art. Il est en outre entré dans l'histoire par le biais d'une médaille qui porte son nom, remise à l'artiste américain ayant réalisé le livre d'images le plus récompensé de l'année. **RS**

Titre original *The House that Jack Built*, 1878
Nationalité Angleterre, 1846 (ill.)
Édition française multiples éditeurs
Thèmes comptines, classiques, fantastique

5+

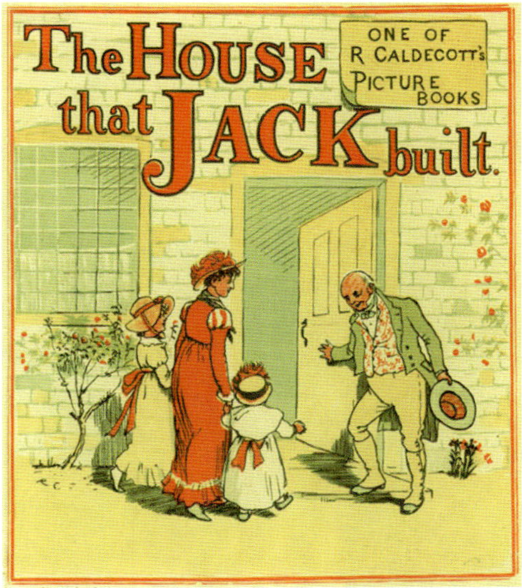

« C'est le chat / Qui a tué le rat / Qui mangeait le malt / Dans la chambre de Jack. »

Autres recueils de comptines

Roule Galette, N. Caputo (p. 240)
Comptines du grand méchant loup, C. Havard, V. Theinhardt
101 poèmes, collectif
Comptines des inséparables, T. Scotto, M. Boucher

Cole's Funny Picture Book

Edward William Cole

Nationalité Angleterre, 1832
Édition E. W. Cole and Co., Australie, 1879
Thèmes classiques, bande dessinée

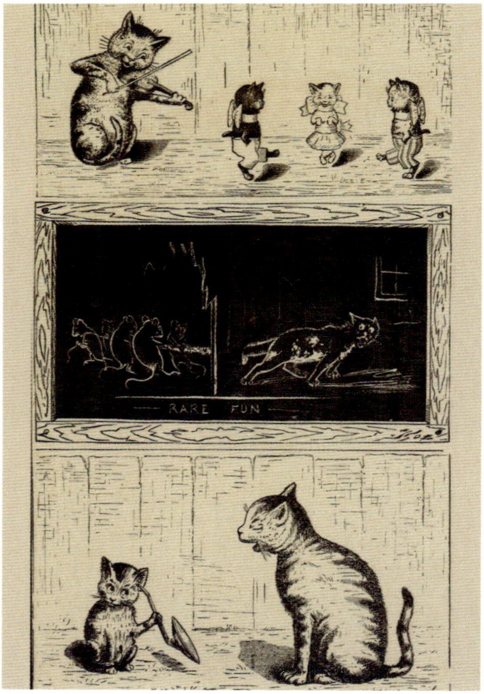

Autres livres au graphisme original

La Maison hantée, **Jan Pienkowski (p. 315)**
Le Gentil Facteur, **Allan Ahlberg (p. 333)**
Die lustige Tante, **L. Meggendorfer (p. 65)**
Tar Beach, **Faith Ringgold (p. 350)**
The Little Pot Boiler, **Spike Milligan (p. 556)**

Lorsque l'ouvrage de Cole, *Cole's Funny Picture Book*, ou *Family Amuser and Instructor to Delight the Whole Family and Make Home Happier*, fut publié en 1879, il connut un succès immédiat. À chaque nouvelle édition, l'ouvrage grossissait, car Cole y faisait des ajouts. J'avais 4 ans en 1950 lorsque je reçus un exemplaire de la soixante-huitième édition.

Edward William Cole naquit dans le Kent, en Angleterre, en 1832. À l'âge de 16 ans, il quitta l'Angleterre et s'installa finalement en Australie-Méridionale. Après avoir exercé diverses professions, il fonda le premier de ses célèbres magasins, l'enseigne Cole's Book Arcade, à Melbourne en 1873. Il réalisa également les ouvrages *Cole's First Book for Little Australians*, *Cole's Comic Animal Story Book* et *Cole's Peep Show Story Book*.

Cole's Funny Picture Book est un album composé d'histoires, d'images, de devinettes et de puzzles insérés sans se soucier des droits d'auteur des ouvrages et des périodiques victoriens (comme *Punch*) et disposés selon des chapitres intitulés *Lands*. Parmi ceux-ci figurent *Boy Land*, *Girl Land*, *Dolly Land* et *Play Land*, pour n'en mentionner que quelques-uns. J'ai passé des heures plongé dans les images de ce livre, images qui pourraient aujourd'hui apparaître cruelles ou effrayantes. Mais la machine à gronder les vilaines filles ou celle à fouetter les méchants garçons étaient manifestement des plaisanteries acerbes : Cole parodiait le système éducatif de l'époque. Il détestait la violence présente dans les écoles au XIXe siècle et ses propres enfants reçurent un enseignement à domicile.

Cole's Funny Picture Book est réellement un morceau d'anthologie proche des recueils annuels publiés dans les années 1950 pour les garçons et les fillettes. Il est possible de l'ouvrir au hasard et de regarder une de ses histoires, de ses images humoristiques ou de ses puzzles.

Le talent de Cole fit du livre un classique du design.

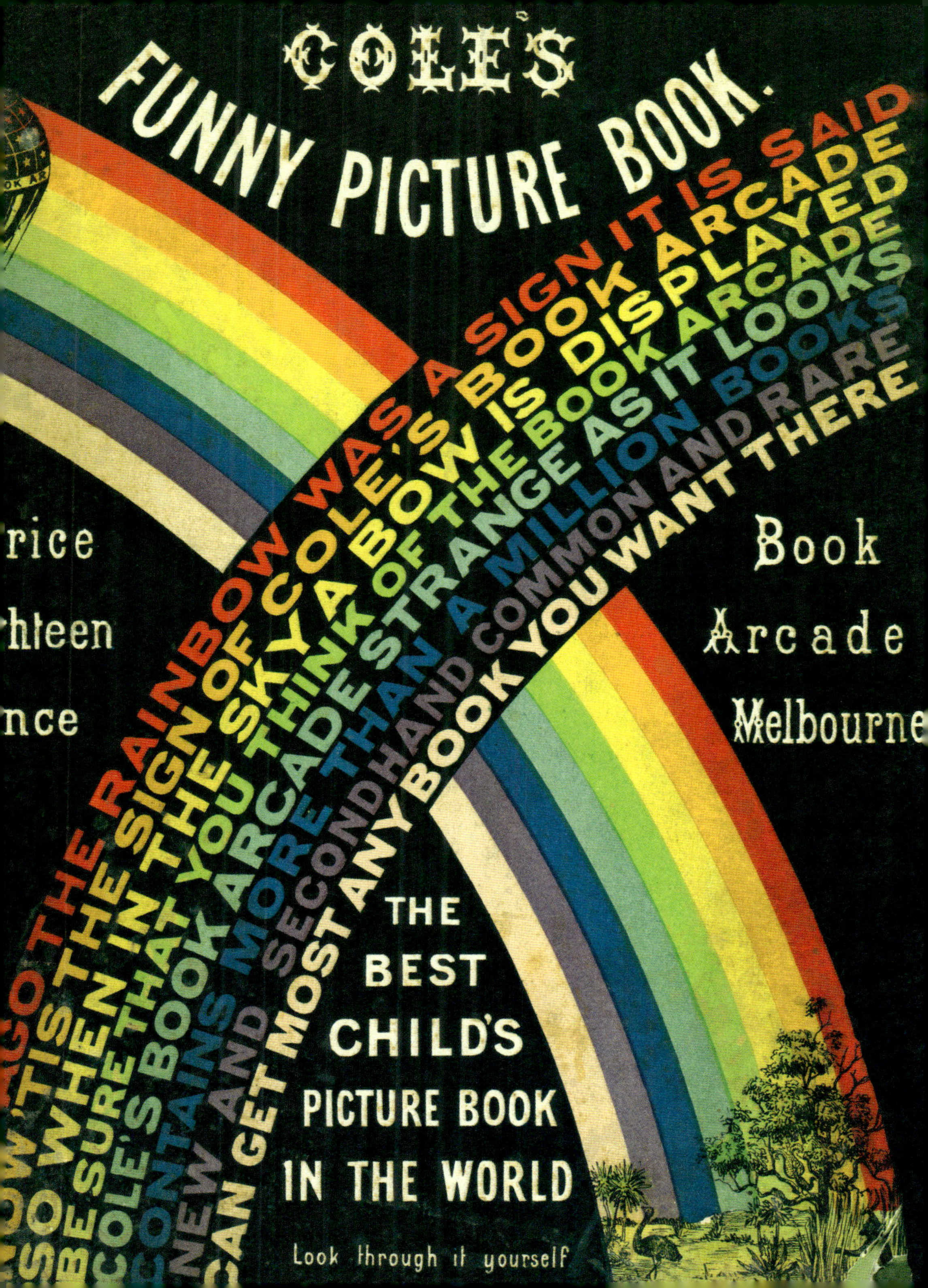
COLE'S
FUNNY PICTURE BOOK.
AGO THE RAINBOW WAS A SIGN IT IS SAID
OW,'TIS THE SIGN OF COLE'S BOOK ARCADE
SO WHEN IN THE SKY A BOW IS DISPLAYED
BE SURE THAT YOU THINK OF THE BOOK ARCADE
COLE'S BOOK ARCADE IS STRANGE AS IT LOOKS
CONTAINS MORE THAN A MILLION BOOKS
NEW AND SECONDHAND COMMON AND RARE
CAN GET MOST ANY BOOK YOU WANT THERE
rice
hteen
nce
Book
Arcade
Melbourne
THE
BEST
CHILD'S
PICTURE BOOK
IN THE WORLD
Look through it yourself

Jardin de poèmes enfantins

Robert Louis Stevenson Charles Robinson

Titre original *A Child's Garden of Verses*, 1885
Nationalité Grande-Bretagne, 1850 (aut.), 1870 (ill.)
Édition française multiples éditeurs
Thème poésie

5+

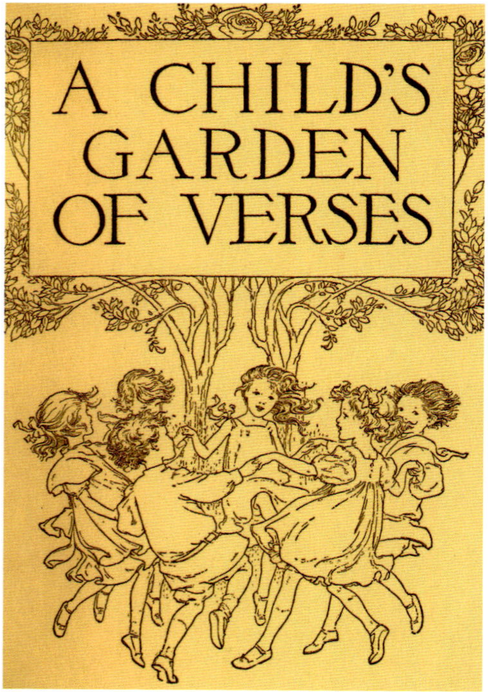

Autres livres en vers

Marigold Garden, Kate Greenaway (p. 63)
Figgie Hobbin, Charles Causley (p. 284)
Where the Sidewalk Ends,
Shel Silverstein (p. 294)

Je n'avais que 3 ans et mon père était loin, soignant des soldats au sein du désert nord-africain. Mon enfance dans un petit bourg néo-zélandais pourrait difficilement avoir été plus éloignée de l'univers de la fin de l'époque victorienne présent dans *Jardin de poèmes enfantins* ou *Au jardin des poèmes d'enfance* de R. L. Stevenson. Et pourtant, c'est là, dans la musicalité de ses courts poèmes, davantage qu'avec A. A. Milne ou qu'avec *Milly-Molly-Mandy*, qu'est né selon moi mon amour de la langue, des livres et du voyage.

J'en possède encore deux éditions enfantines : l'une est un petit ouvrage relié en cuir des éditions Collins Library of Classics, l'autre est un gros livre relié américain en couleurs. Les belles illustrations de Clara M. Burd montrent des enfants en culotte et bonnet jouant près d'une rivière, malades dans leur lit, équipés de cerfs-volants ou s'habillant à la lueur d'une bougie. Peu d'écrivains ont évoqué l'enfance avec douceur et intelligence comme Stevenson. Il n'est pas étonnant que lorsque je me suis rendue en Angleterre, à 5 ans puis à 17 ans et enfin une fois adulte, j'aie eu l'impression de revenir chez moi.

Jusqu'aux années 1980, les enfants de Nouvelle-Zélande trouvaient peu d'échos de leur vie dans les livres. Ma génération lisait des choses à propos des enfants anglais ou américains. *Ballet Shoes* donnait l'ambition irréaliste de faire carrière dans le ballet ; *The Waterbabies* me fit réaliser toute jeune les horreurs du travail des enfants et me fit pencher définitivement vers le socialisme. Seul un ouvrage de 1944, *Richard Bird in the Bush*, de Mollie Miller Atkinson, indiqua à l'enfant de Nouvelle-Zélande que j'étais que nous aussi pouvions avoir des histoires et de beaux livres illustrés parlant de nous ; ce fut une étrange influence, peut-être, mais je me sentis contrainte d'écrire des histoires se déroulant en ville, à Auckland et dans le pays qui est le mien.

Un élégant dessin à la plume de la première édition.

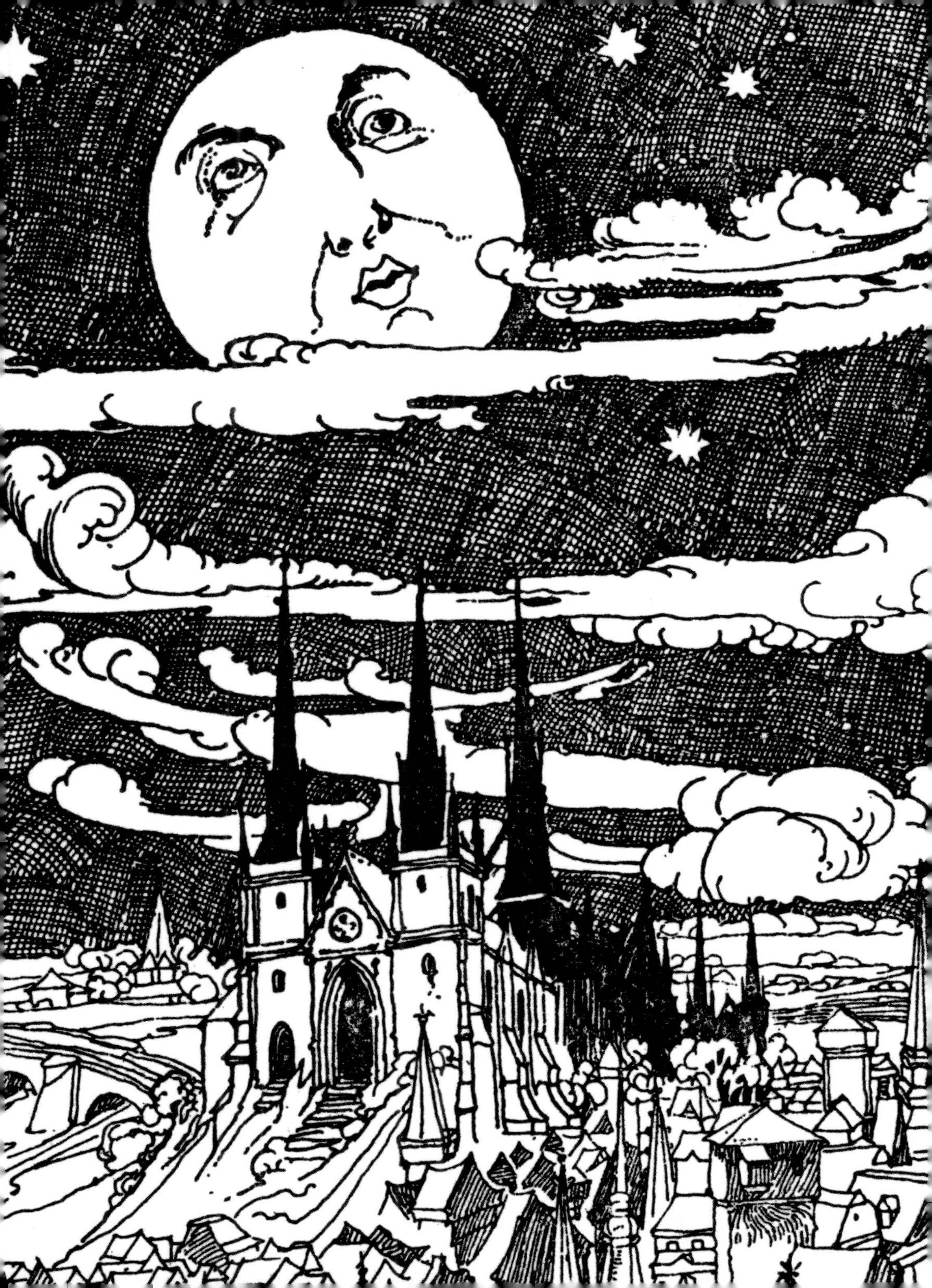

The Blue Fairy Book

Andrew Lang Henry J. Ford

Nationalité Grande-Bretagne,
1844 (édit.), 1860 (ill.)
Édition Longmans, Green and Co., G.-B., 1889
Thèmes contes de fées, mythes et légendes

5+

THE

BLUE FAIRY BOOK

EDITED BY

ANDREW LANG

WITH NUMEROUS ILLUSTRATIONS BY H. J. FORD AND G. P. JACOMB HOOD

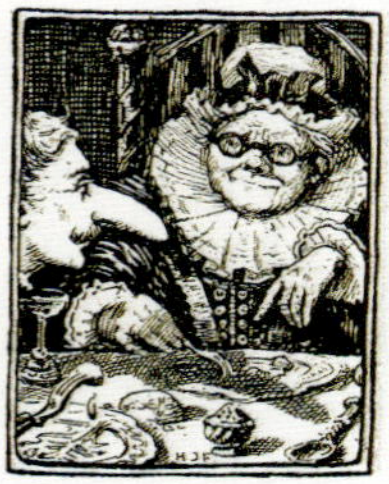

LONDON
LONGMANS, GREEN, AND CO.
AND NEW YORK: 15 EAST 16th STREET
1889

All rights reserved

Autres contes de fées

***La Petite Sirène*, Hans Christian Andersen (p. 192)**
***Cendrillon*, Jacob et Wilhelm Grimm**
***Rumpelstiltskin and other Grimm Tales*, Carol Ann Duffy (p. 364)**

Andrew Lang suivit des cours à l'université d'Édimbourg et à Merton College à Oxford, où il étudia la mythologie, les rites et le totémisme. Il s'installa à Londres en 1875 et devint l'un des écrivains les plus célèbres de l'époque. Il se spécialisa dans la mythologie et affirma toujours que les contes folkloriques étaient à l'origine de la mythologie littéraire. Il réunit un vaste ensemble de contes folkloriques du monde entier, empruntant ouvertement aux recueils des frères Grimm, de Charles Perrault, de Hans Christian Andersen et d'autres encore (tout en veillant toujours à les citer).

Avec son épouse, Leonora Alleyne, Lang entreprit de réaliser une série d'ouvrages de contes de fées pour enfants. Le *Blue Fairy Book* fut le premier ; il y en eut onze autres, chacun ayant une tonalité particulière. Derrière l'aspect fantastique des contes de fées se cachent quelques vérités brutales.

Heureusement, la plupart des enfants entendent les histoires de la bouche d'un adulte qui peut les rassurer lorsque l'histoire devient trop effrayante. Une fois que l'enfant est familiarisé avec les contes et aime les lire seul, ces histoires sont un enchantement, avec leurs géants, leurs ogres, leurs changelins et leurs trolls, leurs anneaux magiques et leurs pommes empoisonnées. Il n'est pas étonnant que tant d'écrivains reconnaissent la valeur de ces récits magiques.

Toute fiction nous permet d'échapper aux difficultés du monde, mais les contes font davantage que cela. Ils stimulent notre imagination et nous transportent dans des lieux où nous sommes libres de combattre nos démons et finissons par l'emporter. Si je devais choisir l'un des ouvrages de la série, il s'agirait de *The Blue Fairy Book*, car il contient mon conte favori, *La Belle et la Bête*.

Une feuille d'or transparaît à travers la reliure de l'édition originale.

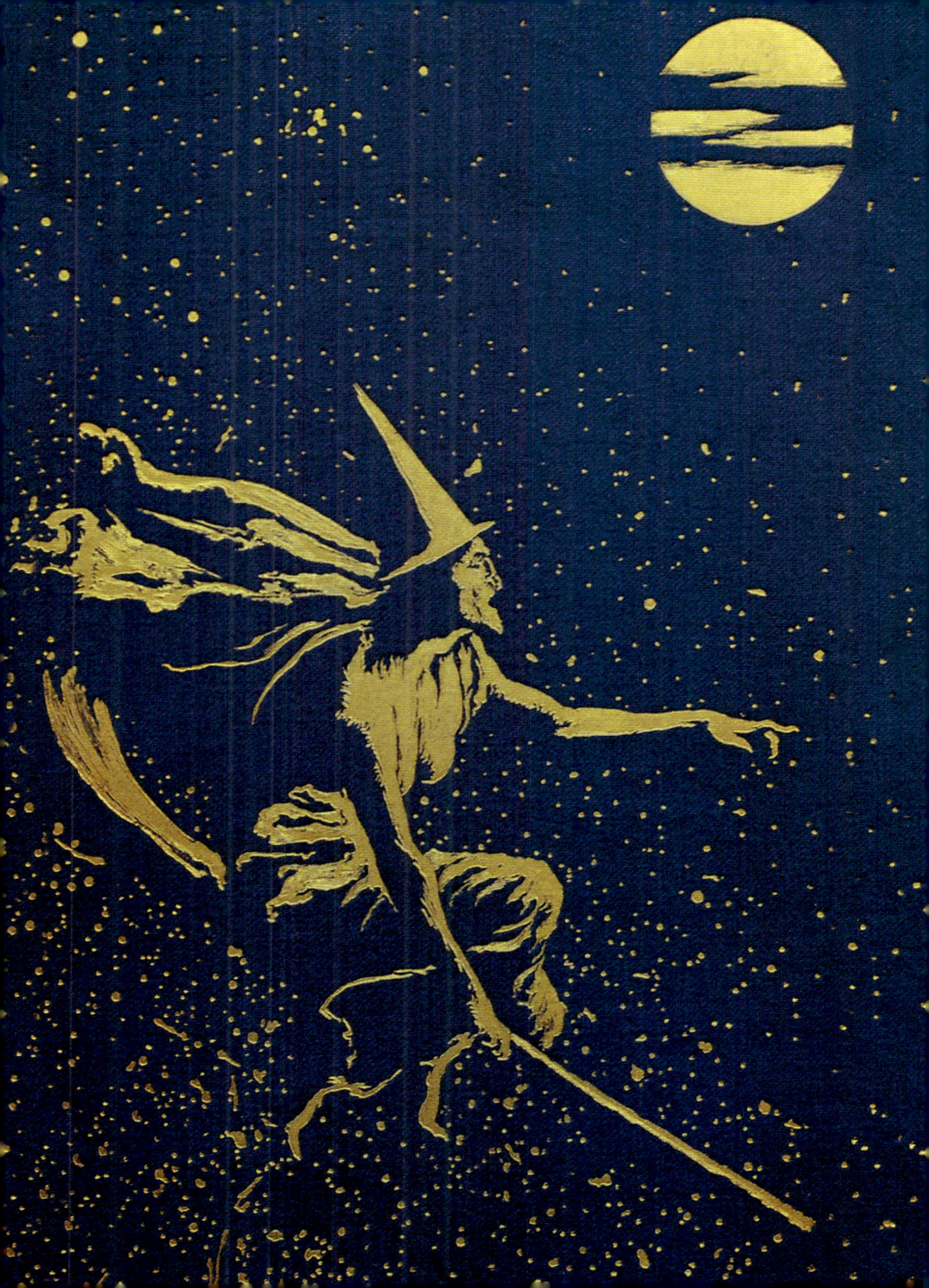

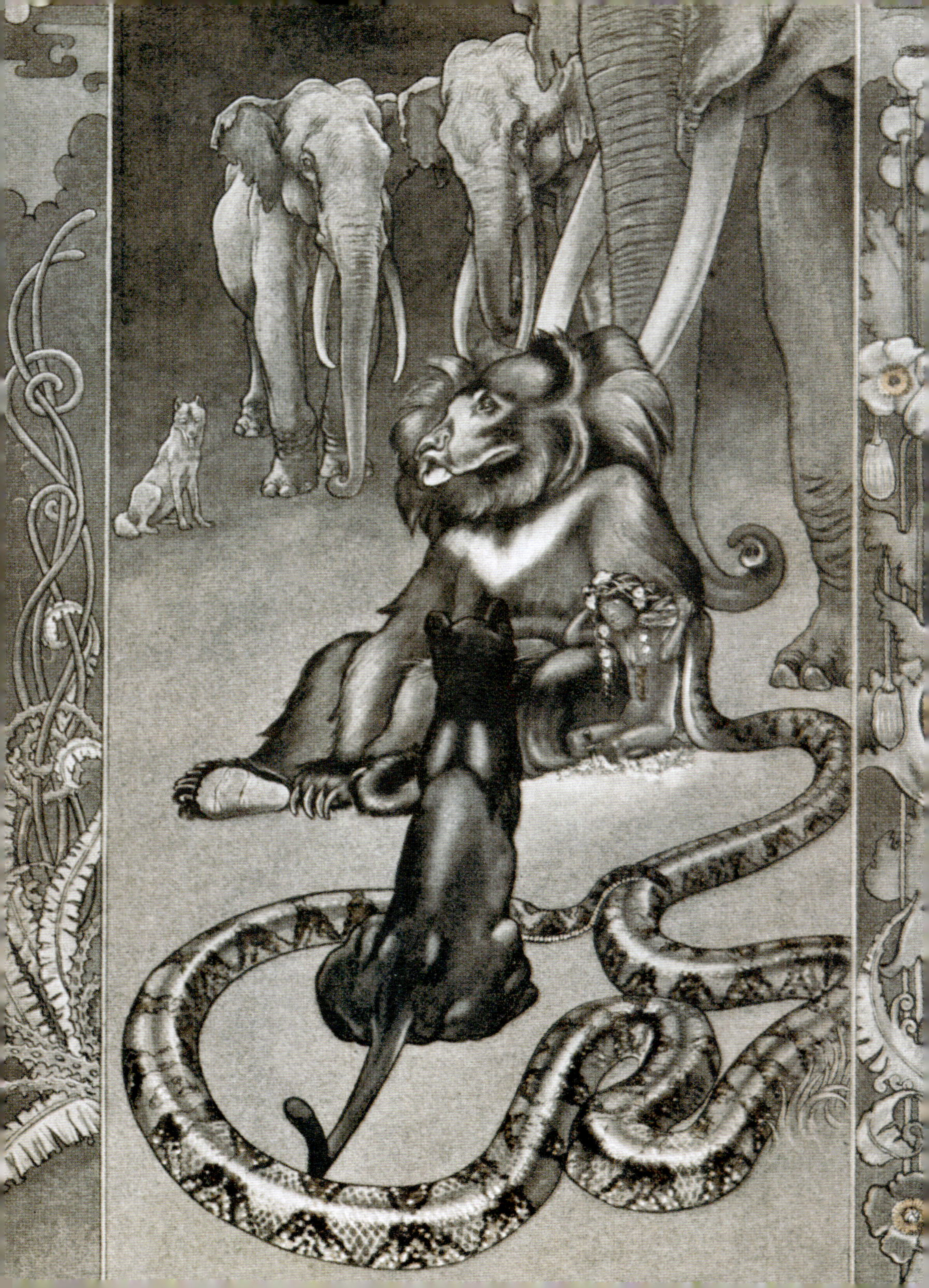

Le Livre de la jungle

Rudyard Kipling — John L. Kipling

Titre original *The Jungle Book*, 1894
Nationalité Angleterre, 1865
Édition française multiples éditeurs
Thèmes histoires d'animaux, amitié

Mowgli, le « petit d'homme » élevé par des loups dans la forêt de Seeonee, quelque part en Inde à l'époque de l'Empire britannique, est le héros de huit nouvelles. Trois figurent dans *Le Livre de la jungle* et cinq autres dans *Le Second Livre de la jungle*. Mowgli est devenu célèbre dans le monde entier et les créations de Kipling sont très présentes dans l'imagerie populaire. Le génie de conteur et de poète de Kipling ne fut pas toujours reconnu, mais les personnages qu'il a créés font aujourd'hui partie de la culture générale (un phénomène renforcé par les versions de ses œuvres réalisées par Disney).

Beaucoup de lecteurs considèrent ses histoires comme des allégories ou des fables. Elles possèdent sans aucun doute un code moral, ce qui est manifeste dans celles de Rikki-Tikki-Tavi la mangouste héroïque, de Toomaï le petit cornac et de Kotick le phoque blanc. Toutefois, les personnages sont subtils, complexes et convaincants. Qui ne croit pas Akela lorsqu'il est destitué de son rôle de chef du clan des loups, ou Baloo, lorsqu'il dit aimer beaucoup Mowgli ? Il ne s'agit pas seulement d'animaux anthropomorphiques, mais de morceaux d'humanité.

Kipling était un grand écrivain. Il avoua avoir placé dans ces histoires « tout ce qu'il avait entendu ou rêvé à propos de la jungle indienne ». Bien qu'il soit né en Inde et y ait passé les premières années de sa vie professionnelle, il n'était pas homme à vivre à l'extérieur. La jungle qu'il décrit est entièrement inventée, de même que le comportement de ses animaux. **VN**

El Ratón Pérez

Luis Coloma

Nationalité Espagne, 1851
Édition Corazón de Jesús, Espagne, 1894
Thème contes populaires

La souris Pérez imaginée par Luis Coloma est celle qui laisse un petit cadeau sous l'oreiller des enfants lorsqu'ils perdent une dent de lait. Inspiré par cette tradition populaire, l'écrivain et père jésuite Luis Coloma écrivit *El Ratón Pérez*, une histoire qu'il dédia au jeune roi Alphonse XIII, alors âgé de 8 ans.

Dans l'histoire, le roi Bubi perd une dent à l'âge de 6 ans et se voit conseiller de la placer sous son oreiller avec une lettre pour Pérez la souris. Celle nuit-là, Pérez rend visite au roi Bubi et le transforme en souris, de sorte que le jeune roi peut l'accompagner en voyage – un voyage qui commence dans un palais et s'achève dans un petit grenier.

Coloma écrivit beaucoup d'histoires basées sur les contes populaires et les traditions en employant un style vivant, bon enfant, qui donne plus de poids à son intention ouvertement moraliste et éducative. L'histoire de Pérez la souris renforce le sentiment que tout un chacun, riche ou pauvre, est un enfant de Dieu et incite le jeune roi à être aussi juste et courageux que possible avec ses frères et ses sœurs.

Fidèle à son époque, l'histoire donne des informations sur les coutumes et les mœurs locales, ainsi que sur des lieux et des personnes qui ont réellement existé. Coloma écrivit plusieurs nouvelles et romans, dont certains comme *Pequeñeces* ont eu un remarquable succès. Cette œuvre est la première recréation littéraire connue d'une tradition populaire enfantine, qui connaît d'autres références dans d'autres cultures, comme la petite souris en France ou la fée des dents dans la culture anglo-saxonne. **EB**

Baloo, Kaa, Bagheera et les éléphants de l'édition de 1894.

Histoires comme ça

Rudyard Kipling

Titre original *Just So Stories*, 1902
Nationalité Angleterre, 1865
Édition française multiples éditeurs
Thèmes histoires d'animaux, amitié

5+

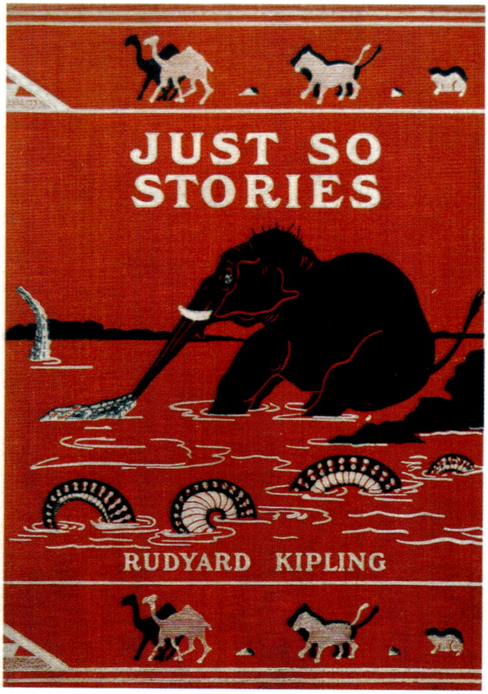

Autres livres de Rudyard Kipling

Le Livre de la jungle (p. 207)
Kim
Puck, lutin de la colline
Le Second Livre de la jungle
Retour de Puck

Les grandes histoires peuvent changer la vie. Je le sais, car *L'Enfant d'éléphant*, l'une des *Histoires comme ça* de Rudyard Kipling, changea la mienne. Ma mère avait l'habitude de nous la lire, à mon frère et à moi-même, lorsque nous étions petits, assis sur le lit, seuls tous les trois avec l'histoire. Il s'agit de l'histoire d'un petit éléphant « plein d'une insatiable curiosité », qui pose des questions embarrassantes. Sa famille le punit et lui donne des fessées, mais il continue de poser des questions. Le jeune éléphant se rend « sur les rives du grand Fleuve Limpopo, aux grasses eaux vert-de-grisées et huileuses… » et commence à interroger le crocodile. À cette époque, les éléphants n'avaient pas de trompe, mais un nez assez court.

« Il posait des questions à propos de tout ce qu'il voyait, entendait, ressentait, humait, ou touchait… »

Quand l'éléphanteau se penche vers le crocodile pour lui poser une question, celui-ci le saisit par le nez ! Le petit éléphant tire, tire et tire tant et si bien que son nez s'allonge, devenant une trompe.

Naturellement, comme toutes les histoires d'animaux, celle-ci parle de nous-mêmes autant que d'un petit éléphant. Il s'agit d'un enfant qui grandit et découvre que les adultes n'ont pas réponse à tout et que les enfants peuvent parfois être leurs égaux. C'est une histoire qui donne un profond sentiment de force à un enfant et qui répond fortement à ses désirs ! Ce qui rend l'histoire si particulière à mes yeux est la manière dont Kipling la raconte. Il utilise dans un langage si lyrique et musical, si approprié au récit, que nous sommes aussitôt transportés. Je fus transporté à 3 ans. J'ai aujourd'hui 65 ans et je le suis toujours.

Dessin original de Kipling représentant le petit éléphant attrapant des bananes.

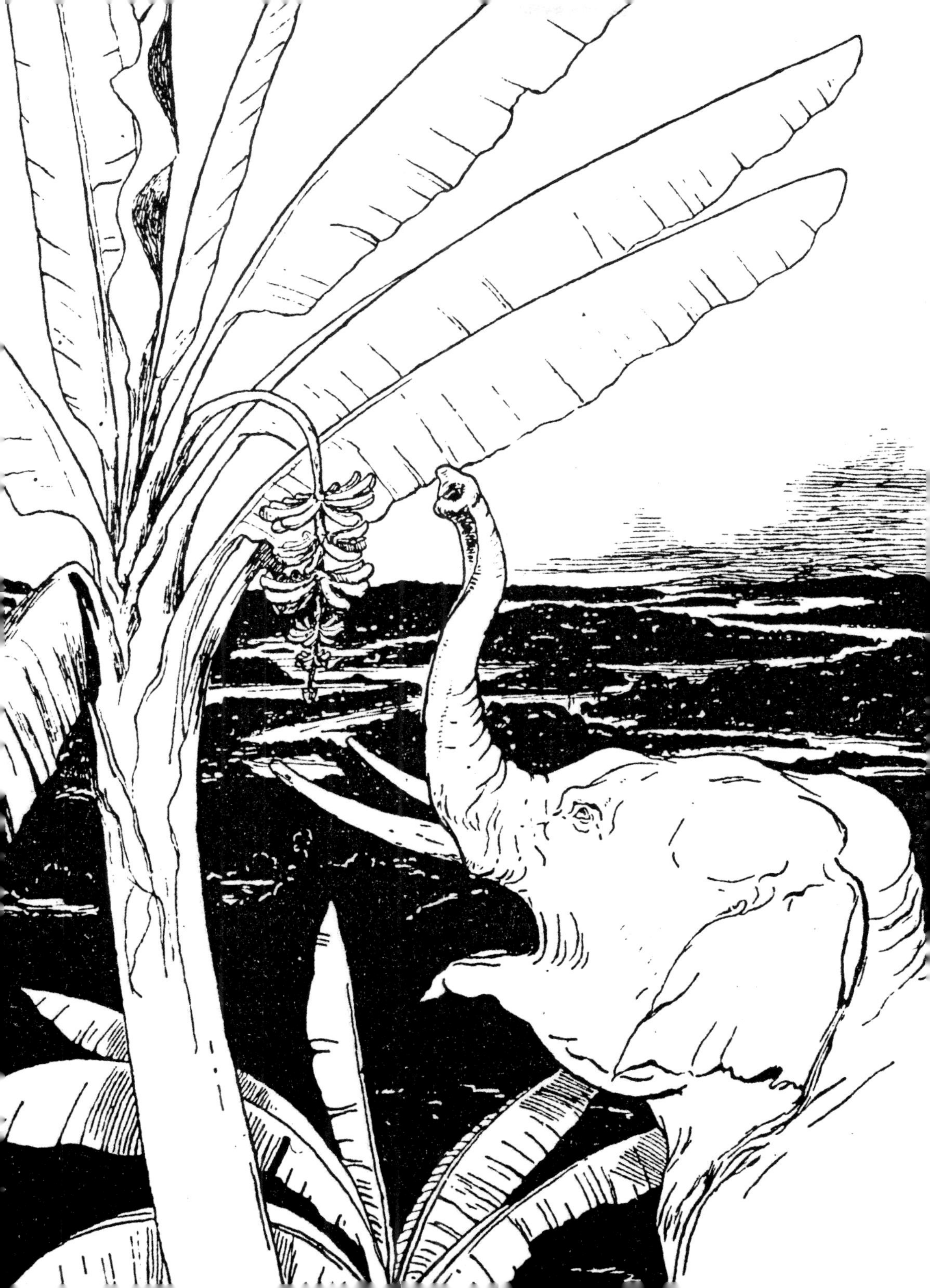

The Dutch Twins

Lucy Fitch Perkins

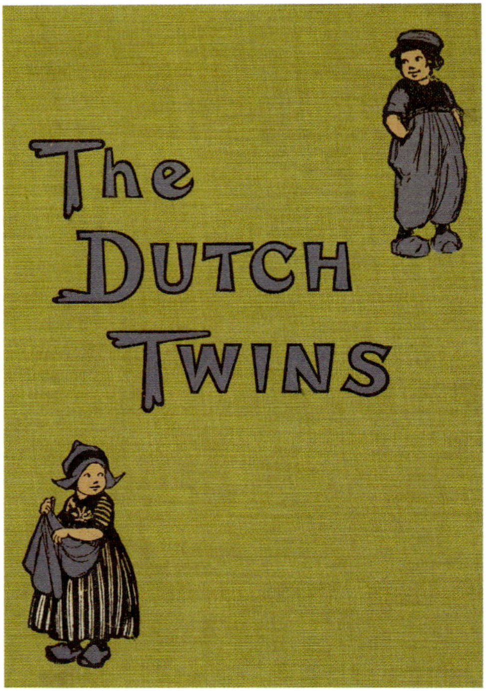

« Reste tranquille, veux-tu ?
Tu vas effrayer les poissons.
Les filles ne savent pas pêcher… »

Autres livres parlant de jumeaux

Pénélope et les jumeaux, Anne Gutman
Les Jumeaux du roi, N. Schneegans, J.-L. Besson
Max et Jo, Ophélie Texier
Jumeau, jumelle, M. O'Hair, T. Courtin
Coucou les jumeaux, C. Voake

Nationalité États-Unis, 1865
Édition Houghton Mifflin, États-Unis, 1911
Thèmes famille, amitié, aventure, excentricité

Kit et Kat sont un garçon et une fille de 5 ans qui sont jumeaux. Ils sont les enfants d'agriculteurs hollandais et leur participation aux corvées et aux activités familiales quotidiennes est le point de départ de leurs diverses aventures et mésaventures. Les six récits du livre présentent aux enfants la vie à la campagne. Kit et Kat vont ainsi pêcher avec leur grand-père, emportent les produits de la ferme pour les vendre sur un bateau avec leur père et mettent leurs plus beaux habits pour livrer le lait.

The Dutch Twins, l'un des 26 livres de la série populaire de l'auteur sur les jumeaux, peut paraître quelque peu démodé à certains lecteurs, notamment la dispute qui oppose constamment Kit et Kat sur le fait que les filles ne peuvent faire la même chose que les garçons. « Les garçons peuvent faire énormément de choses dont les filles sont incapables », déclare Kit. Pourtant, au cours du récit, Kat gagne une course de patinage et Kit est remis à sa place. Tous les problèmes susceptibles de perturber l'équilibre de la relation entre les jumeaux sont rapidement mis de côté. Cela est notamment symbolisé par les majestueux moulins qui pompent l'excès d'eau des champs afin de les rendre cultivables et d'en faire une source de revenus pour les fiers fermiers néerlandais.

Il y a constamment des tâches à accomplir. Le goût du travail qui règne chez les trois générations de la famille domine l'histoire et renseigne le lecteur sur le mode de vie néerlandais traditionnel, qui, en dépit de l'adversité, permit à la nation de survivre. **AR**

Maya l'abeille

Waldemar Bonsels

Titre orig. *Die Biene Maja und ihre Abenteuer*, 1912
Nationalité Allemagne, 1880
Édition française multiples éditeurs
Thèmes histoires d'animaux, science et nature

Maya l'abeille devint un best-seller dans le monde entier lorsque le livre fut publié pour la première fois en 1912. Depuis, l'ouvrage a été traduit en plus de 40 langues. Le roman raconte à ses lecteurs les aventures d'une abeille indépendante qui abandonne sa ruche pour partir explorer le monde. Aujourd'hui, beaucoup d'enfants connaissent Maya et ses amis insectes grâce à la célèbre série animée télévisée.

Au cours de son voyage, Maya fait la connaissance d'un certain nombre d'insectes, notamment d'un charançon, d'une mouche, d'une sauterelle, d'un papillon, d'une coccinelle et d'un mille-pattes. Dans l'un des chapitres, Maya écoute le chant d'un criquet au cours d'une nuit étoilée et se lie d'amitié avec un elfe. Lorsqu'elle est faite prisonnière par les frelons, elle apprend que ceux-ci projettent d'attaquer son ancienne ruche. Elle parvient à s'échapper et regagne cette dernière afin de prévenir la reine d'une attaque imminente. Elle sauve ainsi la ruche de la destruction par les frelons, qui sont néanmoins des prédateurs dotés d'un certain courage.

L'œuvre de Bonsels est charmante et éducative du fait que toutes les créatures et leurs habitats sont décrits avec une grande précision sur le plan biologique, hormis le fait que les êtres en question parlent. À travers ses conversations avec eux, Maya apprend non seulement de nombreux secrets de la nature, mais aussi des vérités profondes sur le sens de la vie et de la mort. **FHG**

Josette et ses poupées

H. C. Cradock Honor C. Appleton

Titre original *Josephine and her Dolls*, 1916
Nationalité Angleterre, 1863 (aut.), 1879 (ill.)
Édition française Nathan
Thème amitié

5+

Josette et ses poupées est le premier d'une série de courts livres d'images écrits par Mme Henry Cowper Cradock au cours de la Première Guerre mondiale. Épouse d'un pasteur, Mme Cradock écrivait à l'origine des histoires pour sa fille.

Josette a 8 ans et c'est une enfant unique. Plutôt autoritaire, elle passe ses journées à imaginer des aventures pour sa famille de seize poupées. Parmi celles-ci figurent deux poupées coréennes, Quacky Jack, un canard jaune en costume de marin, divers ours en peluche et un soldat, Sunny Jim, qui part à la guerre. Dans tous les livres, Josette est la narratrice et joue le rôle d'une adulte, tandis que ses poupées sont ses « enfants » et se voient enseigner diverses choses intéressantes. Les jouets s'amusent à imiter des activités quotidiennes.

Il s'agit du seul livre de la série qui évoque les événements contemporains. Il reflète le sens du patriotisme et du sacrifice propres à la Première Guerre mondiale lorsque les jouets disent au revoir à Sunny Jim qui part pour le front. À la fin du livre, les poupées évoquent la paix conclue entre le roi et l'empereur. Si ces livres n'attirent plus beaucoup de jeunes lecteurs, ils ont beaucoup de succès auprès des collectionneurs adultes qui apprécient la qualité de leur impression et de leur réalisation ainsi que les charmantes illustrations d'Honor C. Appleton. Ses délicates aquarelles dépeignent le monde plein d'imagination de l'enfance dans toute son innocence. **HJ**

Les Aventures de Magic Pudding

Norman Lindsay

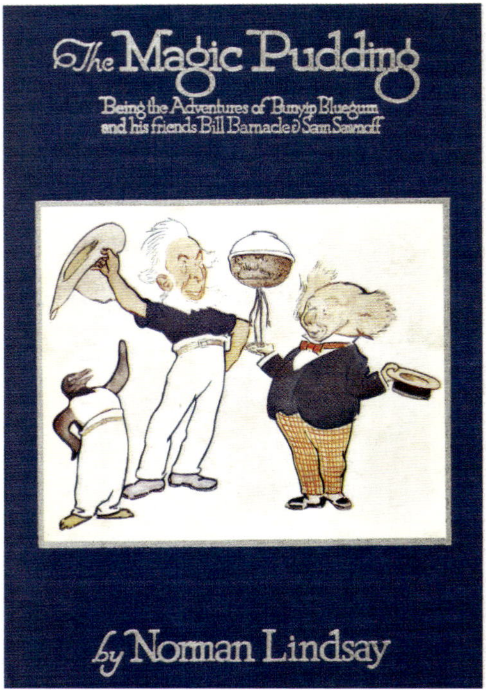

5+

Titre original *The Magic Pudding*, 1918
Nationalité Australie, 1879
Édition française Anatolia
Thèmes histoires d'animaux, amitié, excentricité

« Mangez, mastiquez, mâchonnez et engloutissez et avalez. Ne quittez jamais la table avant d'avoir mangé à satiété. »

Autres histoires de gâteaux

***Les Aventures de Pettson et Picpus, le gâteau d'anniversaire*, Sven Nordqvist**
***Un gâteau cent fois bon*, M. Chevalier, J. Capek**

Lorsque l'artiste Norman Lindsay décida d'écrire un livre à propos d'un gâteau enchanté appelé Albert, il imagina un groupe magique d'amis : Bill Barnacle, un marin, Sam Sawnoff, un pingouin, et Bunyip Bluegum, un koala. Ces derniers devaient protéger le gâteau, doté d'un mauvais caractère, contre les voleurs. Albert est un gâteau spécial : il peut marcher, parler, changer de goût à volonté et être mangé de façon continuelle sans disparaître.

L'histoire commence au moment où Bunyip quitte la maison pour échapper aux moustaches outrageantes de son oncle Wattleberry. Il rencontre Sam et Bill qui sont en train de manger Albert, qui est alors un gâteau à la viande et aux rognons. Les deux amis lui en offrent une part. Lorsque les voleurs de gâteaux, un opossum et un wombat, tentent de s'emparer d'Albert, Bunyip aide à les combattre. Le livre évoque les aventures du groupe d'amis et les différents personnages qu'ils rencontrent au fur et à mesure, dont un kookaburra qui insulte constamment Bill et qui s'en sort indemne, car Bill a juré qu'il ne combattrait personne qui possède un bec. Lorsque les voleurs de gâteaux finissent par avoir Albert, les trois amis doivent intenter une action en justice afin d'être reconnus comme ses propriétaires légitimes.

Lindsay écrivit *The Magic Pudding* lorsqu'il était en deuil de son frère, au cours de la Première Guerre mondiale. Malgré sa tristesse, le livre, superbement illustré, est plein d'humour et continue d'enchanter petits et grands. Philip Pullman affirma qu'il s'agissait « du livre pour enfants le plus drôle jamais écrit ». **LH**

Tales of Snugglepot and Cuddlepie

May Gibbs

Nationalité Australie, 1877
Édition Angus and Robertson, Australie, 1918
Thèmes famille, histoires d'animaux, fantastique, personnages favoris

Deux demi-frères appelés Snugglepot et Cuddlepie, vêtus d'une coque de fruit d'eucalyptus, sont les héros improbables de cette série enfantine classique en Australie. Les deux bébés ont d'abord été représentés en train d'épier, cachés derrière une feuille d'eucalyptus dans *Tales of Snugglepot and Cuddlepie* ; dans leurs aventures ultérieures, d'autres personnages apparurent, comme Little Ragged Blossom et Little Obelia, un farfadet marin rencontré au cours d'une aventure sous les flots.

Les deux bébés habitent dans des nids en feuilles d'eucalyptus, au plus profond du bush, où ils rencontrent de nombreuses créatures, amicales ou dangereuses. Les histoires de May Gibbs sont peuplées de fourmis et d'autres insectes menaçants, d'oiseaux à bec pointu, de lézards et de serpents, sans compter les méchants hommes-banksias « mauvais et cruels ». Leurs immenses visages inspirés par les grosses fleurs velues des banksias, des arbustes du bush, ont dû hanter l'imagination de beaucoup d'enfants.

La formation artistique de Gibbs lui permit de représenter les plantes et les animaux indigènes de l'Australie. Exploitant une vague de fierté nationale consécutive à la Première Guerre mondiale, elle réalisa des illustrations qui révèlent une volonté consciente de recenser la faune et la flore de son pays d'adoption. Son véritable amour pour les créatures du bush inspira son travail et le message qu'elle transmettait aux enfants était d'être bon envers tous les habitants du bush, à l'exception peut-être des serpents. **SM**

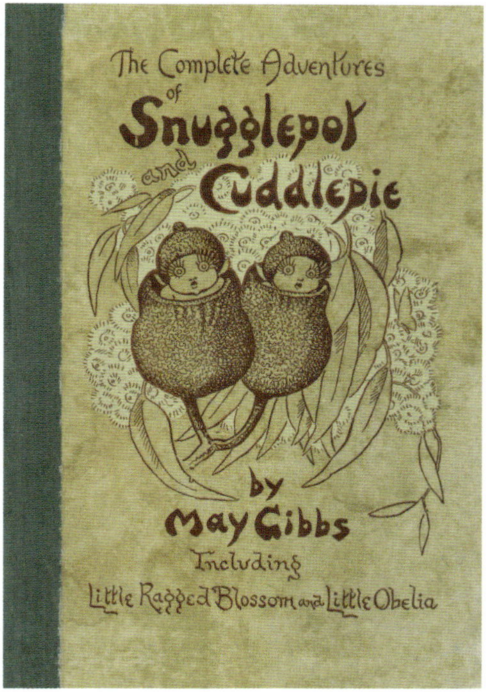

« Ces humains sont aussi mauvais que le mal, mais il doit y avoir des mauvaises choses qui sont aussi bonnes que le bien. »

Autres histoires de farfadets et lutins

Les Petits Elfes de la forêt, Elsa Beskow (p. 69)
L'École des lutins, L. Van Ruymbeke, A. Clerisse, M. Rigaudie
L'Enfant des farfadets, M.-H. Delval
Les Turlutins et les Écureuils, G. Muller

5+

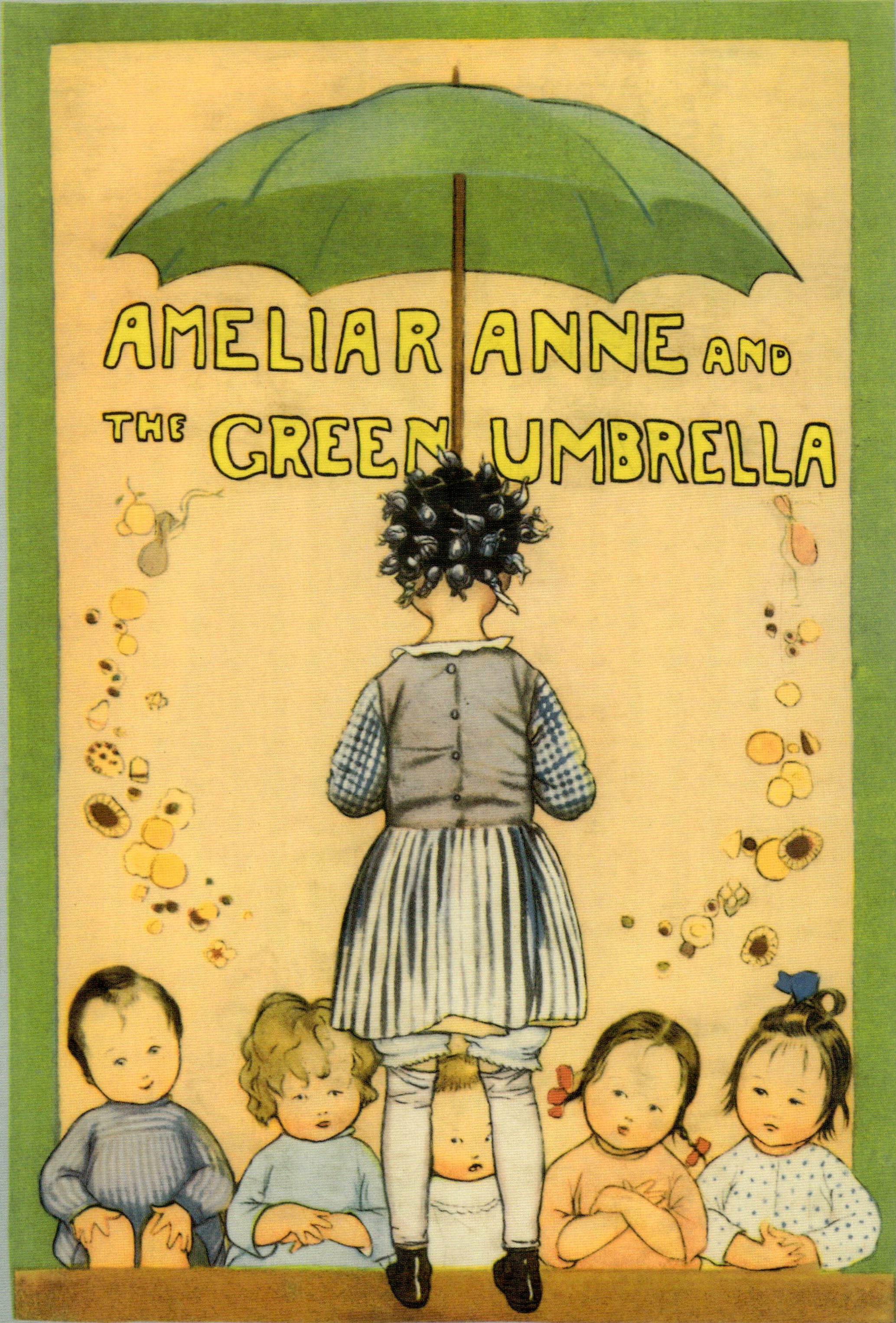
AMELIAR ANNE AND
THE GREEN UMBRELLA

Ameliaranne and the Green Umbrella

Constance Heward   Susan Pearse

Nationalité Angleterre, 1884 (aut.), 1878 (ill.)
Édition Harrap, Grande-Bretqgne, 1920
Thème amitié

Ameliaranne and the Green Umbrella est le premier d'une série de livres illustrés évoquant la vie d'une petite fille pleine de ressource. Ameliaranne Stiggins est dessinée dans une tenue caractéristique, composée de bas qui tombent et d'une longue culotte qui dépasse de sa robe et entourée de ses frères et sœurs. Dans les premières pages, Ameliaranne est représentée en train de porter des courses et sa mère apparaît aussi, travaillant dur, les manches repliées et la jupe retroussée, avec un immense panier de linge. Ameliaranne est invitée à boire un thé chez Squire, mais les cinq petits Stiggins ne peuvent l'accompagner, car ils sont enrhumés. Curieusement, Ameliaranne emporte un parapluie.

Les illustrations rendent vivant le texte très simple et montrent Squire, un vieil homme jovial comme le Père Noël, devant la porte de sa maison, tandis que sa sœur, Miss Josephine, une vieille fille revêche, se tient avec réticence en haut des escaliers. Lorsque l'invitation touche à sa fin, Miss Josephine tente d'ouvrir impatiemment le parapluie d'Ameliaranne. Après quelques efforts, celui-ci s'ouvre et des gâteaux ainsi que des biscuits en tombent. Ameliaranne éclate en sanglots tandis que Miss Josephine la gronde, mais le gentil Squire vient à son secours. Ameliaranne n'a rien mangé, mais a caché des gâteaux pour les partager avec ses frères et sœurs. Ameliaranne triomphe à la fin, car Squire la renvoie chez elle avec assez de gâteaux pour toute sa famille. **CW**

Rupert the Bear

Mary Tourtel

Titre complet *Adventures of Rupert the Little Lost Bear*
Nationalité Angleterre, 1874
Édition Thomas Nelson and Sons, G.-B., 1921
Thèmes personnages favoris, aventure

L'ours Rupert fut d'abord mis en scène sous forme de bande dessinée dans un journal britannique, le *Daily Express*. Celle-ci, intitulée *Little Bear Lost*, ayant pour sujet un ours brun qui n'avait pas de nom, commença à être publiée le 20 novembre 1920. Durant la Seconde Guerre mondiale, Rupert fut considéré comme le symbole d'une Angleterre indemne, en paix, dans laquelle rien de mal ne pouvait advenir. Rupert et ses amis, parmi lesquels figurent Podgy Pig, Bill Badger, Raggety, Bingo et Ping-Pong, vivent à Nutwood.

En 1921, la bande dessinée fut éditée sous la forme d'un livre, *The Adventures of Rupert the Little Lost Bear*. Rupert a fait depuis l'objet de séries télévisées, est apparu sur des timbres-poste et même dans une vidéo avec Paul McCartney. Une galerie lui est consacrée au musée de Canterbury en Angleterre, la ville où a grandi Mary Tourtel. Cette dernière avait un mode de vie mouvementé et sa passion de la vie se reflétait dans ses bandes dessinées, dont les personnages étaient drôles, attachants et, en quelque sorte, indémodables. Son Rupert portait un pull bleu et un pantalon gris, mais lorsqu'elle cessa de travailler en 1935, l'illustrateur Alfred Bestall attribua à l'ours sa célèbre tenue composée d'un pull rouge vif, d'une écharpe jaune et d'un pantalon jaune. Rupert fut repris par plusieurs illustrateurs, mais il demeure l'ours adorable avec lequel grandirent des générations d'enfants britanniques – et dont ils gardent la nostalgie même à un âge avancé. **LH**

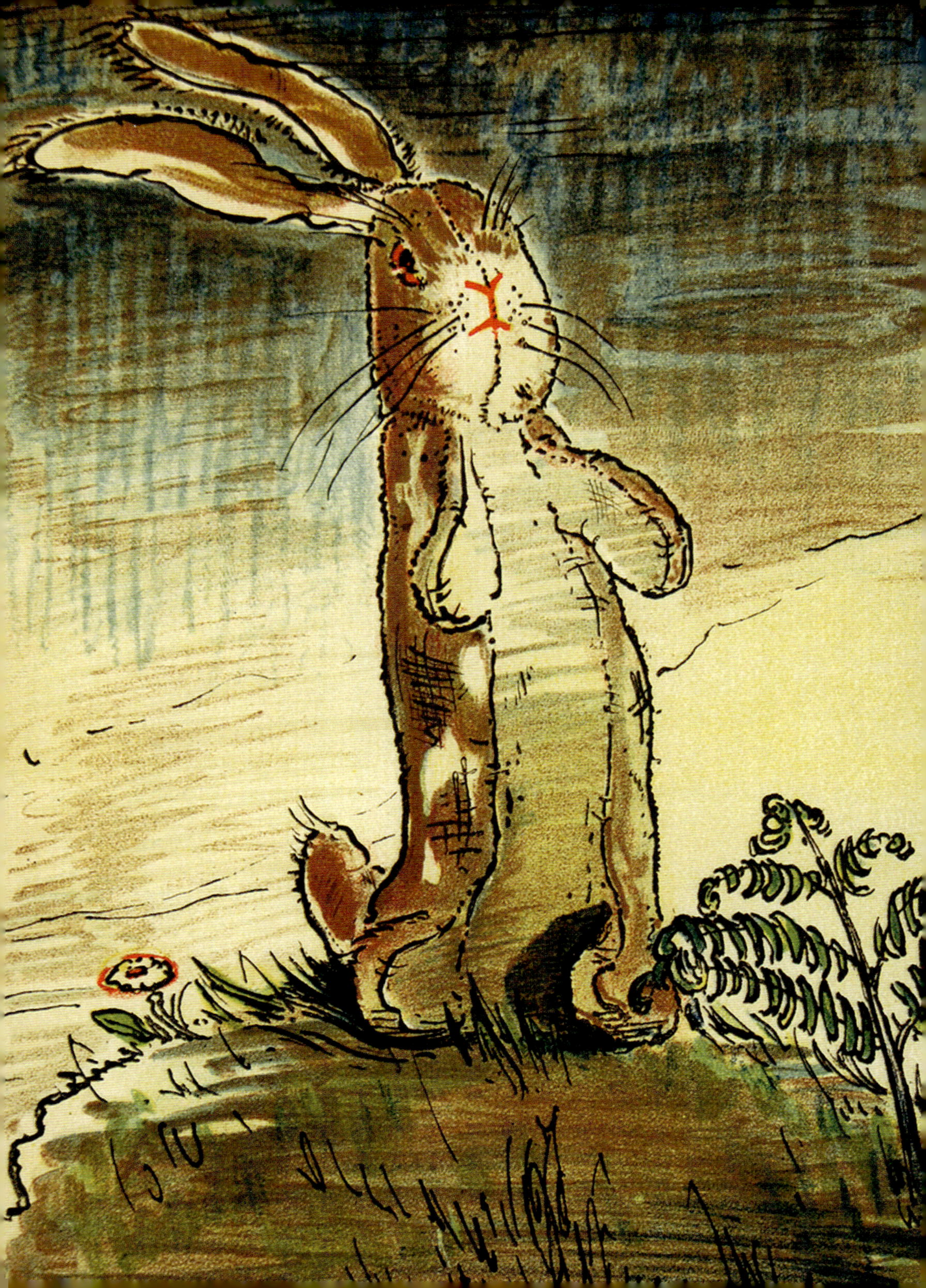

Le Lapin en peluche

Margery Williams William Nicholson

Titre original *Velveteen Rabbit*, 1922
Nationalité Angleterre, 1881 (aut.), 1872 (ill.)
Édition française L'École des loisirs
Thèmes histoires d'animaux, amitié

Depuis sa publication, *Le Lapin de velours*, première œuvre américaine de Margery Williams, a connu un grand succès et a été adapté pour la télévision, le cinéma, la radio et le théâtre. L'auteur explore des sentiments profonds d'attachement et de perte en employant un langage tendre et simple.

Un petit garçon (sans nom) reçoit un beau et gros lapin en velours, mais bientôt il s'en lasse, car il est enthousiasmé par des cadeaux plus originaux. Longtemps, le lapin est dédaigné par son propriétaire jusqu'à ce que le Cheval en bois lui dise que ces autres jouets finiront par se casser, mais que lui fait partie de ceux qui deviennent vivants. Comment devient-on vivant ? En étant aimé, bien sûr, bien que cela prenne du temps.

Un soir, le petit garçon ne trouve pas son chien et sa nounou lui donne le lapin. Le garçon et le lapin s'amusent bien, jouent ensemble pendant la nuit et passent la journée dehors où un jour le lapin voit de véritables lapins. Il est sans aucun doute aimé et se sent vivant, même s'il est usé. Lorsque le petit garçon attrape la scarlatine, le lapin le réconforte en lui parlant de la mer. Lorsque l'enfant est guéri, le médecin décrète que le lapin doit être brûlé pour éviter de transmettre la maladie. Attendant son sort, la peluche verse une vraie larme, dont sort une fée. Elle lui dit qu'il était devenu vivant pour le garçon parce que celui-ci l'aimait, mais qu'il va désormais devenir vivant pour tout le monde. Cette histoire donne envie de se précipiter vers son vieil ours pour le serrer dans les bras. **VN**

Come Hither

Walter de la Mare Alec Buckels

Nationalité Angleterre, 1873 (édit.)
Édition Constable, Grande-Bretagne, 1923
Thèmes poésie, comptines

Walter de la Mare considère avec sérieux son public et sa mission. Si l'histoire, qui se situe au début de l'ouvrage, est un récit fantasque quelque peu affadi par le temps, les poèmes se classent parmi les meilleurs que l'Angleterre ait produits. De la Mare s'inspire aussi bien des écrits de Chaucer, du XIVe siècle, que ceux de poètes géorgiens du début du XXe siècle, comme Edmund Blunden et Harold Monro.

L'anthologie est organisée par thèmes, dont les intitulés sont par exemple « Matin et mai », « Elfe, oh là là / Aïe aïe aïe, fée », « Loin » et « Vieilles légendes et ballades », des titres étranges qui montrent bien l'intérêt de l'éditeur pour la poésie. En tant que poète, celui-ci aimait ce qui était étrange et mystérieux ; en tant que lecteur, il souhaitait être captivé. Bien que manifestement destiné aux enfants, ce recueil de poèmes est bien plus évolué, exigeant et agréable que celui de Palgrave, *Golden Treasury*, qui contient des poèmes victoriens. Hardy, Coleridge, Shakespeare, Blake et Clare ne sont pas des choix poétiques édulcorés et légers, même si certaines des notes placées à la fin du livre semblent s'égarer profondément dans une rêverie féerique et brumeuse. Toutefois, la poésie y est une forêt enchantée : vous-même et vos enfants tomberez sous le charme. **VN**

Livre de Walter de la Mare traduit en français

Le Seigneur des poissons

5+

L'adorable lapin envoûte des générations de lecteurs.

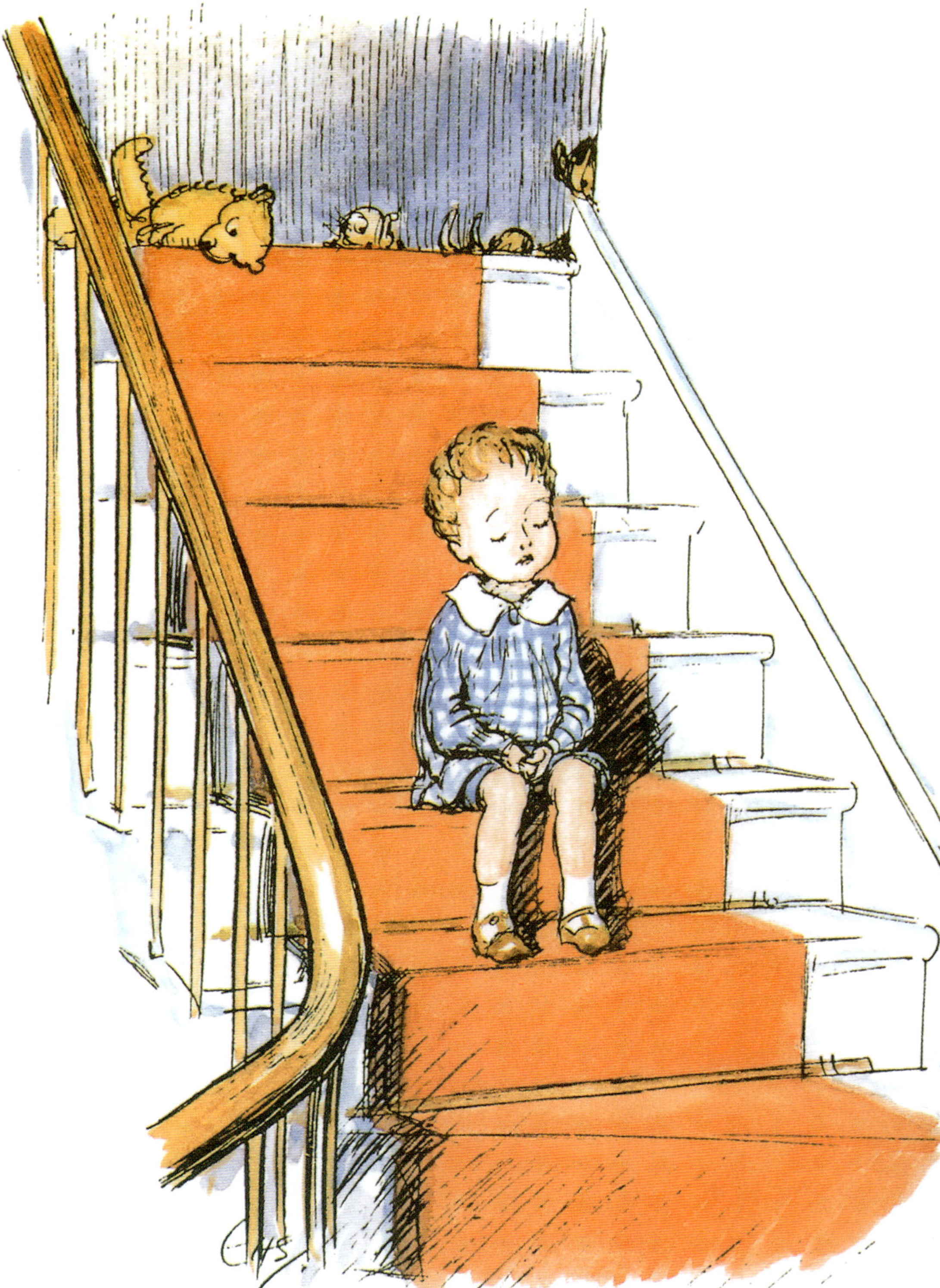

When We Were Very Young

A. A. Milne E. H. Shepard

Nationalité Angleterre, 1882 (aut.), 1879 (ill.)
Édition Methuen, Grande-Bretagne, 1924
Thèmes poésie, personnages favoris

Dans ce recueil de poésie, A. A. Milne s'inspira de l'espièglerie et de la légèreté des enfants pour écrire de véritables poèmes populaires. Que le personnage principal guette la présence d'ours prédateurs tout en jouant sur des dalles de la rue ou qu'il éprouve le désir très enfantin d'aller à la recherche de sa mère, Milne entrelace les mots en évoquant une vision innocente du monde. Cependant, Christopher Robin, son fils, ne trouva pas ces poèmes aussi touchants que les adultes auraient pu l'imaginer et jeta un jour son ours en peluche derrière le canapé en disant : « Il n'aime pas *When We Were Very Young*. » Durant des décennies, ces poèmes furent appris, publiés sous forme de recueils, enregistrés et appréciés pour leurs sujets liés à l'enfance et leurs préoccupations extravagantes.

Paradoxalement, Milne n'aimait « pas excessivement » les enfants et son fils écrivit ultérieurement un livre condamnant son enfance dépourvue d'amour. Il détestait particulièrement le poème *Vespers*, avec son refrain pieux, qui dit à peu près « Chut, chut, chuchote qui l'ose, Christopher Robin dit ses prières ». Il affirma que la plupart des enfants de 3 ans ne prient pas de la façon sérieuse dont on l'entend ici. Milne s'inspira sans doute de ce genre d'événements domestiques pour créer ses satires modérées. **VN**

Livre de A. A. Milne traduit en français

Portraits d'enfants
Les Aventures de Winnie l'ourson **(toute la série)**

Now We Are Six

A. A. Milne E. H. Shepard

Nationalité Angleterre, 1882 (aut.), 1879 (ill.)
Édition Methuen, Grande-Bretagne, 1927
Thèmes poésie, amitié

Ce recueil de poèmes est le pendant de *When We Were Very Young*. Ses vers sont très agréables à lire à haute voix. On y trouve des poèmes convenant à toute occasion, composés de vers courts et simples, comme *Solitude*, ou plus longs, comme *The Knight Whose Armor Didn't Squeak*. De plus, les illustrations en couleurs originales de E. H. Shepard apportent une énergie loufoque à de joyeux poèmes tels que *Sneezles*. Certains poèmes font intervenir Winnie l'ourson, notamment *Us Two* et *Forgotten*, mélodramatique, ou des hymnes à l'amitié naïfs, comme *The Friend* et *Twice Times*.

Certains des poèmes les plus connus sont légèrement satiriques, comme *King John's Christmas*, qui parodie l'enfant que chacun a en soi, même le plus adulte et le plus vil des hommes. Il est difficile de trouver plus absurde que *Waiting at the Window*, la course entre deux gouttes d'eau sur une vitre. *Binker*, qui met en scène l'ami imaginaire d'un enfant, toujours présent, gentil et attentif, plaît beaucoup aux enfants qui adorent découvrir le secret de Binker. Parfois, Milne bascule dans la sentimentalité, comme dans *Pinkle Purr*, mais il s'élève aussi à des niveaux supérieurs, comme dans le mystérieux *Wind on the Hill*.

Le goût de Milne pour les plaisirs paisibles et simples de l'enfance était sans doute une réaction aux horreurs auxquelles il avait assisté durant la Première Guerre mondiale. Si ses contemporains cherchèrent à se rebeller, Milne se construisit un refuge idyllique où rien ne pouvait le menacer. **VN**

5+

« À mi-chemin dans l'escalier / Il est une marche / Où je suis assis. »

L'Histoire d'une toute petite fille

Joyce Lankester Brisley

Titre original *Milly-Molly-Mandy Stories*, 1928
Nationalité Angleterre, 1896
Édition française Hachette
Thèmes famille, amitié, aventure

5+

Millicent Margaret Amanda porte une robe à rayures roses et vit dans une jolie maison de campagne blanche au toit de chaume avec sa mère, son père, sa grand-mère, son grand-père, son oncle, sa tante et son chien. Ce personnage a enchanté des générations d'enfants depuis son apparition dans les années 1920. Une joyeuse petite fille pleine de ressource qui n'a jamais dépassé 7 ans et ses amis, Little-Friend Susan et Billy Blunt, flânent dans le petit univers de leur village, aident à construire un toit de chaume, à aménager un jardin, vont au bord de la mer et prennent le thé.

Pour les enfants d'aujourd'hui, ces sympathiques histoires nécessitent quelques explications : durant les années 1920 à la campagne, il n'y avait ni Internet ni ordinateur. Le cercle social est restreint et les relations sont essentiellement familiales ; les sorties sont rares et donc réellement enthousiasmantes ; le cycle de la vie est proche de celui de la nature.

Les illustrations pittoresques de l'auteur renforcent les aspects idylliques d'un monde qui, en réalité, impliquait un grand nombre de tâches pénibles. Mais personne ne se montre impatient ou désagréable et les seuls incidents sont la recherche d'un bébé remuant, qui se pique en cueillant des mûres, et le fait que les courses soient mélangées. La nostalgie des parents et l'absence d'éléments perturbants dans ces histoires font qu'elles continuent de plaire, aujourd'hui comme hier. **VN**

Des chats par millions

Wanda Gág

Titre original *Millions of cats*, 1929
Nationalité États-Unis, 1893
Édition française Circonflexe
Thèmes histoires d'animaux, famille, amitié

L'histoire merveilleuse de Wanda Gág évoque d'abord un très vieil homme et une très vieille femme très seuls. Le vieil homme part à la recherche du plus beau chat blanc qui existe au monde pour son épouse, mais il ne parvient pas à se décider et ramène chez lui tous les chats qu'il a pu trouver afin que sa femme fasse son choix.

« Il y a des chats ici et des chats là, des chatons et des chattes partout. Des centaines, des milliers de chats. Des millions et des billions et des trillions de chats… » Lorsque la femme déclare qu'il est impossible de s'occuper de tant de chats, ceux-ci sont incités à choisir le plus beau d'entre eux. Naturellement, les chats se battent pour savoir lequel restera et à la fin, il ne reste qu'une petite chatte décharnée qui n'est pas particulièrement belle.

Des chats par millions est aujourd'hui considéré comme l'un des premiers livres d'images modernes. Il s'agit d'un merveilleux récit opposant la vanité à l'humilité et il reste aussi apprécié aujourd'hui qu'au moment de sa première publication. Le style plein de charme et populaire de l'auteur, ses illustrations simples en noir et blanc, son langage lyrique et son refrain entraînant que les enfants reprennent joyeusement à chaque lecture font de ce livre un ouvrage favori dans les familles. À 17 ans, Wanda Gág écrivit dans son journal : « Ma devise : dessiner pour vivre et vivre pour dessiner. » Depuis, les enfants du monde entier sont heureux de profiter de son art. **KD**

Grisette et ses amis

Alison Uttley Margaret Tempest

Titre original *The Squirrel, the Hare and the Little Grey Rabbit*, 1929
Nationalité Angleterre, 1884 (aut.), 1892 (ill.)
Édition française Flammarion
Thèmes histoires d'animaux, amitié

Les récits des aventures du petit lapin gris, de l'écureuil et du lièvre ont enchanté des millions d'enfants depuis leur première parution. Dans le premier livre de la série, le bon sens du petit lapin gris permet à ses amis d'échapper à la belette prédatrice.

Les intrigues d'Alison Uttley sont simples et souvent quelque peu moralistes. Ainsi, l'écureuil emmène ses amis patiner bien que la glace soit fine, ou le lièvre commet des erreurs en jouant le rôle du lapin de Pâques. Les tendres descriptions de la nature, de l'amitié et des premières expériences sociales rendent cette série de livres très attachante. Le petit hérisson vient juste d'entrer à l'école : cela sera-t-il effrayant ? La taupe instruite aide les autres à apprendre de nouvelles choses. Sam le cochon se perd et perd son argent, mais parvient à rentrer chez lui sans dommage. Le petit lapin gris plante des graines pour oiseaux et est déçu de ne pas voir pousser des canaris.

L'auteur possédait une redoutable intelligence. Seconde femme à obtenir un diplôme de physique à l'université de Manchester, elle était un auteur combatif qui se querella longtemps avec son illustratrice au sujet des droits de création du petit lapin gris.

Femme de la campagne issue de la vallée du Derbyshire, Uttley aimait écrire sur les animaux, car elle « pensait qu'ils avaient des manières simples ». Son intelligence transparaît dans ses histoires empreintes de charme. **VN**

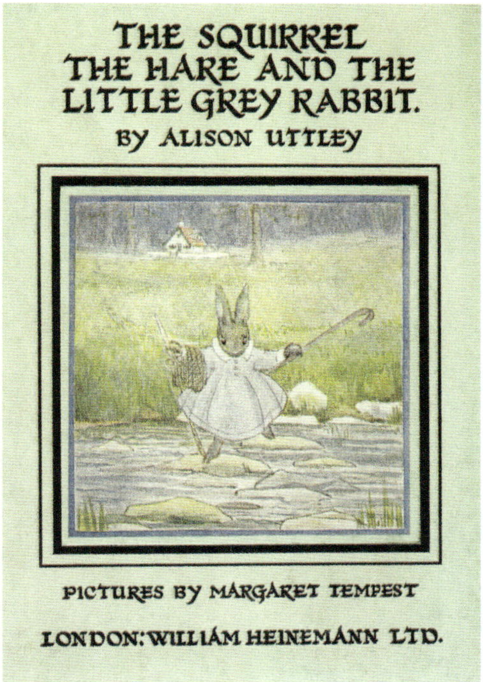

« Les bougies du petit lapin gris étaient faites de jonc trempé dans de la cire. »

Autres livres d'Alison Uttley

Comment Lièvre échappa au renard
La Maison du petit lapin gris
Comment Doupiquant regagna sa maison

5+

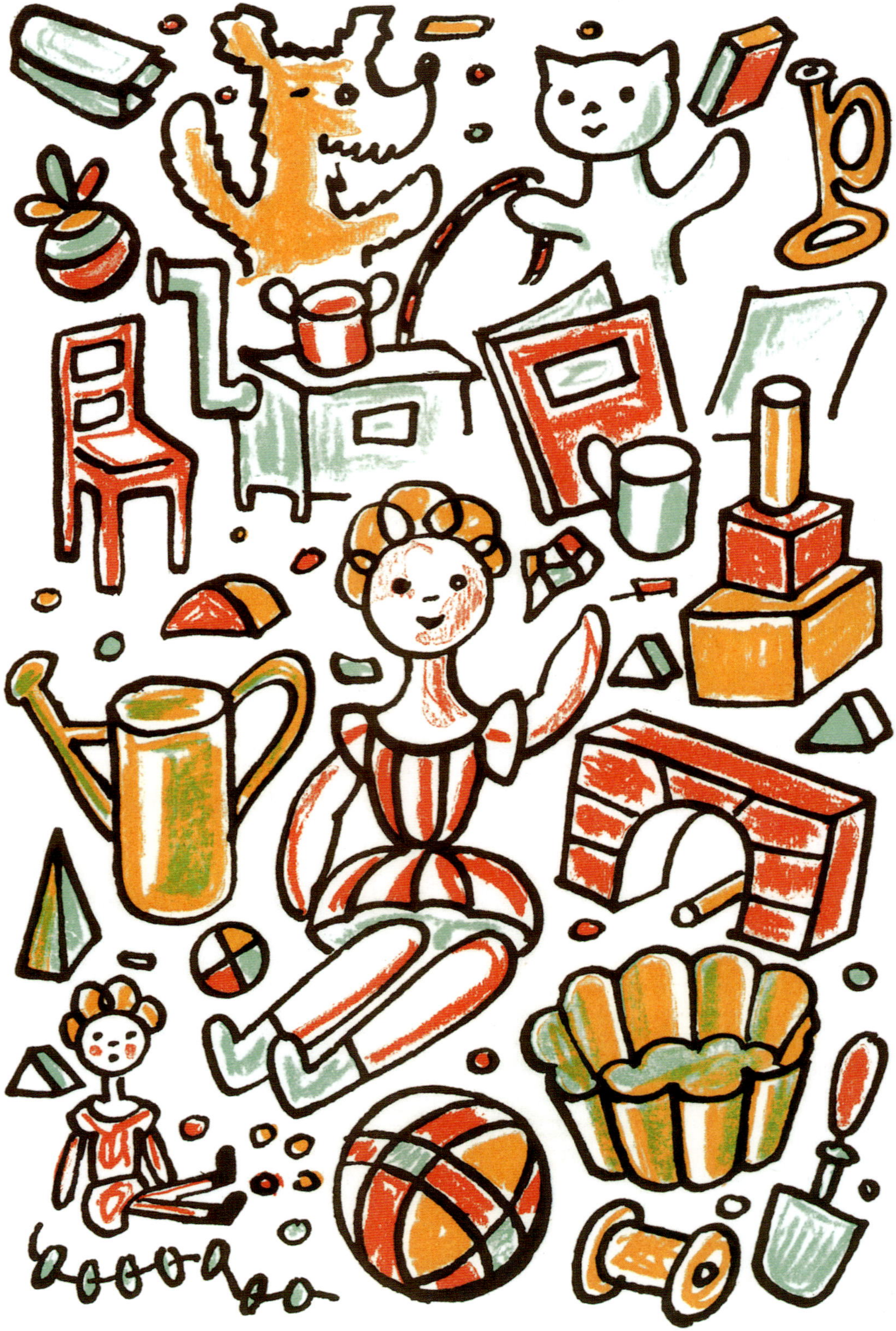

Histoires de Chien et de Chat

Josef Čapek

Titre original *Povidani o pejskovi a kocicce*, 1929
Nationalité Tchécoslovaquie, 1887
Édition française MeMo
Thème histoires d'animaux

« Ils s'aiment comme chien et chat » dit un proverbe tchèque, en évoquant ironiquement l'animosité qui règne entre deux personnes. Josef Čapek prit le proverbe dans son sens littéral et écrivit une charmante série d'histoires à propos de Chien et de Chat qui s'aiment et vivent ensemble.

La relation entre Chien et Chat est une représentation humoristique des rapports complexes qui existent entre un homme et une femme. Les onze histoires de Čapek sont originales et empreintes d'absurde. Chien et Chat aident la fière chemise de nuit, qui doit se déshabiller avant d'aller se coucher, trouvent une poupée qui pleure avec de vraies larmes et créent leur propre pièce de théâtre. L'une des histoires, qui concerne le jour de l'Indépendance et dans laquelle Chien fait des commentaires sur l'homme politique révolutionnaire Tomas Masaryk, ne fut pas publiée pendant le régime communiste. Les aventures des deux animaux sont illustrées par des dessins en noir et blanc ornés de taches de couleur qui révèlent la fantaisie enfantine de l'auteur et sa créativité. Elles contribuent également au caractère décontracté du livre, et font partie du récit, dont elles représentent des moments-clés, en en renforçant l'émotion et l'humour.

Josef Čapek était un auteur et artiste tchèque important. Il était le frère de Karel Čapek, un écrivain encore plus célèbre. Josef inventa en outre le mot « robot » que son frère fit entrer dans la littérature. **PO**

Les Contes du chat perché

Marcel Aymé Natalie Parain

Nationalité France, 1902 (aut.)
Russie, 1897 (ill.)
Édition Gallimard, France, 1934
Thèmes histoires d'animaux, famille

5+

Les Contes du chat perché se composent en réalité des *Contes rouges du chat perché* et des *Contes bleus du chat perché*. Dans sa préface, Marcel Aymé nous dit que ses contes à méditer sont destinés aux enfants âgés de 4 à 77 ans.

Les 17 histoires des recueils se déroulent au cœur de la France rurale où deux sœurs, Delphine et Marinette, vivent avec leurs parents dans une ferme. La ferme familiale abrite aussi un petit monde mystérieux d'animaux capables de penser et de s'exprimer. Tous les animaux ont leur propre personnalité, comme le bœuf blanc qui veut consacrer son temps à l'étude et aux plaisirs intellectuels, le cochon qui se prend pour un paon, le canard qui décide de voyager autour du monde pour échapper au terrible sort qui l'attend selon lui, le loup qui promet de ne plus jamais manger de petites filles. Quant au chat, il fait la loi.

Confrontées à des parents peu compréhensifs et qui les traitent souvent avec rudesse, les deux fillettes ne peuvent s'appuyer que sur leur amitié avec les animaux pour se sortir de situations épineuses. Aymé choisit de raconter les histoires du point de vue des deux petites filles afin d'introduire ses lecteurs dans un monde où la réalité, le fantastique et l'imagination se côtoient. *Les Contes du chat perché* ont été adaptés à la télévision sous la forme d'un feuilleton en 1968 et d'un dessin animé dans les années 1990 ainsi qu'au cinéma. Leurs histoires sont courtes et instructives, mais toujours drôles. **SL**

Chien et Chat trouvent des jouets pour la petite poupée.

Tim fait naufrage

Edward Ardizzone

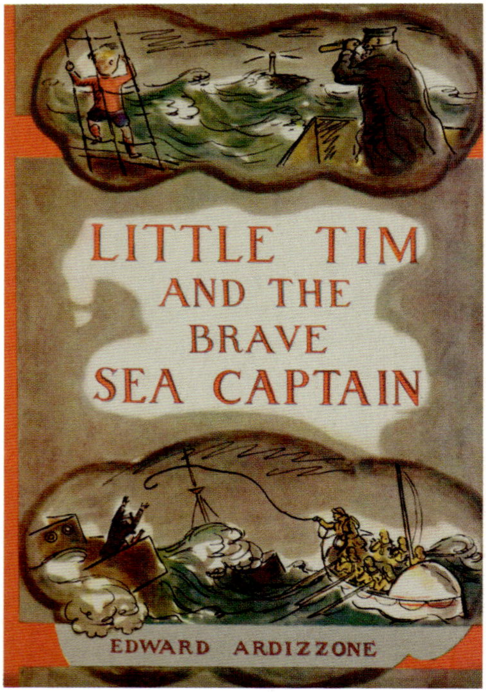

« Au milieu de la nuit,
on entend un énorme bruit,
un grand choc. »

Autres aventures de la série des Tim

Tim, Lucie et les mutins
Tim et Charlotte
Tim sauve Ginger

Titre original *Little Tim and the Brave Sea Captain*, 1936
Nationalité Angleterre, 1900
Édition française Autrement Jeunesse
Thèmes aventure, personnages favoris, amitié

Tim, le personnage d'Ardizzone, vit le type d'aventures dont chaque enfant a besoin. Ces expériences maritimes passionnantes et réconfortantes sont celles dont rêve tout enfant.

L'aventure commence alors qu'il marche le long de la côte en adoptant l'attitude d'un vieux loup de mer, s'inspirant de son voisin et ami, le capitaine McFee. Lorsque le capitaine emmène Tim dans son bateau, afin de rendre visite à un vieil ami qui s'apprête à prendre le départ sur un bateau à vapeur, Tim est si excité qu'il embarque comme clandestin. Le capitaine du vapeur, irritable, lui fait nettoyer le pont et le cuisinier le récompense en lui offrant une tasse de cacao et des friandises.

Comme dans tous les livres de Tim, les images de la vie à bord sont à la fois simples et détaillées et les compagnons de voyage de Tim sont représentés par les illustrations tandis que le récit, sobre, fait avancer l'histoire. La mer est un personnage en soi, qui change constamment de couleur et d'humeur, est présente visuellement, par son odeur et par son goût. L'attrait romantique de la vie de marin n'est jamais remis en question même lorsque les dangers des profondeurs se révèlent. Après une tempête, Tim est sauvé par l'équipage d'un bateau de sauvetage qui arrive à point nommé et est ramené chez ses parents, qui non seulement ne sont pas contrariés par son absence, mais veulent bien le laisser devenir marin. Ce qu'il fera, grâce à Ardizzone. **GB**

Elsie Piddock et sa corde à sauter

Eleanor Farjeon

Titre original *Elsie Piddock Skips in Her Sleep*, 1937
Nationalité Angleterre, 1881
Édition française Gründ
Thèmes fantastique, amitié

Cette histoire est l'une des plus célèbres d'Eleanor Farjeon. La jeune Elsie Piddock, âgée de 3 ans, demande une corde à sauter à ses parents. Comme ils lui disent qu'elle est trop jeune, elle saute en utilisant les bretelles de son père. Ses parents sont si impressionnés qu'ils lui achètent une corde à sauter.

Une nuit, les fées emmènent Elsie pour qu'elle saute à la corde avec elles et leur professeur de saut, Andy-Spandy, lui promet de faire d'elle la championne du monde de saut à la corde. Une fois par mois, toujours durant la nuit, Elsie s'entraîne avec les fées et, au bout d'un an, Andy lui offre une corde à sauter magique. Puis, lorsque Elsie grandit, la corde magique devient trop petite et Elsie saute de moins en moins. Lorsqu'elle est devenue une vieille femme, son nom est devenu une légende, mais personne ne sait qui elle est réellement.

Un jour, un nouveau lord décide de construire des usines dans le parc où les fées sautaient autrefois à la corde. Une mystérieuse vieille femme parle à une petite fille qui pleure dans le parc et lui conseille de demander au lord de laisser chacun sauter à la corde une dernière fois dans le parc. Dès que la dernière personne à sauter cessera de le faire, il pourra construire ses usines. La dernière personne qui s'apprête à arrêter, c'est Elsie Piddock. Elle a 109 ans et a retrouvé la taille d'un enfant, ce qui lui permet d'utiliser de nouveau sa corde magique. Elle dort à poings fermés et saute sans s'arrêter. Le lord a perdu. **LH**

M. Popper et ses manchots

Richard Atwater Robert Lawson

Titre original *Mr. Popper's Penguins*, 1938
Nationalité États-Unis, 1892 (aut.), 1892 (ill.)
Édition française LGF – Hachette Jeunesse
Thème histoires d'animaux

M. Popper, un pauvre peintre en bâtiment, vit avec sa famille dans une modeste maison de la ville de Stillwater. Il rêve de parcourir le monde et en particulier de visiter les régions arctiques. Son existence prévisible et ses habitudes ennuyeuses sont perturbées par l'arrivée d'un manchot expédié de l'Antarctique. Bientôt, M. Popper élève douze manchots dans sa maison, qui est devenue un abri de glace. Il installe même une patinoire dans sa cave. Les Popper, qui sont ruinés par l'arrivée des manchots et leur onéreuse consommation de poissons frais, créent une troupe de manchots qui se déplace dans tout le pays et commet des espiègleries, sur scène ou en dehors.

L'arrivée du printemps crée de nouveaux problèmes, car les manchots aiment le froid, mais l'amiral Drake, un explorateur de l'Arctique, trouve une solution. Les manchots prennent congé et se rendent au pôle Nord avec l'explorateur et M. Popper, dont le rêve est enfin devenu réalité.

Les manchots sont joliment représentés par Robert Lawson dans diverses situations et positions. Richard Atwater commença à écrire ce livre après avoir vu un documentaire sur l'expédition de Richard E. Byrd dans l'Antarctique. Il fut contraint d'abandonner son projet après une attaque en 1934, mais son ouvrage fut repris et achevé par son épouse, Florence. Charmantes et drôles, les histoires de *M. Popper et ses manchots* feront rire de bon cœur les enfants comme les adultes. **RA**

5+

The Little Wooden Horse

Ursula M. Williams Joyce L. Brisley

Nationalité Angleterre, 1911 (aut.), 1896 (ill.)
Édition Harrap, Grande-Bretagne, 1938
Thèmes amitié, fantastique

Peu de livres s'adressant à cette tranche d'âge sont aussi tristes que l'épopée poignante de ce petit cheval en bois. Lorsque son maître, Oncle Peder, rencontre des difficultés financières, le petit cheval part explorer le monde pour faire fortune. Il va de problème en problème, gagnant et perdant d'importantes sommes d'argent, s'éloigne de plus en plus de son maître, tombe dans un piège, est blessé et fait face à une mort certaine. Le lecteur a hâte de lire le chapitre suivant, pour savoir si le petit cheval va survivre.

Pour un jouet en bois fixé sur une plate-forme à roulettes, celui-ci accomplit d'extraordinaires prouesses : il tire une barge, marche sur une corde raide au cirque et participe à une course de chevaux sur une roue. Il est capable de dévisser sa propre tête, qu'il finit par perdre et doit retrouver.

Le petit cheval de bois est brave, plein de ressource, déterminé et gentil. Si son humilité et son apitoiement sur lui-même peuvent être un peu irritants, ils rappellent constamment qu'il s'agit d'une petite créature qui se bat seule contre un vaste monde effrayant. Il se fait de nombreux amis – un éléphant, un prince et une princesse, le père d'enfants chahuteurs – et beaucoup d'ennemis, mais réussit à transformer en ami plus d'un ennemi. Finalement, il revient chez l'oncle Peder, muni d'un trésor de pirates et avec un nombre de commandes de chevaux de bois suffisant pour occuper son maître durant de nombreuses années. **CW**

Caps for sale

Esphyr Slobodkina

Nationalité Russie, 1908
Édition William R. Scott, États-Unis, 1938
Thèmes histoires d'animaux, contes populaires

Artiste et sculpteur, Esphyr Slobodkina considérait très sérieusement son travail d'auteur et d'illustratrice pour enfants et écrivit dans ses mémoires : « Les modèles verbaux et les modèles comportementaux que nous présentons aux enfants dans ces récits légers sont susceptibles de les influencer pour le reste de leur existence. » *Elles sont belles mes casquettes !* (peut-être le plus apprécié), publié après *Caps for sale*, fut vendu à plus de deux millions d'exemplaires et traduit dans plus d'une douzaine de langues.

L'histoire est d'une simplicité délicieuse et met en scène un colporteur qui vend des casquettes de village en village. Plutôt que de les transporter, il place toutes ses casquettes en une haute pile sur sa tête. Incapable de réaliser une vente, il décide un jour de faire une sieste à l'ombre d'un arbre. Des générations d'enfants se sont intéressées aux efforts du marchand pour venir à bout des singes espiègles qui volent ses casquettes pendant son sommeil. Lorsque le marchand se réveille, il découvre des singes assis dans l'arbre, qui portent ses casquettes. Dès qu'il essaie de les récupérer, les singes l'imitent. Enfin, le marchand est si énervé qu'il jette sa propre casquette par terre dans un accès de colère et bien entendu, tous les singes font de même !

Cette histoire fantaisiste est basée sur un conte populaire ancien et enchantera autant les enfants aujourd'hui qu'elle le fit lorsqu'elle fut publiée pour la première fois. **KD**

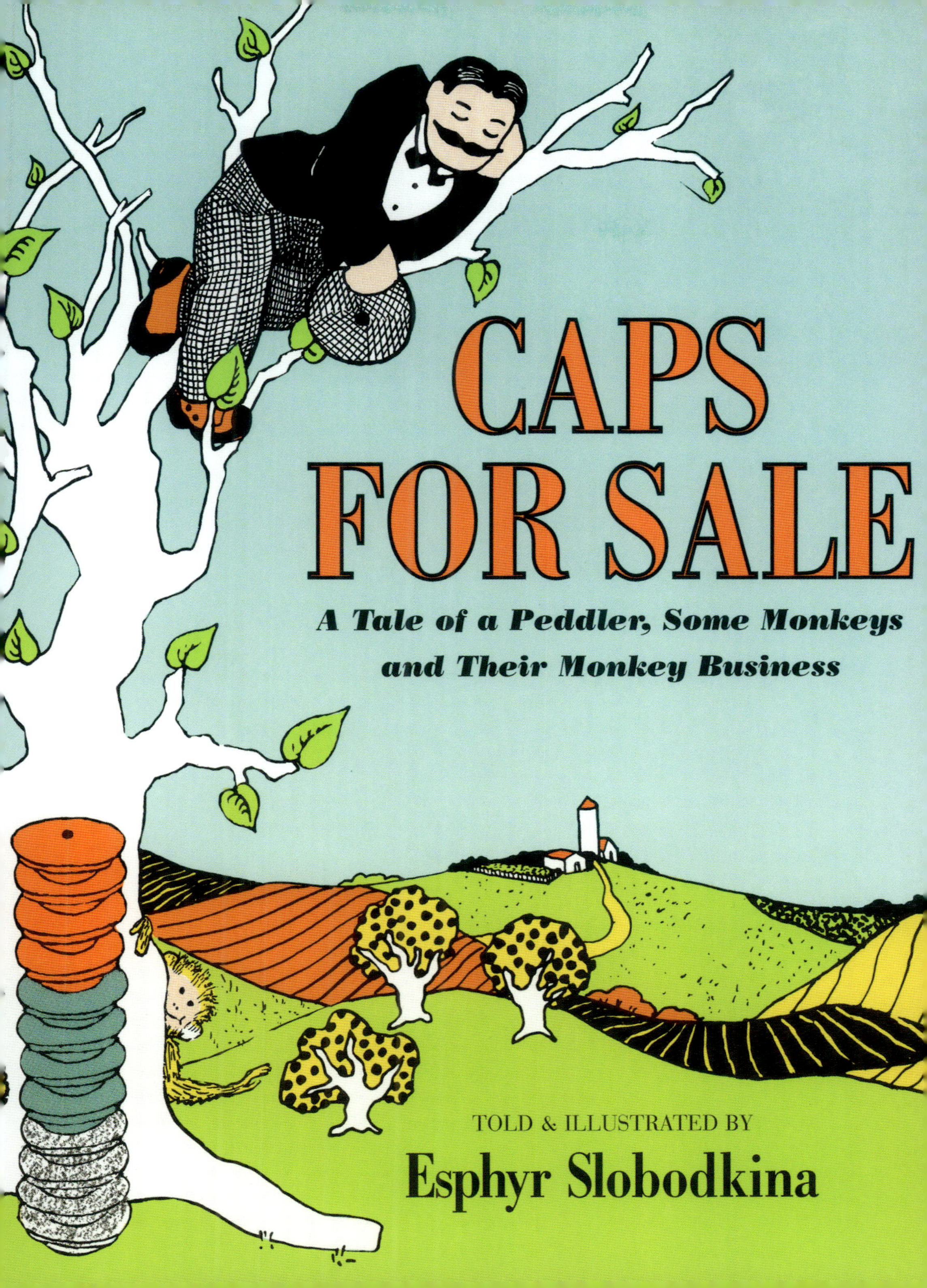

CAPS FOR SALE

A Tale of a Peddler, Some Monkeys and Their Monkey Business

TOLD & ILLUSTRATED BY

Esphyr Slobodkina

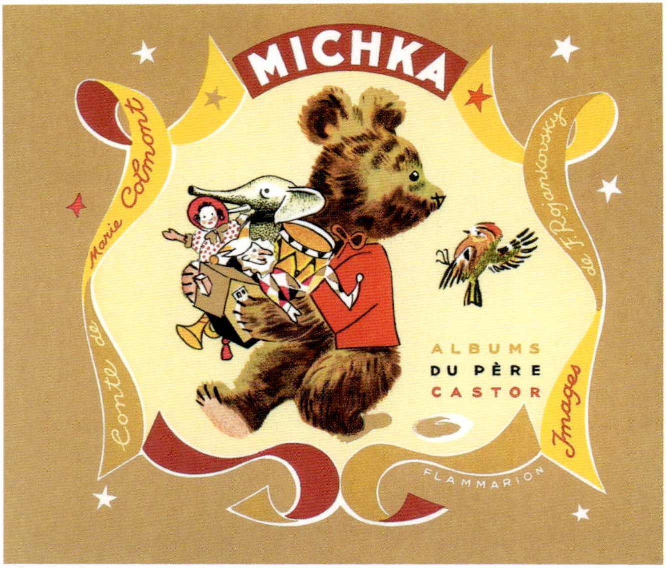

Michka

Marie Colmont Feodor Rojankovsky

Nationalité France, 1895 (aut.), Russie, 1891 (ill.)
Édition Flammarion Père Castor, France, 1941
Thème aventure

Michka est l'histoire d'un petit ours en peluche qui découvre la liberté, la nature et le monde autour de lui, puis fait l'expérience du sacrifice de soi. À partir de 1954, le livre fut proposé avec un enregistrement de l'histoire, qui était lue par Paul Faucher, le fondateur de la collection « Père Castor ». *Michka*, comme *Marlaguette* et *Perlette goutte d'eau*, fait partie des livres les plus connus de Marie Colmont. D'origine française, celle-ci vécut aussi aux États-Unis et à Londres.

Michka est fatigué d'être un jouet et ne peut plus supporter les caprices de sa maîtresse, Élisabeth, une petite fille gâtée qui le maltraite. Un jour, il quitte la chambre tiède de celle-ci et découvre que dehors, tout est recouvert d'une couche de neige. Dans la forêt, il profite de sa liberté nouvelle, mange, dort et jure de ne plus jamais être un jouet. Un jour, des oies passent près de lui et lui disent que c'est Noël, le moment idéal pour faire une bonne action. Il part à la recherche d'une occasion de faire le bien et rencontre le renne de Noël, qui tire un traîneau rempli de cadeaux. Michka l'aide à distribuer les cadeaux, ce qui l'amuse beaucoup, mais lorsque tous deux arrivent près de la dernière maison, une misérable cabane dans laquelle vit un petit garçon malade, il ne reste plus de jouets. Michka renonce à sa liberté et propose de servir de cadeau au petit garçon lorsqu'il s'éveillera.

À travers une approche ingénue de son sujet, le texte communique un sentiment de justice et de bienveillance. Cette brève aventure, entre rêve et réalité, défend la générosité. **CD**

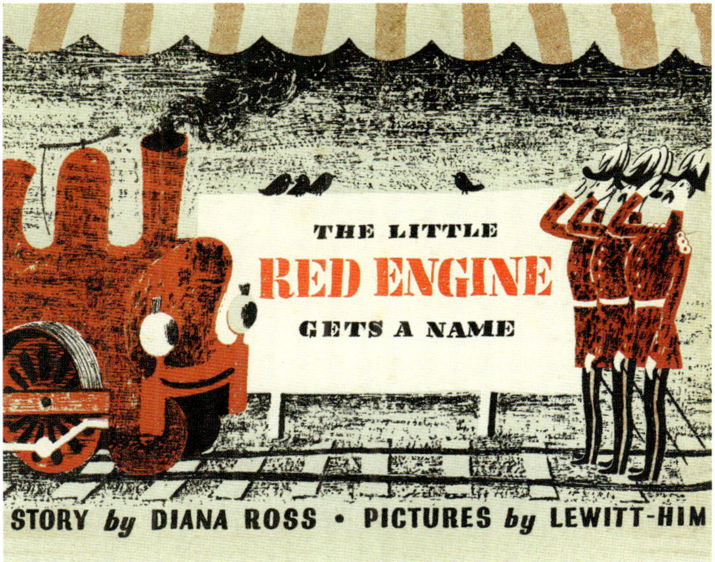

The Little Red Engine Gets a Name

Diana Ross Jan Lewitt et George Him

Nationalité Malte/Grande-Bretagne, 1910 (aut.), Pologne, 1907 (Lewitt) et 1900 (Him)
Édition Faber and Faber, Grande-Bretagne, 1942
Thème aventure

Diana Ross était autant illustratrice qu'écrivain, mais son premier livre de la série des Little Red Engine, *The Little Red Engine Gets a Name*, fut illustré par Lewitt et Him, de célèbres graphistes polonais exilés en Grande-Bretagne durant la Seconde Guerre mondiale. L'histoire reflète l'ambiance de guerre propre à la Grande-Bretagne à cette période.

Dans l'histoire, le petit train rouge est déprécié en raison de sa petite taille par les plus grosses locomotives qui desservent les grandes lignes et est considéré comme un provincial parce qu'il ne dessert que les lignes de la campagne. Il a si peu d'importance qu'il n'a même pas de nom et est simplement appelé « *Engine 394* ». Il désire avoir un nom et voyager au-delà des limites de sa maison, la gare de Taddlecombe. Un jour, toutefois, le petit train rouge a l'occasion de démontrer sa valeur lorsque le grand train noir – « la fierté du Nord » – rentre dans une congère et lorsque le grand train vert – « la beauté du Sud » – déraille après avoir heurté un arbre. Le petit train rouge vient au secours du roi, qui est bloqué, et le ramène chez lui. Le roi reconnaissant lui confie la desserte de la ligne principale et le baptise « *Royal Red* ».

Cette histoire capte l'atmosphère de bravoure propre à la guerre et montre que chacun peut contribuer un tant soit peu à l'effort de guerre. Il s'agit aussi d'un livre qui résiste à l'épreuve du temps. *The Little Red Engine* montre que l'on peut tenir tête aux tyrans, que l'on se sente grand ou petit, et amusera les jeunes lecteurs. **CK**

Cin-Cin

Ludmila Podjavorinská

Nationalité Slovaquie, 1872
Édition Ikar, Slovaquie, 1943
Thèmes famille, histoires d'animaux

5+

Čin-Čin est l'une des histoires les plus populaires de Ludmila Podjavorinská. Le personnage principal est un moineau, Cimo Cimcarara, qui possède une personnalité haute en couleur et changeante. Il est sûr de lui, brave et entreprenant, mais aussi paresseux, égoïste et vantard. L'auteur retrace malicieusement la vie entière de Cimo et son épouse avec beaucoup d'humour. Durant leur enfance, pendant qu'ils se font la cour, quand ils se marient et rencontrent des difficultés dans leur mariage, les deux moineaux apprennent des leçons utiles sur la maison et la famille. Ils connaîtront une fin heureuse.

Ludmila Podjavorinská, la première femme de l'histoire de la Slovaquie à publier un recueil de poèmes, fut appréciée par des générations de lecteurs. Pourtant, l'auteur connut une existence triste, marquée par des problèmes de santé et affirmait qu'elle n'avait jamais connu le véritable amour. Elle était la fille d'un professeur pauvre et, ayant reçu une éducation très sommaire, elle manquait de confiance en elle. Autodidacte, elle devint grâce à son intelligence une figure très importante de la littérature slovaque. Podjavorinská est à l'origine de la littérature enfantine moderne en Slovaquie, dans un style qui évitait d'être didactique ou moralisateur. Elle créa au contraire son propre style esthétique, émotionnel, immédiatement parlant pour les enfants.

Ludmila Podjavorinská utilisait un langage simple et clair. En 1947, elle se vit décerner le Národná umelkina, la plus haute reconnaissance artistique en Slovaquie. **JR**

Cuentos y leyendas

Javier Villafañe Tabaré

Nationalité Argentine, 1909 (aut.), détails inconnus (ill.)
Édition La Plata University, Argentine, 1945
Thèmes mythes et légendes, aventure

Javier Villafañe était un célèbre poète, auteur dramatique et marionnettiste. Il connaissait un grand nombre d'histoires et de légendes issues du folklore argentin, dont il se servit pour ses spectacles.

Certaines des meilleures histoires sont réunies dans le présent recueil, qui inclut des classiques intemporels, comme les histoires du pot magique, de l'arbre de la fortune, de l'homme qui devait deviner l'âge du diable et bien d'autres encore. Le récit le plus connu est sans doute celui d'un beau cheval blanc qui perd inexplicablement sa queue et des différentes aventures qu'il traverse ensuite pour la récupérer. Dans cette histoire, le narrateur implique les spectateurs en leur parlant directement de l'évolution de l'histoire, comme pourrait le faire un marionnettiste ou un acteur sur scène : « Mesdames, Messieurs, les enfants : je dois donner à cette histoire une fin qui convient. J'ai du papier, un stylo et je sais écrire : c'est mon travail. »

Villafañe, l'un des auteurs argentins les plus influents de la littérature enfantine, associe des contes populaires, des légendes, des histoires de marionnettes et des poésies au sein de ce recueil. Les caricatures artistiques subtiles de Tabaré accompagnent avec humour chaque histoire. Les illustrations qui ont le plus d'impact concernent l'histoire de la fripouille Pedro Urdemales, qui apparaît dans les histoires du pot magique et de l'arbre de la fortune. Villafañe a également écrit *Historias de pájaros*, des « histoires d'oiseaux » et *Los sueños del sapo*, « lLes rêves d'un crapaud ». **LB**

Fifi Brindacier

Astrid Lindgren

Titre original *Pippi Långstrump*, 1945
Nationalité Suède, 1907
Édition française Hachette Jeunesse
Thèmes fantastique, personnages favoris

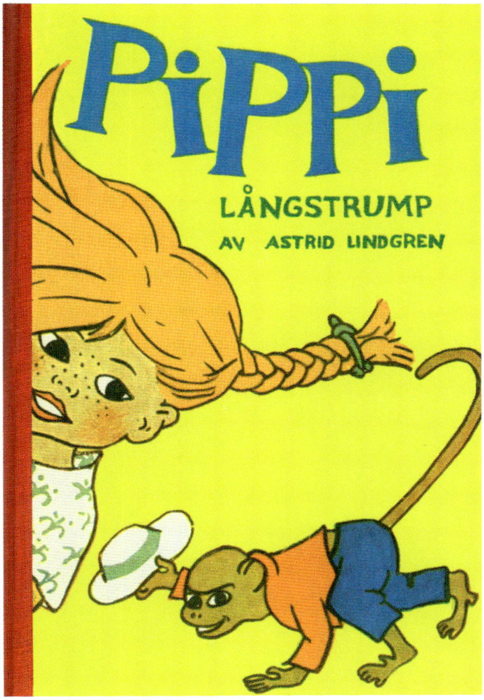

5+

Si l'auteur craignait initialement que Fifi Brindacier ne soit un personnage trop indépendant pour connaître un réel succès, son histoire, qui met en scène une fillette de 9 ans, sauvage, drôle et d'une force peu commune qui vit seule – en compagnie toutefois d'un cheval et d'un singe – dans une petite maison baptisée Villa Drôlederepos, eut un immense succès dès sa première publication. Depuis, Fifi Brindacier est connue dans le monde entier.

L'histoire fut imaginée par Lindgren au moment où sa fille souffrait d'une pneumonie. Le récit, plein de fougue et de drôlerie, dans lequel Fifi prend du bon temps, décrit une aventure unique et enchanteresse dans laquelle ni le cynisme ni la tristesse n'ont leur place. Malgré la mort inattendue de ses parents, Fifi vit à cent pour cent, danse, prépare des pancakes et joue.

Au grand ravissement des enfants de ses voisins, Tommy et Annika, la fillette rousse, toujours coiffée de nattes indisciplinées, ne va jamais à l'école. Au lieu de cela, elle semble passer son temps à bavarder avec ses voisins autour d'un café et à relever n'importe quel défi, affrontant aussi bien des garçons brutaux que des vieilles dames condescendantes.

Retraduite par Alain Gnaedig en 1995, l'histoire de Fifi Brindacier est illustrée de façon amusante par Daniel Maja. La précédente traduction avait été édulcorée et son ton était un peu trop « sage ». L'histoire ainsi remise au goût du jour ne manquera pas de plaire aux enfants et même aux adultes d'aujourd'hui, qui seront ravis de pénétrer dans l'univers sens dessus dessous de Fifi. **NH**

« … il n'y avait personne pour lui dire d'aller se coucher… personne pour l'obliger à avaler une cuillerée d'huile de foie de morue… »

Autres livres d'Astrid Lindgren

La Bicyclette de Julie (p. 109)
Les Frères Cœur de lion (p. 597)
Ronya fille de brigand (p. 613)
Fifi princesse
Fifi à Couricoura

Stone Soup

Marcia Brown

Nationalité États-Unis, 1918
Édition Charles Scribner's Sons, États-Unis, 1947
Thème contes populaires

5+

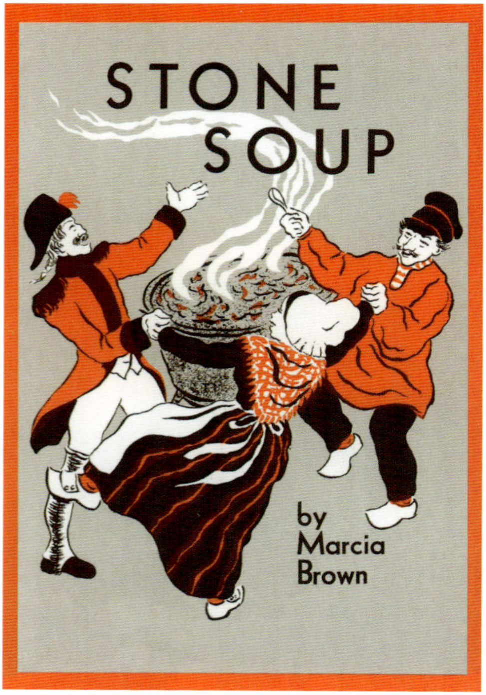

Autres versions de « La soupe au caillou » traduites en français

Illustré par Sally Hobson
Illustré par Tony Ross
Illustré par Anaïs Vangelade

Le récit célèbre, et dont le succès ne se dément pas, de ce conte populaire est un classique. Trois soldats affamés parviennent dans un village et demandent de la nourriture, mais tous les villageois ont caché leurs provisions. Les soldats ont faim et décident de se préparer une soupe au caillou. Ils n'ont besoin pour cela que d'une grande marmite.

Lorsque les soldats affirment que la soupe serait meilleure s'ils avaient quelques carottes, leur allusion est si subtile qu'elle paraît peu risquée et que l'un des villageois part en chercher. Puis le chou est évoqué et les villageois en apportent. Cela se poursuit jusqu'à ce que les villageois aient apporté des pommes de terre, du bœuf, de l'orge et du lait. Il y a suffisamment de soupe au caillou pour tous et les villageois installent une grande table sur la place et y disposent des torches. Tous mangent, boivent et dansent et lorsque tout est terminé, les villageois proposent aux soldats de dormir dans les meilleurs lits du village. Cette histoire est à l'origine un vieux conte français ; les frères Grimm en écrivirent aussi une version et certains récits du nord de l'Europe évoquent une soupe aux ongles ou à la hache.

« Jamais on n'avait vu un tel festin. Jamais les paysans n'avaient mangé une telle soupe. »

Dans la version présente, des illustrations rouge vif occupant une double page font vivre le récit, tandis que les paysans pleins d'entrain apprennent à partager leurs richesses. Les enfants saisiront l'ironie subtile et la ruse des soldats. La fin est excentrique et pleine d'esprit, tandis que les villageois observent avec mélancolie le départ des soldats, en pensant : « Des hommes comme ça, il y en a peu. » **CQ**

Une maison de poupées

Rumer Godden

Titre original *The Doll's House*, 1947
Nationalité Angl., née Margaret Rumer Foster, 1907
Édition française Nathan
Thèmes famille, fantastique, maladie et mort

5+

Tottie est une petite poupée néerlandaise qui a bon cœur. Étant offerte de génération en génération, elle arrive dans la maison de Charlotte et Emily, où elle vit avec ses parents, des poupées eux aussi, M. et Mme Plantagenêt, son frère, Pomme, et leur chien. Si Tottie, sensible, est fabriquée dans un bon bois solide, Mme Plantagenêt est en Celluloïd, ce qui la rend inflammable. Cette famille imaginaire est aimante et joyeuse, mais sa maison est une boîte à chaussures pleine de courants d'air.

Lorsque leur grand-tante meurt, Charlotte et Emily héritent de sa maison de poupée victorienne, qui abrite une poupée chinoise, vaniteuse et méchante. Emily, captivée par sa belle apparence, lui permet de traiter les Plantagenêt comme des domestiques et Pomme comme son jouet. Lorsque la cruelle poupée laisse Pomme jouer près d'une bougie allumée, une terrible tragédie se produit. La fin de l'histoire, toutefois, donne de l'espoir au lecteur grâce à une scène dans laquelle les poupées qui ont survécu comprennent que leur place dans le monde est soumise au temps qui passe ; de mauvaises choses peuvent survenir, mais finalement, du bon se produira.

« C'est une chose angoissante, que d'être une poupée. Les poupées n'ont pas le choix. »

Publié peu après la Seconde Guerre mondiale, le livre aborde les thèmes du changement, de la mortalité et de la moralité, et l'accent mis sur l'exploitation de l'autre est le reflet de cette époque. Cependant, les dilemmes compréhensibles rencontrés par les poupées, ainsi que leurs personnalités plausibles permettent au livre de continuer à plaire aujourd'hui. **KA**

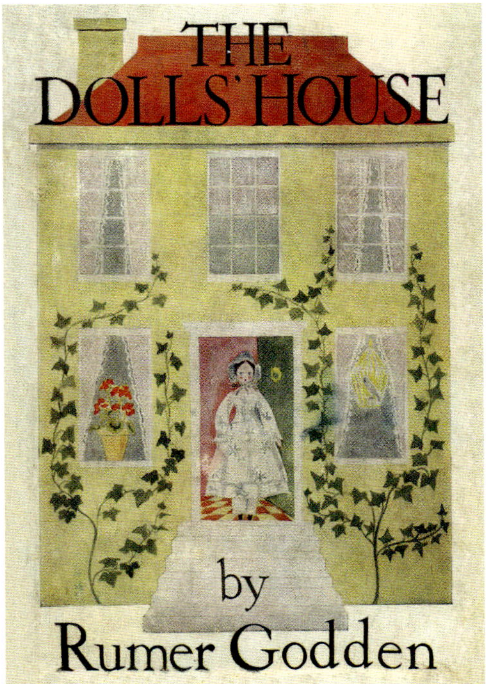

Autres livres de Rumer Godden

Les Enfants du jeudi
Histoire de Prune et Fleur de Houx
La Petite Fille à la roulotte
Les Lumières de Diwali

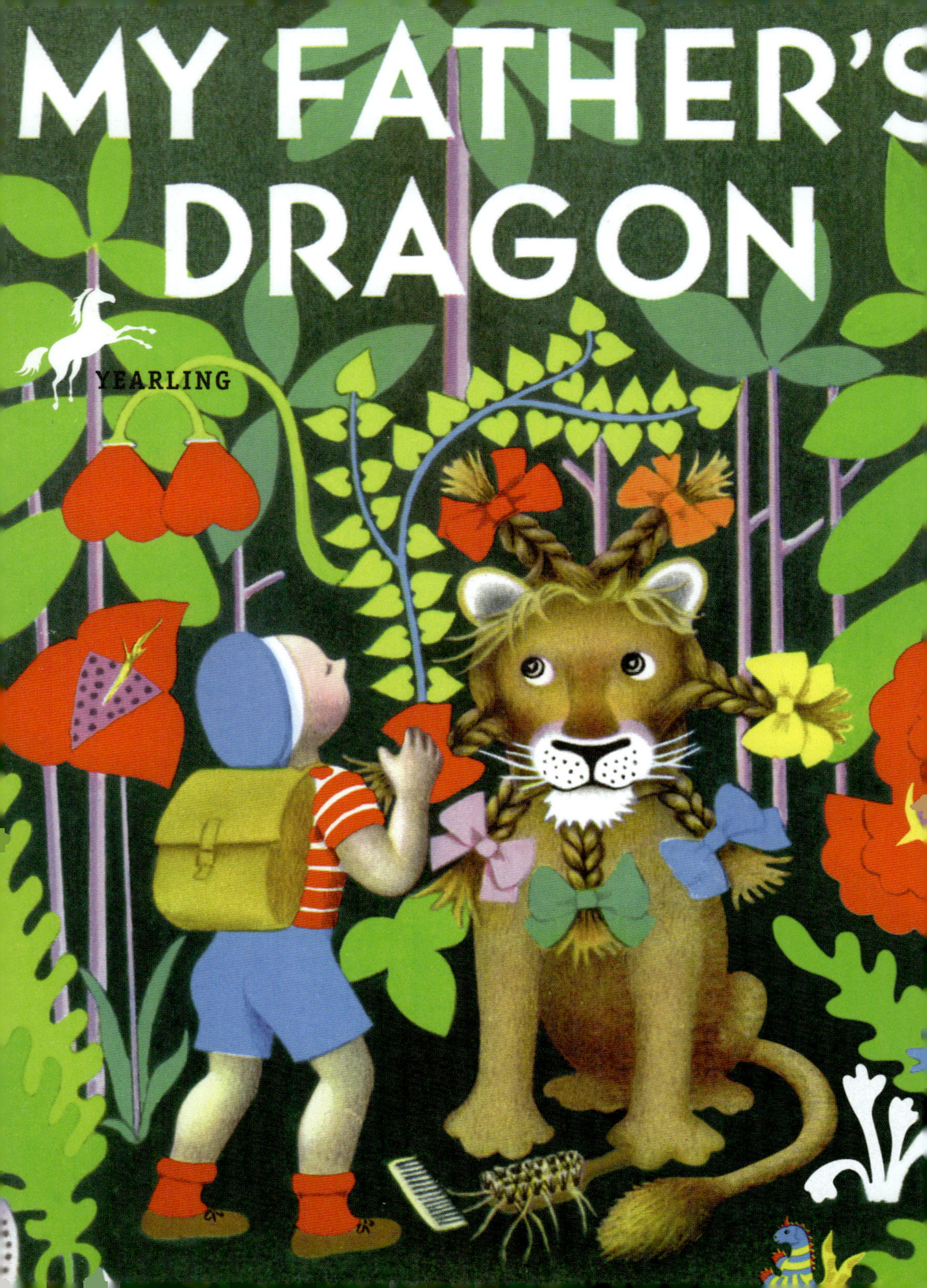
MY FATHER'S
DRAGON
YEARLING

Le Dragon de mon père

Ruth S. Gannett Ruth C. Gannett

Titre original *My Father's Dragon*, 1948
Nationalité États-Unis, 1923 (aut.), 1896 (ill.)
Édition française Nathan
Thèmes fantastique, histoires d'animaux

Les jeunes enfants apprécieront qu'on leur lise cette histoire à haute voix. Ses illustrations stylisées en noir et blanc, qui donnent vie au récit mouvementé, sont l'œuvre de la belle-mère de l'auteur.

L'histoire débute lorsque Elmer Elevator trouve un chat errant et lui offre de la nourriture et du lait. Le chat se révèle être magique et parle à Elmer d'un bébé dragon en détresse. Le dragon est tombé accidentellement d'un nuage bas dans un endroit magique, l'île sauvage. Dans sa chute, il s'est blessé l'aile et ne peut donc revenir chez lui en volant. Désormais, il est prisonnier de l'île et contraint de transporter des passagers du ferry de l'autre côté de la rivière. Déterminé à sauver le dragon, Elmer échappe à sa mère, qui était dure envers le chat, et se rend sur l'île sauvage.

L'histoire est racontée par un personnage qui n'est autre que le fils d'Elmer Elevator. Il s'agit d'un récit d'aventures magiques traité de façon imaginative et avec humour. Elmer embarque clandestinement sur un navire, est presque dévoré par sept animaux différents, devient l'ami d'autres animaux, vit d'un régime de mandarines et utilise divers objets du quotidien – dont des sucettes, des élastiques, du chewing-gum, des rubans pour les cheveux et des loupes – pour se protéger et permettre au dragon de s'échapper. Le livre a été récompensé par le prix Newbery Honor et faisait partie des ALA Notable Book. Gannett écrivit deux suites à cette histoire, qui plurent également. **KD/LH**

Blueberries for Sal

Robert McCloskey

Nationalité États-Unis, 1914
Édition Viking Press, États-Unis, 1948
Thème famille

Lorsque la jeune Sal et sa mère décident de consacrer une journée à la cueillette des myrtilles, la mère de Sal lui explique qu'elle veut en faire des conserves lorsqu'elles rentreront à la maison afin de profiter des bonnes baies tout l'hiver. Une maman ours et son ourson cueillent des myrtilles en même temps qu'elles et espèrent en manger autant que possible avant de partir hiverner.

Sal et sa mère apprécient de passer une journée à l'extérieur ; elles sont si captivées par leur cueillette qu'elles s'éloignent lentement l'une de l'autre. Finalement, la mère de Sal réalise qu'elle est en train de ramasser des myrtilles avec l'ourson et non avec sa fille et la maman ourse découvre qu'elle est en train de manger des myrtilles avec Sal. Le thème de l'erreur d'identité est courant dans les livres d'enfants, mais il est rarement amené aussi habilement que par McCloskey dans ce livre.

Ce classique, écrit par l'auteur de *Laissez passer les canards*, transforme une situation potentiellement effrayante en un moment drôle. L'histoire progresse habilement et attise l'intérêt des enfants, qui se demandent si les deux familles vont finir par être réunies – ce qui est le cas. **KD**

Livres de Robert McCloskey traduits en français

Laissez passer les canards (p. 22)
Un si bel été

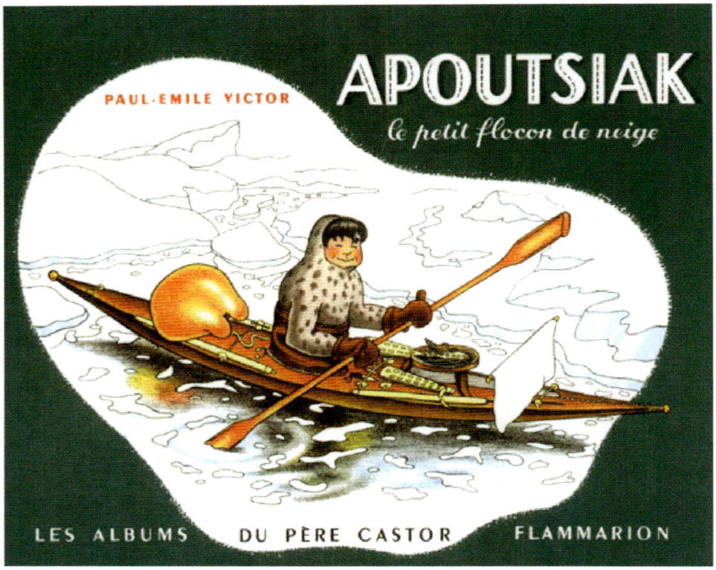

5+

Apoutsiak

Paul-Émile Victor

Nationalité France, 1907
Édition Flammarion Père Castor, France, 1948
Thèmes famille, science et nature

L'histoire relate la naissance, la vie et la mort d'Apoutsiak dans un pays recouvert de neige blanche. Dès qu'il sait marcher, Apoutsiak (« petit flocon de neige ») apprend à chasser, à dresser les chiens et à conduire un traîneau. Il joue avec ses frères et sœurs dans l'igloo et lorsque le beau temps arrive, il part avec sa famille dans leur grand bateau, un *umiak*.

J'ai lu et relu cette histoire et je la connais par cœur. Apoutsiak a des yeux en amande et de hautes pommettes rouges. Les chiens ont des queues touffues qui s'enroulent sur elles-mêmes et leurs yeux sont cerclés de blanc, comme s'ils avaient des lunettes. Tout semble si différent : le couteau en demi-lune utilisé pour découper les animaux ; les morceaux de viande de phoque mis à sécher à l'extérieur ; l'incroyable chaos de la maison familiale, les bras et les jambes entremêlés. Les gens sourient constamment et les enfants jouent avec les chiots – c'est le bonheur.

À chaque nouvelle lecture, je découvre des détails qui m'avaient échappé auparavant : le comportement des chiens, l'étrange tenue de la mère (elle porte un short et des bottes de fourrure et sa peau reste visible au-dessus du genou), sa façon de porter son bébé dans sa hotte, son chignon et ses pommettes également rouges comme des pommes sous la courbe de ses yeux malicieux et bridés. Pour moi, les illustrations montrent la vie réelle.

Je ne sais ce qui a le plus frappé mon imagination : mon amour des dessins ou l'étrangeté de l'existence dans un pays froid et neigeux.

Apoutsiak donne de la viande de phoque à ses huskies.

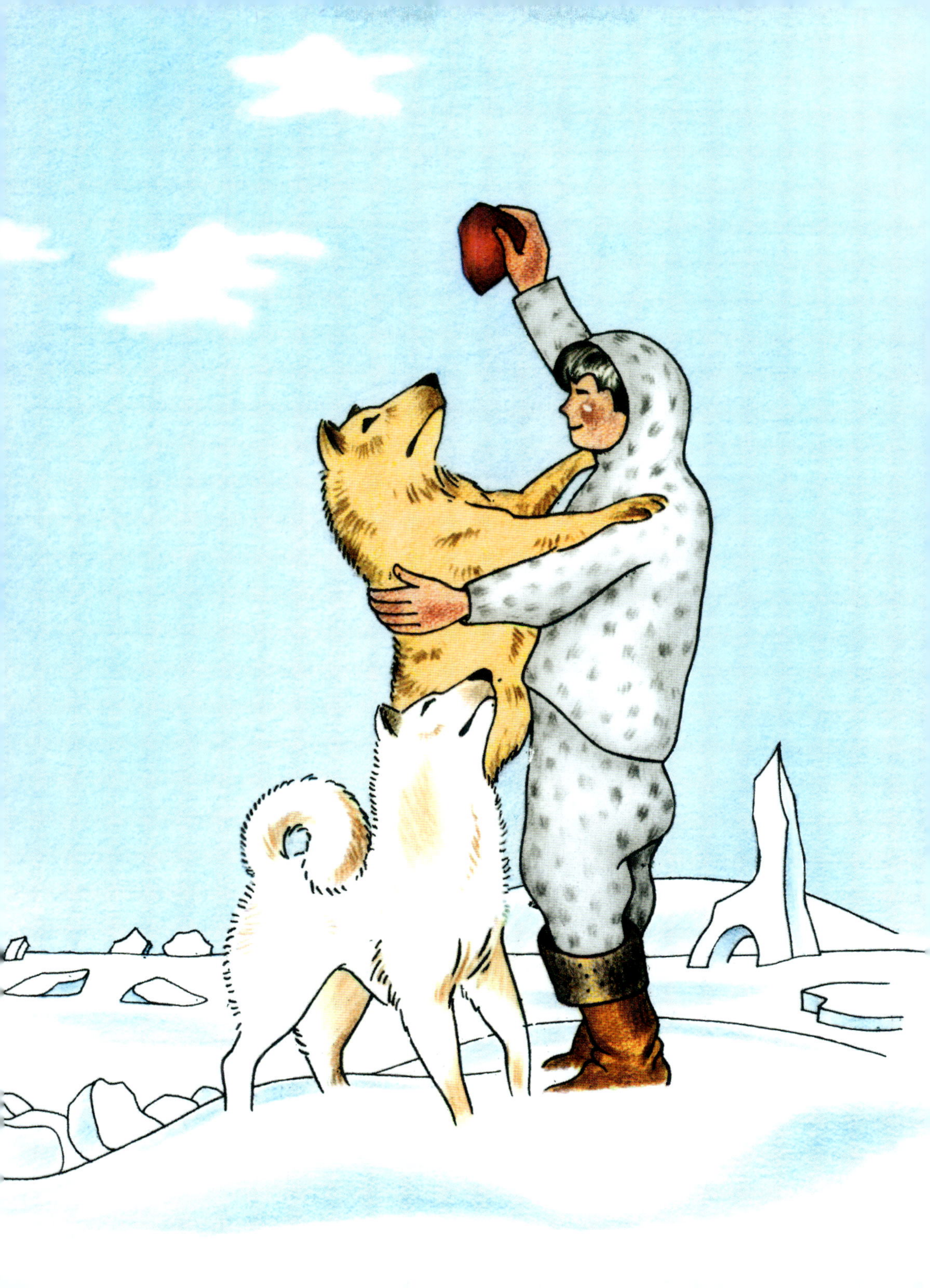

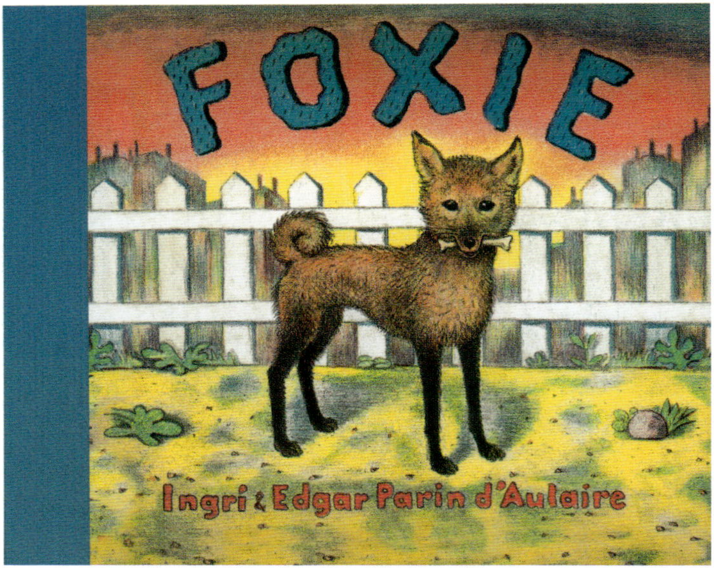

Foxie

Ingri et Edgar Parin D'Aulaire

Nationalité Norvège/États-Unis, 1904 (Ingri), Suisse/Allemagne, 1898 (Edgar)
Édition Doubleday, États-Unis, 1949
Thèmes histoires d'animaux, amitié

Les auteurs, qu'ils donnent vie aux légendes des puissants dieux grecs et norvégiens au sein de leur très célèbre recueil de mythes, ou interprètent le folklore russe, ont toujours excellé dans l'art de raconter des histoires et de les illustrer, en charmant les enfants de tout âge.

Cette représentation superbement illustrée d'une histoire du célèbre écrivain russe Anton Tchekhov a trait à une adorable chienne au poil roux appelée Foxie, qui a une tête de renard et dont la queue rappelle un pain roulé à la cannelle. Foxie vit avec son maître, qui passe la plupart de son temps à la tourmenter et a du mal à se souvenir de l'heure de ses repas. Un jour, il lui joue un mauvais tour en l'attirant hors de la ville grâce à un os délicieux et en la perdant au milieu d'une fanfare.

Foxie se promène seule et craint de devenir un chien errant, puis elle a la chance de rencontrer un dresseur d'animaux du cirque. Il repère ses qualités de chanteuse et elle rejoint sa troupe d'animaux, composée d'un chat qui joue du piano et d'un coq qui se pavane. Lorsque le soir de ses débuts sur scène arrive, quelque chose d'inattendu se produit. Dans le public, Foxie entend une voix familière l'appeler. Elle se réjouit d'y voir son maître, qu'elle n'a pas vu depuis très longtemps, et l'histoire connaît une fin heureuse.

Ingri et Edgar Parin D'Aulaire collaborèrent sur plusieurs ouvrages pour enfants et reçurent la Caldecott Medal en 1940. Le texte de Tchekhov est publié en français dans l'album *Chataigne*, illustré par Nathalie Parain. **LB**

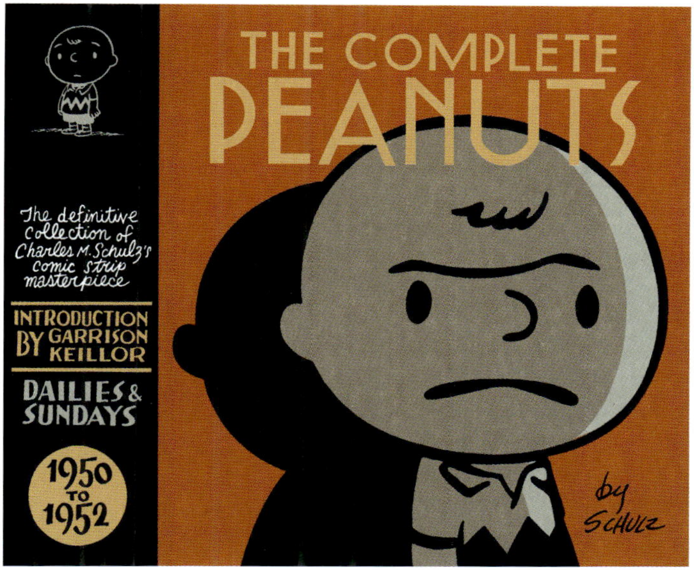

Snoopy et les Peanuts

Charles M. Schulz

Titre original *Peanuts*, 1950
Nationalité États-Unis, 1922
Édition francophone (franco/belge) Dargaud
Thèmes amitié, histoires d'animaux, excentricité

La bande dessinée *Snoopy et les Peanuts* de Charles M. Schulz est un phénomène. Publiée dans des journaux du monde entier, elle décrit l'existence de Charlie Brown, son héros, et les pensées de son chien, Snoopy. Elle a été lue par plus de 355 millions de personnes dans 75 pays et traduite en 21 langues. Elle a de plus fait l'objet d'une série télévisée et de plusieurs livres.

Le jeune Charlie Brown n'est pas vraiment un garçon doué, notamment au base-ball. Le charme du personnage réside dans ses pensées, ses rêves et ses rapports avec ses amis, de l'autoritaire Lucy van Pelt, une mademoiselle-je-sais-tout, à Peppermint Patty, son admiratrice, un adorable garçon manqué. Pourtant, la véritable star de la bande dessinée est Snoopy, un chien aux oreilles noires qui sait beaucoup plus de choses sur le monde que son maître. Le chien est humanisé par Schulz et appréhende le monde, allongé sur le toit de sa niche. Snoopy est également doté d'une imagination fertile et d'une grande ambition. Il met fréquemment de grosses lunettes et un chapeau pour imaginer qu'il est un pilote de la Première Guerre mondiale ou tape à la machine un roman jamais achevé. Parfois, Snoopy enfile des lunettes de soleil pour se transformer en Joe Cool, un type aussi « cool » que Charlie Brown est maladroit et rêveur. Ce classique de la bande dessinée est apprécié pour ses aphorismes, ses observations avisées, ses blagues concrètes et son espoir. **CK**

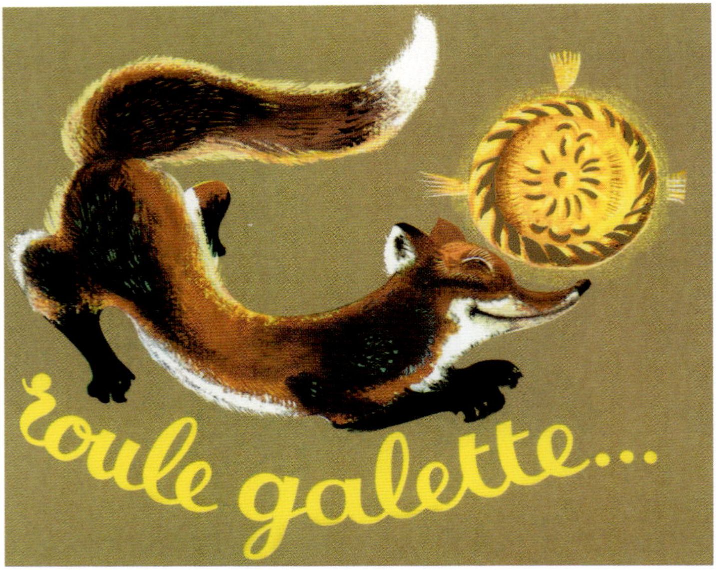

5+

Roule Galette

Natha Caputo Pierre Belvès

Nationalité France, 1904 (aut.), 1917 (ill.)
Édition Flammarion Père Castor, France, 1950
Thèmes histoires d'animaux, contes de fées, contes populaires

Roule Galette, qui reprend un conte russe intitulé *Kolobok*, est l'une des plus célèbres histoires de la collection « Père Castor » chez Flammarion. Le livre, écrit en 1950, est encore fréquemment lu et admiré pour ses illustrations de style slave par Belvès.

Un homme demande à son épouse de lui préparer un gâteau spécial (une galette, ou *kolobok*). Elle laisse la galette refroidir sur la fenêtre. Or Roule Galette est un gâteau remuant, qui s'élance de la fenêtre, roule sur l'herbe et part à travers le pays. Elle rencontre beaucoup d'amateurs de gâteaux au cours de son voyage, dont un lièvre et un loup. Elle parvient toujours à s'échapper, en chantant une chanson sarcastique. Enfin, elle rencontre un renard qui n'avoue pas franchement qu'il souhaite la dévorer. Il utilise la flatterie et feint d'admirer sa belle croûte dorée, son odeur délicieuse. Enchantée par ses compliments, Roule Galette ne se sauve pas et le renard la mange.

Comme dans un conte de fées classique, un même motif se répète ici plusieurs fois avant qu'une variante ne se produise, déclenchant le dénouement qui donne à l'histoire une fin moraliste. Les lecteurs constatent combien la flatterie peut être dangereuse. L'histoire de Natha Caputo peut être lue comme une version éloignée de la fable du corbeau et du renard. Les deux histoires mettent en scène un renard, un personnage rusé classique de la littérature française. Outre la morale de cette histoire, l'enfant apprend aussi à connaître le nom des animaux que la galette rencontre. **MGR**

La patience du renard est récompensée lorsqu'il dévore la galette.

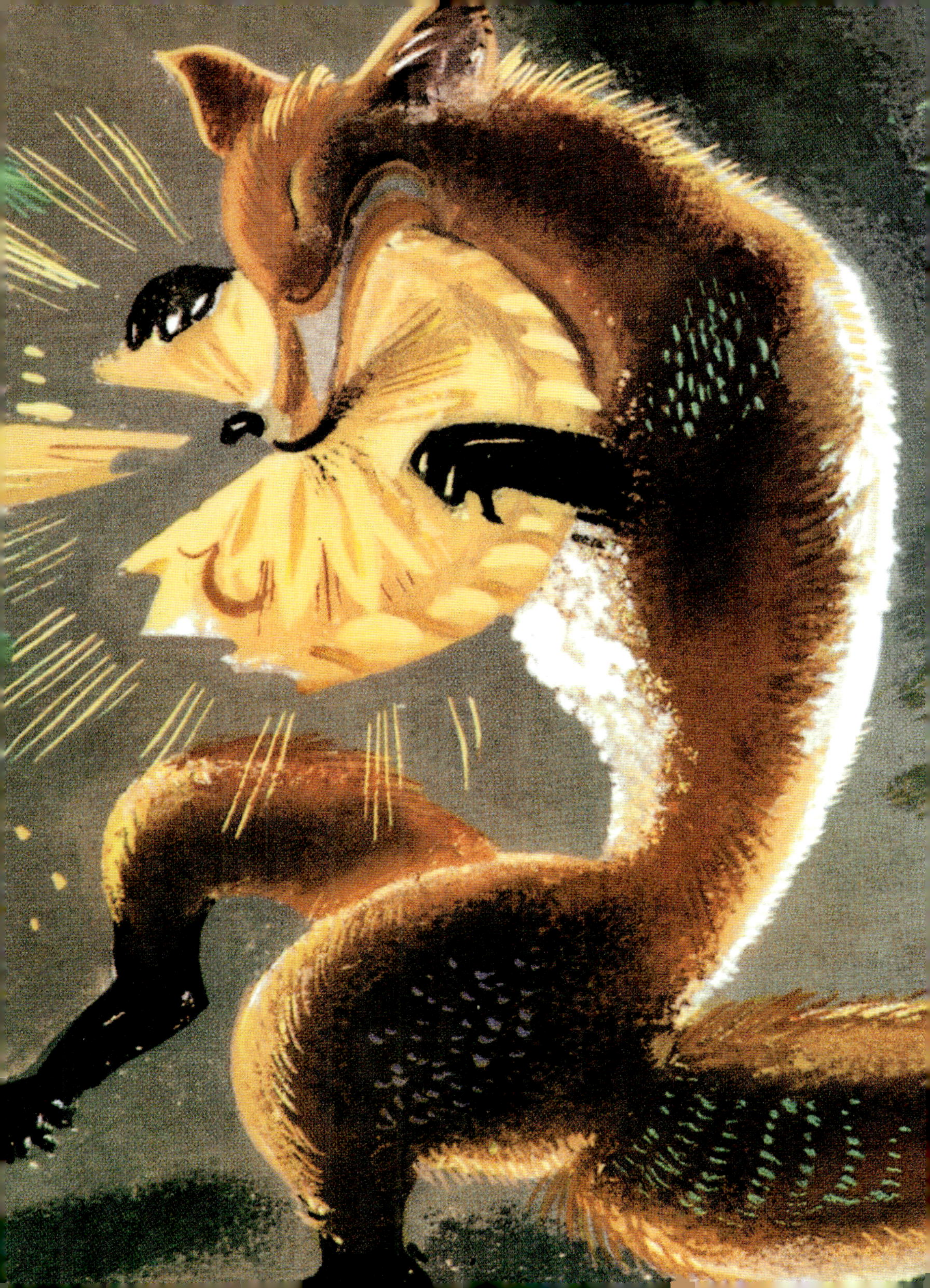

One Morning in Maine

Robert McCloskey

Nationalité États-Unis, 1914
Édition Viking Penguin, États-Unis, 1952
Thème famille

5+

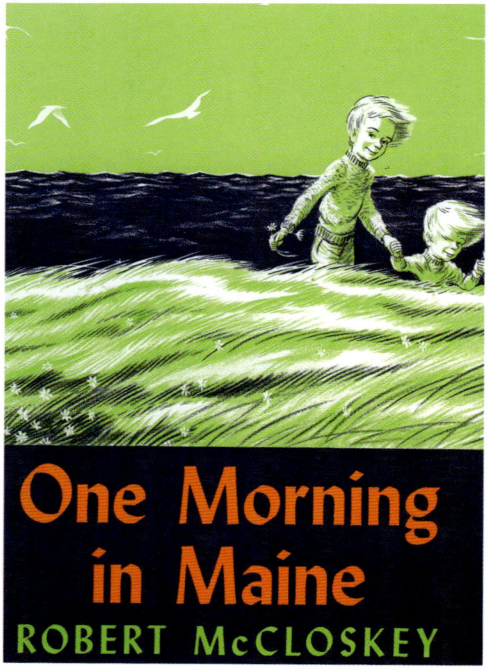

One Morning in Maine reprend les personnages de Sal et de sa famille, qui étaient déjà présents dans un livre d'images très connu de Robert McCloskey, *Blueberries for Sal*. Cette fois, l'histoire explore les émotions expérimentées par Sal lorsqu'elle découvre que l'une de ses dents bouge. Sal passe une journée typique de celles du Maine en allant à la pêche aux palourdes avec son père puis en se rendant en bateau à Buck's Harbor pour faire des emplettes, mais pour elle ce n'est pas un jour comme les autres, car elle a une dent qui bouge. C'est une nouvelle enthousiasmante qu'elle s'empresse d'annoncer au balbuzard. Celui-ci vole directement jusqu'à son nid, en haut d'un arbre, sans répondre.

« … Sal se réveilla. Elle sortit la tête de la couverture. Le soleil lui fit clignoter des yeux… »

Lorsque sa dent est éjectée de sa bouche de façon inattendue et tombe dans la boue pleine de palourdes, Sal est désespérée. Elle a peur qu'une palourde n'adresse un souhait à la fée des dents. « Je pense qu'une palourde va trouver ma dent et obtenir le cadeau que je voulais… Si nous revenons ici demain et qu'une palourde est en train de manger un cône de crème glacée au chocolat, il faudra lui prendre le cône et lui demander de rendre ma dent. »

L'histoire de Robert McCloskey et ses dessins s'inspirent du Maine, région dans laquelle il s'installa avec sa famille après la Seconde Guerre mondiale. Le livre est plein de douceur et de nostalgie. Pour les jeunes enfants, perdre une dent signifie que l'on a grandi. Cela est à la fois excitant et effrayant. L'histoire explore ces émotions avec une bonne dose d'humour permettant à l'enfant de s'identifier à l'héroïne. **KD**

Livres de Robert McCloskey traduits en français

Laissez passer les canards (p. 22)
Un si bel été

The Bears on Hemlock Mountain

Alice Dalgliesh Helen Sewell

Le jeune Jonathan est convaincu qu'il y a des ours sur Hemlock Mountain, mais tous les adultes le contredisent. Cependant, Jonathan découvre bientôt que les adultes n'ont pas toujours raison.

Une mission importante est confiée au jeune garçon. Il doit franchir Hemlock Mountain pour apporter une énorme marmite en fer à sa tante. Hemlock Mountain n'est pas réellement une montagne, il s'agit plutôt d'une colline, pourtant pour Jonathan, par cette journée d'hiver enneigée, celle-ci semble très haute. Durant le trajet, Jonathan devient l'ami d'écureuils et d'oiseaux, mais ne cesse de penser aux ours. Tandis qu'il escalade la montagne, il répète un refrain disant qu'il n'y a pas d'ours sur Hemlock Mountain. Lorsque Jonathan atteint finalement le sommet de la colline avec sa marmite, la nuit tombe rapidement et il constate la présence d'ours. Il leur échappe astucieusement en se cachant sous l'énorme marmite en métal et les adultes finissent par admettre qu'il y a bien des ours sur la colline. Les enfants apprécieront la tension existant entre les points de vue des adultes et ceux des enfants.

« L'année des ses huit ans Jonathan franchit Hemlock Mountain. »

Alice Dalgliesh était une pionnière en matière de littérature pour la jeunesse. Sa fiction historique, composée de personnages crédibles et d'intrigues dramatiques, est réputée pour son exactitude et ses détails. *The Bears on Hemlock Mountain* est un parfait exemple de l'équilibre ainsi atteint par Dalgliesh. Selon elle, l'histoire est basée sur une ancienne histoire à dormir debout de Pennsylvanie, qu'elle a enrichie et mise en forme. **RA**

Nationalité Trinidad, 1893 (aut.), États-Unis, 1896 (ill.)
Édition Charles Scribner's Sons, États-Unis, 1952
Thème aventure

5+

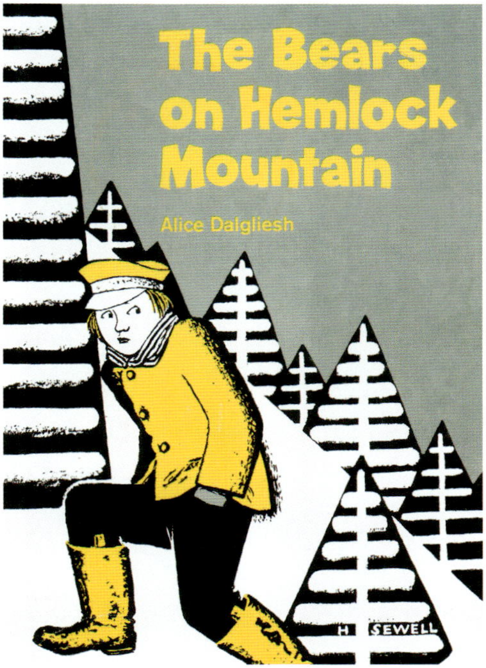

Autres histoires d'ours

Un ours nommé Paddington, **Michael Bond (p. 91)**
Il était une fois deux oursons, **Hanna Muschg (p. 323)**
La Fameuse Invasion de la Sicile par les ours, **Dino Buzzati (p. 500)**

The Biggest Bear

Lynd Ward

Nationalité États-Unis, 1905
Édition Houghton Mifflin, États-Unis, 1952
Thèmes aventure, controverse

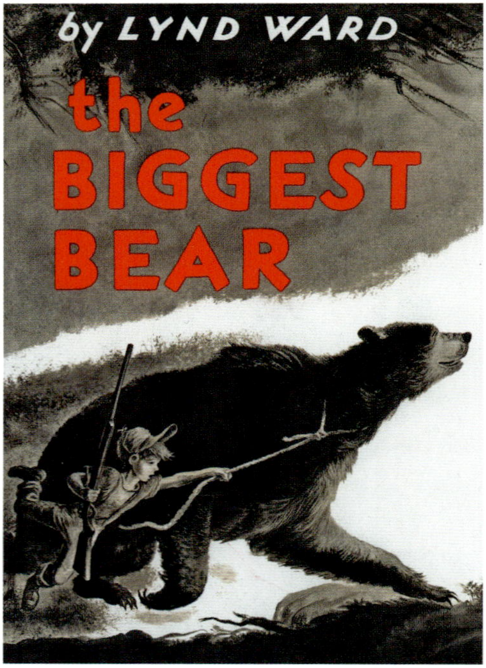

Récit intense de courage, de rivalité et de détermination, *The Biggest Bear* raconte l'histoire émouvante de Johnny Orchard, un jeune garçon qui se sent en décalage parce que ses voisins suspendent tous d'immenses peaux d'ours dans leur grange, alors que son père n'en a toujours pas rapport à la maison. Décidé à se charger de cette tâche, Johnny part chasser dans les bois afin de piéger un ours dont il pourra exhiber fièrement la peau aux yeux de tous. Malheureusement, l'ours que trouve Johnny est un minuscule ourson, qu'il décide d'adopter pour en faire son compagnon.

Tandis que l'ourson grandit, il cause malheureusement des dégâts dans le voisinage. Johnny tente de le ramener dans son habitat naturel, mais son père décide que la seule solution pour se débarrasser de l'animal consiste à le tuer. Pendant que Johnny charge sa carabine, l'ours bondit vers un piège posé par des gardes d'un zoo. Ceux-ci sont ravis de leur prise et remercient Johnny, en lui disant qu'il pourra venir voir l'ours aussi souvent qu'il le voudra.

« Dans toutes les fermes de la vallée, des peaux d'ours séchaient, sauf dans celle de Johnny. »

Les superbes illustrations proviennent de gravures sur bois détaillées de Lynd Ward, qui lui valurent un prix, la Caldecott Medal, en 1953. Ward publia également plusieurs livres dépourvus de textes, notamment *The Silver Pony* et *God's Man*, dont l'histoire est entièrement racontée par des lithographies. Les analystes freudiens, comme Ernest Becker, interprétèrent *The Biggest Bear* comme une allégorie de la peur de l'homme face à la violence sexuelle. Néanmoins, des générations d'enfants apprécièrent ce livre, ne serait-ce que pour ses illustrations vivantes et son récit captivant. **ML**

Autres livres illustrés par Lynd Ward

Col blanc, dans *Gravures rebelles : quatre romans graphiques*, Lynd Ward
The Little Red Lighthouse and the Great Gray Bridge, Hildegarde Swift (p. 83)
Johnny Tremain, Esther Forbes (p. 766)

La Petite Voiture à cheval

Graham Greene   Dorothy Craigie

« Il y a toujours un moment dans l'enfance où la porte s'ouvre, laissant entrer l'avenir », nous dit Graham Greene, l'un des plus célèbres écrivains du XXe siècle. *La Petite Voiture à cheval* est l'un de ses quatre livres pour enfants et relate les exploits d'un véhicule héroïque. Les jeunes lecteurs ont hâte de tourner les pages du livre pour savoir ce qui va se produire.

M. Potter possède un magasin à l'angle d'une rue. Il se montre gentil envers les enfants et toujours attentif à leurs problèmes. Lorsqu'un grand magasin, l'*Hygienic Emporium*, ouvre de l'autre côté de la rue, le marchand ne peut rivaliser avec leur service de livraison par fiacre. Il crée son propre service de livraison, grâce à une vieille voiture à cheval tirée par Brandy, un poney qu'il a sauvé, mais il ne rencontre pas beaucoup de succès. Un jour, Brandy, qui tire sa voiture, voit des voleurs s'échapper avec un butin qu'ils ont volé dans le fiacre. Une séquence digne d'une bande dessinée décrit la poursuite des voleurs, attaqués par Brandy et sa voiture. Bientôt, les voleurs se rendent. M. Potter reçoit une grosse somme d'argent en récompense, ses clients reviennent et l'*Hygienic Emporium* ferme ses portes.

Les illustrations gaies et colorées furent réalisées par Dorothy Glover, une créatrice de costumes pour le théâtre qui dessinait sous le pseudonyme de Dorothy Craigie. Le texte, aussi pertinent aujourd'hui qu'il l'était dans les années 1950, est ponctué de publicités pour des produits familiers de l'époque, comme la crème anglaise Bird. Craigie, qui eut une relation avec Greene, illustra ses quatre livres pour enfants, dont *The Little Train* (1946), *The Little Fire Engine* (1950) et *The Little Steamroller* (1955). Dans les années 1970, un ami de Greene, Edward Ardizzone, réalisa de nouvelles illustrations pour ses ouvrages (la version française de ce titre est illustrée par lui). Celles-ci sont esthétiques et picturales, mais elles n'ont pas l'authenticité des illustrations originales de Craigie. **WO**

Titre original *The Little Horse Bus*, 1952
Nationalité Angleterre, 1904 (aut.), 1908 (ill.)
Édition française Circonflexe
Thèmes animaux, amitié

5+

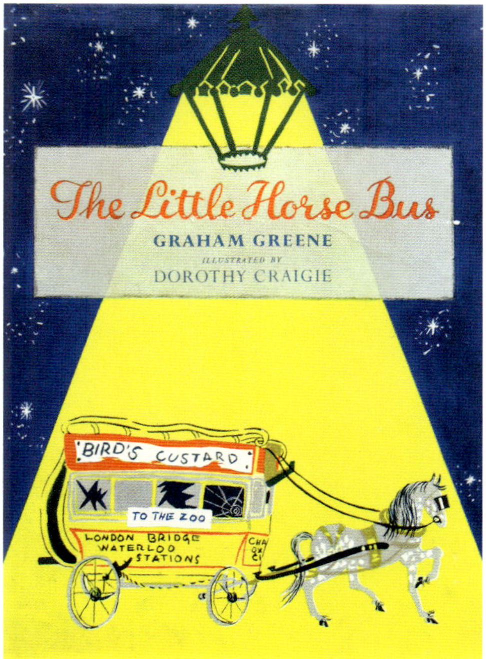

D'autres trains, bateaux et locomotives

***Boréal Express*, Chris Van Allsburg (p. 332)**
***Little Toot*, Hardie Gramatky (p. 76)**
***Ivor the Engine*, Oliver Postgate (p. 97)**
***Fire-Engine Lil*, Janet McLean (p. 147)**
***The Ship that Flew*, Hilda Lewis (p. 489)**

La Toile de Charlotte

E. B. White Garth Williams

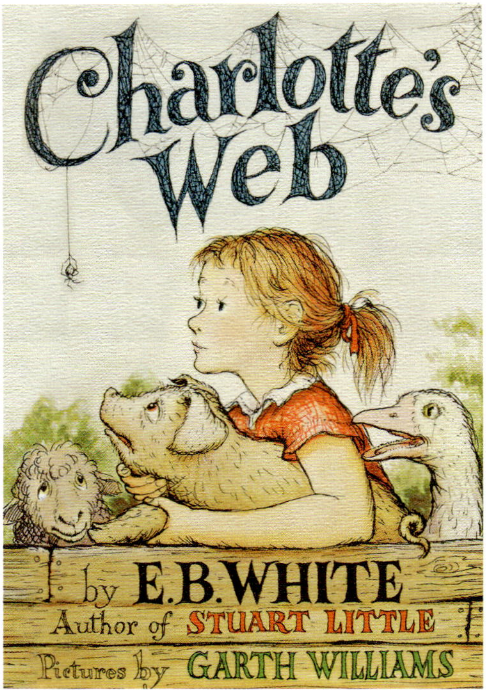

5+

Titre original *Charlotte's Web*, 1952
Nationalité États-Unis, 1899 (aut.), 1912 (ill.)
Édition française L'École des loisirs
Thèmes animaux, aventure, classiques

« Ne tuez pas Wilbur », supplie Fern, âgée de 8 ans. Wilbur est un porcelet, le plus petit de la portée, d'une immense curiosité. Il n'est pas tué, mais vendu à l'oncle de Fern, Homer Zuckerman, dans la ferme duquel il se sent très seul. Un jour, il entend la voix chaleureuse d'une créature lui annoncer qu'elle va devenir son amie. De qui s'agit-il ?

Charlotte A. Cavatica est une belle araignée grise et le génie qui préside à la vie des animaux de l'étable. Elle intègre Wilbur à leur communauté. Mais l'irritable vieux mouton leur dit que Wilbur sera tué à Noël. Charlotte vient à son secours en écrivant des messages dans sa toile qui vantent les qualités de Wilbur : elle écrit ainsi qu'il est « formidable » et « resplendissant ». Mais si Charlotte peut influer sur l'avenir de Wilbur, elle ne peut modifier le sien. Elle doit mourir, en laissant le cocon contenant ses petits, qui tiendront compagnie à Wilbur.

La Toile de Charlotte passionne les jeunes lecteurs par l'originalité du récit et la précision des dialogues. White était un célèbre critique littéraire et son style se caractérise par l'emploi de détails piquants, sans sentimentalisme. Le personnage du rat sournois Templeton ajoute une touche de réalisme acide à l'atmosphère protectrice de la grange. Il préférerait manger le cocon contenant les petits de Charlotte plutôt que de préserver sa descendance. Le livre n'idéalise pas les animaux : Wilbur mange des déchets comme n'importe quel cochon ; Charlotte est une grosse araignée velue qui suit le cycle naturel des arachnides ; et les animaux cessent de vivre pour que nous mangions. Néanmoins, l'histoire est touchante et ne craint pas d'émouvoir. **VN**

« J'apporterai le gringalet quand je rentrerai. Tu le nourriras au biberon. Tu comprendras les ennuis que peut causer un cochon. »

Autres histoires de zoo et de ferme

***Le Grand Livre de Georges*, Margret Rey (p. 80)**
***Babe, le cochon devenu berger*, Dick King-Smith (p. 621)**
***La Ferme des animaux*, George Orwell**
***The Great Escape from City Zoo*, Tohby Riddle (p. 361)**

Jip en Janneke

Annie M. G. Schmidt

Nationalité Pays-Bas, 1911
Édition De Arbeiderspers, Pays-Bas, 1953
Thèmes famille, amitié

Jip et Janneke sont les bébés les plus célèbres des Pays-Bas. Chaque enfant du pays grandit avec eux. Leurs histoires sont assez ordinaires, mais correspondent à l'univers de l'enfance.

Les histoires s'appuient sur une tradition narrative simple, dans laquelle un personnage complète l'autre. Chacun des actes de Jip produit une réaction de la part de Janneke et inversement. L'intérêt de chaque histoire réside dans la confrontation entre les deux enfants. Lorsqu'il joue, Jip prétend être un pilote alors que Janneke est autorisée à monter à bord en qualité de passagère. La séparation des rôles dans la vie quotidienne est basée sur les mœurs des années 1950.

Toutes les aventures de Jip et Janneke furent écrites par Annie M. G. Schmidt pour la page du quotidien *Het Parool* consacrée aux enfants. Chaque semaine, pendant cinq ans, l'auteur conçut une nouvelle histoire amusante des deux enfants. Son style est fluide, avec des phrases brèves excédant rarement sept mots.

Jip et Janneke sont curieux et mènent parfois la vie dure aux adultes en les questionnant sans cesse. Schmidt crée un univers enfantin réaliste, familier, qui est également idyllique et protégé. Les parents ne sont jamais en colère longtemps. Ils savent toujours résoudre les petites catastrophes et les injustices sont rapidement réparées. **AD**

Livres d'Annie M. G. Schmidt traduits en français

Cette mystérieuse Minouche
Les Comptines de Robinson

Marlaguette

Marie Colmont Gerda Muller

Nationalité Fr., 1895 (aut.), Pays-Bas, 1926 (ill.)
Édition Flammarion, Père Castor, France, 1952
Thèmes animaux, amitié

Marlaguette fait partie des contes les plus connus de Marie Colmont, tout comme *Michka* ou *Perlette goutte d'eau*. Le conte est aujourd'hui édité en CD et DVD. Marie Colmont était souvent citée dans divers manuels scolaires français des années 1950.

Marlaguette est une fable qui raconte la belle amitié qui naît entre une petite fille et un loup. Un jour, Marlaguette va cueillir des champignons au fond des bois et est attaquée par un loup qui veut l'emmener dans sa caverne. Une bataille s'ensuit et le loup est blessé. La petite fille s'en moque d'abord puis le prend en pitié et décide de le soigner. Elle le panse, le protège, lui prépare de la tisane… et lui, pour la toute première fois, se laisse dorloter, même si la tisane ne vaut pas un bon morceau de viande ! Peu à peu le loup reprend des forces. Mais, lors d'une promenade aux côtés de Marlaguette, il mange un geai, ce qui la met en colère. Le loup accepte dès lors de se priver de viande et Marlaguette le nourrit de baies, de feuilles et d'autres végétaux. Mais le loup est carnivore ! Il meurt petit à petit de faim pour lui plaire. Le voyant si affaibli, Marlaguette comprend qu'elle doit respecter sa nature. Elle le délie de sa promesse et chacun retourne à sa vie… sans jamais oublier l'autre !

Le texte et les images sont simples, naïfs et désuets, mais émouvants et éducatifs. Le livre permet d'évoquer la vie sauvage et les limites de la domestication. Quant au thème de l'amitié, il implique des concessions… On apprend finalement que la plus belle preuve d'amitié est de respecter les différences de l'autre, de l'accepter tel qu'il est… Une histoire courte, qui prône l'amitié, le respect de la nature de chacun. **CD**

Teddy Robinson Stories

Joan G. Robinson

Nationalité Grande-Bretagne, 1910
Édition Harrap, Grande-Bretagne, 1953
Thèmes aventure, famille, amitié, personnages favoris

L'ours Teddy Robinson vit avec Deborah, la petite fille qu'il préfère, et ses parents. Deborah et Teddy Robinson vont presque partout ensemble – sauf dans les rares occasions où Deborah l'oublie ou le perd. Tout au long du livre, Teddy Robinson élabore de petites comptines qu'il chante à Deborah ou à quiconque se trouve dans l'environnement, comme le chaton du voisinage, la tortue du jardin, ou le chien en peluche, Cloppety, qui appartient à leur nouvel ami, Tommy.

Dans l'histoire intitulée *About Teddy Robinson*, Deborah et son ours visitent une fête foraine, passent quelques jours à l'hôpital et organisent l'anniversaire de Teddy Robinson. Teddy passe une nuit tout seul dehors, se perd dans un magasin et découvre l'une des vitrines de la boutique. Il rencontre un chien appelé Toby et reste éveillé pour rencontrer le Père Noël. Cette nuit-là, après avoir fini de remplir les bas de Noël de Deborah, le Père Noël raconte à Teddy Robinson l'histoire de la nuit où il l'a emmené dans son traîneau pour l'offrir à Deborah.

About Teddy Robinson était le premier livre d'une série qui eut beaucoup de succès. Les histoires s'inspiraient de la fille de l'auteur, Deborah, et de son ours préféré. **LH**

Livre de Joan G. Robinson traduit en français

Le Livre de Nounours

L'Affaire Caïus

Henry Winterfeld Charlotte Kleinert

Titre original *Caius ist ein Dummkopf*, 1953
Nationalité États-Unis, Allemagne, 1901 (aut.)
Édition française Le Livre de poche Hachette
Thèmes aventure, école, amitié

Publié à l'origine sous le titre *Caius ist ein Dummkopf*, cette histoire policière se déroule dans la Rome antique et fut inspirée par la découverte de graffitis sur les murs de Pompéi.

Caïus n'est pas le garçon le plus brillant de Rome. Rufus, l'un de ses camarades d'école, ne vaut guère mieux, et a écrit « Caïus est un imbécile » sur sa tablette de cire, avant de la suspendre pour que tous la voient. Furieux, le professeur renvoie Rufus chez lui et le menace d'informer sa mère de cet incident. Le jour suivant, les garçons attendent en vain l'arrivée du professeur à l'école. Au bout d'un certain temps, ils se rendent chez lui et découvrent que quelqu'un a pénétré par effraction dans sa maison et l'a enfermé dans un placard. Ils libèrent le professeur, qui leur dit qu'il a exagérément réagi la veille et que Rufus ne sera pas puni. Ravis, les garçons partent voir Rufus pour lui annoncer la bonne nouvelle, mais en passant devant le temple sacré de Minerve, ils se rendent compte que celui-ci a été profané ; sur ses murs, il est écrit : « Caïus est un imbécile ». Tous les habitants de Rome sont choqués et si Rufus dément être l'auteur de cet acte, il est néanmoins jeté en prison. Les autres garçons mènent leur propre enquête et livrent le véritable coupable à la justice.

Cette histoire captivante met en scène de jeunes héros auxquels les enfants peuvent s'identifier. Elle constitue en outre une introduction amusante à la vie de la Rome antique. **DaH**

Harold et le crayon rose

Crockett Johnson

Titre original *Harold and the Purple Crayon*, 1955
Nationalité É.-U., né David Johnson Leisk, 1906
Édition française Pocket Jeunesse
Thèmes aventure, fantastique

5+

Harold est un petit garçon rêveur qui part un soir se promener avec son fidèle crayon rose. Il s'agit d'un crayon magique et il l'utilise pour se dessiner lui-même. Il se met parfois en difficulté, puis s'en sort. Il dessine le chemin qu'il emprunte, toujours assorti d'une belle lune rose. Quittant le chemin, il se dessine au milieu d'une forêt, dans un océan puis dans un ballon. Ensuite, fatigué, il se perd. Comment va-t-il faire pour retrouver sa maison et la fenêtre de sa chambre ? Il tente de les dessiner, mais exécute toute une ville haute et sombre, pleine de fenêtres. À la fin, il se rappelle que sa fenêtre encadre parfaitement la lune. Il la dessine donc, la franchit pour rentrer chez lui et s'endort en toute sécurité.

L'impact de ce livre charmant réside dans la simplicité de son expression. Si son concept est assez complexe, l'épais trait rose de ses dessins et ses phrases simples captivent les jeunes lecteurs. Harold, à la fois courageux et peureux, est un personnage auquel les enfants s'identifient facilement. Sa vive imagination est à la fois pleine d'étrangeté et terre à terre. Il mange une tarte toute simple et navigue dans un bateau très sommaire. Pourtant, il a créé cette tarte et ce bateau. Combien de nos expériences sont-elles issues de notre imagination ? Beaucoup de parents et de professeurs trouvèrent que les aventures de Harold étaient un précieux support pour évoquer les espoirs et les craintes des enfants. Ce livre, qui n'a jamais cessé d'être réédité depuis sa publication, était le premier d'une série, mais il est aussi le meilleur. **VN**

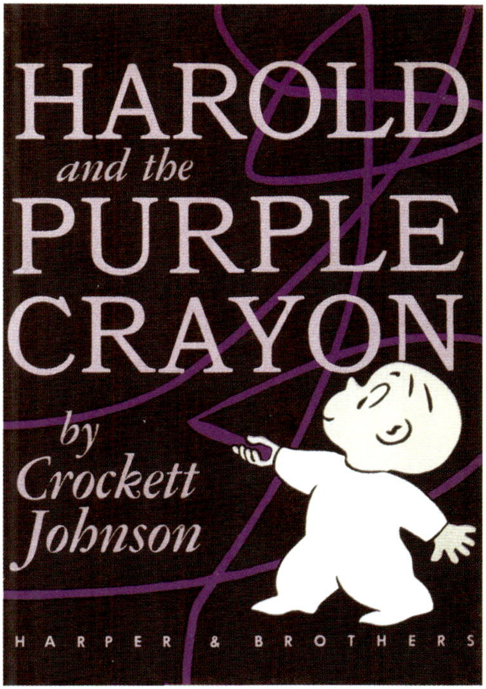

« Un soir, après y avoir réfléchi un certain temps, Harold décida de sortir se promener… »

Autres livres de Crockett Johnson

Hélène et son lion
La Plage magique
Série des Harold :
Harold dans les étoiles
Harold dans la neige
Harold acrobate

Polly la futée et cet imbécile de loup

Catherine Storr   Marjorie-Ann Watts

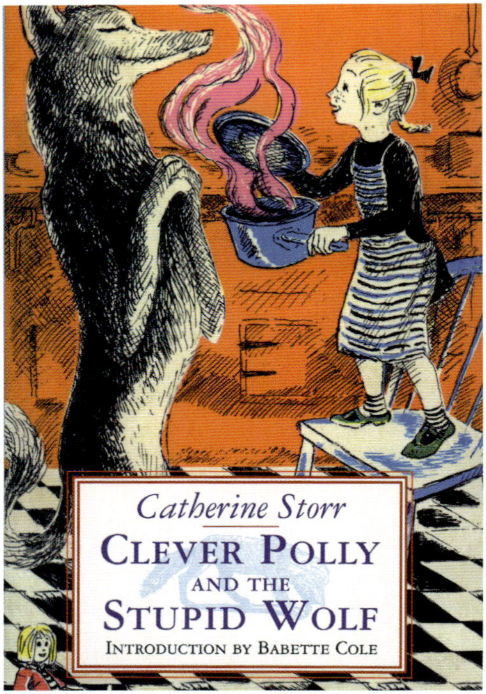

« Polly, je vais t'attraper et te manger ! »

Titre original *Clever Polly and the Stupid Wolf*, 1955
Nationalité Angl., 1913 (aut.), date inconnue (ill.)
Édition française multiples éditeurs
Thèmes tradition, aventure

Publiée pour la première fois il y a plus de 50 ans, cette délicieuse histoire, dans laquelle une petite fille intelligente se montre plus rusée qu'un loup qui veut la manger, a plu à des générations d'enfants. Tandis que le malheureux loup élabore des plans basés sur des légendes traditionnelles (dans lesquelles son héros vorace finit par un bon dîner), Polly, qui est toujours la plus pragmatique, lui rappelle fréquemment que les loups ont souvent des destins désastreux et qu'ils se régalent rarement de petites filles.

Polly est une enfant douée et pleine de ressource, très mûre pour son âge. Elle est aussi tout à fait de son temps : souvent seule à la maison, elle possède de grandes qualités domestiques qui lui servent à venir à bout du loup. Malgré les menaces de l'animal, leur relation reste avant tout celle d'adversaires amicaux. Lorsque le loup est enfermé dans un zoo, Polly l'aide à s'échapper. Les parents de Polly sont conscients de la présence du loup, mais cela ne les perturbe pas du tout et ils semblent avoir confiance dans la capacité de Polly à prendre soin d'elle-même. « Mon Dieu ! » s'exclame le père de Polly en entendant le loup annoncer son intention de manger Polly et sa grand-mère. « Quelle affreuse idée ! Nous n'aurions certainement pas dû t'emmener si c'est ce que tu envisages de faire. »

Ce titre fut suivi de trois autres livres. Le dernier, publié dans les années 1990, montre Polly dans un environnement actuel où elle est confrontée, pour une fois, à un véritable danger. **KA**

Autres livres de Catherine Storr

Encore Polly, encore le loup !
Biglouche
Ils sont nuls ces héros !
Marianne Dreams (p. 789)

El sapo que quería ser estrella

Óscar Alfaro

Nationalité Bolivie, 1921
Édition Plus Ultra, Argentine, 1955
Thèmes classiques, animaux

Óscar Alfaro était l'un des poètes les plus importants du monde hispanophone, qui écrivait principalement pour les enfants. Cette belle fable morale sur la vanité est écrite dans un langage simple, mais expressif.

Un soir, un crapaud voit un serpent étincelant ramper près de son étang et est surpris par sa beauté. Après avoir réalisé que l'éclat du serpent est dû au fait qu'il a mangé un certain nombre de lucioles, le crapaud décide d'en faire autant. Il avale autant de lucioles qu'il le peut jusqu'à ce qu'il brille comme du cristal. Lorsqu'il retourne dans l'eau, un poisson stupéfait pense qu'une étoile est tombée dans l'étang.

Le crapaud apprécie son nouveau statut. Le poisson le prie de rester et d'être la lumière de leur univers sombre. Mais le crapaud sait que sa véritable identité sera connue à l'aube. Il s'en va cérémonieusement, en prétendant qu'il doit retourner dans le ciel rejoindre les autres étoiles. Malheureusement, les poules, qui se sont réveillées et ont réalisé que la prétendue étoile du matin est en réalité un crapaud qui a avalé des lucioles, l'attaquent pour venger la mort de ces insectes innocents. Cependant, les lucioles ne sont pas mortes : elles se trouvent encore dans l'estomac du crapaud et, aussitôt qu'elles sentent les coups donnés de l'extérieur, elles s'envolent, emportant le crapaud avec elles. Voyant qu'il vole, le crapaud croit qu'il est une véritable étoile. Toutefois, lorsqu'il ouvre la bouche, les lucioles s'envolent de son estomac, le crapaud tombe du ciel et meurt. **LB**

Contes populaires italiens

Italo Calvino

Titre original *Fiabe Italiane*, 1956
Nationalité Italie, 1923
Édition française multiples éditeurs
Thèmes contes populaires, contes de fées

Cet ouvrage est un recueil de 200 contes italiens réunis par l'écrivain et fabuliste Italo Calvino. Ce dernier fut influencé par les frères Grimm et il lui fallut deux ans pour composer le premier recueil de contes de fées italiens. Le recueil se compose d'histoires issues de tout le pays et indique leurs sources lorsqu'elles existent.

Un grand nombre d'histoires paraissent familières parce qu'il s'agit de contes de fées européens qui ont été modifiés en passant d'un pays à un autre. Ainsi, *Belle Venise* est une version italienne de *Blanche-Neige*. Les histoires sont traditionnelles et ont des titres tels que *Le Prince qui épousa une grenouille* et *La Belle au bois dormant et ses enfants*. Elles incluent des récits de transformations monstrueuses et d'heureuses métamorphoses, de jeunes filles innocentes qui épousent un prince, de ruses et de sortilèges de sorcières, de bois et de chemins semés d'embûches mortelles, de dragons, de châteaux enchantés et de pactes avec le diable.

Comme on peut s'y attendre de la part d'une nation obsédée par l'art culinaire, les versions italiennes des contes de fées accordent plus d'attention à la nourriture que celles des frères Grimm, dans lesquels la dureté prévaut. Les histoires datent de l'Italie médiévale chrétienne et sont très axées sur la morale, les méchants y étant toujours punis. Elles ont résisté à l'épreuve du temps et donnent une touche italienne originale à l'univers des contes de fées. **CK**

5+

Un arbre

Janice May Udry   Marc Simont

Titre original *A Tree is Nice*, 1956
Nationalité États-Unis, 1928 (aut.), 1915 (ill.)
Édition française Circonflexe
Thème science et nature

Janice May Udry remarqua un jour que la valeur d'un bon livre d'enfants tenait au fait qu'il « n'ennuyait pas un adulte ». Cette histoire très simple est dédiée à l'amour de la nature et des arbres en particulier.

Le récit a trait à tout ce qui concerne les arbres, leur importance et le plaisir qu'ils apportent. L'auteur nous dit qu'ils sont beaux, qu'ils remplissent le ciel. Si l'on a un arbre, on peut grimper le long de son tronc, se rouler dans ses feuilles ou suspendre une balançoire à l'une de ses branches. Les vaches et les bébés peuvent faire une sieste à l'ombre de son feuillage. Les oiseaux peuvent faire leur nid dans ses branches. Il est bon d'avoir un arbre dans son environnement. Le livre fait parfois rire ses lecteurs, lorsqu'il s'intéresse aux usages humoristiques des arbres et montre combien ils peuvent être amusants ; parfois, il donne des renseignements sur les arbres. À la fin, il décrit comment planter un arbre et la fierté que l'on ressent en le regardant pousser. Même si l'on n'en possède qu'un, c'est une bonne chose.

Dans *Un arbre*, le texte ainsi que les idées sont claires et simples à comprendre. Toutefois, ce sont les illustrations élégantes de Marc Simont qui placent ce livre à part : tantôt en couleurs, tantôt en noir et blanc, elles sont à la fois jolies, simples et profondément expressives. Le livre fut récompensé par la Caldecott Medal en 1957. La poésie pleine de simplicité de sa langue et l'accessibilité de ses mots et de ses illustrations lui permettent d'être apprécié à la fois par les plus jeunes et par leurs parents. Il ne provoque pas de lassitude, même au bout de plusieurs lectures. **KD**

Captain Pugwash

John Ryan

Titre complet *Captain Pugwash: A Pirate Story*, 1957
Nationalité Écosse, 1921
Édition Bodley Head, Grande-Bretagne, 1957
Thèmes aventure, personnages favoris

En ces temps terribles où Blackbeard le Pirate terrorisait les Sept Mers, un autre pirate jovial et innocent, le capitaine Horatio Pugwash, dirigeait son propre navire, le *Black Pig*. Son équipage hétéroclite se composait du languissant Master Mate (une sorte d'officier), du pirate simplet Willy, du pirate grincheux Barnabas et de Tom, le mousse, le seul membre intelligent de l'équipage. À la recherche d'un trésor caché, tous sont ralentis par la couardise et les décisions stupides de leur capitaine et par le diabolique ennemi de Pugwash, Cut-Throat Jake, capitaine du *Flying Dustman*. Le langage riche et inventif de John Ryan, empreint d'expressions inattendues et imagées, enthousiasme les jeunes enfants depuis des générations.

Les aventures maritimes du capitaine Pugwash furent d'abord publiées dans le magazine *The Eagle* en 1950. En 1957, le personnage fit son apparition à la BBC dans une série animée pour enfants. Ryan conçut sa propre méthode d'animation en temps réel, utilisant des silhouettes découpées sur fond de décors peints et des supports dotés de leviers en carton pour provoquer le roulis des bateaux et faire bouger les yeux, la bouche et les membres des personnages. Depuis, beaucoup de séries télévisées et de livres (dont *Pugwash and the Sea Monster* et *Captain Pugwash and the Mutiny*) ont mis en scène l'équipage du pirate, animé d'une crainte perpétuelle d'être attaqué par son ennemi, Cut-Throat Jake. Tous les personnages sont aussi attachants qu'incapables : ils ne sont que de pâles imitations de pirates. Le capitaine Pugwash, lui, est un véritable pitre. **VN**

Rien ne se déroule jamais comme prévu pour le capitaine.

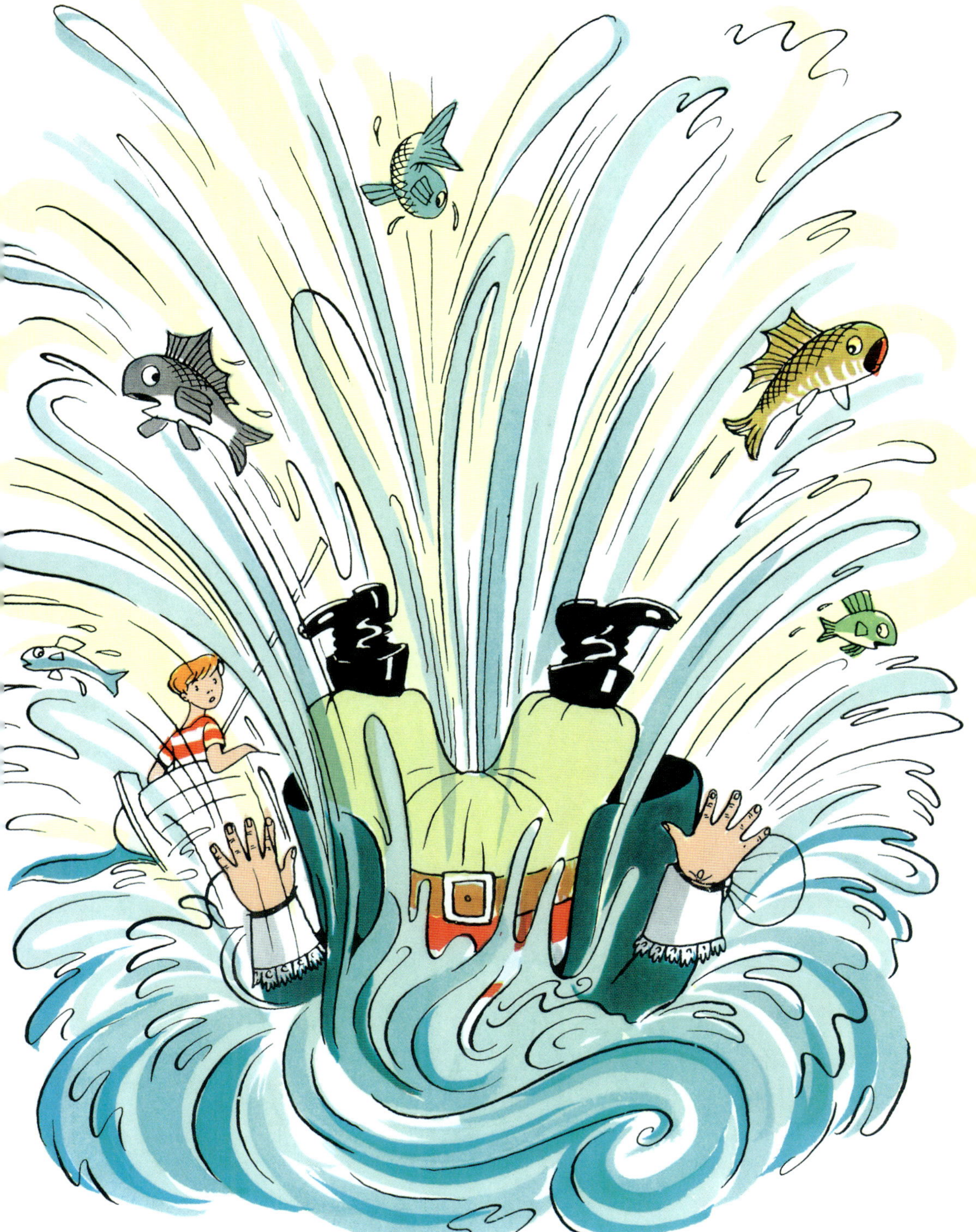

Crictor

Tomi Ungerer

Titre original *Crictor*, 1958
Nationalité France, 1931
Édition française multiples éditeurs
Thèmes animaux, excentricité

5+

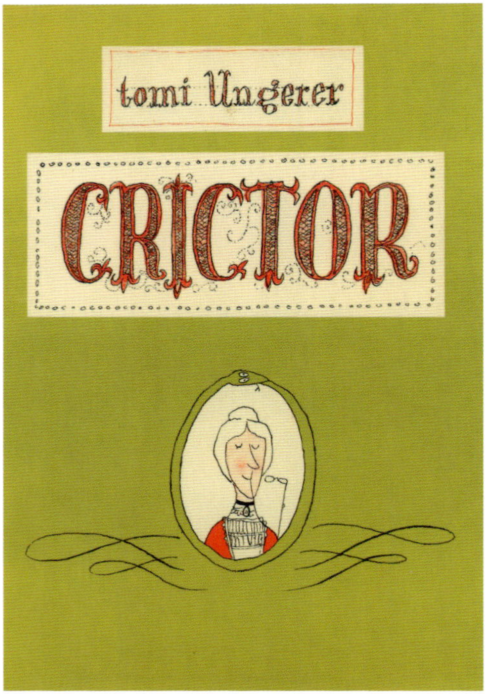

Autres livres de Tomi Ungerer

Les Trois Brigands (p. 260)
Adélaïde
Émile
Orlando
Rufus

Crictor est une fable qui raconte l'attachement d'un boa constrictor aux habitants d'une petite ville française. Louise Bodot est une vieille dame dont le fils, spécialiste des reptiles, vit en Afrique. Un jour elle reçoit de celui-ci un cadeau d'anniversaire aussi étrange qu'effrayant : un serpent. Le premier effroi passé, Mme Bodot entreprend d'élever dignement le jeune animal en le choyant de mille façons. Crictor étant d'un naturel très civilisé et courtois, il suit sa maîtresse jusque dans la salle de classe où il apprend, à la manière des serpents, l'alphabet et le calcul.

Pour agrémenter ce texte décalé où les situations les plus banales côtoient sans cesse l'insolite, Tomi Ungerer a travaillé ses illustrations à l'encre de Chine d'un trait léger et utilisé des coloris pastel. La

« Bien nourri, Crictor devint de plus en plus long, de plus en plus fort. »

ligne est fine et délicate et on s'attarde avec plaisir sur les minuscules détails qui ornent les intérieurs de Mme Bodot.

Crictor est le premier récit d'une série de petits livres rédigés entre 1958 et 1966, mettant à l'honneur des animaux souvent absents des livres d'images de l'époque : *Adélaïde* le kangourou ailé, *Émile* le poulpe, *Rufus* la chauve-souris et *Orlando* le vautour. Ces animaux malaimés et effrayants parviennent toujours, avec humour, courage et imagination, à conquérir le cœur des hommes. *Crictor* et *Émile* sont deux récits qui apprennent aux enfants à ne pas juger les autres de manière trop hâtive. Ce thème récurrent dans les ouvrages de Tomi Ungerer présente une vision à la fois bienveillante et critique de l'humanité.

Une histoire courte et surprenante qui nous emmène loin ! **SL**

Mme Bodot tricote un long pull-over pour Crictor.

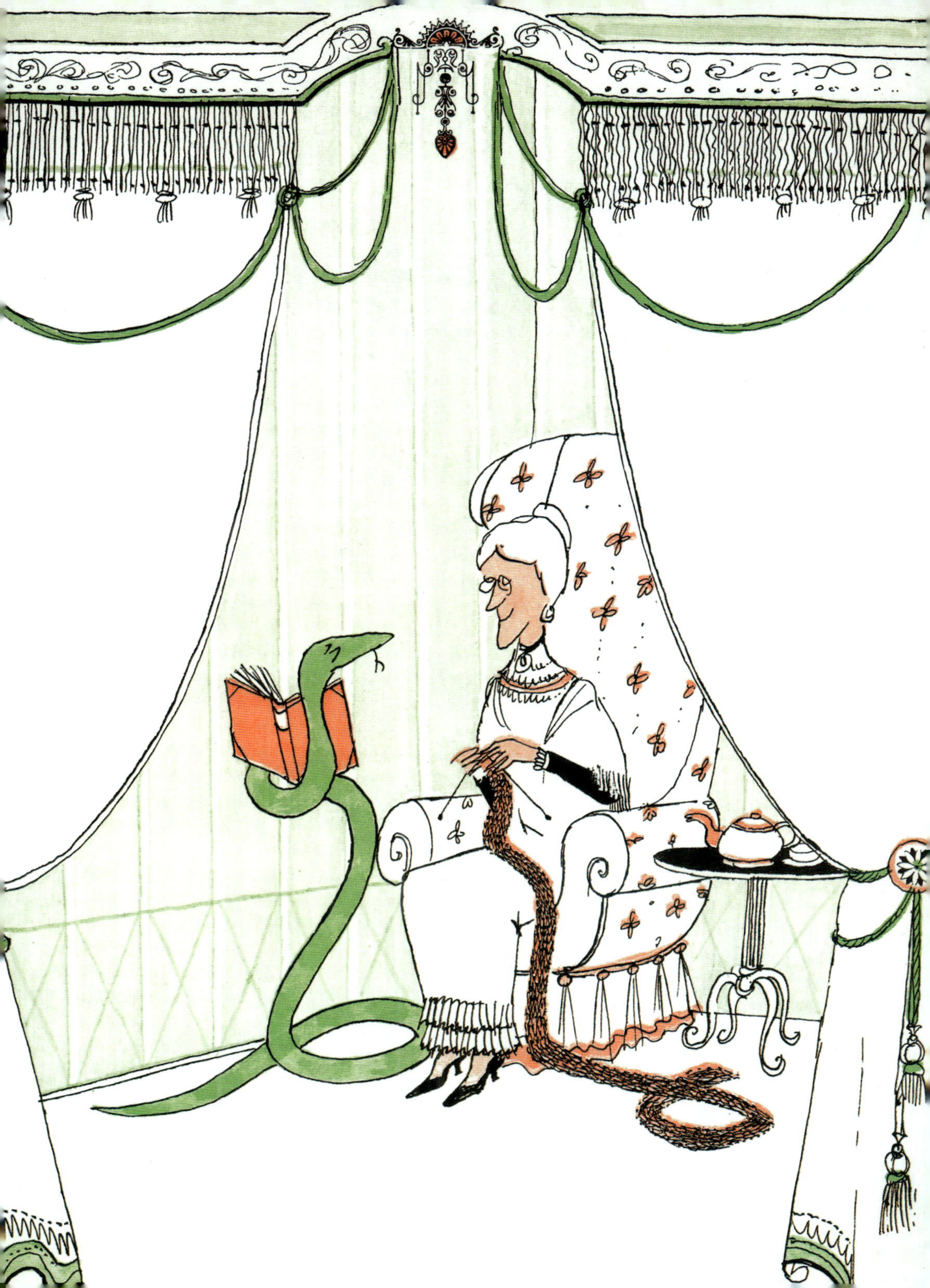

Chanticleer and the Fox

Barbara Cooney

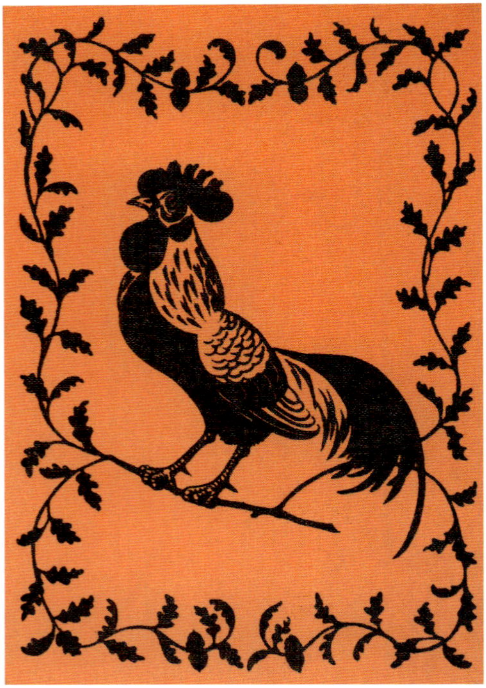

Nationalité États-Unis, 1917
Édition Crowell Jr. Books, États-Unis, 1958
Thèmes classiques, tradition

« Il était une fois une pauvre veuve, vivant dans un petit cottage abrité derrière un bosquet… »

Autres livres de Barbara Cooney

Quand le fermier se rendait au marché (p. 124)
La Demoiselle aux lupins
L'Enfant du bout du monde
L'Histoire de Prune et Fleur de Houx

Barbara Cooney était un auteur prolifique qui écrivit ses propres histoires et en adapta d'autres. Elle devint d'abord célèbre pour son adaptation de l'un des *Contes de Canterbury* de Geoffrey Chaucer, *Chanteclair et le coq*. Elle adapta l'histoire du coq pour en faire un livre d'images. Les superbes couleurs de ses dessins furent créées à l'aide de cartes à gratter et l'attention portée aux détails reflète la vie telle qu'elle se déroulait probablement dans un village médiéval. L'histoire classique de Chaucer est donc ici exprimée sous une forme susceptible de plaire aux enfants, sans les extravagances du Moyen Âge anglais, mais avec sa morale typique des fables et son sens de l'humour.

L'histoire met en scène une pauvre veuve qui vit avec ses deux filles dans un petit cottage. Elle possède plusieurs animaux de ferme, dont des vaches, des truies, un mouton et des poules. Le héros de l'histoire est le coq Chanteclair, qui est beau, bruyant et vantard, adoré par les poules qui l'entourent et par toutes les autres créatures de la ferme. Chanteclair a rencontré son alter ego, sa compagne, la jolie poule Pertelote. Il se pavane dans la cour, profitant de l'adoration qu'il déclenche, mais son arrogance provoquera sa chute. Il est trompé par les flatteries d'un renard rusé, qui l'emporte. Cependant, tout finit bien, car Chanteclair parvient à s'échapper et revient chez lui, ayant reçu une précieuse leçon de vie : il ne faut jamais croire un flatteur. **CK**

Mère Brimborion

Alf Prøysen Björn Berg

Titre original *Mrs Pepperpot*, 1958
Nationalité Norvège, 1914 (aut.), Suède, 1923 (ill.)
Édition française G. P. Rouge et Or
Thèmes aventure, excentricité

Mme Pepperpot est une femme âgée qui vit avec son mari dans un cottage à la campagne. Elle semble avoir une vie normale, mais elle a un secret : de temps en temps, elle rétrécit et atteint la taille d'une poivrière. C'est une chose qu'elle ne peut contrôler et elle ne sait pas quand cela va se produire. Parfois, son époux est là pour la mettre dans sa poche et arranger la situation, mais la plupart du temps, Mme Pepperpot est seule et doit faire appel à son intelligence et à son habileté pour se sortir de situations potentiellement dangereuses ou embarrassantes. Qu'elle ait à faire face à un animal rusé, comme un élan qui s'est échappé, ou qu'elle essaie de sortir d'un tiroir plein de macaronis, Mme Pepperpot parvient à se tirer d'affaire de façon astucieuse ou intelligente.

Naturellement, on a la taille d'une poivrière, il est très difficile d'accomplir les tâches quotidiennes, comme le ménage. Elle se demande toujours ce que son époux va penser lorsqu'elle n'a pas eu le temps de nettoyer ou de préparer sa confiture d'airelles préférée, mais M. Pepperpot, d'une nature placide, ne remarque rien. Aussi l'autoritaire Mme Pepperpot contraint-elle son entourage à lui apporter de l'aide. Elle demande au chat de faire la vaisselle, au chien de faire le lit et à une souris de faire du ménage. Aussi brusquement qu'il lui arrive de rétrécir, Mme Pepperpot retrouve sa taille normale, cela se produit généralement juste au moment où le lecteur craint que son secret ne soit révélé. **LH**

Le Petit Nicolas

René Goscinny Jacques Sempé

Nationalité France, Pologne, 1926 (aut.), France, 1932 (ill.)
Édition multiples éditeurs, France, 1959
Thèmes école, aventure, famille

5+

Nicolas est un petit garçon dont les aventures ont été publiées dès 1959 dans *Sud-Ouest Dimanche* et dans le magazine de bandes dessinées *Pilote*. *Le Petit Nicolas* a parcouru un demi-siècle et accompagné des générations de lecteurs sans jamais rien perdre de son humour ni de sa fraîcheur. Ses histoires ont été adaptées pour la première fois au cinéma en 2009 et dans une série animée pour la télévision la même année.

Nicolas a entre 6 et 10 ans et il est le narrateur de ses aventures. Fils unique, élève plutôt moyen, il vit entouré d'une joyeuse bande de copains. Son meilleur ami est Alceste, qui mange tout le temps et qui a toujours les mains collantes ou pleines de beurre. Dans la cour de récré, l'ambiance est parfois déchaînée, car les copains ont tous de fortes personnalités. Eudes est le costaud qui n'a peur de personne et donne des coups de poing, Rufus aussi est bagarreur, Geoffroy est le meilleur pour trouver de nouvelles idées, Clotaire est le dernier de la classe, Agnan est très sérieux, mais il porte des lunettes alors on ne peut pas lui taper dessus. Dans le petit monde de Nicolas, il y a aussi le foot, les cow-boys et les jeux de billes ; il y a son papa et sa maman, sa mémé qui le fait beaucoup rire, la maîtresse qui est « chouette », le directeur de l'école et un surveillant général surnommé Le Bouillon.

Les dessins en noir et blanc de Sempé sont précis, émouvants, pleins de finesse et d'humour et reflètent avec tendresse la candeur et l'espièglerie de l'enfance. Une lecture rafraîchissante pour tous ! **SL**

Are You My Mother?

P. D. Eastman

Nationalité États-Unis, 1909
Édition Random House, États-Unis, 1960
Thèmes classiques, famille, animaux

5+

Philip Dey Eastman travailla avec le docteur Seuss (Theodor Seuss Geisel), auteur et dessinateur américain, sur les films pédagogiques du soldat Snafu (*Private Snafu*). Le marché de la littérature enfantine manquait alors de livres originaux qui puissent attirer les jeunes lecteurs et les œuvres d'Eastman et de Seuss comblèrent cette lacune. Bien que peu célèbre, Eastman écrivit de nombreux ouvrages de la série des *Beginner Books*, dont *Go, Dog. Go!* (p. 94).

Beaucoup de personnes qui ont appris à lire grâce aux *Beginner Books* ont un souvenir attendri de *Are You My Mother?* Ce livre est le récit d'un oisillon perdu qui a éclos pendant l'absence de sa mère et qui tombe du nid. Il s'agit d'une histoire simple, celle d'un oisillon à la recherche de sa mère, mais qui ne manque pas de captiver les jeunes lecteurs. L'adorable petit oiseau se montre curieux vis-à-vis de tous les êtres et de toutes les choses qu'il rencontre et leur pose toujours la même question : « Êtes-vous ma mère ? »

Les enfants riront en voyant les dessins de l'oisillon en train de poser cette question à des chiens, des vaches, des avions et des pelleteuses… Les lecteurs se réjouiront avec lui lorsqu'à la fin il retrouve sa mère, un événement merveilleux. **KD**

Livres de P. D. Eastman traduits en français

Drôle d'oiseau
Gros chien… petit chien

La Vache orange

Nathan Hale Lucile Butel

Nationalité É.-U., 1930 (aut.), France, 1929 (ill.)
Édition Flammarion, Père Castor, France, 1961
Thèmes classiques, animaux

La Vache orange est l'invention d'un petit Américain de 7 ans, dont le père éducateur envoya le manuscrit à l'éditeur Paul Faucher en 1939. *La Vache orange* fait partie des grands classiques de la littérature enfantine et est également édité en coffret avec un disque qui accompagne le livre.

Conte insolite, c'est l'histoire d'une vache orange malade qui se fait soigner par un renard gris et doux.

La vache orange de M. Leblanc, échappée de la ferme, part en goguette et rencontre un renard bien attentionné qui lui demande comment elle se sent. Comme elle montre une certaine faiblesse et se dit malade, il l'emmène chez lui pour la mettre au lit. Le renard considère avec gravité les symptômes de la vache et la soigne. La vache orange se fait dorloter. Semblable aux enfants, cette drôle de vache mange des tartines au petit déjeuner, se brosse les dents et se cache sous son lit quand elle fait des cauchemars. Et le gentil renard demeure patient comme une bonne infirmière. Un matin, pleine d'énergie, la vache rejoint son ami renard qui découvre une annonce dans le journal : M. Leblanc offre une belle récompense à qui ramènera sa vache orange. Le renard, s'assurant que la vache est à présent guérie, la raccompagne chez elle. M. Leblanc, ravi d'avoir retrouvé sa vache, récompense comme promis le renard.

Une histoire originale pour s'amuser de nos petites faiblesses. On savoure les dessins de Lucile Butel, aux traits délicats et aux couleurs douces, qui prêtent vie à cette vache curieuse et attachante. **CD**

S
ETITS
ÈRE
ASTOR »

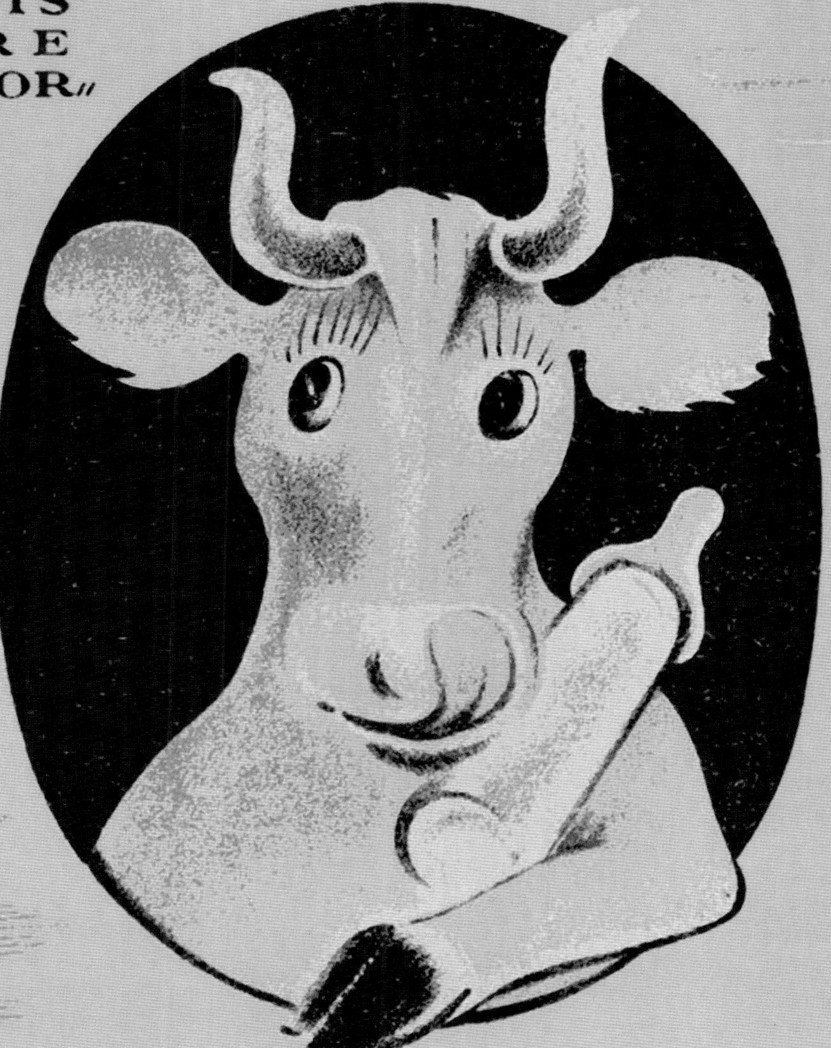

la vache orange

12

LAMMARION

Les Trois Brigands

Tomi Ungerer

Titre original *Die Drei Räuber*, 1961
Nationalité France, 1931
Édition française L'École des loisirs
Thème aventure

5+

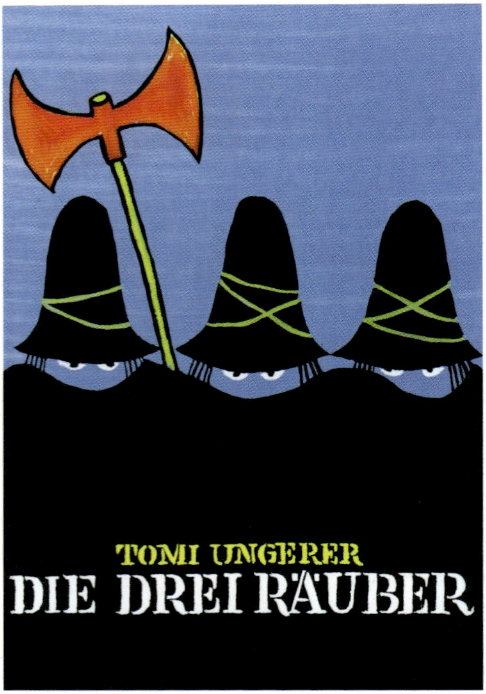

Ce classique de la littérature enfantine, traduit en de nombreuses langues, a connu dès sa première édition un triomphe international qui ne s'est jamais démenti. Il a fait l'objet d'un dessin animé à la fin des années 1970 et d'un film d'animation en 2007.

L'histoire se déroule dans un monde moyenâgeux, sombre et inquiétant, habité par trois redoutables brigands qui sèment la terreur dans les campagnes. Vêtus de grands manteaux et de hauts chapeaux noirs, armés d'une hache rouge, d'un tromblon et d'un soufflet à lancer du poivre, les trois compères dévalisent les diligences du pays puis cachent leur butin dans une caverne en haut d'une montagne. Un jour, lors d'une attaque, ils se retrouvent nez à nez avec une petite orpheline aux boucles blondes, prénommée Tiffany. Par sa grâce et sa vivacité, la petite fille va remettre les trois brigands dans le droit chemin et les transformer en de véritables bienfaiteurs de l'humanité.

« Le lendemain, quand Tiffany s'éveilla, elle vit des coffres remplis de trésors. »

Pour illustrer son histoire, l'auteur a choisi un trait sobre mais percutant où l'importance du noir contraste avec l'intensité du rouge et du bleu profond, bientôt remplacés par l'or et la lumière des trésors. Cette opposition entre la clarté et l'obscurité est aussi le thème central du livre. On comprend que de ces deux mondes peuvent parfois surgir d'étonnantes rencontres, où même le plus terrifiant des personnages sait avoir un grand cœur.

Les plus petits qui découvriront ce livre apprécieront à coup sûr le style épuré et largement évocateur du graphisme alors que les plus grands parcourront un texte riche et insolite.

Autres aventures de voleurs

La Petite Voiture à cheval, G. Greene (p. 245)
Quentin la cambriole, Allan Ahlberg (p. 116)
Le Brigand Briquambroque, Otfried Preußler (p. 262)
Ronya, fille de brigand, Astrid Lindgren (p. 613)

L'un des voleurs emporte doucement la petite fille dans la grotte.

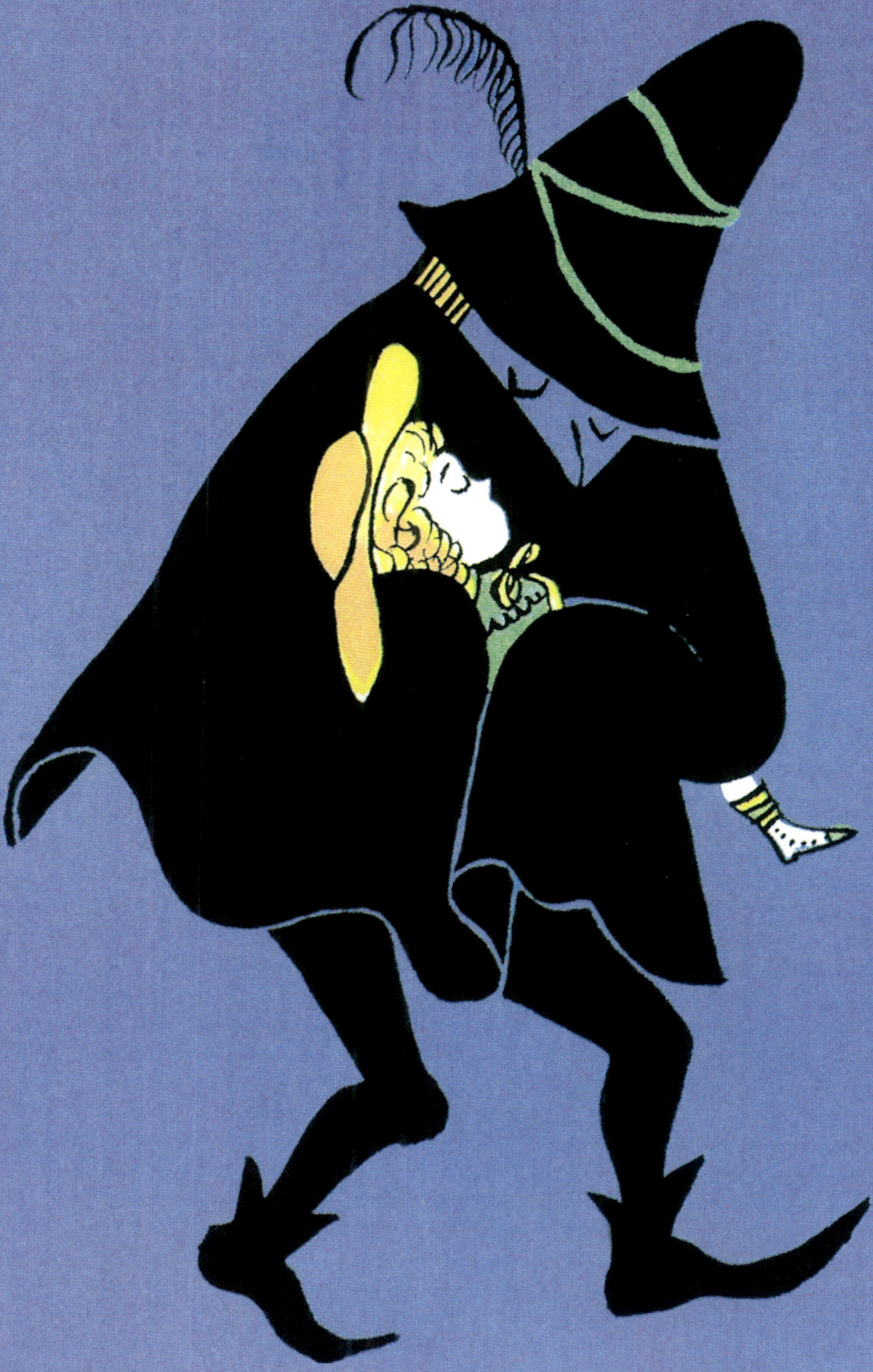

Lao Fu Zi

Wong Chak

Nationalité Chine, né Wong Kar Hei, 1924
Édition divers journaux, Hong Kong, 1962
Thèmes classiques, famille, animaux

5+

Ces histoires amusantes furent écrites par Alfonso Wong sous un nom d'emprunt, Wong Chak. Elles relatent la vie de Lao Fu Zi (Vieux maître Q), un homme mûr, de ses amis, Mr Big Sweet Potato, Mr Chin et Miss Chan (une conquête possible) et de Mr Chiu, son rival. Les intrigues sont souvent outrancières et imprévisibles, bien que la nature des histoires soit toujours comique et le récit bien mené. Les illustrations sont simples, ce qui rend souvent inutiles les dialogues et permet de comprendre aisément les histoires. Wong évoque l'art, la mode, la musique et la vie moderne dans des épisodes et des aventures hilarants appréciés par les lecteurs de tous âges.

Beaucoup de bandes dessinées ont pour titre un idiome chinois (un *Chengyu*). Elles offrent une vision satirique des événements qui se déroulaient à Hong Kong à l'époque où elles furent écrites. Wong se moque délibérément des faiblesses humaines, telles que l'avidité, la mesquinerie et le déclin des valeurs morales. Les histoires sont succinctes et concrètes. Le lecteur est plus tolérant envers les manies de Lao que s'il s'agissait d'un personnage plus jeune.

Depuis 1965, de nombreux films ont repris les personnages de *Lao Fu Zi*. Le livre a fait l'objet d'une série animée dans les années 1980, puis de deux séries télévisées. Entre 2001 et 2002, *Lao Fu Zi* a été imprimé en couleurs et en anglais dans *Tai Wan News*. Cette bande dessinée, pleine d'humour, est lue dans le monde entier. **HC**

Le Brigand Briquambroque

Otfried Preussler Franz Josef Tripp

Titre original *Der Räuber Hotzenplotz*,1962
Nationalité Allemagne, 1923 (aut.), 1915 (ill.)
Édition française Nathan
Thèmes histoires magiques, fantastique

Le Brigand Briquambroque fut le premier d'une série de trois volumes mettant en scène des marionnettes allemandes traditionnelles, comme le jeune et débonnaire Kasperl, son ami Sepperl, un policier, un magicien et le brigand lui-même. Dans le premier livre, le protagoniste vole le moulin à café de la grand-mère de Kasperl, que le garçon avait construit pour elle et qui joue son air favori. Le policier, Dimpfelmoser, semble incapable de capturer Briquambroque, aussi Kasperl et Sepperl se rendent-ils dans la forêt pour chercher le voleur, mais celui-ci les fait prisonniers.

Briquambroque vend Kasperl au méchant magicien Petrosilius Zwackelmann. Dans le château du magicien, Kasperl découvre la présence de la bonne fée Amaryllis, enfermée dans un donjon. Il quitte le château à la recherche d'herbes qui lui permettront de la libérer. Dans la suite de l'histoire, Sepperl se retrouve face au méchant magicien. Ce dernier, furieux contre Briquambroque, lui jette un sort. Après que Kasperl a sauvé Amaryllis, Zwackelmann est enfermé dans son propre donjon. Amaryllis permet au jeune garçon de faire un souhait et le moulin à café est restitué à la grand-mère de Kasperl.

Ce livre qui a connu un grand succès a été traduit dans une trentaine de langues. Des milliers d'enfants écrivirent à Otfried Preußler pour lui demander d'écrire d'autres épisodes. Celui-ci, réticent au début, écrivit cependant deux suites et veilla à ce que le troisième volume ne laisse aucune intrigue irrésolue. **DaH**

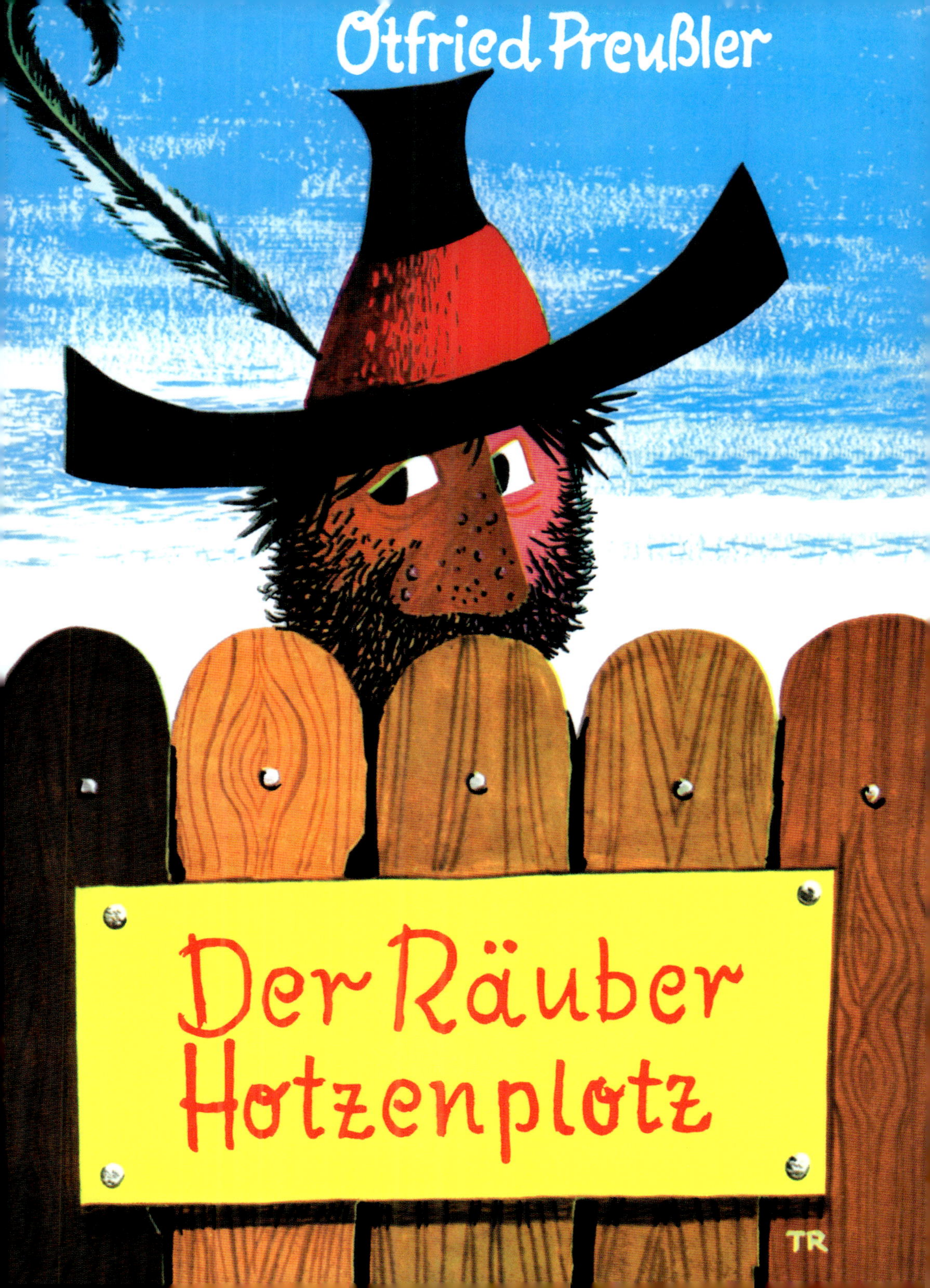
Otfried Preußler
Der Räuber Hotzenplotz
TR

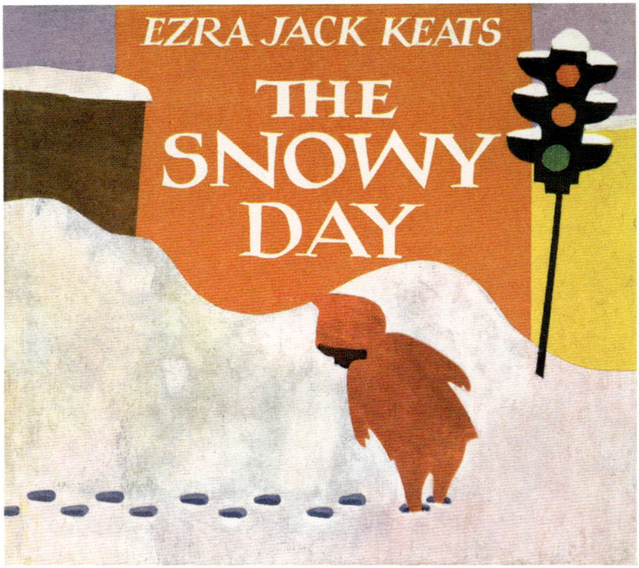

5+

Jour de neige

Ezra Jack Keats

Titre original *The Snowy Day*, 1962
Nationalité États-Unis, né Jacob Ezra Katz, 1916
Édition française Circonflexe
Thèmes famille, science et nature

Jacob Ezra Katz était le fils d'immigrants juifs polonais pauvres vivant dans le quartier de Brooklyn, à New York. Adulte, en réaction aux préjugés antisémites, il prit le nom d'Ezra Jack Keats. Le fait qu'il se souvienne avoir été la cible de discriminations créa chez lui une sympathie et un sentiment de compréhension vis-à-vis des autres qui se manifeste dans ses livres et chez ses personnages, tous inspirés de la communauté dans laquelle il grandit.

Ezra Jack Keats écrivit *Jour de neige* bien avant que les personnages et les thèmes multiculturels ne soient privilégiés dans la littérature enfantine. Le livre raconte l'histoire de Peter, un jeune garçon afro-américain – qui pourrait être n'importe quel petit garçon, car son origine n'a pas d'incidence sur l'histoire – qui s'aperçoit qu'il a neigé durant la nuit. « Un matin, Peter se réveilla et regarda par la fenêtre. Il avait neigé cette nuit-là. Tout était blanc à perte de vue. » Peter sort et découvre les plaisirs que procure la neige : il s'allonge sur le tapis blanc pour y imprimer la silhouette d'un ange, joue avec ses traces de pas, secoue la neige des arbres – fait toutes les choses que les petits garçons et les petites filles font dans la neige depuis toujours. Les illustrations de Keats, qui emploie habituellement le découpage, l'aquarelle et le collage, ajoutent au charme de l'histoire et sont d'une beauté saisissante.

Voici une histoire simple et intemporelle dont les enfants se souviendront toute leur vie. Dans une série d'autres livres, Peter grandit et atteint l'adolescence. On peut citer *Peter's Chair*, *A Letter to Army* et *Goggles!* **KD**

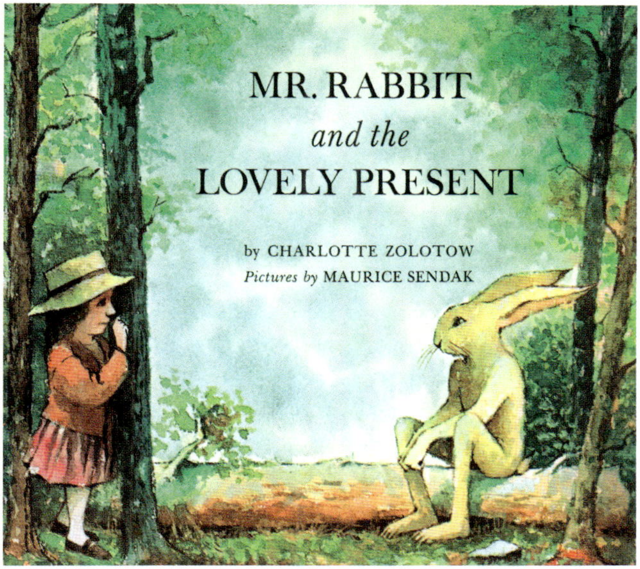

5+

Monsieur le lièvre, voulez-vous m'aider ?

Charlotte Zolotow   Maurice Sendak

Titre original *Mr. Rabbit and the Lovely Present*, 1962
Nationalité États-Unis, 1915 (aut.), 1928 (ill.)
Édition française L'École des loisirs
Thèmes histoires magiques, amitié, famille

La petite Charlotte veut offrir à sa mère un très beau cadeau d'anniversaire, mais a besoin d'aide pour faire son choix. Heureusement pour elle, le lièvre est là pour la conseiller. Tout ce que sait Charlotte, c'est que sa mère aime particulièrement les couleurs rouge, jaune, vert et bleu. Rejetant rapidement les premières suggestions de M. le lièvre, irréalistes, Charlotte se décide finalement pour un panier de poires vertes, de bananes jaunes, de pommes rouges et de raisins bleus.

L'histoire est faite de répétitions et de progrès justement équilibrés, proposant aux jeunes lecteurs un récit qu'ils peuvent à la fois anticiper et apprécier. Les illustrations de Maurice Sendak explorent une large gamme d'émotions. Charlotte elle-même est tantôt rayonnante de joie, tantôt pensive et parfois un peu triste. M. le lièvre, quant à lui, possède à la fois des caractéristiques humaines et animales, n'a pas de vêtements, mais marche sur ses pattes arrière et prodigue à la petite fille des encouragements paternels tout en faisant preuve d'une imagination débridée. Toujours représentés dans un décor rustique composé de champs, de pommiers, de bois et de rivières, les deux personnages mènent une vie la fois réelle et magique, rendue d'autant plus mystérieuse par la tenue excessivement formelle de Charlotte : un chapeau de paille, une veste marron, des chaussettes blanches et des chaussures sophistiquées. Léger, drôle, inattendu et apparemment doté d'une logique propre, ce livre d'images est de ceux qui semblent impossibles à oublier, quel que soit son âge. **NT**

Borka

John Burningham

Titre original *Borka*, 1963
Nationalité Angleterre, 1936
Édition française Seuil Jeunesse
Thèmes aventure, animaux

5+

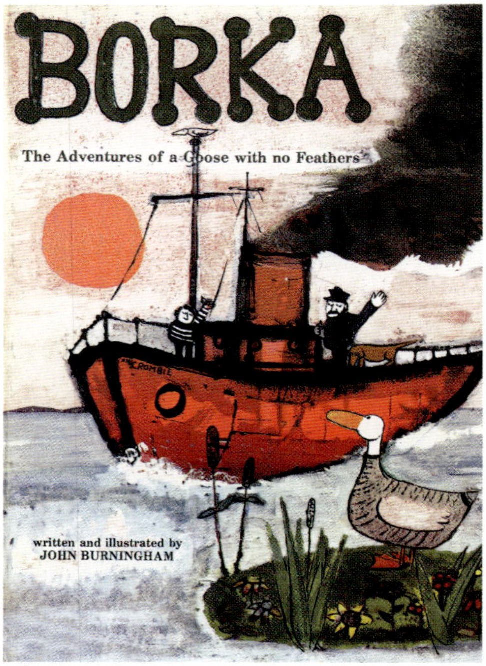

Autres livres de John Burningham

La Promenade de Monsieur Gumpy (p. 35)
Harquin
La Voiture de Monsieur Gumpy

Borka, les aventures d'une oie sans plumes est l'histoire d'une oie qui vit sur la côte est de l'Angleterre. Il s'agit d'une jeune oie plutôt ordinaire, si ce n'est qu'elle est née sans plumes. Même si sa mère lui tricote un pull-over en laine grise, les autres oies la taquinent et se moquent d'elle. Découragée, Borka se sent seule et n'apprend jamais à nager ; elle est finalement livrée à elle-même lorsque les autres oies de sa famille s'envolent pour un pays chaud. Borka se réfugie sur un bateau de pêche et devient un membre de l'équipage qui fait route vers Londres. Elle se rend utile et est finalement déposée à Kew Gardens, où tant d'oies ont un aspect étrange qu'elle peut désormais aller et venir sans entendre de commentaires cruels.

« Une oie à bord ! Elle devra payer son passage en travaillant si elle nous accompagne à Londres. »

Les illustrations pleines de vie qu'a réalisées John Burningham pour cette charmante histoire offrent à chaque page une profusion de couleurs, de formes et de textures. Utilisant de gros traits noirs afin que les humains et les animaux se détachent bien du décor, qui est dense, l'illustrateur parvient à exprimer les pensées et les sentiments d'une façon simple. Ses oies sont des caricatures affectueuses des vrais animaux : avec un grand bec et de larges pattes, elles se tiennent droites ; elles portent parfois des lunettes ou sèchent leurs larmes avec un mouchoir de poche.

Les enfants aiment les histoires de ce type et celle-ci rappelle *Le Vilain Petit Canard* de Hans Christian Andersen. *Borka* n'est pas un livre condescendant envers le lecteur. Il est drôle et joliment illustré et représente un classique intemporel. **NT**

Pilotin

Leo Lionni

Titre original *Swimmy*, 1963
Nationalité Pays-Bas, États-Unis, Italie, 1910
Édition française L'École des loisirs
Thèmes amitié, aventure, animaux

5+

Leo Lionni naquit en Hollande, puis emménagea à Milan après son mariage, avant de s'installer et de travailler aux États-Unis, où il écrivit et illustra plus de 40 livres pour enfants qui connurent un grand succès.

Pilotin est l'histoire d'une lutte pour la survie un peu triste et remplie d'intrépidité, se terminant par un récit émouvant sur l'amitié et la solidarité. Lorsqu'un gros thon avale tout un banc de petits poissons rouges qui font partie de la famille et des amis de Pilotin, seul le minuscule poisson noir s'échappe, nageant bravement à travers l'océan. Durant son voyage, il découvre beaucoup de merveilleuses créatures marines, notamment une anguille dont la queue est presque trop éloignée de sa tête pour qu'elle s'en souvienne et un homard cuirassé comme un tank. Malheureusement, certaines de ces créatures sont dangereuses pour Pilotin. Finalement, le petit poisson rencontre un autre banc de minuscules poissons rouges. Ceux-ci ont très peur, car ils sont très petits et Pilotin fait appel à son imagination, à sa compassion et à son expérience pour leur apprendre à nager en groupe afin de tromper les gros poissons et de se protéger contre leurs ennemis naturels.

« Mais voilà qu'un jour, un gros poisson féroce et affamé fonça sur eux comme une torpille. »

Le livre, qui comprend peu de texte, se distingue surtout par ses illustrations, pour lesquelles il reçut le prix Caldecott Honor en 1964. Lionni crée un magnifique univers sous-marin en associant le collage et la peinture et reproduit ainsi la luminosité de l'océan. Les jeunes enfants s'amuseront à repérer le minuscule poisson noir dans les illustrations de chaque page et l'admireront lorsqu'il enseigne aux autres poissons la valeur du travail d'équipe. **KD**

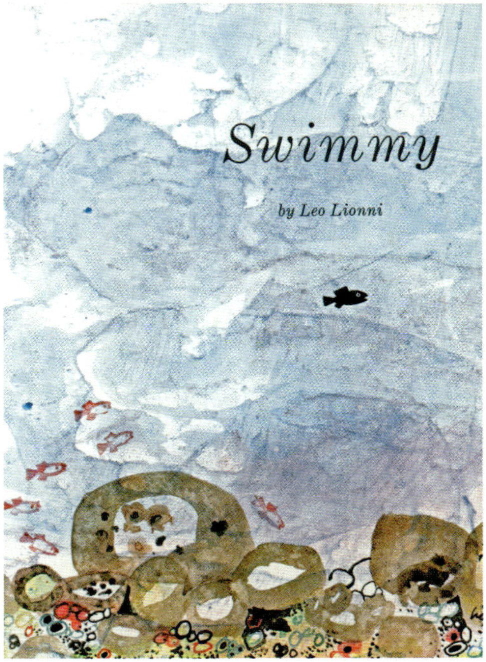

Autres livres sur l'amitié

Grisette et ses amis, Alison Uttley (p. 221)
L'Arbre généreux, Shel Silverstein (p. 270)
Amos et Boris, William Steig (p. 288)

Amelia Bedelia

Peggy Parish   Fritz Siebel

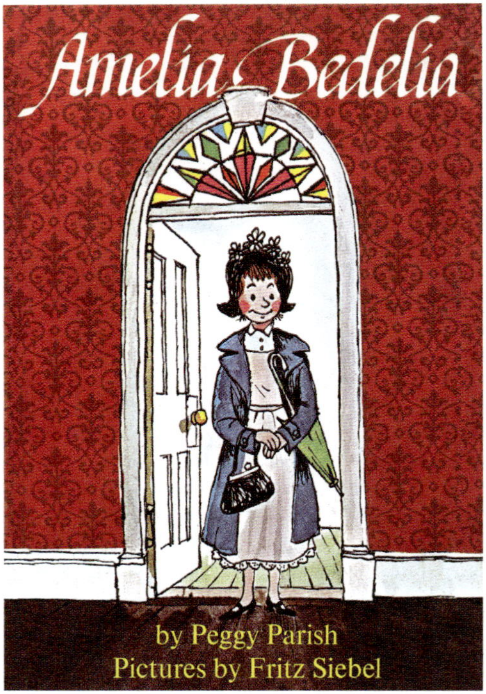

« Amelia Bedelia prit des ciseaux. Elle coupa un peu ici et un peu là. »

Autres livres de personnages amusants

Pélagie la sorcière, Valerie Thomas (p. 143)
Mère Brimborion, Alf Proysen (p. 257)
Bécassine, Jacqueline Rivière (p. 446)
Mary Poppins, P. L. Travers (p. 475)

Nationalité É.-U., 1927 (aut.), Australie/É.-U. (ill.)
Édition Greenwillow Books, États-Unis, 1963
Thèmes aventure, personnages favoris

Peggy Parish eut l'idée de la série des Amelia Bedelia au cours de la période où elle enseignait à de jeunes enfants. Parfois, pour plaisanter, ses élèves répondaient littéralement à ce qu'elle disait et pensaient que c'était drôle. Par exemple, si elle disait « Répondez correctement », les enfants disaient « Correctement ». Elle imagina donc le personnage d'Amelia Bedelia, la domestique qui comprend littéralement tout ce qu'on lui dit. L'auteur s'investissait beaucoup pour que les enfants apprennent à lire et s'impliqua dans la vie scolaire et l'éducation tout au long de sa vie.

Amelia Bedelia est une domestique à l'esprit très littéral et dotée de bonnes intentions. Elle fait tout ce qu'on lui demande, mais pas exactement de la façon dont on s'attendrait à ce qu'elle le fasse. En anglais, le mot *draw* signifie à la fois « tirer » et « dessiner ». Lorsqu'on lui demande de tirer les rideaux, elle sort son carnet à dessin et les dessine. Lorsqu'elle doit préparer le poulet (*dress* en anglais, signifie à la fois « préparer » et « habiller »), elle se demande d'abord si elle va l'habiller en garçon ou en fille. Il faut changer les serviettes ? Des ciseaux feront l'affaire. Évidemment, ses erreurs exaspèrent ses employeurs, mais Amelia est une grande cuisinière et sa délicieuse tarte à la meringue rattrape ses bêtises de la journée.

Amelia Bedelia est le premier titre de la série et convient aux lecteurs débutants dotés d'un bon sens de l'humour. Il enseigne subtilement un certain nombre d'idiomes dont ils n'auraient peut-être pas saisi le sens littéral. **KD**

Los sueños del sapo

Javier Villafañe   Tabaré

Nationalité Argentine, 1909 (aut.)
Édition Editorial Hachette, Argentine, 1963
Thèmes contes populaires, animaux

La première phrase de cette histoire, « Un après-midi, un crapaud dit : "Cette nuit, je vais rêver que je suis un arbre" », annonce immédiatement le sujet, l'histoire d'un crapaud qui rêve qu'il devient un arbre, une rivière, le vent et beaucoup d'autres objets et animaux avant de découvrir qu'il n'y a rien de plus beau que d'être un crapaud. L'histoire donne aussi son titre au recueil de courts récits dont elle fait partie, publié initialement sous le titre *Los sueños del sapo* (« Les rêves d'un crapaud »). Les protagonistes des différentes histoires sont des animaux, des artistes de cirque, des enfants, des ciseaux et surtout, le vieux *titiritero*, ou marionnettiste, issu du folklore argentin et qui est l'alter ego de l'auteur. Le récit est délibérément simple et familier et les histoires incluent des dialogues originaux.

Les histoires de Villafañe doivent beaucoup à la tradition orale d'Argentine, dont elles sont issues. L'une des histoires les plus connues du recueil, qui parle de ciseaux qui découpent la Terre, possède un titre poétique intriguant. Dans le récit, une simple paire de ciseaux, entre les mains d'une belle femme, crée un monde entièrement nouveau. Dans *Maese Totramundos*, une simple négligence conduisant à l'oubli de marionnettes sous la pluie offre un récit émouvant évoquant l'amitié, la trahison, la mort et la culpabilité. *Los sueños del sapo* est l'un des recueils de Villafañe ayant eu le plus de succès et un classique de la littérature pour enfants en Argentine. L'auteur a écrit un autre recueil de contes, intitulé *Historia de pájaros* (« Histoire d'oiseaux »). **LB**

Les Schtroumpfs noirs

Peyo

Nationalité Belgique, né Pierre Culliford, 1928
Édition Dupuis, Belgique, 1963
Thèmes bande dessinée, amitié, excentricité

Les premiers schtroumpfs firent leur apparition dans *Le Journal de Spirou* en octobre 1958. Ils eurent un tel succès qu'ils firent bientôt l'objet de leur propre série. *Les Schtroumpfs noirs* était le titre du premier album. Celui-ci contenait trois histoires, dont *Le Schtroumpf volant* et *Le Voleur de schtroumpfs*.

Dans *Les Schtroumpfs noirs*, les schtroumpfs réparent un pont, mais le schtroumpf paresseux s'est endormi. Il est piqué par un étrange insecte, passe du bleu au noir et commence à bondir autour de lui. Il ne parle plus qu'en disant « Gnap » et mord d'autres schtroumpfs. Chaque schtroumpf mordu devient noir et s'enfuit dans la forêt. Les schtroumpfs noirs terrorisent le paisible village des schtroumpfs.

Les schtroumpfs capturent l'insecte à l'origine de la contamination et le Grand schtroumpf l'examine. Il réalise que les schtroumpfs contaminés pourraient être guéris par un certain type de pollen, mais ces derniers sont très en colère et ne souhaitent pas être aidés. Ils veulent simplement mordre autant de schtroumpfs que possible. Finalement, le Grand schtroumpf reste le seul schtroumpf encore bleu. Les schtroumpfs guérissent lorsqu'une explosion se produit dans l'usine créée pour fabriquer le pollen qui sert de remède. Des nuages de pollen se répandent et les schtroumpfs noirs redeviennent bleus. L'histoire a souvent été critiquée pour ses connotations racistes et durant de nombreuses années, elle fut interdite aux États-Unis. Peyo mourut en 1992, mais son fils, Thierry Culliford, continue de prêter vie aux schtroumpfs. **LH**

Clément aplati

Jeff Brown Tony Ross

Titre original *Flat Stanley*, 1964 (ill. Tomi Ungerer)
Nationalité É.-U., 1925 (aut.), G.-B., 1938 (ill.)
Édition française Gallimard Jeunesse
Thèmes aventure, personnages favoris

5+

Clément est un petit garçon comme les autres, mais il est touché par un problème peu ordinaire. Il mesure un mètre vingt-deux, mais seulement un centimètre d'épaisseur. Jeff Brown eut l'idée de ce livre, qui eut plusieurs suites, en lisant une histoire à son fils à l'heure du coucher. Cherchant à repousser l'échéance, le jeune garçon déclara qu'il avait peur que son grand tableau d'affichage ne tombe sur lui durant la nuit. Son père lui aurait alors répondu : « Eh bien, je pense que cela te rendrait tout plat. » C'est ainsi que naquit un célèbre personnage de livres pour enfants.

Le personnage de Clément se retrouve ainsi aplati par un tableau d'affichage. Son frère Arthur s'en étonne. Leur père déclare qu'il est devenu plat comme une crêpe. Toutefois, l'infortune de Clément tourne bientôt à son avantage parce qu'il est envoyé par courrier dans divers endroits du monde. Ses amis et sa famille l'emmènent visiter de célèbres villes et des pays lointains et Clément apprend à connaître le monde.

Clément aplati devint un phénomène lorsqu'un professeur canadien découvrit le potentiel éducatif du livre. Aujourd'hui, de jeunes élèves fabriquent leur propre Clément et l'envoient à des amis ou aux membres de leur famille qui habitent à l'étranger. Les personnes qui le reçoivent lui font vivre toutes sortes d'aventures – ils vont avec lui à leur travail, au zoo, l'emmènent en avion ou en bateau, ou lui font visiter des lieux historiques. Ils le photographient et envoient les photos à l'expéditeur. Les lieux visités par Clément ont pour seule limite l'imagination des personnes qui le reçoivent. **KD**

L'Arbre généreux

Shel Silverstein

Titre original *The Giving Tree*, 1964
Nationalité États-Unis, 1930
Édition française L'École des loisirs
Thèmes famille, amitié, science et nature

Shel Silverstein connut une longue carrière fructueuse d'écrivain, de dessinateur et d'auteur de chansons pour adultes avant d'écrire ses premiers livres pour enfants. *L'Arbre généreux* fut d'abord refusé par son éditeur, qui le trouvait trop sentimental. Il s'agit de l'histoire d'un arbre qui donne ce qu'il a à un petit garçon qu'il apprécie jusqu'à ce qu'il n'ait plus rien à donner. Ce récit d'un arbre dévoué au point de faire n'importe quoi pour ce petit garçon est devenu un classique et ne cessa d'être rééditée depuis sa publication initiale en 1964.

Contrairement à d'autres histoires de Silverstein, celle-ci n'est pas un recueil de poésie, mais une histoire traditionnelle. Elle met en scène un petit garçon et un arbre. Chaque jour, le petit garçon vient voir l'arbre, mange ses pommes, se balance à ses branches ou glisse le long de son tronc, ce qui rend l'arbre heureux. Cependant, en grandissant, le garçon veut obtenir davantage de l'arbre. Lorsqu'il lui demande de l'argent, l'arbre répond qu'il n'en a pas, mais suggère à l'enfant de cueillir ses pommes et de les vendre. Lorsqu'il lui demande une maison pour sa famille, l'arbre lui offre ses branches pour en construire une. L'arbre donne sans cesse quelque chose au garçon – ses feuilles, ses branches, son tronc – jusqu'à ce qu'il ne reste qu'une souche sur laquelle l'enfant, devenu un homme, peut s'asseoir.

Peu importe votre sentiment par rapport à cette histoire. Vous trouverez peut-être qu'elle est triste et dérangeante, ou qu'elle constitue un beau symbole des sacrifices que font les parents par amour pour leur enfant. Cette fable simple mais puissante sur le don de soi fut vendue à des millions d'exemplaires. **KD**

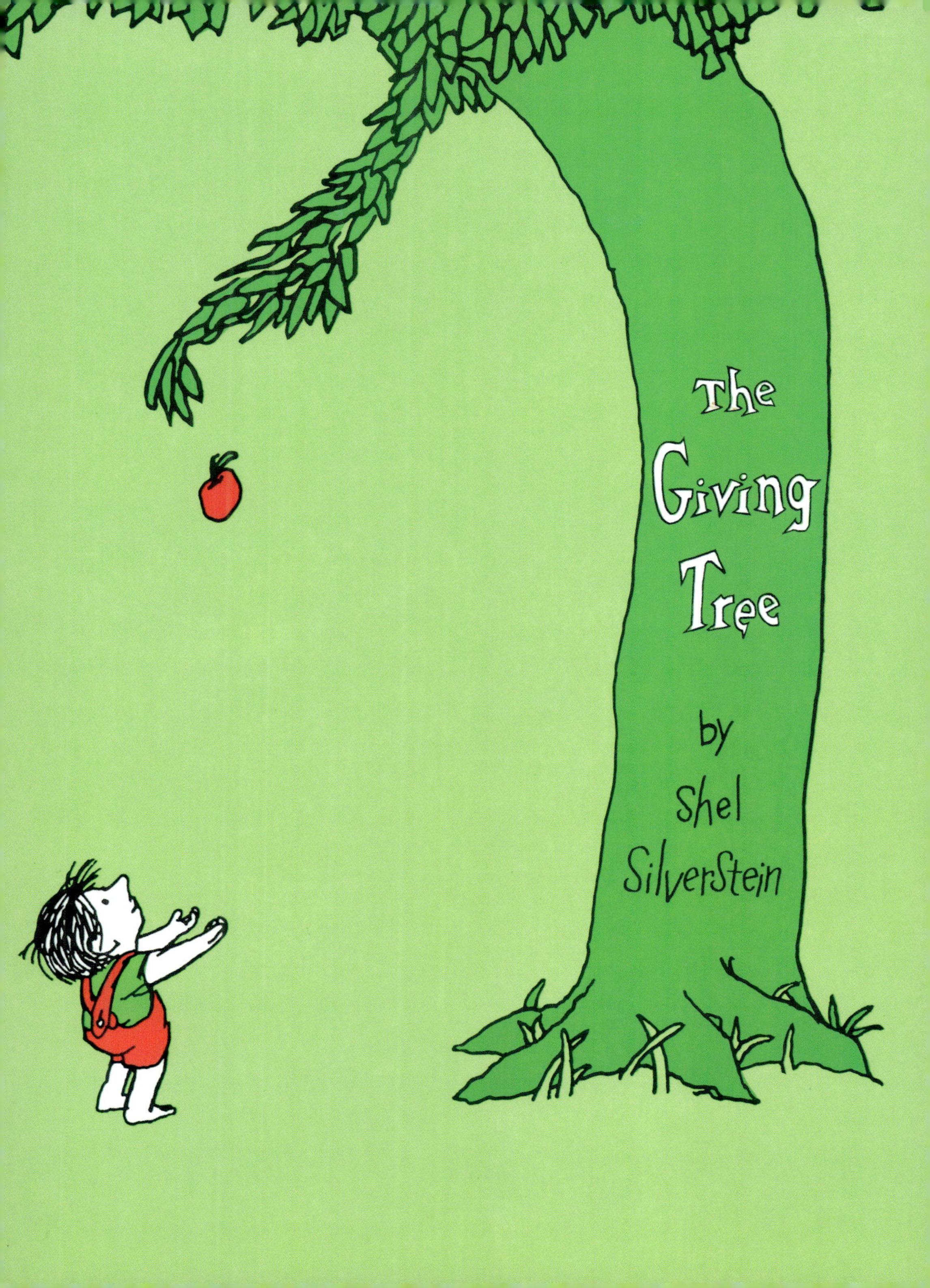
The
Giving
Tree
by
Shel
Silverstein

Daïlan Kifki, l'éléphant volant

María Elena Walsh S. Lavandeira

Titre original *Daïlan Kifki*, 1966
Nationalité Arg., 1930 (aut.), détails inconnus (ill.)
Édition française Nathan
Thèmes famille, aventure, animaux

Daïlan Kifki, l'éléphant volant, est l'ouvrage le plus connu et le plus beau de María Elena Walsh. Un matin, la narratrice découvre que son couloir est bouché par quelque chose qui ressemble à une énorme montagne grise. Elle pousse la chose en question dans la rue et réalise qu'il s'agit d'un éléphant. Surprise et effrayée, elle s'apprête à appeler à l'aide puis remarque que l'immense animal a une lettre accrochée sur son oreille et que son nom figure sur l'enveloppe. Dans la lettre, il est écrit que l'éléphant s'appelle Daïlan Kifki et qu'elle ne doit pas en avoir peur ; que son propriétaire l'a abandonné parce qu'il ne pouvait plus le nourrir. La narratrice l'emmène dans la cour, en essayant de ne pas réveiller son entourage, bien que les pas de Daïlan Kifki résonnent comme des coups de tonnerre. Bientôt, toute la famille apparaît à la fenêtre et voit l'éléphant. La mère s'évanouit, le père a le hoquet et Roberto, le frère de la narratrice, affirme qu'ils sont dans de beaux draps.

C'est là le début d'une série d'ennuis. Il n'est pas facile d'élever un éléphant, quelles que soient les circonstances. Cela est encore plus difficile si celui-ci s'endort sur un jeune arbre qui pousse aussi vite que le haricot magique de Jack. L'éléphant se retrouve coincé dans ses branches jusqu'à ce qu'un pompier grimpe jusqu'à lui et lui attache des ailes sur le dos afin qu'il puisse s'envoler. Malheureusement, Daïlan Kifki vole trop loin et la narratrice doit suivre sa piste, ce qui nécessite le soutien de l'ensemble du réseau diplomatique d'Amérique du Sud. **LB**

Gumdrop

Val Biro

Titre original *The Adventures of a Vintage Car*, 1966
Nationalité Hongrie, 1921
Édition Hodder and Stoughton, G.-B.
Thèmes personnages favoris, aventure

Gumdrop est une voiture ancienne, une belle Austin Clifton bleue, qui fait l'objet de 37 livres illustrés. Elle est apparue pour la première fois dans *The Adventures of a Vintage Car* où, ayant été négligée par ses propriétaires, elle est découverte dans un chantier de ferraille par M. Oldcastle, qui l'appelle Gumdrop parce qu'elle fait *Guuuuum Drrrrpopopop* ; l'homme et la voiture, accompagnés par un chien appelé Horace, sont entraînés dans toute une série d'aventures.

Le Hongrois Val Biro émigra en Angleterre au début de la Seconde Guerre mondiale. Il étudia dans une école d'art londonienne et fut un dessinateur très recherché dans les années 1950. Au début des années 1960, il écrivit et illustra son premier livre pour enfants, *Bumpy's Holiday*. Lorsque Biro acheta une ancienne Austin Clifton vers 1965, il imagina un nouveau personnage dont il allait écrire les aventures durant presque 40 ans.

Les escapades de Gumdrop, M. Oldcastle et Horace sont très mouvementées. Les trois personnages croisent des pirates, poursuivent des voleurs, sont pris pour des contrebandiers, rencontrent des fantômes, des martiens et des monstres. Leurs histoires pleines de charme connaissent un succès durable et ont été traduites dans un certain nombre de langues. **HJ**

Livres de Val Biro traduits en français

Boule de gomme encore en panne
Le Médecin mine de rien

5+

Gumdrop

THE ADVENTURES OF A VINTAGE CAR

Val Biro

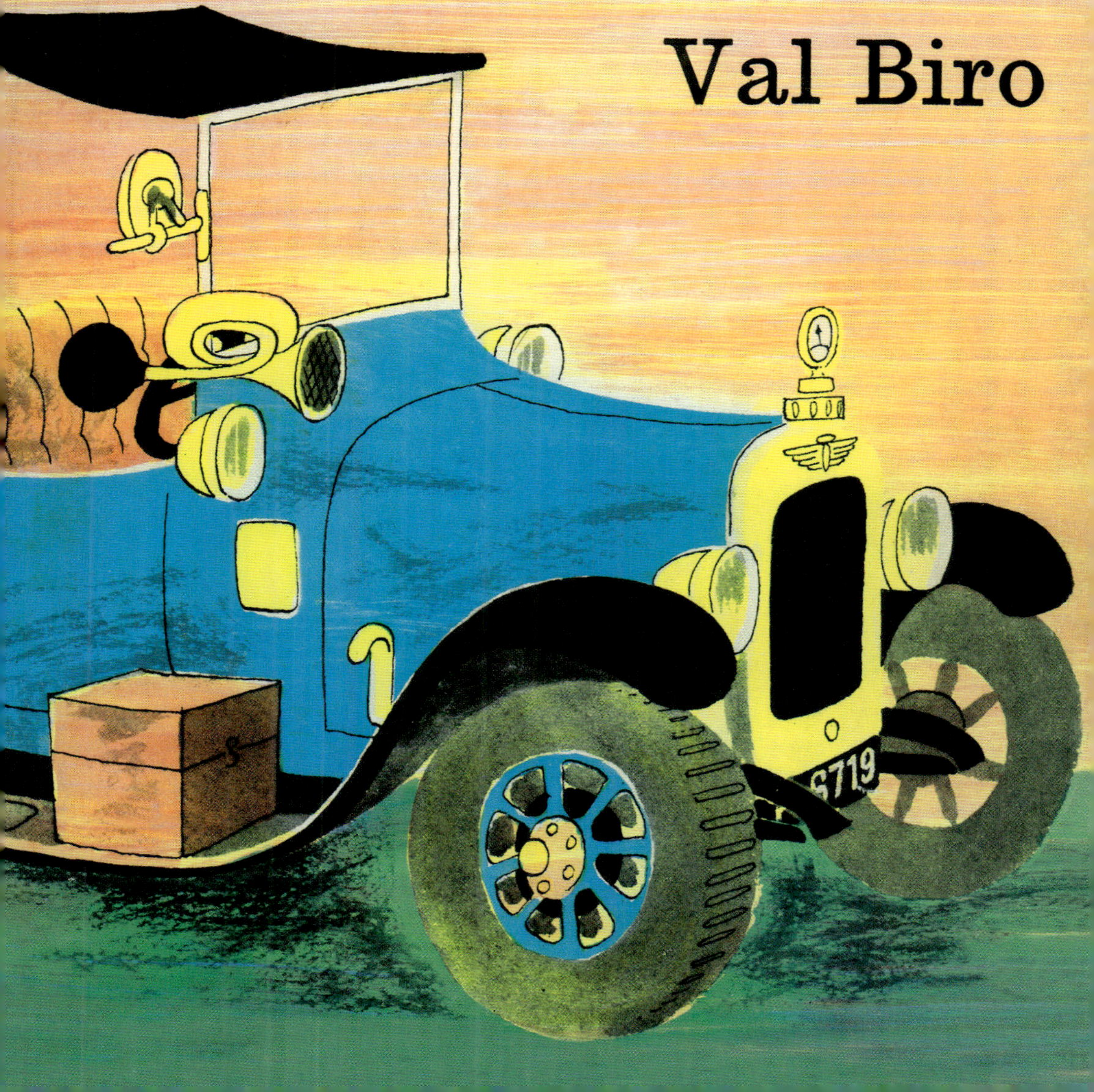

Frédéric

Leo Lionni

Titre original *Frederick*, 1967
Nationalité Pays-Bas, États-Unis, Italie, 1905
Édition française L'École des loisirs
Thème animaux

5+

Frédéric est une souris des champs assez différente des autres. Durant les derniers jours de l'automne, tandis que toute sa famille travaille durement pour réunir des provisions de maïs, de noix, de blé et de paille en prévision du long hiver neigeux, Frédéric ne fait rien. Il reste assis dans la prairie et rêve. Il dit à sa famille qui le lui reproche qu'il fait des provisions de rayons de soleil, de couleurs et de mots. La véritable signification des efforts de Frédéric apparaît clairement au cœur de l'hiver, lorsque la famille grelotte, affamée, dans sa cachette. Frédéric se sert des mots pour donner de la couleur aux journées d'hiver, pour évoquer l'éclat chaud du soleil et redonner du courage à sa famille. Subjugués, ses proches trouvent que Frédéric est un magicien. Jugée paresseuse au début, la jeune souris est finalement élevée au rang de poète. Frédéric rougit, salue et reconnaît que cela est vrai. C'est ainsi que l'imagination et l'émotion triomphent sur la raison et la logique.

L'histoire émouvante de Frédéric tord le cou à la morale de *La Cigale et la Fourmi* de Jean de La Fontaine. Dans celle-ci, la cigale, qui a passé les longs mois d'été à chanter dans les prés, vient frapper à la porte de la fourmi pour avoir un peu de grains afin de survivre. Toutefois, la laborieuse fourmi, qui a sagement fait d'abondantes provisions de grains, la congédie, lui suggérant cyniquement : « Eh bien : dansez maintenant. »

L'histoire se compose de phrases brèves et succinctes. Le style fluide et les magnifiques illustrations de Leo Lionni font de ce livre un petit bijou. **IW**

Cion Cion Blue

Pinin Carpi Iris de Paoli

Nationalité Italie, 1920 (aut.)
Édition Vallardi,
Italie, 1968
Thème aventure

Dans *Cion Cion Blue*, la couleur est très importante. Cion Cion Blue a des cheveux d'un bleu très foncé, porte un pantalon bleu, des chaussons bleus et possède une pipe bleue. Il arbore en revanche un haut et des chaussettes orange et le mouchoir qu'il a dans sa poche est orange. Le chien de Cion Cion Blue est orange, mais son nom est Blue (« Bleu »), alors que son chat est bleu, mais s'appelle Orange. Son poisson bleu nage dans une eau orange.

Cion Cion Blue est un fermier chinois qui cultive des oranges et mène une vie simple. Il est si pauvre qu'il n'a pas de maison et ne possède qu'une grande ombrelle orange ; sous l'ombrelle, il a installé un lit dont les couvertures sont bleues, les draps orange et l'oreiller bleu. Lorsque la neige tombe pour la première fois, Cion Cion Blue pense qu'il s'agit de sucre. Il la mélange avec du jus d'orange fraîchement pressé pour faire un gâteau et découvre que le mélange donne une glace délicieuse.

Cion Blue décide alors de se rendre dans la cité impériale pour vendre la glace qu'il vient d'inventer, mais en chemin, doit relever des défis et rencontre quelques personnages peu ordinaires : de méchants bandits, des sorcières rusées et un empereur frappé d'un coup de foudre amoureux. Cion Cion Blue, qui est un homme bon, lutte pour aider toutes les personnes qu'il rencontre et apprend que les choses ne sont pas toujours ce qu'elles semblent être. Finalement, il se retire dans une humble demeure au bord de l'eau, fatigué, mais heureux. **SMT**

Le Grand Goûter de Monsieur Tigre

Judith Kerr

Titre original *The Tiger Who Came to Tea,* 1968
Nationalité Allemagne, Grande-Bretagne, 1923
Édition française Deux Coqs d'or
Thèmes famille, aventure, animaux, classiques

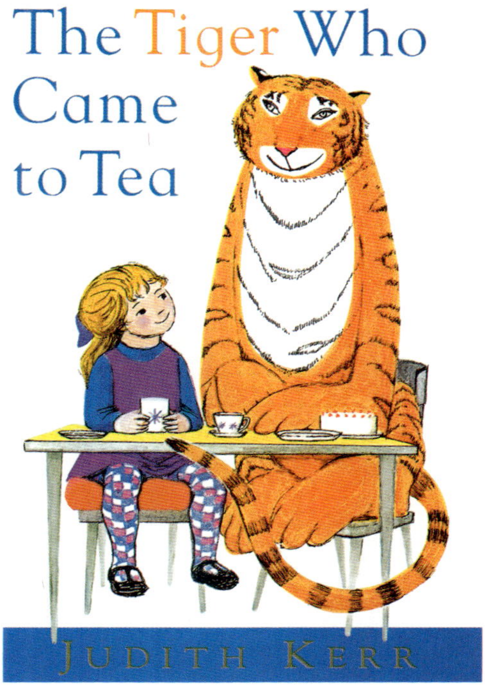

5+

Un jour, Sophie et sa mère sont en train de prendre le thé lorsque la sonnette retentit. Sur le seuil se trouve un tigre à la fourrure rayée. Il est invité à s'asseoir à table et s'apprête à manger tout ce que ces humains accueillants ont chez eux. Il mange toute la nourriture disponible, boit tout le thé, puis les provisions de bière du père et l'eau du robinet. Enfin, il s'en va. Lorsque le père de Sophie rentre à la maison, il emmène sa famille au restaurant, car il ne reste absolument rien à manger.

L'histoire est attrayante pour deux raisons. Tout d'abord, parce qu'elle raconte l'intrusion d'un animal exotique dans une maison ordinaire ; comme personne ne s'en inquiète ni ne s'en étonne, le tigre devient lui aussi un personnage ordinaire. Ensuite, le récit évoque un danger constant ; les événements pourraient subitement prendre une tournure très différente et devenir très inquiétants, même si Sophie et sa mère n'ont pas peur du tigre.

Malgré tout, beaucoup de jeunes lecteurs apprécient le tigre, dont le départ provoque un soupir de soulagement. Les personnages se préparent raisonnablement à la prochaine visite de cet hôte insatiable en achetant de la nourriture pour tigre.

Voici une histoire rassurante, sans prétention et drôle, dont les illustrations sont simples et intéressantes. L'ouvrage a longtemps eu du succès en librairie, offrant le suspense d'un danger imminent. L'effet serait différent si le personnage était une girafe. Un tigre évoque l'idée d'une menace et celle-ci transparaît dans l'histoire, qui est très réussie. **AG**

« Soudain, quelqu'un sonna à la porte. La maman de Sophie dit : "… Ça ne peut pas être le livreur de lait"… »

Livres de Judith Kerr traduits en français

Le Chat volant (p. 283)
Quand Hitler s'empara du lapin rose (p. 585)
Ici Londres
Un chat très étourdi

The Best Nest

P. D. Eastman

Nationalité États-Unis, 1909
Édition Random House, États-Unis, 1968
Thèmes histoires en vers, classiques, animaux

5+

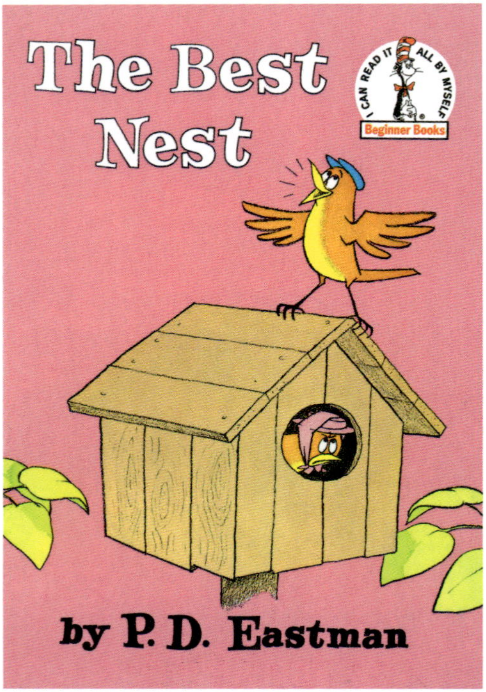

Autres livres de P. D. Eastman

Drôle d'oiseau
Petit chien, gros chien
Go, Dog. Go! (p. 94)
Are You My Mother? (p. 258)

P. D. Eastman a écrit et illustré plusieurs livres très connus de la série des Beginner Books, dont *Are You My Mother?*. Plus tard, il collabora avec le docteur Seuss sur *The Cat in the Hat Dictionary*.

The Best Nest est un excellent livre d'images destiné aux jeunes enfants qui commencent à lire seuls. Il ne serait pas faux de dire qu'il s'agit de l'un des meilleurs du genre. Il apprend en outre beaucoup de choses sur la vie aux enfants.

M. Bird est tout à fait satisfait de sa vie confortable et apprécie le nid qu'il partage avec son épouse. Mme Bird, hélas, quant à elle, n'est pas aussi heureuse. Contrairement à M. Bird, elle est certaine qu'il existe un meilleur nid ailleurs et que tout ce qu'il leur reste à faire est de le trouver. M. Bird est un bon mari et accepte de partir à la recherche d'un plus beau nid pour elle. Chaque fois que M. et Mme Bird pensent avoir trouvé la maison parfaite, le meilleur nid qui soit, quelque chose se produit et leur montre que celui-ci est loin d'être idéal, qu'il se trouve au sommet d'un clocher trop bruyant, dans une vieille chaussure dans laquelle vient se loger un pied, ou dans une cheminée certes chauffée, mais enfumée. Les deux oiseaux essaient de nouveaux nids dans des endroits particulièrement beaux.

« Puis Mme Bird sortit de la maison. "Ce n'est pas le meilleur nid", dit-elle. »

Les jeunes enfants apprendront bientôt à chanter avec M. Bird lorsque celui-ci entonne son fameux refrain chaque fois qu'il construit un nouveau nid : « J'aime ma maison. J'aime mon nid. De tous les nids, le mien est le mieux. » À la fin du livre, bien entendu, il apparaît que ce n'est pas l'endroit où le nid est construit qui importe, mais la personne qui vit dedans. **KD**

Cangura para todo

Gloria Fuertes

Nationalité Espagne, 1917
Édition Lumen,
Espagne, 1968
Thèmes poésie, animaux

Il n'existe probablement aucune représentante de la littérature espagnole aussi connue que Gloria Fuertes. Celle-ci est qualifiée de « poète pour enfants », en dépit du fait que dans son importante œuvre poétique elle traite essentiellement de thèmes universels et « sérieux », comme l'amour, la solitude et la mort, sans abandonner son humour, ses opinions pacifistes et son engagement vis-à-vis des questions sociales.

Son expression et sa manière de composer des vers sont caractéristiques. Elle écrit des rimes simples, si ordinaires qu'elles en paraissent comiques, telles des plaisanteries ; il s'agit de poèmes pleins de tendresse et de drôlerie. Les poèmes et les histoires écrits par l'auteur pour les enfants, ainsi que sa production théâtrale révèlent une vision très originale du monde, une vision d'une jovialité et d'une musicalité extraordinaires.

Cangura para todo est une compilation de seize histoires écrites dans les années 1950. Les principaux personnages sont essentiellement des animaux : un kangourou, un singe, une puce, des chats et des chameaux, mais il y a également un ogre. Ce dernier n'aime pas effrayer les enfants et préfère les faire rire. Une histoire met en scène un Chinois qui joue un tour à un prince et épouse la princesse.

Les histoires de Fuerte sont guidées par l'innocence et l'idée que tout est possible. Ainsi, Timotea la chatte, après avoir toussé un moment et s'être conduite comme une poule, pond cinq œufs. Embarrassée au début, elle finit par les couver, car elle croit aux choses imaginaires et magiques et ce qui lui est arrivé lui semble merveilleux. **EB**

Ramona la peste

Beverly Cleary   Louis Darling

Titre original *Ramona the Pest,* 1968
Nationalité É.-U., 1916 (aut.), 1916 (ill.)
Édition française multiples éditeurs
Thèmes école, famille

Voici l'histoire d'une petite fille américaine ordinaire, loin d'être parfaite. Si l'on interrogeait sa sœur Béatrice (ou « Beezus », pour Ramona), celle-ci dirait que Ramona est une véritable petite peste. Ramona Géraldine Quimby, une experte du caprice, vient d'entrer à l'école et fait de son mieux pour devenir grande le plus vite possible, afin d'imiter Beezus.

Ramona apprécie l'école la plupart du temps, mais se plaint de porter les bottes de son aînée, résiste à la tentation de tirer les boucles d'une camarade de classe autoritaire, perturbe l'heure de la sieste, poursuit Davy dans la cour de l'école pour lui faire des baisers, apprend à partager et tombe désespérément amoureuse de sa maîtresse, Mlle Binny. Cependant, elle ne se sent pas toujours à l'aise à l'école, se cache parfois lorsque les autres jouent dans la cour et se voit donc adresser des reproches par sa maîtresse adorée. Elle se sent rejetée et finit par refuser catégoriquement de retourner en classe.

Beverly Cleary écrivit la série des Ramona pour pallier le manque de livres pour enfants aux États-Unis (à une époque où la littérature britannique pour la jeunesse y était dominante), un manque qu'elle avait constaté lorsqu'elle travaillait dans une bibliothèque pour enfants à Washington au début des années 1940. Il n'est pas étonnant que la série des Ramona, traduite dans de nombreuses langues, continue de se vendre dans de nombreux pays du monde entier. Elle s'adresse universellement aux enfants qui ont des petites sœurs ennuyeuses et qui ont du mal à comprendre le monde tel qu'il est. **JSD**

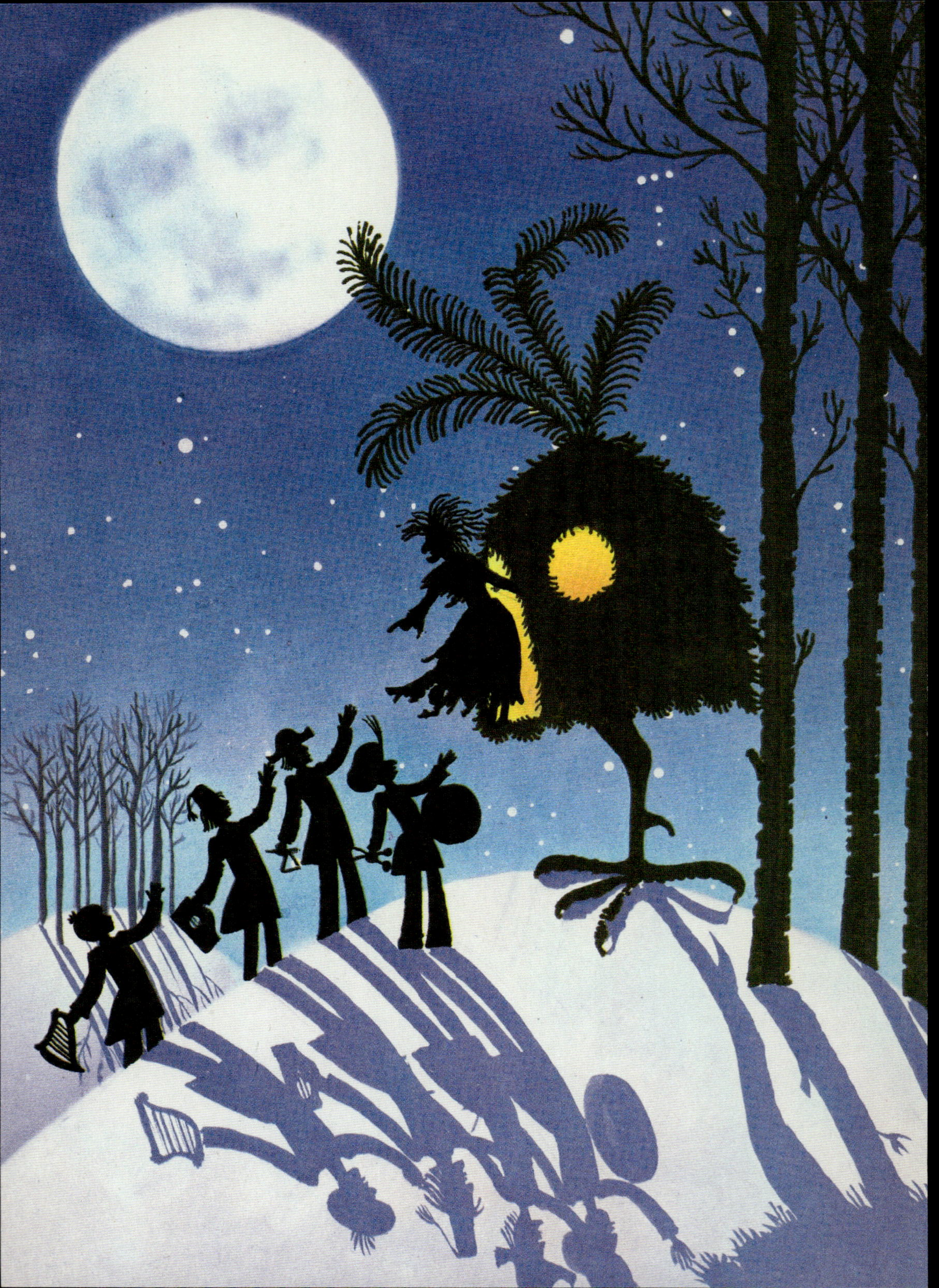

Les Perles de la pluie et autres contes

Joan Aiken Jan Pieńkowski

Titre original *A Necklace of Raindrops*, 1968
Nationalité G.-B., 1924 (aut.), Pologne, 1936 (ill.)
Édition française multiples éditeurs
Thèmes fantastique, aventure

Le chat d'un boulanger enfle et atteint une taille énorme après avoir mangé de la levure... Une maison pond un œuf... Une immense tarte aux pommes contient un morceau du ciel... Voici quelques-unes des bizarreries que l'on trouve dans ce recueil de huit histoires. Celles-ci sont idéales pour être lues à voix haute. La narration reste simple et certains récits comportent des rimes et le type de répétitions que les jeunes enfants apprécient. Si l'ensemble évoque un recueil de contes populaires, chaque histoire est en réalité tout à fait originale.

L'histoire qui a donné son titre au recueil est d'une inventivité caractéristique. Elle parle d'un collier de perles de pluie magique offert par le Vent du Nord à la jeune Laura, encore un bébé. Recevant une nouvelle perle de pluie à chaque anniversaire, la jeune fille acquiert finalement le pouvoir de déclencher ou de faire cesser la pluie sur son sillage. Mais lorsque son collier est volé, elle doit aller jusqu'en Arabie pour le récupérer.

Les histoires pleines de charme du recueil original ont été illustrées par Jan Pieńkowski, plus connu pour ses dessins de la série Meg et Mog. L'édition française est illustrée par Véronique Boiry qui a notamment travaillé pour *Pomme d'Api* et *J'aime lire*. Les traits incisifs et les lignes dynamiques ainsi que la superposition de trames colorées rendent les dessins de Véronique Boiry particulièrement reconnaissables. Le texte et les illustrations sont idéalement assortis dans ce beau petit livre destiné aux jeunes lecteurs. **NT**

The Duck in the Gun

Joy Cowley Edward Sorel

Nationalité Nouvelle-Zélande, 1936 (aut.), États-Unis, 1929 (ill.)
Édition Doubleday, États-Unis, 1969
Thème guerre

Ridiculisant le concept de la guerre, *The Duck in the Gun* est l'histoire d'une cane qui construit son nid dans un canon, juste au moment où le général d'une petite armée décide qu'il va tirer sur la ville voisine. Comme ses hommes refusent d'enlever l'animal, qui couve ses œufs, le général choisit de se rendre dans la petite ville pour demander s'il peut emprunter son canon. Le Premier ministre de la ville ne possède qu'un canon et rejette toute demande de partage, aussi les deux hommes décident-ils d'interrompre la guerre durant trois semaines. Ils déclarent que cela est une bonne chose. Au bout d'une semaine, le général demande de l'argent au Premier ministre, car ses hommes veulent être payés, même s'ils n'ont rien à faire. Le Premier ministre propose aux soldats de repeindre la ville contre de l'argent. Lorsque les œufs éclosent et que les canetons sont placés en sécurité hors du canon, le général suggère de reprendre la guerre, mais ses hommes refusent de détruire ce pour quoi ils ont travaillé dur et la guerre est définitivement interrompue.

L'histoire de Joy Cowley fut d'abord illustrée par Edward Sorel en 1969, puis par Robyn Belton en 1984, date à laquelle le livre fut republié. Les nouvelles illustrations de Belton lui valurent un prix, le Russel Clark Award, en 1985. Ses dessins aux tons neutres donnent un charme rustique à ce classique apprécié dans le monde entier. Le fait qu'un canard ordinaire entraîne un cessez-le-feu souligne l'absurdité de la guerre et transmet un message de paix puissant à tous les enfants. **CVB**

Les silhouettes originales de Pieńkowski pour *Les Perles de la pluie*.

5+

Sylvestre et le caillou magique

William Steig

Titre original *Sylvester and the Magic Pebble*, 1969
Nationalité États-Unis, 1907
Édition française mutiples éditeurs
Thèmes histoires magiques, famille

William Steig était surtout connu pour son activité de dessinateur et d'illustrateur de la couverture du *New Yorker* et d'autres publications. À l'âge de 61 ans, après une carrière longue et fructueuse, il commença à écrire des livres pour enfants. Au total, il est l'auteur de plus de 30 ouvrages pour la jeunesse, dont des classiques comme *La surprenante histoire du docteur De Soto*, *Le vrai voleur* et l'infâme *Shrek*.

Sylvestre et le caillou magique est l'histoire d'un jeune âne qui collectionne des cailloux de forme et de couleur inhabituelles. Au cours d'un voyage, il découvre un caillou magique rouge qui lui permet de faire des souhaits. Enchanté par son extraordinaire découverte, Sylvestre se dépêche de rentrer chez lui pour montrer le caillou à ses parents. Cependant, en chemin, il croise un lion et sans réfléchir, souhaite devenir un rocher afin que le lion ne puisse pas lui faire de mal. Son souhait fonctionne et il est piégé sous la forme d'un rocher.

Ses parents s'inquiètent et se demandent ce qu'il est devenu. Un jour, ils organisent un pique-nique et s'assoient sur le rocher qui était autrefois leur fils. Ils trouvent le caillou et sans savoir que celui-ci est magique, souhaitent de retrouver Sylvestre, qui reprend alors son ancienne apparence.

Les illustrations simples, mais émouvantes et le récit intemporel de *Sylvestre et le caillou magique* trouveront une résonance chez tous les enfants et dans toutes les familles. **KD**

A Lion in the Meadow

Margaret Mahy Jenny Williams

Nationalité Nouvelle-Zélande, 1936 (aut.), Grande-Bretagne, 1939 (ill.)
Édition Franklin Watts, États-Unis, Dent, GB, 1969
Thèmes animaux, amitié

Cet ouvrage marqua les débuts d'écrivain de Margaret Mahy, qui vécut un véritable conte de fées. Son travail fut remarqué par un éditeur new-yorkais au cours d'une exposition et, un an plus tard, cinq de ses livres d'images furent publiés simultanément à New York et à Londres.

A Lion in the Meadow (Un lion dans la prairie) raconte l'histoire d'un petit garçon néo-zélandais qui a peur qu'un lion ne le guette dans la prairie. Pour apaiser ses craintes, sa mère lui donne une boîte d'allumettes qui, dit-elle, contient un bébé dragon susceptible d'effrayer tous les lions. Lorsque le garçon ouvre la boîte d'allumettes, , un dragon se trouve réellement à l'intérieur et celui-ci est encore plus effrayant que le lion. Le garçon et le lion se cachent ensemble pour échapper au dragon et deviennent alors amis.

Il existe une différence considérable entre les illustrations très réalistes que Jenny Williams réalisa en 1969 et celles de la version de 1986, plus rassurantes. La fin de 1986 voulue par l'éditeur est en outre plus légère et plus sentimentale. Toutefois, l'histoire reste originale, ses personnages sont vraisemblables et l'écriture est énergique, musicale et intelligente. **TD**

Livres de M. Mahy traduits en français

Les Ensorceleurs (p. 615)
Le Grand Charivari (p. 862)
L'Enlèvement de la bibliothécaire

Joseph's Yard

Charles Keeping

Nationalité Grande-Bretagne, 1924
Édition Oxford University Press, Grande-Bretagne, 1969
Thèmes science et nature

5+

Le jeune Joseph vit en ville et possède une cour au lieu d'un jardin. Rien n'y pousse jusqu'à ce que Joseph soulève un jour une pierre et plante un rosier. Une belle fleur finit par pousser, mais elle fane et meurt aussitôt que Joseph la cueille. Fâché contre lui-même, Joseph laisse la plante se développer librement l'année suivante, mais devient surprotecteur et l'étouffe avec son manteau dans une tentative futile de la protéger contre les insectes et les chats. Le petit garçon réalise finalement qu'il doit simplement laisser la nature suivre son cours. À la fin de l'histoire, son rosier est devenu un gros arbuste qui remplit la cour, dans les branches duquel se perchent joyeusement les oiseaux et à l'ombre duquel se reposent des chats.

Charles Keeping était un enfant de Londres et Joseph, avec ses cheveux roux et ses lunettes, ressemble à l'artiste lorsqu'il était jeune. Chaque page, superbe, capte le miracle de la nature tel qu'il apparaît aux yeux des jeunes enfants. Ce que les adultes considèrent comme allant de soi possède ici la fraîcheur des choses que l'on voit pour la première fois. Le soleil semble plus vif, les insectes plus colorés et même le marchand récoltant de la ferraille devient une créature extraordinaire. Chaque dessin étant peint sur un décor coloré très différent, il est intéressant de s'attarder sur ce livre une fois que l'on a lu l'histoire simple, mais poignante. Keeping est un illustrateur capable d'offrir aux lecteurs un point de vue très différent sur le monde qui les entoure. **NT**

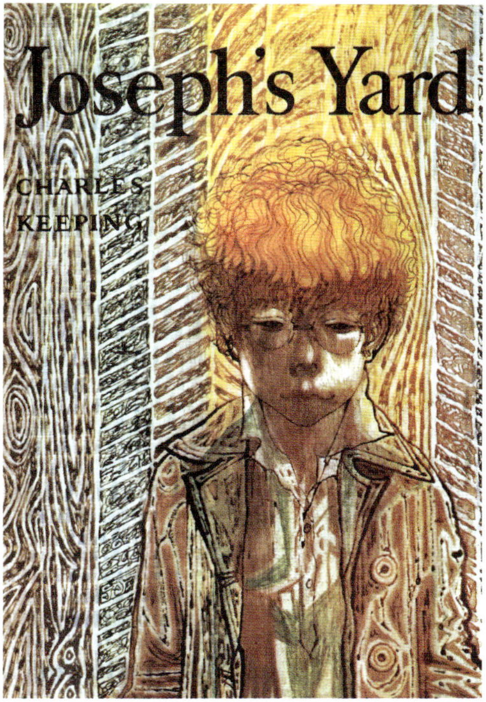

« … une clôture en bois, quelques dalles en pierre, du vieux fer rouillé – c'est tout ce qu'il y avait dans la cour. »

Autres récits évoquant la nature

Un arbre, Janice May Udry (p. 252)
Au temps des dinosaures, Michael Foreman (p. 292)
Le Monde englouti, David Wiesner (p. 390)

Ranelot et Bufolet : une paire d'amis

Arnold Lobel

Titre original *Frog and Toad Are Friends*, 1970
Nationalité États-Unis, 1933
Édition française L'École des Loisirs
Thème amitié

5+

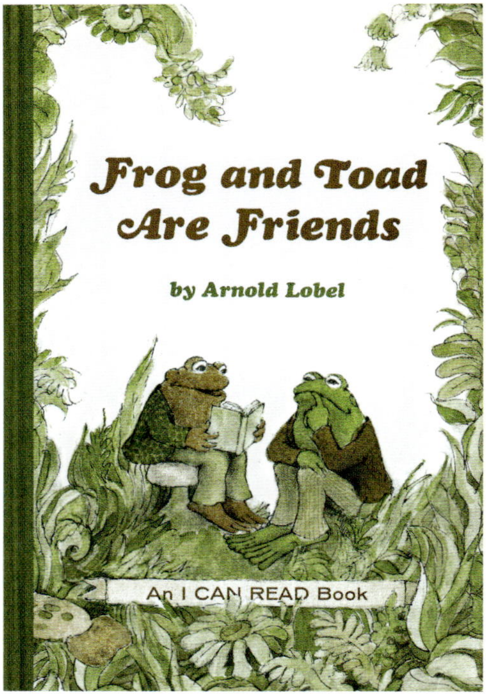

Autres livres sur l'amitié

Amos et Boris, William Steig (p. 288)
John Browne, Rose et le chat de minuit, Jenny Wagner (p. 300)
Hey, Al, Arthur Yorinks (p. 334)
Henry and Mudge, Cynthia Rylant (p. 338)

Arnold Lobel écrivit et illustra plus de 70 livres pour enfants. Il obtint de nombreux prix, dont un Caldecott Honor et un Newberry Honor Award, mais le plus important est que sa série d'ouvrages mettant en scène la grenouille et le crapaud donna le goût de la lecture à des millions d'enfants. Ses livres permirent à de jeunes enfants d'apprendre à lire seuls et leur enseignèrent l'importance d'avoir un meilleur ami.

Chaque livre se compose de cinq histoires courtes faciles à lire. *Ranelot et Bufolet : une paire d'amis* est le premier livre de la série, dans lequel les lecteurs découvrent les deux personnages, très différents l'un de l'autre bien qu'ils soient les meilleurs amis du monde. Les illustrations, plutôt de teinte foncée, permettent aux enfants de mettre des images sur les mots tandis qu'ils découvrent les aventures de ces charmants amphibiens. Que Ranelot et Bufolet cherchent des boutons perdus, fêtent l'arrivée du printemps, aillent se baigner ou attendent leur courrier, les deux personnages ont une relation tendre et protectrice qui enchante les lecteurs. Les enfants riront avec la grenouille sereine, Ranelot, tandis qu'elle observe Bufolet tenter d'inventer une histoire et s'amuseront de l'attitude de la grenouille lorsqu'elle réveille enfin l'irritable crapaud qui a hiberné tout l'hiver. Ranelot lui reproche d'avoir dormi depuis novembre. Le crapaud rétorque qu'un peu plus de sommeil ne lui ferait pas de mal.

« Bufolet dit : "Grenouille, tu parais bien verte." "Je suis toujours verte, répondit Ranelot, je suis une grenouille." »

Ce livre, le premier de quatre, réconfortera tous ceux qui rêvent d'avoir un meilleur ami ou ceux qui en ont déjà un. **KD**

Un chat très très étourdi

Judith Kerr

Mog est une chatte distraite qui vit avec Mr. et Mrs. Thomas et leurs enfants, Debbie et Nicky. Nous apprenons qu'elle est gentille, mais pas très intelligente. Il y a beaucoup de choses qu'elle ne comprend pas. Et sa distraction la met en grande difficulté. Elle ennuie plusieurs personnes, qui en ont assez d'elle.

Mog oublie toutes sortes de choses, comme la façon d'utiliser sa chatière, s'assoit sur les fleurs de la jardinière installée sur la fenêtre et les écrase. Elle mange le petit déjeuner de Nicky, dort sur le chapeau de Mrs. Thomas, s'introduit dans la chambre de Debbie la nuit et la lèche. Debbie fait alors un cauchemar, rêvant qu'elle est mangée par un tigre. De plus, Mog s'endort devant la télévision lorsque Mr. Thomas veut la regarder, masque l'écran avec sa queue et cause en général toutes sortes de soucis. La seule personne qui continue de l'aimer malgré tout est Debbie. Pensant que personne ne l'aime sauf Debbie, Mog est si triste qu'elle s'enfuit, mais ne va pas très loin. Elle s'assoit dans le jardin jusqu'à ce que l'arrivée de la nuit l'effraie. Elle veut alors rentrer. Nous sommes au milieu de la nuit et Mog voit un homme dans la cuisine. Elle commence à miauler pour que celui-ci la laisse entrer. Mais il s'agit d'un cambrioleur et Mog lui fait si peur que l'homme lâche son sac en faisant du bruit et réveille tout le monde.

« Elle voulait retourner vers la maison, mais ne se souvenait plus comment faire. »

Pris sur le fait, le cambrioleur déclare lui aussi que cette chatte est un fléau, mais cette fois, tout le monde, dans la famille, trouve que cela n'est pas le cas et félicite Mog. Le policier déclare qu'il s'agit d'un animal remarquable. Mog reçoit une médaille et chaque matin, un œuf lui est servi pour son petit déjeuner. **LH**

Titre original *Mog the Forgetful Cat*, 1970
Nationalité Allemagne, Grande-Bretagne, 1923
Édition française Deux coqs d'or
Thèmes famille, aventure, excentricité, animaux

5+

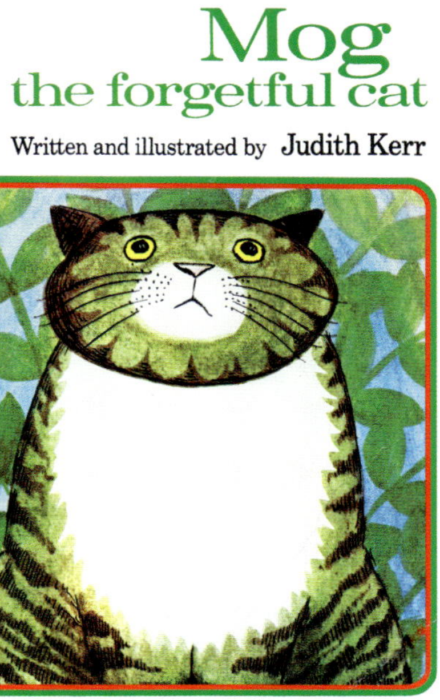

Autres histoires de chats

Le Chat chapeauté, T. Geisel Seuss (p. 89)
Des chats par millions, Wanda Gág (p. 220)
Le Chat aux millions de vies, Y. Sano (p. 309)
Old Tom, Leigh Hobbs (p. 355)

Pluk van de Pettenflat

Annie M. G. Schmidt Fiep Westendorp

Nationalité Pays-Bas, 1911 (aut.), 1916 (ill.)
Édition Em Querido's Uitgeverij, Pays-Bas, 1971
Thèmes amitié, animaux

5+

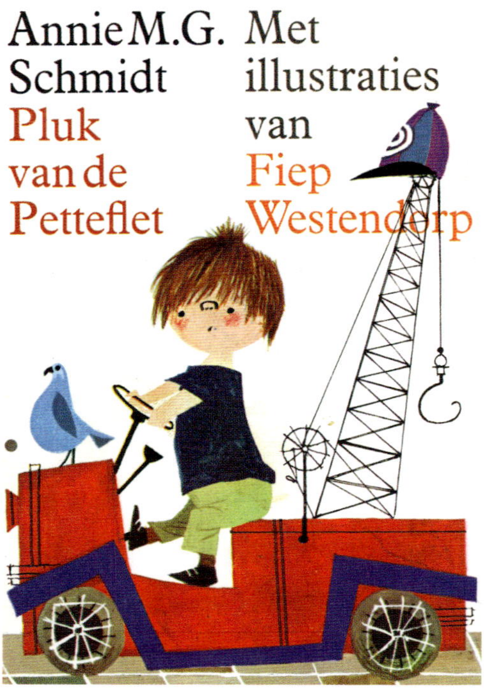

Livres d'Annie M. G. Schmidt traduits en français

L'Ascenseur volant
Les Comptines de Robinson
Cette mystérieuse Minouche
Monsieur Ouiplala

Pluk se déplace toujours dans un pick-up rouge et vit seul dans la petite tourelle de l'immeuble Petteflet, où il a emménagé parce qu'il n'a pas de parents. Mais il a beaucoup d'amis. Pluk est un petit garçon intelligent : il est ouvert et toujours prêt à aider les personnes et les animaux. Zaza, un cafard, vit aussi dans sa chambre, ainsi que son meilleur ami, le pigeon Dolly, qui porte des messages lorsque cela est nécessaire.

Dans ce livre, l'auteur évoque des sujets d'actualité, comme le manque de logements, les problèmes écologiques et les projets d'urbanisme, vus par un enfant. Elle pense que les jeunes lecteurs doivent savoir ce qui se passe dans le monde. En partant de la vision de l'enfant, elle introduit toutes sortes d'étranges

« "J'ai une maison et j'ai un toit au-dessus de la tête", pensa-t-il. "Et j'ai aussi deux amis. Non, trois !" »

personnages dans l'histoire, comme le gardien du parc, qui trouve que le béton et le gravier sont bien plus utiles que les plantes et les animaux, ou le courlis, un oiseau qui ressemble à une grue et qui est menacé d'extinction. Aucune situation n'est trop effrayante ou difficile pour Pluk, qui trouve toujours une solution.

Pluk van de Petteflet est l'histoire de la quête d'un monde sûr et d'une lutte contre l'injustice, exprimée dans un langage fluide. Le point de vue de Pluk, lorsqu'il défend la liberté, reflète la mentalité de la fin des années 1960. Les critiques de livres pour enfants se montrèrent enthousiastes à propos du livre lorsqu'il fut publié et l'apprécièrent pour sa fantaisie, son langage limpide, son humour et ses thèmes contemporains. Entre-temps, Pluk est devenu un héros pour les enfants et aux Pays-Bas, son personnage figure souvent sur des vêtements ou des posters. **AD**

Léo

Robert Kraus José Aruego

Contrairement à ses amis, Léo ne sait ni lire ni écrire ni dessiner. De plus, il mange salement et ne dit jamais un mot. Le texte minimaliste de Kraus décrit avec exactitude le type de remarques que les enfants entendent par hasard de la bouche des adultes. Ici, c'est le père de Léo qui se fait le plus de souci. Sa mère a confiance en lui, disant que Léo s'épanouira tardivement et recommande la patience.

Le texte de Kraus évoque avec légèreté les étapes considérées comme des jalons du développement et se montre rassurant pour les parents et pour les enfants. L'histoire se moque des craintes du père de Léo, justifie la confiance de sa mère et, lorsque Léo progresse, lui en attribue le mérite. Les illustrations d'Aruego créent un monde animal farfelu en technicolor autour du texte de Kraus. Léo et ses amis précoces – une chouette, un éléphant, un serpent, un pluvier et un crocodile – sont pleins de vitalité et doux et vivent dans un paysage dans lequel il neige en hiver et où des tulipes et des jonquilles aux couleurs vives et éblouissantes fleurissent au printemps. Léo est décrit avec une grande empathie et la fantaisie que Kraus et Aruego créent autour de ce personnage sert à souligner combien il est stupide de comparer les progrès d'un enfant à ceux d'un autre. Les amis de Léo savent lire, écrire et dessiner, mais lorsqu'ils doivent parler, ils ne peuvent que mugir, bourdonner, siffler, pépier et crisser.

Léo est le premier d'une série de livres d'images sur la vie de famille illustrée par des animaux. Cette série eut du succès et fut écrite par Kraus et illustrée par Aruego et Ariane Dewy. **CB**

« [Léo] parla aussi… C'était une phrase entière. Et cette phrase était… "J'ai réussi !" »

Titre original *Leo the Late Bloomer*, 1971
Nationalité É.-U., 1925 (aut.), Philippines, 1932 (ill.)
Édition française L'École des loisirs
Thèmes famille, animaux

5+

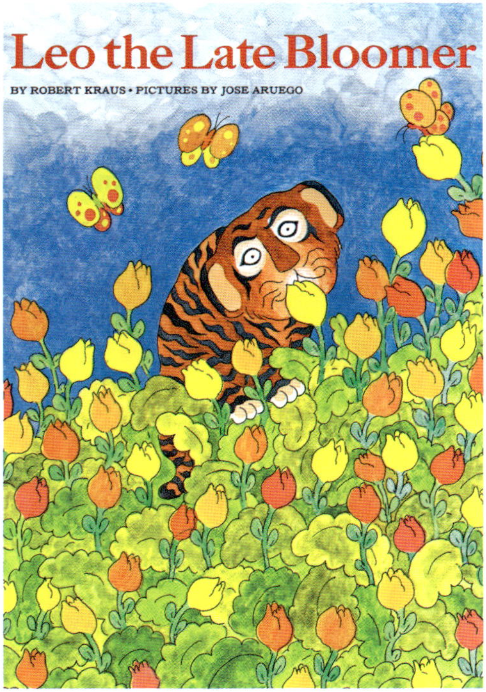

Autres histoires d'animaux

La Grenouille à grande bouche, Francine Vidal (p. 176)
Le Livre de la jungle, Rudyard Kipling (p. 207)
Pourquoi le moustique bourdonne à nos oreilles, Verna Aardema (p. 298)
L'Énorme Crocodile, Roald Dahl (p. 314)

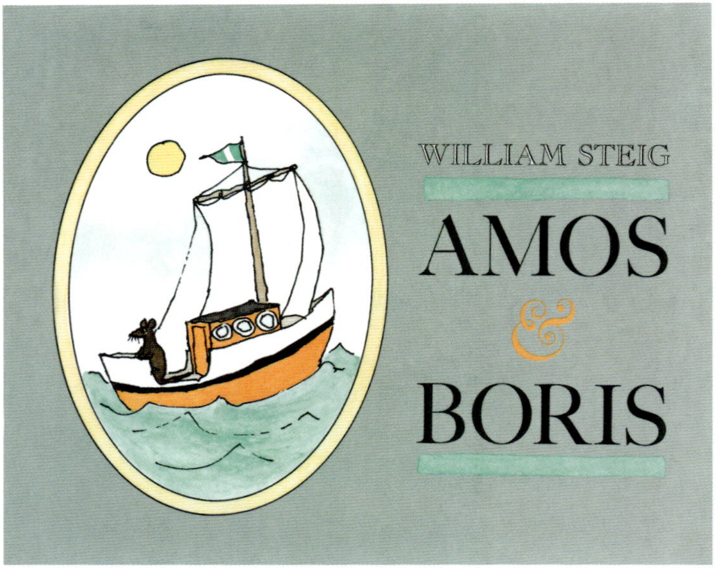

5+

Amos et Boris

William Steig

Titre original *Amos and Boris*, 1971
Nationalité États-Unis, 1907
Édition française multiples éditeurs
Thème amitié

Avant que William Steig ne commence à écrire des livres pour enfants, il était dessinateur pour le *New Yorker*. À l'âge où la plupart des gens envisagent leur retraite, Steig écrivit ses premiers ouvrages. À partir de cette date – tout en continuant de travailler pour le *New Yorker* et d'autres publications –, il ne cessa jamais de créer de beaux livres pour enfants.

Amos et Boris est l'histoire d'une amitié hautement improbable entre Amos la souris et Boris la baleine. Malgré cette invraisemblance, cette histoire est l'un des récits d'amitié les plus charmants de la littérature jeunesse. Elle décrit le dévouement des véritables amis qui, en apparence, n'ont rien en commun excepté leur bon cœur et leur désir d'aider leurs congénères. Amos prend la mer dans le bateau qu'il a construit, le *Rodent*, et se retrouve bientôt en difficulté. Boris voit qu'Amos est dans une situation désespérée et lui propose de le ramener chez lui sur la terre ferme. Les deux animaux découvrent qu'ils sont tout deux des mammifères, même si l'un d'eux vit sur terre et l'autre dans la mer. La souris et la baleine apprennent à respecter et à admirer les différences de l'autre et éprouvent une crainte mêlée d'admiration pour les univers différents dans lesquels ils vivent.

Et un jour, bien longtemps après que Boris ait repris sa vie dans la mer et Amos son existence sur terre, la minuscule souris a l'occasion de rendre à son tour service à la baleine qui l'avait sauvée. Voici une histoire intemporelle sur la véritable nature de l'amitié, créée par un grand auteur et illustrateur. **KD**

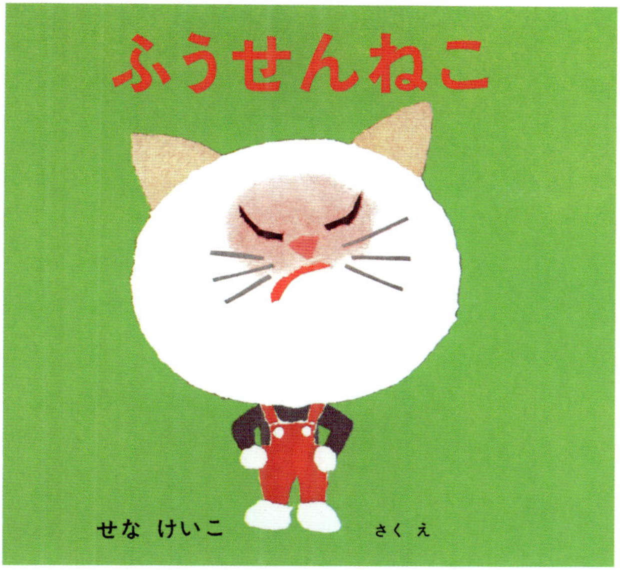

5+

Balloon Cat

Keiko Sena

Nationalité Japon, 1932
Édition RIC publications, 1972
Thème amitié

Balloon Cat fait partie de la série *Crying and Blubbering* de Keiko Sena. Le livre raconte l'histoire d'un petit chat mâle qui s'énerve facilement. Lorsqu'il se met en colère, sa tête gonfle énormément et le petit chat s'envole dans les airs tel un ballon.

Sena était un pionnier de la littérature enfantine japonaise. Elle fit son apprentissage auprès du célèbre artiste Takeo Takei et a depuis écrit plus de 35 livres. La série *I Won't Do* fait partie de son œuvre la plus connue. Cette série, comme celle intitulée *Crying and Bluberring*, inclut toujours un récit qui apporte une touche d'irréel dans les situations quotidiennes.

Dans *Balloon Cat*, le jeune chat est toujours en colère, se vexe et se hérisse. Il est si bouleversé et frustré qu'il ne veut rien partager avec sa sœur, ne veut manger que des sucettes au dîner et ne veut pas retirer ses vêtements. Et comme il est très en colère, sa tête se met à gonfler, tant et si bien qu'il finit par s'envoler.

La morale de l'histoire, cachée derrière cette anecdote hilarante, est que chaque action comporte des conséquences, notamment lorsqu'on refuse de faire ce que l'on nous dit.

Il peut paraître étonnant que Sena n'ait pas donné de fin heureuse à son récit didactique. Au lieu de cela, le chat s'envole vers l'inconnu, sa mère miaulant en dessous de lui. Les illustrations sont des découpages originaux en papier de couleur. Cela donne aux images un aspect en relief, duveteux, qui invite les jeunes lecteurs à les toucher. **RA**

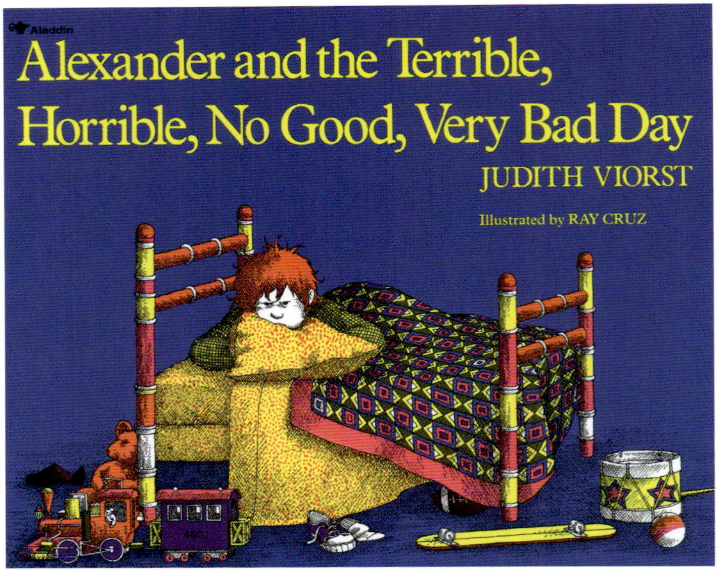

Alexander and the Terrible, Horrible, No Good, Very Bad Day

Judith Viorst Ray Cruz

Nationalité États-Unis, 1931 (aut.), 1933 (ill.)
Édition Simon and Schuster, États-Unis, 1972
Thèmes famille, école

Il nous est tous arrivé de passer une journée où tout va absolument de travers. Cela arrive également aux enfants, même s'ils ne comprennent pas toujours le sentiment de frustration que cela occasionne. Ce titre du célèbre auteur pour enfants qu'est Judith Viorst, un classique, a été vendu à plus de deux millions d'exemplaires et explique les sentiments que l'on éprouve lorsqu'on a passé une très mauvaise journée. Les jeunes enfants comprendront facilement cette histoire et s'identifieront au personnage, Alexander, pour lequel tout va mal.

Lorsque Alexander réalise qu'il s'est endormi avec un chewing-gum dans la bouche et que celui-ci est maintenant collé dans ses cheveux, les lecteurs savent que tout ne va pas s'arrêter là. Les choses empirent rapidement. Le jeune garçon trébuche sur son skate-board et fait tomber son pull dans l'évier… En chemin pour l'école, il doit s'asseoir sur le siège du milieu ; son professeur préfère le dessin de son camarade au sien ; sa mère a oublié de mettre un dessert avec son casse-croûte ; au cours d'une visite familiale chez le dentiste, il est le seul à avoir une carie ; il y a des haricots de lima au dîner ; de plus, il doit porter un pyjama qu'il n'aime pas pour aller se coucher.

Les lamentations répétées d'Alexander seront scandées par les enfants, qui riront en pensant à leurs propres mauvaises journées. **KD**

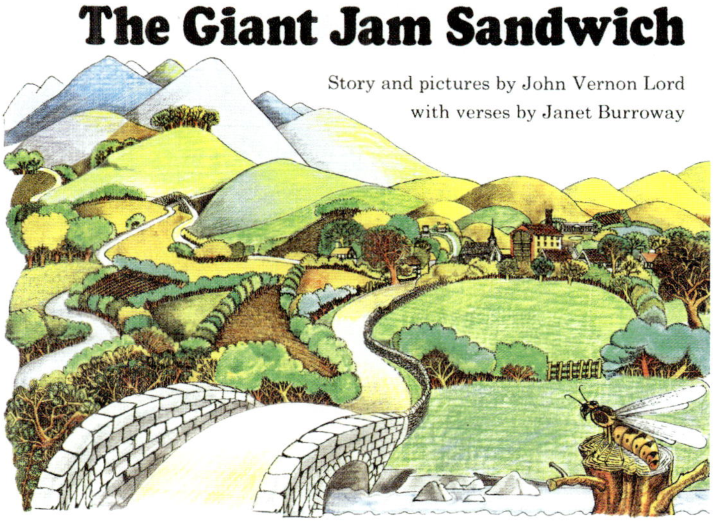

5+

The Giant Jam Sandwich

Janet Burroway John Vernon Lord

Nationalité États-Unis, 1936 (aut.), GB, 1939 (ill.)
Édition Jonathan Cape, G.-B., 1972
Thème histoire en vers

Le petit village d'Itching Down est en crise après avoir été envahi par les guêpes. Au cours d'une réunion organisée à la mairie, Bap le boulanger propose de piéger toutes les guêpes fauteuses de troubles dans un sandwich géant à la confiture.

Une miche de pain de la taille d'une petite colline est remorquée jusqu'au champ d'un fermier, où elle est découpée par six hommes utilisant une scie géante. Tirée par huit chevaux jusqu'à une immense nappe dans le champ voisin, une moitié du sandwich est tartinée d'une épaisse couche de beurre et de confiture de fraises. Tentées, mais ensuite irrémédiablement collées, les guêpes sont doublement piégées lorsque l'autre moitié de pain est déposée sur elles par quatre hélicoptères plus un tracteur volant. Le village célèbre la défaite des insectes par une danse.

Les illustrations de John Vernon Lord sont particulièrement ravissantes. Puisant dans les souvenirs de son propre père, qui était boulanger, celui-ci recrée une atmosphère rurale paisible détaillée de façon méticuleuse. Différents dignitaires du village, qui possèdent chacun une personnalité propre, se tiennent devant de petites boutiques joliment dessinées. Des collines et un moulin se dressent en arrière-plan du champ, dans lequel il se produit suffisamment de choses pour distraire les jeunes lecteurs bien après que l'histoire soit terminée. **NT**

Au temps des dinosaures

Michael Foreman

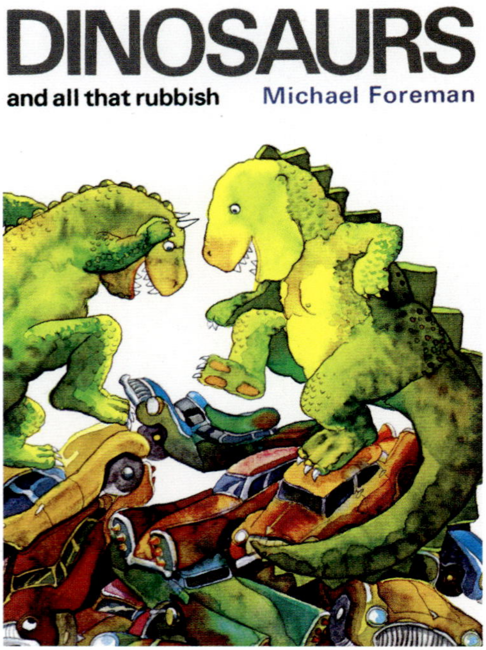

« Enfin, la fusée était prête, mais il n'y avait plus d'endroit pour la lancer. Tout était recouvert d'ordures. »

Titre original *Dinosaurs and All That Rubbish*, 1972
Nationalité Grande-Bretagne, 1938
Édition française multiples éditeurs
Thèmes science et nature, fantastique, animaux

Les dinosaures ont envahi la Terre et piétinent le sol en marchant d'un pas lourd. Ils dansent joyeusement sur les routes pour les casser et nettoient toutes les piles d'ordures laissées par les hommes. Cette histoire sur l'environnement de Michael Foreman est peut-être encore plus d'actualité qu'à l'époque où elle fut publiée, en 1972.

Lorsque les dinosaures ont fini de nettoyer la Terre, un humain, revenant d'une lointaine étoile, atterrit en fusée. Il voit que la Terre est désormais un bel endroit, où s'épanouissent les fleurs et les animaux. Cet homme demande alors à posséder une petite partie de ce lieu enchanteur. Les dinosaures lui répondent qu'il peut prendre un petit bout de terrain, mais que celui-ci appartient de toute façon à tout le monde et que tous doivent en prendre soin.

Au temps des dinosaures est un ouvrage fréquemment utilisé par les professeurs pour aborder des questions environnementales, car au lieu de se montrer moralisateur Foreman utilise l'humour pour faire passer son message. Foreman évoque des idées dont les enfants n'ont pas encore conscience ou qu'ils n'ont pas encore comprises ou expérimentées. De cette manière, l'enfant interroge l'adulte, qui peut ainsi transmettre son expérience.

Les premiers ouvrages de Foreman, notamment *War and Peas*, traitent souvent de questions politiques. Il a également illustré plus de 50 ouvrages d'auteurs classiques comme Charles Dickens et Rudyard Kipling, et d'écrivains contemporains comme Terry Jones et Michael Morpurgo. **HJ**

Histoires sur l'observation de la nature

Un arbre, Janice May Udry (p. 252)
Le Jardin de Monet, Christina Björk, Lena Anderson (p. 331)
Le Monde englouti, David Wiesner (p. 390)

Os colegas

Lygia Bojunga Nunes

Nationalité Brésil, 1932
Édition Sabia, Brésil, 1972
Thèmes animaux, amitié

Dans *Os colegas* (les amis), un jeune lapin est abandonné par sa famille et doit se débrouiller tout seul. Il rencontre bientôt un ours échappé d'un zoo et un bichon qui deviennent ses amis. Les trois personnages partent à l'aventure. Lorsque le chien et l'ours sont capturés, le lapin, habituellement peureux, trouve le courage de sauver le chien, qui finit par l'aider à libérer leur ami ours.

Lygia Bojunga Nunes reçut le prestigieux prix Astrid Lindgren Memorial Award en 2004 pour avoir permis à de jeunes lecteurs de comprendre l'opposition entre oppression et liberté. Dans ce récit, assez théâtral et de style oral, dans lequel les animaux possèdent des caractéristiques humaines, le lecteur peut facilement entrer dans les rêves et les univers imaginés par les personnages. D'une manière originale, l'auteur mêle l'aspect ludique, la beauté poétique et l'humour absurde à la critique sociale, à l'amour de la liberté et à une forte empathie pour les êtres vulnérables.

Os colegas est le premier livre pour enfants de Lygia Bojunga (« Bojunga Nunes » étant son nom de plume). Son style permet au jeune lecteur de comprendre immédiatement les rêves des personnages et de partager leurs expériences. **LB**

Livres de Lygia Bojunga Nunes traduits en français

La Fille du cirque
La Sacoche jaune

Le Vrai Voleur

William Steig

Titre original *The Real Thief*, 1973
Nationalité États-Unis, 1907
Édition française Gallimard jeunesse
Thèmes amitié, animaux

Le vrai voleur est une méditation sur la convoitise, la culpabilité et l'importance de l'amitié. L'histoire de Steig, qui met en scène un mystérieux voleur, explore les sentiments de solitude et d'injustice liés au fait d'être faussement accusé et montre qu'une solide réputation et un bon statut au sein d'une communauté ne préservent pas toujours des rumeurs.

Gauvain est un jars qui garde le trésor du roi Basil, l'ours. Il effectue sa tâche avec grand soin et pourtant il remarque un jour qu'un tas de rubis semble avoir diminué. En effet, il en manque 29. Les jours suivants, de plus en plus de pièces du trésor disparaissent jusqu'à ce que le célèbre diamant Kalikak soit volé. Malgré sa réputation d'honnêteté, Gauvain est poursuivi en justice pour ces vols. Ses amis, qui le soutiennent au début, le délaissent lorsqu'une preuve apparemment irréfutable de sa culpabilité leur est présentée. Incapable de supporter la trahison de son roi bien-aimé et de ses amis, Gauvain proclame son innocence et s'échappe du tribunal en s'envolant par la fenêtre. Or, le véritable voleur a assisté au procès. Ce qui a commencé comme un « emprunt » innocent de la part de Derek, la souris, se poursuit par l'accusation qui conduit Gauvain à l'exil. Derek est tourmenté par sa conscience lorsqu'il assiste aux conséquences de ses actes, mais trouvera-t-il le courage de reconnaître ce qu'il a fait afin d'innocenter Gauvain ?

Steig décrit clairement et avec compassion la manière dont les actions peuvent avoir des conséquences importantes en illustrant l'histoire d'une manière délicieuse. **PC**

Mind Your Own Business

Michael Rosen Quentin Blake

Nationalité GB, 1946 (aut.), 1932 (ill.)
Édition André Deutsch, Grande-Bretagne, 1974
Thème poésie

5+

Mind Your Own Business a souvent été considéré comme un nouveau genre de poésie pour enfants. Michael Rosen est devenu rapidement célèbre auprès des enfants, des professeurs et des parents en raison du caractère direct de son œuvre. Ses poèmes sont accessibles et ponctués d'humour, mais ils ne sont en aucun cas légers. Ils traitent de sujets comme la solitude, la peur, les frères et sœurs, l'autorité parentale et les changements physiques. Ils parlent de la place de l'enfant dans les champs et les bois, mais aussi de la pluie et du vent, des oiseaux, des araignées, des chiens et des chats inoubliables dans les dunes de neige.

Ce recueil de poèmes était à l'origine destiné aux adultes et explorait la propre enfance de Rosen. Cette authenticité rend l'œuvre supérieure à celle d'imitateurs moins talentueux. On peut penser que 35 ans après, les enfants voient le monde d'une manière différente, mais les poèmes continuent d'avoir un sens aux yeux des lecteurs contemporains, car ils sont pleins de vie.

Les illustrations ont été réalisées par le dessinateur favori de Rosen, Quentin Blake, qui fut le premier ambassadeur-lauréat du livre pour enfants, et dont le trait au mouvement compulsif est parfaitement assorti à la poésie vivante et aérée de Rosen. **WO**

Livres de Michael Rosen traduits en français

Quand je suis triste
Ron… Piche !

Where the Sidewalk Ends

Shel Silverstein

Nationalité États-Unis, 1930
Édition HarperCollins, États-Unis, 1974
Thème poésie

Shel Silverstein est souvent considéré comme le « *bad boy* » de la littérature enfantine. L'illustration légèrement effrayante qu'il a réalisée pour la couverture de son livre suffit souvent à inquiéter les enfants émotifs. Il est difficile de classer ses poèmes dans une catégorie ou de déterminer à quelle tranche d'âge ils s'adressent. Comme le remarqua l'auteur, « j'espère que les gens, quel que soit leur âge, trouveront des choses auxquelles s'identifier dans mes livres… »

Ces poèmes sont à la fois tendres, romantiques, drôles, ordinaires, répugnants et adorables. En d'autres termes, ils évoquent des enfants, et c'est pourquoi ils constituent pour eux une lecture adaptée. *Where the Sidewalk Ends* amusera beaucoup les familles où l'on aime lire des poèmes ensemble. Ceux de Silverstein entraînent les lecteurs dans un monde où l'on peut être mangé par un boa constrictor et où l'on peut écrire un poème dans le ventre d'un lion ; où l'on peut mesurer une paire de centimètres et chevaucher un ver jusqu'à l'école ; où son nombril peut s'effondrer et où sa tête peut tomber ; où l'on peut croiser un garçon qui tourne dans un poste de télévision ou une fille qui mange une baleine. Vous et vos enfants rirez ensemble en lisant ces poèmes et vous n'éprouverez jamais d'ennui. **KD**

Livres de Shel Silverstein traduits en français

Lafcadio le lion fin tireur
Le Petit Bout manquant

« Il ouvrit ses mâchoires tellement grand / Que le dentiste grimpa dedans. »

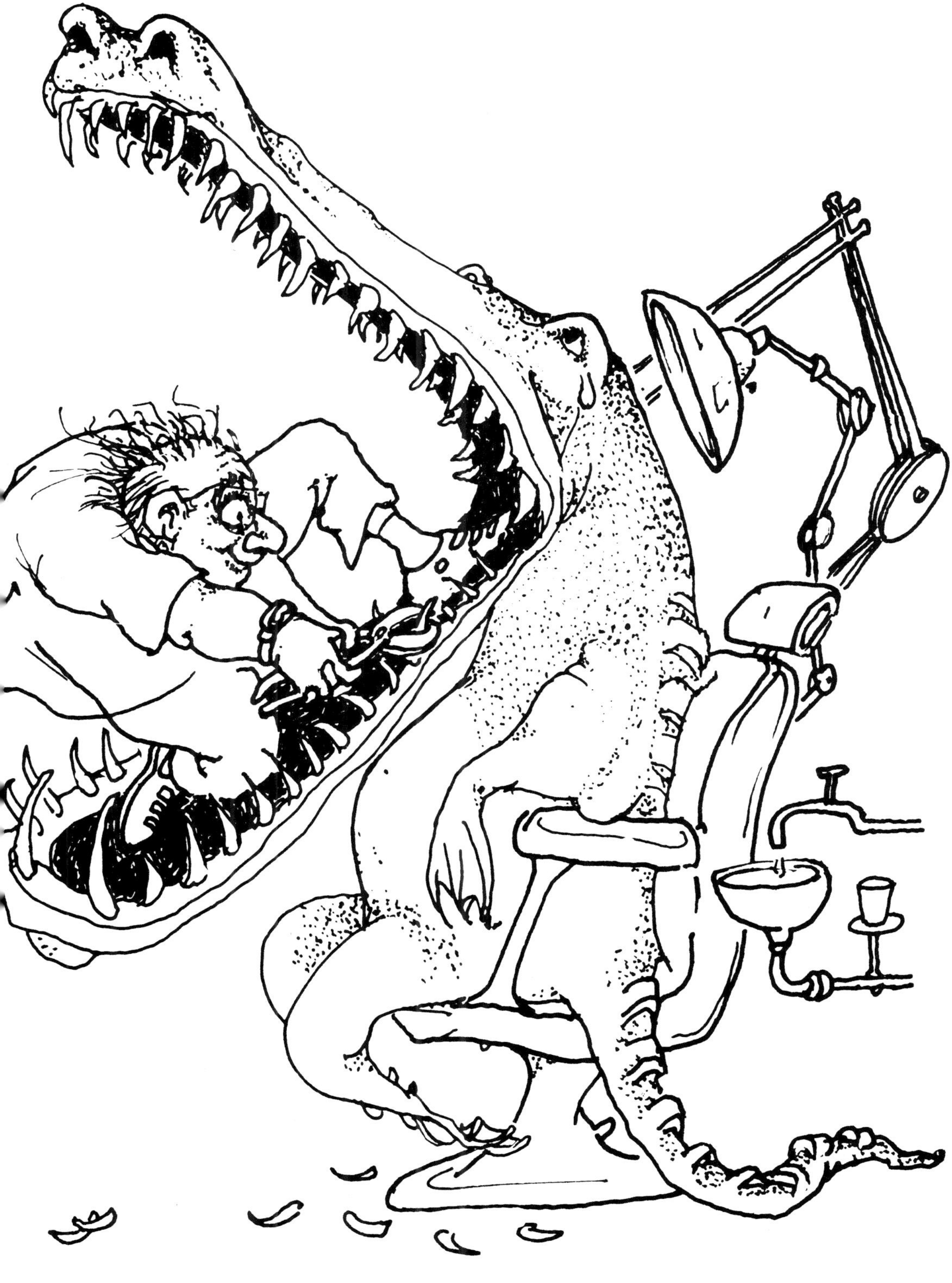

Amandine Malabul

Jill Murphy

Titre original *The Worst Witch*, 1974
Nationalité Grande-Bretagne, 1949
Édition française Gallimard jeunesse
Thèmes histoires magiques, école, amitié

5+

Amandine Malabul est la sorcière la plus maladroite de l'Académie de sorcellerie. Son balai, cassé au bout de deux jours seulement, est plutôt difficile à contrôler. Son chat n'est pas noir, mais tigré, et ses sorts se déroulent complètement de travers, ce qui est amusant pour les lecteurs, mais déroutant pour Amandine. De plus, la jeune fille s'est fait une ennemie, Octavie Patafiel, la préférée de la maîtresse, qu'elle a transformée en cochon après un match. Le pire, c'est que la maîtresse en question est l'impitoyable mademoiselle Bâtonsec, au visage allongé et aux cheveux tirés en arrière en un chignon sévère.

Lorsque la classe de mademoiselle Bâtonsec doit faire une démonstration de vol pendant Halloween, tout se passe bien au début, mais les lecteurs attendent que l'inévitable catastrophe se produise. Lorsque l'événement survient, Amandine, pleine de tristesse, s'enfuit au milieu de la nuit et surprend un groupe d'affreuses sorcières qui complotent pour renverser l'école. Armée de son livre de sorts, elle vient à bout du complot.

L'histoire mêle de façon attrayante l'univers des sorcières (avec leurs longs cheveux noirs, leurs chapeaux pointus, leurs chaudrons et leurs potions d'invisibilité) et l'univers de l'école, avec ses bons moments, ses professeurs austères et ses fortes amitiés. Ce livre a eu un immense succès depuis sa publication, plus de 20 ans avant qu'*Harry Potter* ne place les pensionnats et la sorcellerie sous le feu des projecteurs. **KA**

Strega Nonna ou le chaudron magique

Tomie De Paola

Titre original *Strega Nona*, 1975
Nationalité États-Unis, 1934
Édition française Flammarion
Thèmes histoires magiques, contes de fées

Strega Nonna ou le chaudron magique est une histoire qui apparaît dans de nombreuses cultures sous des versions très différentes. Le livre évoque les dangers d'un savoir mal maîtrisé et le dépassement de soi.

Strega Nonna est une vieille femme sage qui prend à son service un apprenti, le grand Antoine. Ce dernier a l'interdiction de toucher au chaudron de pâtes de Strega Nonna. Mais, ayant observé cette dernière chanter quelque chose au chaudron et ayant vu que le récipient produisait par magie des quantités illimitées de pâtes, il essaye de l'imiter lorsqu'elle s'absente. Le résultat est à la fois prévisible et catastrophique. La ville est envahie de pâtes et lorsque Strega Nonna revient, Antoine est puni et doit manger l'excès de pâtes produit par le chaudron.

Les illustrations se composent d'une série d'images encadrées mêlant l'art de la bande dessinée et les techniques d'artistes du début de la Renaissance, comme Giotto. Les personnages de l'histoire sont représentés simplement et clairement, soit de profil, soit de face. Le tout ressemble à une pièce de théâtre jouée devant un décor dont le texte est un récit en voix off. Le résultat est spectaculaire : plein de drôlerie dans sa compréhension des faiblesses humaines et original. C'est peut-être grâce à sa capacité à mettre en scène des histoires traditionnelles de façon singulière que les contes populaires réécrits par Tomie DePaola figurent parmi ses livres pour enfants les plus connus. **CB**

Les gens de la ville se battent contre une inondation de pâtes.

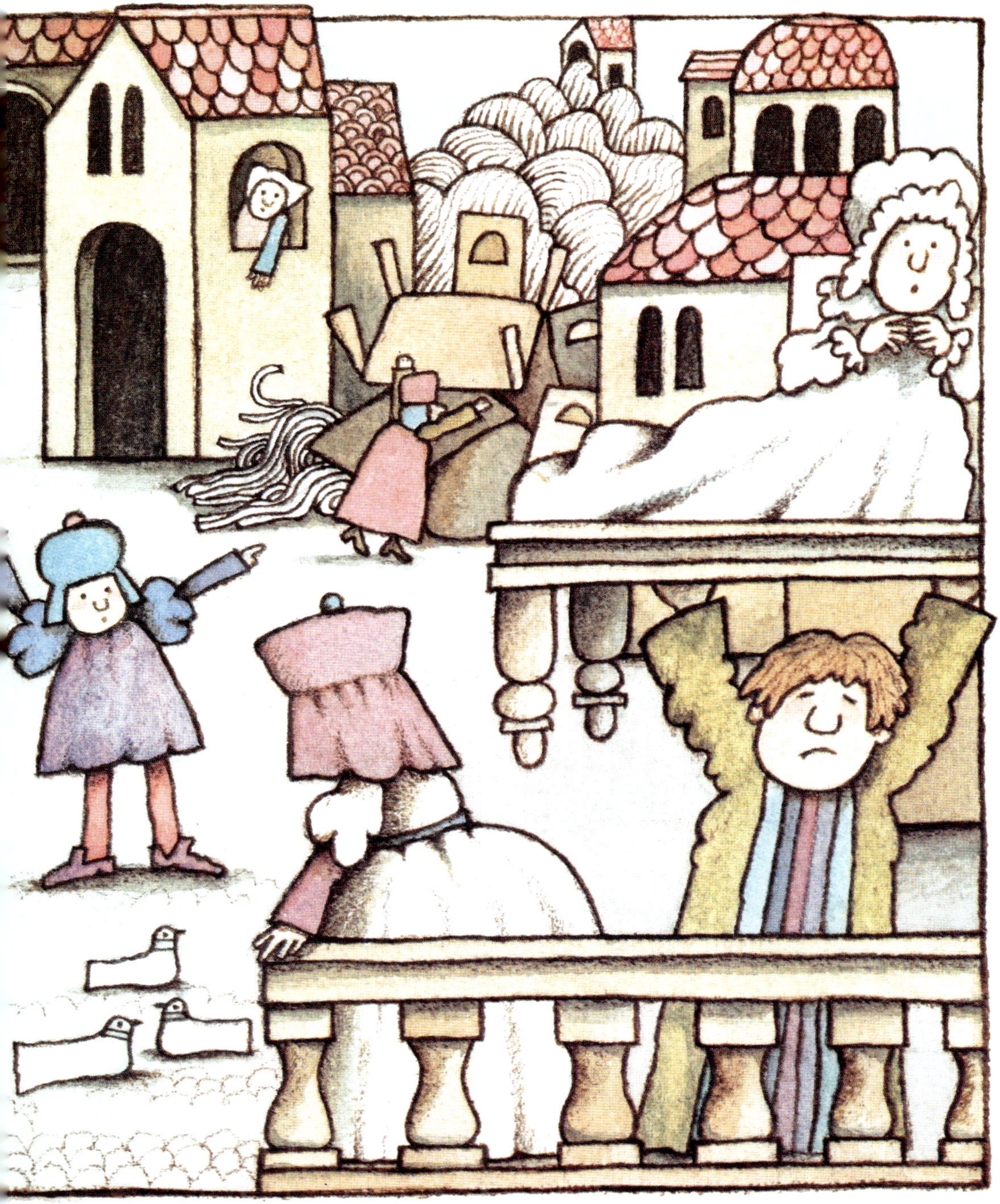

Pourquoi le moustique bourdonne…

Verna Aardema D. et L. Dillon

Titre orig. *Why Mosquitoes Buzz in People's Ears*, 1975
Nationalité États-Unis, 1911 (aut.), 1933 (ill.)
Édition française La Farandole
Thèmes mythes et légendes

5+

Dans *Pourquoi le moustique bourdonne à nos oreilles*, Verna Aardma revisite un ancien mythe africain qui rappelle l'importance de dire la vérité et montre quelles conséquences produisent les mensonges. L'histoire est construite en cascade, selon la logique de « l'effet papillon » : chaque action d'un animal influe sur l'action d'un autre animal, ce qui a pour résultat final d'empêcher le soleil de se lever le matin suivant.

Un moustique crée une situation désastreuse en racontant un mensonge à l'iguane. Attristé par ce qu'il a entendu, l'iguane place des bâtons dans ses oreilles pour les boucher, ce qui conduit à une série de malentendus. Plus tard, lorsque le python lui dit bonjour, l'iguane ne l'entend pas et semble donc l'ignorer. Le python suppose alors que l'iguane complote contre lui et se cache dans un terrier de lapin, ce qui effraie évidemment le lapin. Cette légende africaine se poursuit ainsi jusqu'à ce que la série d'incidents s'achève sur la mort d'un bébé chouette. Sa mère est si triste d'avoir perdu son enfant qu'elle refuse de hululer et de réveiller le soleil. Celui-ci ne se lève donc pas.

Les animaux réalisent qu'il faut blâmer le moustique pour ces événements. Finalement, tout se résout et la vie de la jungle revient à la normale. Le moustique reconnaît qu'il est important de dire la vérité. Plein de regrets, il cesse de dire des mensonges, mais adopte à la place une mauvaise habitude : il bourdonne à l'oreille des gens parce qu'il se demande encore si tout le monde est en colère contre lui. **KD**

M. et Mme Porcinet dînent en ville

Mary Rayner

Titre orig. *Mr. and Mrs. Pig's Evening Out*, 1976
Nationalité Grande-Bretagne, 1933
Édition française Flammarion
Thèmes contes populaires, famille, animaux

Comme ils sont parents de dix porcelets pleins d'énergie, il n'est guère étonnant que monsieur et madame Porcinet aient parfois envie de passer une soirée seuls. Lorsqu'ils ont enfin l'occasion de sortir un soir, ils sont si pressés de partir qu'ils ne remarquent rien d'étrange chez la baby-sitter envoyée par l'agence. Ils ne remarquent pas qu'il s'agit d'un loup avec un nez pointu, une queue poilue et des pattes sombres et velues.

Une fois seul, le loup ne perd pas de temps. Il allume le four et attrape un porcelet pour son dîner. Mais ses cris perçants alertent ses frères et sœurs qui piègent le loup sous une lourde couverture. Attaché et laissé sur le sol de la cuisine, le vilain loup est finalement jeté dans la rivière lors du retour de monsieur et madame Porcinet.

Les illustrations pleines d'esprit de Mary Rayner actualisent cette histoire traditionnelle, inquiétante, mais très amusante. Toutes les activités auxquelles s'adonnent les petits porcelets enthousiastes – qui sautent sur le lit ou se battent avec des épées en bois – sont exactement le type de choses que les petits enfants font. La baby-sitter n'est visiblement pas l'être respectable qu'elle semble être, de sorte que les jeunes lecteurs seront bien préparés à son brusque changement de comportement dès que la voie est libre. Comme les contes populaires, celui-ci contient une mise en garde intelligente – ne pas faire confiance aux étrangers – tout en étant divertissant. **NT**

Monsieur et madame Porcinet habillés pour passer une soirée en ville.

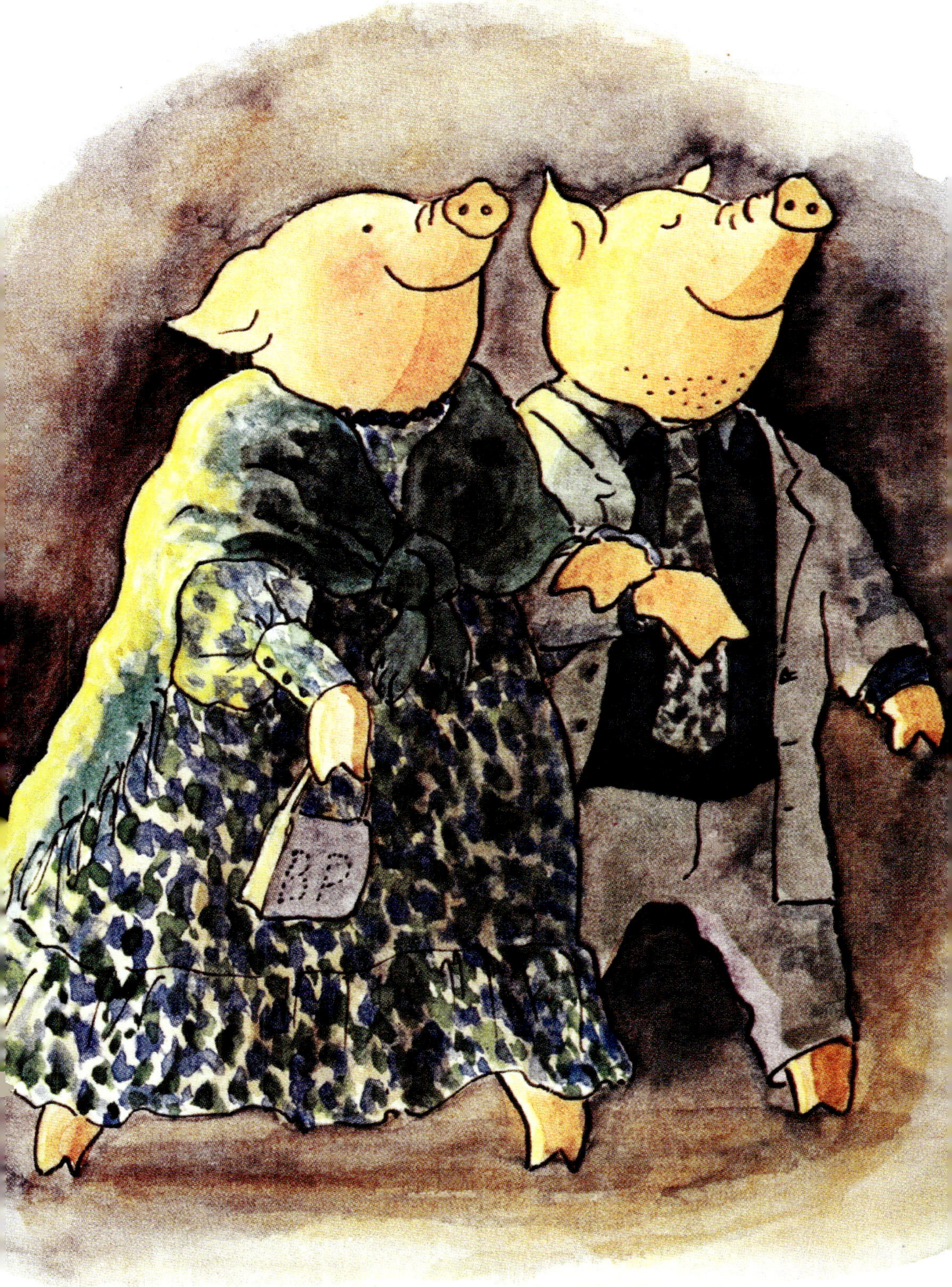
BP

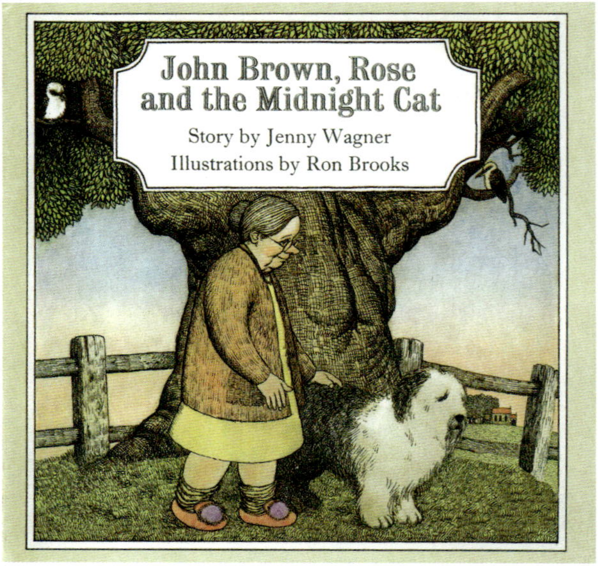

5+

John Brown, Rose et le chat de minuit

Jenny Wagner Ron Brooks

Titre orig. *John Brown, Rose and the Midnight Cat*, 1977
Nationalité Australie, 1939 (aut.), 1948 (ill.)
Édition française multiples éditeurs
Thèmes amitié, maladie et mort

Au premier abord, ce livre raconte une histoire simple concernant une vieille femme, son chien et un chat errant. Elle nous apprend à accepter le changement et le caractère inévitable de la mort de ceux que nous aimons.

Rose, une veuve, et son chien John Browne vivent ensemble dans une vieille ferme dans la campagne. Ils mènent une existence agréable, bricolant dans la ferme et somnolant devant le feu. Un soir, un chat noir fait son apparition dans le jardin et la relation entre les deux personnages évolue définitivement. Rose veut laisser entrer le chat, mais John Browne souhaite que les choses demeurent comme elles sont. Finalement, le chien comprend que le changement et ses implications font partie intrinsèque de la vie.

Jenny Wagner écrit avec la simplicité lyrique d'un poète. Chaque mot de son texte est choisi avec soin et parfaitement trouvé. Ses phrases joliment nuancées sont courtes et justes. Ron Brooks recrée visuellement cet univers. Son décor est une maison délicieusement vieillotte, qui possède une histoire. Rose est une grand-mère affectueuse, John Browne est un gros chien de berger au poil touffu et le chat de minuit est élégant à souhait, mais il émane de lui une légère menace. L'association du texte concis de l'auteur et des illustrations à l'aquarelle de Brooks, aux couleurs douces, mais attrayantes, avec leurs détails hachurés, donne le ton juste, impliquant le lecteur dans cette poignante histoire d'amour, de compagnons et de perte. **SOR**

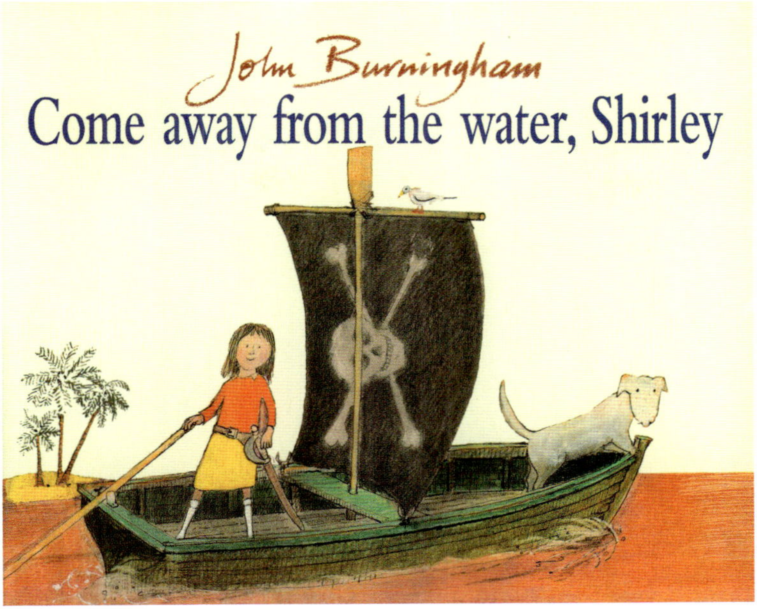

5+

Ne te mouille pas les pieds, Marcelle !

John Burningham

Titre orig. *Come Away from the Water, Shirley*, 1977
Nationalité Grande-Bretagne, 1936
Édition française Flammarion Père Castor
Thèmes famille, aventure

Il fait trop froid pour aller nager, aussi les parents de Marcelle sont-ils confortablement installés dans leurs chaises longues sur la plage. Ils poussent leur fille à aller jouer. La mère de Marcelle ne cesse de la rappeler à l'ordre, en lui disant par exemple de ne pas caresser le chien, mais sa fille se plonge bientôt dans son univers imaginaire, à mille lieues de là. Tout cela est illustré sans paroles par le brillant John Burningham.

Les lecteurs suivent l'histoire avec ravissement lorsque Marcelle part à l'aventure avec son nouvel ami, le chien, et qu'elle est capturée par des pirates qui la forcent à marcher sur une planche. Elle imagine alors qu'elle se bat contre eux puis part à la rame avec son bateau à la recherche d'un trésor enfoui. Lorsqu'il est temps pour elle d'arrêter de rêver et de rentrer à la maison avec ses parents, Marcelle invente une fin à son histoire. Elle s'imagine parée de tous les bijoux qu'elle a trouvés et part en bateau dans la nuit avec le chien.

Les enfants savent combien l'imagination peut être puissante et l'opposition entre l'imagination débridée de Marcelle et les inquiétudes prosaïques de ses parents fait sans doute partie de leurs propres expériences. Ils apprécieront aussi les pirates caricaturaux de Burningham, féroces et sans crainte jusqu'à ce que Marcelle se rebiffe, désespérés et comiques après. Les enfants qui ont déjà parlé de ce qu'ils imaginaient avec d'autres aimeront sans doute ce livre ; ceux qui sont plus secrets, quant à eux, s'identifieront avec bonheur à l'histoire. **NT**

The Lighthouse Keeper's Lunch

Ronda and David Armitag

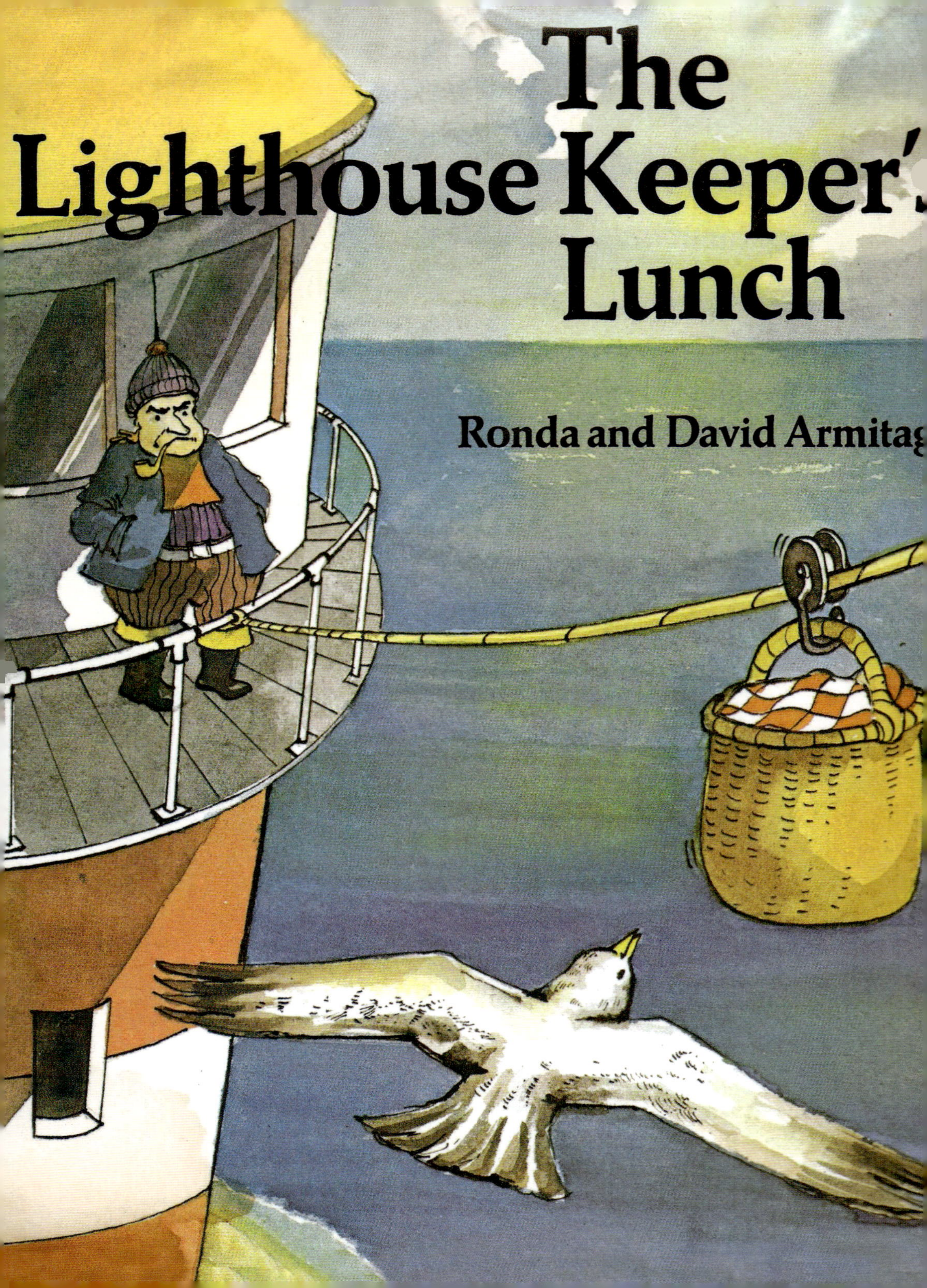

The Lighthouse Keeper's Lunch

Ronda Armitage   David Armitage

Nationalité Nouvelle-Zélande, 1943 (aut.), Australie, 1943 (ill.)
Édition André Deutsch, Grande-Bretagne, 1977
Thèmes famille, excentricité

En général, Mrs. Grinling emballe chaque matin le déjeuner de son mari dans un solide panier à commission. Elle accroche ensuite le panier sur un câble situé entre le cottage du couple, au sommet de la falaise, et le phare dans lequel il travaille. Mais un jour, trois mouettes voraces profitent de cette organisation pour manger tous les mets délicieux de Mrs. Grinling.

La fois suivante, la serviette placée au-dessus du repas ne décourage par les oiseaux, ni le stratagème suivant consistant à installer le chat de la famille dans un second panier. Mais lorsque Mrs. Grinling remplace les sandwiches habituels par d'autres à la moutarde extra-forte, les oiseaux se lassent et décident de s'en prendre au pique-nique d'un pêcheur des environs.

La plupart des jeunes lecteurs aiment les histoires sur la nourriture et éprouvent au fond d'eux une certaine sympathie pour les oiseaux qui se régalent de salade aux fruits de mer, de cookies, d'une surprise aux pêches et d'autres recettes délicates dont Mrs. Grinling régale son mari. Ces repas sont splendidement illustrés par les belles peintures de David Armitage, aussi généreuses que la cuisine de l'épouse du gardien de phare. Les enfants sont aussi fascinés par les phares, si élégants le jour et si brillants la nuit. À la fin, le couple, satisfait, reprend ses habitudes.

« Le déjeuner du gardien du phare » (*The Lighthouse Keeper's Lunch*) est une histoire racontée et illustrée avec tendresse qui plaît toujours depuis plus d'une trentaine d'années. **NT**

Teo

Violeta Denou

Titre original *Teo descubre el mundo*, 1977
Nationalité pseudonyme d'un collectif
Édition française Hachette
Thèmes personnages favoris, amitié

Teo est un personnage qui a les cheveux roux, une salopette et un maillot rayé. Il fut créé en 1977 par trois dessinatrices : Asunción Esteban, Carlota Goyta et Ana Vidal. Malgré leur succès, celles-ci parvinrent à préserver leur anonymat et continuèrent d'écrire des histoires sur Teo durant plus de 30 ans. Leur premier recueil, *Teo descubre el mundo* (« Teo découvre le monde »), se composait de trois titres. D'autres recueils furent ensuite créés afin de répondre aux intérêts des jeunes lecteurs, notamment *¡Soy Teo!* (« Je suis Teo ! »), qui faisait appel à la calligraphie et *Mis primeros libros de Teo* (« Mon premier livre de Teo »), des livres destinés à initier les enfants à la lecture.

Teo est un enfant insouciant, heureux et curieux. Ses histoires attirent les lecteurs débutants grâce à leur contenu simple, traitant du quotidien, et à leurs illustrations très détaillées représentant des situations qui semblent familières aux enfants et auxquelles ils peuvent s'identifier.

Même sans le soutien de campagnes de publicité, au bout de plusieurs décennies, Teo est devenu un phénomène éditorial, avec un total de 150 volumes publiés et six millions d'exemplaires vendus, sans compter les séries télévisées, les jeux de société et tous les autres produits dérivés. Depuis son apparition, Teo porte la même salopette et le même T-shirt de marin, n'a pas besoin des derniers jeux vidéo pour s'amuser et vit encore dans l'univers idyllique d'une enfance parfaite. **EB**

Por el mar de las Antillas anda…

Nicolás Guillén Rapi Diego

Nationalité Cuba, 1902 (aut.), détails inconnus (ill.)
Édition Lóguez Ediciones, Espagne, 1977
Thème poésie

5+

Le titre de cet ouvrage est le début d'un poème intitulé *Un son para niños antillos* (« Un son pour enfants antillais », traduit par Claude Couffon dans *Poésie cubaine du xx*e *siècle* paru chez Patiño en 1997). *Por el mar de las Antillas anda un barco de papel* est un recueil exceptionnel de poèmes pour enfants. Voici les premiers vers du poème : « Voguant sur la mer des Antilles / avance un bateau de papier / avance, avance le bateau / sans timonier ». Celui-ci fut écrit par l'un des plus grands poètes cubains du xxe siècle, Nicolás Guillén.

Le poème dont il est question ici évoque un bateau en papier dans lequel se trouvent deux marins, une femme noire et un Espagnol, qui naviguent d'île en île dans la mer des Caraïbes, en tirant des balles en sucre contre les canons en chocolat de l'ennemi. Un autre poème, *Que te corta corta*, pose des difficultés de prononciation amusantes aux hispanophones et constitue un défi hilarant pour les étrangers. Un autre poème raconte l'histoire de deux garçons, Sapito et Sapón, qui tentent d'attirer l'attention de leurs parents en prétendant être malades. Les poèmes sont simples, très courts et agrémentés d'illustrations rappelant les couleurs et la vitalité de l'univers caribéen, ce que voulait montrer Guillén. L'extraordinaire charme de ce recueil réside dans l'innocence ludique du monde qu'il évoque, dans son langage poétique et ses vers musicaux, qui rendent ses poèmes si mémorables et agréables. **LB**

Fungus le Bogey

Raymond Briggs

Titre original *Fungus the Bogeyman*, 1977
Nationalité Grande-Bretagne, 1934
Édition française Garnier
Thèmes fantastique, aventure, excentricité

Cinq ans après *Sacré Père Noël* (p. 112), Raymond Briggs créa un autre personnage beaucoup plus choquant. Fungus est un Bogey qui surgit la nuit d'un monde de ténèbres pour ramener à la surface toutes les taches, tous les dépôts visqueux, toute la saleté et la pourriture qui paraissent sortis de nulle part.

Tous les aspects de l'existence de Fungus sont une offense aux personnes qui vivent en surface. L'univers des Bogeys est constitué de préoccupations contraires à celles qui règnent en surface. Une famille de Bogeys préfère qu'un lavabo soit bouché. Les Bogeys préfèrent que leurs aliments soient pourris, ils laissent mariner leurs vêtements toute la nuit afin d'être certains qu'ils soient agréablement humides et malodorants le matin suivant, et sont révoltés par le fait que les gens de la surface préfèrent les vêtements propres et secs. Mais Fungus est un personnage également très surprenant : comme tous les Bogeys, c'est un intellectuel qui lit le « Bogey de Lady Chatterley » et « Chambre avec Bogey ». Il a des pensées poétiques lorsqu'il se rend à son travail sur son deux-roues ; il adore son épouse et son fils.

Fungus devint un héros culte pour les étudiants qui aimaient sa personnalité à la fois sordide et intellectuelle. Son univers fait l'objet d'une description si détaillée et les jeux de mots sont si bien trouvés que les lecteurs ne se lasseront jamais de « Bogeyphilia ». Quant aux jeunes enfants, ils s'amuseront de ses manières grossières. **GB**

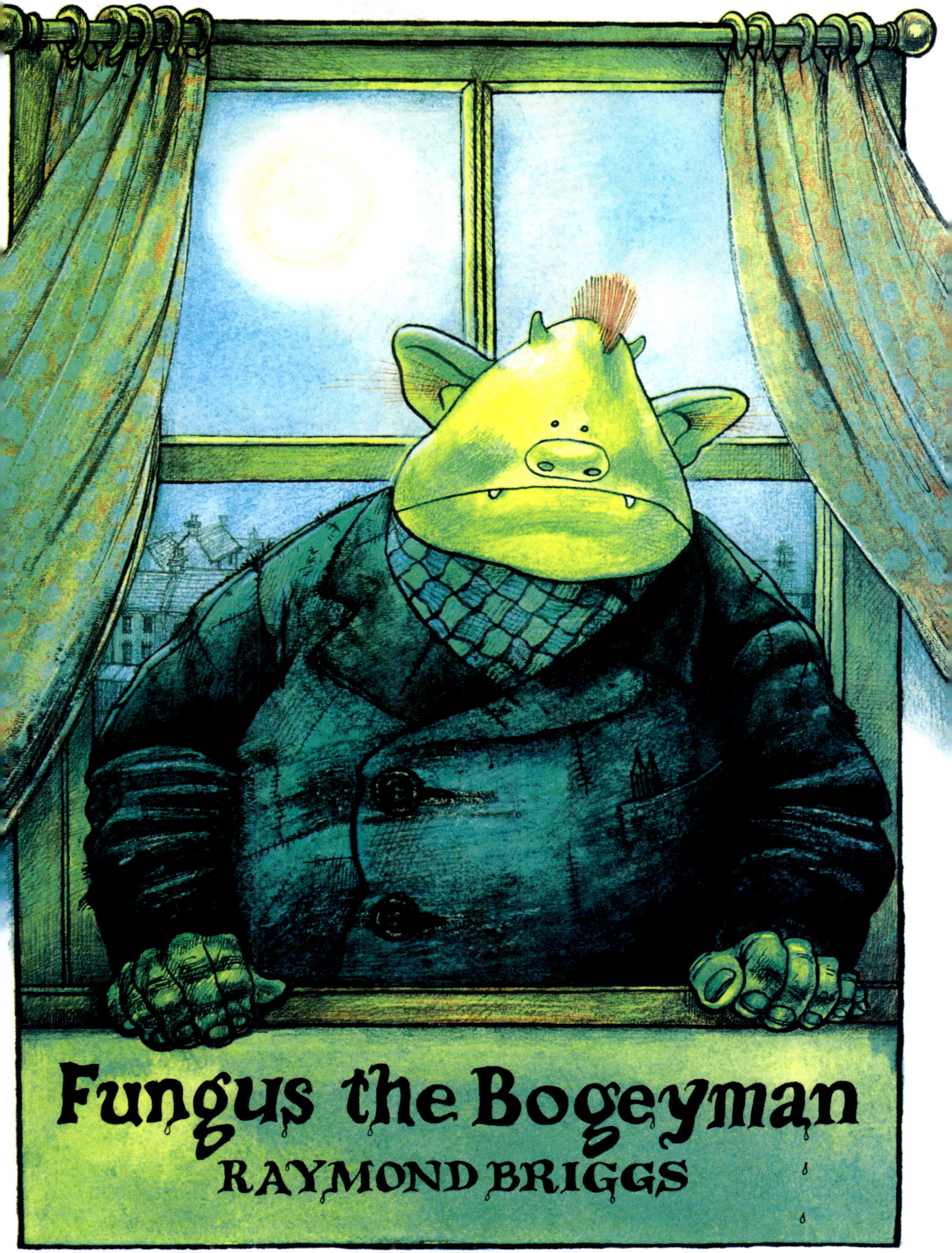
Fungus the Bogeyman
RAYMOND BRIGGS

Loon's Necklace

William Toye · Elizabeth Cleaver

Nationalité Canada, 1926 (aut.), 1939 (ill.)
Édition Oxford University Press, Canada, 1977
Thèmes mythes et légendes, contes de fées

Selon une légende indienne du Canada, les oiseaux appelés « plongeons » peuvent guérir la cécité. Dans cette histoire, un vieil homme offre à un plongeon son précieux collier de coquillages pour le remercier de lui avoir redonné la vue. Le collier est passé autour du cou de l'oiseau et certains coquillages se détachent et rebondissent sur son dos. C'est pourquoi l'oiseau possède aujourd'hui un collier blanc et un corps tacheté. *The Loon's Necklace* associe cette histoire indigène à des illustrations faussement naïves. L'illustratrice Elizabeth Cleaver utilise des techniques de collage afin de représenter le paysage canadien.

Le vieil homme du récit lutte pour trouver de la nourriture pour sa famille, car il est aveugle. Une sorcière ensorcelle un jeune garçon pour qu'il partage la nourriture qu'il a trouvée, mais refuse elle-même d'en donner au vieil homme. Pour la punir, le vent finit par faire écrouler sa maison. Cependant, le plongeon honnête aide l'homme à retrouver la vue, et à la fin de l'histoire, l'oiseau plane à travers une plaine sauvage. Désormais, son cri n'est plus triste et solitaire. Il s'agit d'un long trille joyeux. Le vieil homme se dit que le plongeon rit et qu'il est fier de son collier.

Cleaver fut l'un des premiers auteurs et illustrateurs à écrire des histoires autrefois transmises à l'oral et elle écrivit à plusieurs reprises sur l'histoire du folklore canadien. L'ouvrage adopte un langage simple et ses paysages magiques sont distrayants. Il permet ainsi aux enfants de découvrir l'héritage de leur pays. **SD**

Une histoire à quatre voix

Anthony Browne

Titre original *A Walk in the Park*, 1977
Nationalité Grande-Bretagne, 1946
Édition française L'école de loisirs
Thème fantastique

Dans ce livre, quatre gorilles humanisés racontent chacun leur journée au parc. Ils évoquent certains humains. Une fillette appelée Réglisse et son père, mal habillé (Mr. Smith), rencontrent une femme à l'air pincé (Mrs. Smythe) et son fils le timide Charles, au parc. Albert, le chien bâtard turbulent des Smith rencontre Victoria, le labrador doté d'un pedigree des Smythe.

Faisant fréquemment référence à des tableaux surréalistes, Browne montre combien les promeneurs du parc sont transformés par leur expérience. Lorsqu'ils arrivent au parc, nous sommes en hiver, mais le feuillage des arbres passe par toutes les saisons et le parterre de fleurs est estival. Les enfants escaladent un arbre alors que la nuit atteint ses branches supérieures. Un homme promène une pomme en laisse ; une femme pousse un chien dans une poussette ; le Père Noël donne un coup de pied dans une pomme.

Comparé à la brosse à dents qui sort de la cheminée des Smith, l'œil situé au centre de la porte d'entrée des Smythe paraît presque normal, tout comme le personnage de Mrs. Smythe taillé dans un arbuste, avec son manteau fantaisiste et sa fourrure en renard. Lorsque Réglisse et son père rentrent chez eux, le chien empaillé et le gramophone placés dans le tas d'ordures devant leur maison évoquent la publicité de « la voix de son maître ». Plus on observe les pages du livre, plus on remarque d'images inhabituelles et captivantes qui offrent une satire des classes sociales. **GB**

Miss Nelson Is Missing

Harry Allard James Marshall

Nationalité États-Unis, 1928 (aut.), 1942 (ill.)
Édition Houghton Mifflin, États-Unis, 1977
Thème école

5+

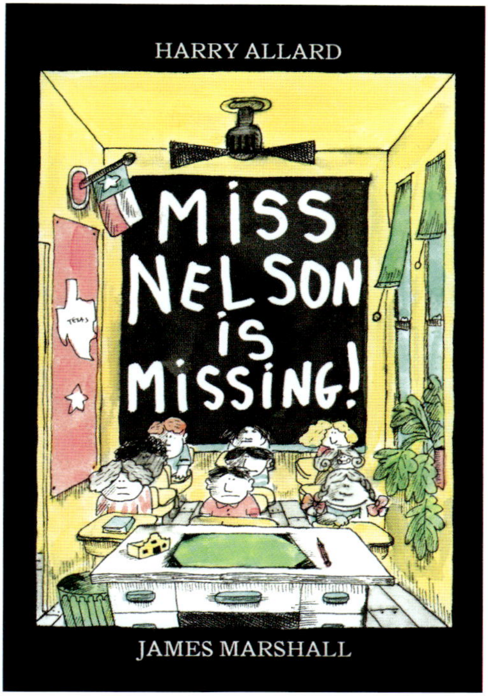

Henry Allard et James Marshall sont à l'origine de nombreux livres classiques pour enfants, qu'ils ont réalisés ensemble ou individuellement. La série des *Miss Nelson*, qui a connu un grand succès, convient parfaitement aux enfants qui vont entrer à l'école primaire et se demandent comment sera leur maîtresse, comment se comporter en classe et se faire des amis à l'école. La capacité de l'auteur à saisir l'aspect humoristique de toute situation et à la considérer du point de vue d'un enfant et les illustrations amusantes de Marshall rendent cette histoire hilarante inoubliable.

Tout le monde sait que Miss Nelson est la plus gentille maîtresse de l'école. Pourtant, les enfants de sa classe désobéissent tout le temps. Miss Nelson en a assez, aussi décide-t-elle de ne plus être la « gentille » Miss Nelson que l'on attend. Elle conçoit un plan brillant, que les parents devineront assez rapidement, mais sur lequel les enfants auront des doutes jusqu'à la fin. Comme Miss Nelson n'arrive plus à supporter les élèves qui ne sont pas sages, une chose étrange se produit : elle s'absente et la classe voit arriver une remplaçante – la laide, cruelle et méchante Miss Viola Swamp. Celle-ci donne beaucoup de devoirs, ne raconte jamais d'histoires et se montre généralement tyrannique. Pour finir, Miss Nelson revient et les enfants sont si contents qu'ils se conduisent comme des anges. Naturellement, les parents comprennent que Miss Nelson et Miss Swamp ne sont qu'une seule et même personne, mais la leçon consistant à apprécier ce que l'on a, délivrée avec beaucoup d'humour tout au long du texte, est utile. **KD**

« Une femme vêtue d'une horrible robe noire se tenait devant eux. "Je suis votre nouvelle maîtresse", dit Miss Viola Swamp. »

Autres histoires d'école fascinantes

L'Affaire Caïus, Henry Winterfeld (p. 248)
Amandine Malabul, Jill Murphy (p. 296)
Je déteste l'école, Jeanne Willis (p. 376)
Mister Majeika, Humphrey Carpenter (p. 325)

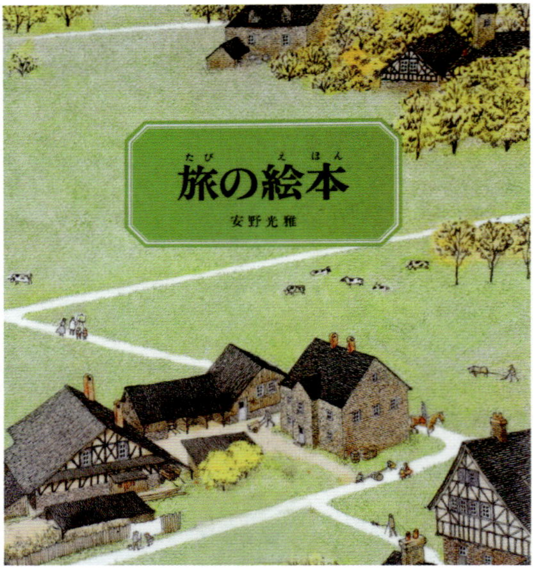

5+

Ce jour-là

Mitsumasa Anno

Titre original *Tabi no Ehon*, 1977
Nationalité Japon, 1926
Édition française L'École des loisirs
Thème aventure

La première page de *Ce jour-là* montre une vue à vol d'oiseau d'un batelier qui se dirige vers une côte verdoyante. Il s'agit d'un livre d'images sans paroles, mais qui met en scène plusieurs histoires. Le voyageur tire son bateau sur la côte et commence à explorer à cheval la terre qu'il a abordée. Nous suivons sa progression dans un pays composé de villages médiévaux, de jardins, de villes et de cités, dans lesquels de petits personnages s'adonnent à leurs activités quotidiennes : couper du bois, jardiner et jouer. Chaque galerie de personnages interprète une histoire riche en détails et intéressante.

Mitsumasa Anno quitta son Japon natal pour explorer l'Europe, et dans ce livre, il décrit l'univers différent et enchanteur qu'il découvrit. Ses dessins sont méticuleusement détaillés, sans jamais être surchargés ni déroutants. Les lecteurs peuvent y repérer différentes astuces optiques et un certain nombre de vignettes thématiques miniatures qui se déplient sur plusieurs pages.

Ce jour-là n'est pas uniquement un livre-puzzle dans lequel il faut retrouver un personnage. Au sein d'un paysage qui pourrait être français ou anglais, on peut voir des édifices anciens qui offrent un décor à l'activité de minuscules personnages. Les adultes comme les enfants apprécieront les détails intelligents et les touches d'humour à chaque page. Il y a en outre quelque chose de paisible dans cette simple image de l'existence dans laquelle les êtres humains, les forêts et les édifices coexistent en harmonie. **SM**

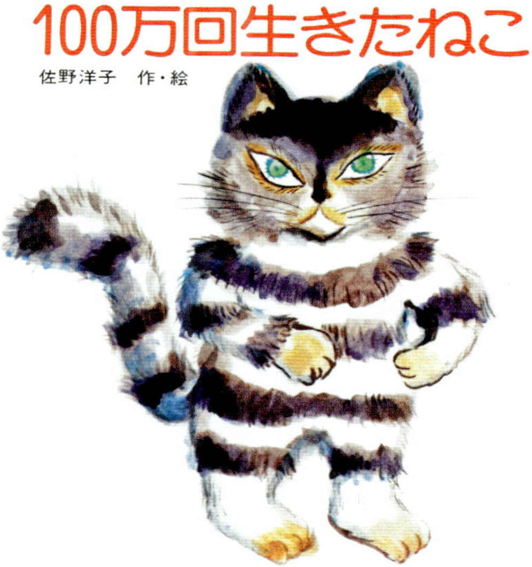

Le Chat aux millions de vies

Yoko Sano

Titre original *Hyakuman kai ikita neko*, 1977
Nationalité Japon, 1938
Édition français Philippe Picquier
Thèmes aventure, maladie et mort

Le livre de Yoko Sano évoquant un chat capricieux ayant vécu des millions de vies émeut les enfants comme les adultes grâce à son exploration subtile de l'amour, de la mort et du sens de la vie.

Il s'agit de l'histoire d'un matou appartenant à un roi qu'il méprise. Lorsque le chat meurt, il renaît auprès d'un nouveau maître qu'il méprise également – cette fois un marin. Ce processus se reproduit des millions de fois ; après le marin viennent un magicien, un voleur, une vieille femme et une petite fille. Chaque fois que le chat meurt, son maître verse des larmes pour lui, mais le chat ne pleure pas une seule fois au cours de ses millions de vies, car il n'aime jamais personne. Finalement, le chat se réincarne sans maître et se réjouit de sa liberté. Il se vante des expériences qu'il a vécues et est admiré de toutes les chattes. Cependant, il tombe amoureux d'une belle chatte blanche qui n'est pas impressionnée par sa vantardise. Pour la première fois, le chat aime un autre être que lui-même. La chatte blanche porte leurs nombreux chatons et il réalise qu'elle et ses chatons sont plus importants que n'importe quoi à ses yeux. Les deux animaux vieillissent ensemble, puis un jour, la chatte blanche meurt. Le cœur brisé, le chat pleure des millions de larmes et meurt auprès de sa compagne, en cessant de se réincarner.

Avec sa prose simple et sa signification profonde, *Le chat aux millions de vies* a conquis d'innombrables lecteurs. Les illustrations de Sano sont de pures merveilles. Colorées et impressionnistes, elles complètent le récit de manière captivante. **MKG/FHG**

5+

Croquette et Amandine

Philippa Pearce   Alan Baker

Titre original *The Battle of Bubble and Squeak*, 1978
Nationalité Grande-Bretagne, 1920 (aut.)
Édition française Nathan
Thèmes famille, animaux

Philippa Pearce illumine les événements domestiques du quotidien par sa sérénité et son regard bienveillant, permettant à des émotions profondes de se révéler sans être mélodramatique. Dans cette histoire, un jeune garçon, Sid, souhaite garder les deux gerbilles que son ami lui a données, contre l'avis de sa mère, très soucieuse de son intérieur. Pearce mêle le comique prosaïque du comportement des rongeurs et l'écheveau complexe des émotions familiales. Sid est prêt à souffrir pour ses gerbilles : les protéger est pour lui une question d'honneur et correspond à sa conception du bien et du mal. Chez cet écrivain, l'honnêteté émotionnelle va de pair avec la délicatesse, y compris dans des histoires très brèves, comme celle-ci.

Sid et ses deux sœurs vivent avec leur mère et Bill, leur beau-père. Bill est un homme gentil, mais leur mère, pour une raison que l'on ignore, est sévère. Elle veut que sa famille se conforme à son idée de ce qui est bien. Souhaitant éviter le désordre, elle ne veut pas de gerbilles à la maison. Le lecteur est du côté des gerbilles. Elles mordillent les beaux rideaux, grimpent le long des jambes du pantalon de Sid et s'installent sur la table à la manière de conférencières pompeuses. Elles sont incontestablement mignonnes, avec leurs petites pattes et leurs moustaches frémissantes. Mais ce n'est que lorsque Croquette, la plus calme, est attaquée par le chat que la mère de Sid cède. En faisant cela, elle améliore sa relation avec son fils et la famille parvient désormais à s'amuser. **VN**

Il pleut des hamburgers

Judi Barrett   Ron Barrett

Titre orig. *Cloudy with a Chance of Meatballs*, 1978
Nationalité États-Unis (aut.)
Édition française L'École des loisirs
Thèmes histoires magiques, famille

Il pleut des hamburgers est présenté comme un beau conte qui évoque la ville de Ratatouille racontée par un grand-père à ses petits-enfants. Imaginez une ville où il est inutile de faire des courses ou de cuisiner, où trois fois par jour (à l'heure du petit-déjeuner, du déjeuner et du dîner), le ciel s'ouvre et le repas des habitants tombe d'en haut. Les habitants mangent tout ce qui est servi et emportent toujours avec eux leurs assiettes, bols et couverts. Aujourd'hui, y aura-t-il un orage de soupe, le vent déposera-t-il des hamburgers, ou bien y aura-t-il par chance de la tarte ? En regardant le bulletin météo, les habitants de la ville connaissent le menu du lendemain : il y aura une brève averse de jus d'orange, des œufs sur le plat et des morceaux de toasts.

Mais un jour, la météo devient mauvaise et il commence à pleuvoir d'énormes aliments. De dangereuses tornades de tomates surviennent, un affreux vent de sel et de poivre se lève et un brouillard de soupe aux pois apparaît. Les habitants trouvent une solution. Ils construisent des bateaux faits de pain rassis et de beurre de cacahuètes, avec des voiles en gruyère, et embarquent à la recherche d'une nouvelle terre – une terre où ils découvrent qu'ils doivent désormais faire leurs courses et cuisiner eux-mêmes.

Judi et Ron Barrett ont ici concocté une savoureuse histoire aux illustrations hilarantes qui amusera parents et enfants. Ce livre a fait l'objet d'une adaptation au cinéma, en 2009, par Chris Miller sous le titre *Tempête de boulettes géantes*. **KD**

The Girl Who Loved Wild Horses

Paul Goble

Nationalité Grande-Bretagne, 1933
Édition Bradbury, États-Unis, 1978
Thèmes mythes et légendes, contes de fées

5+

L'intérêt de Paul Goble pour le mode de vie des Amérindiens date de son enfance. *The Girl Who Loved Wild Horses* (« La fille qui aimait les chevaux sauvages ») est l'histoire d'une jeune fille qui éprouve une profonde admiration pour les chevaux qui parcourent les plaines comme le fait son peuple. Emportée avec le troupeau par une terrible tempête, elle vit avec les chevaux et leur étalon charismatique jusqu'à ce qu'elle soit sauvée. Mais, de retour parmi les siens, elle se sent seule et chaque soir l'étalon l'appelle depuis le sommet d'une colline voisine. Son peuple a du mal à accepter qu'elle retourne ainsi auprès du troupeau. Un jour, elle disparaît et une belle jument se tient auprès de l'étalon.

Cette histoire, avec ses implications féministes, est étonnamment différente des précédents livres de Goble, qui célébraient la figure plus familière du guerrier indien mâle. Son lien avec la mythologie des plaines semble plus profond et il est merveilleusement réussi sur le plan pictural, avec ses décors évoquant les peintures des Indiens des plaines et les figures géométriques de l'artisanat des Amérindiens. Le style de l'auteur oscille entre la narration et le symbolisme : presque abstrait, il exprime la relation des Amérindiens avec la nature, notamment dans la dernière page, saisissante, qui montre la tête des deux chevaux qui se découpent sur le soleil couchant. Goble a illustré dans le même style de nombreuses autres reprises de mythes amérindiens. **CB**

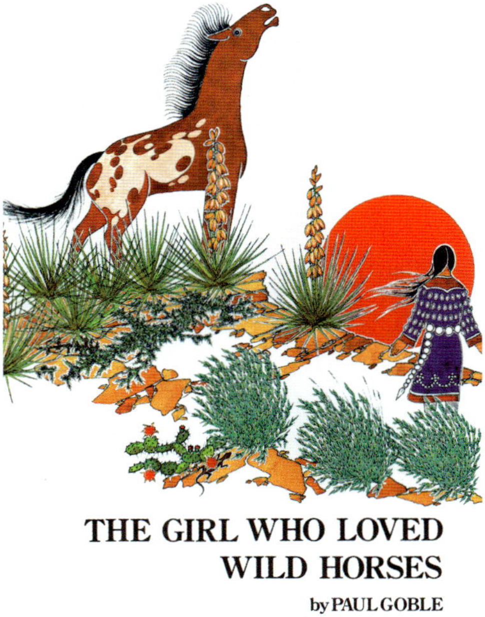

« Elle murmura et ils la suivirent. Les gens remarquèrent qu'elle comprenait les chevaux. »

Livres de Paul Goble traduits en français

Le Chant des flûtes
Le Chien sacré

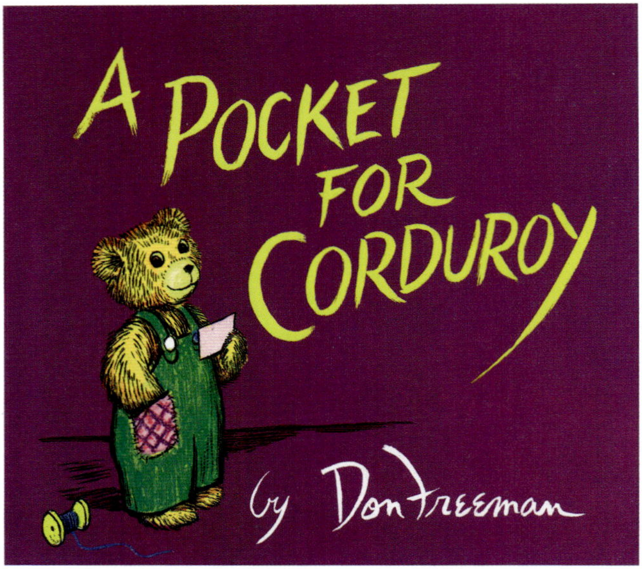

5+

A Pocket for Corduroy

Don Freeman

Nationalité États-Unis, 1908
Édition Viking Press, États-Unis, 1978
Thèmes aventure, classiques, personnages favoris, amitié

Ce livre est la suite de *Corduroy*, l'histoire d'un petit ours en peluche qui trouve une maison dans laquelle il est aimé. Ici, nous découvrons une nouvelle aventure avec Corduroy, Lisa, la petite fille à qui il appartient, et la mère de Lisa. L'histoire se passe à la laverie.

Plutôt observateur, Corduroy remarque que Lisa inspecte ses poches pour voir si elle n'a rien laissé à l'intérieur avant que ses vêtements ne soient placés dans la machine. Corduroy observe sa salopette et se rend compte qu'il n'a pas de poches ; il part à la recherche de matériaux qui lui permettraient de se fabriquer une poche. Il est oublié dans la laverie toute la nuit et se perd dans le sac de linge humide d'une autre personne. L'artiste auquel appartient ce linge se demande comment cet ours a pu être mélangé à ses affaires. Bien entendu, Corduroy est retrouvé en bon état le lendemain par l'homme auquel appartient la laverie et lorsque Lisa revient chercher son ours, les deux amis sont réunis. Lisa ramène rapidement Corduroy à la maison et coud une poche colorée sur sa salopette. L'auteur était lui-même un orphelin et ce n'est sans doute pas un hasard si ses livres les plus connus parlent de jouets abandonnés puis joyeusement secourus. **KDs**

Livres de Don Freeman traduits en français

Bruno s'amuse
Joyeux anniversaire, Bruno

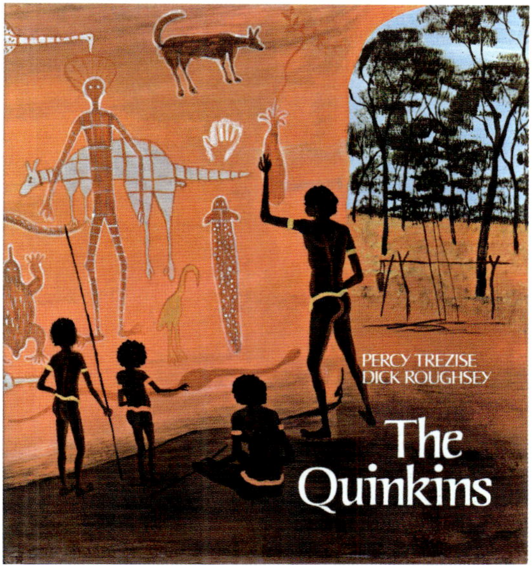

5+

The Quinkins

Percy Trezise et Dick Roughsey

Nationalité Australie, 1923 (Trezise), 1924 (Roughsey)
Édition Collins, Australie, 1978
Thèmes mythes et légendes, contes de fées

Lorsque l'écrivain et peintre Percy Trezise collabora avec l'artiste aborigène australien Dick Roughsey pour créer une série de livres d'images pour enfants basés sur des mythes aborigènes, les deux hommes visaient deux objectifs précis : permettre de préserver la culture aborigène en l'intégrant au folklore national et améliorer la qualité des livres australiens pour enfants.

The Quinkins relate l'histoire de deux jeunes enfants, Moonbi et Leealin, qui vivent avec leur tribu à l'abri d'une grotte dans la magnifique région de Cape York en Australie du Nord. Un jour, les enfants sont attirés à l'extérieur du camp familial, dans lequel ils sont en sûreté, par un mauvais esprit appelé Imjin Quinkin. Heureusement, dans ce conte moral, l'affreux Quinkin est opposé à la bonne Timara Quinkin. Grâce à la réactivité de Timara, les enfants sont libérés du sortilège d'Imjin et échappent à une mort prématurée. Cela conduit à une grande bataille entre les bons et les mauvais Quinkins qu'aucun des deux camps ne gagne jamais. C'est ainsi que l'équilibre de la vie est maintenu.

Le texte de Roughsey et Trezise emploie les cadences formelles et le vocabulaire d'un conte traditionnel. Les paysages des illustrations ont été réalisés par Trezise, alors que Roughsey en a dessiné les personnages. Les doubles pages lumineuses de Trezise reproduisent d'une manière esthétique les superbes sols ocre, le feuillage gris vert, les ciels azur et les couchers de soleil rayonnants du nord de l'Australie. Quant à Roughsey, il dresse un portrait sensible du mode de vie traditionnel de son peuple. **SOR**

L'Énorme Crocodile

Roald Dahl Quentin Blake

Titre original *The Enormous Crocodile*, 1978
Nationalité Pays de Galles, 1916 (aut.), GB, 1932 (ill.)
Édition française Gallimard
Thèmes animaux, aventure

5+

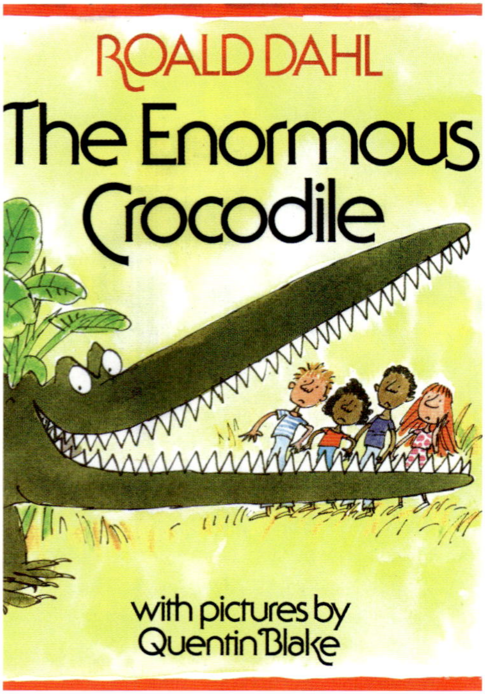

Autres livres de Roald Dahl

Matilda (p. 342)
James et la grosse pêche (p. 548)
Charlie et la chocolaterie (p. 564)
Les Deux Gredins
La Girafe, le Pélican et moi

Dans cette histoire, l'Énorme Crocodile dit au Pas-Si-Gros qu'il va avoir pour dîner un enfant délicieux et juteux au lieu d'un vieux poisson. Mais le Pas-Si-Gros n'en est pas si sûr : les enfants ne sont-ils pas écœurants et amers, et l'Énorme Crocodile n'a-t-il pas déjà essayé d'en manger, sans succès ? Mais l'Énorme Crocodile est très déterminé et part à travers la jungle, mettant en déroute les animaux qu'il rencontre et déclenchant les cris de ravissement horrifié des jeunes auditeurs. « Un enfant, ça ne me suffira pas aujourd'hui. Je ne serai rassasié qu'après en avoir dévoré au moins trois, bien juteux. » Lorsqu'il atteint la ville, les « plans secrets » et « les ruses habiles » de l'Énorme Crocodile semblent plutôt inspirés et il se déguise de toutes sortes de manières : en arbre, en balançoire, en manège et en banc.

« C'est l'Énorme Crocodile et il veut vous manger ! »

Mais les autres animaux arrivent juste à temps pour prévenir les enfants et l'Énorme Crocodile reçoit la correction qu'il mérite lorsque Trompette, l'éléphant, l'attrape avec sa trompe et l'expédie dans l'espace jusqu'à ce qu'il grésille comme une saucisse au soleil.

Voici du Roald Dahl et du meilleur, avec les merveilleuses tournures de phrases qui rendent ses livres si amusants à lire à voix haute : « Ah, quel infect, ignoble monstre ! Je voudrais que tu sois brisé et broyé, bouilli et réduit en ragoût de crocodile ! » De quelques traits seulement, Quentin Blake parvient à dessiner un crocodile merveilleusement expressif, arborant un sourire joyeux à l'idée du dîner qui l'attend, en colère lorsque Trompette le saisit et finalement terrorisé lorsqu'il est envoyé dans l'espace. **CW**

La Maison hantée

Jan Pieńkowski

La couverture du livre représente une porte ancienne dotée d'une boîte aux lettres et d'une poignée. L'histoire suscite chez les jeunes lecteurs un mélange enivrant d'effroi et d'excitation car il est évident qu'il se passe quelque chose de terrible derrière la porte, comme le laisse présager le tentacule vert qui sort de la boîte aux lettres.

Une fois que l'on a pénétré dans la maison hantée, un vieil escalier sort de la page. Il s'agit du premier des montages en papier brillant contenus dans le livre. Si l'on ouvre un placard en papier sous les escaliers, un fantôme en sort. En tirant sur une étiquette, le portrait d'une dame aux cheveux foncés et de son chat apparaît. Leurs yeux se déplacent d'un côté à l'autre. Et attention au squelette dans le débarras ! Tant de choses se passent sur le plan visuel qu'il n'y a pas besoin de beaucoup de mots. Il reste d'ailleurs peu de place pour le texte. Le récit est plutôt conduit par les « pop-up » et les languettes. Jan Pienkowski est un artiste talentueux et merveilleusement inventif qui a depuis conçu et illustré de nombreux autres beaux livres d'images. *La maison hantée* a donné lieu à de nouvelles normes sur le plan de l'excellence artistique en matière de « pop-up », qui étaient jusque-là plutôt rares. Certains jeunes enfants pourraient ne pas aimer les squelettes et les vampires, mais la plupart adoreront l'exubérance colorée des pages du livre, dont chacune comporte une étonnante multitude de détails. Cherchez le chat qui apparaît dans chaque double page, avec ses yeux qui brillent, et qui s'amuse visiblement beaucoup. **NT**

« Pensez-vous que tout cela sort de mon imagination ? Docteur… ? DOCTEUR, OÙ ÊTES-VOUS ? »

Titre original *Haunted House*, 1979
Nationalité Grande-Bretagne, 1936
Édition française Nathan
Thème classique du design

5+

Autres livres de Jan Pienkowski

Meg et Mog **(p. 36)**
Chambre à louer au musée
Les Œufs de Meg
Noël
Les Petits Monstres

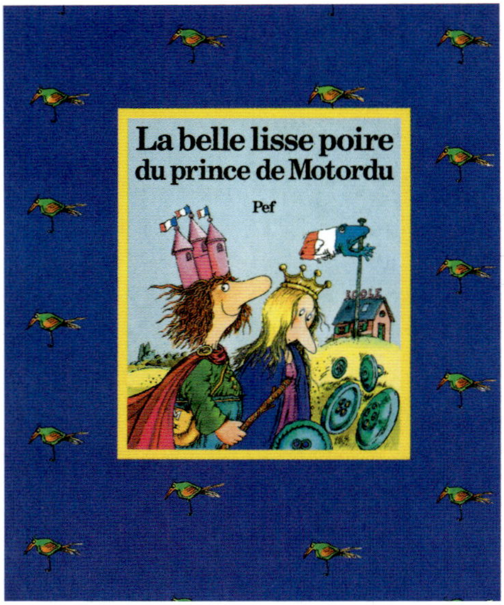

5+

Le Prince de Motordu

Pef

Nationalité France, né Pierre Élie Ferrier, 1939
Édition Gallimard Jeunesse, France, 1980
Thèmes fantastique, aventure

Le prince de Motordu est le héros éponyme d'une série de livres qui eurent un immense succès. Le personnage fut créé par Pef en 1980. L'histoire évoque la vie d'un étrange petit prince – ses jeux, ses passe-temps et ses plaisanteries – jusqu'à ce qu'il épouse la princesse Dézécolles, puis la famille s'agrandit et nous assistons également à ses aventures.

Le prince se caractérise par son goût des « mots tordus » hilarants. Sa manière de parler est aussi le langage adopté pour l'écriture des histoires. Elle crée un univers issu de l'imagination des jeunes enfants, avec son mélange d'humour surréaliste et irrésistible. Dans cet univers (qui possède même son propre dictionnaire écrit par Pef, le *Dictionnaire des mots tordus*), le Père Noël devient le Frère Noël ; un mal de ventre devient un pâle au ventre et un champion olympique un champignon olympique. Même le château dans lequel vit Motordu – hanté par des fantômes, bien entendu – ressemble à un chapeau, car Motordu l'appelle chapeau au lieu de château. Le langage bizarre des histoires prend vie dans les illustrations qui les accompagnent ; le prince porte d'ailleurs un chapeau en forme de château.

Les histoires de Pef sont très réussies sur le plan linguistique, ce qui est rare, et par leur simplicité, leur authenticité et leur caractère immédiatement abordable. L'œuvre est brillante et a beaucoup de succès dans les pays francophones. Elle pose un véritable défi aux traducteurs, grâce auxquels elle a aussi connu du succès à l'étranger. **LB**

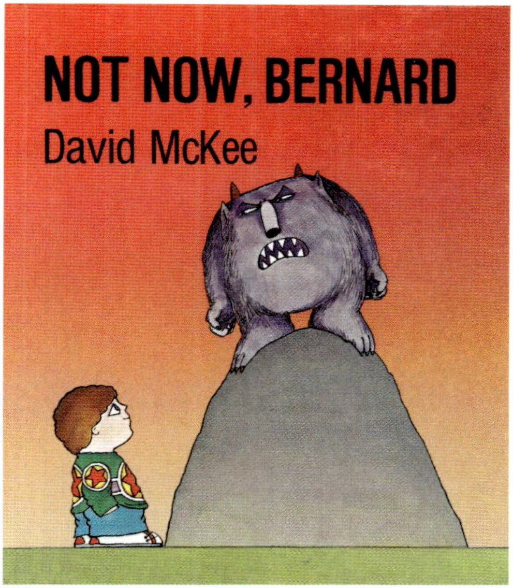

5+

Bernard et le monstre

David McKee

Titre original *Not Now, Bernard*, 1980
Nationalité GB, né David McKee Owns, 1935
Édition française Gallimard Jeunesse
Thèmes classiques, famille, fantastique

Dans *Bernard et le monstre*, les parents de Bernard sont trop occupés pour lui parler, pour l'écouter et même pour le regarder. Lorsqu'il tente de leur dire qu'il y a un monstre dans le jardin, ils ne l'écoutent pas et ne changent pas d'attitude.

Une fois que le monstre violet a mangé Bernard, sa mère commence à prendre soin du monstre à sa place, sans même remarquer que son fils a disparu. Elle dépose son dîner devant la télévision, mais ne reste pas avec lui pour discuter de sa journée, elle lui apporte son lait dans sa chambre sans le regarder et éteint la lumière sans dire bonne nuit. Lorsque le monstre grogne contre la mère et mord le pied du père de Bernard, ces derniers réagissent comme à leur habitude.

L'histoire de David McKee peut être considérée comme une sorte de mise en garde pour les parents trop occupés qui négligent de façon constante leurs enfants ou ne passent jamais de temps avec eux. Les enfants, en revanche, aiment découvrir un secret que les adultes ne connaissent pas et voir les adultes recevoir une bonne leçon. Les adultes comme les enfants apprécieront les images du monstre tentant de s'adapter au monde de Bernard, versant la nourriture d'une assiette dans sa bouche et regardant la télévision depuis le dessus de l'écran.

La phrase « Pas maintenant, Bernard ! », qui sert de refrain, capte l'attention des jeunes enfants, et l'histoire peut être un sujet de discussion pour les lecteurs plus âgés. **GB**

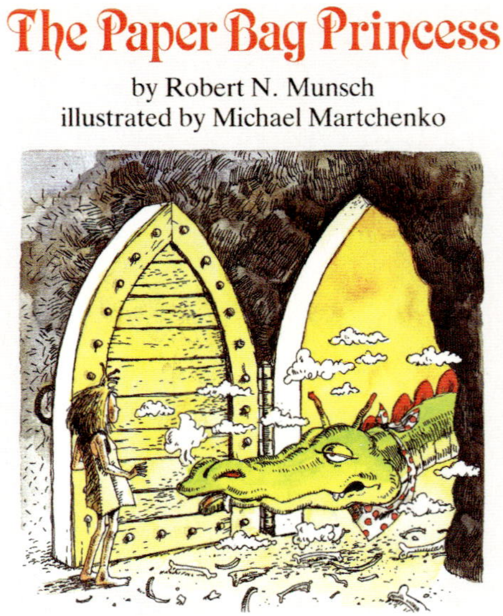

5+

La Princesse et le dragon

Robert Munsch   Michael Martchenko

Titre original *The Paper Bag Princess*, 1980
Nationalité Canada, 1945 (aut.), 1942 (ill.)
Édition française Talents Hauts
Thèmes classiques, contes de fées

Dans cette histoire amusante et excentrique, Robert Munsch inverse l'histoire habituelle dans laquelle un prince sauve une princesse des griffes d'un dragon. L'histoire est simple et les jolies illustrations de Michael Martchenko sont pleines d'humour.

La belle princesse Elizabeth aime le prince Ronald. Lorsque celui-ci est capturé par un dragon qui incendie son château, la princesse, dont les vêtements ont brûlé et qui ne porte plus qu'un sac en papier, part sauver son prince. Elle utilise son intelligence pour tromper le dragon et libère le prince. Pourtant, celui-ci lui fait des reproches sur sa tenue, en lui disant qu'elle sent la cendre, que ses cheveux sont tout emmêlés et qu'elle porte un vieux sac en papier sale. Il lui demande de revenir lorsqu'elle sera habillée comme une vraie princesse.

Inutile de dire que les deux tourtereaux royaux ne vécurent pas heureux après cela. La princesse lui rétorqua que si ses vêtements étaient beaux, s'il avait l'air d'un prince, il n'était pourtant qu'un bon à rien. Dans les éditions qui suivirent publiées en Angleterre, en Nouvelle-Zélande et en Australie, le prince était qualifié de crapaud. Cependant, l'auteur maintint qu'il préférait son texte original.

L'héroïne de *La princesse dans un sac* porte le prénom d'une petite fille dont Munsch s'occupa à l'école maternelle, qui, le premier jour de la rentrée, fit tomber son manteau et attendit que Munsch le ramasse. Cette histoire bien connue au Canada fera rire les lecteurs, jeunes et vieux. **KD**

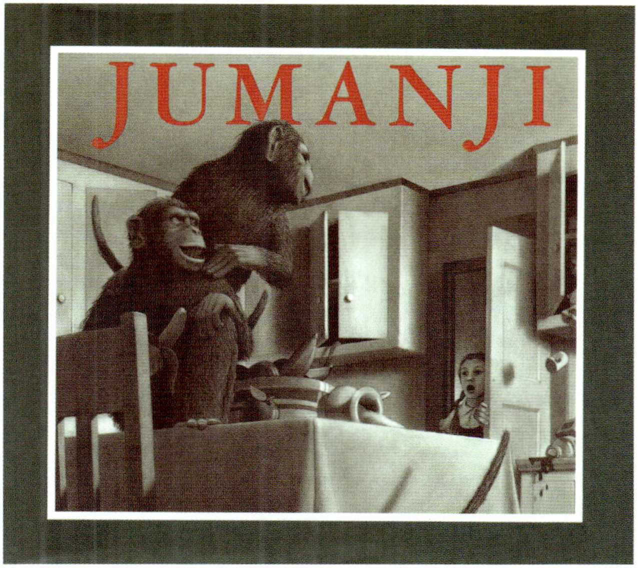

5+

Jumanji

Chris Van Allsburg

Titre original *Jumanji*, 1981
Nationalité États-Unis, 1949
Édition française L'École des loisirs
Thèmes classiques, fantastique

Jumanji est un classique, même s'il ne convient pas aux enfants impressionnables. C'est un peu la même chose pour le jeu du même nom. La boîte précise que ce jeu est gratuit, qu'il en amusera certains, mais qu'il ne conviendra pas à tous. Il est également précisé qu'il faut en lire soigneusement les instructions. Les illustrations en noir et blanc de Chris Van Allsburg sont très soignées et donnent une aura de magie supplémentaire à cette histoire attrayante.

Les parents de Pierre et Judith sont sortis pour l'après-midi et les enfants s'ennuient. Ayant vidé leur coffre à jouets et mis la maison en désordre, ils décident de sortir se promener. Ils trouvent un jeu mystérieux sous un arbre et le rapportent à la maison. Toutefois, il ne s'agit pas d'un jeu ordinaire et lorsqu'ils commencent à jouer, ils se retrouvent soudain face à de véritables lions, singes et rhinocéros, sont confrontés à un volcan et vivent bien d'autres aventures. Au moment où ils semblent avoir complètement perdu le contrôle de la situation, ils parviennent à prononcer l'unique mot – « Jumanji » – qui permet de faire revenir les choses à la normale, juste avant que leurs parents ne rentrent à la maison. Bien sûr, personne ne croit les enfants lorsqu'ils relatent leurs aventures, mais le lecteur connaît la vérité.

Comme dans tous les livres de Van Allsburg, Fritz, le bull-terrier, fait une apparition. Les lecteurs peuvent s'amuser à le repérer. L'auteur et illustrateur est très inventif et a également écrit, en 1985, *Le Boréal-Express* (p. 332), un classique primé. **KD**

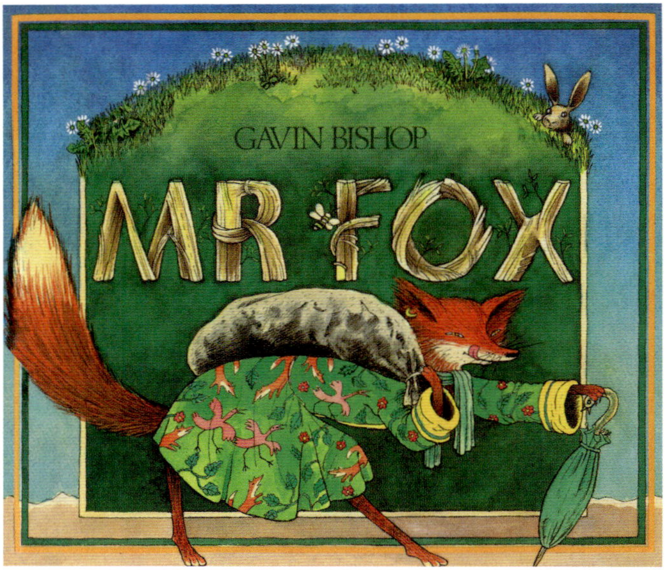

5+

Mr. Fox

Gavin Bishop

Nationalité Nouvelle-Zélande, 1946
Édition Oxford University Press, Nouvelle-Zélande, 1982
Thèmes animaux, contes populaires

Mr. Fox est une histoire s'appuyant sur un ancien conte populaire du Massachusetts mettant en scène le fameux personnage de renard rusé à la fois goulu et impoli. Cependant, au début de cette histoire, Mr. Fox n'est pas encore un voyou affublé de mauvaises manières. Il est courtois et poli lorsqu'il demande à une petite femme blanche de surveiller son sac, qui contient un gros bourdon juteux qu'il vient juste de capturer. À son retour, il découvre que la petite femme blanche n'a pas respecté sa requête et qu'elle a laissé son coq rouge manger le gros bourdon juteux. Pour compenser, le renard emporte le coq rouge et poursuit son voyage. En chemin, il rencontre des petites femmes de couleurs différentes et toutes laissent échapper la créature que contient le sac de Mr. Fox. Pour les punir, il leur prend quelque chose afin de remplacer ce qu'il a perdu. Ce n'est que lorsqu'il aborde la petite femme en or que Mr. Fox reçoit enfin ce qu'il mérite pour son attitude acariâtre et l'histoire se termine de manière traditionnelle.

Gavin Bishop, dont les illustrations ont été comparées à celles de Maurice Sendak, a obtenu de nombreux prix pour ses livres, qui sont illustrés de vives couleurs et mettent en scène les paysages néo-zélandais. Chaque illustration se poursuit sur la page suivante et les enfants sont ravis d'essayer de deviner ce qui va se passer ensuite. *Mr. Fox* est une réussite sur tous les plans, avec ses belles illustrations, son scénario attrayant et son message important selon lequel être glouton et impoli ne mène nulle part. **CVB**

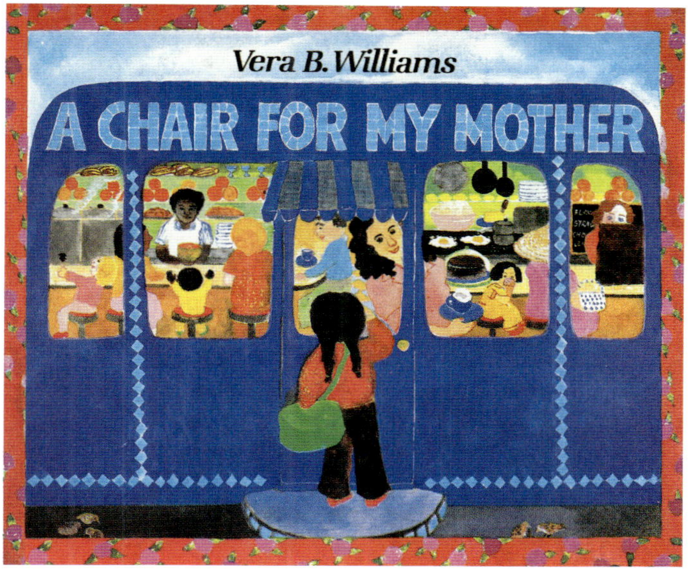

5+

A Chair for My Mother

Vera B. Williams

Nationalité États-Unis, 1927
Édition Greenwillow Books, États-Unis, 1982
Thèmes famille, amitié

L'histoire de ce livre est plus complexe qu'il n'y paraît. Une fille, sa mère et sa grand-mère, toutes les trois Afro-Américaines, essayent de se remettre d'un incendie désastreux au cours duquel tous leurs meubles et toutes leurs possessions ont brûlé.

Heureusement, elles ont un endroit où vivre. Des meubles leur sont offerts par des membres de leur famille et des amis, mais elles n'ont que des chaises dures à dos droit. Elles aspirent à une chose : un fauteuil souple et confortable assez grand pour qu'elles puissent toutes s'y installer. Chez elles, il y a un grand pot en verre qui se remplit lentement de pièces. La narratrice est la fille de la famille. Sa mère est serveuse, et range ses pourboires dans le pot après chaque service. Grand-mère achète des articles en promotion et place l'argent qu'elle a ainsi économisé dans le même pot. Elles ont prévu d'aller acheter un fauteuil lorsque le pot sera plein. Ce jour arrive enfin et dans la scène finale, lorsque les femmes choisissent le fauteuil, la grand-mère, qui a l'impression d'être Boucle d'Or, essaye différents fauteuils.

Vera B. Williams offre un récit réconfortant qui commence par une tragédie, mais se termine par l'image d'une famille unie blottie douillettement dans un grand fauteuil bien chaud, regardant avec espoir vers l'avenir. **KD**

Livre de Vera B. Williams traduit en français

Ambre était vaillante, Essie était intelligente

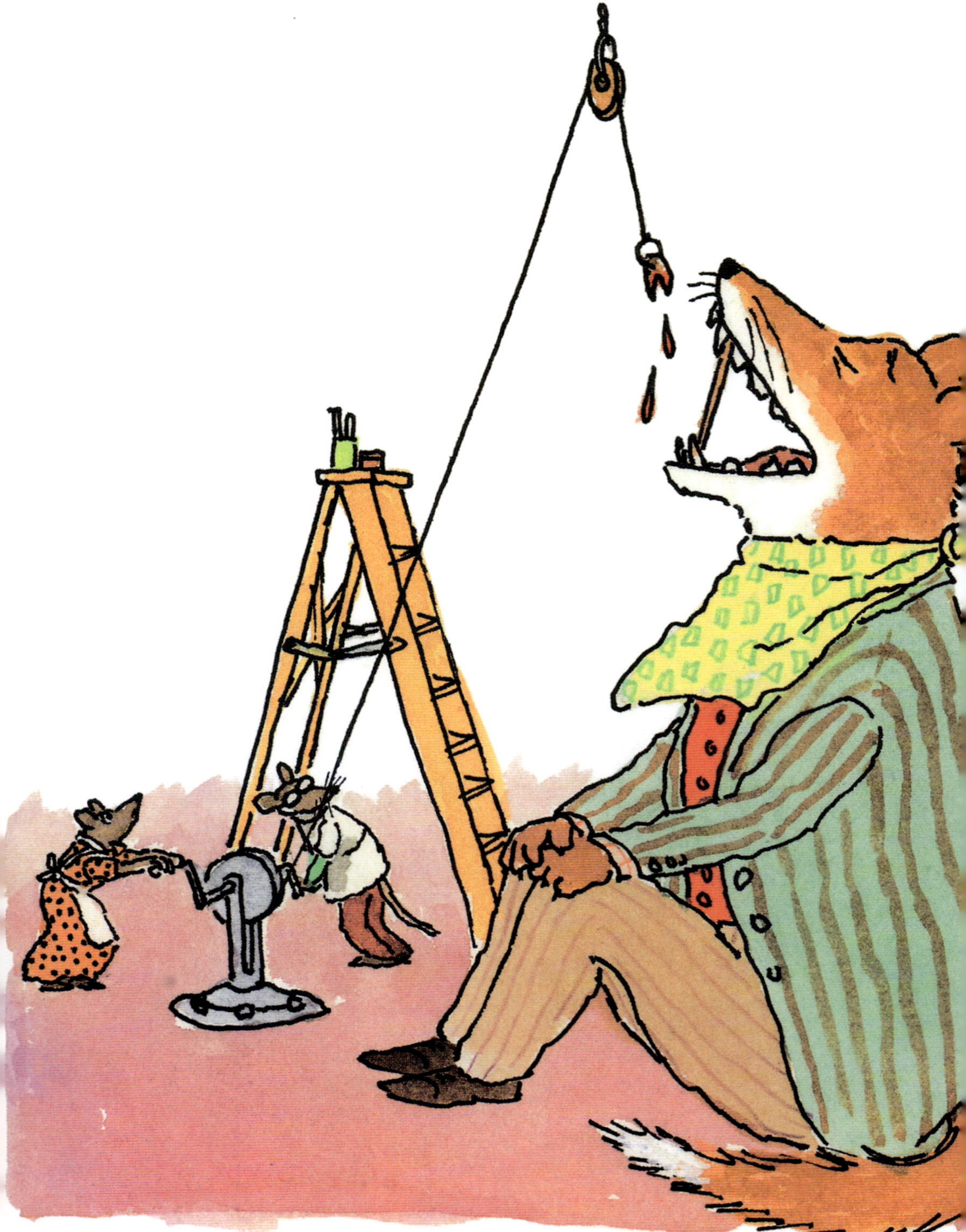

La Surprenante Histoire du Dr De Soto

William Steig

Titre original *Doctor De Soto*, 1982
Nationalité États-Unis, 1907
Édition française multiples éditeurs
Thème animaux

En 2007, William Steig fit l'objet d'une exposition rétrospective au Jewish Museum de New York. Après une carrière longue et fructueuse en tant qu'illustrateur et dessinateur, il se lança dans la création de livres pour la jeunesse et obtint de nombreux prix.

Dans *La surprenante histoire du docteur De Soto*, une souris dentiste et son assistante très douée, madame De Soto, soignent les maux de dents des animaux, petits et grands. Le docteur De Soto est si expérimenté que ses patients n'ont jamais mal ; il soigne tous les animaux à l'exception des chats et des autres animaux dangereux, comme cela est spécifié clairement sur la porte de son cabinet.

Cependant, un jour, un grand renard qui souffre beaucoup se présente et demande au docteur de Soto de l'aider, car il a extrêmement mal à une dent. Les gentils De Soto ne peuvent refuser de soigner un animal en détresse, et acceptent avec appréhension de traiter le renard, qui a une prémolaire gâtée et une très mauvaise haleine. Le renard se conduit bien, mais le lendemain, lorsqu'il revient pour se faire poser une dent en or, il se met à penser qu'il se régalerait volontiers de souris. Les De Soto se montrent naturellement plus rusés que le renard. Cette merveilleuse histoire est en outre utile pour rassurer les jeunes enfants qui ont peur d'aller chez le dentiste. **KD**

Il était une fois deux oursons

Hanna Muschg Käthi Bhend

Titre orig. *Bruder Bär und Schwester Bär*, 1983
Nationalité Suisse,1939 (aut.), 1942 (ill.)
Édition française Gallimard jeunesse
Thèmes famille, animaux

Deux oursons, frère et sœur, ont passé tout l'hiver dans une confortable tanière souterraine avec leur mère. Ils ont passé la majeure partie du temps à dormir, mais ont aussi joué et se sont chamaillés. Leur existence est bouleversée lorsque leur mère s'éloigne un jour, les laissant seuls. Que se passe-t-il ? se demandent-ils.

La sœur ourse pense que leur mère est peut-être sortie parce qu'elle avait faim. Son frère se demande pourquoi elle aurait faim, puisqu'elle a déjà atteint sa taille adulte. Sa sœur ajoute qu'elle n'a en effet plus besoin de grandir. Il serait étrange qu'elle soit tout à coup affamée. Ce dialogue innocent et enfantin entre les deux oursons montre la bonne connaissance que possède l'auteur du comportement animal. Les oursons, qui attendent en vain le retour de leur mère, décident enfin de quitter la tanière pour partir à la recherche de nourriture. Mais comme ils ne savent pas ce qui est comestible dans la nature et qu'ils sont incapables de distinguer les traces de leur mère de celles de l'ours géant qui vit à proximité, ils rencontrent plusieurs problèmes en tentant de s'en sortir seuls.

Publié sous le titre *Bruder Bär und Schwester Bär*, ce livre était le premier d'Hanna Muschg. Käthi Bhend, qui a souvent travaillé avec l'auteur, l'a illustré en réalisant des dessins à l'encre expressifs qui donnent vie aux oursons – tantôt enjoués, tantôt sérieux. Les enfants qui liront ce livre et s'identifieront aux héros de cette brève histoire poétique ne pourront l'oublier. **CS**

Le compatissant De Soto extrait la dent abîmée du renard.

Il pleut, il pleut, bergère

P. Fabre d'Eglantine P. Dumas

Nationalité France, 1750 (aut.), 1940 (ill.)
Édition L'École des loisirs, France, 1985
Thèmes amour, aventure, histoire

5+

Peintre et décorateur de théâtre, Philippe Dumas est devenu auteur-illustrateur pour la jeunesse en 1976 en publiant les histoires en images qu'il racontait à ses enfants. Grand admirateur de William Hogarth et de Rodolphe Töpffer, son dessin s'inscrit dans la tradition des artistes du trait fluide et détaillé, vivant et chaleureux, et aquarellé avec finesse. Son travail nous est devenu familier grâce à la chronique de sa vie de famille croquée en saynètes réjouissantes, grâce à ses albums où il relit les contes et les fables, où il interprète un manuel de bonnes manières, où il rencontre des auteurs illustres, et à tout ceux qu'il invente plein de fantaisie et de tendresse. Les poèmes et les jeux de langage sont prétextes à des improvisations visuelles qu'il a explorées dans des livres dont les textes sont issus de la tradition orale : *Enfantines* (1988), *Berceuses* (1996), *Le Temps des cerises* (1990), *Au clair de la lune* (1992), *Coquines comptines* (2002) et *Il pleut, il pleut, bergère*, célèbre chanson écrite par Fabre d'Eglantine, tirée d'une opérette et chantée au lendemain de la prise de la Bastille. Restitué ici en entier, le texte dévoile les intentions du gentilhomme qui courtise la bergère avec une liberté de langue propre à la chanson populaire, mais aussi l'arrivée de la Révolution symbolisée par l'orage qui gronde. L'illustrateur, dans une ambiance Louis XVI, lui donne un autre éclairage et lui offre des décors dignes d'un théâtre miniature. Cet ouvrage a reçu le prix du livre pour la jeunesse de la Fondation de France, en 1986. **NB**

Dragon Ball

Akira Toriyama

Titre original *Dragon Ball*, 1984
Nationalité Japon, 1955
Édition française Glénat
Thèmes bande dessinée, fantastique, aventure

Dans le grand roman chinois du XVIe siècle, *Voyage vers l'ouest*, Son Goku était le nom du merveilleux roi des singes, dont le pouvoir était si grand qu'il défia l'autorité céleste du Bouddha lui-même. En s'inspirant de ce personnage, Akira Toriyama créa *Dragon ball*, un manga qui raconte l'histoire d'un garçon d'une force incroyable et d'une innocence empreinte de naïveté qui possède une queue de singe (« *Goku* »). Il est à la recherche de sept sphères magiques qui, lorsqu'elles sont assemblées, permettent de réaliser tous les vœux.

Dragon ball commence comme une comédie, avec de nombreux gags visuels. Au fil de ses 519 chapitres, le style de l'histoire évolue vers l'action et les arts martiaux, car Goku, adulte, ses fils Gohan et Goten et leurs compagnons sont contraints de défendre la Terre contre des adversaires de plus en plus puissants. Les rivaux s'affrontent grâce à des attaques d'énergie capables de détruire des planètes entières.

Les batailles qui caractérisent *Dragon ball Z* (seconde partie de la série) sont très éloignées des premières aventures humoristiques des personnages. Dans ces chapitres ultérieurs, l'influence du cinéma d'action de Hong Kong et de films occidentaux tels que *Superman* et *Terminator* est évidente. Pourtant, ce qui rend le travail de Toriyama unique est l'humour que conservent ses personnages lorsqu'ils défient et surpassent leurs limites. *Dragon ball* est violent, mais traite du plaisir de l'accomplissement, un plaisir présent chez les héros et que nous partageons avec eux. **CR**

Mr. Majeika

Humphrey Carpenter Frank Rodgers

Nationalité GB, 1946 (aut.), Écosse, 1944 (ill.)
Édition Kestrel Books, Grande-Bretagne, 1984
Thèmes école, histoires magiques

5+

Premier titre d'une série très appréciée, *Mister Majeika* présente à ses lecteurs le maladroit, mais aimable, sorcier qui rompt la monotonie de la vie scolaire de la troisième classe de l'école primaire de Saint Barty, après être devenu son professeur. Saint Barty est une école anglaise de province par excellence et son directeur, Mister Potter, est trop distrait pour remarquer ce qu'il y a d'inhabituel chez le nouvel enseignant. Après avoir assisté à son arrivée spectaculaire sur un tapis volant, les élèves constatent immédiatement que Mister Majeika n'est pas un professeur ordinaire et sont enchantés par ses méthodes peu orthodoxes. L'odieux Hamish Bigmore apprend à mieux se conduire après avoir été transformé en grenouille, au grand ravissement de ses camarades de classe qui le supportent depuis longtemps. Melanie Brace-Girdle, la pleurnicharde de la classe, dépasse le sentiment d'horreur que lui inspire un étranger négligé qui s'envole par la fenêtre pour effectuer une magnifique promenade en tapis volant jusqu'à Buckingham Palace et tous dégustent un festin que le sorcier fait apparaître à la place de l'épouvantable déjeuner scolaire.

Il est certain qu'avec Mister Majeika, il n'y a plus aucun risque de s'ennuyer par un lundi matin pluvieux. Conscient du fait que l'honorable sorcier de Walpurgis garde un œil sur lui, Mister Majeika fait de son mieux pour accomplir son rôle d'enseignant sans utiliser la magie, mais parfois, un enchantement est la seule manière d'obtenir quelque chose. Ce portrait amusant et affectueux de l'univers scolaire possède un attrait infini et le malicieux Mister Majeika est le professeur que chacun aurait voulu avoir. **MK**

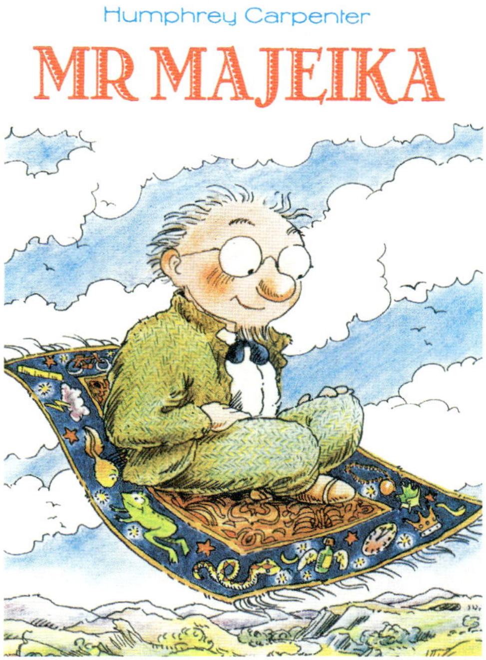

« Les gens ne croient plus aux sorciers de nos jours, alors ils ne leur proposent plus aussi souvent de travailler. »

Autres histoires magiques

L'Arête enchantée, Charles Dickens (p. 198)
Les Aventures de Magic Pudding, Norman Lindsay (p. 212)
Mère Brimborion, Alf Proysen (p. 257)
Amandine Malabul, Jill Murphy (p. 296)
Jumanji, Chris Van Allsburg (p. 319)

The New Kid on the Bloc

poems by JACK PRELUTSKY

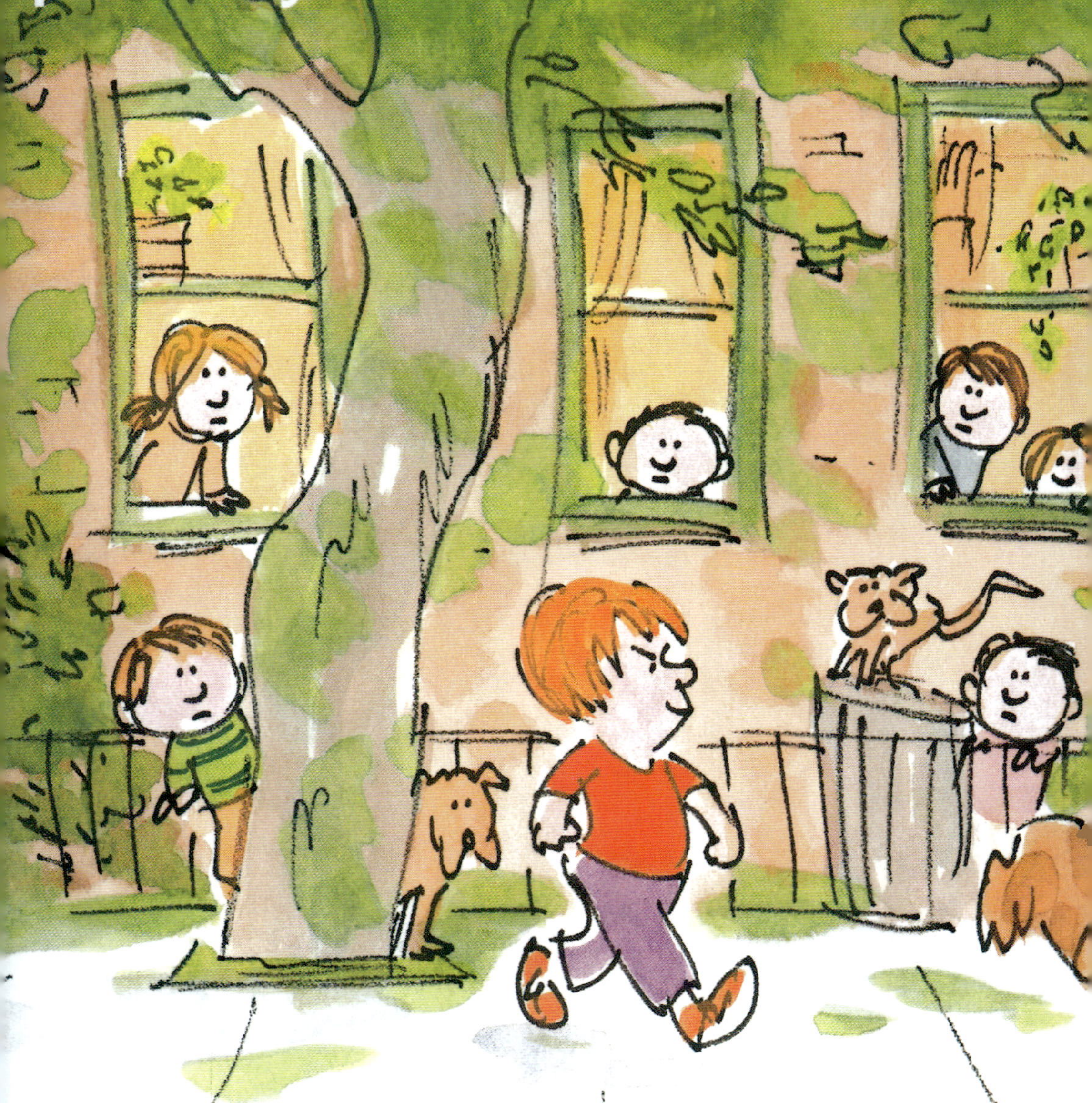

drawings by JAMES STEVENSON

The New Kid on the Block

Jack Prelutsky James Stevenson

Nationalité États-Unis, 1940 (aut.), 1929 (ill.)
Édition Greenwillow Books, États-Unis, 1984
Thèmes poésie, excentricité

Jack Prelutsky, premier bénéficiaire du Children's Poet Laureate aux États-Unis, un prix récompensant un poète pour enfants, est souvent considéré comme l'homme qui a remis au goût du jour la poésie pour enfants. Dans ce recueil qui a eu beaucoup de succès, plus de 100 poèmes mettent en scène toutes sortes de créatures fantastiques issues de l'imagination débordante et souvent surréaliste de Prelutsky.

Partez à la rencontre du « Flotz », qui engloutit les points et les apostrophes, du timide et terne « Flimsy Fleek », et des « Underwater Wibbles » qui « dînent exclusivement de fromage / qu'ils conservent dans des récipients / qu'ils attachent sur leurs genoux ». Les humains étranges abondent également : la jongleuse maladroite Clara Cleech, ou Euphonica Jarre qui a une voix bizarre et Dainty Dottie Dee, si soucieuse de son intérieur qu'elle lave même ses ampoules.

Cette pure absurdité et cet amour des mots sont les marques de fabrique de Prelutsky. Sous bien des aspects, son travail est une version moderne des vers sans sens utilisés par Lewis Carroll dans le *Jabberwocky*. L'écriture des poèmes favorise un certain épanouissement du langage et de l'imagination. Ils sont parfaitement assortis aux dessins à la fois sobres, énergiques et comiques de James Stevenson. **AK**

Livre de Jack Prelutsky traduit en français

Les Animélos

Tom-Tom et Nana

J. Cohen et É. Reberg B. Desprès

Nationalité France, 1941 (ill.)
Édition Bayard Jeunesse, France, 1981
Thèmes humour, bande dessinée

Depuis 1977, cette série de bandes dessinées est pré-publiée dans la presse par le magasine mensuel *J'aime lire*. Publiée sans interruption depuis 33 ans, elle compte des centaines d'épisodes qui réussissent la performance de ne pas se répéter. Depuis 1981, ces récits sont compilés dans une série d'albums qui en sont à ce jour au trente quatrième volume. Imaginées par Jacqueline Cohen, rejointe par la suite par Evelyne Reberg, ces aventures sont mises en images par Bernadette Desprès sous forme de courtes histoires de 10 planches chacune avec une grande vivacité et une lisibilité séduisantes pour des lecteurs débutants. Saga familiale mettant en scène M. et Mme Dubouchon, propriétaires du restaurant « À la bonne fourchette » et heureux parents d'une sage Marie-Lou et d'un duo turbulent composé d'un frère cadet Tom-Tom et de la petite dernière, Nana. Débordés, mais pleins de bon sens, ils sont victimes des gaffes de leur progéniture. Espiègles, drôles et imaginatifs, Tom-Tom et Nana multiplient les aventures sans dégâts irréparables, les situations comiques naissants de catastrophes domestiques, d'incompatibilités d'humeurs et d'un esprit d'initiative jamais pris en défaut. Ils ont la sympathie des enfants qui les attendent comme des copains fascinants qui osent transgresser le bon ordre des choses. Les titres sont à la hauteur de ces gags : *La tribu des affreux, Ici, radio casserole, Les fous du mercredi*… Best-seller au long cours, la série a encore de belles années devant elle. **NB**

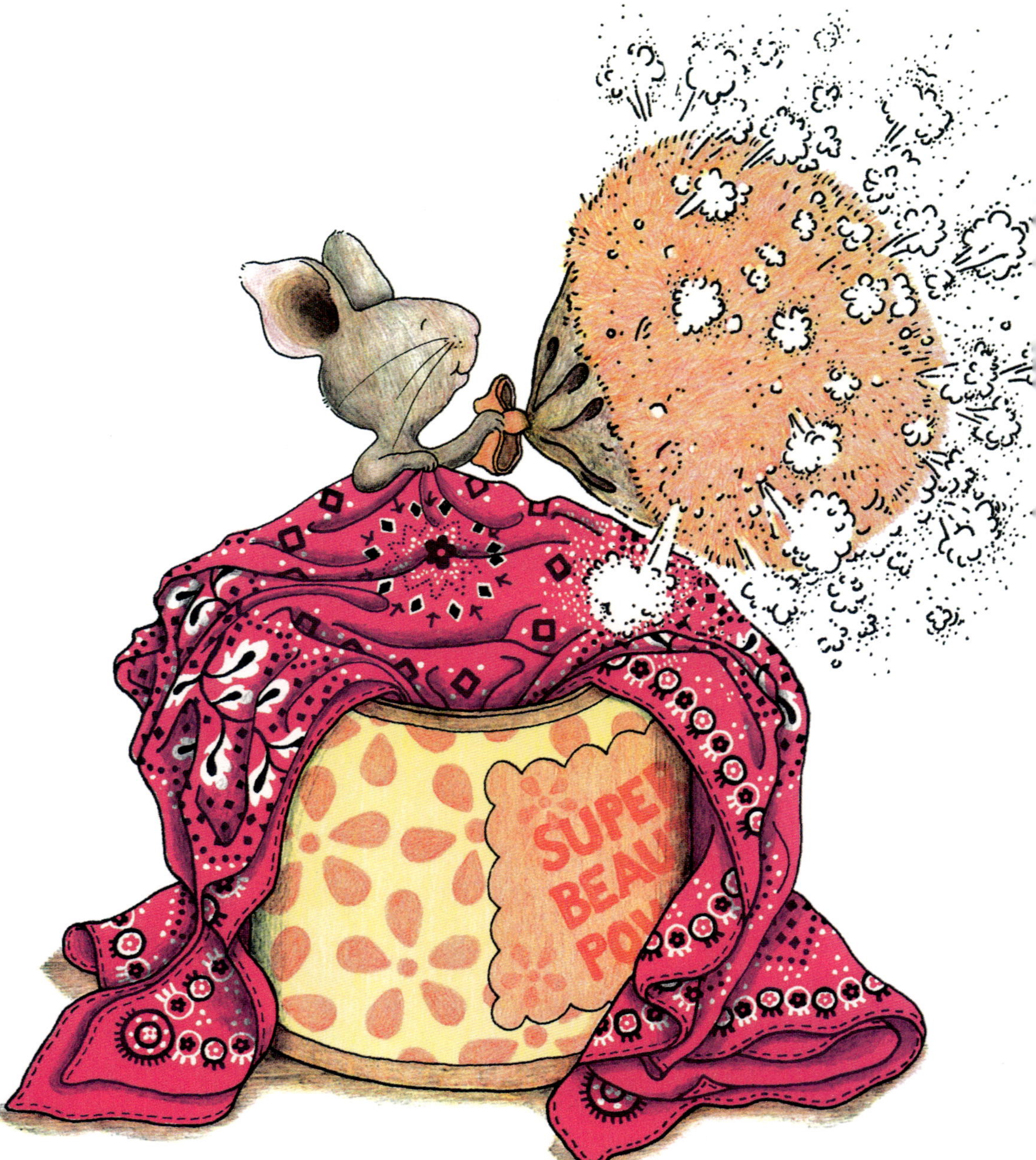
SUPE
BEAU
PO

If You Give a Mouse a Cookie

Laura Joffe Numeroff — Felicia Bond

Nationalité États-Unis, 1953 (aut.), 1955 (ill.)
Édition Harper Collins, États-Unis, 1985
Thèmes animaux, classiques

Cette histoire, brillamment écrite et aux illustrations charmantes, traite du lien entre les actions et les conséquences qu'elles engendrent. Son titre *If You Give a Mouse a Cookie* (« Si vous donnez un biscuit à une souris ») s'inspire d'une expression populaire aux États-Unis. Il s'agit d'un livre amusant que les parents aussi auront plaisir à lire.

Ainsi, que se passe-t-il si l'on offre un biscuit à une souris ? Eh bien, celle-ci demandera un verre de lait, bien entendu. Puis il lui faudra une paille et une serviette… Comme la souris de l'histoire épuise le jeune garçon qui fait de son mieux pour lui donner tout ce qu'elle demande, les enfants rient tout du long et essaient de deviner ce qu'elle va demander ensuite. À la fin, la souris veut un autre biscuit, ce qui ramène au début de l'histoire et incite à la relire. Il s'agit d'un livre que les enfants mémorisent rapidement et qu'ils ont envie de relire fréquemment.

La souris attachante de Laura Joffe Numeroff est à l'origine d'une série de livres intitulés *If You Give…*, qui met en scène d'autres animaux, notamment un élan, un cochon et un chat. L'auteur était une lectrice avide lorsqu'elle était enfant et dit s'être beaucoup inspirée de *Stuart Little* d'E. B. White (p. 499). **KD**

Livre de Laura Joffe Numeroff traduit en français

Les Mamies, on les aime comme ça !

Quand les hommes savaient voler

Virginia Hamilton — Diane & Leo Dillon

Titre original *The People Could Fly*, 1985
Nationalité États-Unis, 1936 (aut.), 1933 (ill.)
Édition française Sorbier
Thèmes mythes et légendes, histoires magiques

5+

« Les mots de l'ancienne Afrique, une fois entendus, on ne s'en souvient jamais complètement. Le jeune homme les oublia aussitôt qu'il les entendit. Les mots pénétrèrent en lui. Il s'éleva et pirouetta dans les airs. Il s'y promena un moment puis s'éloigna. » Ainsi commence l'histoire de Virginia Hamilton qui reprend un conte populaire afro-américain. Cette version intemporelle de ce livre d'images, illustrée par les Dillon qui furent primés, devrait figurer dans toute bibliothèque familiale. Elle relate comment certains Africains volaient grâce à des ailes noires et brillantes avant d'être capturés et contraints à l'esclavage. S'ils perdirent leurs belles ailes lorsqu'ils furent obligés d'embarquer sur des négriers bondés, ceux qui possédaient le don de voler le conservèrent. La suite de l'histoire se déroule aux États-Unis, où l'esclave Sarah, qui a un bébé, est montrée en train de travailler dans les champs de coton et qui est fouettée par le responsable. Toby, un homme assez âgé qui se souvient des mots qui permettaient de voler, les aide à s'échapper.

Les illustrations des Dillon sont saisissantes et magiques, bien qu'elles décrivent la cruauté de près. Qu'ils montrent des hommes richement vêtus de robes traditionnelles africaines, ou des esclaves dans les champs, leurs dessins sont aussi convaincants que beaux. Les gens s'envolent vers la liberté, en joignant leurs mains vers le ciel comme s'ils voulaient inspirer ceux qui restent derrière et n'ont que leur imagination pour se sentir libres. **KD**

Ayant envie de faire une petite sieste, la souris se blottit dans son nouveau lit luxueux.

Pas si vite Songololo

Niki Daly

Titre original *Not So Fast Songololo*, 1985
Nationalité Afrique du Sud, 1946
Édition française Gautier-Languereau
Thème famille

5+

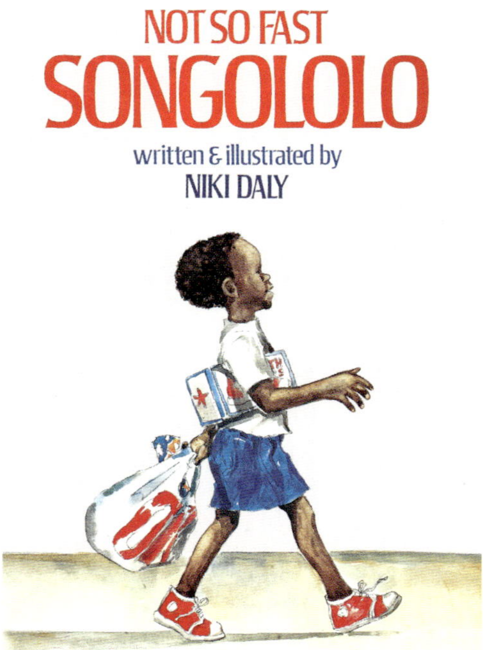

Songololo est le surnom donné au jeune garçon sud-africain Malusi par sa grand-mère Gogo, qui est âgée. Cette dernière rend visite à sa famille un matin et demande que l'un de ses petits-enfants l'aide à faire ses courses. Malusi accepte avec plaisir, et met ses baskets très abîmées et pleines de trous. Le petit-fils et sa grand-mère prennent le bus, se frayent un chemin à travers une foule d'acheteurs puis Gogo fait des emplettes chez l'épicier. Malusi regarde avec envie les paires de baskets neuves dans les vitrines, mais ne demande rien à sa grand-mère. Cependant, celle-ci lui achète une nouvelle paire de baskets et le garçon est fou de joie.

Ce charmant livre d'images, qui se déroule en Afrique du Sud après la période de l'Apartheid, évoque de façon vivante l'atmosphère, la couleur et l'effervescence d'un pays qui se développe rapidement. Si le jeune Malusi et sa grand-mère sont désormais libres de faire leurs courses où ils le souhaitent, malgré leur couleur de peau, ils restent très pauvres, et c'est pourquoi une nouvelle paire de baskets signifie beaucoup pour eux. Le petit garçon tout fier trotte devant sa grand-mère à une telle cadence que Gogo est obligée de l'interpeller : « Pas si vite Songololo ! »

« Gogo est âgée, mais son visage brille. Ses mains sont immenses et habituées aux tâches difficiles. »

Les aquarelles expressives de Niki Daly soulignent tous les points auxquels son texte ne fait que légèrement référence : du sourire affectueux de Gogo pour son petit-fils à l'attention touchante du jeune garçon pour une personne beaucoup plus âgée que lui. Ce livre est une histoire simple à propos d'une expérience universelle et elle est devenue un classique de son temps. **NT**

Autres livres de Niki Daly

Kwela kwela Jamela ! (p. 168)
Bienvenue rue Zanzibar
Bon appétit, Jamela !
Vole, bel aigle, vole !

Le Jardin de Monet

Christina Björk Lena Anderson

Ce conte merveilleux, publié à l'origine sous le titre *Linnea i Målarens Trädgård*, traite de l'amitié entre une petite Suédoise, Linnea, et un jardinier à la retraite. Pour en apprendre davantage sur l'artiste français Claude Monet et la façon dont il traduisait ses impressions sur la lumière et la nature, les deux amis se rendent à Paris pour admirer ses œuvres et à Giverny pour visiter sa maison et son jardin. Linnea emporte son appareil photo et son carnet de croquis. Grâce à ses descriptions et à ses images pleines de vie, les enfants découvrent de nombreux aspects de la culture française, de l'art et de la nature. Ils font connaissance avec Paris, Monet, et l'univers botanique qui a tant d'importance pour Linnea et le jardinier.

« J'aime les fleurs… et je suis intéressée par tout ce qui pousse. Je suis comme cela ! »

Linnea présente avec enthousiasme une foule d'arbres, de plantes et de fleurs : un robinier aujourd'hui considéré comme l'arbre le plus vieux de Paris, ainsi que des peupliers et des saules pleureurs aperçus depuis le train conduisant à Giverny. Dans le jardin de Monet, sur le pont japonais, ils admirent les véritables nénuphars blancs de l'étang. Et dans les musées, ils voient les lis peints sur les toiles. À travers l'objectif de l'appareil photo de Linnea, le lecteur observe des gros plans d'hibiscus violets et bleus, de roses, de pavots rouges et d'hydrangeas blanches et violettes. Fort à propos, la fillette porte le nom de la fleur nationale de la Suède.

Grâce au style de Christina Björk et aux dessins de Lena Anderson, le lecteur apprend vite. Dans ce livre évoquant la culture et l'art français, les mots sont en parfaite harmonie avec les illustrations. **SML**

Titre original *Linnea i Målarens Trädgård*, 1985
Nationalité Suède, 1938 (aut.), 1939 (ill.)
Édition française Casterman
Thèmes amitié, science et nature

5+

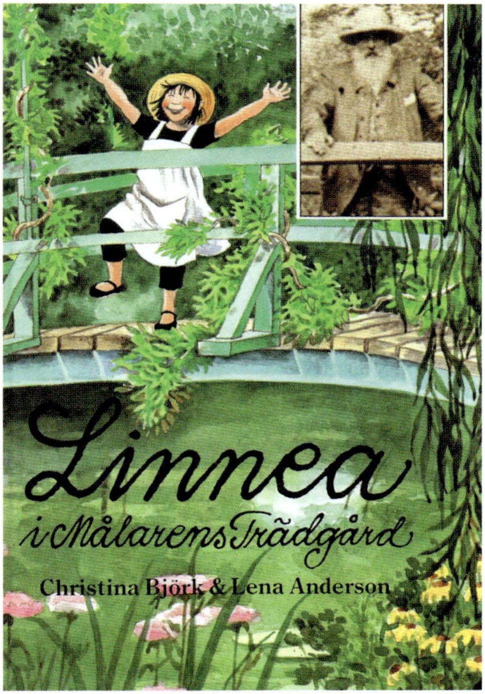

Autres livres sur l'art et la nature

Un arbre, Janice May Udry (p. 252)
Le Monde englouti, David Wiesner (p. 390)
My Place, Nadia Wheatley (p. 339)

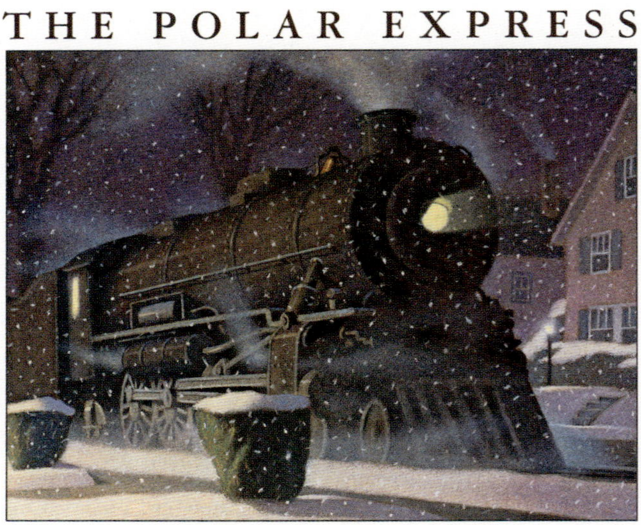

Boréal-Express

Chris Van Allsburg

Titre original *The Polar Express*, 1985
Nationalité États-Unis, 1949
Édition française L'École des loisirs
Thèmes classiques, histoires magiques

Ce livre, qui a été primé, est devenu un classique dans les familles du monde entier. Ses peintures d'une douce luminosité, son évocation du rêve magique d'un petit garçon et de son imaginaire de la clochette du Père Noël resteront longtemps ancrées dans l'imagination des enfants.

Tard le soir de Noël, une fois la ville endormie, un jeune garçon, sceptique face à la magie de Noël, monte sans enthousiasme à bord d'un train mystérieux qui l'attend – le *Boréal-Express* – et dont la destination est le pôle Nord. Le train est plein d'autres enfants venant de tous les milieux, qui portent encore leur pyjama. À son arrivée, le Père Noël propose au garçon de choisir un cadeau. L'enfant demande simplement une clochette accrochée au harnais du renne. Le cadeau est accordé, mais durant le voyage de retour, le petit garçon perd la précieuse clochette.

Tout cela n'est-il qu'un rêve ou cela s'est-il réellement produit ? Le matin de Noël, le garçon découvre la clochette sous le sapin, avec un petit mot signé du Père Noël. La mère du garçon admire la clochette, mais se plaint du fait qu'elle est cassée, même si le garçon et sa sœur l'entendent parfaitement sonner. À la fin, le garçon, ou plutôt le narrateur devenu adulte, confie aux lecteurs qu'il entend toujours la clochette. Cette histoire, parce qu'elle est rédigée à la première personne, devient d'autant plus véridique et crédible aux yeux des enfants et les illustrations chaleureuses des scènes nocturnes du pôle Nord les enchanteront. **KD**

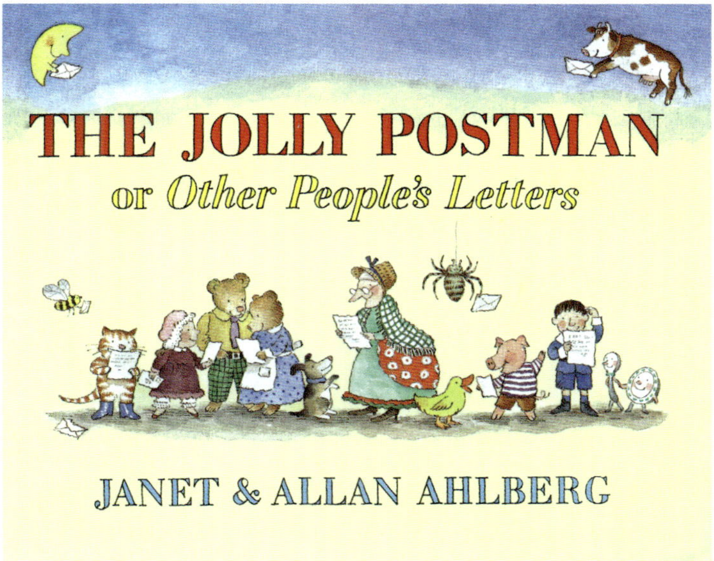

5+

Le Gentil Facteur ou lettres à des gens célèbres

Allan Ahlberg   Janet Ahlberg

Titre orig. *The Jolly Postman or Other People's Letters*, 1986
Nationalité GB, 1938 (aut.), 1944 (ill.)
Édition française Albin Michel jeunesse
Thèmes comptines, contes de fées

Les personnages du *Gentil Facteur ou lettres à des gens célèbres* sont unis dans une sorte de célébration finale, pour fêter l'anniversaire de Boucle d'Or.

Les Ahlberg étaient des pionniers en matière de conception de supports interactifs destinés à compléter un texte. Le livre est associé à d'autres supports que les enfants peuvent déplier et qui sont plus ou moins sophistiqués. Jusqu'à huit ans, l'âge de Boucle d'Or lorsqu'elle fête son anniversaire, ils pourront lire l'histoire de Cendrillon dans une version plus courte : les Ahlberg s'approprient l'histoire, dans laquelle des saucisses piquées sur des bâtons sont offertes au cours du bal du prince. Les autres enfants riront avec la sorcière à propos du catalogue morbide de la société Hobgoblin Supplies (avec ses abat-jour mortels et ses chaudrons antiadhésifs) et apprécieront la carte postale arrogante que Jack envoie au géant lorsqu'il emmène l'oie d'or en voyage au pays des comptines.

L'attention que portent habituellement les Ahlberg aux détails confère à ce livre un charme inépuisable. Ainsi, on peut lire la première lettre écrite par Boucle d'Or aux trois ours, une apologie pleine de fautes envoyée de Banbury Cross, et dont le timbre représente le roi Cole. Dans une autre scène, à l'intérieur de la maison de la sorcière, le facteur lit le meilleur journal de la communauté des contes de fées, *Mirror Mirror*, pendant que le chat de la sorcière fait sa toilette. **GB**

Mimi Cracra

Agnès Rosensthiel

Nationalité France, 1941
Édition Le Centurion, France, 1982-1987
Thèmes famille, jeux, humour

5+

S'il est un personnage de petite fille du début des années 1980 que l'on peut retenir, c'est bien Mimi Cracra. Son nom est une vraie trouvaille : elle est aussi coquette qu'elle est prête à l'aventure. L'eau, qui est un élément récurrent de ses aventures, le symbolise assez bien, et sert autant à laver qu'à salir !

Mimi Cracra incarne l'une des rares enfants de la littérature à être véritablement libre. Libre dans le monde réel, pas dans un monde fantastique où tout est possible ; libre, bien qu'on ne lui permette pas tout et n'importe quoi, libre d'esprit en somme et cela fait d'elle un personnage aussi attachant qu'authentique. Mimi Cracra est une exploratrice née, douée d'une audace, d'une inventivité et d'un humour savoureux. Un modèle fantastique pour petites filles et garçons ! Un modèle, oui, car Mimi Cracra ne transgresse jamais un interdit, et si elle fait des bêtises, ce n'est qu'une conséquence sans gravité de sa curiosité et de son inventivité. Que demander de plus à un enfant ?

Ses aventures sont une cartographie du quotidien d'une petite fille, ancrée dans le monde réel et proche (jardin, chambre, rue, parc), et parsemée de menues aventures qui seraient anodines n'était sa personnalité. Mimi Cracra est toujours dessinée debout, allant de l'avant, passant très naturellement d'une page à l'autre avec en dominante des couleurs primaires bien tranchées (rouge, bleu, jaune) sur fond blanc. Le tout servi par la ligne claire du dessin d'Agnès Rosensthiel qui fait de Mimi Cracra un personnage incontournable. **AD**

Hey, Al

Arthur Yorinks Richard Egielski

Nationalité États-Unis, 1953 (aut.), 1952 (ill.)
Édition Farrar, Straus et Giroux, États-Unis, 1986
Thème amitié

Les histoires dont les messages sont les plus simples sont souvent celles qui sonnent le plus vrai. Et c'est assurément le cas de celle-ci.

Al est gardien et mène une vie simple dans une chambre de West Side à New York avec son fidèle chien, Eddie. Tous deux mangent ensemble, travaillent ensemble et font… tout ensemble. Leur chambre est plutôt encombrée et exiguë et ils se plaignent à tour de rôle que leur vie est une lutte permanente. Al et Eddie commencent à se chamailler jusqu'au jour où un gros et mystérieux oiseau leur propose de mener une nouvelle vie dans un paradis où il n'y a ni soucis ni inquiétudes. Après avoir discuté, ils acceptent l'offre et partent à l'aventure. Au début, le paradis est tel qu'ils s'y attendaient : beau, regorgeant de couleurs, de fleurs, d'oiseaux et de bien d'autres choses. Mais ils découvrent bientôt que ce monde idéal n'est pas aussi parfait qu'ils le pensaient. Al et Eddie ont bientôt la nostalgie de leur ancienne vie et décident de rentrer chez eux. Au cours du retour, les deux compagnons sont séparés. À la fin, les deux amis sont réunis et se retrouvent joyeusement chez eux, montrant que l'on n'est jamais si bien que chez soi.

Les couleurs pastel des illustrations de Richard Egielski situées au début du livre contrastent avec celles du paradis, plus lumineuses. Parallèlement à l'humour présent dans l'histoire elle-même, les dessins permettent aux jeunes lecteurs de bien comprendre la morale de l'histoire. L'acceptation joyeuse de l'existence que l'on mène réconfortera quiconque sait déjà que l'herbe n'était pas plus verte ailleurs. Ce livre est un classique dans les familles. **KD**

La vie d'Al est sur le point de changer quand l'oiseau apparaît à la fenêtre. →

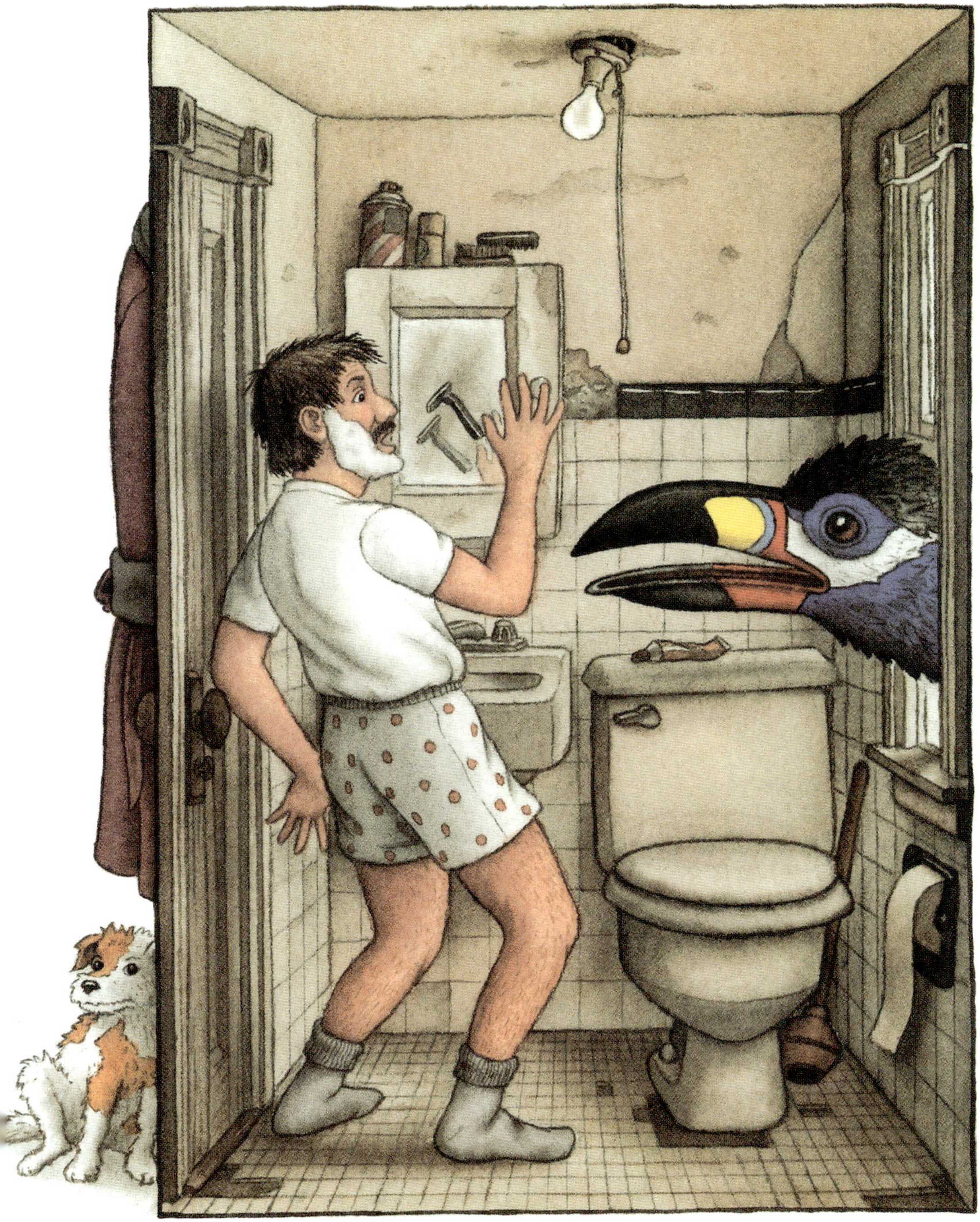

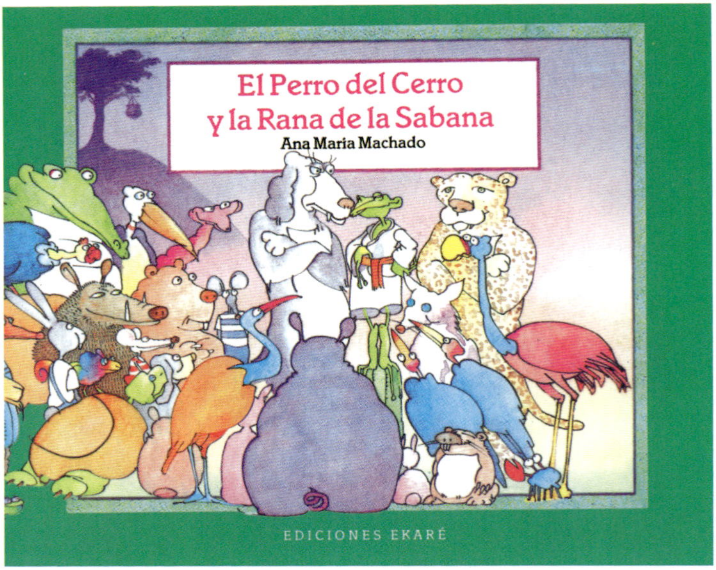

5+

El perro del cerro y la rana de la sabana

Ana María Machado Irene Savino

Nationalité Brésil, 1941 (aut.), détails inconnus (ill.)
Édition Ediciones Ekaré, Venezuela, 1986
Thèmes histoires en vers, animaux

Dans cette histoire amusante racontée en vers (dont le titre peut être traduit par « Le chien de la butte et la grenouille du marais »), un chien et une grenouille, d'abord ennemis, finissent par devenir amis.

Les deux animaux se lancent dans une discussion passionnée. Chacun d'eux pense qu'il est plus courageux que l'autre. Le chien et la grenouille décident de prouver leur bravoure en se mesurant à des bêtes sauvages. La grenouille et le chien affrontent d'abord des créatures de petite taille, comme un papillon inoffensif. La grotesque compétition se poursuit jusqu'à ce que le rugissement d'un lion se fasse entendre. La grenouille et le chien doivent alors se soutenir mutuellement, ainsi que les autres animaux, afin de faire face au puissant animal.

Ana María Machado est un célèbre auteur pour enfants au Brésil et se distingue par son langage ludique et vivant. Ses vers sont presque musicaux, faits pour être lus à voix haute. Ses illustrations captivantes et colorées constituent la touche finale de ce beau livre. **LB**

Livres d'Ana Maria Machado traduits en français

Quelle fête !
Rêve noir d'un lapin blanc
Une grande petite fille

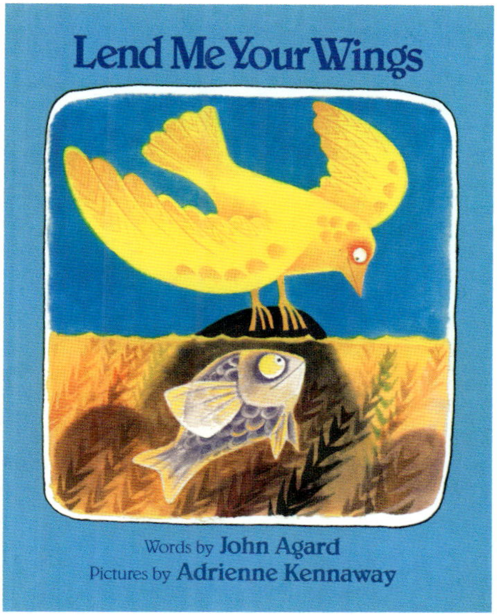

5+

Lend Me Your Wings

John Agard Adrienne Kennaway

Nationalité Guyane, 1949 (aut.), Nouvelle-Zélande, 1945 (ill.)
Édition Hodder and Stoughton, GB, 1987
Thèmes mythes et légendes, animaux

Dans *Lend Me Your Wings* (« Prête-moi tes ailes ») le poète et écrivain guyanais John Agard raconte l'histoire de Sœur Poisson et Frère Oiseau, deux créatures qui décident d'échanger leur place.

Frère Oiseau propose à Sœur Poisson ses ailes en échange des nageoires de celle-ci, puis tous deux saisissent l'opportunité d'explorer le monde. Frère Oiseau plonge dans l'océan et joue à cache-cache avec les crabes et les crevettes, tandis que Sœur Poisson découvre son premier manguier et vole en suivant le cerf-volant d'un enfant. Mais un vent très fort se met à souffler et Sœur Poisson tombe du ciel et atterrit dans la rivière. Avec Frère Oiseau, ils décident de mettre fin à l'expérience.

Cette histoire évoquant une légende est illustrée par des aquarelles de couleurs vives qui s'harmonisent joyeusement avec le langage autochtone de Guyane adopté par Agard. Les personnages, vivants, plaisent aux enfants, tandis que les décors créent une impression de relief grâce à la capacité qu'a Adrienne Kennaway de créer des ombres et une distance. **CVB**

Livre de John Agard traduit en français

Doc lapin, le grand défi

Henry and Mudge

Cynthia Rylant   Suçie Stevenson

Nationalité États-Unis, 1954 (aut.), 1956 (ill.)
Édition Bradbury Press, Etats-Unis, 1987
Thèmes famille, amitié

5+

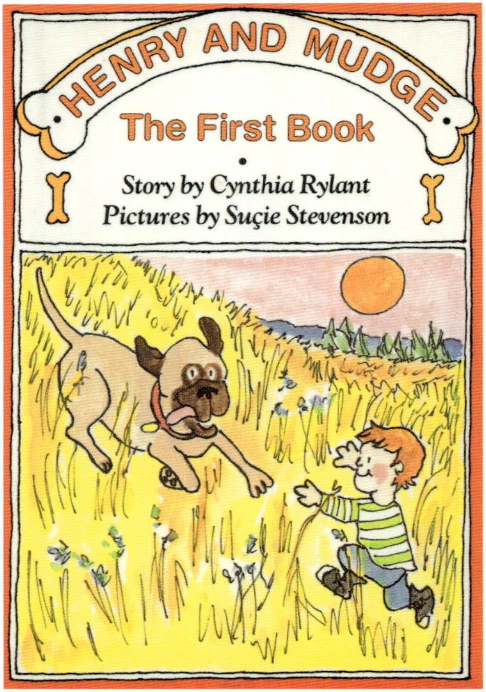

Livres de Cynthia Rylant traduits en français

L'Affaire du chat qui grimpe
Clémentine, la câline
Le Mystère du singe de cristal
Oscar, le cauchemar

Henry est un petit garçon qui se sent plutôt seul. Il n'a ni frère ni sœur ni amis avec lesquels jouer dans sa rue. De plus, ses parents sont réticents à l'idée d'avoir d'autres enfants ou de déménager. Aussi, lorsque Henry décide d'avoir un chien, il l'obtient. C'est le début d'une longue amitié entre un petit garçon de sept ans et un chien de sept semaines, Mudge, qui va grandir et devenir le meilleur ami d'Henry. Ce livre est le premier d'une longue série d'ouvrages très appréciés relatant les aventures des deux amis. Dans celui-ci, un désastre se produit lorsque Mudge a disparu et qu'Henry réalise l'importance qu'a pour lui leur amitié. Quand et comment se retrouveront-ils ?

« Henry n'avait pas d'animal domestique. "Je veux avoir un chien", dit-il à ses parents… »

Les mots employés par Cynthia Rylant sont simples, mais d'une élégance et d'une drôlerie subtiles. Elle aborde avec compassion et tendresse le sentiment de perte ou encore l'impression de se sentir différent, nés probablement de ses propres expériences, notamment lors du divorce de ses parents et de la perte de son père. Suçie Stevenson est l'illustratrice de ses textes. Ses images de couleur vive, exubérantes et évoquant une bande dessinée possèdent la même énergie que celles de son père, le célèbre écrivain et illustrateur James Stevenson. Le texte simple et les illustrations colorées des livres mettant en scène Henry et Mudge offrent une transition idéale entre les livres d'images et les livres pour lecteurs plus avancés. Les parents qui ont des difficultés à inciter leurs enfants à lire trouveront ces titres vraiment utiles. **AK**

My Place

Nadia Wheatley   Donna Rawlins

Nationalité Australie, 1949 (aut.), 1956 (ill.)
Édition Collins Dove, Australie, 1987
Thèmes famille, fiction historique

La publication de *My Place* coïncida avec le bicentenaire de l'Australie, relatif à la colonisation européenne datant de 200 ans. Nadia Wheatley et Donna Rawlins évoquent une histoire bien plus ancienne dans ce livre d'images créatif, où le lecteur remonte le temps de décennie en décennie, de 1988 à 1788.

Nous découvrirons que *My Place* est à chaque fois le même endroit, mais que les enfants y ont vécu à une époque différente. Les histoires sont illustrées à l'aide de cartes dessinées à la main afin de montrer les endroits qui sont importants pour les enfants.

Au fur et à mesure, nous assistons à l'apparition de l'électricité et de la télévision, à la Grande Dépression, à la Seconde Guerre mondiale. Nous découvrons les Beatles, la guerre du Vietnam, ou encore McDonald's. Le livre est centré sur les enfants et est rédigé à la première personne. Il permet au lecteur de pénétrer dans l'univers de chaque histoire. Il l'invitera à se questionner sur sa propre place dans le monde, dans le passé et le futur. Des enfants ont-ils déjà vécu ici auparavant ? Ont-ils joué ici ? Mon père escaladait-il ces arbres lorsqu'il était petit ?

My Place se termine par l'histoire de Barangaroo, petite fille aborigène vivant en 1788. Elle a une manière différente de décrire le lieu où elle vit en Australie et dit qu'elle a le sentiment d'appartenir à cet endroit. Voici un livre merveilleux, qui donne à réfléchir. **AJ**

Livre de Nadia Wheatley traduit en français

Une chèvre pour Yaya

The Hodgeheg

Dick King-Smith   Ann Kronheimer

Nationalité GB, 1922 (aut.), détails inconnus (ill.)
Édition Hamish Hamilton, GB, 1987
Thème animaux

The Hodgeheg est l'histoire charmante d'une famille de hérissons qui vivent dans un parterre de fleurs confortable de la banlieue, mais qui rêvent de découvrir un passage sûr pour traverser une route fréquentée afin d'accéder au superbe terrain de chasse que représente le parc. Max, le plus jeune et le plus petit membre de la famille, baptisé Victor Maximilian St. George par son père, décide de trouver une solution au problème. Malheureusement, sa première tentative de régulation de la circulation se solde par une vilaine bosse sur la tête. À la suite de cela, il mélange les mots en parlant, il est devenu un « *hodgeheg* » au lieu d'un « *hedgehog* ».

Le sens de l'humour plein de légèreté de King-Smith est présent tout au long de l'histoire. Ancien fermier, l'auteur raconte la plupart du temps des histoires d'animaux, un genre qu'il appelle « fantaisie fermière ». Ses fermes sont des endroits réalistes dans lesquels les créatures sont soumises aux prédateurs habituels et aux lois de la nature. King-Smith a d'ailleurs dit : « Si j'aime *The Wind in the Willow* et le travail de Beatrix Potter… je n'attribue jamais de vêtements à mes animaux… Ils se comportent comme des animaux doivent le faire, sauf qu'ils ouvrent la bouche et parlent. » Une caractéristique récurrente de ses livres est le triomphe de l'opprimé. **MK**

Livres de Dick King-Smith traduits en français

Sauterelle **(p. 902)**
Harry est fou
Une vie de château

5+

Matilda

Roald Dahl Quentin Blake

5+

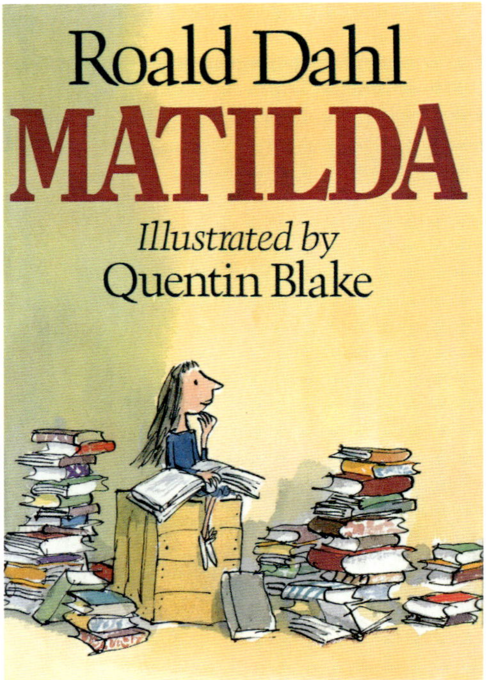

Titre original *Matilda*, 1988
Nationalité Pays de Galles, 1916 (aut.), Grande-Bretagne, 1932 (ill.)
Édition française Gallimard Jeunesse
Thèmes classiques, famille, excentricité

Matilda Verdebois, âgée de cinq ans, est un génie, mais son père, un vendeur de voitures malhonnête, et sa mère, mordue de loto et de télévision, refusent d'accepter qu'elle soit différente des autres. Matilda, qui en a assez qu'on lui répète sans cesse qu'elle est stupide, donne du fil à retordre à ses parents lorsqu'elle décide de se venger d'eux. La petite fille trouve une alliée en la personne de mademoiselle Candy, sa maîtresse. La directrice, madame Legourdin, est en revanche un vrai tyran. Elle terrifie toute l'école et montre une telle violence que les enfants disent qu'aucun parent ne pourrait le croire. Lorsque madame Legourdin s'en prend à elle, Matilda découvre qu'elle possède un pouvoir extraordinaire – un pouvoir qu'elle peut utiliser pour obtenir ce qu'elle veut de la directrice et aider l'adorable mademoiselle Candy.

Dans cette histoire, il y a beaucoup de violence théâtrale : des chapeaux sont collés aux têtes avec de la superglue et des petites filles sont projetées en l'air par leurs nattes. Cela fait beaucoup rire les enfants, mais peut faire frissonner les adultes sensibles. La plupart d'entre eux, cependant, apprécient que l'auteur fasse l'éloge de la lecture, de la joie qu'elle procure et de ses bienfaits : grâce à elle, Matilda a une vision du monde que ses parents n'ont jamais eue. L'intrigue est mouvementée et passe avec drôlerie de la maison à l'école et de la réalité à l'imagination. Ce livre est amusant à lire à haute voix et sa simplicité et l'enchaînement rapide de ses événements capteront l'attention d'un enfant qui commence à lire seul. **CW**

« C'était comme si elle avait atteint quelque chose qui n'était plus vraiment de ce monde, le point le plus élevé du ciel. »

Autres livres de Roald Dahl

James et la grosse pêche (p. 548)
Charlie et la chocolaterie (p. 564)
Le Bon Gros Géant (p. 614)

Fantastique Maître Renard
Un amour de tortue

The Keeping Quilt

Patricia Polacco

Nationalité États-Unis, 1944
Édition Simon and Schuster, États-Unis, 1988
Thème famille

Cette histoire émouvante est celle d'un couvre-lit traditionnel confectionné par une immigrante juive d'origine russe. Elle a également trait à la véritable histoire familiale de l'auteur. Lorsque l'arrière-arrière-grand-mère de Patricia Polacco arriva aux États-Unis, elle fabriqua un couvre-lit pour sa fille Anna avec de vieux vêtements ramenés de Russie. Elle utilisa notamment la vieille robe et le foulard d'Anna, la chemise d'oncle Vladimir, la chemise de nuit de tante Havalah et un tablier de tante Natacha. L'histoire relate les nombreux événements importants vécus par la famille au cours des années suivantes, événements dans lesquels le couvre-lit joue toujours un rôle.

La jeune Anna organise un pique-nique sur le couvre-lit avec son futur époux ; lorsqu'elle se marie, le couvre-lit est utilisé comme « *huppah* » (« dais ») ; il est employé comme nappe le jour du sabbat ; et il réchauffe et accueille des générations de bébés. Il recouvre les jambes d'Anna lorsque celle-ci a vieilli et elle meurt enveloppée par lui. L'auteur elle-même fut couverte avec le couvre-lit à sa naissance, se maria sous celui-ci et ramena ses enfants à la maison emmitouflés à l'intérieur. Le couvre-lit existe toujours : Patricia Polacco l'emmène lorsqu'elle participe à des séances de dédicaces ou des fêtes.

Les dessins au fusain de l'auteur donnent du cachet à cette histoire qui réchauffe le cœur. Ce conte merveilleusement illustré sur la transmission au sein d'une famille avec ses traditions et ses fêtes plaira aux personnes de toutes les confessions et de toutes les générations et incitera peut-être les lecteurs à créer de nouvelles traditions dans leur propre famille. **KD**

Plouf !

Philippe Corentin

Nationalité France, 1936
Édition L'École des loisirs, France, 1991
Thème humour

Illustrateur autodidacte, Philippe Corentin publie des dessins d'humour dans la presse dès 1968 puis s'oriente vers l'illustration. Depuis 1980, sa production s'adresse aux enfants avec une prédilection pour le rire et l'absurde, le détournement des contes traditionnels et de leurs personnages et un traitement du monde animalier caricaturalement humain. En deux mots, Philippe Corentin fait rire, par le texte comme par l'image et les petits comme les grands.

Plouf! a la saveur d'une blague et les vertus d'une fable. C'est l'histoire d'un loup qui a très faim et qui croit voir au fond d'un puits un délicieux fromage. Il se penche et, plouf ! Le voilà dans l'eau s'apercevant que le fromage n'était que le reflet de la lune. Pour furieux et dépité qu'il soit, il lui reste la ruse. Et sous les yeux perplexes et inquiets d'une grenouille se déroule un drôle de ballet où le va-et-vient d'un sceau rythme la cadence. Un cochon et une famille de lapins passant par là pourraient bien à la fois le sortir du fond et lui servir de festin.

Les Plouf ! à répétition sont jubilatoires et l'envie, la crédulité, la ruse et le dépit de chacun sont les ressorts de ce récit qui s'exerce au détriment d'un loup plus bête que méchant. Les illustrations expressives à souhait utilisent les pages de manière originale, dans le sens de la hauteur, avec la corde du sceau comme fil conducteur. Habile et savoureux, cet album a la truculence d'un gag que les enfants demandent à se faire raconter en boucle… **NB**

Loulou

Grégoire Solotareff

Nationalité France, 1953
Édition L'École des loisirs, France, 1989
Thème amitié

5+

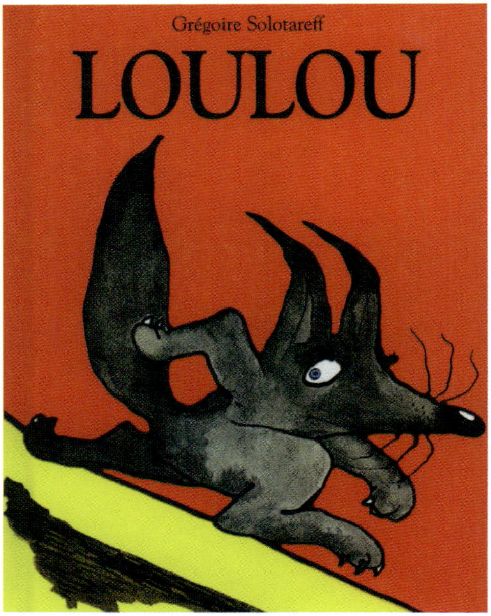

« "Est-ce que par hasard tu serais un lapin ?" demanda le loup. »

Autres livres de Grégoire Solotareff

Le Diable des rochers
Mathieu
Ne m'appelez plus jamais « mon petit lapin »
Titi à Paris
Trois sorcières

Loulou se veut d'abord un livre d'images aux couleurs élémentaires, crues et attirantes. Et c'est certainement l'une des raisons de son immense succès auprès des plus petits. Dans ce livre, nous faisons la connaissance d'un jeune loup, Loulou, et de son oncle partant ensemble pour une chasse initiatrice. Le jeune héros n'a pas encore confiance en lui et n'a même jamais vu de lapin de sa vie ! La chasse sera de courte durée, car l'oncle de Loulou se heurte contre un rocher et meurt sur le coup. Le jeune loup va alors faire une rencontre singulière : un petit lapin nommé Tom qui, lui, n'a jamais vu de loup.

Malgré l'opposition primitive qui les sépare, Tom et Loulou vont devenir les meilleurs amis du monde, car un lapin a beaucoup à apprendre d'un loup. L'inverse est aussi vrai. Mais tous les petits lapins connaissent la peur du loup et lorsque Loulou s'amuse à effrayer son ami, celui-ci ne peut s'empêcher de s'affoler. La nuit, Tom fait d'horribles cauchemars. Il n'est plus possible de continuer ainsi ; Loulou doit partir.

Grégoire Solotareff a choisi de traiter les thèmes de l'amitié, de la solitude et de l'appréciation de la différence à travers le personnage ancestral du loup et la peur enfantine qu'il inspire toujours. L'aventure de Loulou est très amusante, mais la peur, elle, doit être prise au sérieux. Loulou et Tom ne se ressemblent pas ; l'amitié entre un loup et un lapin est-elle pourtant possible ?

Loulou est un récit dynamique qui offre une lecture rythmée et simple à la fois. C'est un ouvrage souvent utilisé dans les écoles pour l'apprentissage de la lecture. Un film d'animation a récemment adapté à l'écran cette rencontre incroyable qui sera, pour les deux protagonistes, l'occasion de mieux se connaître et de s'ouvrir au monde. **SL**

La Vérité sur l'affaire des 3 petits cochons

Jon Scieszka   Lane Smith

Lorsque l'épouse de Jon Scieszka le présenta à Lane Smith, le mari de l'une de ses collaboratrices, les deux hommes entamèrent une collaboration fructueuse. Scieszka était déjà un auteur de livres pour enfants accompli. Les deux artistes créèrent alors leur première œuvre commune, *La vérité sur l'affaire des 3 petits cochons*. Ils inventèrent un concept nouveau et lorsqu'ils essayèrent de faire publier leur livre, celui-ci fut d'abord refusé parce qu'il parut trop sombre et trop sophistiqué. Finalement, les mérites de cette parodie amusante d'un célèbre conte furent reconnus et le livre fut publié avec succès.

L'histoire consiste pour l'essentiel en une transformation de la version traditionnelle de Alexander T. Wolf des *Trois petits cochons*. Le loup affirme qu'il a été l'objet d'un coup monté et que toute l'histoire n'est qu'un gros malentendu. Dans cette version, tout ce que le loup essayait de faire était de confectionner un gâteau pour sa chère grand-mère. Il vint à manquer de sucre et venait d'attraper un terrible rhume. Lorsqu'il se rendit à la maison du premier petit cochon pour emprunter un peu de sucre, il éternua et la maison s'écroula. Comme le premier petit cochon était mort, il le mangea. L'histoire se poursuit ainsi jusqu'à ce que le loup soit arrêté par la police qui voit les choses d'un autre œil. À la fin, on apprend que le loup a raconté l'histoire depuis sa prison. Les enfants seront ravis de pouvoir se faire leur propre opinion sur toute l'histoire.

En 2008, Scieszka, un ancien maître d'école, fut nommé ambassadeur national de la littérature de la jeunesse afin de promouvoir la lecture aux États-Unis. Il déclare écrire pour faire rire les enfants et ses histoires, regorgeant d'expressions irrévérencieuses (le cochon est par exemple qualifié de « grossier petit goret ») amuseront les enfants. Les illustrations de Lane Smith sont originales et complètent à merveille cette version inhabituelle d'un conte classique. **KD**

Titre original *The True Story of the Three Little Pigs*, 1989
Nationalité États-Unis, 1954 (aut.), 1959 (ill.)
Édition française Nathan
Thèmes mythes et légendes, contes de fées

5+

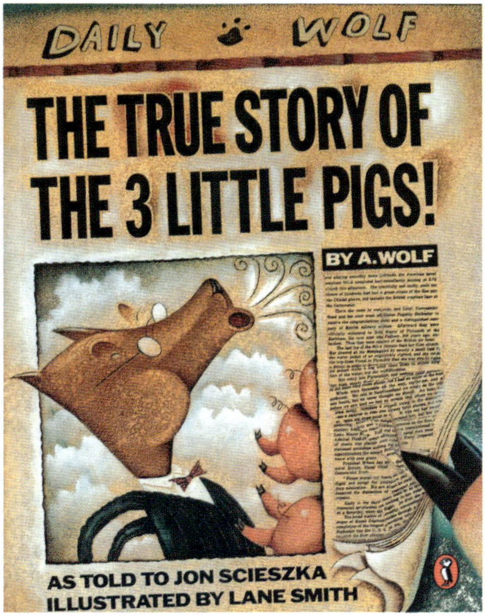

« Hé, ce n'est pas de ma faute si les loups mangent de mignons petits animaux… comme les cochons. »

Autres livres de Jon Scieszka

Le Petit Homme de fromage et autres contes trop faits (p. 351)
La Malédiction des maths (p. 357)
Calmar un jour, calmar toujours
Z'avez pas vu Art ?

Oh, the Places You'll Go!

Dr. Seuss

Nationalité États-Unis, né Theodor Seuss Geisel, 1904
Édition Random House, États-Unis, 1990
Thèmes classiques, histoires en vers

5+

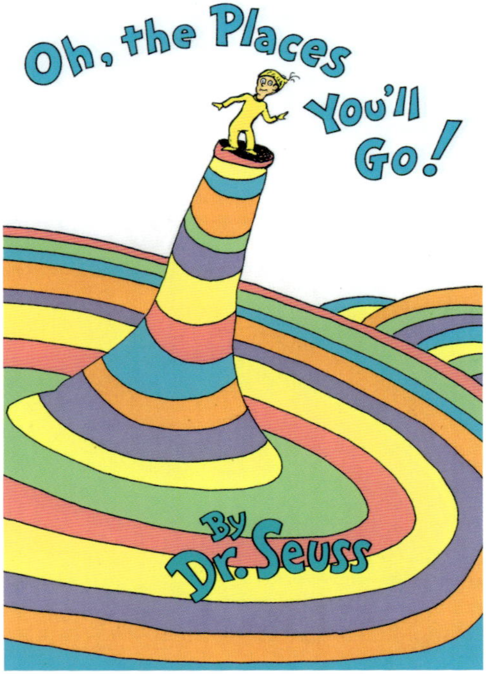

Livres du Dr. Seuss traduits en français

***Le Chat chapeauté* (p. 89)**
Le plus vantard
Ma vie en rose : enfantaisie
Yaourtu, la tortue

Ce livre fut le dernier écrit par cet auteur adulé des enfants qui aiment les histoires composées en vers. *Oh, the Places You'll Go !* traite de l'indépendance dans l'existence et des défis qu'elle pose. Écrit et conçu dans le même style que certains classiques de l'auteur comme *Les œufs verts au jambon* et *Le chat chapeauté*, ce livre possède une structure plus complexe. Dans un premier temps, il pousse les enfants à imaginer comment pourrait être le monde réel, puis demande aux parents d'aider leurs enfants en leur apprenant ce qu'ils savent sur le monde. C'est ainsi que peut naître une discussion entre un parent et son enfant tandis qu'ils suivent le voyage d'un jeune garçon qui a quitté sa maison et voyage dans le futur. Les illustrations sont ravissantes, avec leurs décors composés de ballons aux couleurs vives et leurs paysages joyeux en damier. Mais, dans ce monde, tout n'est pas non plus idéalisé. Le garçon vit autant des moments de solitude que des moments heureux et envoûtants.

« Y arriverez-vous ? Oui, bien entendu (garanti à 98 %). »

Les mots de cet ouvrage agréable, sorte de rite de passage, sont bien choisis et imprégnés d'un humour subtil et d'une bienveillance paisible. Aux États-Unis, le livre est souvent offert aux élèves obtenant leur diplôme au lycée ou à l'université. Même les personnes qui ne sont pas enthousiasmées par Seuss apprécient ses rimes les plus douces, alors que les amateurs se satisfont de ses vers plus mouvementés. Après tout, qui n'aimerait pas qu'on lui affirme que sa tête est pleine de cerveaux et ses chaussures pleines de pieds trop élégants pour descendre une rue qui n'est pas très sûre ? Certains lecteurs affirment que ce livre est un livre chrétien, d'autres pensent que non ; en tout cas, il est positif et encourageant. **VN**

« Et vous partirez / même si le temps est mauvais… »

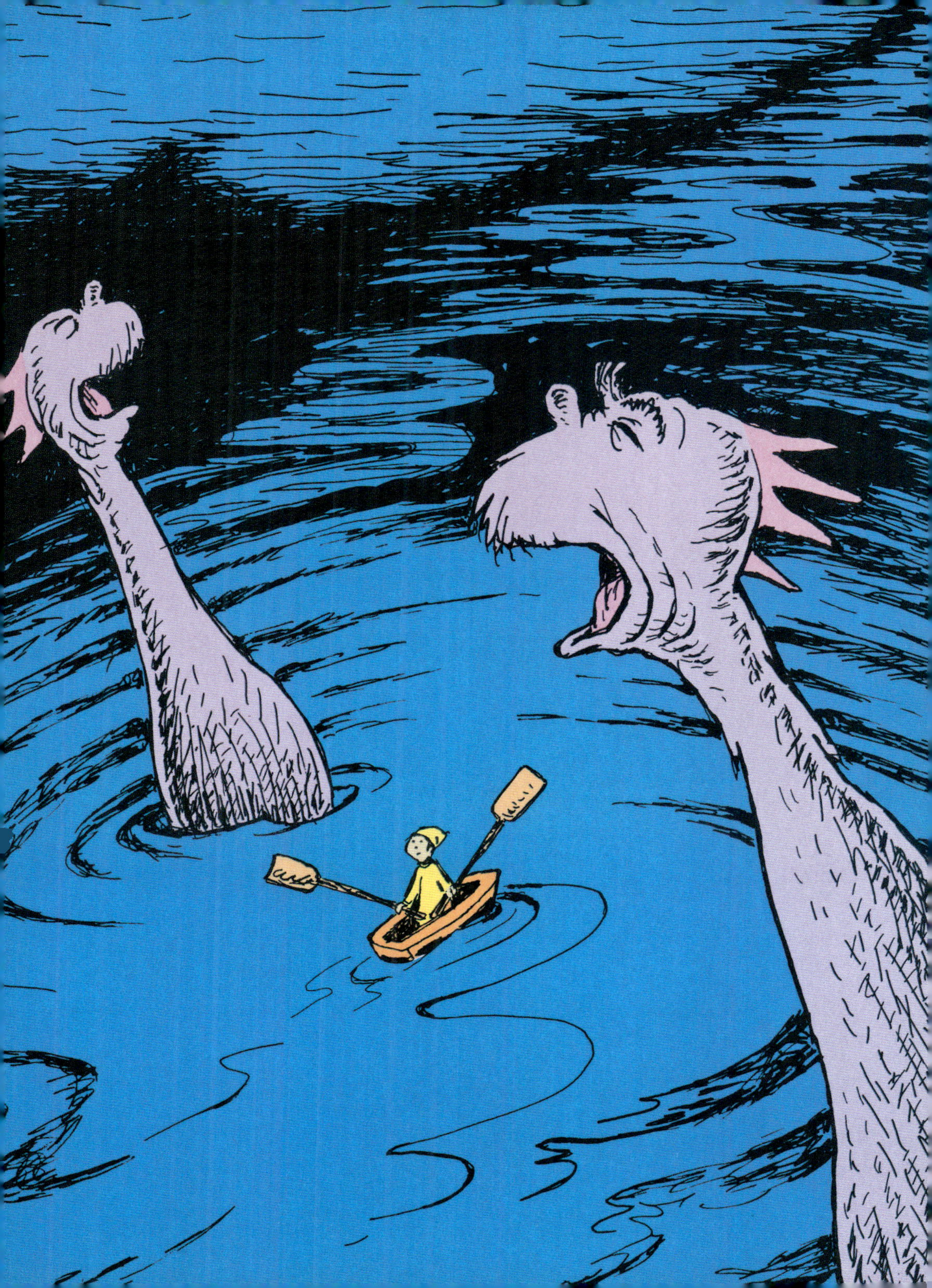

Mes 7 Papas

Pija Lindenbaum

Titre orig. *Else-Marie och småpapporna*, 1990
Nationalité Suède, 1955
Édition francophone (Belgique) Casterman
Thèmes famille, excentricité, œuvre controversée

5+

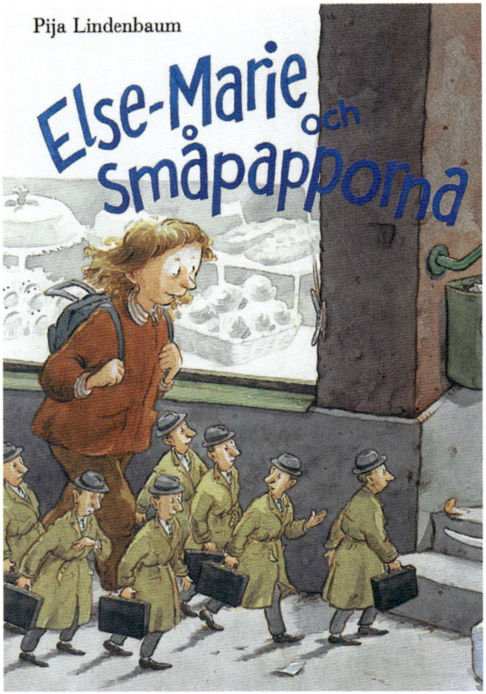

Else-Marie est une fillette de six ans tout à fait normale à de nombreux égards. Cependant, elle se distingue par le fait qu'elle a sept papas. Ils sont tous minuscules et exactement semblables. Ses sept pères sont voyageurs de commerce et sont absents une grande partie de la semaine.

D'habitude, la mère d'Else-Marie l'emmène à l'école maternelle et revient la chercher ensuite. Mais, un après-midi ordinaire, sa mère annonce à la fillette qu'elle se rend à une réunion et que ses pères passeront la prendre après l'école. Cette nouvelle est désastreuse pour Else-Marie. Que vont dire les autres enfants ? Cela ne la gêne pas d'avoir sept pères minuscules. En réalité, c'est pratique et amusant, mais elle n'est pas certaine que les autres enfants de l'école comprendront. Ne leur paraîtront-ils pas terriblement étranges, et par conséquent, Else-Marie aussi ?

« Tous mes amis du terrain de jeu n'ont qu'un seul papa. Un grand. »

Mes sept papas est un livre très original, son intrigue loufoque, mais son thème – la différence – est plutôt courant, universel et intemporel. Comme cela est réconfortant pour l'héroïne lorsqu'elle constate que ses inquiétudes et ses angoisses étaient vaines. Personne ne se montre particulièrement étonné par ses pères qui lui arrivent au genou. Certains enfants les trouvent même particulièrement amusants. Voici un livre délicieusement excentrique qui traite d'un sujet sérieux d'une manière vraiment drôle. Pija Lindenbaum a obtenu plusieurs prix en tant qu'auteur et illustratrice et son succès réside en partie dans le fait qu'elle présente le monde selon le point de vue d'un enfant. L'histoire peut aussi être considérée comme un plaidoyer pour la tolérance envers les enfants dont les familles ne sont pas conventionnelles. **CC**

Autres livres sur la différence

Léo, Robert Kraus (p. 287)
A Bad Case of Stripes, David Shannon (p. 363)
Pupuce, Lauren Child (p. 372)
Bidou, Alexis Deacon (p. 373)
Skippyjon Jones, J. Byron Schachner (p. 377)

Min vän Percys magiska gymnastikskor

Ulf Stark Olof Landström

Ulf manque de confiance en lui. Il est légèrement potelé et est devenu une cible de plaisanterie pour tout le monde au cours de gymnastique. Cet ouvrage, dont le titre pourrait être traduit par « Les tennis magiques de mon ami Percy », raconte la journée d'un nouveau à l'école. Son nom est Percy et il est tout ce qu'Ulf aimerait être : fort, courageux et audacieux.

Un jour, après le cours de gymnastique, Percy confie à Ulf qu'il possède toutes ces qualités grâce à ses chaussures de sport magiques. Ulf trouve difficile à croire qu'une paire de tennis sales qui sentent mauvais et sont très usés puissent être enchantés. Mais les tennis lui prouvent leur efficacité. Percy qui, en réalité, aurait vraiment besoin de nouvelles chaussures de sport, promet à Ulf de lui vendre ses tennis magiques. Évidemment, celles-ci sont chères, mais Ulf est prêt à se les procurer à n'importe quel prix. Ulf offre à Percy ses possessions les plus précieuses, une partie de celles de son frère et les magazines et disques préférés de son père.

« "Tu vois," chuchota Percy. "Ce ne sont pas juste de vieux tennis…" »

Il obtient alors les chaussures qu'il désirait tant. Lorsqu'il les enfile, il éprouve une sensation merveilleuse et extraordinaire. Il sent leur magie se répandre dans tout son corps. À partir de là, l'existence d'Ulf change. Il est désormais fort, brave, sûr de lui et audacieux, possède les qualités qu'il désirait avoir et admirait tant chez Percy. Mais le lecteur est amené à se demander si, peut-être, Ulf a changé tant que cela.

Min vän Percys magiska gymnastikskor est le premier de trois livres mettant en scène Ulf, Percy et leur improbable amitié. Il s'agit d'une histoire amusante et touchante basée sur l'enfance de l'auteur dans la banlieue de Stockholm durant les années 1950. **CC**

Nationalité Suède, 1944 (aut.), Finlande, 1943 (ill.)
Édition Bonnier Carlsen, Suède, 1991
Thèmes amitié, histoires magiques, école

5+

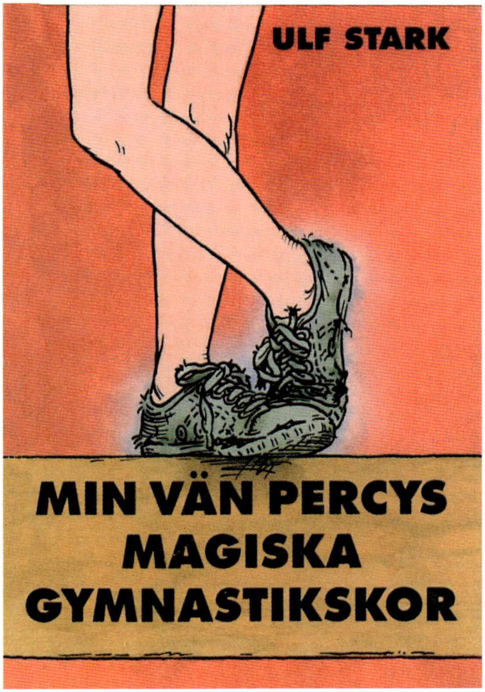

Livres de Ulf Stark traduits en français

Laissez danser les ours blancs
Tu sais siffler, Johanna ?
Les casse-pieds et les fêlés
Une copine pour papa

Tar Beach

Faith Ringgold

Nationalité États-Unis, 1930
Édition Crown, États-Unis, 1991
Thème histoires magiques

5+

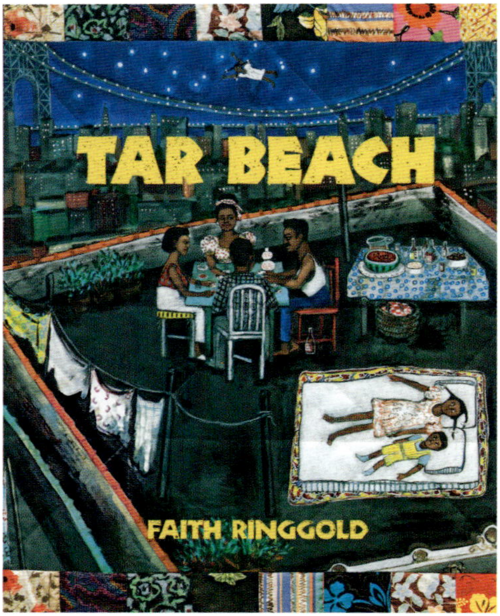

« Je n'oublierai jamais le moment où les étoiles pleuvaient autour de moi. »

Autres histoires fantastiques

***Amandine Malabul*, Jill Murphy (p. 296)**
***Jumanji*, Chris Van Allsburg (p. 319)**
***Charlie et la chocolaterie*, Roal Dahl (p. 564)**

Faith Ringgold, artiste lauréate du Caldecott Honor Book, est surtout connue pour ses histoires en patchwork peintes – des œuvres qui associent les arts de la peinture, du patchwork et du conte. L'ouvrage *Tar Beach* a été considéré comme une œuvre d'art moderne exprimée sous forme de livre d'images pour enfants. Le tableau original de Raingold qui porte le même nom appartient à la collection du musée Guggenheim de New York.

Le livre raconte l'histoire émouvante de Cassie Louise Lightfoot, âgée de huit ans en 1939, qui aspire désespérément à être libre de se rendre où elle le souhaite pour le restant de sa vie. Par une tiède nuit d'été, alors qu'elle profite d'un pique-nique familial sur la « plage goudronnée » – une expression argotique désignant les toits noirs et plats des immeubles –, son rêve devient réalité. Elle découvre qu'elle est en train de voler au-dessus des étoiles. Les étoiles la soulèvent doucement de sa couverture et elle se voit en train de voler au-dessus de la ville. Planant loin au-dessus des lumières et regardant d'en haut l'endroit où elle habite, Cassie rêve de porter le pont George Washington à la façon d'un collier et elle imagine qu'elle offre à son père le bâtiment de l'union, où il ne peut entrer en raison de son ascendance à moitié noire, à moitié indienne.

La suite de *Tar Beach* est intitulée *Aunt Harriet's Underground Railroad in the Sky*, dans laquelle la jeune Cassie effectue un voyage magique dans le passé avec son petit frère, Be Be. Ils rencontrent de célèbres personnages de l'histoire américaine, dont la militante contre l'esclavage Harriet Tubman. Les rêves de Cassie lui donnent de l'espoir et lui permettent de survivre aux épreuves quotidiennes de l'existence à l'époque de la Grande Dépression. À la fois fiction et autobiographie, ce récit brillamment illustré est accessible aux jeunes enfants de toute provenance encore capables d'imaginer qu'ils peuvent voler. **KD**

Le Petit Homme de fromage…

Jon Scieszka Lane Smith

Après le succès éclatant de leur première collaboration (p. 345), Jon Scieszka et Lane Smith élèvent ici le concept du conte de fées revisité à un autre niveau. En récompense de leurs efforts, ils reçurent le prix Caldecott Honor et firent l'objet de nombreuses autres consécrations.

Oubliez tout ce que vous savez et aimez sur les contes de fées : les fins heureuses traditionnelles, les leçons de morale sur la vérité et la justice, l'opposition du bien et du mal. Ici, aucun de ces éléments n'entre en jeu. Les lecteurs de ce livre posent toutes sortes de questions inconcevables dans d'autres contextes : et si le baiser de la princesse ne transforme pas le crapaud en prince, mais laisse la demoiselle avec de la bave de crapaud tout autour de la bouche ? Si la tortue ne fait pas la course avec un lièvre, mais avec un lapin qui se laisse pousser les cheveux ? Et le vilain petit canard… Eh bien, il apparaît qu'il s'agit bien d'un vilain petit canard et qu'il grandira pour devenir un vilain canard. Fin de l'histoire. D'autres contes familiers sont également déformés de manière humoristique : c'est le cas du Petit Chaperon rouge qui devient le Petit Short de Course rouge et du Bonhomme en pain d'épice qui est le petit homme de fromage du titre et ne réalise pas que tout le monde essaie d'échapper à la terrible odeur qu'il dégage.

Ces contes n'ont pas une fin familière ou prévisible, mais feront rire de bon cœur les enfants et les adultes. Si vous êtes las des contes traditionnels, ces « contes trop faits », avec leurs superbes illustrations et leurs polices de caractère qui se transforment radicalement et semblent sortir de la page, vous plairont assurément. Les contes de fées ne vous paraîtront plus jamais pareils, grâce à ce duo subversif. **KD**

Titre original *The Stinky Cheese Man*, 1992
Nationalité États-Unis, 1954 (aut.), 1959 (ill.)
Édition française Seuil
Thèmes mythes et légendes, contes de fées

5+

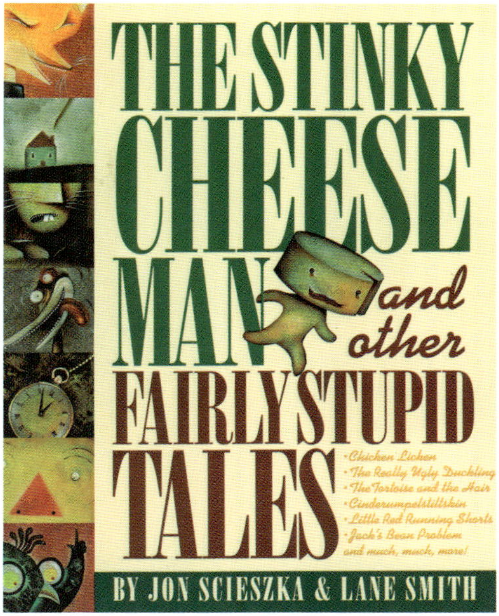

« [Chicken Licken] n'était pas l'être à deux pattes le plus vif qui soit… »

Autres livres fantaisistes

Poèmes sans sens, Edward Lear (p. 194)
Fungus le Bogey, Raymond Briggs (p. 304)
La Princesse et le dragon, Robert Munsch (p. 318)
La Malédiction des maths, Jon Scieszka (p. 357)

The Little Bird

Paro Anand

Titre original *The Little Bird: A Modern Fable*, 1993
Nationalité Inde, 1957
Édition HarperCollins, Inde
Thèmes fantastique, animaux

5+

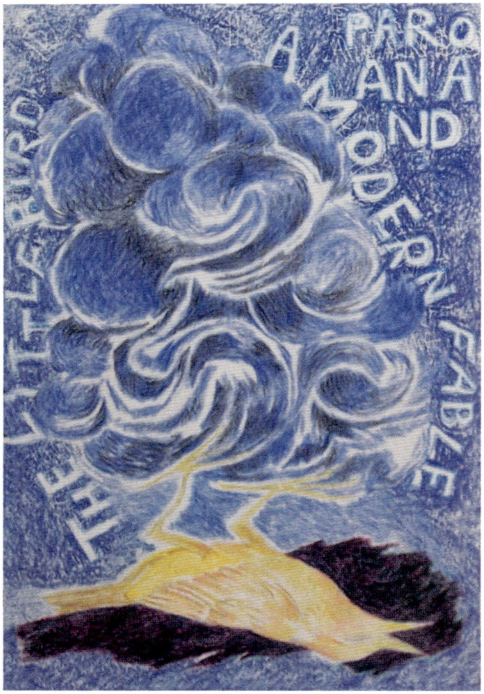

Paro Anand est l'un des écrivains pour enfants les plus célèbres de l'Inde. Elle dit que quelqu'un a un jour qualifié son écriture de « voix de l'opprimé » et qu'elle n'en avait pas conscience, mais que cela est peut-être bien le cas. Anand a écrit 18 livres pour les jeunes enfants et les adolescents et se passionne pour la littérature et le théâtre pour la jeunesse. Elle exerce également l'activité de conteuse et a voyagé en Inde, au Royaume-Uni, en France et en Suisse pour raconter ses histoires. Elle a contribué à la création de bibliothèques dans des zones défavorisées de l'Inde. Elle écrit des histoires sur les animaux en adoptant le point de vue de ceux-ci ainsi que des histoires contemporaines sur les problèmes multiculturels. L'une de ses œuvres les plus connues est *No Guns at My Son's Funeral*, un roman écrit pour les adolescents sur le conflit qui se déroule au Cachemire.

The Little Bird est une fable fantastique et moderne qui traite de questions environnementales actuelles. Les habitants d'une forêt indienne y vivent dans la crainte en raison des inondations qui ont autrefois dévasté leur maison et qui menacent de les submerger de nouveau. Que vont-ils devenir et qui les sauvera ? Piddi, un courageux petit oiseau, est une héroïne improbable. Elle retient bravement le ciel avec ses pattes et finit par se sacrifier pour les autres animaux. Ce conte émouvant traite des forces cachées des opprimés et tend à donner une plus grande confiance en eux aux lecteurs. Il montre également comment les autres oiseaux de la forêt honorent la mémoire de Piddi.

Les jeunes enfants qui ont aimé lire ce conte émouvant sur Piddi pourront également lire *Pepper the Capuchin Monkey* et *Elephants Don't Diet*. Les enfants légèrement plus âgés apprécieront *School Ahead*, qui s'intéresse à la vie scolaire avec beaucoup de sensibilité et d'humour. **HJ**

Autres contes sur des oiseaux

Un appel dans la nuit, Jane Yolen (p. 142)
Le Vilain Petit Canard, Hans Christian Andersen (p. 194)

Friends from the Other Side

Gloria Anzaldúa Consuelo Méndez

Nationalité Mexique, 1942 (aut.), États-Unis (ill.)
Édition Children's Book Press, États-Unis, 1993
Thèmes amitié, œuvre controversée

5+

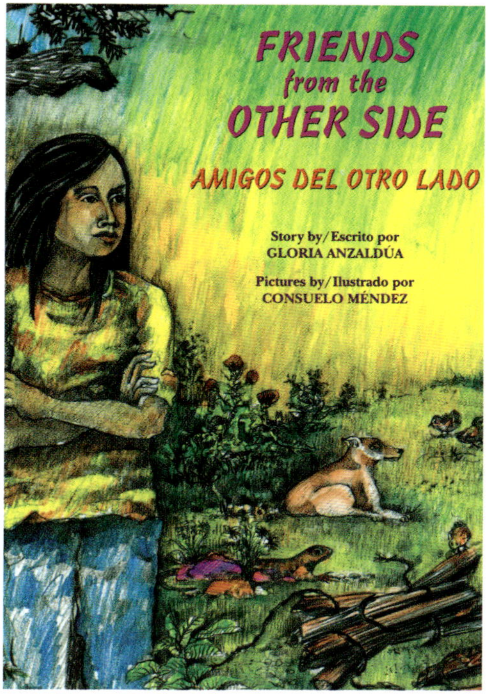

Lorsqu'une jeune Mexico-Américaine appelée Prietita rencontre le joyeux Joaquin, elle sait qu'elle vient de trouver un ami fiable et affectueux. Mais elle est bientôt confrontée à la terrible réalité liée à son nouvel ami. Car Joaquin est un « clandestin ».

Prietita défend courageusement Joaquin contre les moqueries et les attaques des enfants de son entourage, y compris de son propre cousin. Elle envisage aussi de l'emmener chez un herboriste pour faire soigner les plaies qu'il cache sous de longues manches.

Finalement, elle se retrouve obligée de le cacher au moment du passage d'une patrouille des frontières qui traque les immigrants illégaux. Pleine de ressources, Prietita parvient à cacher le jeune garçon et ils ne se font pas repérer. Dans ce récit, Gloria Anzaldúa mêle habilement un portrait fidèle de la difficile réalité de la vie près de la frontière mexico-américaine et une description des liens d'amitié et d'amour qui unissent les Mexico-Américains et les immigrants mexicains. Les illustrations de Consuelo Méndez ont beaucoup d'impact : elles se composent de traits dessinés au crayon qui représentent les visages expressifs et la pauvreté caractéristiques de la région. La noirceur envahissante n'est qu'occasionnellement adoucie par les couleurs vives et brillantes des vêtements des Latino-Américains et du désert. Le livre, écrit à la fois en espagnol (*Amigos del otro lado*) et en anglais, permet aux jeunes lecteurs de comparer les deux langues, ce qui leur donne l'occasion d'apprendre un peu de vocabulaire et d'en savoir plus sur les deux cultures. **LB**

« Nous avons dû traverser la rivière, car la situation de l'autre côté était très mauvaise. »

Contes sur l'amitié interculturelle

Le Jardin secret, Frances Hodgson Burnett (p. 455)
Ami ! Ami ?, Chris Raschka

5+

Boucle d'or et les trois ours

Janell Cannon

Nationalité France, 1895 (aut.), Pays-Bas, 1926 (ill.)
Édition Père Castor, France, 1956
Thème contes traditionnels

« Les Trois Ours » est un conte traditionnel russe dont l'adaptation la plus connue est de Léon Tolstoï. Nous avons ici une des versions les plus fidèles, avec celle de Rojankovsky en 1967, de ce conte classique aux multiples variantes. Gerda Muller, auteur et illustratrice d'origine hollandaise, vivant et travaillant en France, a été une pionnière de l'Atelier du Père Castor où elle est restée treize ans et au sein duquel elle a publié 41 albums entre 1951 et 1974 dont *Marlaguette*, *Les Bons Amis*, *La Chèvre et les Biquets*… Elle aime les contes populaires, situés dans un monde rural, avec une portée philosophiques et morale. Ses illustrations dans une veine naturaliste donnent aux détails toute leur importance et l'atmosphère donnée par ses couleurs est chaleureuse.

Cette version de *Boucle d'or et les trois ours*, toujours réimprimée, est illustrée dans un style proche des arts populaires qui en soulignent le caractère merveilleux. Par son aspect rituel, ce conte s'inscrit durablement dans l'esprit des enfants : dans ce décor champêtre, on pénètre avec cette petite fille dans une maisonnette où l'on se surprend à repérer tout ce qui va par trois, dans un ordre naïf qui correspond à la propension des enfants à l'énumération. Avec elle, on goutte au grand, au moyen et au petit, qu'il soit bol, chaise ou lit. On partage aussi sa peur à l'arrivée des trois ours et sa fuite coupable. Et c'est avec un plaisir renouvelé que l'on découvre leur bienveillance après leur légitime colère. **NB**

Martin Zinzin

Francesca Simon   Tony Ross

Titre original *Horrid Henry*, 1994
Nationalité É.-U., 1955 (aut.), GB, 1938 (ill.)
Édition française Hachette jeunesse
Thèmes personnages favoris, famille

Lorsque ce premier livre de la série des *Martin Zinzin* fut publié, Francesca Simon n'imaginait pas que chacun de ses nouveaux titres deviendrait un best-seller et que son personnage ferait l'objet d'une adaptation télévisée. Chacun de ses quatre brefs chapitres se déroule après un incident dans la vie de Martin Zinzin, de son petit frère et de leurs parents, victimes des méfaits de leur garçon. Les esquisses rapides de l'illustrateur Tony Ross et ses caricatures affectueuses sont parfaitement assorties au récit de l'auteur.

Le personnage du petit garçon qui se conduit mal possède de nombreux prédécesseurs dans la littérature pour la jeunesse. Les plus connus sont William, de Richmal Crompton, et Denis la malice du magazine de bande dessinée *Beano*, mais peu de ces personnages sont aussi jeunes que Martin. Ce dernier, accompagné de ses amis qui ont des noms formant des allitérations, est exagéré dans ses traits de caractère, de même que les catastrophes comiques qu'il subit ou provoque. Les frustrations que déclenche la vie familiale sembleront en revanche réalistes aux yeux de tous les enfants et parents – notamment l'attitude à table, le jeu avec la petite voisine autoritaire ou les vacances qui conviennent davantage aux parents qu'aux enfants.

Les comportements extrêmes de Martin Zinzin et de son petit frère sont des réactions à l'éternelle lutte de pouvoir existant entre adultes et enfants. Les jeunes lecteurs riront de bon cœur et seront secrètement ravis des bêtises commises par Martin. **CB**

Old Tom

Leigh Hobbs

Titre original *Old Tom*, 1994
Nationalité Australie, 1953
Édition française Hachette jeunesse
Thèmes personnages favoris, famille

5+

Un jour, Angela Throgmorton ouvre sa porte et découvre un bébé monstre couché dans un panier. Elle décide de l'élever et l'appelle Old Tom. C'est ainsi que débute le premier livre de la série des *Old Tom*. Même lorsqu'il est encore bébé, Old Tom est un personnage exceptionnel. Le récit, qui n'excède pas trois lignes de texte par page, est plutôt visuel : on peut voir sur chaque page les innombrables détails des efforts d'Angela et les pitreries d'Old Tom.

Angela, qui est soucieuse de son intérieur et très méticuleuse, se retrouve confrontée à une créature négligée, malicieuse et incontrôlable. Old Tom semble impossible à éduquer, mais Angela se bat, tentant de lui inculquer l'ordre et les bonnes manières. Puis elle finit par en avoir tellement assez qu'elle l'exclut de la maison. Tous deux se délectent alors de leur liberté : Angela s'attaque à sa poussière et Old Tom erre à sa guise. Il passe de merveilleux moments, puis connaît des temps plus difficiles. Il est capturé et emmené en fourrière. Pendant ce temps, Angela s'ennuie affreusement de son « bébé ». Elle part le chercher, le retrouve, et tous deux, enfin réunis, vivent côte à côte en harmonie.

S'il a vaguement l'air d'un chat, Old Tom est davantage décrit par Hobbs comme un diable de Tasmanie mélangé à un bouvier australien. Les livres d'Old Tom semblent plaire à des lecteurs d'âges variés, notamment aux adultes qui partagent le sens de l'humour de l'auteur. La série peut être lue à haute voix aux enfants de moins de cinq ans et convient aux lecteurs débutants. Old Tom a également fait l'objet d'une série animée télévisée. **AJ**

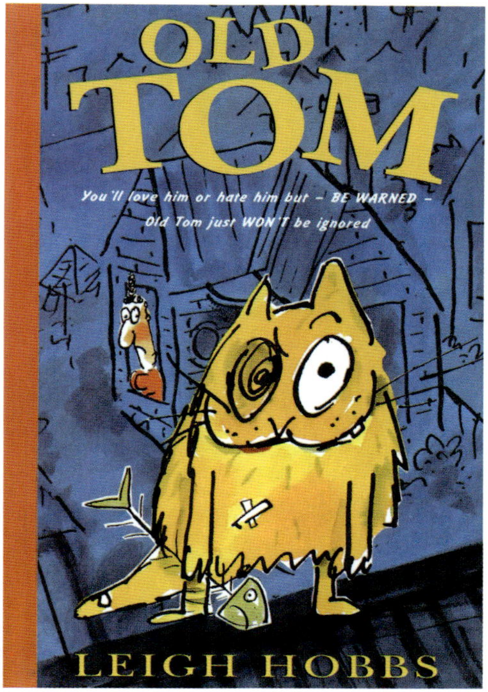

« Il ressemble plutôt à un garçon de sept ans joufflu. Il est dépenaillé, semble avoir fait la guerre et porte un squelette de poisson, sa poupée. »

Autres animaux farfelus

Le Chat chapeauté, Dr Seuss (p. 89)
La Grenouille à grande bouche, Francine Vidal (p. 176)
Ranelot et Bufolet : une paire d'amis, Arnold Lobel (p. 282)
Plouf, Philippe Corentin (p. 343)

Fanny Dubois est folle de moi

Frieda Wishinsky Linda Hendry

5+

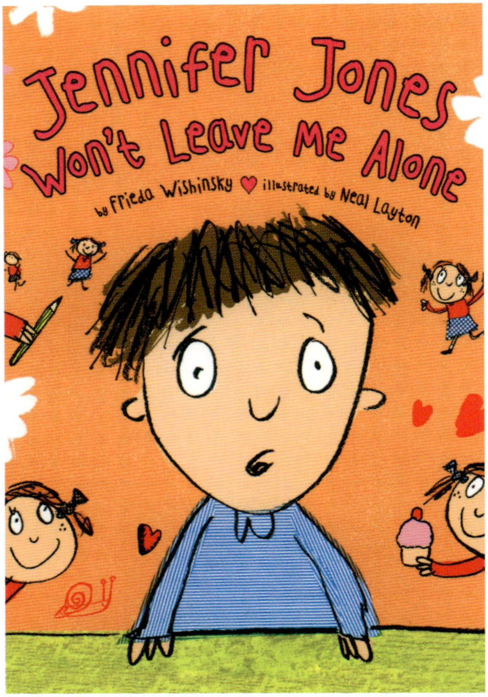

« Elle m'écrit des poèmes d'amour,
Pleins de mots comme adorer,
puis elle colle des cœurs rouges
Qu'elle a trouvés au magasin. »

Autres histoires d'enfants terribles

Fifi Brindacier, Astrid Lindgren (p. 231)
Ramona la peste, Beverley Cleary (p. 277)
Martin Zinzin, Francesca Simon (p. 354)
Chère Mathilda, Christianna Brand (p. 567)

Titre orig. *Jennifer Jones Won't Leave Me Alone*, 1995
Nationalité All./Can., 1948 (aut.), Can., 1961 (ill.)
Édition Scholastique, Canada
Thèmes amour, école, poésie

Fanny Dubois est amoureuse du garçon qui est assis près d'elle. Elle lui crie dans l'oreille, lui déclare son amour et lui écrit des poèmes sentimentaux ornés de cœurs rouges. Le pauvre garçon est mortifié par ses attentions. Il souhaite tellement que Fanny s'en aille qu'il imagine qu'elle s'installe dans la jungle et transfère son affection sur les singes, qu'elle part en Arctique où elle ennuiera les ours, ou qu'elle va sur la Lune, n'importe où sauf près de lui !

Pourtant, lorsque Fanny s'en va réellement vivre en Europe, elle manque beaucoup plus au narrateur que celui-ci aurait pu l'imaginer. Se plonger dans le travail scolaire ne l'aide pas à oublier sa satanée camarade. Elle lui manque et il aimerait qu'elle revienne vivre près de chez lui. L'absence renforce certains liens. Le garçon désormais amoureux entend une rumeur selon laquelle Fanny va revenir. Il se précipite acheter un paquet de petits cœurs rouges.

Cette histoire en vers possède un attrait universel : tout le monde se rappelle son premier amour. Neal Layton a illustré à nouveau ce livre en 2003 et ses adorables dessins donnent vie à l'histoire grâce à la présence de dizaines de petites Fanny se multipliant tout au long des pages. L'expression perplexe du garçon et la façon dont il se tortille expriment parfaitement son embarras. Les voyages de Fanny dans toute l'Europe sont illustrés par des collages de photographies de capitales. Les vers amusants de Frieda Wishinsky et sa conscience inhabituelle des faiblesses humaines donnent naissance à un livre plein d'humour. **MK**

Mademoiselle Zazie a-t-elle un zizi ?

Thierry Lenain Delphine Durand

Nationalité France, 1959 (aut.), 1971 (ill.)
Édition Nathan, France, 1998
Thèmes amitié, égalité

Thierry Lenain, dès la parution de son premier roman en 1988, *Un pacte avec le diable*, chez Syros, abordait à travers une fiction le thème de la drogue chez les adolescents. Sensible et fort, il a percuté le public en suscitant à la fois l'engouement, ce thème n'étant pas encore traité en jeunesse, et de nombreux débats. Il a renouvelé son impact en sortant, en 1993, *La Fille du canal*, sur le sujet délicat des attouchements sexuels sur mineurs. Qu'il écrive pour les petits ou les grands, ses propos sans tabous sur tous les aspects de la vie sont toujours sérieux et peuvent donner à tout âge matière à réflexion. L'humour n'est pas exclu de ses histoires, surtout dans celles qu'il destine aux plus jeunes, et c'est avec une démonstration alerte et piquante qu'il aborde l'égalité des sexes dans ce petit roman où apparaissent pour la première fois Zazie et Max. Pour l'histoire, Zazie est une fille qui n'a peur de rien et qui gagnent à tous les jeux. Quand elle arrive dans le monde de Max, elle le bouscule et l'interroge, car pour lui, seul un garçon peut faire tout ça, et il veut en avoir le cœur net. Son objectif est délicat : voir Zazie nue. Et lorsqu'il y arrive, abasourdi, c'est en toute honnêteté qu'il intègre un nouveau schéma à sa compréhension du monde : il n'y a pas de avec ou sans zizi, les premiers plus forts que les deuxièmes, mais il y a des avec zizi et des avec zézette, et ils sont égaux… L'illustratrice, quant à elle, ironise gaiement en marge des propos. Ce livre a obtenu le prix Sorcières en 1999. **NB**

La Malédiction des maths

Jon Scieszka Lane Smith

Titre original *Math Curse*, 1995
Nationalité États-Unis, 1954 (aut.), 1959 (ill.)
Édition française Seuil jeunesse
Thème fantastique

Le duo primé formé par Jon Scieszka et Lane Smith est ici de retour dans un récit très drôle qui évoque le problème mathématique le plus anxiogène d'un examen : le problème de la formulation.

Tout commence simplement. Durant un cours de mathématiques, un professeur dit à sa classe que l'on peut tout considérer sous l'angle d'un problème de mathématiques. Brusquement, la narratrice souffre d'une grave « malédiction des maths » qui transforme son univers entier en un problème de mathématiques. Elle va chercher du lait pour ses céréales dans le réfrigérateur et se demande : « 1. Combien y a-t-il de litres dans un gallon ? 2. Combien de pintes dans un litre ? 3. Combien de pouces dans un pied ? 4. Combien de pieds dans une cour ? 5. Combien de cours dans un quartier ? Combien de pouces dans une pinte ? Combien de pieds dans mes chaussures ? »

Ces histoires furent qualifiées de « contes de fées fracturés », car leur point de vue est original. La frustration et la panique de la narratrice finissent par se transformer en allégresse lorsqu'elle fait un rêve qui lui montre comment échapper à la malédiction des maths. Une nouvelle fois, les illustrations audacieuses de Lane Smith sont composées de collages, de peinture et de caractères, créant l'univers bizarre et distrayant qui met en scène cette malédiction des maths. Pour tout enfant (ou adulte) que les maths ont déjà rendu anxieux, ce livre pourrait bien constituer un remède. **KD**

Lilly adore l'école

Kevin Henkes

Titre original *Lilly's Purple Plastic Purse*, 1996
Nationalité États-Unis, 1960
Édition française multiples éditeurs
Thèmes animaux, école, amitié

5+

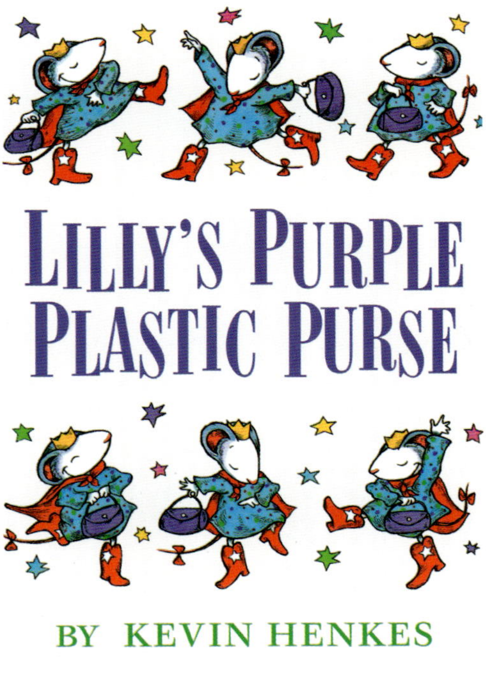

Autres livres avec des souris adorables

***Angelina ballerine*, Katherine Holabird (p. 133)**
***La Surprenante Histoire du docteur De Soto*, William Steig (p. 323)**
***Souris, père et fils*, Russell Hoban (p. 575)**
***El ratón Pérez*, Luis Coloma (p. 207)**

La première fois que je lus l'album *Lilly adore l'école* avec ma fille, celle-ci me dit : « Relis-le encore ». Nous sommes donc revenus à la première page, l'avons relu et l'avons encore plus apprécié. Nous avons dû lire ce livre une vingtaine de fois tandis que ma fille grandissait et il nous paraissait toujours aussi drôle.

Lilly a certes l'aspect d'une souris, mais elle incarne parfaitement les passions, les joies, les ravissements et les désespoirs de l'enfance. Ses relations avec sa famille et ses camarades d'école, notamment avec son professeur d'art excentrique, Mr. Slinger, sont décrites avec légèreté et sont très convaincantes. L'impact dévastateur de son sac à main en plastique violet, dont elle adore montrer le contenu et qui produit une musique guillerette que Lilly aime faire écouter à tout le monde, est tout à fait crédible. Nous découvrons tout l'univers de Lilly, un véritable ravissement : sa craie pointue, ses lunettes de star, ses pièces qui tintent, son laboratoire, son estomac qui tangue, sa chaise récalcitrante, sa danse et les cravates de Mr. Slinger.

« "Soyons courtois…" [dit Mr. Slinger]. Lilly a du mal à être courtoise. »

L'écriture est agréable et rythmée. Les illustrations sont précises et attendrissantes. Le livre contient aussi un merveilleux livre illustré, écrit par Lilly elle-même, dans lequel « le soleil fait se refléter son visage souriant sur chaque être et chaque chose. Y compris les scarabées et les vers ». L'histoire nous fait vivre un beau voyage : Lilly danse avec joie au début, est malheureuse et dégoûtée ensuite, puis fait des bonds à la fin, pleine d'optimisme. *Lilly adore l'école* est un véritable petit chef-d'œuvre : si vous le lisez, comme Lilly et Mr. Slinger, vous vous exclamerez « Whaouh ! »

Lilly exécute une danse avec son sac en plastique violet.

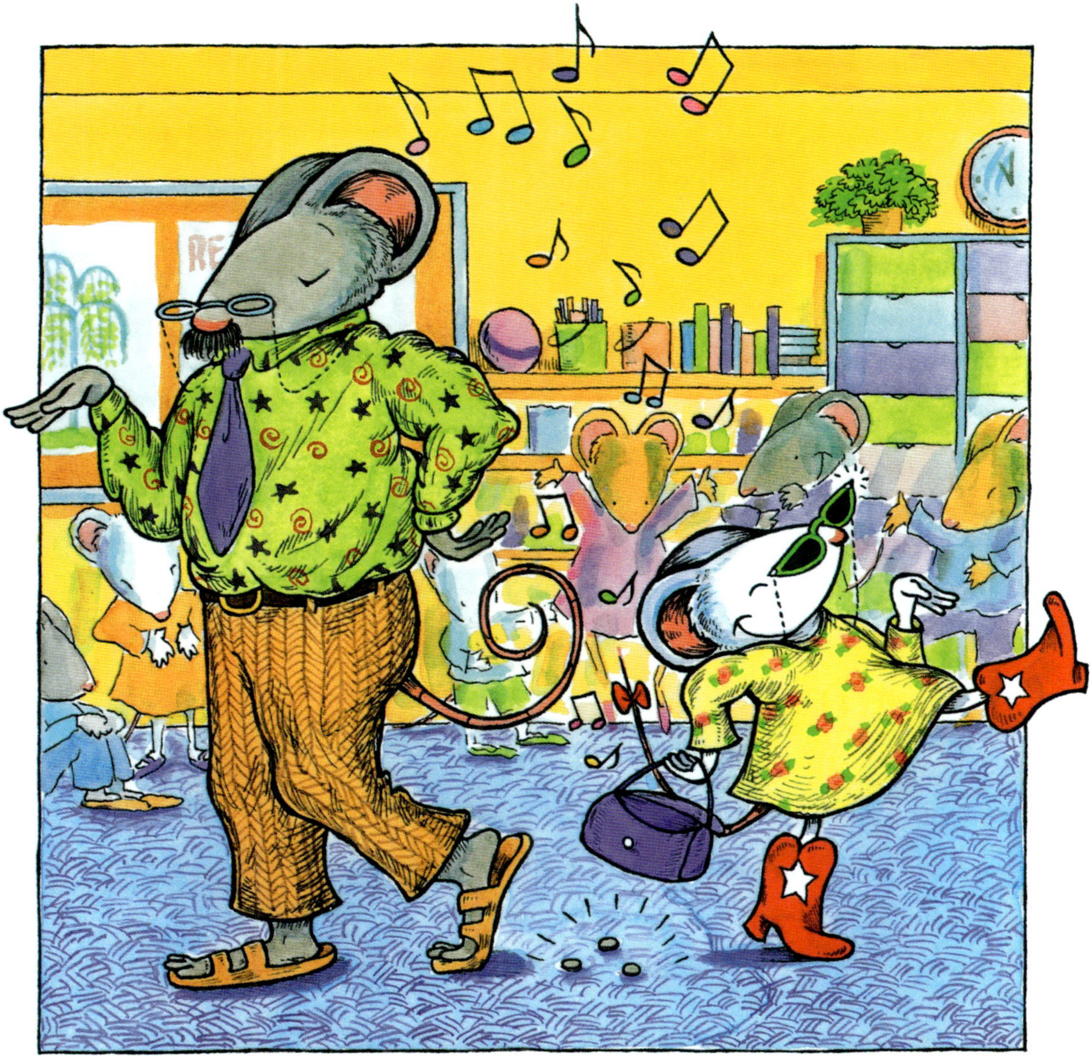

Flon-Flon et Musette

Elzbieta

Nationalité France, 1920
Édition L'École des loisirs, France, 1998
Thèmes amour, guerre

Sur la couverture aux couleurs toutes pastels de cet album de petit format, deux enfants ou deux petits lapins se regardent intensément, les yeux dans les yeux. Ils s'aiment assurément. La neige a tout recouvert. Leur histoire, qui se déroule dans un lieu et dans un temps qui ne sont pas définis, acquiert ainsi une portée universelle. C'est celle des enfants dans la guerre qui vont être séparés simplement parce qu'ils habitent de part et d'autre du ruisseau.

Dans le texte qui prend place sur la page de gauche, en gros caractères, chaque mot, simple, est pesé. Il suggère, crée des images que l'illustration dévoile avec pudeur. Quand Flon-Flon dit à sa mère qu'elle allait demander à la guerre de partir, c'est le narrateur anonyme qui répondit : « La guerre était trop grande. Elle n'écoutait personne… Elle cassait tout ». Quand enfin, la guerre fut terminée et que le père blessé fut revenu, il ne put que dire : « La guerre ne meurt jamais, mon petit Flon-Flon. Elle s'endort seulement de temps en temps. Et quand elle dort, il faut faire très attention de ne pas la réveiller », mais « les enfants sont trop petits pour la réveiller ». Quelle extraordinaire façon de parler aux enfants, de leur donner des mots et de leur permettre de réfléchir sur des événements dont ils voient partout des images de violence et d'horreur. Par une œuvre aussi aboutie, intelligente et sensible, quel lecteur qu'il soit adulte ou enfant ne sera pas profondément touché et bouleversé. Elzbieta est une très grande dame de l'album.

Les Bons Amis

Paul François   Gerda Muller

Nationalité France (aut.), Pays-Bas, 1926 (ill.)
Édition Flammarion Père Castor, France, 1996
Thèmes aventure, amitié

Ecrit d'après un conte populaire chinois, ce texte est devenu un grand classique des tout-petits. Illustré par Gerda Muller une première fois en 1959, alors qu'elle est à l'Atelier du Père Castor, le petit format souple de la collection de « premières lectures » avec ses dessins réalistes, précis et détaillés, résiste au temps. Présent dans toutes les crèches, écoles, bibliothèques et librairies, ce récit est devenu une incontournable référence célébrant les valeurs de l'amitié. En 1996, dans un format album qui lui convenait mieux, l'illustratrice refait les dessins sur ce texte qui lui tenait à cœur et leur donne une belle ampleur avec plus de détails et plus de rondeur et de chaleur dans les couleurs.

L'histoire, quant à elle, est toujours la même : celle d'une carotte qui circule d'un animal à un autre sans être mangée… Soit celle d'un petit lapin qui, en plein cœur de l'hiver, découvre deux carottes et en mange une seule, gardant l'autre pour son ami le cheval. Le petit cheval, lui-même repu, pense à son ami le mouton qui va quant à lui apporter la carotte au chevreuil… Ainsi se construit une chaîne de solidarité dans un contexte hivernal difficile, chacun par ce cadeau reportant son plaisir sur l'autre. L'histoire pourrait durer à l'infini si le chevreuil n'avait pas la belle idée de rapporter la carotte au petit lapin. C'est ainsi que la boucle est bouclée, et que chacun s'écrie : « Ah ! Les bons, les bons amis ! », bien des années encore après avoir lu ce livre. **NB**

The Great Escape from City Zoo

Tohby Riddle

Nationalité Australie, 1965
Édition HarperCollins, Australie, 1997
Thèmes animaux, aventure, fantastique, amitié

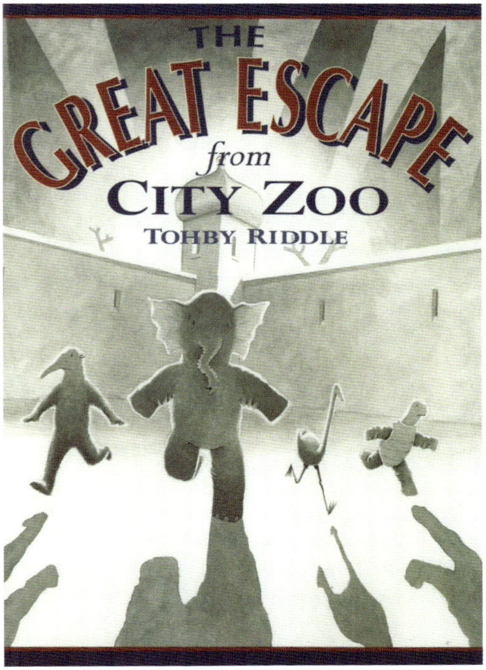

5+

Ce livre d'images universel donne l'impression d'être déjà un classique, en partie parce que son récit, construit avec intelligence, intègre de nombreuses images emblématiques. La formation d'architecte de Tohby Riddle et son travail dans l'univers du dessin animé lui ont permis de disposer d'un important bagage de références visuelles du XXe siècle. *The Great Escape from City Zoo* (« La grande évasion du zoo ») plaît autant aux adultes qu'aux enfants. Les lecteurs s'amuseront à y repérer des tableaux, des personnes, des films, des photographies et des édifices célèbres.

Une nuit, à la lumière de la pleine lune, un fourmilier, un éléphant, une tortue et un flamant rose s'échappent du zoo de la ville. Déguisés en patron, en homme d'affaires, en marin et en postier, ils découvrent la vaste cité. Ils se promènent dans les rues, assistent à un film et se rendent à une exposition. Risquant d'être capturés, ils élaborent un plan et empruntent un train de marchandises pour quitter les lieux – excepté le fourmilier, qui veut tenter sa chance en ville. Juste au moment où tout semble bien se dérouler, ils sont reconnus. Les animaux sont capturés un par un et reviennent au zoo fêtés en héros, à l'exception du flamant rose qui est peut-être encore libre.

Riddle place son récit dans le passé et emploie un style pince-sans-rire rappelant les histoires de détectives des années 1930. L'histoire est en parfaite harmonie avec les illustrations en noir et blanc légèrement surexposées. La lecture de ce livre est une expérience amusante qui évoque la vision d'un film muet. **AJ**

« Il se passait des choses bizarres dans le zoo de la ville depuis quelque temps. Quelque chose se préparait. »

Autres histoires amusantes d'animaux

Histoires comme ça, Rudyard Kipling (p. 208)
Contes du chat perché, Marcel Aymé (p. 223)
Mr. Popper et ses manchots, Richard Atwater (p. 225)
Foxie, Ingri et Edgar Parin d'Aulaire (p. 238)
Dodo Gets Married, Petra Mathers (p. 369)

Henry and Amy

Stephen Michael King

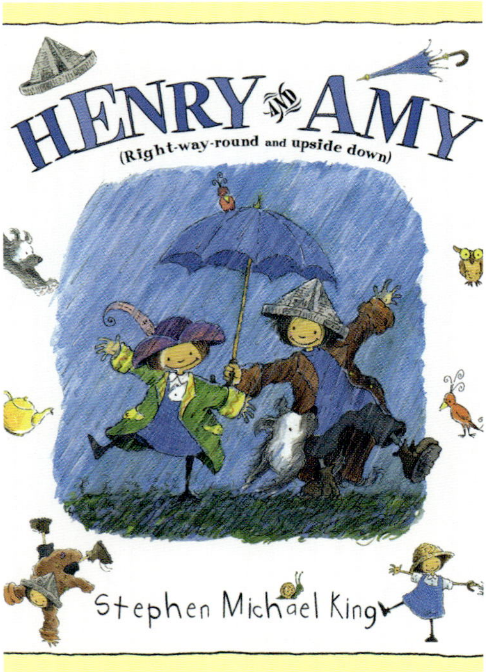

« Henry et Amy sont les meilleurs des meilleurs amis du monde... à l'endroit comme à l'envers... »

Autre livre de Stephen Michael King

Le Secret des boîtes

Nationalité Australie
Édition Scholastic Press, Australie, 1998
Thèmes amitié, excentricité

Voici un livre d'images joyeux mettant en scène deux jeunes enfants très différents qui deviennent les meilleurs amis du monde. Henry est enjoué et excentrique, mais trouve souvent que son existence est un peu désordonnée. Par exemple, lorsqu'il organise un pique-nique un jour de beau temps, cela se finit caché sous la nappe avec son chien et ses jouets pour se protéger de la pluie.

Un matin, alors qu'il marche à reculons (même s'il fait beaucoup d'efforts pour essayer de marcher vers l'avant), il heurte Amy. Cette petite fille est propre, douce et très douée, mais au fond d'elle-même, aimerait être un peu moins parfaite. Henry lui fait découvrir l'imprévu et Amy lui apprend à différencier la gauche et la droite. Lorsqu'ils construisent une cabane dans un arbre, Amy élabore un plan afin qu'elle se dresse bien droite dans l'arbre et Henry ajoute des pièces plus fantaisistes qui la rendent belle. Voici une histoire excentrique et agréable sur la différence et les particularités de chaque individu.

Stephen Michael Ling est illustrateur et écrivain. Il réalise parfois des illustrations pour d'autres auteurs et a travaillé dans une bibliothèque pour enfants et comme concepteur de livres pour la jeunesse. Sa connaissance approfondie de tous les aspects de la littérature pour enfants transparaît dans *Henry and Amy*. Ses dessins vivants, avec leurs joyeuses touches de couleur, captent la spontanéité du jeu des deux enfants et comportent de nombreux détails fantaisistes. Ses livres ont fait l'objet d'une sélection pour un certain nombre de prix et ont été traduits en plusieurs langues. **AJ**

A Bad Case of Stripes

David Shannon

Nationalité États-Unis, 1960
Édition Scholastic, États-Unis, 1998
Thèmes amitié, excentricité, école, fantastique, œuvre controversée

5+

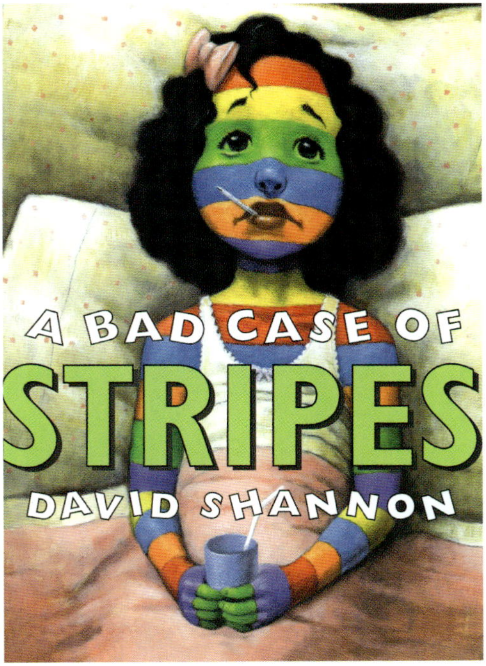

Comment bien s'intégrer dans un groupe est l'une des étapes les plus difficiles que les parents ont à enseigner à leurs enfants. Les parents souhaitent que leurs enfants soient appréciés et s'entendent bien avec les autres. Il est vrai que les enfants souffrent d'être mis à l'écart.

David Shannon est un auteur et un illustrateur primé qui traite de la difficulté de rester soi-même en mettant en scène une petite fille qui fait tant d'efforts pour s'adapter qu'elle est atteinte d'une éruption de rayures, voire, de temps en temps, par l'apparition sur son corps d'étoiles et de rayures, de racines, de cristaux, de plumes et d'une longue queue en fourrure.

L'histoire de Camilla Cream est celle d'une petite fille qui modifie ses rayures dès que quelqu'un le suggère et qui ne peut être guérie de cette terrible maladie que lorsqu'elle accepte d'être différente en admettant avoir un terrible secret : elle aime les haricots de Lima, un légume que les enfants du monde entier, et notamment ses amis, détestent. Nous apprenons aussi que Camilla se soucie toujours de ce que les autres pensent d'elle.

Ce livre comporte une bonne dose d'humour noir, ainsi qu'un message fort pour ne pas céder à la pression de ses semblables. Si quelques enfants peuvent trouver gênantes certaines des images montrant la peau de Camilla en train de se transformer, beaucoup d'autres trouveront cela irrésistiblement drôle. Le message délivré aux enfants par Shannon avec beaucoup d'humour et de compréhension est positif, car il leur conseille d'être eux-mêmes. **KD**

« Camilla aime les haricots de Lima. Mais elle n'en mange pas. Ses amis détestent les haricots de Lima… elle veut être comme eux. »

Autres livres amusants sur l'école

Mes sept papas, Pija Lindenbaum (p. 348)
Je déteste l'école, Jeanne Willis (p. 376)
Miss Nelson is Missing, Henry Allard (p. 307)

Rumpelstiltskin and Other Grimm Tales

Carol Ann Duffy Markéta Prachatická

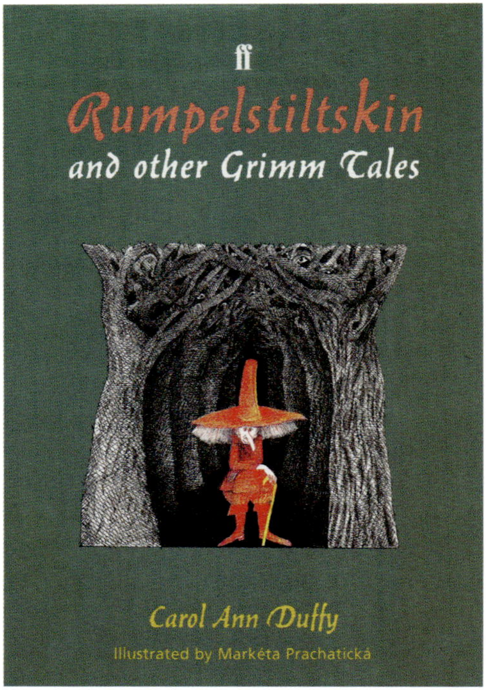

« L'horrible plan de la gloutonne sorcière était de fermer la porte du four une fois Gretel dedans, afin qu'elle puisse la faire cuire. »

Autres contes à lire à voix haute

Le Vilain Petit Canard, Hans Christian Andersen (p. 194)
Contes italiens, Italo Calvino (p. 251)
Les Trois Cochons, David Wiesner (p. 368)

Nationalité Écosse, 1955 (aut.), Tchéquie (ill.)
Édition Faber and Faber, Grande-Bretagne, 1999
Thème contes de fées

Ces seize histoires du recueil des frères Grimm furent écrites à partir de la pièce de Carol Ann Duffy produite en 1997 pour le Young Vic Theatre de Londres. Sa réécriture des contes leur donne leur caractère original : sombre, torturé, capricieux et amusant. Les humains précipitent presque toujours les événements de l'histoire à cause de leur convoitise, de leur stupidité et de leur cruauté. Pourtant, comme l'écrit l'auteur, quelle que soit l'importance de quelqu'un, personne ne devrait se moquer d'une personne de rang inférieur, ne fut-ce que d'un hérisson.

L'habileté de Duffy à utiliser le rythme et les sonorités se révèle dans l'ensemble de son texte, bien supérieur à un simple récit. *Clever Hans*, par exemple, adopte un langage direct et une forme poétique employant la répétition. La poésie est également présente dans d'autres histoires, comme *Ashputtel*, une version beaucoup plus satisfaisante de l'histoire classique de Cendrillon que nous connaissons. Ashputtel est aidée par la nature plutôt que par sa marraine la fée et ses méchantes sœurs ont une juste récompense : elles deviennent aveugles. Dans *Snow White*, l'auteur n'hésite pas à faire danser la méchante reine jusqu'à la mort dans ses chaussures chauffées au fer rouge.

Duffy se soucie toujours du caractère authentique de l'histoire originale, ne souhaitant pas en produire des versions lisses et édulcorées. Elle adopte le langage de la rue lorsque cela est approprié et ajoute fréquemment ses propres observations. Le texte est joliment illustré d'une quarantaine de dessins au trait en noir et blanc réalisés par l'artiste tchèque Markéta Prachatická. **WO**

Dödenboken

Pernilla Stalfelt

Nationalité Suède, 1962
Édition Eriksson and Lindgren, Suède, 1999
Thèmes maladie et mort, œuvre controversée

5+

Ce livre, dont le titre signifie « Le livre des morts », est exactement ce qu'il paraît être. Mais comment écrire sur la mort sans la rendre effrayante, triste ou lugubre ? Eh bien, lorsqu'on est Pernilla Stalfelt, auteur et illustratrice d'une longue liste d'ouvrages populaires, on le fait avec humour. La technique de Stalfelt consiste à expliquer la mort de manière très terre-à-terre. Elle commence par une citation empruntée à une encyclopédie. Elle évoque ensuite tous les aspects de la mort à sa manière, toujours avec une bonne dose d'humour. De quoi ont l'air les personnes, les animaux et les plantes lorsqu'ils sont morts ? Elle traite aussi de la mort due à l'âge, aux accidents et à la maladie.

Tout cela peut sembler plutôt morbide, mais Stalfelt traite son sujet de manière désarmante et chaleureuse. Elle souligne la difficulté de comprendre la mort tant pour les jeunes que les moins jeunes grâce à ses illustrations dignes d'une bande dessinée : un enfant et un adulte sont représentés avec des bulles au-dessus de leur tête en train de méditer sur ce thème. Selon les commentaires de l'auteur, la mort peut être difficile, même si l'on est vraiment très « fort », comme le montre l'illustration d'un éléphant qui réfléchit sur le sujet. Le livre évoque la tristesse de ceux qui restent et diverses croyances concernant la vie après la mort, notamment le fait que certains pensent que l'on se transforme en étoile dans le ciel.

Ce livre associe des illustrations fantasques avec un texte plutôt court. Cet ouvrage peut constituer un bon point de départ à une réflexion et à une conversation avec les enfants à propos d'un sujet difficile. Il est aussi informatif et fait réfléchir les adultes. **CC**

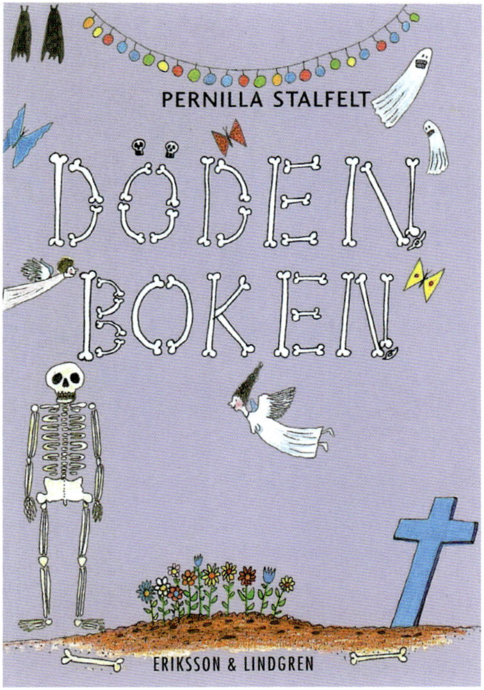

« C'est difficile de comprendre ce qu'est la mort… Et pas seulement quand on est petit, quand on est grand aussi, c'est difficile… »

Livres de Pernilla Stalfelt traduits en français

Le Petit Livre de l'amour (p. 371)
Le Petit Livre des poils
Le Petit Livre de la peur

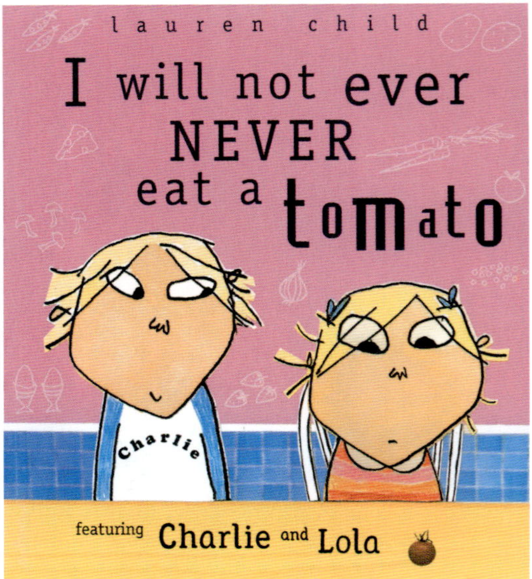

Beurk ! Les tomates

Lauren Child

Titre orig. *I Will Not Ever Never Eat a Tomato*, 2000
Nationalité Grande-Bretagne, 1967
Édition française Albin Michel jeunesse
Thèmes famille, excentricité

Pour Charlie, faire en sorte que sa petite sœur avale son dîner est une tâche complexe, car la petite fille est difficile. Lorsqu'il lui dit que ses carottes sont des brindilles orange qui viennent de Jupiter, Lola a du mal à le croire, car elle trouve qu'elles ont tout simplement l'air de carottes, mais elle se laisse convaincre par l'explication que les carottes ne poussent pas sur Jupiter.

Charlie persuade Lola de manger des pois (des gouttes vertes du Groenland), et lorsqu'elle doit goûter la purée de pommes de terre (des flocons de nuages du mont Fuji) et des bâtonnets de poisson, il n'est plus nécessaire de la convaincre : elle les engloutit et en redemande. Avant que Charlie ne puisse se féliciter du succès de sa supercherie, Lola crée la surprise en demandant une tomate, l'aliment qu'elle avait juré de ne jamais manger. « Les bouillons de Lune sont mes préférés », annonce-t-elle de façon triomphale, montrant qu'elle a compris le jeu.

Les charmantes expériences spirituelles de Charlie et Lola sont illustrées par de superbes décors fantaisistes composés de collages de photographies, de bandes dessinées et de tissus rétro. Le texte monte et descend sur les pages, adoptant des tailles et des polices diverses, s'arrondit pour imiter le mont Fuji ou ondule sous la mer. Le lecteur est surpris à chaque page, qui contraste avec la précédente par sa perspective, son décor ou son cadrage. Avec *Beurk ! Les tomates*, l'auteur a créé un grand livre d'images, car son texte et ses illustrations sont parfaitement équilibrés et en harmonie. **CW**

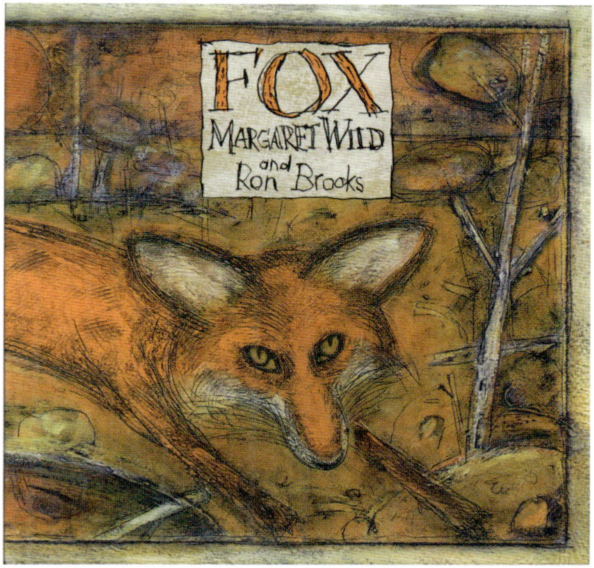

5+

Fox

Margaret Wild Ron Brooks

Titre original *Fox*, 2000
Nationalité Australie, 1948 (aut.), 1948 (ill.)
Édition française L'École des loisirs
Thèmes amitié, maladie et mort

Dans ce récit puissant d'amitié, de trahison et de courage, le langage est sobre et esthétique et les illustrations sont éclatantes de couleurs. Le texte semble écrit avec un stylo-plume à court d'encre, ce qui crée une atmosphère inquiétante.

Un lien puissant se développe entre Dog, partiellement aveugle, et Magpie, une pie qui ne peut voler. Dog invite Magpie à grimper sur son dos et tous deux galopent ensemble à travers le bush. Un jour, Fox est à la recherche d'un abri. Magpie se méfie de lui, mais Dog lui fait bon accueil. Pendant que Dog est endormi, Fox demande à Magpie de se promener avec lui pour voler plus vite que le vent, mais elle refuse de trahir Dog. Pourtant, lorsque Fox l'incite une troisième fois à l'accompagner, elle cède. Magpie et Fox passent en courant devant des eucalyptus, dépassent de longues herbes et dévalent des rochers. Fox, rouge orangé sur les dessins, s'étire sur deux pages et Magpie semble se tenir sur le ciel. Sous eux, on peut voir des rochers couverts de traînées de peinture, des arbres grattés sur le brun olive d'un horizon bas et, derrière, un ciel bleu dense. Puis Fox s'arrête, fait tomber Magpie et s'éloigne. Regardant en arrière, il lui dit que désormais, elle et Dog connaîtront la véritable solitude.

Les images de Brooks s'harmonisent parfaitement avec le texte de Wild. La disposition du texte donne une cadence et une tonalité au texte et les couleurs riches et végétales créent un sentiment d'espace. Les animaux, bien que stylisés, semblent profondément réels. **AJ**

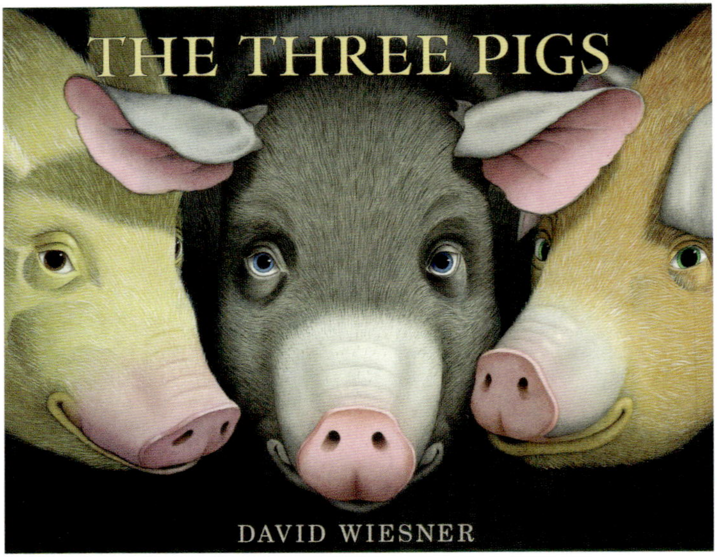

5+

Les Trois Cochons

David Wiesner

Titre original *The Three Pigs*, 2001
Nationalité États-Unis, 1956
Édition française Circonflexe
Thèmes contes de fées, animaux

L'histoire originale des *Trois petits cochons* nous est familière. Les cochons sont poursuivis par un loup qui tente de détruire leur maison et de les manger les uns après les autres. Mais, dans l'adaptation de David Wiesner, le lecteur constate que l'histoire prend une tournure bien différente.

Wiesner réutilise le début bien connu de l'histoire avant de conduire le lecteur dans un univers désordonné de ramifications narratives. La tradition est oubliée lorsque les cochons s'envolent à l'extérieur de la page au moment où le loup souffle de toutes ses forces. Les trois personnages sont alors embarqués dans une aventure surréaliste sortant du schéma classique, illustrée par les dessins simples aux teintes pastel de David Wiesner. L'artiste emploie des techniques d'illustration variées afin de créer beaucoup d'effet. Par exemple, les premiers dessins ont un style plus traditionnel, alors qu'une série plus nette d'images accompagne le rebondissement de l'intrigue.

La déconstruction ludique à laquelle s'adonne l'auteur part d'une histoire classique et la mène aux confins de sa propre narration en faisant de cette interprétation des *Trois petits cochons* une lecture rafraîchissante et agréable pour les jeunes lecteurs. Les adultes apprécieront également cette nouvelle version du conte qu'ils ont entendu au cours de leur enfance. Lorsque l'intrigue prend une direction inattendue, les enfants réalisent qu'une histoire offre une myriade de possibilités et sont confrontés à un élément de liberté rarement présent dans d'autres livres. **LK**

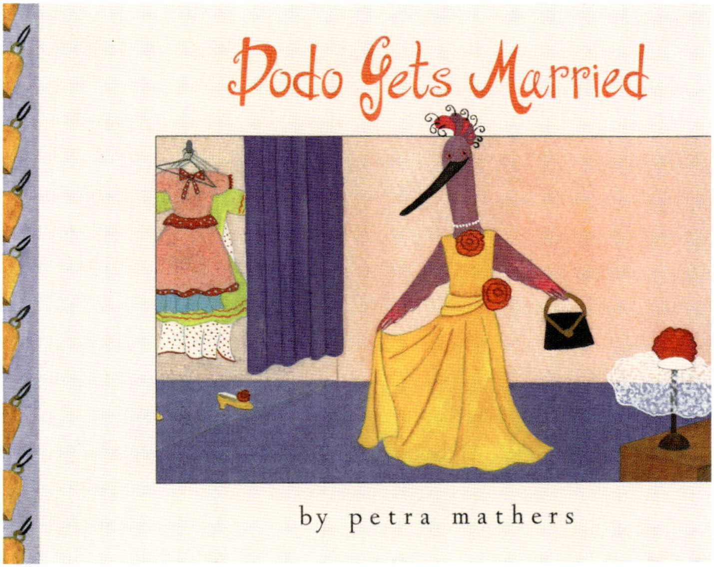

5+

Dodo Gets Married

Petra Mathers

Nationalité Allemagne, 1945
Édition Atheneum Books, États-Unis, 2001
Thèmes amitié, famille, animaux, excentricité

Même si elle a grandi en Allemagne, Petra Mathers est beaucoup plus connue dans son pays d'adoption, les États-Unis, où elle s'installa à l'âge de 23 ans. Elle est surtout célèbre en tant qu'auteur et illustratrice de la célèbre collection des *Lottie's World*.

Dodo Gets Married (Dodo se marie) est le quatrième livre d'une série qui met en scène les personnages de Lottie la poule, Herbie le canard et leur amie flamboyante et rare, un oiseau allemand rose appelé Dodo. Dans ce livre, Dodo devient l'amie de Captain Vince, un oiseau marin qui fut autrefois capitaine d'hélicoptère. Couple improbable, les deux oiseaux se lient d'amitié et Dodo parvient à franchir la barrière que Vince a placée entre le monde et lui, en raison des blessures physiques et émotionnelles qu'il a subies.

Vince, qui a perdu une patte au cours d'une mission de sauvetage, est devenu grognon et malheureux, bien qu'au fond, il soit gentil et généreux. Il ne veut pas admettre qu'il souffre de solitude, mais la compagnie attrayante de Dodo adoucit son humeur et le conduit finalement à demander la main de son amie. Il le fait en inscrivant sa proposition sur une bague. Puis, il se rend en hélicoptère jusqu'à la maison de Dodo et lance la bague dans son jardin. Dodo prend alors les vêtements qu'elle a mis à sécher dehors et les pose sur le sol pour écrire sa réponse : oui ! Ce qui aboutit à un merveilleux mariage.

Grâce à ses personnages amusants et adorables et aux magnifiques aquarelles de Mathers, ce livre possède beaucoup de charme et enthousiasmera les jeunes lecteurs. **DaH**

Ug le petit génie de l'âge de pierre

Raymond Briggs

Titre original *Ug : Boy Genius of the Stone Age*, 2001
Nationalité Grande-Bretagne, 1934
Édition française Grasset jeunesse
Thèmes amitié, famille

5+

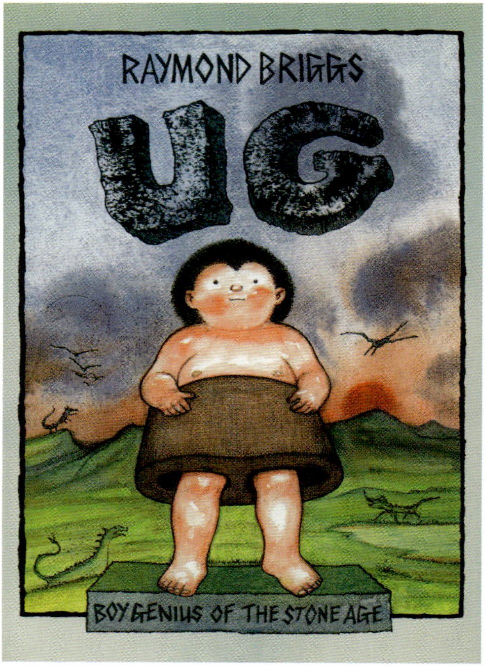

Autres livres de Raymond Briggs

Monsieur Flaque (p. 120)
Fungus le Bogey (p. 304)
Les Aventures de Gentleman Jim
L'Homme
Lili et l'ours

Les lecteurs qui ont été touchés par *Le bonhomme de neige* ou *Lili et l'ours* de Raymond Briggs apprécieront l'histoire d'Ug, qui représente l'archétype de l'enfant curieux et créatif, systématiquement écrasé par les adultes. *Ug le petit génie de l'âge de pierre* est une histoire à propos d'enfants et de parents et consiste en une série de réflexions philosophiques qui passionneront les enfants d'un certain âge comme les adultes. Ce livre montre comment les personnes qui ont de grandes idées souffrent inévitablement de l'insécurité qu'ils provoquent chez les autres. Il étudie combien le progrès des civilisations peut ainsi avoir été ralenti et combien nous sommes peu conscients de la place que nous occupons dans l'histoire.

Ug est un inventeur et un précurseur dont la vision va au-delà de la technologie de son époque, mais il est ridiculisé par sa communauté pour ses idées bizarres, comme faire cuire des animaux morts sur le feu, ou les dépecer pour confectionner des pantalons souples. Son père, Dug, sa mère, Dugs, et son ami Ag ont du mal à s'accoutumer à l'énergie de Ug et à ses interrogations. Comme les célèbres personnages de Briggs que sont Gentleman Jim et Fungus le Bogey, Ug est un héros condamné à l'échec. Ses efforts pour améliorer sa condition en inventant l'irrigation, les enclos, la construction navale et la roue (même s'il ne sait pas à quoi elle sert) sont réduits à néant, simplement parce que le monde n'est pas prêt.

La dernière page montre un Ug adulte qui vit toujours à l'âge de pierre. Sa mère, dont la connaissance de l'histoire est limitée, lui a affirmé que l'âge de glace va bientôt arriver et il est frustré de l'absence de progrès dans sa vie. Cependant, d'une manière positive, Ug lutte pour améliorer son environnement en créant les peintures rupestres de Lascaux, car sa mère lui a prédit qu'il finira par peindre des animaux sur les murs. **GB**

Le Petit Livre de l'amour

Pernilla Stalfelt

L'amour, la plus grande de toutes les choses, est la force motrice de l'existence et un sujet vraiment inépuisable. Essayer de l'expliquer en 25 pages à des enfants de tout âge demande un réel courage. Ce livre amusant et un peu fou tente bravement d'y parvenir.

Dans *Le Petit livre de l'amour*, l'auteur utilise une méthode directe et concrète pour étudier l'amour en profondeur. Elle procède parfois de façon presque clinique et scientifique, mais également humoristique et réconfortante. Elle propose une longue liste de tous les types d'amour et de ce que l'on ressent : l'amour pour une personne, pour une fleur, pour un animal, pour Dieu. Elle aborde également les côtés plus sombres de l'amour, comme la jalousie et l'amour non réciproque, qui font tous l'objet d'études de cas amusantes. Le lecteur obtient aussi des informations pratiques sur l'art de flirter, d'écrire une lettre d'amour, de choisir un cadeau pour l'être aimé ainsi que sur des choses plus générales, comme le fait qu'il existe un dieu appelé Amour. Selon Stalfelt, l'amour peut être la chose la plus douce qui soit – ou bien la plus dure !

« L'amour est un don. On le reçoit gratuitement si quelqu'un est prêt à le donner. »

Le texte élégant et humoristique est associé aux illustrations désopilantes. Les images font partie intégrante du livre, elles sont décrites comme plutôt laides, mais pleines d'humour, de détails et de couleurs. Il y a également une partie consacrée au mariage et à la fabrication des enfants, avec des dessins plutôt explicites. De plus, Stalfelt nous communique généreusement la recette secrète d'une potion d'amour à la fin du livre. *Le Petit livre de l'amour* mérite l'attention qu'il a reçue des lecteurs comme des critiques. **CC**

Titre original *Kärlekboken*, 2001
Nationalité Suède, 1962
Édition française Casterman
Thèmes amour, œuvre controversée

5+

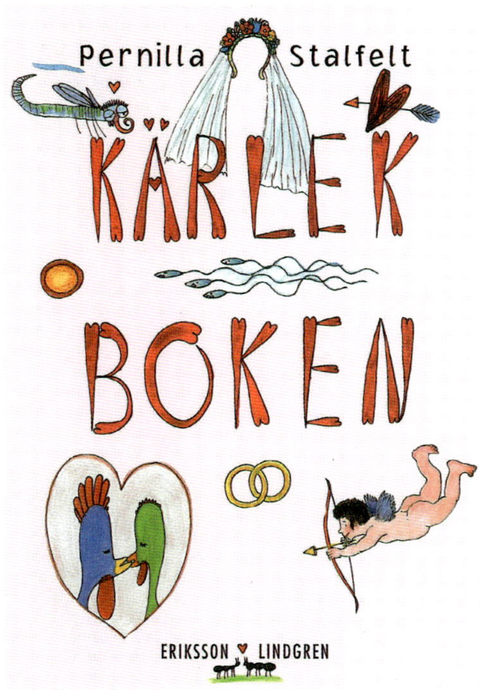

Autres livres sur l'amour

Jamais je ne t'oublierai, Robert Munsch (p. 140)
Fanny Dubois est folle de moi, Frieda Wishinsky (p. 356)
El beso más largo del mundo, Ricardo Chávez Castañeda (p. 375)

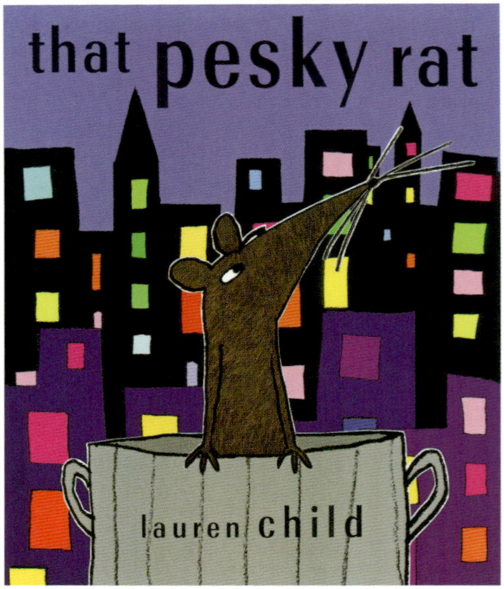

Pupuce

Lauren Child

Titre original *That Pesky Rat*, 2002
Nationalité Grande-Bretagne, 1967
Édition française Gautier-Languereau
Thèmes amitié, animaux

Ce merveilleux livre pour enfants raconte l'histoire d'un rat des rues qui aspire à être aimé. Dépourvu de propriétaire et de nom, il est simplement considéré comme un animal agaçant. Il a l'impression de ne pas trouver sa place. Le lecteur est entraîné dans le voyage de ce rat étrangement attachant et un peu bête. Au cours de ce voyage, le rat rencontre beaucoup d'animaux différents : du lapin aux oreilles courtes, Nibbles, qui fait un numéro dans un cirque, mais rêve d'une vie paisible, à Pierre, le chinchilla, qui mène une existence de luxe, mais doit être shampouiné souvent. Voici une histoire agréable que les enfants apprécieront et dont le thème principal, le besoin d'être aimé, trouvera aussi une résonance chez les adultes. Les illustrations originales de Lauren Child font de son livre une référence en matière artistique. Les mots s'étalent au hasard dans la page et les dessins rappelant des collages donnent un style chaleureux et du charme à l'ouvrage. Le rat confie que parfois, il se demande ce que cela serait de vivre confortablement, d'appartenir à quelqu'un. D'être un véritable animal domestique.

L'auteur s'est fait connaître grâce à sa série *Charlie et Lola*, adaptée à la télévision. Avec la création de son personnage de Clarice Bean, Lauren Child va de succès en succès. *Pupuce* a été adapté sous la forme d'un spectacle très apprécié en 2006. Le fait que tous les bénéfices issus de la vente de ce livre soient destinés au programme de l'UNESCO pour l'éducation des enfants en détresse constitue une raison supplémentaire pour prendre plaisir à sa lecture. **RS**

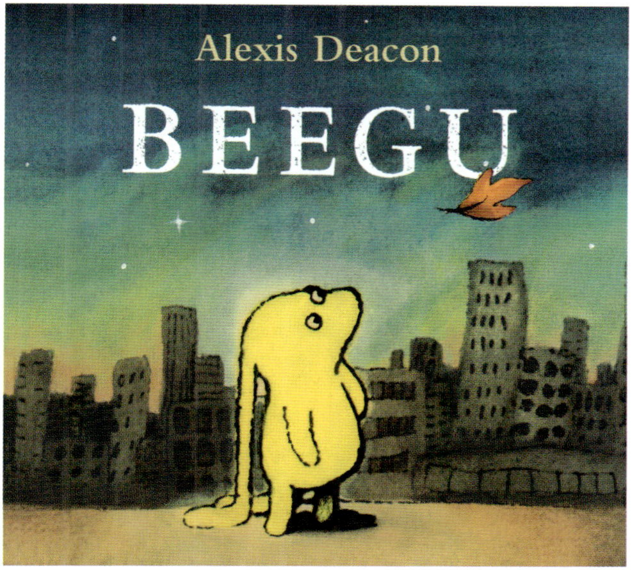

5+

Bidou

Alexis Deacon

Titre original *Beegu*, 2003
Nationalité Grande-Bretagne, 1979
Édition française multiples éditeurs
Thèmes amitié, famille, excentricité, fantastique

Bidou est différente. Elle vient d'une autre planète et son vaisseau spatial s'est écrasé sur Terre, où elle se retrouve seule. L'auteur et illustrateur Alexis Deacon a déclaré que ce livre avait trait à son expérience : après avoir obtenu son diplôme d'art et s'être installé à Londres, il avait eu envie d'écrire sur la solitude.

Bidou n'est pas censée être sur Terre. Elle est perdue. Il s'agit d'une créature jaune qui ressemble à un lapin doté de trois yeux et de longues oreilles pendantes. Tout ce qu'elle souhaite est de trouver un ami, mais personne ne parle sa langue, un étrange mélange de symboles et de hiéroglyphes. Les adultes se contentent de l'ignorer ou de la laisser de débrouiller. Les illustrations de Deacon montrent bien ce que cela fait que d'être petite dans un monde d'adultes. Or, les choses changent lorsque Bidou rencontre un groupe d'enfants qui l'acceptent telle qu'elle est et la font participer à leurs jeux. L'histoire se termine joyeusement lorsqu'elle retrouve ses parents.

Bidou est un livre amusant qui traite de la solitude, du rejet et de la joie de l'amitié et explore en quelques pages toute une gamme d'émotions. Le texte simple et doucement rythmé de l'auteur est joliment illustré. Deacon utilise une technique inhabituelle, en photocopiant et agrandissant ses dessins originaux afin de créer un style très original.

Bidou est le second livre de l'artiste et les amateurs de cette histoire réconfortante auront également plaisir à lire ses autres ouvrages, *Le secret de Loris Lent* et *Pendant que tu dors*. **HJ**

Gittan och älgbrorsorna

Pija Lindenbaum

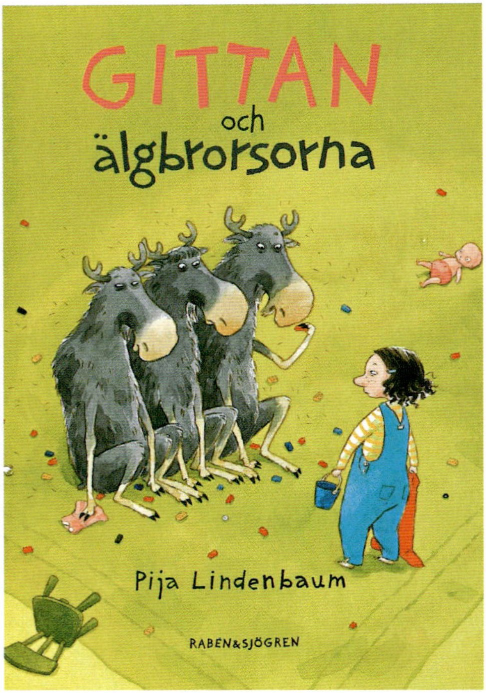

« Bridget voudrait un frère ou une sœur, tout petit, qui puisse tenir dans son lit de poupées. »

Livres de Pija Lindenbaum traduits en français

Mes 7 papas *(p. 348)*
2 aventures de Gittan parues sous le nom de Mado :
Mado et les loups
Mado et les moutons

Nationalité Suède, 1955
Édition Rabén and Sjögren, Suède, 2003
Thèmes famille, animaux

Gittan est fille unique. Elle est curieuse, ingénieuse et un peu solitaire. Selon l'auteur, sa chambre est trop calme et elle en a parfois assez de celle-ci. Elle aurait aimé avoir un frère : un frère drôle et bruyant, qui aimerait jouer et écouterait du rock à fond. Quelle chance, justement, qu'un petit camarade vienne lui rendre visite : ainsi, ils peuvent jouer ensemble.

Le petit garçon a envie d'aller faire du traîneau. De retour de leur promenade en traîneau, Gittan aperçoit trois élans géants, assis près de l'entrée de sa maison. Ils viennent aussi de faire du traîneau et ont besoin de repos parce qu'ils sont fatigués. Gittan les invite dans sa maison pour qu'ils jouent à être ses « frères ». Ce qui semblait au départ être une bonne idée tourne bientôt au cauchemar. Les élans sont bruyants, grossiers et désordonnés. Ils créent un énorme fouillis. Ils pensent que tout cela est très amusant, mais cela n'est pas le cas de Gittan, qui doit faire appel à toute son intelligence pour se débarrasser d'eux.

Le livre, dont le titre signifie « Gittan et les frères élans », est le troisième ouvrage qui met en scène Gittan et ses rencontres avec des animaux sauvages. La série est bien connue des enfants du Nord de la Scandinavie. Gittan est une enfant drôle et originale qui ressemble à l'auteur quand elle était enfant et qui possède des traits de caractère que reconnaîtront tous les parents. Lindenbaum remporte un grand succès en tant qu'auteur et illustratrice et ses œuvres sont très estimées dans son pays natal, la Suède. **CC**

L'Histoire de Julie qui avait une ombre…

Christian Bruel — Anne Bozellec

Nationalité France, 1948 (aut.), 1943 (ill.)
Édition Le Sourire qui mord, France, 1976
Thèmes différence, droit de l'enfant

Dans l'après soixante huit, Christian Bruel participe au « collectif pour un autre merveilleux », dont le projet est d'étudier ce qui est publié comme livre pour enfants. Leurs conclusions sont sans appel : rien dans ces livres ne permet aux enfants de se reconnaître dans toute leur complexité et donc de se construire. Il est urgent de proposer des livres qui soient en accord avec les bouleversements qui s'opèrent dans la société. C'est ainsi que naissent les éditions du Sourire qui mord, qui se donnent comme objet de faire « des albums qui craquent entre dents de lait et dents de sagesse ». Elles deviendront en 1997 les éditions Être.

Quand *L'Histoire de Julie qui avait une ombre de garçon* paraît en 1976, c'est une véritable bombe ! Une petite fille a une identité, sexuelle aussi, des questionnements, des souffrances. Jamais, on n'en a parlé ainsi, dans un texte à la fois poétique et nourri des théories de la psychanalyse. Le livre a fait scandale, mais il a permis de libérer la parole de ceux qui s'adressent aux enfants dans toute leur complexité et dans leur profondeur. Il est enfin réédité en 2009, dans un nouveau format cartonné - un beau rouge bordeaux a remplacé l'abricot pâle -, avec un nouveau découpage du texte et un magnifique travail sur la maquette. Les illustrations aux traits d'Anne Bozellec croquent à merveille les situations et les émotions. Le thème est toujours actuel. Les filles doivent toujours se battre pour être des « Julie-Julie », et pour apprendre qu'elles « ont le droit ».

À quatre pattes les bébés sont partis

Peggy Rathmann

Titre orig. *The Day the Babies Crawled Away*, 2003
Nationalité États-Unis, 1953
Édition française L'École des loisirs
Thèmes famille, histoires en vers

Parfois, le concept le plus simple, s'il est présenté de manière originale, transforme instantanément un livre pour enfants en classique. Cela est assurément le cas de celui-ci. Racontée sous la forme de vers exubérants, avec des phrases courtes et faciles, l'histoire commence par évoquer la réunion de plusieurs familles au cours d'une fête à la campagne. Tandis que les adultes se disputent à propos d'un concours, cinq bébés s'éloignent en rampant vers les bois. Ils sont suivis par un brave garçon de cinq ans équipé d'un casque de pompier qui les exhorte à rester.

Les personnages et le paysage sont peints par Rathmann. Il s'agit de silhouettes noires se découpant sur un ciel de couleur peint à l'aérographe qui change subtilement selon l'heure de la journée. Nous voyons les contours des bébés, possédant chacun une caractéristique particulière (une boucle, un bonnet ou une coiffure spécifique) et de notre héros courageux avec son casque de pompier.

Les jeunes enfants suivront facilement l'histoire. Il s'agit d'un récit d'aventures et de disparitions avec, bien sûr, un héros et une fin heureuse. Les illustrations affichent un humour subtil – notamment celle du bébé que l'on a retrouvé dans la grotte d'une chauve-souris et qui, rentré chez lui, se tient suspendu tête en bas. Si des adultes peuvent frissonner à l'idée de bébés qui se perdent, les petits apprécieront leur bravoure et leur intelligence, car ils savent bien que ceux-ci s'en sortiront à la fin. **KD**

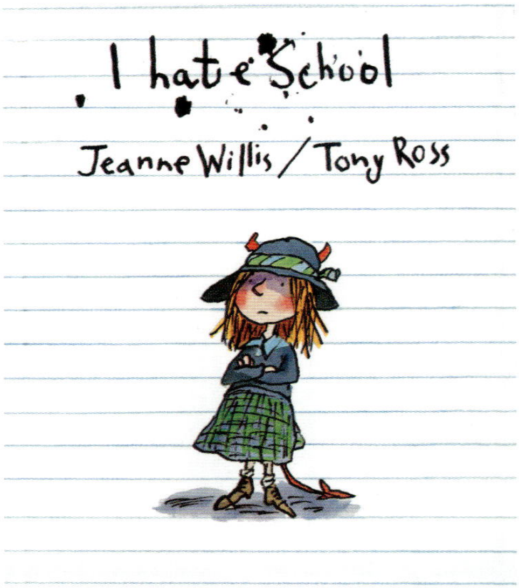

5+

Je déteste l'école

Jeanne Willis Tony Ross

Titre original *I Hate School*, 2003
Nationalité GB, 1959 (aut.), 1938 (ill.)
Édition française Gallimard jeunesse
Thèmes école, amitié

Cette histoire très amusante fait de la psychologie inversée. Elle convient idéalement à un enfant qui entre à l'école pour la première fois. L'école que fréquente Honora Bélétoil est, selon elle, un endroit affreux et terrifiant et elle se tient aux jambes de sa mère, pleure et crie qu'elle ne veut pas y aller.

Sa maîtresse est un crapaud plein de verrues ; le déjeuner se compose de vers, de crottes de lapin et de charbon ; tous ceux qui parlent en classe ont la tête coupée ; Honora raconte qu'elle a été expédiée dans l'espace comme une fusée par des camarades de classe complètement fous ; il y a des requins-tueurs dans l'eau – et tout cela n'est qu'un début. Il est donc étrange qu'Honora change de sentiment lorsque le dernier jour d'école arrive.

Jeanne Willis est un auteur qui rencontre beaucoup de succès. Elle emploie son humour terre-à-terre habituel dans ce texte simple comportant des rimes. Les idées de l'auteur lui viennent souvent au cours de rêves, et *Je déteste l'école* est un livre plein de fantaisie et légèrement surréaliste. L'attrait du livre est aussi lié en grande partie aux illustrations de Tony Ross. Celui-ci, auteur et illustrateur d'une incroyable popularité, fait preuve d'un style très chargé, animé et fluide. Ses dessins aux traits noirs énergiques sont colorés par des lavis de couleur et conviennent parfaitement à la vision amusante et folle qu'a Honora de l'école. Willis et Ross ont publié ensemble plusieurs grands succès de librairie, dont *Dr. Xargle's Book of Earthlets* (1990) et *La promesse* (2003). **AK**

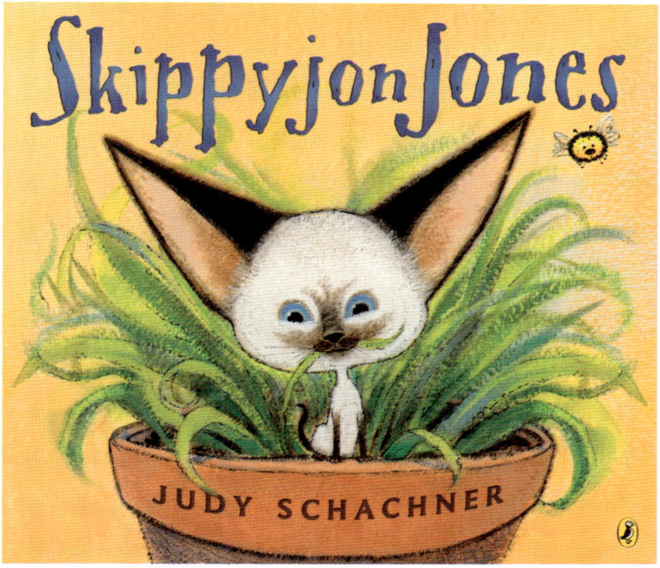

5+

Skippyjon Jones

Judy Schachner

Nationalité États-Unis, 1951
Édition Dutton Books, États-Unis, 2003
Thème animaux

Skippyjon Jones est un chaton siamois ayant un problème d'identité. Sa tête et ses oreilles semblent beaucoup trop grandes pour son corps et Skippyjon commence à penser qu'il est peut-être un chihuahua, en plus du fait qu'il est aussi un super héros parlant espagnol et sachant se battre à l'épée qui se consacre au maintien de l'indépendance du Mexique. Son imagination débordante agace sa mère, qui envoie Skippyjon dans sa chambre afin qu'il réfléchisse à ce que signifie être un chat siamois. Notre ami s'imagine alors qu'il est un oiseau. Après tout, ses meilleurs amis sont les oiseaux avec lesquels il joue chaque matin. Cela dure jusqu'à ce qu'il invente son alter ego, Skippito Friskito.

Sous le nom de Skippito, il part en quête d'aventures imaginaires. Il doit sauver un groupe de chiens appelés les Chimichangos menacés par un énorme bourdon, Alfredo Buzzito, qui est en réalité la piñata d'une fête d'anniversaire. Il en résulte une aventure désastreuse et désopilante.

L'auteur s'est inspiré de son propre chat siamois, dont les pitreries alors qu'il poursuivait un jour un bourdon lui rappelèrent le film *Zorro*. C'est ce jour-là que naquit le personnage de Skippito Friskito. Les superbes illustrations de Schachner sont pleines d'humour. Son texte est émaillé de références à l'Espagne, d'argot espagnol et de mots à consonance espagnole, de sorte que les familles hispanophones l'apprécieront et que les autres apprendront quelques expressions. Voici un livre à lire à voix haute pour ceux qui ont le sens de l'humour et la capacité de reproduire un accent mexicain vraisemblable. **KD**

La Famille Souris

Kasuo Iwamura

Nationalité Japon, 1939
Édition L'École des loisirs, France, 1985
Thème famille

La Famille Souris est une série emblématique d'une quinzaine d'albums qui est née il y a 25 ans. Son auteur et illustrateur, qui a travaillé pour les émissions enfantines de NHK, télévision japonaise, avant de se retirer à la campagne et de consacrer son temps à la création de livres pour enfants, en a crée plus de 70 à ce jour. Il a une passion pour la nature, végétale et animale, qui inspire chacune de ses illustrations, dans les détails comme dans les ambiances. On le reconnaît à ses dessins minutieux, à ses couleurs changeantes suivant le cycle du jour et de la nuit, celui des saisons, celui du dedans et du dehors, à ses animaux, les souris bien sûr, mais aussi la grenouille, l'écureuil, tous ceux qu'il observe et qu'il veut faire découvrir aux enfants. Le texte prend seulement la place d'une ligne, juste en dessous de ses illustrations très narratives.

Chacun de ses albums commence ainsi : « Grand-père, Grand-mère, Papa, Maman et les dix enfants forment une famille de quatorze souris. Voici une de leurs aventures… » Et comme cette famille sait tout faire et, toujours de concert, elle construit son logis dans *Une nouvelle maison pour la famille Souris*, premier album paru, elle construit des luges, elle récolte, elle lessive, elle pêche, elle dîne au clair de lune… Ce sont plein de ces moments, vivants et gais, délicieux et poétiques, laborieux ou festifs, où tout ce petit monde s'agite avec une faculté de jouir de la vie quotidienne que le tout-petit peut partager pleinement. **NB**

La Petite Fille et l'arbre aux corneilles

Riitta Jalonen Kristiina Louhi

Titre original *Tyttö ja naakkapuu*, 2004
Nationalité Finlande, 1954 (aut.), 1950 (ill.)
Édition française Oskar jeunesse
Thèmes maladie et mort, famille

La petite fille et l'arbre aux corneilles est un récit sensible sur la façon dont l'univers d'une petite fille bascule après la mort de son père. Riitta Jalonen ne craint pas d'évoquer des questions comme la douleur et la mort et écrit sur ces thèmes de manière esthétique et touchante.

Tandis que la petite fille essaie de comprendre les implications de la mort de son père, le monde autour d'elle change inévitablement. Elle réalise que son père se trouve désormais dans un endroit qu'elle ne peut voir et que sa mère veut se rendre ailleurs. Elle prend conscience de tout cela tandis qu'elle attend près de la gare pendant que sa mère achète des billets de train. Dehors, elle observe des corneilles dans un arbre voisin. Elle est fascinée par les oiseaux qu'elle regarde s'envoler au loin. Le souvenir de son père lui revient subitement. Elle se rappelle ce qu'ils faisaient ensemble : il chantait et la portait sur ses épaules. Elle se demande s'il peut la voir du ciel. Bien qu'elle sente qu'elle reverra un jour son père, elle sait que sa vie ne sera plus jamais la même et nous faisons cette expérience avec elle. Comme l'auteur nous le dit simplement, un souvenir ne s'éteint jamais.

Le texte de Jalonen et les illustrations de Louhi s'harmonisent à la perfection, offrant une histoire authentique et intense. Même les événements tristes sont mis en images. Le monologue intérieur de la petite fille rend l'histoire très vraisemblable et transporte le lecteur entre tristesse et joie. **LKK**

5+

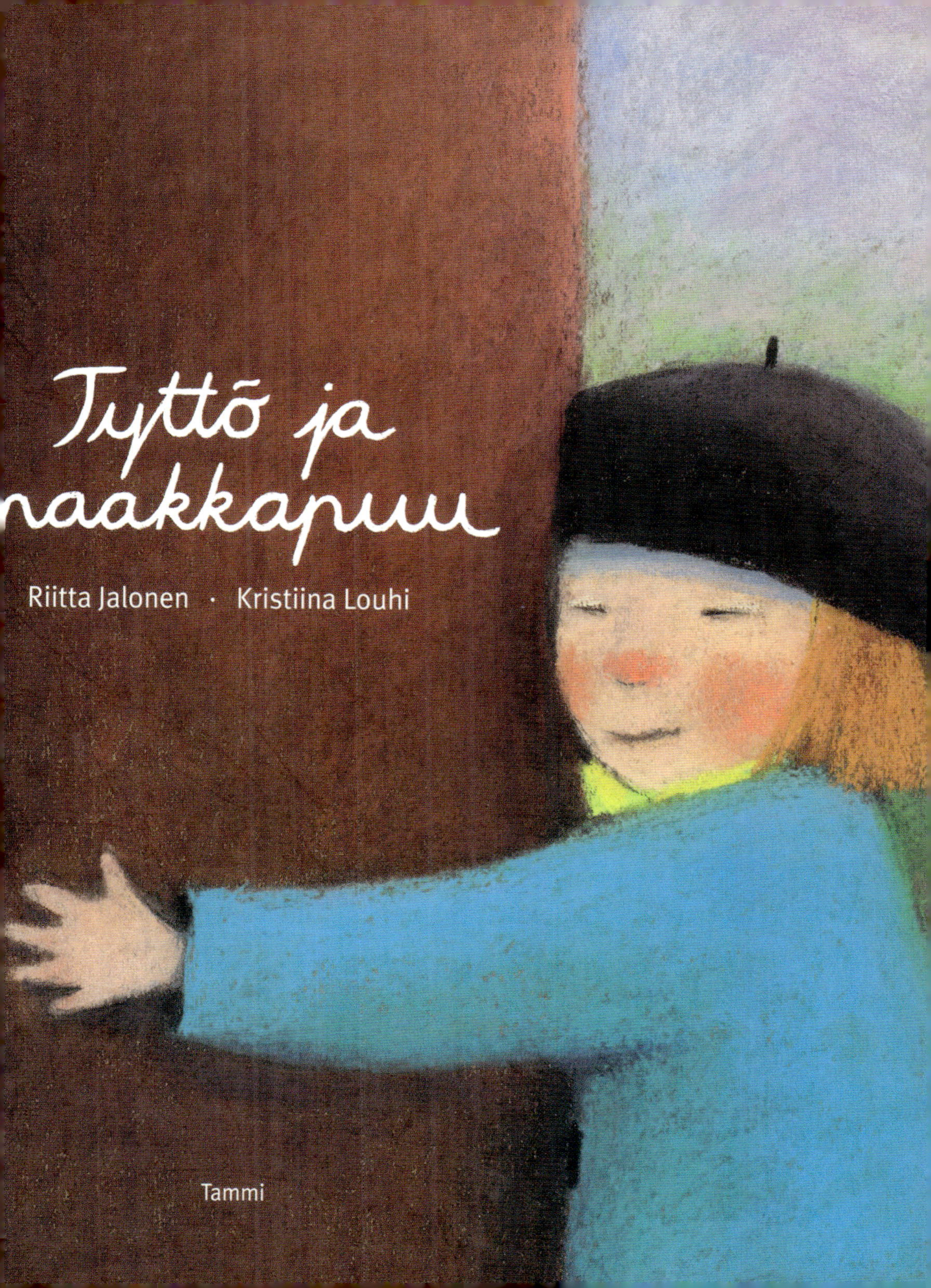
Tyttö ja
naakkapuu
Riitta Jalonen · Kristiina Louhi
Tammi

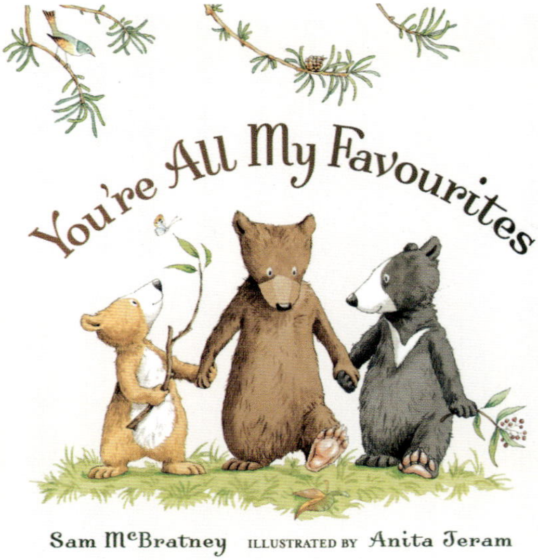

5+

Vous êtes tous mes préférés

Sam McBratney Anita Jeram

Titre original *You're All My Favorites*, 2004
Nationalité Irlande, 1943 (aut.), GB, 1965 (ill.)
Édition française Pastel
Thème famille

Dans *Vous êtes tous mes préférés*, les créateurs de *Devine combien je t'aime*, imaginèrent une nouvelle histoire rassurante pour les tout-petits, traitant cette fois du problème de la rivalité entre frères et sœurs.

Les petits oursons de ce livre ne se battent pas, bien au contraire. Ils s'aiment les uns les autres et aiment leurs parents, mais se demandent comment ceux-ci peuvent les aimer de la même façon, puisqu'ils sont très différents. Chaque soir à l'heure du coucher, les parents bordent leurs trois oursons adorés en leur disant : « Vous êtes les plus merveilleux oursons du monde ». Cependant, les petits oursons commencent à douter. Comment peuvent-ils tous être aussi merveilleux alors que l'un d'eux est une fille et qu'un autre est encore petit ? Peuvent-ils tous en même temps être l'ourson le plus merveilleux ? Ils demandent donc à leur père un soir quel est celui d'entre eux qu'il aime le plus et quel est son préféré, en disant qu'ils ne peuvent pas tous être les meilleurs.

L'ordre d'une fratrie et le favoritisme sont des questions évoquées dans toutes les familles où il y a plus d'un enfant. Les illustrations pastels et douces de Jeram représentant une famille d'ours qui s'aiment réellement font de ce livre calme et rassurant un ouvrage qui permettra aux parents et aux enfants qui s'interrogent sur ce sujet éternel de le faire d'une façon positive et paisible. Ce livre charmant rassure les jeunes enfants en leur montrant qu'ils sont aimés exactement pour ce qu'ils sont, sans être comparés aux autres. **KD**

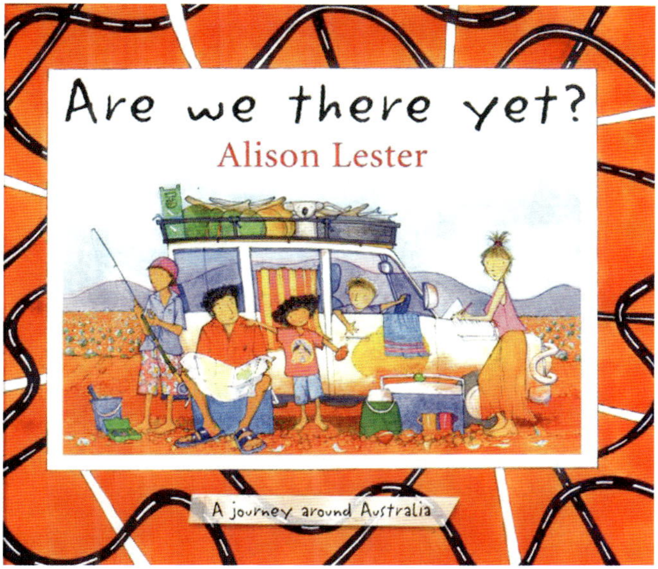

Are We There Yet ?

Alison Lester

Nationalité Australie, 1952
Édition Viking Books, Australie, 2004
Thème famille

Are We There Yet ? décrit parfaitement les hauts et les bas d'un long voyage avec des enfants en évoquant une famille de cinq personnes qui visite les vastes étendues de l'Australie.

S'inspirant du voyage en famille de l'auteur, l'histoire est racontée par la narratrice, la petite Grace, âgée de huit ans, accompagnée de ses parents et de ses deux frères, Luke et Billy. Ils partent tous découvrir les côtes de l'Australie et se déplacent en quatre-quatre en remorquant un vieux camping-car.

Avant de revenir chez elle, la famille découvre des déserts, des plages, des forêts tropicales, des monolithes, des baleines et des arbres en forme de bouteilles. Elle fait l'expérience de la pluie, de la chaleur, de la neige et du verglas, tout cela en l'espace d'à peine trois mois sur un seul continent ! Elle rencontre aussi les animaux, les plantes, les habitants et les beautés naturelles ou construites par l'homme.

Les illustrations à l'aquarelle d'Alison Lester sont très expressives et regorgent d'humour. Elles représentent à la perfection les paysages et leurs caractéristiques exotiques. Mais c'est sa description des membres de la famille – leurs rapports, leurs faiblesses et leur affection les uns pour les autres – qui reste en mémoire. Cette histoire distrayante est à la fois pleine d'humour, de merveilleux et d'aventure. **SOR**

Livres d'Alison Lester traduits en français

Imagine
Un voyage fantastique

5+

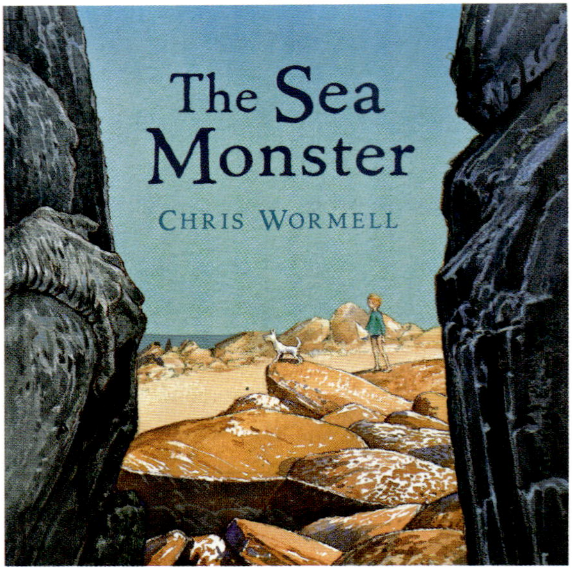

5+

The Sea Monster

Christopher Wormell

Nationalité Grande-Bretagne, 1955
Édition Jonathan Cape, Grande-Bretagne, 2005
Thèmes fantastique, amitié, histoires magiques, aventure

Un monstre immense aux yeux vert clair vit au fond de l'océan. Quelquefois, il sort de l'eau et s'assoit sur les rochers au bord de la plage, en restant très calme et en recouvrant ses yeux d'algues. Des bernacles et des patelles adhèrent à ses écailles et des algues poussent dans chacun des replis de sa peau. Ainsi dissimulé, le monstre observe ce qui se déroule sur la plage.

Un jour, un petit garçon et son chien entrent dans le champ de vision du monstre. Le petit garçon joue dans les flaques au milieu des rochers, y fait naviguer son petit bateau et observe les anémones de mer et les crabes. Soudain, le petit bateau est entraîné vers la mer et le petit garçon plonge dans les vagues à sa poursuite. Il est bientôt emporté par des courants rapides. Pendant ce temps, un vieil homme qui habite une maison sur la falaise entend l'aboiement désespéré d'un chien au-dessous de lui. Tout s'accélère lorsque l'homme et le chien se précipitent au secours du garçon. Le monstre, lui aussi, a soudain un rôle à jouer.

Le texte de ce livre est simple, mais lyrique et sa qualité le rend très agréable à lire à voix haute. Les illustrations de Wormell sont réellement magnifiques et fluides, avec leurs couleurs riches et leurs effets de lumières. **AK**

Livres de Christopher Wormell traduits en français

Deux grenouilles
Souris et singeries : leçons de vie tirées des fables d'Ésope

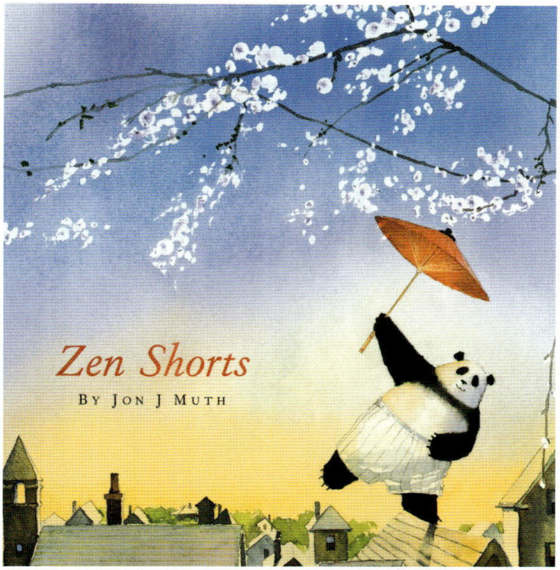

5+

Contes zen

Jon J Muth

Titre original *Zen Shorts*, 2005
Nationalité États-Unis, 1960
Édition française Circonflexe
Thème contes de fées

Eau-Paisible, le panda géant, fait la connaissance de Martin, d'Anna et de Charles lorsqu'il est emporté par son ombrelle, soulevée par le vent, jusque dans le jardin des enfants. Les jours suivants, chacun des frères et sœurs va rendre visite à Eau-Paisible. Le panda raconte à chacun d'eux une histoire zen.

Anna entend celle d'oncle Ry, qui ne laisse jamais un visiteur partir de chez lui les mains vides. Une nuit, il donne sa vieille robe en lambeaux à un cambrioleur qu'il a surpris, regrettant d'être incapable de lui offrir la belle lune argentée. Martin entend l'histoire du fils du vieux fermier qui s'est cassé la jambe en tombant de cheval, ce qui lui sauve la vie parce qu'il n'est pas enrôlé dans l'armée pour partir à la guerre. Le panda raconte à Charles l'histoire des deux moines, un jeune et l'autre âgé. Un jour, alors qu'ils voyagent, le vieux moine accepte de porter une femme afin de lui faire traverser la rivière. Lorsqu'il parvient sur l'autre rive, la femme s'éloigne sans le remercier. Des heures après, le jeune moine continue d'éprouver de la colère contre cette femme. Le vieux moine lui dit alors : « J'ai porté cette femme il y a des heures. Pourquoi, toi, continues-tu à la porter ainsi ? »

Les histoires zen de Muth décrivent des situations familières et suggèrent des solutions surprenantes voire innovantes. Elles plaisent à ceux qui ont gardé leur âme d'enfant, car elles favorisent une compréhension instinctive et spontanée du monde. Les splendides illustrations de Muth sont bien assorties au texte. **IW**

5+

Leonardo le monstre épouvantable

Mo Willems

Titre original *Leonardo, the Terrible Monster*, 2005
Nationalité États-Unis, 1968
Édition française éditeurs multiples
Thème fantastique

Leonardo est un monstre épouvantable : cela signifie qu'il lui est difficile d'être un monstre. Peu importe ce qu'il fait, il n'arrive pas à faire ce qu'il aimerait le plus, c'est-à-dire effrayer quelqu'un.

Les décors aux douces couleurs pastels permettent aux joyeux personnages de se détacher du fond et les caractères sont utilisés de la même manière que des illustrations. Dans certains cas, des pages blanches ou presque blanches sont employées pour exprimer la solitude ou simplement pour laisser au lecteur un espace de réflexion. L'histoire est simple, mais drôle.

Leonardo a un problème, car lorsque des enfants le voient, ils ne le trouvent pas effrayant, bien qu'il soit censé être un monstre. En réalité, il est plutôt adorable. Il se plaint du fait qu'il n'a pas de grandes dents, qu'il n'est pas énorme, ni même étrange, comme d'autres monstres qui figurent parmi ses amis. Il décide donc de faire quelques recherches. Il est déterminé à apprendre tout ce qu'il y a à savoir sur le fait d'être effrayant et à trouver le parfait candidat à effrayer – qui s'avère être un petit garçon à lunettes appelé Sam. Il n'est pas très difficile de faire pleurer Sam, car il y a déjà beaucoup de petites choses qui le rendent triste.

Leonardo fait tout son possible pour lui faire peur et parvient à le faire pleurer. Cependant, il comprend ensuite que même s'il pourrait un jour devenir un monstre épouvantable et effrayant, il préfère devenir l'ami de Sam. **KD/LH**

Llama, Llama, Red Pajama

Anna Dewdney

Nationalité États-Unis
Édition Viking, États-Unis, 2005
Thèmes famille, histoire d'animaux, histoires en vers

Tous les parents seront amusés par les pitreries de l'adorable bébé lama qui souhaite gagner du temps au moment du coucher. Les épreuves de l'heure du coucher et l'anxiété de la séparation sont des terrains familiers pour les parents et les jeunes enfants. Ce livre permettra d'apaiser les peurs nocturnes des petits d'une façon réaliste et humoristique qui sera appréciée autant par les parents que par leurs enfants.

Beaucoup de livres traitent des rituels du coucher, mais celui-ci emploie à la fois des illustrations et des couplets rythmés pour exprimer les émotions d'un bébé lama qui a besoin de réconfort. Les enfants apprécieront de voir les expressions d'inquiétude du lama tandis que l'histoire progresse, que le petit animal est bordé et se sent anxieux à l'idée de rester seul dans le noir.

Après avoir été mis au lit, après avoir écouté une histoire et obtenu un baiser de sa maman, le bébé lama regarde cette dernière quitter la chambre avec un air effrayé. Lorsqu'il l'appelle, elle ne revient pas tout de suite et un vent de panique se met à souffler dans la chambre. Bien sûr, la maman lama, qui était au téléphone, revient très vite pour rassurer son bébé en lui faisant un câlin et en lui disant qu'elle n'est jamais loin. Finalement, son bébé se calme et s'endort. Voici un merveilleux livre à lire à voix haute, dont les rimes communicatives et les illustrations très colorées apaiseront les plus craintifs des tout-petits afin qu'ils s'endorment paisiblement. **KD**

« Les yeux grands ouverts, les couvertures remontées… Et si maman lama était PARTIE ? »

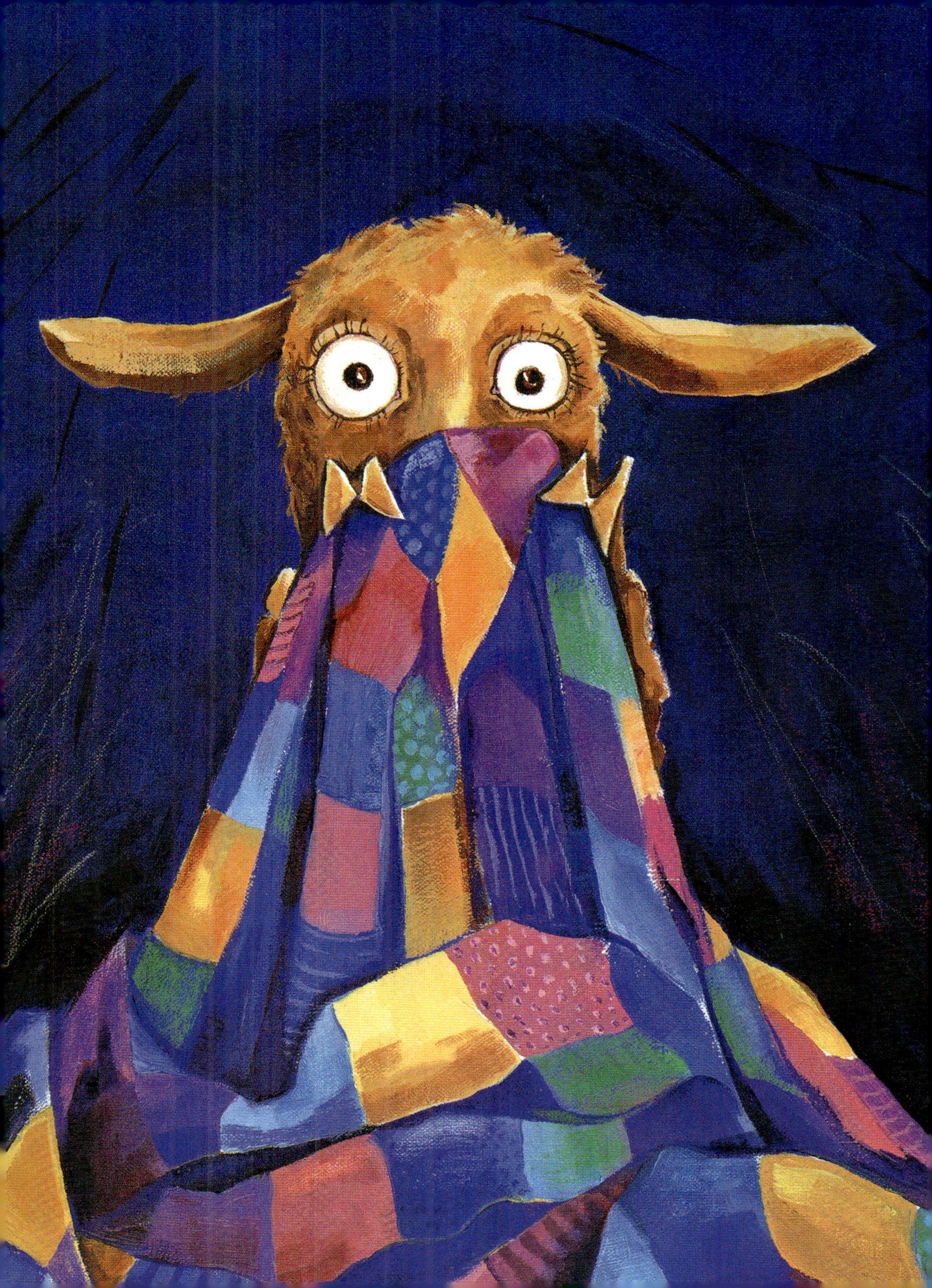

Les Loups

Emily Gravett

Titre original *Wolves*, 2005
Nationalité Grande-Bretagne, 1972
Édition française L'École des loisirs
Thèmes animaux, excentricité

5+

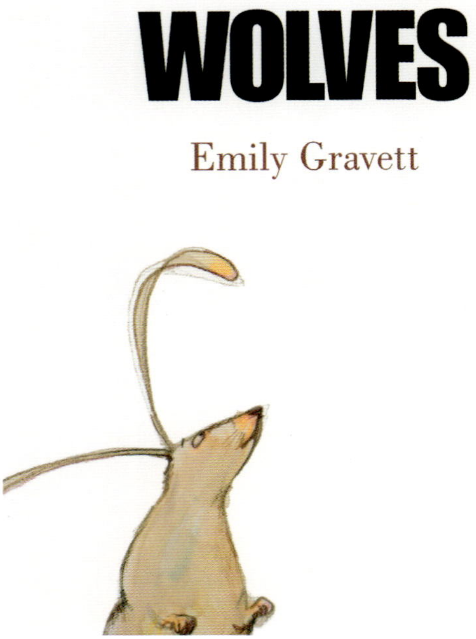

Ce conte spirituel et amusant regroupe de nombreux gags visuels et jeux de mots. *Les loups* est également le titre d'un livre à l'intérieur du livre : il s'agit d'un excellent travail sur ces prédateurs féroces, doté d'une couverture en tissu rouge défraîchi, d'une carte de bibliothèque détachable et d'une lettre de retard de la bibliothèque.

Le lapin crédule qui a emprunté ce livre est destiné à ne jamais le rendre. L'univers protégé de la bibliothèque n'est plus sûr lorsque les créatures du livre qu'il a emprunté prennent vie. Le lapin suivi tandis qu'il lit et les illustrations qu'il regarde deviennent de plus en plus grandes jusqu'à ce que le loup bestial et dessiné à gros traits du livre soit prêt à le dévorer.

« Heureusement, ce loup-ci était végétarien, ils se partagèrent donc un sandwich à la confiture. »

Un choix peut être fait entre deux fins : les enfants sensibles apprécieront le fait que le loup mange un sandwich à la confiture tandis que ceux qui préfèrent les fins plus macabres tireront leurs propres conclusions des griffures et morsures présentes sur la couverture. Quoi qu'il en soit, les débuts d'Emily Gravett rappellent certaines collaborations de Janet et Allan Ahlberg qui incluent aussi d'autres textes au sein de leurs livres. Ici, il s'agit de la carte de bibliothèque ou du courrier qui s'est accumulé sur le paillasson du lapin. L'œuvre est réellement originale et a reçu plusieurs prix. Les enfants sont amenés à partager le goût de l'auteur pour les jeux de mots. La page de titre joue sur le nom de l'auteur, devenu « Emily Grrrabbit » et les pseudo citations de la quatrième de couverture proviennent de journaux tels que le *Daily Carrot*, *The Hareold* et *Rabbit Review*. **GB**

Autres histoires amusantes de loups

Polly la futée et cet imbécile de loup, Catherine Storr (p. 250)
La vérité sur l'affaire des 3 petits cochons, Jon Scieszka (p. 345)

Des fleurs pour Angélina

Jen Wojtowicz Steve Adams

Tout en haut du mont Solitaire, au-dessus d'une forêt sauvage, se dresse une maison isolée. À l'intérieur vit la famille Lamalou, connue parce qu'elle est différente des autres, très différente même. Certains Lamalou changent d'apparence et le passe-temps de l'un d'eux consiste à apprivoiser des serpents à sonnettes. Ricaud Lamalou, un garçon calme et hors-norme, possède un secret extraordinaire : au moment de la pleine lune, de superbes fleurs poussent sur tout son corps, des fleurs que sa mère coupe avant qu'il n'aille à l'école.

Les camarades de classe de Ricaud racontent des choses désagréables sur son étrange famille et les professeurs l'ignorent. Un jour, une nouvelle élève, Angélina, arrive à l'école. Elle porte toujours une fleur derrière l'oreille droite. Tout le monde l'apprécie, surtout Ricaud. La petite fille éprouve quant à elle une certaine curiosité à propos du garçon qui est assis au fond de la classe. Un bal est organisé à l'école et Angélina refuse les invitations, car ses talents de danseuse sont compromis par le fait que l'une de ses jambes est plus courte que l'autre. Cela inspire Ricaud. Il se précipite chez lui et confectionne une paire de belles chaussures de danse avec la peau issue de la mue du serpent à sonnettes de son oncle. L'une des chaussures a une semelle plus épaisse que l'autre, afin de compenser la différence de longueur entre les jambes d'Angélina. Le petit garçon dépose les chaussures devant sa porte.

« Elle paraissait décontractée… et sa jambe droite était plus courte que sa jambe gauche. »

Wojtowicz fut inspiré par son frère autiste, Wally. Dans *Des fleurs pour Angélina*, il célèbre la différence grâce à une histoire intemporelle, qui mêle le conte populaire, le conte de fées et la réalité. **AK**

Titre original *The Boy Who Grew Flowers*, 2005
Nationalité États-Unis (aut.), Canada (ill.)
Édition francophone (Québec) Dominique et compagnie
Thèmes histoires magiques, amitié, excentricité

5+

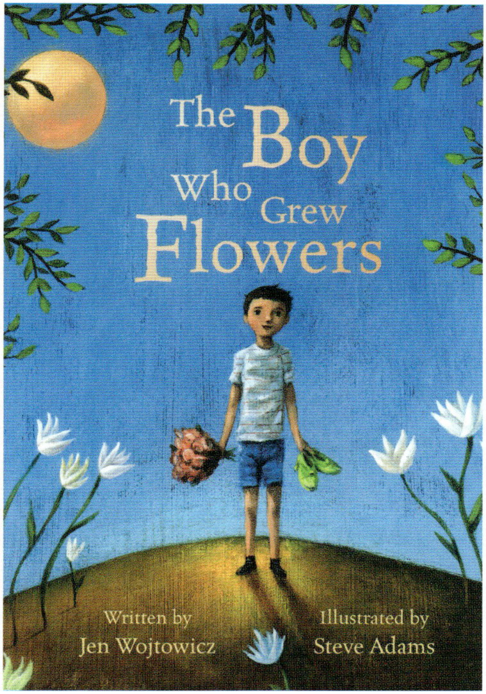

Autres livres sur la différence

Léo, Robert Kraus (p. 287)
Pupuce, Lauren Child (p. 372)
Bidou, Alexis Deacon (p. 373)

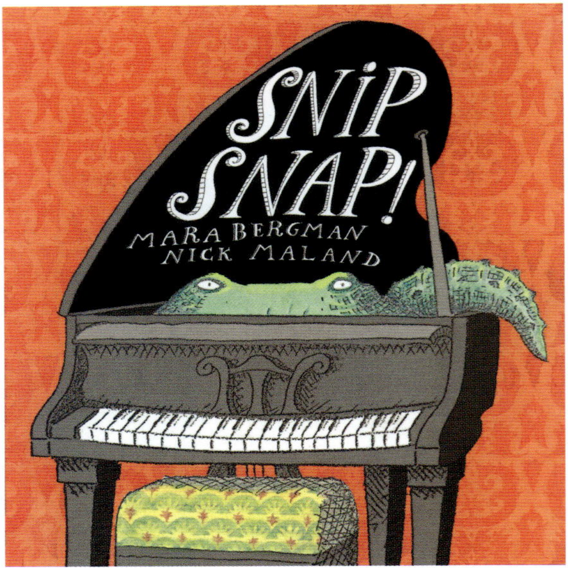

5+

Snip Snap

Mara Bergman Nick Maland

Nationalité États-Unis, 1956 (aut.), GB, 1959 (ill.)
Édition Hodder Children's Books, GB, 2005
Thèmes animaux, histoires en vers

« Snip snap » font les mâchoires de l'alligator. Celui-ci grimpe les escaliers et se dirige vers l'appartement des enfants, dont il mord la porte ; il se fait les dents sur les tables, les chaises et le piano, il déchiquette le canapé et les rideaux. L'histoire de Bergman est pleine de suspense et charme les lecteurs par la fascination qu'exerce le terrible alligator, avec ses yeux étincelants, sa langue qui donne de petits coups et ses pattes qui battent. Les jeunes lecteurs sont invités à reprendre le refrain qui ponctue la progression du reptile : « Les enfants sont-ils effrayés ? Tu paries qu'ils le sont! »

Les illustrations de Maland offrent un bon équilibre entre humour et frissons et ne dévoilent que progressivement l'animal. On peut voir le bout de sa queue disparaître, ses pattes grimper les escaliers, l'ombre de sa tête sur le mur, ses yeux à travers la boîte aux lettres et son corps qui glisse devant les enfants qui se sont cachés. Enfin, le moment où les enfants et les lecteurs découvrent son immense tête affublée d'un rictus, dessinée sur une double page, est à couper le souffle. Les enfants rassemblent leur courage et renvoient l'alligator chez lui d'un ton ferme : « L'alligator est-il effrayé ? Tu paries qu'il l'est ! »

Bergman et Maland eurent un tel succès avec ce livre, qu'ils réalisèrent ensuite deux autres ouvrages mettant en scène un jeune garçon nommé Oliver. **CB**

Livre de Mara Bergman traduit en français

Au lit les petits

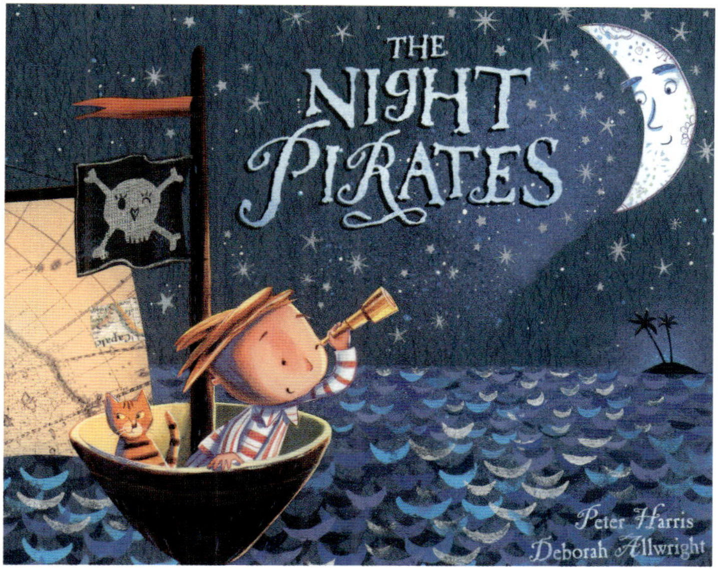

5+

La Nuit des pirates

Peter Harris Deborah Allwright

Titre original *The Night Pirats*, 2005
Nationalité Angleterre, 1933 (aut.)
Édition francophone (Canada) Scholastique
Thèmes aventure, histoires en vers

La nuit des pirates est une histoire qui revisite les récits traditionnels de pirates. Le livre est destiné aussi bien aux filles qu'aux garçons. Il met en scène Thomas, décrit comme un gentil petit garçon courageux qui s'apprête à vivre une grande aventure.

En pleine nuit, tandis que tout le monde dort, se produit un événement étrange. Au début, Thomas pense à la présence de trolls ou de monstres, mais il s'avère qu'une bande de fillettes pirates veut voler la façade de sa maison afin de s'en servir comme camouflage pour leur bateau et embarquer à la recherche d'un trésor. Thomas se joint à elles pour traverser l'océan et se bat avec une bande de pirates paresseux, des adultes froussards. Ceux-ci ont très peur que leur île ait été envahie par des filles pirates.

Thomas et les filles pirates volent le trésor avant de rentrer et de remettre en place la façade de la maison du petit garçon. Ce dernier regagne péniblement son lit, sachant qu'au matin, ses aventures resteront secrètes. L'histoire comporte un dernier rebondissement : lorsque le facteur essaie de distribuer le courrier, nous découvrons que la maison de Thomas est désormais à l'envers.

L'histoire de Peter Harris emploie les rimes et la répétition à bon escient, ce qui rythme le récit et le rend agréable à lire à voix haute. *La nuit des pirates* est un livre plein d'esprit, surprenant et joliment illustré par Deborah Allwright. Celle-ci fait appel à divers styles et techniques, et ses illustrations confèrent un caractère onirique au livre. **HJ**

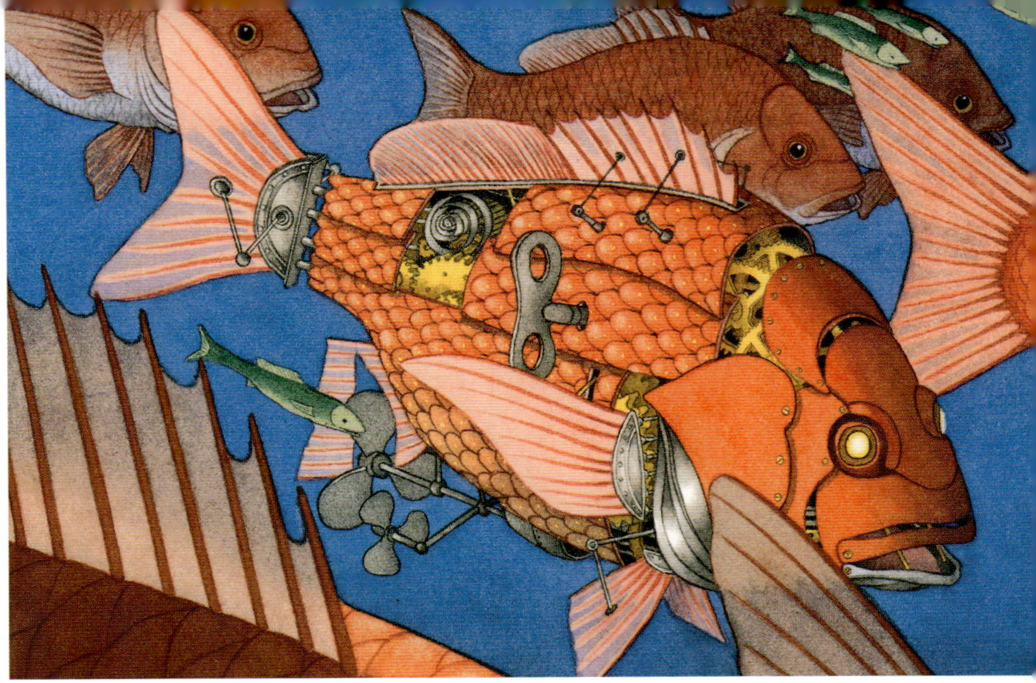

5+

Le Monde englouti

David Wiesner

Titre original *Flotsam*, 2006
Nationalité États-Unis, 1956
Édition française Circonflexe
Thèmes fantastique, science et nature

Les illustrations sont aussi parlantes que des milliers de mots dans *Le Monde englouti*. Comme toujours dans les ouvrages de David Wiesner, il n'y a pas de texte. L'histoire, irréelle, est entièrement racontée par ses stupéfiantes illustrations.

Le livre commence par une journée paisible en famille à la plage. Un jeune garçon est absorbé par l'étude des petites créatures qu'il trouve autour de lui dans le sable. Ses observations l'entraînent vers la mer et il ne voit pas une grosse vague arriver vers lui. Il chute donc brusquement sur le sable. Tandis qu'il se relève et que l'eau écumante se retire, il découvre qu'un ancien appareil photo a été entraîné sur la plage avec des morceaux d'algues. La journée prend alors une tout autre tournure. L'appareil photo révèle un autre monde inhabituel, montrant au garçon comment il crée un lien entre des lieux et des enfants qui vivent loin les uns des autres – en termes de distance et de temps.

Les aquarelles détaillées aux couleurs douces de Wiesner retranscrivent la lumière à la fois vive et voilée de la plage et les couleurs de l'univers sous-marin.

Wiesner utilise divers cadres et angles de vues pour impliquer le lecteur et démontre sa fascination pour la prise de vues. L'absence de mots laisse libre cours à l'imagination et le livre offre d'innombrables occasions d'organiser des activités créatives dérivées des images pour les enfants de tout âge. Wiesner séjourne parfois sur la côte du New Jersey, qui lui a inspiré ce livre. **AK**

Un poisson mécanique nage dans un fantastique paysage sous-marin.

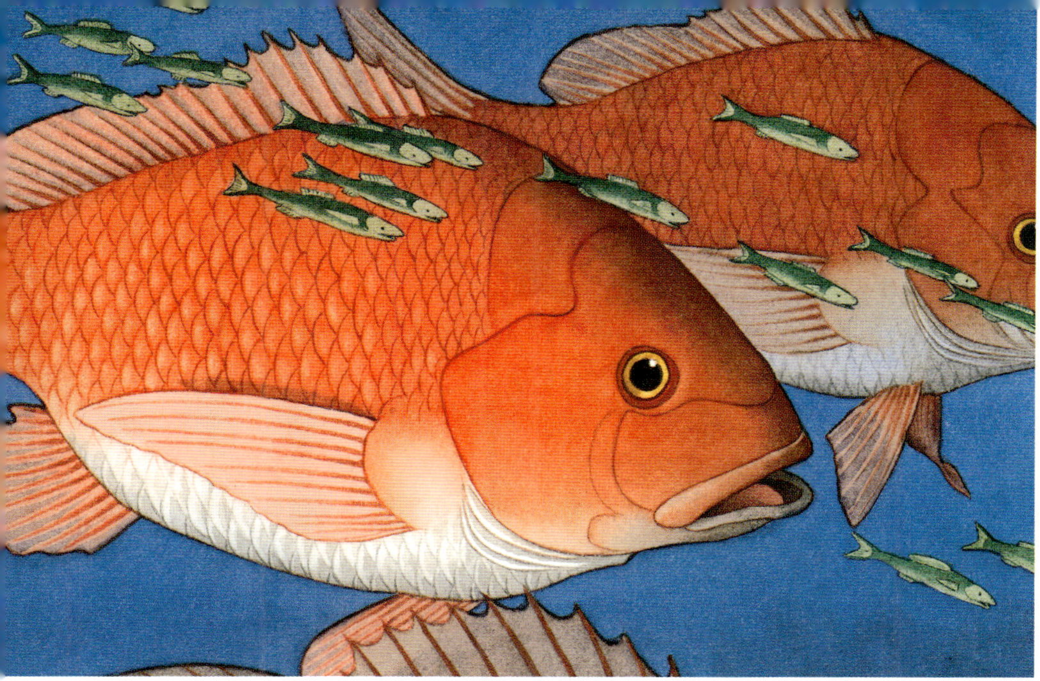

5+

Nella casa del signor Tuono

Guido Quarzo Fabrizio Monetti

Nationalité Italie, 1948 (aut.)
Édition Edizioni Lapis, Italie, 2006
Thèmes animaux, histoires magiques

La casa del signor Tuono constitue une collaboration exceptionnelle entre l'un des auteurs pour enfants les plus célèbres d'Italie et l'un des illustrateurs les plus populaires du pays. Les illustrations de Fabrizio Monetti semblent changer pour s'adapter spécifiquement au texte.

Blu est un petit oiseau timide dont le nom est tout à fait approprié parce qu'il parvient à créer le bleu du ciel en battant des ailes. Ce petit oiseau découvre qu'il est également capable de produire une myriade d'autres couleurs lorsqu'il se déplace dans le paysage, lorsqu'il vole au-dessus des villes et lorsqu'il s'approche des enfants. Lorsque Blu vole au-dessus des toits de la ville, il devient rouge ; lorsqu'il voit un petit garçon qui rit près d'un rebord de fenêtre, le rire de l'enfant et la cabriole de l'oiseau sont de la même couleur, une couleur que personne n'a jamais vue et qui n'a donc pas de nom. Cette couleur est baptisée *oplà*.

Puis monsieur Tuono entre dans le cadre de l'histoire. Il est incolore. Il n'éprouve aucune empathie pour l'oiseau et l'enferme dans une cage. Monetti personnifie avec habileté tous les éléments abstraits – le tonnerre, la couleur, le ciel – tandis que Quarzo s'emploie à libérer Blu de la maison de monsieur Tuono.

La libération de l'oiseau produit toute une palette de couleurs : du jaune, du violet, de l'orange. Monsieur Tuono réalise qu'il a commis une erreur, demande pardon et remercie le petit oiseau pour le bleu qu'il laisse dans son miroir. Les mots, les couleurs et les formes dansent littéralement sur chaque page de ce merveilleux livre. **SMT**

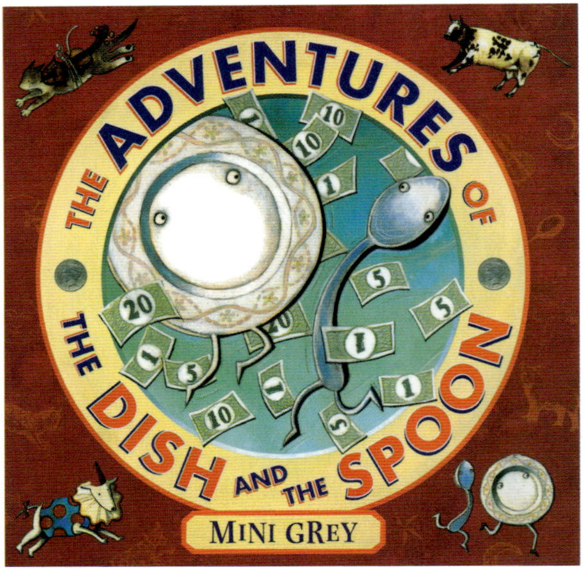

5+

The Adventures of the Dish and the Spoon

Mini Grey

Nationalité Pays de Galles
Édition Jonathan Cape, Grande-Bretagne, 2006
Thèmes amitié, comptines

Les deux personnages principaux, un plat et une cuillère, de *The Adventures of the Dish and the Spoon* (Aventures d'un plat et d'une cuillère) se transforment en Bonnie et Clyde pour apaiser les usuriers du gang des couteaux. Ils sont capturés par des policiers. Le plat est cassé et la cuillère est emprisonnée à Alcatraz et tous deux ont l'air désespéré.

La cuillère, relâchée plusieurs décennies plus tard et renvoyée en Angleterre, découvre un nouveau monde effrayant, dans lequel coexistent la télévision en couleur et les mini-jupes – un monde représenté par une palette fraîche, claire, presque acide, qui contraste avec les teintes plus riches, mais moins vives des prestigieuses années 1930. Dans un bric-à-brac, la cuillère retrouve son alter ego posé sur les étagères. Dans cette boutique, tout peut être réparé, notamment la céramique brisée. C'est ainsi que le couple est réuni.

La première obsession de la cuillère et du plat, l'argent, demeure l'élément perturbateur de l'histoire et la source de tous leurs problèmes. Il est présent presque à chaque page. Ainsi, un dollar se substitue à la lune et une tasse cassée demande la charité. L'histoire comporte cependant une morale et lorsque le plat et la cuillère reprennent leur spectacle, ils ont appris que l'argent ne fait pas le bonheur. Ils jouent donc gratuitement.

Ce livre tendre et spirituel est aussi l'objet de prouesses techniques et associe des collages, des aquarelles et des dessins réalisés sur ordinateur. Son sens du spectacle est émouvant. **GB**

Le plat est fait prisonnier.

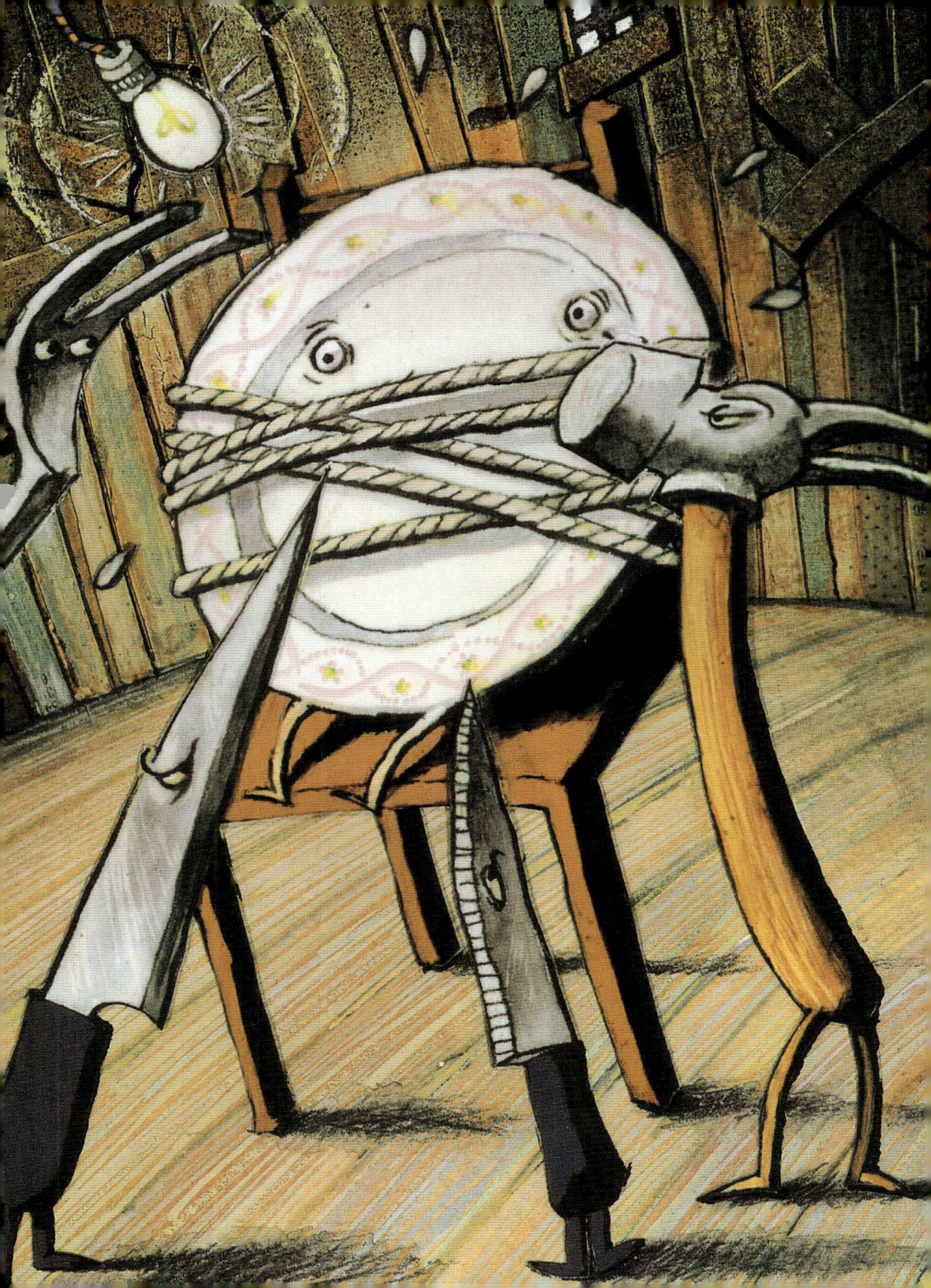

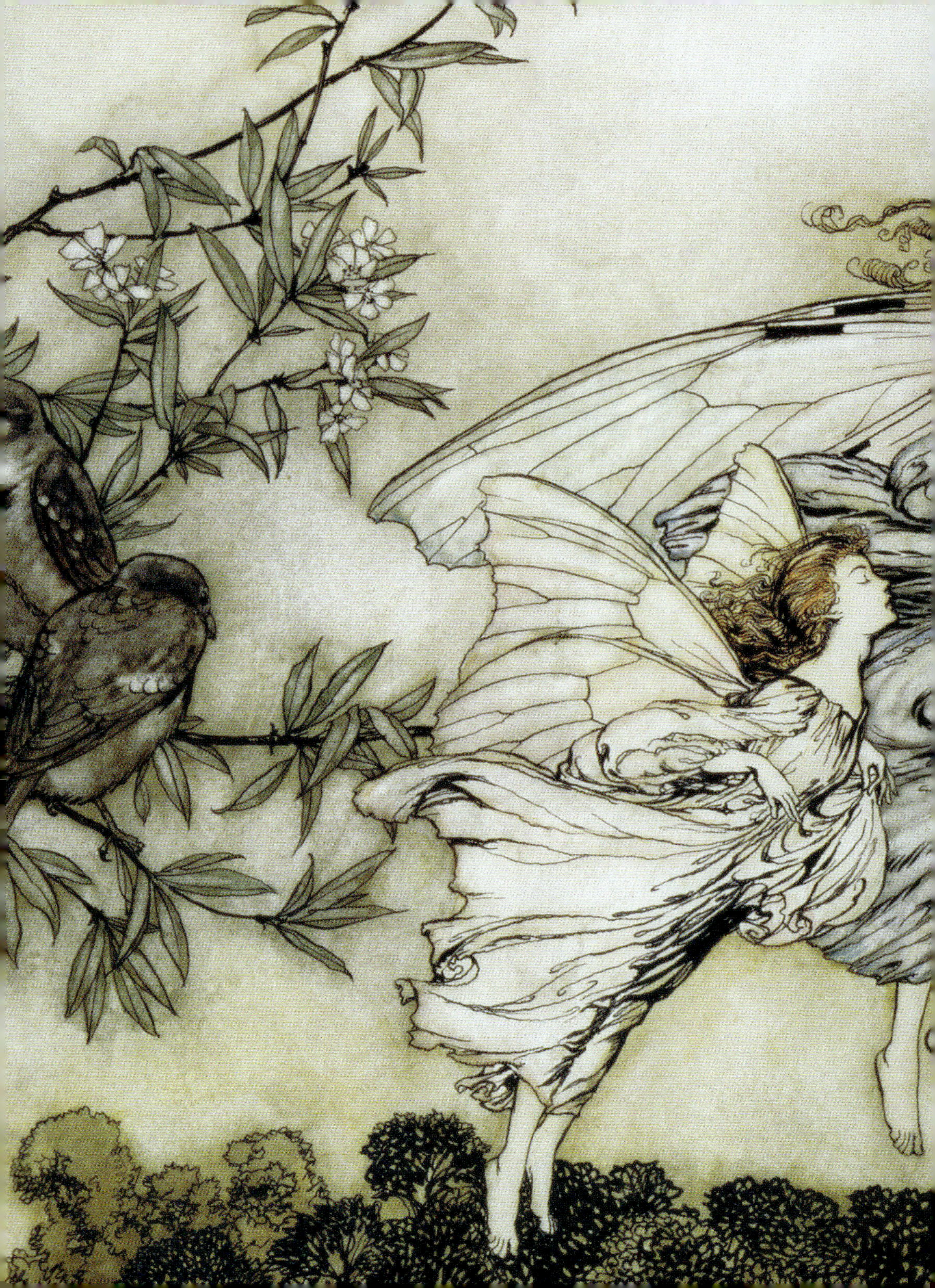

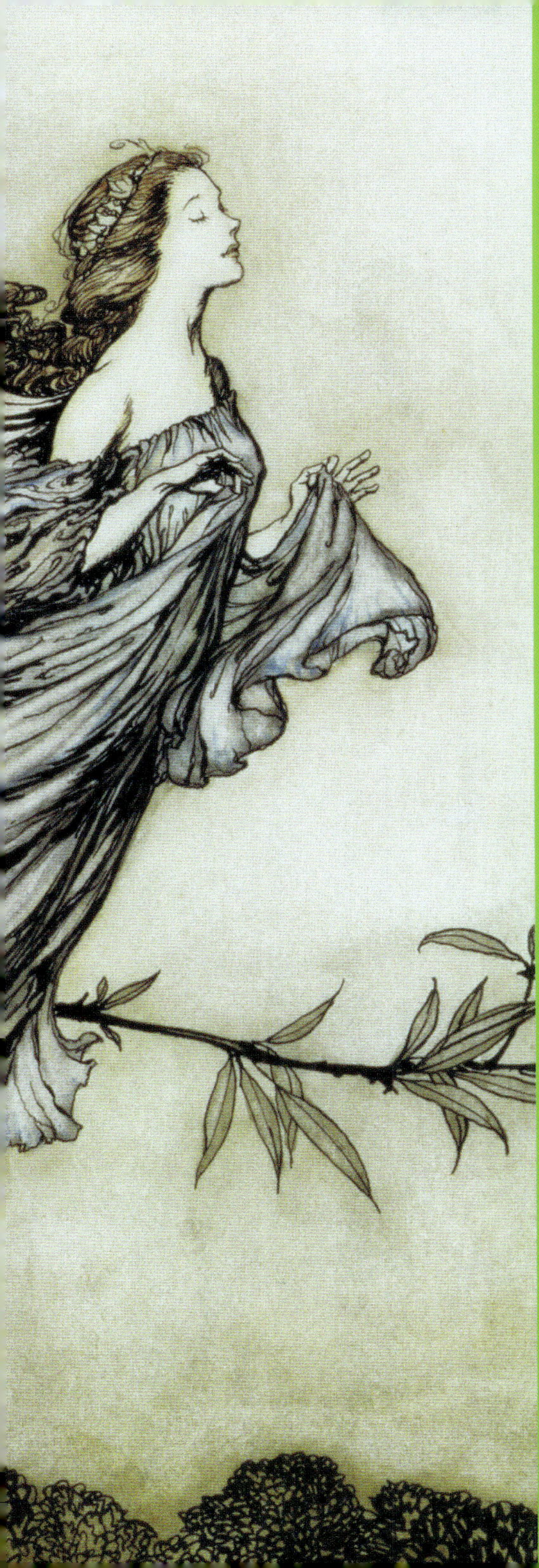

8+

Peter Pan, écrit par J. M. Barrie et illustré par Arthur Rackham

Fables

Ésope

Nationalité Grèce, 620 av. J.-C.
Édition française multiples éditeurs
Thèmes classiques, contes populaires

On attribue plus de 600 fables à Ésope, auteur de l'Antiquité grecque. Ce sont des contes moraux ou des récits destinés à aider ou amuser le lecteur (ou l'auditeur). On ne sait pas grand-chose d'Ésope. Selon certaines sources, c'était un esclave chargé entres autres fonctions de raconter des histoires. Il est probable qu'il n'ait pas été l'auteur de ces fables mais le premier à les coucher sur le papier.

Presque toutes les fables qu'on attribue à Ésope ont pour sujet des animaux dotés de caractéristiques humaines, un procédé qui permet au conteur d'impartir sa sagesse aux lecteurs. La plupart des morales d'Ésope ou de celles inspirées de ses œuvres sont entrées dans le langage courant, telles que « rien ne sert de courir, il faut partir à point » (tirée du *Lièvre et la tortue*). De nombreuses fables de l'auteur grec recèlent une critique sociale, par exemple *La Sauterelle et la Fourmi* (qui inspira *La Cigale et la Fourmi* à Jean de La Fontaine), où l'extravagante sauterelle qui consacre tout son été à chanter se moque de l'avenir et des efforts laborieux de la fourmi, qui ne prend jamais le temps de s'amuser mais s'active tout au long de la belle saison. Quand l'hiver arrive, la fourmi a largement de quoi se nourrir grâce à son dur labeur cependant que la sauterelle meurt de faim.

Les *Fables* d'Ésope sont un élément si important du canon littéraire que les enfants du monde entier les lisent encore aujourd'hui sans forcément connaître le nom de leur auteur. Ces récits classiques ont aussi souvent été repris par des auteurs contemporains. **LH**

Les Mille et Une Nuits

Anonyme

Publiées v. 1400. Il existe une version syrienne de manuscrits perses et sanskrits plus anciens.
Édition française multiples éditeurs
Thèmes classiques, mythes et légendes

Les Mille et Une Nuits sont une série de récits traditionnels dont certains datent, pense-t-on, du début du IXe siècle, même si la plupart furent réunis pour la première fois au cours de la première moitié du XVe. Bon nombre de ces histoires avaient été transmises oralement, et parmi les traductions françaises on peut citer celle de Galland (la première, 1704-1711) ou celle de Jamel Eddine Bencheikh, dans la collection de La Pléiade (2005).

Une grande partie des récits les plus anciens est originaire de Perse et d'Inde. Plus tard s'y ajoutèrent des contes arabes, syriens et égyptiens. Le fil conducteur de l'ensemble est le personnage de Shéhérazade, qui, selon une légende perse, raconte une histoire différente à son mari chaque nuit pendant 1 001 jours. Celui-ci, un roi, convaincu qu'aucune femme n'est capable de demeurer fidèle, a décidé que chaque fois qu'il se marierait il tuerait son épouse le lendemain de leur nuit de noces pour s'assurer qu'elle ne puisse jamais le tromper. Quand Shéhérazade est choisie comme prochaine épouse, elle promet à son mari une nouvelle histoire chaque nuit mais veille à ne lui raconter la fin de cette histoire qu'au matin suivant, afin de rester en vie.

Les contes des *Mille et Une Nuits* devinrent populaires en dehors du Moyen-Orient au XIXe siècle. Un grand nombre de ces contes font désormais partie du patrimoine occidental proviennent en réalité des *Mille et Une Nuits*, notamment *Aladin*, *Ali Baba et les quarante voleurs* ou *Les Aventures de Sindbad le marin*. **LH**

Jeunes filles se baignant (1895), illustration tirée des *Mille et Une Nuits*.

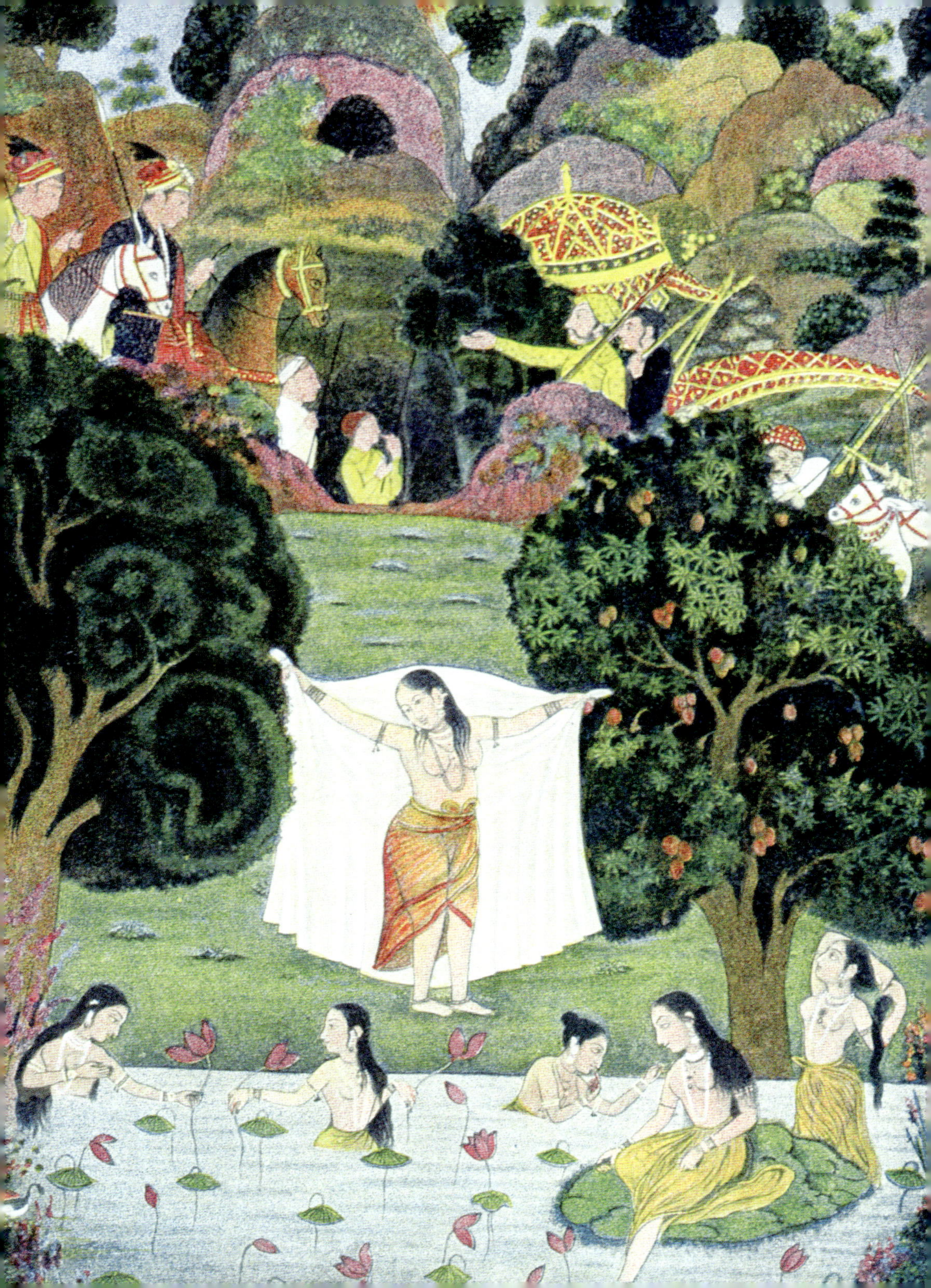

Les Contes de fées

Mme d'Aulnoy

Nationalité France, v. 1650-1705
Édition multiples éditeurs
Thèmes contes de fées, fantastique

8+

Marie Catherine Le Jumel de Barneville, baronne d'Aulnoy est née dans un petit village proche de Honfleur, en Normandie. Elle est l'un des personnages les plus intriguants du siècle de Louis XIV. Entre 1696 et 1699, elle publia plusieurs volumes de contes, dont *Contes de fées*, qui contiennent des récits célèbres, tel *L'Oiseau bleu*. Ces contes de fées rédigés à l'origine pour les adultes sont devenus populaires dès leur publication et étaient aisément disponibles un peu partout en Europe au XVIIIe siècle.

Mme d'Aulnoy eut une vie extraordinaire comprenant la réclusion dans un couvent, un enlèvement et un mariage forcé, des voyages à l'étranger, et l'exil après une participation possible à un meurtre et à des activités d'espionnage. Elle devint plus tard l'hôtesse d'un célèbre salon.

Même si ses contes sont inspirés de la tradition orale paysanne, Mme d'Aulnoy les a réinterprétés sous une forme littéraire complexe destinée aux érudits : ces contes renferment d'autres contes. Son extraordinaire biographie explique son obsession pour le thème de la très jeune épouse face à l'homme métamorphosé en animal, par exemple dans *Le Mouton* ou *Le Serpent vert*, et dans des variations sur le thème de la Belle et la Bête. Elle présente aussi des héroïnes fortes et indépendantes, comme Finette-Cendron qui sauve ses sœurs ingrates et pardonne les parents qui l'ont abandonnée. Ce sont vraiment de merveilleux contes. **WO**

Le Nouveau Robinson

Johann Heinrich Campe

Titre original *Robinson der Jüngere*, 1779
Nationalité Allemagne, 1746
Édition française multiples éditeurs
Thème aventure

Clairement inspiré du *Robinson Crusoé* de Daniel Defoe, l'ouvrage fascinant de Campe raconte l'histoire de Robinson d'Hambourg, un enfant gâté et paresseux que ses parents ont surnommé Krusoe. Un jour, un ami le persuade de prendre la mer avec lui. Sans même dire au revoir à ses parents, Robinson s'embarque avec son ami sur un bateau qui fait naufrage. Seul rescapé, Robinson se retrouve sur une île déserte.

Livré à lui-même, le garçon s'aperçoit qu'il n'a jamais appris à faire quoi que ce soit et commence à regretter sa paresse et son manque de respect envers ses parents. Il découvre cependant le moyen de se procurer de la nourriture, de construire un abri et d'allumer un feu. Il devient même l'ami d'un indigène qu'il baptise Vendredi. Après une série d'aventures – toutes sources de nouveaux apprentissages –, un navire anglais apparaît et ramène Robinson et Vendredi à Hambourg, où ils deviennent charpentiers.

Bien que Campe ait adapté en grande partie l'œuvre de Defoe, son ouvrage est jugé révolutionnaire dans la littérature jeunesse allemande. Débordant de principes philanthropes, il montre des personnages capables de s'améliorer. En choisissant un jeune garçon comme protagoniste, Campe a fait du célèbre récit de Defoe un roman d'édification qui met l'accent sur la nécessité d'apprendre et d'obéir à ses parents. Bien que rédigé il y a plus de 200 ans, c'est un récit intemporel. **GS**

La page de couverture du *Nouveau Robinson* de Joachim Heinrich Campe. →

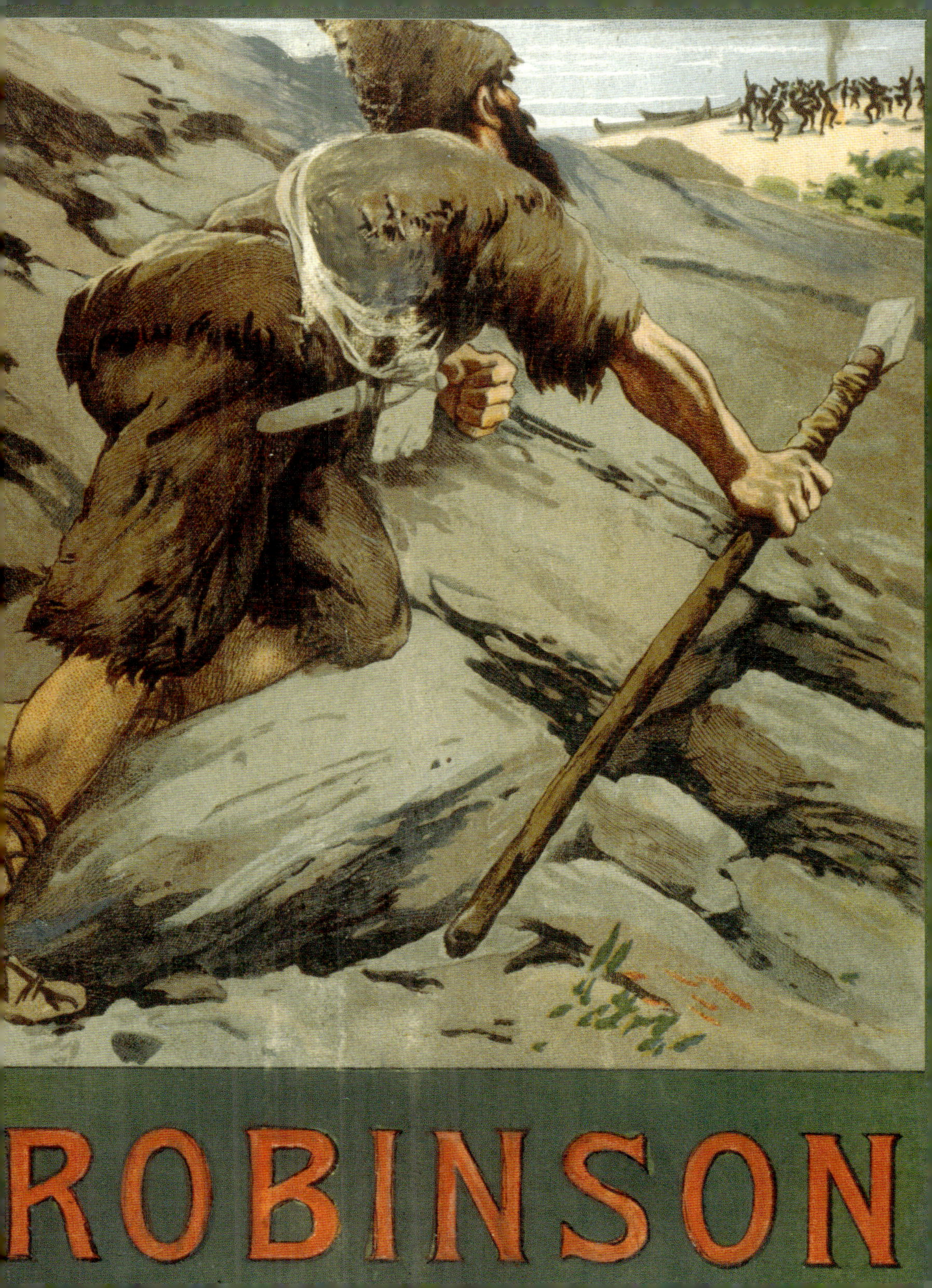
ROBINSON

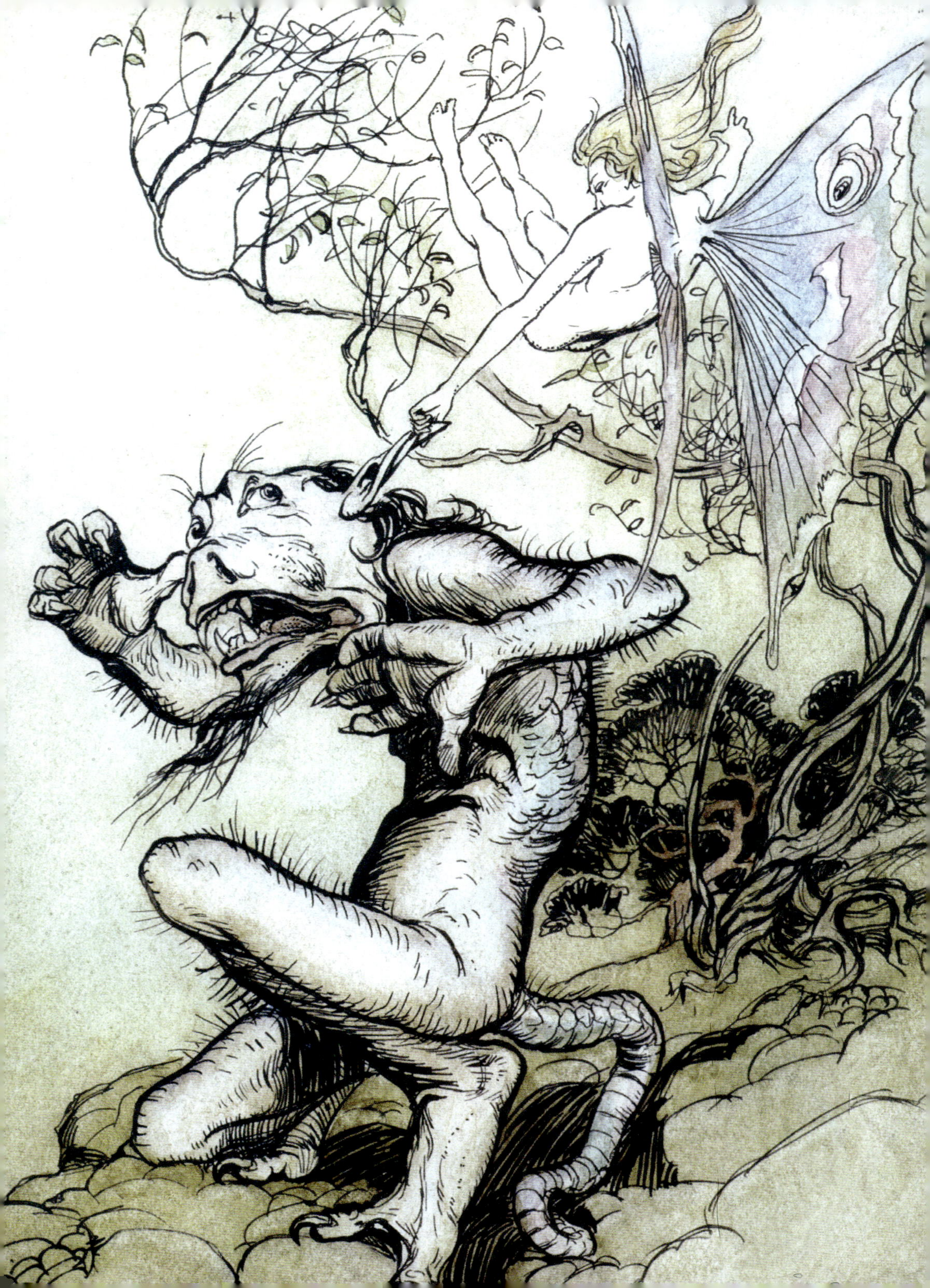

Les Contes de Shakespeare

Adaptés par Charles et Mary Lamb

Titre original *Tales from Shakespeare*, 1807
Nationalité GB, 1764 (Mary), 1775 (Charles)
Édition française multiples éditeurs
Thème classiques

Quatorze des *Contes de Shakespeare à l'usage des jeunes personnes* (le titre complet de l'ouvrage en anglais) ont été adaptés par Mary Lamb cependant que son frère Charles se chargeait des six autres, des tragédies. Toutefois, quand le livre fut publié en 1807, seul le nom de Charles apparaissait comme auteur sur la couverture. Les épisodes de folie passagère de Mary étaient connus : en 1796, elle avait assassiné leur mère (elle échappa à la prison mais fut placée sous la tutelle de son frère), raison pour laquelle son nom demeura probablement caché jusqu'à la parution d'une nouvelle édition en 1838.

L'ouvrage est constitué de 20 récits en prose dans un style adapté aux enfants. La préface indique toutefois qu'il a été principalement rédigé à l'intention des petites filles car les garçons avaient accès plus jeunes aux pièces originales de Shakespeare. Les auteurs demandent expressément aux garçons d'expliquer les passages plus difficiles aux filles et de choisir pour ces dernières des passages appropriés dans les pièces originales.

Bien qu'ils aient éliminé certains éléments des intrigues par souci de décence ou de simplicité, le style animé de Mary et Charles Lamb préserve en partie la beauté du texte de Shakespeare. Des générations d'enfants ont pris un grand plaisir à ces contes permettant de découvrir les pièces du dramaturge anglais, et l'ouvrage n'a jamais été épuisé outre-Manche. **WO**

Le Robinson suisse

Johann D. Wyss Johann E. Wyss

Titre original *Der Schweizerische Robinson*, 1812
Nationalité Suisse, 1743 (aut.), v. 1781 (ill.)
Édition française multiples éditeurs
Thème classiques

Johann David Wyss, un pasteur suisse, eut l'idée d'écrire *Le Robinson suisse* pour divertir ses quatre fils qui adoraient le *Robinson Crusoé* (1719) de Daniel Defoe. L'un de ces garçons, Johann Emmanuel, illustra ensuite le roman, et un autre des fils, Johann Rudolph, le publia.

L'histoire de cette famille suisse naufragée sur une île déserte devint immensément populaire dans le monde entier. Dans la version originale, le père est le narrateur. Le roman est écrit sous forme de journal intime où le père raconte sa vie ainsi que celle de sa femme et de leurs quatre fils (Frédéric, Ernest, Fritz et Rudly) au long des dix ans passés sur l'île qu'ils ont baptisée Nouvelle-Suisse.

C'est le récit d'une survie dont le ton chrétien et moralisateur ne surprend pas, compte tenu de l'identité de l'auteur. Wyss fait le tableau d'une famille qui colonise un environnement paradisiaque et apprend à vivre en harmonie avec la nature – bien qu'en la dominant finalement. Le père sait tout des animaux, des plantes, des mammifères et des poissons qu'il rencontre lors de son exploration de l'île et de ses nombreuses richesses. De telles connaissances aident la famille à se nourrir de façon satisfaisante et à savoir ce qu'elle peut cultiver. Il est toutefois souvent erroné et en réalité il serait impossible de trouver sur une petite île toutes les espèces que la famille rencontre. De telles erreurs ne font qu'ajouter au charme du récit qui, bien que démodé, est toujours divertissant. **CK**

L'Esprit et le Monstre (1909), illustration d'Arthur Rackham pour *La Tempête*.

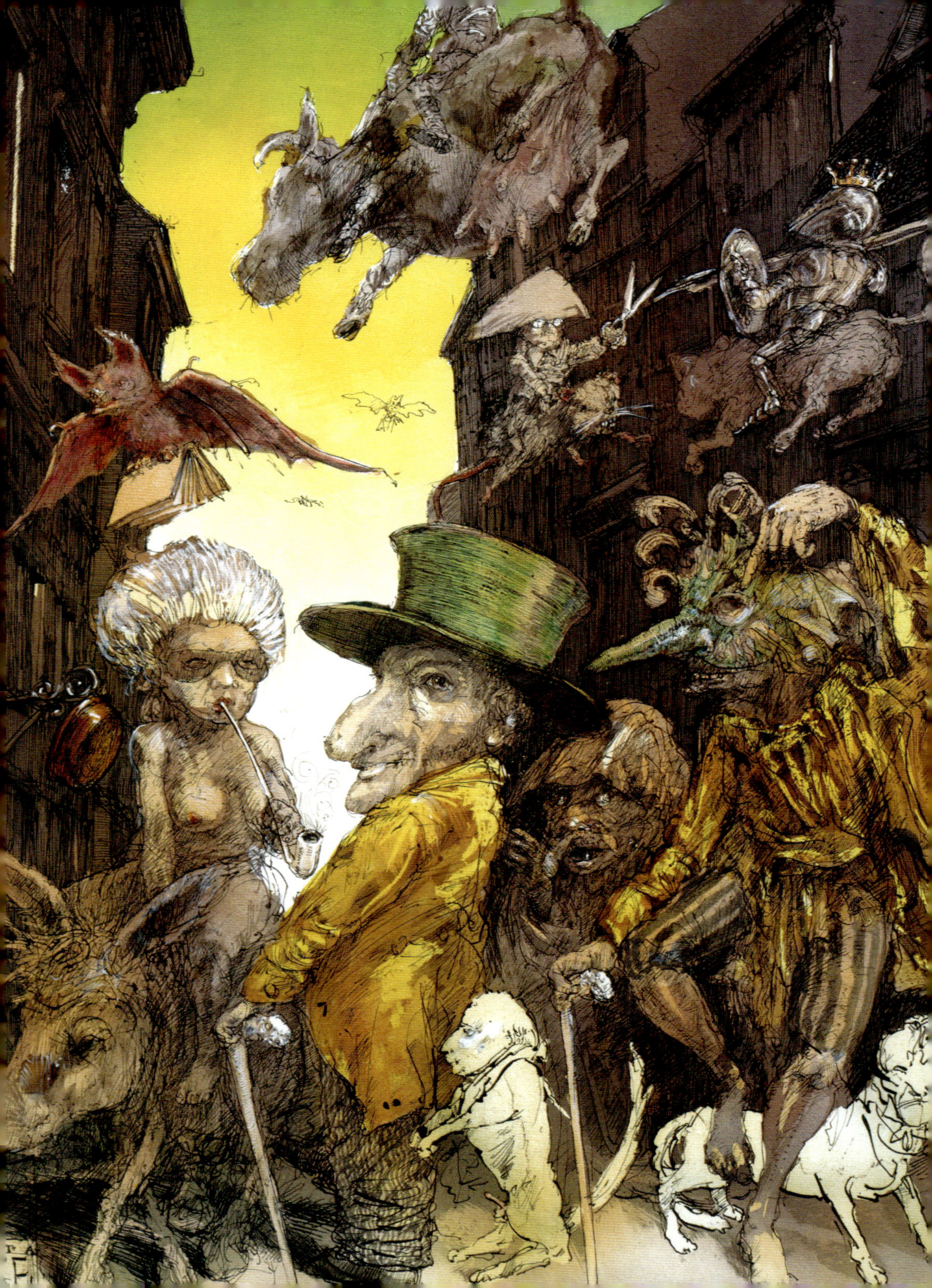

Casse-Noisette et autres contes

E. T. A. Hoffmann

Titre original *Nußknacker und Mausekönig*, v. 1816
Nationalité Prusse, 1776
Édition française multiples éditeurs
Thème merveilleux et fantastique

On découvre dans cette série de contes débordant d'imagination l'esprit d'E. T. A. Hoffmann, un homme convaincu de l'existence du surnaturel. Ses récits souvent surréalistes virent au récit d'épouvante quand des personnages paranormaux révèlent les pensées secrètes des autres. On ne connaît pas la date exacte de parution de ces contes mais *Le Casse-noisettes et le Roi des souris*, le plus célèbre des contes d'Hoffmann, est apparu pour la première fois dans le recueil des *Kindermärchen* de Contessa, La Motte-Fouqué et E.T.A. Hoffmann, publié vers 1816.

Le premier conte relate les rencontres fortuites du narrateur en 1809, à Berlin, avec un étrange musicien qui s'avère être le fantôme du compositeur Christoph Willibald Gluck. *Mademoiselle de Scuderi*, première nouvelle policière allemande, traite d'un auteur réputé qui tente de résoudre une série de meurtres à Paris au XVIIe siècle. Un autre conte de cette série, *Le Pot d'or*, est le récit d'un jeune étudiant dont l'existence bourgeoise est menacée quand il est entraîné dans l'univers magique d'une femme-serpent.

La frontière entre le fantastique et la folie est toujours ténue dans les contes d'Hoffmann, qui décrivent les difficultés de personnes ordinaires face à des événements inattendus. Malgré leur côté sinistre, ces récits sont aussi caractérisés par leur humour et offrent aux enfants une vision du monde différente de celle qu'ils trouvent dans un grand nombre d'histoires qui leur sont destinées. **DaH**

Le Joueur de flûte de Hamelin

Robert Browning

Titre original *The Pied Piper of Hamelin*, 1842
Nationalité Angleterre, 1812
Édition française L'École des loisirs
Thèmes merveilleux et fantastique, poésie

Ce poème narratif mélancolique et palpitant fut tout d'abord composé pour Willie Macready, le jeune fils du grand tragédien et directeur de théâtre William Charles Macready, qui était l'ami et le collègue de Browning. Willie, qui était malade, avait demandé un poème qu'il pourrait illustrer pour se divertir. Browing composa celui-ci pour qu'il soit lu à voix haute et aimait le réciter au cours de fêtes pour enfants. Sa structure, son rythme, son humour et son intensité sont tous destinés à retenir l'attention du public. Les personnages du joueur de flûte, du bourgmestre et des marchands qui n'honorent pas leur promesse de payer le joueur alors qu'il a débarrassé la ville de ses rats, sonnent aussi vrais que ceux d'un feuilleton télévisé contemporain. Les récits du seul rat ayant survécu et de l'enfant handicapé qui reste en ville alors que les autres, envoûtés, s'éloignent, constituent de magnifiques monologues.

Inspiré d'un recueil de contes de Nathaniel Wanley publié au XVIIe siècle, le poème est doté d'une morale claire et soulève de nombreuses questions. Qui est le plus coupable : le joueur de flûte, pour exercer une vengeance aussi terrible, ou le maire et les marchands, pour l'avoir forcé à prendre des mesures aussi drastiques par leur malhonnêteté ? Le joueur a-t-il vraiment guidé les enfants vers une « terre heureuse » ? Ses vêtements suggèrent que c'est un fou du roi ou un bouffon qui montre aux bourgeois de la ville combien leur comportement est erroné. **GB**

8+

Caricature de Rainer Ehrt montrant E. T. A. Hoffmann entouré de ses créations.

Un chant de Noël

Charles Dickens John Leech

Titre original *A Christmas Carol*, 1843
Nationalité Angleterre, 1812 (aut.), 1817 (ill.)
Édition française multiples éditeurs
Thèmes contes, fantastique

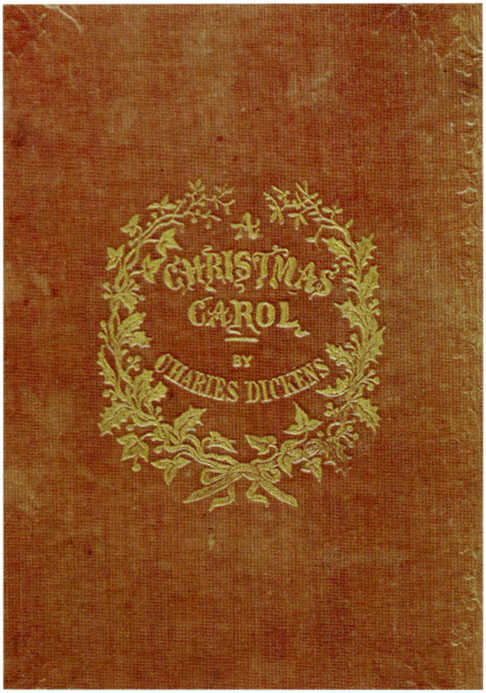

Autres romans classiques de Dickens

La Bataille de la vie
Les Carillons
David Copperfield
Les Grandes Espérances
Oliver Twist

+8

Cette histoire est si célèbre qu'elle appartient désormais au patrimoine culturel mondial. L'avare Ebenezer Scrooge refuse de célébrer Noël et rechigne à accorder tout congé payé à son commis, Bob Cratchit. Un jour de Noël, sept ans après le décès de son associé, Jacob Marley, Scrooge reçoit une série d'avertissements surnaturels le poussant à changer de comportement. Le fantôme de Marley lui apparaît tout d'abord, puis celui de Noël passé qui lui montre quels moments de sa vie ont déterminé son destin. Le spectre de Noël présent l'emmène voir combien la famille Cratchit, y compris Tiny Tim, un jeune handicapé, aime la vie malgré sa pauvreté. Il lui révèle deux créatures misérables, la Misère et l'Ignorance, qui

« Le vieux pécheur était un avare qui savait saisir fortement, arracher, ne point lâcher surtout ! »

hantent le monde. Finalement, le fantôme de Noël à venir lui montre la famille Cratchit privée de Tiny Tim et son propre cadavre qui repose dans une maison où personne ne le pleure. Quand Scrooge se réveille, on n'est encore qu'au matin de Noël. Il est temps de se lever, de se repentir, et de répandre la joie, avec des cadeaux pour les Cratchit.

Écrit au début de la carrière de Dickens, c'est le premier des cinq contes de Noël de l'auteur, un succès de librairie immédiat. Depuis, il a été adapté au cinéma et au théâtre ainsi que sous forme de dessin animé. La maîtrise totale du langage que démontre Dickens, son imagination, sur le plan tant des personnages que de l'intrigue, son innovation formelle et son observation intelligente et clémente de la nature humaine ont rarement été égalées. Peu d'auteurs sont aussi agréables à lire, même pour les enfants. **VN**

Le fantôme de Jacob Marley apparaît à Scrooge.

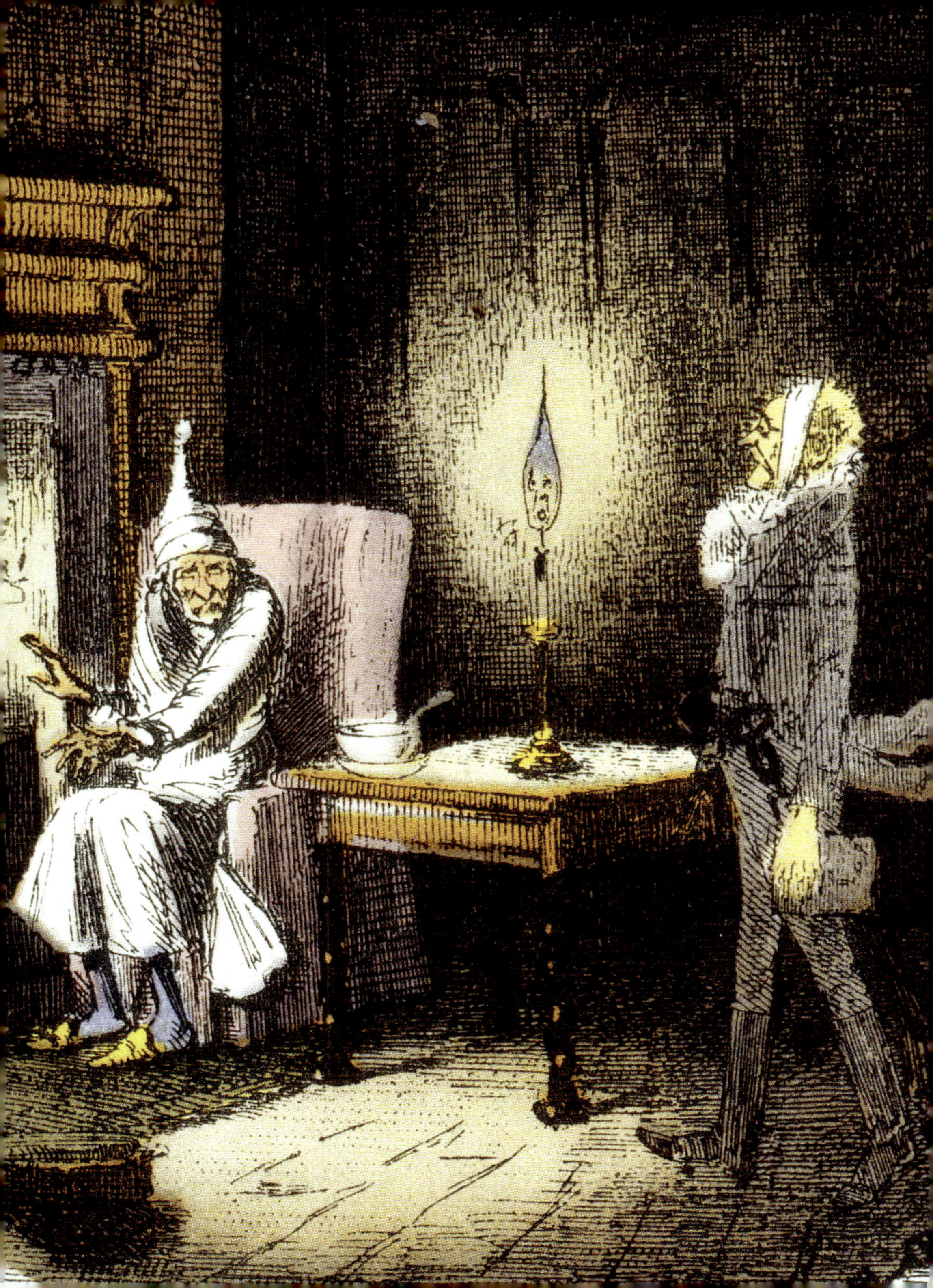

Crasse-Tignasse

Heinrich Hoffmann

Titre original *Der Struwwelpeter*, 1845
Nationalité Allemagne, 1809
Édition française L'École des loisirs
Thème contes classiques

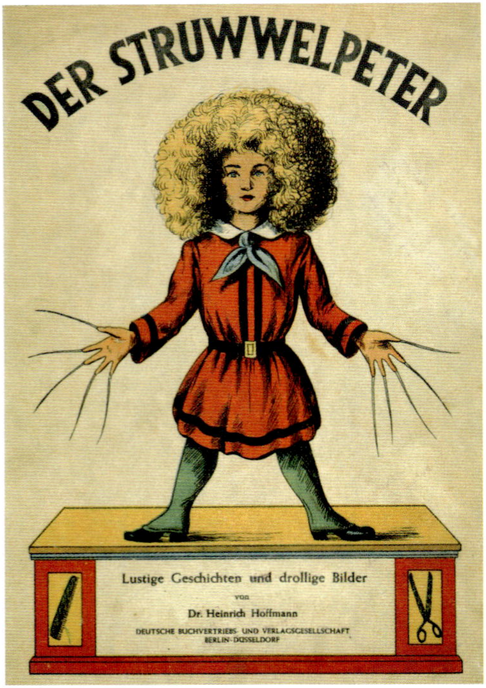

Enfant, je n'avais pas beaucoup de livres et je ne me rappelle pas qu'on m'en ait lu. Mais j'ai grandi dans une maison où vivaient quatre familles. Nous nous asseyions ensemble, et mes oncles, tantes, parents et grands-parents discutaient et se disputaient, racontant des histoires pendant tout ce temps. Ils s'adoraient et se fâchaient alternativement, mais leurs voix et récits constituaient une sorte de tradition orale. C'était presque comme au temps de la préhistoire, quand les premiers hommes assis autour du feu se racontaient des histoires. J'ai compris que c'est de là que provenait mon talent de conteur.

À Syracuse (État de New York) où je suis né, j'avais des bandes dessinées de Mickey et de Flash Gordon. En Allemagne, je lisais *Crasse-Tignasse*. C'est un recueil de dix poèmes, certains instructifs, d'autres épouvantables. *Crasse-tignasse* dépeint un garçon, Pierre, dont les cheveux en bataille sont la cible de moqueries ; le cruel Frédéric, qui terrorise les humains comme les animaux, se voit rendre la monnaie de sa pièce quand il est mordu par un chien ; Paulette apprend qu'il ne faut pas jouer avec les allumettes et le petit garçon qui suce son pouce voit celui-ci coupé par un homme armé de ciseaux géants. J'adorais ce livre malgré sa cruauté.

Les livres sont merveilleux et nous devrions les lire à nos enfants, mais il existe bien des manières de raconter une histoire. On peut prendre l'annuaire téléphonique, trouver le numéro d'un plombier, demander à son enfant ce qu'il fait dans son métier et entreprendre de raconter l'histoire d'un plombier. Que ce soit l'annuaire ou un album connu, je pense qu'il est important de raconter des histoires à nos enfants. Prenez-les sur vos genoux : le contact physique est si précieux. En prenant le temps de lire un livre ou de raconter une histoire, on dit à son enfant : « J'ai du temps à te consacrer. Je te respecte et je t'aime. »

Autres petits garnements

Max et Moritz, Wilhelm Busch (p. 196)
Cautionary Tales for Children, H. Belloc (p. 448)

+8

Saint Nicolas plonge trois méchants garçons dans un encrier.

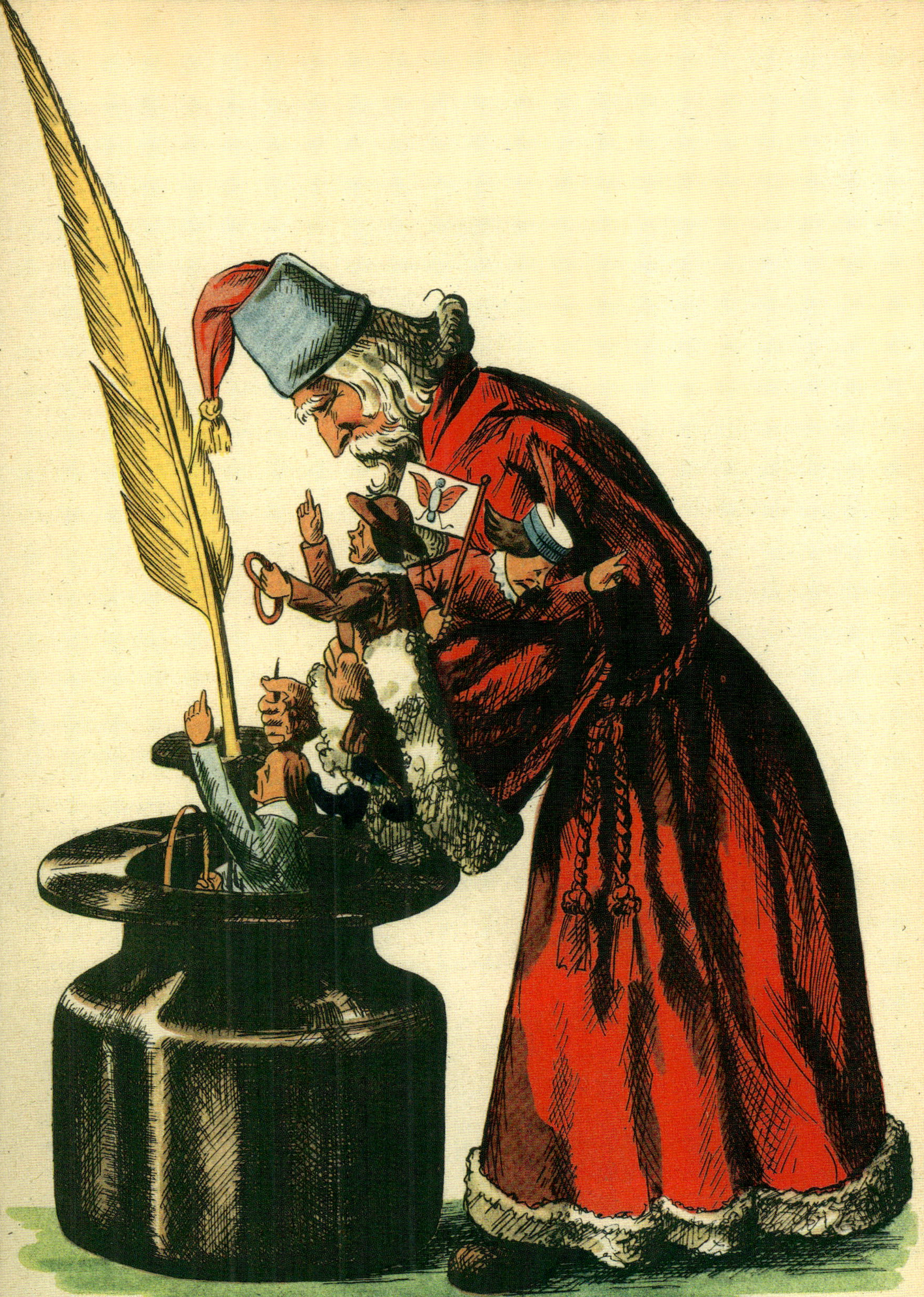

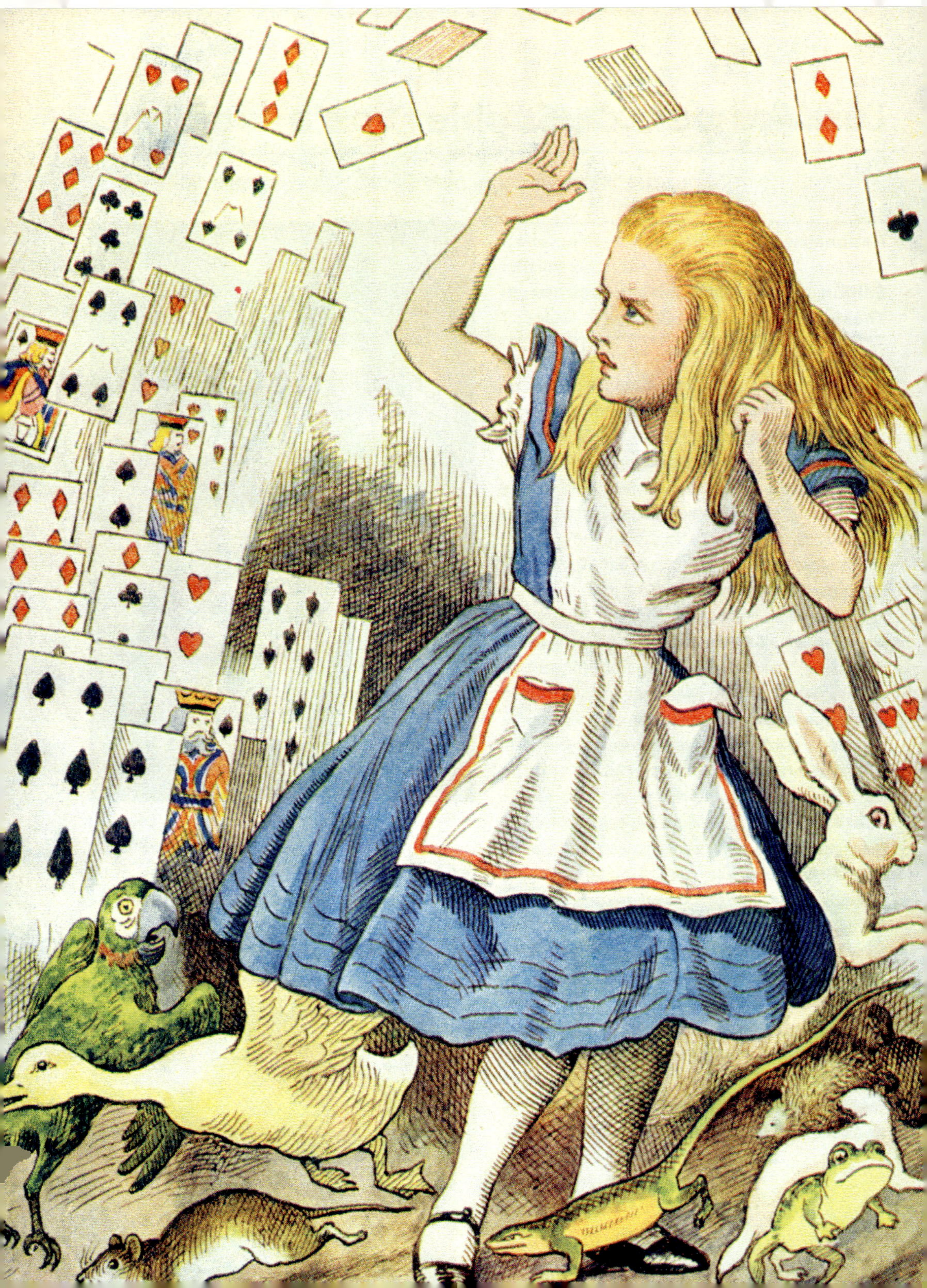

Alice au pays des merveilles

Lewis Carroll   John Tenniel

Titre original *Alice's Adventures in Wonderland*, 1865
Nationalité Angleterre,1832 (aut.), 1820 (ill.)
Édition française multiples éditeurs
Thèmes fantastique, classiques

L'univers d'une enfant de la classe moyenne du milieu de l'ère victorienne, où les règles des adultes sont étouffantes, les convenances rigides, et où l'on apprend ses leçons par cœur, est très éloigné de celui des enfants qui lisent aujourd'hui les aventures d'Alice. Cependant, l'auteur savait si bien communiquer directement avec les enfants afin de les inspirer et les divertir (objectif révolutionnaire à l'époque de la publication de l'ouvrage) que l'histoire de Carroll transcende les quelques passages où ses jeux de mots sont difficiles à apprécier pour un enfant contemporain. L'histoire leur parle toujours directement, même si les plus jeunes d'entre eux peuvent être effrayés par les scènes cauchemardesques.

Sous le vernis de ses bonnes manières, Alice ne mâche pas ses mots et n'hésite pas à contester l'autorité. Elle affronte avec l'esprit ouvert les événements de plus en plus curieux de son rêve, et fait courageusement face aux plus pénibles des épisodes. Habituée à une vie gouvernée par les règles, elle est non seulement frustrée quand ces dernières ne fonctionnent pas, comme lors du thé chez le chapelier, ou quand elles sont clairement improvisées, comme lors du procès. Même quand les règles n'ont ni queue ni tête, comme dans la partie de croquet, Alice s'efforce de les appliquer, ce qui ne fait que renforcer le comique des enchaînements de son rêve à la logique ridicule. Parmi toutes les éditions disponibles, celle illustrée par Helen Oxenbury est la plus adaptée aux enfants. **GB**

De l'autre côté du miroir

Lewis Carroll   John Tenniel

Titre original *Through the Looking Glass*, 1871
Nationalité Angleterre, 1832 (aut.), 1820 (ill.)
Édition française multiples éditeurs
Thèmes fantastique, classiques

L'univers de *De l'autre côté du miroir* semble plus structuré que celui du pays des merveilles (même si cette structure est inversée par rapport à la normale) et moins difficile pour Alice. Quand elle décide de quitter son rêve, c'est à cause de la frustration qu'elle éprouve face à l'érosion de l'ordre (et au manque de nourriture) lors du banquet.

Le deuxième récit est situé six mois après le premier et débute au coin du feu en plein hiver, et non sur la rive ensoleillée d'une rivière. Le temps ne s'écoule presque pas dans le deuxième rêve d'Alice (Dinah, la chatte, lèche encore son chaton blanc quand sa maîtresse se réveille), et pourtant les événements de l'autre côté du miroir pourraient absorber des années de la vie onirique d'Alice. Quand elle court avec la reine rouge, elle ne parcourt aucune distance : de l'autre côté du miroir, explique la reine, on court pour demeurer sur place.

Certains épisodes pourront effrayer les enfants sensibles, comme lorsque Alice recherche son nom dans un bois sombre ou que Bonnet Blanc et Blanc Bonnet déclarent qu'elle n'existe pas. Carroll offre l'antidote à leurs préoccupations avec une héroïne qui est plus fermement réelle que jamais, et se parle constamment à elle-même pour se donner du courage. Les enfants qui aiment les échecs, les problèmes mathématiques et les codes adoreront cet ouvrage qui offre les mêmes plaisirs éternels que le pays des merveilles. **GB**

« Qui fait attention à vous ? demanda Alice […]. Vous n'êtes qu'un jeu de cartes ! »

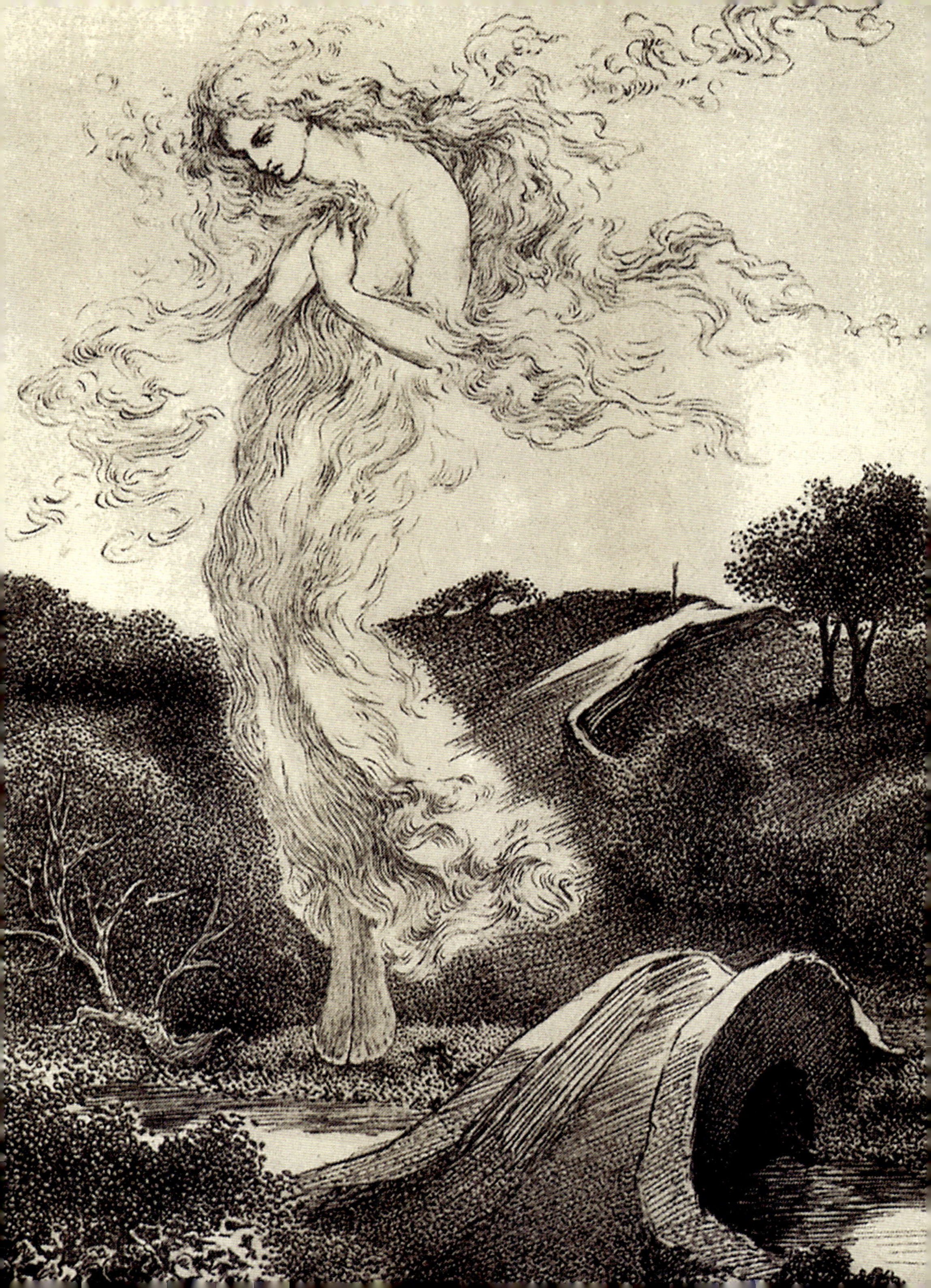

At the Back of the North Wind

George MacDonald A. Hughes

Nationalité Grande-Bretagne, 1824 (aut.), 1832 (ill.)
Édition Strahan and Co., Royaume-Uni, 1871
Thèmes famille, fantastique

Ce récit traitant de la bonté innée a pour héros un jeune garçon, Diamond, qui voyage avec le vent du Nord. L'auteur, George MacDonald, un pasteur, commémorait peut-être ainsi son fils mort jeune.

Diamond, fils d'un cocher, vit dans un grenier à foin. Il y fait froid la nuit quand souffle le vent du Nord. Celui-ci lui apparaît sous la forme d'une femme d'une grande beauté qui l'emmène dans des pays où la douleur et la mort n'existent pas. Diamond, qui est tombé malade après ses voyages, doit conduire la voiture de son père, sauve un orphelin du caniveau et calme le bébé de sa voisine. Bref, il répand le bien autour de lui. Sa bonté est si grande qu'un homme riche fait cadeau d'une maison à son père. Mais Diamond ne revient jamais du pays où le vent du Nord l'emmène.

Des chants et poèmes interrompent le récit où des réflexions sur l'existence sont parsemées de descriptions de vols fantastiques en compagnie du vent du Nord. MacDonald parvient d'une manière jamais égalée à explorer la peur de la mort chez les enfants. Son roman a été illustré par Arthur Hughes, un peintre préraphaélite. **VN**

Livres de George MacDonald traduits en français

La Princesse et le Goblin (p. 415)
Aurore
La Clé d'or
Le Cœur du géant

Les Aventures de Tom Sawyer

Mark Twain

Titre original *The Adventures of Tom Sawyer*, 1876
Nationalité États-Unis, 1835
Édition française multiples éditeurs
Thèmes classiques, aventure, amitié

Tom Sawyer s'attire toujours des ennuis. Il vit dans une petite ville sur les bords du Mississippi avec sa tante Polly, sévère mais aimante, et son demi-frère. Même quand il essaie d'être sage, son imagination le détourne du droit chemin, mais son cœur est bon.

Tom joue des tours sans méchanceté à ses amis, se retrouve dans des situations embarrassantes et perd l'amour de la jolie Becky Thatcher à cause de ses mensonges. Pire encore, alors qu'il explore la campagne avec son ami Huckleberry Finn, Tom assiste au meurtre du docteur Robinson par l'effrayant Joe l'Indien. Le compagnon de ce dernier, Muff Potter, est accusé du crime et arrêté, mais Tom, tourmenté par sa conscience, offre un témoignage qui permet d'acquitter Muff. Quand Tom, Huck et un autre ami fuguent pour se faire pirates, ils n'ont pas conscience de l'inquiétude qu'ils provoqueront. Finalement, réalisant les conséquences de leur disparition, ils mettent en scène leur retour au cours de leur propre enterrement. Une intrigue tirée par les cheveux traitant de la vengeance de Joe l'Indien et d'un trésor mal acquis occupe la majorité du roman, mais c'est la façon dont Mark Twain parvient à se glisser dans la peau de l'espiègle Tom qui reste gravée à jamais dans la mémoire.

Hommage à l'enfance dépourvu de romantisme et débordant d'humour exubérant, *Les Aventures de Tom Sawyer* en ont vu de dures. Le livre, qui a eu du mal à trouver son public, est aujourd'hui considéré comme un joyau littéraire. **VN**

8+

« Sa chevelure volait autour de sa tête, et le vent soufflait doucement… »

Black Beauty

Anna Sewell

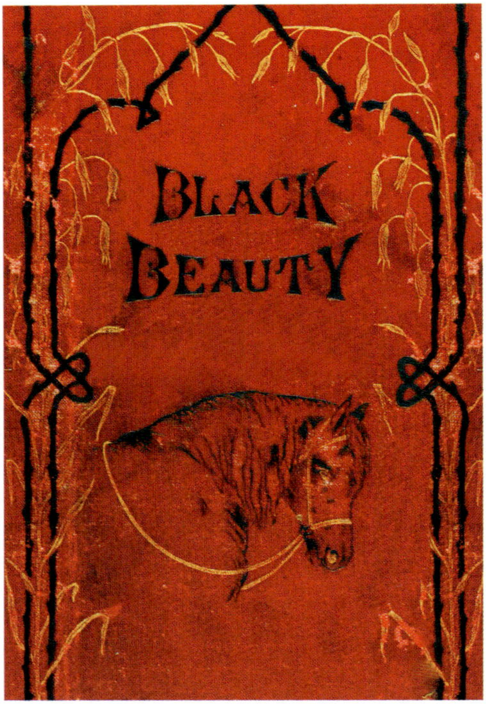

« *Il y avait six autres jeunes poulains dans la prairie ; ils étaient tous plus âgés que moi.* »

Autres ouvrages traitant de chevaux

L'Étalon noir, Walter Farley (p. 491)
Cheval de guerre, Michael Morpurgo (p. 620)
Mon amie Flicka, Mary O'Hara (p. 765)
A Pony for Jean, Joanna Cannan (p. 478)

Titre original *Black Beauty*, 1877
Nationalité Angleterre, 1820
Édition française multiples éditeurs
Thèmes animaux, classiques, aventure

Le narrateur de ce récit intemporel est un cheval baptisé Black Beauty qui a les pensées et les sentiments d'un être humain mais ne peut évidemment pas parler. Très beau poulain à sa naissance, il était destiné à faire une excellente monture, jusqu'à ce que de mauvais traitements de la part d'un jockey ne le réduisent à des tâches plus difficiles. Black Beauty finit par tirer un fiacre autour de Londres.

C'est là qu'il retrouve Ginger, une jument et vieille amie forcée à trop travailler. La description de sa mort est profondément émouvante. Black Beauty est finalement reconnu par son ancien palefrenier qui s'assure que ce noble animal finisse ses jours heureux.

Après un accident survenu à l'âge de 14 ans, Anna Sewell perdit l'usage de ses jambes. Entièrement dépendante des chevaux pour voyager, elle en vint à détester la façon dont étaient couramment maltraités ces animaux durs à la tâche, situation à laquelle elle tenta de remédier avec la publication de *Black Beauty*. Elle haïssait particulièrement la fausse rêne qui permettait de maintenir la tête du cheval de manière artificiellement haute et douloureuse. Elle la condamna souvent dans son roman, et le procédé fut finalement interdit en Grande-Bretagne. Anna Sewell s'élevait aussi contre la pauvreté qui conduisait parfois les propriétaires à maltraiter leurs animaux, mais l'auteur s'assura toujours que son récit, magnifiquement raconté, passe avant tout. Ses divers messages passionnent toujours autant les lecteurs aujourd'hui. **NT**

The Cuckoo Clock

Mrs. Molesworth Walter Crane

Nationalité GB, née Mary Louisa Stewart, 1839 (aut.), 1845 (ill.)
Édition Macmillan, Royaume-Uni, 1877
Thème amitié

Quand Griselda part séjourner chez ses tantes, Grizzel et Tabitha, elle doit accomplir de nombreuses tâches ménagères et recevoir des leçons particulières sans bénéficier du moindre compagnon de jeu.

Furieuse que même le son du coucou lui signale qu'il est l'heure de travailler, Griselda jette un livre sur l'horloge, qui, à la consternation de ses tantes, cesse de fonctionner. Heureusement, le coucou qui vit dans l'horloge s'avère une bénédiction alors que le chagrin et les regrets semblent devoir l'emporter. Personnage féerique, il parvient non seulement à réparer l'horloge mais quand il voit que Griselda est sincèrement désolée, il la guide à travers une série d'aventures qui correspondent exactement à ce que pourrait imaginer une enfant prisonnière d'une maison pleine de vieilles dames : Griselda rend visite aux habitants des sculptures chinoises de la vitrine, au pays des personnages qui vivent dans l'horloge astronomique, à celui des fées et des papillons, et à la mer au clair de lune. Finalement, le coucou permet à Griselda de rencontrer Phil, un petit garçon en chair et en os, avec des taches de boue sur ses vêtements et l'envie de s'amuser en tête. Et c'est bien mieux que les rêves fantastiques.

Mrs Molesworth a été surnommé la « Jane Austen de la chambre d'enfants » ; dotée d'un style précis, elle délivre un message d'autosacrifice et de devoir qui plaît probablement moins aux enfants de nos jours. Les aventures du coucou ont mieux résisté à l'épreuve du temps que ses autres romans. **VN**

La Princesse et le Goblin

George MacDonald Arthur Hughes

Titre original *The Princess and the Goblin*, 1878
Nationalité GB, 1824 (aut.), 1832 (ill.)
Édition française Sang de la terre
Thèmes fantastique, histoires de magie

Les univers fantastiques qu'a créés George MacDonald pour les enfants demeurent originaux plus d'un siècle après. *La Princesse et le Gobelin*, et sa suite, *La Princesse et Curdie*, sont l'étrange récit de deux enfants qui doivent affronter de méchants gobelins. Sur cette structure de conte de fées, MacDonald a agencé une série de scènes enchanteresses et surnaturelles.

La petite princesse Irène vit avec sa nurse, Lootie, dans un château en montagne. Un jour, elle découvre un escalier en colimaçon qui mène à un étonnant labyrinthe de passages inutilisés et de portes closes – et à un autre escalier. Là, elle découvre son arrière-grand-mère cachée, une sorte de fée de la conscience. Simultanément, Curdie, un jeune mineur, est capturé par les gobelins, dont il découvre le plan diabolique : enlever Irène pour la forcer à épouser leur prince idiot. Les deux enfants se rencontrent une nuit alors qu'Irène et Lootie sont presque capturées par les gobelins et que Curdie vient à la rescousse de ces dernières. Ils auront besoin de toute leur ingéniosité – et de l'anneau magique d'Irène – pour déjouer les gobelins.

Tout semble possible dans le récit lyrique de MacDonald – êtres humains et ombres, fleurs et flammes, montagnes et maisons, tout peut ne faire qu'un. Il serait difficile de trouver meilleur antidote aux jeux vidéo que la lente réalisation, de la part de Curdie, de son amour et de son sens des responsabilités, et pourtant l'action ne manque pas dans les scènes de bataille avec les gobelins. **VN**

Le choix de **Marie-Aude Murail**

Sans famille

Hector Malot — Émile Bayard

Nationalité France, 1830 (aut.), 1837 (ill.)
Édition multiples éditeurs depuis 1978
Thèmes famille, aventure, amitié

8+

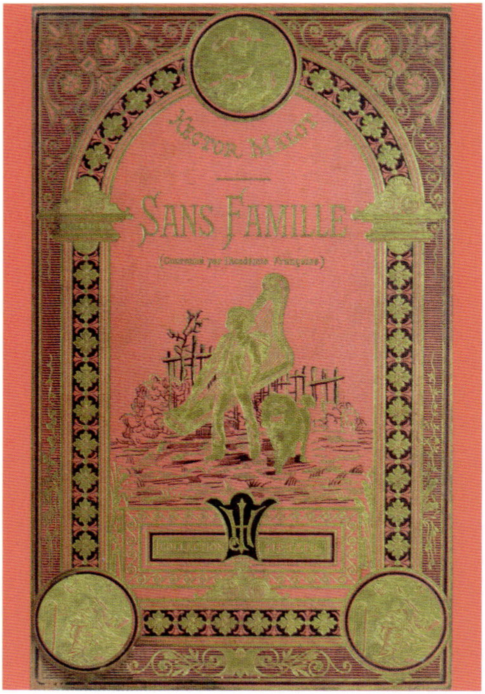

Autres grands classiques français

Les Malheurs de Sophie, comtesse de Ségur (p. 409)
Poil de carotte, Jules Renard (p. 433)
Vingt mille lieues sous les mers, Jules Verne (p. 726)

Le malheur initial de Rémi, le sans-famille d'Hector Malot, ce malheur dont tous les autres découlaient, m'a toujours semblé être le fait que les crêpes que lui avait promises la mère Barberin se transformèrent finalement en soupe pour le père Barberin. Je m'explique. Rémi est un enfant trouvé, ce que George Sand aurait appelé un « champi », mais au début de sa longue histoire, il croit être le fils de sa nourrice. Il apprend la vérité lorsque surgit cet homme terrible, le mari de la mère Barberin, ouvrier parti à Paris gagner sa vie et qui en revient misérable et mutilé.

J'avais 8 ans alors, Rémi, c'était moi, j'étais navrée pour les crêpes. En comparaison de cette frustration, le reste était plutôt gai. Je partais sur les routes avec

« Le petit misérable qui, enfant, a passé tant de nuits dans les granges, dans les étables… »

Maître Vitalis, au nom si prometteur, entouré de trois chiens savants et d'un singe capricieux, je gagnais des sous en jouant la comédie sur les places des villages, je dormais à la belle étoile, je me faisais recueillir sur une péniche et aimer par une petite fille muette.

Pour dire les choses comme elles sont à la relecture quarante ans plus tard, *Sans famille* est un implacable mélodrame où les chiens se font dévorer par les loups, Vitalis meurt de froid dans la neige, les enfants, réduits à la mendicité, sont battus par un sadique, les mineurs sont broyés ou noyés dans les ténèbres, les braves gens envoyés en prison et les méchants presque triomphants. Presque, car nous sommes chez Malot et pas chez Zola. Un jour, je le devinais dès les premières lignes de *Sans famille*, un jour, je mangerais des crêpes en famille, cette famille nécessairement riche qui échoit aux pauvres orphelins.

Les familles des mineurs accourent après l'inondation de la mine.

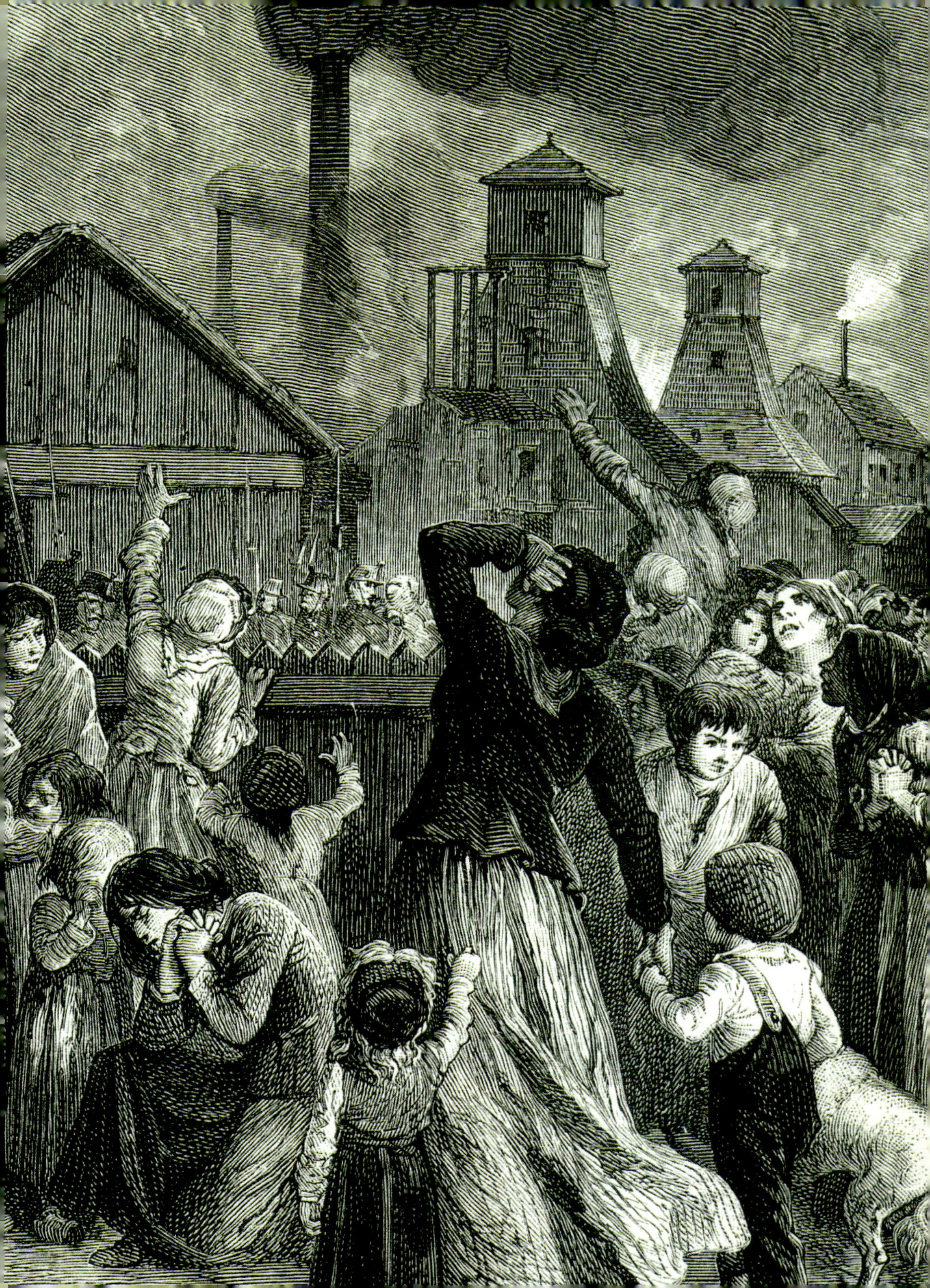

Prostonárodné slovenské povesti

Pavol Dobšinský

Nationalité Slovaquie, 1828
Édition à compte d'auteur, 1880
Thème contes populaires

8+

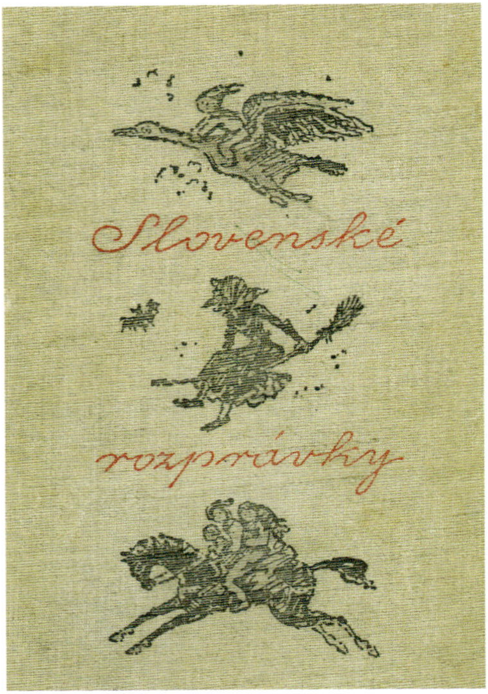

Contes traditionnels de Dobšinský

Contes slovaques
La Forêt magique et autres contes
Les Douze Mois

Ce recueil exceptionnel de contes populaires et de contes de fées dont le titre signifie *Simples contes slovaques* est l'un des ouvrages slovaques les plus populaires jamais écrits. Contes, légendes, devinettes, proverbes, dictons, coutumes et superstitions sont extrêmement importants dans cette culture depuis des siècles. Certains critiques ont même affirmé qu'à certaines époques ces contes populaires et histoires traditionnelles constituaient les seules preuves de l'identité nationale slovaque et de son existence.

Cette culture populaire a été particulièrement importante lors des difficiles années de persécution hongroise et de suppression des Slovaques au sein de l'Empire austro-hongrois jusqu'en 1918, date de l'établissement de la République tchécoslovaque.

« "Et vous, ma fille, dites-moi combien vous m'aimez. – Père, je vous aime comme le sel." »

Souvent surnommé le Andersen slovaque, Pavol Dobšinský est parvenu non seulement à créer la plus grande et la plus complète anthologie de contes populaires slovaques, mais aussi à la publier, en huit volumes, à compte d'auteur, entre 1880 et 1883. Dans ces récits pittoresques, riches et souvent drôles apparaissent des histoires de magie, d'animaux et des légendes traditionnelles

Parce que ces contes étaient à l'origine destinés à des lecteurs adultes, avant de les publier Dobšinský dut expurger de nombreux passages à l'érotisme explicite ou à l'humour croustillant. Désormais appropriés aux enfants, ils sont devenus très populaires. Les huit volumes originaux ont été réécrits à plusieurs reprises depuis 1880, et ce trésor de culture nationale est désormais publié dans plus de vingt pays. **JR**

Popolvár, le « Cendrillon masculin », se rend au royaume de l'or.

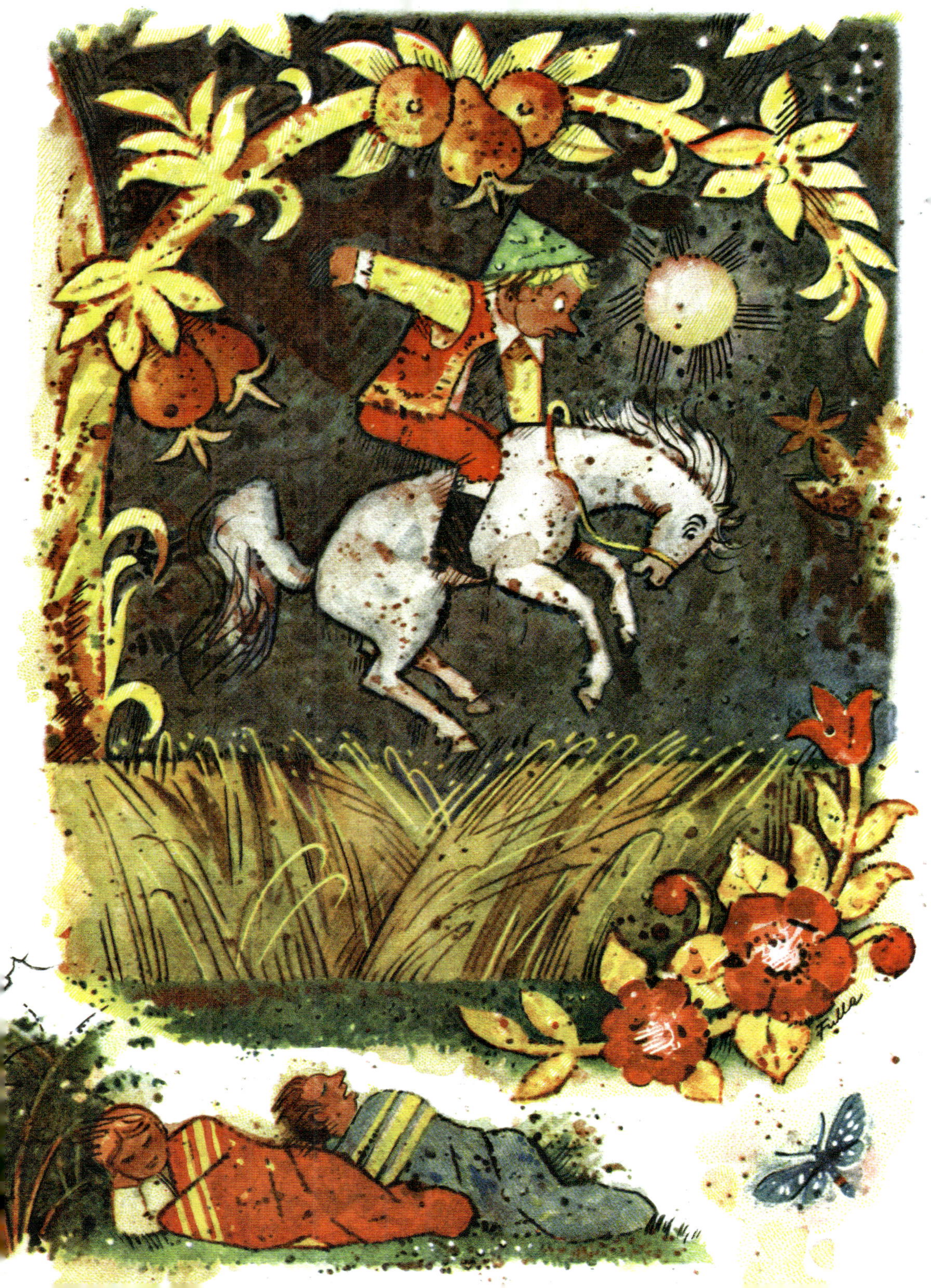

Histoires de l'oncle Rémus

Joel Chandler Harris

Titre original *Uncle Remus Stories*, 1881
Nationalité États-Unis, 1848
Édition française multiples éditeurs
Illustrations ultérieures Milo Winter
Thèmes animaux, classiques

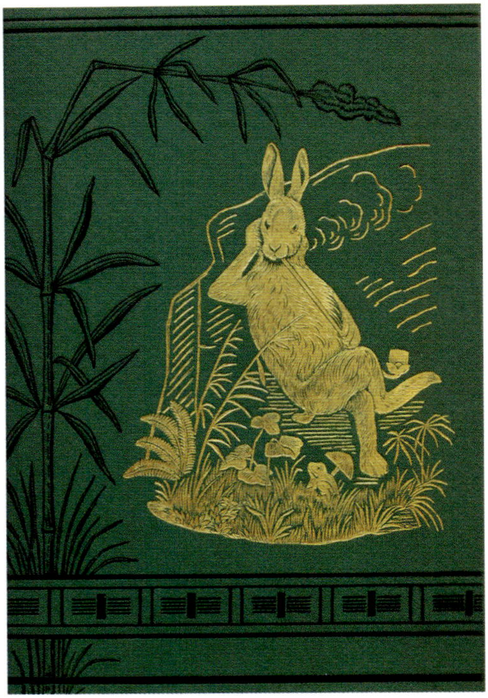

Autres recueils de fables

Contes, frères Grimm
Fables, Ésope (p. 396)
Fables, Jean de La Fontaine

Dans le livre de Joel Chandler Harris, oncle Rémus est un vieux Noir, un ancien esclave. Un jeune garçon blanc lui rend visite dans sa hutte chaque soir pour l'entendre raconter ses merveilleuses histoires. Harris n'est pas l'auteur original de la plupart d'entre elles, mais le premier, que l'on sache, à les avoir couchées sur papier. Au XIXe siècle, les histoires de frère Lapin et de ses amis avaient été transmises oralement de génération en génération dans la communauté afro-américaine. Harris, un journaliste blanc, les a entendues la première fois alors qu'il voyageait dans le sud des États-Unis. Abolitionniste, Harris se servait depuis longtemps de sa plume pour communiquer ses convictions antiracistes. Il désirait maintenir vivants ces récits de tradition orale.

Selon certains spécialistes, les histoires de frère Lapin seraient originaires d'Afrique, selon d'autres, elles sont amérindiennes. Au XXe siècle, elles ont connu une renaissance quand Enid Blyton les a adaptées dans sa série des Jojo lapin.

Elles ont pour personnage principal un lapin malin qui s'attire toujours des ennuis mais parvient très souvent à se tirer d'affaire et à damer le pion aux autres animaux. Frère Renard est l'un de ses ennemis jurés et les deux personnages sont en conflit dans de nombreux récits : « Frère Lapin et frère Renard essayaient toujours de se tendre des pièges », apprend-on. D'autres personnages apparaissent : la tortue, le loup, l'ours, la buse, le raton laveur, le bélier, le chat sauvage, la dinde, le chien, un lapin sorcier, le vison, la vache et le célèbre M. Homme.

La façon dont le petit lapin parvient à vaincre des animaux bien plus gros ou bien plus forts que lui constitue le thème principal des histoires. Selon Harris, il représentait les opprimés du Sud américain qui espéraient finalement échapper aux situations sociales et politiques qui les empêchaient de progresser. **LH**

Le Prince et le Pauvre

Mark Twain Frank Merrill, John Harley et L. S. Ipsen

Tom Canty vit dans la misère à Londres avec son père, au caractère difficile, pendant la première moitié du XVIe siècle, cependant que le futur Édouard VI vit dans le luxe en compagnie des membres de sa famille, tout aussi difficiles. Les deux garçons se rencontrent un beau jour et se lient d'amitié, en partie à cause de leur extraordinaire ressemblance. Ils décident un jour de prendre la place l'un de l'autre.

Tom, qui a la tête sur les épaules, apprend rapidement à affronter les exigences de la vie de prince, notamment à rendre des jugements. Les courtisans pensent tout d'abord que le prince a perdu la tête mais il parvient non seulement à préserver son imposture mais en vient aussi à aimer sa nouvelle vie. L'expérience d'Édouard est moins heureuse. Malmené par le père de Tom, un alcoolique, il n'a pas grand-chose à manger et encore moins à faire. Il observe la pauvreté abjecte du peuple et la dure justice qui attend ce dernier et, motivé par les malheurs de ses sujets, il révèle imprudemment son identité à une bande de voleurs, qui se moquent de lui et le déclarent roi des fous.

Heureusement pour lui, il rencontre Miles Hendon, un soldat qui le prend sous son aile. Henri VIII est mort et Édouard est désormais roi, mais comment ce dernier peut-il regagner son trône avant que Tom ne soit couronné à sa place ? Tout dépend du grand sceau d'Angleterre, qu'Édouard avait dérobé avant de prendre la place de Tom. L'ordre naturel des choses est finalement rétabli et tout est bien qui finit bien.

Écrit dans un style qui rappelle plus Dickens que l'humour pince-sans-rire habituel de Twain, le récit est animé de la même colère face à l'injustice et du même plaisir face aux espiègleries des jeunes garçons que *Tom Sawyer* et *Huckleberry Finn*. L'engagement de Twain en faveur de l'alphabétisation comme moteur civilisateur est entremêlé aux péripéties pleines de suspense de l'intrigue. **VN**

Titre original *The Prince and the Pauper*, 1881
Nationalité États-Unis,
né Samuel Clemens, 1835 (aut.)
Édition française multiples éditeurs
Thèmes classiques, roman historique

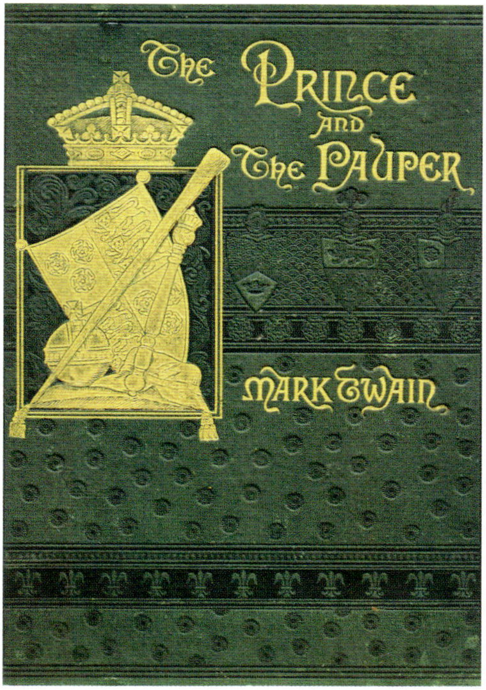

Autres grands romans de Mark Twain

Les Aventures de Tom Sawyer (p. 413)
Les Aventures de Huckleberry Finn (p. 426)
La Tragédie de Pudd'nhead Wilson et la comédie des deux jumeaux extraordinaires
Un Yankee à la cour du roi Arthur

Monsieur le Vent, Madame la Pluie

Paul de Musset — André Dauchez

Nationalité France, 1804 (aut.), 1870 (ill.)
Édition multiples éditeurs
Thème contes traditonnels

Un meunier breton et pauvre, niais sans amis, reçoit successivement dans sa masure la visite de deux êtres surnaturels : le Vent et la Pluie. Ils seront à l'origine de sa fortune et de celle de sa péronnelle de femme.

Beaucoup d'éléments sont frappants dans ce récit si original, accompagné dans son édition de 1948 par les aquarelles d'un artiste qui se place résolument à contre-courant des images pour enfants. Le langage tout d'abord, rutilant de mots obsolètes, puisés dans un vocabulaire d'une somptueuse précision ; le caractère de ses héros ensuite, héros qui ne sont ni vraiment aimables ni dignes ni courageux.

À cela il faut ajouter une multitude d'inventions charmantes et drôles qui ponctuent les aventures du meunier, de sa femme et du tyran auquel ils sont soumis (un tyran sans vergogne, avare et méchant comme il se doit). On n'oubliera pas le merveilleux premier cadeau de Monsieur le Vent à notre meunier affamé : un petit tonneau en argent qu'il suffit de toucher avec une baguette magique pour qu'il révèle une cuisine miniature où s'agitent des cuisiniers hauts de trois pouces, affairés autour de plats succulents et de couverts en argent fin… Malgré les dons merveilleux des Créatures célestes, tout ira de travers pour nos maladroits héros : seul leur fils dénouera l'embrouillamini dans lequel ils sont empêtrés. Mais ce sera par l'astuce et le mensonge, en réduisant à son service ses étourdis bienfaiteurs, le Vent et la Pluie.

Pinocchio

Carlo Collodi — Enrico Mazzanti

Titre original *Le avventure di Pinocchio* 1883
Nationalité Italie, 1826 (aut.), 1852 (ill.)
Édition française multiples éditeurs
Thèmes aventure, fantastique

Les Aventures de Pinocchio racontent l'histoire d'une marionnette en bois, sculptée par un homme du nom de Geppetto, dans un petit village toscan. Écrit pour un magazine pour enfants en 1883, le récit est demeuré très populaire, et le dessin animé qu'en a tiré Walt Disney en 1940 en a fait un classique.

Pinocchio diffère des autres marionnettes en cela qu'il désire être un garçon en chair et en os. L'histoire raconte comment il réussit à réaliser son rêve. La relation entre Geppetto et sa création est celle d'un père et de son fils. Il est touchant de les voir gagner respect et amour l'un pour l'autre à travers les sacrifices et la compréhension. Pinocchio fait souvent des bêtises – révélées par son nez qui s'allonge quand il ment ou se comporte mal. L'histoire de Collodi abonde en leçons de morale qui font fréquemment allusion à la Bible ou à la littérature classique.

Le récit original vaut d'être lu, notamment pour ses personnages, dont un grillon qui parle, une fée aux cheveux turquoise, un pêcheur vert, et le terrible requin. La soif d'aventure de Pinocchio l'amène à être avalé par ce requin, vendu à un cirque et même transformé en âne quand il visite des endroits aussi étranges que le village d'Attrape-nigauds et le Champ des miracles. Amusantes et poignantes, *Les Aventures de Pinocchio* font un récit édifiant riche en allégories à travers lequel l'auteur tente d'enseigner aux enfants ce qui compte réellement dans la vie. **CK**

Illustration d'Eugenio Cherubini pour une couverture du début du XXe siècle.

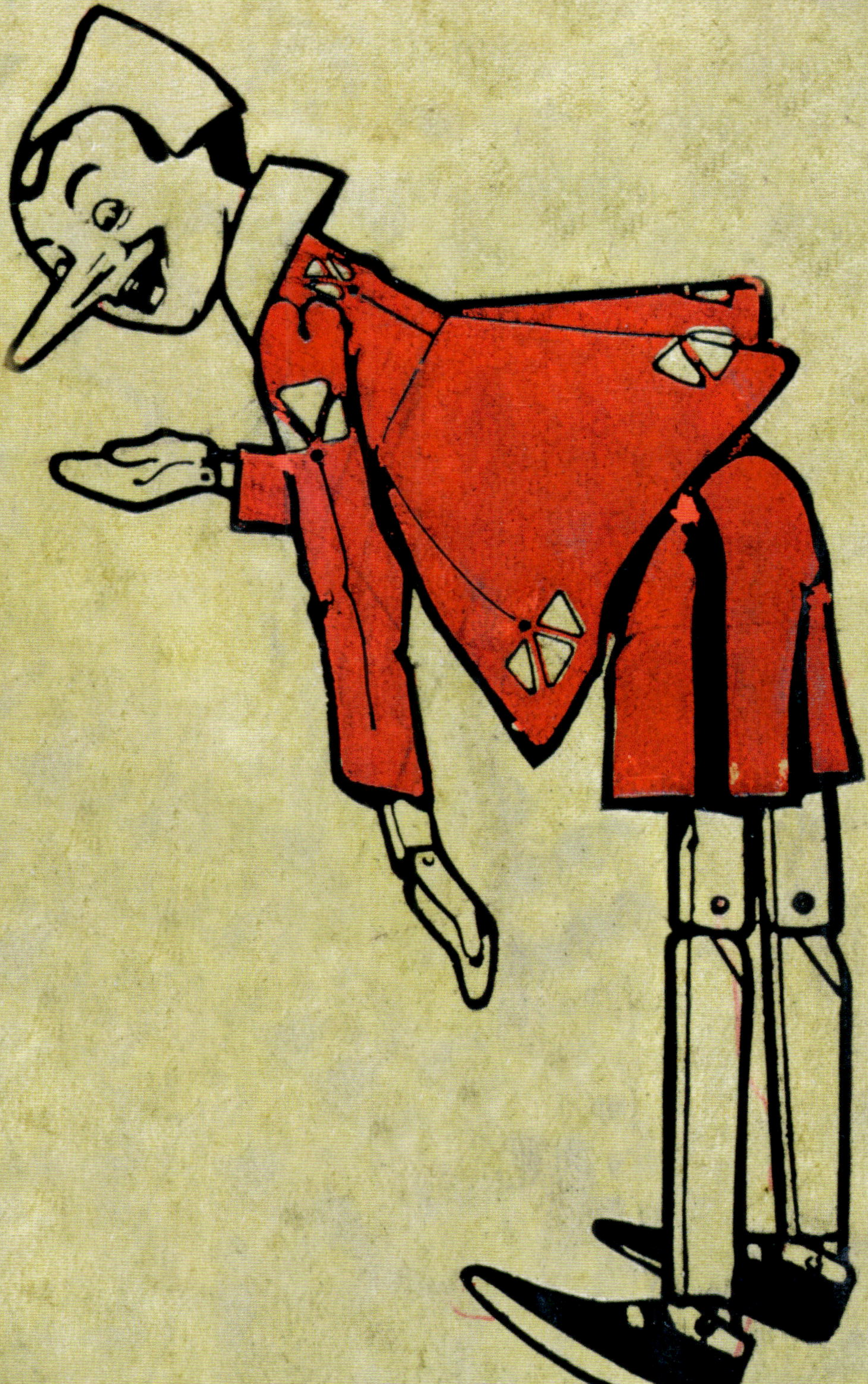

L'Île au trésor

Robert Louis Stevenson

Titre original *Treasure Island*, 1883
Nationalité Écosse, 1850
Édition française multiples éditeurs
Thème aventure

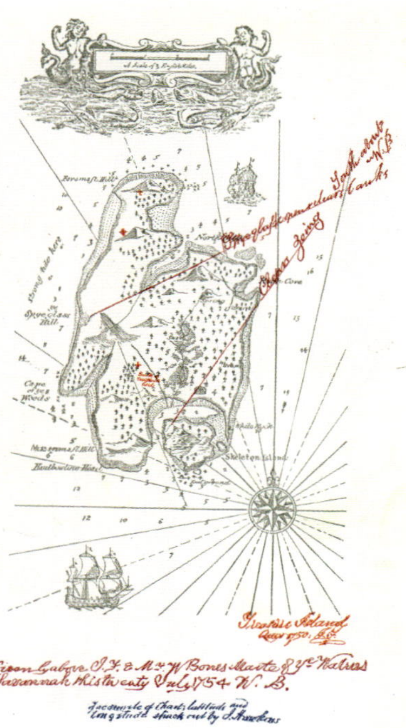

L'Île au trésor mérite sa réputation de classique de la littérature jeunesse. Le récit est narré par Jim Hawkins, un jeune garçon dont la vie ordinaire à l'auberge de l'Amiral Benbow est transformée à jamais à la suite de sa rencontre avec les louches camarades de bord du redouté feu capitaine Flint. Billy Bones possède une carte qui révèle l'emplacement du trésor de Flint. D'autres comptent en obtenir leur part, dont le plus célèbre des pirates, Long John Silver le traître. Après la mort subite de Billy Bones, Jim Hawkins remet la carte au chevalier Trelawne, homme de confiance, et au docteur Livesey, qui décident de monter une expédition aux Caraïbes pour y dénicher le trésor. Le sournois Silver parvient toutefois à gagner leur confiance avec beaucoup de subtilité et à faire engager à leur insu une bande de flibustiers comme membres d'équipage.

Dans ce palpitant récit de trafics et de courage règne une atmosphère de menaces constante. La parution originale du roman sous forme de feuilleton explique que les événements se produisent à un rythme enlevé et que chaque chapitre se termine dans le suspense. La langue, assez châtiée selon les normes actuelles, possède une richesse d'expression qui enflamme l'imagination. Par une nuit froide et brumeuse baignée par le clair de lune, Jim Hawkins se cache des pirates meurtriers, pétrifié, dans un fossé : « À peine étais-je installé, que mes ennemis arrivèrent au nombre de sept ou huit, en une course rapide et désordonnée. »

L'Île au trésor a été qualifiée de roman d'aventure et d'apprentissage. Quand j'avais 11 ans, aucun livre ne m'avait auparavant aussi merveilleusement transporté dans un autre lieu et un autre temps. Une fois le livre terminé, j'avais presque l'impression d'avoir vogué sur l'*Hispaniola* avec Jim Hawkins. Comme lui à son retour, j'avais aussi l'impression d'avoir un peu grandi.

Autres aventures sur les mers

***Robinson Crusoé*, Daniel Defoe (p. 708)**
***Vingt mille lieues sous les mers*, Jules Verne (p. 726)**
***Les Aventures de David Balfour*, Robert Louis Stevenson (p. 733)**
***Moonfleet*, J. Meade Falkner**

Long John Silver, illustration de William Nicholson (1900). →

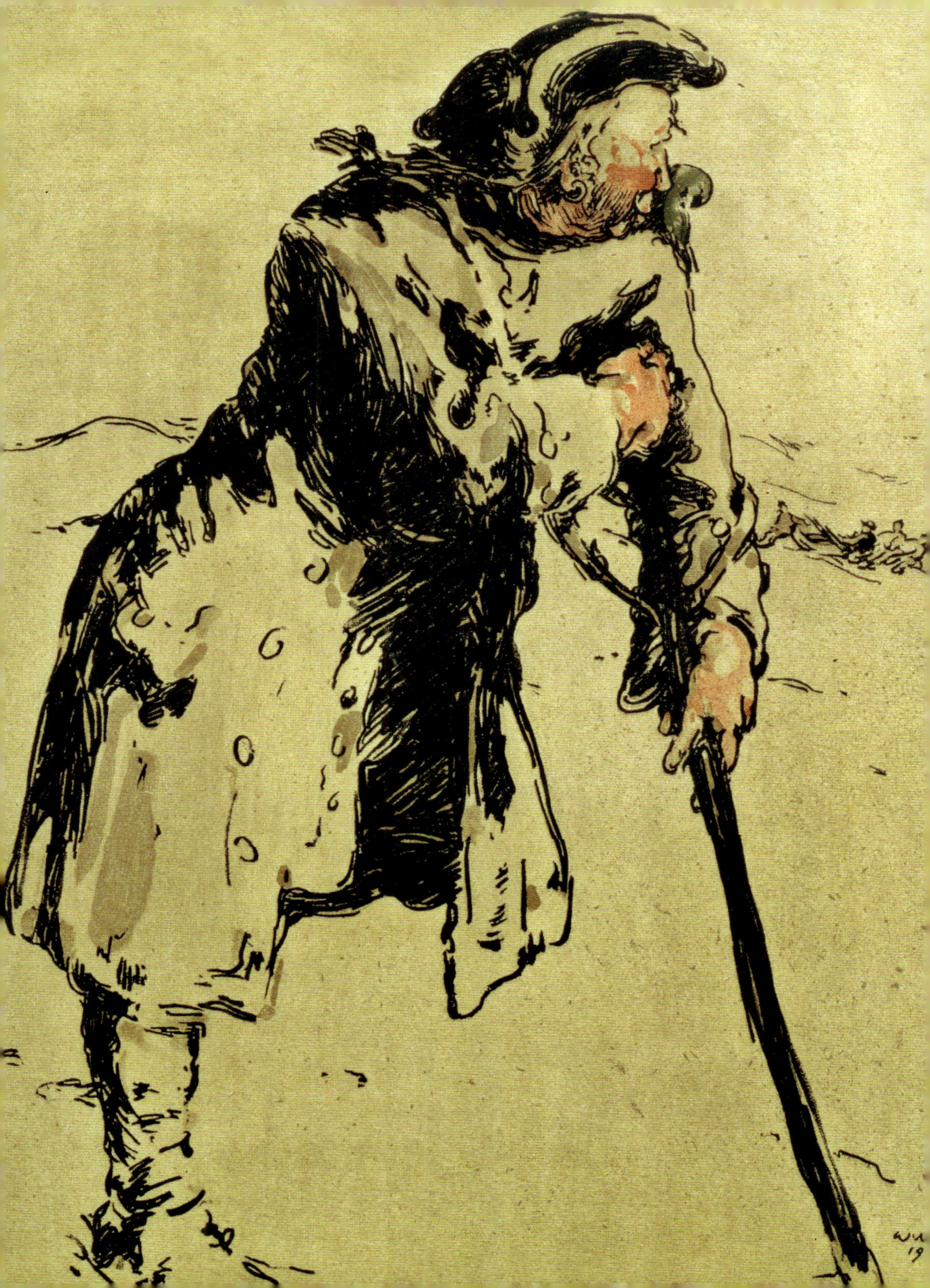

Les Aventures de Huckleberry Finn

Mark Twain Edward W. Kemble

Titre original *Adventures of Huckleberry Finn*, 1884
Nationalité États-Unis, 1835 (aut.), 1861 (ill.)
Édition française multiples éditeurs
Thèmes aventure, amitié, classiques

+8

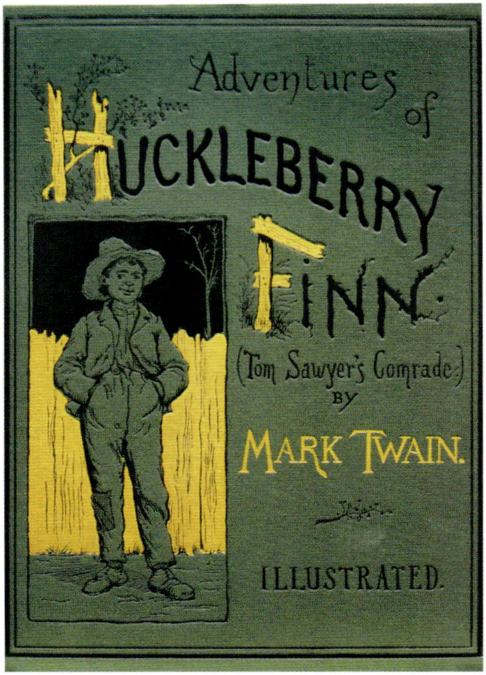

Quand j'ai lu pour la première fois, à 10 ans environ, *Les Aventures de Huckleberry Finn*, inspiré par le livre, j'ai échappé à l'obligation de faire la sieste en me glissant le long de la gouttière. Après d'autres relectures, j'ai décidé de remonter le Yellow Breeches Creek à la recherche d'aventures et, plus tard, de développer une conscience politique. Huckleberry Finn m'a appris à observer les gens, les lieux, les plantes et les animaux, et à n'écrire qu'au sujet de ce qui m'est familier. Je ne connais pas d'autre roman qui ait influencé plus d'écrivains que *Huckleberry Finn*. C'est un chef-d'œuvre que tout jeune auteur devrait lire.

Rédigé en trois dialectes différents, le roman débute quand Huck Finn fugue de chez son père alcoolique et découvre sur une île son ami, Jim, un esclave en fuite lui aussi. Après avoir trouvé un radeau, ils se dirigent vers Cairo, une ville où les Noirs sont libres, mais la dépassent pendant la nuit et continuent à descendre le Mississippi. À travers le regard de Huck, Twain fait la satire des injustices et préjudices raciaux. Bien qu'écrit après la guerre de Sécession, le roman est situé avant celle-ci. Dès sa parution, certains critiques ont jugé l'ouvrage grossier ou, plus récemment, raciste, à cause de son utilisation de mots tels que « nègre », utilisés à l'époque.

« J'écoutais le bourdonnement léger des mouches et insectes qui rendaient l'air si particulier… »

Des aventures à l'humour déchaîné emportent les deux amis, notamment quand ils prennent à leur bord deux vauriens, Duke et King. Le voyage s'achève quand Huck retrouve son ami Tom Sawyer et qu'il apprend, à sa grande joie ainsi qu'à celle de Jim, que ce dernier a été libre tout du long.

Autres romans d'aventures

Les Aventures de Tom Sawyer, Mark Twain (p. 413)
Les Gars de la rue Paul, Ferenc Molnár (p. 446)
William, Richmal Crompton (p. 461)
Bennett et Mortimer, Anthony Buckeridge (p. 523)

Frontispice original d'Edward Windsor Kemble.

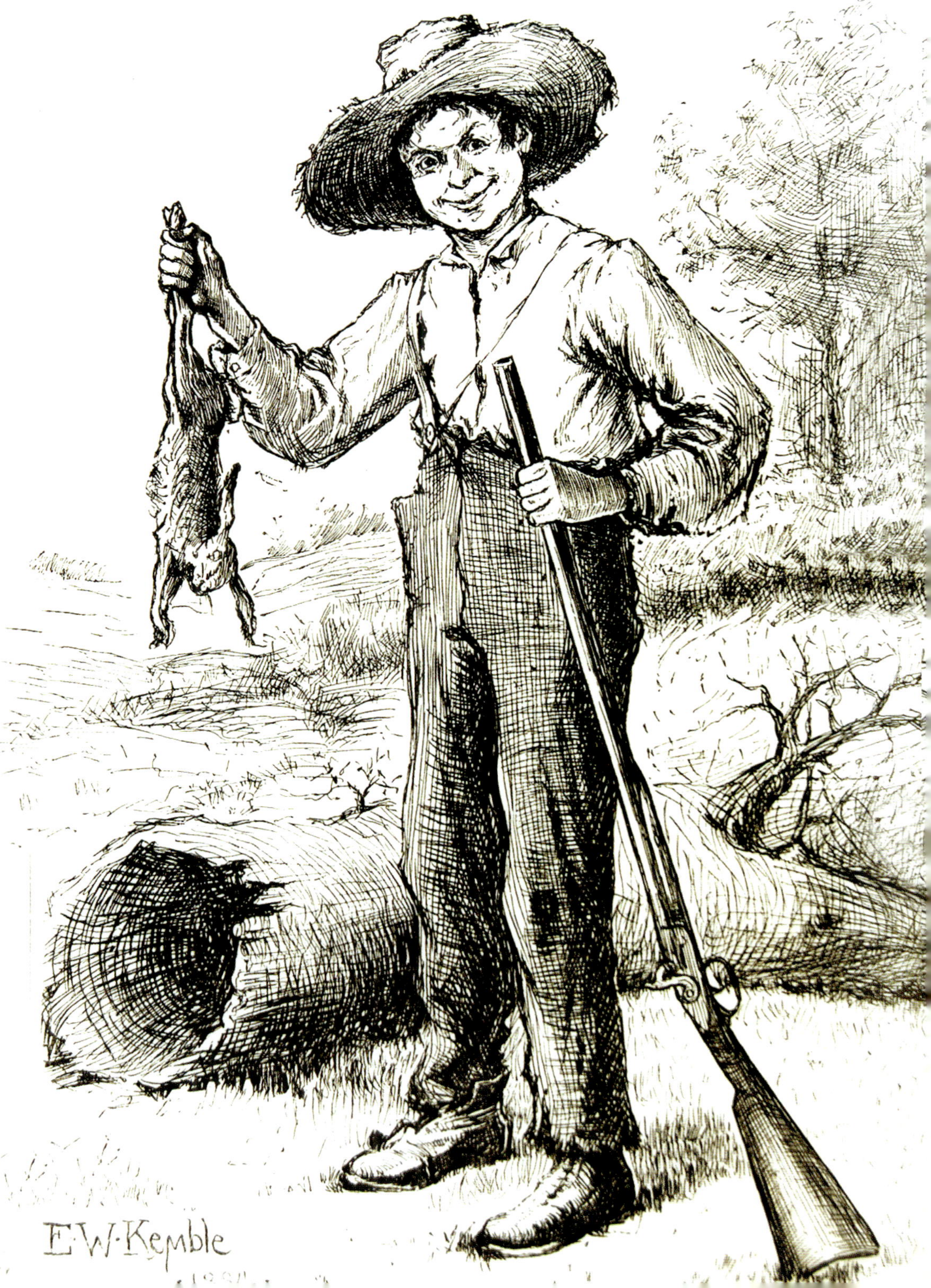
E·W·Kemble

Le Petit Lord Fauntleroy

Frances Hodgson Burnett Reginald Birch

Titre original *Little Lord Fauntleroy*, 1886
Nationalité Angleterre, 1849 (aut.), 1856 (ill.)
Édition française multiples éditeurs
Thème famille

8+

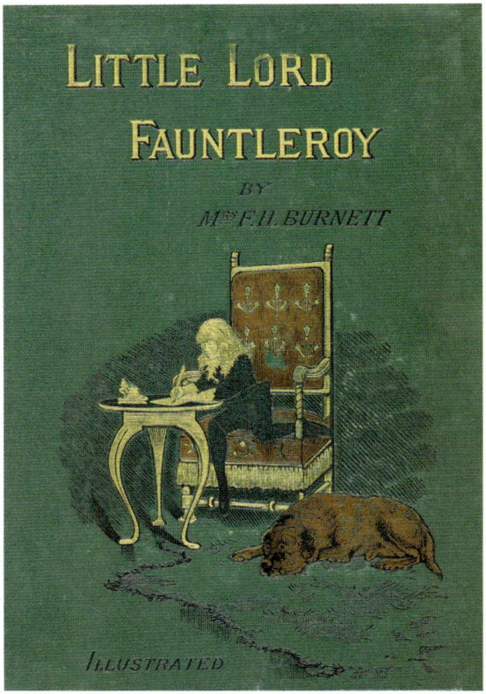

Autres livres de Frances Hodgson Burnett

La Petite Princesse **(p. 442)**
Le Jardin secret **(p. 455)**

En anglais courant, « petit lord Fauntleroy » est devenu synonyme d'enfant gâté et précoce qui se donne des airs. Le personnage principal du charmant roman de Frances Hodgson Burnett n'est pourtant rien de cela. Née en Angleterre, Burnett avait rejoint les États-Unis dans son enfance. *Le Petit Lord Fauntleroy*, inspiré de son expérience des deux côtés de l'Atlantique, examine les préjugés des Anglais et des Américains les uns envers les autres, ainsi que les concepts de classe, noblesse et amour filial ; c'est finalement l'esprit parfois impertinent du jeune lord né aux États-Unis qui l'emporte sur les mœurs rigides de l'aristocratie britannique.

Cedric Errol est le fils d'un aristocrate anglais mort jeune et d'une Américaine. Il doit hériter de son grand-père, le grincheux John Arthur Molyneux Errol, comte de Dorincourt, le château homonyme ainsi que les domaines de Wyndham Towers et de Chorlworth. Le père d'Errol était le cadet de trois frères, et le préféré de son père. Mais quand il part pour les États-Unis et y épouse une roturière, il est rejeté par ce dernier, résolument anti-américain. Après le décès des deux premiers fils du comte, Errol, qui doit devenir le prochain lord Fauntleroy, est appelé en Angleterre où il doit recevoir une éducation aristocrate par son grand-père. La relation entre ces deux derniers est étrange, car la familiarité et le caractère affectueux du jeune lord sont étrangers à son grand-père qui était assez distant de tous ses fils. Le roman accorde autant d'importance à l'évolution du grand-père, qui apprend à faire preuve de plus de compassion dans sa vieillesse, qu'à ce qui constitue un aristocrate. Le récit fut un grand succès dès sa parution, d'abord sous forme de feuilleton puis de livre, et les illustrations du jeune lord aux cheveux bouclés, au col de dentelle et au costume de velours lancèrent une mode qui embarrassa de nombreux jeunes garçons. **CK**

Dick monte à bord du bateau à vapeur pour faire ses adieux au lord Fauntleroy.

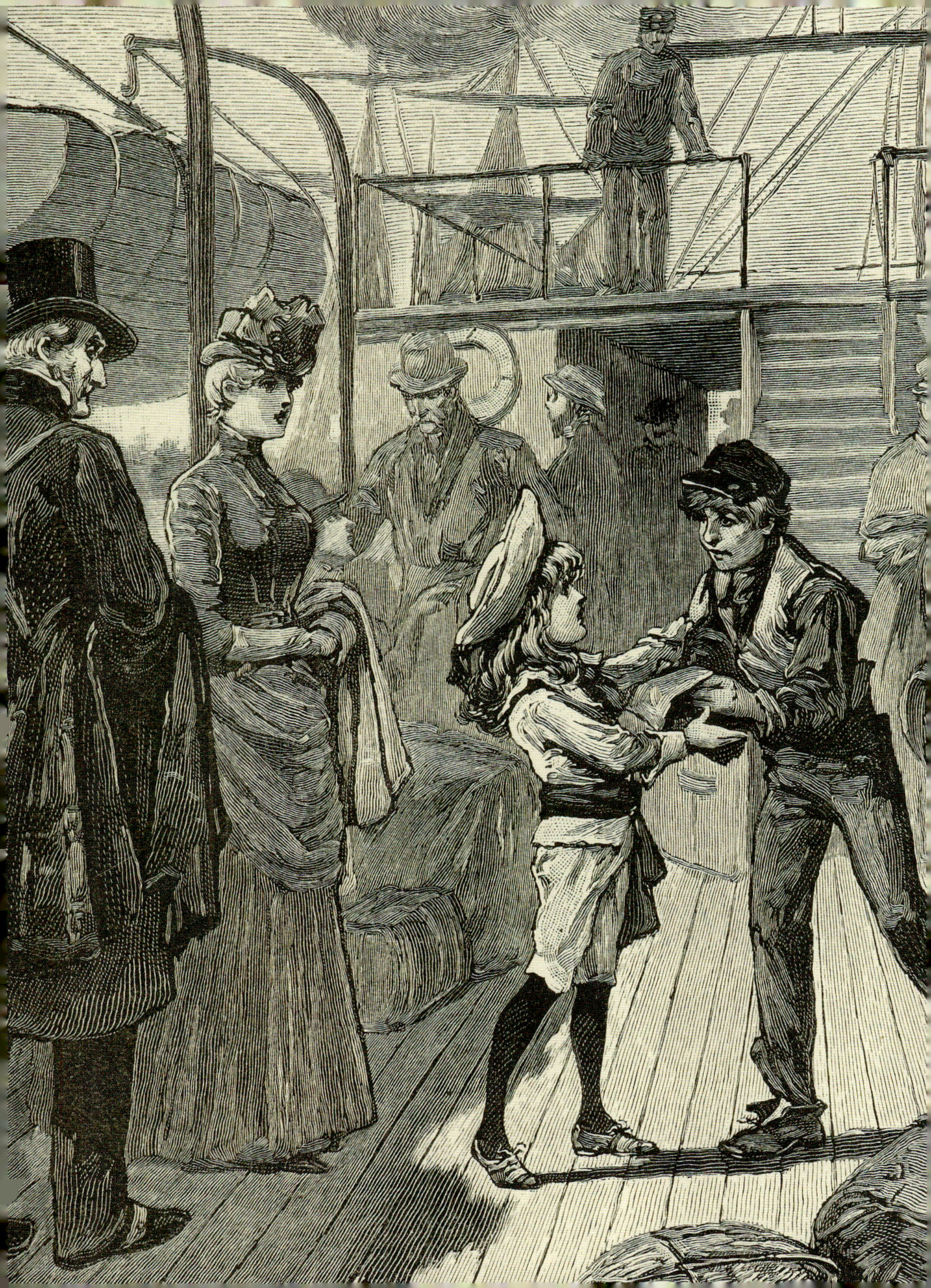

Le Fantôme de Canterville

Oscar Wilde Frederick Henry Townsend

Titre original *The Canterville Ghost*, 1887
Nationalité Irlande, 1854 (aut.), Angleterre, 1861 (ill.)
Édition française multiples éditeurs
Thèmes classiques, romanesque, fantastique

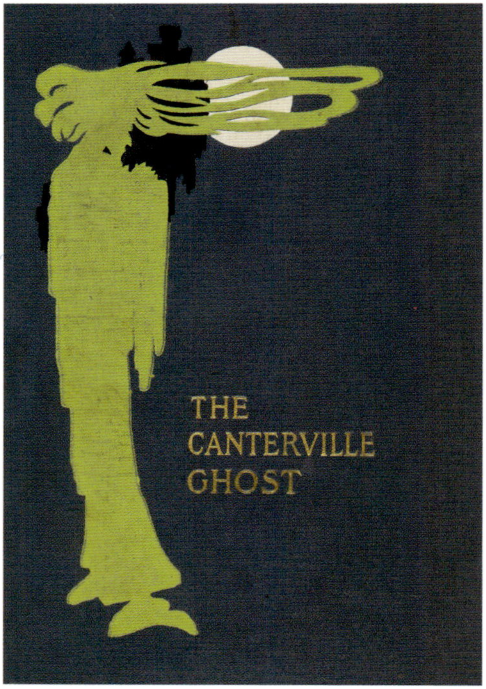

8+

Le Fantôme de Canterville d'Oscar Wilde, avec son mélange d'humour et de drame, d'horreur et de comédie, d'amour et de mort, est l'un de mes contes préférés. Je l'ai lu de nombreuses fois, et cependant que les mésaventures du fantôme me faisaient toujours rire, la fin inattendue m'effrayait chaque fois.

Les Otis – le père, la mère, le fils aîné, les jumeaux espiègles et Virginia, âgée de 15 ans – sont une famille américaine qui va vivre dans un vieux manoir en Angleterre. C'est une immense et sinistre demeure dotée de passages secrets, objets cachés, escaliers en colimaçon, greniers, etc. Le propriétaire, Sir Simon, les prévient que le manoir est hanté par le fantôme d'un de ses ancêtres, mais les Otis ne croient pas au surnaturel. Sir Simon prévoit alors de les terroriser avec ses chaînes grinçantes, ses gémissements, ses rires discordants, des taches de sang… mais tout cela est en vain ; à ses efforts s'oppose l'esprit éminemment pratique de la famille Otis.

Le contraste entre la tradition anglaise et le pragmatisme américain est délicieusement ironique : Mme Otis offre de l'huile lubrifiante au fantôme de Sir Simon pour ses chaînes rouillées, ou nettoie le sang des tapis avec du détachant. Les jumeaux rendent la mort insupportable à Sir Simon avec leurs pièges et leurs taquineries. Seule Virginia ne se moque pas du spectre car elle a deviné la souffrance de cette âme perdue.

Finalement, vaincu par les Otis, Sir Simon se confie à Virginia et lui révèle le crime qu'il a commis et pour lequel il doit expier pendant des siècles. Il lui demande de pleurer et de prier pour lui car il ne lui reste ni larmes, ni foi, et seule l'adolescente peut le libérer. Le ton hilarant du récit change quand Virginia accompagne Sir Simon au royaume des morts. La fin est magique et émouvante, mais il serait impardonnable de gâcher le suspense en la révélant ici…

Autres grandes histoires d'Oscar Wilde

Le Prince heureux (p. 432)
L'Ami dévoué
La Fusée merveilleuse
Le Géant égoïste
Le Rossignol et la Rose

« Vite, vite, cria le fantôme, ou il sera trop tard. »

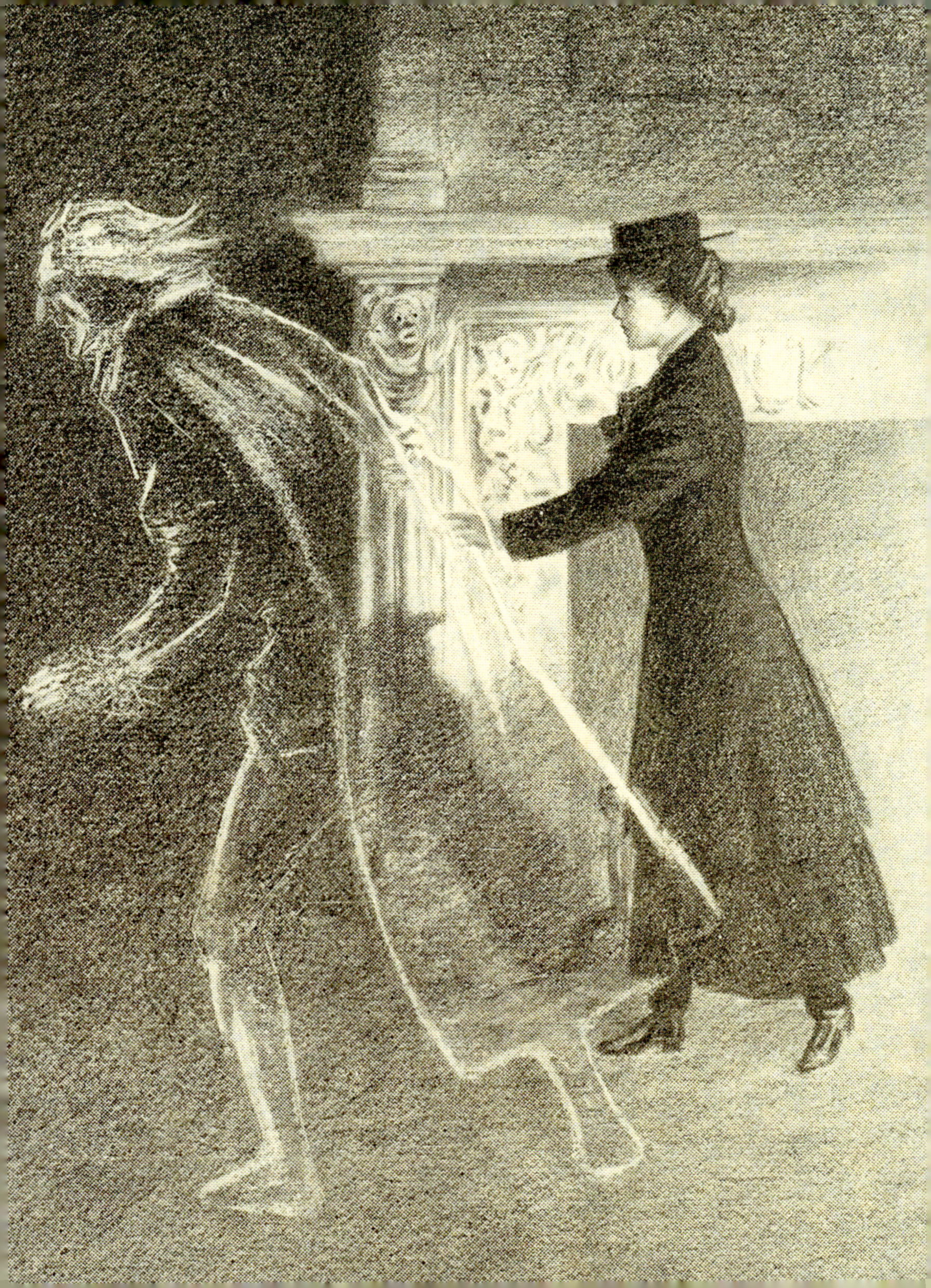

8+

Le Prince heureux

Oscar Wilde Walter Crane et George Percy Jacomb Hood

Titre original *The Happy Prince*, 1888
Nationalité Irl., 1854 (aut.), Angl., 1845 et 1857 (ill.)
Édition française multiples éditeurs
Thèmes amitié, amour

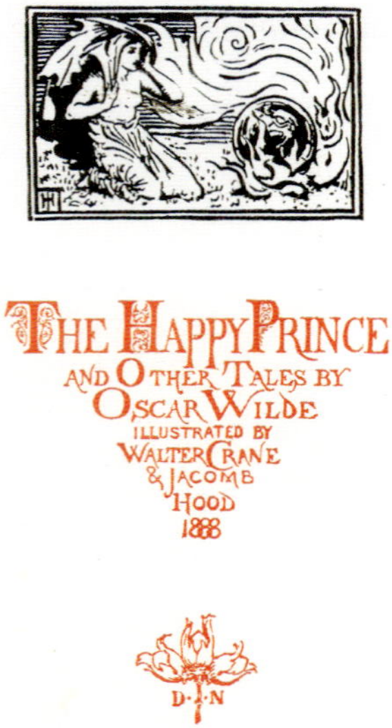

La statue du Prince Heureux se dresse sur une haute colonne. Il est en plomb recouvert de feuilles d'or ; ses yeux sont en saphir, la poignée de son épée, en rubis. Quand il était en vie, le prince était toujours heureux, mais désormais, de sa position élevée, il peut voir tous les sujets pauvres et malheureux de sa ville.

Les oiseaux migrateurs sont partis, mais un petit martinet est resté parce qu'il s'était épris d'un roseau. Après six semaines, l'oiseau décide qu'ils sont incompatibles et prend la décision de partir pour l'Égypte. La première nuit de son voyage, il fait escale entre les pieds de la statue mais est sans cesse arrosé par les larmes du prince. Ce dernier demande au martinet d'apporter un rubis à une couturière pauvre dont l'enfant est malade. La nuit suivante, l'oiseau accepte à contrecœur d'apporter un saphir à un poète pauvre, et la nuit suivante le prince lui demande d'aller donner l'autre à une petite marchande d'allumettes. Sachant que le prince est désormais aveugle, l'oiseau décide de rester et de lui servir d'yeux.

De jour, le martinet vole dans les rues de la ville et à son retour raconte ce qu'il a vu à la statue. Mais l'hiver est rude pour le martinet, qui meurt finalement aux pieds de la statue. Le cœur de plomb du prince se fend alors en deux. La statue ayant dorénavant piètre allure, le maire de la ville ordonne qu'on l'abatte et qu'on la fonde, mais le cœur brisé refuse de se liquéfier. On le jette aux ordures, près du corps du martinet. Quand Dieu envoie un ange trouver les deux objets les plus précieux de la ville, il choisit ce cœur brisé et l'oiseau mort. **LH**

« Au sommet d'une haute colonne, se dressait la statue du Prince Heureux […] recouvert de minces feuilles d'or fin. »

Autres contes traitant de princes

La Belle Lisse Poire du prince de Motordu, Pef (p. 316)
Le Prince et le Pauvre, Mark Twain (p. 421)
Le Petit Prince, A. de Saint-Exupéry (p. 495)
Le Prince Caspian, C. S. Lewis (p. 518)
Le Méchant Prince, Hans Christian Andersen

Poil de carotte

Jules Renard Félix Vallotton

Nationalité France, 1864 (aut.), Suisse, 1865 (ill.)
Édition multiples éditeurs depuis 1894
Thèmes famille, classiques

Poil de carotte est un roman autobiographique. C'est aussi un classique de la littérature enfantine. Mme Lepic n'aime pas vraiment son petit dernier aux cheveux roux, elle trouve un certain plaisir à l'intimider, à l'humilier et à le corriger durement. C'est à Poil de carotte que reviennent toutes les corvées et les punitions ; on le trouve secret, taciturne et sans cœur. M. Lepic, son père, est bien souvent trop préoccupé par ses affaires ou par ses parties de chasse pour être attentif. Son grand frère Félix sait toujours profiter de la situation et sa sœur Ernestine se comporte parfois comme une petite peste. Au fil de ses aventures, le jeune garçon va apprendre à s'endurcir, à ruser, veiller à ne pas être pris en défaut et devenir un excellent observateur.

L'enfance est loin d'être un monde idéal pour Jules Renard ; Poil de carotte est solitaire et triste mais c'est un garçon qui n'est pas innocent, qui fait parfois preuve d'hypocrisie, de sournoiserie et de cruauté lorsqu'il reporte sa violence sur les animaux ou qu'il cache des pierres dans ses boules de neige.

Les épreuves que Poil de carotte doit supporter sont révoltantes mais sa force de caractère permet à ce récit poignant de constituer une lecture drôle et réjouissante. Impossible d'oublier ce jeune héros et de ne pas s'émouvoir de son immense envie d'être regardé et aimé des siens.

Poil de carotte a été adapté pour le théâtre en 1900 et fait encore aujourd'hui l'objet de nombreuses représentations. Julien Duvivier en a fait un film en 1926. Deux autres films ont suivi en 1952 et 1972. Un téléfilm a aussi été réalisé en 2003. **SL**

Moonfleet

J. Meade Falkner

Titre original *Moonfleet*, 1898
Nationalité Angleterre, 1858
Édition française multiples éditeurs
Thèmes aventure, classiques

Moonfleet est une aventure maritime racontée du point de vue de son protagoniste, un orphelin de 15 ans, John Trenchard. L'intrigue se déroule à un rythme vif à travers les villages et la côte du Dorset, en Angleterre, où Falkner avait passé son enfance, jusqu'en Hollande, de l'autre côté de la mer, avant de revenir dans la baie de Moonfleet. On découvre dans ce roman un garçon emprisonné dans une crypte glaciale, son amitié avec deux personnages d'une moralité ambiguë qui lui font pourtant figure de père – l'un est le propriétaire d'un pub, l'autre le chef des contrebandiers –, un naufrage, des pierres précieuses cachées, des parchemins codés, un difficile séjour dans un camp de prisonniers et une fin heureuse inattendue et empreinte de mystère : Falkner doit de toute évidence beaucoup à *L'Île au trésor* de Stevenson.

Bien entendu, la contrebande est une activité criminelle et violente qui n'a pas besoin d'être montrée sous un jour séduisant. Dans *Moonfleet*, c'est un univers où la morale est inversée, où appliquer la loi semble constituer le plus pernicieux des actes, et éviter de payer des droits de douane sur l'alcool, le plus héroïque. L'histoire est entremêlée de jeux de backgammon auquel jouent les clients réguliers du *Why Not ?*, le pub où vit John avec son père nourricier, Elzevir Block, qui l'a recueilli quand son propre fils a été tué par les garde-côtes. Les lecteurs peuvent ainsi prendre plaisir par procuration à une vie d'expédients, à travers la devise du tableau de backgammon du pub : « Comme dans la vie, dans un jeu de hasard l'homme de talent saura tirer parti du pire des jets de dés. ». **VN**

Le Corsaire noir

Emilio Salgari Pipein Gamba

Titre original *Il Corsaro Nero*, 1889
Nationalité Italie, 1862 (aut.), né G. Garuti (ill.)
Édition française multiples éditeurs
Thème aventure

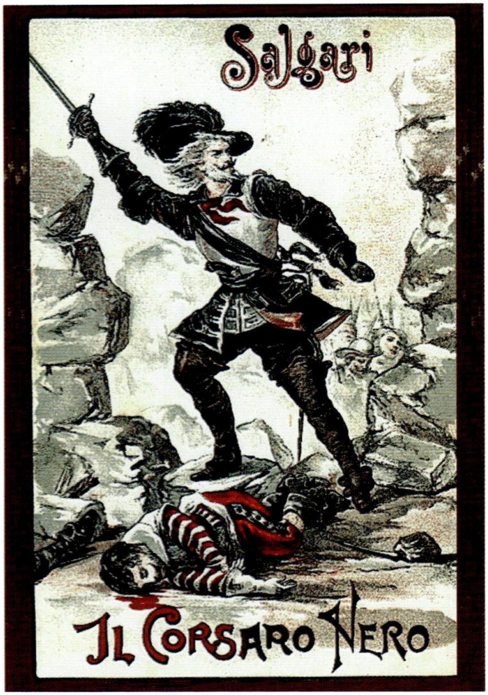

8+

Le Corsaire noir est le premier volume d'une série de romans d'aventure écrits par Emilio Salgari et qui ont pour personnages des aristocrates ayant abandonné leurs châteaux et terres pour s'embarquer sur les flots. Le corsaire noir est aussi le seigneur de Ventimiglia et de Roccabruna. Ventimiglia (Vintimille) est une ville de la côte ligure, près de la frontière franco-italienne, qui appartenait autrefois au royaume du Piémont. Le corsaire noir désire venger la mort de ses frères, le corsaire rouge et le corsaire vert, aux mains du duc de Van Guld. Avec sa bande de pirates, il parcourt la mer des Caraïbes. Une partie de l'action se déroule sur le lac de Maracaibo, au Venezuela.

« De grands pans de mer … aussi noirs que l'encre s'illuminèrent soudain… »

Le caractère du seigneur de Ventimiglia, courageux et déterminé, est au centre de l'intrigue. Il est terrassé par la douleur quand il apprend que celle dont il s'est épris, Honorata, est la fille de son ennemi juré, Van Guld. Fidèle à ses principes, le corsaire bannit Honorata devant ses hommes ébahis, et l'envoie à bord d'un canot sur une mer déchaînée.

Salgari, né à Vérone et habitant à Turin, était un auteur prolifique qui créa certains des personnages les plus mémorables de la littérature italienne. Ses récits se déroulaient dans des lieux et temps qui lui semblaient exotiques, et ses intrigues étaient dotées de détails historiques véridiques, que ce soient des personnages, des champs de bataille ou certains lieux ayant existé. En réalité, l'écrivain ne s'aventura jamais plus loin que la côte ligure. Le fait qu'il soit parvenu à décrire de façon tellement vivante des destinations aussi lointaines témoigne de sa vaste imagination. **SMT**

Autres romans d'aventure classiques

L'Île au trésor, R. L. Stevenson (p. 424)
La Reine des Caraïbes, Emilio Salgari (p. 439)
Peter Pan, J. M. Barrie (p. 447)
Jack Holborn, Leon Garfield
Les Trois Mousquetaires, Alexandre Dumas

La Chasse au trésor

E. Nesbit Gordon Browne et Lewis Baumer

Même si le roman *Chasseurs de trésors* a été publié il y a plus d'un siècle et est de fait en partie daté, ses personnages ont conservé leur fraîcheur. Le thème du récit – comment gagner de l'agent rapidement, plus ou moins honnêtement et sans l'aide des adultes – est devenu l'un des motifs les plus durables de la littérature jeunesse.

L'histoire se déroule à Londres à la fin du XIXe siècle et raconte les réussites et les échecs des six enfants Bastable, qui tentent de « restaurer la fortune perdue » de leur famille. Leur père, veuf, étant principalement préoccupé par la santé défaillante de ses affaires, les enfants sont en grande partie livrés à eux-mêmes, et dans leur quête d'un trésor tentent tout ce qu'on peut imaginer : creuser la terre, s'essayer à la divination, voire à l'enlèvement et à la demande de rançon. Rien ne se passe comme prévu, mais les difficultés qu'ils rencontrent participent au sentiment d'aventure cependant que les petites rivalités et incartades qui ont lieu au sein d'une grande famille demeurent plausibles pour le lecteur contemporain.

Grâce à l'aide opportune de l'oncle du voisin Albert, les enfants reçoivent de temps en temps de l'argent, mais jamais assez pour restaurer leur statut social. Cela leur permet néanmoins d'organiser un petit festin, et, quand ils invitent leur oncle, censé être pauvre, à le partager, leur gaieté magnanime leur procure une récompense bien plus importante. Narré à la première personne du singulier par l'un des enfants Bastable (il aimerait garder son identité secrète mais le lecteur aura vite reconnu le frère aîné, Oswald), ce récit plein de gaieté est accompagné d'une morale forte mais jamais didactique, d'un amour de l'aventure et d'une résistance robuste face à l'adversité. **KA**

Titre original *The Story of the Treasure Seekers*, 1899
Nationalité Angl. , 1858 (aut.), 1858 et 1870 (ill.)
Édition française Nathan
Thèmes famille, aventure

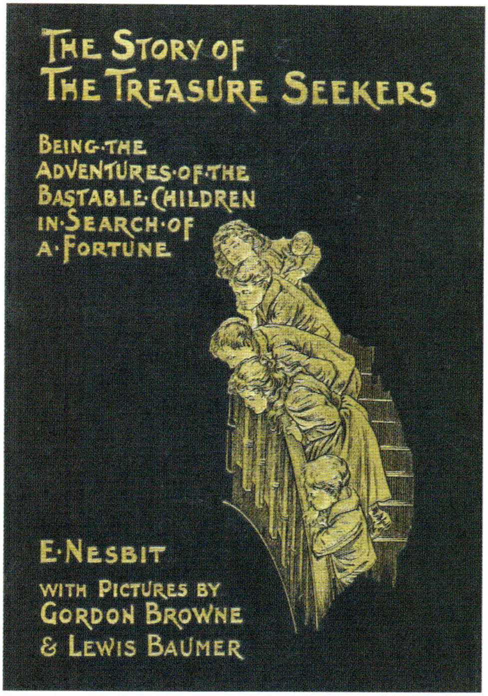

8+

Autres grandes histoires de E. Nesbit

***Cinq enfants et moi* (p. 440)**
Le Roi Lionel et le livre magique
Le Secret de l'amulette
Une drôle de fée
***The Railway Children* (p. 743)**

Le Magicien d'Oz

Lyman Frank Baum William Wallace Denslow

Titre original *The Wonderful Wizard of Oz*, 1900
Nationalité États-Unis, 1856 (aut.), 1856 (ill.)
Édition française multiples éditeurs
Thèmes classiques, merveilleux et fantastique

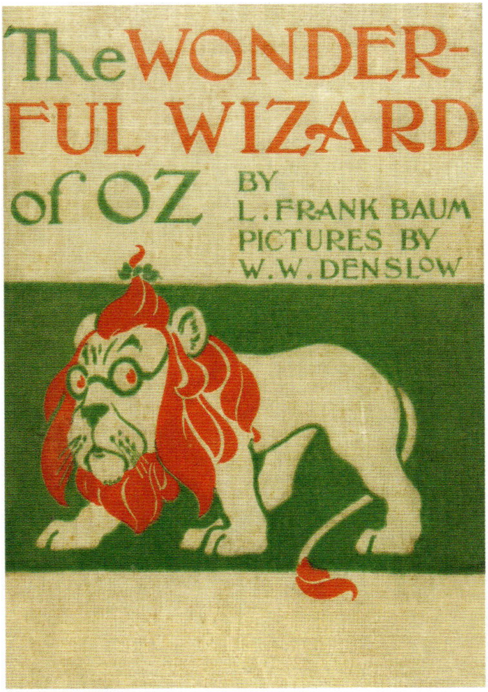

Autres livres traitant de sorciers

Bilbo le hobbit, J. R. R. Tolkien (p. 485)
Excalibur : l'épée dans la pierre, T. H. White (p. 487)
Le Sorcier de Terremer, U. Le Guin (p. 578)
Harry Potter à l'école des sorciers, J. K. Rowling (p. 662)

8+

Dans les pays anglophones, presque tout le monde connaît la chanson *Over the Rainbow*, l'une des plus emblématiques de Judy Garland. Elle provient d'un classique du cinéma, *Le Magicien d'Oz*, qui a diverti des générations d'enfants. Bien moins nombreux sont aujourd'hui ceux qui ont lu le roman qui l'a inspiré, écrit par L. Frank Baum ; c'est dommage, car il est tout aussi attachant que la version cinématographique. Le roman est entré dans la culture populaire avec des phrases telles que « rien ne vaut sa maison » ou encore l'image de la route de briques jaunes. Le succès de l'ouvrage fut tel dès sa parution que Baum devait en écrire treize autres dans la même série.

Une petite fille du Kansas, Dorothy, et son chien Toto sont emportés par une tornade jusqu'au pays d'Oz. Dans ce lieu magique, Dorothy devient l'amie d'un épouvantail, d'un bûcheron en fer-blanc, et d'un lion peureux qui la rejoignent dans sa quête de la ville d'émeraude et du magicien d'Oz qui pourra l'aider à rentrer chez elle. Leur périple n'est pas sans risques, car ils doivent affronter la méchante sorcière de l'Ouest et ses effrayants singes volants.

Le trio disparate qui accompagne Dorothy suit sa propre quête : l'épouvantail veut acquérir un cerveau, le bûcheron en fer-blanc, un cœur, et le lion peureux, du courage. C'est toutefois une histoire au sens caché. L'objectif réel de Baum était de montrer que tout le monde peut souffrir de peurs et d'anxiétés variées mais qu'avec le temps, le soutien et les encouragements d'amis, on peut dépasser ces peurs – et peut-être même se divertir, ce faisant.

On a vu dans ce livre d'innombrables références cachées au paysage culturel américain de l'époque, mais c'est surtout une fantastique histoire d'amitié face à l'adversité. **CK**

L'épouvantail est emporté par une cigogne. →

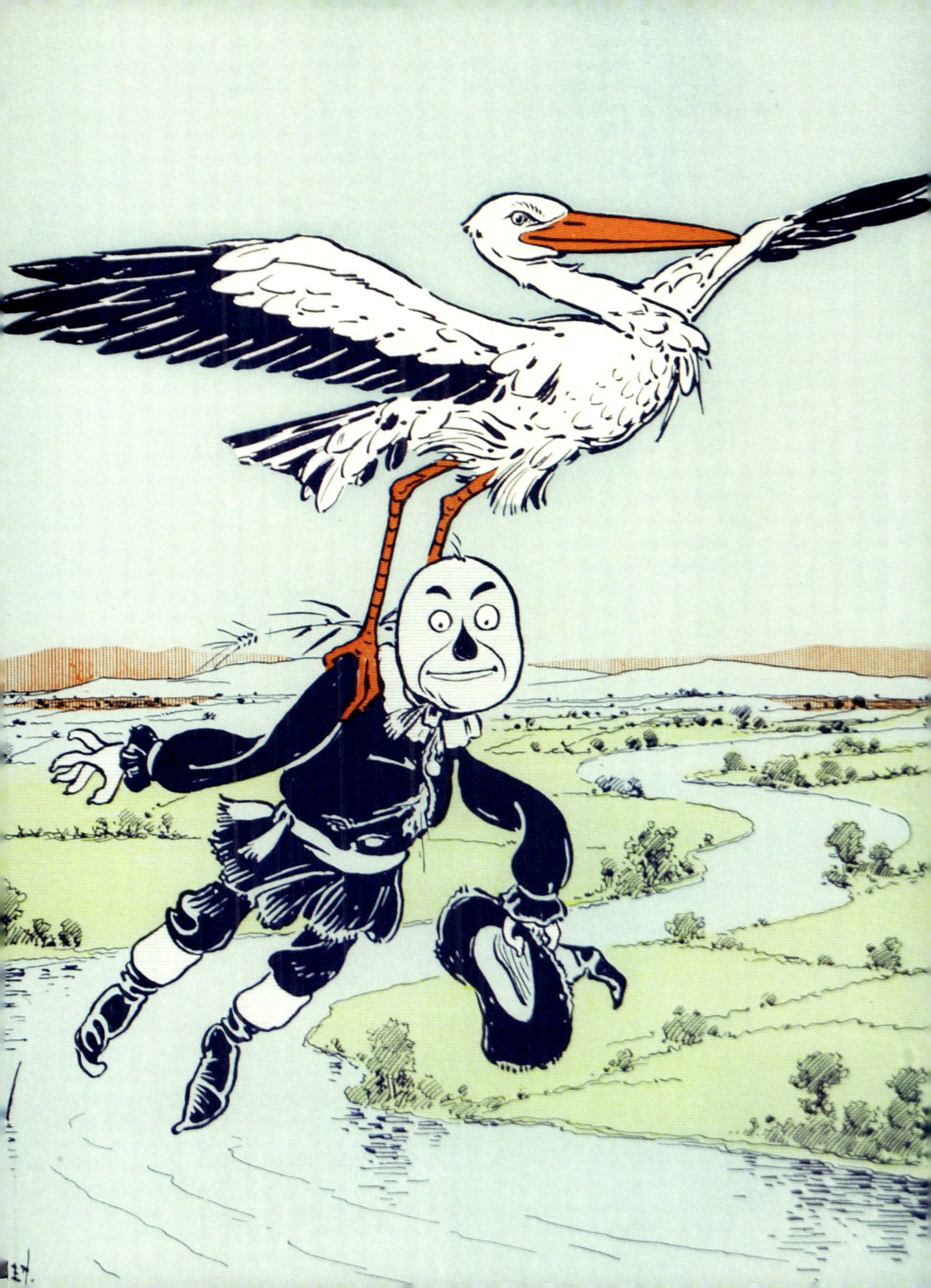

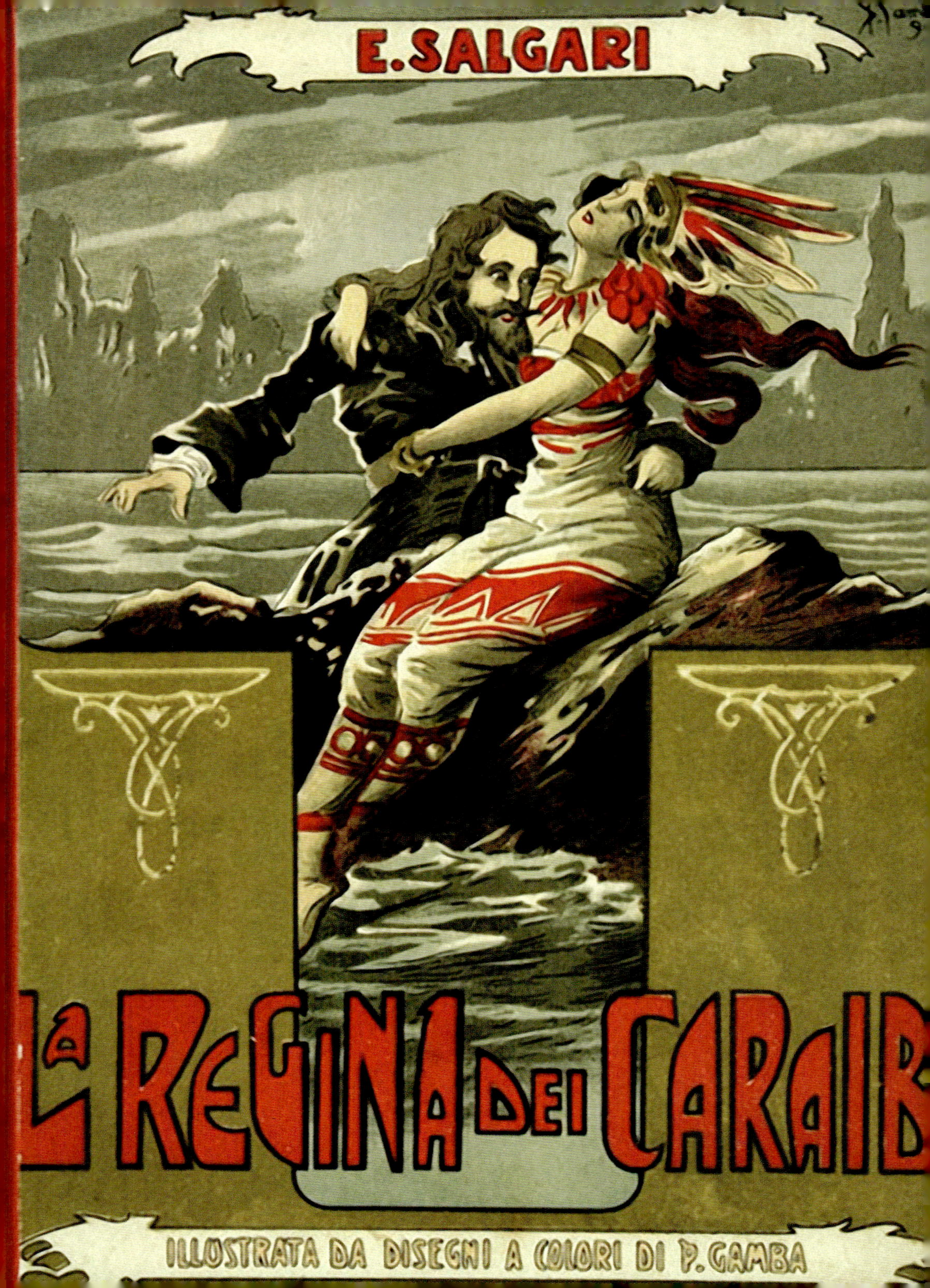
E. SALGARI
La Regina dei Caraib
ILLUSTRATA DA DISEGNI A COLORI DI P. GAMBA

La Reine des Caraïbes

Emilio Salgari Pipein Gamba

Titre original *La Regina dei Caraibi*, 1901
Nationalité Italie, 1862 (aut.), né Garuti (ill.)
Édition française multiples éditeurs
Thèmes aventure, personnages préférés

Second volume de la saga du *Corsaire noir*, *La Reine des Caraïbes* se déroule autour du golfe du Mexique, au Panamá, au Venezuela et en Colombie. Le seigneur de Ventimiglia, le corsaire noir, compte parmi les plus craints des pirates. Il n'a qu'une chose en tête : détruire le duc de Van Guld pour venger ses frères.

Dans ce roman, le corsaire noir fait appel à Yara, une jeune princesse indienne dont la famille et le village ont été détruits par Van Guld. Le corsaire est flanqué de ses hommes – Carmaux, Morgan, Wan Stiller et Moko – ainsi que de trois intrépides pirates : Grammont, Laurent et Wan Horn. Ces derniers ont l'intention de conquérir la ville de Veracruz au Mexique, entreprise que rejoint le corsaire noir. Une fois à Veracruz, il découvre Van Guld en compagnie de la marquise de Bermejo. Un duel s'ensuit mais Van Guld parvient à s'échapper. La marquise révèle au corsaire où trouver des renseignements sur Honorata, que le seigneur de Ventimiglia avait abandonnée en mer dans un canot.

Riche en action et dialogues, le récit est doté d'un rythme endiablé caractéristique de Salgari. Scènes de batailles, duels à l'épée et évasions abondent. Après un affrontement entre les vaisseaux *La Folgore* et *L'Alambra*, Van Guld meurt, mais le corsaire noir et ses hommes sont abandonnés en pleine mer. Une fois à terre, ils sont capturés par les Indiens qui ont accueilli Honorata. Réuni, le couple repart s'installer au Piémont. **SMT**

Sussi et Biribissi

Collodi Nipote

Titre original *Sussi e Biribissi*, 1902
Nationalité Italie, né Paolo Lorenzini, 1876
Édition française Albin Michel
Thèmes aventure, amitié

8+

Sussi et Biribissi sont deux amis qui habitent à Florence au début du XXe siècle, physiquement très différents l'un de l'autre : « Sussi est blond, un blond d'un jaune qui ressemble à celui de la polenta fraîchement préparée. Il est grassouillet et rond comme une brioche… » Son ami Biribissi est grand, brun et mince. Tous deux ont lu *Voyage au centre de la Terre* de Jules Verne, qui les incite à entreprendre leur propre aventure. Ils décident de suivre les traces de leurs héros littéraires et débutent leur périple en descendant dans les égouts de Florence. Chemin faisant, ils rencontrent Gatto Buricchio et Talpa Sforacchiona, respectivement un charmant chat et une taupe. Ensemble, ils découvrent les tunnels souterrains de la ville. Toutefois, au lieu de s'enfoncer vers le centre de la Terre, Sussi et Biribissi émergent des égouts à différents endroits et découvrent ainsi certaines parties de Florence dont ils n'avaient encore jamais soupçonné l'existence. Ils pénètrent aussi dans des lieux secrets tels que la cave à vin d'un monastère.

Paolo Lorenzini, l'auteur, était le neveu de Carlo Collodi qui écrivit *Les Aventures de Pinocchio* ; il profita de la célébrité de son oncle pour signer son ouvrage Collodi. Comme lui, Lorenzini savait captiver ses lecteurs et les guider non pas jusqu'au centre de la Terre mais jusqu'au mystère au cœur de Florence. Il parvient à distinguer habilement les divers univers sociaux de la ville. **SMT**

Cinq enfants et moi

E. Nesbit H. R. Millar

Titre original *Five Children and It*, 1902
Nationalité G-B,1858 (aut.), 1869, (ill.)
Édition française Gallimard Jeunesse
Thème Fantastique

8+

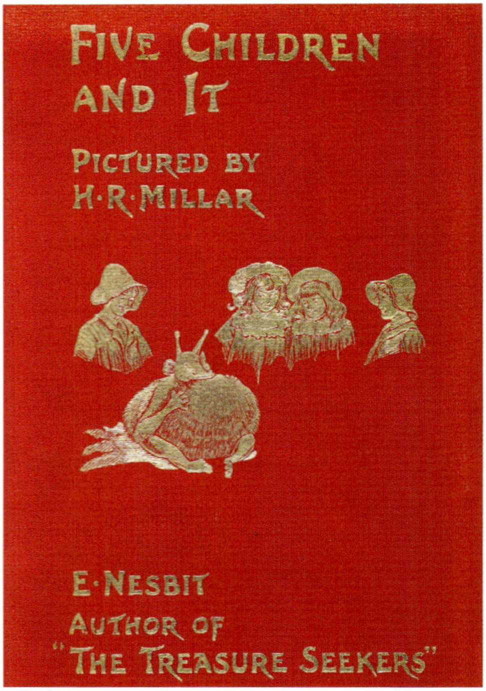

Autres classiques de E. Nesbit

Chasseurs de trésors (p. 435)
Le Secret de l'amulette
Le Roi Lionel et le livre magique
The Railway Children (p. 743)

Cinq enfants et moi est le premier volume d'une série de sept romans fantastiques et comiques qui transformèrent E. Nesbit en l'un des auteurs pour la jeunesse les plus reconnus.

Le *moi* du titre est une fée des sables grincheuse baptisée la Mirobolante, dotée d'un corps poilu et d'antennes terminées par des yeux. Quand Robert, Anthea, Cyril, Jane et leur petit frère encore bébé, découvrent la Mirobolante en creusant dans une carrière, la fée accepte d'exaucer un de leurs vœux par jour. Les enfants s'aperçoivent bientôt que la magie, si pratique dans les contes de fées, apporte bien des problèmes dans la réalité et les prive même presque toujours de dîner. Des vœux accidentels se retournent contre les enfants : quand ils souhaitent que tout le monde désire leur petit frère, celui-ci est enlevé, cependant que Robert se transforme en géant quand il émet le vœu d'être plus grand que le fils du boulanger. Le fait que chaque souhait ne soit exaucé que jusqu'au coucher du soleil est un soulagement considérable.

« Eh bien, à mon époque, presque tout le monde mangeait du ptérodactyle au petit déjeuner ! »

Ils finissent par créer tant de problèmes à tous ceux qui les entourent qu'ils supplient la fée d'annuler les effets de leur dernier souhait et promettent de ne jamais revenir lui demander d'en exaucer un autre. Soulagée, la Mirobolante leur fait jurer le secret, car elle craint que si les adultes découvrent ses pouvoirs, ils ne demandent des « impôts sur le revenu progressifs, la retraite et le suffrage universel, et l'éducation secondaire gratuite » (causes que soutenait avec ferveur Nesbit, une socialiste). **CW**

Rebecca du ruisseau ensoleillé

Kate Douglas Wiggin Helen Mason Grose

Rebecca du ruisseau ensoleillé, qui traite des blessures de l'enfance, est devenu un classique. Le roman de Kate Douglas Wiggin, à l'écriture magnifique et empreinte d'humour, débute par la description du voyage qu'entreprend à la fin du XIXe siècle Rebecca Rowena Randall, qui, à 10 ans, doit quitter la ferme où elle vivait avec sa mère, désormais veuve, et ses frères et sœurs. La petite fille doit rejoindre ses deux tantes âgées, Jane et Miranda, qui ont besoin d'aide pour les tâches ménagères quotidiennes.

Rebecca est à la fois nerveuse et excitée à l'idée de découvrir un nouvel univers. Ses tantes vivent à Riverboro, dans le Maine : Rebecca y passera sept ans, durant lesquels elle apprendra à cuisiner, à coudre

« Rebecca était un être de feu et d'esprit… [elle] était courageuse à 2 ans et intrépide à 5. »

et à tenir une maison. Rebecca s'entend bien avec la douce tante Jane mais a maille à partir avec tante Miranda, plus stricte, qui s'emporte facilement et a la langue acérée. Cela se produit le plus souvent quand l'esprit indomptable de Rebecca l'entraîne dans une série d'amusantes frasques. Son charme et son esprit finissent cependant par séduire Miranda, qui sera même sauvée de la faillite par le bon sens et la finesse de Rebecca. C'est aussi la poigne ferme de Miranda qui guide finalement Rebecca et transforme la jeune fille autrefois rebelle.

L'histoire peut sembler sirupeuse aux lecteurs contemporains, mais son thème, celui d'une jeune fille intelligente mais obstinée qui doit abandonner ses rêves afin de faire face aux dures réalités de la vie et s'aperçoit ce faisant qu'on trouve des compensations dans le quotidien, a résisté à l'épreuve du temps. **CK**

Titre original *Rebecca of Sunnybrook Farm*, 1903
Nationalité États-Unis, 1856 (aut.), 1880 (ill.)
Édition française G. P. (ill. F. Bertier)
Thèmes aventure, classiques, famille

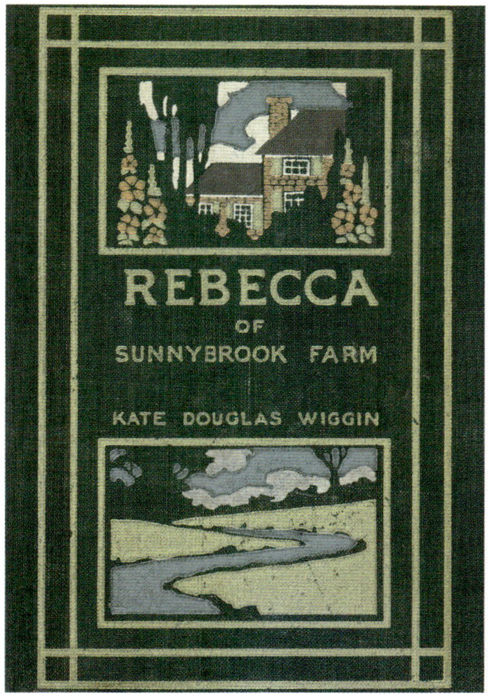

8+

Autres romans d'apprentissage

Les Malheurs de Sophie, comt. de Ségur (p. 409)
Anne… La maison aux pignons verts, L. M. Montgomery (p. 452)
Série des Betsy-Tacy, M. H. Lovelace (p. 490)
Anastasia Krupnik, Lois Lowry (p. 606)

8+

The Bobbsey Twins

Laura Lee Hope   Martha E. Miller

Nationalité États-Unis, né Edward Stratemeyer, 1862 (aut.), détails inconnus (ill.)
Édition Mershon, États-Unis, 1904
Thèmes aventure, roman policier

Ce roman fait partie d'une série classique qui dura soixante-quinze ans. On pense qu'Edward Stratemeyer, qui écrivit sous le nom de plume Laura Lee Hope, ne rédigea que le premier volume de la série, puis chargea des auteurs demeurés anonymes d'écrire les suivants.

Nan et Bert, âgés de 12 ans, font preuve d'assez de responsabilité pour être autorisés à emmener camper leur frère et leur sœur, plus jeunes. Freddie et Flossie, les jumeaux de 6 ans, sont blonds, potelés et impétueux. Tous quatre attirent les mystères, qu'ils entreprennent de résoudre avec intelligence, ingéniosité et bonne fortune. Les adultes semblent aussi respecter leurs capacités de détectives, à tel point que la police les informe des indices dont elle dispose.

Dans le premier roman de la série, les Bobbsey décident d'aider Mme Marden, une voisine qui vient de s'installer dans une maison de retraite. Son ancienne demeure doit bientôt être démolie et la vieille dame n'arrive pas à se rappeler où elle a caché ses objets de valeur. Les jumeaux proposent de l'aider avant qu'il ne soit trop tard, mais leur recherche est compliquée par Danny Rugg, le petit dur du quartier, par un animal de compagnie égaré et par la possibilité que la demeure soit hantée.

Bien que les adultes puissent trouver les personnages datés et les intrigues un peu tirées par les cheveux, ces ouvrages sont destinés aux enfants prêts à lire leurs premiers romans. La vie des jumeaux est pleine d'aventures, mais ce sont leur exubérance espiègle et leurs plans secrets qui font le charme de la série. **CQ**

La Petite Princesse

Frances H. Burnett   Harold Piffard

Titre original *A Little Princess*, 1905
Nationalité G-B, 1849 (aut.), 1867 (ill.)
Édition française multiples éditeurs
Thèmes aventure, amitié

Comme *Le Petit Lord Fauntleroy*, le premier roman pour enfants à succès de Frances Hodgson Burnett, *La Petite Princesse*, est le récit d'un revirement de fortune. Sara Crew, l'héroïne de *La Petite Princesse*, entre dans un pensionnat distingué comme héritière mais est rejetée après la mort de son père, ruiné, et devient bientôt bonne à tout faire.

L'histoire de son bannissement dans le grenier du pensionnat pour jeunes filles de Miss Minchin et du mystérieux bienfaiteur qui réconforte l'enfant désespérée à travers son domestique indien repose en grande partie sur les coïncidences. Sara est toutefois un personnage assez fort pour que le lecteur accepte ces invraisemblances. Elle perd ses amies des beaux jours mais jouit du soutien d'autres personnes, telles que la servante Becky ou Ermengarde, une pensionnaire méprisée des autres. Toutes deux se souviennent de la gentillesse de Sara quand elle était encore fortunée. Ce sont par-dessus tout son courage et son imagination, qui l'ont aidée à supporter sa séparation d'avec son père, qui lui permettent aussi de survivre à son revers de fortune. Si Sara peut imaginer que son grenier glacé est une cellule de la Bastille et Becky la prisonnière du cachot voisin, le lecteur peut lui aussi y croire.

Les enfants trouveront peut-être sentimentales certaines des scènes imaginées par Sara, mais ils l'encourageront à travers ses épreuves et se délecteront de son triomphe final et de la chute de Miss Minchin. Ils auront au fil des pages appris l'importance de se montrer bon vis-à-vis de ceux que l'on rencontre au cours de son ascension sociale. **GB**

A LITTLE PRINCESS

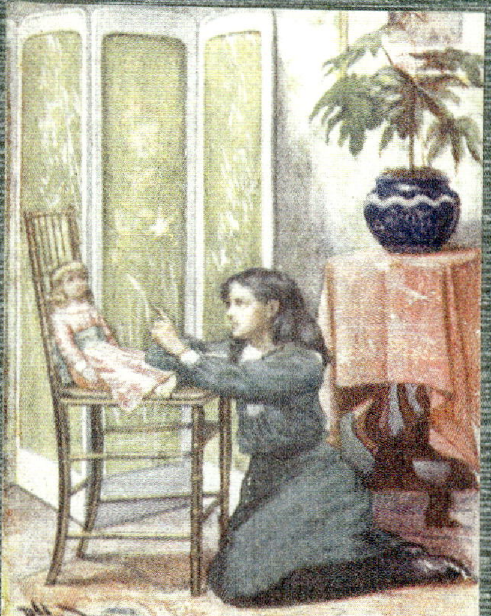

BY
THE AUTHOR OF
LITTLE LORD
FAUNTLEROY

Éléonora la capitaine

Emilio Salgari Alberto della Valle

Titre original *Il Capitan Tempesta*, 1905
Nationalité Italie, 1862 (aut.), 1851 (ill.)
Édition française Tallandier
Thèmes aventure, roman historique

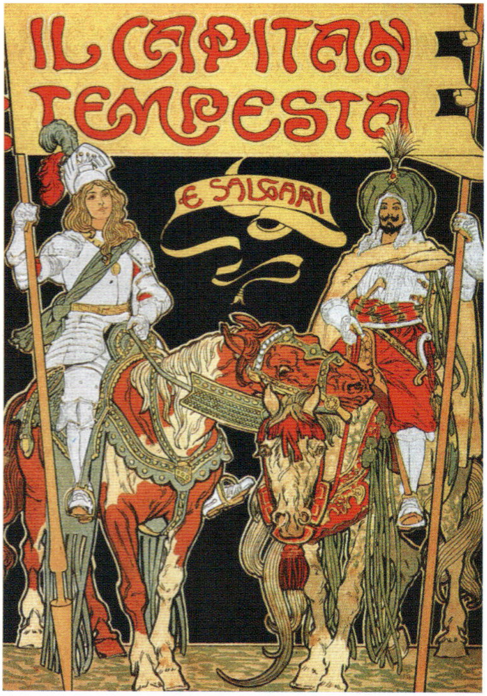

Autres romans d'aventure de E. Salgari

***Le Corsaire noir* (p. 434)**
***La Reine des Caraïbes* (p. 439)**
Les Pirates de la Malaisie

Éléonora la capitaine n'est pas le premier roman que j'aie jamais lu mais bien celui qui m'a révélé la vraie force de la lecture. J'avais lu d'autres romans d'Emilio Salgari, notamment *Le Corsaire noir* et les aventures des *Pirates de Malaisie*. J'avais alors 13 ou 14 ans et j'étais particulièrement intéressé par les héroïnes de cet auteur. Je n'oublierai jamais Honorata de Van Guld sur le pont d'un navire par une nuit de tempête, ou encore le moment où Sandokan, qui a été blessé, se réveille et découvre à ses côtés la Perle de Labuan. Les héroïnes de Salgari étaient toujours très courageuses et libres, capables, comme aurait dit Isak Dinesen, de risquer leur âme pour satisfaire un désir. Et ce mélange de romantisme, de générosité et d'absence de peur faisait battre mon cœur d'adolescent.

L'héroïne d'*Éléonora la capitaine* est un courageux capitaine chrétien au temps des croisades. Le roman traite des affrontements entre chrétiens et musulmans pour le contrôle de la Terre sainte et déborde de scènes d'action et de détails pittoresques. Le fait que ce brave capitaine soit en réalité une fille n'est révélé que tardivement dans le roman : elle s'est déguisée en homme pour pénétrer dans un univers plein de danger où elle espère être réunie avec celui qu'elle aime. Cette révélation change tout, car il ne s'agit plus simplement de suivre ses exploits militaires mais de se pencher sur d'autres considérations, bien plus intimes et indéfinissables : ses aventures sentimentales.

Ce livre m'a appris qu'en littérature il devrait toujours y avoir une histoire secrète derrière la principale, qui va en s'éclaircissant au fil de la lecture. C'est la raison pour laquelle nous lisons : pour surprendre le cours délicat des pensées et désirs des personnages. Éléonora, duchesse d'Eboli, qui se cachait sous des habits d'homme dans les premiers chapitres, est devenue cette histoire secrète. Depuis, je n'ai jamais cessé de la rechercher dans mes lectures.

La capitaine se bat pour protéger son identité dans cette illustration d'origine.

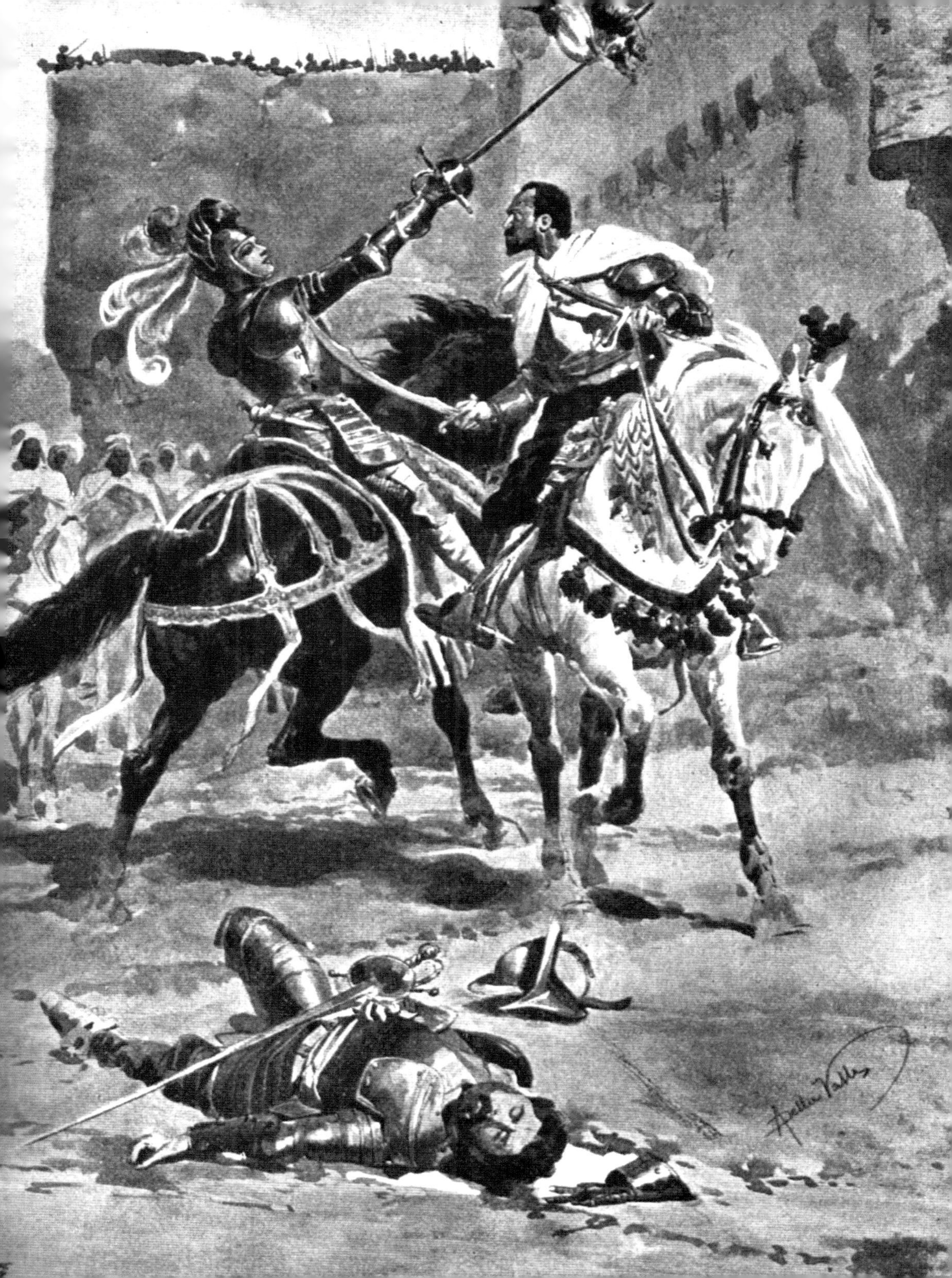

Bécassine

Caumery Joseph Pinchon

Nationalité pseudo de Maurice Languereau, France, 1885 (aut.), 1871 (ill.)
Édition Gautier Languereau, France, 1905
Thème aventure

Bécassine, de son vrai nom Annaik Labornez, est la fille d'un fermier d'un coin reculé de la Bretagne. Elle décide un jour de quitter son Finistère natal pour rejoindre Paris et devenir bonne chez la riche, cultivée et arrogante marquise de Grand'Air. Au cours des vingt-trois aventures qui suivent, les lecteurs accompagnent cette naïve servante bretonne dans sa découverte de nouveautés terrifiantes, d'attractions éclatantes et des différences sociales de la grande ville.

Bécassine est le premier personnage de bande dessinée de sexe féminin en France (aussi célèbre qu'Astérix et Obélix) et l'un des premiers personnages féminins de la bande dessinée mondiale. Représentée en costume breton traditionnel, avec des traits simples et sans bouche, Bécassine est la provinciale telle que l'imaginaient les Parisiens raffinés au début du XXe siècle : « Cette Bécassine ! Pas de cervelle mais un grand cœur ! » Toutefois, au fil de ses aventures – depuis de courts séjours à la capitale à la recherche d'un emploi, jusqu'à ses aventures pendant la Première Guerre mondiale et ses rencontres avec des étrangers – et grâce à sa grande popularité, le personnage de Bécassine en est venu à dépasser le simple stéréotype pour être présenté sous un jour plus favorable.

Aujourd'hui, ses aventures hilarantes sont toujours autant appréciées des enfants, à qui elles permettent de découvrir ce qu'était la France d'autrefois. Parmi certains des titres les plus populaires de la série, on peut citer *Bécassine pendant la Grande Guerre* (1916), *Bécassine voyage* (1921) et *Bécassine cherche un emploi* (1937). **LB**

Les Gars de la rue Paul

Ferenc Molnár

Titre original *A Pál-utcai fiúk*, 1906
Nationalité Hongrie, 1878
Édition française Hachette
Thèmes aventure, suspense

Ce roman se déroule à Budapest en 1885, mais son histoire, à la fois intemporelle et universelle, émeut et inspire toujours autant.

Deux bandes d'adolescents, les gars de la rue Paul, dont le chef est Jean Boka, et les Chemises Rouges, menées par le terrible Feri Áts, se disputent avec férocité le contrôle d'un terrain vague situé derrière une scierie. Jusque-là, c'était le terrain de jeu des gars de la rue Paul, mais les Chemises Rouges veulent en faire leur terrain de football.

Quand Áts se glisse dans le terrain vague pour y dérober la bannière des gars de la rue Paul, il déclenche les hostilités. Sa rencontre avec le fragile Nemecsek propulse celui-ci sur le devant de la scène, et, au cours des événements qui vont se dérouler, lui permet de faire preuve de courage et d'intégrité, et ainsi de gagner le respect de tous. Nemecsek infiltre par deux fois le camp des Chemises Rouges – une fois en compagnie de Boka, pour y abandonner un billet qui proclame « les gars de la rue Paul sont venus ici », et une fois seul, pour espionner la bande adverse.

Quand la bagarre éclate, les gars de la rue Paul opposent à la force supérieure des Chemises Rouges une stratégie plus efficace. Une fois que le vent commence à tourner, la victoire est finalement remportée grâce à Nemecsek qui a quitté, fiévreux, son lit de malade, pour aider ses camarades. L'histoire se termine mal : Nemecsek meurt de consomption, et son héroïsme s'avère finalement futile quand la construction d'un immeuble d'habitation débute sur le terrain vague, perdu à jamais pour les deux bandes. **IW**

Peter Pan

J. M. Barrie — Arthur Rackham

Titre original *Peter Pan in Kensington Gardens*, 1906
Nationalité G-B, 1860 (aut.), 1867 (ill.)
Édition française multiples éditeurs
Thèmes classiques, fantastique

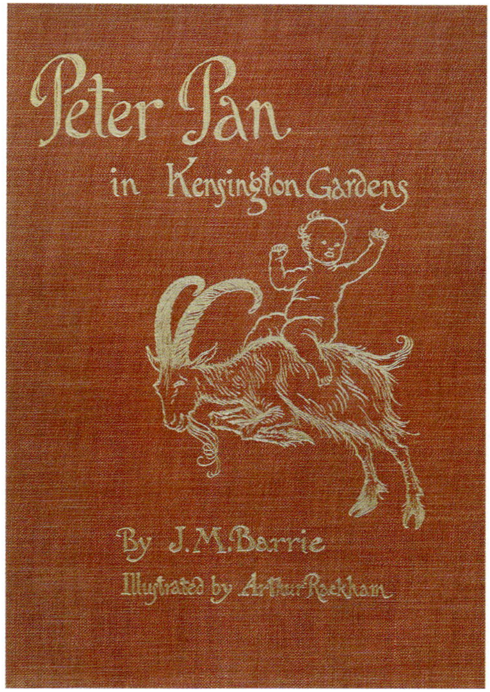

Pour James Barrie, qui n'a jamais vraiment grandi, Peter Pan représentait l'enfance : c'était un garçon « gai, innocent et cruel ». Des générations de lecteurs et d'amateurs de théâtre se sont laissés entraîner dans ses aventures magiques.

Les Darling – la mère, très belle, le père, grincheux, la jolie Wendy et ses petits frères John et Michael – jouissent des fidèles services de leur nurse : la chienne Nana. Mais celle-ci ne peut empêcher les enfants d'être séduits par le coquin Peter. Les enfants s'envolent pour le pays imaginaire, où leurs nombreuses aventures compteront des escarmouches avec les Enfants Perdus et avec les Peaux-Rouges. Ils y mènent une existence relativement douillette au cours de laquelle Wendy, dans sa petite maison, coud des boutons mais oublie de coudre une ombre à Peter. Malheureusement la malicieuse fée Clochette est jalouse de Wendy, qu'elle essaie d'empoisonner, manquant tout juste de tuer Peter à la place. Clochette est toutefois moins menaçante que le capitaine Crochet, chef des pirates et ennemi des Peaux-Rouges. L'intrépide Peter parvient à vaincre Crochet, qui est alors poursuivi par un redoutable crocodile. À la fin, les enfants décident de rentrer chez eux, prêts à grandir.

Même si le récit progresse avec exubérance, débordant d'invention, d'humour et de suspense, c'est la façon dont il évoque nos anxiétés profondes liées à l'acte de grandir et à la mortalité qui explique sa popularité constante alors que les nombreuses autres œuvres de Barrie se sont fanées au fil du temps. **VN**

« Wendy sut désormais qu'elle devrait grandir. Vous en êtes conscient dès que vous avez 2 ans. »

Autres récits fantastiques classiques

Alice au pays des merveilles, Lewis Carroll (p. 411)
Le Magicien d'Oz, L. Frank Baum (p. 436)
Mary Poppins, P. L. Travers (p. 475)
The Water-Babies, Charles Kingsley (p. 408)

8+

Cautionary Tales for Children

Hilaire Belloc B. T. B.

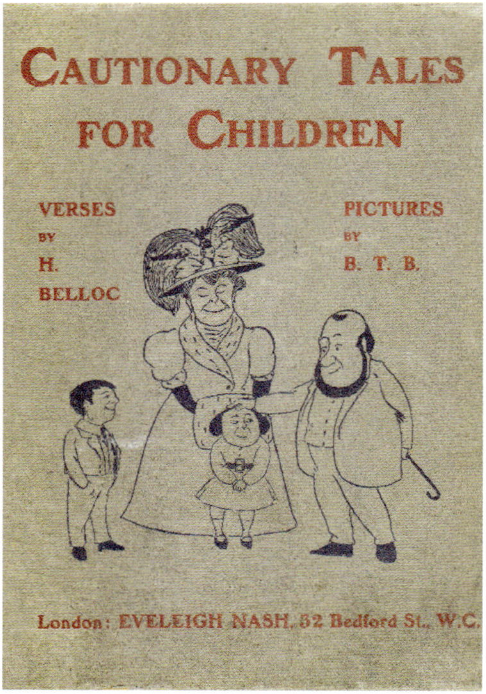

« Matilda racontait des mensonges si horribles qu'on en avait le souffle coupé et les yeux écarquillés. »

Livres de H. Belloc traduits en français

Philibert
Matilda, l'horrible petite menteuse
(conte publié dans *Cautionary Tales for Children*)
Bêtes pour de vrai

Nationalité Angleterre, 1870 (aut.), États-Unis, né Basil Blackwood, 1870 (ill.)
Édition Eveleigh Nash, Royaume-Uni, 1907
Thème poésie

Plus de cent ans après leur première parution, les terrifiants poèmes d'Hilaire Belloc sont encore capables de couper le souffle aux lecteurs et de leur faire écarquiller les yeux d'épouvante et d'amusement. Les malheureux garçons et filles de cet ouvrage, après avoir ignoré les sages conseils de leurs parents aimants, trouvent toujours une fin sanglante, chaque fois différente, et pourtant la lecture à voix haute de leurs aventures est tout simplement hilarante. Dans ces vers rimés au rythme entraînant, Jim se fait manger par le lion Ponto, Henry King noue son estomac avec des petits morceaux de ficelle et Rebecca, qui claque les portes, se fait écraser par un buste en marbre.

Certaines des bêtises, comme quand Franklin Hyde joue dans la boue, ne semblent pas si terribles. D'autres, en revanche, ont de graves conséquences. Il en est ainsi des mensonges de Matilda qui par exemple, prétendant que la maison brûle, appelle les pompiers qui accourent sur les lieux… pour rien. Mais le soir même, le feu se déclare réellement et personne ne répond aux cris de Matilda. Ironiquement peut-être, le personnage le moins sympathique de cette galerie est Charles Augustus Fortescue, un garçon qui devient riche grâce à ses bonnes actions. L'un des poèmes les plus populaires du recueil est l'histoire d'Algernon, « qui jouait avec un fusil chargé, et, quand il manqua de toucher sa sœur, fut réprimandé par son père ». Cette légèreté de ton est caractéristique de l'auteur. **VN**

Arsène Lupin, gentleman cambrioleur

Maurice Leblanc

Nationalité France, 1864
Édition multiples éditeurs, France, 1907
Thème roman policier

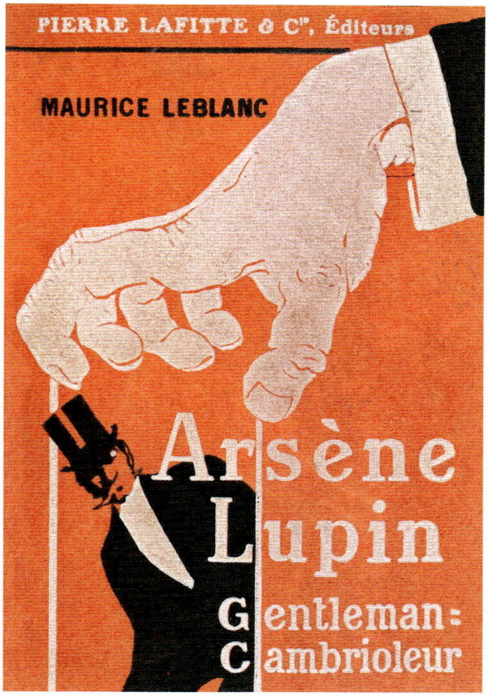

Le personnage d'Arsène Lupin apparut la première fois en 1905 sous forme de feuilleton dans le magazine *Je sais tout*. Le succès de cette parution amena son auteur, Maurice Leblanc, à écrire une vingtaine de volumes ayant pour protagoniste ce cambrioleur professionnel et charmeur. Lupin a vu le jour en réponse au célèbre détective anglais de Conan Doyle, Sherlock Holmes, qui apparaît même dans certaines œuvres de Leblanc.

Même s'il est un voleur, Arsène Lupin, célèbre pour son charme de gentleman et son fair-play, vient souvent à bout d'autres plus mauvais que lui. Dans le premier volume de nouvelles de Leblanc, on découvre un Arsène Lupin voyou mais qu'on ne peut s'empêcher d'aimer et qui doit se mesurer à son ennemi, l'inspecteur Ganimard. Le récit débute sur *La Provence*, un transatlantique à vapeur sur lequel s'est embarqué l'élégant Lupin. Malgré l'espace confiné du vaisseau, l'audacieux maître du déguisement qu'est Lupin parvient à s'évader grâce à sa ruse et à son bagout auprès des femmes.

C'est la façon dont est campé ce héros romantique, affable et irrésistible, qui rend la lecture de ces nouvelles si agréable. L'audace et le panache de Lupin sont attirants, ses aventures se déroulent toujours dans les lieux les plus exotiques et chics qui soient, et le ton pince-sans-rire de Leblanc a dû à l'époque être le bienvenu dans le genre littéraire qu'est le roman policier. **CK**

« L'homme aux mille déguisements : tour à tour chauffeur, ténor… »

Autres livres de Maurice Leblanc

Arsène Lupin contre Herlock Sholmès
Le Triangle d'or
La Demoiselle aux yeux verts

8+

Le Merveilleux Voyage de Nils Holgersson…

Selma Lagerlöf

Titre original *Nils Holgerssons underbara resa genom Sverige*, 1907
Nationalité Suède, 1858
Édition française multiples éditeurs
Thèmes merveilleux et fantastique, aventure

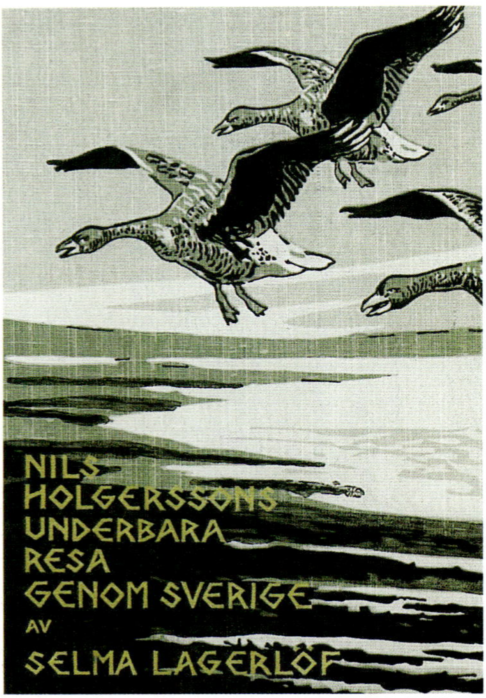

Autres livres de Selma Lagerlöf

La Légende de Gösta Berling
L'Empereur du Portugal
Le Livre de Noël

8+

Selma Lagerlöf, qui avait une formation d'enseignante, fit des recherches pendant des années avant d'écrire *Le Merveilleux Voyage de Nils Holgersson à travers la Suède* (titre complet), récit qui renferme une captivante combinaison de faits géographiques et de phénomènes naturels décrits du point de vue d'un enfant. Nils Holgersson est un vilain petit garçon qui vit dans une ferme. Il consacre principalement ses journées à dormir, à manger et à tourmenter les animaux de la ferme. Un jour, alors que ses parents sont à l'église, Nils découvre un elfe, qu'il capture et taquine. L'elfe lui promet une pièce d'or s'il le libère, mais Nils refuse et, après s'être battu avec la créature magique, se réveille pour découvrir qu'il a été transformé en elfe. Alors qu'il se demande ce qui va lui arriver, un troupeau d'oies survole la ferme ; le jars domestique tente de les rejoindre. Nils le prend par le cou pour le retenir et est emporté dans les airs, au milieu des oies sauvages.

« Les oies sauvages s'attroupèrent en vol autour de lui et le frappèrent de leur bec. »

Nils traverse toute la Suède cependant que les oies lui font découvrir un tout autre univers et lui offrent une perspective qu'il n'aurait pu imaginer. Au fur et à mesure qu'il en apprend plus au sujet de la nature et de l'estime mutuelle qui lie hommes et animaux, il retrouve sa taille normale, mais aura gagné à la fin une nouvelle vision sur la vie en général.

Selma Lagerlöf fut la première femme à remporter le prix Nobel de littérature, reflet de l'impact de ce roman. Son style et son talent de conteuse accompagnés de morale ont souvent été comparés à ceux de Rudyard Kipling. **SML**

Le Vent dans les saules

Kenneth Grahame

Titre original *The Wind in the Willows*, 1908
Nationalité Écosse, 1859
Édition française multiples éditeurs
Thèmes classiques, aventure, romanesque

Le Vent dans les saules fut d'abord une série d'histoires que Kenneth Grahame racontait à son fils de 4 ans, et, à la lecture de ces aventures d'animaux qui s'habillent comme des humains mais conservent leurs caractéristiques animales, on éprouve l'impression que l'auteur avait à l'esprit un auditeur particulièrement impatient. Il semble naturel de voir Rat (un rat d'eau) dans un canot à rames, ou Taupe apprécier la chaleur et l'intimité de son terrier.

Le vilain Crapaud, le plus divertissant de tous ces personnages, est avide, prétentieux et irresponsable mais se passionne pour certains sujets (notamment la vitesse dans toutes sortes d'engins) et s'avère comique. Les lecteurs peuvent rire avec lui,

« Je vous ferai savoir que je suis un Crapaud, un très célèbre, respecté et distingué Crapaud ! »

mais plus souvent encore à ses dépens. Ses exploits déchaînés dans une automobile volée, le séjour en prison qui s'ensuit et sa bataille avec les truands du Bois sauvage (les hermines et les belettes) qui ont squatté son manoir constituent les chapitres les plus mémorables du livre.

On admire aussi l'ouvrage pour les aventures moins violentes de Taupe et Rat qui vont pique-niquer sur la Tamise et se perdent dans le Bois sauvage, ou pour les passages plus lents et philosophiques qui célèbrent la beauté de la campagne anglaise. Les animaux vivent dans la félicité : libres des contraintes de l'enfance, ils le sont aussi des responsabilités de l'âge adulte. Ils s'affairent à sécuriser leur habitation et à se nourrir, mais personne ne leur dit ce qu'ils doivent faire. **GB**

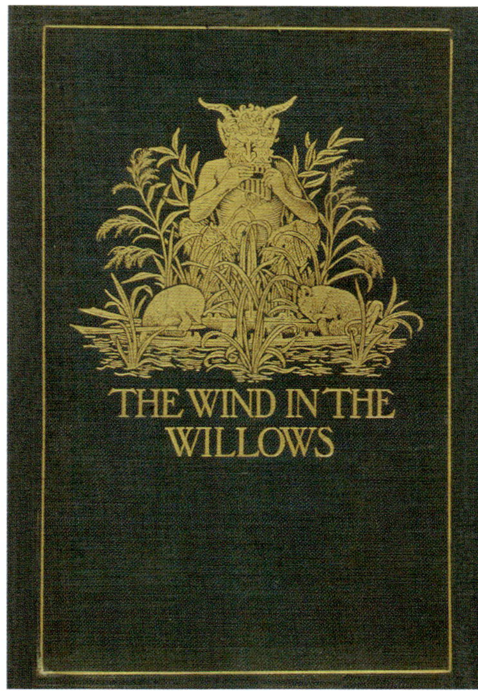

Autres aventures animales

Le Livre de la jungle, Rudyard Kipling (p. 207)
Histoire du docteur Dolittle, H. Lofting (p. 459)
Madame Brisby et le secret de Nimh, Robert C. O'Brien (p. 588)
La Légende de Despereaux, Kate DiCamillo (p. 694)

Anne : la Maison aux pignons verts

Lucy Maud Montgomery May et William Claus

Titre original *Anne of Green Gables*, 1908
Nationalité Canada, 1874 (aut.), États-Unis, 1882 et Allemagne, 1862 (ill.)
Édition française multiples éditeurs
Thèmes famille, classiques

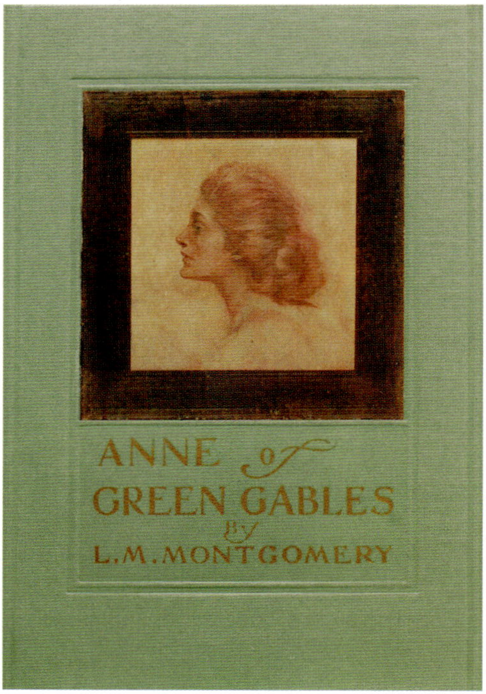

8+

Autres livres dont les héros sont orphelins

La Petite Princesse, F. H. Burnett (p. 442)
Pollyanna, Eleanor H. Porter (p. 457)
Heidi, Johanna Spyri (p. 728)
Oliver Twist, Charles Dickens
Anne d'Avonlea, L. M. Montgomery

Pour ceux d'entre vous qui n'ont pas lu ce livre dans leur enfance, *Anne… La maison aux pignons verts* est l'histoire d'une étrange et attachante orpheline pleine de cran, Anne Shirley, qui arrive dans la ferme aux pignons verts de l'île du Prince-Édouard.

Marilla et Matthew Cuthbert, un frère et une sœur d'âge mûr qui possèdent ladite ferme, veulent accueillir un orphelin (un garçon) qui les aiderait dans les tâches quotidiennes, mais c'est Anne la comédienne qu'on leur envoie par erreur. Elle fait une telle impression à Matthew, vieux garçon timide, qu'il souhaite qu'elle reste, opinion partagée par l'acerbe et sévère Marilla. Anne, une rousse bavarde, de vilain petit canard se transforme en belle jeune fille (mais pas avant d'avoir teint ses cheveux en vert lors d'un incident mémorable), et finit par remporter l'admiration de quasiment tous les habitants d'Avonlea. La fin est douce-amère car le merveilleux Matthew s'éteint et Anne, qui avait obtenu une bourse d'études pour devenir institutrice, y renonce pour rester avec Marilla.

Des millions de petites filles, moi y compris, ont été amusées, choquées ou émues par les frasques d'Anne. J'aime les parties où elle brise les tabous interdisant aux jeunes gens de s'emporter. Elle s'exprime de façon spectaculaire, frappant du pied et lançant des insultes (« Je vous déteste ! Je vous déteste ! Je vous déteste ! Vous êtes une femme grossière et insensible ! ») et recourant même à la violence physique : « Méchant et odieux garçon ! Comment oses-tu ! » suivi du craquement sec d'une ardoise qui se brise sur un crâne épais.

La saga d'Anne se distingue de bon nombre de « livres pour filles » par son côté sombre qui confère au roman une énergie frénétique et rend l'idéalisme de son héroïne convaincant. L'auteur, orpheline elle aussi, avait été confiée à deux personnes âgées, mais contrairement à Anne elle ne gagna jamais leur affection.

« Oh, que [la robe] était jolie… Mais les manches en constituaient le plus grand attrait ! »

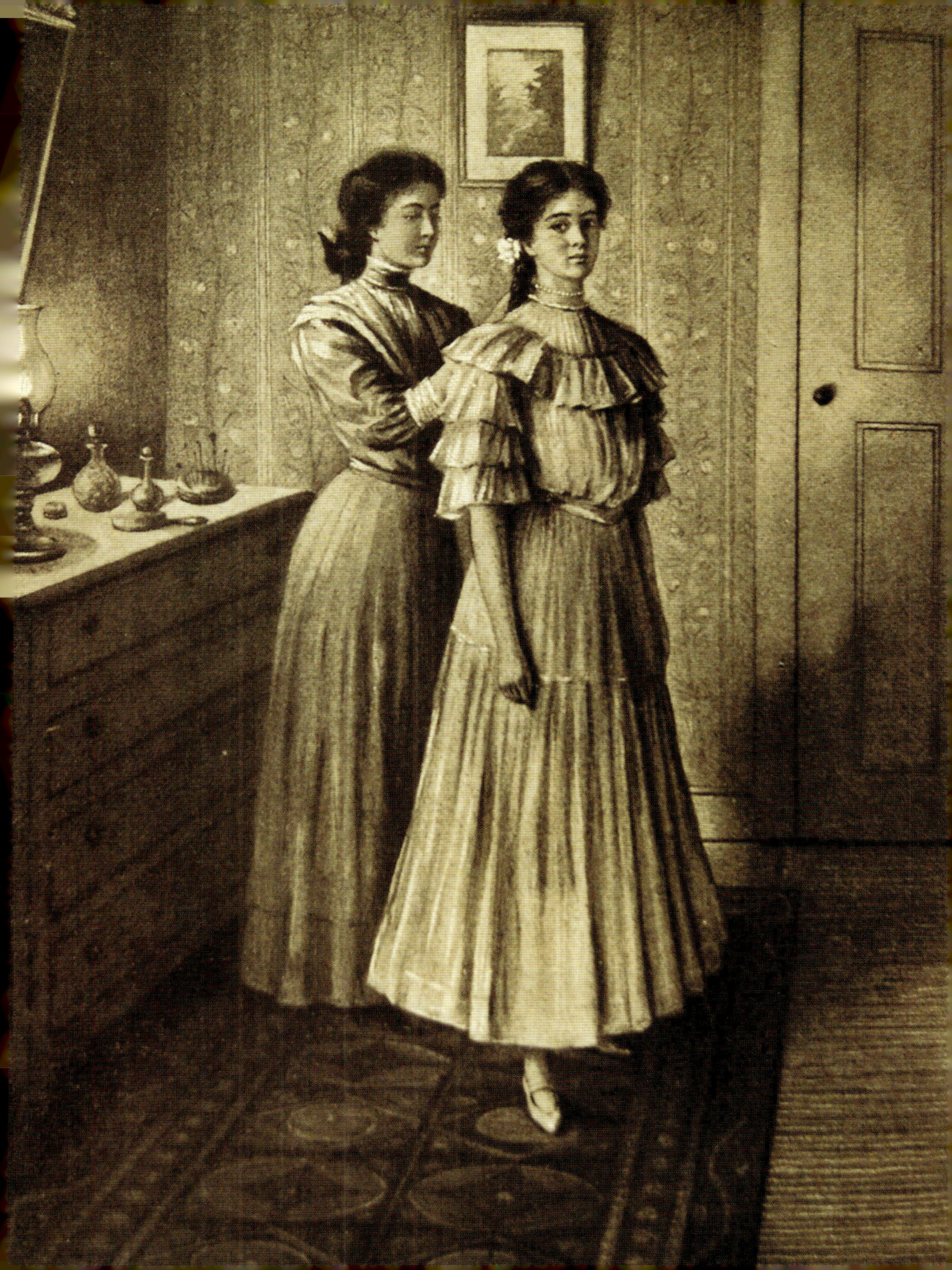

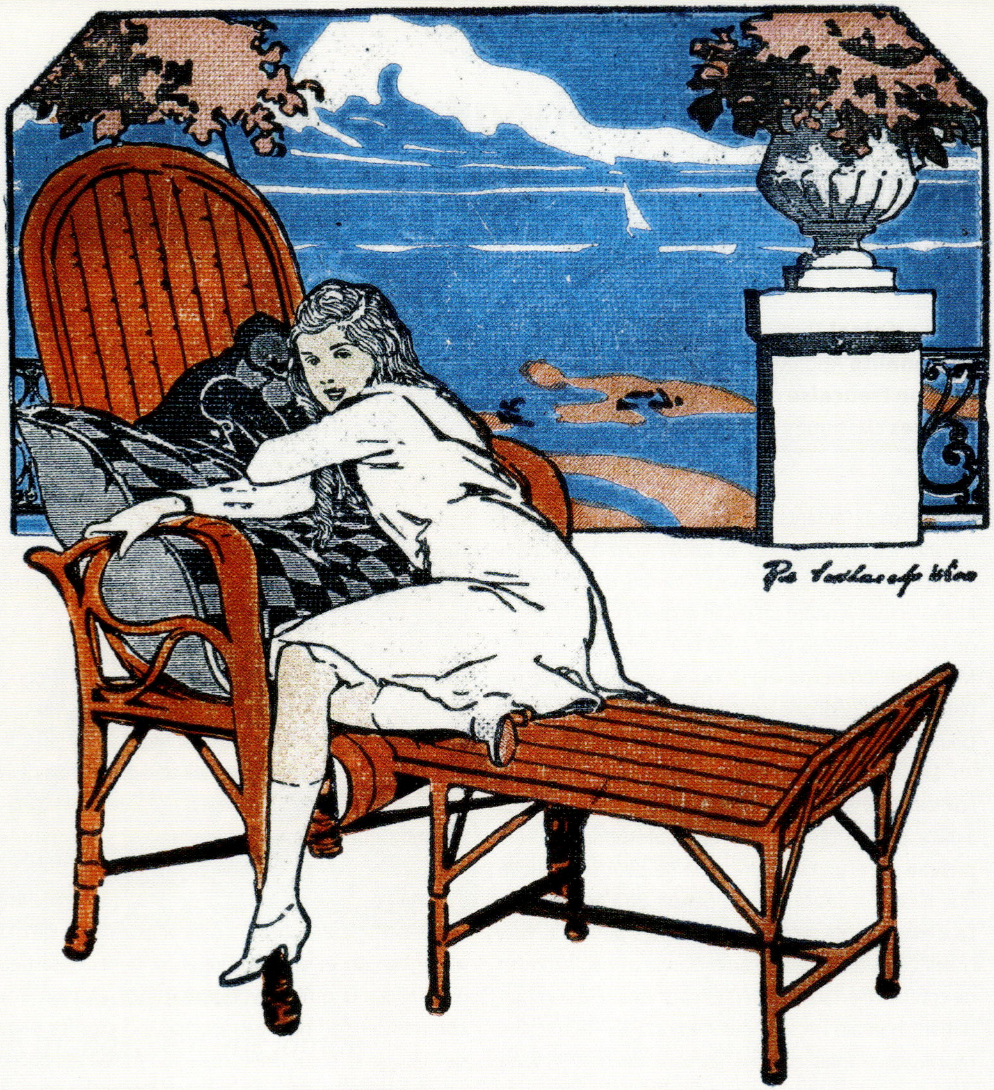

Nesthäkchen im Kinderheim

von

Else Ury

Benjamine

Else Ury

Titre original *Nesthäkchen und ihre Puppen*, 1913
Nationalité Allemagne, 1877
Édition francophone (Suisse) Delachaux et Niestlé
Thèmes famille, aventure

La série des Benjamine d'Else Ury offre un fascinant aperçu de la vie quotidienne en Allemagne au début du xxe siècle. *Benjamine et ses poupées* est le premier volume d'une série de dix. Anne-Marie Braun, de son vraie nom, est surnommée « Benjamine » car elle est la petite dernière d'une famille aisée de Berlin.

À 6 ans, c'est une petite fille curieuse et animée, qui, même si elle se montre polie et sage habituellement, s'attire parfois des ennuis à cause de sa curiosité. Par exemple, elle échange ses souliers onéreux contre les sabots d'une petite Hollandaise dont elle fait la rencontre. Elle se rachète toutefois de ses bêtises par sa gentillesse et son honnêteté. Ury ne raconte pas seulement les aventures de l'intelligente et résolue Benjamine mais décrit aussi l'atmosphère de l'Empire allemand et de la république de Weimar. Même si cette époque est depuis longtemps révolue, les valeurs mises en avant par l'auteur possèdent toujours une importance universelle. Benjamine mûrit dans chaque roman et découvre des préoccupations fondamentales telles que la responsabilité sociale, la tolérance envers les autres ou la façon de se comporter au sein d'une société, éduquant les lecteurs au fil du récit.

Ury est morte dans le camp de concentration d'Auschwitz-Birkenau en janvier 1943. Il est intéressant de noter que l'une de ses œuvres les plus intéressantes, *Benjamine pendant la guerre mondiale*, fut bannie en Allemagne après 1945 à cause de ses accents patriotiques. Cependant la série des Benjamine permet toujours de découvrir de façon engageante l'histoire de l'Allemagne et la vie en général. **GS**

Pollyanna

Eleanor H. Porter

Titre original *Pollyanna*, 1913
Nationalité États-Unis, 1868
Édition francophone (Suisse) J. H. Jehéber
Thèmes classiques, famille

Quand la riche et froide Polly Harrington est forcée de recueillir sa nièce orpheline, Pollyanna Whittier, sa vie change irrévocablement. Pollyanna, qui a perdu son père et sa mère, vient vivre chez la seule parente qui lui reste, convaincue que sa tante sera aussi gentille et aimante que ses parents. Ces attentes stupéfient la population locale, mais grâce à la persévérance de Pollyanna elles se révèlent justifiées. La présence de la jeune fille transforme tous ceux qui l'entourent, même l'avare grincheux du coin, John Pendleton, qui devient son ami. En jouant au « jeu du contentement » dont son père lui a enseigné les règles, Pollyanna encourage tous ceux qu'elle rencontre à transformer leurs malheurs en éléments positifs. Elle entreprend aussi, avec l'aide de Nancy, la bonne de tante Polly, de découvrir le secret qui se cache derrière l'amour perdu de cette dernière.

Même si Pollyanna excelle à inspirer l'espoir aux autres et à dérider ceux qui sont dans le besoin, quand elle a elle-même besoin d'espérance elle découvre que son don l'a abandonnée. Quand elle perd l'usage de ses jambes après un accident, Pollyanna, incapable de jouer au jeu du contentement, commence à désespérer. Tous ses amis lui apportent leur soutien, essayant de lui rendre un peu de ce qu'elle leur a offert. À la fin du récit, Pollyanna est dans une clinique spécialisée et écrit à sa tante, récemment mariée, qu'elle vient finalement de faire ses premiers pas.

Pollyanna, qui rappelle un roman de Jane Austen pour enfants, est toujours adoré par les nouvelles générations de jeunes lecteurs. **LH**

Platero et moi

Juan Ramón Jiménez

Titre original *Platero y yo*, 1914
Nationalité Espagne, 1881
Édition française Seghers
Thèmes animaux, poésie

8+

Platero est un petit âne à robe argentée doté d'une nature amicale et gaie. C'est l'un de ces animaux fictifs qui font désormais partie de l'imaginaire collectif et qu'on imagine avoir réellement existé à un moment donné. Et, de fait, Platero a vécu en un sens car il représente tous les ânes que l'auteur côtoya dans sa jeunesse ; il est en même temps la reconstitution poétique d'un idéal de pureté esthétique et un prétexte pour nous parler d'émotions intimes.

Ce recueil de poèmes en prose décrit la vie de Platero, de son enfance à sa mort. C'est l'inséparable compagnon du poète, le témoin muet des pensées et des craintes de son maître. On le voit marcher en compagnie d'enfants, gai, innocent et aussi têtu qu'eux, ou encore prendre plaisir à faire la sieste puis braire de douleur, blessé par une épine ou frappé par le sabot d'un cheval.

Platero et moi est aussi une anthologie de scènes, personnages et événements réels de la ville natale de l'auteur. Elle exprime son obsession de la beauté, de la nature et des choses simples ainsi que son aversion pour l'injustice, la cruauté et les conséquences de l'ignorance. Juan Ramón Jiménez transforme la réalité en un objet lyrique à travers l'utilisation de métaphores et de comparaisons, et incorpore à son langage poétique des expressions issues de l'ultraïsme ou d'autres mouvements artistiques tels que l'impressionnisme. Son nom est irrévocablement lié à *Platero et moi*, un livre qui a transcendé les limites du temps pour devenir une œuvre essentielle de la littérature contemporaine. **EB**

Les Jeunes Visiteurs

Daisy Ashford

Titre original *The Young Visiters*, 1919
Nationalité Angleterre, 1881
Édition française Cent pages
Thème amitié

Daisy Ashford n'avait que 9 ans quand elle rédigea cette comédie de mœurs dont la protagoniste est une jeune dame de la bonne société, Ethel Monticue. Sa mère conserva le manuscrit, que Daisy publia alors qu'elle approchait des 40 ans. Elle avait écrit des pièces et romans dans son adolescence mais ne poursuivit pas de carrière littéraire une fois adulte.

Grâce à l'esprit et au charme des observations d'une petite fille de la haute société, le lecteur rit avec elle. L'orthographe très créative de l'ouvrage fait partie de son attrait. Le récit que fait Daisy des activités quotidiennes de l'aristocratie britannique provient sûrement de ce que la petite fille a entendu raconter par les visiteurs de sa mère (la famille vivait dans la riche région du Sussex à l'époque). On devine une enfant fascinée par des adultes libres de faire ce qui leur plaît : prendre le thé au lit, se maquiller avec du « rouge » et manger un nombre illimité de meringues.

L'histoire est courte et douce-amère : M. Salteena désire épouser Ethel mais commet l'erreur de lui présenter Bernard Clark, plus beau et plus riche que lui. Fils d'un boucher, M. Salteena désire améliorer sa condition pour pouvoir mériter Ethel et prend des leçons de bonnes manières auprès du comte de Clincham. Ils se rendent à la cour alors que la reine (Victoria) « n'est pas dans son état normal… elle craint la chaleur, la pauvre ». Le lecteur assiste à un mariage comme il pourrait s'y attendre, et à un banquet correspondant aux rêves d'une enfant de 9 ans – « des tartes de meringue à la confiture avec à l'intérieur de chaque plein de confiture ». **GB**

Histoire du docteur Dolittle

Hugh Lofting

Titre original *The Story of Doctor Dolittle*, 1920
Nationalité États-Unis, 1886
Édition française multiples éditeurs
Thèmes classiques, aventure, animaux

8+

Le docteur Dolittle vit dans une petite ville de la campagne anglaise. Ayant décidé qu'il préférait traiter les animaux plutôt que les êtres humains, il se rend en Afrique pour y guérir des milliers de singes malades. Grâce à son perroquet, Polynésie, le docteur Dolittle a appris à communiquer avec les animaux, qui peuvent ainsi lui indiquer exactement ce qui ne va pas. Une fois guéris, ces patients reconnaissants lui offrent une créature dotée d'une tête à chaque extrémité et qui rejoint ainsi les autres amis du docteur appartenant au règne animal : Chee-Chee le singe, Too-Too le hibou, Dab-Dab le canard et Gub-Gub, un cochon très vorace. De retour chez lui, le docteur Dolittle fait fortune en exhibant la créature à deux têtes dans les foires de la région, avant de retourner dans son village avec ses amis les animaux pour y mener une vie paisible.

Cette histoire classique est née dans les lettres que l'auteur envoyait à ses enfants alors qu'il était au front, en France, durant la Première Guerre mondiale. Déterminé à les faire rire, il joignit à ses lettres de nombreux dessins comiques du bon docteur dont la calvitie est protégée par un haut-de-forme et dont le manque de précision habituel laisse la place à une volonté de fer face à la souffrance animale. Nul en matière de finances, le docteur Dolittle ne s'en sort que grâce à l'ingéniosité et aux soins de Tommy Stubbins, le fils d'un cordonnier, qui, à 10 ans, devient son assistant. Ces histoires pleines d'humour grâce aux nombreux dialogues entre êtres humains et animaux ont été appréciées par des générations d'enfants. **NT**

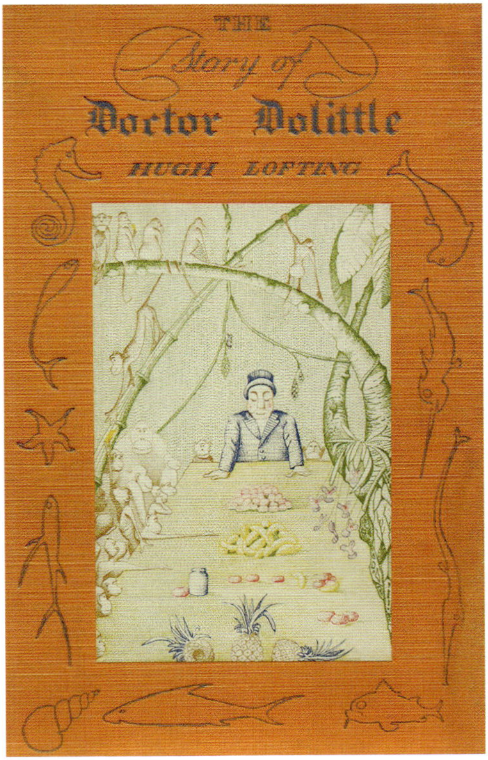

« Après avoir remercié les requins pour leur gentillesse, le docteur et ses animaux se mirent en route… »

Autres histoires du docteur Dolittle

La Poste du docteur Dolittle
L'Extravagant Docteur Dolittle
Les Voyages du docteur Dolittle
Le Cirque du docteur Dolittle

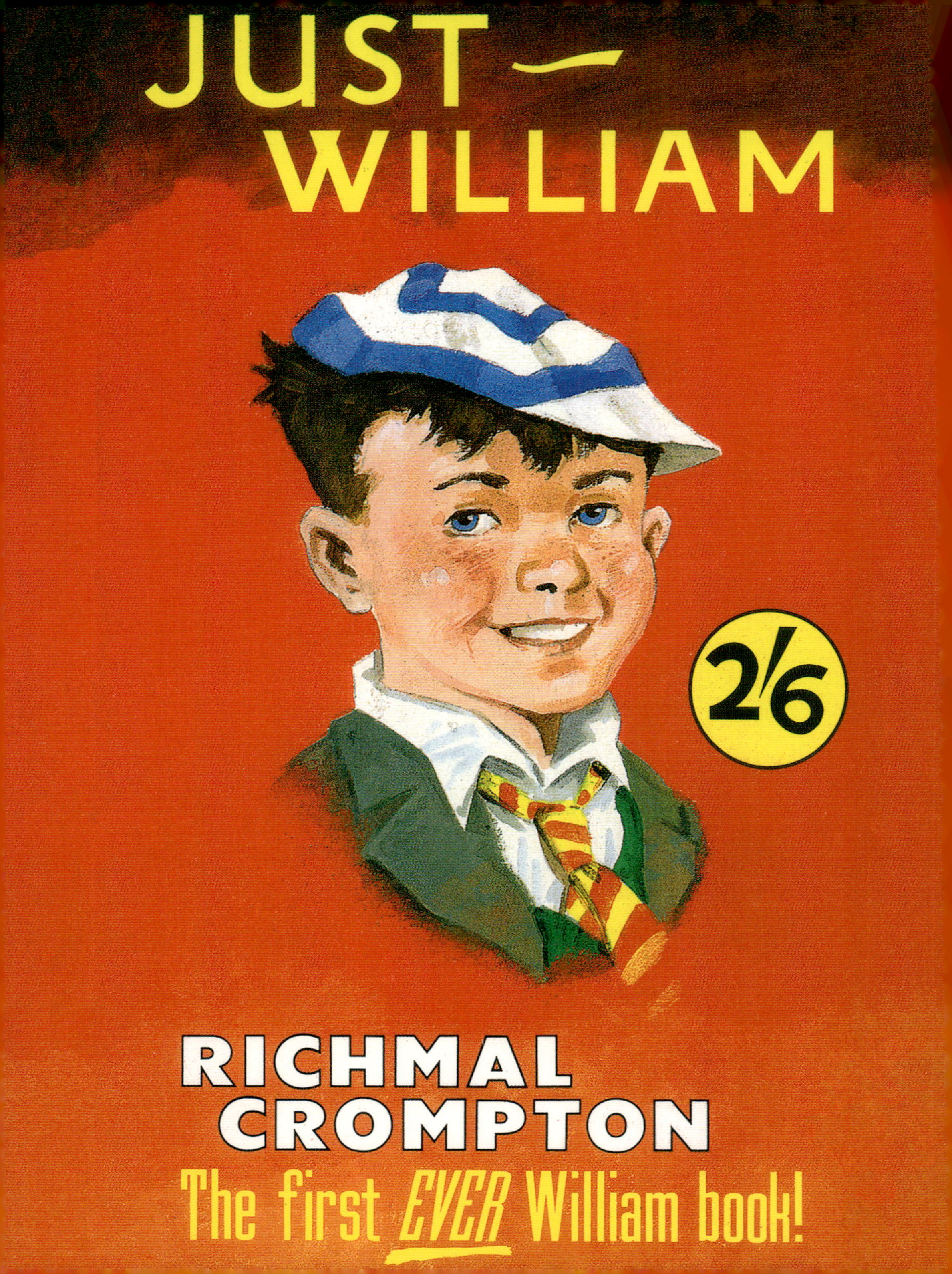
JUST –
WILLIAM
2/6
RICHMAL
CROMPTON
The first EVER William book!

William

Richmal Crompton — Thomas Henry

Titre original *Just William*, 1922
Nationalité Angleterre, 1890 (aut.),1879 (ill.)
Édition française Gallimard Jeunesse
Thèmes aventure, famille

William Brown est la petite terreur d'une famille typique de la classe moyenne britannique habitant dans un petit village. Le cadre de cette comédie de mœurs gentiment satirique est peut-être daté, avec ses servantes, ses jardiniers, et ses thés pris au salon, mais ce n'est pas le cas du personnage de William. Aventureux, n'aimant pas les livres mais débordant d'imagination, paresseux, fidèle à son chien et à sa bande d'amis, motivé seulement par les espiègleries, il déboule dans trente-huit recueils d'histoires, semant le chaos derrière lui.

La première histoire de cette série, *William va au cinéma*, donne le ton. William n'arrive pas à séparer ce qu'il voit sur l'écran de la réalité et entraîne les membres de sa famille, acteurs involontaires, dans ses aventures imaginaires. Le scénario des histoires semble immuable : William rencontre des adultes pontifiants, qui s'en sortent à la fin plus mal que lui, il échappe à toute conséquence et provoque d'autres dégâts le lendemain. Il défie et renverse la logique adulte pour finalement révéler qu'elle relève en grande partie de l'intéressement personnel.

Les Brown, les voisins et les visiteurs que rencontre William sont tous stéréotypés, notamment les personnages féminins. William a tendance à trouver ses alliés parmi les membres plus pittoresques de la classe inférieure – filles de cuisine, voleurs et vagabonds – qui se conforment eux aussi à leurs propres stéréotypes. En créant, avec les Brown, des personnages qui parodient leur propre univers, Crompton a conféré à ces histoires un attrait intemporel. **GB**

The Boxcar Children

Gertrude Chandler Warner

Nationalité États-Unis, 1890
Édition Scott Foresman and Co., États-Unis, 1924
Thèmes famille, aventure, amitié

The Boxcar Children raconte l'histoire de quatre orphelins de père et de mère, Benny, Violet, Jessie et Henry Alden, qui ont de 5 à 12 ans. Ils ont fui leur cruel grand-père de peur qu'il ne les maltraite et les oblige à travailler. Au tout début du récit, les enfants affamés achètent du pain dans une boulangerie mais doivent s'enfuir à nouveau quand la femme du boulanger songe à faire travailler les trois plus grands et à placer le plus jeune, Benny, dans un orphelinat.

En cherchant à s'abriter d'un orage, les enfants découvrent un vieux wagon rouge abandonné. Il devient leur logis, qu'ils meublent d'objets trouvés à la décharge. Les enfants vivent de nourriture qui a été jetée, se baignent dans un étang voisin, et le plus âgé, Henry, fait de menus travaux pour le docteur Moore dans une ville voisine, ce qui leur procure assez d'argent pour survivre. Un jour cependant, Violet tombe malade et les enfants s'aperçoivent qu'ils ont besoin de l'aide des adultes. Ils deviennent les amis d'un vieil homme qui n'est pas ce qu'on croit et apprennent ainsi à ne pas toujours se fier aux apparences.

Le charme de ce livre provient de l'affection et de la camaraderie qui unit les enfants, qui forment leur propre petite famille. La morale de l'histoire est que bien que l'indépendance puisse paraître attirante, une vie loin de la protection des adultes est difficile, et les enfants sont finalement réunis avec leur grand-père qu'ils avaient méjugé. L'auteur a écrit toute une série décrivant les aventures de ces enfants, qui résolvent divers mystères. **CK**

The School at the Châlet

Elinor M. Brent-Dyer Nina K. Brisley

Nationalité Angleterre, 1894 (aut.), 1898 (ill.)
Édition Chambers, Royaume-Uni, 1925
Thème aventure

8+

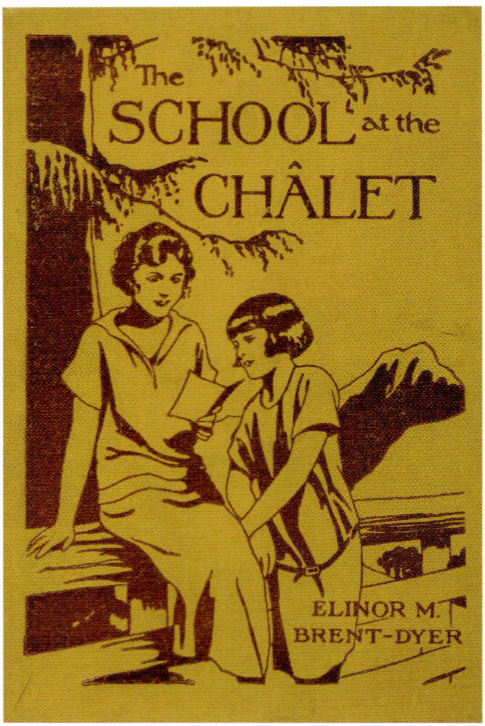

C'est le premier d'une série de cinquante-huit volumes traitant d'une école trilingue où seule l'élégance de la nourriture « continentale » (crème fouettée, tarte aux pommes et confiture de griottes) éclipse le paysage montagnard. La plupart des semestres sont mouvementés à l'école du Châlet, qu'il s'agisse d'un désastre naturel, d'un enlèvement ou d'un accident en montagne. Une fois séduits par cet établissement unique au monde, les amateurs désireront lire la série tout entière.

On découvre dans le premier volume Joey Bettany, seul personnage qui demeure intéressant tout au long de la série. Intrépide et courageuse, Joey est l'un des piliers de l'école, depuis sa première rentrée jusqu'à ce qu'elle devienne préfète en terminale. Adulte, c'est un auteur pour la jeunesse prolifique et une mère tout aussi féconde : parmi ses onze enfants on compte des triplés.

À 13 ans, Joey est de santé fragile, raison pour laquelle sa sœur Madge établit son école au Tyrol, en Autriche, pour faciliter son traitement. L'école du Châlet est située à Briesau am Tiernsee (près d'un sanatorium où les deux sœurs trouveront chacune plus tard leur futur mari, un médecin) jusqu'en 1938 quand les événements internationaux provoquent un déménagement. Brent-Dyer déplaça tout d'abord son école à Guernesey, puis rapidement dans le Herefordshire quand la parution de *The Châlet School in Exile* (L'école du Châlet en exil) coïncida avec l'invasion allemande des îles Anglo-Normandes. Dans les années 1950, l'école retrouva la montagne, mais en Suisse cette fois-ci, où est située plus de la moitié de la série. Les élèves du Châlet qu'on voit défiler pendant quarante-cinq ans et qui proviennent généralement des classes aisées européennes se montrent le plus souvent à la hauteur de Joey, amatrice d'aventures, d'espiègleries et de culot. **GB**

Autres romans dans un pensionnat

La Petite Princesse, F. H. Burnett (p. 442)
L'Enfant du dimanche, Gudrun Mebs (p. 621)
Quand le bonheur arrive, M. Pressler (p. 655)
Hurrah for St. Trinians, R. Searle (p. 509)
Bud, not Buddy, Ch. Paul Curtis (p. 904)

Frank et Joe, agents très spéciaux

Franklin W. Dixon

Frank et Joe Hardy, deux frères adolescents, suivent les traces de leur père, Fenton, détective privé légendaire qui appartenait autrefois à la police de New York. La série de romans dont ils sont les héros, rédigée par une kyrielle d'auteurs anonymes comme la série des Alice (ou Nancy Drew), constitue des ouvrages classiques pour les préadolescents, à qui ils apportent non seulement suspense et aventure mais aussi de charmants aperçus de la vie des adolescents des années 1930 et 1940.

Frank et son jeune et impétueux frère Joe vivent dans la petite ville fictive de Bayport avec leurs parents et leur tante Gertrude, une vieille fille qui désapprouve leurs activités de détectives. Les garçons sont parfois aidés par leur camarade d'école, le grassouillet Chet Morton, ainsi que par leurs amis Bill Hooper, Tony Prito et le commissaire Ezra Collig.

Ces romans décrivent en détail la procédure policière : les deux jeunes détectives enquêtent secrètement, prennent leurs suspects en filature, interrogent les témoins, recherchent des empreintes digitales et se sortent de situations dangereuses. Chaque chapitre se termine dans le suspense et il est rare que les garçons se chargent d'une affaire sans qu'une pierre, une flèche ou une bombe fumigène ne pénètre dans leur séjour avec une note leur conseillant d'arrêter d'enquêter. Leur flegme face à des comportements criminels souvent ridicules constitue une grande partie de l'attrait de ces romans, pour les jeunes lecteurs comme pour les moins jeunes. Les Hardy ne sont peut-être que des adolescents, mais ils sont plus capables et autonomes que bien des adultes.

La série a été réécrite à partir de 1959. Le vocabulaire désuet et les stéréotypes racistes ont été éliminés pour la rendre plus adaptée à un lectorat contemporain. **SY**

Titre original *The Tower Treasure*, 1927
Nationalité Canada, né Leslie McFarlane, 1902
Édition française Bayard Jeunesse
Thèmes aventure, roman policier

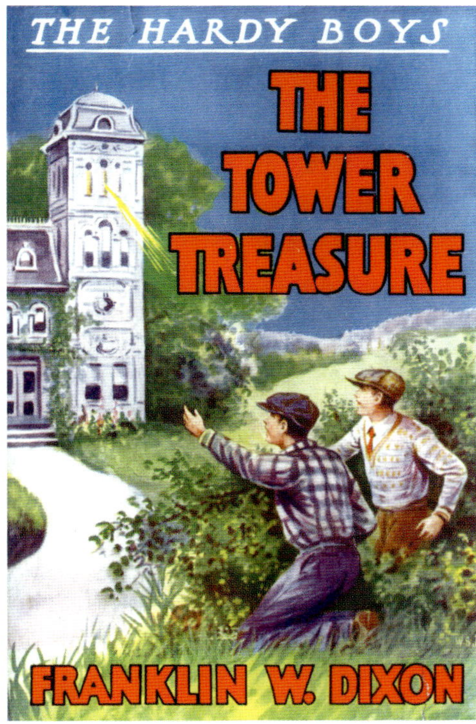

8+

Dans la série des Frank et Joe

À bout de course
Le Grand Plongeon
Danger extrême

Celia lo que dice

Elena Fortún   Molina Gallent

Nationalité Espagne, 1886 (aut.), 1911 (ill.)
Édition Aguilar, Espagne, 1929
Thème aventure

8+

Celia est un personnage pionnier parmi les protagonistes féminines de la littérature pour enfants. Comme un grand nombre de celles qui lui succéderaient, elle est rebelle, non conformiste, et déborde d'une imagination qui l'amène à réaliser les farces les plus absurdes qui soient. *Celia lo que dice* est le premier volume d'une série de plus de vingt titres, dont le succès a continué jusque dans les années 1970. Il est constitué de quarante-quatre nouvelles racontées à la première personne du singulier et publiées en 1928 dans des magazines.

Celia est une bonne petite fille, selon la définition de l'époque, qui passe une grande partie de son temps dans la pièce où cousent les servantes, qu'elle est sûre d'aider. Obsédée par la nécessité d'être une bonne petite fille qui partage ses jouets avec les pauvres, et ayant peur de l'enfer, Celia a cependant l'âme d'une libre-penseuse, particulièrement quand elle tire les conclusions des ses expériences malheureuses ou qu'elle expose les mensonges et incongruités du monde des adultes.

Ce mélange de rébellion et de soumission aux règles constitue la structure littéraire de la série des Celia. Le personnage et les romans ont résisté à l'épreuve du temps, et bien qu'aujourd'hui une partie du contenu puisse ne pas paraître politiquement correcte, des générations de lecteurs se délectent encore de l'effronterie des dialogues et de l'espièglerie de cette petite fille pleine de verve. **EB**

Hirondelles et Amazones

Arthur Ransome

Titre original *Swallows and Amazons*, 1930
Nationalité Angleterre, 1884
Édition française F. Aubier
Thèmes aventure, classiques, nature, famille

C'est dans ce premier roman d'une série de douze publiés par Arthur Ransome qu'apparaissent pour la première fois les enfants Walker : John, Susan, Titty et Roger, surnommés les Hirondelles (*swallows* en anglais), d'après le nom de leur bateau. En vacances dans la région des lacs en Angleterre, ils rencontrent les Amazones, Nancy et Peggy Blackett, qui partagent l'amour des Hirondelles pour tout ce qui touche à la navigation mais qui, pour le moment, sont leurs adversaires dans une compétition destinée à déterminer lequel de leurs deux bateaux sera le vaisseau amiral.

Leur conflit amical permet en particulier à Titty de démontrer son courage et son ingéniosité. Ses exploits lui permettent aussi de mettre fin à la dispute sans fondement qui oppose les Hirondelles au capitaine Flint, l'oncle des Amazones, qui, en tant que pirate à la retraite, s'avère des plus utiles à leurs aventures.

Les enfants Walker, sous l'œil vigilant de la maternelle Susan, adhèrent généralement à un ordre social et moral à la fermeté rassurante, mais les Amazones, toujours en retard pour le dîner et ne parvenant jamais à se conformer au comportement qui sied à de jeunes dames, laissent s'insinuer un attrayant degré d'anarchie. L'histoire, inspirée des vacances que passa Ransome dans sa jeunesse, bénéficie encore aujourd'hui d'un lectorat dévoué, chez les adultes comme chez les enfants. **KA**

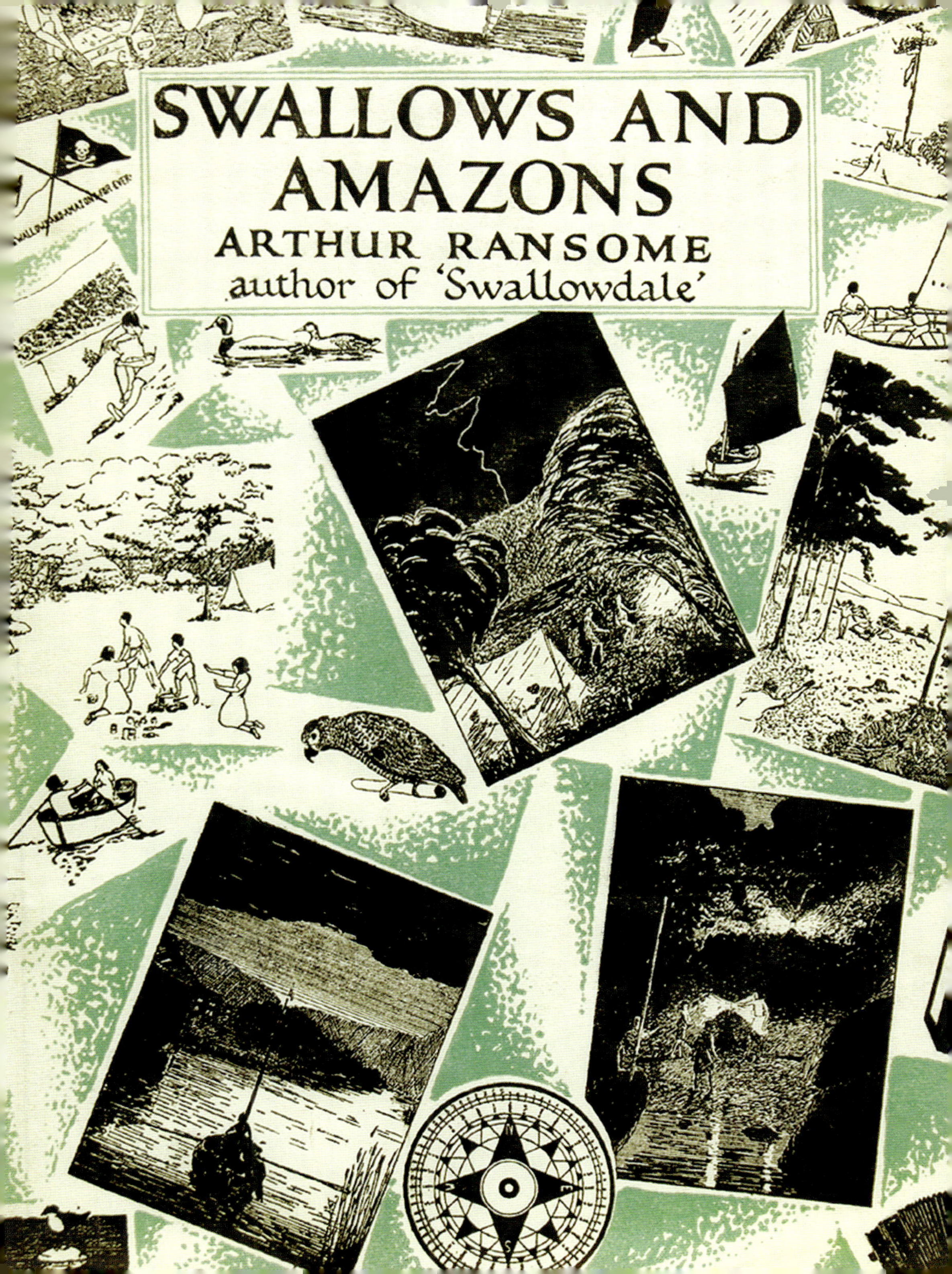
SWALLOWS AND AMAZONS
ARTHUR RANSOME
author of 'Swallowdale'

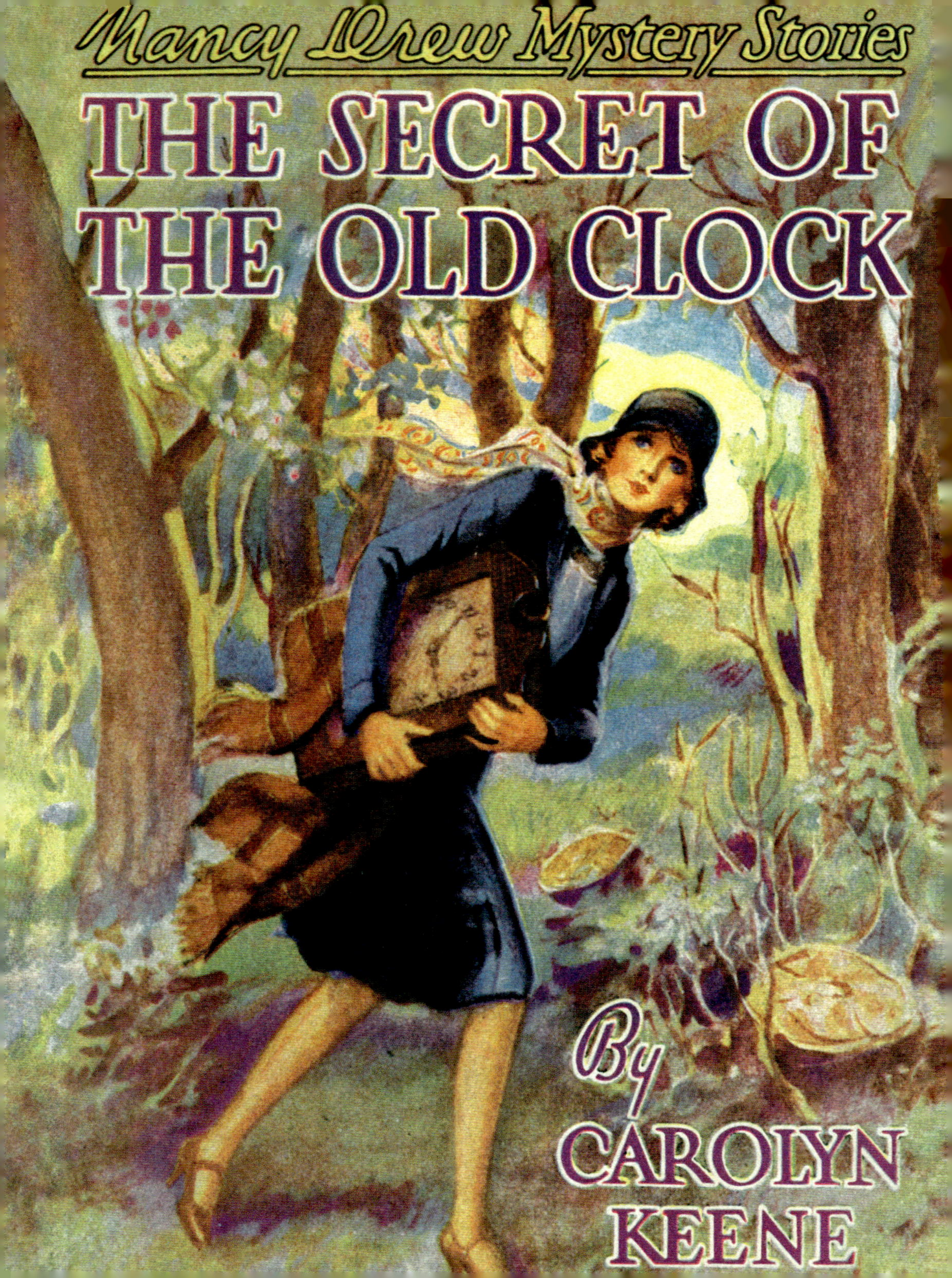
Nancy Drew Mystery Stories
THE SECRET OF THE OLD CLOCK
By
CAROLYN KEENE

Alice détective

Carolyn Keene

Titre original *The Secret of the Old Clock*, 1930
Nationalité É.-U., née Mildred Wirt Benson, 1905
Édition française Hachette
Thèmes roman policier, aventure

C'est le premier roman de la série consacrée à une adolescente détective, appelée Nancy Drew dans la version originale mais rebaptisée Alice Roy en français. La série des Alice a été publiée dans la « Bibliothèque verte », où plusieurs volumes sont toujours disponibles, mais de nouveaux titres parus aux États-Unis dans les années 2000 ont été traduits en France chez Bayard sous le nom de série de Nancy Drew.

En anglais, on peut trouver deux versions de ce roman : l'originale, parue en 1930, et une version modernisée par Harriet S. Adams, publiée en 1959. Dans la première, l'indépendante adolescente, Alice, a 16 ans et déjà quitté le lycée. Son père, James Roy, veuf, est un avoué connu de River City, ville fictive de l'Indiana. Alice vient en aide à la famille Crowley quand des parents éloignés apparaissent pour affirmer qu'ils sont en possession du testament de Josiah Crowley qui leur a laissé toute sa fortune. Alice tente de découvrir une vieille horloge où sont cachés des renseignements permettant de découvrir le vrai testament. Dans la deuxième version, Alice a 18 ans et est plus sophistiquée. L'intrigue a quelque peu changé mais Alice désire toujours permettre à une famille dans le besoin de récupérer ce qui lui revient de droit.

Au fil du temps, les vêtements de la jeune détective, la voiture qu'elle conduit et le comportement de ses amis ont changé. Son talent et l'intelligence qu'elle démontre dans la résolution des énigmes permettent aux mystères d'être toujours pleins de vie. **CK**

Kubula a Kuba Kubikula

Vladislav Vančura Ondřej Sekora

Nationalité Tchécoslovaquie, 1891 (aut.), 1899 (ill.)
Édition Adolf Synek, Tchécoslovaquie, 1931
Thèmes fantastique, amitié

Quand Vladislav Vančura publia en 1931 le seul ouvrage pour enfants qu'il ait jamais écrit, il surprit ses lecteurs habituels. L'histoire de Kuba Kubikula, un petit garçon, et de son ourson Kubula se déroule « à une époque où le monde était encore jeune et où les gens croyaient aux contes de fées ». Kuba et son ourson irascible parcourent la campagne hivernale et gagnent leur pain en exécutant des tours et en réalisant des petits travaux. Au cours d'une nuit passée dans l'échoppe d'un forgeron, Kuba, pour empêcher l'ourson de faire des bêtises, invente une histoire au sujet de Barbucha, un croquemitaine. Le croquemitaine apparaît pour de bon, et terrorise l'ourson tout autant que les enfants du forgeron.

Dans le village suivant, Barbucha offense le maire et tous trois se retrouvent en prison. Un procès est organisé mais se transforme en farce quand l'ourson commence à exécuter ses tours et que le croquemitaine le rejoint dans son spectacle. La scène s'achève par une bataille de boules de neige à laquelle participent tous les villageois. Au paroxysme de la bagarre, les enfants du forgeron viennent à la rescousse de Kuba et de son ours, persuadent le maire de les libérer cependant que le croquemitaine s'enfuit. Kuba devient un apprenti forgeron, l'ourson fréquente l'école du village et le croquemitaine est transformé en flaque. Ainsi, cette histoire fantastique où l'on apprend à surmonter sa peur et à découvrir sa place dans le monde se termine bien. **PO**

Le U Rouge

Wilhelm Matthiessen

Titre orig. *Das Rote U: eine Jugensgeschichte*, 1932
Nationalité Allemagne, 1891
Édition française Magnard
Thème roman policier

8+

Le captivant roman policier de Wilhelm Matthiessen est souvent comparé au *Club des cinq* d'Enid Blyton et à la trilogie *L'As des détectives* d'Astrid Lindgren. Son récit est aussi charmant, intrigant et saisissant que les meilleurs des ouvrages de ces deux auteurs.

Les protagonistes de *Das Rote U*, surnommés Mala, Knöres, Döll, Bodda et Silli, forment une bande d'enfants qui aiment jouer des tours aux habitants de leur petite ville, jusqu'à ce qu'ils songent à s'arrêter quand ils reçoivent la lettre d'un inconnu qui signe « le U rouge » et qui déclare savoir ce qu'ils préparent. Dans cette missive et celles qui suivent, le mystérieux inconnu leur donne diverses tâches à accomplir en contrepartie de son silence. Sinon, il révélera à leurs professeurs tout ce dont sont coupables les enfants. Ceux-ci sont donc obligés de libérer les oiseaux d'un cordonnier alcoolique qui ne s'en occupait pas, et en une semaine à peine de trouver un emploi à un chômeur. Quand des criminels entrent en scène, les enfants parviennent à résoudre l'énigme et deviennent des héros.

Comme *Émile et les Détectives* d'Erich Kästner qui date de la même époque, ce roman policier transporte le lecteur dans le temps. Même s'il est situé dans les années 1930, l'univers du U rouge fascine toujours autant. Le style de Matthiessen, vivant et engageant, permet aux enfants de découvrir de précieuses leçons en lisant cet ouvrage. **GS**

La Petite Maison dans les grands bois

Laura Ingalls Wilder Garth Williams

Titre original *Little House in the Big Woods*, 1932
Nationalité États-Unis, 1867
Édition française multiples éditeurs
Thème famille

Laura, une petite fille de 5 ans, vit avec ses parents, sa sœur aînée Mary et le bébé Carrie dans une cabane en rondins dans la forêt du Wisconsin.

Nous sommes en 1872 et la cabane a été construite par le père de Laura, toujours appelé Pa dans le roman. Entourées de bois où abondent les cerfs, les écureuils et les loups, les petites filles ne se sont jamais rendues à la ville mais savent fabriquer du fromage et du beurre, comment on transforme en cuir des peaux d'animaux et comment on nettoie et l'on charge un fusil. Entre la fabrication des tartes à la citrouille et des bonbons au sirop d'érable existent des moments de réel danger, par exemple quand un ours est découvert dans la grange. La plupart des soirées se terminent toutefois dans la tranquillité, au son du violon de Pa et en chansons autour du feu.

L'auteur avait plus de 60 ans quand elle écrivit ce livre. Jouissant d'un immense succès, il fut suivi de sept autres titres au fil desquels on voit grandir Laura jusqu'à ce qu'à l'âge de 15 ans elle quitte la maison pour enseigner. Empreintes de nostalgie envers une ère révolue, ces charmantes histoires peuvent aussi maintenir le lecteur en haleine, par exemple quand Laura manque de mourir de faim. C'est toutefois une atmosphère chaleureuse et une impression de sécurité qui se dégagent de l'ensemble, cette famille liée par un amour et une loyauté inconditionnels, parvenant encore et toujours à survivre en n'utilisant presque que ses propres ressources. **NT**

Laura examine le fumoir que Pa a fabriqué à partir d'un vieux tronc.

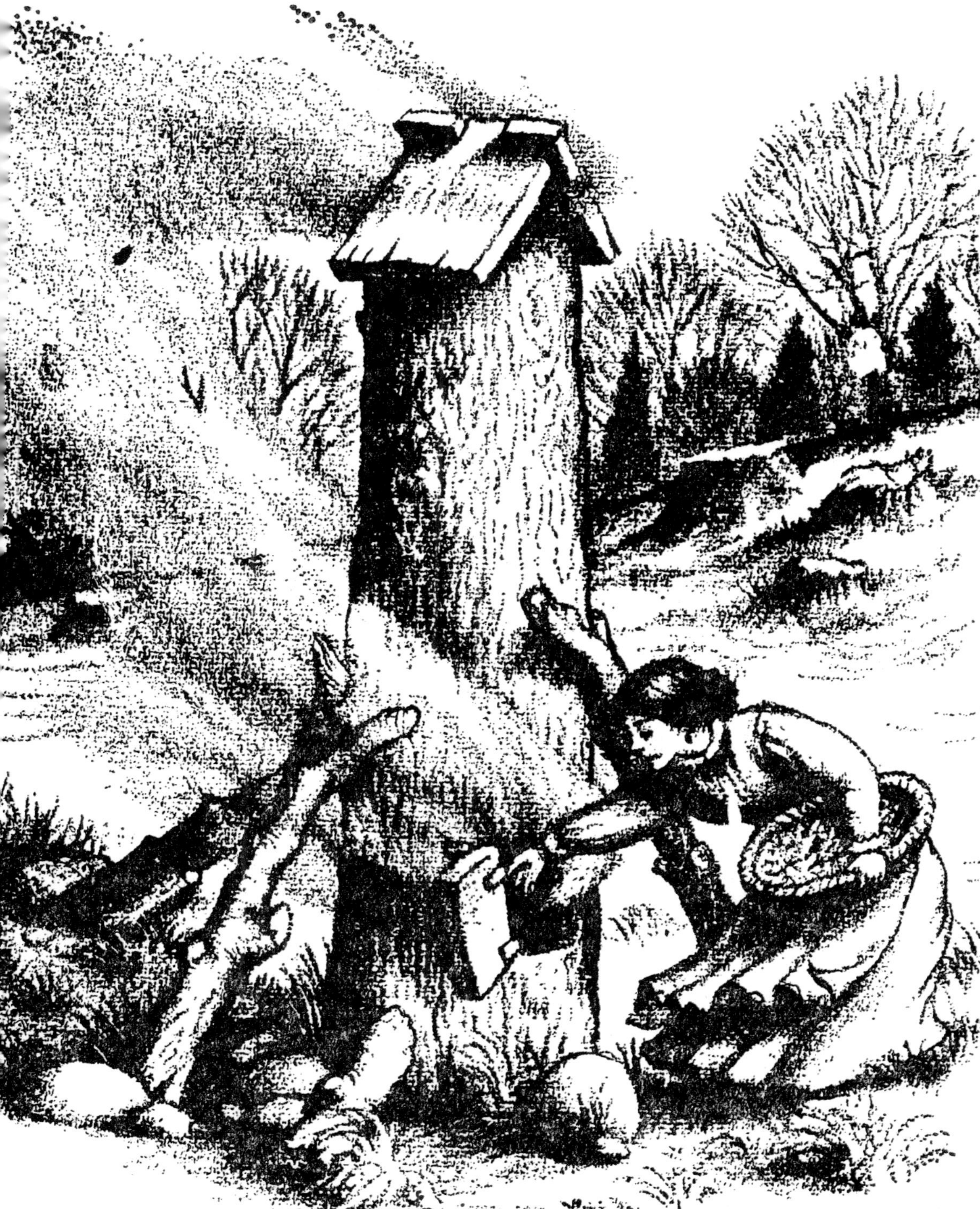

Un enfant de la terre

Laura Ingalls Wilder — G. Williams

Titre original *Farmer Boy*, 1933
Nationalité É.-U., 1867 (aut.), 1912 (ill.)
Édition française Flammarion
Thèmes roman historique, famille

Ce roman est avant tout l'histoire d'un petit garçon qui désire désespérément devenir fermier comme son père. Almanzo Wilder, 9 ans, se lève avec le soleil pour tondre les moutons, nettoyer la litière des animaux et les nourrir, semer et aider à faire les récoltes, transporter des troncs d'arbre et remplir la glacière – tout cela avant de partir pour l'école.

Les lecteurs seront fascinés par la chronique méticuleuse de la vie d'une famille de pionniers américains au XIXe siècle rédigée par Laura Ingalls Wilder. Les éléments historiques qui apparaissent dans les neuf volumes de *La Petite Maison dans la prairie* constituent l'un de leurs plus grands attraits. *Un enfant de la terre* – le tome 4 de la série – est inspiré de la vie du mari de l'auteur, Almanzo Wilder, qui a grandi à la fin du XIXe siècle dans le nord de l'État de New York.

Laura Ingalls avait pour ancêtre un passager du *Mayflower*. Elle écrivit *Un enfant de la terre* pour que le mode de vie qu'elle avait connu enfant ne s'oublie pas, et pour encourager ses lecteurs à saisir combien l'Amérique avait changé en un siècle. Elle y est indubitablement parvenue, mais nous a aussi rappelé que tout enfant, où qu'il vive, doit trouver sa place dans sa famille, et que faire d'une maison un chez-soi et tenter de réaliser ses premiers rêves d'enfant sont des entreprises tout aussi universelles – c'est cette universalité qui a permis à ce classique d'être toujours disponible en librairie. **JSD**

Le Professeur Brindesong

Norman Hunter — W. Heath Robinson

Titre original *Professor Branestawn*, 1933
Nationalité Angleterre, 1899 (aut.), 1872 (ill.)
Édition française O. C. D. L.
Thèmes aventure, nature

Le professeur Theophilus Branestawn est l'exemple même du professeur farfelu : c'est un génie adorable qui porte une blouse blanche et cinq paires de lunettes, et invente les appareils les plus étranges qui soient.

Ces machines sont merveilleusement illustrées par William Heath Robinson. Norman Hunter inventa le personnage du professeur pour une série radiodiffusée par la BBC. Elle obtint un tel succès qu'il entreprit de rédiger plusieurs ouvrages décrivant les inventions farfelues du professeur. *Le Professeur Brindesong* était le premier de la série.

Branestawn vit à Great Pagwell, village fictif caractéristique de l'Angleterre des années 1930. Le professeur, dont la gouvernante est dotée d'une patience à toute épreuve, est aidé dans ses frasques par son ami le colonel Dedshott du régiment de cavalerie des catalputeurs, dont l'esprit militariste contraste de façon amusante avec l'imagination presque illimitée du professeur.

L'inventivité de Hunter est extraordinaire : il décrit des pièges à voleur, des horloges éternelles, et des machines à fabriquer les crêpes. Son professeur est un personnage réellement attachant, une parodie tendre de l'excentricité anglaise. C'est aussi un personnage qui parvient toujours, grâce à son optimisme inébranlable, à se tirer des ennuis dans lesquels il se trouve. Drôles et endiablées, les aventures du professeur ont résisté à l'épreuve du temps. **CK**

Train de nuit dans la Voie lactée

Kenji Miyazawa Bryn Barnard

Nationalité Japon, 1896 (aut.), É.-U., 1956 (ill.)
Édition française Serpent à plumes (texte seulement)
Thèmes fantastique, science-fiction, amitié

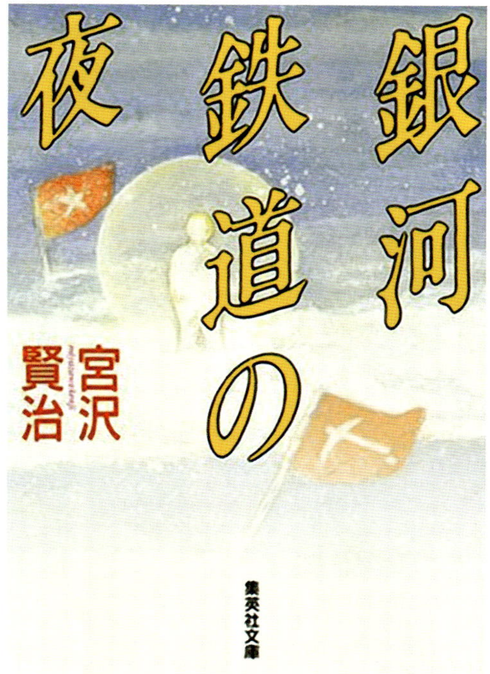

8+

Ce classique japonais (qui existe en France mais sans les illustrations) explore le sens de l'amitié et la signification de l'autosacrifice et de la mort.

Le jeune Giovanni n'a d'autre ami que le fidèle Campanella. La nuit de la fête du Centaure, au cours de laquelle on allume des lanternes pour indiquer aux ancêtres décédés le chemin à suivre, Giovanni grimpe au sommet d'une colline et contemple les étoiles. Il se retrouve soudain à bord d'un train qui parcourt la Voie lactée, Campanella assis en face de lui. Au cours de leur voyage, les deux amis découvrent toutes sortes de merveilles : des vestiges archéologiques sur la rive du fleuve du paradis, un personnage qui attrape des hérons et des grues pour en faire des bonbons, et le feu rougeoyant du Scorpion qui brûle pour le bonheur de tous. Quand ils atteignent la Croix du Sud, les autres passagers descendent du train car leur voyage vers Dieu est achevé. Les deux amis continuent, eux, jusqu'à ce que Campanella disparaisse quand ils passent devant un magnifique champ, « un vrai paradis ». Giovanni se réveille et sur le chemin de la maison apprend que Campanella s'est noyé pendant la nuit en essayant de sauver un autre garçon.

La fusion d'éléments occidentaux, de phénomènes astronomiques réels, et de croyances bouddhistes japonaises reflète l'esprit qui régnait au début du siècle au pays du Soleil-Levant, qui emprunta alors beaucoup à l'Occident mais institutionnalisa aussi un grand nombre de ses propres traditions. **FHG**

« Être comme le Scorpion et voir mon corps brûler une centaine de fois ne me déplairait pas… »

Recueils de contes de Kenji Miyazawa

Le Bureau des chats
Le Coquillage de feu et autres contes
Traversée de la neige

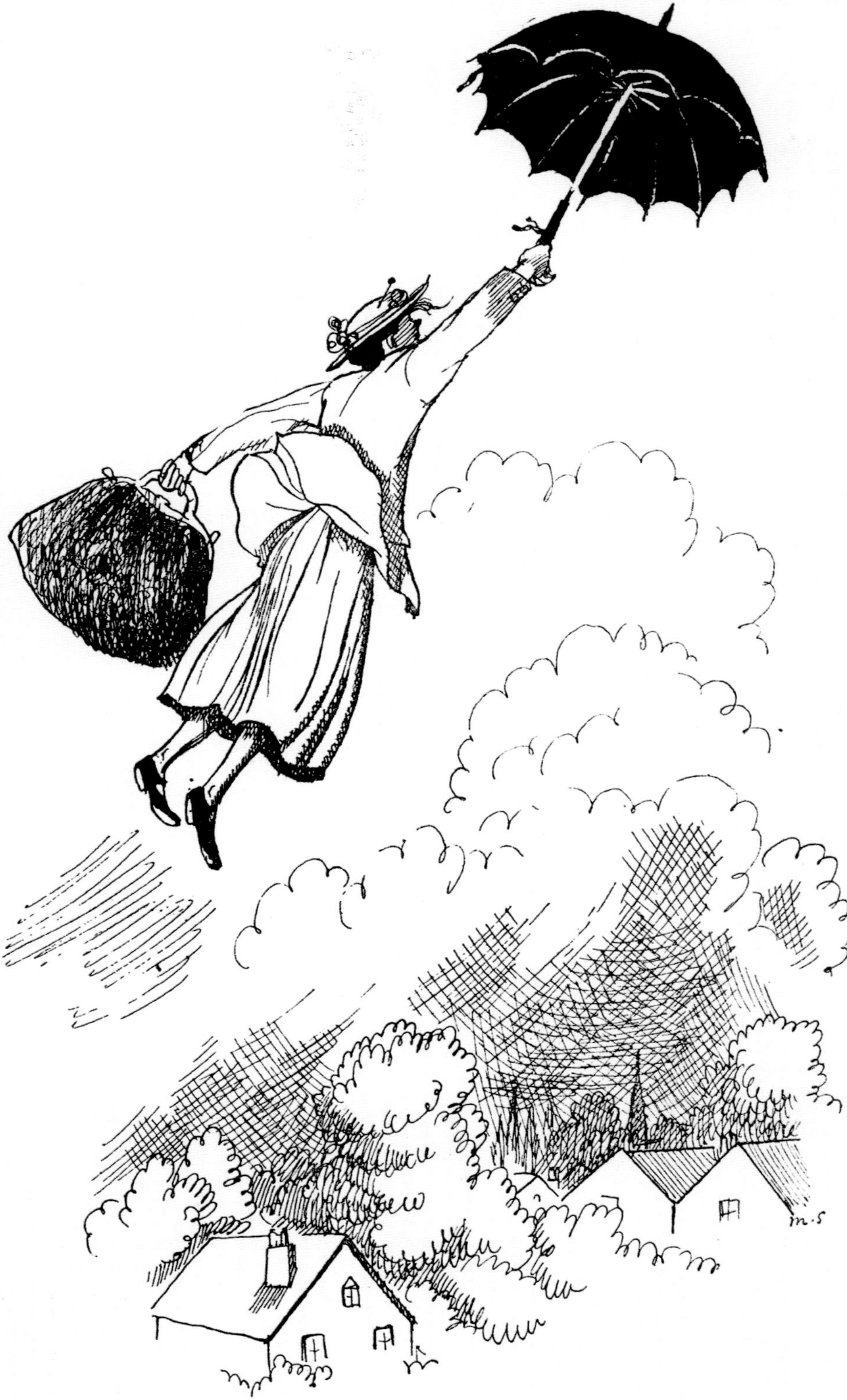

Mary Poppins

P. L. Travers Mary Shepard

Titre original *Mary Poppins*, 1934
Nationalité Aust., 1899 (aut.), Angl., 1909 (ill.)
Édition française multiples éditeurs
Thèmes merveilleux et fantastique

À une époque magique en Angleterre où les gardiens de parc connaissaient les noms des enfants du quartier et où tous ceux-ci étaient au lit dès la nuit tombée, le vent de l'est transporta Mary Poppins jusqu'au 17 Cherry Tree Lane, à Londres, chez la famille Banks. Avec son parapluie à tête de perroquet et son sac en tissu plein de mystères, Mary Poppins commence immédiatement à remettre en ordre la chambre d'enfants. Allez hop, tout le monde au bain ! Elle connaît bien la famille Wigg, à l'accent cockney, qui passe sa vie la tête en bas, et la vieille Mrs Corry qui vend du pain d'épices, elle sait voyager autour de la planète à l'aide d'une boussole, mais l'heure du coucher, c'est l'heure du coucher. Pour les enfants Banks, Jane, Michael et les bébés John et Barbara, des jumeaux, c'est la meilleure gouvernante au monde.

À partir du moment où, de son propre aveu, elle a « vu » Mary Poppins voler devant sa fenêtre, P. L. Travers a commencé à écrire des romans pour enfants. Mary Poppins est légèrement effrayante, elle rappelle une divinité païenne. Qui est-elle vraiment ? D'où vient-elle, si soudainement, et pourquoi ? À la lecture de ce récit qui alterne entre le trouble surnaturel et l'enfance douillette de la classe moyenne anglaise dont bénéficient les Banks, on reçoit une série de petits chocs nés de la reconnaissance de situations familières et qui rendent le livre encore plus drôle, mais aussi plus profond et plus sombre que la version cinématographique. **VN**

La Petite Maison dans la prairie

Laura Ingalls Wilder G. Williams

Titre original *Little House on the Prairie*, 1935
Nationalité É.-U., 1967 (aut.), 1912 (ill.)
Édition française Flammarion
Thèmes classiques, famille

De nombreux lecteurs pensent que *La Petite Maison dans la prairie* est le premier volume de la série de Laura Ingalls Wilder, mais il s'agit en réalité du deuxième. L'auteur est née dans la cabane de rondins qu'elle a décrite dans le premier tome, *La Petite Maison dans les grands bois*.

La Petite Maison dans la prairie raconte le déménagement de sa famille, en chariot, depuis le Wisconsin jusqu'au Kansas. L'optimisme et le courage de ses parents ainsi que l'esprit d'indépendance et la curiosité de Laura rendent ce périlleux voyage si vivant que les enfants éprouvent l'impression d'accompagner Laura montés sur un cheval, d'entendre le violon de son père, et de se balancer dans le rocking-chair de sa mère tout en craignant de rencontrer des Indiens Osages.

Pour les jeunes lecteurs actuels et ceux qui préfèrent trouver des attitudes politiquement correctes dans les ouvrages pour la jeunesse, le traitement des Indiens, bien que juste historiquement, peut s'avérer problématique. Cela dit, c'est non seulement un récit de pionniers fascinant et une saga familiale charmante, mais aussi une formidable leçon d'histoire américaine. Les différents tomes de la série – dont certains ont été récompensés de prestigieux prix littéraires américains – sont nés de la collaboration de Laura et de sa fille, qui s'est chargée de corriger les manuscrits. Laura Ingalls Wilder a vécu jusqu'à 90 ans, mais dans l'esprit de ses lecteurs elle demeure à jamais une petite pionnière. **KD**

Mary Poppins « s'éloigne en flottant au-dessus des toits ».

The Good Master

Kate Seredy

Nationalité Hongrie, 1899
Édition Viking, États-Unis, 1935
Thèmes famille, amitié

8+

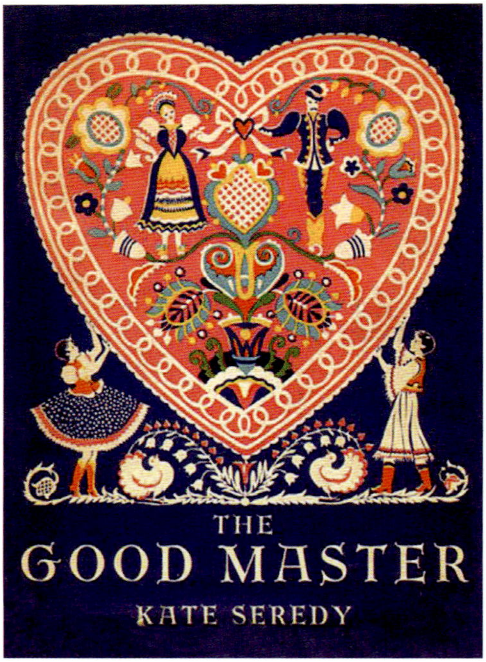

On m'a offert *The Good Master* quand j'avais 10 ans. J'aimais tellement cette histoire qu'une fois arrivée à la fin je retournais souvent directement au début. J'examinais la carte imprimée sur les pages de garde qui montrait la ferme du bon maître du titre, la campagne environnante, le village, les bois et la rivière. Sur les pages suivantes se trouvaient deux portraits : à gauche celui de Kate, l'héroïne, et à droite celui de son cousin Jancsi, que je trouvais beau.

Kate, originaire de Budapest, séjourne chez sa tante, son oncle Márton et son cousin Jancsi dans leur ferme des steppes hongroises. Elle apporte une lettre de son père qui confesse l'avoir gâtée depuis la mort de sa mère et ne plus pouvoir la contrôler. Márton est surnommé le bon maître parce qu'il sait dompter les chevaux sauvages grâce à sa douceur et à sa compréhension. Le père de Kate espère qu'il pourra utiliser ce même talent avec sa fille. Jancsi est déçu par sa cousine indisciplinée, aux longs cheveux noirs en bataille et aux longues et fines jambes.

La main ferme du bon maître fonctionne aussi avec Kate, à qui son cousin apprend à monter à cheval, et qui reçoit une magnifique jument blanche offerte par Márton. Comme j'enviais Kate ! À cet âge-là, j'étais passionnée de chevaux ! L'un des autres temps forts du roman est quand Kate revêt le costume national pour Pâques. Elle découvre sur son lit à son réveil dix jupons qu'elle doit enfiler les uns sur les autres. Son oncle lui fait aussi la surprise de lui offrir « la plus jolie et la plus fine paire de bottines rouges ». Oh, comme je voulais ces dix jupons et ces bottines rouges !

Le reste du livre traite des aventures de Jancsi et Kate, qui deviennent inséparables, avec, j'espérais, l'ébauche d'une histoire d'amour. Même si Kate est « domptée », elle ne perd jamais son extravagance et demeure fougueuse, ce qui ravissait la petite fille que j'étais.

Autres livres parlant de l'amitié

Les Aventures de Tom Sawyer (p. 413)
Sussi et Biribissi, Collodi Nipote (p. 439)
Train de nuit dans la Voie lactée, Kenji Miyazawa (p. 473)
Le Jeu des cent robes, Eleanor Estes (p. 495)
Astérix le Gaulois, Goscinny et Uderzo (p. 547)

Les caprices de Kate sont tempérés par son cousin Jancsi.

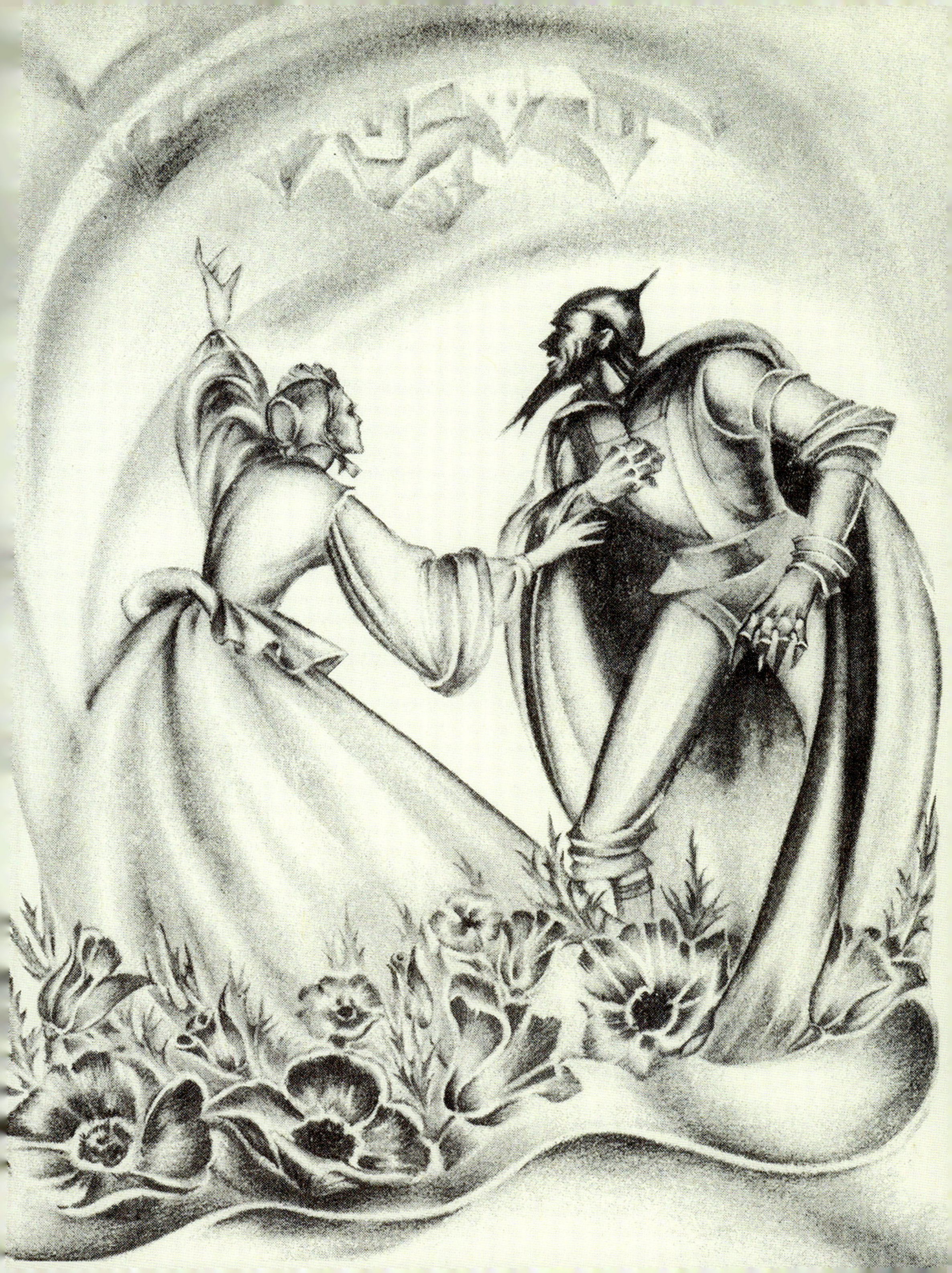

The Box of Delights

John Masefield

Nationalité Angleterre, 1878
Édition Heinemann, Royaume-Uni, 1935
Thème fantastique

L'innocent Kay Harker, qui avait été le protagoniste d'un roman précédent de Masefield, est à nouveau ici mêlé à de mystérieux événements dans la ville de Condicote. Il se voit confier une boîte magique par un vieil homme, un montreur de marionnettes qui est enlevé peu après.

Kay découvre que la boîte a la propriété de le faire rapetisser ou grandir rapidement. En compagnie de ses amis, la redoutable Maria Jones, qui aime brandir un revolver, et le frère de cette dernière, Peter, il entreprend de partir à la rescousse du vieil homme, Cole Hawlings, qui est en réalité une créature magique. Cole a été enlevé par d'effrayants loups, les sous-fifres d'Abner Brown, à la cruauté notoire. Kay sauve bien entendu la situation et les loups sont capturés.

Peu de romans sont aussi magiques que celui-ci. John Masefield, poète accompli, invente de fantastiques aventures, depuis le campement enneigé des légions romaines jusqu'à l'apparition d'un mage moyenâgeux, Arnold de Todi, l'inventeur de la boîte. Il parvient même à évoquer sans mièvrerie une danse de fées cependant que les disputes entre les rats pirates et les souris domestiques sont hilarantes. La boîte symbolise l'imagination, que les enfants doivent protéger et développer. **VN**

Livres de John Masefield traduits en français

Par les moyens du bord
Martin Hyde

A Pony for Jean

Joanna Cannan Anne Bullen

Nationalité Angl., 1896 (aut.), date inconnue (ill.)
Édition Bodley Head, Royaume-Uni, 1936
Thème animaux

Les histoires de poneys comptent depuis longtemps parmi les préférées des petites filles, mais c'est Joanna Cannan qui créa ce genre littéraire qui attire toujours les lecteurs aujourd'hui. Jusqu'à ce qu'elle écrive *A Pony for Jean* (Un poney pour Jean), les histoires de chevaux ou de poneys avaient toujours été racontées du point de vue des animaux. Cannan raconta les aventures équestres de Jean, la propriétaire d'un poney, du point de vue de la petite fille.

Quand Jean déménage à la campagne, elle doit s'habituer à son nouvel environnement. Elle doit aussi traiter avec ses cousins qui se moquent de son ignorance de citadine. Quand elle apprend à monter, sa vie est transformée.

L'œuvre de Joanna Cannan a inspiré ses trois filles, Josephine, Diana et Christina Pullein-Thompson, à écrire leurs propres histoires. Débutant au cours de leur adolescence, elles ont à elles trois publié des douzaines d'ouvrages. Après la Seconde Guerre mondiale, leur mère s'est tournée vers le roman policier.

Même si les romans de Cannan ont été éclipsés par ceux de ses filles, les jeunes lecteurs apprécieront aussi *We Met Our Cousins* (Nous avons fait la connaissance de nos cousins), où l'on découvre John et Antonia qui quittent Londres pour des vacances avec leurs cousins dans les Highlands écossais. Ils passent leur temps à cheval ou en bateau et éclaircissent un mystère concernant des bijoux volés. Le cadre fut inspiré à l'auteur par des vacances familiales dans les Highlands – à mille lieues de sa vie quotidienne à Oxford où son père était professeur d'université. **HJ**

Ballet Shoes

Noel Streatfeild Ruth Gervis

Nationalité Angl., 1895 (aut.), date inconnue (ill.)
Édition Dent, Royaume-Uni, 1936
Thèmes famille, aventure

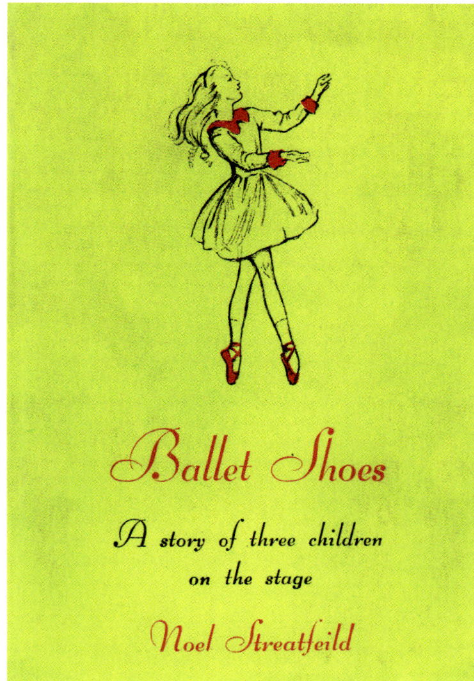

Le récit de trois petites filles adoptées par leur excentrique grand-oncle Matthew (surnommé Gum, « gencive » en français) est aussi passionnant qu'un spectacle de théâtre : Pauline est la seule rescapée d'un naufrage, Petrova est fille d'émigrés russes ruinés et Posy arrive devant la porte de Gum, à Cromwell Road, dans un panier, avec seulement les chaussons de danse de sa mère (d'où le titre du livre, « Les chaussons de danse » en français). La suite, quand les petites filles découvrent l'école des arts du théâtre et commencent à gagner leur vie dans ce milieu, est moins prestigieuse : l'accent est mis sur la routine des cours quotidiens, les règles, la paperasserie, et l'injustice totale des auditions. Leur vie familiale avec une gouvernante aimante, la farouche Nana, offre des interludes réconfortants entre les scènes se déroulant à l'école de danse de Mme Fidolia.

Noel Streatfeild a créé avec ces trois petites filles des personnages attachants et durs à la tâche, qui connaissent la valeur de l'argent, ne laissent le succès leur monter à la tête que brièvement et se soutiennent mutuellement.

Avec Posy, destinée à la gloire, Streatfeild montre que pour réussir le talent doit être accompagné d'une persévérance têtue. Petrova est le personnage dépeint avec le plus d'affection (comme l'auteur, c'est la petite fille du milieu, obstinée et parfois incomprise). Elle n'est pas à son aise sur scène, préfère les moteurs, et sera finalement pilote. La sœur aînée de l'auteur, Ruth Gervis, a illustré le livre et ainsi donné un visage à ses personnages pour des générations de lecteurs. **GB**

« [...] Monsieur, je ne sais pas ce que vous ramènerez à la maison la prochaine fois. Qui, selon vous, a le temps de s'occuper d'un bébé ? »

Autres romans parlant de sœurs

La Petite Maison dans la prairie, Laura Ingalls Wilder (p. 475)
Les Quatre Filles du docteur March, Louisa May Alcott (p. 724)
Deux pour une, Erich Kästner

8+

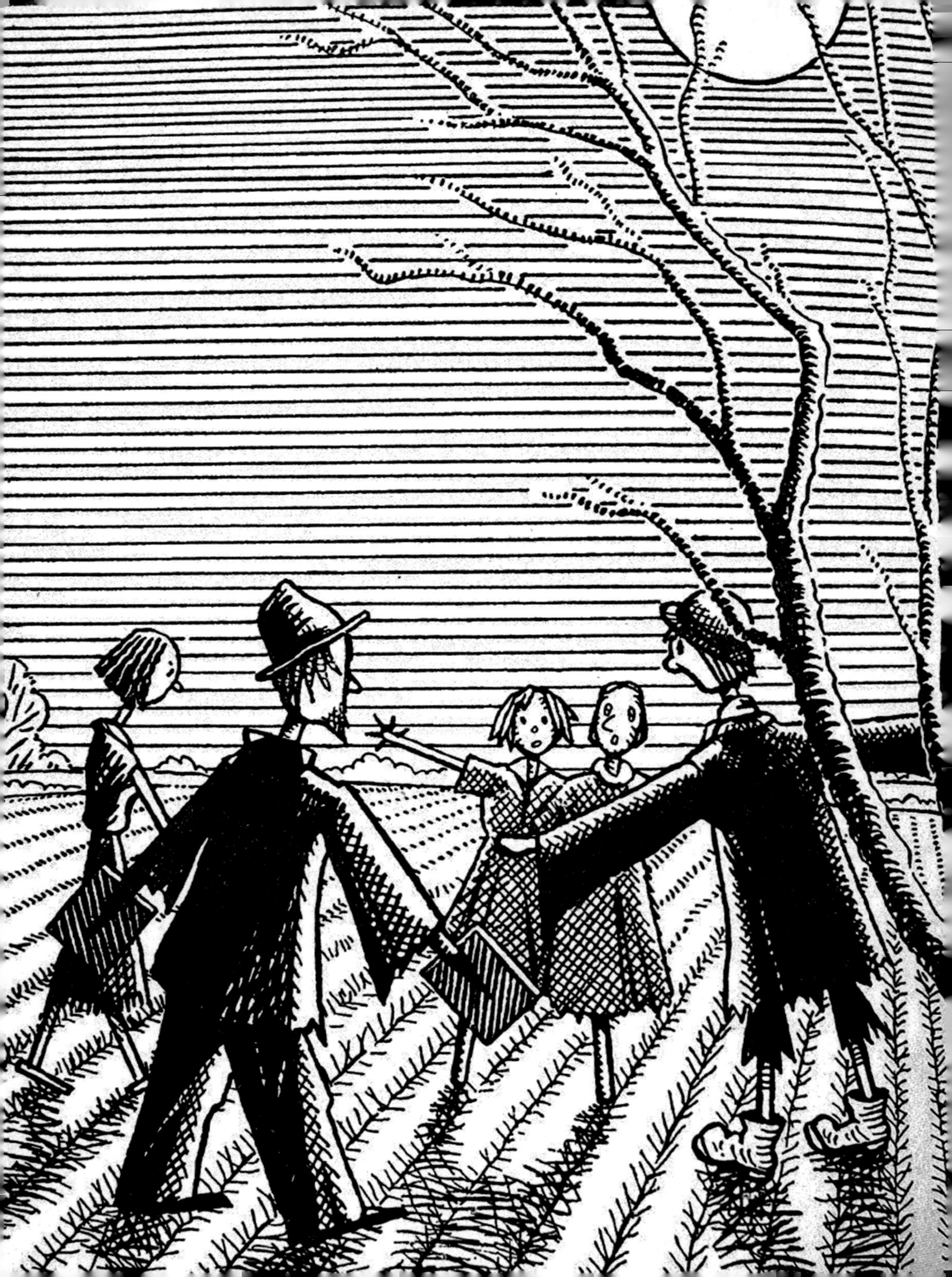

Worzel Gummidge

Barbara Euphan Todd — E. Alldridge

Nationalité Angleterre, 1890 (aut.), date inconnue (ill.)
Édition Burns, Royaume-Uni, 1936
Thèmes fantastique, aventure

Si vous aimez la campagne anglaise, vous adorerez *Worzel Gummidge*. Les dix tomes de la série sont situés dans la luxuriante et idyllique région des Costwolds, où deux petits citadins, John et Susan, rencontrent tout un groupe d'épouvantails pouvant parler et marcher, remplis de paille ou de sciure et dont la tête est constituée d'une sorte de betterave sculptée. Ce sont des incarnations du paysage qu'ils entretiennent. Les intrigues sont simples et traitent des différences d'opinion des épouvantails et des adultes, qu'il s'agisse de résoudre un crime, de trouver un trésor ou d'assister à un spectacle de cirque. Leurs jeux de mots cocasses et leur logique loufoque sont amusants.

Barbara Euphan Todd prête une attention toute particulière aux détails du monde de la nature et fait preuve d'une véritable compréhension du point de vue de l'enfant. Les personnages sont peut-être fictifs mais ils semblent plus conscients des vraies valeurs que les notables locaux. En cela, ils appartiennent à une tradition littéraire anglaise selon laquelle la vie à la campagne est plus vertueuse car plus simple. On ne doit cependant pas chercher trop loin ici. L'épouvantail est un personnage humoristique, à la fois ignorant et étrangement sage, qui parle d'une manière bizarre, se retrouve dans des situations ridicules, insulte les gens par accident et fait ce qu'il faut par erreur – pour qu'à la fin évidemment tout se termine pour le mieux. **VN**

Pigeons voyageurs et chercheurs d'or

Arthur Ransome

Titre original *Pigeon post*, 1936
Nationalité Angleterre, 1884
Édition française Éditions de l'Amitié – Rageot
Thèmes aventure, nature et science

Le sixième volume de la série *Swallows and Amazons* (Hirondelles et Amazones) est situé une fois de plus dans la région des lacs que Ransome aimait tant et où ses protagonistes sont rejoints par les D – Dick et Dorothea, que l'on a découverts auparavant dans *Winter Holiday* (1933). Au cours d'un long et chaud été où les feux de forêt constituent une menace constante, les enfants se transforment en chercheurs d'or près de leur campement sur la lande.

Le récit aborde les thèmes de l'isolement et du danger, et malgré la gaieté des protagonistes, leurs relations sont plus tendues et plus complexes psychologiquement que dans les premiers romans. Les D, à la périphérie du groupe au début du roman, sont finalement reconnus après que l'expertise scientifique de Dick s'avère utile à plusieurs reprises, ce qui pousse Roger, quelque peu mécontent, à s'aventurer seul dans la nature où il fera une découverte fortuite mais bienvenue.

Les enfants sont principalement préoccupés par un mystérieux personnage qui semble les épier, mais le danger, réel, est ailleurs : tout d'abord au moment où l'un des vieux tunnels à flanc de montagne s'effondre, et plus tard quand un incendie menace de ravager la lande. Leur sens de l'initiative et leurs pigeons voyageurs sauveront les enfants et la lande, et le roman s'achève sur une note triomphante quand la vraie nature de leur découverte est révélée et que leurs efforts sont enfin reconnus. **KA**

« Les grandes choses battant des ailes étaient des épouvantails. »

8+

Les Aventures du fauteuil magique

Enid Blyton Hilda McGavin

Titre orig. *The Adventures of the Wishing Chair*, 1937
Nationalité Angl., 1897 (aut.), détails inconnus (ill.)
Édition française Hachette
Thèmes merveilleux et fantastique

Luc et Judith peuvent à peine en croire leurs yeux quand, chez un antiquaire, ils voient des ailes commencer à pousser sur un vieux fauteuil qui finit par les ramener chez eux. Le fauteuil, qu'ils cachent dans leur salle de jeux au fond du jardin, loin du regard de leurs parents, leur offre de merveilleuses aventures ainsi qu'un nouvel ami, le lutin Fridolin.

Les Aventures du fauteuil magique est le premier volume d'une série d'Enid Blyton où les enfants, Luc et Judith, se rendent dans des contrées magiques habitées par des elfes, gnomes, sorcières et sorciers, sans oublier les gobelins. Fridolin et les enfants rencontrent souvent des ennuis au cours de leurs diverses aventures mais parviennent toujours à rentrer chez eux sains et saufs.

Ce roman que Blyton publia en début de carrière possède un rythme et une richesse d'imagination qui lui sont propres. Les aventures des enfants, narrées dans un langage direct mais parfois répétitif, offrent aux jeunes lecteurs la satisfaction de voir leurs souhaits exaucés comme dans les contes de fées. Quelques « méchants » personnages apparaissent de temps en temps pour rendre l'ensemble plus piquant mais on ne doute jamais du succès final de Fridolin, Luc et Judith. De nombreuses suites parurent, qui demeurent populaires aujourd'hui. Les aventures dans lesquelles de jeunes enfants entreprennent un grand nombre de voyages magiques relèvent du rêve éveillé mais aussi des meilleurs des jeux imaginaires. **NT**

The Far-Distant Oxus

K. Hull and P. Whitlock P. Whitlock

Nationalité Angleterre, 1921 (K. Hull), 1920 (P. Whitlock)
Édition Jonathan Cape, Royaume-Uni, 1937
Thème aventure

Ce roman est inhabituel car il a été écrit par des enfants pour des enfants. Katherine Hull avait 14 ans et Pamela Whitlock 15 quand elles découvrirent qu'elles partageaient le même amour des livres et des poneys. Elles commencèrent à construire l'intrigue et les personnages de leur roman, puis à en rédiger les chapitres en alternance. Une fois le premier jet terminé, elles s'échangèrent leurs chapitres pour chacune réviser ceux de l'autre. Elles ne révélèrent leurs activités littéraires ni à leurs parents ni à leurs professeurs mais envoyèrent le manuscrit à leur auteur préféré, Arthur Ransome, qui le recommanda à son éditeur en disant que c'était le meilleur ouvrage pour enfants de l'année 1937.

Ce livre décrit les aventures d'un groupe d'enfants au cours des vacances estivales. L'histoire traite de poneys, de construction d'abris, de courses, de nuits passées dans des hamacs et de navigation sur la rivière Oxus (on pourrait traduire le titre du roman par « La lointaine Oxus »). Les personnages sont bien définis et le paysage d'Exmoor, caractérisé par sa lande, ses rivières et forêts, décrit de façon très vivante. Les deux adolescentes explorèrent à nouveau cet univers dans trois autres romans tout autant couronnés de succès. Adulte, Whitlock continua à écrire, mais Hull ne publia jamais rien d'autre.

The Far-Distant Oxus, longtemps épuisé au Royaume-Uni, y a été réédité en 2008 où il séduira une nouvelle génération de lecteurs. **HJ**

The Family from One End Street

Eve Garnett

Nationalité Angleterre, 1900
Édition Frederick Muller, Royaume-Uni, 1937
Thèmes famille, aventure

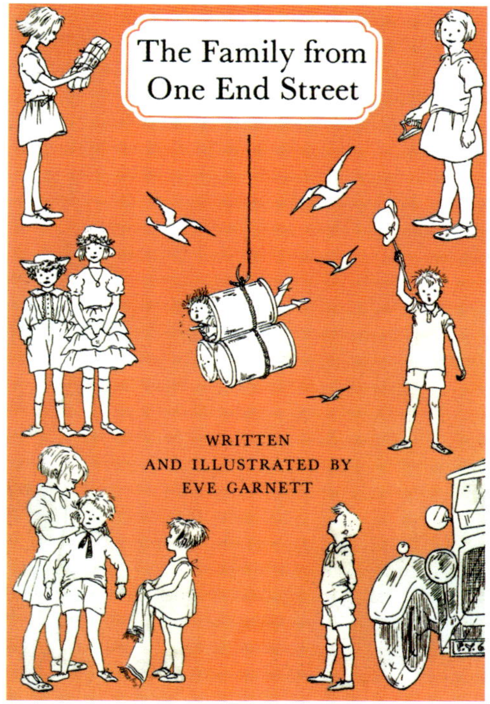

La représentation d'une famille de la classe ouvrière d'une petite ville des années 1930 fut jugée inadaptée aux enfants quand Eve Garnett chercha à faire publier son récit. Le portrait de la famille Ruggles – Josiah l'éboueur, Rosie la blanchisseuse et leurs sept enfants – est complètement réaliste, en particulier les dialogues et les relations entre les divers membres.

Garnett voulait, à travers son observation des personnages et son ton comique, faire découvrir la réalité d'une famille vivant juste au-dessus du seuil de pauvreté. On évoque souvent dans le roman des vêtements hérités d'un grand frère ou d'une grande sœur et des bottes éculées. Les enfants Ruggles découvrent la valeur de l'argent, et quand ils brûlent la robe d'une cliente ou perdent le béret de leur uniforme, ils en subissent les conséquences. Leur mère, aussi sévère qu'aimante, s'assure qu'ils accomplissent leurs corvées et fassent preuve de respect.

Quelle que soit sa place dans la hiérarchie de la fratrie, chacun des enfants (sauf l'avant-dernière, Peg) a droit à un chapitre où est relatée l'une de ses aventures. Le récit est particulièrement amusant quand il évoque des rencontres avec des personnes issues d'une classe sociale supérieure. John Ruggles, bavard et assuré, se sent comme un poisson dans l'eau quand il se glisse sans invitation dans la fête d'anniversaire d'un garçon de la classe moyenne. Enfin, le livre entier est constellé de l'humour et de la sagesse de Rosie. **GB**

« Presque chaque semaine on pouvait voir l'un des Ruggles courir, une botte à chaque main… »

Autres sagas familiales

Le Robinson suisse, Johann D. Wyss (p. 401)
Un enfant de la terre, L. Ingalls Wilder (p. 472)
Les Chapardeurs, Mary Norton (p. 521)
The Railway Children, E. Nesbit (p. 743)

8+

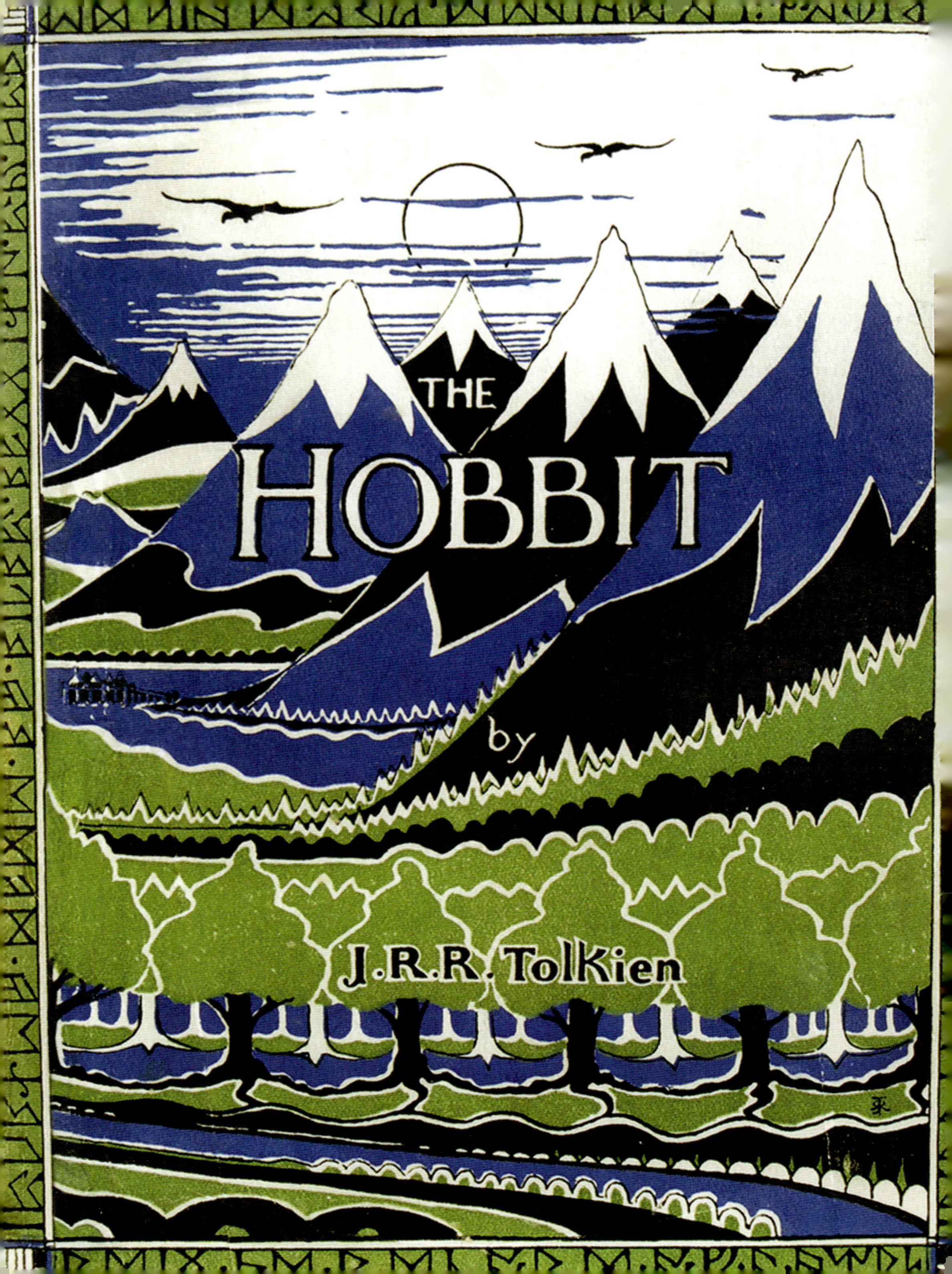
THE
HOBBIT
by
J.R.R. Tolkien

Bilbo le hobbit

J. R. R. Tolkien

Titre original *The Hobbit*, 1937
Nationalité Angl., né en Afrique du Sud, 1892
Édition française multiples éditeurs
Thèmes fantastique, classiques

Tout d'abord destiné à être raconté oralement aux enfants de l'auteur, ce récit décrit l'univers imaginaire de la Terre du Milieu, habitée par les elfes, les nains, les sorciers, les dragons et bien sûr les hobbits. Inventés par l'auteur, ces petits personnages au caractère jovial et hédoniste habitent dans des villages traditionnels que l'industrialisation n'a pas touchés. L'un de ces hobbits, Bilbo Baggins, se retrouve à sa grande surprise entraîné dans une expédition destinée à piller le trésor d'un dangereux dragon. Des trolls, des gobelins et des araignées géantes concourent à rendre l'aventure aussi difficile que possible mais tout se termine bien.

Les cartes qu'a dessinées l'auteur, le caractère fantastique et les descriptions détaillées du paysage que traverse la bande de courageux aventuriers confèrent une authenticité totale à cette émouvante histoire de courage face à l'adversité. D'un style moins formel que sa suite, *Le Seigneur des anneaux* (1954-1955), *Bilbo le hobbit* constitue pour les jeunes lecteurs le parfait point d'entrée dans l'un des univers littéraires imaginaires les plus convaincants jamais créés.

J. R. R. Tolkien naquit à Bloemfontein, dans l'État libre d'Orange, où il vécut jusqu'à l'âge de 3 ans. Père de la littérature fantastique moderne, c'était un romancier, poète et philologue ainsi qu'un professeur d'anglo-saxon à Oxford de 1925 à 1945, et de littérature anglaise de 1945 à 1959. Après sa mort en 1973, son fils Christopher organisa certains de ses écrits inédits au sein du *Silmarillion*, publié en 1977. **NT**

Le Poney rouge

John Steinbeck

Titre original *The Red Pony*, 1937
Nationalité États-Unis, 1902
Édition française multiples éditeurs
Thèmes histoires d'animaux, maladie et mort

Jody, un petit garçon de 10 ans dont les cheveux rappellent l'herbe jaunie et poussiéreuse, vit dans un ranch avec ses parents et Billy Buck, le garçon de ferme. Jody tente d'apprendre tout ce que son père et Billy savent des animaux. Un jour, son père l'emmène voir un jeune poulain, un petit poney rouge, et lui apprend qu'il est à lui et qu'il doit désormais s'en occuper. Le poney est trop jeune pour être monté mais dans quelques mois Billy pourra montrer à Jody comment le dompter. La relation entre Jody et son poney donne lieu à un tendre roman d'apprentissage. Quand Jody ramène chez lui des camarades d'école pour leur montrer son poney, ces derniers lui montrent de l'admiration et du respect.

Un jour, alors que Jody est en classe, le poney rouge est pris dans une terrible tempête. Billy essaie de le soigner, mais juste au moment où Jody commence à espérer qu'il se remettra, le poney meurt. Quand les vautours volent en cercle au-dessus du cadavre dans l'attente de leur festin, Jody tente de les chasser et parvient même à en tuer un à mains nues. Le poney rouge est mort avant même que Jody n'ait eu l'occasion de le monter. À la fin du récit, Jody seconde Billy au cours d'une naissance difficile où la jument, Nellie, meurt. Jody devra élever seul son poulain.

John Steinbeck avait conçu *Le Poney rouge* comme un recueil de quatre nouvelles, mais Covici Friede publia en 1937 une version amputée de la quatrième. Ce n'est qu'en 1945 qu'elles furent publiées ensemble, dans une édition illustrée par Wesley Dennis. **LH**

8+

My Friend Mr Leakey

J. B. S. Haldane

Nationalité Grande-Bretagne, 1892
Édition Cresset Press, Royaume-Uni, 1937
Thèmes histoires de magie, aventure, nature et science

Mr Leakey est un magicien qui fait griller ses repas par un dragon baptisé Pompey et a pour servante une pieuvre qui vit dans un grand chaudron en cuivre. Quand Mr Leakey organise une fête, il transforme ses invités selon les souhaits de ces derniers : une vedette de cinéma, par exemple, devient un papillon. Il se déplace sur un tapis volant mais charge un djinn d'effectuer les voyages les plus longs, par exemple pour lui rapporter des fraises de Nouvelle-Zélande. Trois autres histoires en fin de volume présentent d'autres personnages et situations, mais c'est le doux Mr Leakey, qui parvient à surprendre constamment, qui domine ce livre et raconte sans discontinuer des aventures plus étranges les unes que les autres.

L'auteur, J. B. S. Haldane, était un célèbre savant, généticien et biologiste spécialiste de l'évolution. Doté d'une intelligence insatiable notoire, il fut l'un des fondateurs de la génétique des populations. Comme il l'écrivit lui-même : « le professeur Haldane a été le sujet de diverses expériences depuis l'âge de 3 ans… certaines des choses qui lui sont arrivées sont aussi bizarres que celles qui se produisent dans cet ouvrage ». C'est son goût de la recherche et de l'invention, allié à sa soif de découvrir ce qui se passerait si l'impossible devenait soudain possible, qui confère à ce livre son énergie. Ces histoires débordent aussi d'informations scientifiques tout à fait correctes qui viennent compléter les fantasmes d'un magicien qui peut littéralement faire tout ce qu'il veut. **NT**

The Circus Is Coming

Noel Streatfeild — Stephen Spurrier

Nationalité Grande-Bretagne, 1895 (aut.), 1878 (ill.)
Édition Dent, Royaume-Uni, 1938
Thèmes aventure, amitié

The Circus is Coming (« Le cirque arrive ») n'est pas aussi célèbre que *The Ballet Shoes* du même auteur mais a reçu une critique élogieuse lors de sa parution et été récompensé de divers prix. Tout comme *The Ballet Shoes*, l'ouvrage dépeint des personnages juvéniles qui apprennent comment réussir leur carrière.

Noel Streatfeild accompagna un cirque dans sa tournée avant de rédiger l'histoire de deux orphelins, Peter et Santa, qui se sont enfuis pour aller retrouver leur oncle Gus, qu'ils ne connaissent pas et qui est clown au cirque Cob's, peuplé de saltimbanques travailleurs et autonomes. Afin de ne pas être envoyés dans des orphelinats différents, les enfants doivent démontrer à leur oncle et aux gens du cirque qu'ils peuvent gagner leur gîte et leur couvert, se montrer compétents et utiles. Peter et Santa, qui pensent être des enfants au-dessus de la norme à cause de l'éducation qu'ils ont reçue, doivent vite déchanter. Il leur faut non seulement travailler dur pour développer leurs talents mais aussi accepter que leur ancienne conception de la respectabilité ne vaut rien dans l'univers des saltimbanques fiers de leur métier.

Au cours de l'été qu'ils passent au cirque, les enfants trouvent leur voie. Peter découvre qu'il adore les chevaux, Santa s'aperçoit qu'elle peut faire une bonne acrobate. Ils mûrissent aussi et apprennent que Gus a dû réaliser des sacrifices pour les garder auprès de lui durant tout l'été. Leur sort est finalement résolu d'une manière qui comblera le lecteur. **GB**

Excalibur : l'épée dans la pierre

T. H. White

Titre original *The Sword in the Stone*, 1938
Nationalité Grande-Bretagne, 1906
Édition française multiples éditeurs
Thèmes classiques, magie, fantastique, aventure

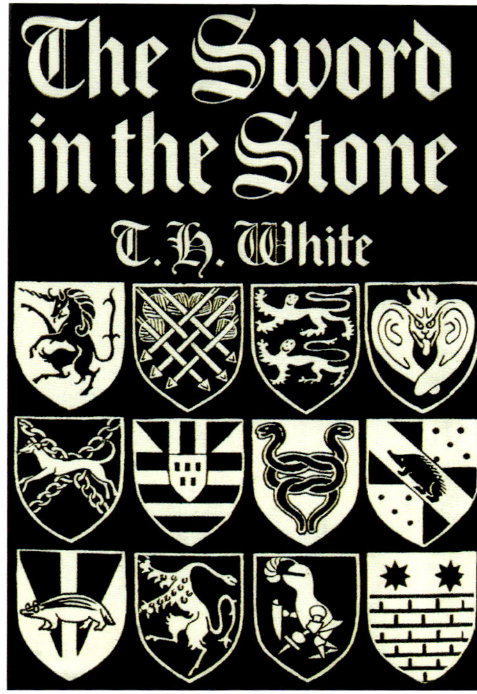

8+

Nous sommes en Angleterre au Moyen Âge. Dans la Forêt sauvage, Arthur, encore tout jeune et surnommé Moustique, fait la rencontre de Merlin, un magicien qui vit avec un hibou parlant. Moustique, pas toujours très doué, est maltraité par son frère adoptif, Kay. Merlin transforme le jeune garçon successivement en fourmi, en poisson, en faucon, en serpent et en blaireau, afin qu'il découvre le monde de différents points de vue. Grâce aux enchantements de Merlin, Arthur est transporté dans diverses aventures dont le sorcier l'extrait aussi par magie : le garçon est ainsi capturé par des sorcières mangeuses d'enfants, puis il rencontre la déesse Athéna. Moustique et Kay retrouvent Robin des bois, Marianne et Petit Jean, et bataillent avec d'extravagants ennemis. Quand ils apprennent que le roi est mort et que son héritier sera celui qui pourra retirer l'épée de la pierre, les deux frères se rendent à Londres, où le hasard révèle qu'Arthur est bien l'héritier du trône.

T. H. White connaissait bien la légende arthurienne et le Moyen Âge en général, de l'héraldique à la fauconnerie. *Excalibur* est souvent publié au sein de la tétralogie *La Quête du roi Arthur*, mais seule son intrigue semble bien s'intégrer à cette série. Les autres ouvrages renferment des études sérieuses de la chevalerie et du pouvoir alors qu'*Excalibur* évoque de joyeux ébats à travers des situations classiques de l'Angleterre d'antan. Les parties les plus animées et les plus originales, adaptées par la suite au cinéma par Disney, sont celles où Arthur est transformé en différents animaux. **VN**

« Celui qui retirera cette épée de cette pierre et enclume sera le roi de toute l'Angleterre. »

Autres livres de T. H. White

La Sorcière de la forêt
Le Chevalier
La Chandelle dans le vent
Mistress Masham's Repose, T. H. White (p. 502)

Chats !
Poèmes

T. S. Eliot Nicolas Clerihew Bentley

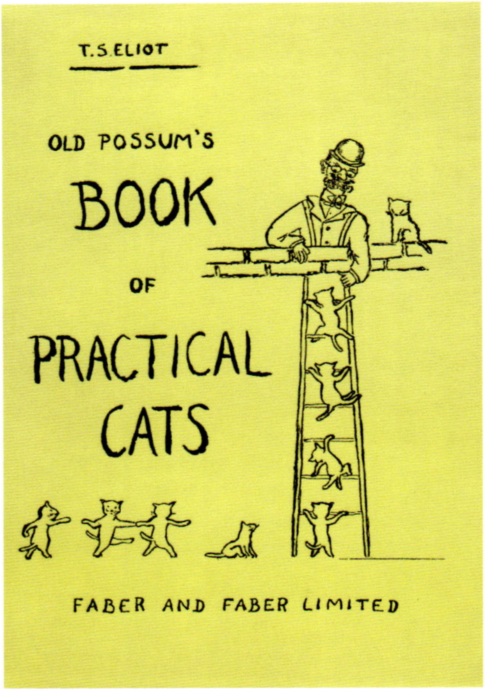

« Skimble, où est Skimble ; il est très agile. Le Night Mail ne peut partir sans lui. »

8+

Titre orig. *Old Possum's Book of Practical Cats*, 1939
Nationalité É.-U./G-B, 1888 (aut.), G-B, 1907 (ill.)
Édition française Nathan
Thèmes poésie, histoires d'animaux

Plongez-vous dans *Chats de poésie*, une exploration magistrale du rythme et de l'image, où chaque poème est une incantation différente. Eliot admirait les chats pour leur beauté et pour leur grâce, mais ne se faisait aucune illusion quant à leur ruse innée et leur égoïsme sensuel. La nuit, Jennyanydots, une vieille chatte, forme les cafards et les souris à l'art du ménage. Growltiger, le vieux chat, « n'a d'œil ni d'oreille pour rien d'autre que [la dame] Griddlebone », faiblesse qui lui sera fatale et l'obligera à subir le supplice de la planche. Rum Tum Tugger, chat curieux et contrariant, « fera ce qu'il fait, et il n'y a rien à y faire », cependant que Macavity le mystérieux, le Napoléon du crime, contrôle même les plus notoires des voyous comme Munjgojerrie. Si les vers d'Eliot rappellent par leur rythme, leur mètre, leurs personnages et leurs noms *L'Opéra de quat'sous* de Bertolt Brecht, ce n'est pas un hasard : Eliot était un artisan de la littérature dont la poésie est parsemée d'allusions culturelles.

Nul besoin de traiter cet ouvrage avec révérence toutefois. Ces poèmes exubérants sont conçus pour être lus à voix haute. Le son des mots et des phrases prime autant dans ces saynètes et récits que les événements qu'ils racontent. Cela fait de ce recueil une excellente introduction aux plaisirs de la poésie, plaisirs qui peuvent s'avérer aussi sensuels que ceux de la chasse aux rats ou de la danse au clair de lune.

La comédie musicale *Cats* est inspirée de ces poèmes de T. S. Eliot. **VN**

Autres recueils de poésie

Poèmes sans sens, Edward Lear (p. 194)
Marigold Garden, Kate Greenaway (p. 63)
Where the Sidewalk Ends, Shel Silverstein (p. 294)
Cautionary Tales for Children, Hilaire Belloc (p. 448)

The Ship that Flew

Hilda Lewis · Nora Lavrin

Nationalité G-B, 1896 (aut.), détails inconnus (ill.)
Édition Oxford University Press, Royaume-Uni, 1939
Thèmes histoires de magie, roman historique

Quand Peter découvre un vieux modèle de navire viking dans une brocante, il le désire si désespérément qu'il est prêt à payer ce qu'en demande le commerçant : tout l'argent qu'il possède au monde… « et encore un peu plus ». Peter découvre vite qu'il a acheté un bateau magique, qui peut non seulement grandir pour prendre qui veut à son bord mais qui peut aussi voler et l'emmener n'importe où.

Peter, son frère et ses sœurs l'utilisent tout d'abord pour rendre visite à leur mère, en convalescence loin d'eux. Ils se rendent aussi en Égypte et comprennent que leur embarcation est le vaisseau magique du dieu nordique Frey, qui peut voyager non seulement dans l'espace mais aussi dans le temps. Les enfants remontent ainsi le temps pour retrouver Asgard, royaume des dieux nordiques, où Frey leur apprend qu'en caressant la proue du navire, une tête de sanglier, ils pourront prendre l'apparence des habitants de l'endroit qu'ils visiteront et parler leur langue. Ils visitent alors l'Angleterre des Normands, l'Égypte de l'Antiquité et remontent à l'époque de Robin des bois. Finalement, Peter décide d'honorer sa promesse à Frey en lui rendant son bateau.

Ce roman rappelle ceux de E. Nesbit où des enfants du début du XXe siècle vivent des aventures magiques. Premier livre pour enfants de Hilda Lewis, auteur de nombreux romans historiques pour adultes, *The Ship that Flew* obtint lors de sa parution un immense succès. **CW**

A Traveller in Time

Alison Uttley

Nationalité Grande-Bretagne, 1884
Édition Faber and Faber, Grande-Bretagne, 1939
Thèmes aventure, roman historique, fantastique, famille

Qui n'aimerait pas, simplement en franchissant une porte, pouvoir remonter dans le temps ? Pénélope, en convalescence dans la ferme de sa grand-tante Tissie, découvre par hasard qu'elle peut le faire en passant par la bibliothèque. Pénélope alterne ainsi entre sa vie ordinaire au XIXe siècle, celle dans une ferme de l'ère Tudor et l'attrait du règne d'Élisabeth Ire. Sa lointaine ancêtre, tante Cicely Taberner, est la cuisinière de la famille Babington. Pénélope s'éprend de Francis Babington, au charme extraordinaire, et le lecteur fait de même.

Bien qu'il soit un peu difficile de prime abord de pénétrer dans l'ouvrage, en particulier si l'on ne connaît pas bien la complexe histoire de Mary Stuart la catholique et de sa cousine, la reine Élisabeth Ire, l'élégance du style et les rebondissements inattendus récompenseront les lecteurs tenaces. Alison Uttley était originaire du Derbyshire, dans le nord de l'Angleterre, et avait une formation en sciences naturelles. Le cadre est donc magnifiquement évoqué dans un style qui rappelle celui de ses Mémoires romancés. Elle peint, dans un rythme assez lent, un tableau convaincant d'une ère où les manoirs de la campagne anglaise constituaient leur propre univers et où la politique relevait de l'allégeance personnelle et du serment sur l'honneur. **VN**

Livres d'Alison Uttley traduits en français

Comment Julie Lapin perdit sa queue
Le Noël de Grisette

Lassie chien fidèle

Eric Knight — Marguerite Kirmse

Titre original *Lassie Come-Home*, 1940
Nationalité G-B, 1897 (aut.), É.-U., 1885 (ill.)
Édition française Hachette Jeunesse
Thèmes classiques, histoires d'animaux, aventure

8+

Lassie chien fidèle, l'une des histoires de chien les plus aimées au monde, a été écrite pendant la Grande Dépression. L'auteur, Eric Knight, possédait un colley, Toots, dont le dévouement aurait inspiré le personnage de Lassie. Écrit en 1938, le roman fut tout d'abord publié dans le *Saturday Evening Post* dans le Yorkshire, en Angleterre. Lassie devint cependant réellement célèbre quand l'ouvrage fut adapté au cinéma par Frank Capra avec Elizabeth Taylor et Roddy McDowall en vedettes. Une série télévisée américaine reprit ensuite le personnage de la chienne.

L'histoire se déroule dans le Yorkshire à la suite de la Première Guerre mondiale. Lassie et son maître, le jeune Joe Carraclough, sont inséparables. Quand le père de ce dernier, Sam, est licencié de la mine, la famille, incapable de nourrir la chienne, la vend au riche duc de Rudling. Le fidèle colley échappe à son nouveau maître à trois reprises pour retrouver Joe chaque fois. La chienne est ensuite emmenée dans le domaine du duc, dans un coin reculé de l'Écosse, mais une fois de plus rentre chez elle, au sud, au terme d'un trajet épique au cours duquel elle est aidée par de nombreuses personnes. Elle rencontre aussi des gens moins agréables : des employés de la fourrière, des fermiers ou de petites brutes, mais parvient toujours à s'échapper.

Enfin Lassie retrouve Joe pour demeurer avec lui à jamais. C'est une merveilleuse histoire de courage et de fidélité qui fera fondre le plus endurci des jeunes lecteurs. **CK**

Betsy-Tacy

Maud Hart Lovelace — Lois Lenski

Nationalité États-Unis, 1892 (aut.), 1893 (ill.)
Édition HarperCollins, États-Unis, 1940
Thèmes amitié, famille

Betsy-Tacy est le premier tome d'une série de dix écrite par Maud Hart Lovelace entre 1940 et 1955, et où l'on suit les aventures de Betsy Ray, ses amis et sa famille, depuis les 5 ans de la petite fille jusqu'à son mariage à 20 ans, soit de 1897 à 1917. Betsy est une enfant extravertie et imaginative qui adore raconter des histoires et rêve d'écrire.

Dans le premier volume, les expériences de Betsy et de Tacy sont tirées de la vie quotidienne : aller à l'école, fabriquer une cabane, se déguiser pour « rendre des visites » ou jouer à des jeux imaginaires. Le roman traite aussi de la timidité, de la naissance de nouveaux frères et sœurs (Betsy en a dix), de l'imagination créatrice d'un enfant qui rêve d'écrire des histoires, et aborde même des sujets moins faciles comme la mort d'un parent proche.

Ces histoires se déroulent à une époque plus simple que la nôtre mais cela fait partie de leur charme, et le récit d'une amitié éternelle formée pendant la petite enfance sonne toujours aussi juste. À mesure que les personnages grandissent, les tomes s'adressent à des lecteurs plus matures, de façon que personnages et lecteurs se développent ensemble. Lovelace s'est inspirée de sa vie et de celle de sa famille, le personnage de Tacy étant fondé sur son amie de toujours, Frances « Nick » Kenney, qu'elle connaissait depuis l'âge de 5 ans. De même, Tib, qui apparaît dans d'autres volumes, avait pour modèle une autre amie d'enfance, Marjorie « Midge » Gerlach. **KD**

L'Étalon noir

Walter Farley   Keith Ward

Titre original *The Black Stalion*, 1941
Nationalité États-Unis, 1915 (aut.), 1906 (ill.)
Édition française Hachette Jeunesse
Thèmes aventure, histoires d'animaux

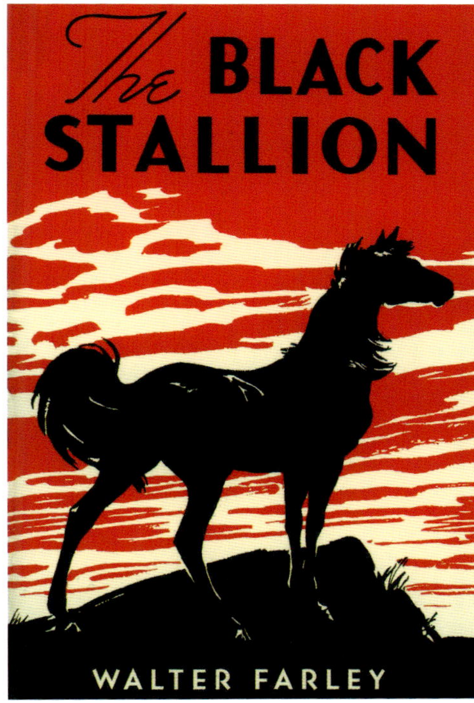

Au début du roman, on découvre Alec Ramsay, un jeune New-Yorkais, sur un bateau à vapeur, le *Drake*, qui le ramène chez lui après un long séjour en Inde chez des parents proches. Sur le bateau voyage aussi un magnifique et sauvage étalon noir qui fascine Alec. Le navire est pris dans une violente tempête ; le garçon et le cheval se retrouvent à la mer, Alec attaché à l'étalon par une corde. Le cheval, d'une puissance miraculeuse, réussit à entraîner le jeune garçon jusqu'à une île déserte. Là, ils parviennent à survivre et s'attachent l'un à l'autre pendant qu'Alec tente d'apprivoiser puis de monter l'animal. Quand Alec est secouru, il retourne à New York avec le cheval, toujours sauvage ; là, avec l'aide d'un ancien entraîneur de chevaux, Henry Dailey, Alec continue à tenter dans le secret de monter l'étalon. Dailey, convaincu que le cheval et le jeune jockey peuvent réaliser ensemble de grandes choses, les présente comme concurrents mystérieux à une course importante, qu'ils remportent.

L'histoire peut sembler un peu désuète et certains de ses personnages simplistes, mais c'est une aventure classique dont la verve et l'énergie sont contagieuses. La grande course de la fin est réellement passionnante et Walter Farley connaît bien son sujet. Il n'est pas difficile de comprendre pourquoi ce premier livre, rédigé alors qu'il était étudiant, fut un succès immédiat. Farley devait écrire un nombre impressionnant de romans au sujet de l'étalon noir et d'autres chevaux, récits qui furent adaptés au cinéma et à la télévision. **AK**

« Le cheval était recouvert d'une écume blanche, et sa bouche était ouverte, montrant ses dents. »

Autres histoires de chevaux sauvages

Black Beauty, Anna Sewell (p. 414)
Le Poney rouge, John Steinbeck (p. 485)
Mon amie Flicka, Mary O'Hara (p. 765)
Misty of Chincoteague, Marguerite Henry (p. 506)

The Swish of the Curtain

Pamela Brown

Nationalité Grande-Bretagne, 1924
Édition Nelson, Royaume-Uni, 1941
Thèmes amitié, aventure, arts et théâtre, classiques

8+

Pamela Brown était encore au lycée quand elle débuta sa série de romans consacrés au théâtre de la Porte bleue, où des jeunes gens pleins d'énergie désirant « poursuivre leur rêve » doivent surmonter divers obstacles. On peut imaginer l'auteur encourager ses personnages pendant leur rénovation d'un bâtiment abandonné et la production de leur première pièce. Les obstacles pratiques et les bouleversements affectifs qui se produisent quand les jeunes gens, contrariés dans leur projet, commencent à se disputer, sont narrés dans les moindres détails. Ce récit sur la bonne volonté, l'esprit d'équipe et les efforts soutenus a dû inspirer les jeunes lecteurs de 1941, dont les rêves étaient nécessairement mis entre parenthèses.

La psychologie des personnages est bien définie, de la talentueuse mais légèrement égocentrique Lynette à l'effervescente Maddy et à la solide Sandra. Chaque enfant réalise un objectif personnel : Vicky parvient pour la première fois à accomplir son programme d'acrobaties lors du concours du conservatoire, et Bullfrog, comique vedette, perfectionne enfin le bruissement du rideau de scène. À la fin du roman, les plus âgés se préparent à entrer au conservatoire avant de revenir, une fois leur métier bien en main, au théâtre de la Porte bleue où ils établiront une compagnie professionnelle. Pamela Brown, qui utilisa les droits d'auteur de ce roman pour fonder sa propre école de théâtre, écrivit quatre autres volumes où l'on retrouve les mêmes personnages. **GB**

The Little Grey Men

B. B.

Nationalité Grande-Bretagne, né Denys Watkins-Pitchford, 1905
Édition Eyre and Spottiswoode, G-B, 1942
Thème fantastique

Cette histoire débute au printemps, se déroule pendant un été verdoyant et s'achève dès la première gelée. Les quatre derniers gnomes d'Angleterre vivent près d'un ruisseau. L'un d'entre eux, Cloudberry, n'est pas revenu d'une expédition, aussi les trois autres partent-ils à sa recherche – mais deux ans après sa disparition. En bons campagnards, ils n'aiment pas se hâter.

Bien que petits, les gnomes sont courageux et ingénieux. Ils se font de nouveaux amis, combattent d'imposants ennemis, affrontent les dangers de la navigation, survivent à des catastrophes naturelles et rentrent enfin chez eux pour retrouver un feu ronflant dans la cheminée et un bon vin de sureau. Généralement affectueux et joviaux, ils adorent par-dessus tout la campagne anglaise, comme leur créateur, « B. B. ». Ce dernier passa de nombreuses années à l'explorer, notamment en faisant l'école buissonnière, et le paysage du récit évoque directement celui de son enfance. B. B. était convaincu d'avoir vu, petit, des gnomes près de la rivière, et une fois adulte il commença à se demander ce qu'était leur vie, inventant des êtres qui lui ressemblaient étrangement. C'était un artiste, un professeur, et un campagnard jusqu'au bout des ongles ; il emprunta son pseudonyme aux plombs d'un fusil de chasse. Ses gnomes aiment manger, boire, chasser, pêcher et coudre des vêtements en fourrure. Le livre évoque de façon substantielle des merveilles de la nature, et les illustrations, en noir et blanc, sont tout aussi délicieuses. **VN**

Le Club des cinq et le trésor de l'île

Enid Blyton Eileen Soper

Titre original *Five on a Treasure Island*, 1942
Nationalité G-B, 1897 (aut.), 1905 (ill.)
Édition française Hachette
Thèmes aventure, fantastique, amitié

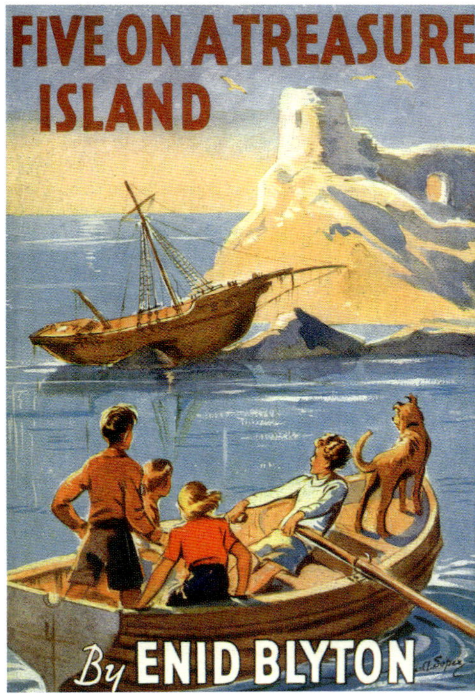

8+

C'est le premier ouvrage où apparaît le légendaire club des cinq : François, Mick, Claudine (qu'on appelle toujours Claude), Annie et le chien Dagobert. François, Mick et Annie qui séjournent sur la côte des Cornouailles chez leur oncle Henri (un scientifique sévère) ont tout d'abord du mal à s'entendre avec leur cousine Claude, fière et entêtée. Une fois leur amitié établie, les aventuriers sont irrésistiblement attirés par l'île Dorsel, un lieu sauvage et inhabité qui appartient à Claude. Après avoir trouvé par hasard une carte dans un bateau naufragé, ils découvrent un trésor enfoui, mais une bande de voleurs, aussi à sa recherche, enferme les enfants dans les cachots du château, avant que Dagobert ne vienne à leur rescousse. À la fin de l'histoire, on retrouve les cousins au chaud dans leur lit après avoir reçu des tonnes de compliments, attendant leur prochaine aventure avec impatience. Vingt-quatre autres volumes devaient suivre.

Bien qu'Enid Blyton ait fait usage d'un vocabulaire limité et se soit souvent répétée, son talent de conteuse était immense et chaque fin de chapitre tenait les lecteurs en haleine. Elle comprenait aussi d'instinct le besoin de fantaisie des enfants en littérature, et leur offrait le genre de récit où ils peuvent s'imaginer dotés de capacités d'adultes sans être chargés des mêmes responsabilités. Le résultat ici, comme dans les autres romans de la série, est un récit hautement satisfaisant bien qu'improbable, qui passionne toujours les enfants. **NT**

« Elle pouvait à peine croire que ces étranges choses en forme de briques étaient vraiment de l'or. »

Autres aventures classiques

Les Aventures de Tom Sawyer, M. Twain (p. 413)
Cinq enfants et moi, E. Nesbit (p. 440)
Hirondelles et Amazones, A. Ransome (p. 466)
Pièges en Amazonie, Willard Price (p. 511)
Le Club des cinq et le château de Mauclerc, Enid Blyton

ANTOINE DE SAINT-EXUPÉRY

Le Petit Prince

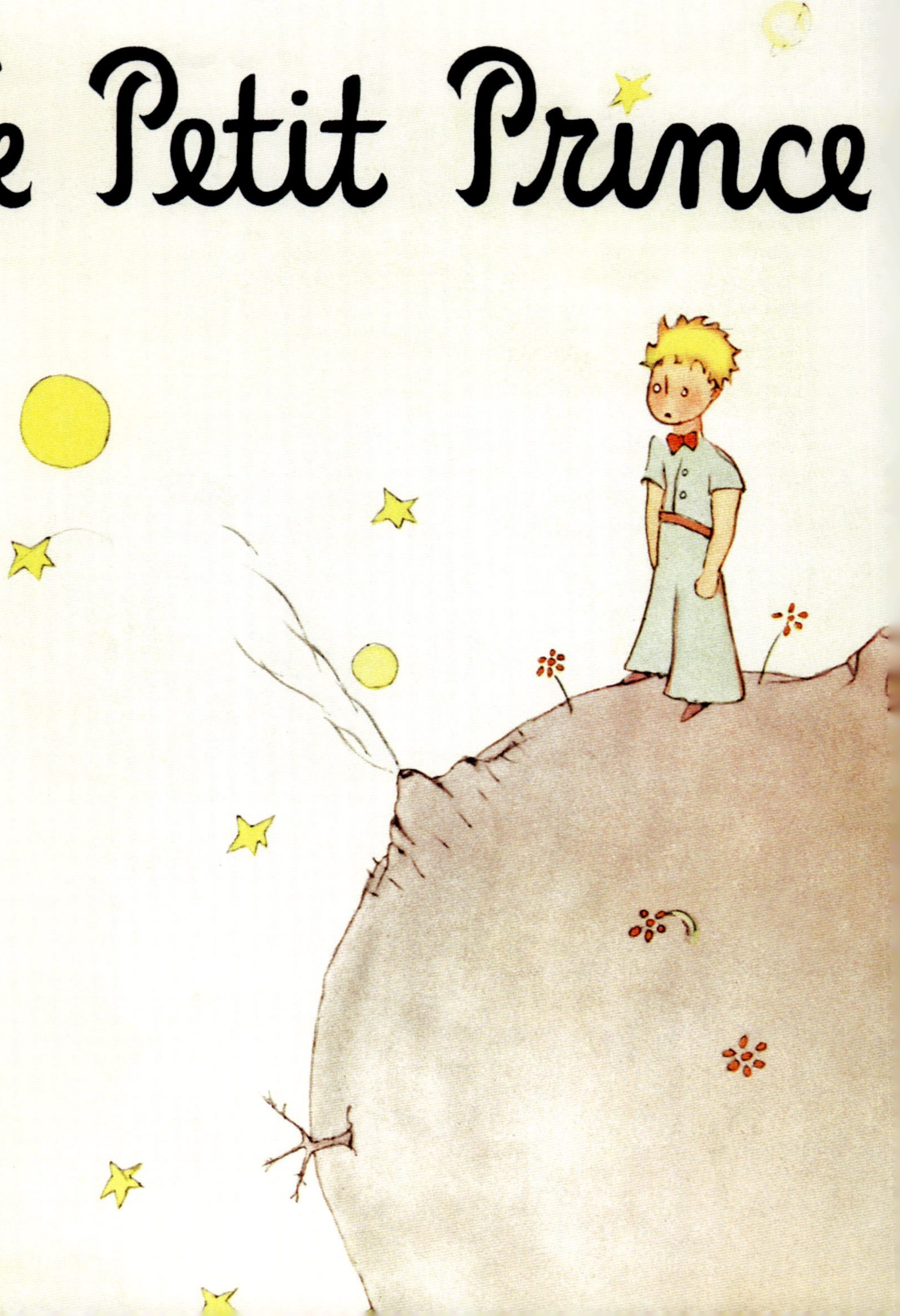

Le Petit Prince

Antoine de Saint-Exupéry

Nationalité France, 1900
Édition Gallimard, France, 1943
Thèmes merveilleux et fantastique, aventure, personnages préférés

Le Petit Prince provient d'un astéroïde si petit qu'il peut voir le soleil se coucher quarante-quatre fois par jour. Il rencontre le narrateur alors que celui-ci essaie de réparer son avion, tombé en panne dans le Sahara. Le Petit Prince demande au pilote de lui dessiner un mouton et entame ainsi avec lui un dialogue plein d'inattendu et de poésie. Le Petit Prince a quitté sa planète, envahie par les baobabs et qui abrite une rose, objet de son amour qui ne sait lui rendre son affection. Il raconte au pilote ses voyages sur six autres planètes dont les dirigeants respectifs incarnent chacun un exemple différent de sottise humaine : un roi futile et pontifiant, un égoïste vaniteux, un alcoolique honteux, un homme d'affaires avide, un allumeur de réverbères trop consciencieux et un géographe qui apprend au Petit Prince que sa rose doit mourir un jour. En arrivant sur Terre, ce dernier rencontre un serpent qui a le pouvoir de le renvoyer chez lui, et un renard qu'il apprivoise. Le renard, contrairement aux hommes, sait tout de l'amour et pour consoler le Prince lui rappelle que sa rose, bien qu'éphémère, est unique au monde. Après avoir aidé le pilote à trouver de l'eau, le Petit Prince laisse le serpent le mordre afin de pouvoir rentrer chez lui.

Le récit, bien qu'absurde par sa structure, touche les lecteurs de tous âges même s'il n'est pas particulièrement destiné aux enfants. Illustré par l'auteur avec des dessins colorés aux lignes fluides, *Le Petit Prince* transcende son genre littéraire pour toucher les cœurs et demeurer longtemps dans les mémoires. **VN**

Le Jeu des cent robes

Eleanor Estes Louis Slobodkin

Titre original *The Hundred Dresses*, 1944
Nationalité États-Unis, 1906 (aut.), 1903 (ill.)
Édition francophone (Belgique) Casterman
Thèmes école, amitié

8+

Les petites terreurs des cours d'école existent hélas depuis longtemps. Comme le montre cette charmante nouvelle illustrée datant de 1944, être un émigré au « nom bizarre » ou tout juste différent et incompris était aussi difficile dans le passé qu'aujourd'hui.

Wanda Petronski, une petite immigrée polonaise, vient d'arriver dans une école américaine. Elle porte des habits élimés, habite dans un « mauvais quartier » et a un accent étranger marqué. Quand elle se vante de posséder cent robes et soixante paires de chaussures dans son placard, Peggy et Maddie se moquent impitoyablement d'elle. Maddie vient aussi d'un milieu défavorisé mais a trop peur d'être la prochaine victime de Peggy pour défendre Wanda. Le jour où les petites filles découvrent la vérité au sujet des cent robes – quand Wanda remporte un concours de stylisme avec des dessins méticuleux des robes qu'elle a décrites –, elles apprennent aussi que Wanda et sa famille ont déménagé pour trouver un endroit où elle ne sera pas rejetée à cause de son nom ou de leurs problèmes d'argent.

Dans un renversement de situation touchant, Peggy et Maddie écrivent à Wanda pour lui dire combien ses cent robes sont belles, et Wanda leur répond. Ce récit s'adresse en particulier aux petites filles qui manquent parfois de considération et ne se rendent pas compte de la force des mots nés de la jalousie. C'est une histoire triste mais dont les personnages finissent par se racheter, et dont la morale, difficile, est que même les mots peuvent blesser. **KD**

Brendon Chase

B. B.

Nationalité Grande-Bretagne, né Denys Watkins-Pitchford, 1905
Édition Hollis and Carter, Royaume-Uni, 1944
Thèmes aventure, nature et science

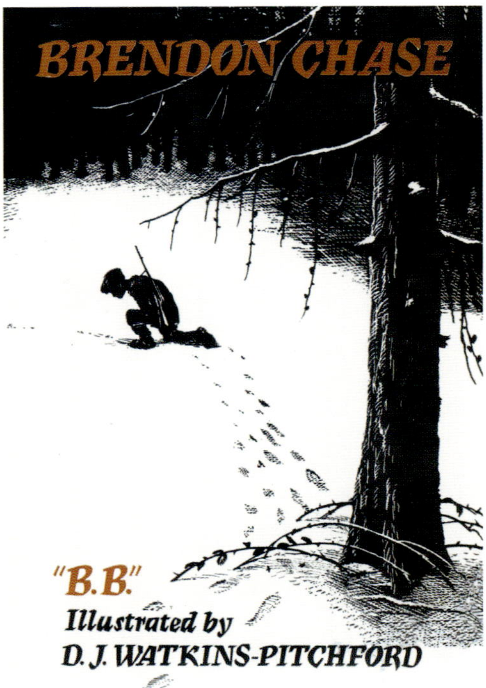

Autre livre de B. B.

The Little Grey Men (p. 492)

Pour éviter de retrouver le pensionnat, trois frères décident de fuguer et passent huit mois dans la forêt. Bien entendu, pour tous les enfants qui ont appréhendé la rentrée à la fin de l'été, l'histoire est enchanteresse. Je ne crois pas avoir jamais lu un autre texte qui décrive avec un tel amour la campagne anglaise.

L'auteur est non seulement un écrivain au talent immense, mais aussi un artiste dont les dessins sont superbes. B. B. était un excellent dessinateur, comme le montrent ses compositions parfois extrêmement difficiles, telle l'illustration du garçon grimpant à un pin pour s'emparer des œufs d'un rapace. J'ai lu ce livre il y a longtemps mais cette composition m'impressionne toujours autant. B. B. a réalisé ces illustrations sur de la carte à gratter, technique rare aujourd'hui, où, comme toujours en gravure, les erreurs sont difficiles à corriger.

« On n'a plus eu de nouvelles des garçons, dont aucune trace n'a été retrouvée. »

Je suppose que mon affection pour ce livre provient des longues périodes que j'ai passées enfant à la campagne. Toutes les connaissances qu'y acquiert le trio de garçons dépassent de loin, je soupçonne, les efforts scolaires que nous essayions d'éviter. Qu'en tireront les enfants d'aujourd'hui qui n'ont en général pas accès à ce genre d'expérience bucolique ?

C'est une histoire merveilleusement structurée, au style superbe, et la citation qui apparaît dans plusieurs ouvrages de B. B. vaut toujours aujourd'hui : « Le miracle [qu'est] le monde/La beauté et la force/La forme des choses/Leurs couleurs, leurs lumières et ombres/Je les ai vus/Regarde toi aussi pendant que dure la vie. »

Robin, l'un des héros, grimpe jusqu'au nid d'un rapace.

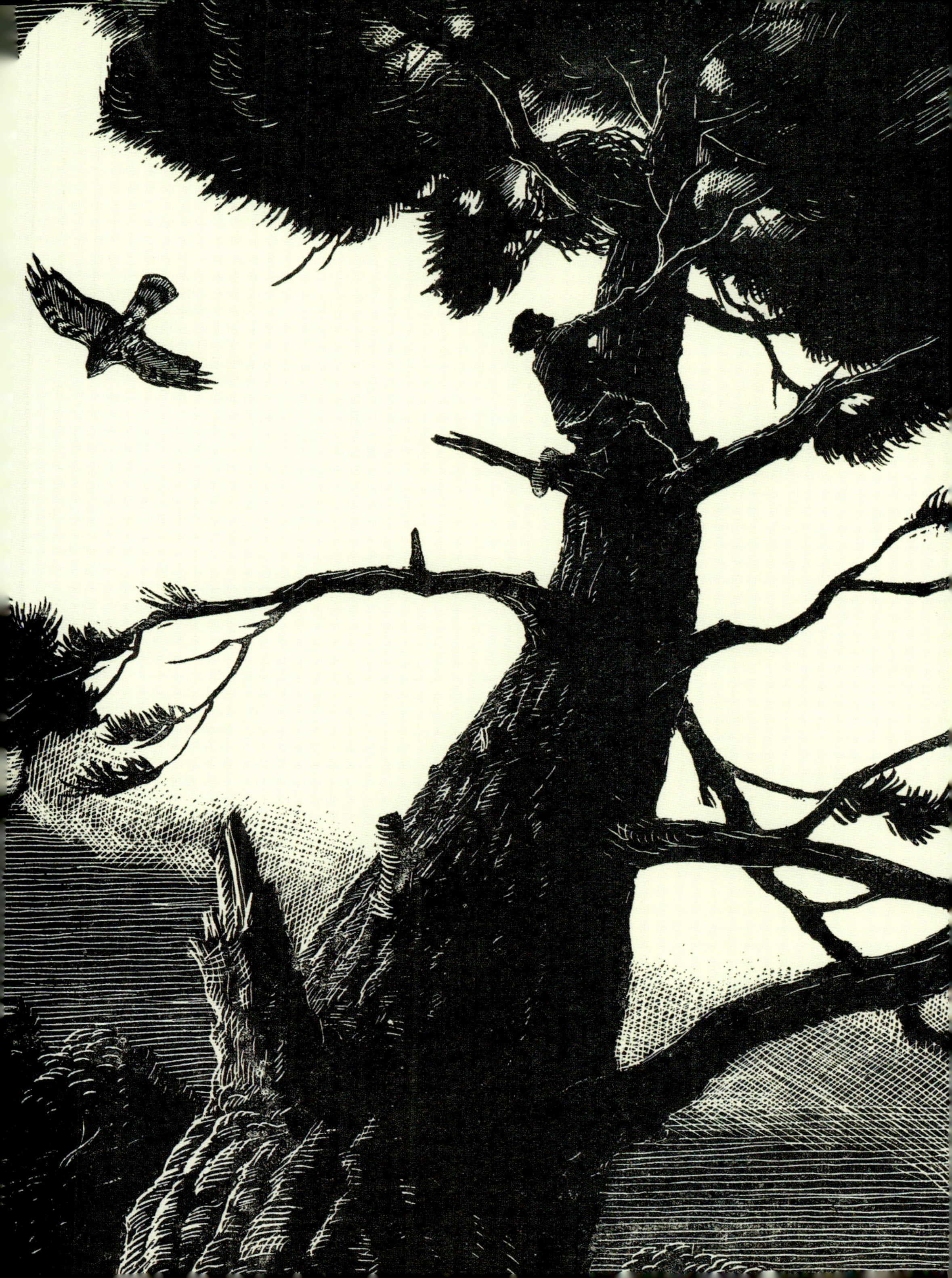

La Colline aux lapins

Robert Lawson

Titre original *Rabbit Hill*, 1944
Nationalité États-Unis, 1892
Édition française De Marly – Plon
Thèmes histoires d'animaux

Quand Robert Lawson écrivit et illustra *Ben and Me*, qui raconte la vie de Benjamin Franklin, l'un des pères fondateurs de l'Amérique, vue par son animal de compagnie, la souris Amos, les éditeurs n'étaient pas réellement convaincus par l'idée de Lawson. Le livre fut cependant publié et Lawson créa ainsi un nouveau genre littéraire pour enfants.

La Colline aux lapins raconte l'histoire d'une communauté d'animaux qui vit dans la campagne du Connecticut. Les personnages principaux : le jeune lapin Petit Georgie, son père, un gentleman du Sud américain, et sa mère, qui se plaint constamment, sont côtoyés par d'autres petits animaux : Willie le rat des champs et sa nombreuse famille, un écureuil gris, un renard, un putois, une marmotte d'Amérique, un cerf, sa biche et son faon, et une taupe myope. Près de là se trouve la Grande Maison, habitée autrefois par des gens accueillants et à présent par des propriétaires désagréables, qui n'entretiennent ni la maison ni les champs. Les animaux souffrent du manque de terres cultivées où trouver de la nourriture. Une autre famille arrive, à la grande inquiétude des animaux : ces nouveaux habitants seront-ils généreux, chasseront-ils les animaux avec des pièges et des fusils, et, par-dessus tout, seront-ils des « planteurs » ? En l'état actuel des choses, les animaux doivent prendre le risque de rencontrer des chiens et traverser la dangereuse Route noire pour trouver à se nourrir. Ce livre est magnifiquement illustré, amusant, poignant et accompagné d'un message sur les bénéfices de la tolérance et du partage. **CK**

8+

Wind on the Moon

Eric Linklater Nicholas C. Bentley

Nationalité Grande-Bretagne, 1899 (aut.), 1907 (ill.)
Édition Macmillan, Grande-Bretagne, 1944
Thèmes fantastique, aventure

Ce livre écrit au cours des dernières années de la Seconde Guerre mondiale renferme deux thèmes cruciaux à cette époque : la liberté et la nourriture.

Dorinda et Dinah éprouvent l'envie irrésistible de faire des bêtises quand le vent souffle sur la lune. Leur père est absent, leur mère faible et leur gouvernante ennuyeuse. Les petites filles se gavent jusqu'à devenir rondes comme des ballons, puis pleurent jusqu'à devenir maigres comme des allumettes, dans les deux cas subissant les moqueries des enfants du quartier. Un amusant procès suit, qui rappelle *Alice au pays des merveilles*, au cours duquel la moitié de la ville, y compris les jurés, est emprisonnée.

Le livre est composé de deux aventures principales. Dans la première, les deux petites filles se transforment en kangourous avec l'aide d'une sorcière, se retrouvent au zoo et tentent de résoudre un vol : un faucon aperçoit le python en train de voler l'œuf d'une autruche. Les petites filles organisent la capture du coupable, qui est ensuite tué par un ours lecteur du *Times*. Quand elles retrouvent leur apparence de petites filles, Dorinda et Dinah s'échappent en compagnie du faucon et d'un puma.

La seconde aventure les voit sauver leur père des griffes du comte Hulagu Bloot – un tyran qui adore torturer les gens – en Bombardie, avec l'aide du faucon, du puma, et de leur professeur de danse, Casimir Corvo. Deux vieux soldats du génie oubliés depuis la guerre des Boers et qui creusent des tunnels partout en Europe depuis des décennies leur permettent enfin de s'échapper et de rentrer chez elles. **WO**

Stuart Little

E. B. White   Garth Williams

Titre original *Stuart Little*, 1945
Nationalité États-Unis, 1899 (aut.), 1912 (ill.)
Édition française L'École des loisirs
Thèmes histoires d'animaux, famille, aventure

8+

Même à New York, peu de familles ont une souris comme enfant. C'est pourtant le cas des Little, qui acceptent de bonne humeur leur deuxième fils adoptif, Stuart – à l'exception bien évidemment du chat Snowbell, qui aimerait bien le manger.

Malgré sa minuscule taille, Stuart descend courageusement dans les canalisations à la recherche d'une bague, navigue sur un étang de Central Park, et se débat pour échapper au sac-poubelle où on l'a jeté. Même si ses parents sont très affectueux, Stuart quitte la maison à la recherche de son ami, l'oiseau Margalo. Il ne reviendra jamais mais conduira sa voiture jaune canari dans une série d'aventures.

Les aventures de Stuart ont sans doute été imaginées selon le modèle de la quête d'un héros tel qu'on peut en trouver dans les romans d'apprentissage traditionnels. Stuart quitte la maison familiale, grandit et apprend à se débrouiller seul, aussi petit soit-il. L'ouvrage se prête à différents niveaux de lecture, le plus intéressant n'étant pas celui d'une souris vivant comme un être humain, même si c'est probablement celui qui attire le plus les jeunes lecteurs. Que signifie se sentir tout petit dans un monde de prédateurs au rythme effréné ? White était un critique littéraire reconnu et le coauteur de la bible des auteurs américains, *The Elements of Style* (« Les éléments du style »). Son écriture, dépourvue de tout sentimentalisme, abonde en détails piquants ; Stuart ne se lamente pas sur le sort des Little une fois qu'il les a quittés, mais s'attache à se servir de ses facultés et à affronter de nouvelles expériences. **VN**

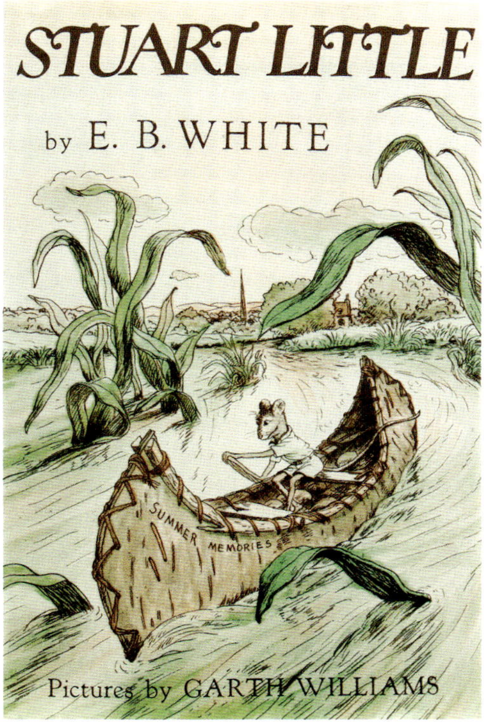

« Quand Stuart arriva, tout le monde s'aperçut qu'il n'était pas beaucoup plus gros qu'une souris. »

Autres classiques avec des animaux

Le Livre de la jungle, R. Kipling (p. 207)
La Toile de Charlotte, E. B. White (p. 246)
Le Vent dans les saules, K. Grahame (p. 451)
Histoire du docteur Dolittle, H. Lofting (p. 459)
Les Garennes de Watership Down, R. Adams (p. 590)

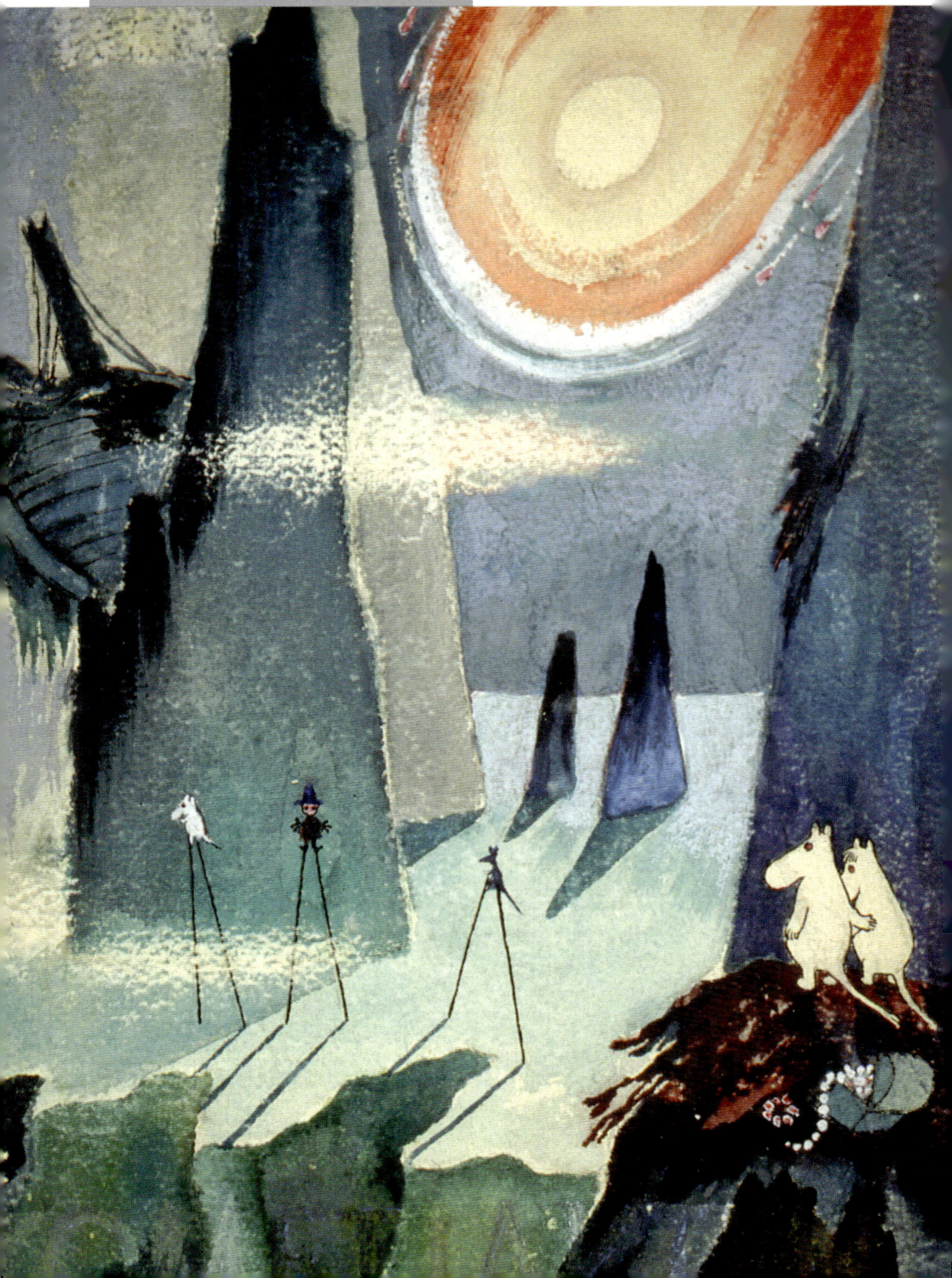

Une comète au pays de Moumine

Tove Jansson

Titre original *Kometjakten*, 1946
Nationalité Finlande, 1914
Édition française multiples éditeurs
Thème fantastique

C'est le premier ouvrage où apparaissent les Moumines, des personnages ronds à la fourrure blanche doués pour la musique et qui rappellent vaguement des hippopotames. Moumine le troll et son ami Snif décident de suivre un mystérieux sentier jusqu'à la mer. Ils passent une journée merveilleuse et rencontrent certains des personnages qui réapparaîtront dans les volumes suivants de la série, y compris un impertinent et bavard singe en soie ainsi qu'un rat musqué philosophe, qui annonce à Moumine et à Snif qu'il est capable de ressentir l'approche d'une comète porteuse de destruction.

Craignant que la comète annoncée ne signifie la fin de la vallée des Moumines, Moumine et Snif quittent leur famille pour rechercher un observatoire caché dans la montagne. En chemin, ils vivent des aventures passionnantes, dont la rencontre avec un lézard géant qui protège jalousement un trésor de grenats scintillants. Le Renaclérican, un « vagabond du monde », rejoint leur expédition et tous trois sont sauvés du danger par l'Émule, un philatéliste lugubre. Ils rencontrent aussi Mlle Snorque (qui s'éprend de Moumine lorsqu'il lui sauve la vie) et son frère.

Moumine et Snif ne parviennent pas à trouver l'observatoire et regagnent la vallée, où tout le monde se réfugie dans une grotte. Quand ils en émergent, ils découvrent que la comète les a survolés sans provoquer le moindre dégât. La série des Moumines est emplie du charme et de la mélancolie nordiques. **LH**

The School for Cats

Esther Averill

Nationalité États-Unis, 1902
Édition Harper and Brothers, États-Unis, 1947
Thèmes histoires d'animaux, école, aventure

Jenny Linsky est une jeune chatte noire et timide qui vit à New York avec le capitaine Tinker. On peut la reconnaître à son écharpe rouge tricotée par le capitaine lui-même. Nous sommes en été et ce dernier doit prendre la mer. Il envoie donc Jenny à la campagne, dans un pensionnat pour chats. Jenny n'a jamais été à l'école auparavant, elle a peur et sa maison lui manque.

Le premier soir se passe mal pour elle : Pickles, un gros chat tacheté qui vit avec les pompiers dans leur caserne, heurte le lit de Jenny avec son camion. Jenny saute du lit pour s'enfuir par la cheminée. Au matin suivant, toujours effrayée, elle rejoint la gare juste au moment où deux nouveaux élèves du pensionnat arrivent. En apercevant ces deux nouveaux chats, « les plus beaux qu'elle ait jamais vus », Jenny se ravise et décide de retourner à l'école. Elle rejoint le pensionnat juste à temps pour le petit déjeuner.

Tous les chats sont réunis autour de la table. À sa grande joie, on la place entre Florio et Tiger James, les magnifiques chats qu'elle avait aperçus à la gare. Pickles monte dans son camion et se dirige droit sur elle en klaxonnant mais cette fois-ci Jenny n'a pas peur : elle s'élance vers lui et renverse le camion. Pickles s'en extrait en rampant, reconnaît sa défaite et devient le meilleur ami de Jenny. C'est finalement l'un des plus heureux étés que la chatte ait jamais vécus. **IW**

Les Moumines progressent dans les Montagnes solitaires.

Misty of Chincoteague

Marguerite Henry Wesley Dennis

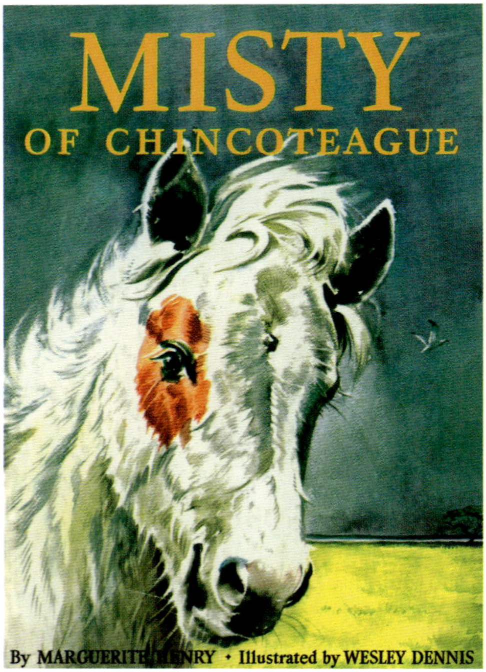

Nationalité États-Unis, 1902 (aut.), 1903 (ill.)
Édition Rand McNally, États-Unis, 1947
Thème histoires d'animaux

Les merveilleuses histoires de chevaux de Marguerite Henry ont ravi des générations de lecteurs, filles comme garçons. Pour *Misty of Chincoteague*, l'auteur s'est inspirée de sa propre vie.

Paul et Maureen Beebe, deux enfants qui vivent avec leurs grands-parents, souhaitent acquérir Phantom, l'une des juments les plus sauvages de leur île, où vivent les célèbres poneys Chincoteague. Les enfants ont travaillé dur et économisé pour l'acheter. Ils sont sûrs de pouvoir l'apprivoiser et la dresser, même si l'on dit qu'elle est plus rapide que le vent et que la « carte blanche » qui orne ses épaules est la marque de sa liberté.

Phantom est parvenue à échapper aux hommes qui ont tenté de la capturer, deux ans d'affilée, au cours de la journée annuelle de parcage des poneys sauvages. Quand Paul réussit là où tous ont échoué – il attrape Phantom ainsi que son poulain –, personne n'est plus surpris que lui, mais il doit désormais avec sa sœur réunir l'argent nécessaire à l'achat des deux chevaux. Phantom s'avère une créature à jamais sauvage mais son poulain fidèle, Misty, est d'un caractère différent. Le récit évoque la vie enchanteresse de l'île de Chincoteague mais reflète aussi le dilemme que présente la capture des animaux sauvages et la dichotomie entre le monde des hommes et celui de la nature.

L'histoire de Misty a été adaptée au cinéma en 1961, et filmée en grande partie sur l'île de Chincoteague, dans l'État de Virginie. **KD**

« Les mouvements de sa crinière et de sa queue n'évoquaient plus la liberté. L'animal sauvage et libre avait été capturé… »

Autres histoires de chevaux

Black Beauty, Anna Sewell (p. 414)
Le Poney rouge, John Steinbeck (p. 485)
L'Étalon noir, Walter Farley (p. 491)
Mon amie Flicka, Mary O'Hara (p. 765)

8+

Billy Bunter of Greyfriars School

Frank Richards

Nationalité Grande-Bretagne, né Charles Harold St. John Hamilton, 1876
Édition Charles Skilton, Royaume-Uni, 1947
Thèmes école, personnages préférés

Les histoires situées dans des pensionnats sont aussi populaires aujourd'hui que quand fut inventé le personnage de William George « Billy » Bunter, aussi surnommé le « gros hibou du bois lointain ». Bunter et ses camarades du pensionnat de Greyfriars apparurent pour la première fois dans un hebdomadaire destiné aux garçons, *The Magnet*. Quand celui-ci cessa de paraître en 1940, l'auteur, Charles Hamilton, commença à publier sous le nom de plume de Frank Richards une série de romans décrivant les frasques de Bunter et de ses compagnons.

Bunter, un personnage rondouillard portant des lunettes et enclin à avaler de grandes quantités de friandises (souvent volées), est un antihéros qui a pour ennemi son professeur, Henry Samuel Quelch. Dans la culture populaire anglo-saxonne, le personnage de Bunter représente aujourd'hui un gros garçon avide, mais cette image ne prend pas en considération l'affection que l'on éprouve pour lui à la lecture de ses aventures. Cette affection demeure aujourd'hui, même si la gloutonnerie du garçon paraîtra moins attrayante aux parents contemporains que dans les années de rationnement de l'après-guerre. Les romans de Hamilton ont fait l'objet d'une série télévisée dont les farces folles ont charmé toute une génération de jeunes téléspectateurs britanniques. Bien que reflétant un regard sur le monde quelque peu daté, les aventures de Bunter sont toujours attrayantes grâce à leur humour subversif et bouffon. **CK**

Les 21 Ballons

William Pène du Bois

Titre original *The Twenty-One Balloons*, 1947
Nationalité France, 1916
Édition française Gallimard
Thèmes fantastique, aventure

Ce récit amusant et excentrique relève du fantastique et de la science-fiction. Un professeur de mathématiques à la retraite, William Waterman Sherman, décide de faire le tour de la Terre en montgolfière pendant un an. Il s'envole dans son ballon géant, le *Globen*, en août 1883. Cependant, au cours de sa traversée du Pacifique il doit atterrir en urgence sur l'île volcanique de Krakatoa (la vraie Krakatoa est située dans l'océan Indien). Là, il découvre des habitants qui vivent de façon égalitaire des bénéfices d'une mine de diamants secrète et ont su mettre au point d'innombrables inventions fantastiques, comme des lits dont les draps se changent tout seuls et que Pène Du Bois illustre à merveille.

Les vingt familles qui vivent sur l'île ne sont désignées que par leurs initiales : on évoque Mme F, M. M, etc. Cette communauté très unie vit dans une paix utopique, les uns dînant chaque soir chez les autres, et chacun offrant à ses invités le genre de cuisine décrété par le « gouvernement gourmet » de l'île. Les 21 ballons auxquels le titre fait référence entrent dans la fabrication de l'engin qui leur permet de quitter leur île paradisiaque pour échapper à l'explosion imminente du volcan.

Le livre mêle aventure, voyage, science-fiction et fantastique, mais la prose pleine d'humour de Du Bois pose aussi de subtiles questions concernant l'impact sur une société de la richesse et de l'absence de soucis financiers. **CK**

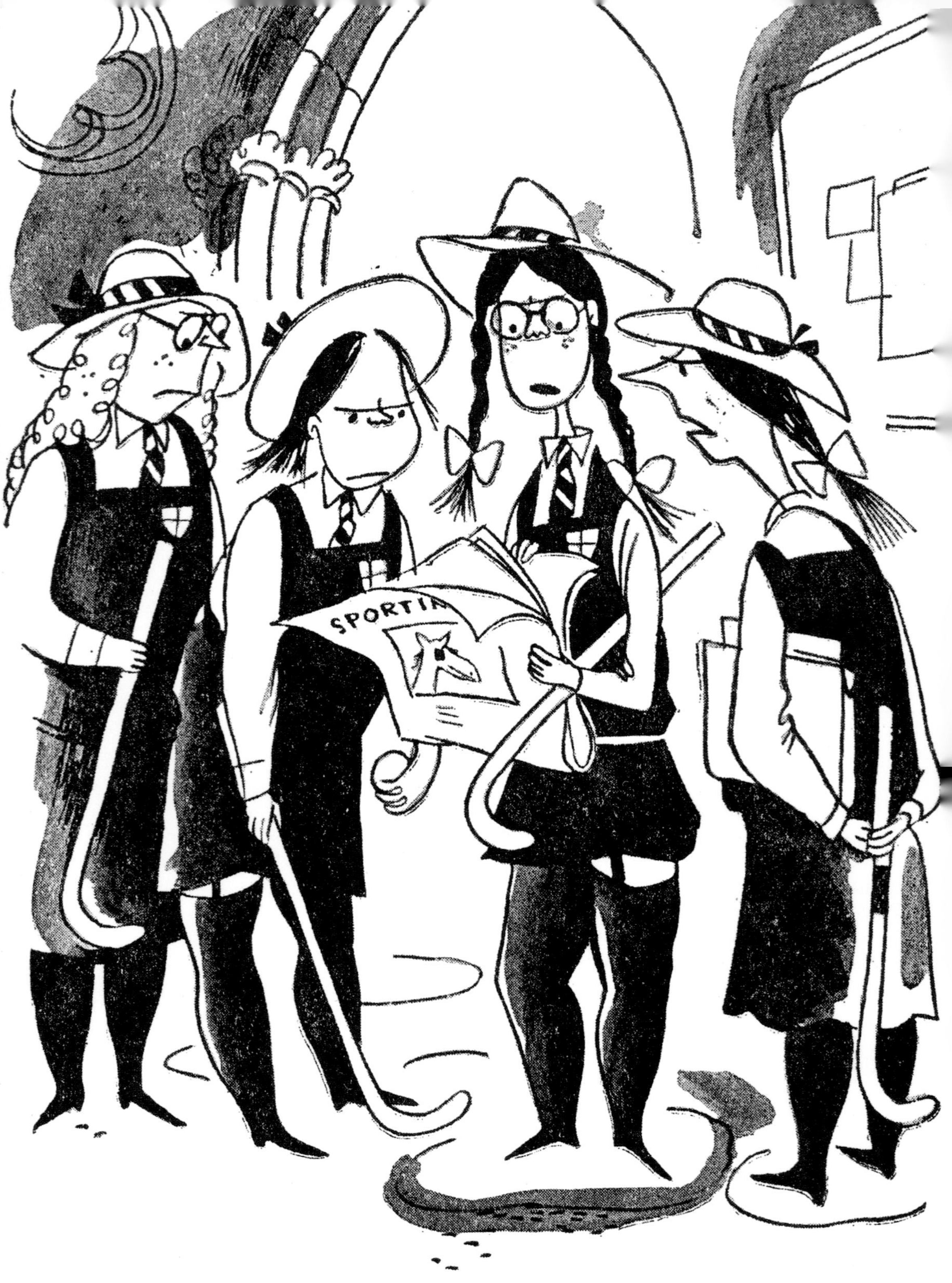
SPORTI

Hurrah for St. Trinian's

Ronald Searle

Nationalité Grande-Bretagne, 1920
Édition Macdonald, Royaume-Uni, 1948
Thèmes école, classiques, aventure, controverse

Les élèves dissipées de St. Trinian's qu'a imaginées Ronald Searle, un dessinateur et scénariste de bandes dessinées, comptent désormais parmi les plus populaires des antihéroïnes de la littérature jeunesse. Cette popularité n'a jamais cessé depuis les années 1950, et ces personnages ont même été incarnés au cinéma. Le concept de pensionnat d'élite pour jeunes filles, par tradition le genre d'établissement où règne la plus stricte des disciplines, vole en éclats à St. Trinian's, où la vie est plus qu'agitée. Sous la vague surveillance de plusieurs professeurs peu recommandables, les élèves constituent un groupe terrifiant qui fume, boit, parie, s'habille de façon débraillée et ne respecte en rien l'autorité.

Les images de Searle sont volontairement un peu grossières ; les jeunes filles sont vêtues d'un uniforme qui aurait été inspiré par celui de la fille de l'auteur. Les personnages sont tout en angles et dotés d'expressions marquées, le visage plein de malice, sans qu'aucun d'entre eux ne soit jamais joli. Les écolières, mêlées à de complexes rivalités et qui se livrent à des actes violents mais comiques les unes sur les autres, souvent au cours d'événements sportifs d'une dureté alarmante, sévissent en toute liberté dans le pensionnat et ses environs.

Même si Searle a souvent illustré des sujets plus sérieux, il demeure principalement connu pour ces vilaines écolières. *Hurrah for St. Trinian's* représente peut-être le pire cauchemar des parents mais offre le meilleur des répits aux petites filles en manque de bêtises. **LK**

Antoñita la fantástica

Borita Casas Mariano Zaragüeta

Nationalité Esp., née Liboria Regueiro Casas, 1911
Édition Gils, Espagne, 1948
Thèmes aventure, famille

Antoñita était un personnage très populaire dans l'Espagne de l'après-guerre : c'était une petite fille sentimentale et enjouée à l'imagination illimitée. Elle vivait constamment dans un monde imaginaire. Ses aventures radiodiffusées égayèrent de nombreux après-midi dédiés aux tâches ménagères. Le plus grand succès d'Antoñita n'eut cependant pas lieu à la radio mais dans le domaine de l'édition.

Antoñita fut créée par Liboria Regueiro Casas, auteur et animatrice de Radio Madrid à la fin de la guerre. Elle commença par écrire des dialogues entre une enfant et un adulte, Antoñita et Antonio respectivement, et l'immense popularité de ses émissions l'amena à publier en 1948 son premier livre consacré à la petite fille. Elle continua à publier cette série jusqu'à la fin des années 1950, soit douze volumes au total. Ceux-ci sont présentés sous la forme de carnets dans lesquels Antoñita note les événements marquants de sa vie. Elle raconte ainsi d'amusantes anecdotes où l'on retrouve ses parents, sa grand-mère, sa tante Carol et d'autres personnages de son univers comme les deux servantes de la famille et Malul, sa meilleure amie. Ses aventures débordent d'imagination et montrent la dichotomie existant entre le monde tel qu'il est conçu par les adultes et celui des enfants.

Cette série fut un succès de librairie à son époque. Classique de la littérature jeunesse espagnole, elle est particulièrement intéressante au titre de chronique de la vie quotidienne madrilène des années 1940 et 1950 vue par une enfant. **EB**

« Pas de pot, Maisie – ton cheval n'était pas placé. »

De Kinder Karavaa

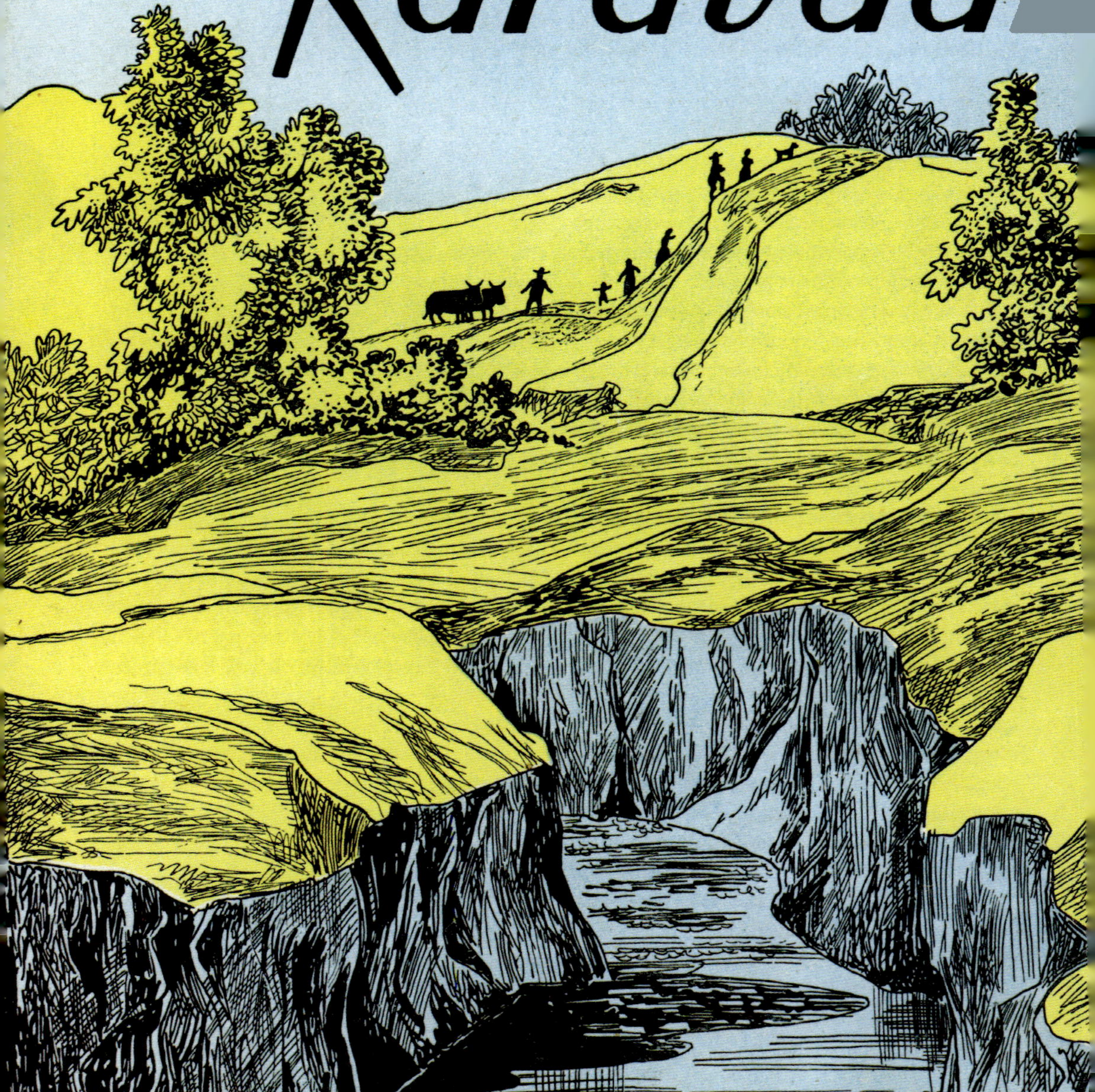

a.rutgers v.d loeff-basen

L'Oregon était au bout de la piste

A. Rutgers Van der Loeff C. Hollander

Titre original *De Kinder Karavan*, 1949
Nationalité Pays-Bas, 1910 (aut.), 1934 (ill.)
Édition française Hachette Bibl. Verte
Thèmes aventure, roman historique

En 1844, les sept enfants Sager ont réellement entrepris ce difficile voyage en territoire hostile, dans le Nord-Ouest américain, pour rejoindre l'Oregon, comme leur père l'avait souhaité. Cet ouvrage biographique est un récit d'endurance, de difficultés et de courage.

Père rêvait de s'établir dans les vertes vallées de l'Oregon avec sa famille, mais quand il meurt ainsi que Mère au cours de leur dur périple, leur fils John, âgé de 13 ans, décide de continuer même si le reste du convoi de pionniers choisit de prendre la route de la Californie, plus facile. Les sept enfants, dont le bébé Independentia, entreprennent la traversée des montagnes en compagnie de leurs animaux, Oscar le chien-loup, Walter le bœuf et Anna la vache, qui procure le lait nécessaire à la survie du bébé.

Les Sager, qui doivent affronter les éléments et le relief, parviennent à rejoindre Fort Boise, où ils trouvent des guides indiens qui les accompagneront durant la dernière partie de leur voyage. Ceux-ci adoptent toutefois un rythme que les enfants ne peuvent suivre et finissent par les abandonner en emportant toutes leurs possessions sauf la vache. John, par sa volonté et parfois par la force, pousse les enfants à marcher jusqu'à la destination prévue.

La solitude de John, qui doit entraîner les autres, et le caractère de chacun des enfants – et même de la vache – prennent vie sous les yeux du lecteur qui ne peut qu'admirer cette épopée remarquable. **JF**

Les Treize Horloges

James Thurber Marc Simont

Titre original *The Thirteen Clocks*, 1950
Nationalité É.-U., 1894 (aut.), France, 1915 (ill.)
Édition française Casterman
Thèmes fantastique, mythes, contes de fées

Ce récit fantastique est un classique. Un prince qui déguise son identité désire épouser une belle princesse retenue captive par l'effrayant duc de Coffin Castle. L'ouvrage est orné de rimes cachées et de toutes sortes de mots inventés.

Le duc possède treize horloges, toutes arrêtées à cinq heures moins dix. Parce qu'elles ne peuvent être réparées, il s'imagine être assez puissant pour avoir vaincu le Temps. Comme il ne veut pas que sa prisonnière, la princesse Saralinda, se marie, il a imposé toutes sortes d'épreuves presque impossibles à ses prétendants potentiels – et ceux dont le nom commence par un X seront tués d'office. Le prince, déguisé en ménestrel, dit s'appeler Xingu mais parvient à échapper à la mort car ce n'est pas son vrai nom. Son épreuve suivante consiste à trouver mille joyaux en 99 heures et à remonter toutes les horloges pour qu'elles sonnent 5 heures à son retour. Xingu, qui a désormais révélé être le prince Zorn, part trouver Hagga, une femme qui, depuis qu'on lui a jeté un sort, pleure des pierres précieuses en guise de larmes. Notre héros triomphe bien entendu et parvient même à faire sonner les horloges à l'heure, gagnant ainsi la main de Saralinda.

Thurber était en train de perdre la vue quand il écrivit ce roman, qu'il ne put donc illustrer. C'est son ami Marc Simont, artiste et dessinateur de bandes dessinées français, qui les réalisa, à charge de décrire ses images en détail à Thurber. Une édition ultérieure fut illustrée par Ronald Searle. **JF**

Le Monde de Narnia – 1

C. S. Lewis Pauline Baynes

8+

Titre original *The Lion, the Witch and the Wardrobe*, 1950
Nationalité G-B, 1898 (aut.), 1922 (ill.)
Édition française multiples éditeurs
Thèmes classiques, fantastique

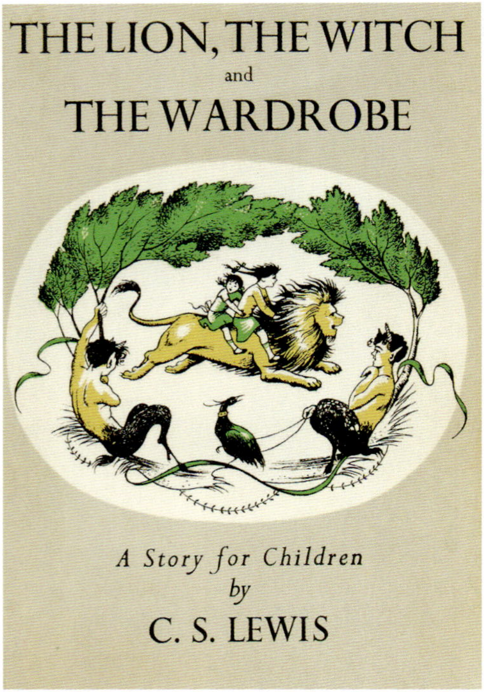

Autres grands romans fantastiques

Le Royaume fantôme, Norton Juster (p. 551)
Le Peuple du tapis, Terry Pratchett (p. 588)
L'Indien du placard, L. Reid Banks (p. 610)
Les Chroniques de Spiderwick : le livre magique, Holly Black (p. 690)

Le premier volume du *Monde de Narnia* jamais publié, et selon beaucoup le meilleur de la série, *Le Lion, la Sorcière blanche et l'Armoire*, est en réalité le deuxième tome. Situé pendant la Seconde Guerre mondiale, il décrit les aventures de Peter, Susan, Edmund et Lucy, quatre petits Londoniens que l'on a envoyés à la campagne chez un professeur excentrique pour les éloigner des raids aériens. Livrés à eux-mêmes, ils découvrent dans la maison une vieille armoire qui leur permet de pénétrer dans le monde de Narnia, peuplé d'animaux parlants et de créatures mythiques, mais dominé par une horrible sorcière blanche qui a décrété que l'hiver régnerait toujours sans que Noël se produise jamais. Le seul qui puisse affronter la sorcière est le mystérieux Aslan, un lion aux prouesses et à la bienveillance surnaturelles. Les enfants luttent pour vaincre la sorcière blanche mais pâtissent de la faiblesse et de la traîtresse d'Edmund.

« Ne savez-vous pas qui est le roi des bêtes ? Aslan est un lion – le Lion, le grand Lion. »

C. S. Lewis était un homme complexe : professeur de littérature anglaise renommé, théologien et chrétien convaincu, il était passionné de nature et de mythologie. Tous ces éléments trouvent une place ici. Aslan, fils de l'empereur d'au-delà des mers, qui ressuscite après sa mort, est un personnage christique qui se sacrifie pour racheter les péchés d'Edmund et incarne le renoncement et la rédemption chrétienne. Le concept de l'hiver éternel et celui du lion délivré du filet par des souris qui le grignotent proviennent respectivement de la mythologie nordique et d'Ésope. L'humour et la gaieté des charmants personnages que sont M. et Mme Castor et Tumnus le faune sont toutefois du pur Lewis. **VN**

Aslan s'amuse avec Susan et Lucy sur le frontispice d'origine.

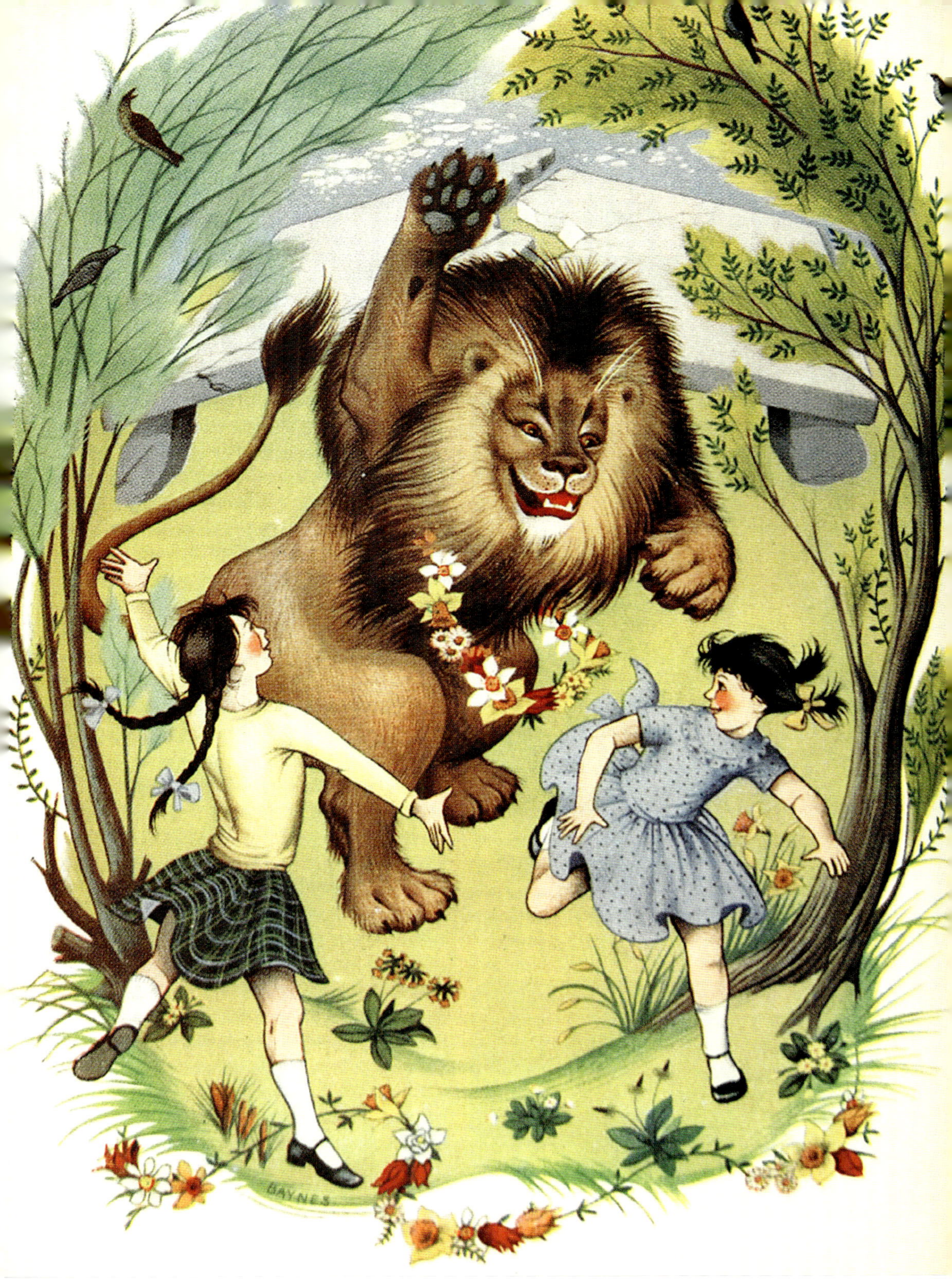
BAYNES

Le Monde de Narnia – 5

C. S. Lewis Pauline Baynes

Titre original *The Voyage of the Dawn Treader*, 1952
Nationalité G-B, 1898 (aut.), 1922 (ill.)
Édition française multiples éditeurs
Thèmes classiques, fantastique

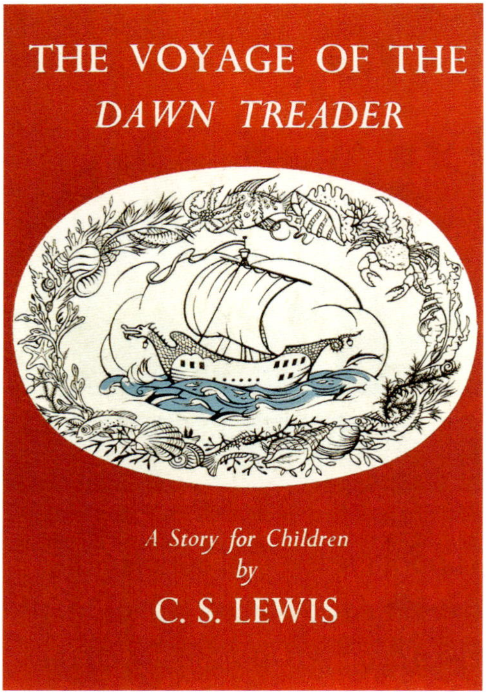

8+

Autres livres du monde de Narnia

Le Lion, la Sorcière blanche et l'Armoire (p. 514)
Le Prince Caspian (p. 518)
Le Cheval et son écuyer
Le Fauteuil d'argent
Le Neveu du magicien

Dans cette suite du *Prince Caspian*, les plus jeunes des enfants Pevensey, Edmund et Lucy, retournent dans le monde de Narnia en compagnie d'Eustache Clarence, leur désagréable cousin. Caspian, désormais roi, voyage en compagnie de la souris Ripitchip jusqu'aux confins du monde pour trouver les sept seigneurs de Narnia, comme il l'avait promis à Aslan. Eustache se montre paresseux et, pris au piège par son avarice, est transformé en dragon dès la deuxième étape du voyage et jusqu'à ce qu'Aslan l'aide à se repentir. Les enfants se rendent aussi à l'île brûlée, à celle des eaux mortes, à l'île des Nuls et à celle où tous les rêves se réalisent (mais les cauchemars aussi). Enfin ils parviennent à d'immenses chutes d'eau que Ripitchip traverse dans un canot. Ils ne le verront plus mais continuent jusqu'à une contrée paradisiaque, au-delà des confins du monde, où ils découvrent Aslan transformé en agneau.

« Ainsi tout l'après-midi et dans la joie ils firent voile vers le sud-est en ayant bon vent. »

Certains trouvent parfois gênant le symbolisme ouvertement chrétien de Lewis. Quand les enfants demandent à Aslan s'il existe dans leur monde, il répond : « J'y existe […] mais sous un autre nom. Vous devez apprendre à me connaître sous ce nom. C'est la raison pour laquelle vous avez été transportés jusqu'à Narnia, parce qu'en me connaissant un peu ici, vous me connaîtrez mieux là-bas. » Les changements passagers de ton quand Lewis aborde des sujets qui lui sont chers : religion, mythologie et nature, peuvent heurter. Mais son inventivité parvient dans la plupart des cas à marier les allusions à la légende arthurienne, aux mythes grecs, à Dante, et même peut-être à l'abdication du roi Édouard VII en une histoire joyeuse et attachante. **VN**

Les Chapardeurs

Mary Norton Diana Stanley

Titre original *The Borrowers*, 1952
Nationalité G-B, 1903 (aut.), É.-U., date inconnue (ill.)
Édition française L'École des loisirs
Thèmes classiques, fantastique

8+

L'aventureuse protagoniste de la série des Chapardeurs, Arrietty Clock, doit affronter des difficultés particulières car elle ne mesure que vingt centimètres. Elle appartient aux chapardeurs, un peuple de minuscules personnages qui vivent secrètement dans les maisons, construisent leurs tout petits logis derrière plinthes et manteaux de cheminée, faisant tout leur possible pour éviter d'être vus par les hommes.

Arrietty vit en compagnie de son père et de sa mère sous le parquet d'un manoir anglais. Le charme considérable du livre provient en partie de son point de vue lilliputien sur notre monde. Ce qui paraît ordinaire et sans danger aux humains peut s'avérer fascinant ou malveillant pour les chapardeurs. Il est aussi amusant de voir la famille dérober (« emprunter », dit-elle) des objets ordinaires tels que des boutons qui deviendront d'utiles meubles.

« Ils s'imaginaient posséder leurs propres noms [...] mais on pouvait voir qu'ils étaient empruntés. »

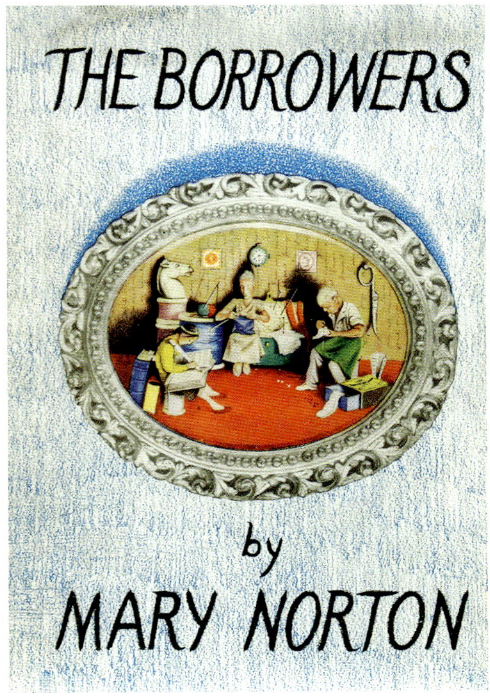

Le père d'Arrietty trouve toujours de nouvelles manières de subvenir aux besoins de sa famille et d'affronter son environnement, par exemple en escaladant courageusement les rideaux à l'aide d'une épingle à chapeau, mais les expéditions qu'il entreprend avec sa fille à la recherche de nourriture sont toujours pleines de danger. C'est au cours de l'une d'elles qu'Arrietty est aperçue par le Garçon, qui est venu séjourner au manoir pour tenir compagnie à sa tante alitée. Arrietty devient l'amie de ce garçon solitaire qui comble bientôt la petite famille de meubles de maison de poupées. C'est le récit de cette amitié et la façon dont le garçon vient à la rescousse de la petite famille qui fait de ce livre un classique. **CK**

Autres livres de Mary Norton

Les Chapardeurs aux champs
Les Chapardeurs sur l'eau
Les Chapardeurs en ballon
L'Étrange Histoire de l'apprentie sorcière

Astro Boy

Osamu Tezuka

Titre original *Tetsuwan Atomu*, 1952
Nationalité Japon, 1928
Édition française Glénat
Thèmes fantastique, manga, bande dessinée

8+

Indiscutablement le plus célèbre des personnages de bandes dessinées japonaises, Astro le petit robot a été créé par le « dieu des mangas japonais », Osamu Tezuka. Ce manga est sans conteste le plus populaire de tous ceux de Tezuka, au Japon comme à l'étranger, en grande partie grâce au succès de l'adaptation télévisée diffusée un peu partout dans le monde à partir de 1963.

Astro (baptisé « Atome puissant » en japonais) a été créé par le docteur Temma, génie de la robotique, pour remplacer son fils décédé, Tobio. Après avoir été rejeté par son inventeur, Astro est découvert dans un cirque par un scientifique généreux qui crée pour lui une famille de robots. Bien qu'équipé d'un moteur atomique et de toute une série d'accessoires, dont des fusées à hauteur des mains et des pieds, un doigt laser et deux mitraillettes attachées à son postérieur, Astro possède avant tout beaucoup de compassion et une grande capacité à aimer. Il n'utilise ses pouvoirs que pour protéger ceux qui en ont besoin, pour servir la justice et promouvoir la paix entre les hommes et les robots, ces derniers constituant une nouvelle classe aux droits limités dans une société futuriste.

Le personnage d'Astro, qui incarne l'utilisation responsable et altruiste de la technologie, reflète les idéaux de tolérance et de pacifisme de Tezuka. *Astro le petit robot* marque un jalon dans notre ère technologique, dont les merveilles et les dangers potentiels sont ici explorés. **CR**

Marcelino, pan y vino

José María Sánchez Silva L. Goñi

Nationalité Espagne, 1911 (aut.), 1911 (ill.)
Édition Editorial Cigüeña, Espagne, 1952
Thèmes classiques, amitié

Le protagoniste de *Marcelino, pan y vino* (« Marcelin, pain et vin ») est un petit garçon abandonné aux portes d'un monastère. Le livre débute alors qu'il vient de passer cinq ans avec les moines. Comme tout enfant, Marcelino est rebelle et espiègle, mais il vit dans une sorte de paradis terrestre, chasse les lézards et joue dans les champs et vergers du monastère. Un jour, bien que cela lui soit formellement interdit, il grimpe au grenier, où il découvre un homme très grand qui a exactement l'apparence du Christ crucifié. Marcelino le prend en pitié et lui apporte secrètement à manger tous les jours.

On peut voir en ce livre une œuvre d'imagination où les miracles font partie intégrante de l'intrigue sans affecter la structure narrative, et encore moins l'originalité, la simplicité et la richesse de la prose. De même, on peut y voir une œuvre théologique sérieuse dépourvue de sentimentalisme, et très éloignée des clichés de la littérature pieuse, même si l'adaptation cinématographique de 1955, à l'eau de rose, en a irrité plus d'un. C'est aussi un récit rédigé dans le style d'un conte merveilleux dont le héros, un orphelin, doit subir une épreuve avant de voir son rêve réalisé : retrouver sa mère.

Sánchez Silva était lui-même devenu orphelin à 10 ans. Quand il publia les trois histoires de Marcelino en un seul volume, il obtint un succès sans précédent. Plus de 200 éditions furent vendues et l'ouvrage fut traduit dans plus de 30 langues. **EB**

Bennett et Mortimer

Anthony Buckeridge

Titre original *Jennings and Darbishire*, 1952
Nationalité Grande-Bretagne, 1912
Édition française Hachette
Thèmes école, personnages favoris, amitié

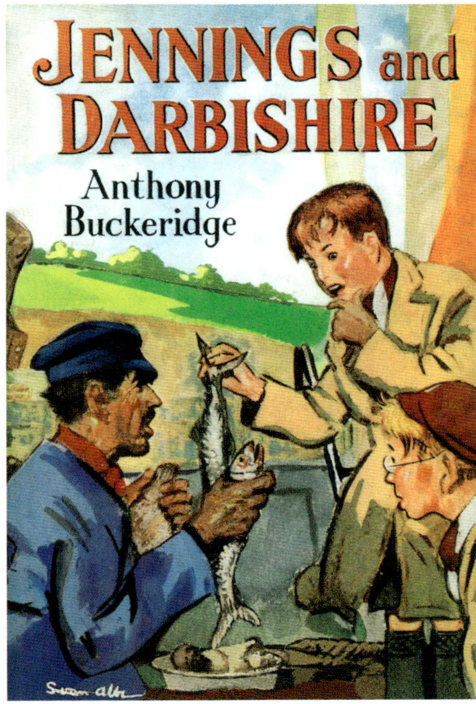

Bennett et Mortimer ont vécu leurs aventures dans 25 ouvrages dont la parution s'est étalée sur plus de quarante ans et à travers lesquels les deux garçons ont toujours eu 10 ans, élèves au pensionnat de Linbury. Responsable des internes du dortoir n° 4, M. Carter est toujours calme et tolérant, cependant que le professeur principal, M. Wilkins, est toujours sur le point d'exploser à cause des bêtises des élèves, et que le directeur, M. Pemberton-Oakes, est toujours pontifiant. Dans *Bennett et Mortimer*, quatrième volume de la série, les deux collégiens provoquent toutes sortes de dégâts quand ils décident de publier leur propre journal.

Anthony Buckeridge, qui rédigea les premières aventures des deux compères pour la radio, comprenait l'importance d'une structure solide et de personnages forts. Bennett rappelle William Brown de la série de Crompton – il n'essaie pas de faire des ravages mais les ennuis semblent le trouver d'eux-mêmes. Mortimer, le fils rêveur et doux d'un juge de paix, se retrouve entraîné dans le sillage de Bennett. Linbury offre toutes sortes de règles à ne pas respecter et constitue un environnement trop stable pour ne pas être secoué de temps en temps.

Les lecteurs de la série apprécieront ses expressions farfelues (« Hameçons fossilisés ! » et « Pots de peinture pétrifiés ! ») et se délecteront des impropriétés de langage et des malentendus. C'est leur écriture qui fait la particularité de ces romans qui demeurent originaux et drôles, encore aujourd'hui. **GB**

« Pour l'amour de Dieu, comment pouvons-nous organiser une course si tu restes assis là ? »

Autres aventures loufoques de Bennett

Bennett au collège
L'Agence Bennett & compagnie
Bennett en vacances
Bennett et sa cabane
Bennett et la roue folle

8+

Down with Skool!

Geoffrey Willans — Ronald Searle

Nationalité G-B, 1911 (aut.), 1920 (ill.)
Édition Max Parrish, Royaume-Uni, 1953
Thèmes excentricité, école, classiques

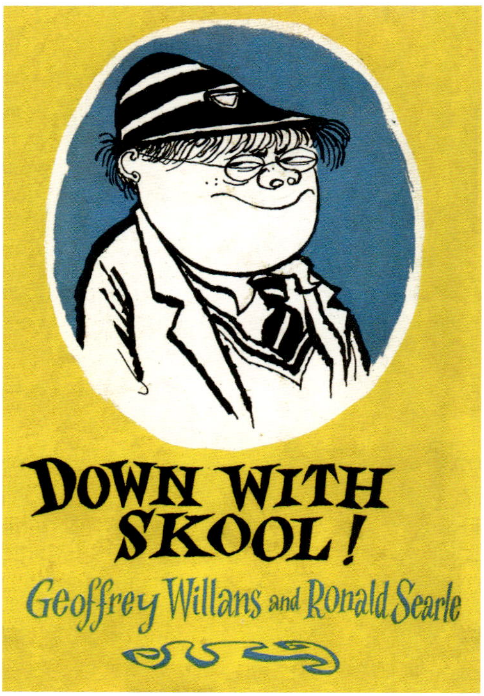

Down with Skool! (qu'on pourrait traduire par « À bas l'écol ! ») et les romans qui suivirent dans cette série explorent l'univers des pensionnats anglais, dont on a si souvent fait la satire. Ici, il s'agit d'un internat privé pour garçons de 9 à 13 ans. Le héros et narrateur, Nigel Molesworth – le gaurille (sic) de la 3b et le fléau de St. Custard's –, élève de l'établissement susnommé, nous expose les rigueurs de la vie de pensionnat.

C'est l'utilisation habile du langage qui confère sa saveur irrésistible à cette série : les fautes d'orthographes de Molesworth, l'argot écolier et les expressions inventives de Willans font le délice non seulement des jeunes lecteurs mais aussi des adultes, et les professeurs du pensionnat tour à tour impuissants, cyniques, décrépits, désœuvrés ou comiquement sadiques seront reconnus par tous ceux qui ont été élèves ou enseignants.

« Sela est aussi du à Pitagore et il ne parla preske que de sa au petit déjeuné. »

Une grande partie du plaisir que l'on prend à la lecture de l'ouvrage provient aussi des illustrations de Ronald Searle. Si la satire de Willans peut paraître un peu datée cinquante ans après sa première parution, ces chefs-d'œuvre d'art comique furieusement extravagants demeurent intemporels et lourds de sous-entendus. *Un coin du terrain de sport*, par exemple, montre un corbeau solitaire qui contemple depuis un arbre mort une étendue boueuse balayée par la pluie et parsemée de bouteilles et boîtes de conserve vides. *Coup d'œil sur les professeurs* dépeint implacablement divers personnages (« Vous pensez peut-être que je suis un tendre, mais je suis dur, très dur »).

Autres histoires d'école farfelues

Fergus Bonheur, Paul Stewart et Chris Riddell
Apolline et le fantôme de l'école, Chris Riddell
Hurrah for St. Trinian's, Ronald Searle (p. 509)

Les gribouillis loufoques de Ronald Searle illustrent le livre.

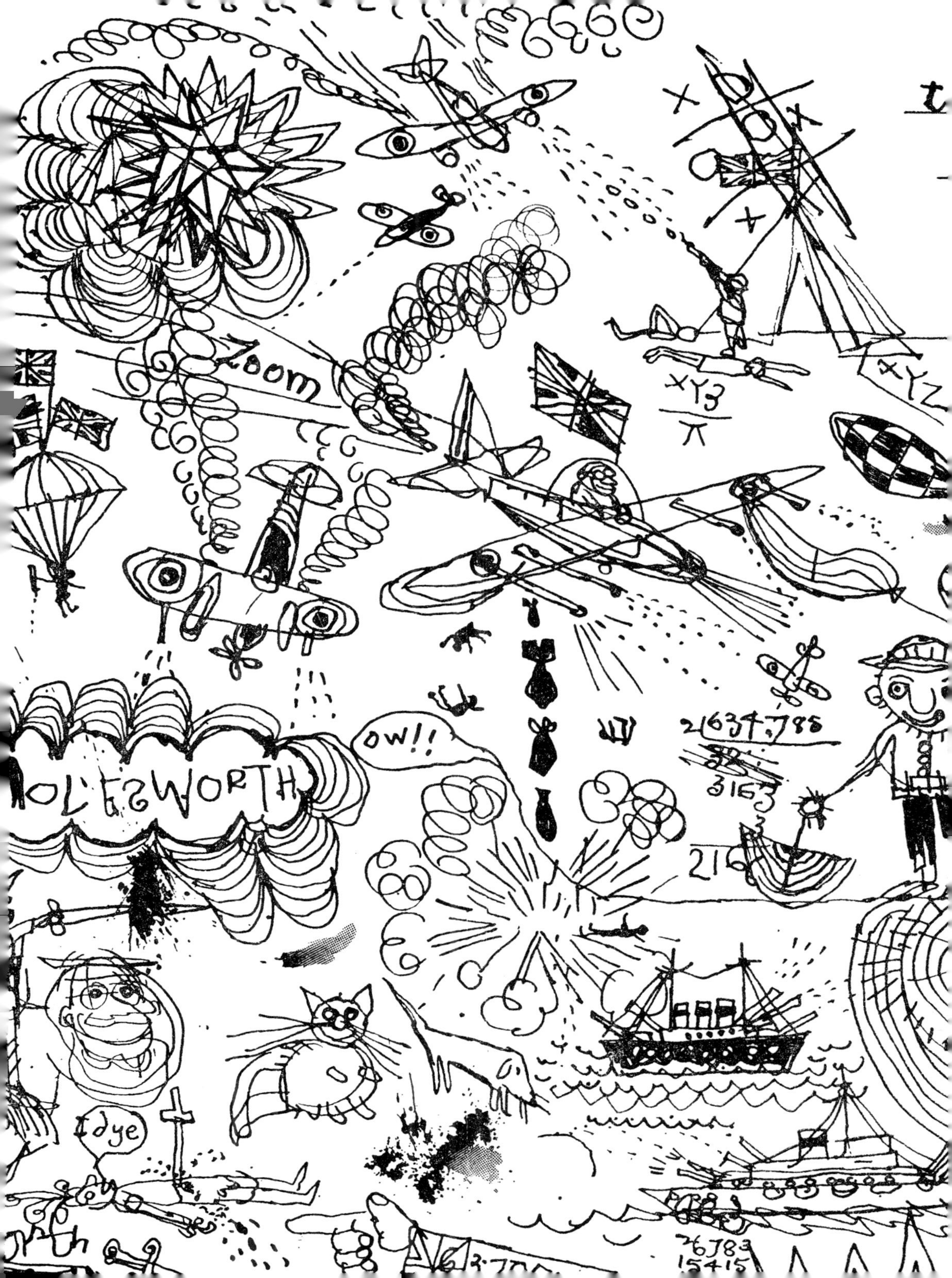

Zoom
OW!!
OLESWORTH
Idye
XYZ
2634.788
3163

L'Enfant et la Licorne

Wolf Mankowitz

Titre original *A Kid for Two Farthings*, 1953
Nationalité Grande-Bretagne, 1924
Édition francophone (Suisse) La Palatine
Thèmes histoires de magie, maladie et mort

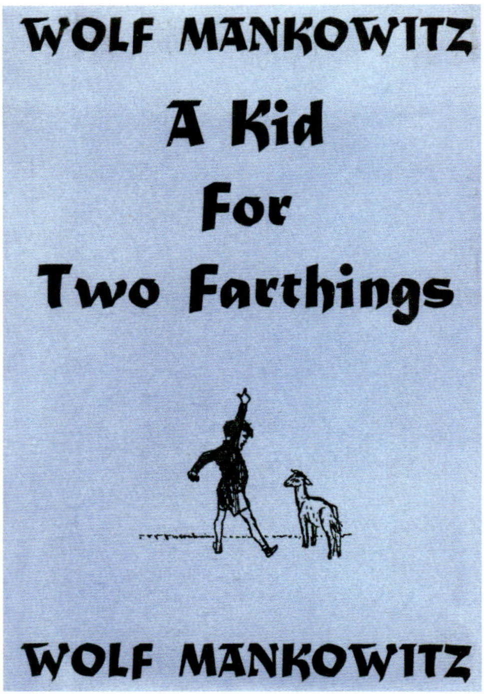

8+

Cette histoire émouvante se déroule dans la communauté juive, pauvre, de l'East End londonien des années 1950. Joe, 5 ans, vit entouré d'adultes. M. Kandinsky, propriétaire de l'appartement où vit le petit garçon, est malheureux parce qu'il a besoin d'une presse à vapeur pour son entreprise, et son assistant, Schmule, est lui aussi ennuyé car sa fiancée, Sonia, désire une bague de diamants. Joe traîne seul dans les rues, effrayé par un clochard qu'il s'imagine être un roi cannibale. Au marché, il trouve un bouc qui ne possède qu'une seule petite corne. Persuadé que c'est une licorne, Joe l'achète avec l'argent de poche qu'il a économisé et le baptise Africana.

« Il chevaucha Africana à travers la jungle où ils combattirent un lion, deux tigres… ils l'emportèrent chaque fois. »

Dans le jardin à l'arrière de la maison, le petit garçon invente des jeux fantastiques dont son bouc et lui sont les héros. Il conçoit ensuite un rituel magique qui doit permettre d'exaucer les vœux de ses amis grâce à la corne d'Africana. Leurs désirs deviennent plus ou moins réalité mais le bouc est si malade qu'un voisin s'en empare secrètement pour mettre fin à ses jours. M. Kandinsky prétend que l'animal est parti retrouver ses parents en Afrique en laissant une pièce en or à Joe.

Mankowitz, auteur, dramaturge et scénariste d'origine juive russe, évoque superbement un lieu et une époque donnés. Ses descriptions de l'East End et de ses habitants sont aussi magiques que l'histoire elle-même. Il adapta son roman pour le cinéma, et le film, mis en scène par Carol Reed et sorti en 1955, fut un grand succès. **WO**

Autres œuvres similaires

Le Jeu des cent robes, Eleanor Estes (p. 495)
Là où vont nos pères, Shaun Tan (p. 701)
Comment j'ai appris la géographie, Uri Shulevitz
Tar Beach, Faith Ringgold (p. 350)
Refugee Boy, Benjamin Zephaniah (p. 913)

Half Magic

Edward Eager   N. M. Bodecker

Situé à Toledo, dans l'Ohio, au cours d'un long été des années 1920, *Half Magic* a pour personnages principaux quatre frères et sœurs : Jane, Mark, Katherine et Martha. Pendant que leur mère, veuve, travaille dans un journal, ils sont sous la garde de la nerveuse Miss Bick. Un jour, les enfants découvrent un objet scintillant sur le trottoir : c'est un charme qui exauce les souhaits. Hélas, l'objet est relativement usé et n'exauce que la moitié du vœu exprimé. Cela crée toutes sortes de problèmes et entraîne de nombreux épisodes très drôles, que les enfants provoquent des dégâts au royaume du roi Arthur ou qu'ils soient kidnappés dans le désert.

« La bibliothèque était à trois kilomètres ; marcher jusque-là était ennuyeux, mais rentrer à la maison, merveilleux. »

Même si l'ensemble évoque une ère révolue, certains épisodes demeurent intemporels, par exemple quand Jane révèle que son père lui manque ou quand elle en veut au petit libraire à la barbe soignée, M. Smith, qui occupe une nouvelle place dans la vie de sa mère. Le concept d'un groupe d'enfants vivant ensemble des aventures est toujours attrayant.

Eager était un dramaturge et parolier reconnu qui commença à écrire pour les enfants parce qu'il cherchait des livres qu'il pourrait lire au sien. La magie est l'un des thèmes principaux de ses romans et il doit beaucoup à l'univers de E. Nesbit, auteur qu'il admirait énormément. On retrouve aussi ici l'influence des autres romans pour enfants d'Eager ainsi que des références aux classiques de la littérature enfantine : les poèmes de Lewis Carroll par exemple. **AK**

Nationalité États-Unis, 1911 (aut.), Danemark/États-Unis, 1922 (ill.)
Édition Harcourt Brace, États-Unis, 1954
Thème histoires de magie

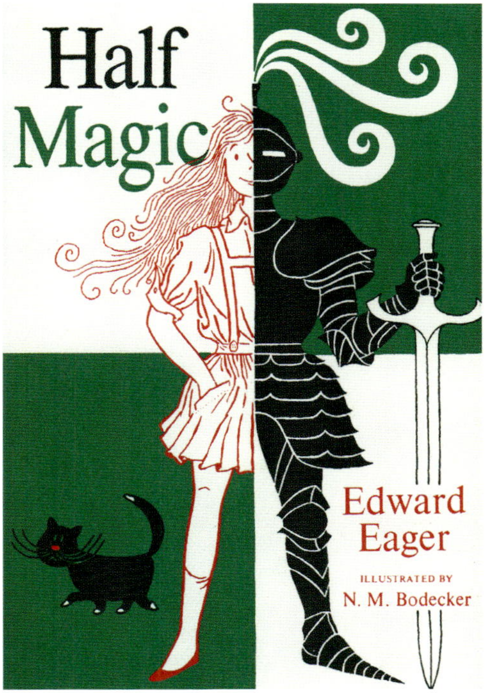

8+

Histoires de magie au service des enfants

Cinq enfants et moi, E. Nesbit (p. 440)
James et la grosse pêche, Roald Dahl (p. 548)
The Ship that Flew, Hilda Lewis (p. 489)

The Children of Green Knowe

Lucy Boston   Peter Boston

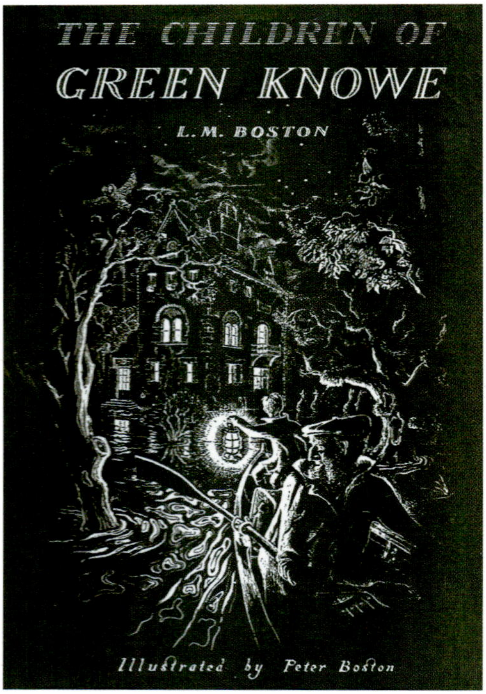

Nationalité Grande-Bretagne, 1892 (aut.), 1918 (ill.)
Édition Faber and Faber, Grande-Bretagne, 1954
Thème aventure

« Une fois qu'on arrive à [Green Knowe], on ne peut plus en ressortir avant la fin de l'inondation. »

8+

Histoires d'épanouissement personnel

Le Jardin secret, F. Hodgson Burnett (p. 455)
La Pourpre du guerrier, Rosemary Sutcliff (p. 538)

La demeure de Green Knowe, inspirée de la maison de Lucy Boston dans la région de Cambridge, en Angleterre, est un ancien manoir parfois baptisé Green Noah (le Noé vert) en référence à la forme du vieil if du jardin. Le manoir forme le lien entre les six romans de la série. Dans le premier, un écolier solitaire du nom de Tolly vient passer Noël avec son arrière-grand-mère, Mme Oldknow, propriétaire actuelle du manoir. Comme elle, le garçon peut communiquer avec ses ancêtres, Alexander, Toby et Linnet, qui vivaient au manoir durant le règne de Charles II. Ces enfants du XVIIe siècle ne sont pas des fantômes, malgré leur caractère insaisissable et intrigant. Leur relation avec Tolly est très humaine et celui-ci peut partager leur monde ou entrer dans les histoires de Mme Oldknow en prenant soin de leurs possessions : le bracelet de Linnet, la flûte d'Alexander et l'épée de Toby. De plus, l'étable est toujours habitée par le cheval presque magique de Toby, Feste.

La maison, coupée du monde à cause d'une inondation puis de la neige, constitue le cadre idéal d'une aventure qui demeure juste assez mystérieuse pour être un peu effrayante. Tolly s'avère en être le héros parfait grâce à son énergie curieuse et au plaisir que lui apporte son lien étroit avec les enfants du passé. La présence de ces derniers s'avère immédiate sur le papier et revigorante, de même que la confiance en soi grandissante de Tolly. C'est une histoire merveilleuse à lire à voix haute, notamment à l'approche de Noël. **GB**

The Wheel on the School

Meindert DeJong — Maurice Sendak

Nationalité Pays-Bas/États-Unis, 1906 (aut.), États-Unis, 1928 (ill.)
Édition Harper, États-Unis, 1954
Thème amitié

Ce roman se déroule en Frise, une région des Pays-Bas où Meindert DeJong vécut jusqu'à l'âge de 8 ans, et raconte l'histoire de six enfants du petit village de Shora, qui, inspirés par leur instituteur, se demandent pourquoi les cigognes ne nichent pas dans leur village alors qu'elles le font dans tous ceux des alentours. Les cinq garçons et Lina, la seule fille du groupe, concluent que les toits sont trop pentus pour accueillir les nids.

On peut aisément résoudre le problème en plaçant une roue sur le toit pour que les cigognes s'y installent, mais où la trouver ? Lina découvre une roue de chariot enterrée sous un bateau. Les enfants sont aidés par Janus, qui a perdu ses jambes lors d'un accident et est en général craint. Ils parviennent à ce que tous les habitants du village viennent les aider à dégager la roue du sable avant que la marée monte. Une violente tempête s'abat sur le village, empêchant de placer la roue sur le toit de l'école. Dès que le vent mollit, les pères des enfants y réussissent, guidés par Janus, juste à temps pour que deux cigognes qui s'étaient presque noyées dans la tempête y nichent.

Une série d'événements à première vue peu importants mais néanmoins fascinants sont décrits avec bienveillance dans ce roman au message optimiste : les rêves peuvent devenir réalité. L'ouvrage est magnifiquement illustré par Maurice Sendak, dont les dessins aux lignes douces, presque floues, reflètent le mouvement de la mer et du vent. **JF**

Un Noël d'enfant au pays de Galles

Dylan Thomas — Edward Ardizzone

Titre original *A Child's Christmas in Wales*, 1954
Nationalité G-B, 1914 (aut.), 1900 (ill.)
Édition française multiples éditeurs
Thèmes classiques, famille

Ce torrent de mots qui vit d'abord le jour comme programme de radio diffusé en 1953 constitue l'un des poèmes en prose les plus puissants jamais écrits. L'auteur débute son œuvre par des souvenirs de bataille de boules de neige, avant de décrire des jeux d'imagination avec des amis, de passer à un récit plein d'affection du jour de Noël, puis à un souvenir qui fait froid dans le dos : une séance de chants de Noël à la fin de laquelle le jeune Thomas se précipite chez lui terrorisé. Parfois racontée à un petit garçon qui interrompt de temps en temps le récit de ses questions, l'histoire s'achève quand le poète se souvient avoir été bordé dans son lit toutes ces années auparavant, lit depuis lequel il « pouvait voir les lumières des fenêtres de toutes les autres maisons de notre colline et entendre la musique qui s'en élevait ».

Débordant d'images saisissantes, ce fragment autobiographique est mis en valeur par les illustrations d'Edward Ardizzone. Ardizzone, qui représente de façon experte les adultes qui entourèrent Dylan Thomas dans son enfance et que le poète décrit avec tant de lyrisme, allie dans ses dessins et aquarelles un humour impertinent et une nostalgie élégiaque pour un passé où tout semblait un peu plus scintillant et mystérieux. Si les poèmes de Thomas demeurent en général difficiles d'accès aux jeunes lecteurs, ce récit des divers événements conduisant à ce qui constitue d'ordinaire pour eux le jour le plus excitant de l'année est un classique destiné à tous les âges. **NT**

Hobberdy Dick

Katharine M. Briggs Jane Kingshill

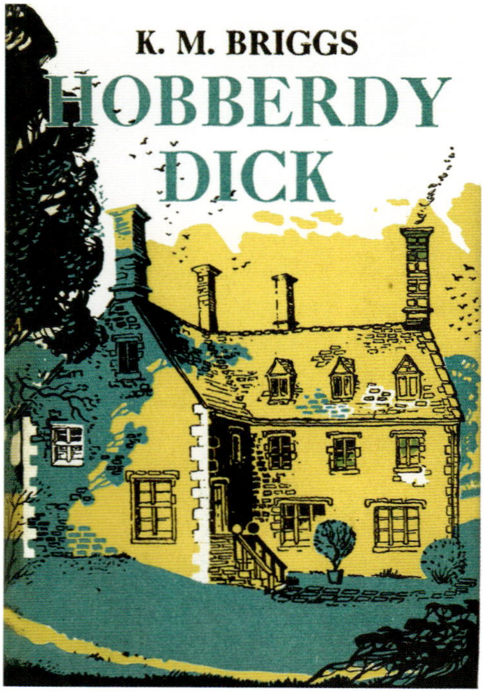

Nationalité Grande-Bretagne, 1898 (aut.)
Édition Eyre and Spottiswoode, G-B, 1955
Thèmes fantastique, mythes et légendes

Hobberdy Dick se déroule pendant la guerre civile anglaise, et si le conflit entre les républicains et les royalistes sert de toile de fond au récit, ce n'est pas son thème central. Le héros, Dick, est un hob ou un gentil lutin domestique qui balaye, baratte la crème et aide aux tâches ménagères. Il demeure dans l'ombre et les hommes ne l'aperçoivent que rarement, et juste du coin de l'œil. Au début de l'histoire, le propriétaire d'une vaste demeure de la campagne anglaise, un royaliste, est obligé de céder la place à une famille de puritains. Les nouveaux habitants, pour qui la magie n'existe pas, ne savent tout d'abord pas qu'ils partagent la maison avec une créature féerique. Hobberdy Dick doit apprendre à vivre avec eux et inversement.

À mesure que le récit progresse, le lutin aide le fils de la maison à faire la cour à une jeune fille, ancienne femme de chambre des propriétaires précédents. Par son entremise, le couple parvient à surmonter une série d'obstacles à leur relation. Il empêche aussi l'enlèvement d'une des filles de la maison par des sorcières. En remerciement, Dick se voit accorder sa liberté et décharger de ses responsabilités domestiques.

Katharine M. Briggs, universitaire spécialiste du folklore qui rédigea plusieurs ouvrages érudits, a su ne pas surcharger son récit de détails historiques. Le fantastique et le surnaturel comptent parmi les éléments de base de la littérature jeunesse du XXIe siècle, et cette évocation du folklore anglais écrite il y a plus d'un demi-siècle et où apparaissent des esprits bienveillants, des créatures féeriques, des fantômes et des sorciers, devrait séduire toute une nouvelle génération de lecteurs. **HJ**

« Je ne connais pas son nom, dit Martha. C'est un petit homme déguenillé qui s'active dans la maison. Je l'aperçois parfois. »

Autres lectures fantastiques

Train de nuit dans la Voie lactée, **Kenji Miyazawa (p. 473)**
Bilbo le hobbit, **J. R. R. Tolkien (p. 485)**
Les Treize Horloges, **James Thurber (p. 513)**
Cœur d'encre, **Cornelia Funke (p. 693)**

Little Bookroom

Eleanor Farjeon E. Ardizzone

Nationalité G-B, 1881 (aut.), 1900 (ill.)
Édition Oxford University Press, G-B, 1955
Thème contes de fées

Enfant, Eleanor Farjeon passait des heures à lire dans la petite bibliothèque au sommet de sa maison, un endroit tranquille où « aucun domestique ne venait jamais […] pour nettoyer les vitres poussiéreuses à travers lesquelles dansaient les rayons de soleil ». Les ouvrages qu'elle y lut comprenaient les poèmes fascinants d'Emily Dickinson, et de nombreux contes de fées et de sorcières, genre littéraire qu'elle préférait par-dessus tout.

Ce livre est un recueil des contes préférés de Farjeon, selon elle « un embrouillamini de fiction, de faits, de rêves et de vérité », qui rappellent les moments de bonheur qu'elle passa en compagnie des auteurs qui l'avaient précédée. Le style des histoires évoque celui des contes de fée anciens : lyriques, passionnantes et amusantes, elles sont peuplées de personnages intemporels tels que Willie le simplet, qui s'avère pas si bête que cela, ou la fille du roi qui pleure à chaudes larmes parce qu'elle veut posséder la lune mais ne peut l'atteindre.

Le recueil compte vingt-sept contes dont l'inspiration va des mythes de l'Antiquité égyptienne aux poèmes de Keats. La plupart sont clairement influencés par des auteurs anciens, comme les frères Grimm, Andersen ou Oscar Wilde, mais tous les contes de Farjeon sont remis au goût du jour. *La Petite Couturière*, par exemple, est l'histoire d'une couturière débordée de travail et que personne ne remarque. Le lecteur la croit destinée à épouser un futur roi. Mais le jeune prince, ne souhaitant pas se marier, envoie à sa place son valet de pied. C'est ce dernier qu'épouse la couturière, et tout est bien qui finit bien. **LH**

Minnow on the Say

Philippa Pearce E. Ardizzone

Nationalité G-B, 1920 (aut.), 1900 (ill.)
Édition Oxford University Press, G-B, 1955
Thèmes aventure, amitié, famille

Ce premier roman de Philippa Pearce s'inspire de son enfance à la campagne près de Cambridge. Elle vivait près d'une rivière où elle faisait du canot, pêchait, nageait et patinait en compagnie de ses frères. Le héros du roman, David, rencontre un garçon nommé Adam Codling. Si ce dernier ne parvient pas à trouver le trésor de famille, dissimulé à la fin du XVIe siècle, ses parents perdront le domaine familial.

Pearce compte parmi les plus grands auteurs britanniques pour la jeunesse du XXe siècle. Dans ce roman, elle ne se contente pas de nous offrir une chasse au trésor conventionnelle : les garçons rencontreront dans leur quête l'inégalité sociale, la détresse profonde, l'anxiété mais aussi la beauté et la gaieté sur les bords de la rivière Say. Les scènes où le grand-père d'Adam le confond avec son fils depuis longtemps décédé, avec le père du jeune garçon ou avec le fils du jardinier restent longtemps à l'esprit.

Si la tristesse est présente dans ce roman, la joie ne manque pas. En même temps qu'ils collaborent dans le canot, parlent de leur famille ou partagent un repas, ces deux garçons très réels et au bon cœur s'attaquent ensemble à un vrai problème. La délicatesse et le respect caractérisent toute l'œuvre de Pearce. **VN**

Livres de Philippa Pearce traduits en français

Croquette et Amandine (p. 310)
Tom et le jardin de minuit (p. 537)
Un chien tout petit (p. 554)
Les Enfants de Charlecote

8+

Le Cheval sans tête

Paul Berna Richard Kennedy

Nationalité France, né Jean Sabran, 1908 (aut.), Grande-Bretagne, 1910 (ill.)
Édition multiples éditeurs, France, depuis 1955
Thème roman policier

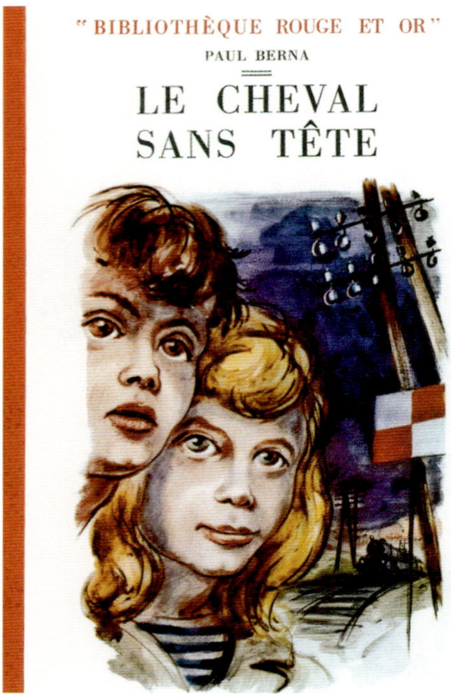

Autres livres de Paul Berna

Témoignage du chat noir
Un pays sans légende
L'Opération Oiseau noir
La Grande Nuit de Mirabal

8+

Jean Sabran prit le pseudonyme de Paul Berna quand il abandonna les romans pour adultes pour écrire pour la jeunesse. *Le Cheval sans tête* le rendit célèbre dans le monde entier, notamment quand Disney l'adapta au cinéma en 1963.

L'aspect le plus saisissant de ce récit traitant d'un groupe d'enfants qui repèrent puis capturent des malfaiteurs qui ont dévalisé un train, est la façon dont il célèbre la liberté dont bénéficient ces gamins dans la banlieue ouvrière du Paris de l'après-guerre. La bande se promène parmi des voies de garage ferroviaires, des sites bombardés et des bâtiments en ruine, et campe même dans l'appentis abandonné d'une scierie. Le cheval du titre est en réalité un corps de cheval en bois décapité que l'on a fixé sur un tricycle et sur lequel les enfants dévalent tour à tour une pente avec insouciance, alarmant piétons et automobilistes en traversant les carrefours à toute allure. C'est le vol de ce cheval qui marque le début d'une extraordinaire aventure.

« Un cheval monté sur trois roulettes en fer qui filait comme un pur-sang… »

L'inspecteur Sinet, policier blasé du commissariat du quartier, observe les activités des enfants avec compréhension mais aussi parfois avec exaspération. L'histoire possède des accents humoristiques et fantastiques. Marion, la seule fille de la bande, a recueilli une meute de chiens abandonnés qui, en l'entendant siffler, accourent à sa rescousse.

L'affrontement final dans une manufacture de feux d'artifice constitue l'apogée appropriée d'une histoire pleine de suspense : au son des coups de révolver, des fusées et des aboiements, les enfants parviennent à tenir les voleurs en échec jusqu'à l'arrivée de la police. **CB**

Sam chien du Texas

Fred Gipson

Situé à la fin des années 1860, juste à la fin de la guerre de Sécession, le grand classique américain de Fred Gipson raconte la relation de Travis, 14 ans, et de son chien Sam. Travis Coates habite à Salt Licks, une petite ville du Texas.

Les temps sont durs et son père doit conduire avec les autres hommes des environs un troupeau jusqu'à Abilene au Kansas. Sachant qu'il sera loin de sa femme, de son fils et du petit Arliss, 5 ans, pendant plusieurs mois, il charge Travis de prendre soin de la famille et du ranch en son absence.

Un chien errant et laid arrive un beau jour pour voler la viande de la famille, mais il sauve aussi Arliss de la furie d'une ourse. Travis adopte alors le chien et tous deux deviennent inséparables. Dans le livre américain, Travis baptise son compagnon Old Yeller (« vieux hurleur »), terme qui fait allusion à la fois à ses poils d'un jaune terne, une couleur appelée *yeller* à l'époque, et à ses cris, qui s'apparentent davantage à des hurlements qu'à des aboiements. Vaurien et voleur, le chien est aussi fidèle, courageux et intelligent, capable de protéger Travis et sa famille dans leur ranch isolé.

« Avoir un bon chien chez soi valait mieux que [la présence de] deux ou trois hommes… »

Le livre, très populaire, a été adapté avec succès par Disney en 1957. Ce ne sont pas seulement les aventures de Travis et de son chien qui font de ce roman un grand classique, mais également l'évocation de la vie quotidienne juste après la guerre de Sécession. C'est toutefois la relation entre le garçon et son compagnon qui émeut, même si la conclusion fend le cœur. **CK**

Titre original *Old Yeller*, 1956
Nationalité États-Unis, 1908
Édition française Hachette
Thèmes histoires d'animaux, amitié

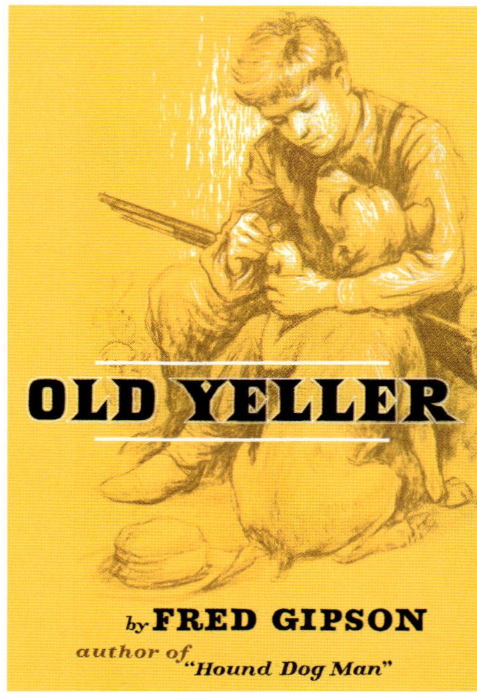

8+

Autres histoires de chiens courageux

Lassie chien fidèle, Eric Knight (p. 490)
L'Enfant qui chassait la nuit, Wilson Rawls (p. 551)

Les Cent Un Dalmatiens

Dodie Smith Janet et Anne Grahame Johnstone

Titre orig. *The Hundred and One Dalmatians*, 1956
Nationalité G-B, 1896 (aut.), 1928 (ill.)
Édition française multiples éditeurs
Thèmes classiques, histoires d'animaux

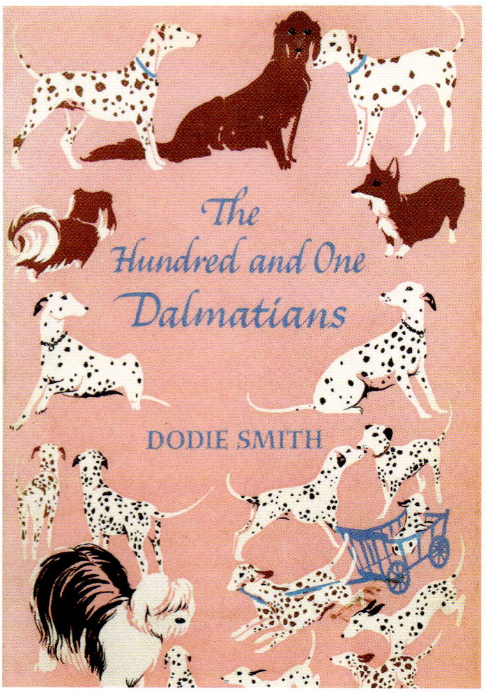

8+

Dodie Smith était déjà une dramaturge et romancière réputée quand elle eut l'idée d'écrire son premier livre pour enfants après qu'une amie eut fait la remarque que « ces chiens feraient un splendide manteau de fourrure » en parlant de ses dalmatiens. C'est exactement ce que pense l'intrigante Cruella de Vil, quand elle voit pour la première fois les quinze chiots des adorables Pongo et Missis Pongo. Ces deux dalmatiens vivent avec les Dearly, près de Regent's Park, à Londres. Les Dearly sont des maîtres aimants qui vont jusqu'à adopter une nourrice, Perdita, pour aider Missis avec sa portée dont un chiot, Rolly, est malade. Cruella, elle, est mariée à un fourreur et donne des coups de pied à ses chats. Quand les chiots disparaissent, leurs parents affolés peuvent

« M. et Mme Dearly [...] étaient gentils, obéissants et d'une intelligence... presque canine. »

retrouver leur trace grâce au « téléphone arabe » des chiens, l'« aboiement du soir ». L'histoire de leur sauvetage et de celui de 82 autres chiots eux aussi destinés à être transformés en manteau comprend une poursuite en voiture à travers l'Angleterre, des évasions délicates et une vengeance satisfaisante contre la froide Cruella.

Le livre de Smith offre de nombreux plaisirs qui n'apparaissent pas dans le dessin animé. Elle se délecte de l'absurdité des relations entre chiens et hommes : Rolly regarde la télévision ; les Dearly ne sont pas assez bien dressés pour pouvoir sortir seuls. Elle observe finement les nuances de la vie anglaise : Cruella fait terriblement parvenue, cependant que le bull-terrier qui travaille avec des déménageurs est l'exemple même du mauvais garçon cockney. Le récit se déroule à un rythme soutenu afin que les lecteurs acceptent sans tiquer des concepts fantaisistes. **VN**

Autres histoires d'animaux

***Stuart Little*, E. B. White (p. 499)**
***Un grillon dans le métro*, G. Selden (p. 543)**
***Madame Brisby et le secret de Nimh*, Robert C. O'Brien (p. 588)**
***La Légende de Despereaux*, Kate DiCamillo, (p. 694)**

The Warden's Niece

Gillian Avery   Dick Hart

Maria est une enfant timide mais résolue qui rêve de devenir professeur de grec même si à l'université d'Oxford à la fin des années 1870 les femmes venaient juste d'obtenir le droit d'assister aux cours. Dans sa sévère école de filles, elle ne cesse de s'attirer des ennuis pour avoir violé des règles absurdes. Après un cours de géographie particulièrement désastreux, elle s'enfuit pour Oxford.

Son oncle, gardien du fictif Canterbury College d'Oxford, montre autant de dédain pour son école de filles que d'enthousiasme pour ses objectifs universitaires. Maria, décide-t-il, prendra des cours avec les trois fils rebelles du professeur qui habite à côté : James, l'insupportable et impudent cadet, l'anxieux Joshua, et Thomas, l'aîné, hautain et qui doit bientôt rejoindre la prestigieuse Rugby School. Les cours sont donnés par M. Copplestone, un précepteur non conformiste qui, le premier jour où on le laisse seul, se débrouille pour tomber d'un poirier dans le poulailler du professeur.

Les plans aventureux de M. Copplestone alliés aux bagarres en général bon enfant des trois garçons et à leurs exploits parfois imprudents contrastent avec les ambitions plus sérieuses de Maria. Un jour, au cours de la visite d'une demeure historique des environs, elle résout le mystère qui entoure le portrait d'un garçon inconnu, et déterminée à prouver ses capacités scolaires, elle entreprend des recherches pour établir son identité.

Face à d'innombrables obstacles s'opposant à ses études supérieures et stimulée par ses exubérants compagnons, elle se trouve entraînée dans une série de frasques effrayantes pour elle mais très drôles pour le lecteur. Grâce à ses efforts et à sa bonne fortune, elle découvre enfin les réponses qu'elle cherchait, et la conclusion du roman, un mélange de comédie domestique et de défenses des possibilités universitaires des filles, est profondément satisfaisante. **KA**

Nationalité Grande-Bretagne, 1926 (aut.), données inconnues (ill.)
Édition Collins, Royaume-Uni, 1957
Thèmes aventure, roman historique

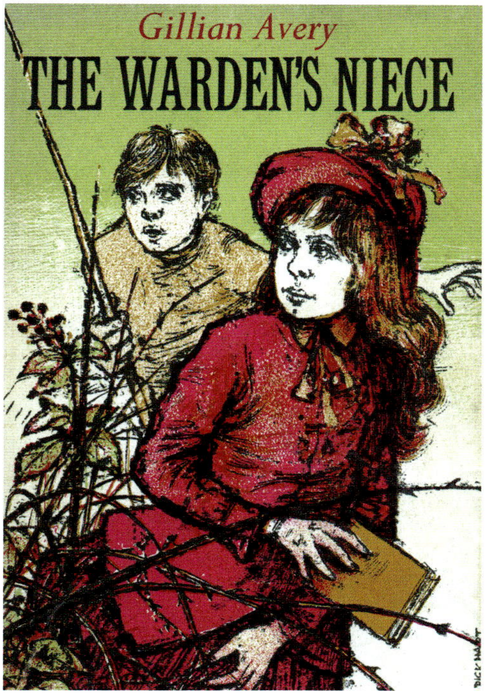

8+

Autres histoires d'écolières originales

The School at the Châlet, Elinor Brent-Dyer, (p. 462)
Hurrah for St. Trinian's, Ronald Searle (p. 509)
Autumn Term, Antonia Forest (p. 510)

Gaston Lagaffe

André Franquin et al.

Nationalité Belgique, 1924 (Franquin), 1928 (Yvan Delporte), 1935 (Jidéhem)
Édition Dupuis, Belgique, 1957
Thèmes bandes dessinées, personnages favoris

8+

Gaston Lagaffe, personnage de bandes dessinées, a vu le jour presque par erreur en 1957. Au départ il n'était que le résultat d'une complexe plaisanterie et destiné à combler l'espace dans le journal *Spirou*. Toutefois ses nombreuses gaffes firent rapidement de lui l'un des personnages les plus populaires du magazine, et de fait, quand Dupuis tenta de l'éliminer, une campagne de soutien des lecteurs lui sauva la vie.

Gaston Lagaffe, employé de bureau, passe ses heures de travail à dormir et à éviter le moindre effort ; des tonnes de courrier des lecteurs auquel il ne répond jamais s'entassent sur son bureau où règne l'anarchie. Il consacre son énergie à des projets insensés et à des machines bizarres : un engin qui produit des ronds de fumée, un mannequin en latex à son image, un monstrueux instrument de musique rappelant vaguement une harpe, un fer à repasser télécommandé… Aucune de ces inventions n'apporte à Gaston la célébrité ni la fortune dont il rêve, mais toutes provoquent le chaos : les bureaux du journal sont plusieurs fois inondés ou victimes d'explosions, et les importants contrats que le chef de Gaston tente de négocier ne sont jamais signés. Quels que soient ses méfaits, ses collègues (et son employeur) lui pardonnent toujours, car malgré ses gaffes Gaston possède des qualités : son amour de la nature, son pacifisme sincère, et l'individualité rêveuse qu'il parvient à conserver dans le monde de l'entreprise par ailleurs sans saveur.

Gaston Lagaffe a été créé par Franquin mais ses collègues de *Spirou* ont aussi contribué au personnage. **CFR**

Tüskevár

István Fekete

Nationalité Hongrie, 1900
Édition Móra, Hongrie, 1957
Thèmes amitié, nature et science

Tüskevár est encore aujourd'hui l'un des romans pour enfants les plus populaires de Hongrie. Il raconte l'histoire de deux petits citadins qui passent leurs vacances d'été dans la campagne hongroise, sur les rives du lac Balaton. Ignorants des coutumes de la campagne, les deux petits garçons sont guidés dans leur apprentissage de la nature par un vieil homme sage, et en viennent peu à peu à aimer leur nouvel environnement.

Ils apprennent à ramer sur le lac, s'effraient à la vue de couleuvres, allument un feu dont ils perdent le contrôle et l'un d'entre eux manque de perdre un doigt, mais ces incidents les aident à grandir, à faire preuve de plus d'autonomie et à apprécier la nature. La popularité constante en Hongrie de ce récit lyrique et plein d'humour provient du fait que bon nombre des lieux et animaux qui y sont décrits sont en train de disparaître. *Tüskevár* a reçu le prix littéraire Attila Joszsef en 1960 et a été adapté au cinéma en 1967. Une suite, *Téli Berek*, a été publiée en 1959. Les garçons y revisitent les lieux en plein hiver et découvrent combien le paysage est différent selon les saisons, mais aussi combien eux-mêmes ont changé.

Itsván Fekete est l'un des auteurs les plus célèbres et les plus appréciés de Hongrie. La majeure partie de son œuvre, que ce soient des romans ou des essais, traite de la nature, des animaux et de la campagne. C'est cet amour de la nature qui a amené à établir le centre pédagogique Itsván Fekete – une réserve naturelle où les enfants découvrent la faune et la flore ainsi que la vie de la campagne. **HJ**

Tom et le jardin de minuit

Philippa Pearce Susan Einzig

Titre original *Tom's Midnight Garden*, 1958
Nationalité G-B, 1920 (aut.), All., 1922 (ill.)
Édition française multiples éditeurs
Thèmes classiques, fantastique, amitié

Si vos enfants ne devaient lire qu'un seul livre, choisissez celui-ci. C'est le chef-d'œuvre de Philippa Pearce. Il raconte l'histoire du jeune Tom qu'on envoie séjourner chez sa tante et son oncle, un couple sans enfants, dans la campagne plate de l'est de l'Angleterre. Exilé à cause de la rougeole de son frère, Tom se sent seul, jusqu'à ce qu'une nuit il entende une horloge frapper treize coups. Quand il descend enquêter, il pénètre dans un magnifique jardin qui semble avoir appartenu à la maison à une époque révolue. Il s'y lie d'amitié avec Hatty, une orpheline.

Tom et Hatty ont beaucoup en commun, jouent ensemble et partent en excursion, mais chaque fois qu'ils se retrouvent, Hatty semble avoir grandi et Tom paraît plus fantomatique aux yeux de cette dernière. Dans une splendide scène décisive, ils descendent en patins à glace une rivière jusqu'à la ville d'Ely, parvenant tout juste à devancer la fonte des glaces, puis Hatty disparaît et Tom doit repartir chez lui. On apprend enfin de façon poignante que Hatty est la vieille propriétaire qui vit toujours au dernier étage de la maison de son enfance, le jardin originel ayant disparu sous les constructions depuis longtemps. La vieille dame et Tom se reconnaissent au-delà des époques et s'étreignent brièvement.

Pearce dépeint avec amour le jardin clos, inspiré de celui où elle jouait enfant, mais avec plus d'affection encore la tendresse entre ses deux protagonistes. Elle respecte ses personnages et décrit avec délicatesse et honnêteté dans ce récit passionnant la permanence et le caractère transitoire des affections. **VN**

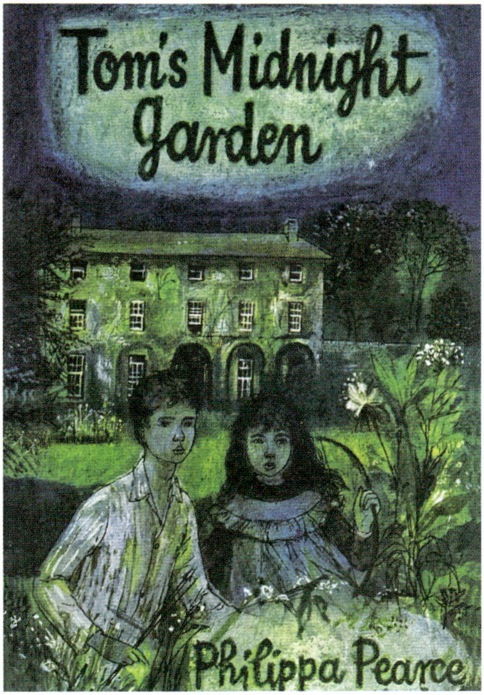

« Treize [coups] ? L'esprit de Tom tressaillit. Avait-elle vraiment sonné ainsi ? Même les vieilles horloges ne sonnaient jamais comme cela. »

Autres récits de voyage dans le temps

Le Fantôme de Thomas Kempe, Penelope Lively (p. 591)
Stig of the Dump, Clive King (p. 558)
Charlotte Sometimes, Penelope Farmer (p. 582)

8+

La Pourpre du guerrier

Rosemary Sutcliff Charles Keeping

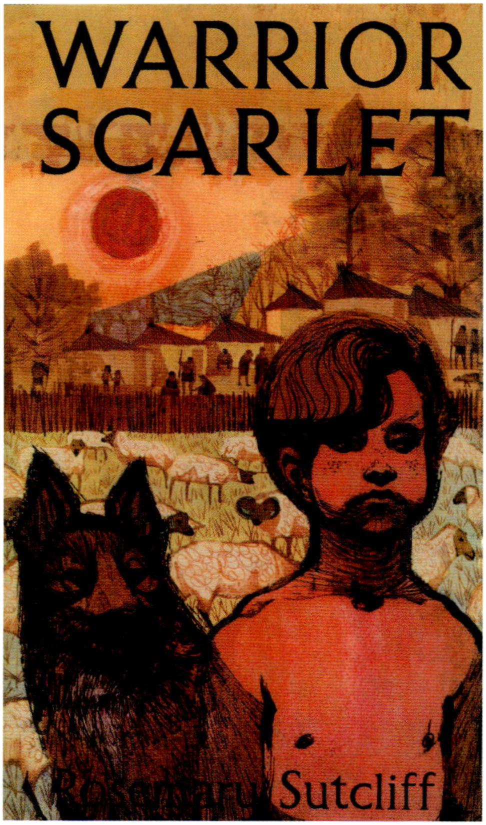

« Nos lances de silex n'étaient que des joncs aux épis marron. »

Autres romans historiques notables

Chronique des temps obscurs : frère de loup, Michelle Paver (p. 697)
La Quête du roi Arthur, T. H. White
Charlotte Sometimes, Penelope Farmer (p. 582)
Fire, Bed and Bone, Henrietta Branford (p. 664)

Titre original *Warrior Scarlet*, 1958
Nationalité G-B, 1920 (aut.), 1924 (ill.)
Édition française Gallimard Jeunesse
Thème roman historique

Drem, un garçon à l'esprit curieux qui appartient à une tribu de l'âge de bronze, approche de la fin de l'adolescence. Il doit maintenant tuer un loup pour devenir un homme et porter la pourpre du guerrier. Mais comment peut-il y arriver alors qu'il est handicapé du bras droit ? Soudain la tribu qui paraissait accueillante et sûre devient dure et hostile. Drem doit prouver sa valeur sous peine d'être rejeté. Il entreprend un douloureux périple au cours duquel il découvre qui il est vraiment et se fait trois nouveaux amis : un chien loyal, un frère de sang qui lui sauve la vie, et une fille qui l'aime.

L'auteur confessa un jour : « Je n'ai qu'une intrigue en moi, un garçon qui en grandissant découvre qui il est. » Ses romans ont pour thème les légions romaines en Grande-Bretagne, la chevalerie au temps du roi Arthur et l'Angleterre médiévale ainsi que les légendes écossaises, anglaises ou grecques. Ses héros sont principalement des jeunes gens athlétiques qui surmontent handicaps et blessures pour se faire accepter par les autres. Fait non négligeable, Rosemary Sutcliff était elle-même clouée dans un fauteuil roulant par la maladie. Dotée d'une formation artistique, elle ne se maria jamais et écrivait encore le jour de sa mort.

Deux autres éléments dominent ses ouvrages : les chiens et la campagne anglaise. Le comportement des premiers est décrit avec amour et humour, et les paysages sont brossés avec le sens des détails d'un peintre. Sutcliff connaissait bien les épopées anglo-saxonnes, et elle créa des romans dont l'intrigue se dévoile lentement mais dont les personnages semblent s'être développés à partir de leurs racines historiques. **VN**

Mortadel et Filemon

Francisco Ibáñez

Titre original *Mortadelo y Filemón*, 1958
Nationalité Espagne, 1936
Édition française Mon Journal
Thèmes aventure, bande dessinée

Peu de personnages de bandes dessinées survivent plus de cinquante ans. C'est pourtant le cas de *Mortadelle et Philémon*. Plus de 150 millions d'exemplaires de leurs divers albums se sont vendus à ce jour. Ils ont même reçu le prix Goya.

La personnalité des deux protagonistes s'est développée au fil de la première série pour constituer les fondations de ce qui allait devenir l'humour graphique parfois surréaliste de cette bande dessinée. Philémon est un patron grincheux et intransigeant qui porte une veste à carreaux et fume la pipe. Mortadelle, son assistant, porte une redingote et un chapeau melon.

En 1969, les deux personnages ont changé d'apparence pour devenir des parodies d'agents secrets d'histoires d'espionnage. D'autres personnages sont venus les rejoindre : le Patron, le professeur Bactérie, et, vingt ans plus tard, une secrétaire, Ophélie. Les aventures de Mortadelle et Philémon foisonnent de malentendus, de poursuites, de bagarres, et, depuis les années 1980, de références aux situations sociales et politiques de l'Espagne. Ibáñez inclut de plus en plus souvent en toile de fond de ses vignettes des éléments humoristiques qui n'ont presque rien à voir avec son sujet.

Les albums sont aujourd'hui classés dans diverses séries, comme celle intitulée *Olé!* qui comprend certaines des plus drôles des bandes dessinées et *Súper humor clásicos* (« Classiques du super humour ») pour ceux qui recherchent les premières aventures des deux héros. **EB**

Dans le grand désert

James Vance Marshall

Titre original *Walkabout*, 1959
Nationalité G-B, né Donald G. Payne, 1924
Édition française Gallimard Jeunesse
Thème aventure

« Quand un garçon n'a que 8 ans, avoir une grande sœur qui en a 13 est merveilleusement réconfortant. » Le garçon en question est Peter, la sœur aînée, Mary, et tous deux sont originaires de Charleston, en Caroline du Sud. À la suite d'un accident d'avion, ils se retrouvent en Australie dans le Territoire du Nord, à plus de 2 000 kilomètres d'Adélaïde où vit leur oncle chez qui ils se rendaient. Sans rien à boire ni à manger, ils entreprennent une traversée du désert qui, ils l'espèrent, les mènera à leur destination première.

Ce qui aurait pu n'être qu'un récit de survie et d'aventure devient tout autre chose quand Mary et Peter rencontrent un adolescent aborigène, qui entreprend lui aussi sa traversée du désert, un test d'endurance dans les étendues sauvages et un rite de passage que tout garçon de sa tribu doit réussir pour devenir un homme. Dès la première rencontre des trois enfants, le roman devient une exploration de deux cultures diamétralement opposées. Les deux petits Américains abordent la situation avec tous les préjugés racistes de l'Amérique des années 1950 : Peter s'adresse constamment au jeune Aborigène en le surnommant moricaud et Mary, qui a peur des Noirs en général, voit dans les gestes d'amitié du jeune Aborigène des avances sexuelles. Un peu daté, le roman a parfois recours à des stéréotypes faciles. Cela demeure toutefois un récit puissant qui dépeint le développement des relations entre les trois enfants, avec en toile de fond un bush australien décrit de façon vivante. **RD**

El niño, la golondrina y el gato

Miguel Buñuel Lorenzo Goñi

Nationalité Espagne, 1924 (aut.), 1911 (ill.)
Édition Doncel, Espagne, 1959
Thèmes amitié, fantastique, histoires d'animaux

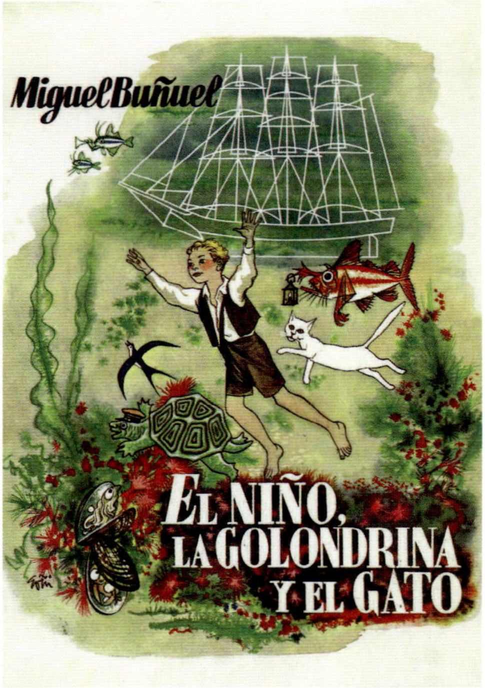

8+

Autres histoires de voyages oniriques

Train de nuit dans la Voie lactée, Kenji Miyazawa (p. 473)
Le Royaume fantôme, Norton Juster (p. 551)
The Ship that Flew, Hilda Lewis (p. 489)

C'est l'un des livres pour enfants les plus importants de l'après-guerre espagnol. Poétique, débordant de symbolisme, le livre raconte le voyage merveilleux d'un petit garçon, d'une hirondelle et d'un chat qui se rendent bien au-delà des limites de la Terre, « tout au bord du ciel, là où s'éteint le grondement des étoiles et commence le silence du néant ».

Le garçon, qui n'est jamais nommé, est un être sensible et réfléchi qui porte sur son dos tout ce qu'il possède. Il pénètre dans la forêt accompagné d'un chat blanc et d'une hirondelle qui ne peut migrer à cause d'une aile cassée. Leur aventure est ponctuée d'histoires folles où apparaissent des personnages inspirés de la nature et qui rappellent l'univers d'*Alice au pays des merveilles* par leur façon de jouer avec les métaphores, ou *Le Petit Prince*, qui traite aussi d'un voyage d'initiation. Comme un miroir qui refléterait les représentations de l'inconscient, les illustrations très vivantes de Goñi mettent en valeur le ton poétique du roman conçu comme une parabole, porteur d'un message pacifiste et doté d'accents mystiques où la mort et l'éternité coexistent.

« Les étoiles du garçon, de l'hirondelle et du chat scintillent en se détachant contre le lac, comme des soleils. »

Romancier fantastique et plein d'imagination, Buñuel s'est vu récompensé par divers prix pour son autre livre pour enfants, *Narciso bajo las aguas* (« Narcisse sous les eaux »). L'ouvrage, très original, écrit dans un style élégant et musical, et où le lecteur est invité à contempler les étoiles, est désormais un classique. Buñuel a aussi reçu le prix espagnol de littérature en 1950. **EB**

Le garçon rêve d'un royaume sous-marin merveilleux.

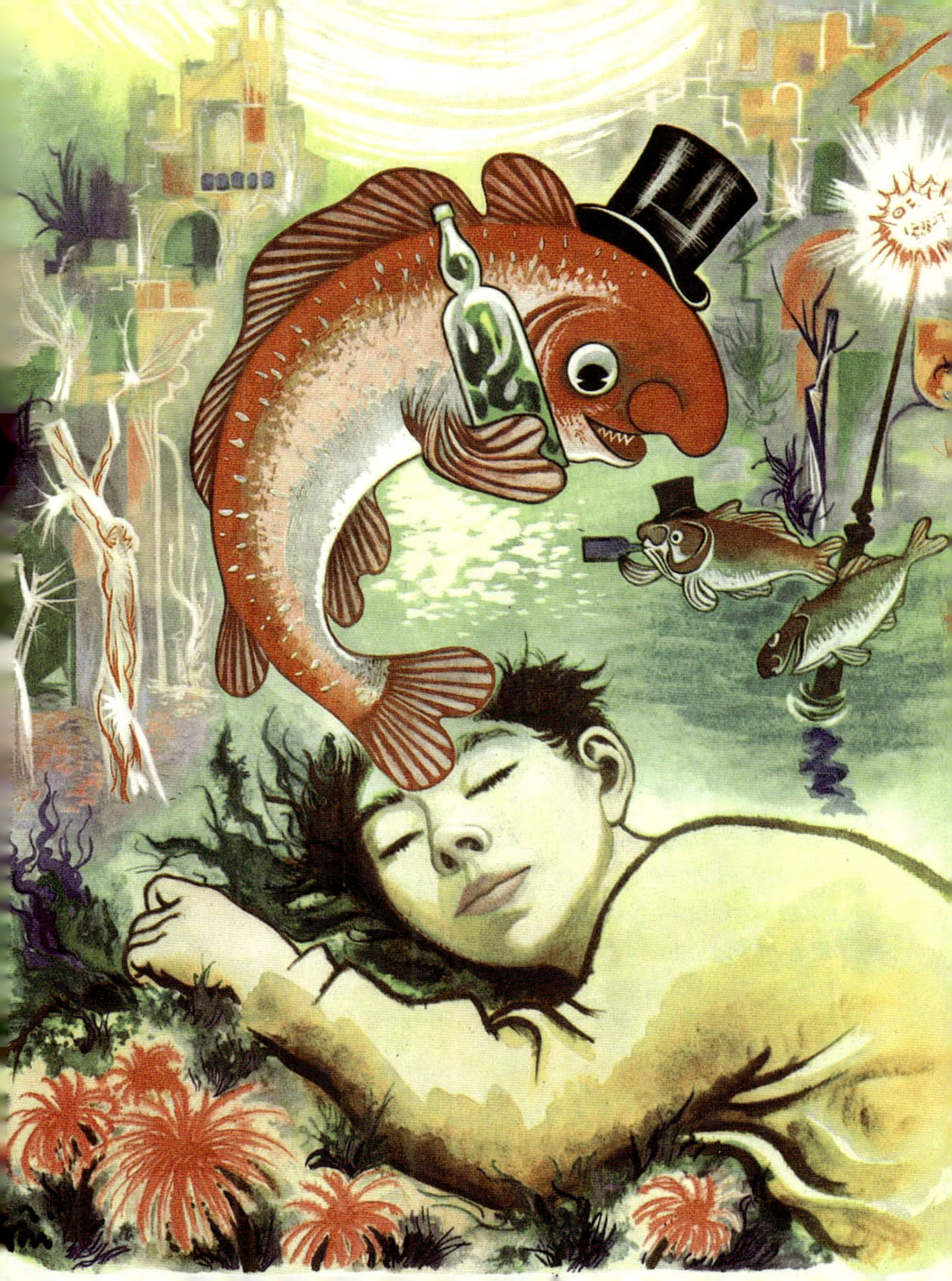

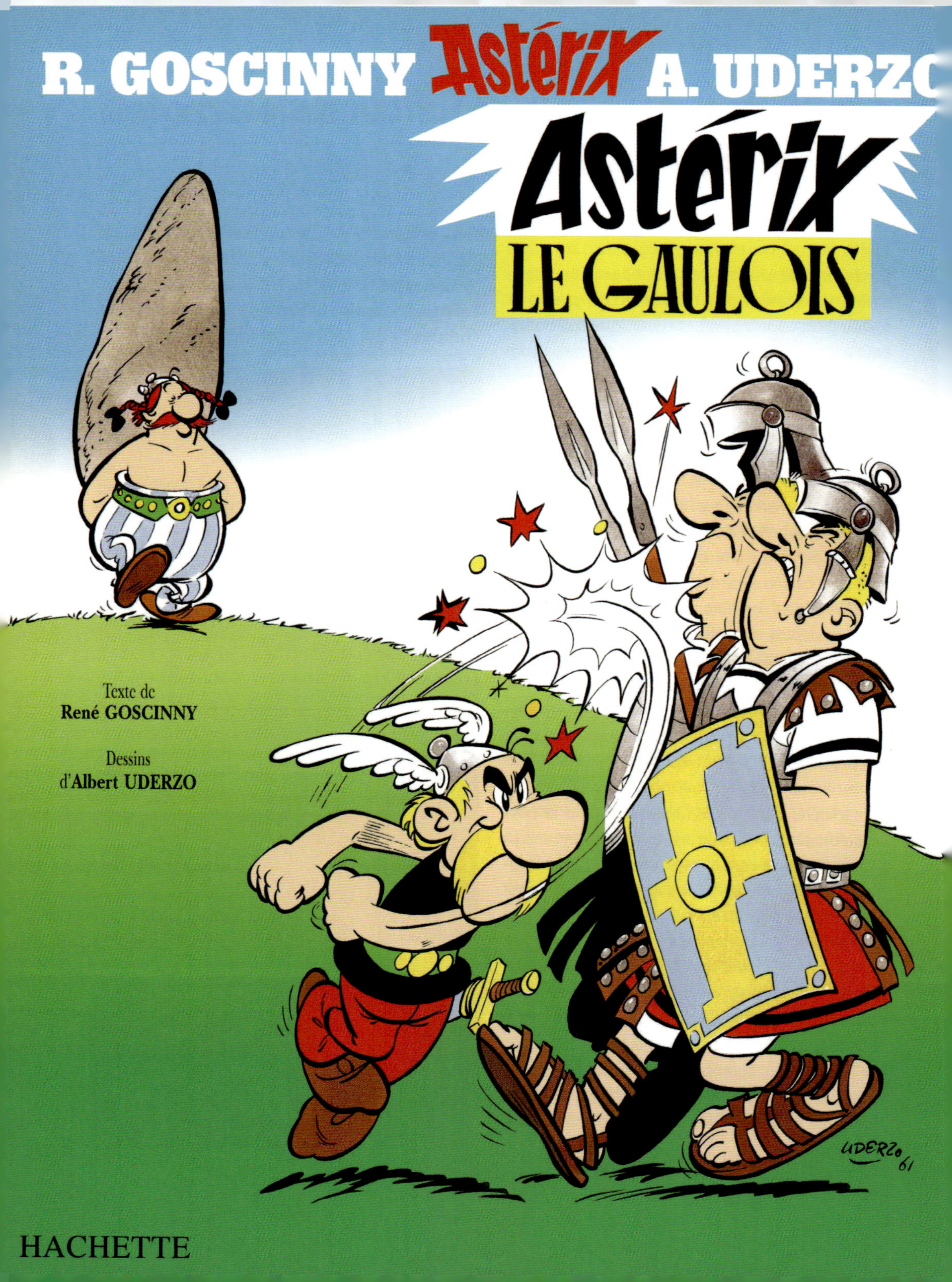
R. GOSCINNY Astérix A. UDERZO
Astérix
LE GAULOIS
Texte de
René GOSCINNY
Dessins
d'Albert UDERZO
UDERZO 61
HACHETTE

Astérix le Gaulois

René Goscinny Albert Uderzo

Nationality France, 1926 (aut.), 1927 (ill.)
Édition Dargaud, France, 1961
Thèmes amitié, guerre, bande dessinée

Astérix est tout d'abord paru sous forme de feuilleton dans le journal de bandes dessinées *Pilote* en 1959. Il remporta un tel succès que René Goscinny et Albert Uderzo décidèrent de consacrer à ce personnage des albums entiers.

L'héroïque Astérix est une tête brûlée dont l'objectif principal est de chasser les Romains de Gaule. Il est aidé en cela par un sage druide, Panoramix, qui fabrique des potions magiques dont une qui confère à celui qui la boit une force surhumaine. L'ami d'Astérix, Obélix, grand et bien en chair, doit sa force extraordinaire à sa chute dans le chaudron de potion magique quand il était petit. Dans *Astérix le Gaulois*, où les Romains kidnappent Panoramix pour lui faire révéler la composition de la potion, Astérix et Obélix s'amusent comme des petits fous aux dépens des soldats de Jules César.

Les dessins d'Uderzo sont pleins d'esprit et vivement colorés, les scénarios de Goscinny extraordinairement drôles. Tous deux font régulièrement référence à la culture populaire européenne pour un effet comique décuplé. Goscinny utilise aussi beaucoup de jeux de mots qui ont été traduits avec soin dans les diverses éditions étrangères. La série caricature souvent certains personnages et utilise des stéréotypes nationaux inoffensifs (par exemple, les Anglais boivent de la bière tiède). Dans l'ensemble, l'accumulation des détails s'avère fascinante et les références espiègles à des événements, des œuvres d'art et des personnages de l'histoire ou de la culture populaire sont un délice. **CK**

L'Incroyable Voyage

Sheila Burnford

Titre original *The Incredible Journey*, 1961
Nationalité Grande-Bretagne, 1918
Édition française multipes éditeurs
Thème histoires d'animaux

L'Incroyable Voyage a été à l'origine écrit pour les adultes mais il a rencontré un tel succès auprès des enfants qu'il a depuis été adapté au grand écran à deux reprises par Disney. Ce récit a pour protagonistes trois animaux de compagnie : un chat siamois, Tao, un vieux bull-terrier anglais, Bodger, et un grand labrador roux, Luath. Ils appartiennent à Jim Hunter, sa femme et leurs deux enfants, Peter et Elizabeth.

Jim est professeur d'anglais, et quand il doit prendre la route pour donner une série de conférences sa famille part avec lui en confiant les animaux à John Longridge, le parrain d'Elizabeth. Célibataire, celui-ci vit dans une maison en pierre au milieu des lacs et des bois de l'Ontario, à près de 400 kilomètres des Hunter. Quand Longridge s'absente pour chasser quelques jours, les animaux, à qui la compagnie des êtres humains manque, décident de partir à la recherche de la famille qu'ils adorent. Ils rencontrent en chemin de nombreux obstacles, dont la faim, le froid et les bêtes sauvages de la forêt, comme les ours.

Leur histoire est faite de courage et de camaraderie, et s'ils bénéficieront parfois de la gentillesse des autres animaux et des hommes (représentés par des fermiers et des Amérindiens), ces deux groupes seront aussi parfois synonymes de danger pour les trois compères. Le récit de leur périple est rehaussé de descriptions évocatrices de la beauté âpre des vastes espaces sauvages du Canada, pays d'adoption de Sheila Burnford. **CK**

James et la grosse pêche

Roald Dahl   Nancy Ekholm Burkert

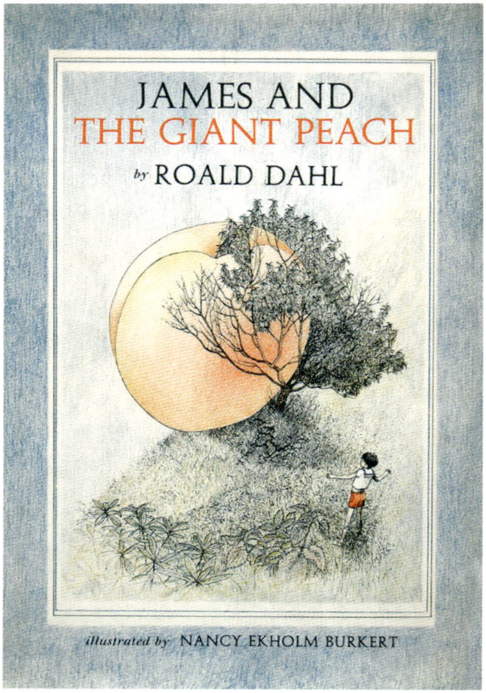

« On envoya James vivre avec ses deux tantes […] qui, je suis désolé de le dire, étaient toutes deux vraiment horribles. »

Autres livres de Roald Dahl

Matilda (p. 342)
Charlie et la chocolaterie (p. 564)
Le Doigt magique (p. 573)
Le Bon Gros Géant (p. 614)
Sacrées Sorcières !

Titre original *James and the Giant Peach*, 1961
Nationalité G-B, 1916 (aut.), É-U, 1933 (ill.)
Éd. française Gallimard Jeunesse (ill. Q. Blake)
Thèmes fantastique, histoires de magie

À la parution de son premier livre pour enfants, *James et la grosse pêche*, Roald Dahl était déjà connu pour ses étranges nouvelles pour adultes. Ce petit bijou de conte aux personnages magnifiquement dessinés et à l'intrigue au rythme rapide est l'une de ses meilleures œuvres.

Telle Cendrillon, James Henry Trotter se retrouve soudain orphelin, obligé d'habiter chez ses deux tantes, deux personnages très désagréables. Un jour, un inconnu lui offre un sac de haricots magiques grâce auxquels des choses merveilleuses lui arriveront.

Au lieu de manger les haricots, James les laisse tomber à terre et ils se tortillent jusqu'aux racines d'un pêcher. Presque instantanément une pêche commence à pousser et pousser jusqu'à atteindre la taille d'une maison. James découvre un tunnel qui conduit jusqu'au centre du fruit. Une fois qu'il s'est hissé à l'intérieur, il devient l'ami d'une foule d'insectes devenus énormes eux aussi.

La pêche commence soudain à dévaler la colline, écrasant au passage les deux horribles tantes, et tombe dans la mer. Attaqués par les requins, James et ses compagnons harnachent un vol de mouettes qui passait par là et qui soulève la pêche hors de l'eau. Les cieux ne sont pas plus sûrs : ils y sont attaqués par de terrifiants hommes des nuages. Ils parviennent enfin à New York, où l'immense pêche s'empale sur l'Empire State Building. Tous les animaux trouvent un emploi dans lequel ils peuvent se rendre utiles et James vit dans le noyau de pêche, au milieu de Central Park où il trouve de nombreux enfants avec qui jouer. **CW**

Fantômette

Georges Chaulet · J. Bazin-Hives

Nationalité France, 1931 (aut.), 1927 (ill.)
Édition Hachette, France, 1961
Thèmes fantastique, aventure

En 1961, Georges Chaulet crée une héroïne de roman-feuilleton qui ne ressemble à aucune autre : une mystérieuse jeune fille masquée qui choisit de lutter contre le crime et de rétablir l'ordre et la justice là où ils font défaut. Elle agit surtout la nuit, sait déjouer les plans les plus machiavéliques ; elle se moque du danger et peut surgir de nulle part ; son nom est Fantômette.

Dans la petite ville de Framboisy, beaucoup de jeunes filles rêvent de rencontrer Fantômette ou de lui ressembler ; surtout Ficelle, une grande fille maigre aux cheveux blonds, rêveuse, maladroite et un peu fantaisiste, et Boulotte, sa copine passionnée de nourriture qui se trouvera parfois à deux doigts de découvrir la véritable identité de l'héroïne. Ficelle et Boulotte partagent leurs temps avec leur meilleure amie, Françoise, qui s'intéresse à tout, lit beaucoup et possède d'étonnantes capacités sportives. Mais Françoise mène une vie parfois bien solitaire et mystérieuse. Ensemble elles vont connaître de nombreuses aventures et se trouver confrontées à de sérieux dangers. Heureusement, Fantômette intervient toujours, même dans les situations les plus désespérées ! Les ennemis de la justicière sont nombreux mais celui qu'elle affronte le plus souvent est un gangster redoutable surnommé Le Furet qui tente chaque fois d'éliminer la justicière.

D'après l'auteur, *Fantômette* était d'abord destinée à de jeunes lectrices ; les 49 volumes des aventures de l'héroïne masquée ont su passionner un large public et le succès, depuis, ne s'est jamais démenti. Une adaptation télé a vu le jour sous forme de série en 1992, suivie d'un dessin animé sept ans plus tard. **SL**

Les Six Compagnons

Paul-Jacques Bonzon · A. Chazelle

Nationalité France, 1908 (aut.)
Édition Hachette, France, 1961
Thèmes aventure, amitié

Les Six Compagnons est une série littéraire destinée principalement aux enfants, créée par Paul-Jacques Bonzon, instituteur et directeur d'école. Il décrit la solidarité qui anime les milieux modestes auxquels appartiennent ses héros : un groupe de six garçons, une fille et un chien (Kafi), vivant à Lyon dans le quartier de la Croix-Rousse et en quête d'aventures passionnantes.

Le premier des 49 volumes de la série, *Les Compagnons de la Croix-Rousse,* raconte la rencontre des héros. Tidou quitte son village natal pour venir habiter à Lyon. Lorsque son chien Kafi disparaît, il reçoit l'aide des « gones » (enfants lyonnais) de son école et de Mady, une petite fille handicapée, qui lui permettront de le retrouver. Les épisodes suivants sont des intrigues policières qu'élucident les enfants, dans un souci de recherche d'aventures, mais aussi le plus souvent pour aider des amis de fraîche ou de longue date.

Chaque personnage est inventif, curieux et particulièrement courageux et téméraire. En tête, Tidou Aubanel, le narrateur, et Kafi, son berger allemand. Corget est lui considéré comme le chef jusqu'à son départ pour Toulouse. Suivent Gnafron, La Guille, Bistèque, le cuisinier de l'équipe, et Le Tondu, devenu chauve suite à une maladie et qui cache sa calvitie sous un béret. Enfin Mady, la seule fille, est souvent à l'origine des découvertes et voyages qui débutent l'intrigue.

Cette œuvre tranche sur la littérature pour la jeunesse de l'époque par le caractère réaliste et parfois triste de certaines situations : les compagnons sont confrontés à la misère, au handicap, à l'abandon. Autant d'histoires haletantes et faciles à lire, qui participent à l'identification du jeune lecteur. **CD**

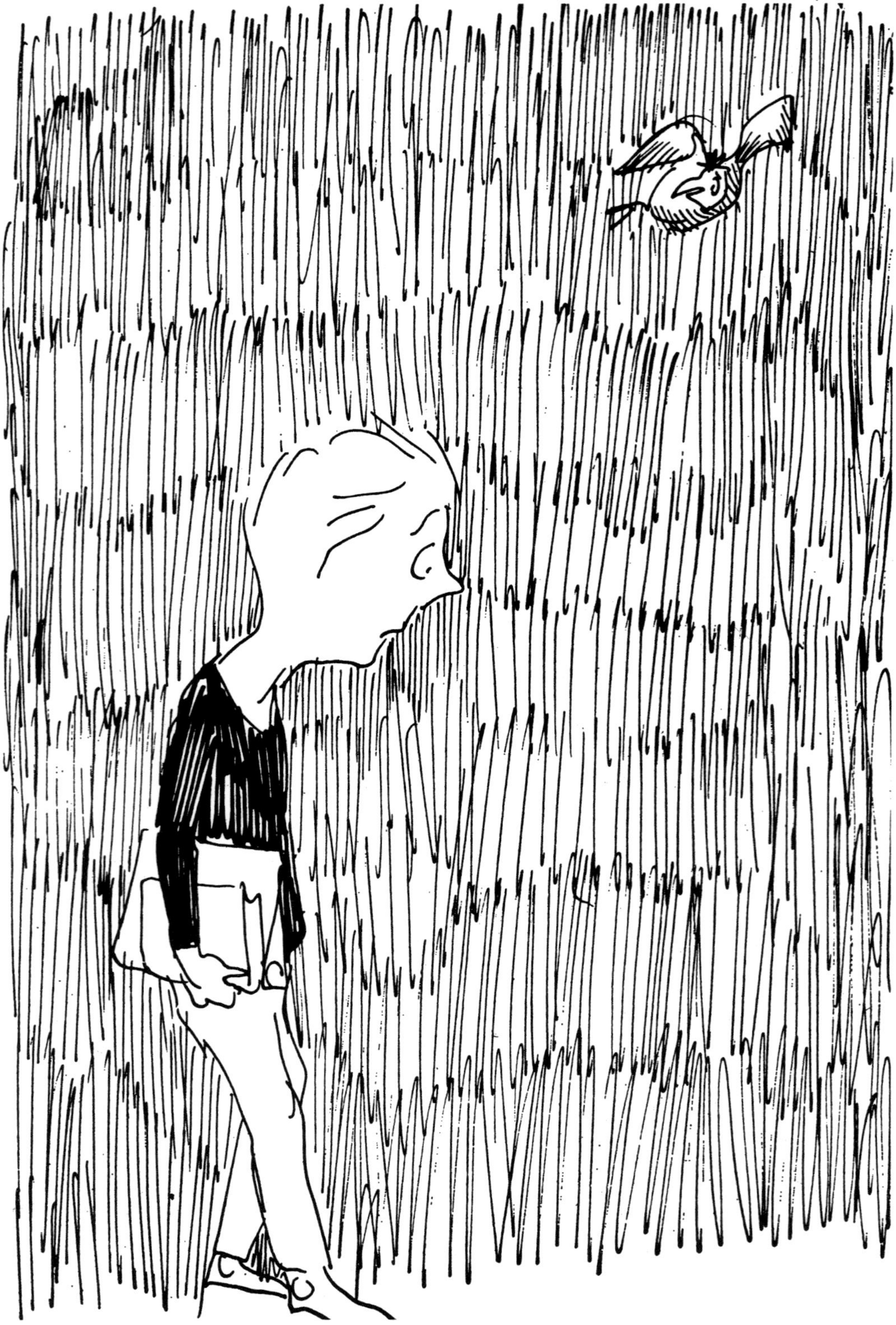

Le Royaume fantôme

Norton Juster   Jules Feiffer

Titre original *The Phantom Tollbooth*, 1961
Nationalité États-Unis, 1929 (aut.), 1929 (ill.)
Édition française Hachette Jeunesse
Thèmes fantastique, histoires de magie

Milo s'ennuie à mourir jusqu'au jour où, en rentrant chez lui, il trouve un paquet contenant un poste de péage en kit. Quand il traverse ce poste violet et magique dans sa petite voiture, un merveilleux et étrange voyage commence. Il se retrouve tout d'abord coincé au pays du Marasme, où il est interdit de penser, et dont il est délivré par le chien de garde Tock. On lui indique ensuite la route du royaume de la Sagesse. C'est dans l'une de ses grandes villes, Dictionopolis, où les mots poussent dans des vergers, qu'il rencontre Légèrement Macabre, la sorcière-pas-si-méchante-que-ça, qui lui parle des deux souverains du royaume, le roi Azaz et le Mathématicien, et de leurs sœurs adoptives, Rime et Raison. Les deux princesses, après s'être avérées incapables de trancher le débat de leurs frères quant à l'importance relative des lettres et des nombres, ont été bannies dans le Château en l'air, perché dans les Montagnes de l'Ignorance infestées de démons. La conclusion est surprenante et jubilatoire.

Pour l'auteur comme pour ses personnages, « L'univers est empli d'éléments magiques qui attendent patiemment que notre esprit s'aiguise. » L'approche littéraire de la magie des concepts est enrichie par l'humour de l'auteur et par une intrigue nerveuse. Juster sait combien l'enfance peut être difficile, notamment quand on ne comprend pas à quoi servent toutes les règles et les lectures qu'on nous impose. Les illustrations de Feiffer reflètent parfaitement ce mélange d'esprit adulte et juvénile. **VN**

L'Enfant qui chassait la nuit

Wilson Rawls

Titre original *Where the Red Fern Grows*, 1961
Nationalité États-Unis, 1913
Édition française Hachette Jeunesse
Thèmes nature et science, aventure, famille

Au début de ce roman, un homme raconte comment il a sauvé un jour un chien d'un combat de rue. Le chien venait de loin, probablement à la recherche d'un ancien maître. L'homme se souvient alors des chiens qu'il possédait dans son enfance en territoire cherokee, dans les monts Ozark de l'est de l'Oklahoma (là où l'auteur, Wilson Rawls, a grandi).

Le narrateur nous apprend qu'enfant il désirait par-dessus tout posséder deux chiots pour les dresser à la chasse aux ratons laveurs. Parce que ses parents n'ont pas les moyens d'acheter ces chiots, Billy, le garçon, économise la moindre pièce pendant deux ans pour réunir la somme. Le roman met en avant tous les efforts nécessaires à l'achat puis au dressage des chiens. L'un des messages les plus importants de l'ouvrage est que l'on tire un grand plaisir d'un travail bien fait. Une fois les chiens dressés, Billy nous raconte une série de longues histoires de chasse. Le roman s'achève sur une note mélancolique : les deux chiens perdent la vie en protégeant Billy d'un couguar.

Les parents du garçon lui apprennent peu après qu'ils ont assez d'économies pour s'installer en ville et l'envoyer ainsi que ses sœurs à l'école. Quand il quitte la maison familiale, Billy se retourne pour contempler les tombes des deux chiens creusées dans un coteau ; les fougères rouges qui poussent entre elles, sacrées selon la mythologie cherokee, symbolisent leur sacrifice. Ce récit classique dépeint de façon réaliste l'amour que les enfants portent à leurs animaux. **SY**

D'Aulaires' Book of Greek Myths

Ingri et Edgar Parin D'Aulaire

Nationalité Norvège/États-Unis, 1904 (Ingri), Allemagne/États-Unis, 1898 (Edgar)
Édition Doubleday, États-Unis, 1962
Thème mythes et légendes

Certaines des plus belles œuvres littéraires et artistiques, y compris les pièces de Sophocle et d'Eschyle ainsi que les écrits d'Aristote, ont été inspirées par la mythologie grecque. L'ouvrage d'Ingri et Edgar Parin D'Aulaire, un recueil de mythes grecs, aide les enfants à apprécier ces légendes tout en offrant des illustrations (lithographies) détaillées.

Abordant tous les personnages les plus importants, dont le roi des dieux, Zeus, et sa famille ainsi que des divinités moindres telles que Prométhée ou les descendants mortels de Zeus, tels Héraclès et Hélène de Troie, c'est un ouvrage de référence fantastique pour les enfants qu'intéressent les mythes et légendes de l'Antiquité grecque. Ces histoires d'actions héroïques ou surnaturelles, de violentes disputes, et d'intenses rivalités ont été réunies à partir de documents grecs traditionnels et organisées en différentes sections, l'histoire de chaque personnage étant racontée et illustrée.

Les illustrations des auteurs, à la fois en couleurs et en noir et blanc, vont du portrait pleine page aux vignettes détaillées. Contrairement à certains de leurs ouvrages précédents pour lesquels ils avaient dessiné selon la technique traditionnelle directement sur la pierre lithographique, ici ils ont travaillé d'abord sur acétate. La modernisation du processus leur a permis de rendre leurs illustrations vivantes et de continuer à leur conférer un caractère de contes populaires que l'on ne trouve que rarement dans les livres pour enfants. **CVB**

Le Veilleur

Hilda van Stockum

Titre original *The Winged Watchman*, 1962
Nationalité Pays-Bas, 1908
Édition française Hachette Jeunesse
Thèmes guerre, famille, roman historique

Situé au cours de l'occupation allemande de la Hollande durant la Seconde Guerre mondiale, *Le Veilleur* raconte l'histoire de deux garçons, Joris et Dirk Jan, dont la vie est transformée par la guerre. Ils vivent en effet dans un moulin à vent dont les ailes sont utilisées pour communiquer des messages secrets à la résistance, à la barbe des nazis.

C'est une histoire où dominent courage, compassion et suspense. Parmi les aventures des garçons, on compte le sauvetage d'un aviateur britannique qui s'est écrasé en Hollande. Déguisé en femme, il est conduit jusqu'à l'oncle Cor, un résistant qui l'aidera à s'échapper. Les garçons cachent aussi des armes et leurs parents accueillent un bébé juif qu'ils élèveront comme si c'était leur propre fille quand ses parents sont arrêtés par les nazis. La tension ne cesse de monter au fil du récit, notamment quand un garçon des environs, sympathisant nazi, commence à espionner ses voisins et à dénoncer leurs activités.

Hilda van Stockum s'est inspirée pour son roman de lettres qu'elle avait reçues pendant la Seconde Guerre mondiale de la part de membres de sa famille demeurés en Hollande. Peintre de talent, elle illustrait souvent ses livres ainsi que ceux d'autres auteurs. Elle publia plus de vingt titres pour enfants aux situations les plus diverses. *Le Veilleur* offre un portrait réaliste de la vie sous l'occupation allemande. L'auteur n'hésite pas à décrire la peur et la faim dont les Hollandais firent quotidiennement l'expérience, mais souligne aussi leur patriotisme. **HJ**

The Winged Watchman

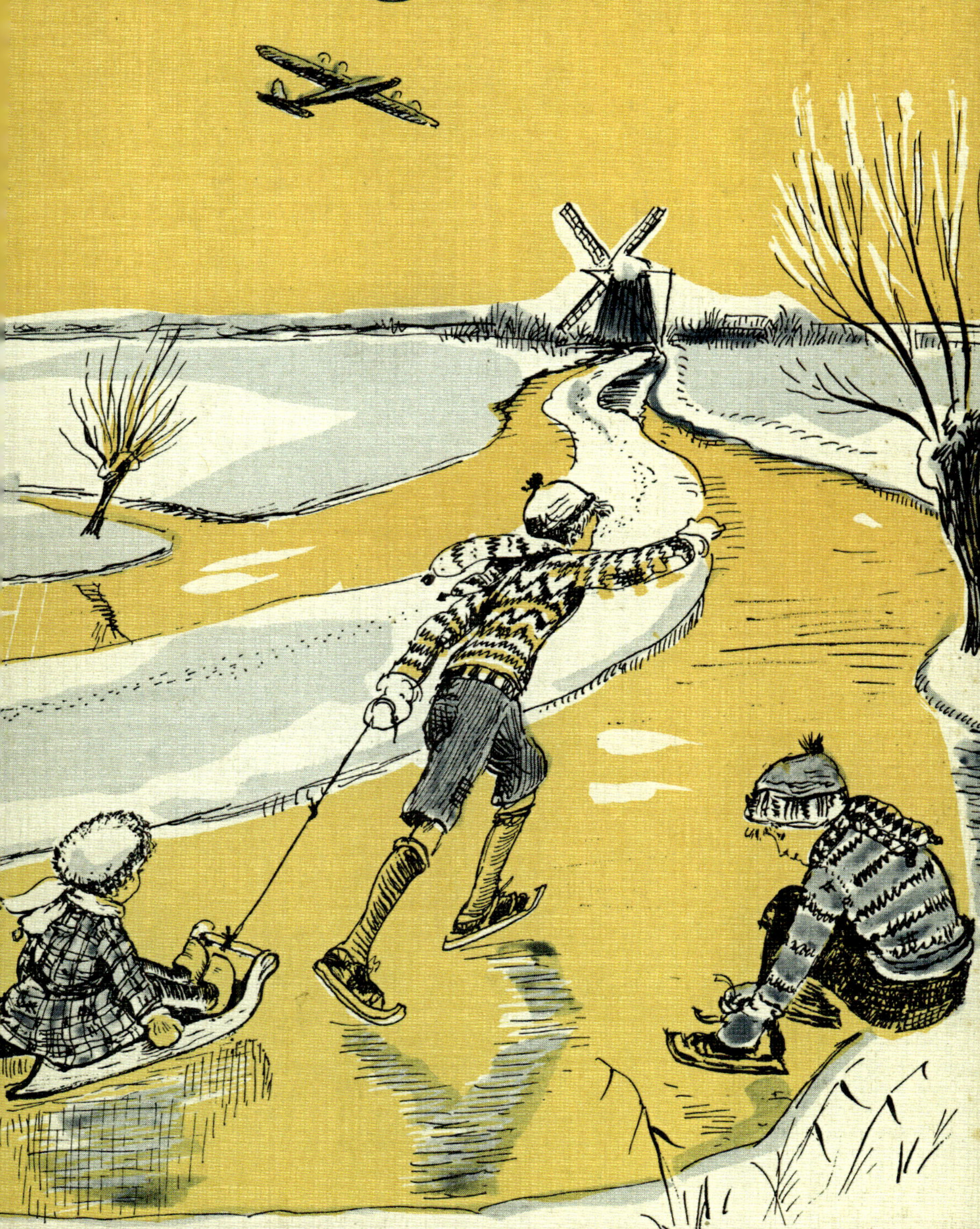

Un chien tout petit

Philippa Pearce Jules Feiffer

Titre original *A Dog So Small*, 1962
Nationalité G-B, 1920 (aut.)
Édition française Nathan (ill. A. Crespo)
Thème histoires d'animaux

8+

Ben est un garçon ordinaire dont le rêve est tout aussi banal : il veut un chien. Le grand-père de Ben possède un chien avec lequel il joue lors de ses visites. Mais ce n'est pas la même chose que posséder son propre animal. Il est persuadé que son grand-père lui offrira un chien pour son anniversaire.

Quatrième d'une famille de sept enfants, Ben a besoin de quelque chose qui ne soit qu'à lui. Ses espoirs sont déçus quand il ne reçoit que la photo d'un chien pour son anniversaire au lieu de l'animal espéré. Est-ce à cela qu'ont servi toutes ses allusions ? Même si habiter au centre de Londres n'est pas l'idéal pour avoir un chien, Ben s'accroche à son rêve et se réfugie dans un univers imaginaire où il se crée un minuscule chien, à peine visible, un chihuahua bagarreur nommé Chiquitita, « si petit qu'on ne pouvait le voir que les yeux fermés ». L'obsession de Ben atteint son apogée quand il est renversé par une voiture alors qu'il traverse la rue à la recherche de son compagnon imaginaire (ce grave accident lui apporte finalement le chiot de ses rêves).

Comme dans ses œuvres plus complexes, Philippa Pearce crée un monde fictif avec sensibilité et respect, représentant de façon réaliste la vie d'une famille de la classe ouvrière où tout le monde essaie de s'entendre le mieux possible et où il n'y a pas beaucoup de place pour les désirs personnels. Personne n'est méchant, mais le problème de Ben est qu'il veut tellement ce chien qu'il n'essaie plus d'influencer les adultes de sa famille. Le lecteur ressent de la compassion pour Ben et sa folie furieuse, un accident en puissance qui se termine heureusement bien. **VN**

Zahrada

Jiří Trnka

Nationalité Tchècoslovaquie, 1912
Édition Albatros, Tchécoslovaquie, 1962
Thèmes fantastique, aventure, histoires d'animaux

Ce récit intemporel de Jiří Trnka, un peintre, illustrateur, metteur en scène et marionnettiste, est devenu l'une des pierres angulaires de la littérature pour enfants tchèque. Alliant d'extraordinaires illustrations à un langage inhabituel et à un ton mélancolique, le livre examine comment on abandonne les aventures de l'enfance à l'approche de l'adolescence.

Sur le chemin de l'école, cinq garçons découvrent un portail rouillé. Après l'avoir poussé avec difficulté, ils s'aperçoivent qu'il donne sur un mystérieux jardin, un labyrinthe et une jungle qui promettent d'innombrables aventures. Les enfants sont aussi confrontés à l'étrange maître du jardin, un vieux chat morose qui les effraie tant qu'ils s'enfuient par le portail.

Une fois leur peur surmontée, les garçons retournent dans le jardin, se prennent d'affection pour le chat qui leur rend la pareille mais avec hésitation, puis leur révèle les mystères du lieu : un gnome de jardin en pierre qui sait tout mais ne dit rien, une baleine érudite qui vit dans la fontaine, les chiens du quartier qui y tiennent des réunions mensuelles à la pleine lune et cinq gentils éléphants toujours prêts à rendre service.

Sachant que tout a une fin, Trnka conclut son récit sur une note mélancolique, presque déchirante. Par une chaude journée de printemps, les cinq garçons trouvent l'ouverture du portail un peu plus ardue. À ce même moment, ils se disent qu'ils s'amuseront plus devant la grille de l'école, où tout le monde pourra admirer leurs nouveaux vêtements. Ils font alors demi-tour et s'éloignent pour ne plus jamais revenir, quittant le jardin, ses mystères et ses merveilles à tout jamais. **PO**

Le Manoir aux loups

Joan Aiken Pat Marriott

Titre orig. *The Wolves of Willoughby Chase*, 1962
Nationalité G-B, 1924 (aut.), 1920 (ill.)
Éd. française Gallimard Jeunesse (ill. J. Prunier)
Thèmes roman historique, aventure

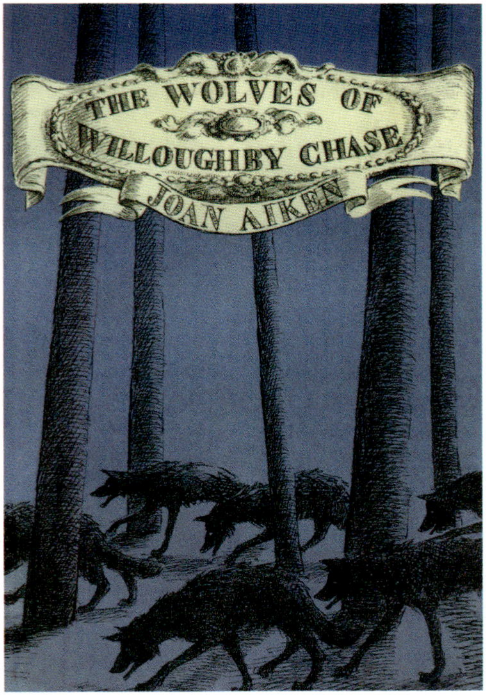

Ce roman fascinant et haletant raconte l'histoire de Bonnie et de sa cousine orpheline, Sylvia, qui doivent affronter une série d'obstacles effroyables. Les petites filles vivent au XIXe siècle dans une Grande-Bretagne infestée de loups arrivés de Russie par un tunnel récemment construit entre l'île et le continent européen.

Bonnie et Sylvia doivent aussi traiter avec la diabolique et criminelle Miss Slighcarp, une gouvernante qui, une fois devenue leur tutrice, désire les éliminer. Cette aventure au rythme effréné comprend aussi un passage secret, un petit gitan qui aidera les deux filles qui se retrouveront prisonnières – d'abord dans un placard, puis dans un horrible pensionnat dirigé par l'ignoble Mme Brisket.

Dans la tradition des grands contes, tout finit bien – mais pas avant que les lecteurs n'aient passé des moments haletants avec les deux cousines qui refusent de se laisser intimider, quelles que soient les forces obscures qui s'opposent à elles.

Le Manoir aux loups a reçu à juste titre le prix Lewis Carroll en 1963, et été adapté au cinéma dans les années 1980. Il demeure un classique de la littérature pour enfants depuis sa première parution. Joan Aiken était un grand auteur d'aventures qui mêlait le mélodrame à un humour narquois et maîtrisait parfaitement les dialogues. *Le Manoir aux loups* est le plus célèbre de ses romans, bâti sur un mélange de faits historiques et de détails nés de son imagination imprévisible. Ne laissant jamais le rythme faiblir, Joan Aiken termine régulièrement ses chapitres de façon à ce que les lecteurs veuillent aussitôt connaître la suite. **NT**

« Sylvia hurla […] et un loup se précipita sur elle à travers l'ouverture […]. Il se retourna en grondant. »

8+

Autres récits haletants d'orphelins

Sans Famille, Hector Malot (p. 416)
Moonfleet, J. Meade Falkner (p. 433)
Les Désastreuses Aventures des orphelins Baudelaire, Lemony Snicket (p. 673 et 683)
Oliver Twist, Charles Dickens

The Little Pot Boiler

Spike Milligan

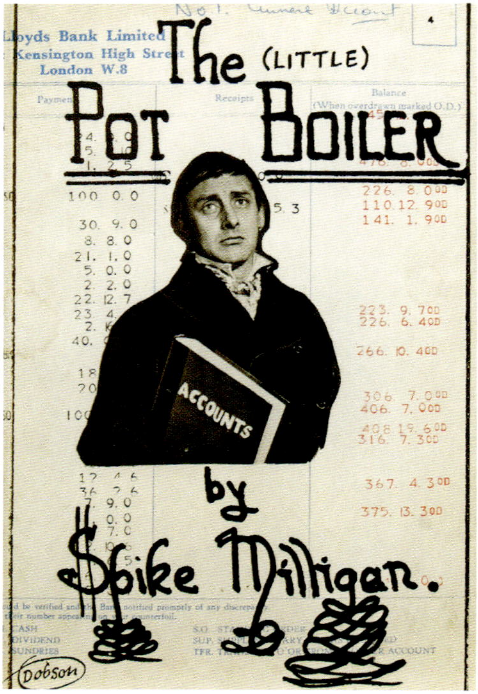

« Ceux qui vivent dans des maisons de verre/Devraient baisser les stores/Quand ils enlèvent leur pantalon. »

Autres histoires d'humour absurde

Le Prince de Motordu, Pef (p. 316)
Alice au pays des merveilles, Lewis Carroll (p. 411)
De l'autre côté du miroir, L. Carroll (p. 411)
Le Marchand de fessées, Pierre Gripari

Nationalité G-B/Irlande, né en Inde en 1918
Édition Dobson Books, Royaume-Uni, 1963
Thèmes poésie, excentrique, histoires qui riment, controverse, fantastique

Cet album est le produit d'un esprit extraordinairement original et d'un talent très particulier : être capable de produire un objet comique apparemment simple mais en réalité très intelligemment construit. Le sens de l'humour visuel de Spike Milligan et sa perception des petites choses absurdes de la vie font toujours rire, et l'utilisation de mots et noms délicieusement inventés permettent à Milligan de toucher directement les jeunes lecteurs. *The Little Pot Boiler* (« La petite œuvre alimentaire ») incitera les enfants à imaginer des combinaisons de mots, d'idées et d'images.

Le livre déborde de vers de mirliton, de photos aux légendes étranges et de réflexions en prose plus longues traitant de sujets choisis au petit bonheur la chance. On y découvre aussi de nombreux dessins de Mulligan dont les annotations, souvent manuelles, offrent des renseignements « utiles » sur les sujets les plus étranges.

Ces jeux de mots exubérants et personnages et situations absurdes firent le succès de Milligan et ses collègues (Peter Sellers et Harry Secombe), notamment avec leur programme radio révolutionnaire, « The Goon Show », composé de sketches. Une grande partie de ce succès était dû à un humour noir et contestataire qui inspirerait les Monty Pythons. Milligan donnait souvent l'impression qu'il vivait en dehors du monde respectable des adultes. Ce livre divertissant pour les lecteurs de tous âges en est peut-être la preuve. **AK**

How the Whale Became

Ted Hughes George Adamson

Nationalité Grande-Bretagne 1930 (aut.), États-Unis, 1913 (ill.)
Édition Faber and Faber, Royaume-Uni, 1963
Thèmes mythes et légendes, fantastique

Ces onze contes, écrits à l'origine pour les propres enfants de l'auteur, montrent que Hughes refusait de renoncer à un langage et des idées sophistiqués quand il s'adressait aux jeunes lecteurs.

Parfois les animaux se révèlent être des filous, comme le Hibou qui persuade les autres animaux que la nuit est le jour en ne leur permettant de sortir que le soir. Il sera puni en demeurant seul chaque nuit. Au début de sa vie, la Baleine est une plante qui pousse dans le jardin d'Éden mais qui passe vite de la taille d'un haricot à celle d'un autobus. Inquiet du danger qu'elle présente pour ses jeunes pousses, Dieu l'envoie au milieu des vagues et lui ordonne de se faire plus petite en soufflant. On découvre aussi le Lièvre, dont les oreilles ne sont jamais assez longues pour entendre la lune lui dire qu'elle accepte de l'épouser, et l'Ours blanc, qu'on a envoyé loin au nord parce que les autres ours lui envient sa beauté. Ces contes célèbrent le caractère unique de chaque espèce, permettent aux enfants de réfléchir et de discuter tout en apportant leurs propres réponses au pourquoi et au comment de l'univers. *How the Whale Became* constitue une merveilleuse introduction à l'imagination poétique de Ted Hughes. **GB**

Livres de Ted Hughes traduits en français

Contes d'Ovide
Le Géant de fer
Poèmes : 1957-1994

Marcovaldo ou les Saisons en ville

Italo Calvino

Titre original *Marcovaldo*, 1963
Nationalité Italie, 1923
Édition française multiples éditeurs
Thèmes famille, nature et science

8+

Ce recueil de vingt courtes nouvelles allégoriques, dont beaucoup ont été écrites au début des années 1950, est agencé de façon à représenter le cycle des saisons. Les nouvelles racontent la vie de Marcovaldo, homme pauvre originaire de la campagne tout dévoué à sa femme, Domitilla, et à leurs enfants. Comme beaucoup d'Italiens du Sud, ils ont quitté la campagne pour la ville à la recherche de meilleures conditions de vie.

Calvino explore ici en quoi la vie au milieu de la nature est préférable à celle qu'offre la ville. Son protagoniste, désormais ouvrier, a la nostalgie d'une vie simple dont la beauté lui manque. Marcovaldo tente de réconcilier ses vieilles habitudes de la campagne et sa nouvelle existence où il rencontre la pollution, la pauvreté et les dures réalités de la société de consommation. Et pourtant, tout au long du recueil, l'humble ouvrier aperçoit ici et là des signes de la présence de la nature : la lune qui luit dans le ciel au-dessus des néons, la beauté de la neige fraîchement tombée, un groupe de champignons poussant au milieu du béton, et l'immensité du ciel observée d'un banc. La façon dont il tente de faire face à l'aliénation et au choc culturel produit souvent des résultats très drôles, car souvent les choses ne sont pas telles qu'elles lui ont tout d'abord semblé.

C'est un livre bien écrit, plein d'esprit et souvent poétique qui traite d'une manière pleine de tendresse et de fraîcheur de l'opposition entre la campagne et la ville, entre la nature et l'univers mécanisé. **CK**

Stig of the Dump

Clive King · Edward Ardizzone

Nationalité Grande-Bretagne, 1924 (aut.), 1900 (ill.)
Édition Penguin, Royaume-Uni, 1963
Thèmes amitié, fantastique

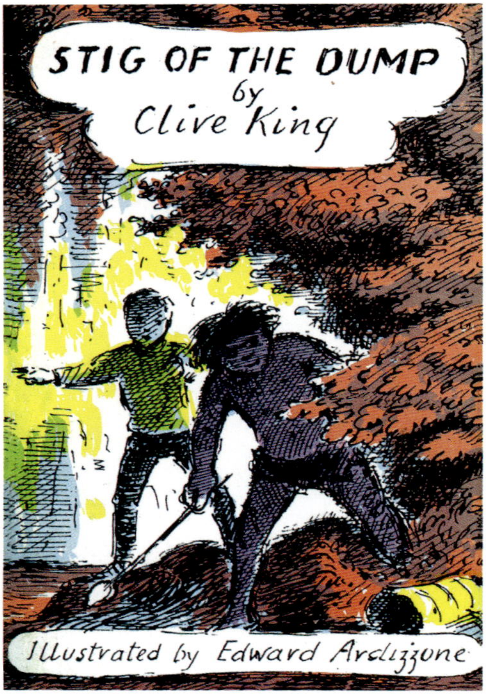

Autres récits avec des amis imaginaires

Peter Pan, J. M. Barrie (p. 447)
Le Secret de Moonacre, Elizabeth Goudge (p. 501)
Tom et le jardin de minuit, Philippa Pearce (p. 537)
Un chien tout petit, Philippa Pearce (p. 554)

Barney, un petit garçon qui a l'habitude de se promener seul, découvre un jour par hasard une grotte cachée au fond d'une carrière de craie. Curieux, il y pénètre et rencontre un garçon de l'âge de pierre, vêtu de peaux de lapin. Bien qu'il ne puisse communiquer que par des grognements, celui-ci devient bientôt le meilleur ami de Barney, qui le baptise Stig, et les deux garçons vont vivre ensemble de passionnantes aventures. Ils parviennent entre autres à se montrer plus malins que des cambrioleurs qui tentent de dévaliser la maison de Barney, puis à secourir un léopard qui s'est échappé. Stig apprend à Barney à chasser et à faire un feu. Dans leurs moments plus paisibles, Barney et Stig s'occupent en aménageant la grotte, par exemple en ajoutant une cheminée en fer-blanc ou en installant des étagères improvisées dans l'espace qui sert de cuisine.

« Maintenant, il pouvait voir jusqu'au fond de la grotte. Il y avait quelqu'un là-bas ! »

Barney choisit de ne jamais révéler à ses parents l'existence de cet étrange nouvel ami qui lui est désormais si proche, au cas où ceux-ci ne le croiraient pas. Une nuit, alors que le petit garçon ne peut pas dormir, il se retrouve en compagnie de sa sœur Lou et de Stig, entourés par les membres de la tribu de ce dernier. C'est la dernière fois que les deux garçons se verront.

Le livre est magnifiquement écrit et illustré. Il crée un vrai univers fantastique tel que peut le concevoir un enfant : ici, un ami imaginaire similaire à ceux qu'inventent souvent les enfants devient un être en chair et en os. Si certains lecteurs décideront que Stig n'existe que dans l'imagination de Barney, les aventures que vivent les deux garçons sont si convaincantes que la réalité de son existence importe finalement peu. **NT**

Uncle

J. P. Martin / Quentin Blake

Nationalité Grande-Bretagne, 1880 (aut.), 1932 (ill.)
Édition Jonathan Cape, Royaume-Uni, 1964
Thèmes fantastique, histoires d'animaux

Cet ouvrage fait l'objet d'un culte aux quatre coins de la planète, notamment parce que ses origines sont quelque peu inhabituelles mais aussi parce qu'on ne fait pas mieux en matière d'humour anglais déchaîné et loufoque. Son créateur était un pasteur doté d'un sens de l'humour surréaliste et plein d'entrain. Il racontait à ses enfants des histoires de son invention, très amusantes et souvent inspirées par ses rêves. Les enfants insistèrent pour qu'il les écrive. Jugées trop violentes, elles ne furent publiées que peu avant la mort du pasteur.

L'univers fou de Martin est animé de sa propre logique au cœur de laquelle se trouve un éléphant pompeux et incroyablement riche baptisé Uncle

« Tu sais très bien que tu t'ennuierais à mourir si on ne se bagarrait pas de temps à autre. »

(« Oncle »). Vêtu d'un peignoir violet, il est diplômé universitaire et un conflit l'oppose aux habitants de Badfort qui ont à leur tête Beaver Hateman (« Castor Hait-l'homme »). La maison d'Uncle est un fantasque assemblage de constructions dominées par les gratte-ciel et comprenant des toboggans de piscine et des tours en mélasse. Il est aussi entouré de personnages aux noms on ne peut plus inventifs.

Comme dans les meilleurs livres pour enfants, on se délecte ici de différents niveaux de lecture. Les absurdités divertissantes d'Uncle le rendent tout à fait adapté aux enfants (et aux adultes), cependant que certains lecteurs voient dans le personnage la critique du capitalisme et d'une société hypocrite.

Il est impossible d'imaginer un illustrateur plus approprié à ce récit que Quentin Blake. Ses illustrations excentriques ne sauraient mieux convenir. **AK**

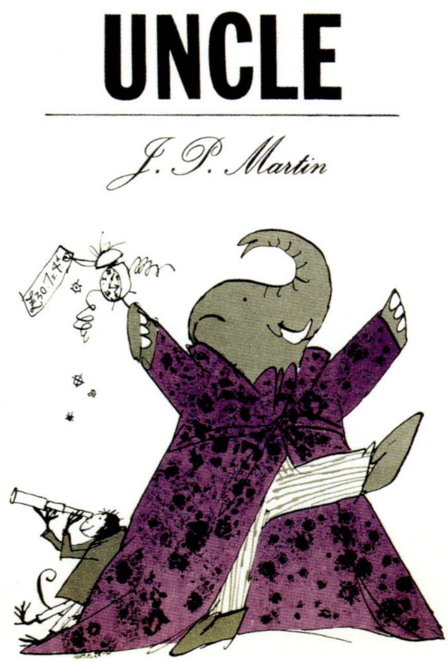

8+

Autres histoires fabuleuses d'animaux

Fables, Ésope (p. 396)
La Fameuse Invasion de la Sicile par les ours, Dino Buzzati (p. 500)
Le Monde de Narnia, C. S. Lewis (p. 514, 518 et 520)

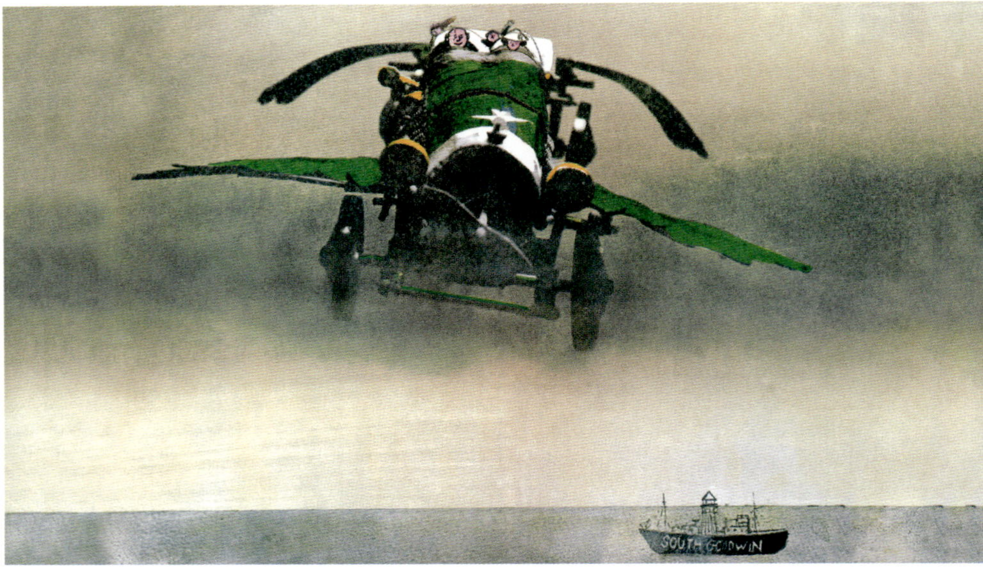

8+

Chitty Chitty Bang Bang

Ian Fleming John Burningham

Titre original *Chitty Chitty Bang Bang*, 1964
Nationalité G-B, 1908 (aut.), 1936 (ill.)
Édition française Plon (texte seulement)
Thèmes fantastique, aventure

C'est l'histoire de la famille Pott et de leur extraordinaire voiture magique. Caractacus Pott, inventeur et explorateur, vit avec sa femme et leurs jumeaux. Un jour, il invente un bonbon percé de trous qui produisent un sifflement quand on le suce. Lord Skrumshus, qui possède une manufacture de bonbons, adore l'idée et achète l'invention. Caractacus décide d'acquérir une voiture avec l'argent de la vente, mais au lieu d'en choisir une neuve il s'éprend d'une épave sur le point de partir à la casse. C'est la « panthère modèle ». On n'en a jamais construit qu'une et dans sa jeunesse elle remporta plusieurs courses automobiles.

Caractacus la bricole pendant plusieurs semaines avant qu'elle ne soit prête à emmener la famille faire un tour. Les enfants sont convaincus que la plaque d'immatriculation, sur laquelle est écrit GEN II, indique que la voiture est un génie. Caractacus admet ne pas savoir à quoi servent tous les boutons et manettes de la voiture, que les enfants baptisent Chitty Chitty Bang Bang en référence aux bruits qu'elle émet. Elle se révèle être magique et dotée d'une volonté propre. Elle peut voler, se transformer en aéroglisseur et penser. Dans la dernière des aventures familiales, elle aide même à capturer le célèbre gangster Joe le Monstre.

Il existe trois aventures de *Chitty Chitty Bang Bang*. Les deux premières parurent en 1964, la dernière un an plus tard. En 1971, toutes trois furent réunies dans un seul volume. Ian Fleming s'est inspiré pour son ouvrage de la « Chitty Chitty Bang Bang » originale, une voiture construite en 1920 par le comte Zoborowski. **LH**

Chitty Chitty Bang Bang s'envole au-dessus de la Manche.

IAN FLEMING

CHITTY CHITTY BANG BANG

THE MAGICAL CAR

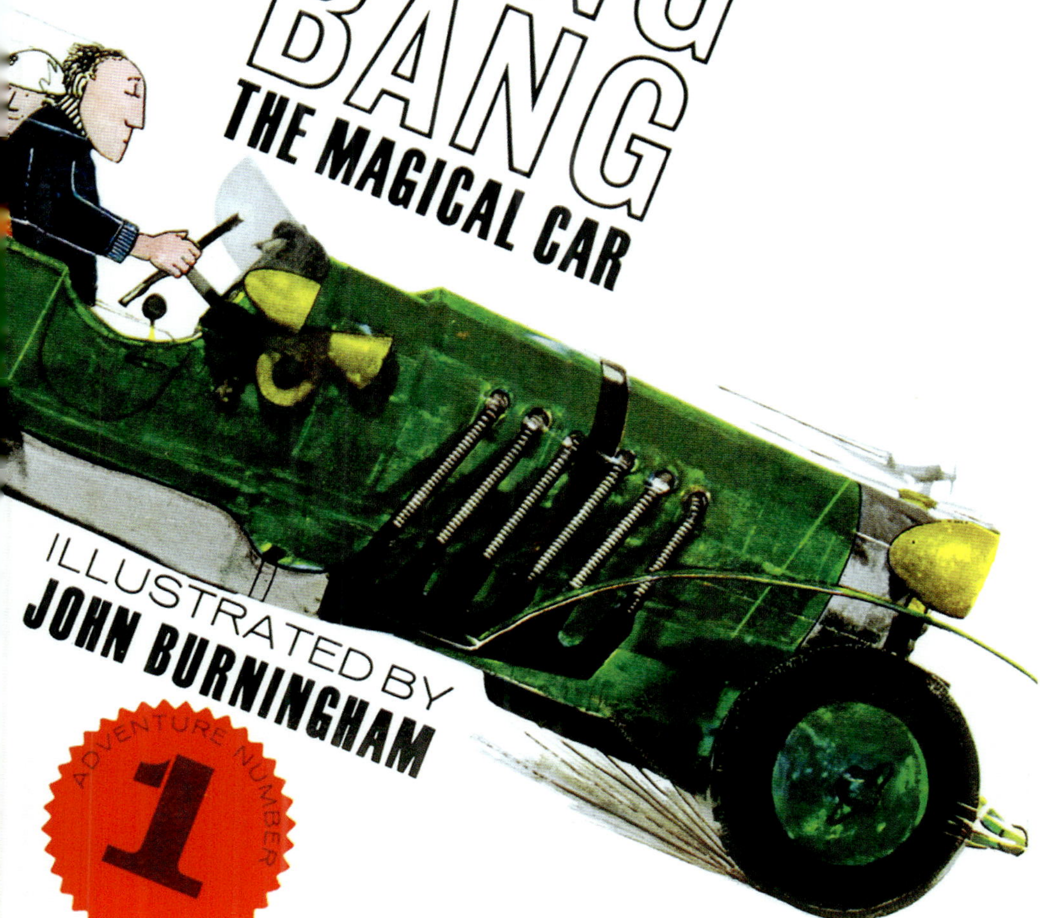

ILLUSTRATED BY
JOHN BURNINGHAM

ADVENTURE NUMBER 1

Exploits pour une pierre blanche

Gunnel Linde Eric Palmquist

Titre original *Den vita stenen*, 1964
Nationalité Suède, 1924 (aut.)
Édition française Édition de l'Amitié – Rageot
Thèmes amitié, école

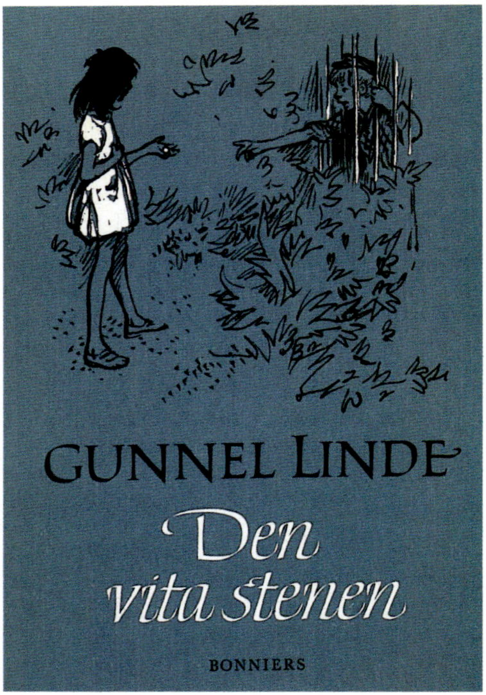

8+

Autres livres de Gunnel Linde

Dans la forêt merveilleuse
Jop

Ce roman récompensé de nombreux prix se déroule dans un village suédois au début du xxe siècle. Fia vit dans la maison du juge de la circonscription avec sa mère, professeur de piano, un métier qui pose des problèmes à la petite fille à l'école : « Quelle profession inutile, jouer du piano toute la journée », lui disent ses camarades. Fia, qui n'a aucune amie et a été surnommée Fia-Pling-Plong, aime profondément sa mère mais souhaiterait qu'elle ait choisi d'être employée de commerce ou quelque chose de plus ordinaire, comme certaines des autres mères du village.

Un jour, un nouveau garçon, Hampus, le fils d'un cordonnier, arrive au village. Il aperçoit Fia immobile près de son portillon et lui demande son nom ; elle lui dit s'appeler Fideli. « Je m'appelle Prince Périlleux », répond Hampus, qui vient d'être inspiré par l'affiche bigarrée collée sur une roulotte de cirque de passage.

« "La pierre t'appartient à nouveau", dit Prince Périlleux en la lui tendant. »

Fia tient dans la main une pierre blanche et lisse, objet précieux qui la réconforte, et Hampus lui demande : « Si je peignais un visage sur le cadran de l'horloge de l'église, est-ce que tu me donnerais ta pierre en récompense ? » Elle accepte, et sa vie change à partir de ce moment. Elle est désormais Fideli et vit une aventure perpétuelle car les deux amis sont en compétition constante pour la possession de la pierre blanche magique. Le lecteur est tenu en haleine au fil des défis qu'ils se lancent, de plus en plus difficiles.

Exploits pour une pierre blanche est une histoire fascinante sur l'amitié et les défis, mais le roman traite aussi de la pauvreté et de la rigidité du système de classes. C'est aujourd'hui un classique suédois. **CC**

Harriet l'espionne

Louise Fitzhugh

Harriet l'espionne fut révolutionnaire à son époque, car l'un des premiers livres pour enfants traitant de la difficulté de grandir et des problèmes de l'adolescence. L'héroïne de ce roman, Harriet Welsch, 11 ans, entreprend d'écrire son journal où elle note ses pensées concernant sa famille, ses amis, ses camarades d'école et nombre de voisins qu'elle observe secrètement au cours de sa « ronde d'espionnage ». Ses observations sont divertissantes mais pas toujours élogieuses.

La petite fille tient un journal non seulement parce qu'elle désire écrire et devenir espionne mais aussi parce qu'elle se sent seule. Elle habite à New York, dans l'Upper East Side. Ses parents, très occupés, sont rarement là, et c'est une gouvernante qui s'occupe d'elle.

« Mme Whitehead a de longues dents, des cheveux fins et un long estomac qui pendouille. »

Harriet vit le pire des cauchemars des auteurs de journaux intimes quand ses amis découvrent son carnet et lisent ce qu'elle y a écrit sur eux. Ils fondent le club des attrapeurs d'espions et entreprennent de se venger de ses commentaires malveillants. La petite fille devient de plus en plus isolée, et pire encore, ses parents renvoient sa gouvernante, la seule influence stable et positive de sa vie, qui ne peut plus lui offrir son soutien. De plus en plus inquiets devant le besoin de leur fille de coucher toutes ses pensées sur le papier, ils l'envoient consulter un psychologue.

L'histoire s'achève sur une note optimiste : les talents d'Harriet sont reconnus et mis à profit dans le journal de l'école, et elle se réconcilie avec ses amis. Le livre déborde d'humour et d'observations, mais s'avère moins efficace dans son portrait des imperfections de sa protagoniste. **CK**

Titre original *Harriet the Spy*, 1964
Nationalité États-Unis, 1928
Édition française multiples éditeurs
Thèmes controverse, école, famille

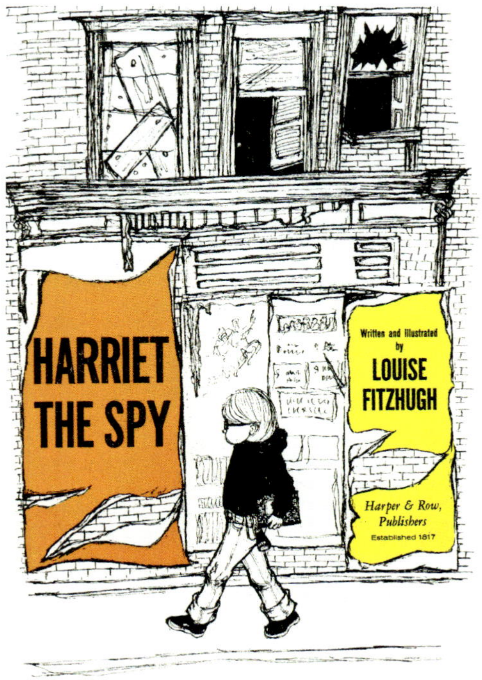

8+

Autres romans traitant de non-conformistes

La Nouvelle Robe de Bill, Anne Fine (p. 642)
Clarice Bean c'est moi, Lauren Child (p. 672)
Journal secret d'Adrian Mole, 13 ans trois quarts, Sue Towsend (p. 854)

Las aventuras del sapo Ruperto

Roy Berocay José Miguel Silva Lara

Nationalité Uruguay, 1955 (aut), date inconnue (ill.)
Édition Editorial Alfaguara, Uruguay, 1964
Thèmes histoires d'animaux, amitié, aventure

8+

Ce titre (qui signifie « Les aventures du crapaud Rupert ») appartient à l'une des séries les plus populaires de la littérature pour enfants latino-américaine. Ce premier volume permet au lecteur de découvrir la vie et les aventures d'un crapaud vivant dans une mare près de la rivière Solis Chico.

Rupert ne ressemble à aucun autre crapaud. Vif et curieux, il est passionné de romans policiers, a le sens de l'initiative et une soif immense d'aventures ; en résumé, c'est le « crapaud le plus célèbre de Solis Chico ». Ses aventures sont tragi-comiques et bizarres, car il ne désire pas seulement quitter sa mare mais rêve aussi d'être star du rock and roll et de devenir le premier crapaud astronaute.

Ces histoires ne parlent pas seulement d'aventure mais aussi d'altruisme et de solidarité : dans un épisode, Rupert sauve courageusement un dauphin. Berocay dépeint un univers où il est normal que les crapauds parlent. « Quoi ? Un crapaud qui parle ! » s'exclament ceux qui rencontrent Rupert pour la première fois. « Bien sûr, répond-il toujours, vous n'avez jamais lu d'histoires ? Dans les histoires, les crapauds peuvent toujours parler. » Les romans de Berocay sont peuplés d'animaux pour qui l'appartenance à une famille et l'amour mutuel sont terriblement importants, qui possèdent la rare capacité d'établir des relations avec les êtres humains et, plus important encore, une nature profondément morale que les jeunes lecteurs peuvent prendre en exemple. **LB**

Charlie et la chocolaterie

Roald Dahl Joseph Schindelman

Titre original *Charlie and the Chocolate Factory*, 1964
Nationalité G-B, 1916 (aut.), É.-U., 1923 (ill.)
Éd. française Gallimard Jeunesse (ill. Q. Blake)
Thèmes fantastique, classiques

Quand Charlie Bucket, un petit garçon pauvre, trouve un ticket d'or qui lui permet de visiter la chocolaterie de M. Willy Wonka, sa vie en est transformée à jamais. Contrairement aux quatre autres enfants ayant trouvé un ticket similaire, Charlie est poli et fasciné par l'excentrique et parfois macabre Willy Wonka.

Seul enfant à ne pas disparaître lors de la visite de la chocolaterie, Charlie, découvre-t-on, a remporté avec succès une série d'épreuves psychologiques. Willy Wonka, qui n'a ni enfant ni héritier, annonce qu'il léguera son usine et toutes ses possessions au petit garçon. La famille Bucket – Charlie, ses parents et ses quatre grands-parents – peut quitter sa masure pour vivre dans l'usine pour le restant de ses jours. Au lieu de tout juste survivre en ne mangeant que de la soupe claire aux choux, ils peuvent dorénavant manger autant de chocolat qu'ils le souhaitent.

Roald Dahl, qui a toujours aimé le chocolat, se souvenait du réconfort que cela lui apportait quand il était un petit interne solitaire. Avant de publier cette histoire, il la lut à ses enfants et s'aperçut qu'ils prenaient un immense plaisir à ces références gastronomiques ainsi qu'aux moments où Dahl attaque les quatre enfants mal élevés, personnages qu'il déteste particulièrement. Utilisant parfois la rime, mais aussi des mots inventés pour lesquels il montra toujours un talent particulier, Dahl acquit grâce à ce livre un immense public qui devait lui demeurer fidèle jusqu'à la fin de sa vie. **NT**

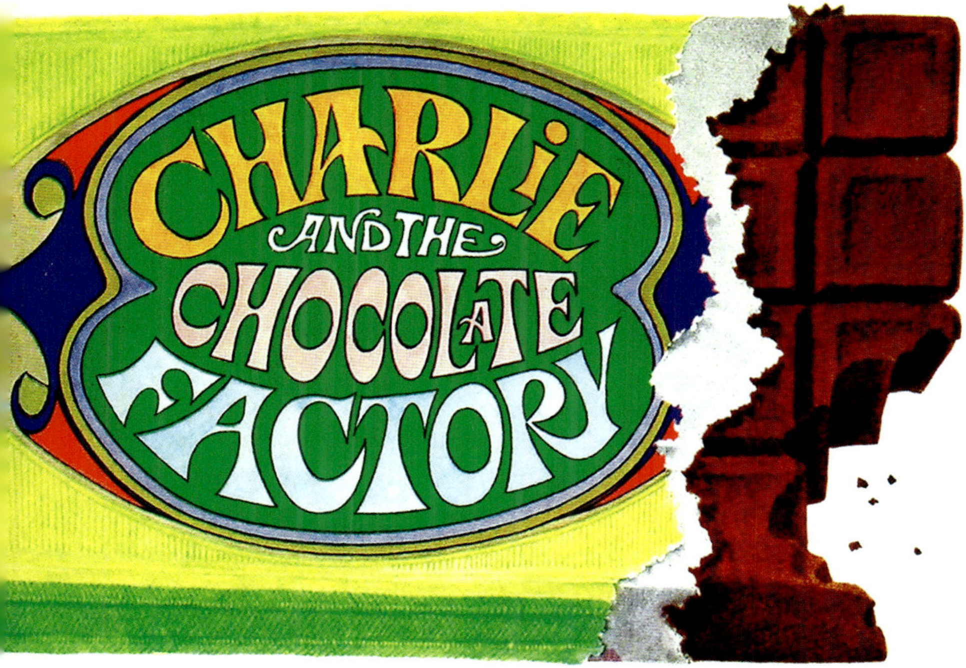

BY **Roald Dahl**

Illustrated by Joseph Schindelman

Concerning
the adventures
of four nasty children
and Our Hero
with Mr. Willy Wonka and
his famous candy plant

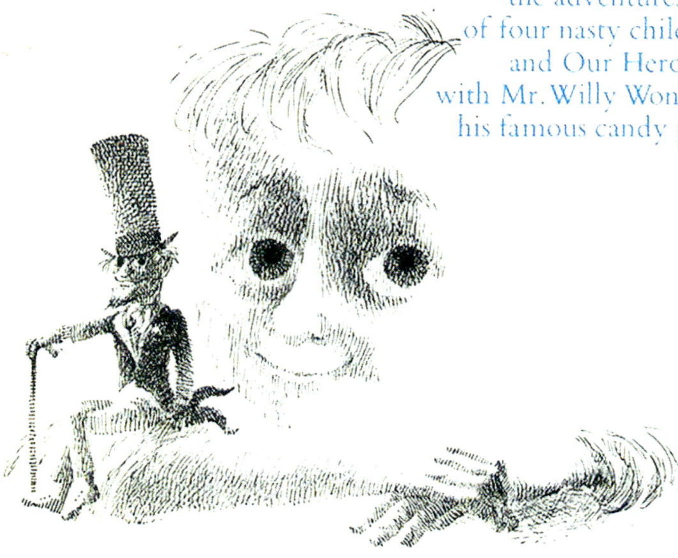

Violetta la timida

Giana Anguissola

Nationalité Italie, 1906
Édition Ugo Mursia Editore, Italie, 1964
Thèmes école, amitié

8+

Violetta Mansueti, une fillette de 13 ans, vit à Milan. À l'école, ses camarades se moquent impitoyablement d'elle à cause de sa timidité maladive et la surnomment « Mammola Mansueta », ce qui signifie « Violetta la timide ». Un jour, Violetta est convoquée dans le bureau du directeur, où elle rencontre la rédactrice en chef d'*Il Corriere dei Piccoli*, hebdomadaire pour enfants italien qui débuta comme supplément du *Corriere della Serra*, journal national (l'histoire est en partie autobiographique : l'auteur commença à travailler comme journaliste alors qu'elle était encore adolescente).

Giana Anguissola, qui se donne dans le roman le rôle de la rédactrice en chef (parfois simplement nommée Mme A.), propose à Violetta d'écrire une chronique hebdomadaire pour le journal. Malgré sa timidité, la petite fille décide de raconter et de publier ce qu'elle vit. Elle découvre toutefois que sa timidité ne s'évanouira pas toute seule et qu'elle doit apprendre à rire d'elle-même et combattre ses envies d'aller se cacher.

Grâce aux conseils et au soutien de la rédactrice en chef, de son grand-père affectueux et de son ami Terenzio ainsi qu'à sa passion pour l'écriture, Violetta développe son estime de soi. Les articles qu'elle rédige pour le journal sont à leur tour enrichis par ses récits honnêtes et souvent hilarants de ses émotions intimes cependant qu'elle tente de surmonter son problème. *Violetta la timida* est une histoire qui permettra aux enfants timides de mieux assumer leur caractère et qui les rendra plus forts. **SMT**

Chroniques de Prydain – 1

Lloyd Alexander

Titre original *The Book of Three*, 1964
Nationalité États-Unis, 1924
Édition française Hachette
Thèmes fantastique, aventure, amitié, classiques

Le Livre des trois est le premier volume des *Chroniques de Prydain*, populaire des deux côtés de l'Atlantique et qui a inspiré le dessin animé de Disney *Taram et le chaudron magique*.

Le héros, Taran, est un adolescent qui travaille comme aide-porcher pour l'un de ses tuteurs, le fermier Coll, mais qui rêve d'aventures. L'enchanteur Dalben, son autre tuteur, l'instruit à l'aide d'un certain *Livre de Trois*. Celui-ci, que Taran a interdiction de toucher, contient tout ce qui vaut la peine d'être appris.

L'adolescent se retrouve embarqué dans une aventure quand la truie divinatrice, Hen Wen, s'enfuit et qu'il part à sa poursuite. Il rencontre en chemin différents personnages : une étrange créature, Gurgi, perpétuellement affamée et qui rappelle Gollum du *Seigneur des anneaux*, Gwydion, un roi qui a déguisé son identité, Doli le nain, le terrible et irrémédiablement diabolique Roi Cornu et la reine Achren. Grâce à ses fidèles compagnons, Taran parvient à résoudre son conflit avec Arawn, un roi maléfique, et avec le Roi Cornu, puis rentre chez lui ayant acquis un peu de sagesse, et peut-être devenu légèrement amoureux.

Certains des personnages d'Alexander constituent des stéréotypes familiers de la littérature fantastique, mais la nièce d'Achren, l'intelligente et intrépide Eilonwy, est une merveilleuse création, de même que Fflewddur Fflam, ancien roi et menteur invétéré qui tente sans grand succès de devenir barde. **WO**

Chère Mathilda

Christianna Brand Edward Ardizzone

Titre original *Nurse Matilda*, 1964
Nationalité G-B, 1907 (aut.), 1900 (ill.)
Édition française Nathan
Thème famille

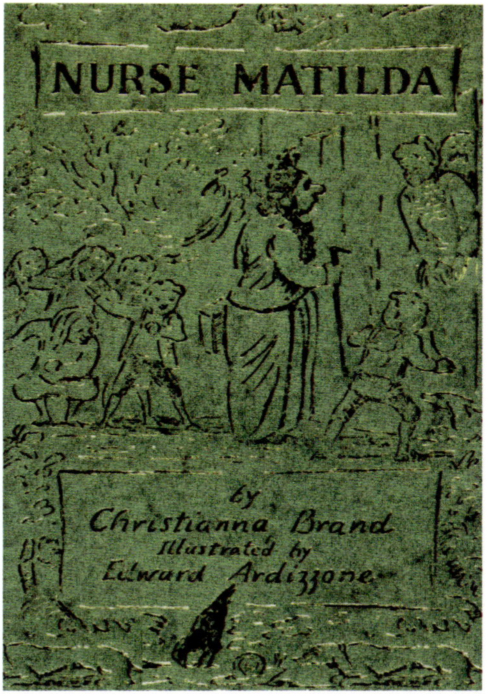

La famille Brown a des ennuis, et il semble que seule une personne puisse venir à son secours : Mathilda. Ce premier volume de la trilogie que Brand dédia à ce personnage révèle comment cette gouvernante âgée mais énergique parvient à ramener l'ordre dans la maisonnée chaotique des Brown.

L'histoire, délicieuse, l'est encore plus grâce aux illustrations d'Ardizzone, le cousin de l'auteur. Ses dessins rendent parfaitement l'atmosphère d'une demeure victorienne habitée par une famille nombreuse qui comprend des enfants très espiègles qui, selon Brand, se classent en plusieurs catégories : « les Grands, les Moyens, les Petits et les Tout-petits ; et le bébé ».

Au début du roman, M. et Mme Brown essaient de trouver une gouvernante pour leurs difficiles enfants après la démission simultanée de celle en poste et de la bonne. De toute évidence, c'est parce qu'ils sont gâtés par leurs parents qu'ils manquent de manières et font des bêtises souvent drôles. Mme Brown refuse de reconnaître que ses enfants sont coupables de leurs actions, car selon elle ce ne sont que d'innocentes victimes : « Mes pauvres chers enfants chéris ! »

Les deux démissionnaires avertissent les Brown que seule Mathilda peut les aider, et quand cette dernière apparaît, son attitude pleine de bon sens, sa sévérité et son apparence menaçante laissent deviner que les choses vont changer. Pourtant sous la laideur de Mathilda (qui a le visage ridé, un nez en patate et des dents qui avancent) se cache une personne qui sait non seulement imposer la discipline mais aussi gagner l'affection des enfants. **CK**

*« Vos enfants sont si méchants que nous ne pouvons les supporter une minute de plus…
Vous avez besoin de Mathilda. »*

Autres gouvernantes de fiction

Mary Poppins, P. L. Travers (p. 475)
Les Willoughby, Lois Lowry

8+

Elidor

Alan Garner Charles Keeping

Nationalité G-B, 1934 (aut.), 1924 (ill.)
Édition William Collins, Royaume-Uni, 1965
Thème fantastique

Elidor est ancré dans les mythologies anglaise, irlandaise et galloise. Comme dans d'autres romans d'Alan Garner, quand un passage s'ouvre entre cet univers mythique et le monde réel, apparaissent d'immenses dangers qui n'ont en général pas leur place dans la vie quotidienne des enfants.

Le héros, Roland, en traversant la porte d'une église à moitié démolie pénètre dans l'univers moribond d'Elidor afin de délivrer sa sœur et ses frères. En quittant Elidor, les enfants emportent ses trésors : une lance, une épée, un chaudron et une pépite d'or. Dans leur monde, ces trésors seront protégés des forces du mal car ils y prendront l'apparence d'objets ordinaires qui auraient pu être ramassés dans des gravats : un bout de balustrade, deux planches clouées, une tasse cassée et un caillou. Mais ils conservent leur magie.

Les enfants enterrent ces trésors dans le jardin et tout retourne à la normale jusqu'à ce que deux hommes venus d'Elidor forcent les enfants à reprendre les objets magiques et à s'enfuir. Cette poursuite les conduit au paysage désolé où leur aventure a commencé et où ils rencontrent Findhorn, une licorne, dont le chant est essentiel pour sauver Elidor ; mais les enfants ne savent pas comment le provoquer. Enfin, mortellement blessée, la tête posée sur les genoux d'Helen, Findhorn exhale son extraordinaire chant. C'est un roman fantastique et passionnant. **CW**

Livres d'Alan Garner traduits en français

Deux frères en or
La Princesse et la crinière d'or

Vuk

István Fekete

Nationalité Hongrie, 1900
Édition Móra, Hongrie, 1965
Thème histoires d'animaux

Ce roman raconte l'histoire de Vuk, un renardeau aventureux qui, en rentrant un jour chez lui après avoir exploré la forêt, découvre qu'un chasseur a tué toute sa famille. Seul et effrayé, Vuk est trouvé par son oncle Karak, qui l'emmène dans son terrier et entreprend de lui enseigner tout ce dont il aura besoin pour survivre.

Vuk devient l'un des renards les plus malins de la forêt et commence à élaborer un plan pour se venger du chasseur qui a tué sa famille. Quand il visite la maison de ce dernier, Vuk y découvre une renarde enfermée dans une cage. Karak et Vuk font appel à toute leur intelligence pour l'aider à s'échapper, puis ils repartent tous trois dans la forêt.

À la suite d'une série d'aventures trépidantes, Vuk et les autres renards sont presque capturés par les chasseurs quand les hirondelles et d'autres oiseaux les trahissent. Faisant preuve d'astuce une fois de plus, Vuk imagine un plan pour les aider à s'échapper mais parfois la ruse ne suffit pas. Au cours de la saison de chasse, alors que les autres renards courent pour chercher refuge, le vieil oncle Karak est tué. Vuk rentre seul à son terrier dans la falaise. Quand l'hiver approche, il trouve une compagne avec qui il aura une portée afin que le cycle naturel de la vie puisse continuer.

Vuk a captivé l'imagination des enfants depuis sa première publication et gagné un public international quand il a fait l'objet d'un dessin animé en 1981. Classique du cinéma hongrois, il a été montré dans les salles françaises sous le titre *Vuk le petit renard*. **HJ**

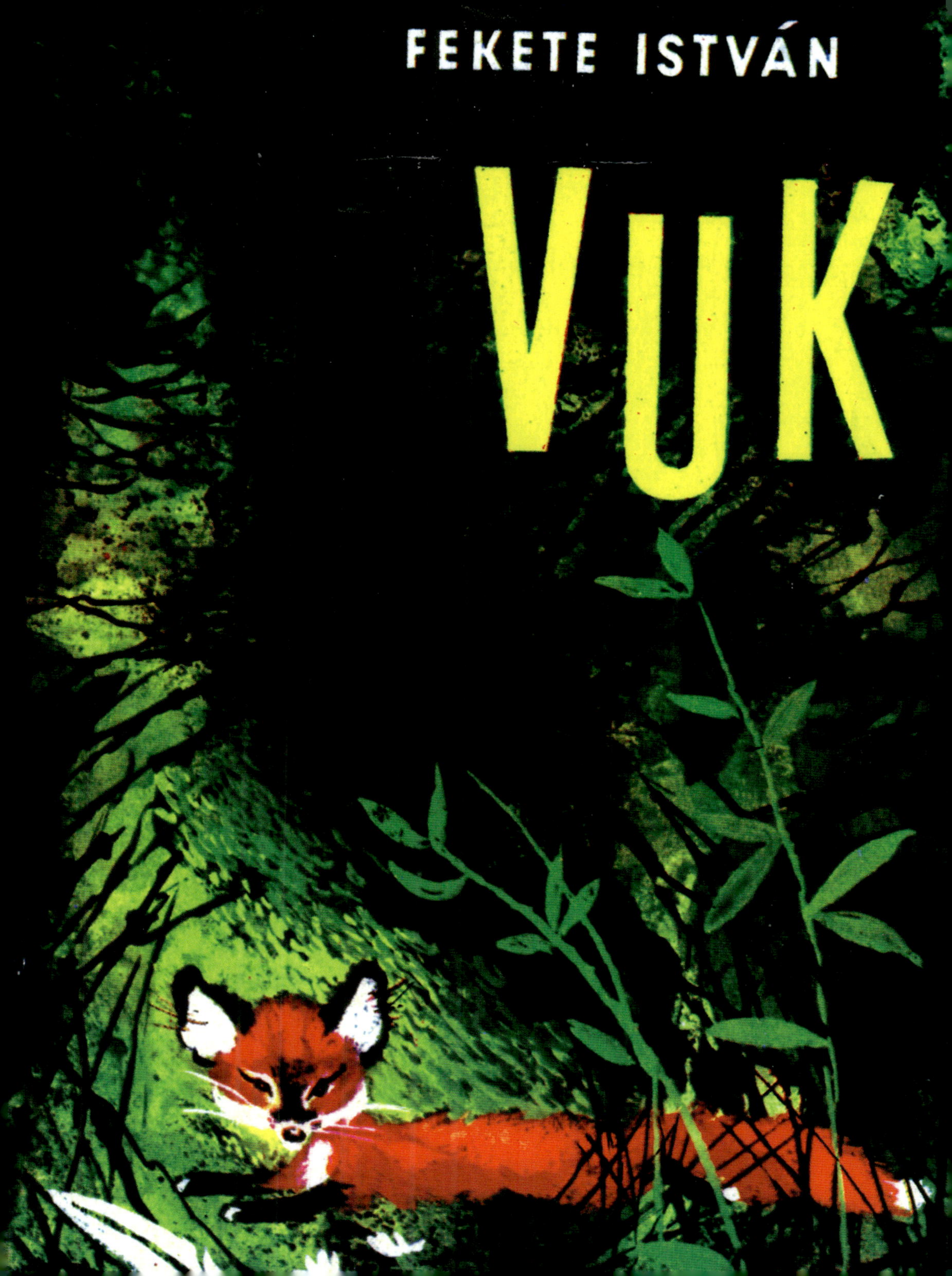
FEKETE ISTVÁN
VUK

THE MOUSE AND THE MOTORCYCLE

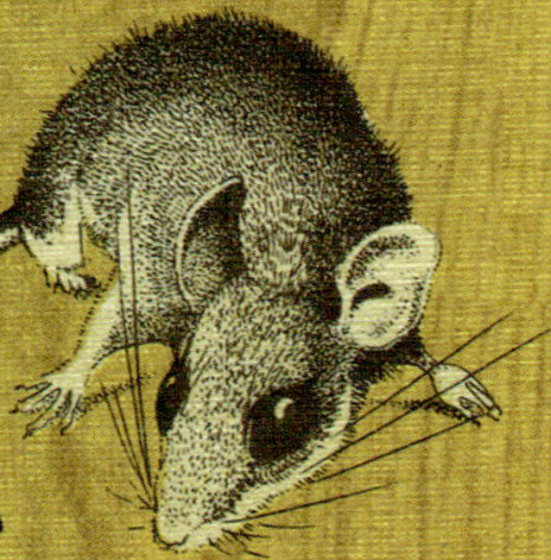

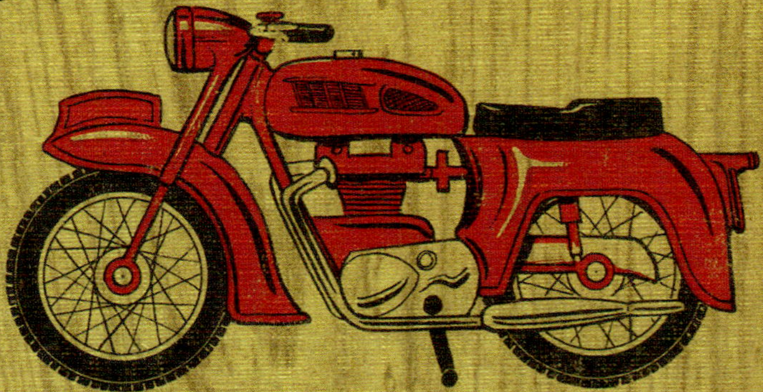

BEVERLY CLEARY

ILLUSTRATED BY LOUIS DARLING

Ralph super souris

Beverly Cleary Louis Darling

Titre original *The Mouse and the Motorcycle*, 1965
Nationalité É.-U., 1916 (aut.), date inconnue (ill.)
Édition française Rageot
Thèmes histoires d'animaux, amitié

Premier volume de la série la plus imaginative de Beverly Cleary, *Ralph super souris* est un roman d'apprentissage miniature. Ralph, un souriceau doté d'une mère angoissée et d'une famille nombreuse, n'a jamais connu que la chambre 215 du Mountain View, un vieil hôtel où résonnent les craquements du bois. La vie de Ralph est transformée quand la chambre est occupée par un jeune garçon, Keith, qui apprend à Ralph à monter sur sa moto miniature et lui fabrique même un casque à l'aide d'une demi-balle de ping-pong. La moto permet à Ralph de partir à la découverte non seulement du couloir sur lequel donne sa chambre, mais aussi du rez-de-chaussée et même de sortir de l'hôtel. Ce faisant, Ralph affrontera le danger sous la forme de chiens, hiboux, aspirateurs et tous les objets ordinaires qui rendent la vie d'une souris si périlleuse.

Au début, Keith ne permet à Ralph d'utiliser sa moto que la nuit afin que rien n'arrive à son jouet. Ralph passe outre et perd la moto dans le linge sale. Keith lui reproche alors son irresponsabilité. Cependant, quand le petit garçon tombe malade, Ralph se rachète en recherchant partout dans l'hôtel la seule chose qui pourra aider son ami : une aspirine. Un gentil groom rend la moto à Keith, et celui-ci l'offre à Ralph qui pourra l'utiliser chaque fois que l'envie le prendra.

Le style de Cleary est pétillant tout au long de cette série où elle parvient à représenter parfaitement le plaisir que les enfants (en particulier les garçons) tirent des engins étincelants et bruyants. **SY**

Histoires au téléphone

Gianni Rodari Bruno Munari

Titre original *Favole al telefono*, 1965
Nationalité Italie, 1920 (aut.), 1917 (ill.)
Édition française multiples éditeurs
Thème fantastique

Chacune des *Histoires au téléphone* comprend une situation où tout est sens dessus dessous. Les choses sont difficiles ou ne se passent pas comme prévu, mais on parvient toujours à une solution accompagnée d'une réflexion sur ce qui compte réellement dans le monde des enfants : la joie qu'on éprouve en recevant un cadeau et le plaisir de l'inattendu.

Dans l'un de ces contes, la Befana, une sorcière bienveillante qui offre des cadeaux aux petits Italiens la nuit de l'Épiphanie, représentée par le dessinateur Bruno Munari comme une vieille femme déguenillée volant sur un balai, se trompe du tout au tout. De fait, toutes les Befana qui apportent des cadeaux se sont trompées de sac et n'ont pas apporté aux enfants les jouets qui leur étaient destinés.

Une autre histoire évoque le jour où des dragées tombent d'un nuage dans le ciel. Les enfants se précipitent pour ramasser les friandises. Dans *Le Feu bleu*, un feu de circulation s'obstine à passer au bleu. Le jour où des ouvriers viennent le réparer, il soupire tristement : personne n'a compris que le bleu était la couleur du ciel, et tout le monde aurait déjà dû s'envoler.

Gianni Rodari est un conteur si magistral que les enfants n'éprouvent aucune difficulté à croire à ces histoires enchanteresses et universelles. Comme le conclut la Befana de Rome à la fin de son histoire : « Maintenant je comprends… les enfants sont pareils dans le monde entier et ils aiment tous les mêmes jouets. » **SMT**

Course contre le feu

Ivan Southall Clem Seale

Titre original *Ash Road*, 1965
Nationalité Australie, 1921 (aut.), 1922 (ill.)
Édition française Éditions de l'amitié
Thèmes aventure, amitié

8+

Ce récit haletant débute par un vendredi après-midi de janvier, quand trois adolescents, Harry, Graham et Wallace, partent camper dans le bush australien. Ils ont l'intention de prendre contact avec un camarade d'école dont la famille possède une résidence secondaire dans la région, mais leurs plans changent de façon dramatique quand Graham provoque par accident un incendie. Le feu menace de tuer tous ceux qui habitent à Ash Road (« route de cendres »). La férocité de l'incendie qui les encercle, son aspect, les sons et les odeurs qu'il produit sont décrits de façon frappante, et le chaos qui s'ensuit parmi les habitants, jeunes ou vieux, est brillamment dépeint.

On saisit cependant très vite la réelle révélation du récit : dans une situation de ce type, ce ne sont pas seulement les éléments physiques qui comptent mais les ressources psychologiques profondes. C'est le cas pour les adultes comme pour les enfants, même si ces derniers, en pleine adolescence et en route vers la maturité, semblent apprendre le plus de cette expérience. L'un d'entre eux, Peter, remarque à la fin du récit qu'il sait « sans être capable de l'exprimer, qu'il [avance] à toute allure vers l'âge d'homme en abandonnant son enfance derrière lui ». **RD**

Autres livres d'Ivan Southall traduits en français

Aventure en plein ciel
Les Rescapés du val perdu

Het Sleutelkruid

Paul Biegel

Nationalité Pays-Bas, 1925
Édition Haarlem, Pays-Bas, 1965
Thème mythes et légendes

Le roi Mansolain règne sur les Montagnes de cuivre depuis un millier d'années, mais il est fatigué et son cœur, affaibli. Son médecin, le docteur Merveille, part à la recherche de la véronique dorée, une plante qui ne pousse que dans une contrée lointaine et qui pourrait lui sauver la vie. Auparavant, il demande aux animaux de la montagne de raconter au roi des histoires qui accélèrent son rythme cardiaque.

Comme *Les Mille et Une Nuits*, cet ouvrage est un assemblage de contes fantastiques. Chaque nuit, un nouvel animal frappe à la porte du château, entre et invente un récit assez puissant pour maintenir le roi en vie. Parmi ces conteurs se trouvent un loup féroce, un âne amoureux fou et un dragon à trois tête soufflant le feu. Certaines des histoires sont drôles, d'autres tristes et d'autres encore donnent le frisson. Le dernier des conteurs est un nain armé de quatre livres anciens qui prédisent que le roi vivra mille ans de plus si le médecin accomplit sa mission.

Salué dans toute l'Europe, ce livre demeure l'une des œuvres les plus populaires de Biegel. Influencé par les frères Grimm, il a écrit plus de 50 ouvrages pour enfants. **HJ**

Livres de Paul Biegel traduits en français

La Princesse russe
Le Festin de l'éléphant
Le Royaume de l'araignée

Le Doigt magique

Roald Dahl William Pène du Bois

Titre original *The Magic Finger*, 1966
Nationalité P. de Galles, 1916 (aut.), Fr./É.-U., 1916 (ill.)
Éd. française Gallimard Jeunesse (ill. H. Gaterou)
Thèmes histoires de magie, classiques

La narratrice de ce récit, âgée de 8 ans, a un doigt aux pouvoirs magiques, capable de jeter un sort dont la férocité est proportionnelle à sa colère. Quand elle l'utilise sur son institutrice qui maltraite ses élèves, celle-ci se retrouve avec des moustaches et une queue. Rien ne provoque plus le courroux de la petite fille que la chasse. C'est justement l'activité préférée de son voisin, le fermier Cassard, activité qu'il pratique en compagnie de ses deux fils. Un jour, alors que tous les trois rentrent chargés du cadavre d'un jeune cerf, elle pointe sur eux son doigt magique. Le matin suivant, au réveil, les Cassard découvrent qu'ils ont la taille d'un oiseau et qu'ils ont tous des ailes. Ils s'entraînent à voler, activité qui leur procure un grand plaisir, puis voient une fois en l'air que leur maison est désormais occupée par quatre énormes canards sauvages qui s'emparent des fusils de la famille. Pire encore, ces fusils sont pointés sur leurs anciens propriétaires, qui s'apprêtent à découvrir ce que c'est que de recevoir une balle. Au dernier moment, M. Cassard promet de ne plus jamais tirer sur aucun animal, et lui et ses fils sont sauvés. Ils reprennent leur forme humaine et adoptent un nouveau nom de famille en l'honneur de leurs nouveaux amis à plumes.

Même si ce court roman est dépourvu des feux d'artifices verbaux des autres ouvrages de Roald Dahl, son humour noir caractéristique, son suspense et son message expliquent sa popularité constante auprès des enfants. **NT**

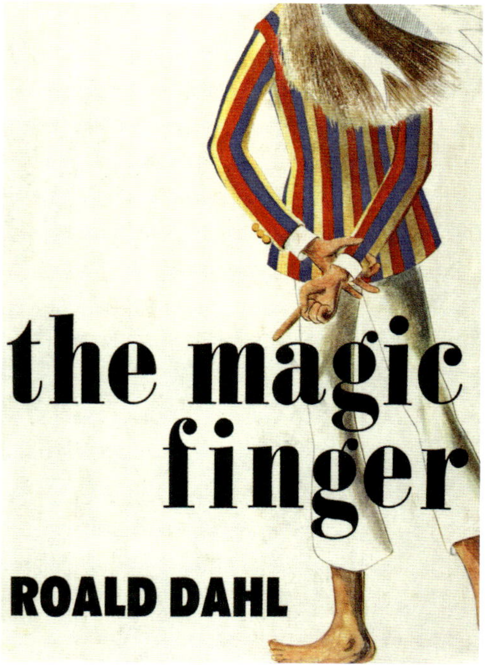

« Je ne peux pas vous dire comment ça marche… Mais ça m'arrive toujours quand je me mets en colère, quand je vois rouge. »

Autres livres célèbres de Roald Dahl

James et la grosse pêche (p. 548)
Charlie et la chocolaterie (p. 564)
Fantastique Maître Renard
Les Deux Gredins
La Potion magique de Georges Bouillon

Kitaro le repoussant

Shigeru Mizuki

Titre original *Hakaba Kitaro*, 1966
Nationalité Japon, 1922
Édition française Cornélius
Thèmes fantastique, épouvante, bandes dessinées

8+

Shigeru Mizuki est un maître du manga, connu pour les aventures de Kitaro, qui ont donné lieu à quantité d'adaptations, en dessin animé, en série télévisée ou en jeu vidéo. Ce manga a aussi permis de populariser le folklore traditionnel japonais, en particulier les *yôkaï*, des monstres apparentés aux morts-vivants dont fait partie Kitaro. Avec cette série, Shigeru a créé un nouveau genre, le manga d'épouvante, qui, malgré sa nature grotesque, est peuplé de personnages dotés d'un grand charme. Kitaro, dont la frange balaie une orbite vide, ne fait pas exception à la règle.

Ce héros borgne né dans un cimetière est le dernier membre de sa tribu, exception faite de son père qui est toutefois en grande partie décomposé (ce n'est plus en réalité qu'un globe oculaire qui parle). Kitaro s'efforce de maintenir la paix entre les humains et les *yôkaï*, ce qui signifie en général protéger les humains des êtres surnaturels. Le garçon dispose d'un arsenal d'armes surnaturelles : des poils épineux qu'il peut tirer comme des flèches, une main détachable et contrôlable par télécommande, et une chevelure qui peut détecter la présence d'esprits. Les monstres que combat Kitaro vont des ogres maléfiques à un homme-rat, une petite fille qui se transforme en chat effrayant, un renard malveillant et une femme des neiges. La plupart d'entre eux sont mi-humains, mi-animaux et possèdent des pouvoirs spirituels et surnaturels. Peuplé de créatures difformes, *Kitaro le repoussant* est étrange mais merveilleux. **RA**

L'Arbre du hérisson

Antonio Gramsci

Titre original *L'albero del riccio*, 1966
Nationalité Italie, 1891
Édition française Messidor – La Farandole
Thème traditionnel

Antonio Gramsci est surtout connu pour ses écrits politiques et philosophiques. Communiste, il fut arrêté par les fascistes en 1926. Alors qu'il était prisonnier politique, Gramsci écrivit de nombreuses lettres à ses deux enfants, Delio et Giuliano.

Dans ces lettres, il leur demande de lui raconter leur vie, le déroulement de leurs études, de lui parler de leurs intérêts et de leurs sentiments. À son tour Gramsci leur raconte sa vie, notamment ce qu'il a vécu enfant dans la campagne de Sardaigne. Il leur relate aussi à sa manière des contes classiques de Kipling, Pouchkine et Tolstoï. Gramsci tentait ainsi de demeurer présent dans la vie de ses enfants et de maintenir une sorte de normalité même s'il était en prison. Bien qu'il n'ait jamais été réuni avec eux, car ils demeurèrent en Russie avec leur mère, Giulia Schucht, Gramsci ne perdit jamais son identité de père. Ses lettres, qui témoignent de son dévouement paternel, demeurent très émouvantes.

Dans l'histoire du titre, le jeune Antonio et ses amis découvrent une famille de hérissons. Cachés derrière des buissons, ils observent ces animaux en train de faire provision de pommes tombées au pied d'un arbre. La mère et le père hérisson grimpent au pommier et le secouent pour que les fruits tombent. Une fois retournés à terre ils se recroquevillent en boule et roulent au-dessus des pommes qui s'empalent sur leurs épines. Ils s'éloignent ensuite gaiement, au trot, les pommes sur le dos. **SMT**

Souris, père et fils

Russell Hoban   Lillian Hoban

Titre original *The Mouse and His Child*, 1967
Nationalité États-Unis, 1925 (aut. et ill.)
Édition française Gallimard Jeunesse
Thèmes traditionnel, classiques, aventure, histoires d'animaux

Une souris mécanique en fer-blanc et son fils, reliés par les mains et conçus pour danser sous un arbre de Noël, sont jetés aux ordures après que le chat de la famille les a cassés. Sauvés par un clochard, ils partent à la recherche d'une magnifique maison de poupées, où, ont-ils décidé, ils vivront dorénavant et où ils retrouveront les jouets qu'ils ont connus lorsqu'ils résidaient dans la vitrine du marchand de jouets. Ils doivent tout d'abord échapper à l'attention du rat Mannu, voleur, gangster et petite brute qui profite de toutes les occasions pour leur barrer la route.

Cette histoire envoûtante, écrite dans l'esprit d'Andersen, parvient à être drôle et triste à la fois. Même quand leur quête paraît désespérée, le père et le fils ne doutent jamais de leur succès final. Chaque chapitre présente des situations nouvelles, parfois bizarres, qui sont l'occasion de débats entre d'extraordinaires personnages, qu'ils soient jouets, insectes ou autres animaux. Au fil de l'histoire, les animaux montent une pièce expérimentale, peignent des tableaux, se disputent et s'interrogent sur le sens de la vie.

Passant des plaisanteries aux références d'époque ou encore à des énigmes philosophiques, ce roman poignant, onirique et absolument captivant est le dernier qu'ait écrit Russell Hoban pour les enfants avant de se tourner vers la littérature pour adultes. Un grand nombre de ses premiers ouvrages ont été illustrés par sa première femme, Lillian. **NT**

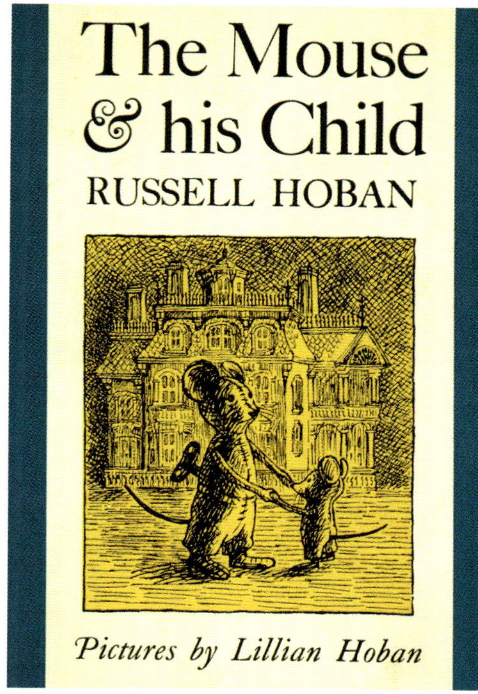

« "Où sommes-nous ?" demanda-t-il à son père. Dans la nuit, sa voix semblait toute petite. »

Autres histoires de jouets

Casse-Noisette, **E. T. A. Hoffmann (p. 403)**
Le Miraculeux Voyage d'Edouard Tulane, **Kate DiCamillo**
Série « Calvin et Hobbes », Bill Watterson

Fugue au Métropolitain

E. L. Konigsburg

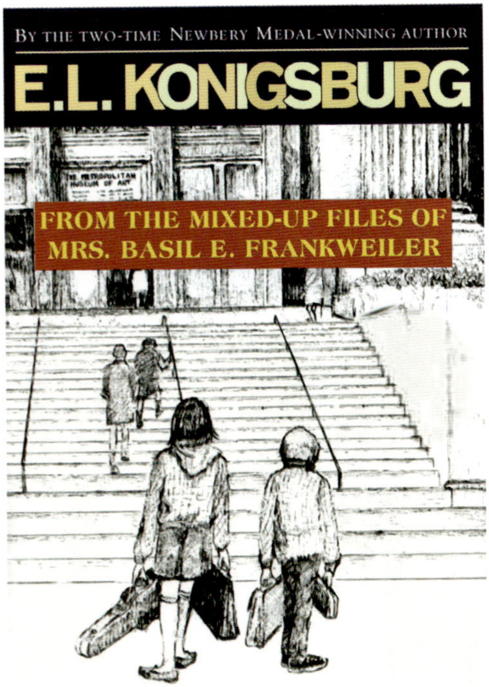

Titre original *From the Mixed-Up Files of Mrs. Basil E. Frankweiler*, 1967
Nationalité États-Unis, 1930
Édition française Hachette
Thèmes aventure, famille

8+

Claudia Kincaid décide de s'enfuir juste avant son douzième anniversaire. Sans être malheureuse, elle s'ennuie chez elle et choisit comme compagnon de fugue son ingénieux petit frère, Jamie. C'est lui qui, à 9 ans, est chargé de gérer leurs maigres économies pendant que Claudia organise leur fugue. Ils se cachent dans le bus de ramassage scolaire puis se rendent au musée Métropolitain de New York – le lieu que Claudia a choisi pour leur grande aventure.

Une fois dans le musée, ils dorment dans les meubles anciens, se lavent dans la fontaine du bâtiment et mangent les quelques vivres qu'ils peuvent trouver ou acheter. Une petite statue dont l'attribution est sujette à débat (serait-ce un Michel-Ange ?) les intrigue, et Claudia s'imagine que si elle parvient à résoudre son origine mystérieuse, elle pourra rentrer chez elle en ayant accompli quelque chose de vraiment mémorable.

Cette histoire excentrique et attachante est racontée par Mme Frankweiler, 82 ans, l'ancienne propriétaire de la statue, qui connaît son secret mais a jusque-là refusé de le révéler. Quand les enfants parviennent enfin chez elle, où elle vit recluse, tout est résolu. En 2001, le musée Métropolitain de New York a consacré tout un numéro de sa publication, *Museumkids*, à répondre aux nombreuses questions concernant le roman que des jeunes lecteurs enthousiastes s'étaient posées au fil des ans. **NT**

« Claudia était sûre d'avoir choisi comme cachette l'endroit le plus élégant au monde. »

Autres livres d'E. L. Konigsburg

Sacrés samedis ! (p. 660)
Plus un mot
Les Hurluberlus

The Goalkeeper's Revenge

Bill Naughton

Nationalité Grande-Bretagne, 1910
Édition Puffin, Royaume-Uni, 1967
Thèmes famille, école, amitié, nouvelles, classiques

Ce recueil de nouvelles, le plus populaire des livres pour enfants de Bill Naughton, raconte l'histoire d'un groupe d'enfants qui passent leurs journées à jouer au football dans les rues, à organiser des courses entre des petits chariots qu'ils ont fabriqués eux-mêmes, et à regarder passer les heures au coin des rues. Elles donnent aussi le sentiment que l'enfance ne durera pas toujours, car leurs personnages en grandissant doivent commencer à chercher du travail.

Écrites dans les années 1960, ces nouvelles intéressent encore les jeunes lecteurs actuels. Vivantes, elles sont animées d'une langue directe et incisive. Les personnages, attachants, sont dessinés à traits vifs, y compris Sam Dalt, le gardien de but du titre (qui signifie « La vengeance du gardien de but »), qui grâce à son talent de goal, parvient à garder une longueur d'avance sur son ennemi juré. Spit Nolan, autre personnage préféré du recueil, « un gars mince au visage anguleux », ne peut aller à l'école à cause de sa maladie. C'est un champion des courses de chariots mais sa participation à l'une d'entre elles aura des conséquences tragiques. Une autre nouvelle a pour protagoniste un garçon livreur qui travaille sur les quais et vole dix-sept oranges. Surpris par un policier, avant qu'il ne puisse être accusé de vol il mange toutes les preuves.

Ce recueil plein d'esprit provoquera les rires des lecteurs, qui y reconnaîtront tout ce qui peut aller de travers à l'école et qui seront amenés à réfléchir. **HJ**

D'Aulaires' Norse Gods and Giants

Ingri et Edgar Parin D'Aulaire

Nationalité Norvège/États-Unis, 1904 (Ingri), Allemagne/États-Unis, 1898 (Edgard)
Édition Doubleday, États-Unis, 1967
Thèmes mythes et légendes, contes populaires

Les mythes des Scandinaves tels qu'ils apparaissent dans les *Edda* font usage d'un mélange improbable d'hyperboles et de litotes. Les mâchoires du monstrueux loup Fenrir, par exemple, touchent une fois ouvertes à la fois la Terre et la voûte céleste, mais quand le courageux Tyr perd sa main droite entre ces mâchoires, on a l'impression que cela le gêne à peine. Le fait que les D'Aulaire aient entrepris d'illustrer de telles descriptions est louable, celui qu'ils aient si bien réussi, extraordinaire.

Ingri D'Aulaire connaissait bien les mythes et contes inclus dans cet ouvrage qui reprend la mythologie scandinave depuis la création du monde jusqu'à Ragnarokk (moment de la mort des dieux et de la destruction du monde).

On retrouve entre ces deux points des descriptions des principaux dieux et déesses ainsi que des neuf univers scandinaves et des races qui les peuplaient. Presque chaque page est éclairée par les lithographies caractéristiques des D'Aulaire qui parviennent toujours à saisir l'essence des personnages et des événements représententés.

Bien que la violence de ces mythes soit peut-être insupportable pour certains parents ou certains enfants sensibles, les histoires et les illustrations ne tombent jamais dans l'épouvante. Les D'Aulaire nous présentent de vrais mythes, qui, dans toutes les cultures, évoquent les aspects les plus sombres et les plus nobles de l'humanité. **CR**

Contes de la rue Broca

Pierre Gripari   Claude Lapointe

Nationalité France, 1925 (aut.), 1938 (ill.)
Édition multiples éditeurs, France, 1967
Thèmes traditionnel, contes de fées

La rue Broca n'est pas une rue comme les autres. Dans ce quartier de Paris, on croise toutes sortes de gens, des petits enfants et des géants aux chaussettes rouges, des patates qui parlent et des fées dans les robinets ; il y a aussi M. Pierre, qui aime tellement raconter des histoires qu'il finit par les inventer. Les enfants du quartier en sont enchantés ; alors, ensemble, ils imaginent des contes extraordinaires. Un jour, M. Pierre trouve cinq francs au fond de sa poche et décide d'aller chez le notaire pour s'acheter une maison. À ce prix, c'est assez difficile mais il en trouve pourtant une. Cette maison abrite quelque chose d'effrayant : une sorcière habite le placard à balais et elle en sort lorsqu'on fredonne une petite chanson bizarre !

Les enfants de la rue Broca habitent leurs propres histoires. Bachir, le fils de l'épicier, s'en remet à sa poupée magique, qui sait tout, pour convaincre son père de lui offrir un vélo. L'univers de la rue ressemble au nôtre mais la magie y côtoie sans cesse le quotidien.

Les *Contes de la rue Broca* sont treize récits pleins de couleurs et de fantaisie dont le plus connu est certainement *La Sorcière de la rue Mouffetard*. Les plus jeunes se les font d'abord raconter puis les dévorent à leur tour dès qu'ils savent lire. Ces contes inusables ont été traduits dans le monde entier ; on les retrouve aujourd'hui encore dans des spectacles de marionnettes ; ils ont été adaptés pour la télévision en 1982 ; enfin, un dessin animé a été réalisé en 1995 avec les illustrations originales de Claude Lapointe. **SL**

Le Sorcier de Terremer

Ursula K. Le Guin

Titre original *A Wizard of Earthsea*, 1968
Nationalité États-Unis, 1929
Édition française multiples éditeurs
Thème fantastique

C'est le premier volume d'une série de quatre consacrés à Terremer, univers fantastique constitué d'îles et de mers qui sert de toile de fond à l'histoire de Ged, un garçon doué pour la magie qui sauvera son village. Ged a pour professeur Ogion le mage, mais, impatient d'en apprendre davantage, il se rend à l'école des sorciers sur l'île de Roke. Il apprend bien et vite, mais l'antipathie qu'il éprouve instantanément pour Jasper, un autre élève, l'amène, pour fanfaronner, à jeter un sort qui ramène du royaume des morts une ombre qui va le hanter.

Au prix de la vie de l'archimage Nemmerle et grâce au don de l'autre mage de l'école, Ged est sauvé et retrouve la santé. Il recommence à étudier mais ne peut échapper à l'ombre que sur l'île de Roke, où il est protégé. Quand il reçoit son bâton, il quitte Roke et sa sécurité en sachant qu'il ne pourra jamais demeurer longtemps en un même lieu. Ce n'est que lorsqu'il est presque capturé par Serret et son mari que Ged comprend qu'il doit affronter l'ombre, quête qui l'amène au-delà des limites de Terremer, où il peut enfin vaincre celle-ci et se libérer.

Ursula Le Guin imagine un monde fantastique doté de sa propre mappemonde et de son propre langage ; elle incorpore des éléments d'autres contes mythologiques et des créatures légendaires (des dragons par exemple) pour offrir à ses lecteurs une expérience envoûtante. Ce titre est suivi des *Tombeaux d'Atuan*, de *L'Ultime Rivage* et du *Vent d'ailleurs*. **JF**

Le Géant de fer

Ted Hughes George Adamson

Titre original *The Iron Man*, 1968
Nationalité G-B, 1930 (aut.), É.-U./G-B, 1918 (ill.)
Édition française Gallimard Jeunesse
Thèmes mythes et légendes, classiques

8+

C'est un récit passionnant qui traite de la force du bien et du mal qui cohabitent en nous. Hughes l'a écrit pour le lire à ses propres enfants, et de fait la lecture à voix haute permet de familiariser les enfants à l'énergie et à la puissance du langage de ce poète britannique.

La capacité de ce géant de fer à survivre à n'importe quel châtiment lui donne des airs de héros. Il a aussi du cœur et accepte même de protéger ceux qui l'ont autrefois persécuté. Ce récit s'inspire de thèmes que l'on retrouve souvent dans les mythes et contes traditionnels comme le personnage de l'enfant innocent mais plein de sagesse qui devient l'ami de celui qu'on prend pour un ennemi. Ici, le fils du fermier, Hogarth, se lie d'amitié avec le géant de fer, que les fermiers ont pris au piège, et négocie avec ces derniers pour que l'être surnaturel puisse vivre en paix. Cette transformation d'ennemi du peuple en défenseur de la Terre contre un dragon-chauve souris-ange de l'espace aussi grand que l'Australie rappelle aussi certains mythes, de même que l'épreuve de force entre les deux adversaires.

Le Géant de fer est désormais un personnage mythique à part entière qui a inspiré quatre décennies durant d'innombrables écoliers dans le domaine de la littérature, du théâtre ou des arts plastiques. Les enfants de la ville natale de Hughes, Mytholmroyd dans le Yorkshire, ont décoré les murs de la gare d'illustrations inspirées par ce texte. La version française de ce livre est illustrée par Philippe Munch et Jean Torton. **GB**

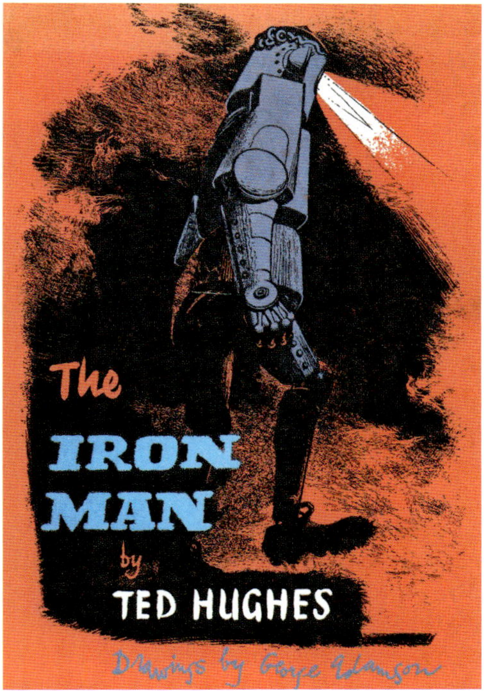

« D'où vient-il ? Personne ne le sait. Comment a-t-il été fabriqué ? Personne ne le sait. »

Autres histoires d'amitié surprenantes

Train de nuit dans la Voie lactée, Kenji Miyazawa (p. 473)
Skellig, David Almond (p. 667)
Stig of the Dump, Clive King (p. 558)
O meu amigo pintor, Lygia Bojunga Nunes (p. 637)

Mon bel oranger

José Mauro de Vasconcelos

Titre original *O meu pé de laranja lima*, 1968
Nationalité Brésil, 1920
Édition française multiples éditeurs
Thèmes famille, maladie et mort

Ce roman traite avec tact et courage de l'exclusion sociale, de l'extrême pauvreté des favelas brésiliennes et de la perte d'un être cher. C'est l'un des plus populaires de la littérature brésilienne contemporaine. Zézé, 5 ans, fait preuve d'une grande maturité pour son âge. Sa famille, très pauvre, vit dans une des favelas qui entourent Rio de Janeiro. Son père est au chômage et sa mère travaille dans une usine pour un salaire de misère. Zézé passe la majorité de son temps dans la rue ; ses nombreux frères et sœurs, à l'exception de Gloria et de Luis, le battent. Zézé se réfugie dans son imagination, où le petit oranger du jardin familial, qui ne possède qu'une branche et ne produit aucun fruit, se transforme en arbre magique qui parle.

Malgré sa méfiance initiale envers le monde des adultes, Zézé devient l'ami d'un homme aisé, baptisé Portugal, et que le sort du petit garçon émeut profondément. Leur amitié se transforme en affection et en confiance profonde à tel point que Zézé demande à Portugal de l'adopter, dans ce qui constitue peut-être la scène la plus émouvante du roman. Portugal refuse mais promet de s'occuper de lui, avant, malheureusement, de mourir dans un accident de voiture. Au désespoir, le petit garçon tombe gravement malade. Sa famille, qui n'était pas au courant de son amitié avec Portugal, pense que son état est dû aux récents travaux qui ont détruit une partie du jardin ainsi que son oranger. Le roman s'achève sur une note d'optimisme : Zézé commence à se rétablir et son père lui annonce qu'il a trouvé un emploi. **LB**

Doraemon

Fujiko Fujio

Titre original *Doraemon*, 1968
Nationalité Japon, né Hiroshi Fujimoto, 1933, né Motoo Abiko, 1910
Édition française Dargaud – Kana – Lombard
Thèmes fantastique, amitié, bande dessinée

Quand on visite le Japon, on est souvent surpris par la prolifération des images et objets publicitaires où apparaît un chat blanc et bleu à la tête ronde ornée d'une immense bouche souriante. C'est Doraemon, un chat-robot provenant du XXIIe siècle et désormais symbole culturel au Japon, en Chine, en Asie du Sud-Est et en Amérique du Sud. Bien que ce personnage ait en grande partie acquis sa popularité à travers les dessins animés et séries télévisées produits au début des années 1980, il est apparu bien plus tôt, dans le manga créé par Hiroshi Fujimoto et Motoo Abiko sous le nom de plume Fujiko F. Fujio.

Le protagoniste humain du manga est un jeune garçon, Nobita. Un jour, Doraemon bondit du tiroir de sa commode : le chat a été renvoyé vers le passé par le descendant de Nobita pour aider ce dernier à changer le cours de sa vie. Le robot possède une poche ventrale (comme un kangourou) dont il extrait des inventions extraordinaires, par exemple une porte qui donne sur l'endroit de son choix ou une machine à remonter le temps. Même si ces appareils devraient permettre à Nobita de surmonter n'importe quel problème, ils provoquent presque immanquablement des résultats inattendus mais hilarants.

La popularité de Doraemon est probablement due au fait que ses jeunes lecteurs se délectent de voir leurs rêves se réaliser sur le papier. C'est toutefois au personnage que la série doit son succès, car il s'avère un compagnon idéal : inébranlable, optimiste et bienveillant. **CR**

A Pair of Jesus Boots

Sylvia Sherry

Nationalité Grande-Bretagne, 1932
Édition Jonathan cape, Royaume-Uni, 1969
Thèmes amitié, famille

8+

Rocky O'Rourke, qui vit dans l'un des quartiers les plus pauvres de Liverpool avec sa mère et sa demi-sœur, Suzie, rêve de devenir un joueur de football célèbre ou un escroc comme son grand frère Joey, qu'il idéalise et qui est en prison pour un crime dont il se dit innocent. Chef de la bande des Cats, Rocky, 13 ans, pense devoir faire ses preuves en réalisant des petits « coups », par exemple en volant des paquets de biscuits à l'arrière des camions ou en pénétrant dans les bâtiments par effraction.

Ce n'est que quand Joey sort de prison que Rocky se rend compte que la vie de gangster est plus dangereuse qu'il ne pensait. Jim Simpson, le bandit londonien qui a accusé Joey à tort, est déterminé à le faire disparaître ainsi que sa famille. Rocky, que l'on reconnaît à ses « bottes de Jésus » (des sandales, en argot anglais, et le titre du roman) et à sa chevelure d'un roux flamboyant, est un personnage attachant malgré son attitude parfois agressive envers les policiers et certains adultes. C'est avec sa vieille voisine, Mme Abercrombie, qu'il se montre sous son meilleur jour, bien que leur relation soit au début hésitante. Il tente de prendre soin d'elle quand elle tombe malade, et se préoccupe aussi beaucoup de sa petite sœur Suzie, qui à 7 ans a du mal à se faire accepter par les filles de son âge.

Au fil du roman, Rocky mûrit et se rend compte qu'une vie consacrée au crime n'en vaut pas la peine. Le Liverpool de l'après-guerre, qui constitue la toile de fond très vivante du roman, est très bien brossé par Sylvia Sheery. **CVB**

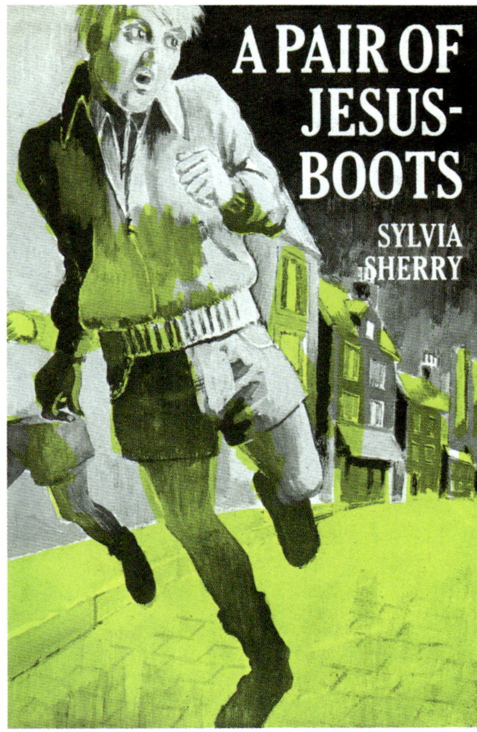

« Notre Joey sera bientôt dehors… il viendra te voir, à coup sûr ! »

Histoires sur les relations humaines

Harriet l'espionne, Louise Fitzhugh (p. 563)
Mon grand petit frère, Brigitte Peskine
David l'étrange, Veronica Robinson

Charlotte Sometimes

Penelope Farmer

Nationalité Grande-Bretagne, 1939
Édition Chatto and Windus, Royaume-Uni, 1969
Thèmes fantastique, école, amitié, roman historique

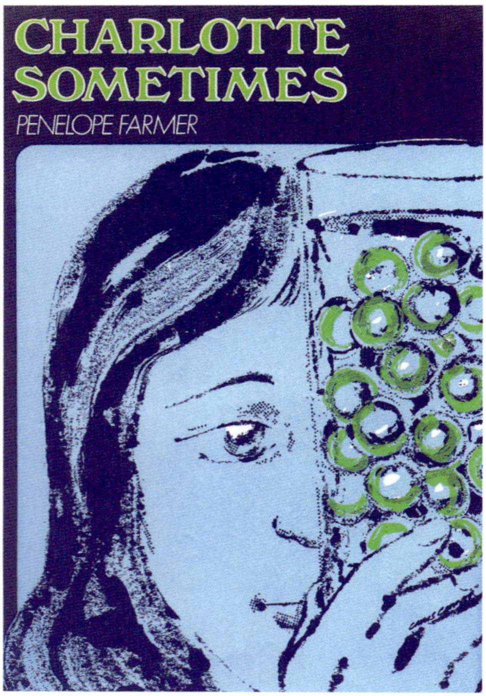

Autres histoires de voyages dans le temps

***Tom et le jardin de minuit*, Philippa Pearce (p. 537)**
***The Ship that Flew*, Hilda Lewis (p. 489)**
***A Traveller in Time*, Alison Uttley (p. 489)**

En se réveillant après sa première nuit à Aviary Hall, un pensionnat anglais, Charlotte découvre qu'elle a échangé de lieu et d'époque avec Clare, une petite fille de 1918. Au fil du semestre, Charlotte passe alternativement une journée à son époque et une autre en 1918, ce qui entraîne des difficultés à se souvenir de ce qu'elle a appris en classe, des noms de ses professeurs et des différentes règles. Quand le déménagement de Clare et de sa sœur Emily est reporté d'un jour, Charlotte se retrouve bloquée en 1918. Lorsqu'elle retrouve enfin son époque, Charlotte s'aperçoit qu'une de ses camarades de pensionnat est la fille d'Emily.

Charlotte Sometimes est plus qu'une fantaisie sur le voyage temporel : son vrai thème est l'identité.

« Charlotte commença à rêver qu'elle luttait pour demeurer elle-même… »

Même avant de se retrouver dans le passé, Charlotte a l'impression de perdre la sienne dans ce nouveau pensionnat : « Elle passait une grande partie de son temps à rechercher son nom, comme si elle en avait besoin pour prouver sa propre réalité. » Une fois qu'elle commence à échanger sa place avec Clare, Charlotte ne peut croire que personne d'autre ne s'en rend compte. Emily lui explique : « Je m'attendais juste à voir Clare et j'ai donc cru que c'était elle. » Mais une fois que Charlotte ne peut plus quitter 1918, elle commence peu à peu à perdre sa personnalité pour emprunter celle de Clare ; elle est d'autant plus triste, quand, revenue à son époque, elle apprend la mort de Clare.

C'est le troisième volume de la série consacrée à Aviary Hall où l'on retrouve les sœurs Makepeace. Ce petit joyau a inspiré au groupe The Cure en 1981 l'envoûtante chanson *Charlotte Sometimes*. **CW**

Le Petit Capitaine

Paul Biegel · Carl Hollander

Le Petit Capitaine est un roman où pétille l'aventure. Tony, un timide garçon de 9 ans, vit au bord de la mer. Un jour, il découvre un bateau échoué sur le rivage près de chez lui. Son capitaine, un petit garçon, attend qu'une grosse vague ramène son navire vers la mer. Quand la tempête se déclenche, Tony et deux de ses amis, Tubby et Marinka, embarquent avec le petit capitaine pour rejoindre une île où tout est gigantesque et pousse continuellement. En route, ils croisent des lieux aussi étranges qu'une ville fantôme sur pilotis ou une montagne qui crache du feu. Comme souvent dans les livres pour enfants de Paul Biegel, cette charmante histoire est accompagnée d'un message : il est normal d'avoir peur de l'aventure.

L'un des auteurs les plus populaires des Pays-Bas, Paul Biegel a publié des douzaines d'ouvrages en quarante ans de carrière et reçu de nombreux prix prestigieux. Bien que l'un de ses plus grands succès, *Le Petit Capitaine* ne compte pas parmi ses livres préférés. Selon Biegel, ses romans pour enfants plus âgés, comme *De Tuinen van Dorr* (« Les jardins de Dorr », jamais traduit en français) sont meilleurs. D'ailleurs, ce titre est considéré comme son chef-d'œuvre.

La majorité de son œuvre est clairement influencée par les contes de fées et l'univers fantastique de Tolkien ; cependant, les histoires du Hollandais sont uniques à leur manière. Emplies de plaisanteries, de rimes, de mots et d'expressions inventés, elles démontrent un réel amour du langage et un sens de l'humour qui « parle » à ses jeunes lecteurs. Biegel ne s'est jamais soucié d'être à la mode et a toujours choisi des thèmes qui plairaient aux enfants : pirates, voleurs, sorcières, princesses, énigmes à résoudre et l'éternelle lutte entre le bien et le mal. **NH**

Titre original *De kleine kapitein*, 1970
Nationalité Pays-Bas, 1925 (aut.), 1934 (ill.)
Édition française Hachette
Thème fantastique

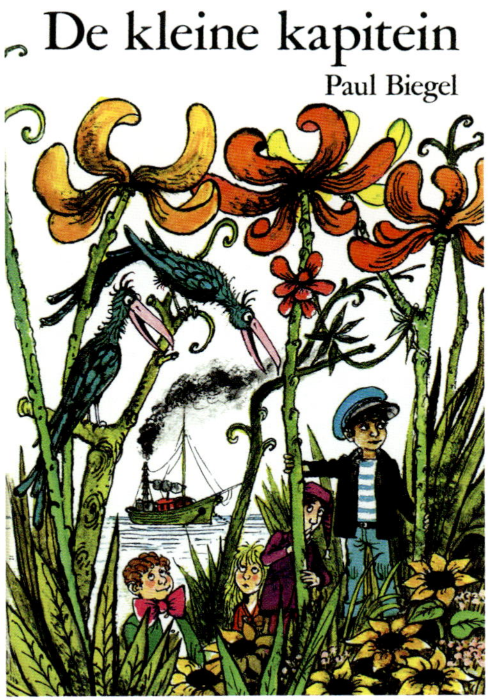

Autres livres de Paul Biegel

Le Festin de l'éléphant
Le Petit Capitaine au pays des sept tours
Le Petit Capitaine et le trésor du pirate
Het Sleutelkruid **(p. 572)**

Dieu, tu es là ?
C'est moi Margaret

Judy Blume

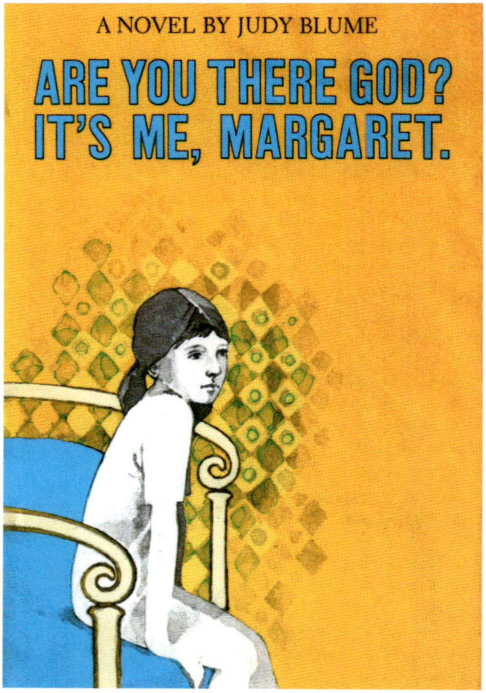

« Suppose que je déteste ma nouvelle école ? Suppose que tout le monde me déteste là-bas ? Aide-moi Dieu s'il te plaît. »

Autres livres de Judy Blume

Le Roi des casse-pieds (p. 608)
Et puis j'en sais rien
Ce n'est pas la fin du monde
Un exposé fatal
Pour toujours

Titre orig. *Are You There God? It's me, Margaret*, 1970
Nationalité États-Unis, 1938
Édition française L'École des loisirs
Thèmes classiques, école, famille, amitié

Ce roman révolutionnaire de l'Américaine Judy Blume fut l'un des premiers à parler franchement de sexe et de religion à de jeunes lecteurs sans jamais faire la morale ni porter de jugement. On y découvre Margaret, 12 ans, qui doit fréquenter une nouvelle école et s'adresse chaque soir au cours de ses prières à Dieu avec des questions qui portent non seulement sur la religion mais aussi sur ses incertitudes personnelles. Maintenant que beaucoup de ses amies ont commencé à avoir leurs règles, quand son tour viendra-t-il ? Quelle sorte de soutien-gorge devrait-elle acheter ? Son père étant chrétien et sa mère juive, ses grands-parents maternels et paternels en conflit, quelle Église devrait-elle rejoindre ?

Entre toutes ces questions, Margaret mène la vie d'une petite Américaine de la classe moyenne que préoccupent des mini-drames tournant autour des devoirs, de ses amis des deux sexes, et des problèmes familiaux. D'autres auteurs ont depuis abordé l'approche de la puberté avec autant de franchise, voire plus, mais personne ne sait décrire comme Judy Blume ce qu'on éprouve quand on est sur le point de découvrir une nouvelle réalité sociale et physique.

Ce succès de librairie continue à attirer de nombreux lecteurs. À la fin de l'histoire, tout commence à se mettre en place dans sa vie, les dernières pages décrivant l'arrivée – enfin – de ses premières règles, dûment célébrées par l'adolescente et sa mère. **NT**

Quand Hitler s'empara du lapin rose

Judith Kerr

Titre original *When Hitler Stole the Pink Rabbit*, 1971
Nationalité Allemagne/Grande-Bretagne, 1923
Édition française L'École des loisirs
Thèmes roman historique, guerre, famille

Quand Hitler s'empara du lapin rose allie perspicacité et humour à l'honnêteté de mémoire et au suspense d'un roman. C'est le premier tome d'une trilogie où Judith Kerr, auteur et illustratrice, décrit l'enfance et l'adolescence d'Anna, personnage en partie autobiographique.

Fille choyée d'un intellectuel juif, Anna grandit à Berlin, mais en 1933 sa famille doit partir, juste avant qu'Hitler n'accède au pouvoir. Le père d'Anna doit d'abord cacher son départ pour la Suisse, où le rejoindront la petite fille, sa mère et son frère. La réaction subjective d'une enfant de 10 ans face à une époque dangereuse est contrebalancée par sa compréhension ultérieure de la situation. La famille met trois ans à rejoindre Londres via la Suisse et la France, et au terme de ce voyage, Anna sera sortie de l'enfance.

Les enfants qui sont aujourd'hui réfugiés ou émigrés dans un pays étranger comprendront ce que vit Anna à l'école à Paris : ses difficultés et son ravissement à penser et à apprendre dans une nouvelle langue, et la tristesse de devoir abandonner des amis de longue date. *Quand Hitler s'empara du lapin rose* a été écrit en partie pour les enfants de Judith Kerr mais aussi en hommage à ses parents, qui parvinrent contre toute attente à protéger du danger leur famille nouvellement appauvrie. Les romans suivants décrivent les épreuves de la vie de réfugiés à Londres en temps de guerre, mais celui-ci constitue la plus efficace des introductions à une période noire de l'histoire. **GB**

Vendredi ou la Vie sauvage

Michel Tournier G. Lemoine

Nationalité France, 1924 (aut.), 1935 (ill.)
Édition Flammarion, France, 1971
Thèmes classiques, amitié

Seul rescapé de *La Virginie*, Robinson échoue sur une île déserte avec pour seul compagnon le chien Tenn, qui a aussi survécu au naufrage. Pour supporter sa solitude et lutter contre les dangers de l'oisiveté, Robinson s'invente un monde organisé ; il se déclare « gouverneur » de l'île, qu'il a nommée *Sperenza*, réussit peu à peu à y reproduire un cadre de vie civilisé. Jusqu'au jour où de redoutables Indiens mettent le pied sur l'île. Condamné à mort par les siens, un jeune Indien se réfugie auprès de Robinson. Celui-ci le nomme Vendredi, lui enseigne sa langue et en fait son serviteur. Un jour, en fumant le tabac de son maître, l'Indien provoque une explosion qui va faire voler en éclats le fragile équilibre instauré par le gouverneur. Alors s'opère un renversement : Vendredi va parvenir à s'émanciper de son maître et devenir son égal.

Ce roman est une adaptation pour la jeunesse de *Vendredi ou les Limbes du Pacifique*, publié par l'auteur quelques années auparavant et inspiré de l'œuvre de Daniel Defoe relatant la lutte de Robinson Crusoé.

Vendredi ou la Vie sauvage est un livre au style direct, vif et libre offrant aux jeunes lecteurs une vraie réflexion sur la complexité des relations humaines et l'absolue nécessité de vivre avec l'autre. C'est aussi un livre d'apprentissage qui explique par exemple comment nourrir un oisillon tombé du nid ou parler le langage des mains. Les illustrations accompagnent parfaitement le récit et en prolongent l'émotion avec précision. Une lecture passionnante et intelligente ! **SL**

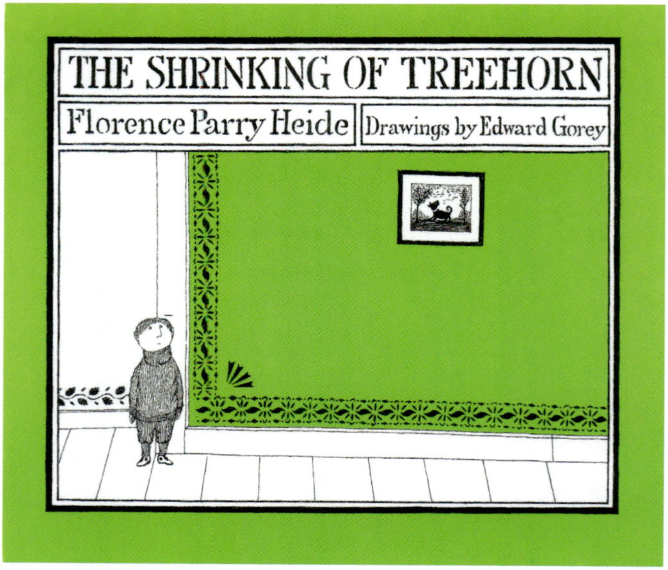

8+

Le Rapetissement de Treehorn

Florence Parry Heide Edward Gorey

Titre original *The Shrinking of Treehorn*, 1971
Nationalité États-Unis, 1919 (aut.), 1925 (ill.)
Édition française multiples éditeurs
Thèmes fantastique, école, famille

J'ai découvert *Le Rapetissement de Treehorn* (également publié sous le titre *Théophile a retréci*) tard : j'avais déjà 11 ans. J'ai eu de la chance que cela se soit produit à cet âge car c'est un livre qui se bonifie au fil des ans. Je me souviens de mon institutrice le lisant à voix haute et le tenant en l'air pour nous montrer les images. L'histoire était parfaite : un garçon qui rapetisse, ce que refusent de reconnaître ses parents. « Si tu veux prétendre que tu rapetisses, ce n'est pas un problème », dit la mère de Treehorn, « tant que tu ne le fais pas à table. »

Le langage est simple mais fantastiquement rythmé. Le récit possède un sujet sous-jacent subversif : la façon qu'ont si souvent les adultes de ne pas écouter les enfants. C'est un livre débordant d'humour qui prend le parti des enfants.

Il est dommage que l'on nous décourage de lire des albums illustrés après 7 ans. Je ne suis pas sûre de la raison ; les illustrations peuvent apporter beaucoup à l'expérience de la lecture. Celles du *Rapetissement de Treehorn* sont d'Edward Gorey, artiste sophistiqué et merveilleusement surréaliste qui crée des compositions au crayon et à l'encre pleines d'esprit, à l'équilibre élégant. Je ne connaissais pas son œuvre avant de lire ce livre mais c'est en partie grâce à lui que j'ai voulu devenir illustratrice. Ses dessins constituent le parfait exemple de ce que les illustrations de livre doivent accomplir. Elles s'inspirent de l'imagination de l'auteur, qu'elles élargissent en entraînant le lecteur dans un autre monde. Texte et illustrations s'accordent ici si bien que je ne pourrais imaginer l'un sans les autres.

Treehorn aimait manger des céréales au petit-déjeuner, mais ce qu'il préférait, c'étaient les boîtes de céréales.

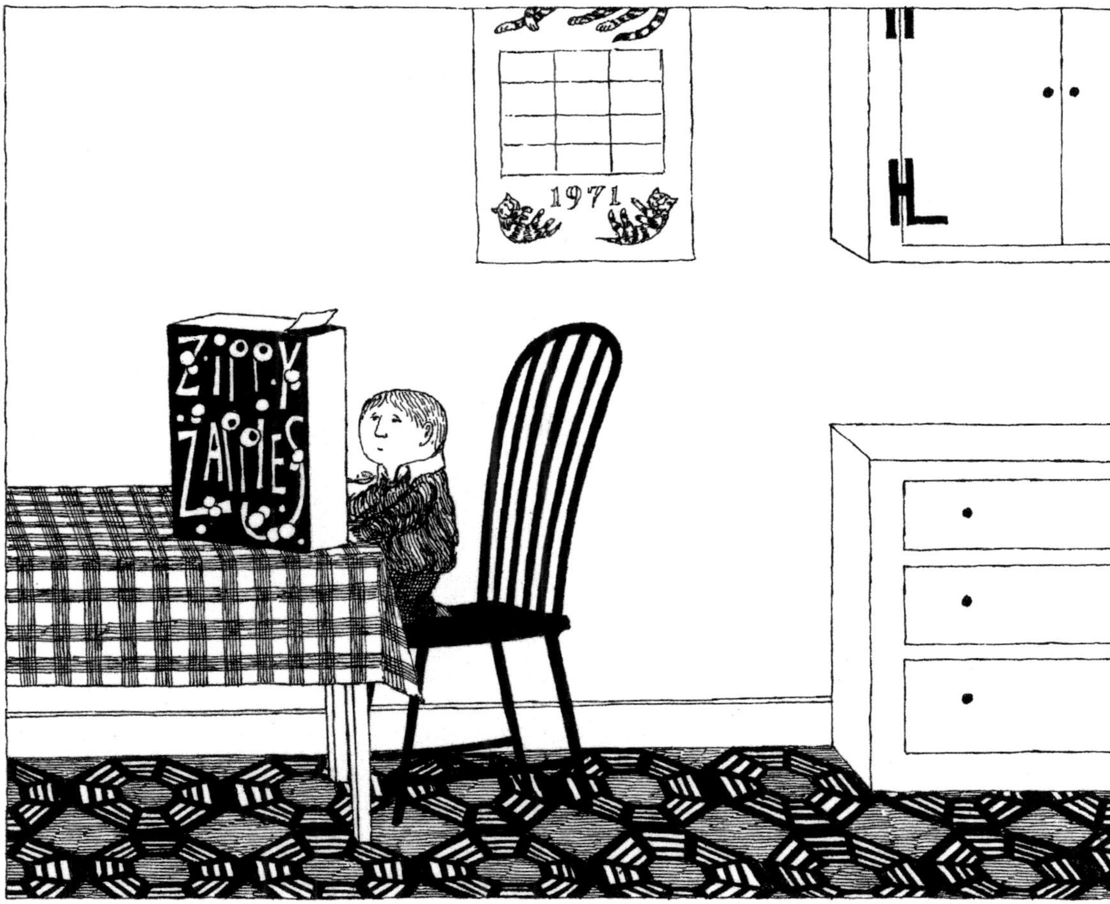
1971

Le Peuple du tapis

Terry Pratchett

Titre original *The Carpet People*, 1971
Nationalité Grande-Bretagne, 1948
Édition française J'ai lu
Thème fantastique

8+

Ce livre, l'un des premiers de Terry Pratchett, est peuplé de personnages minuscules, les Munrungues, qui vivent dans l'univers du Tapis. Ils traversent un paysage de poils aussi hauts que des arbres, et escaladent de gros grains de poussière. Ils ont dû abandonner leur village, détruit par une puissante et mystérieuse force naturelle, le grand Découdre (non identifié, mais on songe à l'usure naturelle du textile accélérée par l'aspirateur). Le héros de l'histoire est Snibril, capable de détecter le grand Découdre quelques minutes avant qu'il ne frappe, et qui est doté du genre d'esprit curieux qui, dit-on, peut être dangereux.

Bien que minuscules, ces personnages n'en sont pas moins courageux. Les Munrungues et la tribu voisine, les Deftmenes, sont des sujets de l'empire Dumii, bienveillant mais bureaucrate. Les Dumii sont menacés par les Mouls qui vénèrent le grand Découdre et mettent à profit la destruction que sème ce dernier pour attaquer et asservir les habitants du Tapis. Après une bataille épique, Snibril part pour les confins du Tapis.

Pratchett a écrit et illustré ce livre très jeune, et l'a depuis beaucoup révisé. On y trouve des incohérences de style et d'intrigue, mais l'inventivité caractéristique de l'auteur et sa merveilleuse capacité à se moquer des manières pompeuses, des préjugés et de l'ignorance l'emportent. Après avoir lu cette très agréable farce, le lecteur ne se servira plus jamais de son aspirateur avec la même insouciance. **VN**

Madame Brisby et le secret de Nimh

Robert C. O'Brien

Titre original *Mrs. Frisby ans the Rats of NIMH*, 1971
Nationalité É.-U., né Robert Leslie Conly, 1918
Édition française Hachette
Thèmes histoires d'animaux, aventure

Mme Brisby est un rat des champs qui fait face à un affreux danger quand le fermier des environs décide de labourer le champ où elle habite avec sa famille. Le plus jeune de ses fils, Timothée, est si malade qu'elle craint qu'il ne puisse survivre au déménagement. Heureusement, une bande de rats récemment échappés d'un laboratoire de recherche où ils ont subi toute une série d'expériences qui les ont rendus extraordinairement intelligents viennent à sa rescousse. Les rats, qui vivent dorénavant dans un logis très bien meublé et éclairé à l'électricité, racontent leur histoire en détail à Mme Brisby avant de l'aider à emménager dans un endroit plus sûr. Tout se complique quand cette dernière est capturée alors qu'elle tentait de glisser un somnifère au chat qui menace son déménagement. Prise au piège sous une passoire, elle est une fois de plus secourue par les rats, avant qu'eux aussi ne partent pour une nouvelle vie et une nouvelle civilisation dans une vallée voisine.

Cette fable merveilleusement écrite oblige ses jeunes lecteurs à contempler le monde du point de vue d'une espèce habituellement honnie. Ce sont les humains et leurs expériences sur des animaux vivants qui ont ici le mauvais rôle, et ce que cette situation implique en fera sûrement réfléchir plus d'un. Les enfants peuvent aussi se délecter d'une histoire palpitante dont les petits personnages (les rats et les souris) finissent par l'emporter sur les humains qui désiraient les éliminer au prix de n'importe quelle souffrance. **NT**

Le Roi des concombres

Christine Nöstlinger Werner Maurer

Titre orig. *Wir pfeifen auf den Gurkenkönig*, 1972
Nationalité Autrichie, 1936 (aut.), Allemagne (ill.)
Édition française Bordas
Thèmes fantastique, famille

8+

Wolfgang, 12 ans, vit avec sa famille, constituée de son grand-père (qui vient de souffrir d'une attaque cérébrale), de ses parents, de sa sœur Martina (qui n'est pas si embêtante que ça, comparée à ses camarades d'école) et de Niki, le petit dernier. Un jour, Kumi-Ori, un petit être qui ressemble à un concombre, apparaît sur le pas de leur porte. Il est coiffé d'une couronne et porte du vernis rouge aux orteils. Il parle d'une manière bizarre et grammaticalement incorrecte. Kumi-Ori explique que ses sujets l'ont expulsé et qu'il est demandeur d'asile. Le père de Wolfgang prend soin de lui et Niki est fasciné par le soi-disant roi, mais le reste de la famille souhaite désespérément se débarrasser de ce gnome possessif et agaçant.

Ils découvrent bientôt que le roi des concombres est un imposteur. Il promet au père un excellent emploi grâce à ses nombreuses connaissances, lui demandant en retour de l'aider à annihiler ses anciens sujets rebelles. Le reste de la famille s'oppose au plan et heureusement le père obtient une promotion sans devoir demander l'aide de l'étrange créature.

Christine Nöstlinger est une voix pleine de fraîcheur de la littérature pour enfants allemande depuis les années 1970. Ses héros sont le plus souvent des enfants défavorisés et tous ceux qui sont en marge de la société. Son sens de l'humour effronté et ses réflexions sarcastiques sur les relations entre générations ont donné une nouvelle vigueur à ce genre littéraire. **CS**

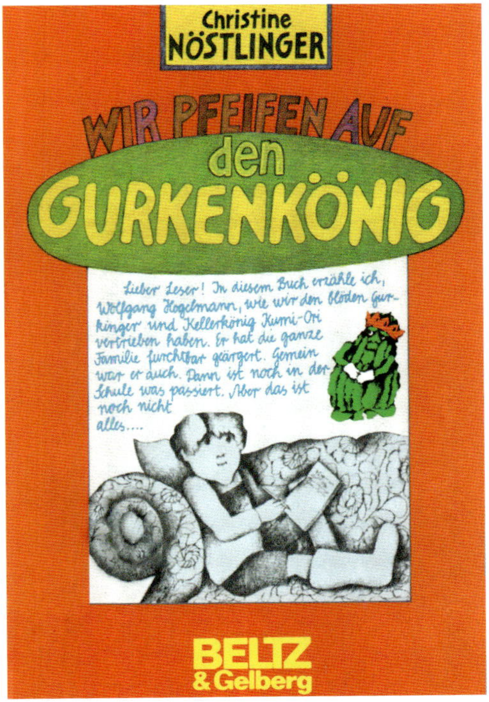

« Comme j'ai la jambe cassée et que je ne peux pas nager de toute façon, je vais juste me mettre à écrire… »

Autres ouvrages de Christine Nöstlinger

Le Môme en conserve (p. 598)
Lollipop
Le Nain dans la tête
On m'appelle Tamanoir
Le penseur mène l'enquête

Les Garennes de Watership Down

Richard Adams

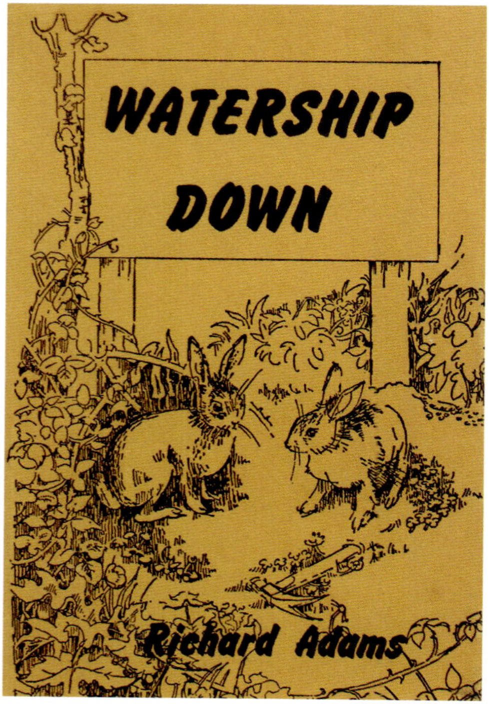

Titre original *Watership Down*, 1972
Nationalité Grande-Bretagne, 1920
Édition française Flammarion
Thèmes classiques, aventure, histoires d'animaux

« Il n'y a pas de danger là tout de suite mais il y en aura – il y en aura. Oh Noisette, regarde ! »

Autres histoires de lapins

L'Oncle Rémus raconte, Joel Chandler Harris (p. 420)
La Colline aux lapins, Robert Lawson (p. 498)
Conejo y coyote: Mitos y leyendas, Beatriz Donnet (p. 698)

Jeune, Richard Adams avait combattu sur le sol hollandais pendant la Seconde Guerre mondiale, et dans son roman le sens moral, le courage et le leadership sont essentiels au succès des animaux. Cependant, au royaume des lapins, il existe toutes formes de courage. Le timide et faible Cinquain, pris de visions, incite les lapins à s'exiler quand il pressent que leur garenne va être détruite par des promoteurs immobiliers. Noisette, le frère de Cinquain, devient le chef du groupe grâce à sa compassion et son bon sens.

Les aventures des lapins se déroulent sur cinq mois, une période relativement longue dans la vie d'un lapin de garenne, qui ne vit d'habitude que deux ans. Ici, les lapins de garenne sont choqués par les concessions faites par les lapins domestiques d'une ferme industrielle. Ils sont bien nourris en échange d'une vie plus courte, et consacrent aux arts l'énergie qu'ils utiliseraient normalement pour leur survie. Ailleurs, le charismatique et brutal général Stachys exploite la peur naturelle des prédateurs chez les lapins pour faire régner l'ordre dans sa garenne.

Une grande partie des détails sont véridiques (les femelles ingèrent leurs petits si elles ne peuvent prendre soin d'eux), certains sont possibles (ils ne peuvent compter que jusqu'à quatre, d'où le nom de Cinquain) et d'autres ravissent le lecteur, comme les mots des lapins pour ce qu'ils aiment (*silfay*, « nourriture ») ou détestent (*Vilous*, tous les animaux susceptibles de les manger). **GB**

Jonathan Livingston le goéland

Richard Bach

Titre original *Jonathan Livingston Seagull*, 1970
Nationalité États-Unis, 1936
Édition française Flammarion
Thèmes aventure, générosité

Paru aux États-Unis en 1970, *Jonathan Livingston le goéland* connut très vite un immense succès : un million d'exemplaires furent vendus dans son pays, pendant l'année 1972, et très vite il fit le tour du monde. Il est traduit en 33 langues et dès 1973, il devint le scénario d'un film. Dès sa première édition, des pages entières sont consacrées aux superbes photos en noir et blanc de goélands en vol réalisées par Russell Munson, qui arrêtent le temps et prolongent le rêve de voler que l'oiseau fait partager. Il est devenu un classique incontournable, sans cesse réédité ; en témoigne la belle édition de 2009, à la couverture toilée, recouverte d'une jaquette blanc et bleu, que Flammarion propose.

Son auteur, Richard Bach, a été pilote dans l'US Airforce et toute son œuvre est intimement liée à sa passion pour le vol, symbole de liberté et d'espoir. Voler devient la métaphore philosophique qui sous-tend son écriture.

Tous les goélands volent, mais pour eux, ce qui importe n'est pas de voler mais de manger. Et « Jonathan Livingston aimait par-dessus tout voler ». Rien ne l'arrêtera, ni le fait d'être rejeté par sa famille et sa communauté, ni les difficultés qu'il faut surmonter pour aller toujours plus loin dans le dépassement de soi qui n'aurait pas de sens sans le souci des autres, sans l'amitié et sans l'amour. « Brisez vos limites, faites sauter les barrières de vos contraintes, mobilisez votre volonté, exigez la liberté comme un droit, soyez ce que vous voulez être. » **NaB**

Le Fantôme de Thomas Kempe

Penelope Lively — A. Maitland

Titre original *The Ghost of Thomas Kempe*, 1973
Nationalité G-B, 1933 (aut.), date inconnue (ill.)
Édition française multiples éditeurs
Thèmes fantastique, histoires de fantômes

Quand les Harrison achètent leur maison, ils transforment le grenier, condamné depuis des années, en chambre pour leur fils James. Ce faisant, les ouvriers délogent et cassent une vieille bouteille sans se douter de ce qu'ils viennent de déclencher. La bouteille abritait en effet le fantôme de Thomas Kempe, sorcier à l'époque du roi Jacques Ier. Déterminé à reprendre le cours des choses là où il les avait abandonnées, Kempe choisit James comme apprenti.

James ne veut pas parler du fantôme à ses parents, qui sont convaincus que les événements étranges qui se produisent sont dus à des plaisanteries inventées par leur fils. Heureusement, James rencontre Bert Ellison, un maçon qui croit aux fantômes et pratique les exorcismes. Il découvre aussi un cahier de 1856 ayant appartenu à une certaine Fanny Spence, qui raconte la visite de son neveu Arnold et le premier exorcisme contre Kempe. Arnold permet à James de mieux comprendre le monde des esprits.

Les choses se gâtent quand Kempe commence à vandaliser les maisons et commerces du voisinage. Finalement il ne peut supporter la vie moderne et demande à James de l'aider à trouver le repos. En creusant dans le jardin, le garçon découvre une vieille paire de lunettes et une pipe. Le fantôme lui demande de retrouver sa tombe pour y poser ces objets. Aucune tombe du cimetière ne porte le nom de Kempe, mais James se souvient en avoir aperçu dans un caveau de l'église, et Kempe trouve enfin le repos éternel. **LH**

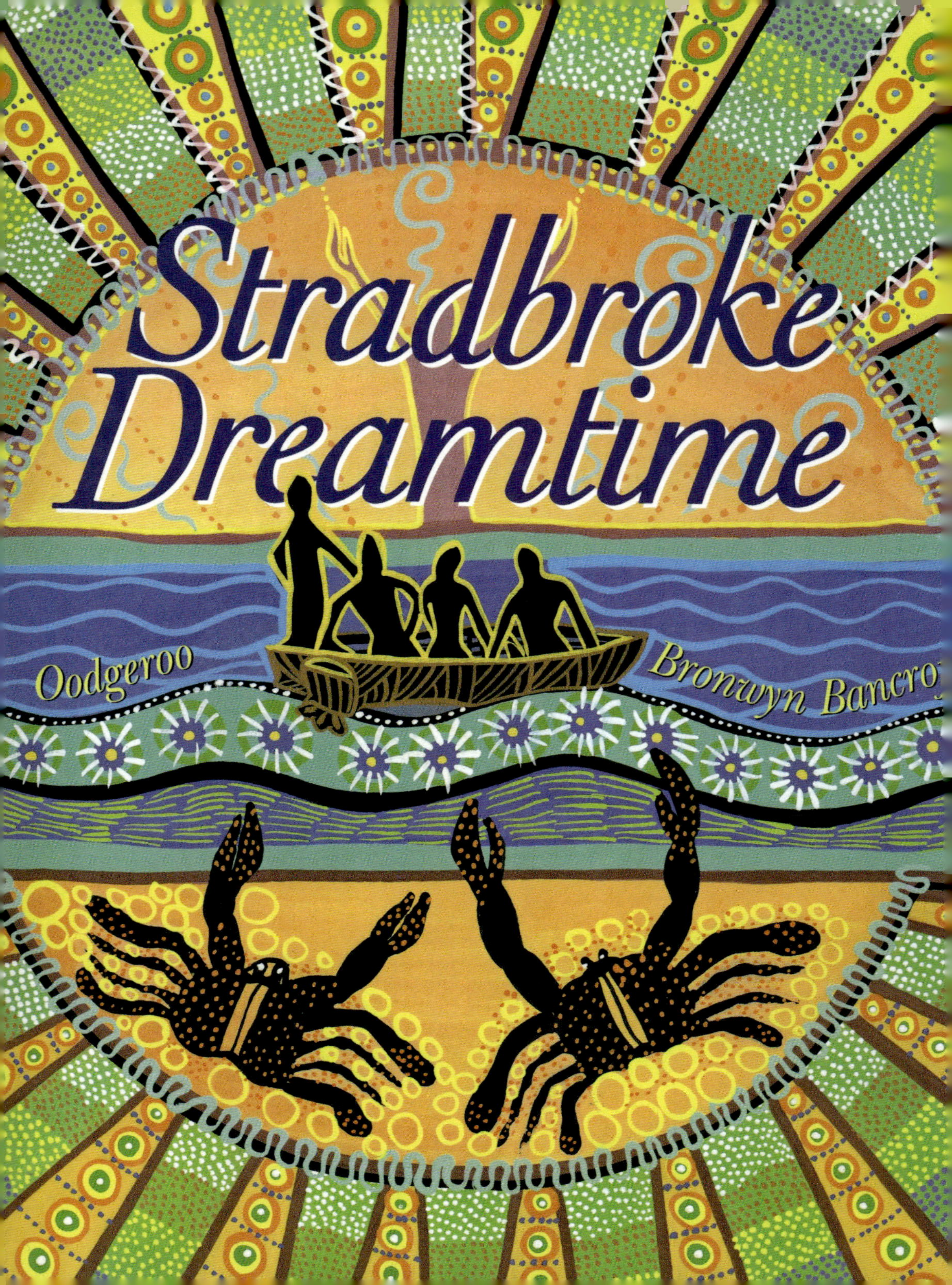
Stradbroke Dreamtime
Oodgeroo
Bronwyn Bancro

Stradbroke Dreamtime

Noonuccal Oodgeroo B. Bancroft

Nationalité Australie, 1920 (aut.), 1958 (ill.)
Édition Angus and Robertson, Australie, 1972
Thèmes contes populaires, traditionnel

Cet ouvrage est constitué de deux parties. La première, *Stories from Stradbroke,* traite de l'enfance de Noonuccal Oodgeroo dans une famille aborigène sur l'île de Stradbroke, au large de la côte nord-est de l'Australie. La seconde, *Stories from the Old and New Dreamtime,* réunit des contes aborigènes et des histoires qu'elle a inventées.

Le ton amical d'Oodgeroo rappelle une conversation, et ses descriptions détaillées, d'une clarté limpide, sont racontées du point de vue d'une enfant. Le père d'Oodgeroo a enseigné à ses enfants la chasse, qui dans la culture aborigène est entourée de règles éthiques. Il était interdit de prendre plus que ce qui était nécessaire pour eux et les autres membres de la tribu. On rit en lisant l'histoire du chien qui a traîné un requin jusqu'à la maison, cependant que le fait d'être gaucher s'avère plus triste. Ces histoires ont une portée didactique. Dans l'une d'entre elles, une femme a oublié toutes les vieilles histoires de son peuple. Après s'être adressée à Biami, un esprit bénéfique, elle s'en souvient à nouveau et les note sur du papier d'écorce à l'aide de bâtonnets carbonisés.

Les couleurs et motifs chantent dans les illustrations de Bronwyn Bancroft. Stylisées, ces dernières allient des silhouettes de personnages et des champs de couleur pure qui donnent le sentiment d'une grande profondeur. Elles évoquent l'univers virginal de l'enfance d'Oodgeroo et participent à la magie des histoires. **AJ**

Souriceau et la grande terreur

Betsy Byars

Titre original *The Eighteenth Emergency*, 1973
Nationalité États-Unis, 1928
Édition française Nathan
Thème amitié

Mouse Fawley n'est pas courageux de nature mais il doit le devenir. Sa mère travaille beaucoup et ne peut pas l'aider. Un garçon surnommé Le Chien des Poubelles, qui devient l'ami de Mouse (dont le nom signifie « Souris ») presque par accident, ne peut pas l'aider non plus, ni son ami Ezzie. Il faudra donc bien que Mouse affronte les petits durs qui veulent le passer à tabac. Comme le savent tous ceux qui se sont trouvés dans cette situation, tenir tête à ce genre de personnages est plus facile à dire qu'à faire. Pendant que Mouse s'attend au pire, son imagination s'enflamme. Il pense à dix-sept autres situations d'urgence qui pourraient se produire (la dix-huitième, celle du titre, étant l'attaque des petites brutes), comme se faire attaquer par un lion ou étrangler par un boa constrictor, et il en sortirait victorieux. Alors, affronter Marv Hammerman ne devrait pas être si dur, non ?

Byars allie une compassion empreinte d'ironie à un don certain pour la farce, comme en témoigne la description d'une femme qui vit au-dessus d'un hangar à avions. Mouse, comme Ezzie, est loin d'être un saint. Après tout, Marv lui en veut parce qu'il a écrit son nom sous un dessin représentant un néandertalien, au tableau à l'école. Mouse n'est pas particulièrement charmant, serviable, gentil ni même intelligent mais découvre qu'il a du bagout. Beaucoup d'histoires de Byars possèdent cette même structure : des enfants fragiles face à des dilemmes moraux, le tout complété d'une bonne dose d'humour. **VN**

Clorofilla dal cielo blu

Bianca Pitzorno G. Santini Valeriani

Nationalité Italie, 1942 (aut.),
date inconnue (ill.)
Édition Bietti, Italie, 1973
Thème science et nature

8+

Publié dans les années 1970, ce livre aborde la nécessité d'une prise de conscience écologiste ; il rappelle que les produits chimiques polluent les mers, l'air et les sols et ont des conséquences sur la vie.

Cette histoire est peuplée d'enfants qui semblent avoir autre chose à l'esprit, mais ce ne sont pas des enfants ordinaires : ils partagent un secret si puissant qu'il pourrait transformer la façon de penser des adultes. Bianca Pitzorno prend délicieusement le parti de ses jeunes protagonistes ; elle parvient à se plonger dans les pensées de ses personnages, en particulier quand ils tentent de comprendre le comportement aberrant des adultes qui les entourent. Elle réussit aussi à conférer un certain pouvoir aux enfants, pourtant désavantagés dans le monde des grands.

Ce secret que possèdent les enfants est la découverte d'une jeune plante baptisée Chlorophylle (le titre signifie « Chlorophylle du ciel bleu »). Ce n'était qu'une graine quand elle est tombée de son vaisseau spatial ; après s'être déplacée à travers le ciel, elle a atterri sur la Terre. Deux enfants la découvrent alors qu'ils se rendent chez leur oncle à Milan. Chlorophylle et les enfants se retrouvent par accident dans la maison du célèbre botaniste Érasme, un adulte qui n'aime ni les enfants, ni les chats, ni les chiens. Malgré son mauvais caractère, il accepte de sauver Chlorophylle, sur qui la pollution de la ville a un effet détestable. Les enfants et l'invention d'Érasme transformeront-ils Milan en une ville verte ? Un conte qui pousse à la réflexion. **SMT**

Les Frères Cœur-de-lion

Astrid Lindgren Ilon Wikland

Titre original *Bröderna Lejonhjärta*, 1973
Nationalité Suède, 1907 (aut.), Est./Suède, 1930 (ill.)
Édition française Hachette
Thème maladie et mort

Astrid Lindgren est peut-être plus connue comme l'auteur de la série des Fifi Brindacier. Cependant, ce roman raconté dans le style d'une saga scandinave est un conte moral dont le message dit que pour réussir il faut se montrer bon et généreux. Une immense chute d'eau tourbillonnante, les chutes de Karma, jouent un rôle essentiel dans ce roman narré à la première personne par Charles, 10 ans, qui vit avec sa mère et son frère aîné, Jonathan.

Charles, handicapé, est malade depuis six mois quand il surprend sa mère et ses amies en train de discuter de sa mort prochaine. Il interroge Jonathan au sujet de ce qu'il a entendu, mais ce dernier lui révèle que seule son « enveloppe » mourra tandis que le reste entamera un voyage jusqu'à un lieu magique baptisé Nangiyala, « au-delà des étoiles. » Toutefois le sort veut que ce soit ce courageux et généreux grand frère, qui a protégé Charles tout au long de sa vie, qui meure le premier en sauvant ce dernier d'un incendie. Il devient alors Jonathan Cœur-de-lion. Deux mois plus tard, Charles s'éteint à son tour et retrouve son frère à Nangiyala.

Leur nouvelle vie semble paradisiaque jusqu'à ce que Jonathan et son amie Sophie, la reine des pigeons, révèlent à Charles qu'un traître qui collabore avec le diabolique Tenguil vit parmi eux. Les frères, aidés par leur grand-père adoptif, sauvent Nangiyala et méritent ainsi leur nom : les frères Cœur-de-lion. **LH**

Astrid Lindgren

Bröderna Lejonhjärta

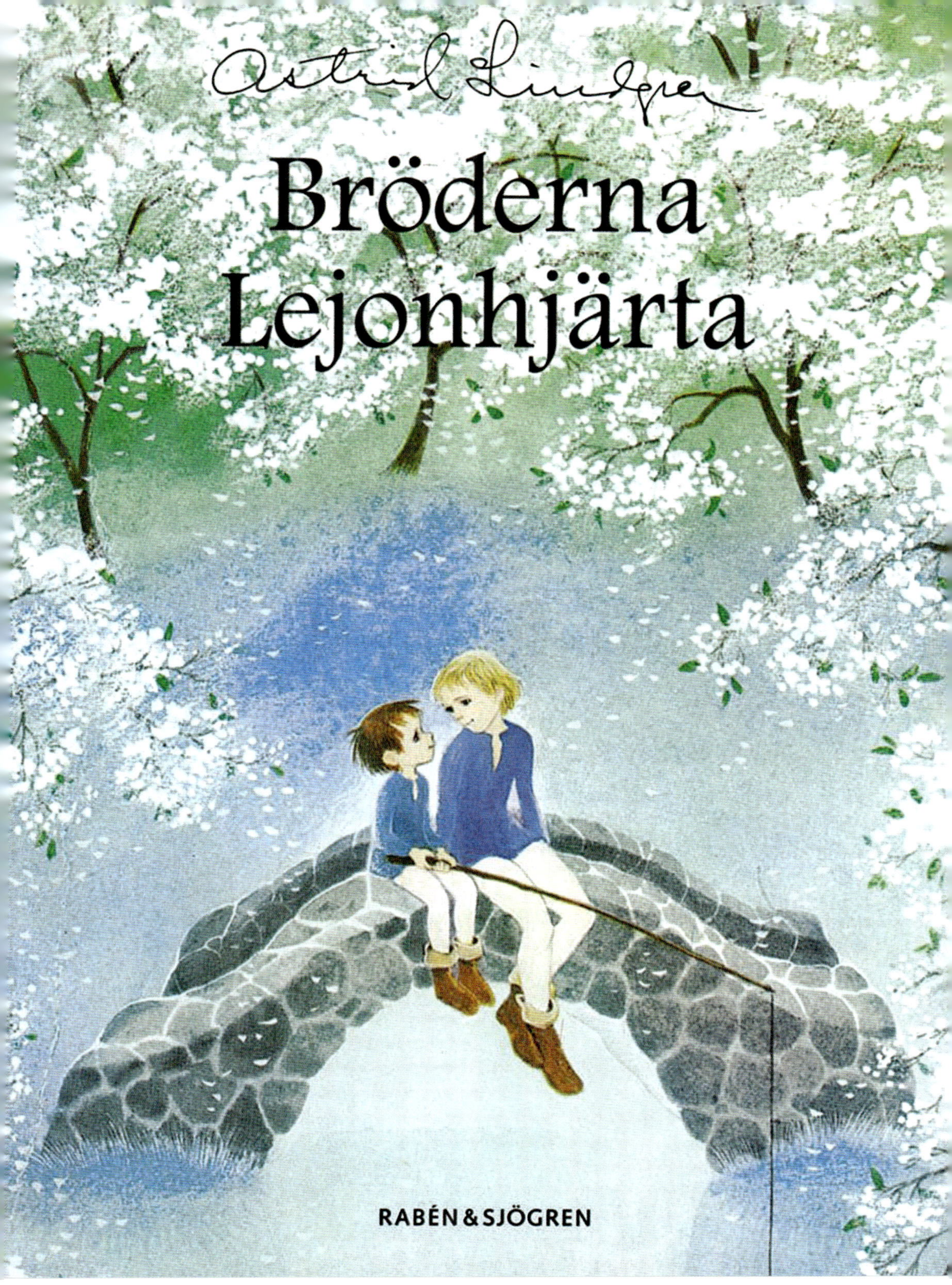

RABÉN & SJÖGREN

Le Môme en conserve

Christine Nöstlinger Franz Wittkamp

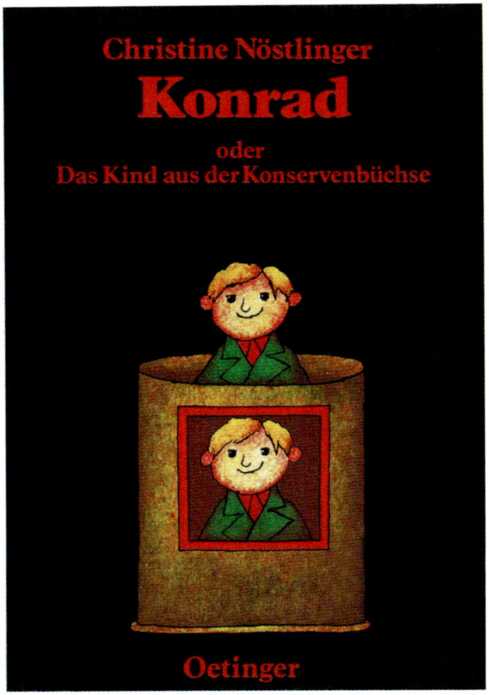

8+

Titre orig. *Das Kind aus der Konservenbüchse*, 1975
Nationalité Aut., 1936 (aut.)
Édition française Hachette
Thèmes fantastique, famille

Ce livre est le plus populaire et le plus célèbre de Christine Nöstlinger, qui, en 1984, a reçu la médaille Hans Christian Andersen pour sa contribution à la littérature pour enfants.

Dans ce conte astucieux, Conrad, un petit garçon obéissant, aux manières parfaites et qui a été fabriqué sur commande dans une usine, est livré par accident à une autre cliente que celle à laquelle il était destiné. La destinataire surprise, Mme Bartolotti, a l'âme bohème et engloutit d'énormes petits déjeuners allemands dans son rocking-chair sans se soucier des miettes, dont elle se débarrassera plus tard en sautillant autour de la pièce. Un jour, alors qu'elle se demande après son petit déjeuner si elle doit travailler ou juste retourner se coucher, elle reçoit un paquet contenant ce petit garçon de 7 ans fabriqué sur mesure et qu'elle accepte comme son enfant. Mme Bartolotti n'attend pas la perfection de la part de Conrad, qui s'avère très heureux dans sa nouvelle famille. Toutefois, quand le couple froid et exigeant qui avait commandé « un enfant parfait » vient récupérer la marchandise perdue, Conrad doit vite apprendre à « faire des bêtises » pour pouvoir rester chez Mme Bartolotti. Le succès de l'histoire fantastique de Nöstlinger provient principalement des personnages si bien observés et décrits avec beaucoup d'intelligence. Son intrigue, imaginative et pleine de jeux de mots, traite de l'éducation des enfants, du fait de grandir, des dangers des idées préconçues et de la relation entre enfants et parents. **LB**

« Sur le pas de la porte de Mme Bartolotti se trouvait un paquet assez grand. Elle n'attendait rien de spécial… »

Autres ouvrages pleins d'imagination

Clément aplati, Jeff Brown (p. 270)
Stuart Little, E. B. White (p. 499)
Le Rapetissement de Treehorn, Florence Parry Heide (p. 586)
Coraline, Neil Gaiman

Oma, ma grand-mère à moi

Peter Härtling Peter Knorr

Titre original *Oma*, 1975
Nationalité Allemagne, 1933 (aut.), 1939 (ill.)
Édition française multiples éditeurs
Thèmes maladie et mort, famille

Le conflit de générations que l'on trouve dans ce roman salué par la critique est l'un des thèmes habituels de Peter Härtling. Kalle, 5 ans et dont les parents sont morts dans un accident de voiture, emménage chez sa grand-mère. Il est alors est obligé de combler le fossé entre deux générations très différentes, sa grand-mère et lui devant apprendre à vivre ensemble et à comprendre, comme à accepter, les particularités de l'autre.

La vieille dame doit tolérer les bruyants amis de Kalle et la passion de ce dernier pour les westerns, tandis que Kalle doit accepter la tendance de sa grand-mère à évoquer ses souvenirs des « bons vieux jours » et à altérer légèrement la vérité pour rendre ses histoires plus intéressantes. Ils parviennent néanmoins à coexister, notamment parce qu'ils discutent ouvertement de leurs points de vue opposés. Quand la grand-mère, malade, est hospitalisée, Kalle, à présent âgé de 10 ans, doit se débrouiller seul. Ils s'aperçoivent tous deux que dans un futur peut-être pas si lointain Kalle se retrouvera seul. L'idée les terrifie ; ils sont rassurés par la manière dont Kalle s'en sort durant l'hospitalisation.

Härtling parvient à décrire avec délicatesse divers sujets sérieux dont l'inévitable conflit de générations, le fait de grandir et de vieillir, l'existence de la mort et le processus du deuil. Il montre qu'on peut continuer sa vie malgré la mort d'un proche et que les gens peuvent s'entendre s'ils sont prêts à comprendre et à aimer l'autre. **GS**

The Stone Book

Alan Garner Michael Foreman

Nationalité Grande-Bretagne, 1934 (aut.), 1938 (ill.)
Édition Collins, Royaume-Uni, 1976
Thèmes famille, nouvelles

Chacune de ces nouvelles qui couvrent quatre générations d'une famille décrit une journée vécue par un enfant à son époque. La première, *The Stone Book* (« Le livre de pierre ») est située au cours de l'été 1864 : la jeune Mary grimpe au sommet du clocher du village pour apporter son déjeuner à son père, un tailleur de pierre. La suivante, *Granny Reardun* (« Grand-mère Reardun ») a pour protagoniste le fils de Mary, Joseph, déterminé à rompre avec la tradition familiale en devenant forgeron au lieu de tailler la pierre. Au chapitre suivant, en 1916, on retrouve le fils de Joseph, Robert, fasciné par les premières automobiles. Enfin *Tom Fobble's Day* (« Le jour de Tom Fobbles »), situé en 1941, conclut le livre avec la mort de Joseph qui vient de réaliser une luge pour son petit-fils William.

Narrée principalement sous forme de dialogues où apparaît le dialecte du Cheshire, chaque histoire montre un enfant tentant de parvenir à un compromis entre la tradition familiale et ses propres besoins dans un monde qui évolue rapidement. L'ouvrage est illustré par Michael Foreman, dont les gravures aux traits rapides se marient parfaitement aux descriptions des métiers artisanaux d'Alan Garner. Abordant sans effort une vaste gamme de sujets sociaux tout en plaçant intelligemment dans une nouvelle des indices qui réapparaîtront dans les autres, ce livre, aujourd'hui considéré comme l'un des meilleurs livres pour enfants des cinquante dernières annnées, célèbre la continuité tout autant que le changement. **NT**

Ordinary Jack

Helen Cresswell

Nationalité Grande-Bretagne, 1934
Édition Faber and Faber, Royaume-Uni, 1977
Thèmes famille, aventure

8+

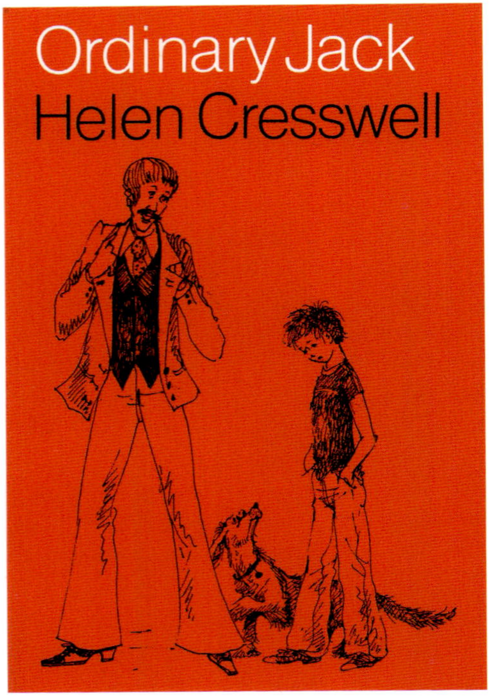

Autres familles excentriques

Spellman et associés, Lisa Lutz
Les Spellman se déchaînent, Lisa Lutz
Une journée avec Martin Robinson, William Joyce
Les Dossiers de la famille Fantora, Adèle Geras

Helen Cresswel a publié plus d'une centaine de livres pour enfants, et la saga dont *Ordinary Jack* constitue le premier tome est l'une de ses meilleures œuvres. Elle comprend dix volumes au fil desquels on suit les aventures anarchiques d'une famille excentrique, les Bagthorpe, en partie autobiographique.

Les enfants de la famille sont prodigieusement doués. William excelle en mathématiques, au tennis et à la batterie ; sa sœur, Tess, traduit Voltaire en anglais et est ceinture noire de judo, tandis que Rosie est une violoniste et un peintre de talent. Seul Jack, le héros de ces aventures, est ordinaire, dépourvu de talent particulier. Dans ce premier tome, l'empoté oncle Parker décide d'aider le garçon à se faire remarquer du reste de la famille ; Jack entreprend de se faire passer pour un prophète, et utilise des boules de cristal, un jeu de tarot et l'eau pour prédire des événements qu'il a déjà organisés. Malheureusement ses plans capotent, avec des conséquences hilarantes.

« Ce que j'ai tramé pour toi, jeune Jack, va stupéfier ta famille. »

Les amateurs de la saga citent en général comme leur tome préféré *Bagthorpes Unlimited*, où les enfants Bagthorpe reçoivent la visite de leurs cousins, très bien élevés. La famille Bagthorpe possède en son sein des membres très excentriques, comme la tante Pénélope qui stérilise les livres de la bibliothèque avant d'autoriser ses enfants à les lire, ou la petite Daisy, qui à 4 ans adore la morbidité. La série est caractérisée par des personnages insolites, des aventures ébouriffantes et l'humour caustique de Cresswell. Le comique provient autant des personnages très bien campés que des situations dans lesquelles ils se retrouvent. **HJ**

Le Secret de Térabithia

Katherine Paterson   Donna Diamond

Il est inhabituel d'inclure la mort d'un enfant dans un récit destiné aux lecteurs de 8 ans et plus. Katherine Paterson a toutefois eu l'idée de ce roman après que son fils a perdu son meilleur ami, frappé par la foudre. C'est peut-être la mort bien réelle de ce garçon de 8 ans qui peut résoudre une fois pour toutes le débat qui entoure ce livre, à savoir s'il est approprié ou non au public auquel il est destiné : les enfants doivent affronter toutes sortes de difficultés dans la réalité, dont la mort. De plus, l'ouvrage non seulement est centré sur cet événement mais offre aussi aux personnages touchés par ce décès les ressources psychologiques nécessaires pour surmonter le fait d'être différents, solitaires et accablés de douleur.

« Il la croyait parce que dans la lumière diffuse de la forteresse, tout semblait possible. »

C'est par-dessus tout l'histoire d'une amitié entre deux enfants solitaires. Jess Aarons est le seul garçon d'une famille de cinq. Son père est souvent absent et sa mère préfère ses filles ; quand le lecteur fait sa connaissance, il veut à tout prix attirer l'attention de ses parents en remportant la course annuelle de l'école, et devenir le coureur le plus rapide des CM2. Leslie Burke, une nouvelle élève, le bat sur la ligne d'arrivée et remporte son admiration. Entre les deux enfants naît une amitié qui les aidera à découvrir leur identité.

La magie du royaume imaginaire de Térabithia que Jess et Leslie construisent dans le bois voisin n'abandonne jamais ceux qui la découvrent. Le message du roman, la capacité de deux amis à s'aider mutuellement à gérer les difficultés de la vie et à surmonter les pires d'entre elles quand l'heure du départ survient inévitablement, ne s'éteindra jamais non plus. **JSD**

Titre original *Bridge to Terabithia*, 1977
Nationalité É.-U., 1932 (aut.)
Édition française Hachette
Thèmes amitié, maladie et mort

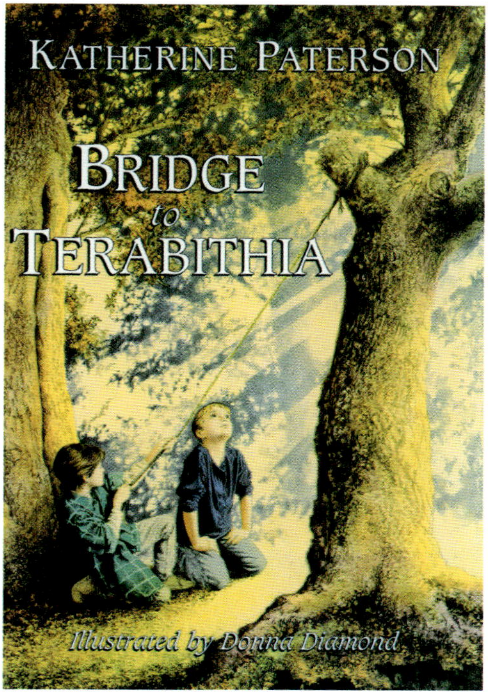

8+

Autres livres de Katherine Paterson

Comme les étoiles
L'été de tous les secrets
L'Histoire de Jip
Robbie la Terreur
***Jacob Have I Loved*, 1980 (p. 607)**

Le Terrible Trimestre de Gus

Gene Kemp Carolyn Dinan

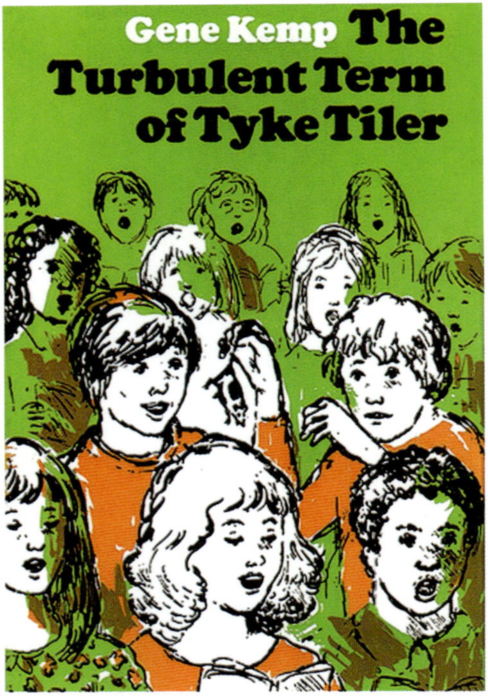

« "Où t'as pris ça, espèce de taré ?" "Dans le sac à main de Feu d'joie. Elle l'a laissé ouvert. Sur le bureau. Donc je l'ai pris. Personne m'a vu." »

Autres récits d'élèves truculents

Bennett et Mortimer, Anthony Buckeridge (p. 523)
Stalky et Cie, Rudyard Kipling
Billy Bunter of Greyfriars School, Frank Richards (p. 507)
Hurrah for St. Trinian's, Ronald Searle (p. 509)

Titre original *The Turbulent Term of Tyke Tiler*, 1977
Nationalité G-B, 1926 (aut.), 1942 (ill.)
Édition française Gallimard Jeunesse (ill. Q. Blake)
Thèmes école, amitié

8+

Gus, 11 ans, est on ne peut plus intelligent, mais son meilleur ami, Danny Price, est en difficulté dans toutes les matières. Ils forment une paire difficile au cours de leur dernier trimestre à l'école de Craquefond, où Gus tente constamment d'arranger les dernières bourdes de Danny. Les examens de fin d'année, qui ne sont plus loin, troublent particulièrement les deux garçons. Si Danny échoue, on l'enverra peut-être dans une école spécialisée, sauf si Gus peut encore une fois l'aider (illégalement bien sûr). La plus grosse surprise attend les lecteurs juste avant la fin de l'ouvrage, et elle est si énorme que certains désireront peut-être relire immédiatement ce livre.

Le Terrible Trimestre de Gus, dont chaque chapitre s'ouvre sur une blague typique des cours de récréation, fait rire de la première à la dernière page, mais il est aussi porteur d'une morale sur la nécessité d'accepter les différences entre les personnes. L'ouvrage n'est pas du goût de tout le monde à cause de son langage argotique et parfois grossier, mais le récit est toujours engageant. Les personnages sont bien dessinés, et les jeunes lecteurs peuvent ressentir les situations fâcheuses dans lesquelles se retrouvent Gus et Danny. Les enfants y prennent du plaisir mais trouvent aussi matière à réfléchir.

Rien n'échappe à Gene Kemp, ancienne institutrice qui prend de toute évidence plaisir à faire succéder une situation absurde à l'autre entre les murs de l'école, situations patiemment tolérées par les instituteurs qui parviennent à préserver leur bonne humeur face à toutes les provocations. **NT**

On l'appelait Tempête

Colin Thiele

Titre original *Storm Boy*, 1977
Nationalité Australie, 1920
Édition française Flammarion
Thèmes aventure, famille, histoires d'animaux

Colin Thiele est un auteur adoré des enfants dont les histoires sont ancrées dans le paysage australien, ses animaux et son passé. *On l'appelait Tempête* est la plus connue de ses œuvres et la première adaptée au grand écran. Le livre comprend peu de personnages : un père au tempérament d'ermite et son fils, Tempête, qui vivent dans une cahute au milieu des dunes de la côte australienne, un Aborigène, Bill l'Osseux, et, plus importants que tout, trois pélicans : M. Puissant, M. Pensif et M. Perceval, que le garçon et son père élèvent.

L'histoire est racontée dans un langage direct, prosaïque et poétique qui décrit sans prétention l'univers qui entoure Tempête. L'union du garçon avec la nature est reflétée par sa relation avec M. Perceval, le plus faible des pélicans, qui ne retourne pas à la vie sauvage mais suit Tempête comme un chien fidèle, et apprend même à aller chercher ce que lui lance le garçon. C'est ainsi que par une nuit de tempête l'oiseau peut amener une corde à un bateau en train de sombrer. Le garçon et l'oiseau deviennent légendaires parmi les pêcheurs de la région, et Tempête se voit même offrir une place dans une école de la ville.

La tragédie se produit inévitablement : M. Perceval est tué par des chasseurs et Tempête quitte son père pour fréquenter l'école d'Adélaïde. Histoire qui traite d'une famille entièrement masculine, d'aventures et d'animaux, ce livre est une élégie au style de vie pionnier qui a désormais disparu en Australie ou n'a jamais existé que dans le mythe national. **CB**

Ma sœur est une sorcière

Diana Wynne Jones

Titre original *Charmed Life*, 1977
Nationalité Grande-Bretagne, 1934
Édition française Gallimard Jeunesse
Thèmes fantastique, aventure, magie

Ce premier tome de la série *Les Mondes de Chrestomanci* raconte l'histoire de Cat Chant et de sa sœur aînée, Gwendoline, deux orphelins que l'on envoie vivre chez un parent éloigné (qui est aussi un puissant mage). Il est appelé Chrestomanci et est chargé par le gouvernement de contrôler l'usage abusif de la magie. Gwendoline, petite fille gâtée vexée de ne pas recevoir les flatteries auxquelles elle s'est habituée, joue une série de tours pendables en utilisant la magie puis s'échappe dans un univers parallèle. Pour le timide Cat, cet acte égoïste a des conséquences importantes : il découvre la vraie nature de sa sœur et l'existence de pouvoirs magiques qu'il n'avait jamais soupçonnée.

Diana Wynne a le don de marier des scènes domestiques quotidiennes à des éléments de sorcellerie. Bien avant qu'Harry Potter n'apparaisse sous la plume de J. K. Rowling, qui a reconnu l'influence de Wynne Jones, celle-ci est parvenue à créer un univers crédible et familier où l'on apprend aussi facilement à jeter un sort qu'on suit un cours d'histoire ou de mathématiques. *Ma sœur est une sorcière* se situe dans une Angleterre traditionnelle où l'on roule encore en voiture à cheval. On y découvre pour la première fois le personnage récurrent de Christopher Chant, Chrestomanci affable et charmant, habituellement revêtu d'une élégante robe de soie, ainsi que l'idée d'univers parallèles où existe un double de chaque personne. Amusant et émouvant, ensorceleur et inoubliable, ce roman mérite d'être lu et relu. **MK**

Le Petit Homme en gris et autres contes

Fernando Alonso — Ulises Wensell

Titre original *El Hombrecito vestido de gris*, 1978
Nationalité Espagne, 1941 (aut.), 1945 (ill.)
Édition française Nathan
Thèmes fantastique, nouvelles

8+

Cet ouvrage est un recueil de huit contes courts où coexistent l'espoir et la tristesse. Les personnages retiennent vite l'attention et les intrigues en suggèrent des milliers d'autres qui auraient pu être racontées. L'histoire qui donne son titre au livre a pour protagoniste un homme d'apparence très ordinaire qui désire devenir chanteur d'opéra, mais que l'on empêche de chanter où qu'il aille. L'auteur suggère que la conclusion peut être triste ou heureuse, invitant de la sorte ses lecteurs à créer d'innombrables histoires aux fins tout aussi variées.

Alonso a commencé à écrire ce livre en 1972 et l'a achevé en 1975 mais ne l'a publié que lorsque l'Espagne est redevenue démocratique. Faisant nécessairement des concessions à la société dans laquelle il vivait alors, l'auteur a créé des personnages et objets débordant de symbolisme – un navire est en plomb, des enfants n'ont aucun arbre à l'ombre duquel jouer, l'heure que marque l'horloge souhaiterait être différente – qui sont soumis à des règles strictes dans une société qui restreint et détruit tous les rêves.

Expert de la littérature pour enfants et adolescents, Alonso a aussi été scénariste de télévision. Non seulement il maîtrise la technique des contes fantastiques, mais son œuvre est aussi marquée par un style sobre, par la clarté et la simplicité. L'auteur y défend la liberté et l'imagination comme seuls moyens possibles de surmonter nombre d'obstacles. **EB**

The Kaziranga Trail

Arup Kumar Dutta

Nationalité Inde, 1946
Édition Children's Book Trust, Inde, 1978
Thème aventure

Ce récit d'aventure est situé dans la réserve naturelle de Kaziranga, dans l'Assam, en Inde. Traitant d'écologie, il était très en avance sur son époque. L'histoire a pour personnages principaux trois garçons d'un petit village, Dhanai, Bubul et Jonti, accompagnés de leur jeune éléphant, Makhoni. Pendant les vacances, les garçons découvrent le cadavre d'un rhinocéros dans la réserve naturelle. Il a été tué pour sa corne, qui, une fois transformée en poudre médicinale, est très prisée dans certaines régions d'Asie. Les enfants font part de leur découverte au gardien de la réserve, Neog, mais au cours de leur enquête ils découvrent que ce dernier sert d'intermédiaire entre une bande de braconniers et un vendeur de corne qui en a commandé six. Après diverses péripéties, les enfants parviennent à se montrer plus malins que les braconniers, assistent à leur arrestation et sauvent les rhinocéros.

Auteur de renommée internationale, Arup Dutta avait été frappé par la pénurie de livres accessibles aux petits Indiens. *Blind Witness* (« Le témoin aveugle »), un autre de ses livres pour enfants, est un roman policier très populaire dont le personnage central, Ramu, est un petit aveugle qui assiste à un meurtre. L'ouvrage offre un portrait émouvant et réaliste de la cécité et montre Ramu déterminé à convaincre ceux qui l'entourent qu'il est un témoin crédible.

Les romans de Dutta, souvent primés, débordant d'action et d'aventure, offrent un aperçu de la vie, de la culture et de l'environnement naturel indiens. **HJ**

Under the Mountain

Maurice Gee

Nationalité Nouvelle-Zélande, 1931
Édition Oxford University Press, Nouvelle-Zélande, 1979
Thèmes fantastique, aventure, magie

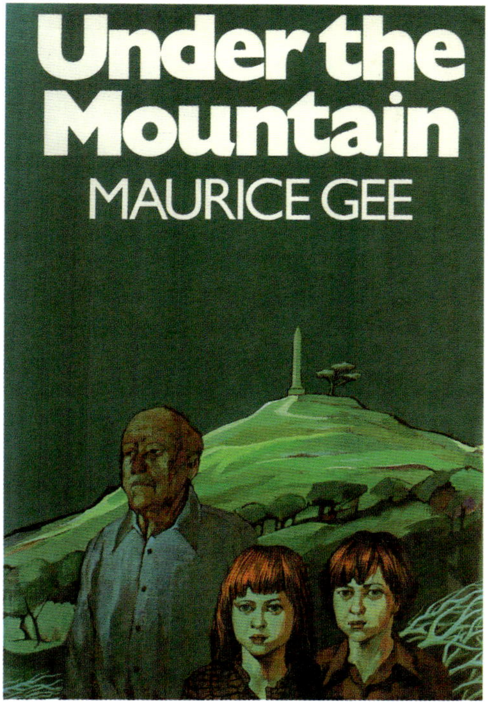

8+

Under the Mountain (« Sous la montagne ») de Maurice Gee a annoncé une nouvelle ère dans la littérature pour enfants néo-zélandaise. Jusque-là, les ouvrages publiés dans le pays étaient rares et leur qualité inégale. Mais voilà qu'un romancier reconnu se tournait vers la littérature pour enfants, soutenu par un éditeur de prestige déterminé à créer un catalogue solide dans ce domaine. Le résultat fut spectaculaire : un thriller fantastique qui se déroule au milieu des volcans, des lacs, et des eaux du port d'Auckland. Les protagonistes sont deux jumeaux roux, Rachel et Théo. Ayant mystérieusement en leur possession des pierres magiques, ils sont attirés par l'univers souterrain et trouble des Wilberforces, des créatures rappelant des limaces, qui ont de sinistres projets et provoquent des éruptions pour régner sur le monde. Il est urgent d'agir, et seuls les jumeaux peuvent arrêter les Wilberforces.

Depuis *Under the Mountain*, Gee a publié d'autres ouvrages fantastiques pour enfants ainsi que de la science-fiction et des récits où prime la réalité sociale. On y retrouve toujours le langage précis et élégant de l'auteur et des descriptions détaillées du lieu où se déroule l'intrigue, que ce soit en Nouvelle-Zélande ou dans des paysages fantastiques. La lutte entre le bien et le mal est un thème qui revient souvent et entraîne parfois des scènes d'une violence qui peut troubler. La conclusion sombre d'*Under the Mountain* a provoqué une controverse lors de sa publication, mais avec le temps le roman est devenu un classique. **TD**

« Un après-midi près d'une petite ville [. . .] deux enfants s'aventurèrent dans le bush et se perdirent. »

Autres histoires de jumeaux

***À l'enseigne du diable*, Leon Garfield**
***L'Enfant océan*, Jean-Claude Mourlevat**

8+

Fray Perico y su borrico

Juan Muñoz   Antonio Tello

Nationalité Espagne, 1929 (aut.)
Édition Ediciones SM, Espagne, 1979
Thème humour

La vie sereine d'une confrérie religieuse constituée de prières et de travail est perturbée par l'arrivée de Fray Perico et son âne, Calcetín (« Chaussette »), un animal que le moine a acheté à des gitans et que saint François a miraculeusement sauvé. Ce moine du XIXe siècle est le personnage principal de l'une des séries pour enfants les plus vendues et les plus lues des trente dernières années en Espagne. La raison en est probablement que les innocentes frasques de Fray Perico sont très drôles et que l'humour de l'ouvrage est plein de nuances.

Juan Muñoz Martín, professeur de littérature, a remporté le prix Doncel de littérature pour enfants en 1966. Il avait auparavant frappé à la porte de plusieurs éditeurs avec son manuscrit mais il a dû attendre quinze ans avant d'en trouver un qui ne trouve pas irrévérencieux de faire d'un moine le protagoniste d'une histoire humoristique. Après avoir remporté le prix Barco de vapor (« Bateau à vapeur »), *Fray Perico y su borrico* (« Frère Perico et son âne ») devint un succès de librairie.

On dit que l'auteur eut l'idée de son histoire après avoir reçu un livre, *Les Petites Fleurs de saint François*, prix qui récompensait un concours de crèches. L'humour de saint François l'amena à choisir un moine comme protagoniste. Les élèves de Muñoz Martín, à qui il lisait ses chapitres une fois achevés, l'aidèrent à trouver le ton juste. Quoi qu'il en soit, le livre mérite d'appartenir aux classiques de la littérature pour enfants. **EB**

Anastasia Krupnik

Lois Lowry   Diane deGroat

Titre original *Anastasia Krupnik*, 1979
Nationalité États-Unis, 1937 (aut.), 1947 (ill.)
Édition française L'École des loisirs
Thèmes famille, école

C'est le premier livre d'une série consacrée à l'attachante Anastasia Krupnik, une enfant de 10 ans précoce mais naïve, qui doit faire face aux déroutants problèmes de l'enfance. Le lecteur partage ses préoccupations : une fascinante verrue rose sur son pouce gauche, un béguin pour le divin Washburn Cummings, qui est en sixième, des visites à une grand-mère dans une maison de retraite qui empeste les médicaments et l'eau de Javel, et l'arrivée imminente d'un petit frère.

Anastasia vit avec ses parents dans un quartier des environs de Boston. Sa mère est un peintre bohème, son père un poète et professeur d'université. Le portrait plein d'affection de cette famille désorganisée mais aimante sonne toujours juste. Les parents encouragent leur fille à poursuivre ses ambitions, et après avoir tenté le patin à glace et le ballet, Anastasia, qui manque de coordination, choisit de devenir écrivain. Dans son cahier vert adoré, elle note minutieusement de nouveaux mots intéressants tels que « pansement pour cor » ou « mutant » ainsi que des listes d'une précision hilarante de ce qu'elle aime et ce qu'elle déteste. Tentant d'analyser pourquoi elle n'aime pas sa nouvelle institutrice, Mme Vestvessel, et incapable d'en trouver la raison, Anastasia efface la liste.

Chaque chapitre contient un mini-événement, un fil narratif reliant l'ensemble. Avec Anastasia, Lois Lowry a créé une petite fille attachante et impertinente qui tente du mieux possible de comprendre le monde qui l'entoure. **MK**

Jacob Have I Loved

Katherine Paterson

Nationalité États-Unis, 1932
Édition Croswell, États-Unis, 1980
Thèmes famille, adolescence

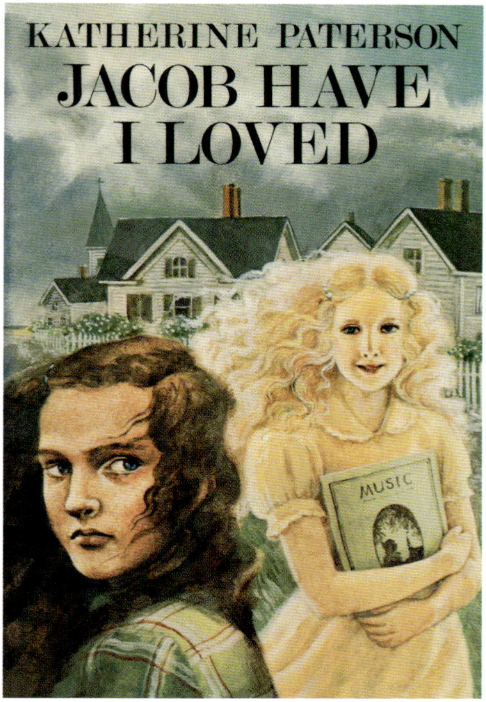

8+

Katherine Paterson s'intéresse, dans ce roman récompensé de plusieurs prix, au thème de la rivalité au sein d'une fratrie. Situé au début des années 1940 sur l'île de Rass, dans la baie de Chesapeake sur la côte atlantique des États-Unis, l'ouvrage raconte l'histoire des Bradshaw, une famille qui vit de la pêche aux poissons et aux crabes. Truit et sa femme, Susan, ont deux filles, Sara Louise et Caroline, des jumelles. Caroline, plus petite et fragile à la naissance, passe toujours avant sa sœur. Sara Louise est plus jolie, plus intelligente, plus douée et plus gentille mais c'est la frêle et artistique Caroline qui reçoit l'attention de sa famille et du reste de leur petit village.

Même la grand-mère préfère Caroline : c'est elle qui murmure cruellement à l'oreille de Sara Louise le verset biblique qui a inspiré le titre, quand Dieu dit : « J'ai aimé Jacob [*Jacob have I loved*] et j'ai haï Esaü. » Au fil de l'histoire, Louise comprend la valeur et l'importance de l'estime de soi et de sa place dans le monde. Elle trouve peu à peu les ressources intérieures nécessaires à faire de sa vie un succès et apprend à compter sur elle-même et ses dons plutôt que d'accorder de l'importance à l'opinion des autres. Quand elle a la possibilité d'aller à l'université, elle la refuse presque mais est sauvée par les conseils d'un ami proche.

Les préadolescents et les adolescents trouveront matière à réfléchir dans ce livre et prendront dès le début le parti de Louise. Résoudre la rivalité entre sœurs, développer son autosuffisance et son estime de soi sont les thèmes dominants de l'ouvrage. **KD**

« Et moi alors ? Qui s'est occupé de moi pendant que tu étais partie ? »

Autres livres de frères et sœurs

***C'est dur à supporter*, Judy Blume**
***Le Livre de Dorrie*, Marilyn Sachs**
***Ballet Shoes*, Noel Streatfeild (p. 479)**
***Autumn Term*, Antonia Forest (p. 510)**
***Mufaro's Beautiful Daughters*, John Steptoe (p. 636)**

Piscine de nuit

Betsy Byars

Titre original *Night Swimmers*, 1980
Nationalité États-Unis, 1928
Édition française Flammarion
Thèmes famille, adolescence, école, aventure

Roy, Johnny et Rhetta Anderson ont perdu leur mère, et leur père, chanteur de musique country, travaille la nuit. Rhetta doit donc s'occuper de ses deux petits frères.

Cette année-là l'été est particulièrement chaud, et les enfants s'introduisent dans le jardin de leur riche voisin pour nager dans sa piscine. Un jour, Roy, le cadet des enfants, pénètre dans la propriété et nage seul, manquant de se noyer. Il est finalement sauvé par le voisin, qui le ramène chez lui pour une confrontation avec toute la famille. Byars dit qu'elle a été inspirée par une amie qui possédait une piscine et lui raconta un soir que chaque fois qu'elle et son mari sortaient, des enfants s'introduisaient chez eux pour y nager. Elle craignait qu'un jour quelque chose n'arrive à l'un d'entre eux.

Les Anderson appartiennent à la première vague des enfants livrés à eux-mêmes alors que leurs parents travaillent à l'extérieur par nécessité économique. Dans *Piscine de nuit*, l'auteur examine la responsabilité parentale et la difficulté d'allier carrière et paternité. Shorty Anderson, le père, est un personnage antipathique et absent qui semble plus intéressé par ses costumes de velours et par l'idée d'écrire une chanson à succès que par ses enfants. Il s'aperçoit finalement qu'il doit épouser sa petite amie pour offrir une figure maternelle à ses enfants rebelles. La conclusion, où tout est résolu, peut paraître datée et simpliste, mais un retour aux valeurs traditionnelles est depuis longtemps présenté par certains comme la solution aux problèmes contemporains. **SD**

Le Roi des casse-pieds

Judy Blume

Titre original *Superfudge*, 1980
Nationalité États-Unis, 1938
Édition française L'École des loisirs
Thème famille

Le personnage de Farley Drexel Hatcher, surnommé Mousse, est né l'année de la sortie du film *Superman* (1978) : il n'est donc pas étonnant qu'il s'imagine être né sur Krypton. Peter, son grand frère, serait ravi que Mousse retourne sur Krypton pour embêter quelqu'un d'autre. Il craint aussi que le bébé dont sa mère est sur le point d'accoucher se révèle être un autre Mousse, auquel cas il partirait de la maison.

Toutefois, quand Tootsie naît, c'est Mousse et non Peter qui se montre jaloux, et c'est la famille tout entière qui part pour Princeton, où Mme Hatcher doit poursuivre ses études et M. Hatcher écrire un livre. Le roman explore toutes les tensions qui accompagnent l'arrivée d'un nouveau bébé et la découverte d'une nouvelle ville, le moment fort se produisant quand Peter punit Mousse pour un tour qu'il lui a joué et refuse de laisser son frère et l'ami de ce dernier, Alex Santo, le rejoindre en pique-nique. Quand Peter et ses amis reviennent de leur excursion, ils découvrent que Mousse et Alex ont disparu. Peter est tenaillé par le remords mais Mousse réapparaît rapidement : il était allé acheter des brownies pour sa mère.

Mousse est inspiré du fils de Judy Blume, Larry, et possède toutes les caractéristiques irrésistibles d'un vrai petit garçon tentant de se faire une place dans une famille moderne. La rivalité fraternelle et l'arrivée d'un nouveau bébé ont passionné 80 millions de lecteurs de trente langues différentes et assuré la postérité de Mousse, qui réapparaît dans *La Moussemanie* et *Mon Frère adore l'argent* ainsi que dans une série télévisée. **JSD**

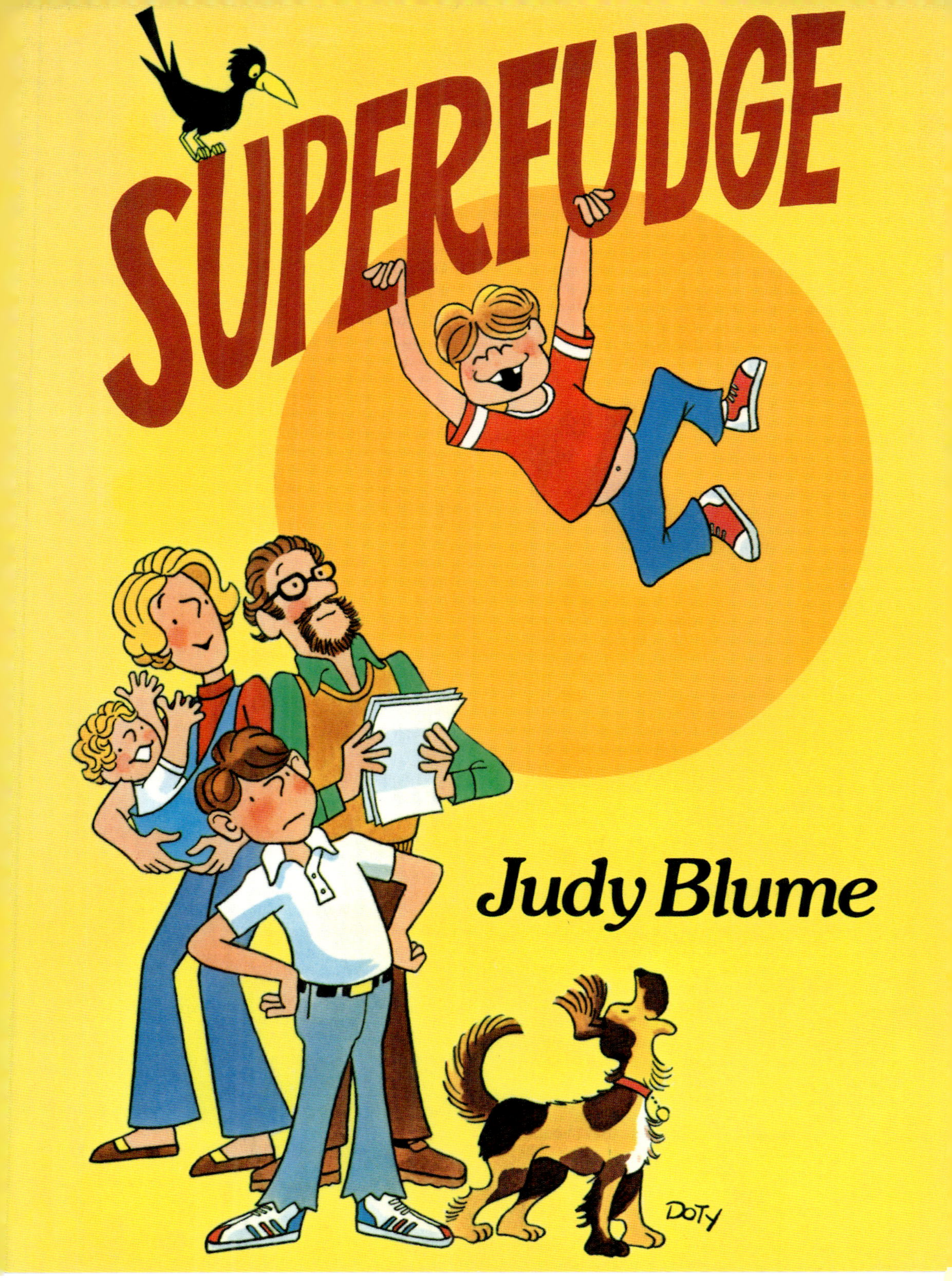
SUPERFUDGE
Judy Blume
DOTY

Bonne nuit, Monsieur Tom

Michelle Magorian

Titre original *Goodnight Mister Tom*, 1981
Nationalité Grande-Bretagne, 1947
Édition française Gallimard Jeunesse
Thèmes guerre, famille, amitié, amour

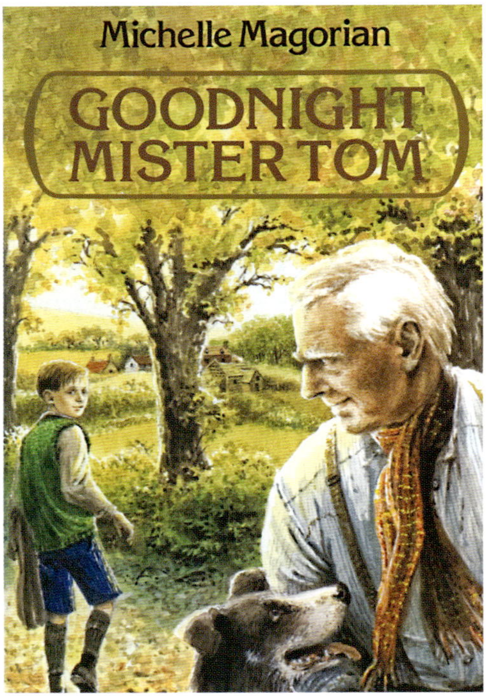

Ce qu'ont vécu les petits Londoniens évacués à la campagne pendant la Seconde Guerre mondiale continue d'émouvoir les enfants d'aujourd'hui. Ce roman réaliste adopte le point de vue original selon lequel la guerre a aidé certains enfants à échapper à une famille atroce. Willie, 8 ans, est envoyé à la campagne et quitte ainsi sa maison où sa mère le battait et l'affamait. Il trouve la sécurité et l'amour chez Tom Oackley, un veuf qui vit reclus avec son chien.

L'intrigue est mince : la mère de Willie, qui présente de gros troubles psychologiques aggravés par son fondamentalisme religieux, insiste pour que son garçon rentre chez elle. Tom, qui comprend instinctivement que Willie a besoin d'aide, brave la grande ville pour le délivrer et finalement l'adopter. Avec l'aide du vieil homme et par minuscules étapes, Willie se remet tout d'abord de son enfance traumatisante, puis de la mort de son ami Zach au cours d'un raid aérien ; c'était, comme lui, un petit évacué.

> *« Les blessures physiques guériraient. Celles qu'il abritait en lui dureraient davantage. »*

La psychologie des personnages est magnifiquement dessinée dans cet ouvrage. Les faits qui pourraient bouleverser les jeunes lecteurs ne sont exposés que lorsqu'une fin heureuse se dessine. Avec conviction et compassion, l'auteur décrit les sentiments de Willie qui, de petit garçon terrifié et rétif, devient un adolescent assuré qui sait se faire des amis et apprend à flirter avec les filles. Tom progresse lui aussi au fil de l'histoire, car les besoins pressants de Willie lui font oublier sa propre tristesse et lui permettent de faire le deuil de sa femme et de son jeune enfant, décédés des années auparavant. **GB**

Livres sur la Seconde Guerre mondiale

Quand Hitler s'empara du lapin rose, Judith Kerr (p. 585)
Le Poignard d'argent, Ian Seraillier (p. 785)
La Guerre de Fanny, Nina Bawden (p. 831)
Le Journal d'Anne Frank

Ronya, fille de brigand

Astrid Lindgren

Titre original *Ronja Rövardotter*, 1981
Nationalité Suède, 1907
Édition française Hachette
Thèmes mythes et légendes, amitié, amour

Astrid Lindgren écrivait avec humour des récits parfois poignants où elle mêlait mythes, légendes et créatures magiques. Ce roman est l'histoire d'une petite fille et d'un garçon qui en grandissant se découvrent un amour profond l'un pour l'autre et défient les plans de leurs parents.

Ronya naît sur le mont Mattis dans le repaire des brigands dont son père est le chef. Elle est le seul bébé à y être jamais né et est destinée à devenir la cheftaine des brigands. Quand elle grandit, seule enfant de la montagne, Ronya apprend l'existence de Borka, chef d'une bande rivale. En explorant la forêt et la rivière au pied de la montagne, elle découvre leurs animaux et créatures étranges, tels les sinistres nains gris qui se nourrissent de sa peur ainsi que les « magnifiques, folles et féroces » harpies. Elle rencontre aussi par accident Rik, fils de Borka, né la même nuit qu'elle.

« Rien ne sera plus comme avant dans le monde des brigands. »

Comme leurs pères et leurs ancêtres avant eux, ils deviennent rivaux dans leur lutte pour leur territoire. Cette rivalité cède cependant la place au respect mutuel et à l'amitié, le lien entre eux étant renforcé quand ils se sauvent mutuellement la vie. Un jour, ils fuguent pour aller vivre dans la Grotte de l'Ours, en dehors du territoire des deux bandes. Ils sont persuadés de revenir vivre chez eux en hiver, alors que le conflit entre leurs pères semble s'apaiser. Les deux hommes ne deviennent jamais vraiment amis mais leur ancienne hostilité disparaît. Rik et Ronya, qui se sont juré de ne jamais devenir brigands, retournent à la grotte au printemps en promettant à leurs parents de rentrer chez eux au retour du mauvais temps. **LH**

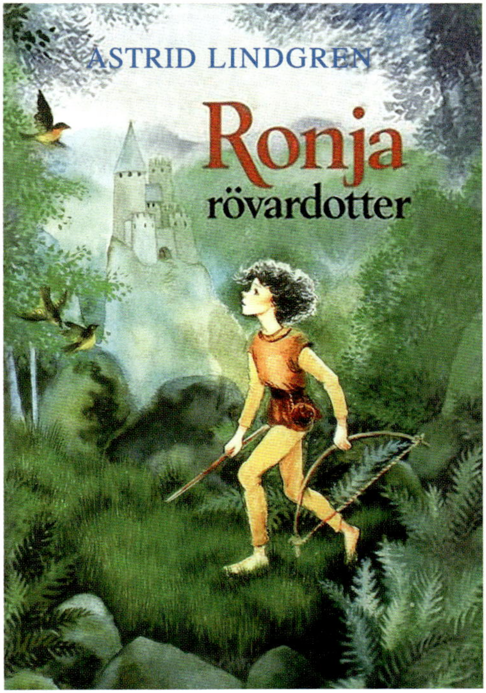

Autres livres d'Astrid Lindgren

Fifi Brindacier (p. 231)
Les Frères Cœur-de-lion (p. 597)
Rasmus et le vagabond
Mio, mon Mio

Le Bon Gros Géant : Le BGG

Roald Dahl Quentin Blake

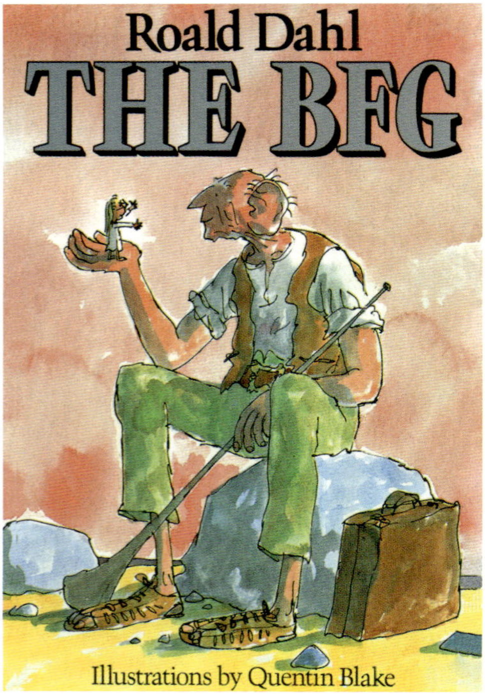

« Ça c'est fantastoque !
C'est milborolant !
Absolument faramidable !
J'en suis tout bègue ! »

Autres livres de Roald Dahl

L'Énorme Crocodile **(p. 314)**
Matilda **(p. 342)**
James et la grosse pêche **(p. 548)**
Charlie et la chocolaterie **(p. 564)**
Le Doigt magique **(p. 573)**

Titre original *The BFG*, 1982
Nationalité P. de Galles, 1916 (aut.), G-B, 1932 (ill.)
Édition française Gallimard Jeunesse
Thèmes fantastique, amitié, excentrique

Le Bon Gros Géant, ou BGG comme il aime à être nommé, est un végétarien chauve doté d'un nez pointu, d'immenses oreilles, de sandales assez bizarres et d'un vocabulaire coloré. Il vit au pays des géants, où ses compatriotes portent des noms féroces qui donnent la chair de poule, comme l'Écrabouilleur de donzelles, le Buveur de sang, le Mâcheur d'enfants ou le Croqueur d'os. Chaque nuit, quand les autres géants partent au galop s'empiffrer de chair humaine fraîche, le BGG s'empare de sa trompette et de sa valise pour souffler des rêves à travers les fenêtres des petits garçons et des petites filles. Une nuit, quand Sophie, une orpheline, l'aperçoit, il l'enlève pour éviter qu'une immense chasse au géant ne l'envoie finir ses jours au parc à fractions, où il serait enfermé avec des hippogrossedames et des alligrapors. Poussé à l'action par Sophie et aidé par la reine d'Angleterre, le BGG capture les géants mangeurs d'enfants et les enferme en sécurité, là où rien ne pourra leur arriver et où ils se nourriront à l'avenir de répugnables schnockombres.

L'ouvrage contient des scènes mémorables : le BGG faisant découvrir à Sophie les délices de la frambouille, une délicieuse boisson dont les bulles descendent au lieu de remonter à la surface, de telle sorte que ceux qui la boivent ne font pas de rots mais s'élèvent dans les airs, ou encore le BGG prenant le petit déjeuner avec la reine, celle-ci assise sur une commode posée sur un piano. *Le Bon Gros Géant* parvient à être merveilleusement délirant, comme souvent chez Roald Dahl, mais son intrigue demeure aussi passionnante et pleine de suspense. **CW**

The Haunting

Margaret Mahy

Nationalité Nouvelle-Zélande, 1936
Édition J. M. Dent,
Royaume-Uni, 1982
Thèmes fantômes, adolescence, famille

Le jeune Barney a un problème considérable. Des années auparavant, il a été hanté par trois fantômes, tous modérément amicaux. Il est à présent poursuivi par l'esprit d'un garçon vêtu de velours bleu qui répète constamment : « Barnabé est mort ! » Aidé par sa belle-mère Claire, qu'il adore, sa sœur Tabitha et toute une série de grands-oncles et grands-parents, Barney éclaircit lentement le mystère qui entoure ce nouveau fantôme. Il est aussi aidé par sa sœur Troy et par son père, plein de bonne volonté.

Les œuvres de Margaret Mahy sont toujours imprévisibles, en particulier cette histoire de fantômes à nulle autre pareille où toute une famille accepte sans broncher l'existence d'un spectre avant que ses membres tentent tous ensemble de remettre les choses en place. Comme dans tous les romans de ce auteur, la vérité psychologique n'est jamais très éloignée de la réalité physique. Quand Barney, en se contemplant dans un miroir, remarque que les yeux qu'il voit ne sont pas les siens, c'est une métaphore d'un phénomène qui se produit à l' adolescence, où l'on peut avoir du mal à se reconnaître quand son corps change à une allure saisissante.

Mahy, ancienne bibliothécaire pour la jeunesse, fait preuve d'autant d'humour que de sagesse. Qui d'autre décrirait une grand-mère diabolique « comme un mur qui aurait été recouvert de mots grossiers furieux » ? Toujours optimiste et préférant les personnages qui se préoccupent les uns des autres, c'est une conteuse de génie qui tient ses lecteurs en haleine. Même arrivés à la fin d'une histoire, ceux-ci en redemandent. **NT**

The Rattle Bag

Seamus Heaney, Ted Hughes

Nationalité G-B, 1939 (Heaney), 1930 (Hughes)
Édition Faber and Faber,
Royaume-Uni, 1982
Thème poésie

The Rattle Bag (« Le sac de pioche ») réunit les poèmes préférés de deux des poètes anglo-saxons les plus reconnus de la fin du XXe siècle. Anthologie de poésie par excellence pour toute une génération de lecteurs, cet ouvrage est aujourd'hui sur le point d'être redécouvert par une autre.

Les poèmes ont été ici choisis pour leur qualité plutôt que pour leur appartenance à un thème ou une période. Rien n'est exigé du lecteur sinon d'ouvrir le livre au hasard pour y lire un poème. Ceux-ci doivent convaincre par eux-mêmes. Ils sont agencés en fonction de la place de leur premier vers dans l'ordre alphabétique et non par nom d'auteur ou ordre chronologique. Les collecteurs ont toutefois choisi certains poèmes dans le but de créer des juxtapositions inattendues et délicieuses. Heaney et Hughes ne se mettant pas en avant (ils n'ont écrit qu'une brève introduction), le lecteur est amené à penser qu'il a établi seul ces rapports, ce qui ne fait qu'accroître son plaisir. D'ailleurs, l'objectif de la poésie présentée ici est clairement le plaisir de la découverte et de la lecture plutôt que l'apprentissage.

Heaney et Hughes ont aussi choisi d'inclure de la poésie issue de la tradition orale et des traductions, qui étaient moins appréciées à l'époque de la publication de l'ouvrage qu'aujourd'hui. *The Rattle Bag* comprend en effet des traductions du tchèque, de l'allemand, du grec, du hongrois, du polonais, du russe, du serbo-croate, de l'espagnol, du suédois et du yoruba. L'ouvrage a complètement redéfini la façon dont on aborde la poésie. **GB**

RAYMOND BRIGGS

When the Wind Blows

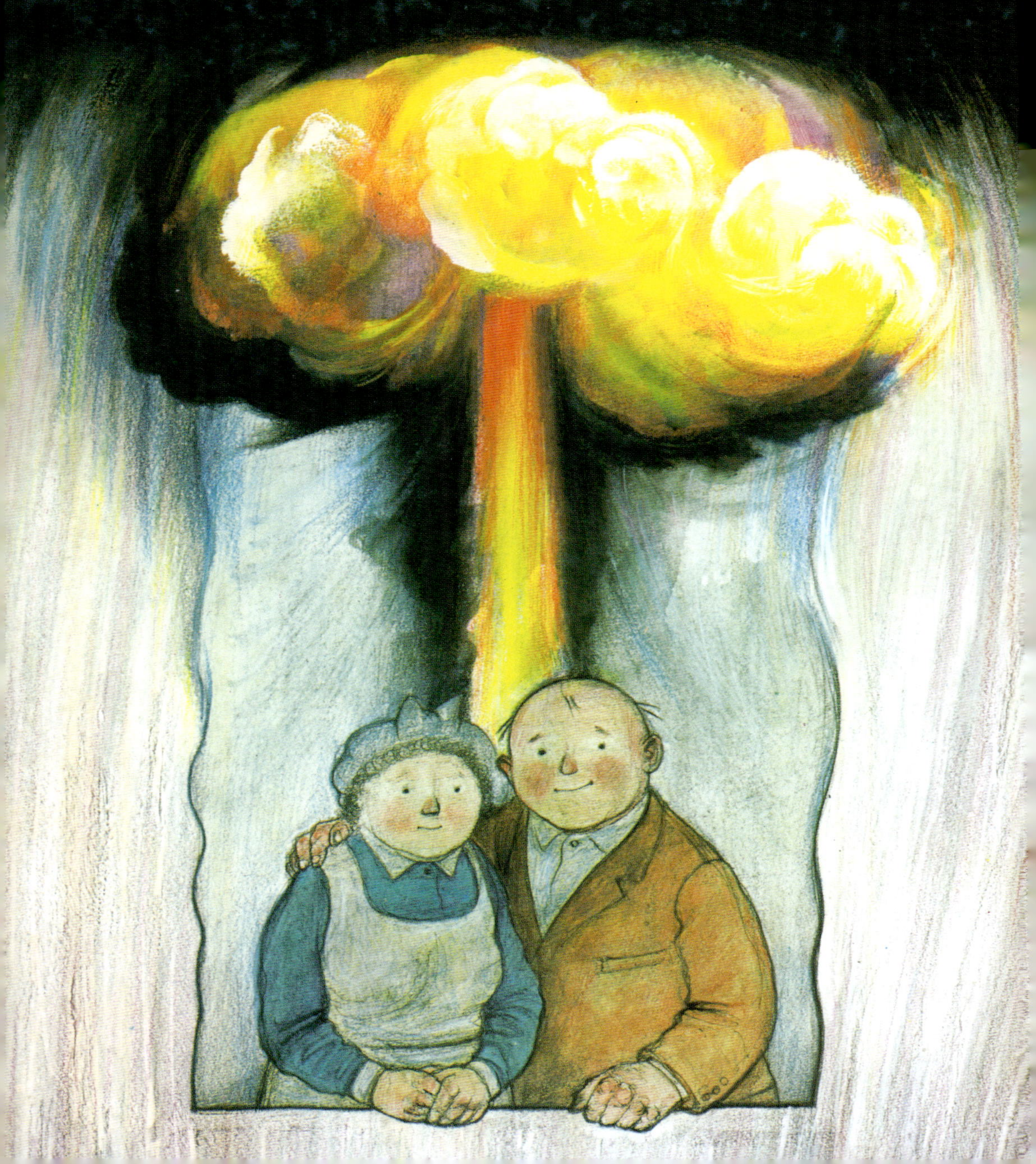

Quand souffle le vent

Raymond Briggs

Titre original *When the Wind Blows*, 1982
Nationalité Grande-Bretagne, 1934
Édition française Garnier
Thèmes bandes dessinées, humour, SF

Cet ouvrage traite de thèmes on ne peut plus déprimants : un gouvernement insuffisamment préparé à la possibilité d'une attaque nucléaire, la futilité des conseils officiels une fois que celle-ci s'est produite et la certitude d'une mort brutale et douloureuse. Toutefois, les jeunes lecteurs que tout cela n'effraie pas apprécieront la force et la profondeur du livre dont le thème reste toujours intéressant.

Ici, le dédain qu'inspire la bureaucratie à Briggs atteint sa conclusion logique. Même retraité, Jim fait toujours confiance aux autorités, sentiment injustifié. Le texte est parsemé d'expressions qu'il a relevées dans la presse mais comprend à peine (« force de dissuasion internationale » et « situation ultime »). Il s'obstine à suivre les instructions de défense civile, sort pour acquérir quatorze miches de pain et un rapporteur qui lui permettra de mesurer l'angle du refuge ordonné par le gouvernement. Hilda, qui se refuse à voir la réalité en face, met ses bigoudis et refuse d'utiliser les toilettes temporaires, elles aussi construites selon les instructions du gouvernement. Le couple survit à l'explosion (représentée de façon terrifiante, en blanc et rose, sur une double page), découvre en sortant un univers de laitues atrophiées et de bâtiments fondus, vient à manquer de vivres et d'eau, et meurt des suites de l'irradiation. Briggs ose se moquer d'eux dans leurs moments de désespoir, ce qu'on lui pardonne car il traite ses personnages avec compassion et tendresse. **GB**

Bisa Bea, Bisa Bel

Ana María Machado Regina Yolanda

Nationalité Brésil, 1941 (aut.)
Édition Salamandra,
Brésil, 1982
Thèmes classiques, famille

Quand Bel, 10 ans, aide sa mère à ranger un placard, elle découvre une vieille photo de son arrière-grand-mère Béatrice petite fille. Bel est fascinée par sa ressemblance avec celle qu'elle appelle Bisa Bea et qui devient rapidement son amie imaginaire. Bel porte la photo sur elle, près de son cœur, et entend la voix de son arrière-grand-mère dans sa tête, qui lui raconte des histoires des jours anciens et lui décrit la vie quotidienne au Brésil au début du XXe siècle.

Les ennuis commencent quand Bisa Bea conseille Bel sur le comportement approprié d'une jeune fille, lui ordonne de s'habiller d'une certaine manière et de faire la timide en compagnie des garçons. Quand l'arrière-grand-mère manipule Bel pour mettre à l'épreuve la galanterie de son petit ami, cette dernière perd patience à juste titre. C'est alors qu'apparaît une autre voix, celle de la future arrière-petite-fille de Bel, qui commence elle aussi à lui donner des conseils. Finalement, Bel parvient à trouver le juste équilibre entre ces deux voix et à contrôler sa vie de manière responsable.

Ce classique brésilien est l'œuvre d'Ana María Machado, l'un des auteurs pour enfants les plus importants du pays. Elle a commencé à écrire sous la dictature. Ses romans mêlent satire sociale et réalisme magique. Son style enjoué et ses réflexions sur les liens invisibles qui existent entre générations sont habilement incorporés aux préoccupations de Bel, qui apprendra qu'elle doit se montrer fidèle à elle-même. **LB**

Nan sheng Jia Li quan zhuan

Qin Wenjun

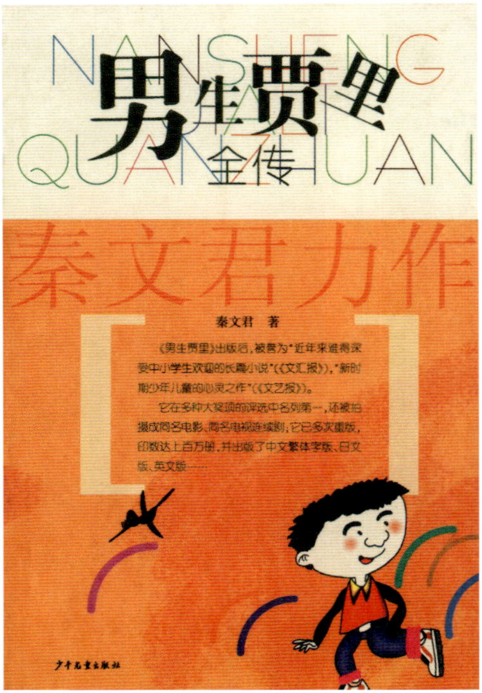

« Seul un garçon peut comprendre un autre garçon… »

Autres histoires sur l'adolescence

Pollyanna, Eleanor H. Porter (p. 457)
Piscine de nuit, Betsy Byars (p. 608)
L'Enfant du dimanche, Gudrun Mebs (p. 621)

Nationalité Chine, 1954
Édition Shao Nian Er Tong Chu Ban She, Chine, 1982
Thèmes adolescence, famille, école

L'Écolier Jia Li (traduction du titre) est conçu sous forme de journal intime dans lequel Jia Li, un adolescent de 14 ans qui vit avec sa sœur jumelle, Jia Mei, et leurs parents dans un trois-pièces en ville, note les événements quotidiens. Jia Li, le plus âgé des jumeaux, pense que ses parents préfèrent sa sœur. Les deux parents travaillent : le père est un auteur de livres pour enfants, la mère une actrice. Une voisine, Mme Ng, vient faire le ménage tous les jours dans leur appartement. Elle s'avère l'alliée de Jia Li, qu'elle comprend mieux que ses parents selon l'adolescent. Tous deux s'accordent sur le fait que Jia Mei est gâtée parce que c'est une fille.

En première année de lycée, Jia Li semble passer chaque jour par les émotions les plus extrêmes. Qin décrit de façon vivante sa frustration quand ses actions sont mal interprétées par ses camarades. Ses tentatives pour aider sa sœur dans la pièce de théâtre de l'école à laquelle assiste un producteur de télévision tournent aussi au désastre, ce qui entraîne chez lui un profond remords.

Qin comprend bien le mode de pensée et les sentiments des adolescents, et ses dialogues sont simples et pleins d'esprit. L'un des auteurs pour enfants les plus vendus de Chine, elle a publié plus de 50 romans et reçu de nombreux prix dont le prix de littérature chinoise et le prix Song Qingling qui récompense un roman pour la jeunesse. Certains de ses ouvrages ont été adaptés au cinéma, et elle continue à écrire, élargissant toujours davantage son lectorat. **HC**

8+

Le Proviseur démoniaque

Gillian Cross

Titre original *The Demon Headmaster*, 1982
Nationalité Grande-Bretagne, 1945
Édition française Rouge et Or
Thèmes école, science-fiction, famille, amitié

Dinah, 11 ans, orpheline depuis l'âge de 1 an, va vivre chez M. et Mme Hunter, sa nouvelle famille d'accueil. Elle tente de s'entendre avec les fils de la famille, Lloyd et Harvey, qui se montrent tout d'abord inamicaux, mais ce qu'elle vit dans sa nouvelle école est pire encore.

Les élèves y sont sages comme des images, parlent comme des robots et font toujours exactement ce qu'on leur demande. Quand Dinah se retrouve elle aussi à répéter les devises du proviseur, même si elle n'est pas d'accord avec elles, elle décide de découvrir ce qui se passe. Désormais membre d'une société secrète qui partage son objectif, elle comprend que le proviseur hypnotise les élèves de ses yeux verts tous les matins quand ils sont tous réunis. Il prévoit aussi d'hypnotiser le pays une fois qu'il parviendra à apparaître à la télévision.

Bien que de ton léger, ce roman traite de sujets sérieux. L'idée d'un pouvoir dictatorial déchaîné et aidé par la technologie relève du cauchemar et constitue le sujet de romans remarquables, comme *1984* de George Orwell. Pour les enfants qui doivent travailler plus que jamais à l'école et passer toujours plus d'examens, l'idée de se rebeller contre un contrôle excessif peut s'avérer particulièrement attrayante, même si cela demeure un fantasme. Écrit par un excellent auteur qui ne déçoit jamais et prolongé par de nombreuses suites, ce roman a été immensément populaire. Il a aussi été adapté à la télévision par la BBC. **NT**

Le Téléphone enchanté

Miloš Macourek   Adolf Born

Titre original *Mach a Sebestová*, 1982
Nationalité Tchécosl., 1926 (aut.), 1930 (ill.)
Édition française Gründ
Thème histoires de magie

Le Téléphone enchanté est loin d'être un conte ordinaire. Max et Sally, voisins et camarades de classe, aident un mystérieux vieil homme à retrouver ses lunettes dans le parc ; pour les remercier, il leur offre un combiné de téléphone. Les deux amis découvrent que cet étrange cadeau possède d'extraordinaires pouvoirs : il exauce leurs souhaits. L'intrigue repose sur les situations humoristiques dans lesquelles se retrouvent les deux protagonistes.

Une grande partie du charme du livre provient de la modestie des vœux de Max et Sally. Au lieu d'élaborer des plans compliqués, ils demeurent simples. Ces souhaits peuvent parfois sembler bizarres (visiter l'époque préhistorique ou un bateau de pirates) mais leurs demandes ne sont jamais malveillantes – contrairement à celles de Horáček et Pažout, deux petits voyous qui sont dans la même classe et qui s'emparent pendant un moment du téléphone.

Miloš Macourek s'est consacré à la littérature pour enfants. Il appartenait à la génération des poètes tchèques des années 1950 qui célébraient la réalité quotidienne tout en imprégnant leurs œuvres d'un sentiment omniprésent de l'absurde. Adolf Born est un peintre renommé dont les illustrations pleines d'imagination s'avèrent uniques au monde et oniriques, bien que l'artiste y représente aussi les détails du quotidien. Leur collaboration a donné naissance à l'un des livres pour enfants les plus populaires de l'histoire de l'édition tchèque. **PO**

Cheval de guerre

Michael Morpurgo

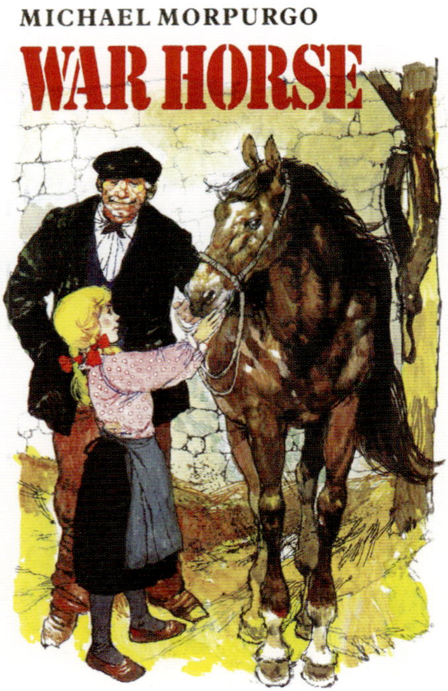

« *Le monde, dit l'officier allemand en secouant la tête, le monde est devenu fou…* »

Histoires d'amitié avec des animaux

Le Poney rouge, John Steinbeck (p. 485)
L'Étalon noir, Walter Farley (p. 491)
Sam chien du Texas, Fred Gipson (p. 533)
L'Enfant qui chassait la nuit, Wilson Rawls (p. 551)

Titre original *War Horse*, 1982
Nationalité Grande-Bretagne, 1943
Édition française Gallimard Jeunesse
Thèmes guerre, amitié, histoires d'animaux

Cheval de guerre, l'un des premiers romans de Michael Morpurgo, sélectionné pour le prix Whitbread, explore de nombreux thèmes qui ont depuis caractérisé l'œuvre de cet auteur : la futilité de la guerre et les souffrances qu'elle entraîne, le réconfort qu'apportent l'amour et l'amitié, et le lien tenace qui existe entre les hommes et les animaux.

Après avoir été vendu à l'armée par un fermier du Devon, Joey n'abandonne jamais l'espoir de retrouver Albert, le jeune garçon avec qui il a grandi. Le récit du cheval révèle la nature arbitraire et parfois chaotique de la guerre et souligne les similitudes des adversaires plutôt que leurs différences. Quand Joey se retrouve à combattre aux côtés des Allemands, il éprouve les mêmes désagréments, effectue les mêmes durs travaux et assiste au même mélange de bonté et de cruauté humaines que dans l'armée britannique.

Dans une scène mémorable, Joey se retrouve dans un no man's land et voit un soldat sortir des tranchées de chaque camp pour venir le chercher, le bref conflit étant finalement résolu à l'amiable : après une conversation enjouée, on le joue à pile ou face. C'est alors que le soldat gallois déclare à l'allemand : « Je crois que s'ils nous laissaient tous les deux une heure ou deux ici, nous pourrions arranger cette sacrée pagaille. » Miraculeusement Joey et Albert sont réunis, mais même alors que la guerre se termine, le sort du cheval n'est pas garanti. Un dernier rebondissement ouvre la voie à la suite de ce roman, *Le Secret de Grand-Père*, où l'on retrouve Albert et son petit-fils cinquante ans plus tard. **KA**

Babe...

Dick King-Smith   Mary Rayner

Titre original *The Ship-Pig*, 1983
Nationalité Angleterre, 1922 (aut.), 1933 (ill.)
Édition française Gallimard Jeunesse
Thème histoires d'animaux

Le fermier Hogget et sa femme sont avant tout éleveurs de moutons, bien qu'ils possèdent également d'autres animaux. Parmi ceux-ci, l'on compte Babe, un porcelet à l'intelligence peu commune, récemment gagné par le couple lors d'une foire. Ignorant son destin imminent, Babe finit cependant par apprendre des autres animaux de la ferme qu'il sera mené à l'abattoir. Momentanément adopté par Ficelle, le chien de berger du fermier Hogget, Babe va surprendre tout le monde en apprenant, grâce à la chienne, les secrets de la garde d'un troupeau. Babe saura aussi se faire apprécier de Ma, la vieille brebis de tête, par sa douceur et parviendra à s'en faire une alliée pour la conduite du troupeau.

Émerveillé par les talents de Babe, le fermier Hogget lui laisse la vie sauve et le fait participer, malgré la risée générale, à un important concours de chiens de berger. Triomphant, Babe sait désormais que son destin est assuré.

Écrit par un auteur lui-même fermier, *Babe, le cochon devenu berger* fit l'objet d'un film couronné de succès. S'appuyant sur les détails pratiques de la vie quotidienne d'un fermier, l'ouvrage dévoile un message universel d'encouragement de l'individualité même dans les circonstances les plus improbables. En dépit de son apparence de cochon, Babe ressemble bien davantage à un enfant qui tente de faire ses preuves et qui rencontre parfois sarcasmes et hostilité autour de lui. Magnifiquement écrite et mêlant avec finesse fiction et réalité, cette histoire qui ne verse jamais dans le sentimentalisme est un vrai joyau. **NT**

L'Enfant du dimanche

Gudrun Mebs   Rotraut S. Berner

Titre original *Sonntagskind*, 1983
Nationalité Allemagne, 1944 (aut.), 1948 (ill.)
Édition française Gallimard
Thème famille

L'enfant du dimanche est une fillette de 8 ans qui vit dans un orphelinat et n'a pas connu ses parents. Elle s'est résignée au fait qu'elle n'a même pas de « parents du dimanche », soit des parents qui invitent des orphelins chez eux le dimanche. Les enfants suffisamment chanceux pour avoir des parents du dimanche rêvent de leur sortie hors de l'orphelinat tandis que l'héroïne écoute patiemment et tristement leurs histoires.

Un jour, une mystérieuse inconnue appelle pour accueillir un enfant un dimanche, fille ou garçon, offrant ainsi à notre narratrice anonyme une petite lueur d'espoir. Hélas, les choses prennent une mauvaise tournure dès le début : la fillette est terriblement nerveuse et Ulla, la jeune femme fantaisiste ayant demandé sa présence, ne correspond pas du tout à l'image que la fillette se faisait d'une maman. Avec ses cheveux courts et ses lunettes, elle ressemble à un garçon et arrive perpétuellement en retard. Cependant, les deux protagonistes finiront par se rapprocher au fil du temps, jusqu'à l'apparition soudaine de Christian, le compagnon d'Ulla. Les craintes de perdre sa mère d'adoption ne seront toutefois que de courte durée car la fillette ne tarde pas à s'entendre avec Christian, tant et si bien que ce dernier décide même d'épouser Ulla afin de pouvoir adopter l'héroïne.

Tout au long de son histoire, la petite fille analyse sa situation et ses expériences au sein et à l'extérieur de l'orphelinat. Un solide sens de l'humour l'aide à traverser les épreuves et la rend attachante. **CS**

Please Mrs Butler

Allan Ahlberg Fritz Wegner

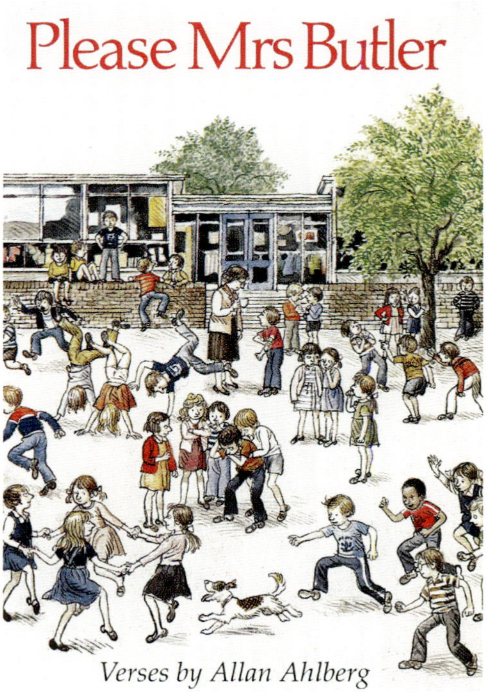

« S'il vous plaît Mrs Butler/Ce garçon, Derek Drew/N'arrête pas de me copier, Madame/Que dois-je faire ? »

Autres livres d'Allan Ahlberg

Prune Pêche Poire Plume (p. 41)
Quentin la Cambriole (p. 116)
Le Gentil Facteur (p. 333)

Nationalité Angleterre, 1938 (aut.), 1924 (ill.)
Édition Kestrel Books, Royaume-Uni, 1983
Thèmes poésie, scolaire, amitié

Please, Mrs Butler est représentatif d'une nouvelle vague de poésie pour écoliers apparue dans les années 1980 et qui utilise le langage quotidien des enfants. Parmi les 45 poèmes, un bon nombre célèbrent simplement la vie d'écolier, l'amitié et les rapports entre enfants et enseignants, mais une minorité non négligeable traite également le sujet des peurs et des inquiétudes enfantines.

Malgré leur ton léger, certains poèmes se révèlent profonds. Les enfants retiendront des messages subtils en lisant *The Ordeal of Robin Hood* (« L'épreuve de Robin des bois »), dans lequel un clan d'écoliers ayant déterminé son terrain de jeux est bousculé dans son organisation par le nouveau, Janek, un garçon polonais qui n'a jamais entendu parler de Robin des bois et qui refuse de mourir sur commande. Les poèmes évoquent les rituels quotidiens de la vie d'écolier ainsi que l'excitation grisante de toute entorse à la routine (comme dans *Dog in the Playground* (« Chien dans la cour ») ou dans *Only Snow* (« La neige seulement »). Ils montrent qu'en dépit de leurs natures différentes, élèves et maîtres peuvent cohabiter dans la joie (comme dans *The Cane*). Cela n'étonnera personne qu'Allan Ahlberg soit un ancien instituteur de l'école primaire. Les dessins de Fritz Wegner accompagnent parfaitement les poèmes avec leurs flopées d'enfants et certains portraits individuels. Parmi les groupes des instituteurs épuisés et désabusés, Mrs Butler est reconnaissable entre tous. **GB**

8+

Mouth Open, Story Jump Out

Grace Hallworth — Art Derry

Nationalité Trinité-et Tobago (aut.)
Édition Methuen,
Royaume-Uni, 1984
Thème contes traditionnels

Le décor de ce beau recueil de récits se déroule aux Antilles. Grace Hallworth tisse une toile fascinante de contes dont l'histoire se situe aux Caraïbes, et où les amis et étrangers se rencontrent, échangent des nouvelles et se racontent les événements insolites de leur vie quotidienne.

Merveilleusement contées, les histoires prennent leur source dans les événements surnaturels, les superstitions, et les peurs ancestrales et caractéristiques du folklore caribéen et en particulier trinidadien. Ces histoires puissantes, à la fois traditionnelles et retransmises avec une grande originalité, envoûtent les jeunes lecteurs.

L'atmosphère mystérieuse qu'elles dégagent est presque magique. G. Hallworth est maîtresse dans l'art d'exploiter le décor des Caraïbes françaises et de l'intégrer dans ses fascinantes narrations. Les titres évocateurs comme *Le Diable* ou *Le Loup-Garou* attisent l'imagination des plus jeunes avant même le début de l'histoire.

Chaque culture possède ses propres histoires de sorcières et la version présentée ici, tissée autour de la figure folklorique du Soucouyant, créature vivant le jour en tant que vieille femme et qui se débarrasse de sa peau ridée la nuit pour se transformer en vampire volant, est particulièrement effrayante. À la lecture de ce divertissant recueil de contes sinistres, plus d'un enfant insistera pour qu'on laisse la lumière allumée la nuit. **LB**

L'Œil du loup

Daniel Pennac

Nationalité France,
né Daniel Pennacchioni, 1944
Édition multiples éditeurs, France, depuis 1984
Thème histoires d'animaux

Un loup solitaire et un garçon silencieux s'observent de part et d'autre d'une cage. Attiré par le défi de ce regard sur lui, le loup autorise l'enfant à regarder de près dans son seul œil encore valide. L'enfant y découvre alors l'histoire du loup, appelé Loup Bleu, et de tous les loups. Le garçon mystérieux, prénommé Afrique, révèle ensuite sa propre histoire et celle du continent d'où il tient son prénom. Ces récits parfois troublants et narrés avec un sens aigu du détail balaient le monde ancien et moderne, depuis les chasseurs de fourrure des étendues sauvages d'Alaska jusqu'aux compagnies d'abattage qui détruisent la jungle africaine. Leurs histoires et voyages respectifs se rejoignent dans l'« Autre Monde », au sein d'un zoo européen. Loin d'ignorer par naïveté les dures réalités du monde animal, Daniel Pennac nous offre ici sa vision dans laquelle la vraie bête est l'homme et l'unique cruauté, sa cupidité.

Pennac (de son vrai nom Daniel Pennacchioni), auteur aux multiples talents, commença à gagner sa vie comme enseignant. Il est célèbre pour ses écrits sur l'importance de la lecture. L'image en miroir qui est au cœur de *L'Œil du loup* donne vie à l'acte de la lecture : deux créatures, séparées par des barreaux les contraignant à s'observer plutôt que se toucher, se découvrent un terrain d'entente et une nouvelle vision des choses à travers la narration. Ce récit poignant des temps modernes laisse au lecteur une impression durable et une vision du zoo à jamais différente. **NA**

8+

Les Pilleurs de sarcophages

Odile Weulersse — P. et G. Brizzan

Nationalité Fr., 1944 (aut.)
Édition Hachette Jeunesse, France, 1984
Thème fiction historique

Dans *Les Pilleurs de sarcophages*, Tétiki est fils du gouverneur de la province égyptienne d'Éléphantine. Son pays est divisé : le pharaon égyptien Ahmôsis règne depuis Thèbes, tandis que les envahisseurs Hyksôs, adorateurs du dieu Seth, ont placé sur le trône leur propre pharaon, Apopi, dans la ville d'Avaris, et tentent d'étendre son pouvoir à l'Égypte entière.

Un jour, un émissaire d'Apopi arrive à Éléphantine pour implorer l'aide du père de Tétiki contre Ahmôsis, en échange d'or. Cependant, Tétiki découvre que les Hyksôs s'apprêtent à vandaliser et piller la tombe du dernier pharaon, Taâ le Brave. Il décide d'être plus rusé que les vandales et de prévenir le pharaon Ahmôsis. Malheureusement, il arrive à Thèbes en pleine fête du dieu Amon et ne peut donc rencontrer le pharaon pendant un mois. Tétiki part seul en quête de la tombe pour tenter de sauver son trésor.

Écrit dans un langage simple, ce récit haletant et bien documenté est truffé de détails et de faits historiques. Avec ses pyramides et ses tombes, ses sarcophages et ses momies, ses pharaons et ses grands prêtres, l'Égypte ancienne exerce une éternelle fascination sur les jeunes lecteurs comme sur les moins jeunes. Ceci s'explique à la fois par l'ancienneté de cette civilisation et par les nombreux objets présents dans les musées visités par la plupart des écoliers. Dans ce livre, la composante historique est partie intégrante de l'histoire. Odile Weulersse fait revivre l'Égypte ancienne pour le bonheur des jeunes lecteurs. **LB**

Le Cœur du pirate

Benno Pludra — Gerhard Goßmann

Titre original *Das Herz des Piraten*, 1985
Nationalité Allemagne, 1925 (aut.), 1912 (ill.)
Édition française Hachette Jeunesse
Thèmes famille, amitié

Dans *Le Cœur du pirate,* Jessica vit avec sa mère Élise non loin d'un village au bord d'une mer nordique inconnue. La fillette de 8 ans n'a jamais connu son père, mais rêve de lui régulièrement. Un jour, elle trouve un galet rouge très spécial, qui scintille dans ses mains. Et qui lui parle. Le galet prétend avoir été le cœur d'un pirate mort il y a 300 ans. L'image que Jessica se fait du défunt pirate, appelé William, correspond à l'image qu'elle se fait de son père : un homme frisé, aux cheveux de jais et aux yeux sombres, et aux traits fins, comme elle.

C'est à cette période que le cirque, dans lequel le père de Jessica travaillait en tant que cavalier, s'installe dans la ville. Il s'avère que ce dernier y travaille toujours. Nommé Jakko, il ressemble exactement à la vision que s'en faisait Jessica. Jakko souhaite que la famille soit de nouveau réunie, mais la mère de Jessica refuse car c'est lui qui les a quittées par le passé.

Benno Pludra compte parmi les auteurs de littérature enfantine les plus importants d'ancienne Allemagne de l'Est. Ses livres se distinguent par leur approche réaliste des problèmes sociaux. Cet ouvrage est remarquable par sa représentation fidèle de la vie du village et par les descriptions détaillées du passage de l'enfance à l'âge adulte. Ce récit captivant fut publié simultanément en Allemagne de l'Ouest et de l'Est, fait rarissime avant la réunification. Son adaptation au cinéma en Allemagne connut un franc succès. **CS**

Le Cavalier Tempête

Kevin Crossley-Holland   Alan Marks

Titre original *Storm*, 1985
Nationalité Angleterre, 1941 (aut.), 1957 (ill.)
Édition française multiples éditeurs
Thème histoires de fantômes

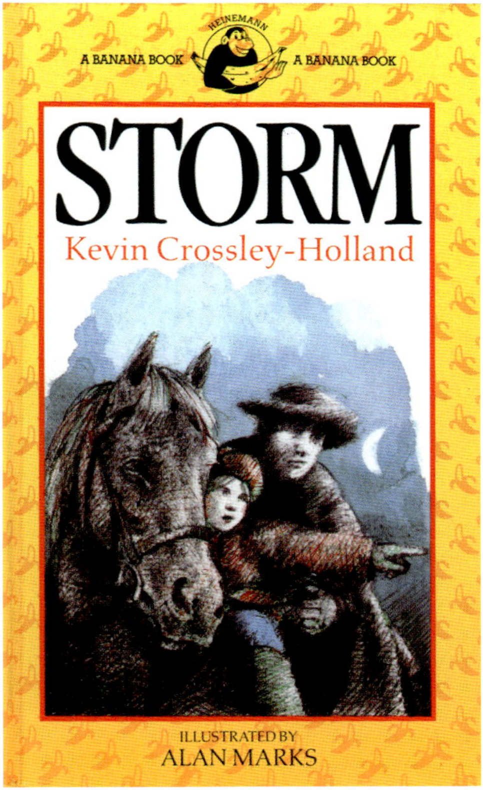

8+

L'intrigue de cette histoire de fantôme haletante se déroule sur la côte de Norfolk, en Angleterre. Annie, qui vit avec ses parents âgés, a l'habitude de s'aventurer seule dehors mais craint les sombres nuits d'hiver. Une nuit, alors qu'une forte tempête sévit, Willa, la sœur d'Annie, est sur le point d'accoucher. Annie sait qu'elle est la seule à pouvoir aller chercher de l'aide. Elle est terrifiée par le fantôme d'un homme assassiné par des brigands et qui, dit-on, hante les sinistres marais. Tandis qu'elle s'aventure dans la nuit et le vent, un cavalier vient à sa rencontre et lui offre de la conduire chez le docteur du plus proche village. Lorsqu'ils arrivent, le cavalier lui révèle sa véritable et lui dit qu'il s'appelle Tempête.

Poète, Kevin Crossley-Holland est un écrivain pour enfants plusieurs fois récompensé. Sa trilogie arthurienne – *La Pierre prophétique*, *La Croisée des chemins* et *Un croisé à Venise* – qui s'adresse à des enfants plus âgés, s'est vendue à plus d'un million d'exemplaires. La plupart de ses récits sont imprégnés de mythes et de légendes, et certaines de ses productions revisitent les mythes grecs et nordiques, ainsi que le cycle des Mabinogion des contes celtiques.

Le Cavalier Tempête s'inspire des contes populaires anglais et parvient à nouer une forte intrigue dramatique dans un nombre de pages restreint. Le langage est simple et lyrique, et les illustrations vaporeuses d'Alan Marks ajoutent une part de rêve à l'aventure d'Annie. Les jeunes lecteurs seront happés par le rythme de l'histoire et séduits par le terrifiant dénouement. **HJ**

« Il y a de gentils fantômes et de méchants fantômes, Annie. »

Autres grandes histoires de fantômes

Un chant de Noël, Charles Dickens (p. 404)
Le Fantôme de Thomas Kempe, Penelope Lively (p. 591)
Le Cœur révélateur, Edgar Allan Poe
The Haunting, Margaret Mahy (p. 615)

Sarah, la pas belle

Patricia MacLachlan

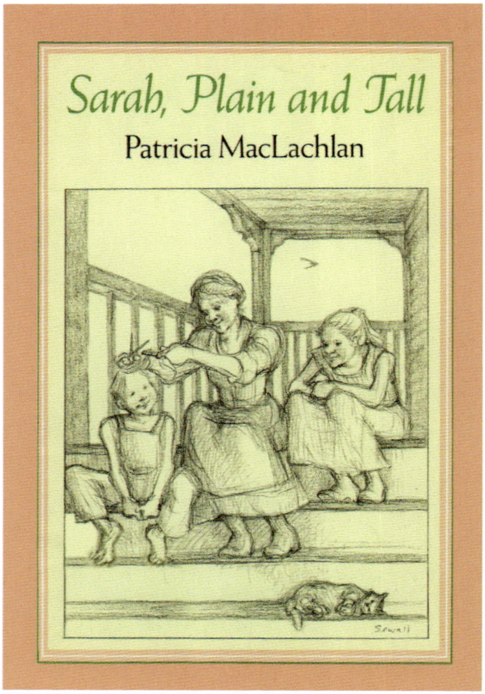

« Cher Jacob, j'arriverai par le train. Je porterai un bonnet jaune. Je suis ordinaire et grande. Sarah. »

Autres livres de Patricia MacLachlan

La Ferme de grand-père
Le Journal de Caleto
Nous sommes tous sa famille
Sarah, la pas belle se marie
Sept baisers sans respirer
Un cadeau pour Cassie

Titre original *Sarah, Plain and Tall*, 1985
Nationalité États-Unis, 1938
Édition française Gallimard Jeunesse
Thème famille

Dans une prose à l'apparence simple, Anna raconte l'été où son père publia une annonce dans un journal pour trouver une nouvelle femme qui remplacerait sa mère et celle de Caleb. Ce dernier n'a aucun souvenir de sa mère car elle est morte à sa naissance, mais il sait qu'elle chantait divinement. Dans ses lettres, Sarah soutient qu'elle sait chanter et leur parle aussi de son amour pour la mer.

Lorsqu'elle débarque avec son chat, Seal, elle apporte des coquillages trouvés sur les rives du Maine et parle de la mer aux enfants. Durant son mois d'essai, les enfants tentent de déchiffrer dans chacune de ses paroles si elle restera ou non. Lorsque Sarah insiste pour que le père des enfants lui apprenne à conduire le chariot puis lorsqu'elle part en ville, les enfants craignent qu'elle ne revienne pas. Mais, à la nuit tombante, ils aperçoivent la poussière soulevée par le chariot et Sarah revient avec des feutres bleus, gris et verts pour dessiner la mer.

Cette histoire touchante traite de la famille et du sentiment d'insécurité de l'enfance. Le lecteur ressent le resserrement des liens entre Sarah et le père des enfants, tandis que ces derniers retiennent presque leur respiration dans l'attente du dénouement de l'histoire. Bien qu'ayant vécu dans le Massachusetts une grande partie de sa vie, Patricia MacLachlan est née dans le Wyoming. Elle avoue toujours ressentir un lien très fort avec ces vastes plaines : « Je porte avec moi un peu de boue de la plaine, comme une part de mon passé. » **JF**

8+

Journey to Jo'burg

Beverley Naidoo

Nationalité Afrique du Sud, 1943
Édition Longman, Royaume-Uni, 1985
Thèmes famille, aventure, fiction historique

Servis par une écriture simple, les démons de l'apartheid en Afrique du Sud ressurgissent dans ce récit de deux enfants parcourant des centaines de kilomètres pour retrouver leur mère. Mma travaille comme servante dans une famille blanche de Johannesburg tandis que ses enfants demeurent au village avec leur grand-mère et leur tante. Lorsque la petite sœur, Dineo, tombe gravement malade, Naledi, âgée de 13 ans, persuade son frère Tiro de partir avec elle chercher leur mère.

Les enfants partent à pied mais se font prendre en stop par un routier ; puis ils rencontrent Grace qui les empêche de justesse de monter dans le « bus réservé aux Blancs ». Ils parviennent jusqu'à Mma mais ne sont pas autorisés à rester avec elle la nuit. Ils restent donc chez Grace, à Soweto, où ils entendent parler du frère de Grace, Dumi, arrêté pour avoir manifesté pour une éducation meilleure et qui se bat pour la liberté. Naledi réalise alors qu'un avenir meilleur que celui de simple servante est possible.

Censuré en Afrique du Sud jusqu'à la sortie de prison de Nelson Mandela et la fin de l'apartheid, ce livre est tiré de l'expérience de Naidoo et de sa vie d'enfant blanche avec, comme elle le dit, deux mamans, sa propre mère et sa maman noire. Elle confie : « Lorsque j'ai envoyé deux copies de mon premier livre pour enfants à mes neveux et nièces d'Afrique du Sud en 1985, aucun ne reçut jamais le paquet. En revanche, ma belle-sœur reçut une lettre mentionnant que les livres avaient été confisqués et censurés. » **JF**

El valle de los Cocuyos

Gloria Cecilia Díaz F. Melendez

Nationalité Col., 1951 (aut.), Esp., 1964 (ill.)
Édition SM Publicación, Espagne, 1985
Thème mythes et légendes

Jeronimo, garçon âgé de 10 ans, et Anastasia, la vieille femme sage qui l'a élevé, vivent dans la vallée des Lucioles, un endroit à la magie et à la beauté incomparables. Jeronimo n'a que trois buts dans la vie : apprendre qui étaient ses parents ; trouver Dragon, le roi des lézards ; et aider l'oiseleur à retrouver l'oiseau rare perdu. Dans *El valle de los Cocuyos*, les lecteurs suivront avec plaisir les multiples aventures parfois compliquées mais toujours passionnantes de Jeronimo, comme le sauvetage des prisonniers du Seigneur des Ténèbres. Des légendes, mythes et histoires de Colombie viennent se mêler habilement au récit. Comme dans les récits de quête traditionnels, le thème du voyage est au centre du déroulement de l'intrigue et relie les histoires les unes aux autres.

Gloria Cecilia Díaz est née et a grandi dans une vallée identique située aux pieds des Andes. Elle fait naître une atmosphère magique par ses descriptions vivantes des paysages latino-américains avec leurs couleurs riches et leurs vastes étendues. Ce conte merveilleux et poétique prône l'importance des rêves, des souvenirs et de l'amour.

C'est une histoire à lire avant de se coucher et cela tombe bien puisque G. Diaz écrit justement la nuit car la journée, elle enseigne l'espagnol, lit, se promène dans Paris, où elle habite aujourd'hui, et visite ses musées et monuments. Elle travaille généralement sur plusieurs histoires en même temps. *El valle de los Cocuyos* a remporté le prix espagnol El Barco de Vapor en 1985. **LB**

MICHAEL MORPURGO

Why the Whales Came

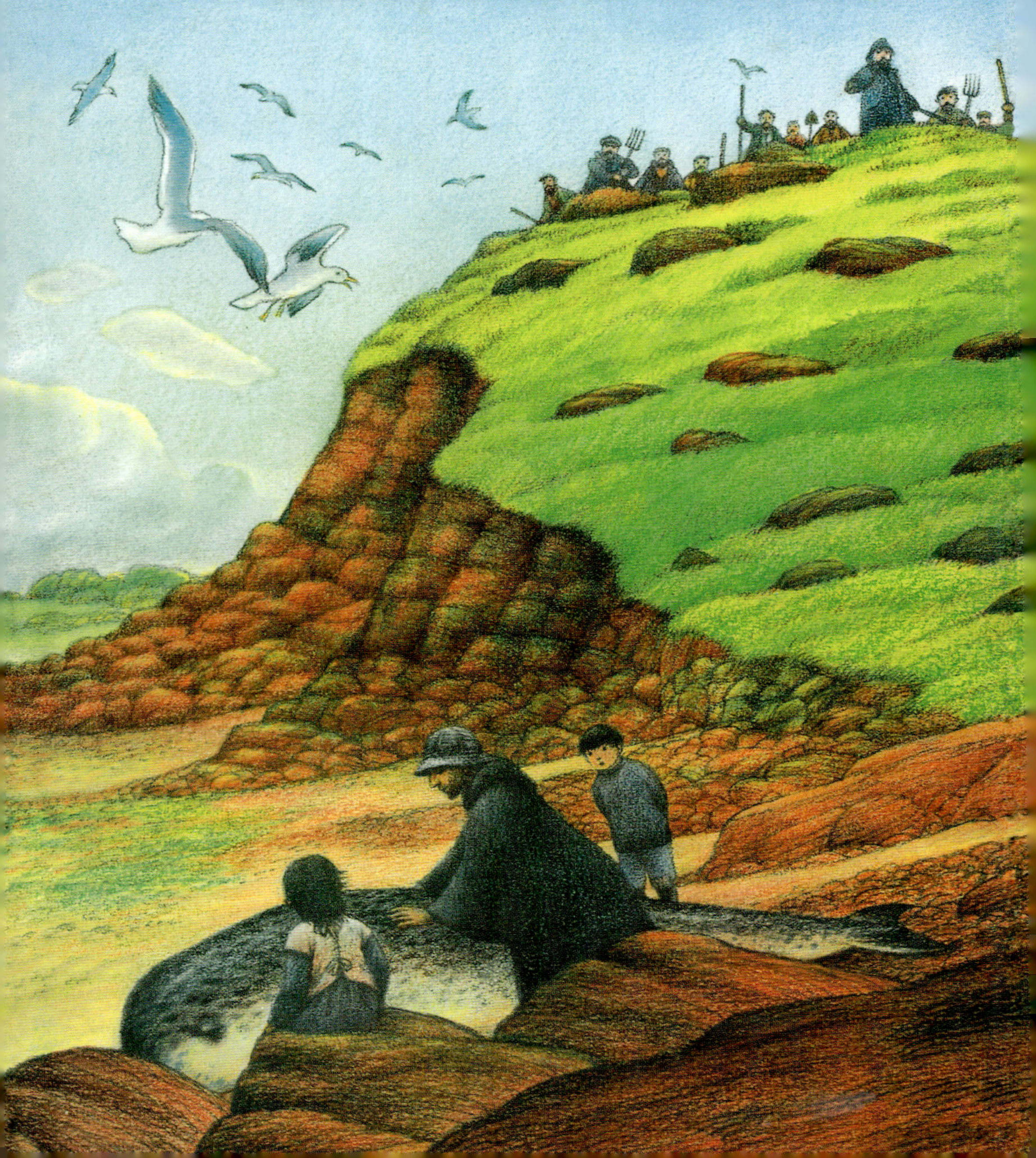

Le Jour des baleines

Michael Morpurgo

Titre original *Why the Whales Came*, 1985
Nationalité Angleterre, 1943
Édition française Gallimard Jeunesse
Thèmes famille, amitié, aventure

L'histoire se déroule à Bryher, dans les îles Scilly, où vivent Gracie et Daniel. Cependant, l'intrigue de l'histoire se noue sur l'île immense et quasi déserte de Samson dont on pense qu'elle est maudite et associée à l'homme-oiseau, un étranger auquel les enfants n'ont pas le droit de parler.

Pendant leur temps libre, Gracie et Daniel fabriquent deux bateaux. Tandis qu'ils naviguent dans Rushy Bay, ils entrent en contact avec l'homme-oiseau et découvrent qu'il est sourd et pas du tout sinistre. Au début, ils communiquent par des messages dans des coquillages et l'homme leur fait cadeau d'un magnifique cormoran sculpté. Ils finissent par lui rendre visite dans son cottage, où il enseigne à Daniel l'art de la sculpture. Une nuit, les enfants font accidentellement naufrage sur l'île de Samson. Lorsqu'ils rentrent chez eux, ils apprennent un événement tragique qu'ils mettent sur le compte de la malédiction. Le frère de Daniel décide que l'homme-oiseau est un espion allemand et prévoit de détruire son cottage. Les enfants se précipitent pour le prévenir et le trouvent sur la plage, essayant de sauver une baleine échouée.

L'ouvrage traite de notre rapport à la nature et de la diabolisation des personnes différentes. Les lecteurs y trouveront leur compte d'aventures et de rebondissements. Michael Morpurgo prit conscience de son talent alors qu'instituteur il lisait quotidiennement une histoire à sa classe. L'indifférence des enfants lui fit essayer le genre d'histoires qu'il avait l'habitude de raconter à ses propres enfants. **WO**

La Sixième

Susie Morgenstern

Nationalité États-Unis/France, 1945
Édition L'École des loisirs, France, 1985
Thèmes école, différence, solidarité

Tous ceux qui, un jour, ont rencontré Susie Morgenstern, et ils sont très nombreux en France et à l'étranger, ne sont pas près d'oublier sa présence généreuse et drôle, son attention et son écoute et son franc-parler porté par son accent que quarante ans de vie en France n'ont pas atténué.

Dans sa famille chaleureuse et bruyante, pas moyen de se faire entendre. « J'ai découvert, dit-elle, que le seul moyen pour moi de parler était d'écrire. Ça tombait bien parce que j'adorais ça. Je m'enfermais des heures entières pour "parler" à mes cahiers. À l'école on m'appelait "Susie Shakespeare". » Venue à Nice pour ses études, elle rencontre l'amour de sa vie et devient ainsi un des auteurs majeurs de la littérature jeunesse en France. Susie observe, « espionne » tout ce qui ce passe autour d'elle pour en faire la matière de ses livres. Ses propres enfants et maintenant ses petits-enfants ont alors évidemment une place privilégiée dans les plus de soixante volumes dont elle est l'auteur. De *La Sixième*, publiée en 1977, elle dit qu'il est : « Mon plus grand best-seller dicté par ma fille Mayah en sixième ». Depuis, un nombre considérable d'enfants se sont identifiés à Margot, à sa fierté d'être admise au collège, mais aussi à son inquiétude. Comment faut-il s'habiller, quelle attitude faut-il avoir ? Comment ne pas se mettre à dos sa classe quand on est bon élève et pleine de bonnes intentions ? La vie n'est jamais ce qu'on l'a imaginé et d'expérience en expérience, heureuses ou malheureuses, on avance, on grandit.

Les Sorcières de la Morrigan

Pat O'Shea

Titre original *The Hounds of the Morrigan*, 1985
Nationalité Irlande, 1931
Édition française Seuil – Métailié
Thèmes mythes et légendes, fantastique

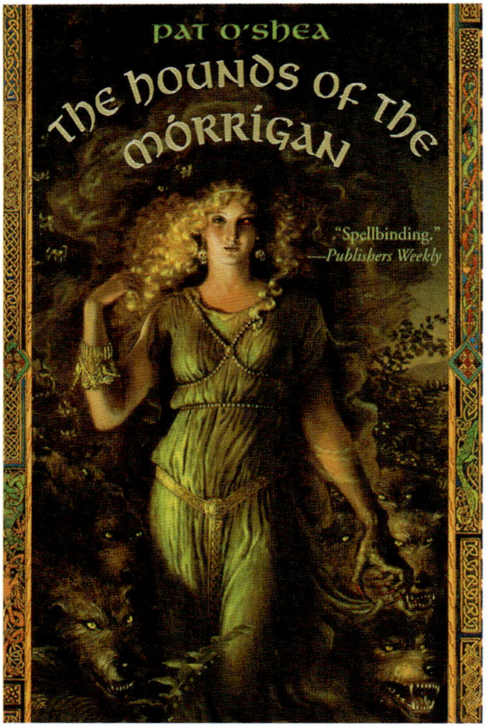

Autres récits d'aventures fantastiques

Les Treize Horloges, James Thurber (p. 513)
L'Histoire sans fin, Michael Ende (p. 848)
The Box of Delights, John Masefield (p. 478)

Deux enfants, Pidge et sa petite sœur Brigit, sont chargés par le dieu irlandais, le Dagda, de partir à la recherche d'une pierre tachée de sang avant que celle-ci ne tombe entre les griffes de la Morrigan, la déesse celtique de la guerre.

Évoluant du monde humain de Galway vers le pays de Faery, les enfants vont rencontrer des insectes et des animaux dotés de la parole, qui tous les soutiendront dans leur formidable aventure. Face à eux se dressent les deux sorcières acolytes de la Morrigan, la Reine des fantômes et le Corbeau ardent, toutes deux aux commandes de la terrifiante meute de chiens. Pidge et Brigit disposent de leur propre armée d'alliés surnaturels. Dans les dernières pages survient une terrible bataille qui déterminera qui, du bien ou du mal, finira par triompher.

« Ces yeux magnifiques renfermaient en eux le bleu des campanules et son regard les enveloppait. »

Originale, cette histoire haletante et à la plume parfois poétique, se révèle pleine de bon sens et de sagesse. S'appuyant sur la connaissance intime et personnelle de l'auteur de ses propres coutumes nationales et populaires, *Les Sorcières de la Morrigan* évitent avec brio le registre fantasque pour dévoiler un humour affirmé et un langage familier.

Bien qu'elle eût prévu une suite au roman, Pat O'Shea s'arrêta malheureusement au troisième tome. Son premier roman, *Les Sorcières de la Morrigan*, demeure cependant un chef-d'œuvre fantastique qui saura envoûter chaque nouvelle génération de jeunes lecteurs en quête d'un récit riche et captivant, sur fond de mythologie celtique. **NT**

Rougemuraille

Brian Jacques

Titre original *Redwall*, 1986
Nationalité Angleterre, 1939
Édition française Mango
Thèmes fantastique, aventure

Rougemuraille est le premier d'une série de romans fantastiques évoluant autour de souris, campagnols, musaraignes et écureuils pacifiques qui peuplent le monde médiéval de l'abbaye de Rougemuraille. Leur tranquillité est menacée par un rat borgne et diabolique, Cluny le Fléau, et par ses sbires, déterminés à s'emparer de l'abbaye. Héros improbable, le souriceau empoté du nom de Matthias part à la recherche de l'épée légendaire de Martin le Guerrier, qui l'aidera à sauver son foyer et ses compagnons d'infortune. Les histoires suivantes de cette saga mettent également en scène des batailles épiques entre le bien et le mal, et des personnages devant prouver leur courage.

« Les souris sont mes héros car, comme les enfants, elles sont petites et doivent apprendre à être courageuses. »

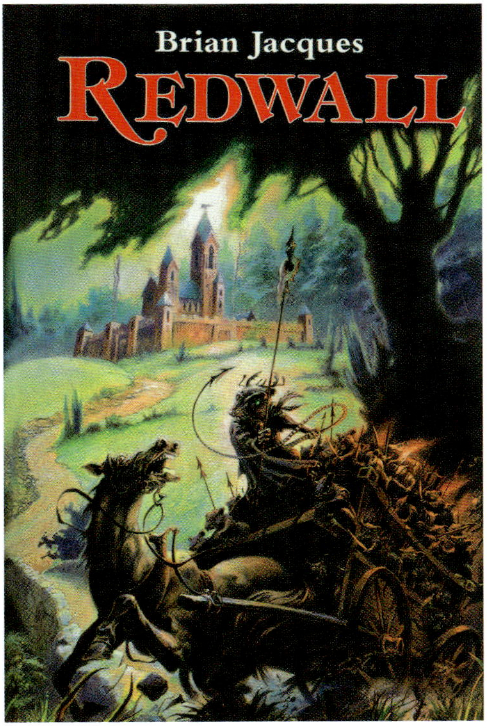

Brian Jacques qualifie ses récits de bonnes histoires. Chargées d'intrigues, ces dernières regorgent d'action, d'aventure, de vengeance, d'actes héroïques, de méchants terrifiants et magnifient le courage et la décence face au danger.

Chauffeur de poids lourds le jour, Brian Jacques écrivit le premier livre de *Rougemuraille* à l'institut pour aveugles Royal Wavertree de Liverpool où il était lecteur volontaire. Il affirme qu'il doit son style hautement descriptif à cette expérience. Son professeur d'anglais de primaire montra ses écrits à un éditeur ; la suite, tout le monde la connaît.

Bien qu'elle soit considérée par certains critiques comme relativement conventionnelle, la série *Rougemuraille* a su conquérir les enfants comme les adultes. **HJ**

Autres titres de la série

Martin le Guerrier
Mattiméo
Salamandastron
Solaris

8+

The Snow Spider

Jenny Nimmo

Nationalité Angleterre, 1944
Édition Methuen, Royaume-Uni, 1986
Thème mythes et légendes

8+

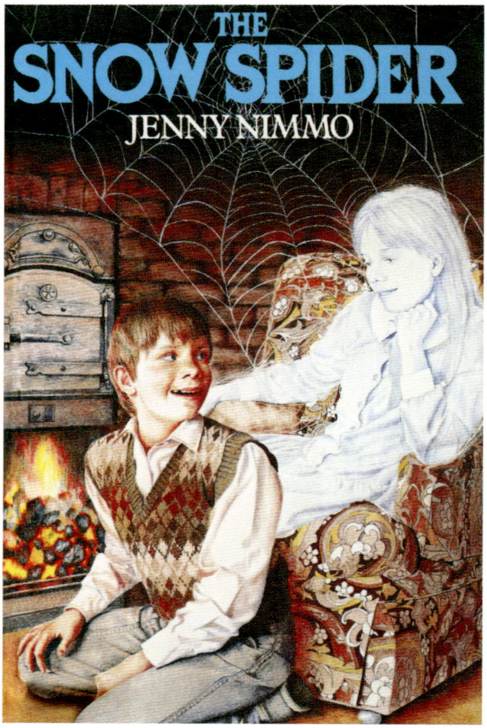

Gwyn vit sur un coteau gallois éloigné de tout, avec ses parents qui ne cessent de pleurer la perte de sa sœur, Bethan, disparue sans laisser de traces quelques années plus tôt. Son père, très affecté, continue de faire peser sur Gwyn le poids de sa disparition, ce qui creuse un gouffre entre le père et le fils.

Le jour de ses 10 ans, Gwyn reçoit cinq cadeaux étranges de la part de son excentrique grand-mère : un sifflet en étain, un bout d'algue, une écharpe jaune, un petit cheval brisé et une broche en métal. Elle lui demande de découvrir s'il est magicien. Elle lui confie que ses ancêtres étaient des magiciens et que ces cadeaux requièrent une grande responsabilité, et doivent être utilisés avec sagesse. Lorsque le vent emporte la broche de Gwyn, elle est remplacée par une minuscule araignée en argent appelée Arianwen, qui tisse une toile magique permettant à Gwyn de voir d'autres mondes mystérieux. C'est ainsi que commencent les fabuleuses aventures de Gwyn et sa quête pour retrouver sa sœur perdue.

« "C'est l'heure de découvrir si tu es un magicien !" lança la grand-mère de Gwyn. »

Tandis qu'il voyage dans l'inconnu, Gwyn devient de plus en plus seul et perd ses amis de l'école qui ne croient pas à ses histoires. Puis il doit affronter son plus grand défi tandis que l'un des cadeaux de sa grand-mère le menace, lui, sa famille et sa communauté.

Jenny Nimmo fait revivre avec justesse les mythes gallois et le caractère sauvage de la campagne galloise, tout en mêlant adroitement fiction et réalité. Récit magique et haletant, la saga se poursuit avec deux autres livres, *Emlyn's Moon* et *The Chestnut Soldier*. **HJ**

Livres de Jenny Nimmo traduits en français

Dalila et les sortilèges
Charlie Bone et le château des Miroirs
Charlie Bone et le tourne-temps

Le Souffre-douleur

Sid Fleischman Peter Sís

Voilà une aventure des plus rocambolesques et exubérantes. C'est l'histoire somme toute classique d'un prince et d'un pauvre, mais avec une originalité, celle d'un dialogue étonnant qui semble à la fois historique et très moderne, auquel se mêlent un humour décontracté et des bribes de descriptions inventives.

L'intrigue se déroule dans les années 1700, lorsque les hommes portaient de longues perruques, que les pirates et les brigands rôdaient alentour et que les princes avaient des « souffre-douleur », des garçons qui étaient punis à leur place. Ici, le prince se nomme Prince Brat et le souffre-douleur est un orphelin du nom de Jemmy, fils d'un attrapeur de rats. Le Prince Brat est paresseux, gâté et toujours en quête de mauvais tours à jouer, alors que Jemmy est courageux et intelligent. Pourtant, Jemmy se fait fouetter régulièrement à la place du Prince Brat.

« Est-ce les habits qui font un prince, se demandait Jemmy, comme les haillons font un garçon des rues ? »

Jemmy n'a qu'une envie, celle de s'échapper, mais, dans un revirement de situation inattendu, c'est le prince qui décide de s'enfuir et qui emmène Jemmy avec lui. Tous deux vont alors rencontrer les impitoyables bandits Cutwater et Hold-Your-Nose Billy et s'ensuit une trépidante aventure.

Sid Fleischman a travaillé comme magicien et scénariste. Peuplés de pirates, de fantômes, de magie et empreints de bravoure et d'une passion pour les sujets historiques, les récits d'aventure de cet auteur plusieurs fois récompensé sont un tremplin parfait pour qui veut se cultiver de manière joyeuse et ludique. **AK**

Titre original *The Whipping Boy*, 1987
Nationalité États-unis, 1920 (aut.), États-Unis/Tchécoslovaquie, 1949 (ill.)
Édition française L'École des loisirs
Thème fiction historique

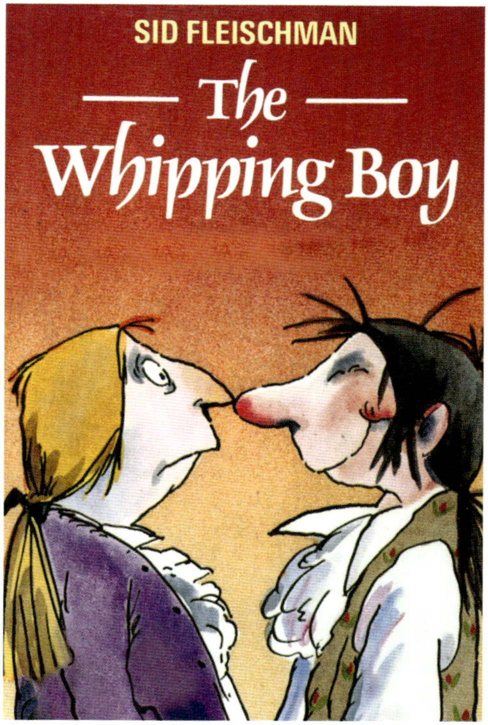

8+

Autres livres de Sid Fleischman

Le Faiseur de pluie
Jingo Django
Jim l'affreux
Bo et Mad
Le Cheval de minuit

I Am Susannah

Libby Gleeson

Nationalité Australie, 1950
Édition Angus and Robertson, Australie, 1987
Thèmes famille, scolaire, amitié

8+

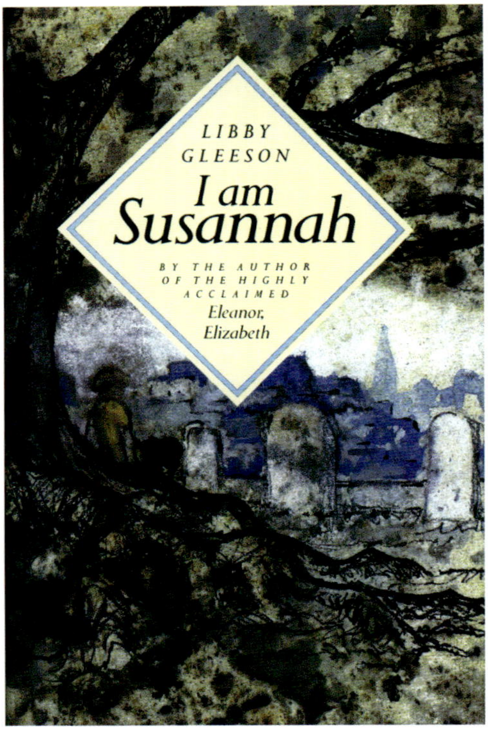

Autres livres sur l'amitié

Une petite princesse, F. H. Burnett (p. 443)
Le Jeu des cent robes, Eleanor Estes (p. 495)
The Far-Distant Oxus, Katharine Hull et Pamela Whitlock (p. 482)
Betsy-Tacy, Maud Hart Lovelace (p. 490)

Libby Gleeson compte parmi les auteurs pour enfants les plus célèbres en Australie, comme en témoigne la longue liste des livres d'images, petits romans et fictions pour jeunes adultes qui lui revient. En 2007, elle devient membre de l'Ordre australien pour ses services rendus à la littérature. Applaudis pour leurs protagonistes réalistes et leurs intrigues bien ficelées, ses ouvrages se montrent ambitieux, imaginatifs et socialement engagés.

I Am Susannah est l'histoire d'une écolière vivant dans une paisible banlieue de Sydney avec sa mère. Susie est effondrée lorsque sa meilleure amie et voisine, Kim, déménage à Melbourne. Elle souffre profondément de cette perte, surtout à l'école, où les amitiés et les relations entre filles adolescentes sont complexes et changeantes. Seule et désœuvrée, Susie développe une fascination pour la dame excentrique qui habite désormais l'ancienne maison de Kim ; un personnage mystérieux et solitaire, que l'on voit souvent en train de dessiner dans le cimetière. Perchée dans sa cachette en haut d'un figuier, Susie espionne la « Dame bleue » et se demande quels obscurs secrets renferme son passé. Lors d'une fête chez une amie de l'école, les filles entament une partie intense de jeu « action-vérité ». Au moment critique du jeu, Susie finit par découvrir la vérité sur la Dame bleue, mais ses valeurs personnelles et son courage sont mis à l'épreuve du fait de la nécessité de se conformer aux règles du jeu et aux attentes de ses camarades.

I Am Susannah est un grand classique en Australie où il a fait l'objet d'une adaptation télévisée intitulée *The Blue Lady* (« La Dame bleue »). Le dénouement est encourageant et optimiste sans être illusoire ni superficiel. L'auteur nous fait évoluer avec sensibilité dans l'univers de l'adolescence et de ses éternelles questions sur l'amitié, la solitude, l'identité et la pression exercée par les autres. **MK**

Quirky Tails

Paul Jennings

Paul Jennings est surtout célèbre pour ses petites histoires destinées aux lecteurs amateurs de faits bizarres, d'humour noir et d'épouvante. Souvent racontés à la première personne, ses récits brefs à l'écriture précise sont accessibles aux jeunes lecteurs.

Quirky Tails est l'une des onze collections écrites par P. Jennings dans les années 1980 et 1990. Les titres de certaines de ses histoires traduisent son amour des calembours et son talent pour transformer l'ordinaire en quelque chose de sinistre. Ainsi, « Santa Claws » est un Père Noël dont les mains possèdent des griffes. Dans l'étrange *Tonsil Eye Tis,* un gnome élit domicile dans les amygdales d'un jeune garçon. La plupart des histoires de cette collection sont basées sur des phénomènes ou interventions surnaturels, alors que dans une minorité, l'aspect sinistre relève en réalité davantage de l'accident ou de la ruse.

« Tout commença la veille de Noël. Je devais m'occuper de ce sale marmot qu'est mon frère. »

Les récits de P. Jennings ne sont pas sans rappeler les contes folkloriques et abordent souvent les questions du pouvoir, de la mort, de l'amour. La cruauté et la cupidité se voient punies tandis que le courage est récompensé. Ainsi, *Unhappily Ever After* met en scène le châtiment récolté par un maître d'école trop versé dans les punitions corporelles. Pour Jennings, la perspective de surprendre, d'horrifier et de dégoûter le lecteur est clairement aussi importante que le fait de donner une morale à son récit.

Ces recueils sont extrêmement populaires en Australie, où ils ont plusieurs fois remporté le Young Australian's Best Book Award, décerné par les jeunes lecteurs eux-mêmes. **CB**

Nationalité Australie, 1943
Édition Penguin, Australie, 1987
Thèmes contes populaires, fantastique

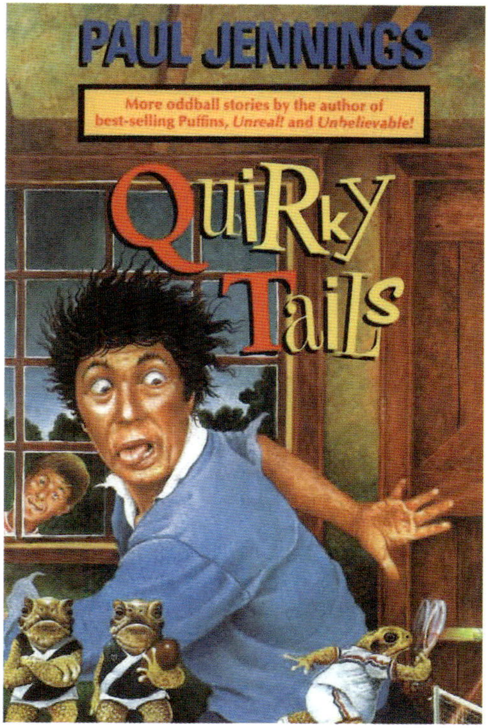

8+

Autres personnages excentriques

Gaston, André Franquin et al. (p. 536)
La Nouvelle Robe de Bill, Anne Fine (p. 642)
Worzel Gummidge, Barbara Euphan Todd (p. 481)
Le avventure di Cipollino, Gianni Rodari (p. 519)
Down with Skool!, Geoffrey Willans (p. 524)

Mufaro's Beautiful Daughters: An African Tale

John Steptoe

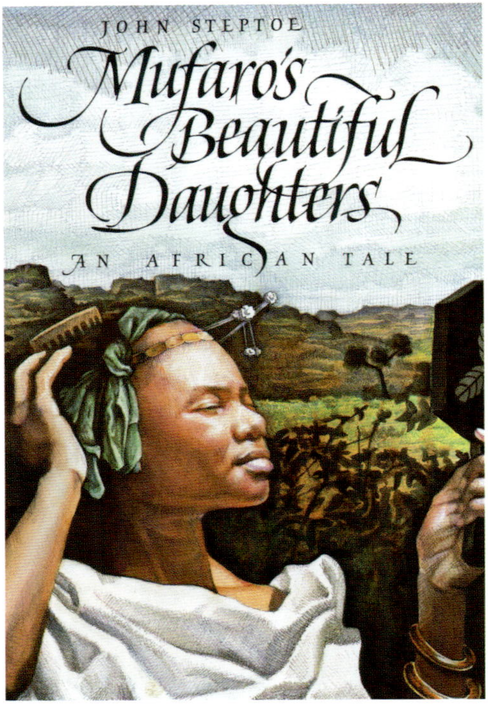

Nationalité États-Unis, 1950
Édition Lothrop LLee and Shepard, É.-U., 1987
Thème contes populaires et traditionnels

« Lorsque je serai reine, tout le monde saura que ton imbécile bonté n'est que de la faiblesse. »

Autres grands contes traditionnels

Casse-Noisette et autres contes, E. T. A. Hoffmann (p. 403)
Le Grand Voyage de Nils Holgersson, Selma Lagerlöf (p. 450)

Ce conte africain du Zimbabwe redonne vie au précepte traditionnel voulant que « l'orgueil précède la chute »; dans des termes plus appropriés aux enfants, il s'agit d'une version africaine du conte de *Cendrillon*. Les enfants seront séduits par ses magnifiques illustrations à la gloire de la beauté naturelle de l'Afrique ainsi que par son histoire classique. Ce récit intemporel s'adresse à toutes les familles bien que son message optimiste et son éloge de l'héritage africain soient particulièrement appréciés des Afro-Américains.

Mufaro était un homme heureux, père de deux filles à la beauté reconnue. Nyasha était douce et belle mais tout le monde, à l'exception de Mufaro, savait que Manyara était égoïste, renfrognée et trop gâtée.

Un jour, la rumeur annonce que le roi a décidé de prendre femme et qu'il invite « les filles du pays les plus belles et les plus dignes » à se présenter devant lui. Le fier Mufaro, certain que la beauté de ses filles égale leur vertu, se met en tête que le roi choisira l'une de ses deux filles.

Naturellement, Manyara n'est pas de cet avis et entreprend de tout faire pour être choisie. Elle se rue vers le palais pour être vue la première, tandis que Nyasha prend son temps et accepte d'être retardée par les pauvres et vieilles gens rencontrés sur son chemin. Il va sans dire que sa hâte et son égoïsme desserviront la cause de Manyara et que la bonne et vertueuse Nyasha sera finalement choisie par le roi. En résumé, voilà un conte charmant à la moralité assurée. **KD**

O meu amigo pintor

Lygia Bojunga Nunes

Nationalité Brésil, 1932
Édition José Olimpio, Brésil, 1987
Thèmes amitié, maladie et mort

Âgé de 10 ans, Claudio confie au lecteur qu'il ne peut plus parler à son ami le peintre car ce dernier est mort il y a trois jours. Ces mots terribles, le lecteur les lit dans les trois premières pages du livre. À l'aide de flash-back et de rêves, Claudio nous raconte sa solide amitié avec un homme qui habite dans son immeuble et dont la vie est dédiée à l'art et à la politique. L'artiste parle à Claudio de la magie de la couleur : dans la vie, tout a une couleur et il est nécessaire de sentir la signification de chacune.

Mais le peintre n'est plus et les voisins et parents de Claudio pensent que ce dernier s'est suicidé. Sa mort a sans doute quelque chose à voir avec la mystérieuse Dona Clarice et avec son séjour en prison pour raisons politiques. Dona Clarice affirme à Claudio que le peintre ne s'est pas tué : il est mort de la façon dont nous mourrons tous un jour. Mais elle ment, n'est-ce pas ? Le malheureux garçon ne peut lever le secret seul et contraint Dona Clarice à lui dévoiler la vérité même s'il n'est qu'un enfant. Alors elle finit par lui avouer la triste histoire de leur amour. Elle avait épousé un autre homme tandis que le peintre était absent, puis ce dernier avait voulu qu'elle quitte sa famille mais elle n'avait pas pu. Le peintre sentit qu'il n'arrivait plus à peindre, du moins pas comme il le voulait. Claudio se sent soulagé en apprenant la vérité et peut commencer à faire son deuil et à développer sa compréhension de ce que sont réellement les couleurs. **UL**

Un voleur dans le village

James Berry

Titre original *A Thief in the Village*, 1987
Nationalité Angleterre/Jamaïque, 1925
Édition française Gallimard Jeunesse
Thèmes traditionnel, nouvelles

8+

James Berry fait revivre son enfance dans ce recueil de nouvelles mettan en scène la vie quotidienne de jeunes personnages en Jamaïque. Toutes les histoires font figurer des enfants qui veulent quelque chose : de l'argent pour acheter de nouvelles chaussures, une bicyclette neuve, un harmonica ou encore la chance de connaître le père absent qui vient de revenir dans le foyer ; ou des enfants qui se battent pour se faire accepter par les autres. Enfant, l'auteur avait le désir de parler l'anglais tel qu'il le lisait dans les livres mais ce n'est qu'après son installation en Angleterre et ses débuts d'enseignant qu'il commença à apprécier la langue de son enfance. Il se mit alors à écrire des livres et des poèmes pour enfants, faisant entendre une voix caribéenne dans le monde de la littérature britannique enfantine dominée par les Blancs.

La nouvelle *Un Voleur dans le village* raconte l'histoire de deux enfants chargés de veiller la nuit sur la plantation de cocotiers, tandis que leurs parents doivent se rendre au marché. Armés de fusils, ils espèrent attraper le mystérieux Big-Walk qui, avec sa barbe nouée, ses cheveux emmêlés et sa solitude, devient le premier suspect du village lorsque des fruits et des animaux viennent à disparaître. Mais les villageois seront sous le choc lorsqu'ils apprendront que le voleur n'est autre qu'un des leurs.

Ce récit invite les enfants à ne pas juger les autres sans d'abord les connaître et, plus généralement, à juger sur preuve et non sur simple supposition. **CVB**

Histoires pressées

Bernard Friot

Nationalité France, 1951
Édition Milan,
France, 2005
Thème humour

Le succès des *Histoires pressées* ne faiblit pas depuis la parution du premier volume en 1988.

On retrouve certaines histoires dans des manuels scolaires et de nombreux spectacles ont été montés sur ces textes. Les enfants les lisent, les plébiscitent, ils y découvrent souvent le plaisir de lire. Comment expliquer cela ? Les *Histoires pressées*, comme l'indique avec humour leur nom, sont des textes courts, une à deux pages chacune dans ce volume. Tout l'art est de faire tenir debout, aussi rapidement, une intrigue et des personnages. Alors, tous les mots comptent, l'écriture est ciselée et inventive, le ton est toujours juste. Tous les genres littéraires sont conviés. L'humour est toujours là, parfois chargé d'ironie ou même grinçant. Explorant avec le langage des situations invraisemblables, il apprend à distancier le regard.

Ce volume regroupe cent histoires des trois premiers recueils, publiés dans la collection « Milan Poche ». Les histoires sont ici classées par thèmes (histoires d'école, d'enfance, de famille), et illustrées par « plein de gens » très reconnus et talentueux qui donnent leurs propres interprétations et enrichissent encore la lecture. Alors, ouvrez au hasard, goûtez une, deux, trois histoires pour rire, frissonner, être ému. Et pourquoi ne pas partager votre plaisir en lisant à haute voix.

Bernard Friot s'impose comme un de nos plus grands auteurs pour la jeunesse, aussi bien par ses textes courts que par sa poésie ou ses romans.

Kahu...

Witi Ihimaera

Titre original *The Whale Rider*, 1987
Nationalité Nouvelle-Zélande, 1944
Édition française Au Vent des Îles
Thèmes traditionnel, famille

Witi Ihimaera fut le premier écrivain maori à publier successivement un recueil de nouvelles (1972) et un roman (1973). Il devint au fil du temps un romancier et nouvelliste renommé, produisant souvent ses meilleurs ouvrages au cours de périodes d'écriture intensives. *Kahu, fille des baleines* fut écrit à New York et à Cape Cod en l'espace de trois semaines.

La plage isolée qui sert de décor au roman, au large de la côte est de la Nouvelle-Zélande, fait partie du succès de l'ouvrage. Histoire magique et mythique d'une jeune fille dont l'amitié avec une baleine assure le salut de son village, ce roman entremêle des thèmes à la fois purement maoris et universels.

À la naissance de Kahu, son arrière-grand-père manifeste son mécontentement car il souhaitait un garçon. Dans la tradition maorie, la direction de la tribu se transmet de fils aîné en fils aîné, en suivant la descendance directe de Paikea, le conducteur de baleine. En grandissant, Kahu développe une affinité particulière avec les baleines, mais son cœur demeure triste car son arrière-grand-père adoré ne lui rend pas son amour. L'échouement massif de baleines sur la côté est suivi de l'arrivée d'une énorme baleine mâle semi-mythique incarnant le lien de la tribu à sa force vitale ancestrale. À la stupéfaction de sa famille, Kahu chevauche la baleine jusqu'au large, sauvant ainsi à la fois sa tribu et les baleines.

D'après l'auteur, *Kahu, fille des baleines* serait l'ouvrage le mieux accepté par la communauté maorie, parmi toutes ses productions. Le roman fut adapté avec succès au cinéma en 2003 sous le titre *Paï*. **LO**

Two Weeks with the Queen

Morris Gleitzman

Nationalité Australie, 1953
Édition Blackie, Royaume-Uni, 1989
Thèmes famille, maladie et mort, aventure

Colin est le genre de garçon têtu qui, lorsqu'il a une idée en tête, n'en démord plus. Les débuts de *Two Weeks with the Queen* décrivent un petit garçon déçu par le cadeau de Noël qu'il a reçu. Au lieu du microscope souhaité, Colin a en effet hérité d'une simple paire de chaussures. Un peu plus tard, son petit frère Luc tombe gravement malade et requiert toute l'attention de la famille.

Lorsque l'état de Luc s'aggrave, Colin est envoyé en Angleterre chez sa tante Iris et son oncle Bob. Au début, Colin refuse ce déménagement, mais il réalise bientôt qu'il existe une personne capable d'aider Luc à vaincre sa maladie. Cette personne est la reine elle-même, et où pourrait-il la trouver ailleurs qu'en Angleterre ? Si l'on veut bien faire les choses, il faut viser haut tout de suite, s'imagine Colin.

La ténacité de Colin lui attire toutes sortes d'ennuis, en particulier lorsqu'il force son cousin Alistair à se joindre à lui pour entrer par effraction dans Buckingham Palace afin de voir la reine. Colin est amené à passer de nombreux coups de téléphone et ses initiatives s'avèrent fructueuses car il parvient ainsi à trouver le nom du meilleur hôpital anglais spécialisé en cancérologie. Il entreprend de partir à la recherche du meilleur médecin de l'hôpital. Il fait alors la connaissance d'un homme appelé Ted et l'aide à passer ses derniers jours avec son ami Griff. Cette aventure fait comprendre à Colin qu'il souhaite avant tout être aux côtés de Luc pour ses derniers jours. Cette histoire triste racontée avec humour fera parfois rire le lecteur aux éclats. **JF**

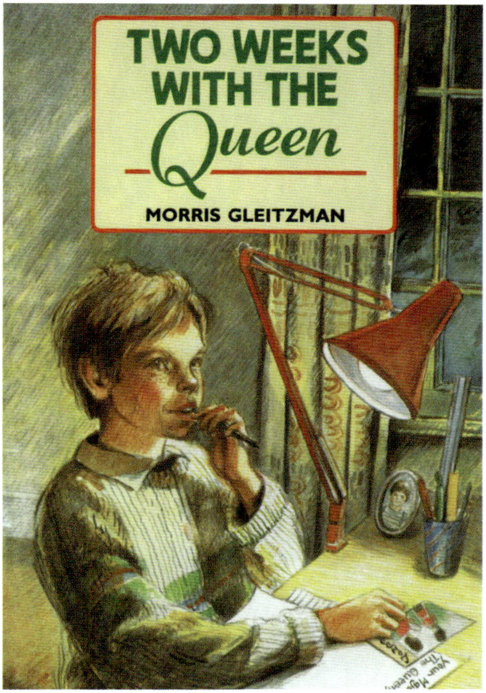

*« [...] ils entendirent un grand bruit dans le salon [...]
Luc était étendu sur le sol, les yeux clos, très pâle, très calme. »*

Autres récits bouleversants

L'Enfant et la Licorne, W. Mankowitz (p. 526)
Poil de carotte, Jules Renard (p. 433)
Kahu, fille des baleines, Witi Ihimaera (p. 638)
Un chat dans l'œil, Silvana Gandolfi (p. 656)
Jacob Have I Loved, K. Paterson (p. 607)

8+

Heinähattu ja Vilttitossu

Sinikka et Tiina Nopola   Markus Majaluoma

Nationalité Finlande, 1953 et 1955 (aut.), 1961 (ill.)
Édition Tammi, Finlande, 1989
Thèmes aventure, famille

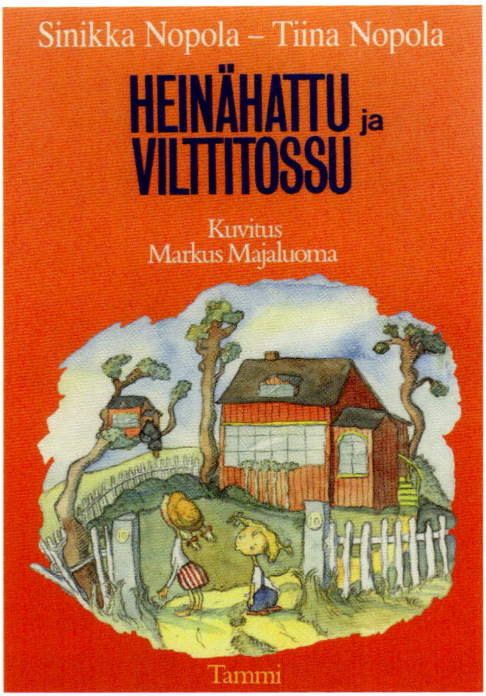

Autres aventures familiales

La Chasse au trésor, E. Nesbit (p. 435)
Piscine de nuit, Betsy Byars (p. 608)
The Bobbsey Twins, Laura Lee Hope (p. 442)
The Family from One End Street, E. Garnett (p. 483)
The Children of Green Knowe, L. Boston (p. 528)

Heinähattu ja Vilttitossu est le premier roman de la série des aventures de Heinähattu et Vilttitossu, deux sœurs qui n'ont pas leur langue dans leur poche. Un matin, elles décident qu'elles en ont assez de vivre à la maison avec leurs parents : leur père scientifique et leur mère qui adore cuisiner des légumes alors qu'elles ne veulent manger que des saucisses.

Les deux sœurs n'ont qu'une envie : découvrir de nouvelles choses, comme boire du café ou faire des gâteaux. Mais leurs parents sont trop occupés pour les écouter. Les filles quittent donc le foyer et s'installent chez leurs amies, les sœurs Alibullen, que leurs parents considèrent comme deux vieilles folles. Les filles sont toujours accueillies à bras ouverts et on leur prépare de délicieux repas. Lorsqu'elles quittent la maison des deux sœurs, Heinähattu et Vilttitossu décident de faire du stop et montent dans la voiture d'Elvis Star et ses parents.

« Les enfants doivent-ils vivre chez eux lorsqu'il n'y a rien à faire à la maison ? »

Après avoir échappé à la police locale, les filles terminent dans un bar où elles décident qu'elles n'aiment finalement pas le café du tout. L'excitation du voyage s'estompe peu et à peu pour faire place à la fatigue et les sœurs souhaitent rentrer chez elles ; elles se demandent avec effroi si leurs parents se sont aperçus de leur disparition.

L'ouvrage des sœurs Nopola offre un vrai divertissement. Leur écriture est descriptive, intelligente et pleine d'humour tout en traitant avec sensibilité et justesse le thème des parents trop occupés pour s'occuper de leurs enfants. L'histoire fut adaptée avec succès au cinéma en 2002. **LKK**

Merryll of the Stones

Brian Caswell

Ancien professeur de lycée, Brian Caswell a émigré en Australie à l'âge de 12 ans après avoir passé son enfance au pays de Galles. Son premier roman, *Merryll of the Stones*, reçut un prix littéraire en 1990. Avec le succès de son ouvrage, B. Caswell abandonna sa carrière d'enseignant et devint un célèbre orateur, avide de partager son expérience avec les parents, les enseignants et les futurs écrivains en herbe.

Megan, jeune fille de 16 ans, se remet des blessures sérieuses causées par l'accident de voiture qui coûta la vie à ses parents. Elle fait des rêves étranges et effrayants, et parle gallois dans son sommeil, sa langue natale mais qu'elle ne connaît pas. Megan doit retourner au pays de Galles pour vivre avec ses proches. Là-bas, elle rencontre l'ami de sa cousine, le brillant Emlyn, qui fait lui aussi des cauchemars. Les deux adolescents éprouvent aussitôt une attirance inexpliquée l'un pour l'autre, jusqu'à ce que Megan soit transformée par la lecture de runes datant de plus de 2000 ans. Elle devient à la fois Meg, avec son vécu et ses souvenirs du xxᵉ siècle, et Merryll, la jeune reine-sorcière d'une tribu galloise opprimée.

« L'héritage s'est transmis depuis cent générations et n'a jamais été perdu… »

Transportée à l'époque de Merryll, elle doit appréhender son rôle, s'instruire auprès du jeteur de sorts qui lui a sauvé la vie et libérer son peuple. Pour vaincre l'oppresseur et ses mercenaires sans causer la perte de vies supplémentaires, elle doit affronter un danger terrible et très singulier.

Ce récit est tout entier empreint d'imagination poétique et des histoires fascinantes et ancestrales des îles britanniques. **MH**

Nationalité Australie/pays de Galles, 1954
Édition University of Queensland Press, Australie, 1989
Thèmes mythes et légendes, famille, amitié

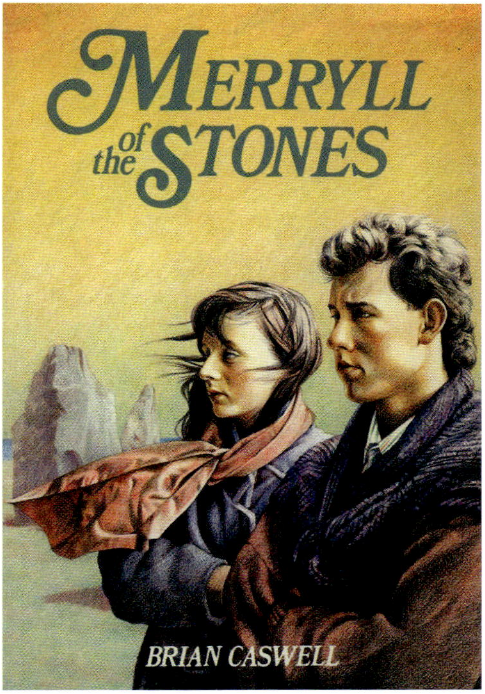

8+

Autres histoires fantastiques

Cinq enfants et moi, E. Nesbit (p. 440)
Les Derniers Géants, François Place (p. 650)
Skellig, David Almond (p. 667)

La Nouvelle Robe de Bill

Anne Fine Philippe Dupasquier

Titre original *Bill's New Frock*, 1989
Nationalité Angl., 1947 (aut.), Fr., 1955 (ill.)
Édition française L'École des loisirs
Thèmes fantastique, amitié, aventure

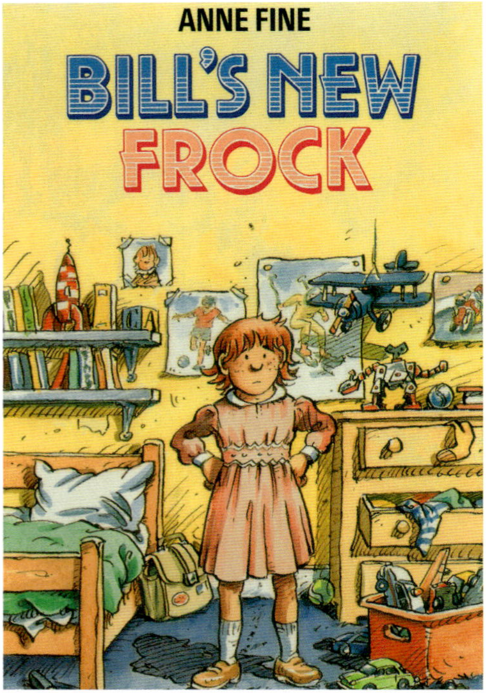

Autres livres d'Anne Fine

Charme Académie
Comment écrire comme un cochon
Louis le Bavard
Un Ange à la récré

8+

Bill est un garçon parfaitement normal jusqu'à ce qu'il découvre un matin qu'il a changé de sexe durant la nuit. Ses parents accueillent la nouvelle très posément et lui font enfiler une robe rose pour aller à l'école. Il déteste sa nouvelle tenue sans poches et il est contraint de renoncer aux jeux et activités énergiques qu'il aimait tant.

Bill ne supporte pas non plus que les adultes l'appellent désormais « chérie » et l'aident à faire des choses qu'il peut très bien faire tout seul. Pire encore, certains garçons commencent à le siffler. Les parties de foot lors de la récréation interrompent les activités qu'il tente de suivre avec les autres filles, et Bill se retrouve à un moment sur le dos quand des garçons lui foncent dessus, trop concentrés sur leur jeu pour contourner ceux qui se trouvent sur leur chemin. Certaines compensations existent cependant : les professeurs sont plus gentils avec lui et Bill apprend la valeur du jugement sur les autres. Il est malgré tout bien soulagé lorsqu'il retrouve son apparence de garçon à la fin de la journée.

> *« "Cela ne peut pas être vrai", se dit en lui-même Bill Simpson. "Cela ne peut pas être vrai !" »*

Aussi drôle que pétillante, cette histoire fantastique magnifiquement racontée fait réfléchir les enfants sur la différence tout en les amusant énormément. Anne Fine s'explique : « La plupart de mes récits, même ceux pour les jeunes lecteurs, soulèvent des questions sociales importantes et sérieuses. [...] Comme j'écris pour le lecteur que je suis, je finis toujours par obtenir le genre de livre que j'aurais adoré lire (si seulement quelqu'un d'autre s'était donné la peine d'écrire pour moi). » **NT**

Les Camionneurs

Terry Pratchett

Titre original *Truckers*, 1989
Nationalité Angleterre, 1948
Édition française Flammarion
Thèmes fantastique, personnages favoris, aventure

Vous êtes-vous déjà dit que nous n'étions pas seuls sur cette terre ? Et s'il y avait une race de Lilliputiens qui évoluait juste sous nos pieds ? Que penseraient-ils de notre vie ? Dans le premier tome du *Grand Livre des gnomes*, Terry Pratchett se plonge avec délice dans cette hypothèse pour décrire la crise qui secoue l'existence d'êtres minuscules appelés « nomes » (et non pas « gnomes »).

Trouvant la vie trop difficile dehors, une petite tribu de gnomes décide de monter clandestinement dans un camion qui les achemine dans le grand magasin Arnold Frères. Leur chef, Masklinn, se lie rapidement avec les différentes tribus de gnomes vivant dans les différents magasins, comme les Haberdasgeri. Masklinn découvre que le magasin va être démoli dans 21 jours. Les gnomes vivant sur les lieux refusent de croire la nouvelle et pensent qu'Arnold Frères continuera de pourvoir à leurs besoins.

« "Dehors ? À quoi ça ressemble ?" Masklinn sembla déconcerté. "Et bien, on peut dire que c'est grand." »

Après d'âpres discussions, Gurder, qui sait lire et joue le rôle de pasteur d'âmes, et le scientifique Angalo finissent par se rallier au plan de Masklinn qui consiste à détourner un camion pour s'enfuir vers la liberté. Comme à son habitude, Pratchett offre au lecteur une comédie hilarante et des considérations sur les faiblesses et les manies (humaines) qui portent à la réflexion. Les gnomes incarnent littéralement l'étroitesse d'esprit et une vision fermée sur les choses. Les enfants, comme les adultes, apprécieront ce mélange désopilant de jeux de mots, de farces et de comédie chez les personnages. Pratchett a vendu plus de 50 millions de livres dans le monde. **VN**

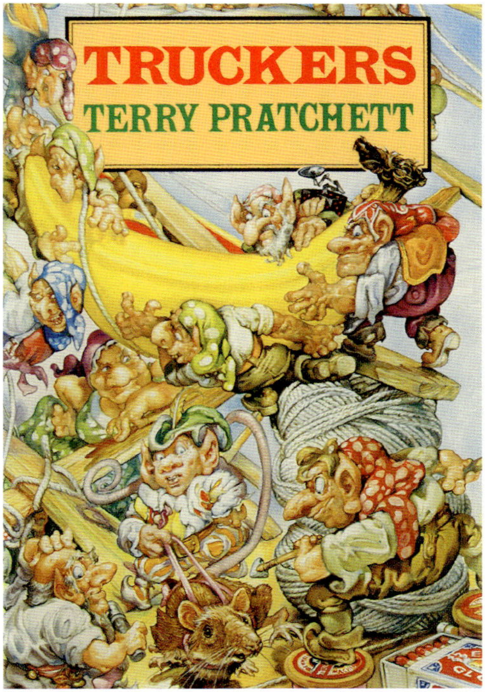

8+

Autres récits sur les Lilliputiens

Bilbo le hobbit, J. R. R. Tolkien (p. 485)
Les Chapardeurs (p. 521)
Le Peuple du tapis, Terry Pratchett (p. 588)
Les Terrassiers, Terry Pratchett
The Little Grey Men, B. B. (p. 492)

Haroun et la mer des histoires

Salman Rushdie

Titre original *Haroun and the Sea of Stories*, 1990
Nationalité Inde/Angleterre, 1947
Édition française multiples éditeurs
Thèmes fantastique, contes de fées

8+

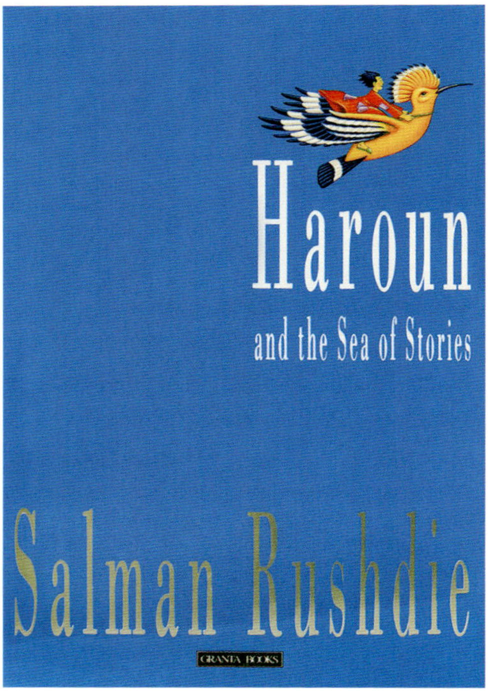

L'histoire d'Haroun commence comme un conte de fées se passant en principe dans un lieu imaginaire ; mais quiconque y ayant déjà mis les pieds reconnaîtra que l'intrigue se déroule en Inde, comme en témoignent les panneaux de signalisation routière, les queues interminables de gens attendant on se sait quoi et l'ahurissante pauvreté.

Rashid, le père d'Haroun, est un célèbre conteur que son talent abandonne lorsque sa femme le quitte. Une nuit, Haroun découvre qu'un génie des Eaux a coupé l'alimentation en eau venant de la mer des Histoires. Il décide alors de partir pour la cité de Gup sur la lune secrète Kahani afin de rendre à son père le pouvoir de conter. Il découvre alors que son père n'est pas le seul à avoir des difficultés : la mer des Histoires a été empoisonnée par le diabolique Khattum-Shud qui règne sur le pays de Chup, où la parole est interdite. Haroun et l'armée de Gup doivent affronter Khattum-Shud pour que la Parole l'emporte enfin sur le Silence.

« Quels yeux terrifiants c'étaient ! Au lieu du blanc, il y avait du noir. »

Comme tous les bons livres destinés à être lus à haute voix, cet ouvrage plein d'esprit et propice à la réflexion distraira les enfants mais également les adultes. L'œuvre fut publiée alors que Salman Rushdie vivait caché, suite à la condamnation des *Versets sataniques* par l'ayatollah Khomeyni et à la proclamation de la fatwa demandant son assassinat. Plus qu'un simple récit imaginaire divertissant, c'est un réquisitoire passionné pour le conte et un message sur la liberté d'expression qui est offert au lecteur. **CW**

Autre contes folkloriques fabuleux

Les Mille et Une Nuits (p. 396)
L'Oncle Rémus ou le Roman de Frère Lapin, Joel Chandler Harris (p. 420)
Un voleur dans le village, J. Berry (p. 637)
Cuentos del picaro tío conejo, E. Jaramillo (p. 517)
Little Bookroom, E. Farjeon (p. 531)

La Casa Pintada

Montserrat del Amo   Francisco Solé

Nationalité Espagne, 1927 (aut.), 1952 (ill.)
Édition Ediciones SM, Espagne, 1990
Thèmes contes traditionnels, contes de fées

À notre époque, nous pensons que les rêves ne sont pas réels. Mais le fait qu'ils sont illusoires ne les rend pas moins indispensables, en particulier pour les enfants, pour lesquels ils sont comme les cailloux d'un sentier à tracer. Cette histoire met en scène Chao, garçon aux origines modestes, qui rêve de vivre un jour dans une maison peinte, comme l'empereur de Chine. Le récit enveloppe le lecteur dès le début et lui permet de rêver en s'appropriant sans retenue les sentiments, les illusions et les craintes du héros.

Montserrat del Amo consacra plus de 50 années de sa vie à la littérature enfantine, mue par sa passion de conteuse elle-même enrichie par sa curiosité sans limites pour les autres cultures. Le récit de *La Casa Pintada* dévoile un sens profond et, comme un conte de fées oriental, invite le lecteur à réfléchir sur les aspects fondamentaux du développement de la personne, tels que l'importance du sacrifice et de la vérité, qui peuvent faire la différence entre succès et échec.

L'auteur parvient à recréer le monde de la Chine impériale par des descriptions vibrantes de fêtes exotiques, de jardins et de costumes, sans toutefois perdre de vue les aspects plus sombres de cette culture : le respect dû aux anciens ou la solennité de la parole donnée et des défis personnels. Voilà pourquoi, s'il veut vivre dans une maison peinte, Chao devra capturer les couleurs une par une. Pour ce faire, il fait appel à la sagesse de son grand-père, à sa propre intuition et bénéficie de l'aide invisible de son ami Li.

Écrivain polyvalent, Montserrat del Amo est capable de créer des œuvres appréciées des jeunes enfants comme des moins jeunes. Son œuvre reflète un lien certain entre la créativité et l'humanisme, ce qui explique pourquoi la plupart de ses ouvrages figurent la construction de ponts de mots qui réduisent la distance entre les personnes. **EB**

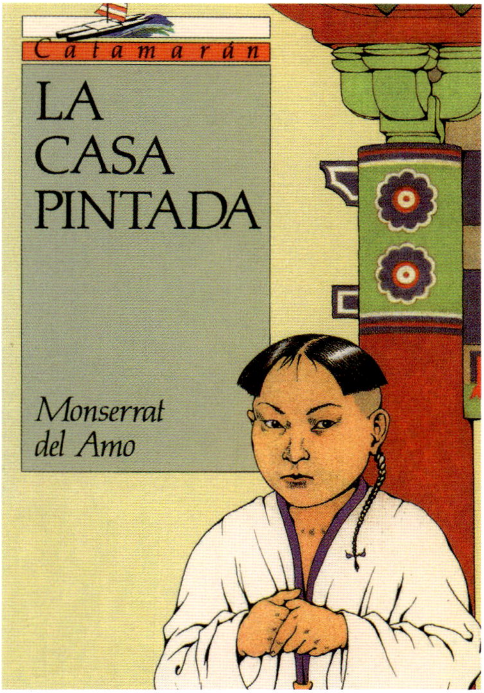

8+

Autres grands contes de fées

Les Contes pour les enfants et la maison, frères Grimm (p. 188)
Les Treize Horloges, James Thurber (p. 513)
Cuentos morales, Rafael Pombo (p. 408)

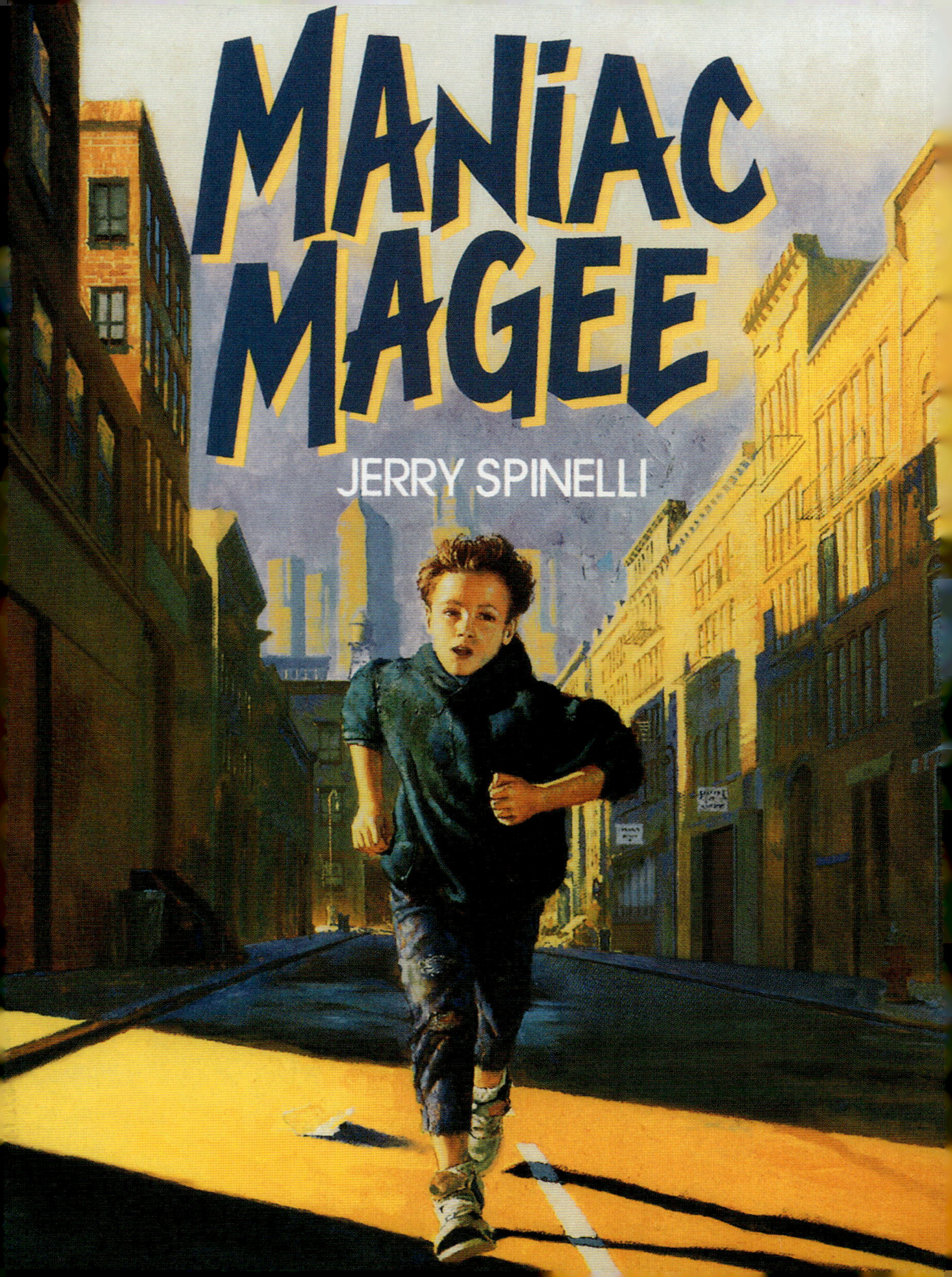
MANIAC
MAGEE
JERRY SPINELLI

Maniac Magee

Jerry Spinelli

Titre original *Maniac Magee*, 1990
Nationalité États-Unis, 1940
Édition Little, Brown and Co., États-Unis, 1990
Thèmes amitié, famille

L'orphelin Jeffrey fuit sa vie malheureuse auprès de son oncle et sa tante et arrive à Two Mills, une ville en proie à des luttes raciales et divisée en deux par une route. Il se fait des amis de chaque côté de la route et gagne le surnom de Maniac Magee pour ses performances athlétiques et son intrépidité. Avec sa meilleure amie, l'Afro-Américaine Amanda, il tente de restaurer la paix entre les races dans la ville, mais son idéalisme enfantin n'a pas raison de tout.

Le récit traduit le point de vue d'un enfant sans racines. Mais cet ouvrage est plus qu'un noble récit sur le racisme. L'idée de ce livre est venue à Jerry Spinelli à la suite de sa rencontre avec une fillette qui « transportait toute sa bibliothèque dans une valise sur le chemin de l'école ». L'auteur souhaitait également explorer la manière dont les enfants peuvent se sentir à la fois sûrs d'eux et vulnérables. L'œuvre regorge d'adultes tyranniques et d'enfants résignés ; les premiers souvent représentés comme inflexibles et insensibles. En dépit de la mort de ses parents et de son rejet par ses parents adoptifs, Maniac Magee reste optimiste et constitue en quelque sorte l'archétype du garnement affectueux. C'est pourquoi il est facile de comprendre pourquoi il devient une légende dans son quartier. **SD**

Livres de Jerry Spinelli traduits en français

L'Étrangleur
Misha, enfant du ghetto de Varsovie
Z comme Zinkoff

C'est mon chien

Phyllis Reynolds Naylor

Titre original *Shiloh*, 1991
Nationalité États-Unis, 1933
Édition française Flammarion
Thèmes histoires d'animaux, amitié

Les histoires d'enfants et d'animaux jouent souvent sur la corde sensible. Ceci est d'autant plus vrai dans ce récit de Marty Preston, jeune garçon pauvre de Virginie qui rencontre un jeune beagle fuyant son maître cruel. Le père de Marty, postier, exige que Marty ramène le chien. Mais Marty est déterminé à le sauver. Seulement, comment faire ? Impossible d'acheter l'animal, rebaptisé Shiloh, car il faudrait alors récupérer un nombre faramineux de bouchons de bouteille pour pouvoir payer le propriétaire.

Shiloh s'enfuit de nouveau et, cette fois, Marty décide de le cacher dans un enclos. Il récupère de la nourriture, en prétextant un manque d'appétit, mais à la fin, un événement imprévisible dévoile son secret. Shiloh est attaqué par un chien fou et même s'il se remet bien de cette attaque, son maître découvre sa cachette et exige de le récupérer. Marty ne baisse pas les bras et décide de rencontrer le propriétaire du chien, Judd Travers. Il découvre alors que celui-ci a tué une biche en dehors de la période de chasse, délit passible d'une amende. Marty hésite entre sa soif de justice et son désir de garder le chien, et travaille pour Judd afin de rembourser le prix du chien.

L'histoire apparemment simple de Shiloh met en exergue les principes fermes de la famille pauvre de Marty et la compréhension progressive du héros que la vie n'est pas une autoroute et qu'il faut faire des compromis. Ce premier tome de la trilogie *Shiloh* est suivi de *Shiloh Season* et *Saving Shiloh*, tous adaptés au cinéma sous les titres *Shiloh*, *Les Nouvelles Aventures de Shiloh : l'amitié retrouvée* et *Saving Shiloh*. **JF**

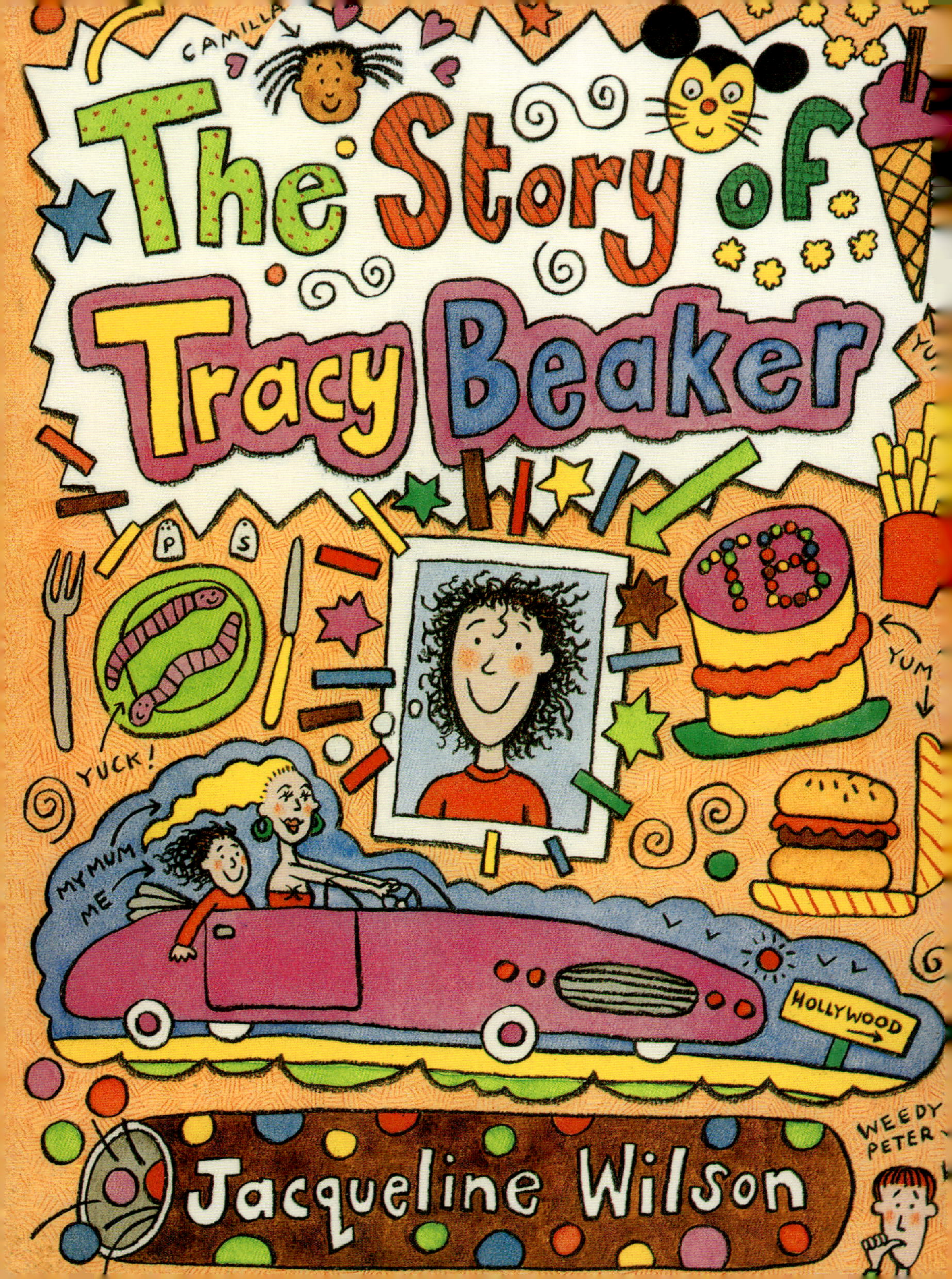
CAMILLA
The Story of
Tracy Beaker
P
S
TB
YUM
YUCK!
MY MUM
ME
HOLLYWOOD
Jacqueline Wilson
WEEDY
PETER

La Fabuleuse Histoire de Jenny B.

Jacqueline Wilson Nick Sharratt

Titre original *The Story of Tracy Beakes*, 1991
Nationalité Angleterre, 1945 (aut.), 1962 (ill.)
Édition française Gallimard Jeunesse
Thèmes famille, amitié

Jenny, fillette obstinée et lunatique, vit dans une maison d'accueil mais rêve d'intégrer un foyer avec une vraie famille. Décrite par l'assistante sociale comme ayant des « problèmes de comportement », la fillette âgée de 10 ans a été plusieurs fois placée dans des familles d'accueil mais a dû chaque fois réintégrer ce qu'elle nomme le « lieu de décharge ». Méfiante et irritable, Jenny passe son temps à se disputer avec les autres enfants, à rudoyer l'assistante sociale Elaine, et à s'imaginer des histoires dans lesquelles sa mère, qu'elle visualise en séduisante actrice d'Hollywood, viendrait la chercher. À la fin du livre, grâce à l'amitié d'un écrivain qui rend visite aux enfants, Jenny a appris à mieux s'accepter et à accepter les autres. La conclusion ne tombe cependant pas dans le sentimentalisme.

Structuré comme les carnets dans lesquels les enfants du foyer sont invités à noter leurs impressions, cet ouvrage offre une vision émouvante d'une fillette agitée dont l'arrogance masque la vulnérabilité et l'insécurité. Jenny possède un don étonnant pour découvrir les intentions réelles des adultes et les embarrasser en les mettant face à des vérités inconfortables. Elle frustre ceux qui l'entourent en refusant leur aide, mais son intelligence et son attitude la rendent aussi charmante qu'elle est exaspérante.

Sans jouer les moralisatrices, Jacqueline Wilson décrit une histoire humaine et poignante sur les problèmes des foyers d'accueil et fait de Jenny une héroïne attachante et impertinente. **MK**

Le Sauveur de l'humanité

Terry Pratchett

Titre original *Only You Can Save Mankind*, 1992
Nationalité Angleterre, 1948
Édition française multiples éditeurs
Thèmes fantastique, personnages favoris

Terry Pratchett commence toujours par une hypothèse intéressante. Et si un jeu d'ordinateur devenait réalité ? Et si les petits personnages verts de Space Invaders vivaient et mouraient réellement ? Et si tous ces acharnés du tir éprouvaient aussi des sentiments ?

Wobbler, génie en informatique mais cas social, donne à Johnny, âgé de 12 ans, une édition piratée d'un nouveau jeu vidéo. Cependant la terrible flotte d'attaque Scree-Wee demande rapidement à se rendre : ils en ont assez de se battre et veulent rentrer chez eux. Après cette surprenante nouvelle, Johnny commence à rêver aux Scree-Wees. Ayant accepté leur reddition, il est de sa responsabilité de les mener à bon port et d'entamer les négociations avec le méfiant officier Gunnery et le Capitaine compréhensif. Ceci n'est peut-être qu'un rêve, mais personne d'autre ne se souvient avoir eu affaire aux Scree-Wees dans leur jeu. Seule Kirsty, une fillette de l'école de Johnny adepte du jeu, pourra l'aider.

Dans ce récit humoristique et humain, la grise réalité de la vie de Johnny (qui se bouche les oreilles lorsque ses parents se disputent et qui déteste l'école) contraste avec la chaleur et l'intelligence des Scree-Wees. Kirsty, cependant, ne peut voir cela. Pour elle, ils représentent l'ennemi, aussi irréel que l'armée irakienne qui apparaît le soir sur leurs écrans de télévision. Johnny est l'élu du jeu, le héros aux mille vies et il est donc confronté à la question ancestrale : si ce n'est pas maintenant, alors quand ? **VN**

Les Derniers Géants

François Place

Nationalité France, 1957
Édition Casterman, France, 1992
Thèmes mythes et légendes, science et nature

+8

Une énorme dent couverte de gravures étranges. Pourrait-elle avoir appartenu à l'un de ces géants mythiques dont parlent les légendes ? Voilà le début du récit des *Derniers Géants* : une aventure incroyable qui emmène le jeune explorateur Archibald Leopold Ruthmore aux confins de l'Asie. La ténacité et la curiosité sans bornes d'Archibald sont récompensées et ce dernier finit par découvrir le pays des Géants.

Grâce à Archibald, le lecteur pénètre dans le monde secret et paisible des géants Géol et Antala, dont les tatouages racontent l'histoire du monde. Adopté par les géants, le scientifique découvre un monde dans lequel la relation de l'homme à la nature est vraie, simple et harmonieuse. De retour en Angleterre, Archibald lutte pour convaincre la communauté scientifique de l'existence de ce peuple extraordinaire. Lors d'une seconde expédition, le scientifique constate avec horreur que la fierté et la cupidité de l'homme sont à l'origine de la mort de cette population de gentils géants.

L'histoire des *Derniers Géants* s'inspire des récits d'expéditions des temps anciens. Mythes et réalité y sont habilement mêlés. François Place offre au lecteur un texte d'emblée puissant et élégant, qui captive les adultes autant que les enfants. Les aquarelles qui accompagnent le récit ressemblent à de grands tableaux dans lesquels Archibald, minuscule être humain perdu dans l'immensité du monde, devient, à son insu, le héros d'une tragédie qui le bouleverse. **SL**

Lettres de l'écureuil à la fourmi

Toon Tellegen

Titre original *Bijna iedereen kon omvallen*, 1993
Nationalité Hollande, 1941
Édition française Albin Michel Jeunesse
Thème histoires d'animaux

L'écureuil envoie un petit mot à la fourmi mais l'écorce sur laquelle il écrit l'invitation est trop petite et son message est coupé au milieu d'un mot. Une drôle d'invitation, mais à laquelle la fourmi parvient néanmoins à envoyer une réponse. Dans une autre histoire, le héron ne dévore pas la grenouille mais entame avec elle une conversation sur l'art du plongeon, que le héron souhaiterait tellement maîtriser. Dans une autre encore, au lieu de chercher une source d'eau, un scarabée assoiffé commence à méditer sur les différentes sortes de soif qui existent.

Voici un admirable recueil d'histoires d'animaux dans lequel ces derniers font des choses insolites. Les animaux ne vivent pas d'aventures sauvages ; les histoires sont plutôt des pensées sur des événements inattendus et curieux sans objet, cause ou conséquence particuliers. Les animaux ont généralement décidé de faire quelque chose de bien précis mais leur attention est souvent détournée par une conversation inhabituelle. Seuls l'écureuil et la fourmi entretiennent une réelle amitié et passent du temps à discuter.

Les histoires d'animaux de Toon Tellegen sont uniques. Ces récits sont fantastiques, irréels, ordinaires, expressifs et truffés de descriptions de la nature et de jongleries philosophiques, linguistiques et humoristiques. Ce premier recueil fut publié en 1984 et, contrairement aux récits animaliers traditionnels, ces histoires sont totalement dépourvues de ton moralisateur. **AD**

Le Passeur

Lois Lowry

Titre original *The Giver*, 1993
Nationalité États-Unis, 1937
Édition française L'École des loisirs
Thème science-fiction

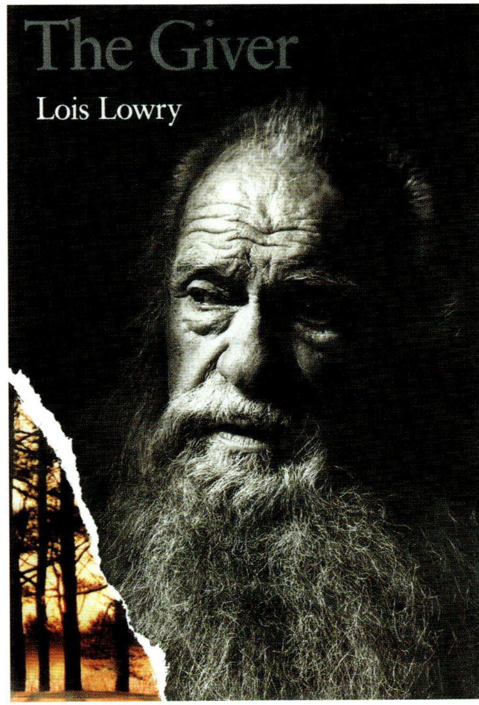

8+

L'intrigue du *Passeur* se situe dans une société futuriste où pauvreté, violence et injustice ont été éradiquées mais au prix de la perte du libre arbitre. La communauté est régie par les Anciens qui attribuent les postes selon la compatibilité et suppriment les préférences et les émotions au moyen de médicaments. À chaque génération, une personne est sélectionnée pour porter le fardeau collectif du passé de la société. Cette mémoire est alors transmise par le précédent Passeur à Jonas, garçon de 12 ans. Ce dernier devient rapidement conscient des limites de son monde. Il décide, avec le Passeur, de redonner le pouvoir de sentir à sa communauté, mais les circonstances le contraignent à s'enfuir. Le dénouement reste flou et le lecteur ne sait pas si Jonas a atteint son objectif ni même s'il y a survécu.

D'après Lois Lowry, il n'existe pas d'interprétation « correcte » de la fin. Le précepte central maintient cependant que sans haine, douleur ni souffrance, il ne peut y avoir d'amour, de passion et de liberté de choix. L'ouvrage a suscité des controverses : sa description sombre d'une dystopie où les indésirables sont tués par injection mortelle a été considérée par certains comme inadaptée aux enfants. S'attaquer à des questions sérieuses et tragiques ne semble pas effrayer l'auteur. Dans cette allégorie, elle évoque une préoccupation très contemporaine : le besoin vital des individus à reconnaître leur interdépendance et à respecter l'environnement où ils évoluent. **MK**

« Décembre arrivait bientôt et Jonas commençait à être effrayé. »

Autres livres de Lois Lowry

Compte les étoiles (p. 872)
L'Élue
Messager
Un été pour mourir

8+

Manolito

Elvira Lindo Emilio Urberuaga

Titre original *Manolito Gafotas*, 1994
Nationalité Espagne, 1962 (aut.), 1954 (ill.)
Édition française Gallimard Jeunesse
Thèmes famille, amitié, personnages favoris

Elvira Lindo a écrit une série de sept tomes dont le personnage principal, Manolito, est un petit garçon de 10 ans vivant à Carabanchel, une banlieue populaire de Madrid. Si l'on veut connaître l'histoire de Manolito « depuis le début », il faut remonter dans les années 1980, lorsque l'auteur travaillait comme présentatrice radio et journaliste. Manolito est l'un des personnages qu'elle créa pour la radio et ses monologues, lus par Lindo et écrits à l'origine pour des adultes, étaient diffusés tôt le matin.

Manolito raconte des histoires de sa vie quotidienne dans la capitale espagnole comme si ce qui lui arrivait tenait de l'insolite, bien qu'il ne quitte que rarement Carabanchel, le quartier ordinaire où vit sa famille : « Un héros sans pouvoir surnaturel, un héros qui n'est pas le plus malin ni le plus fort, un héros qui n'est pas le chef. Ce qu'il a en revanche, c'est de la conversation, un bon sens de l'humour et le désir de découvrir tout ce qui fait ce monde immense de Carabanchel. » Ses amis de l'école et d'autres personnages du voisinage prennent part à ses aventures, toujours d'après le point de vue du héros. En dépit de sa vive imagination, Manolito demeure enraciné dans le monde réel et les lecteurs s'identifient facilement à lui.

Les romans sont écrits à la première personne, avec des dialogues vivants et un sens de l'humour que vient contrebalancer une dose d'ironie plaisant à tous les âges. Ces ouvrages sont devenus des classiques de la littérature espagnole enfantine. **EB**

Une taupe fait son chemin

Hanna Johansen

Titre orig. *Ein Maulwurf Kommt Immer Allein*, 1994
Nationalité Suisse/Allemagne, 1939
Édition francophone (Suisse) La Joie de lire
Thème histoires d'animaux

Les taupes ont besoin de tunnels souterrains sombres. Il faut aussi que cela sente le ver de terre et la bonne terre. Chaleur et sécheresse doivent régner dans leurs tunnels et les visiteurs indésirables ne doivent pas pouvoir les perturber. Seul le respect de tous ces critères assure aux taupes un sommeil paisible.

Cependant, une maman taupe ne jouit pas d'une paix totale. Ses bébés nécessitent une attention continue jusqu'à ce qu'ils ouvrent leurs yeux et que leur fourrure commence à pousser. Et par-dessus tout, ils doivent apprendre à distinguer l'ami de l'ennemi.

La taupinière devient bientôt trop exiguë pour les petites taupes, qui s'aventurent alors dans un monde rempli de bêtes hostiles. Elles apprennent à leur échapper et se mettent à chasser et à creuser des tunnels, puis construisent leur propre foyer. Un visiteur ne manquera pas de se présenter chez la taupe femelle. Malgré ses réticences, elle l'accepte et commence bientôt à apprécier son compagnon. Cependant elle se retrouve de nouveau seule, après quelques coups de griffes et coups de dents. Mais bientôt cinq charmants « vers à soi » viennent s'installer dans le tunnel et le cycle recommence.

Les phrases de Hanna Johansen sont courtes et ses observations sur les aléas de la vie d'une taupe, à la fois détaillées et pleines d'humour. Les jeunes enfants s'identifieront facilement aux taupes dont les attitudes ne diffèrent pas beaucoup des leurs. Ce tendre récit saura plaire aux petits comme aux grands. **CS**

The Bed and Breakfast Star

Jacqueline Wilson Nick Sharratt

Nationalité Angleterre, 1945 (aut.), 1962 (ill.)
Édition Doubleday,
Royaume-Uni, 1994
Thème famille

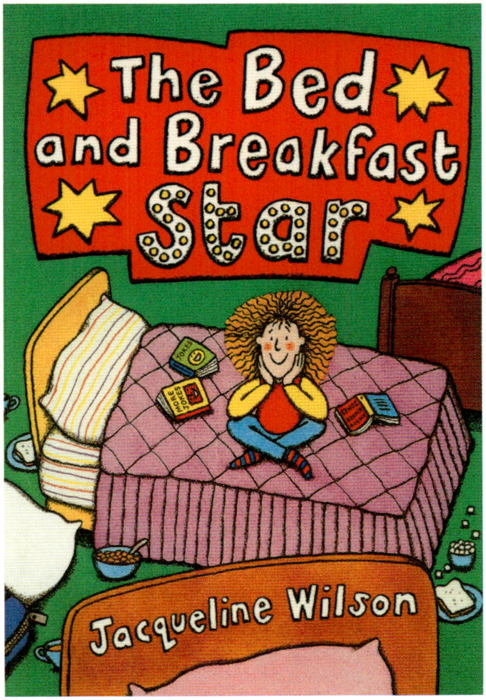

L'histoire est racontée par Elsa, une écolière attachante et loquace, à la tignasse indomptable. Suite à la perte d'emploi de son beau-père, Elsa et sa famille déménagent dans un hôtel plutôt glauque.

Les temps sont difficiles : bébé Hank et la petite sœur Pipa exigent une attention constante, la mère d'Elsa est sans arrêt au bord des larmes et son beau-père (surnommé Mack le Smack par Elsa) a la main lourde. Elsa, qui rêve d'être comédienne, tente d'apaiser les tensions par une série de mauvaises blagues malvenues, ce qui finit souvent par irriter ses malheureux parents. Lorsqu'une équipe de tournage fait irruption à l'hôtel, elle teste ses talents de comédienne mais fait un flop des plus embarrassants. Cependant, lorsqu'un incendie se déclare la nuit, c'est la voix stridente d'Elsa qui alertera les hôtes du danger ; l'épopée se terminera par une accolade et une apparition dans un flash télévisé spécial. Lorsqu'elle réalise qu'elle n'a pas besoin de raconter des blagues pour être amusante, Elsa se détend enfin.

Le récit vivant et les mauvaises blagues d'Elsa n'éludent pas les questions plus graves. Jacqueline Wilson n'hésite pas à aborder des thèmes sérieux et dépeint de manière authentique une famille désemparée et perdue. Bien qu'elle aime les « dénouements plutôt heureux », l'auteur ne tombe pas dans le sentimentalisme. Voilà un portrait touchant et doux-amer d'une enfant qui se sert de l'humour pour adoucir une période difficile. **MK**

« On pouvait entendre les gens de la chambre 607 qui se disputaient. »

Livres de Jacqueline Wilson traduits en français

La Fabuleuse Histoire de Jenny B. (p. 649)
Maman, ma sœur et moi (p. 905)
Mon amie pour la vie
Une amie d'enfer

8+

L'Enfant et le Chat

Libby Hathorn Gregory Roger

Titre original *Way Home*, 1994
Nationalité Australie, 1943 (aut.), 1957 (ill.)
Édition francophone (Belgique) Mijade
Thème aventure

8+

La nuit, un enfant fend les ombres des allées désertiques jonchées de détritus et traverse les rues commerçantes bondées et leurs éclairages tapageurs. Sur le chemin, il rencontre un chat errant et ils affrontent ensemble une myriade de dangers : un gang de garçons, des flots de voitures hurlantes, les assauts d'un chien méchant, et le héros entame même une course désespérée pour sauver le chat effrayé réfugié dans un arbre.

Le récit de Libby Hathorn oppose la tendresse de la relation entre le garçon et le chat à la réalité des quartiers délaissés de la ville anonyme où les deux protagonistes évoluent. L'aspect du livre lui-même atteste ces contrastes. Le texte est en effet imprimé en blanc sur fond noir et est séparé des illustrations par une marge blanche qui figure les marges de la société dans laquelle survivent les héros. Les dessins naturalistes dévoilent des tons sombres gris, marron et verts, que vient illuminer de temps en temps une touche de jaune et blanc qui souligne la promesse inaccessible de foyers chaleureux, de boutiques, de restaurants, ou encore l'alarme des phares éblouissants des voitures ou la gueule grande ouverte d'un chien.

Cet aperçu de la vie d'un enfant sans domicile fait intervenir deux figures majeures de la littérature enfantine australienne moderne. Libby Hathorn est en effet un écrivain prolifique dont la plupart des livres pour enfants plus âgés abordent les thèmes de la justice sociale. Gregory Rogers est quant à lui illustrateur pour plusieurs auteurs et a reçu de nombreux prix pour ses illustrations. **CB**

Verte

Marie Desplechin

Nationalité France, 1959
Édition L'École des loisirs, France, 1996
Thèmes magie, famille

Marie Desplechin était journaliste avant de se consacrer presque exclusivement à l'écriture de romans et de nouvelles pour adultes et enfants. Côté adultes, elle a publié aux éditions de l'Olivier en 1995 un recueil de nouvelles très remarqué, *Trop sensibles*, et son premier roman, *Sans moi*, a connu un vif succès en 1998. Côté jeunesse, elle s'adresse aux lecteurs de tous âges avec des histoires qui s'inscrivent dans le quotidien et la relation à l'autre, dans des récits d'aventure de veine tantôt fantastique, *Le Monde de Joseph* (2000), historique, *Satin grenadine* (2004), ou contemporaine *Le Journal d'Aurore* (trois volumes depuis 2006). Son roman *Verte* parle d'une petite sorcière du même nom dans un contexte très actuel. Elle vit seule avec sa mère et rêve d'avoir de bonnes notes et plus tard un bon mari, d'avoir une vie normale, en somme. En refusant ses dons, elle entre en conflit avec sa mère et le modèle unique qu'elle lui propose. Intransigeante et dépassée, celle-ci confie à sa propre mère l'éducation de Verte. Et dans un récit à plusieurs voix, les protagonistes vont raconter chacun à leur tour comment ils vivent et ressentent les événements. Les problèmes ne s'y règlent pas par magie, mais par une réelle confrontation et une grande compréhension entre trois générations. Original dans l'idée et la construction, ce roman prend le prétexte de la sorcellerie pour parler de la féminité et de la construction de soi. Il a reçu le prix Tam-Tam en 1997. À noter qu'il a eu une suite très attendue en 2007, *Pome*. **NB**

Quand le bonheur arrive

Mirjam Pressler

Titre original *Wenn das Glück kommt…*, 1994
Nationalité Allemage, 1940
Édition française Pocket Jeunesse
Thèmes famille, amitié

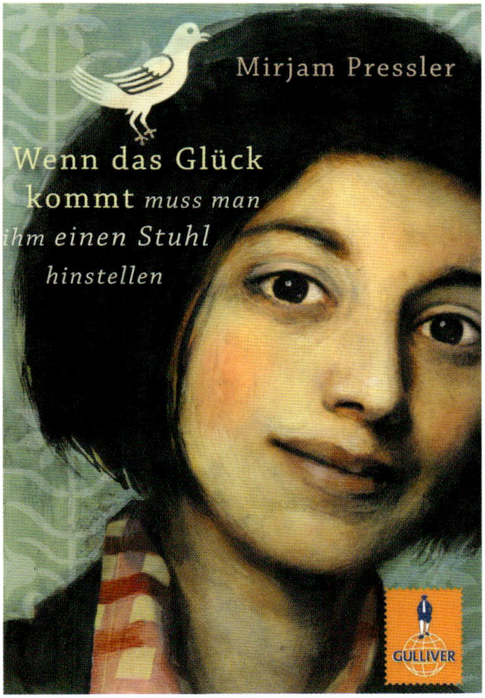

8+

Halinka, l'héroïne de cette histoire (publiée pour la première fois en allemand sous le titre *Wenn das Glück kommt muss man ihm einen Stuhl hinstellen*) est une fillette polonaise de 12 ans abandonnée par sa mère et qui vit désormais dans un orphelinat allemand. Au fil des années, elle a appris à ne pas se laisser gagner par le désespoir en coupant court à tous ses sentiments. Son seul point de référence émotionnel est sa tante maternelle, Lou.

Son lien avec Lou aide Halinka à supporter les méchancetés constantes de ses voisines de chambre qui l'appellent « la gitane » à cause de ses cheveux de jais et ses yeux sombres. Un jour, Halinka se lie d'amitié avec Renate, une autre étrangère, légèrement plus jeune qu'elle. Les descriptions sincères de leur amitié comptent parmi les plus beaux passages du livre. Mais l'intrigue se concentre cependant sur une vente de charité. Halinka parvient à gagner plus d'argent que les autres et succombe à la tentation d'« emprunter » quelques billets pour s'offrir un billet de train jusqu'à la ville dans laquelle habite Lou. Mais la directrice de l'orphelinat remarque que la boîte renfermant les gains a été ouverte. Halinka se défend en disant qu'elle ne voulait pas mal agir et la sage directrice le comprend, gagnant ainsi le respect de la fillette. Lorsque tante Lou envoie l'argent pour payer le billet de train, Halinka se retrouve avec de quoi payer deux billets et propose à son amie Renate de l'accompagner.

Elle-même orpheline, l'auteur Mirjam Pressler ne comprend que trop bien la situation délicate de sa protagoniste. **CS**

« Lorsque la chance arrive, il faut lui offrir un fauteuil. »

Plus d'histoires sur le passage à l'âge adulte

Pollyanna, Eleanor H. Porter (p. 457)
Piscine de nuit, Betsy Byars (p. 608)
L'Enfant du dimanche, Gudrun Mebs (p. 621)
The Boxcar Children, G. C. Warner (p. 461)
The Good Master, Kate Seredy (p. 476)

8+

Un chat dans l'œil

Silvana Gandolfi Giulia Orecchia

Titre original *Occhio al gatto*, 1995
Nationalité Italie, 1940 (aut.), 1955 (ill.)
Édition française L'École des loisirs
Thèmes famille, amitié, maladie et mort

Silvana Gandolfi adore envoûter ses lecteurs avec des noms chargés de sens. Dans *Un chat dans l'œil*, l'on trouve un garçon du nom de Dante, un chat appelé Virgile et un professeur nommé Dolente. Historiquement, le poète latin Virgile était le guide de Dante Alighieri dans *La Divine Comédie*.

Le monde du Dante de Silvana Gandolfi est sens dessus dessous. Ses parents habitent à Hong Kong et il a dû déménager de Milan à Venise, changer d'école et apprendre à vivre avec son intraitable grand-mère. Le vieux professeur va cependant montrer à Dante comment voyager de l'autre côté de la connaissance en s'amusant. Lorsque Dolente sort ses fausses cigarettes faites de réglisse, ce qui manque de faire s'étouffer de rire Dante, le lecteur se demande si le professeur est réellement capable d'enseigner. Et pourtant, Dante réussit ses examens. Puis le vieux Dolente meurt, au grand désarroi de Dante. Lorsque le garçon apprend le retour imminent de ses parents et le fait qu'il devra sûrement emménager avec eux, il réalise qu'il préfère rester chez sa grand-mère.

Les yeux sont essentiels dans ce récit, particulièrement pour Dante, qui voit une fillette se faire kidnapper. La fillette sera finalement relâchée mais, lorsque Dante la rencontre en vrai et découvre qu'elle était une voisine de Dolente, il admet avoir « vu » toute l'affaire en imagination. La fillette lui montre comment la collecte inconsciente de petits détails peut reconstituer le puzzle de l'histoire. **SMT**

Journal d'un chat assassin

Anne Fine Véronique Deiss

Nationalité Grande-Bretagne, 1947 (aut.), France, 1965 (ill.)
Édition L'École des loisirs, France, 1997
Thèmes injustice, humour

Publiée en France depuis 1989 dans les trois collections de romans pour la jeunesse de l'École des loisirs, Anne Fine est devenue mondialement connue grâce à des prix prestigieux, tels la Carnegie Medal, le Guardian Children's Litterature Award, etc., grâce à une adaptation radiophonique à la BBC de son roman *L'Amoureux de ma mère* et à la production cinématographique qui a tiré de son livre *Madame Doubtfire* un film qui a fait un succès.

Anne Fine, dans ses romans pour adolescents, aborde les sujets qui les préoccupent avec finesse et humour. Pour les jeunes lecteurs, cette histoire de chat assassin reste sur le terrain de la drôlerie, même s'il peut y être question de l'incompréhension entre l'homme et l'animal et d'injustice. Et le chat Tuffy ne manque pas de le clamer haut et fort dans ce journal intime qu'il remplit consciencieusement sur un ton désabusé avec un brin de mauvaise foi. Le problème est né du fait qu'il est un chat et que son atavisme entraîne des actes meurtriers sur d'autres animaux, du genre oiseaux ou souris. Le drame arrive le jour où ses maîtres découvrent le corps du lapin du voisin sur leur paillasson. De soupçons mal fondés en malentendus, notre narrateur se retrouve dans une situation infernale qui le pousse à se justifier dans une chronique où il ne se prive pas de donner au lecteur son point de vue, très ironique, sur ces drôles d'oiseaux que sont les humains. Les illustrations sont à la hauteur de cette aventure drôle, féline et urbaine. **NB**

45 & 47 Stella Street and Everything that Happened

Elizabeth Honey

Nationalité Australie, 1947
Édition Allen and Unwin, Australie, 1995
Thèmes famille, amitié

8+

Stella Street est un endroit merveilleux : les gens y sont aimables et aidants, et les petites manies des uns et des autres sont acceptées par tous. Mais voilà qu'un nouveau couple emménage dans le quartier. Ces deux-là ne veulent pas avoir affaire à leurs voisins et se plaignent de tout et de tout le monde. Les enfants de Stella Street décident alors d'espionner le couple pour voir s'ils peuvent lui trouver un point faible et l'exploiter. L'attitude du couple échauffe l'imagination des enfants. D'où provient leur argent ? Peut-être sont-ils des criminels ? Pourquoi regardent-ils des matchs de foot à la télévision mais ne s'intéressent-ils pas aux jeux eux-mêmes ? L'histoire est racontée par l'une des fillettes, Henni, tandis que les autres enfants et Briquette, la chienne, déploie des trésors d'imagination et de ruse pour découvrir la vérité.

Elizabeth Honey crée avec facilité toute une palette de personnages, du garçon Zev, aux cheveux hérissés par l'électricité statique, à Franck, âgé de 6 ans seulement (« Les gens sous-estiment le petit Franck »). Les enfants de Stella Street embarqueront même dans leur aventure, et contre l'avis de leurs parents, les Brown Boys, garçons à la réputation douteuse. Lorsque la police suspecte les enfants de vouloir mettre le feu à la maison du nouveau couple, les affaires se gâtent. L'histoire cavale, le sens de la communauté est communicatif et la passion de Briquette pour tout ce qui est de près ou de loin comestible parvient à apaiser les tensions. **JG**

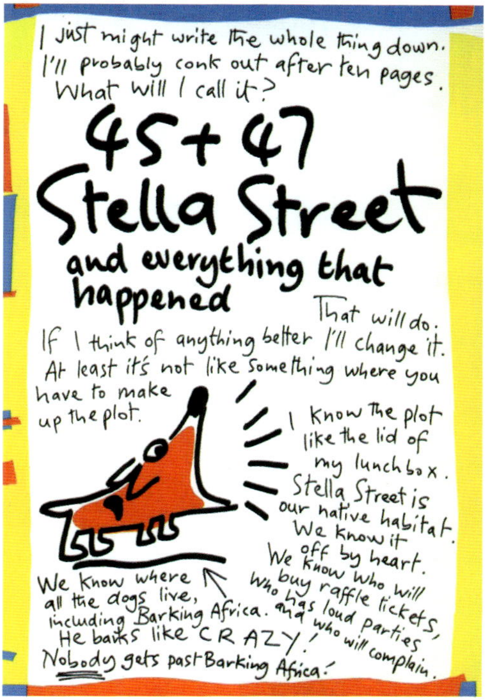

« Les enfants adorent le 47 Stella Street. C'est comme si les rêves devenaient réalité. »

Autres livres sur les communautés

Les Aventures de Tom Sawyer, M. Twain (p. 413)
Le Jour des baleines, M. Morpurgo (p. 629)
The Family from One End Street, E. Garnett (p. 483)
The Bonny Pit Laddie, F. Grice (p. 543)
Maniac Magee, J. Spinelli (p. 647)

Tashi

written by
Anna Fienberg
and
Barbara Fienberg
•
illustrated by
Kim Gamble

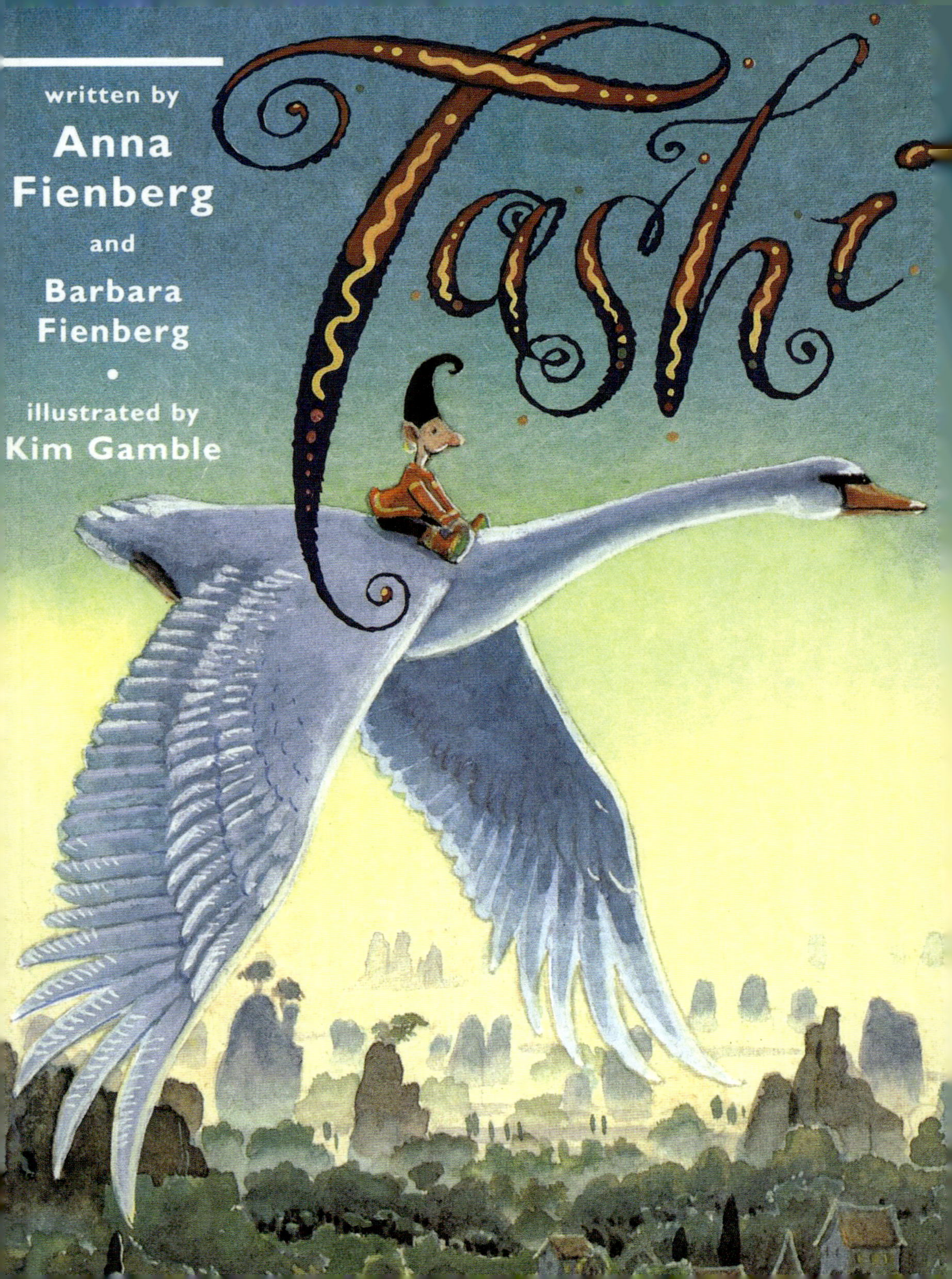

Tashi et le Dragon

Anna & Barbara Fienberg K. Gamble

Titre original de la série *Tashi*, 1995
Nationalité Austr., 1956 (Anna), 1952 (ill.)
Édition francophone (Belgique) Casterman
Thèmes contes de fées, fantastique

Tashi et le Dragon est le premier tome de la populaire série *Tashi*. Un soir après le dîner, un petit garçon du nom de Jack annonce qu'il a un nouvel ami, Tashi. Ce compagnon imaginaire comble Jack en lui racontant ses aventures extraordinaires de géants et de sorcières, que Jack raconte ensuite à ses parents amusés. Tashi est une créature semblable à un gnome et originaire d'un pays lointain ; il est arrivé en Australie sur le dos d'un cygne après avoir échappé au seigneur de la guerre auquel ses pauvres parents furent contraints de le vendre.

L'ouvrage se concentre surtout sur les aventures extraordinaires de Tashi, ou plutôt sur le pouvoir d'imagination impressionnant que dévoile Jack, et les adultes n'empiètent que rarement sur le récit. L'on doit cette série à une conversation entre Anna Fienberg et sa mère, Barbara. « Elle m'expliqua comment, lorsqu'elle était enfant, elle avait l'habitude de raconter des histoires abracadabrantes. » Ce fut le point de départ de l'exploration de l'imagination d'un enfant.

Les esquisses au crayon de Kim Gamble sont simples mais suggestives. Elles complètent les informations données par le texte tout en laissant au lecteur la possibilité de rêver l'image achevée. En tant qu'immigrant dans un pays de colons, Tashi subit une situation qui peut être considérée comme typiquement australienne, tout comme son attitude impertinente. Voilà en tout cas une série d'histoires très originales, drôles et imprévisibles. **MK**

La Mécanique du diable

Philip Pullman Peter Bailey

Titre original *Clockwork*, 1995
Nationalité Angleterre, 1946 (aut.)
Édition française Flammarion
Thème épouvante

L'action de *La Mécanique du diable* se situe dans l'Allemagne du début du XIXe siècle. Ce roman plaira aux enfants amateurs d'histoires d'horreurs et de contes gothiques. Ce récit à la morale complexe est truffé de références aux contes de fées et récits d'horreur classiques. Les apartés parfois aigres du narrateur dévoilent la nature du récit ainsi que celle de l'âme, l'injustice flagrante de la vie et l'importance de reconnaître que chaque acte induit des conséquences.

La Mécanique du diable inclut plusieurs narrations dans ses rouages. Il y a d'abord l'histoire de deux garçons inadaptés : Karl, l'apprenti horloger qui ne peut valider son apprentissage tant qu'il n'a pas réalisé un automate pour la Grande Horloge, et Fritz, l'écrivain qui ne parvient pas à achever sa dernière histoire sur le mystérieux Dr Kalmenius. Le docteur lui-même fait irruption dans le récit pour aider les deux protagonistes. Il offre ainsi à Karl un automate en forme de chevalier en métal et à Fritz, un nouveau chapitre, mais il y a un prix à payer pour cela…

Le narrateur – l'auteur – met l'accent sur le fait que ni Fritz ni Karl n'ont suffisamment travaillé pour obtenir un résultat. À l'histoire, écrite par Fritz, du prince Florian qui ne deviendra réel que si son cœur d'automate est remplacé par un véritable cœur humain, Philip Pullman ajoute la figure courageuse d'une fille de tavernier qui le sauvera par son amour inconsidéré, non sans une série d'effets de suspense, de mystères et d'intrigues. **GB**

Sacrés samedis

E. L. Konigsburg

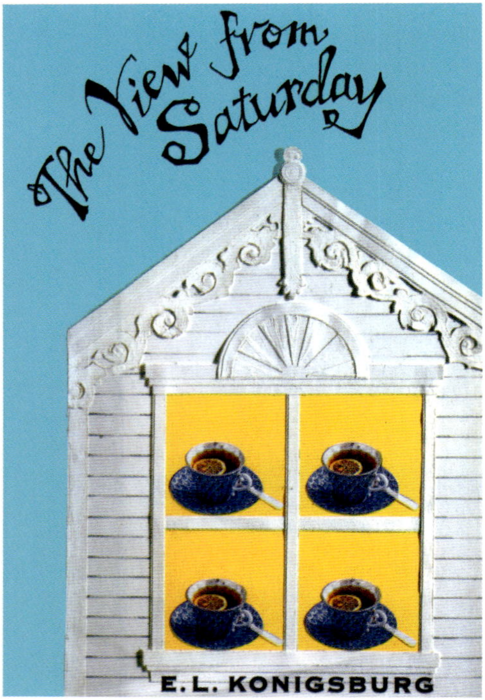

Titre original *The View from Saturday*, 1996
Nationalité États-Unis, 1930
Édition française L'École des loisirs
Thèmes école, amitié

Sacrés samedis ! raconte l'histoire d'un groupe de jeunes de 12 ans qui se préparent à un concours de culture générale sous l'égide de leur professeur, Mrs Olinski. Paraplégique depuis un accident de voiture qui l'a laissée veuve, Mrs Olinski est redevenue enseignante, anéantie physiquement et intellectuellement. Lorsque l'équipe triomphe lors de la finale à New York, le professeur et les étudiants jubilent.

Surnommés par eux-mêmes « Les Âmes », les quatre enfants très différents forment une équipe peu commune au fil des rendez-vous du samedi matin autour d'une tasse de thé. Des rencontres lancées à l'origine par Julian Singh, garçon de nationalité asiatique et britannique qui se démarque ostensiblement de son collège, l'« Epiphany School ». Le découpage de l'œuvre donne au lecteur la possibilité de connaître le point de vue de chaque enfant dans un chapitre qui lui est réservé. Au fil de la lecture des différents récits des mêmes événements, l'imbrication des vies des collégiens apparaît clairement. Pris individuellement, chaque garçon de 12 ans est un marginal timide, mais ensemble ils forment une équipe brillante et complémentaire.

Sacrés samedis ! a été critiqué pour son mélange de récits parfois difficile à suivre et pour le portrait de ces élèves de sixième articulé de manière irréaliste. Néanmoins, les adeptes de l'œuvre demeurent plus nombreux que ses détracteurs et il reste un ouvrage souvent amusant qui incite à la réflexion. **MK**

« Ils affirmèrent à Mrs Olinski qu'ils étaient "Les Âmes" bien avant de former une équipe. »

Autres livres sur l'amitié

Le Club des cinq et le trésor de l'île, Enid Blyton (p. 493)
Le Jeu des cent robes, Eleanor Estes (p. 495)
Les Amis, Kazumi Yumoto

8+

Johnny et la bombe

Terry Pratchett

Titre original *Johnny and the Bomb*, 1996
Nationalité Angleterre, 1948
Édition française multiples éditeurs
Thèmes fantastique, aventure, personnages favoris

Pauvre vieux Johnny Maxwell. Non seulement il a été obligé de sauver les envahisseurs de l'espace des griffes des enfants accros aux jeux vidéo (dans *Le Sauveur de l'humanité (c'est toi !)*) et d'aider les morts à protéger leur cimetière contre les bulldozers de la mairie (dans *Johnny et les Morts*), mais il doit maintenant affronter les problèmes rencontrés après s'être perdu dans le temps. Il est heureusement accompagné de ses fidèles acolytes (Kirsty, toujours acerbe ; Pas-d'man, qui est noir et qui ne dit jamais *man* ; le skinhead Bigmac et le fan de jeux vidéo Bloblotte).

Les problèmes de Johnny commencent lorsqu'ils croisent la route d'une vieille femme SDF, Mrs Tachyon, étendue à demi inconsciente dans la rue. Elle est généralement vue en train de pousser un vieux Caddie. Les enfants l'emmènent à l'hôpital et rangent son Caddie dans un garage ; ils découvriront par la suite que l'engin est en réalité une machine à remonter le temps. Johnny et son équipe sont transportés en 1941, époque à laquelle leur ville natale fut bombardée. Johnny entreprend de prévenir les 19 résidents tués par la déflagration.

Pratchett prouve là encore son talent à décrire des aventures fantastiques de manière réaliste. Il n'est pas rare de rire aux éclats, même lorsque l'auteur aborde les thèmes du racisme, de la guerre et de la mort. Les jeunes lecteurs comme les moins jeunes adoreront l'imagination particulièrement divertissante et l'intelligence irrévérencieuse de l'écrivain. **JaM**

Histoire d'une mouette et du chat…

Luis Sepúlveda — Miles Hyman

Titre original *Historia de una gaviota y del gato que le enseñó a volar*, 1996
Nationalité Chili, 1949 (aut.), États-Unis (ill.)
Édition française Métailié/Seuil
Thèmes histoires d'animaux, amitié

L'Histoire d'une mouette et du chat qui lui apprit à voler se déroule dans la ville portuaire allemande de Hambourg. C'est le récit d'une mouette, nommée Kengah, qui, alors qu'elle plonge dans la mer en quête de nourriture, est frappée par « la malédiction de la mer » : une vague de marée noire provoquée par un pétrolier en détresse. Au prix d'efforts inconsidérés, la mouette atteint Hambourg et s'écroule sur le balcon d'une maison dans laquelle vit un gros chat noir du nom de Zorba. Avant de mourir, la mouette demande au chat de tenir trois promesses : ne pas manger l'œuf qu'elle va pondre ; prendre soin de l'œuf jusqu'à l'éclosion de ce dernier ; et apprendre à voler à l'oisillon.

Zorba promet de s'occuper de l'oiseau et tient parole. Il couve l'œuf jusqu'à son éclosion et, avec l'aide de ses amis chats Colonello, Sabelotodo et Secretario, il prend soin de la petite mouette et la protège des dangers. La mouette est baptisée Fortunata, « la chanceuse ».

Mais les ennuis commencent lorsque Zorba doit s'acquitter de sa dernière promesse, celle d'apprendre à voler à la mouette. Naturellement, pour un chat, ce n'est pas chose aisée. Après de nombreuses tentatives, Zorba et ses amis recourent à l'aide d'un homme, un poète au grand cœur.

Grâce à leurs efforts et à la collaboration du poète, Fortunata apprend à voler et peut s'en retourner vers son propre monde, le ciel. **LB**

Harry Potter à l'école des sorciers

J. K. Rowling

Titre original *Harry Potter and the Philosopher's Stone*, 1997
Nationalité Angleterre, 1965
Édition française Gallimard Jeunesse
Thèmes magie, personnages favoris

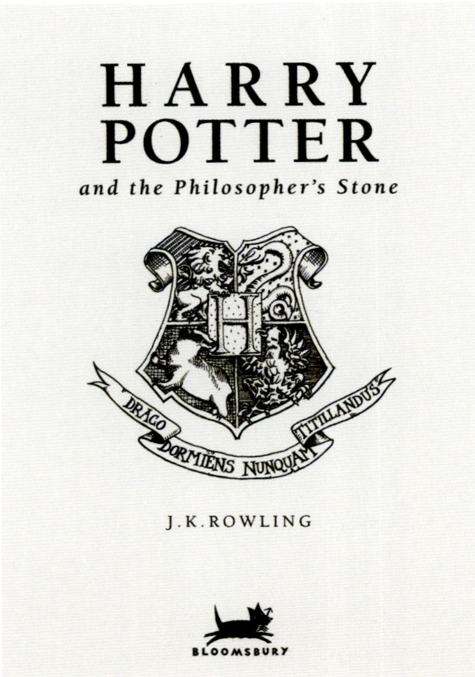

Rares sont les personnes sur cette planète qui n'ont jamais entendu parler d'Harry Potter. Certaines sont cependant plus familières de ce monde magique grâce aux films que grâce aux sept tomes qui ont fait des personnages de J. K. Rowling un phénomène mondial.

Vive, riche en références classiques et à l'intrigue ingénieuse, la prose de l'écrivain se révèle envoûtante. Le premier livre (publié aux États-Unis sous le titre *Harry Potter et la pierre du sorcier*) présente le jeune orphelin Harry maltraité par son oncle Vernon et sa tante Pétunia. Il est ensuite transporté dans l'école de sorcellerie de Poudlard, où il commence à percer le mystère qui l'entoure et celui de sa destinée. La morale et l'amitié jouent un rôle prépondérant dans l'œuvre de l'auteur et Harry se lie d'amitié avec Ron Weasley et Hermione Granger, deux élèves de Poudlard qui l'aideront dans ses nombreuses aventures.

« Ce garçon deviendra célèbre. Chaque enfant dans le monde connaîtra son nom. »

La série Harry Potter doit son immense succès au monde imaginaire brillamment créé par J. K. Rowling, peuplé de créatures enchantées et d'adultes compatissants – comme le bon Dumbledore –, et entrecoupé de parties effrénées de quidditch jouées sur des balais volants, mais encore davantage au monde intérieur merveilleusement dépeint du héros, Harry. Les lecteurs admirent le héros imparfait qui s'arrange avec sa notoriété, se montre courageux dans les épreuves et compatissant envers les marginaux de la société des sorciers, comme le garde-chasse géant de Poudlard, Hagrid. La série des Harry Potter reste un incontournable pour toutes les générations. **CK**

Autres livres sur les sorciers (ères)

Sacrées sorcières, Roald Dahl
Le Sorcier de la préhistoire, Mary Pope Osborne
Le Voleur de magie, Sarah Prineas

HARRY POTTER

and the Philosopher's Stone

J.K.ROWLING

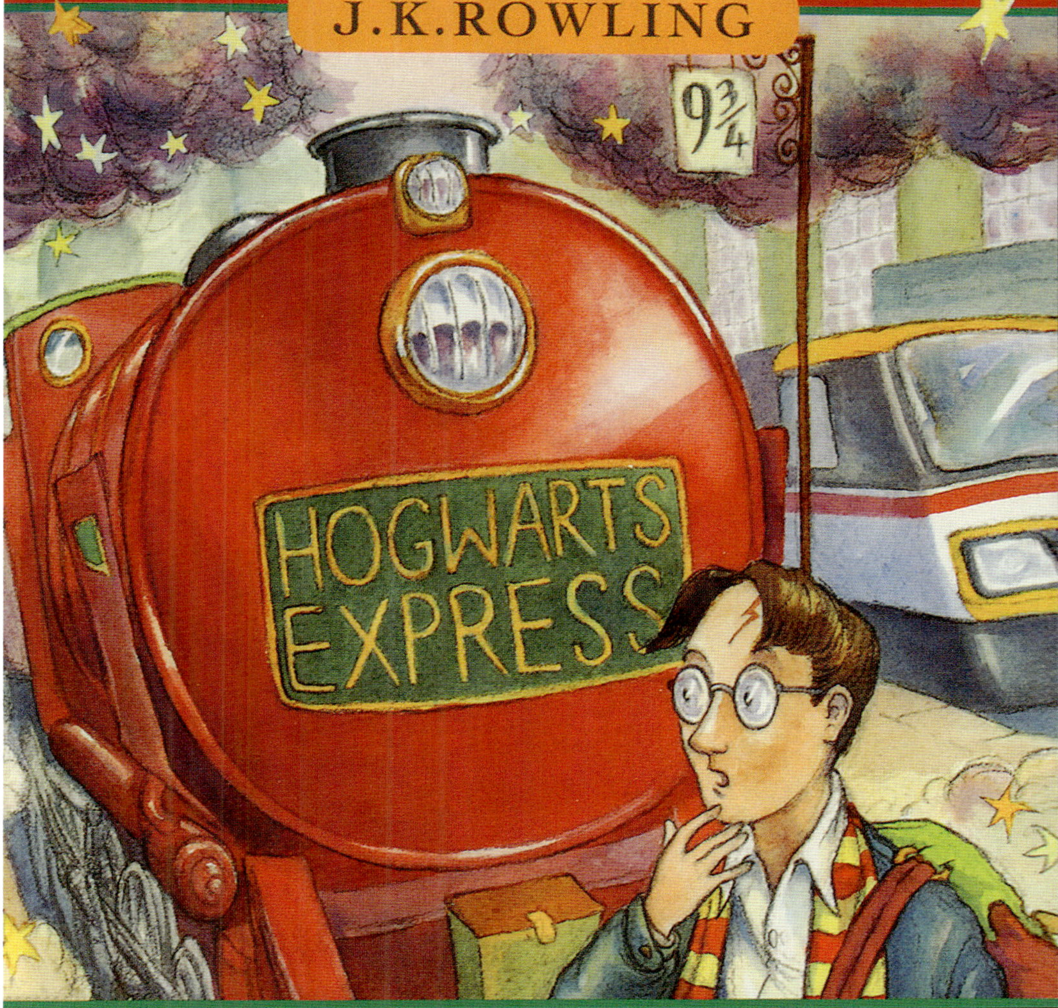

"A terrific read and a stunning first novel" *Wendy Cooling*

Fire, Bed and Bone

Henrietta Branford

Nationalité Angleterre, 1946
Édition Walker Books, Royaume-Uni, 1997
Thèmes histoires d'animaux, fiction historique

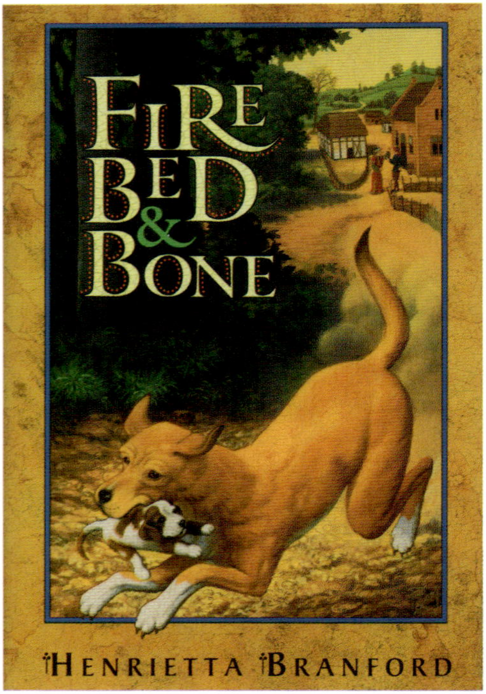

8+

Livres d'Henrietta Branford traduits en français

Super bébé
Six petits poussins
Avril prend la mer (série des Avril)

Henrietta Branford s'est largement inspirée de son enfance dans une région reculée du New Forest pour écrire cet ouvrage fascinant sur la révolte des paysans du XIVe siècle.

La révolte éclate en 1381. Les paysans d'Angleterre, opprimés depuis des années par des seigneurs cruels et injustes, décident de se rebeller. La violence qui s'ensuit avant que la révolte ne soit matée est impressionnante. Tout le monde tombe dans son engrenage, même le vieux chien de chasse qui raconte cette histoire terrifiante. En dépit de sa nature de chien, l'animal raconte ce récit dans des termes humains, même s'il n'oublie jamais ses besoins d'animal. Fin connaisseur de la campagne environnante, le chien mettra à profit son habileté après que son maître, emprisonné puis torturé, l'aura abandonné avec quelque autres chiots.

« J'allais bientôt découvrir la vérité le concernant, qu'il n'existerait jamais d'autre créature comme lui. »

Dans la fiction, les narrateurs animaux s'élèvent souvent comme des instances morales grâce à leur détachement. Les chiens en particulier se révèlent de bons narrateurs puisqu'ils voient et entendent des choses que les hommes pensent secrètement. Ils sont habitués à travailler dur, ne s'apitoient pas sur leur sort et font de leur survie et celle de leur progéniture leur principale priorité. Ici, le vieux chien parvient à sauver l'un de ses petits des griffes d'un maître cruel avant de s'en retourner auprès de son ancienne maîtresse chez qui il peut à nouveau bénéficier du gîte et du couvert. Aspirés dans la spirale dramatique de son histoire, les lecteurs ne pourront lui souhaiter moins. **NT**

Mathias et son grand-père

Roberto Piumini Cecco Mariniello

D'abord publié en italien sous le titre *Mattia e il Nonno*, l'ouvrage *Mathias et son grand-père* retrace un voyage imaginaire effectué par un jeune garçon et son grand-père mourant. Les thèmes de l'éternité et de la transformation sont omniprésents dans le récit. Lorsque Mathias apprend que son cher grand-père s'apprête à effectuer un long voyage, son imagination se met immédiatement en branle. Mais s'agit-il de l'imagination du jeune garçon ou de celle de son grand-père ?

Tandis que les proches sont représentés en pleurs au chevet d'une personne allongée, Mathias et son aïeul s'évadent vers un voyage fantastique. Bien qu'ils se déplacent dans des endroits familiers, l'expérience leur semble nouvelle et ils vivent une multitude d'aventures. Ils montent à cheval, se font capturer par des pirates et se promènent dans un marché. Au marché, le grand-père s'aperçoit qu'il n'a plus un sou et échange sa cravate contre un délicieux jus de pomme. Les deux protagonistes apprécient ces moments passés ensemble : « Ils continuèrent à déambuler sur le marché, à écouter les voix, respirer les parfums, admirer les couleurs. » Vers le dénouement de l'histoire, le grand-père se fait de plus en plus petit et Mathias finit par le porter. Lorsqu'ils rejoignent la maison, les proches sont toujours là. Mathias semble ne pas sentir son grand-père qui est désormais assis sur sa tête. Bien qu'il ne puisse pas le voir, le garçon peut entendre son grand-père et comprend qu'il est tout autour de lui, dans les endroits qu'ils ont visités ensemble, dans les conversations qu'ils ont échangées. Bien que son grand-père soit mort, il sera toujours avec lui, le guidant sur le chemin de la vie.

Cet ouvrage tendre et émouvant peut aider de jeunes enfants ayant subi la perte d'un ami ou d'un proche. L'ouvrage a reçu le prix de la littérature enfantine allemande en 1995. **SMT**

Titre original *Mattia e il Nonno*, 1997
Nationalité Italie, 1947 (aut.)
Édition française Gallimard Jeunesse
Thèmes famille, maladie et mort

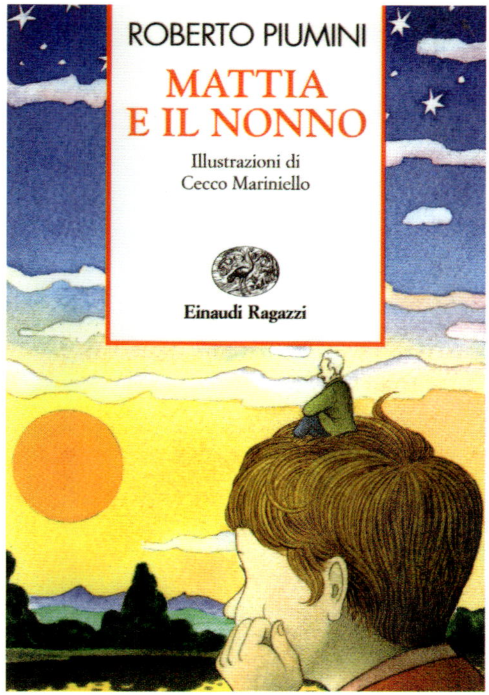

8+

Autres livres de Roberto Piumini

La Verluisette
Les Mouettes de la vengeance
La Patte de l'artiste
La Fureur de l'or

8+

Le Train jaune

Fred Bernard   François Roca

Nationalité France, 1969 (aut.), 1971 (ill.)
Édition Seuil Jeunesse, France, 1998
Thèmes aventure, famille

Depuis 1996, après avoir obtenu de nombreux prix avec leur premier album publié ensemble, *La reine des fourmis a disparu*, ce tandem amical et complice de deux auteurs-illustrateurs a renouvelé maintes fois l'expérience en publiant entre le Seuil Jeunesse et Albin Michel Jeunesse 14 albums. Ils sont repérables par la grandeur de leurs formats, la longueur de leurs textes et des illustrations hyper-réalistes. Leurs histoires sont toujours imprégnées d'aventure et de mystère.

Dans *Le Train jaune*, nous sommes comme au cinéma, entre Métropolis et de grandes prairies dignes des westerns et nous suivons un enfant qui vient rejoindre son grand-père, dans le train express bleu, grand rival du train jaune, qui, avec le temps, a supplanté celui-ci. Le grand-père a conduit cet engin mythique qui traversait des contrées dangereuses, sources d'incroyables aventures avec les hommes des neiges, les Indiens et la nature. Il a la chance de pouvoir faire un dernier voyage à bord de ce train et de convier son petit-fils à écouter ses souvenirs, à manipuler les commandes de la machine, avec l'espoir de le voir partir lui aussi à la recherche d'horizons nouveaux.

Le récit est nostalgique et dévoile une complicité entre générations et un avertissement sur les dangers de l'industrialisation, sur fond de décors grandioses inspirés de villes futuristes et de vastes milieux naturels. Un voyage dans le temps et dans l'espace qui relève de la fable et du réalisme avec une belle dextérité. **NB**

La Rédaction

Antonio Skármeta   Alfonso Ruano

Titre original *La composición*, 1998
Nationalité Chili, 1940 (aut.), Espagne, 1949 (ill.)
Édition française Syros
Thèmes famille, amitié

Lorsqu'un agréable visiteur se rend dans une classe au Chili et lance un concours de rédactions intitulé « Ce que fait ma famille le soir », Pedro, le héros de l'histoire, trouve d'abord l'idée amusante. Mais, un jour, alors qu'il joue au foot dans la rue, Pedro voit des soldats arrêter et emmener le père de son ami Daniel. Après en avoir parlé avec ses camarades, il découvre qu'un tel acte est devenu monnaie courante.

Plus tard, surprenant des conversations d'adultes, il apprend que le père de Daniel a été arrêté pour des raisons politiques. Même si ses parents ont pris mille et une précautions pour ne pas l'exposer, Pedro comprend parfaitement que ses parents sont également opposés à la dictature militaire et perçoit désormais la menace qui pèse sur leur vie. Mais que peut un enfant contre un régime militaire ? L'histoire se termine par la lecture de la rédaction de Pedro par ses parents ; ces derniers réalisent que leurs fils en sait plus long qu'ils ne le pensaient mais qu'il a conscience de la nécessité de garder le secret.

Le récit puissant et haletant de *La Rédaction* est mis en valeur par les magnifiques illustrations d'Alfonso Ruano. L'auteur prouve ici avec succès que, moyennant finesse et doigté, les thèmes politiques peuvent être abordés dans les ouvrages de littérature pour enfants. D'origine croate, Antonio Skármeta est né au Chili et a étudié la philosophie et la littérature là-bas et à Colombia University, à New York. Il compte parmi les romanciers sud-américains les plus respectés et a remporté de nombreux prix. **LB**

Skellig

David Almond

Titre original *Skellig*, 1998
Nationalité Angleterre, 1951
Édition française Flammarion
Thèmes aventure, fantastique, maladie et mort

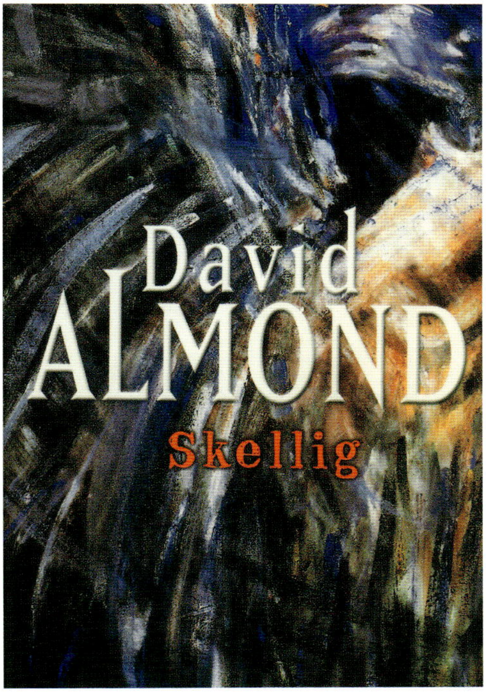

8+

Ce fascinant roman philosophique plaira à tous les lecteurs qui apprécient les mélanges de réalité et d'histoires imaginaires. Le récit se déroule *a priori* dans la région du nord-est de l'Angleterre mais fait revivre des mondes antiques mythiques et spirituels, comme les mythes grecs ou les poèmes de William Blake.

La créature qui occupe le cœur de l'histoire demeure un mystère : ni jeune, ni vieille, ni homme, ni oiseau. Michael, qui découvre Skellig, personnage chétif, arthritique et mal nourri caché dans le garage répugnant de la nouvelle maison de sa famille, à Newcastle, pense que la créature est en réalité un ange. En dépit de la certitude de Michael, l'auteur reste délibérément ambigu sur la véritable nature de Skellig.

S'occuper de Skellig offre un dérivatif à Michael qui traverse une crise (sa petite sœur est sur le point de mourir). Avec sa voisine Mina, scolarisée à domicile, il recherche des squelettes et explore le mythe de Perséphone. Les enfants aident Skellig à déménager dans une maison abandonnée où les chouettes lui apportent de la viande. De nouveau sur pied tandis que la petite sœur de Michael est au plus mal, Skellig rend visite au bébé à l'hôpital et lui sauve la vie.

La terreur de la mort et de la perte éprouvée par Michael est omniprésente, mais elle est endiguée par la présence bienveillante quoique grincheuse de Skellig, qui aide Michael à vaincre ses peurs lorsque ses parents sont trop préoccupés pour le réconforter. Michael sera soutenu, comme dans tous les livres de David Almond, par des êtres chers lorsqu'il s'apprêtera à retourner dans la vie de tous les jours. **GB**

« Je voulais être seul dans un grenier comme Skellig, avec pour seule compagnie les mouettes et la lune, inconscient. »

Autres livres de David Almond

Le Cracheur de feu (p. 924)
Ange des marais noirs
Rêve de tigre
Le Jeu de la mort
Glaise

Just Annoying!

Andy Griffiths Terry Denton

Nationalité Australie, 1961 (aut.), 1950 (ill.)
Édition Pan MacMillan, Australie, 1998
Thème fantastique

8+

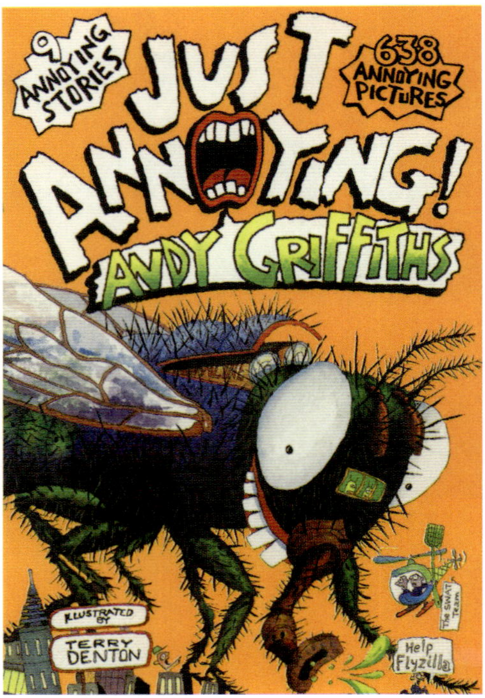

Livres d'Andy Griffiths traduits en français

Crayon de malheur
La Fièvre du trésor
La Mascotte maboule

L'auteur Andy Griffiths a quasiment atteint le statut de dieu auprès des enfants australiens. Récompensé à de multiples reprises, l'écrivain jouit cependant d'une mauvaise réputation chez certains éducateurs qui déplorent parfois un humour loufoque (mais pas dans cet ouvrage) de mauvais goût. L'extrême drôlerie de l'œuvre de l'auteur reste toutefois indéniable, comme le prouve ce récit. Les faits relatés sont toujours bien accueillis par le lecteur car l'auteur entretient un lien particulier avec les enfants et jamais ne les rabaisse.

Extrait d'une série populaire, *Just Annoying!* se compose de nouvelles déjantées et fictives tirées de la vie incroyablement mouvementée du jeune Andy Griffiths (l'idée de l'auteur comme personnage central fut inspirée par la série américaine *Seinfeld*). Andy affiche un incroyable talent pour agacer tous ceux avec qui il entre en contact. Mais il ne s'agit pas ici de faire de « l'enfant casse-pieds un opprimé » ; au contraire, il s'agit là d'une apologie éhontée de « l'enfant casse-pieds comme super-héros du royaume de l'agacement ». Ainsi, l'on découvre au fil des histoires Andy en train de tenter de sauter dans la voiture de son père en pleine course avec l'aide d'un cycliste aux allures de Mad Max rencontré peu avant, ou encore Andy en train de se déguiser en fille pour embêter sa sœur et de bénéficier d'une attention tout à fait indésirable lors d'un cours de danse.

L'auteur a fréquenté les groupes de rock, a travaillé en tant qu'enseignant et a exploré le monde impitoyable du one-man-show, et tous ces éléments se retrouvent dans cet ouvrage. Andy Griffith possède un réel talent pour la farce rapide et bien orchestrée ainsi que pour les dialogues comiques. Son humour déluré est habilement illustré par les mini-bandes dessinées surréalistes de Terry Denton. **AK**

My Girragundji

Meme McDonald et Boori Pryor

Nationalité Australie, 1954 (McDonald), 1950 (Pryor)
Édition Allen and Unwin, Australie, 1998
Thème contes folkloriques

Le Girragundji atterrit d'abord brusquement sur le visage de Gaz lors d'un cauchemar avant d'être invité à rester pour dévorer les moustiques. Peu à peu, il va conférer au garçon un pouvoir surnaturel. Le héros croit en effet que le petit batracien lui a été envoyé par ses aïeux pour le protéger. Ses peurs se cristallisent autour du mauvais esprit de la nuit, le Hairyman (littéralement « homme chevelu ») ou Quinkin, dont il redoute que le bras ne l'agrippe depuis la fenêtre lors de son sommeil, ou qu'il ne lui tende une embuscade lors de ses allées et venues dans les toilettes situées à l'extérieur. Les adultes l'effraient aussi lorsqu'ils boivent trop et se disputent la nuit, et à l'école, il craint les voix coléreuses des adultes. Mais Gaz n'a pas peur des crocodiles et des serpents car il a appris à protéger et à respecter les esprits des animaux.

La collaboration des auteurs (quatre romans et un livre basé sur la vie de Boori Pryor) est unique en son genre, et leurs origines culturelles différentes ont largement contribué à la représentation des expériences aborigènes dans la littérature enfantine australienne. Le roman alterne avec élégance les photographies et les dessins, avec des variantes imaginatives dans la typographie et la mise en page. Les pages noires, l'impression inversée et les photographies sous-exposées (de Meme McDonald) représentent, de manière graphique, les faces sombres des peurs du garçon.

Le récit raconté au présent mêle drame réaliste et imagination subtile. Les peurs et la violence sont mises en valeur par les blancs dans le texte et les citations poétiques, tandis que les mots aborigènes sont intégrés avec finesse. Les auteurs parviennent, par leur honnêteté et leur humour, à conférer une authenticité au récit captivant qui célèbre les expériences universelles. **JG**

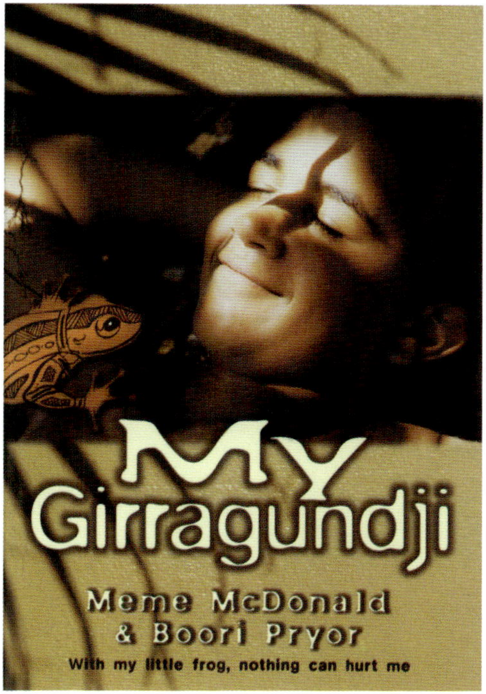

Autres contes folkloriques

L'Oncle Rémus ou le Roman de Frère Lapin, Joel Chandler Harris (p. 420)
Un voleur dans le village, James Berry (p. 637)

8+

The Sterkarm Handshake

Susan Price

Nationalité Angleterre, 1955
Édition Scholastic, G.-B., 1998
Thèmes fiction historique, science-fiction

8+

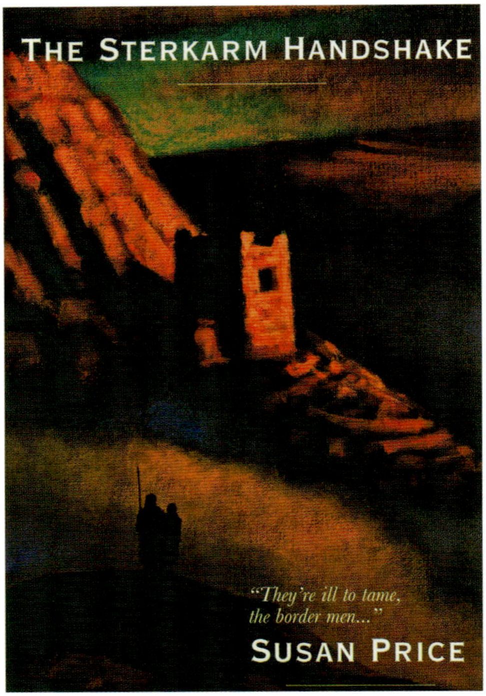

Autres livres de Susan Price

Le Bonhomme de pain d'épice et autres contes
The Ghost Drum (p. 866)

Ne vous laissez pas rebuter par ce titre étrange car c'est l'un des romans les plus captivants que vous aurez jamais entre les mains. La famille Sterkarm forme un clan de pillards et brigands vivant au XVIe siècle, à la frontière entre l'Angleterre et l'Écosse. Officiellement, ces hommes gauches sont éleveurs de moutons, mais ils ne se préoccupent guère de leurs bêtes et sont réputés pour leur félonie. Jusque-là, c'est donc un roman historique, mais l'ouvrage est bien plus que cela.

Des scientifiques du XXIe siècle ont découvert le voyage dans le temps et ont construit un couloir du Temps qui s'ouvre sur la frontière saine du pays gardée par les Sterkarm. Mené par son ambition, le directeur de l'entreprise se croit capable de contrôler ces gardes-frontières sauvages facilement tout en pillant leurs réserves de carburant fossile et en organisant de luxueux safaris dans le passé.

Les individus du XVIe siècle considèrent ces créatures du futur comme des elfes dotés de pouvoirs magiques. Andrea, une linguiste du XXIe siècle ayant vécu avec les Sterkarm, apprécie de se voir considérer comme une femme à la beauté stupéfiante. Alors que son époque la juge trop grande, les créatures du passé admirent ses hanches arrondies, sa peau et ses beaux cheveux, et Per, fils unique adoré du chef des Sterkarm, tout particulièrement. Son visage à la beauté trompeuse lui vaut le surnom de « May » (« la servante »), même si Per est un tueur, chasseur et brigand habile et qu'il a engendré plusieurs enfants en dépit de ses 20 ans.

Ce roman puissant et souvent violent fait s'affronter des forces éloignées de 500 ans. Mais il contient également des moments de tendresse et dépeint avec force l'amour qui unit Per à Andrea. Avec adresse, Susan Price parvient à remettre en cause le jugement du lecteur sur les valeurs modernes tout en racontant une histoire époustouflante.

Inquiétant détail de la poignée de main représentée sur la couverture de l'édition américaine. ➔

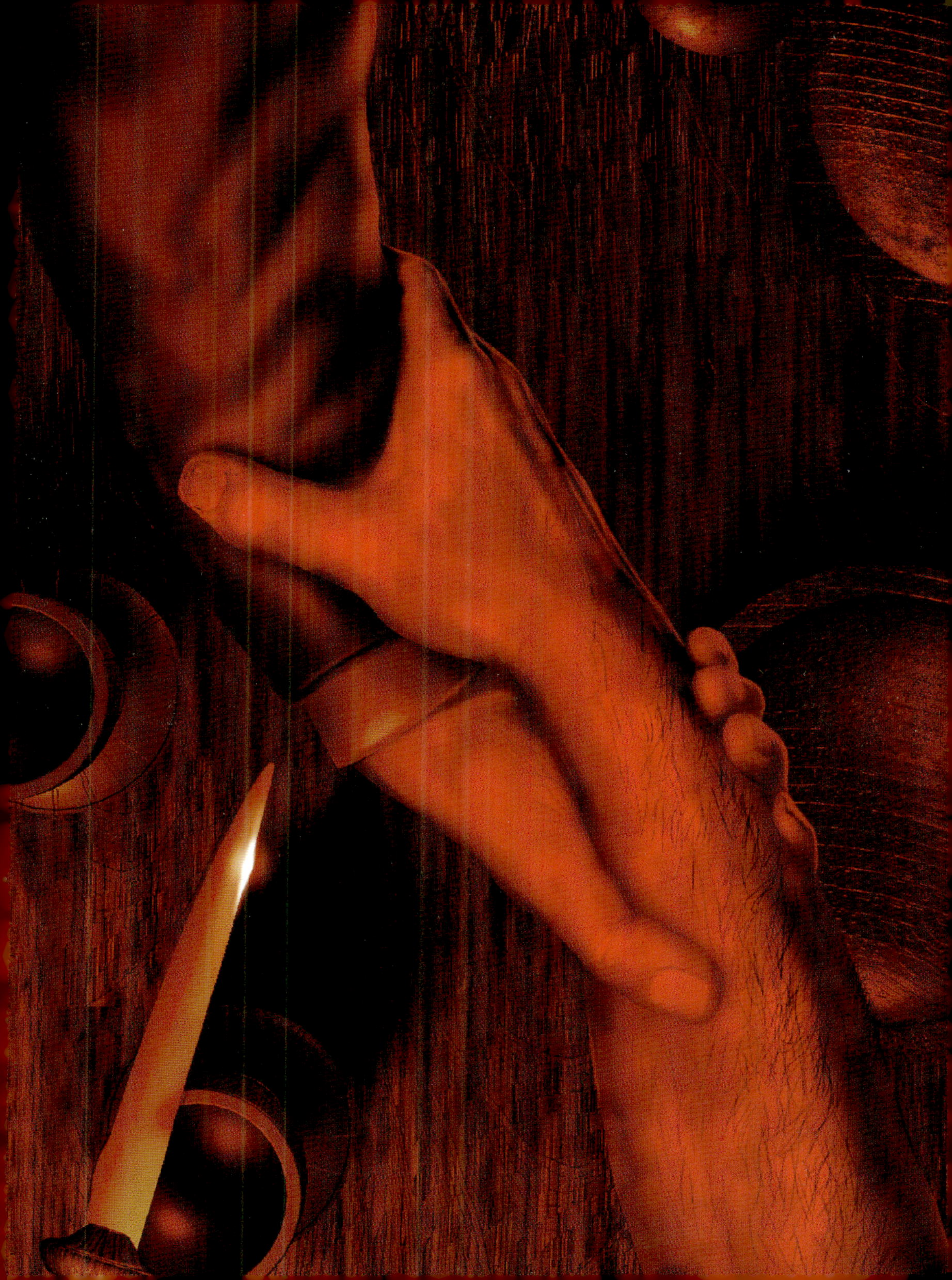

Le Chien au cœur jaune

Jutta Richter

Titre orig. *Der Hund mit dem gelben Herzen*, 1998
Nationalité Allemagne, 1955
Édition francophone (Suisse) La Joie de lire
Thème histoires d'animaux

8+

Cette nouvelle célèbre de Jutta Richter propose le récit d'un chien errant extraordinaire. Simplement appelé Chien, il porte un collier orné d'un cœur jaune qu'un chat lui a donné en preuve d'amitié. Il est très doué pour les langues et parle à la fois le langage de l'homme, celui des colombes, des chats et même des rats. Chien adore les carcasses croquantes des poulets et est en quête désespérée d'affection. Afin d'en obtenir de la part d'un vieil homme nommé Schulte et de ses petits-enfants, il leur raconte l'histoire de G.Od et Lobkowitz.

L'histoire est une version légèrement altérée du livre de la Genèse dans laquelle G.Od ordonne à Lobkowitz de quitter le paradis qui abrite la niche du chien de G.Od. Le lecteur apprend en outre comment ont été créées l'ombre et la lumière, et la manière dont G.Od réalisait les esquisses de vins rouges et d'êtres humains avant de leur donner vie. Cependant, Jutta Richter ne se contente pas d'expliquer ou de réinventer des histoires bibliques ; elle aborde également des sujets plus difficiles ; comme l'alcoolisme par exemple, sujet d'une dispute entre G.Od et Lobkowitz à propose de la consommation excessive de ce dernier. De même, le sort de Chien sert à illustrer la détresse des sans-abri. L'auteur expose des moyens d'affronter les problèmes sociaux et forme son jeune lectorat sans lui donner de cours magistral, en promouvant une nouvelle et fascinante manière de penser. **GS**

Clarice Bean, c'est moi

Lauren Child

Titre original *Clarice Bean: That's Me*, 1999
Nationalité Angleterre, 1967
Éd. francophone (Québec) La courte échelle
Thème famille

Troisième enfant d'une tribu de quatre, la pauvre Clarice ne trouve jamais un espace à elle dans sa maison bondée. Elle doit partager sa chambre avec son frère qui dépasse régulièrement la ligne qui divise la pièce, ce qui se termine généralement par une pluie d'insultes. Sa sœur Marcie ne s'intéresse qu'aux garçons et son autre frère, Kurt, souffre d'une peur adolescente existentielle. Sa mère ne peut se détendre que dans son bain, son père possède un bureau qui lui sert d'exutoire et quant à son grand-père, il ne fait que dormir. Même dans le jardin, le garçon voisin vient envahir son espace.

Le style unique de l'auteur, allié aux illustrations à l'encre décorées de collages et de typographies différentes, dépeint une tranche de vie familière à la plupart des familles modernes avec des enfants aux âges divers. Chaque famille se retrouvera dans tel enfant ou tel incident : par exemple, dans Kurt et sa chambre qui sent la chaussette sale, ou dans la mère qui ne sait plus où donner de la tête au milieu de tout cela. Chaque page décrit les aventures du jour, que l'on lit et relit avec plaisir. L'emplacement aléatoire du texte incite à explorer chaque recoin de la page. Le seul moment de calme de la maisonnée survient lorsque tous regardent leur émission télévisée préférée. Clarice finit par avoir son espace à elle au prix d'une méchanceté incroyable mais cela en valait la peine ! Voilà un livre d'images que chaque membre de la famille appréciera. **JF**

Les Désastreuses Aventures des orphelins Baudelaire : Tout commence mal…

Lemony Snicket Brett Helquist

Titre original *A Series of Unfortunate Events*, 1999
Nationalité É.-U., né Daniel Handler, 1970 (aut.)
Édition française Nathan
Thèmes fantastique, épouvante, excentricité

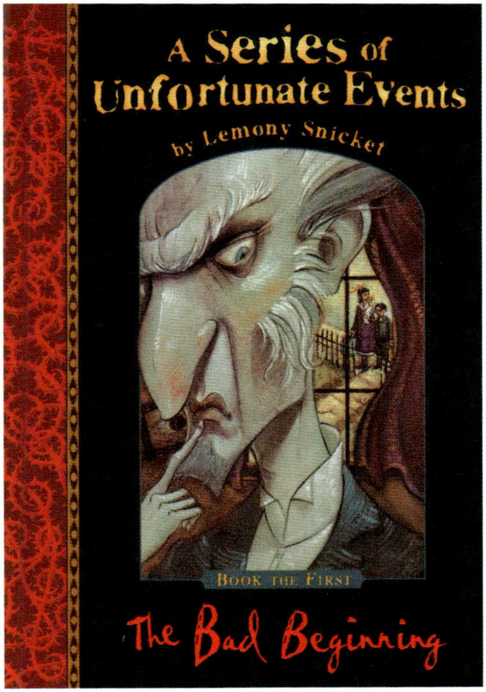

8+

Ce premier tome de la célèbre série *Les Désastreuses Aventures des orphelins Baudelaire* donne le ton pessimiste et idiosyncrasique qui a contribué à faire de ces ouvrages des best-sellers assez inattendus. La violence et un humour cynique plutôt sophistiqué ont beau dominer, ils restent toujours du bon côté de la ligne. Ces livres ont même, dit-on, contribué à aider les enfants américains à s'affranchir de leurs peurs en soutenant l'affirmation, plutôt adulte, que face aux aléas terribles de la vie, nous devons rester debout. Daniel Handler s'amuse à créer un mystérieux auteur du nom de Lemony Cricket, qui est également un personnage de la série, et à apparaître de temps à autre dans le récit en expliquant qu'il se trouve à la place de ce dernier.

Ce premier tome : *Tout commence mal…* introduit le trio courageux et plein de ressource des frère et sœurs Baudelaire que forment Violette, Klaus et Prunille et dont les tribulations se poursuivent dans les tomes suivants. Leur malchance commence après la mort de leurs parents dans un incendie, lorsqu'ils sont recueillis par le perfide Comte Olaf. Le Comte, acteur au sein d'une étrange troupe de théâtre, passe son temps à manigancer pour s'emparer de l'héritage des enfants. Ce premier tome inaugure le style de la série : un conte moral victorien d'autodénigrement, moderne et au souci éducatif. Le nom de famille de la fratrie fait référence au célèbre poète français et l'auteur multiplie les expressions alambiquées qu'il explique gracieusement ensuite au lecteur. **AK**

« Ce n'est pas parce que vous ne comprenez pas que cela n'existe pas. »

Autres « désastreuses aventures »

Ouragan sur le lac
Le Laboratoire aux serpents
Cauchemar à la scierie
Piège au collège
Ascenseur pour la peur

Harry Potter et le Prisonnier d'Azkaban

J. K. Rowling

Titre orig. *Harry Potter and the Prisoner of Azkaban*, 1999
Nationalité Angleterre, 1965
Édition française Gallimard Jeunesse
Thèmes histoires magiques, personnages favoris

8+

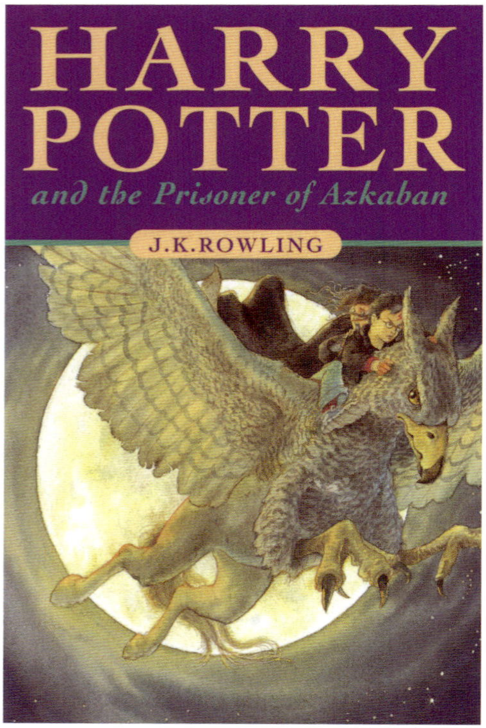

La saga Harry Potter continue

Harry Potter et la coupe de feu (p. 678)
Harry Potter et l'ordre du Phénix
Harry Potter et le Prince de Sang-Mêlé
Harry Potter et les reliques de la Mort

Dans ce tome, Harry Potter retourne à Poudlard pour sa deuxième année. Celui que l'on nomme le prisonnier d'Azkaban est en réalité Sirius Black, un ancien camarade de classe de feu le père d'Harry. Black s'échappe de la prison d'Azkaban dont la protection est assurée par les sorciers, provoquant la panique parmi les habitants du monde magique.

L'auteur excelle dans la description des composantes magiques qu'elle introduit dans sa célèbre série et qui se révèlent toutes essentielles pour l'intrigue, depuis le puissant sortilège du Patronus qui protège son créateur, à la carte du Maraudeur qui permet de voir où se trouvent les occupants de Poudlard. Comme toujours, d'autres créatures magiques font leur apparition, comme la créature volante mi-aigle mi-cheval appelée Hippogriffe, ainsi que de nouveaux personnages, comme l'attachant Remus Lupin, la dernière victime à reprendre le poste de professeur le plus dangereux de l'école, celui de la Défense contre les Forces du Mal. Lorsque les Détraqueurs viennent pour protéger Poudlard, leur immense pouvoir semble affecter Harry plus que quiconque.

« Lorsqu'un sorcier s'approche du côté obscur, rien ni personne ne comptent plus pour eux. »

L'amitié joue un rôle central dans la série et particulièrement dans ce tome, lorsque Harry en apprend davantage sur les anciens amis de son père et sur les ravages que fait parfois l'amitié. Il apprend également l'importance de rester optimiste. Une fois encore, J. K. Rowling parvient, de manière captivante, drôle et envoûtante, à faire passer le message de ce qui est important dans la vie, pour le plus grand bonheur des lecteurs qui veilleront une fois de plus bien tard. **CK**

Le Royaume de Kensuké

Michael Morpurgo   Michael Foreman

Né d'une idée de la femme de l'auteur, qui lui suggérait d'écrire une histoire située sur une île déserte, *Le Royaume de Kensuké* est devenu l'un des romans les plus connus de Michael Morpurgo. L'œuvre raconte l'histoire de Michael, garçon dont les parents se retrouvent sans travail. Ils décident alors de réaliser leur rêve en faisant un tour du monde en voilier accompagnés de leur chienne, Stella Artois. Ce qui commence comme une aventure extraordinaire, bien qu'exigeante, manque de se terminer en tragédie lorsque Michael et sa chienne tombent par-dessus bord.

Ils échouent alors sur une île et survivent grâce à la bienveillance d'un homme inconnu qui leur dépose eau et nourriture sans jamais se montrer, jusqu'au jour

« Le bateau s'éloignait de plus en plus, inexorablement, pour disparaître au loin. »

où le garçon, tentant désespérément d'attirer l'attention d'un bateau, subit les foudres de son sauveur en voulant allumer un feu. L'homme, dénommé Kensuké, et l'enfant décident de faire la paix et développent, au fil des mois, une franche amitié marquée par leurs rêves d'avenir très différents. Kensuké est un médecin japonais dont la femme et le fils sont restés à Nagasaki après son enrôlement dans la marine, lors de la Seconde Guerre mondiale. Alors que Michael désire quitter l'île, Kensuké préfère rester en marge du monde.

Les rebondissements et le dénouement heureux de l'histoire de Michael sont cependant nuancés par les regrets ayant obscurci la vie de Kensuké. La description subtile de leur amitié apporte une profondeur émotionnelle à cette histoire émouvante sur l'isolement et la persévérance. **KA**

Titre original *Kensuke's Kingdom*, 1999
Nationalité Angleterre, 1943 (aut.), 1938 (ill.)
Édition française Gallimard Jeunne (ill. F. Place)
Thèmes aventure, amitié

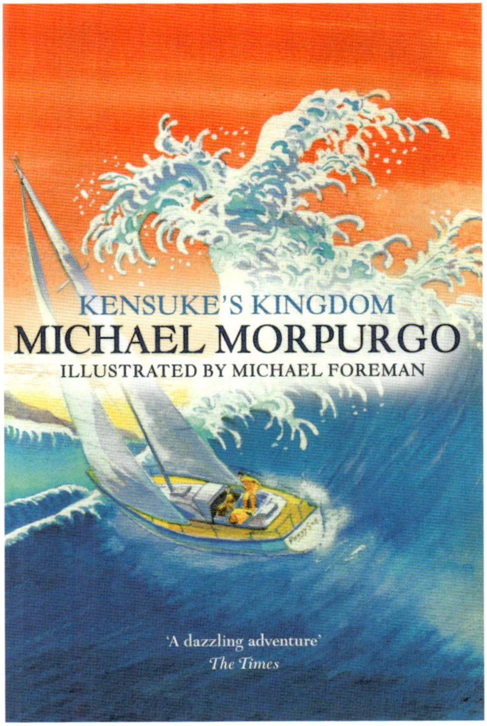

8+

Autres livres de Michael Morpurgo

Cheval de guerre (p. 620)
Le Jour des baleines (p. 629)
Soldat Peaceful (p. 924)
Le Naufrage du Zanzibar
Le Lion blanc

La Fille du dictateur

Jackie French

Titre original *Hitler's Daughter*, 1999
Nationalité Australie, 1953
Édition française Flammarion
Thèmes fiction historique, guerre

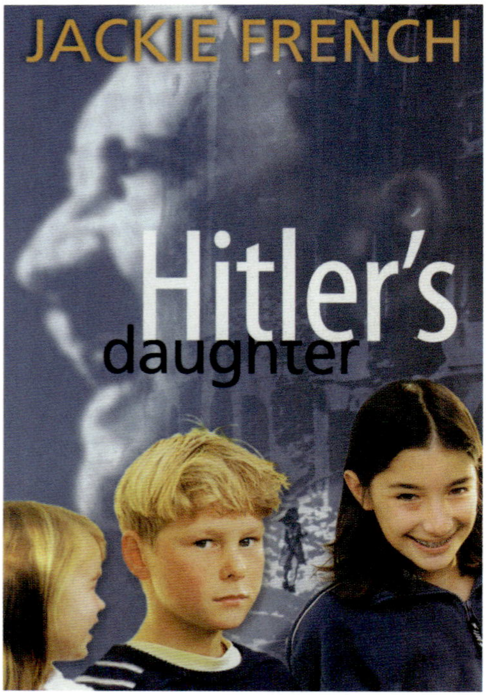

8+

Autres livres de Jackie French

Hier sera plus beau
Moi, Daniel cireur de chaussures
Où que tu sois
Rendez-vous avec l'apocalypse et autres nouvelles

Ce roman puissant et original alterne successivement le drame contemporain et la fiction historique. Hitler n'avait pas de fille mais le fait d'imaginer comment une enfant aurait vécu avec un tel père permet d'explorer de manière fascinante les notions de bien et de mal.

Un groupe d'enfants australiens se racontent des histoires en attendant le bus. Durant plusieurs jours particulièrement pluvieux, Anna raconte à Mark, Ben et la petite Tracey l'histoire captivante d'Heidi, la petite fille timide d'Hitler défigurée par une tache de naissance, qui ne fut jamais reconnue publiquement mais recevait des visites régulières de celui qu'elle appelait Duffi. Isolée dans un endroit tenu secret avec sa gouvernante, Heidi ignore tout des réalités de la période nazie, jusqu'à ce que la rumeur de l'existence des camps de concentration lui parvienne.

Mark est passionné par les descriptions évocatrices d'Anna sur la vie dans l'Allemagne des années 1940. Le récit fictif agit comme un catalyseur sur le garçon en lui permettant de réfléchir aux délicates questions de la complicité, de la responsabilité morale et de la culpabilité. Il est tourmenté par des questions difficiles : comment distinguer le bien du mal ? Doit-on tenir responsables les enfants pour les crimes de leurs parents ? Peut-on aimer une personne haïe dans le monde entier ?

Les leçons de l'histoire demeurent pertinentes. Mark réalise qu'il a sa part de responsabilité dans l'injustice commise par sa famille qui s'est s'approprié des terres appartenant aux Aborigènes. Après la guerre, Heidi adopte une nouvelle identité et émigre en Australie pour échapper à l'horrible fardeau de sa parenté. *La Fille du dictateur* évite les réponses faciles aux dilemmes moraux. Jackie French pense judicieux d'exposer les enfants à des sujets conflictuels afin qu'ils puissent apprendre à penser par eux-mêmes. **MK**

Something's Fishy, Hazel Green!

Odo Hirsch Andrew McLean

Hazel Green est une fillette intelligente et audacieuse qui vit au milieu du vacarme d'une grande ville. Contester l'autorité des adultes ne l'effraie pas, même si sa vivacité d'esprit lui cause fréquemment des problèmes. Lorsqu'elle découvre qu'un voleur a subtilisé deux superbes homards sur l'étalage de son ami poissonnier, M. Petrusca, en laissant un mot bizarre, Hazel décide d'élucider ce mystère. Capable de dérouter le plus intelligent des adultes, Hazel se révèle une formidable héroïne. Mais il lui reste encore beaucoup de choses à apprendre ; au cours du récit, elle gagne peu à peu en maturité pour devenir un personnage plus emphatique et compréhensif qui consent à aider son entourage à s'épanouir.

« Découvrir de nouvelles choses était le plus excitant. C'était ce pour quoi le monde était fait. »

Ce palpitant récit, qui démarre sur les chapeaux de roue, dépeint Hazel qui évolue dans le dédale des relations entre les enfants et le monde secret des adultes, et qui finit par découvrir sa propre capacité à améliorer le monde à force de patience et de compassion. Peuplée d'enfants attachants et d'adultes loufoques, cette délicieuse histoire met subtilement en évidence l'importance de la curiosité dans le monde qui nous entoure et l'empathie à l'égard de ceux qui y vivent. Le propos est mis en valeur par les illustrations vivantes et suggestives d'Andrew McLean tandis que la merveilleuse faculté d'Odo Hirsch à rédiger une telle prose plonge le lecteur dans un récit sérieux sur l'espoir et la compassion.

Pour les fans de l'intrépide Hazel, il existe plusieurs autres ouvrages de cette même série d'Odo Hirsch, nom de plume de David Kausman. **CATN**

Nationalité Australie, 1962 (aut.)
Édition Allen & Unwin, Australie, 2000
Thèmes aventure, personnages favoris

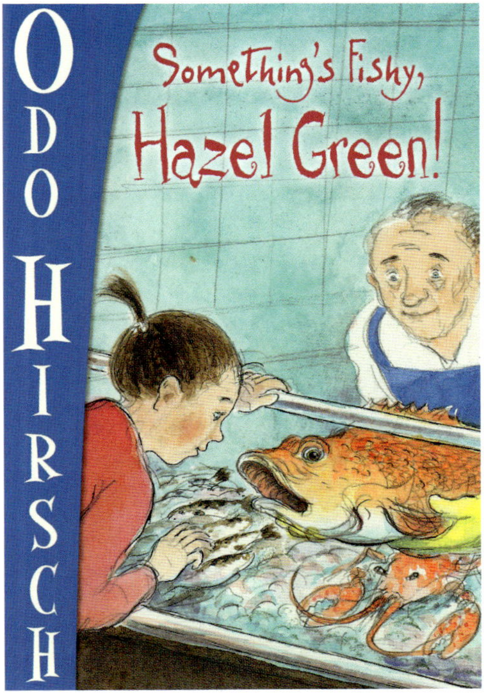

8+

Autres jeunes filles intrépides

Fifi Brindacier, Astrid Lindgren (p. 231)
Harriet l'espionne, Louise Fitzhugh (p. 563)
Ronya, fille de brigand, Astrid Lindgren (p. 613)

Harry Potter et la coupe de feu

J. K. Rowling

Titre orig. *Harry Potter and the Goblet of Fire*, 2000
Nationalité Angleterre, 1965
Édition française Gallimard
Thèmes histoires magiques, personnages favoris

8+

Dans ce 4e tome de la série Harry Potter, le héros passe de l'enfance à l'adolescence. Ses hormones sont en ébullition et comme ses camarades de Poudlard, il commence à s'intéresser aux filles et à éprouver le sentiment de la jalousie.

Cette impression que l'amour est dans l'air se renforce encore avec l'arrivée de jeunes sorcières et sorciers étrangers venus participer au tournoi des Trois Sorciers.

Cette ambiance d'amours de jeunesse apporte une touche de légèreté à ce roman encore plus sombre que les précédents. Le livre s'ouvre sur une scène sinistre représentant Lord Voldemort et sa reprise progressive du pouvoir.

Les lecteurs réalisent alors combien Voldemort est dangereux. L'un des signes annonciateurs de la suite de la série est la mort de certains personnages dans ce roman. J. K. Rowling ne cache pas à ses lecteurs la peine que leur disparition provoque dans leur entourage. De nouveaux personnages font leur apparition, comme la sublime Fleur Delacour, le beau joueur de quidditch Viktor Krum et Alastor « Œil fou ».

Au fil de la série, les romans se font plus longs, les intrigues plus complexes et les thèmes plus fouillés. *Harry Potter et la coupe de feu* séduit les lecteurs et leur apporte des heures de plaisir tandis que le destin de Harry se fait de plus en plus clair. **CK**

Ce jour-là, j'ai apprivoisé les araignées

Jutta Richter

Titre orig. *Der tag, als ich lernte die Spinnen zu zähmen*
Nationalité Allemagne, 1955
Édition francophone (Suisse) La Joie de lire
Thèmes amitié, famille

Le narrateur de cet émouvant récit (publié en Allemagne en 2000 sous le titre *Der tag, als ich lernte die Spinnen zu zähmen*) est une fillette de 8 ans que beaucoup de choses effraient, comme les fantômes, le diable, et le chat à l'allure de panthère qui vit dit-on dans la cave de son immeuble. Emplis de sévérité et loin de partager ses craintes, ses parents la punissent en l'enfermant ou en la battant.

La situation s'améliore lorsque Rainer emménage dans l'immeuble et rejoint le groupe d'amis de la fillette. Il a beau se curer le nez et se moquer de ce que les autres pensent de lui, il écoute attentivement la narratrice lorsqu'elle lui parle du chat de la cave. Il chasse la « chose » et gagne ainsi l'amitié de la fillette. Rainer lui montre également comment « apprivoiser » les araignées. Il faut d'abord les observer, c'est ainsi que l'on se rend compte de leur beauté. Ensuite, il faut les laisser venir sur sa main puis les enfermer dans une boîte d'allumettes. Voilà comment l'on se débarrasse d'elles en même temps que de nos peurs.

Un jour, Rainer se bat contre un autre garçon du groupe et le met à terre. Les enfants croient d'abord leur ami mort. Rainer s'enfuit et est alors rejeté par le groupe. La narratrice tente de résister, mais elle est si accablée d'être exclue du groupe qu'elle rompt son amitié avec Rainer. Bien qu'elle se sente coupable de trahison, la fillette demeure convaincue qu'elle ne pouvait agir autrement. Jutta Richter nous livre ici une description captivante des conflits relationnels. **CS**

La Parade des monstres

Darren Shan

Titre orig. *Cirque du Freak: A Living Nightmare*, 2000
Nationalité Irlande, né Darren O'Shaugnessy, 1972
Édition française Pika
Thèmes épouvante, fantastique

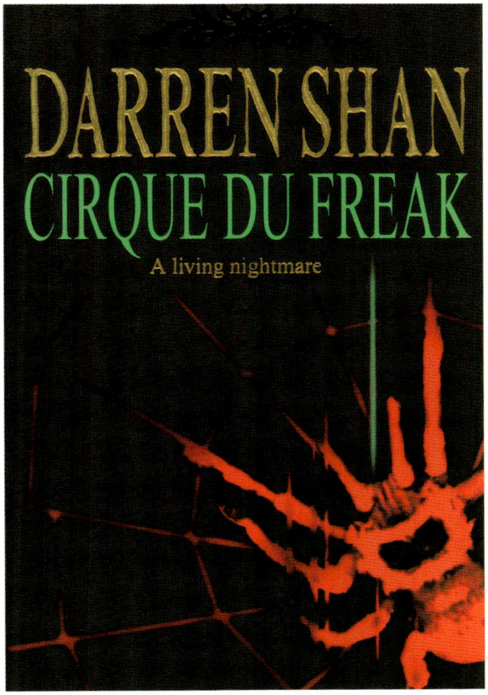

L'auteur Darren Shan incarne lui-même le personnage central dans *La Parade des monstres*, premier tome de sa trilogie sur les vampires. Darren et son ami Steve assistent à une représentation d'un cirque itinérant où ils découvrent une bande d'artistes étonnants. Steve est convaincu que Crepsley est un vampire déguisé et tente de le confondre en devenant son assistant. Le vampire refuse et les garçons lui volent Mme Octa pour se venger. Mais l'araignée mord Steve et Crepsley ne fournira l'antidote que si Darren devient son assistant mort-vivant. Darren choisit de s'enfuir, mais il est rattrapé par Crepsley qui l'emmène avec lui sur les routes. Tandis qu'ils s'apprêtent à quitter la ville, Steve réapparaît, ayant deviné le secret de Darren. Il jure qu'il se vengera de son ami, ce qui introduit le 2e tome, *L'Assistant du vampire*.

Le ton joyeusement terre à terre utilisé par l'auteur (« Ceci étant une histoire vraie, je dois donc débuter là où tout commença : dans les toilettes ») transforme les angoissantes et kitsch créatures des vampires en menace certes plus moderne, mais non moins terrifiante. L'ouvrage, sombre par endroits, n'est peut-être pas adapté aux jeunes lecteurs. Darren est contraint de simuler sa propre mort pour que sa famille ne découvre pas qu'il est l'assistant de Crepsley. Malgré cela, *La Parade des monstres* dévoile un sens profond de la moralité et le récit brouille sans cesse les lignes séparant la fiction de la réalité. Une lecture riche et attrayante. **SD**

« J'étais presque aussi effrayé par Steve que par M. Crepsley. Quand j'y pense, il VOULAIT être un vampire ! »

Livres de D. Shan sur les vampires

La Morsure de l'araignée
La Montagne des vampires
Le Cauchemar continue
Jeux de sang

8+

Le Chien qui souriait

Kate DiCamillo

Titre original *Because of Winn-Dixie*, 2000
Nationalité États-Unis, 1964
Édition française Hachette Jeunesse
Thèmes famille, amitié

8+

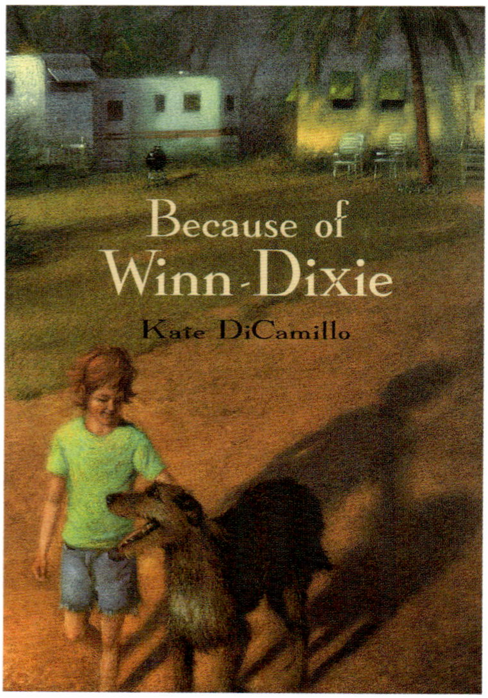

Autres livres de Kate DiCamillo

La Légende de Despereaux (p. 694)
L'Éléphant du magicien
L'étonnant destin de Déchanté Deslabours
Le Miraculeux Voyage d'Édouard Tulane
Le Petit Singe de la cinquième avenue

Opal, fille d'un pasteur itinérant de 10 ans, vient d'emménager dans une nouvelle maison en Floride. En quête d'amis, elle tombe sur un chien errant imposant et négligé mais très attachant en train de faire du grabuge dans un supermarché. Elle prétend être sa propriétaire et l'emmène chez elle pour lui éviter la fourrière. Opal nomme son nouvel ami Winn-Dixie, d'après le nom du supermarché dans lequel elle l'a trouvé.

Winn-Dixie permet rapidement à la fillette de se faire de nouveaux amis, comme Miss Franny Block, la libraire du quartier qui pensait que le chien était un ours ; ou encore une fillette de 5 ans, une vieille femme aveugle du nom de Gloria Dump, un vendeur d'animaux timide appelé Otis, ainsi que plusieurs garçons. Ces personnages se retrouvent pour une grande fête organisée par Opal et, même si l'on croit à un moment Winn-Dixie perdu, tout finit bien pour tout le monde.

« Je m'appelle India Opal Buloni et l'été dernier, mon papa, qui est pasteur, m'a envoyée à l'épicerie. »

Cette jolie et réconfortante histoire évoque aussi des sujets plus sérieux ; seul Winn-Dixie donne à Opal le courage de demander à son père pourquoi sa mère a quitté la maison lorsqu'elle avait 3 ans. Le fait d'aborder ce sujet tabou ne fait certes pas revenir la mère de la fillette, mais a au moins le mérite de fournir des réponses à d'importantes questions et de remettre sur les rails l'étrange relation qui unit le père à sa fille. Porteuse d'amour et de bonté entre les générations, Miss India Opal Buloni se révèle une délicieuse héroïne qui raconte cette histoire à succès sur un ton généralement inflexible et qui jamais ne verse dans le sentimentalisme. **NT**

Keväällä isä sai silvet

Tomi Kontio

Ce captivant roman fantastique de Tomi Kontio raconte l'histoire de deux jumeaux, Tomi et Timo Kokko. Un jour de printemps, leur vie bascule tandis que leur père s'aperçoit qu'il lui pousse des ailes et des plumes sur les bras. Alors que les garçons tentent de se remettre de leur vision surréaliste, leur père évoque une destination lointaine appelée Austrasia, endroit magique et presque paradisiaque dans lequel il doit se rendre. Terrifiés, les jumeaux sont alors livrés à leur propre sort, ne sachant que faire. Lorsque la police débarque pour interroger les garçons sur la disparition de leur père, elle ne croit pas un mot du récit bizarre des deux enfants. En réalité, personne ne les croit et comme personne ne s'occupe d'eux, ils sont envoyés dans un orphelinat.

Tandis qu'ils prennent leurs marques à l'orphelinat et se lient avec d'autres enfants, Tomi et Timo apprennent que la plupart des occupants possèdent une sorte de pouvoir surnaturel ou ont assisté à des phénomènes étranges. L'institution est dirigée par une directrice tyrannique qui use de méthodes cruelles envers les enfants.

Tomi, Timo et leurs jeunes amis découvrent bientôt qu'il existe un lien entre l'orphelinat et l'Austrasia, mais il est difficile d'échapper à l'implacable directrice et de trouver un moyen de s'échapper. Les garçons parviendront-ils à s'évader ou devront-ils rester à l'orphelinat pour toujours ? Parviendront-ils à atteindre la mystérieuse contrée d'Austrasia et à revoir leur père chéri ?

L'auteur décrit ici avec force détails les événements surnaturels de ce récit haletant et inventif, tout en explorant certains thèmes plus graves comme la peine, la perte de sa famille et l'accueil dans un foyer. Les lecteurs de tous les âges trouveront difficile de reposer sur la table ce classique. **LKK**

Nationalité Finlande, 1966
Édition Tammi, Finlande, 2000
Thèmes fantastique, famille, amitié

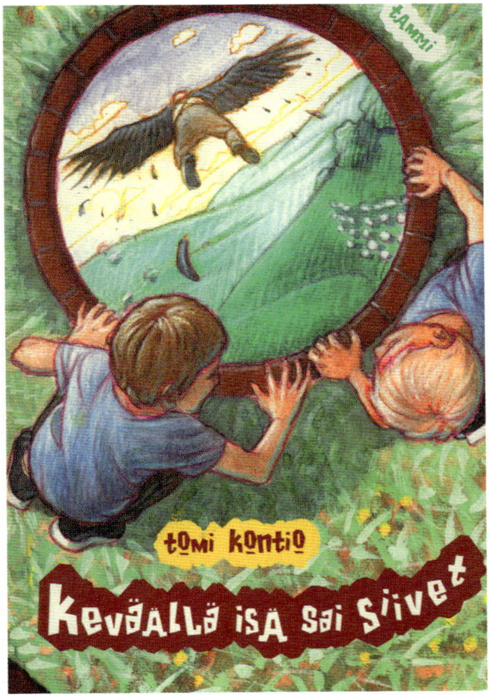

8+

Autres livres fantastiques

James et la grosse pêche, Roald Dahl (p. 548)
Des Loups dans les murs, Neil Gaiman (p. 690)
The Ship that Flew, Hilda Lewis (p. 489)
Half Magic, Edward Eager (p. 527)

Artemis Fowl

Eoin Colfer

Titre original *Artemis Fowl*, 2001
Nationalité Irlande, 1965
Édition française Gallimard Jeunesse
Thèmes aventure, fantastique, science-fiction

Artemis Fowl II, adolescent à l'intelligence hors du commun, escroc et mégalome, prend la tête d'une armée de personnages grotesques issus des contes de fées et contes folkloriques irlandais (comme les trolls, les gnomes et une Force armée de régulation appelée FAR). Les deux armées en conflit ont à leur disposition toute une panoplie de gadgets. Dans ce premier tome, le jeune Artemis tente de récupérer la fortune perdue de sa dynastie par des moyens malhonnêtes, voire franchement déloyaux. Il prévoit donc de voler l'or des fées, ce qui le conduit à se rendre en Irlande, là où se trouve le manoir des Fowl, la forteresse familiale. Il se heurte alors aux Forces armées de régulation des fées (les FAR) et en particulier à leur capitaine, Holly Short. Lorsque Artemis et son acolyte Butler kidnappent Holly en échange d'une rançon, la guerre entre les humains et le peuple des fées semble inévitable.

Ce premier livre comporte toutes les caractéristiques propres à la série : un rythme haletant, des personnages puissants et la révélation des multiples talents du héros. Doté d'une intelligence suprême, capable de déchiffrer les langues anciennes et de développer une technologie omnisciente, Artemis apparaît comme un personnage complexe. Il semble plus vulnérable lorsqu'il se trouve au cœur de son empire où les fractures familiales se font plus visibles. Manipulateur et cruel, il peut parfois choquer les jeunes lecteurs, mais ses exploits sont relatés avec perspicacité et par des calembours d'une drôlerie diabolique. **GB**

Aldabra...

Silvana Gandolfi   Fabian Negrin

Titre original *Aldabra, la tartaruga che amava Shakespeare*, 2000
Nationalité Italie, 1940 (aut.)
Édition Seuil Jeunesse, France, 2003
Thèmes famille, fantastique

Silvana Gandolfi se décrit elle-même comme une passionnée de voyages et de paresse. Elle a vécu au Népal, à Venise et aux Seychelles avant de se fixer à Rome. Avec plus de 150 000 livres vendus dans son pays natal, c'est un auteur très apprécié des enfants. Ses ouvrages ont été traduits dans de nombreuses langues et celui-là fut le premier traduit en anglais. Aldabra est un atoll des Seychelles classé au patrimoine mondial et sur lequel vivent des tortues géantes vieilles de 150 ans. L'histoire d'*Aldabra, la tortue qui aimait Shakespeare*, se déroule cependant à Venise, où une grand-mère et sa petite fille démêlent peu à peu les mystères de leurs vies.

À Venise, Elisa marche le long de ruelles pavées et franchit des ponts reliant une rive du Canal à l'autre pour rendre visite à sa grand-mère. Mamie Eia était autrefois actrice et elle récite, avec sa petite-fille, des vers de Shakespeare. Toutes deux se retrouvent dans les vers du poète anglais. À l'approche de son 100e anniversaire, Mamie Eia souhaite transmettre un secret à sa petite-fille. Eia considère que la meilleure chose qui puisse lui arriver à son grand âge serait de devenir immortelle. Mais comment ? lui demande Elisa. Sa grand-mère lui répond : « L'astuce pour tromper la mort, c'est de se transformer. » Et sous les yeux ébahis d'Elsa, sa grand-mère se métamorphose en une tortue géante de l'archipel d'Aldabra. Mais avant que la transformation ne s'achève, Elisa entreprend de résoudre le mystère qui pèse sur la relation entre sa mère et sa grand-mère. **SMT**

Reine du fleuve

Eva Ibbotson

Titre original *Journey to the River Sea*, 2001
Nationalité Grande-Bretagne/Autriche, 1925
Édition française multiples éditeurs
Thèmes aventure, école, amitié, famille

Maia, orpheline rêvant de vivre en famille, vit une existence heureuse dans un pensionnat de Londres. Un jour, son tuteur découvre qu'elle possède des parents lointains, M. et Mme Carter, qui seraient prêts à l'accueillir chez eux, au Brésil. Maia effectue le long voyage en mer jusqu'à Manaus aux côtés de la nouvelle gouvernante des Carter, Miss Minton. Sévère en apparence, Minty se révèle douce et intelligente, et devient une véritable amie. Au cours du voyage, Maia se lie avec un garçon appelé Clovis, orphelin comme elle et embauché par une troupe d'acteurs itinérants.

À son arrivée, Maia découvre une famille froide et désagréable. La jeune orpheline ignore que ses parents lui ont laissé une fortune en héritage et que les Carter ne l'accueillent que pour cette raison. Les jumelles, Gwendoline et Béatrice, sont cruelles et acariâtres. Minty reste la seule amie de Maia, jusqu'à ce que cette dernière rencontre un orphelin du nom de Finn, fils d'un Anglais et d'une Indienne Xanti. Clovis réapparaît par la suite, s'étant échappé du théâtre.

Finn est recherché par deux avocats anglais ayant reçu l'ordre de l'emmener vivre chez son grand-père. Finn n'a aucune envie de partir et décide, avec Maia et Clovis, de laisser Clovis se faire passer pour lui et de l'envoyer en Angleterre à sa place. Le récit comporte quelques touches délicieusement macabres, comme l'obsession de M. Carter pour sa collection d'yeux de verre. Eva Ibbotson adopte un magnifique style lyrique pour décrire les merveilles du Brésil et l'enchantement de Maia pour son pays d'adoption. **LH**

8+

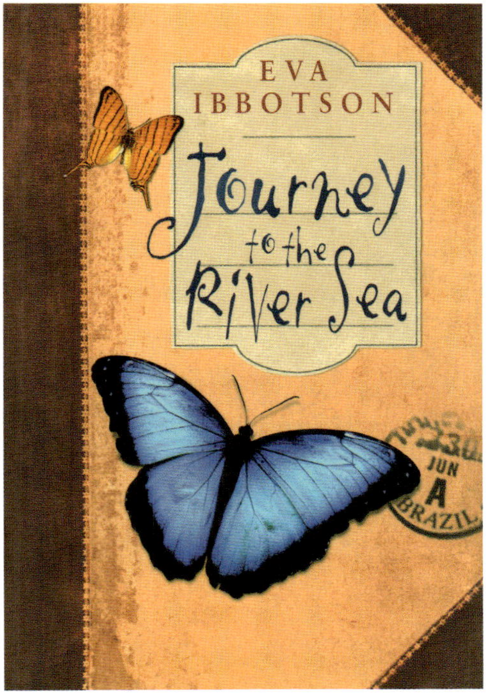

« Maia respira profondément. Une maison [...]. Tout le monde était certes bon et gentil, mais une maison. »

Autres livres d'Eva Ibbotson

Le Secret du quai 13
Recherche sorcière désespérément
Bienvenue à Griffstone
L'Étoile de Kazan

La Cité des dieux sauvages

Isabel Allende

Titre original *La Ciudad de las bestias*, 2002
Nationalité Chili, 1942
Édition française multiples éditeurs
Thèmes aventure, fantastique

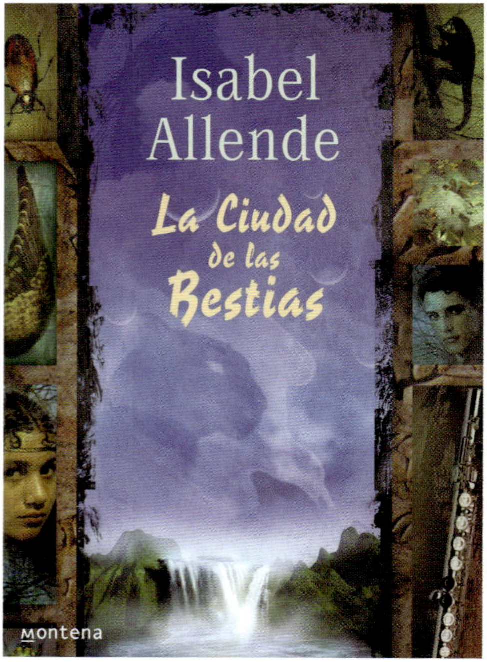

À quinze ans, Alex Cold se retrouve soudainement et à contrecœur entraîné dans une descente de l'Amazone, lors d'une expédition visant à retrouver une créature mystérieuse et une tribu jusque-là restée ignorée. Participent également à cette expédition la grand-mère d'Alex, écrivain voyageur, un anthropologue arrogant, une belle doctoresse ainsi qu'un guide local et sa fille adolescente, Nadia.

Dès le début du voyage, les protagonistes sont assaillis par des dangers venant de toute part. Après avoir perdu leur bateau, Alex et Nadia sont kidnappés par des Indiens surnommés « les gens de la brume », puis emmenés dans leur royaume secret appelé « l'œil du monde ». Tour à tour terrifiés et fortifiés par leurs

« Tout dans ce voyage était si différent du monde dans lequel Alex avait grandi... »

expériences, les deux enfants doivent surmonter leurs peurs et trouver la force intérieure d'emprunter chacun un chemin séparé pour parvenir à sauver la tribu.

Alors que le réalisme magique si caractéristique d'Isabel Allende peut sembler manifeste dans le monde de la fiction pour adultes, il apparaît parfaitement naturel dans ses livres pour enfants. La cité des dieux sauvages est certes ancrée dans le monde contemporain, mais est émaillée d'éléments relevant de la magie et du mythe. L'intrigue s'attache à mettre en garde contre un désastre écologique potentiel : la destruction des espèces, des environnements et des cultures, un thème d'actualité. Le fantastique s'immisce dans ces éléments réalistes, tandis que les enfants connaissent des rêves et des visions qui leur confèrent le pouvoir de vaincre les obstacles rencontrés et de voyager dans le royaume du mythe. **CW**

Autres fabuleux livres d'Isabel Allende

Les Contes d'Eva Luna
La Maison aux esprits
La Forêt des Pygmées
Le Royaume du Dragon d'or

8+

C'est tout moi, Clarisse la miss !

Lauren Child

Titre original *Utterly Me, Clarice Bean*, 2002
Nationalité Angleterre, 1967
Édition française Albin Michel Jeunesse
Thèmes famille, aventure, école, amitié

8+

Les lecteurs ont découvert Clarice Bean pour la première fois dans les livres illustrés *Clarice Bean, c'est moi !* et *Devine qui vient te garder, Clarice Bean ?* mais *Absolument moi, Clarice Bean* fut le premier roman pour enfants de Lauren Child à mettre en scène Clarice. L'aspect du roman diffère de celui des ouvrages suivants. Des dessins noir et blanc remplacent les collages d'aquarelles, d'images de magazines et de photos, mais l'inventivité typographique demeure, représentative des émotions de Clarice.

Clarice en a plus qu'assez de sa famille et n'apprécie pas particulièrement son professeur. Maman rouspète, papa se plaint de son travail, son frère Martin-le-Criquet

« Je ne suis pas enfant unique, mais parfois j'aimerais l'être. Ma famille compte six personnes, ce qui est parfois trop. »

est « absolument nuisible » et Mme Wilberton a un projet qui ne met pas particulièrement en joie la fillette, jusqu'à ce que celle-ci réalise qu'il y a un prix à la clé. Passionnée par la série des aventures de Ruby Redfort, jeune détective de onze ans, Clarice découvre bientôt qu'elle doit résoudre un mystère qui la concerne.

L'ouvrage offre une vision objective de l'enfance et aborde sans tabous les sentiments de limite, d'ennui et de frustration que l'enfant éprouve envers ses frères et sœurs, et ses amis. Sont également manifestes l'excitation qui entoure la découverte d'amitiés inattendues ainsi que le pouvoir qu'a chacun de changer les choses. Clarice Bean est une petite merveille irrésistible que vous ayez huit ans ou 80 ans.

Lauren Child a reçu de nombreux prix pour son œuvre. Une série télévisée, *Charlie et Lola,* basée sur ses ouvrages, est diffusée aux États-Unis depuis 2005. **WO**

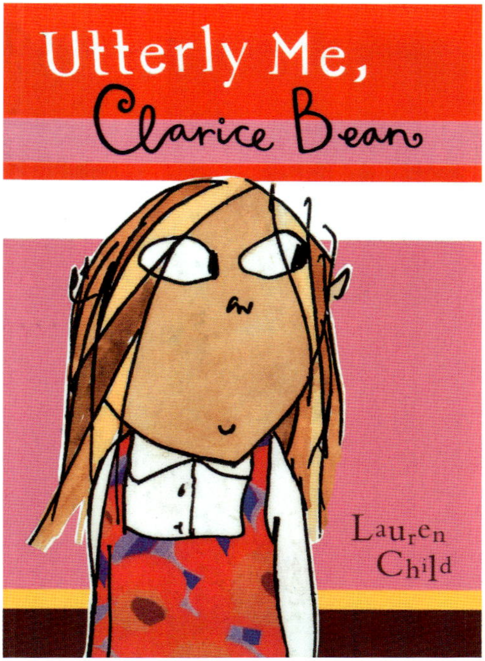

Autres ouvrages de Lauren Child

Beurk ! Les tomates (p. 366)
Hubert Horace Gontran Lambert de Ville-Adam
Clarice Bean, c'est moi !
Devine qui vient te garder, Clarice Bean ?
Boucle d'or

Des loups dans les murs

Neil Gaiman — Dave McKean

Titre original *The Wolves in the Walls*, 2003
Nationalité Angleterre, 1960 (aut.), 1963 (ill.)
Édition française Delcourt
Thèmes épouvante, fantastique

8+

Lucie est convaincue d'entendre des bruits sinistres provenant des murs de sa maison au style gothique. Ses parents et son frère demeurent incrédules, jusqu'au jour où ils sont chassés dans leur jardin en pleine nuit par d'inquiétants loups sortis de leurs murs. Une fois maîtres des lieux, les loups s'installent et prennent leurs aises.

Après une virée couronnée de succès dans sa maison afin d'aller chercher son doudou, Lucie convainc sa famille de retourner chez elle et d'expulser les loups. Le soir suivant, la famille réinvestit la maison et les loups s'enfuient, terrorisés. Mais n'est-ce pas l'éternuement d'un éléphant que Lucie entend derrière les murs, à la dernière page du livre ?

Récompensé par de nombreux prix pour son œuvre, Neil Gaiman a une imagination extraordinaire et témoigne d'une incroyable créativité dans cet ouvrage illustré. Il trouve en Dave McKean l'illustrateur idoine, maître dans l'art de brosser des scènes domestiques mêlant réalité et surréalisme. Ensemble, ils montrent aux jeunes lecteurs comment des créatures redoutables peuvent parfois faire preuve de lâcheté, tandis que des individus effrayés peuvent se distinguer par des actes de courage inattendus. Redoutables par moments, poltrons à d'autres, les loups se comportent davantage comme des vilains garçons que comme des bêtes diaboliques. Les enfants qui craignent ces créatures peuvent ainsi finir par en rire, tout comme les lecteurs plus grands. **NT**

Le Livre magique

Holly Black — Tony DiTerlizzi

Titre original *The Field Guide*, 2003
Nationalité États-Unis, 1971 (aut.), 1969 (ill.)
Édition française Pocket Jeunesse
Thèmes fantastique, aventure, famille

Ce premier tome de la série *Les Chroniques de Spiderwick* s'inspire de l'expérience de l'auteur et de son enfance passée dans une « maison décrépite de style victorien ». Après que le mariage de leurs parents eut volé en éclats, Mallory Grace et ses frères jumeaux Jared et Simon emménagent dans une grande demeure en ruine. Chacun espère que ce déménagement mettra fin à la mauvaise conduite de Jared, mais lorsque des objets commencent à disparaître et que les cheveux de Mallory sont retrouvés attachés au lit, c'est lui que l'on punit, même s'il clame son innocence.

Garçon sensible, Jared sait qu'il existe une force secrète au sein de la maison. Après une série d'événements perturbants, il découvre un vieux grimoire caché dans une pièce secrète. Écrit par son grand-oncle Arthur Spiderwick, il s'agit d'un manuel destiné à tous les gnomes, trolls et farfadets qui entourent la maison. Mais après toutes ses frasques, qui croira les récits improbables de Jared sur une armée de gnomes ? Les enfants rencontrent alors un étrange gnome nommé Thumbletack, qui affirme à Jared que quiconque ouvre le livre de Spiderwick se trouve en danger.

Cette œuvre, adaptée à l'écran en 2007, n'hésite pas à associer les préoccupations modernes d'une famille mono-parentale à des descriptions surnaturelles de créatures fantastiques. Faisant écho aux avertissements aux lecteurs formulés par Lemony Snicket, le frontispice du *Livre magique* stipule également les dangers encourus par les lecteurs. **SD**

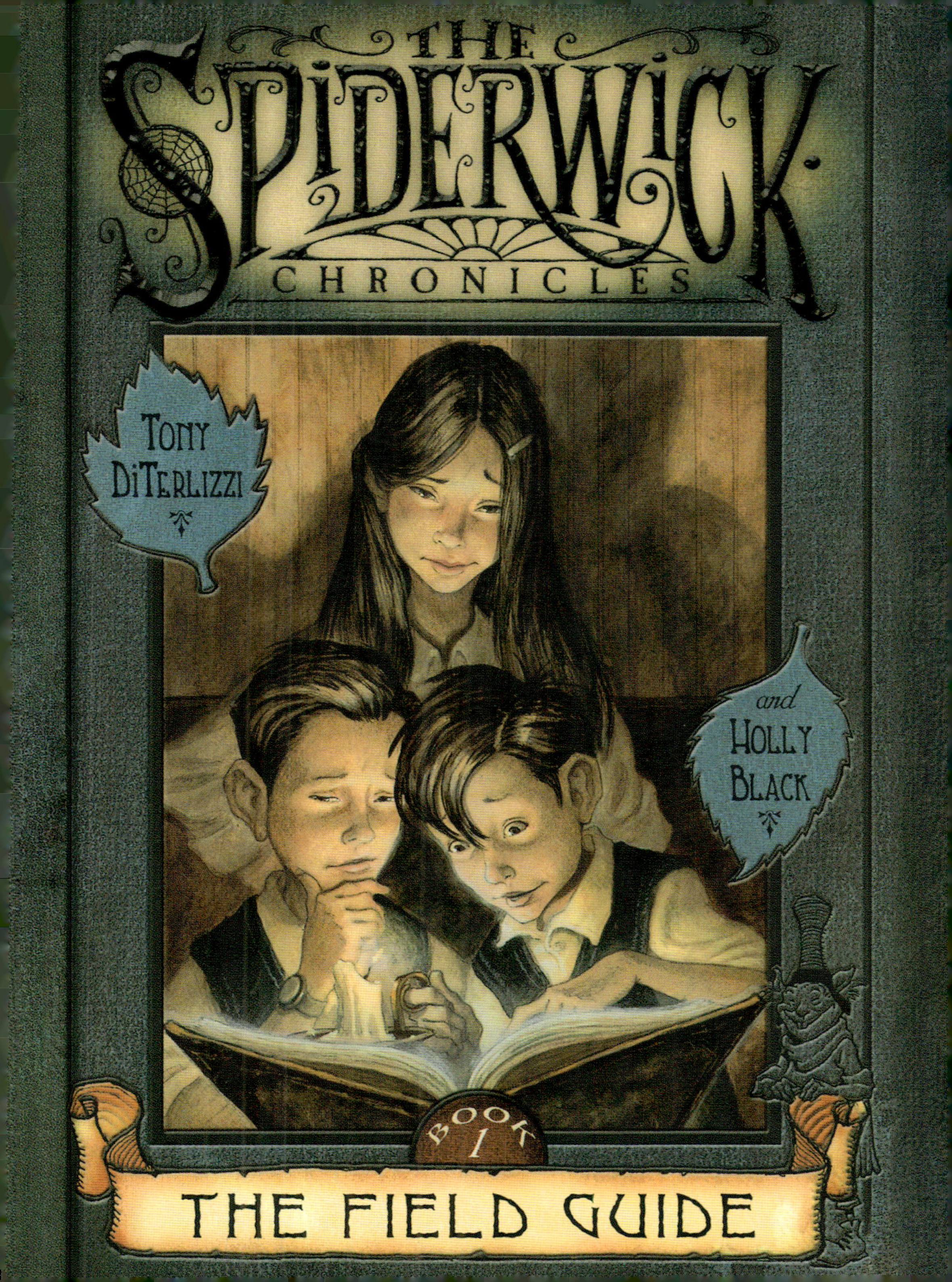
THE
SPIDERWICK
CHRONICLES
TONY DITERLIZZI
and
HOLLY BLACK
BOOK 1
THE FIELD GUIDE

The Naming of Tishkin Silk

Glenda Millard   Caroline Magerl

Nationalité Australie, 1952 (aut.), Allemagne/Australie, 1964 (ill.)
Édition ABC Books, Australie, 2003
Thèmes fantastique, maladie et mort, famille

8+

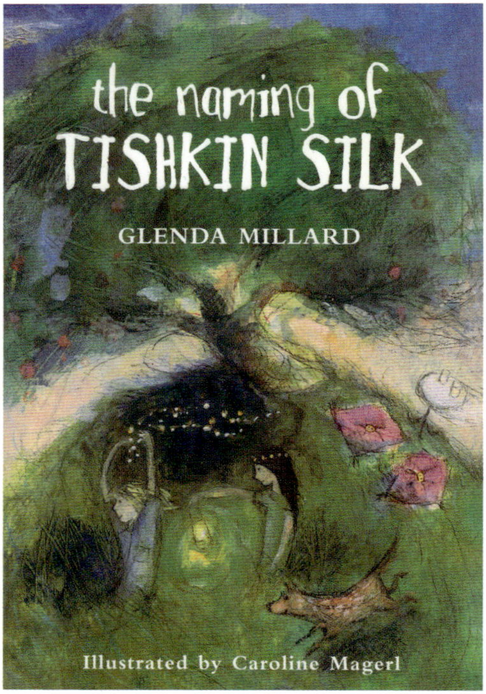

Griffin Silk est né un 29 février, mais ce n'est pas la seule chose qui fasse de lui un garçon à part. Pour commencer, ses parents le nommèrent d'après une créature mythique et sa grand-mère se transforme régulièrement en bonne fée du royaume de Silk. Il y a aussi son chien sourd, Blue et son corbeau à moitié aveugle, Zeus. Jusqu'à présent, Griffin a été scolarisé à domicile, tout comme ses cinq sœurs aînées Pourpre, Indigo, Violette, Ambre et Safran, connues comme les « Filles de l'arc-en-ciel ».

Mais lorsqu'une tragédie frappe la famille, tout change. Intégrer l'école locale représente un défi pour Griffin. Il est raillé par le tyran de l'institution et aspire à être normal et ordinaire. Il rencontre alors la princesse

« Le haut [du ciel], là où brillaient les étoiles, avait la couleur de la veste bleutée de papa. »

Layla et découvre, avec son aide, qu'il peut partager ses malheurs et accepter sa différence. Cette histoire réconfortante sur la famille, l'amitié, l'amour et la perte est mise en valeur par les magnifiques et vaporeuses illustrations de Caroline Magerl. Humour et chaleur imprègnent ces pages. L'invention de rituels familiaux, comme celui de « nommer les jours » et les fréquents voyages imaginaires soulignent le rôle de la spiritualité et de l'imagination pour vaincre la douleur.

Dans la suite de *The Naming of Tishkin Silk, Layla, Queen of Hearts* (2006), Layla, par sa présence réconfortante, est devenue membre honoraire de la famille Silk. Bien qu'elle n'ait commencé à écrire qu'à l'adolescence de ses quatre enfants, Glenda Millard s'est rapidement imposée comme un écrivain à part entière, spécialisée dans les romans de fiction pour enfants et jeunes adultes. **AH**

Autres auteurs australiens à lire

L'Enfant et le chat, Libby Hathorn (p. 654)
Tashi et le dragon, Anna et Barbara Fienberg (p. 659)
La Fille du dictateur, Jackie French (p. 676)
Là où vont nos pères, Shaun Tan (p. 701)

Cœur d'encre

Cornelia Funke

Captivant et complexe, *Cœur d'encre* est un roman fantastique. Après l'apparition, une nuit, dans la maison de Meggie, d'un mystérieux étranger du nom de Dustfinger, la fillette, son père Mo et sa grand-tante Éléanor sont projetés dans un monde de brigands, où règnent enlèvements et crimes. Il n'échappe à personne que Mo en sait plus long sur ce qui se passe qu'il ne veut le dire et c'est seulement lorsqu'ils se retrouvent enfermés dans un donjon que Mo dévoile son secret. Lorsque Mo lit à haute voix, les personnages du livre sortent des pages et pénètrent dans le monde réel.

Neuf ans plus tôt, Mo a fait sortir du livre intitulé *Cœur d'encre* Capricorn, son acolyte Basta et le cracheur de feu Dustfinger. Mais il existe un revers de la médaille au pouvoir de Mo : lorsqu'une personne du livre pénètre dans le monde réel, une personne du monde réel doit entrer dans le livre. La nuit où Capricorn, Basta et Dustfinger firent leur apparition, la mère de Meggie disparut donc dans le livre et Mo n'a plus jamais lu à haute voix. Capricorn veut contraindre Mo à user de son pouvoir pour faire revenir le monstre mortel, le Shadow. Mo a une idée pour rétablir l'ordre et décide de faire intervenir l'auteur de *Cœur d'encre*, Fenoglio. Mais avant de pouvoir mettre son plan à exécution, Meggie et Fenoglio sont capturés par Capricorn. En lisant à haute voix pour se rassurer, Meggie découvre qu'elle est aussi capable de faire sortir les personnages d'un livre. Elle doit alors utiliser son pouvoir pour sauver sa mère et détruire Capricorn. Tout finit bien et la fin est suffisamment allusive pour inciter le lecteur à entamer le deuxième tome de la trilogie. **CW**

« La pluie projeta une sorte de lueur sur l'obscurité et l'étranger apparut à peine mieux qu'une ombre. »

Titre original *Tintenherz*, 2003
Nationalité Allemagne, 1958
Édition française multiples éditeurs
Thèmes fantastique, aventure

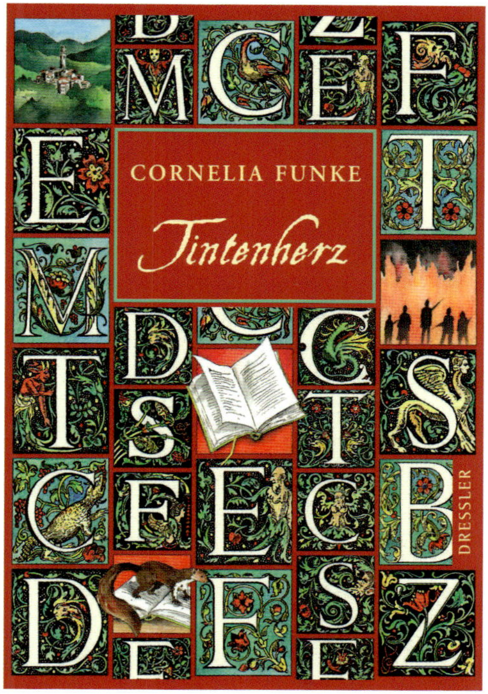

Autres livres fantastiques de C. Funke

Le Prince des voleurs
Le Cavalier du dragon
Le Mystérieux Chevalier sans nom
Sang d'encre

8+

8+

Le Jacquot de monsieur Hulot

David Merveille

Nationalité Belgique, 1968
Édition Le Rouergue, France, 2006
Thèmes imagier, magie

Il y a un monde avec M. Hulot et un monde sans lui. *Le Jacquot de monsieur Hulot* joue sur ce contraste, comme un avant/après : une double page grand format, et hop ! un rabat qui, une fois ouvert, nous permet de découvrir toutes les malices et drôleries de l'univers de M. Hulot, en format grand écran.

M. Hulot, c'est un magicien familier. Il ressemble à tout le monde, il pourrait être notre oncle, vous savez, où notre voisin. Sa silhouette est unique et immanquable, et quand on la voit on ressent ce petit coup au cœur, on a vu quelqu'un qu'on aime. David Merveille joue de cela en le promenant dans des pages très grandes, où il faut le chercher le cœur battant.

L'album contient des références aux films et à l'humour de Jacques Tati : l'incontournable poisson-fontaine de la villa Arpel trouve toute sa place dans un gag d'arroseur qui n'a plus d'eau ; il y a du trafic dans ce carrefour où M. Hulot ne sait plus se diriger jusqu'à ce qu'il repère le doigt pointé de la statue. Et hop ! on roule.

Mais, au fond, pourquoi M. Hulot parcourt-il la ville avec son jacquot à vélo ? Eh bien, c'est tout simple : pour aller compter fleurette à Margaux, la belle retrouvée à la fin de l'ouvrage. Car M. Hulot est drôle, maladroit, blagueur et innocent, et aussi timide… qu'irrésistible ! **AB**

La Légende de Despereaux

Kate DiCamillo Timothy Basil Ering

Titre original *The Tale of Despereaux*, 2003
Nationalité États-Unis, 1964 (aut.)
Édition française Hachette Jeunesse
Thèmes contes de fées, amitié

La Légende de Despereaux est un conte de fées au style très proche de celui des frères Grimm. L'histoire se déroule dans un royaume où la soupe est bannie et les traîtres se cachent à chaque coin de rue.

Le souriceau Despereaux est une sorte d'antihéros : il est petit, souffreteux, doté d'oreilles immenses, et adore la musique et la lecture. Il défie les règles du royaume des souris en tombant follement amoureux d'une belle princesse humaine. En guise de punition, il est relégué par ses pairs dans un sordide donjon infesté de rats. L'un des habitants du donjon, un rat futé du nom de Roscuro, persuade une pauvre servante mal-aimée, Miggery Sow, de kidnapper la princesse et de l'amener dans le donjon. Mais le brave Despereaux, armé d'une seule bobine de fil rouge, mène vaillamment la princesse à travers les méandres du donjon et la ramène dans le monde enchanté du château de son père. Roscuro et Miggery Sow sont finalement pardonnés par la princesse et son père, et les personnages vivent heureux après cet épisode.

Les thèmes centraux de ce conte sont l'amitié et le pardon. Tour à tour réconfortant et spirituel, le récit possède aussi une face plus sombre qui voit s'affronter les forces du bien et du mal. Un narrateur anonyme assure l'unité de l'histoire, tout en la commentant avec un humour teinté d'ironie. Les enfants apprécieront de lire ce livre seuls, même si les propos du narrateur en font aussi un livre destiné à être lu à haute voix. **HJ**

KATE DiCAMILLO

author of *Because of Winn-Dixie*

The Tale of Despereaux

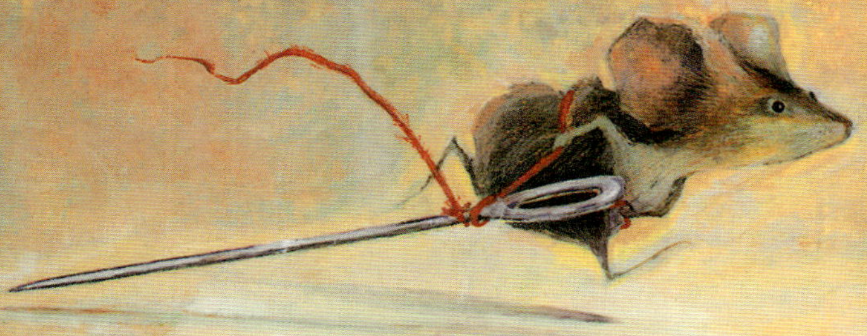

illustrated by Timothy Basil Ering

Millions

Frank Cottrell Boyce

Titre original *Millions*, 2004
Nationalité Angleterre, 1961
Édition française Gallimard Jeunesse
Thèmes famille, aventure

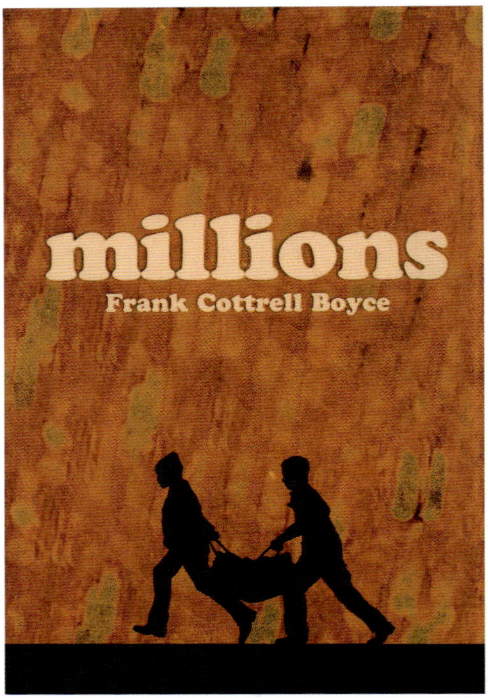

Autres histoires morales modernes

Skellig, David Almond (p. 667)
Le Passage, Louis Sachar (p. 902)
L'Armoire magique, C. S. Lewis
Le Crime parfait, Frank Cottrell Boyce

Millions est un livre rare ; le récit d'un garçon de sept ans qui séduira les enfants autant que les adultes. D'un certain côté, il s'agit d'une comédie subversive bien rythmée sur les réponses des enfants aux règles des adultes et sur les problèmes pratiques que pose la détention inattendue d'une grosse somme d'argent. Mais l'œuvre se révèle également émouvante dans le portrait qu'elle offre d'une famille accablée de chagrin. Elle aborde les grandes questions, comme celle de la difficulté à mettre en pratique les principes tels que celui d'aider les plus pauvres. La morale, qui veut que faire le bien soit plus compliqué qu'il n'y paraît, est énoncée avec humour et dépourvue de ton moralisateur.

« Il existe un saint patron des voleurs [...], mais je ne suis pas un vrai voleur. »

Lorsque Damian et son frère aîné Anthony découvrent un sac d'argent apparemment tombé du ciel, la première réaction de Damian est de vouloir faire une bonne action, tandis qu'Anthony veut investir dans l'immobilier.

La conversion fictive du Royaume-Uni à l'euro et la disparition de la livre sterling qu'elle entraîne donne aux garçons un délai pour dépenser cet argent et accélère encore leur course contre le temps. Alors que Damian lutte pour choisir une cause valable, des changements surviennent dans sa famille et les adultes commencent à s'intéresser à sa découverte. Écrit à l'origine comme un scénario, *Millions* possède d'excellents dialogues et présente une vision enfantine crédible. Comme les deux romans suivants de l'auteur, *Millions* rend compte fidèlement du fonctionnement de l'esprit d'un enfant et témoigne d'un grand respect envers ceux dont il fait le portrait. **GB**

Frère de loup

Michelle Paver

Frère de loup est le premier tome de la série *Chroniques des temps obscurs* qui en compte six. L'histoire se déroule dans les forêts du nord de l'Europe, des milliers d'années après la fin de l'ère glaciaire. Torak, garçon âgé de douze ans, et son père sont bannis de leur clan et vivent seuls. Lorsque son père est tué par un démon, Torak entreprend une quête pour trouver la montagne de l'Esprit du monde qui lui donnera la force de combattre la bête et de protéger son clan et toutes les créatures de la forêt.

Torak, héros réticent, est accompagné tout au long de son terrifiant voyage par un louveteau orphelin avec lequel il parvient à communiquer, puis par Renn,

« Était-il là en ce moment, en train de le regarder de ses yeux meurtriers injectés de sang ? »

courageuse fillette de son âge et archère accomplie. Le livre raconte leurs combats et les dangers qu'ils affrontent, à la fois humains et surnaturels.

Frère de loup est empreint d'une puissante atmosphère de magie naturelle. Il évoque un monde à la fois fantastique et réaliste, et témoigne d'un énorme travail de l'auteur en matière de recherches. Cette dernière a en effet traversé les forêts de Laponie et du nord de la Finlande pour aller à la rencontre des nomades ; elle a appris à fabriquer un arc et des flèches et a dormi sur des peaux de renne. Michelle Paver déclare à propos de son livre : « Tout, dans ce livre, devait avoir eu lieu. Tout est potentiellement possible ; il fallait que ce soit la réalité. Je veux que les lecteurs se croient dans ces anciennes forêts. » Enracinée dans un monde étrange quoique plausible, les aventures de Torak, dans ce tome comme dans les suivants, sauront captiver les jeunes lecteurs. **HJ**

Titre original *Wolf Brother*, 2004
Nationalité Angleterre, 1960
Édition française Hachette Jeunesse
Thèmes fiction historique, aventure, légendes

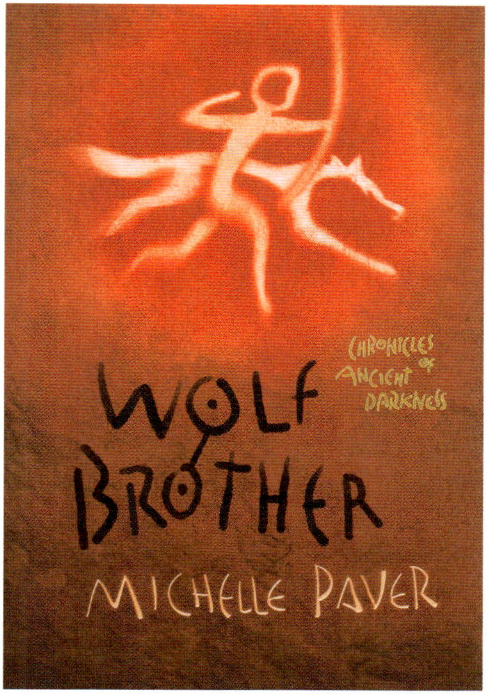

Autres livres de Michelle Paver

Fils de l'eau
Les Mangeurs d'âmes
Le Banni
Le Serment

8+

8+

Alex Rider : Arkange

Anthony Horowitz

Titre original *Ark Angel*, 2004
Nationalité Angleterre, 1956
Édition française Hachette Jeunesse
Thèmes aventure, amitié

Recruté par le MI6 après la mort mystérieuse de son oncle, l'orphelin et adolescent Alex Rider devient un super espion et combat les forces obscures qui ont assassiné son oncle. L'histoire d'*Arkange*, 6e tome de la série « Alex Rider », débute à l'hôpital, où Alex se remet d'une tentative d'assassinat survenue à la fin de *Scorpia*, le tome précédent. Avoir frôlé la mort convainc Alex d'abandonner son rôle d'espion pour mener une vie normale. C'était sans compter sur Paul, le nouvel ami et voisin de chambre d'Alex, et sur son richissime père. Une nuit, Paul manque de se faire agresser et est sauvé de justesse par Alex qui se retrouve de nouveau entraîné dans une mission à hauts risques.

Peuplée d'éco-terroristes et de milliardaires sans scrupules, la série Alex Rider est souvent rabaissée au rang de version de James Bond junior. Cette approche est par trop simpliste même s'il est vrai que ce tome, comme les autres, inclut des incontournables d'histoires d'espionnage comme les fuites depuis des véhicules en mouvement, des agents doubles, des groupes terroristes démoniaques, ainsi que l'envoi d'Alex dans l'espace pour désamorcer une bombe et sauver la planète.

En dépit de ces caractéristiques et de l'intrigue haletante, *Arkange* ne perd jamais de vue l'âge d'Alex et sa vulnérabilité. Lorsqu'il apparaît que l'amitié de Paul n'est pas totalement désintéressée, l'adolescent ravale sa déception et pense à son devoir envers son pays. **SD**

ABC3D

Marion Bataille

Nationalité France, 1963
Édition Albin Michel, France, 2008
Thèmes abécédaire, pop up

Marion Bataille est diplômée de l'École supérieure des arts graphiques de Paris. Graphiste et photographe, elle a également réalisé des décors et des costumes pour le théâtre, des pochettes de disques et des couvertures de livres. En tant qu'illustratrice, elle a publié un premier album chez Thierry Magnier en 1999, *Livre de lettres*, en utilisant de manière originale le dessin, la photographie et l'infographie. Avant de devenir *ABC3D*, son livre s'est d'abord appelé *Op-Up*. À partir de sérigraphies, l'artiste en a façonné elle-même à la main 30 exemplaires qui ont été diffusés par l'association Les Trois Ourses. Quand l'éditeur Albin Michel jeunesse et neuf co-éditeurs étrangers se le sont appropriés en l'imprimant à l'identique, avec une belle qualité technique sur un beau papier et à un prix raisonnable, l'accueil du public a été à la hauteur de cet ouvrage exceptionnel. C'est un remarquable travail d'artiste de la typographie avec une inventivité et une maîtrise des techniques du pliage impressionnantes. Ses lettres nous sautent aux yeux, jaillissent en blanc sur les pages noires, alternent en rouge ou noir sur les pages blanches. Elles sont à la fois architecturales et sculpturales et saisies d'une mobilité qui leur permet de passer du plan au volume comme par magie. L'ensemble se révèle harmonieux dans ce que l'on perçoit de simple et d'ingénieux et donne à chaque lettre une vie propre. Aériennes ou savamment dévoilées, leur ballet est un plaisir pour les yeux. **NB**

L'Éternité, mais sans moi

Jutta Richter   Rotraut Susanne Berner

Titre original *Die Katze, oder wie ich die Ewigkeit verloren habe*, 2006
Nationalité Allemagne, 1955 (aut.), 1948 (ill.)
Édition francophone (Suisse) La Joie de lire
Thème histoires d'animaux

C'est la faute de la vieille chatte blanche si Christine est en retard à l'école tous les matins. C'est l'été et la chatte, toujours assise sur le même mur, s'entretient avec la petite fille. Christine trouve que l'animal est capable d'expliquer le monde bien mieux que ne le fait sa maîtresse. Mais il existe des questions auxquelles même la chatte ne peut pas répondre de manière satisfaisante. Par exemple, comment Christine peut-elle s'améliorer en maths ? Christine entretient aussi des doutes sur les connaissances de l'animal. Ainsi, elle se fait du souci pour Buck, le postier, qui semble très seul dans son uniforme. La chatte lui rétorque que les gens en uniforme sont toujours seuls. Mais Christine refuse de croire la chatte et pense qu'il est possible d'aider les personnes esseulées.

La chatte et Christine finissent par évoquer le péché originel, un sujet que Christine a abordé en cours d'éducation religieuse. La chatte ne croit pas que Dieu condamnerait l'humanité à cause d'une simple pomme, même poussée sur l'arbre de la Connaissance : il ne serait pas dans son intérêt que les êtres humains demeurent privés d'intelligence. Christine finit par comprendre les limites de la chatte. Bien qu'elle soit capable d'expliquer le concept d'éternité, la seule autre chose qu'elle sait faire est de calculer à l'aide de souris. La fillette de 8 ans réalise qu'elle doit désormais tenter de comprendre le monde sans l'aide du chat. Publié à l'origine en allemand sous le titre *Die Katze, oder wie ich die Ewigkeit verloren habe*, ce précieux ouvrage initie le jeune public aux questions philosophiques. **CS**

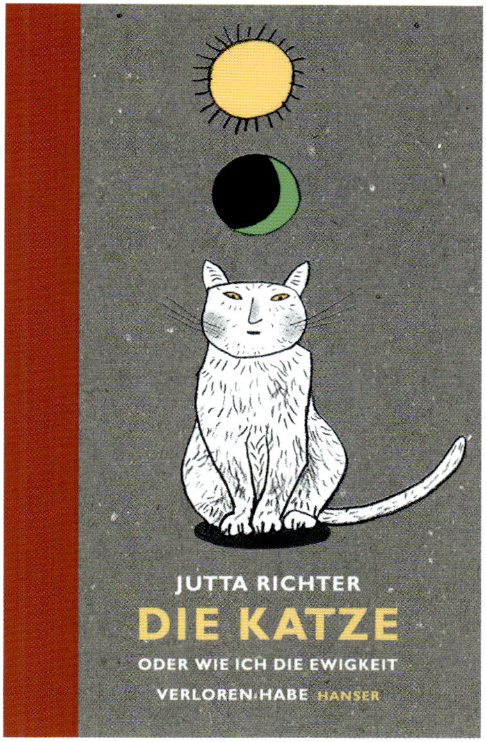

« "Il ne peut s'en prendre qu'à lui", siffla-t-elle. "Il lèche la main qui le frappe au lieu de la mordre." »

Autres livres philosophiques

L'Arbre généreux, Shel Silverstein (p. 270)
Contes zen, Jon Muth, (p. 383)
Le Petit Prince, Antoine de Saint-Exupéry (p. 495)
Le Monde de Sophie, Jostein Gaarder

8+

Le Garçon en pyjama rayé

John Boyne

Titre original *The Boy in the Striped Pyjamas*, 2006
Nationalité Irlande, 1971
Édition française Gallimard Jeunesse
Thèmes fiction historique, controverse

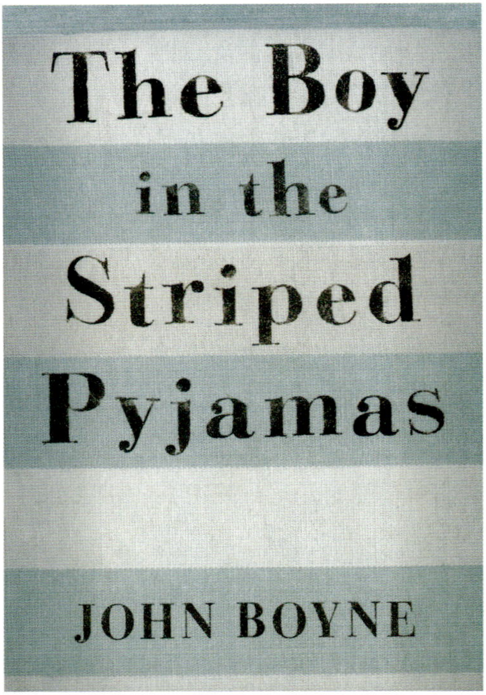

Autres livres sur l'holocauste

***Mon ami Frédéric*, Hans Peter Richter (p. 797)**
***Compte les étoiles*, Lois Lowry (p. 872)**
***La Voleuse de livres*, Markus Zusak**

Le Garçon en pyjama rayé se déroule à l'époque de la Seconde Guerre mondiale et traite de l'holocauste, un sujet qui peut sembler bien grave pour un livre d'enfants. L'ouvrage, vendu à plus de quatre millions d'exemplaires dans le monde, a cependant été largement ovationné et récompensé à plusieurs reprises. Il a fait l'objet d'un film en 2008.

Il y est question de l'amitié qui unit deux jeunes garçons par-delà une clôture. Mais ce n'est pas une clôture ordinaire. L'un des garçons, Shmuel, porte un pyjama rayé parce qu'il est juif et détenu dans le camp de concentration d'Auschwitz. L'autre garçon, Bruno, âgé de 9 ans, est le fils du commandant nazi travaillant pour le « Fourreur » (Führer). Bruno et sa famille viennent d'emménager à Auschwitz et, malgré la présence de sa sœur Gretel, Bruno se sent seul et désœuvré. L'amitié qu'il noue avec Shmuel comble le vide de son existence, mais n'est pas sans conséquences. Bruno attrape des poux et doit se faire raser la tête, comme les détenus du camp. Lorsque le père de Shmuel disparaît, Bruno décide d'aider son ami à le retrouver, générant par ses actes une prise de conscience familiale généralisée.

« Tout ce qu'il pouvait dire [à propos de son père], c'était que le "Fourreur" nourrissait de grands projets pour lui. »

La force de cet ouvrage réside dans sa description de l'intolérance. Qu'est-ce qui pousse les individus à dresser des barrières sur des critères raciaux ou religieux, et qu'est-ce qui, dans la nature humaine, est plus fort que ces barrières ? L'ouvrage a le mérite de faire réfléchir et véhicule, bien qu'il concerne une période révolue, d'importants messages pour notre époque. **CK**

Là où vont nos pères

Shaun Tan

Par ses images, l'œuvre graphique puissante et reconnue de Shaun Tan interprète la palette des émotions ressenties par le migrant. Selon S. Tan, les images sont « une forme absolument unique d'expression narrative », et permettent au lecteur de faire sienne une histoire. Fuyant une ville oppressante et ses immeubles rappelant la Grande Dépression, le migrant se met en quête d'une vie meilleure pour sa famille. Son voyage sur l'océan est représenté par des images emblématiques des migrations européennes du XXIe siècle. Le voyage le mène dans une métropole irréelle, si nouvelle et étrange qu'il se croit sur une autre planète. Les lecteurs partagent l'impression d'isolement et de perplexité du migrant, dans un lieu où rien n'est familier et tout semble étrange. Communiquer est presque impossible, et pourtant un animal insolite quoique sympathique va offrir à l'homme son aide et son amitié. Peu à peu, le migrant rencontre d'autres individus, chacun porteur d'une histoire alliant la peur à la sécurité et à l'amitié.

À travers une captivante série de dessins merveilleusement détaillés, Shaun Tan raconte des histoires qui célèbrent les valeurs de l'amitié et de la famille. Comme dans les autres œuvres de Tan, d'énormes édifices et des éléments menaçants mettent en valeur la vulnérabilité des petits habitants de ce monde. Une atmosphère délicieusement fantasque et teintée d'humour enveloppe cette œuvre qui trouve un dénouement heureux. S'adressant à un public de tous les âges, cet ouvrage partage ce que l'expérience du réfugié a d'universel : en fuyant une menace, le migrant peut se trouver confronté à une autre sorte de perte, tout aussi troublante.

Shaun Tan, dont le père chinois émigra en Australie depuis la Malaisie, attribue son intérêt pour les questions d'identité à son expérience d'enfant ayant grandi dans la banlieue de Perth. **SM**

Titre original *The Arrival*, 2006
Nationalité Australie, 1974
Édition française Dargaud
Thèmes famille, amitié

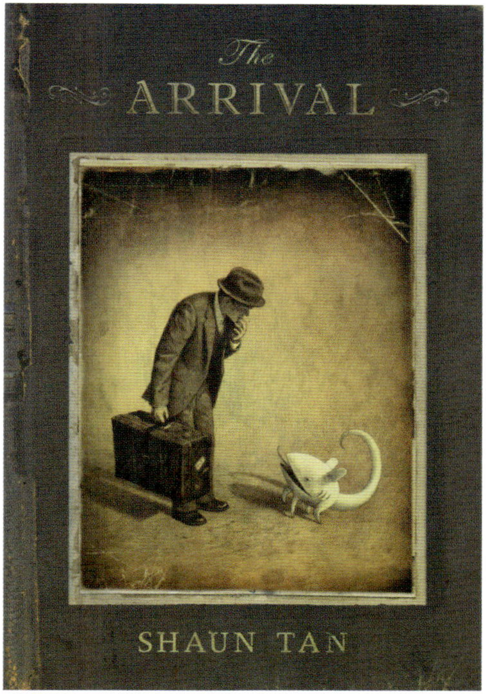

8+

Autres livres de Shaun Tan

L'Arbre rouge
Contes de la banlieue lointaine

L'Invention de Hugo Cabret

Brian Selznick

Titre original *The Invention of Hugo Cabret*, 2006
Nationalité États-Unis, 1966
Édition française Bayard Jeunesse
Thèmes fantastique, fiction historique

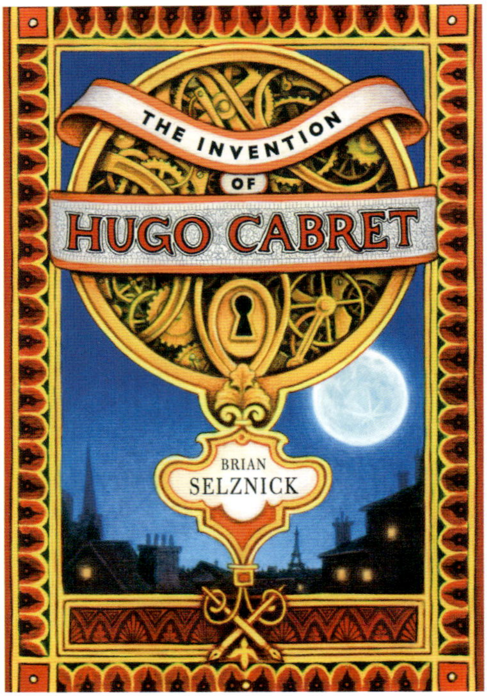

8+

Autres romans graphiques célèbres

Là où vont nos pères, Shaun Tan, (p. 701)
L'Étrange Vie de Nobody Owens, Neil Gaiman et Chris Riddell (p. 704)
Coraline, Neil Gaiman et P. Craig Russell
Miss Charity, M. A. Murail

Avec ses 536 pages (dont 378 sont du texte et 158 des illustrations réalisées au crayon), ses photographies noir et blanc d'époque et son graphisme attrayant, l'ouvrage suscite un intérêt immédiat. Cependant, l'ouvrage défie toute tentative de définition de son genre. Livre d'images, ouvrage illustré, roman graphique et fiction historique, *L'Invention d'Hugo Cabret* est à la fois tout cela et rien de cela.

Certains ingrédients du récit semblent parfaitement ordinaires : un orphelin parisien de 12 ans évoluant dans les années 1930 (et qui se trouve être un voleur) ; des horloges et des horlogers ; un automate qui sait écrire ; un terrible incendie ; des identités cachées ; les relations père-fils ; des séparations et des retrouvailles… Quelques éléments parmi d'autres. Des mystères sont levés et des secrets dévoilés, et bien que l'intrigue soit marquée par sa complexité et ses coïncidences, le charme de l'histoire est tel que l'incrédulité occasionnelle du lecteur s'en trouve totalement éconduite.

« Hugo […] devait garder certaines choses secrètes, il ne pouvait pas le dire à la fillette. »

Les dessins au crayon de Brian Selznick témoignent des influences cinématographiques présentes dans l'œuvre. L'auteur et illustrateur affirme un goût prononcé pour les gros plans détaillés dans ses dessins de décors et de personnages et révèle une maîtrise impressionnante de la perspective. Ainsi, le lecteur pourra admirer la merveilleuse séquence de la librairie dans laquelle Hugo, le héros, se retrouve au milieu « d'une pile de livres chancelante » et celle dans laquelle Isabelle, l'amie d'Hugo, lutte avec le « panneau décoratif » d'une armoire. **RD**

« Hugo fixa une manivelle […] et, de toutes ses forces, la tourna aussi fort que possible. »

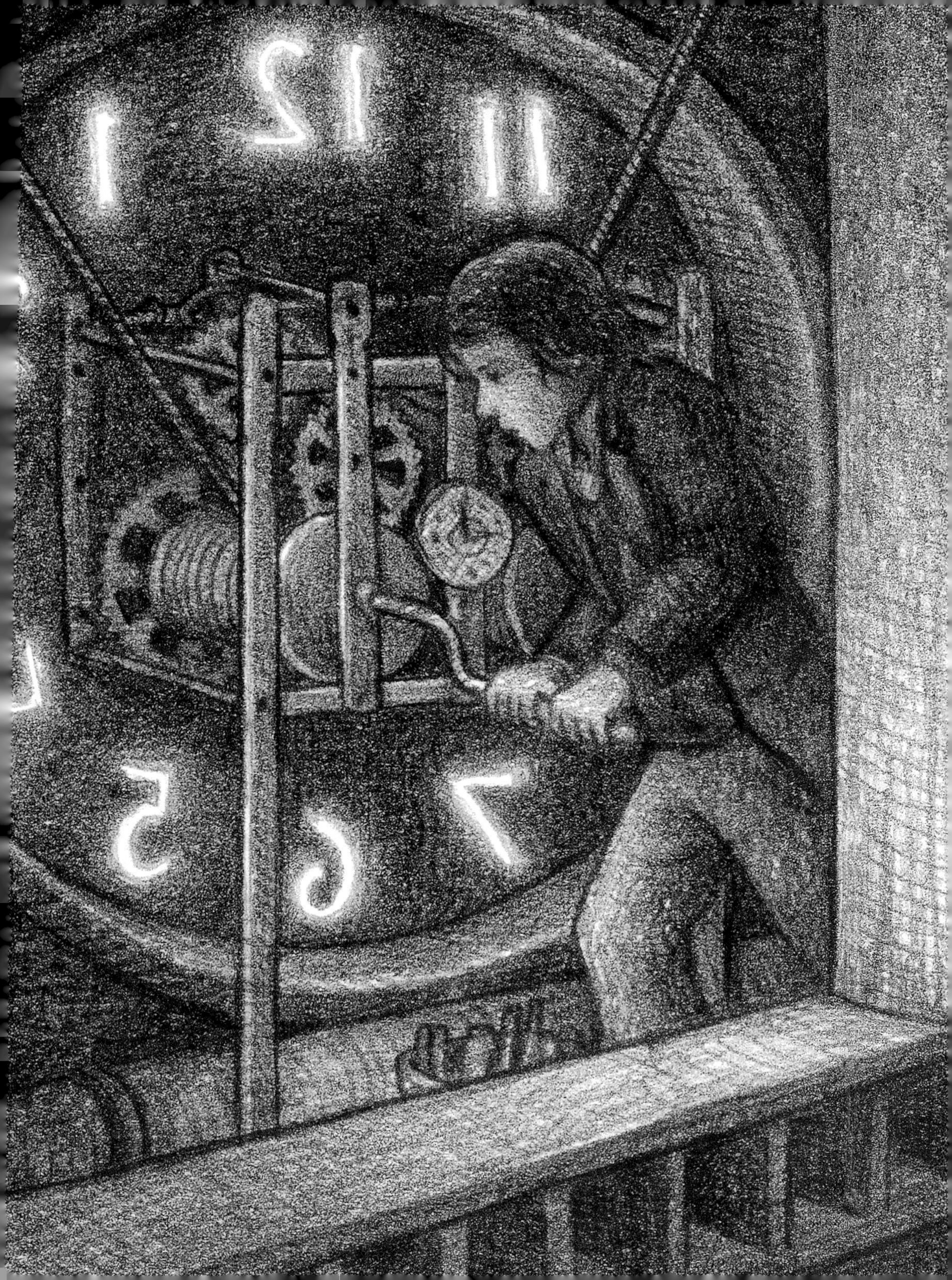

L'Étrange Vie de Nobody Owens

Neil Gaiman Chris Riddell

Titre original *The Graveyard Book*, 2008
Nationalité Angleterre, 1960 (aut.), 1962 (ill.)
Édition française Albin Michel Jeunesse (ill. D. McKean)
Thèmes épouvante, fantastique

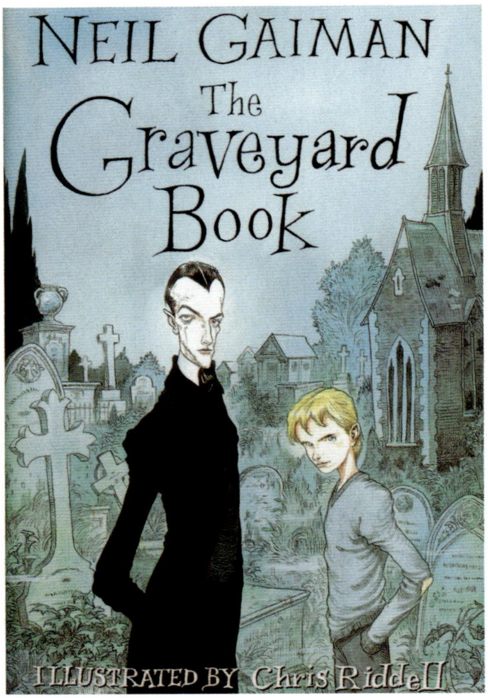

8+

C'est l'un des livres lus ces dernières années que j'ai le plus aimés. Depuis sa série « The Sandman », je suis devenu un grand fan de Neil Gaiman et j'ai aimé tous les livres qui ont suivi, mais *L'Étrange Vie de Nobody Owens* est le premier de ses romans à susciter un impact aussi fort que celui de ses comics.

Après le meurtre de ses parents, un bébé trouve refuge dans un cimetière où les fantômes décident, après moult délibérations, de l'élever et de le protéger contre un tueur lancé à ses trousses et qui n'abandonnera jamais. Baptisé Nobody Owens, le garçon grandit dans un monde peuplé de morts et d'êtres d'une nature encore plus mystérieuse, et traverse une série d'aventures qui façonnent peu à peu sa personnalité. Naturellement, puisque tous les grands récits évoluent autour des thèmes de la revanche ou de la rédemption, le héros est contraint d'obéir à la créature sinistre et vicieuse qui a détruit tout ce qui lui était cher. Le livre suit le garçon au fil de sa croissance et chaque chapitre raconte une histoire à une étape différente de sa vie.

> *« [...] Des volutes de brouillard nocturne glissèrent et s'engouffrèrent par la porte ouverte. »*

Récit magique sur le passage à l'âge adulte, ce roman sombre et menaçant déborde cependant de chaleur et d'espoir. Les personnages sont esquissés avec finesse, l'intrigue est truffée de brillants rebondissements, l'humour macabre enchantera les moins jeunes et l'imagination merveilleuse de Neil Gaiman fera fondre les cœurs les plus récalcitrants. Une œuvre qui célèbre la jeunesse, tout en soulignant la nécessité de mûrir et de prendre sa vie en main pour toucher du doigt tout ce que le monde peut offrir. Époustouflant.

Autres livres de Neil Gaiman

Des Loups dans les murs (p. 690)
Coraline
Miroirs et fumée
De bons présages

« "Je suis le maître de ces lieux". [...] "Je les protège de tous ceux qui leur veulent du mal." »

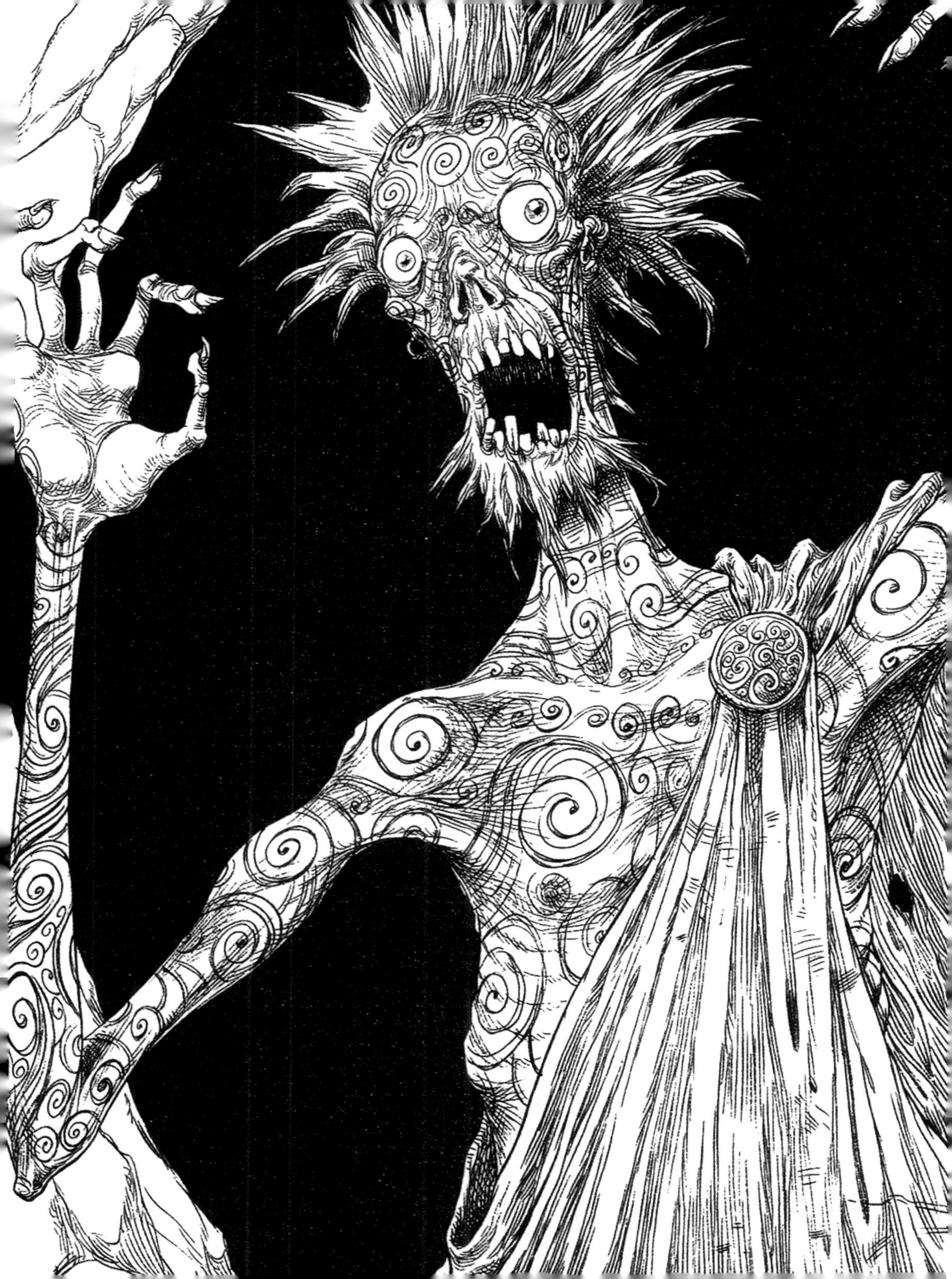

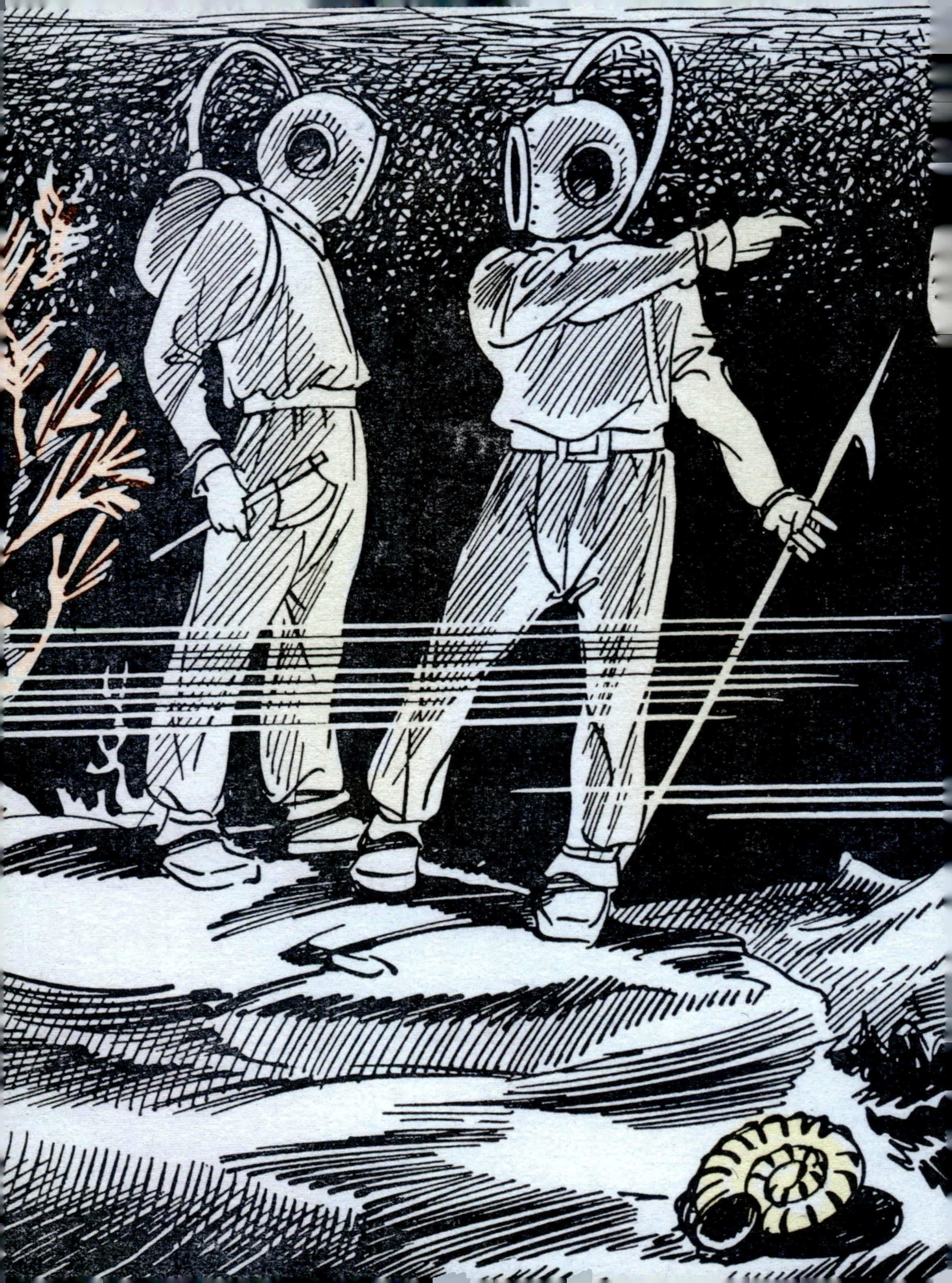

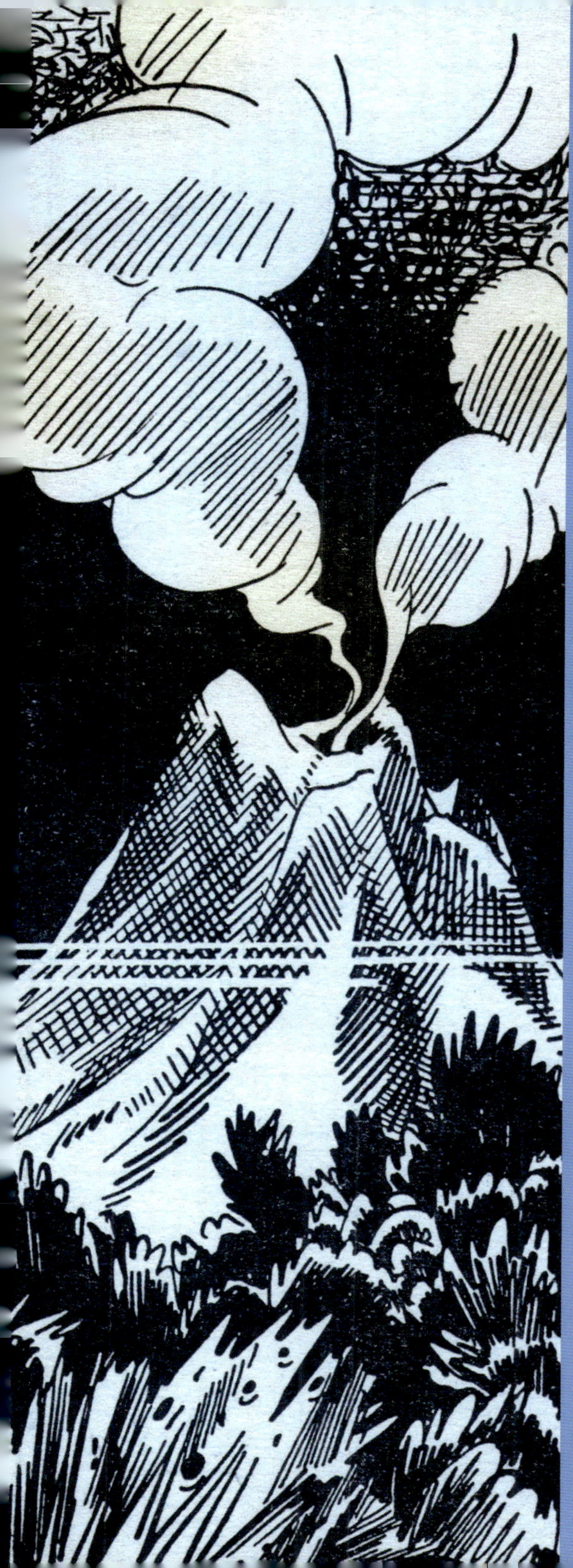

12+

Une illustration de 1962 de *20 000 Lieux sous les mers* (1870), écrit par Jules Verne

Bertoldo, Bertoldino, et Cacasenno

Giulio Cesare Croce et A. Banchieri

Nationalité Italie, 1550 (Croce), 1568 (Banchieri)
Édition inconnue, Italie, v. 1620
Thèmes contes populaires, famille, classiques

Giulo Cesare Croce écrivit *Bertoldo* en 1606 et *Bertoldino* en 1608. La troisième partie de l'œuvre, *Cacasenno*, fut écrite par Adriano Banchieri, un moine musicien et écrivain, qui rassembla les trois courts romans vers 1620. Les récits, qui mettent en scène Bertoldo, son fils Bertoldino et son petit-fils Cacasenno, datent du Moyen Âge et font partie de l'héritage oral du folklore italien. Tous ceux qui les ont entendus ont été émerveillés par l'intelligence, la sagacité et la sociabilité du personnage principal, Bertoldo.

Ce dernier discute avec le roi Albonio et se montre plus malin que lui, prouvant sa supériorité. Le roi lui pose une série de questions, mais n'obtient jamais de réponses directes. À la question « Quelle est la chose la plus rapide ? », Bertoldo répond : « La pensée. » « Quel est le meilleur vin ? », « Celui que l'on boit chez les autres. » Il finit par s'attirer les bonnes grâces du roi, qui, dès lors, lui demande souvent conseil. Marcolfa, sa femme, est aussi intelligente que lui, mais elle a fort à faire avec leur fils Bertoldino, qui est plus astucieux que son père, ainsi qu'avec Cacasenno. Ce dernier, bien qu'il ne soit encore qu'un enfant, a hérité de l'intelligence et de la sagacité caractérisant la famille. Aussi, quand on le fait monter à cheval, il s'installe à l'envers sur sa monture afin de ne pas voir les dangers qui le guettent.

Les bouffonneries de Bertoldo, Bertoldino et Cacasenno rappellent celles du légendaire Sicilien Giufà qui a son pendant dans la mythologie soufie. **SMT**

Robinson Crusoé

Daniel Defoe

Titre original *Robinson Crusoe*, 1719
Nationalité Grande-Bretagne, v. 1660
Édition française multiples éditeurs
Thèmes classiques, aventure, science et nature

Pour écrire ce livre, considéré comme le premier roman en langue anglaise, Daniel Defoe s'inspira de l'expérience d'un marin écossais, Alexander Selkirk, mais donna à son héros le nom de Robinson Crusoé. Au début du XVIIIe siècle, l'homme avait en effet passé quatre ans sur une île déserte près du Chili. Il l'avait fait par choix, alors que dans le livre Robinson passe plus de 25 ans sur une île des Caraïbes à la suite d'un naufrage.

Refusant d'écouter ses parents, Robinson Crusoé devient marin. Après de nombreuses aventures, il fait naufrage et échoue sur une île, près de l'embouchure du fleuve Orénoque. Il parvient à survivre et à s'organiser en récupérant des outils et des munitions sur son bateau. Il se bâtit un abri et construit un enclos pour les chèvres sauvages qui vivent sur l'île. Afin de ne pas s'abêtir, il lit la Bible, et comme il dispose de beaucoup de temps pour se livrer à l'introspection, devient très croyant. Après quelques années, il découvre que des cannibales se rendent de temps à autre sur l'île. Au bout de deux ans, il trouve le courage de sauver une de leurs victimes. L'homme, baptisé Vendredi, lui est extrêmement reconnaissant et devient son serviteur dévoué.

Malgré la fatuité du héros, une intrigue où les coïncidences peu vraisemblables abondent et un langage raciste (pour l'époque actuelle), ce livre reste le récit d'aventures par excellence et un classique indémodable. **DaH**

12+

Illustration de 1890 : Robinson fait la connaissance de Vendredi.

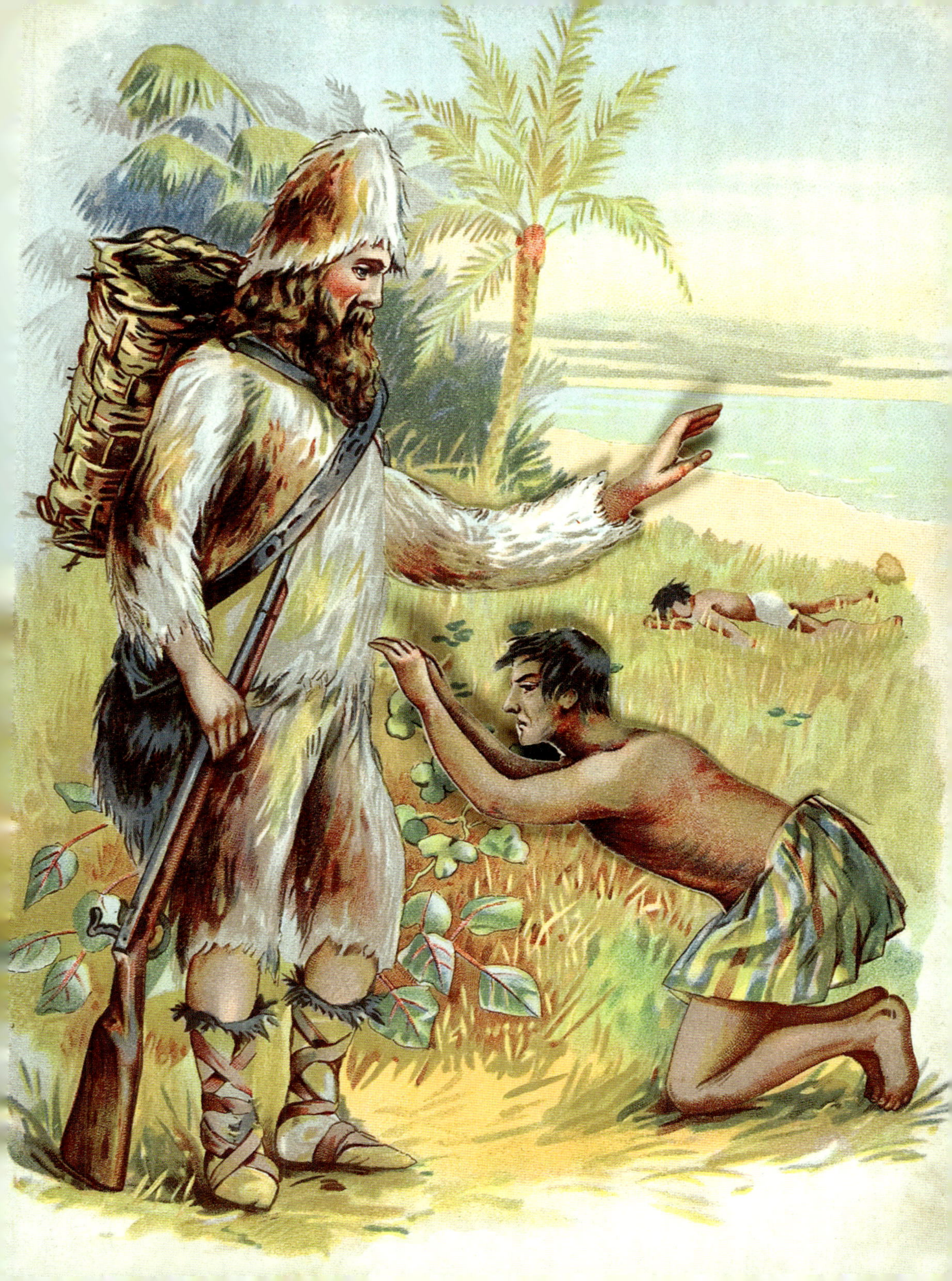

Les Voyages de Gulliver

Jonathan Swift

12+

Titre original *Gulliver's Travels*, 1726
Nationalité Grande-Bretagne, 1667
Édition française multiples éditeurs
Thèmes classiques, aventure, famille, fantastique

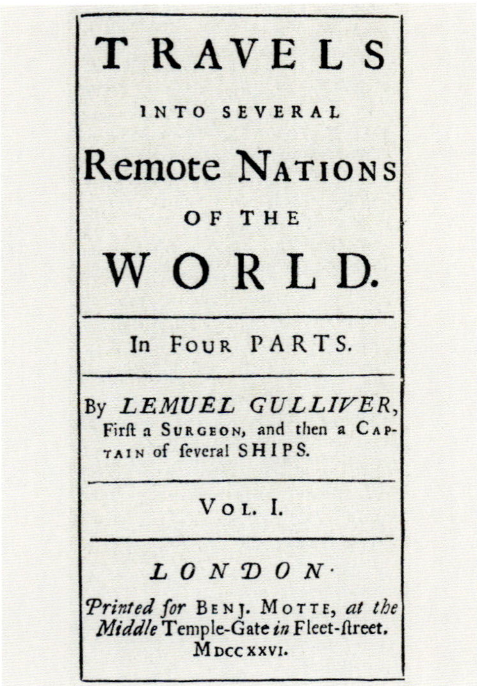
TRAVELS
INTO SEVERAL
Remote NATIONS
OF THE
WORLD.
In FOUR PARTS.
By *LEMUEL GULLIVER*, First a SURGEON, and then a CAPTAIN of several SHIPS.
VOL. I.
LONDON:
Printed for BENJ. MOTTE, *at the Middle* Temple-Gate *in* Fleet-street.
MDCCXXVI.

Autres histoires de naufrages

Le Robinson suisse, Johan David Wyss (p. 401)
Le Royaume de Kensuké, Michael Morpurgo (p. 675)
Robinson Crusoé, Daniel Defoe (p. 708)
L'Île de corail, Robert Michael Ballantyne (p. 718)

Satire des absurdités politiques, scientifiques et religieuses de l'Angleterre stuartienne et georgienne, ce livre est souvent publié sous une forme abrégée pour les enfants. Dans celle-ci, c'est l'histoire fantastique qui prime.

À l'origine, le récit fut publié sous le titre *Travels into Several Remote Nations of the World. In Four Parts. By Lemuel Gulliver, First a Surgeon, and Then a Captain of Several Ships*. Comme ce titre le suggère, le héros, Gulliver, est médecin sur un bateau. Ayant échoué à Lilliput, à la suite d'un naufrage, il s'aperçoit en s'éveillant qu'il est ligoté, à la merci des minuscules habitants de l'île. Peu à peu, il gagne leur confiance et retrouve sa liberté, mais des luttes intestines et une guerre avec l'île voisine l'obligent à partir. C'est ainsi qu'il arrive à Brobdingnag, lieu peuplé de géants. Une jeune fille du nom de Glumdalclitch prend soin de lui, mais il est victime d'accidents qui manquent de lui coûter la vie et subit de nombreux outrages. Il réussit à partir grâce à l'intervention d'un aigle.

« J'aurais peut-être pu comme d'autres t'étonner avec des contes étranges et invraisemblables. »

Il parvient ensuite sur l'île de Laputa, dont les habitants se livrent à des recherches philosophiques et scientifiques obscures en recourant aux mathématiques et à la musique. Totalement incapables de penser ou de s'exprimer de façon constructive, ils détruisent lentement leur île à l'aide de leur science.

Dans le pays de Houyhnhnms, gouverné par des chevaux, Gulliver est un Yahou, c'est-à-dire un homme vil. Au bout de cinq ans, forcé de quitter le monde civilisé des Houyhnhnms, il rentre chez lui, profondément désenchanté par la race humaine. **WO**

Les Lilliputiens construisant un chariot pour Gulliver, illustration de Coppin (1850).

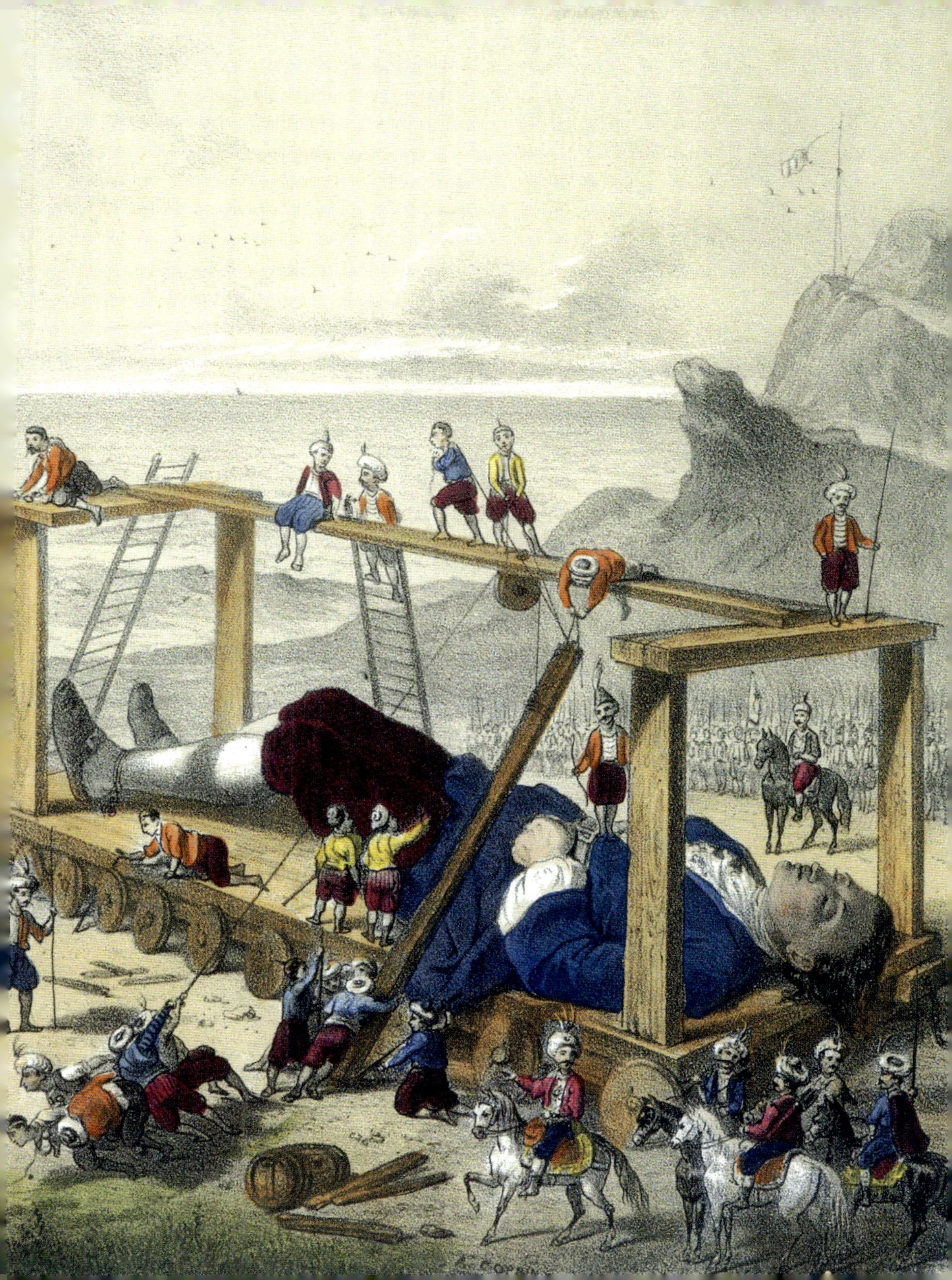

Les Aventures du baron de Münchhausen

Gottfried August Bürger

Titre orig. *Des freiherrn von Münchhausen*, 1786
Nationalité Allemagne, 1747
Édition française multiples éditeurs
Thèmes classiques, aventure, roman historique

12+

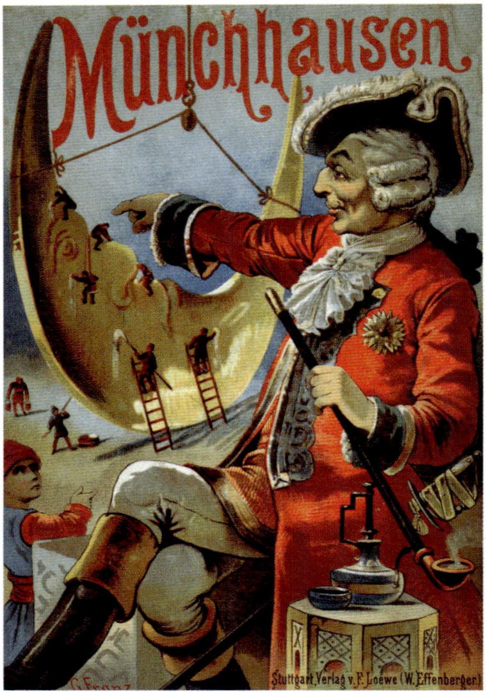

Le baron Karl Friedrich Hieronymus von Münchhausen a réellement existé. Il vécut au XVIIIe siècle et fut donc un contemporain de l'auteur. Il doit sa célébrité à ses récits très romancés sur sa participation à la guerre qui opposa l'armée russe aux Turcs, récits publiés dans une revue berlinoise. Traduits en anglais par l'universitaire allemand Rudolf Erich Raspe, ils firent sensation en Angleterre. Gottfried August Bürger les retraduisit en allemand, les enjolivant encore au passage.

Au début du récit, le baron est en voyage avec son père. Ils embarquent sur un bateau pour se rendre à Ceylan. Le voyage est décrit par Münchhausen comme « peu mouvementé », bien qu'au cours d'une escale sur une île ils assistent à une tempête qui déracine et fait voler tous les arbres. L'équipage du bateau est indemne, mais le plus grand arbre de l'île s'abat sur le méchant roi de celle-ci et le tue.

« Münchhausen, Münchhausen, je sais que tu aimes la vérité, mais je ne vais pas croire cela. »

Quinze jours après être arrivé à Ceylan, Münchhausen se retrouve coincé dans une gorge face à un lion et à un crocodile. Sans défense et s'attendant à être dévoré, il s'aplatit au sol juste à temps pour voir le lion sauter par-dessus lui et atterrir entre les mâchoires du crocodile. Aussitôt, il saute sur ses pieds et tranche la tête du lion.

Les contes fantastiques extravagants et divertissants de Münchhausen plairont aux enfants qui aiment les univers rocambolesques. **DaH**

Autres contes fantastiques

Bilbo le Hobbit, J. R. R. Tolkien (p. 485)
Les Voyages de Gulliver, Jonathan Swift (p. 710)
Voyage au centre de la Terre, Jules Verne (p. 721)
L'Histoire sans fin, Michael Ende (p. 848)

Les illustrations de Géry-Bichard (1879) rendent bien l'excentricité du personnage.

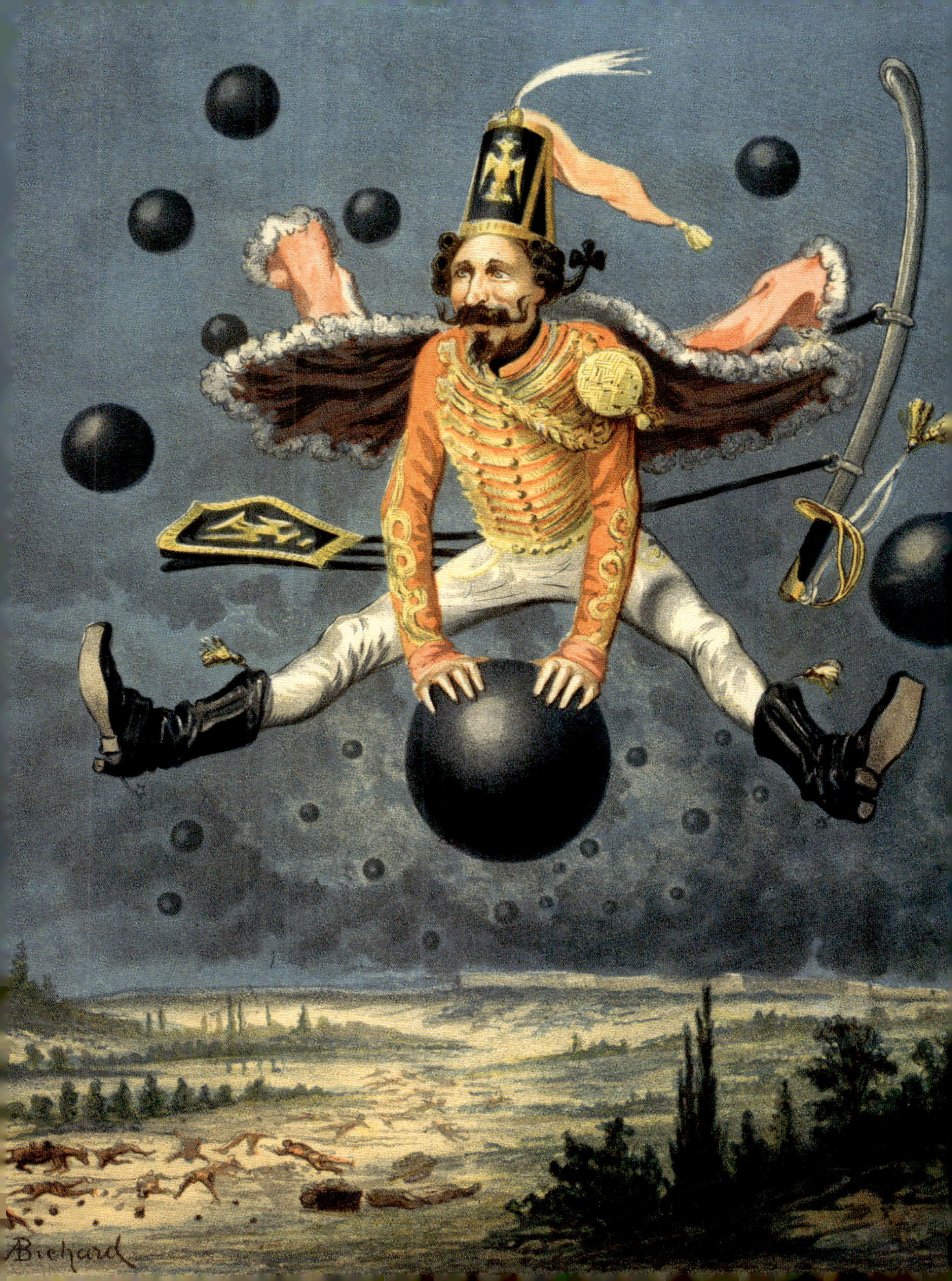
ABichard

Les Trois Mousquetaires

Alexandre Dumas, père

Nationalité France, 1802
Édition *Le Siècle*, 1844
(aujourd'hui, multiples éditeurs)
Thèmes aventure, roman historique

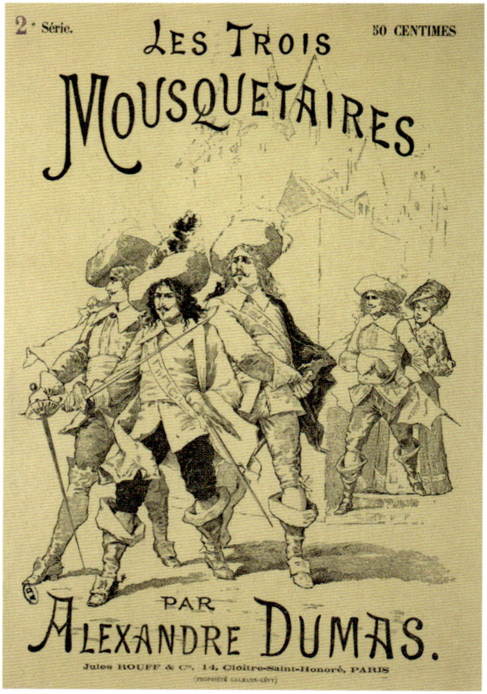

Autres livres d'Alexandre Dumas

- *Le Collier de la Reine*
- *Le Comte de Monte-Cristo*
- *La Reine Margot*
- *Le Vicomte de Bragelonne*
- *Vingt Ans après*

Tout va tellement vite. Les mousquetaires filent vers Londres dans un nuage de poussière pour sauver l'honneur de leur reine. Et la plume d'Alexandre Dumas galope à la même vitesse sur le papier. Vingt pages par jour, sans ratures ou presque. Penché sur sa table, Dumas écrit des romans-feuilletons pour les journaux. En une seule année, 1844, il va publier deux chefs-d'œuvre, *Le Comte de Monte-Cristo*, *Les Trois Mousquetaires*, et plusieurs petits romans. Dans les rues de Paris, le soir, on s'arrache les journaux pour connaître la suite.

Et moi, dans mon lit, 150 ans plus tard, je ne peux pas lâcher le livre. J'ai 13 ans. Ma mère est venue trois fois éteindre ma lumière, mais non, comment abandonner dans leur cavalcade Athos, Porthos, Aramis et le jeune d'Artagnan ?

« D'Artagnan, le voyant approcher, sort son épée de son fourreau. »

Car ils sont quatre, ces trois mousquetaires. Dumas ne sait pas compter ! Quatre mousquetaires au service du roi Louis XIII. Ils adorent la vie, les bons repas, ils sont drôles, aiment batailler à l'épée sous la lune, ils se tueraient volontiers pour leurs amis. Et voici que la reine de France, Anne d'Autriche, les appelle au secours. Tous les quatre, « un pour tous, tous pour un ! », ils vont affronter le cardinal de Richelieu et la terrible Milady, ravissante ennemie. Le courage, l'énergie, la dérision : il y avait assez dans ce livre pour nourrir les dizaines de pièces de théâtre ou de films qui s'en sont inspirés. Dumas le savait. On raconte qu'un peu avant sa mort, on l'interrogeait sur un autre de ses romans. Il répondit seulement ce que j'ai toujours envie de soupirer en terminant un livre : « Ça ne vaut pas les Mousquetaires. »

Couverture d'une publication en feuilleton de 1905, illustrée par Eugène Damblans.

12+

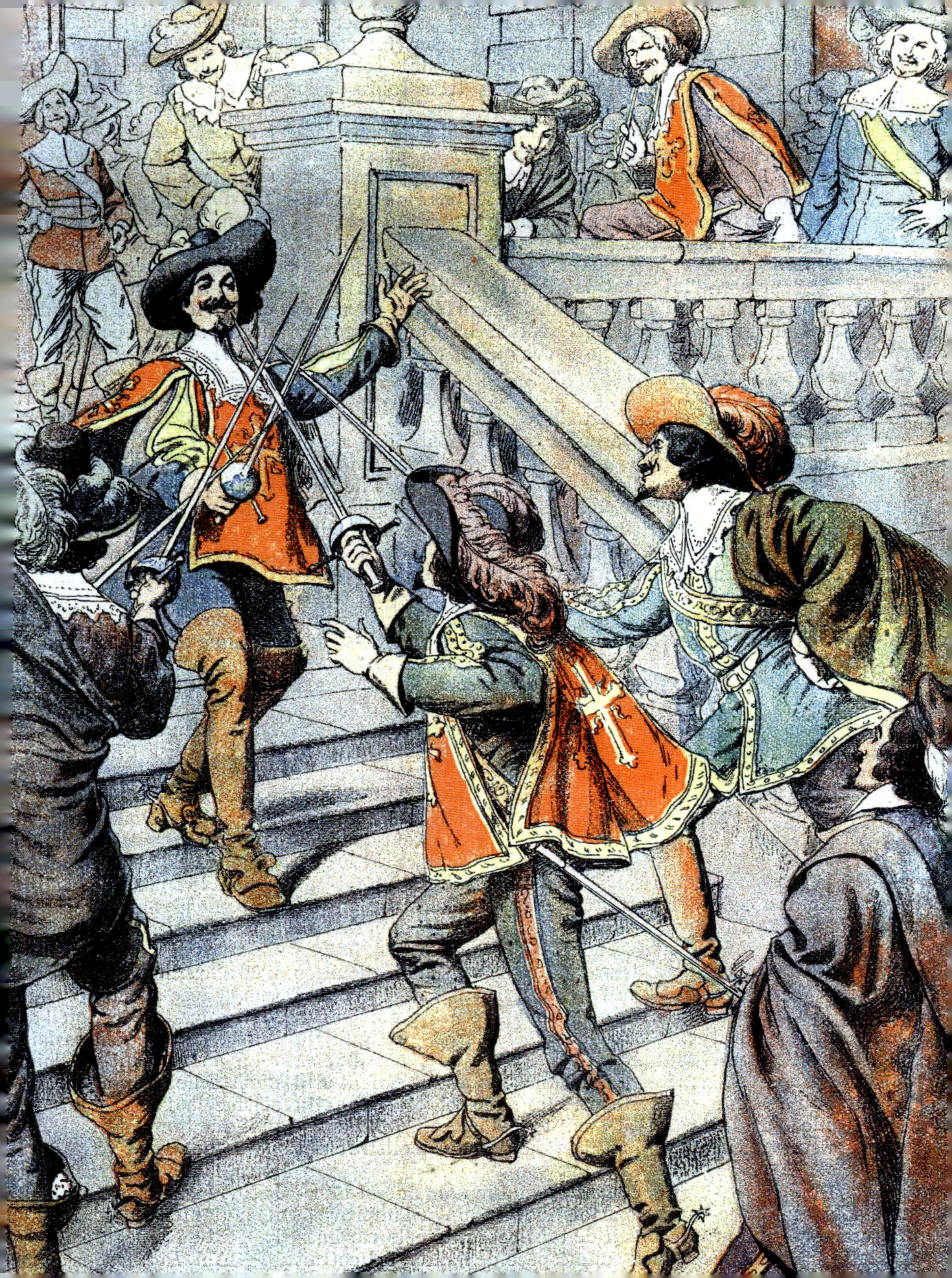

Les Enfants de la Nouvelle-Forêt

Captain Frederick Marryat

Titre original *The Children of the New Forest*, 1847
Nationalité Grande-Bretagne, 1792
Édition francophone (Belgique) Casterman
Thèmes classiques, roman historique, guerre

Ce récit, dont l'action se déroule au moment de la guerre civile qui agite l'Angleterre, a pour héros Edward, Humphrey, Alice et Edith, devenus orphelins depuis la mort de leurs parents, royalistes. Leur fidèle serviteur, Jacob Armitage, découvre un complot visant à incendier leur maison. Il les emmène dans sa chaumière où ils vivent comme s'ils étaient ses petits-enfants. Il leur apprend à survivre dans la forêt. Les enfants se font très bien à leur nouvelle vie, même après la mort de Jacob. Ils « adoptent » un petit bohémien qui devient leur serviteur dévoué et ont toutes sortes d'aventures avec des animaux, des brigands et des cavaliers, sans cesser jamais de revendiquer leur foi et en restant fidèles à la cause royaliste. Edward, l'aîné, respecte Mr Heatherstone, le puritain chargé de la Nouvelle-Forêt, et obtient sa reconnaissance après avoir sauvé sa fille, Patience. Il apprend peu à peu que l'homme a de la sympathie pour les royalistes. Si Humphrey est satisfait de sa condition de fermier, Edward, lui, préfère partir afin de combattre pour le futur Charles II après un malentendu concernant sa relation avec Patience. Les filles quittent la forêt afin de recevoir l'éducation qui sied à des jeunes filles nobles.

Au bout de plusieurs années, Edward revient en compagnie du roi. Il découvre que ses sœurs sont devenues de charmantes jeunes femmes et que sa chère Patience l'aime toujours. Le père de celle-ci a entre-temps restauré la maison de famille des orphelins et la restitue à Edward. **WO**

La Lettre écarlate

Nathaniel Hawthorne

Titre original *The Scarlet Letter*, 1850
Nationalité États-Unis, 1804
Édition française multiples éditeurs
Thèmes classiques, roman historique, controverse

Le roman de Nathaniel Hawthorne est non seulement un roman historique, mais aussi un pamphlet contre la société américaine de l'époque, puritaine et hypocrite. Bien qu'il ait pour cadre le Boston du XVIIe siècle, le récit évoque de nombreux dilemmes du XIXe siècle. S'inscrivant dans le courant du réalisme psychologique, Hawthorne explore les effets dévorants de la culpabilité, de la colère, de la loyauté et de la vengeance. Le caractère dramatique des portraits brossés fit du roman l'un des premiers best-sellers.

Au début du récit, nous voyons sortir de prison une jeune femme, Hester Prynne, portant son bébé Pearl dans les bras. Un A écarlate est brodé sur sa robe. Un spectateur de la scène informe Roger Chillingworth que cette lettre signifie « Adultère », car le mari d'Hester a disparu en mer avant que celle-ci soit enceinte. On apprend ensuite que la lettre A a été marquée au fer rouge sur sa poitrine. Chillingworth, qui est en fait le mari d'Hester, soupçonne le pasteur de la paroisse, Arthur Dimmesdale, d'être l'amant de sa femme et il est bien déterminé à se venger. À la suite d'une véritable bataille psychologique, Dimmesdale, rongé par la culpabilité, finit par être pendu après avoir avoué sa faute. La jeune femme se rachète en passant le restant de sa vie à accomplir de bonnes actions. Elle revient plus tard à Boston, la lettre A toujours brodée sur sa robe. Elle est enterrée aux côtés de son amant dans un tombeau sur lequel est également gravée la lettre A. **VN**

12+

La Rose et l'Anneau

William Makepeace Thackeray

Titre original *The Rose and the Ring*, 1855
Nationalité Grande-Bretagne, 1811
Édition française multiples éditeurs
Thèmes histoire de magie, fantastique, excentricité

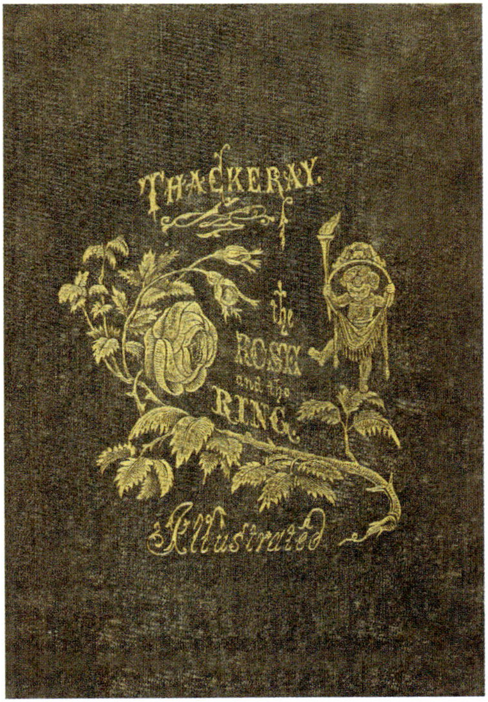

Le roi Valoroso est monté sur le trône de Paflagonia à la place de son neveu Giglio. Accordera-t-il maintenant la main de sa fille, la princesse Angelica, au prince Bulbo, fils du roi Padella qui gouverne le royaume voisin ? Le pauvre Giglio aime Angelica et lui donne l'anneau de sa mère, un anneau que la fée Blackstick a doté du pouvoir de rendre belle celle qui le porte. Comme Giglio éprouve de la jalousie envers Bulbo, Angelica enlève l'anneau et perd sa beauté. Mais Bulbo possède une rose que la fée a dotée des mêmes pouvoirs et Angelica tombe amoureuse de lui. Par la suite, au cours d'une danse joyeuse, la rose et l'anneau passent entre les mains de toute la cour, et des personnages comme la comtesse Gruffanuff et sa femme de chambre Rosalba se retrouvent au cœur d'intrigues compliquées. La fin joyeuse se termine par un arrangement entre les membres de la jeune génération.

Ce n'est pas l'action que Thackeray a décrite comme une comédie légère qui importe ici, mais plutôt les répliques éblouissantes du récit, permettant à l'auteur de faire la satire des jugements fondés sur l'apparence. Cela montre au lecteur que la littérature victorienne ne se limitait pas aux fables moralisatrices et aux histoires sentimentales. Thackeray raille la vanité des femmes et l'incompétence des hommes avec une finesse rarement égalée depuis. L'humour est plus bienveillant quand il est question de personnages tels Glumboso et le marquis del Spinachi. Les couplets et les idées de jeux pour enfants ne manquent pas. **VN**

« Tant qu'il avait sa distraction, ce monarque ne se souciait guère du prix qu'en payait son peuple. »

Autres récits de magie classiques

Conte dû à la plume de Mlle Alice Rainbird, Charles Dickens (p. 198)
Songe d'une nuit d'été, William Shakespeare
The Weirdstone of Brisingamen, Alen Garner (p. 795)
The Ghost Drum, Susan Price (p. 866)

12+

Tom Brown's Schooldays

Thomas Hughes Edmund J. Sullivan

Nationalité Grande-Bretagne, 1822
Édition Macmillan, Royaume-Uni, 1857
Thèmes classiques, école, amitié

Tom Brown, le fils insouciant d'un châtelain, se plaît beaucoup dans la campagne qui entoure sa maison. Mais après deux années peu satisfaisantes dans les écoles locales, il est envoyé dans un pensionnat dirigé par un directeur strict mais bienveillant, le docteur Arnold.

Il se fait rapidement des amis, mais devient le souffre-douleur de la petite brute de l'école, Flashman. Il se brûle même au cours d'une des pires actions de son bourreau. Ayant enfin réussi à vaincre son ennemi, il excelle lors des jeux, mais s'ennuie de plus en plus en cours. Le directeur lui confie alors George Arthur, élève brillant, mais fragile, dont la gentillesse finira par rendre à Tom sa joie de vivre et lui donnera plus d'ardeur au travail. Il sera enfin capable d'être aussi bon en classe qu'en sport. À la fin du livre, devenu adulte, il revient au pensionnat, très affecté par la mort du docteur Arnold.

Ce roman qui est le meilleur récit jamais écrit sur un pensionnat, avec ses descriptions détaillées de la vie quotidienne des élèves loin de chez eux, fascina des générations de jeunes lecteurs. Quelques aspects peuvent sembler un peu datés, notamment l'importance accordée à la prière et à une vie strictement chrétienne, mais les descriptions des jeux et des farces dans les dortoirs ont gardé toute leur fraîcheur. Tom donne l'impression d'être un bon garçon faisant de son mieux pour se montrer à la hauteur des attentes des autres, tout en étant déterminé à profiter de la vie autant que possible. **NT**

L'Île de corail

Robert Michael Ballantyne

Titre original *The Coral Island*, 1857
Nationalité Grande-Bretagne, 1825
Édition française Nathan
Thèmes classiques, aventure, amitié, adolescence

À la suite d'un naufrage, Ralph, Jack et Peterkin échouent sur une île de corail inhabitée du Pacifique. Équipés en tout et pour tout d'une hache, d'un morceau de corde, d'un couteau cassé et d'une longue-vue, ils survivent, apprenant à chasser, à cuisiner, à se bâtir un abri et à se confectionner des habits. Leur existence idyllique est interrompue par l'arrivée de cannibales en guerre, très vite suivis par des pirates qui enlèvent Ralph. Ce dernier finit par s'échapper et manœuvre tout seul le bateau pour revenir sur l'île. Les garçons sauvent ensuite une jeune Aborigène qui va être mariée contre son gré. Mais ils sont capturés par les cannibales et jetés en prison, jusqu'à ce qu'un missionnaire de passage convertisse ces derniers. Une fois relâchés, ils rentrent chez eux.

Les personnages sont très bien campés : Ralph, le narrateur, réfléchit beaucoup, Jack est le chef plein d'audace du clan, et Peterkin, son disciple. L'action est très rythmée et il y a de remarquables descriptions – peut-être pas très fidèles à la réalité, puisque Ballantyne n'est jamais allé dans le Pacifique.

L'Île de corail compta parmi les romans d'aventures les plus populaires du XIXe siècle. Il frappa Robert Louis Stevenson dans sa jeunesse et il est facile de voir l'influence qu'il eut sur *L'Île au trésor*. Au XXe siècle, William Golding s'en inspira aussi pour écrire *Sa Majesté des Mouches*, dont les principaux personnages découvrent ce qui peut se passer quand de jeunes garçons sont livrés à eux-mêmes dans la nature. **CW**

12+

Illustration à l'aquarelle de John Millar Watt (XXe siècle). →

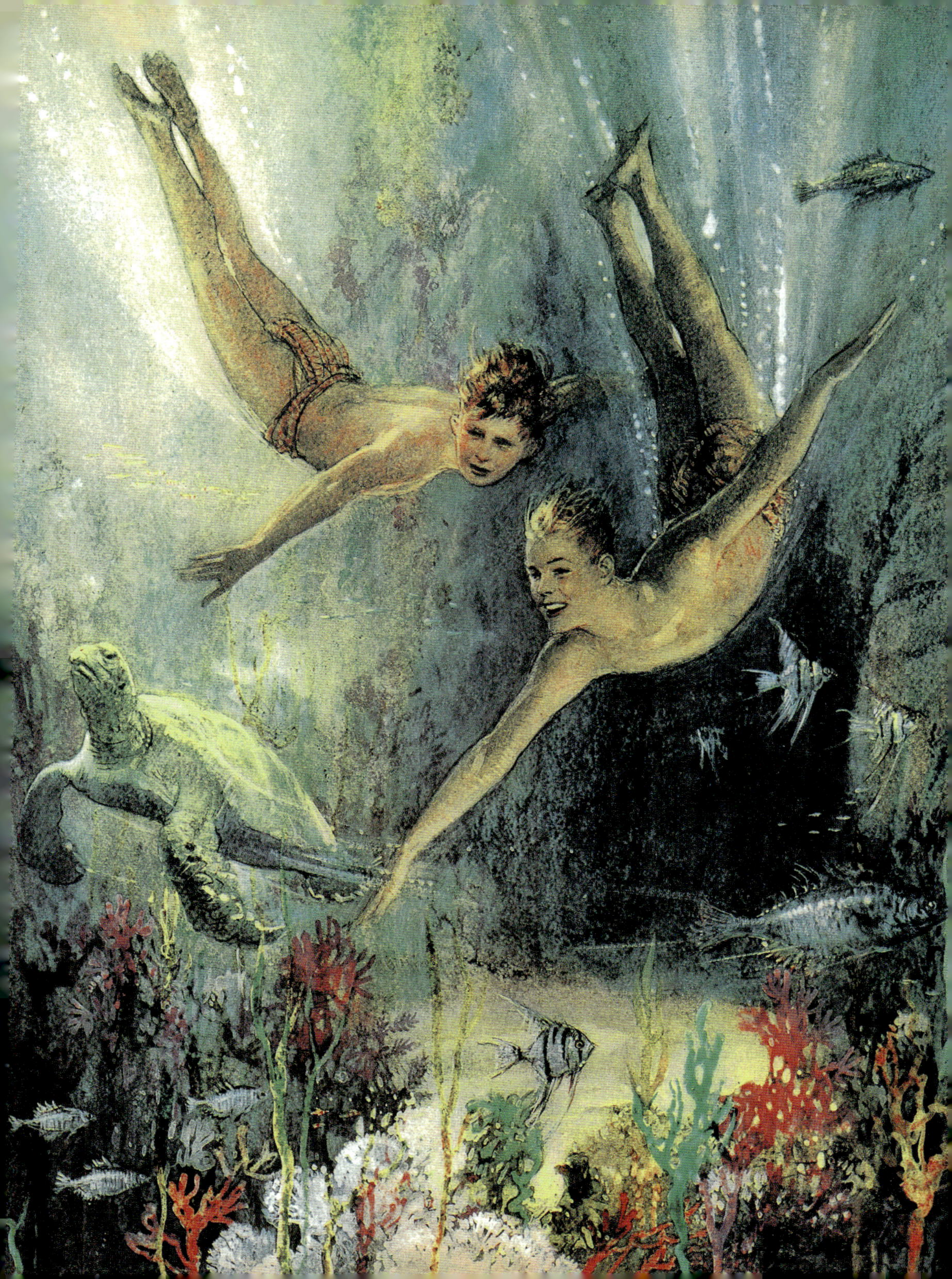

Le Capitaine Fracasse

Théophile Gautier

Nationalité France, 1811
Édition Gervais Charpentier, France, 1863
Thèmes aventure, classiques, roman historique

Ayant pour cadre le milieu du XVIIe siècle, *Le Capitaine Fracasse* est l'archétype du roman de cape et d'épée. Le baron de Sigognac est le seul héritier d'un château de Gascogne en ruine, vestige d'une noble famille qui consacra sa vie à protéger les intérêts des rois de France. Il héberge pour une nuit une troupe de comédiens et décide d'accompagner ces derniers jusqu'à Paris, où il a l'intention de demander de l'aide à la cour du roi Louis XIII. Le décès de l'un des acteurs l'incite à entrer dans la troupe. Il interprète le rôle du capitaine Fracasse et doit veiller sur l'honneur d'Isabelle, actrice qu'il aime et qu'il doit défendre contre le duc de Vallombreuse. Les véritables identités finissent par être dévoilées et des duels ont lieu jusqu'au dénouement, digne d'un conte de fées.

Avec ses descriptions excessives, le roman est un hommage à la littérature baroque. Les personnages comiques du capitaine et d'Isabelle semblent tirés de la commedia dell'arte. Dans ce conte merveilleux, la frontière entre théâtre et récit est en permanence brouillée. La lecture de ce roman qui explore la riche histoire de France et ses traditions médiévales de courtoisie et de chevalerie n'en devient d'ailleurs que plus passionnante. Gautier était un poète, un romancier et un critique. Il fut aussi peintre avant de se tourner vers l'écriture. Il était partisan de l'art pour l'art et pensait qu'il fallait se servir des mots de la même façon qu'un peintre se sert de son pinceau et de ses couleurs. Il fit partie de ceux qui se révoltèrent contre le romantisme. **AR**

Eric, or Little by Little

Frederic W. Farrar

Nationalité Grande-Bretagne, 1831
Édition A. and C. Black, Royaume-Uni, 1858
Thèmes école, amitié, classiques, adolescence

Avec leurs descriptions de cours de sport obligatoire, de cantines infectes et de petites brutes qui ont ce qu'elles méritent, les récits d'école furent très populaires dans l'Angleterre victorienne. Ce livre fut l'un des plus appréciés de l'époque. C'est l'histoire de la chute tragique d'un écolier. Eric n'est pas un héros, mais un personnage édifiant et l'auteur montre clairement qu'il ne faut pas l'imiter. Ses parents sont des Britanniques qui vivent en Inde. Comme c'était courant à l'époque, Eric est envoyé dans un pensionnat en Angleterre. Il est plein de bonnes intentions, mais en voulant impressionner ses camarades, il se met à tricher, à mentir, à fumer et à boire. Malgré les supplications de son meilleur ami, Edwin Russell, il ne modifie pas sa conduite. Il finit par s'enfuir et s'embarquer, mais il n'aime pas la vie à bord des bateaux. Il reviendra chez lui pour se repentir sur son lit de mort.

Farrar voulut écrire une histoire morale censée servir d'avertissement. Il dit à ce propos : « L'histoire d'Eric a été écrite avec un seul objectif : inculquer la pureté intérieure et la morale en montrant un garçon qui, malgré son apparente noblesse d'âme, sombre dans la folie et l'horreur jusqu'à ce qu'il apprenne à demander l'aide du ciel. »

En raison de son ton ouvertement religieux, ce livre est passé de mode. Cependant, il contient des scènes pleines d'entrain décrivant les batailles de polochons, les jeux et les visites au pub. Selon certains, ce sont ces dernières qui le rendirent populaire auprès des jeunes garçons au XIXe siècle. **HJ**

Voyage au centre de la Terre

Jules Verne

Nationalité France, 1828
Édition Hetzel, France, 1872
Thèmes classiques, science-fiction, aventure

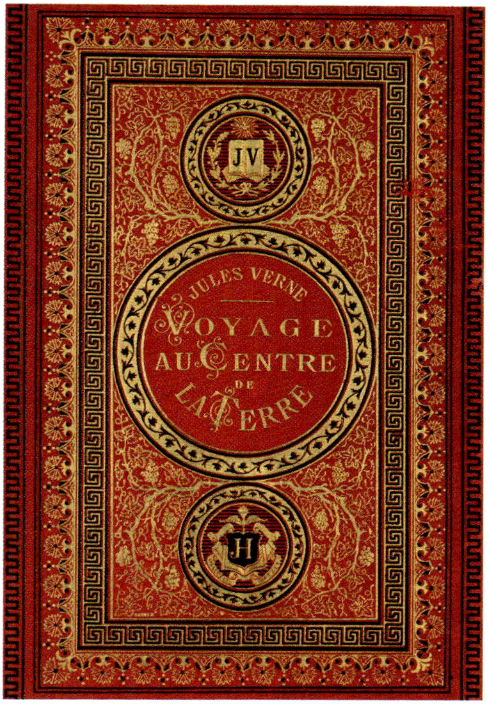

Jules Verne passe pour être, avec l'écrivain britannique H. G. Wells, l'inventeur de la science-fiction. Dans un grand nombre de ses œuvres, il est question de voyages en mer, sur terre et dans l'espace par des moyens de transport classiques et fantastiques. *Voyage au centre de la Terre* raconte celui qu'un petit groupe de personnes entreprend sous la Terre pour en trouver le centre. Les descriptions sont fondées sur des suppositions et sont loin d'être réalistes, comme le prouvent les connaissances actuelles. Cela n'empêche pas d'apprécier le courage et la soif d'exploration des héros du roman.

Le chef de l'expédition est le géologue allemand Otto Liedenbrock, qui vit à Hambourg avec sa gouvernante, Martha, sa filleule, Grauben, et son neveu, Axel, un orphelin qui est devenu son assistant. Au début, le professeur et Axel déchiffrent le code runique d'une vieille saga islandaise. Celle-ci révèle qu'un alchimiste islandais, Arne Saknüsemm, a trouvé l'entrée d'un passage menant au centre de la Terre. Le professeur part en Islande, afin de découvrir ce passage censé être le cratère d'un volcan. Son neveu, plus pondéré, le suit à contrecœur. En Islande, les deux hommes louent les services d'un guide, Hans Bjelke. Les trois hommes vont fréquemment risquer leur vie en affrontant dans le monde souterrain de Jules Verne de nombreux dangers sous la forme de gaz étranges, de mers et de magma, mais aussi d'animaux, de plantes et d'hommes préhistoriques. Ils finiront par revenir à la surface de la Terre, émergeant dans le sud de l'Italie. **CK**

« Devais-je le croire quand il disait son intention d'aller au centre de ce globe massif ? »

12+

Autres livres de Jules Verne

Vingt Mille Lieues sous les mers (p. 726)
Le Tour du monde en 80 jours (p. 728)
De la Terre à la lune
L'Île mystérieuse
Michel Strogoff

Un bon petit diable

Comtesse de Ségur Horace Castelli

Nationalité France, née Sophie Rostopchine, 1799 (aut.), 1825 (ill.)
Édition Hachette, France, 1865
Thèmes famille, amitié

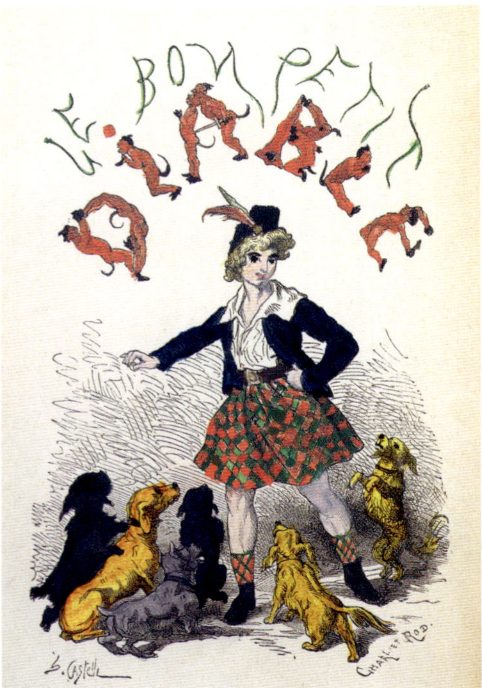

Autres titres de la comtesse de Ségur

Les Malheurs de Sophie (p. 409)
Les Petites Filles modèles
Les Mémoires d'un âne
Le Général Dourakine

12+

L'histoire de ce bon petit diable commence en Écosse au milieu du XIXe siècle. Charles, qui a environ 12 ans, est, depuis le décès de ses parents, élevé par sa vieille cousine, la veuve Mac'Miche, d'une avarice extrême. Outre son désir d'accaparer l'argent de son jeune cousin, elle lui fait mener une vie misérable, refusant de bien le nourrir et l'habillant de guenilles. Les misères qu'elle lui fait subir ne s'arrêtent pas là : la mégère n'a de cesse de persécuter Charles ; elle l'enferme dans un cabinet au moindre prétexte et le roue de coups à toute occasion.

Pour se venger de ce qu'elle lui fait subir, Charles invente, avec la complicité de Betty, la servante, des stratagèmes qui mettent en scène les fées ou le diable, ce qui a le don de terrifier la vieille dame superstitieuse. Pour trouver du réconfort, Charles se réfugie régulièrement chez Juliette, sa jeune cousine aveugle. C'est elle qui trouve les mots pour adoucir ses colères et son désir de vengeance. C'est grâce à elle que le jeune héros trouvera la force de pardonner et qu'il apprendra la patience et la sagesse.

« … en cinq minutes il passe d'un extrême à l'autre : bon à attendrir, ou mauvais comme un diable. »

Dans *Un bon petit diable*, la comtesse de Ségur choisit pour la première fois un garçon comme personnage principal. Comme l'héroïne des *Malheurs de Sophie*, il doit faire face aux punitions et aux châtiments infligés aux enfants turbulents ; il saura lui aussi s'appuyer sur les modèles de son entourage pour grandir et s'améliorer. Les nombreux dialogues qui ponctuent le récit contribuent à rythmer de manière vive et joyeuse les éléments pourtant éprouvants de la vie du jeune Charles. **SL**

Lorsqu'elle vit les démons et la fumée, Mme Mac'Miche hurla de terreur.

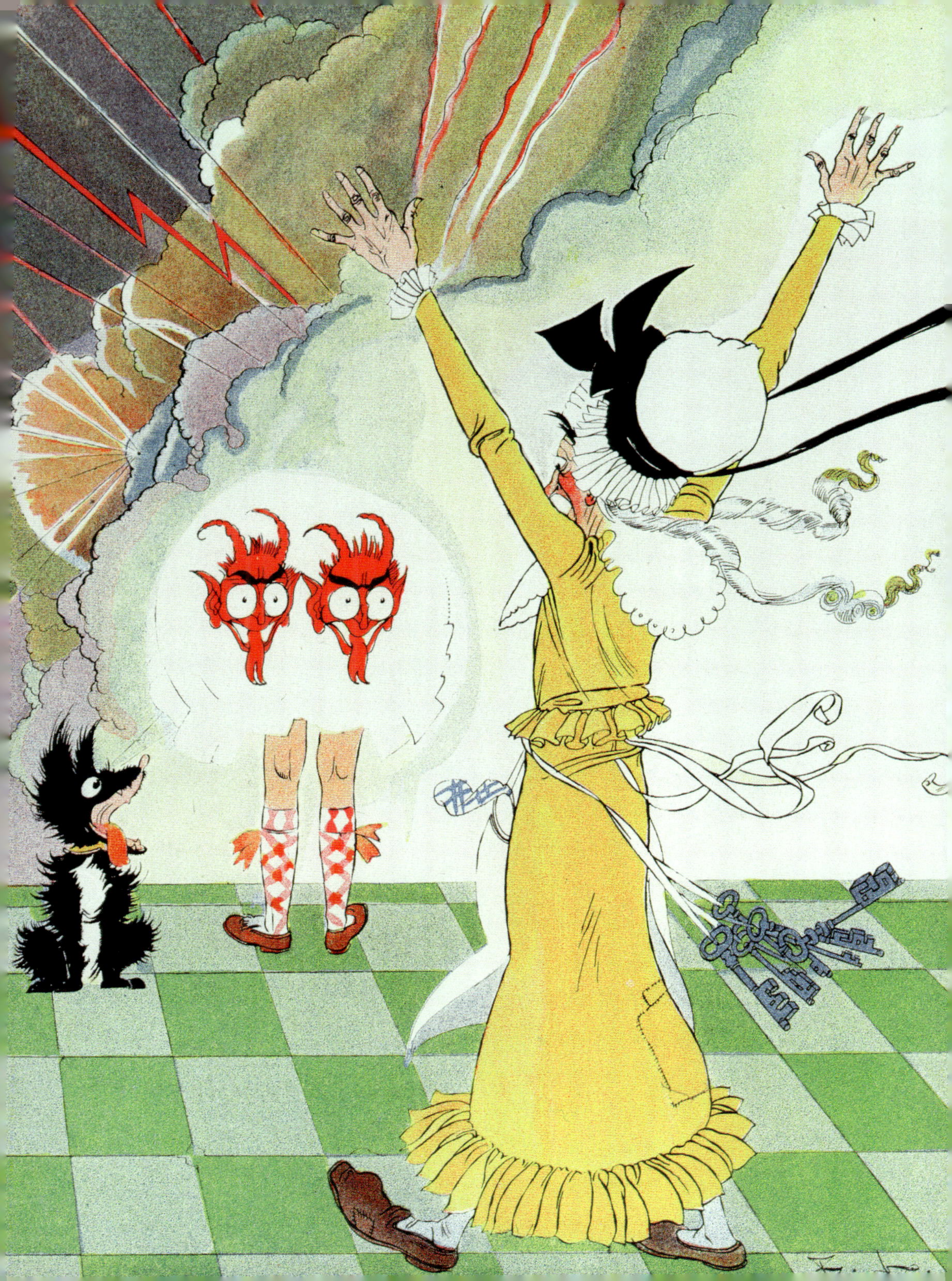

Les Quatre Filles du docteur March

Louisa May Alcott May Alcott

Titre original *Little Women* 1868
Nationalité États-Unis, 1832 (aut.), 1840, née Abigail Alcott (ill.)
Édition française multiples éditeurs
Thèmes classiques, famille, roman historique

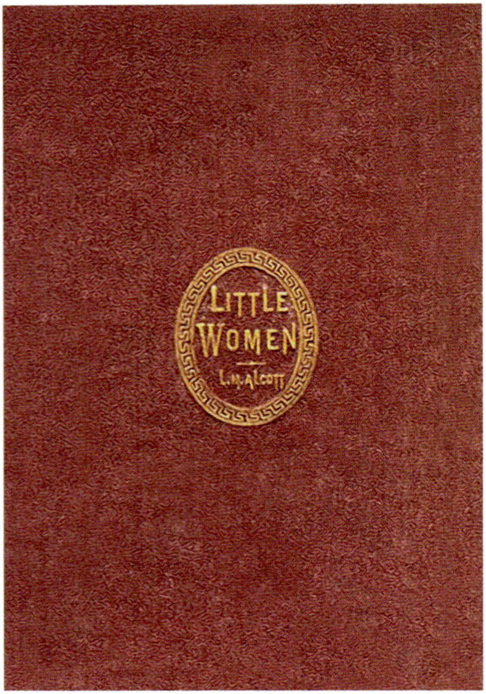

Autres livres classiques sur des sœurs

Le Château de Cassandra, Dodie Smith (p. 768)
Orgueil et préjugés, Jane Austen
Ballet Shoes, Noel Streatfeild (p. 479)
Jacob Have I loved, Katherine Paterson (p. 607)

Je suis enfant unique et si j'ai toujours aimé ce livre, c'est principalement parce qu'il parle de quatre sœurs. Il me semblait qu'il était prestigieux de faire partie d'une grande famille. Ma sœur préférée est Jo. Elle veut devenir écrivain, aborde la vie avec bravoure et agit de manière impulsive mais courageuse tout au long du roman.

La composition du récit me plaît également. Tout commence juste avant Noël, alors que le père absent guerroie quelque part. Il neige dehors. Il n'y a pas d'argent pour les cadeaux, mais les filles de la famille March ont une mère aimante et admirable, Marmee, qui s'occupe d'elles, et elles sont ensemble.

« Noël sans cadeaux, ce n'est pas Noël, maugréa Jo allongée sur la descente de lit. »

Chacune prend vie au fil de la lecture. Nous apprenons à les connaître comme si elles avaient été nos vraies sœurs. Il y a Meg, pleine de bonté, qui essaie de veiller sur les autres ; Jo, la plus intelligente, qui s'irrite des restrictions que le XIXe siècle impose aux jeunes femmes ; Beth, la rêveuse, et enfin la jolie Amy, qui est gâtée, narcissique et stupide, mais n'en demeure pas moins charmante.

C'est l'histoire d'une famille qui parvient à surmonter les problèmes et la pauvreté, un conte sur la force et la beauté d'une famille et sur la façon dont l'amour vous sauve aux pires moments. Mais il y a aussi dans ce livre de l'humour, des éléments dramatiques, voire tragiques. Tout au long du récit, les quatre merveilleuses filles du docteur March nous invitent à partager leur vie.

12+

Le frontispice de l'édition de la bibliothèque Good Tone, en 1860.

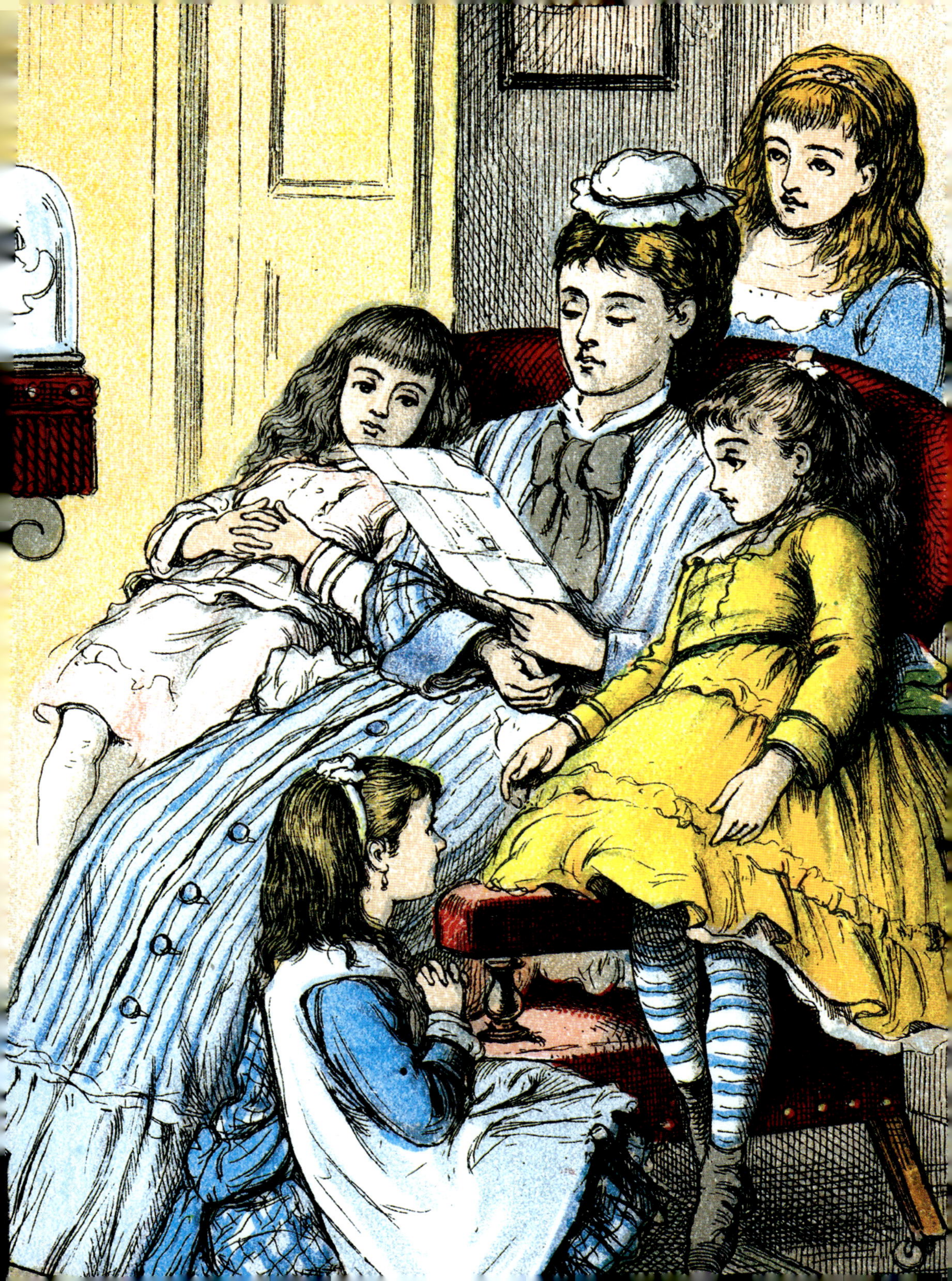

Vingt Mille Lieues sous les mers

Jules Verne

Nationalité France, 1828
Édition Hetzel, France, 1869
(aujourd'hui, multiples éditeurs)
Thèmes science-fiction, aventure, classiques

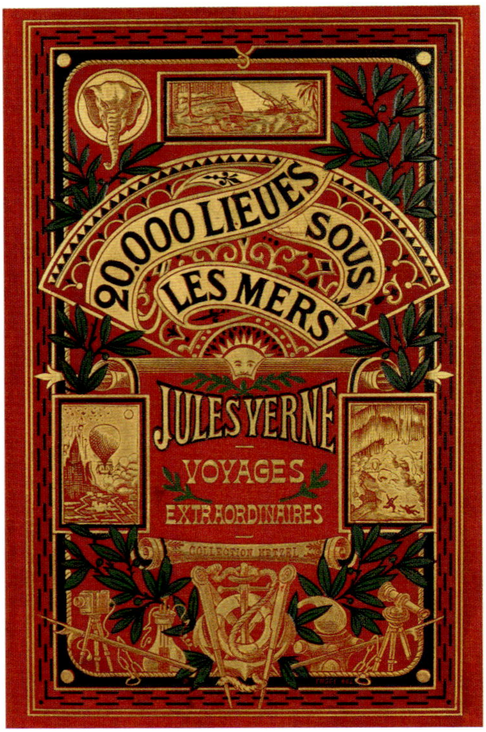

12+

Autres classiques de science-fiction

***La Machine à explorer le temps*, H. G. Wells**
***Fondation*, Isaac Asimov**
***Le Village des damnés*, John Wyndham**
***Z comme Zacharie*, Robert O'Brien**

Vingt Mille Lieues sous les mers raconte les aventures du capitaine Nemo qui sillonne les mers du monde à bord de son sous-marin, le *Nautilus*. Le narrateur est un biologiste français, le professeur Pierre Aronnax, parti en mer dans le cadre d'une expédition afin de rechercher un étrange monstre marin. Il est secondé par Conseil, son assistant flamand et champion de la classification, et un harponneur canadien, Ned Land. Le monstre marin se révèle être le *Nautilus* de Nemo, et le trio se retrouve à explorer en compagnie de ce dernier les fonds marins, la banquise de l'Antarctique, l'océan Indien, la mer Rouge, la Méditerranée, l'Atlantique et l'Atlantide, cité mythique ayant disparu.

« Les parties les plus profondes de l'océan nous sont totalement méconnues. Que se passe-t-il à de telles profondeurs ? »

Cependant, le professeur et ses compagnons ont été faits prisonniers par le mystérieux capitaine Nemo qui, lui, a choisi de s'imposer cet exil à bord de son sous-marin. Bien qu'ils soient fascinés par ce qu'ils voient et vivent, ils désirent s'échapper.

Ce livre fascine par ses descriptions de phénomènes naturels, qu'il s'agisse des coraux ou des volcans, ou encore par celle du *Nautilus* bien antérieur à la construction d'engins de ce type. Mais ce sont surtout les personnages qui rendent l'histoire captivante. Le professeur est envoûté par ce dont il est témoin, mais surpris par la personnalité curieuse de Nemo, un être impitoyable et anarchique, qui est aussi en partie un génie et n'est pas dénué de compassion. Jules Verne n'explique pas pourquoi le capitaine a choisi de vivre en paria. Cependant, il a étoffé son antihéros dans un autre roman, *L'Île mystérieuse*. **CK**

What Katy Did

Susan Coolidge

Nationalité États-Unis, née Sarah Chauncey Woolsey, 1835
Édition Roberts Brothers, États-Unis, 1872
Thèmes classiques, famille, amitié

Âgée de 12 ans, Katy Carr vit avec son père veuf et ses cinq frères et sœurs dans une petite ville. Servir de « petite maman » à ses derniers n'est pas chose facile. Katy, vive et dotée d'une imagination débordante, a constamment des problèmes, particulièrement avec sa tante Izzie qui s'occupe d'eux. Elle a un côté « garçon manqué » et rêve de mener une vie aventureuse et fantastique, souhaitant bien sûr être aussi « belle et bonne » que possible. Un jour sa cousine infirme, Helen, vient la voir. Katy est tellement charmée non seulement par sa beauté éthérée, mais également par sa gentillesse qu'elle décide de la prendre pour modèle.

« Katy déchirait sa robe tous les jours, détestait coudre, et se moquait complètement de ce que le bouton "soit assorti"… »

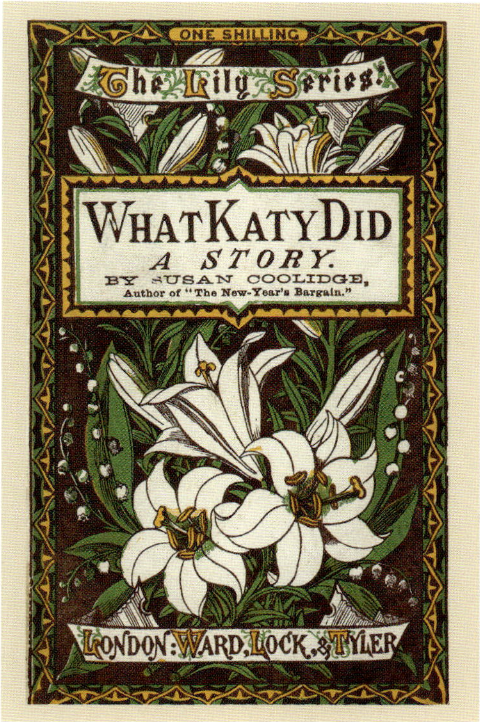

Très vite dans le roman, Katy a un accident grave et se retrouve clouée au lit. De mauvaise humeur et amère, elle aliène sa famille jusqu'à ce qu'une visite d'Helen lui ouvre les yeux sur l'« apprentissage de la douleur », lui apprenant la patience, la gaieté, l'espoir, ainsi qu'à tirer parti de la vie. Katy mûrit, elle devient meilleure et réapprend enfin à marcher.

Pour les lecteurs actuels, le livre comprend deux parties distinctes. La première, constituée du récit vivant et tendre des intrigues et des jeux des enfants, reste captivante. Cependant, avec l'arrivée d'Helen, Coolidge introduit le code social de l'infirmité et de la féminité distinguée sous lequel ploie la pauvre Katy, jusqu'à la fin « heureuse » atteinte cependant dans la souffrance et au prix d'une sévère abnégation judéo-chrétienne. **VN**

Livres avec des héroïnes volontaires

Les Enfants aux cheveux de flamme, Carol Ryrie Brink (p. 758)
Le Château de Cassandra, Dodie Smith (p. 768)
Zazie dans le métro, Raymond Queneau (p. 792)
Hating Alison Ashley, Robin Klein (p. 859)

Le Tour du monde en 80 jours

Jules Verne

Nationalité France, 1828
Édition Hetzel, France, 1873
(aujourd'hui, multiples éditeurs)
Thèmes classiques, aventure, amour

Jules Verne a écrit ce classique quand voyager à bord d'un moyen de transport nouveau comme le train et le bateau à vapeur était excitant et exotique. L'idée a captivé à la fois le public et l'imagination des créateurs, et le roman de Jules Verne a été adapté au théâtre, à la télévision et au cinéma.

Le riche gentleman anglais Phileas Fogg parie 20 000 livres avec ses amis qu'il est capable de faire le tour du monde en 80 jours. Réaliser un tel exploit en un temps aussi court exige une précision toute mathématique et une bonne planification. Phileas Fogg est secondé par son nouveau domestique français, Passe-Partout, qui est un fanfaron.

Les deux hommes prévoient d'aller de Londres à Suez, Bombay, Calcutta, Hong Kong, Yokohama, San Francisco, New York, puis de revenir à Londres. Bien entendu, tout ne se passe pas comme prévu, et le duo doit parfois trouver des solutions inattendues, comme voyager à dos d'éléphant. Leur aventure se complique en raison d'une erreur d'identité. Fix, détective de Scotland Yard, est en effet persuadé que Fogg est en fuite après avoir dévalisé une banque et décide de le poursuivre envers et contre tout. Fogg ne réussit pas à prendre en compte l'effet que la rencontre d'une jeune femme, Aouda, aura sur ses plans. Une histoire d'amour se développe qui humanise Fogg, homme plutôt tatillon, et le sort de sa routine. Ce livre amusant à l'intrigue bien ficelée a bien résisté au passage du temps. **CK**

Heidi

Johanna Spyri

Titre original *Heidis Lehr- und Wanderjahre*, 1880
Nationalité Suisse, 1827
Édition française multiples éditeurs
Thèmes famille, amitié, personnages préférés

Bien que de nombreux films aient été tournés d'après le livre, rien ne vaut la lecture de l'œuvre originale. Son message religieux peut paraître dépassé, mais il est impossible de ne pas être touché par la relation entre l'enfant et son vieux grand-père bougon.

Après avoir été abandonnée sans cérémonie chez ce dernier par sa tante Dete, Heidi commence par mener une vie idyllique, entourée de son grand-père, des chèvres et de Peter le chevrier. Grâce à sa bonté naturelle, elle fait fondre le cœur du vieil homme. Celui-ci finit par surmonter l'hostilité qu'il éprouve à l'égard des villageois et renoue peu à peu avec d'anciens amis, notamment avec la grand-mère de Peter.

Mais un jour, tante Dete emmène subitement Heidi à Francfort pour qu'elle tienne compagnie à sa cousine infirme, Clara. Heidi suit des cours avec celle-ci et apprend à lire avec l'aide de la grand-mère de la fillette. Cependant, elle supporte mal l'autorité de la gouvernante, Mlle Rougemont. Loin de ses montagnes, elle tombe malade et devient somnambule. Les domestiques et Mlle Rougemont la prennent d'abord pour un fantôme. Le docteur fait un bon diagnostic et Heidi peut retourner chez son grand-père. Clara vient la voir et réapprend à marcher après que Peter, dans un accès de jalousie, a poussé sa chaise roulante lors d'une promenade en montagne. Dans ce grand classique de la littérature pour enfants, tous ceux qui sont en contact avec Heidi sont peu à peu transformés. À l'exception de Mlle Rougemont. **WO**

12+

Geschichten für Kinder und Solche welche Kinder lieb haben

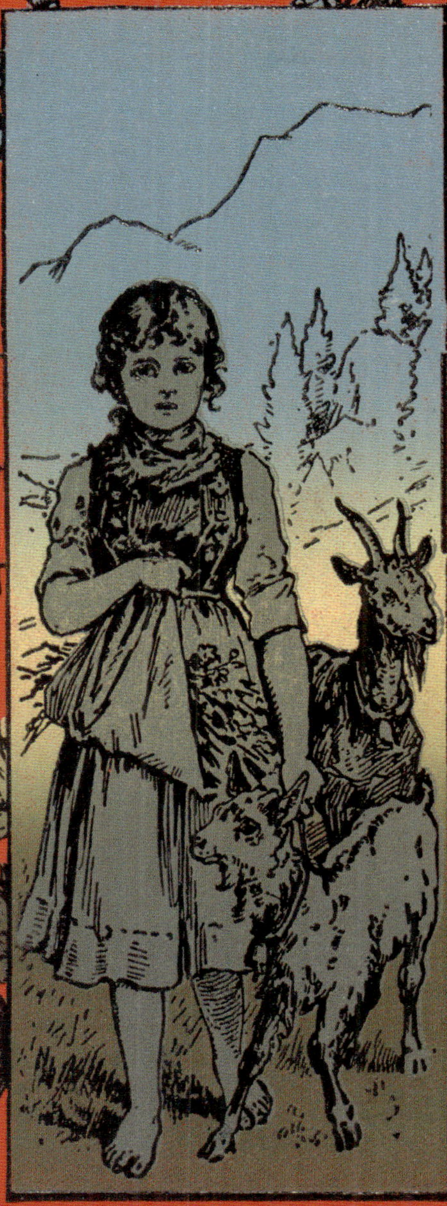

Heidis Lehr- und Wanderjahre.

von

Johanna Spyri

Gotha

Friedrich Andreas Perthes.

THE FIFTH FORM AT ST. DOMINIC'S

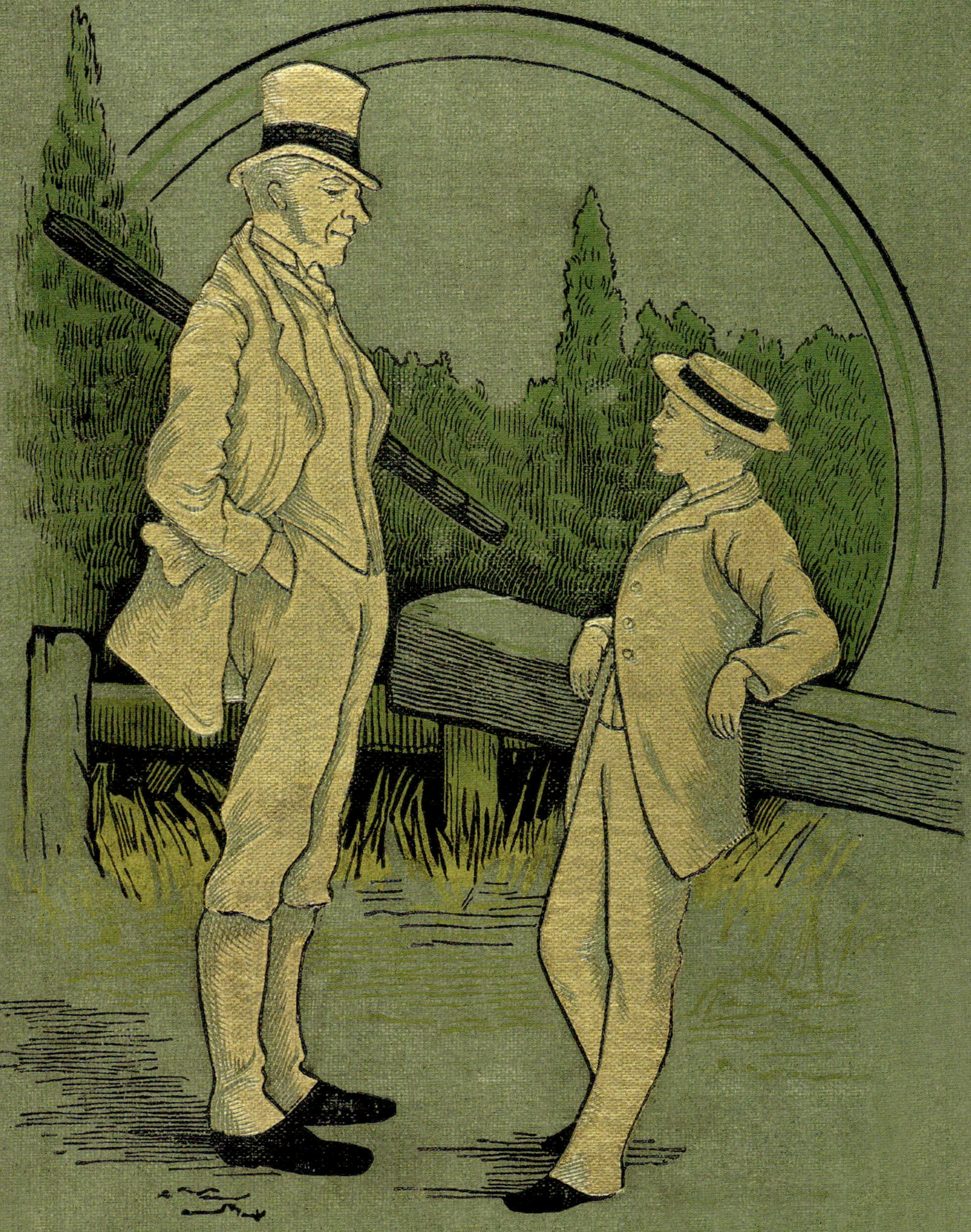

The Fifth Form at St. Dominic's

Talbot Baines Reed

Nationalité Grande-Bretagne, 1852
Édition Religious Tract Society, G-B, 1881
Thèmes classiques, école, amitié, roman historique

Ce livre est d'abord paru sous forme de feuilleton dans *Boy's Own*, une revue certes à visée éducative, mais qui devait avant tout sa popularité aux histoires qu'elle publiait, celle du pensionnat St. Dominic's étant la plus connue.

Un garçon timide, Stephen, est inscrit dans l'école où est déjà scolarisé son frère aîné. En sa qualité de bizut, il est au service d'un élève plus grand que lui, Loman, une véritable brute qui le bat violemment quand il refuse de lui obéir. Bien que son frère aîné soit heureux et bien intégré dans cette école, Stephen se rebelle contre le système injuste qui existe depuis de nombreuses années dans l'établissement. Il ourdit des plans pour vaincre ses oppresseurs. En vain. À la fin du roman, il décide de s'aguerrir pour mieux s'intégrer, et réussit enfin à venir à bout de Loman.

L'atmosphère du pensionnat semble très libre en raison de l'absence des parents, mais le lieu impose d'autres contraintes. Les garçons ont en effet leur propre société étouffante, réglementée par leurs lois et leurs codes secrets.

Bien qu'il n'ait jamais fréquenté d'internat privé, toute l'œuvre de Baines Reed tourne autour des pensionnats, de leur fonctionnement et des règles strictes qui y ont cours. Alors que leur fréquentation tend à diminuer, ce genre de livre reste populaire, comme en témoignent des séries très connues, notamment celle d'Harry Potter **SD**

With Clive in India

George Alfred Henty

Nationalité Grande-Bretagne, 1832
Édition Blackie and Son, Grande-Bretagne, 1884
Thèmes aventure, roman historique, classiques, guerre

Charlie Maryatt est un héros au sens littéral du terme : le modèle auquel on doit aspirer. Il n'a pas de défauts ni de doutes moraux. « Il était honorable et viril… le préféré de ses maîtres et de ses camarades de classe. » Il abandonne vite son travail pour s'engager comme volontaire au service du chef militaire britannique, Clive. Au cours de ses aventures, il va vivre des batailles et des sièges, chasser le tigre, croiser des pirates, réussir à s'échapper quand il est fait prisonnier grâce à sa vivacité d'esprit ou effectuer des sauvetages audacieux. Au bout de dix années passées en Inde, il finira par rentrer en Angleterre après s'être enrichi.

Dans la plupart des récits de Henty, destinés aux garçons, un jeune héros est pris dans la tourmente des événements historiques. *With Clive in India* est un récit marqué par le chauvinisme et l'esprit guerrier qui prévalaient en Grande-Bretagne à l'époque victorienne. Il renferme en outre des clichés sur les races et les classes sociales. Les lecteurs actuels auront plutôt l'impression qu'il s'agit d'un livre d'histoire dans lequel un récit d'aventures a été inséré. En effet, dans les 30 premières pages, il n'est nulle part question du héros. Henty s'enorgueillissait de sa précision historique. Ses descriptions de campagnes militaires trahissent en effet son passé de correspondant de guerre. Quant aux parties consacrées aux aventures de Charlie, elles sont très rythmées, comme il se doit dans un bon récit d'aventures. **CW**

Seven Little Australians

Ethel Turner

Nationalité Grande-Bretagne/Australie, 1872
Édition Ward, Lock and Bowden, Australie, 1894
Thèmes école, adolescence, famille, amitié, amour

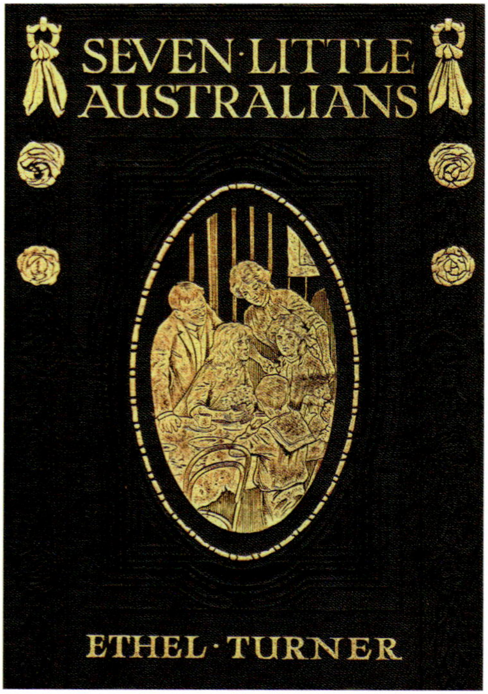

12+

Autres récits consacrés à des familles

Sarah la pas belle, Patricia MacLachlan (p. 626)
Personne ne veut changer sa famille, Louise Fitzhugh (p. 832)
Friday's Tunnel, John Verney (p. 790)

Apprécié par des générations de jeunes lecteurs, ce livre a constamment été réédité depuis sa première publication. Ethel se mit à écrire alors qu'elle fréquentait le célèbre collège pour filles de Sidney. Ce livre fut le premier de ses nombreux romans.

Il raconte l'histoire de la progéniture indisciplinée d'un officier de l'armée. Les frasques des enfants sont bien innocentes par rapport aux fictions crues destinées aux jeunes adultes publiées un siècle plus tard. Le capitaine Woolcot, père de sept enfants, semble perplexe face à ces derniers. Il fait de son mieux pour leur donner une éducation convenable, mais a du mal à comprendre qu'une famille n'est pas un peloton. Veuf, il s'est remarié. Sa femme, Esther, plus jeune que lui, mère de son septième enfant, âgé de 2 ans et surnommé « le Général », trouve aussi difficile de se faire obéir.

« Vous êtes sept, et je n'ai que 20 ans ! dit-elle d'un ton pitoyable. C'est horrible ! »

Loin d'être des monstres, les enfants sont d'un réalisme charmant. Meg l'aînée, 16 ans, se complaît dans des rêves d'idylles sentimentales et découvre que l'amour peut avoir des côtés sombres. Bunty doit apprendre à arrêter de condamner les autres. Helen, 13 ans, appelée Judy, est le personnage principal et la passionnée de la famille. Proche de son frère Pip, elle est sauvage, inventive et intuitive, intelligente et aime la vie. Autant par amour que par colère, son père l'envoie dans un pensionnat après une de ses fredaines qui, pense-t-il, l'a ridiculisé auprès de ses hommes. Les événements vont alors s'enchaîner, aboutissant à des actes d'héroïsme, à de grands chagrins et à des changements radicaux. **MH**

Le Prisonnier de Zenda

Anthony Hope

Ce récit d'aventures romantique plaira à la plupart des lecteurs, quel que soit leur âge. Il y est question d'un héros ayant fière allure, de royauté, d'une belle princesse, d'un scélérat et de la Ruritanie. Rudolf Rassendyll est un gentleman anglais qui ressemble étrangement à celui qui va devenir le roi de la Ruritanie. Il pourrait d'ailleurs être apparenté à la famille royale en raison d'un flirt d'un de ses ancêtres des années auparavant. Rudolf aimerait que quelque chose change dans sa vie ennuyeuse et plutôt dissolue. Il décide sur un coup de tête de prendre un congé et d'assister au couronnement de son double.

Sa ressemblance avec le futur roi est telle que les fidèles serviteurs de ce dernier parviennent grâce à lui à cacher l'enlèvement du roi par son demi-frère, le duc Michael. Ce qui devait être un arrangement provisoire le temps de la cérémonie du couronnement finit par durer plus longtemps que prévu. Rudolf complique encore les choses en tombant amoureux de la jolie princesse Flavia, qui lui rend son amour, croyant qu'il est le véritable roi et qu'il a abandonné ses manières de play-boy porté sur la boisson.

« À ce moment, j'ai cru, j'ai presque cru que j'étais vraiment le roi… »

Malgré la tournure prise par les événements, Rudolf échafaude un plan pour sauver le roi, qui est souffrant. Son honneur est ainsi sauf, bien que le scélérat Rupert de Hentzau réussisse à s'échapper. Rudolf et Flavia ne se marient pas, car la princesse renonce à son bonheur personnel au nom du devoir. Ce livre passionnant à la Dumas regorge d'action, de combats à l'épée, sans oublier une évasion par des douves et une demoiselle en détresse. **JF**

Titre original *The Prisoner of Zenda*, 1894
Nationalité Grande-Bretagne, 1863
Édition française multiples éditeurs
Thèmes aventure, amour, roman historique

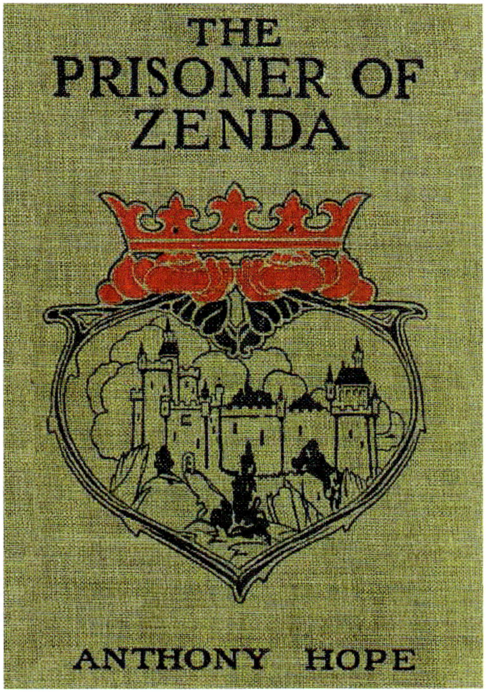

Autres grands romans d'aventures

Les Trois Mousquetaires, Alexandre Dumas (p. 714)
Série des « Capitaine Hornblower », C. S. Forester (p. 759)
Le Poignard d'argent, Ian Serraillier (p. 785)

12+

Le Trésor du lac d'argent

Karl May

Titre original *Der Schatz am Silbersee*, 1894
Nationalité Allemagne, 1842
Édition française Flammarion
Thème aventure

12+

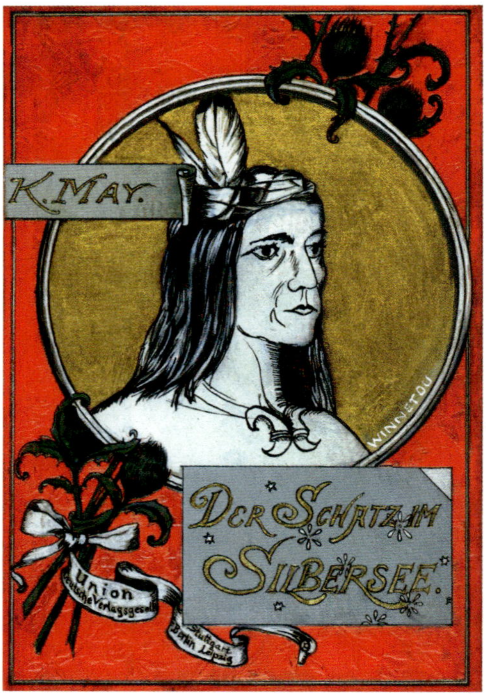

Alors qu'il ne l'avait encore jamais vu, aucun autre écrivain n'a su donner à des générations d'adolescents allemands une meilleure idée du Far West que Karl May. *Le Trésor du lac d'argent* est un roman d'aventures classique, dans lequel le légendaire chasseur Old Firehand et l'alter ego de l'auteur, Old Shatterhand, un chasseur courageux, conduisent un groupe d'hommes jusqu'au lac d'Argent, dans les montagnes Rocheuses, pour y exploiter une mine d'argent.

La première moitié du roman décrit la façon dont Old Firehand et ses fidèles amis luttent contre un groupe de bandits menés par Brinkley, le Red Cornel. Celui-ci souhaite aussi se rendre au lac, pour trouver un trésor perdu, à l'aide d'une carte qu'il a volée. Old Firehand et ses amis parviennent à déjouer ses plans et à vaincre les bandits. Dans la seconde moitié du roman, Old Shatterhand et le chef apache Winnetou, présenté comme un « sauvage plein de noblesse » dans la plus pure tradition romantique, rejoignent Old Firehand et ses amis qui affrontent des tribus indiennes hostiles alors qu'ils sont en route vers le lac.

« Old Firehand est mon nom, car aucun de mes ennemis ne peut échapper au feu qui sort de mon fusil. »

Bien que pour les critères d'aujourd'hui, ce livre soit parfois raciste et truffé de clichés, son récit très vivant rend parfaitement compte de l'attrait exercé par le Far West à l'époque où le Nouveau Monde était la destination de prédilection de nombreux émigrants européens. En dépit de scènes très violentes, le bien finit toujours par l'emporter. Quelques Indiens sont en outre représentés comme des êtres très vertueux. **FHG**

Autres grands chercheurs de trésors

L'Île au trésor, Robert Louis Stevenson (p. 424)
La Chasse au trésor, E. Nesbit (p. 435)
Winnetou, le trésor des montagnes rocheuses, Karl May
Gold Dust, Geraldine McCaughrean (p. 887)

Egri csillagok

Géza Gárdonyi

Ce livre est une grande épopée historique pleine d'audace, de courage, d'action et d'aventures, de héros et de scélérats. C'est un classique de la littérature hongroise encore très apprécié aujourd'hui des enfants et des adultes.

L'histoire romancée du siège d'Eger en 1522 constitue le thème principal du roman. Un petit château commandé par le héros hongrois Istvan Dobo, qui a réellement existé, est assiégé par 200 000 soldats turcs. Toutefois, le véritable héros du roman est Gergely Bornemissza, un orphelin à qui il arrive de nombreuses aventures. Nous suivons celles-ci depuis ses 8 ans jusqu'à ses 25 ans. Enfant, il est capturé avec son amie d'enfance, Eva, par les Turcs. Tous deux sont obligés de rejoindre un groupe de prisonniers et de traverser avec eux la campagne. Grâce à leur habileté et à leur bravoure, ils réussissent à s'échapper. Gergely est alors éduqué par un riche aristocrate et Eva promise en mariage à un vieil homme fortuné. Plus tard, Gergely et Eva se retrouvent, tombent amoureux l'un de l'autre et s'enfuient. Après une série d'aventures, le couple, puisqu'ils se sont mariés entre-temps, arrive à Eger où Gergely se joint aux troupes de Dobo. Quand leur fils est kidnappé, Eva se déguise en homme pour le retrouver. La bataille est longue et sanglante, mais les Turcs perdent et la famille de Gergely est à nouveau réunie.

« Le lendemain […] des tentes blanches se dressaient sur les versants montagneux, mais il n'y avait aucun Turc à l'horizon. »

Bien que ce livre comprenne plus de 500 pages, ce qui pourrait décourager les jeunes lecteurs, il est suffisamment riche en action et en rebondissements pour les captiver. **HJ**

Nationalité Hongrie, 1863
Édition Pesti Hirlap, Hongrie, 1899
Thèmes roman historique, classiques

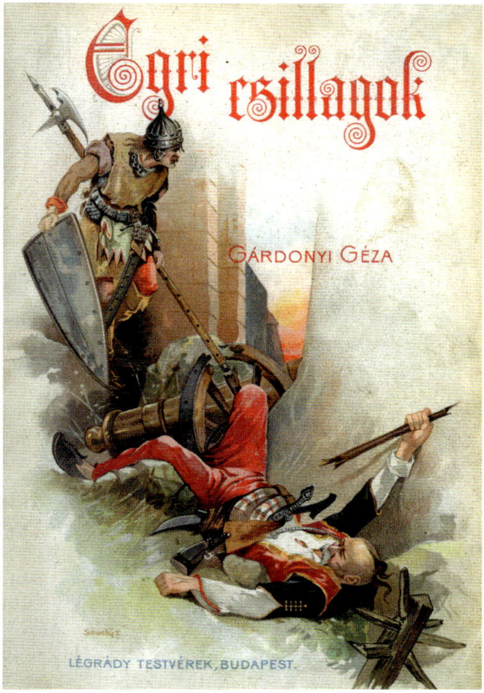

12+

D'autres romans d'aventure

L'Île au trésor, R. L. Stevenson (p. 424)
Michel Strogoff, Jules Verne
Die Höhlenkinder, Alois T. Sonnleitner (p. 749)

Les Tigres de Mompracem

Emilio Salgari   Pipein Gamba

Titre original *Le Tigri di Mompracem*, 1900
Nationalité Italie, 1862 (aut.), date inconnue, né G. Garuti (ill.)
Édition française Tallandier
Thèmes roman historique, aventure

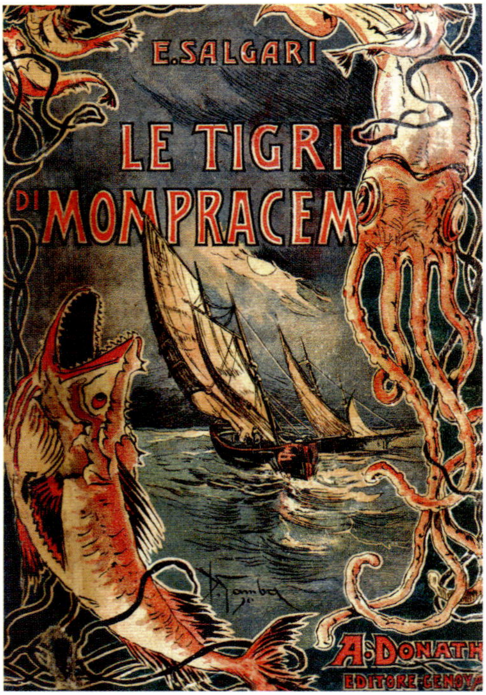

12+

Cet ouvrage fait partie de la première série de livres d'aventures écrits par Emilio Salgari. L'action se situe chaque fois en Asie, et le héros est toujours Sandokan, le célèbre « Tigre de Malaisie ». Avec son ami portugais, Yanez de Gomera, Sandokan lutte contre les Anglais pour remonter sur le trône qui lui revient et dont les Britanniques se sont emparés en colonisant l'Inde. Le récit regorge d'action et de dialogues nous donnant un aperçu des intentions et des opinions de Sandokan.

Tout en combattant pour retrouver son trône et protéger Mompracem, son île natale, Sandokan doit libérer une femme surnommée la Perle du Labuan. Il s'agit en fait de Marianna Guillonk, mi-anglaise, mi-italienne, qui s'est confiée au charmant Sandokan quand celui-ci a séjourné en secret dans son palais. Sandokan doit en outre affronter son ennemi James Brooke, le raja blanc du Sarawak, qui est l'oncle de Marianna. Comme un autre héros romantique de Salgari, le corsaire noir, Sandokan est un pirate qui se rebelle contre le colonialisme et cherche à libérer les opprimés. Les deux héros laissent libre cours à leurs émotions, allant jusqu'à verser parfois des larmes de désespoir.

« Qu'ils essaient seulement de défier les pirates dans leur repaire ! Je noircirai les eaux de leur sang. »

Le personnage de Sandokan fascina les jeunes lecteurs du monde entier. Les livres ont été traduits dans plusieurs langues. De nombreux films et séries télévisées ont été tournés d'après l'œuvre, et Hugo Pratt l'a adaptée en bande dessinée. **SMT**

Autres livres d'Emilio Salgari

Le Corsaire noir *(p. 434)*
Au pôle Sud à bicyclette
Le Capitaine du Yucatan
Les Derniers Flibustiers
Les Pirates de Malaisie

Le Chien des Baskerville

Arthur Conan Doyle

Ce livre raconte l'histoire d'une vieille famille de Dartmoor dont les héritiers sont persécutés par un « chien gigantesque ». Ce fut la première concession de Conan Doyle aux admirateurs de son plus célèbre personnage, Sherlock Holmes. Le détective était en effet « mort » huit ans plus tôt. Inquiet à l'idée d'être catalogué comme écrivain de romans policiers, Conan Doyle n'avait cependant pas exclu la possibilité de faire revivre son héros. Une pièce consacrée à Sherlock Holmes commençait d'ailleurs à être jouée à Londres quand le premier épisode du *Chien des Baskerville* parut dans le magazine *Strand*. Le récit eut tant de succès que Sherlock Holmes connut une seconde résurrection en 1903 dans *La Maison vide*. Le détective avait prétendument survécu à sa lutte près de la cascade grâce à sa connaissance des arts martiaux.

« Si vous tenez à votre vie ou à votre raison, évitez la lande. »

Le Chien des Baskerville est à la fois un roman policier classique et un récit d'épouvante classique. Il comprend des passages profondément évocateurs et des moments de profond suspense, comme le nécessitait sa publication sous forme de feuilleton. Tout commence dans le cadre familier du bureau de Sherlock Holmes, dans Baker Street. Le grand détective soumet son acolyte Watson à un test, afin de montrer son esprit de déduction. Holmes est en effet persuadé que la logique et la déduction suffiront à démontrer que le mythe selon lequel la bête de Dartmoor est surnaturelle est faux. Tandis que Watson accompagne le dernier des Baskerville sur les lieux où règne la terreur, Holmes reste au second plan. Il réapparaîtra dans le récit d'une manière qui s'apparente un peu à une résurrection. **CK**

Titre original *The Hound of the Baskervilles*, 1902
Nationalité Grande-Bretagne, 1859
Édition française multiples éditeurs
Thèmes policier, horreur, classiques, personnages préférés

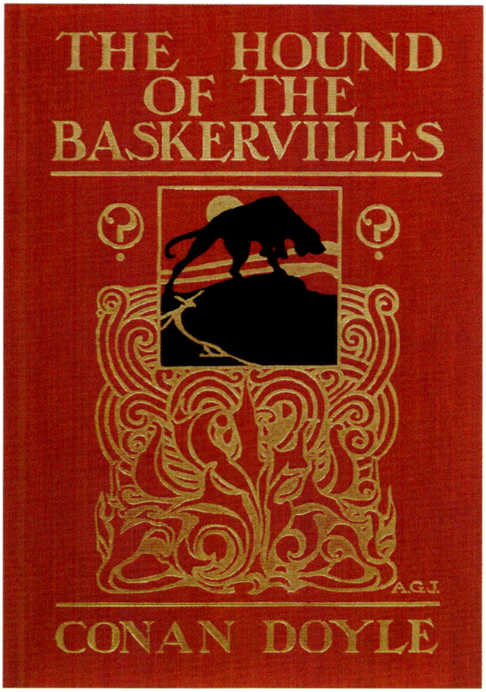

12+

Autres classiques de Conan Doyle

Une étude en rouge
Le Signe des quatre
Les Aventures de Sherlock Holmes (recueil)
Les Mémoires de Sherlock Holmes (recueil)
Le Retour de Sherlock Holmes (recueil)

L'Appel de la forêt

Jack London

Titre original *The Call of the Wild*, 1903
Nationalité États-Unis, 1876
Édition française multiples éditeurs
Thèmes histoires d'animaux, classiques

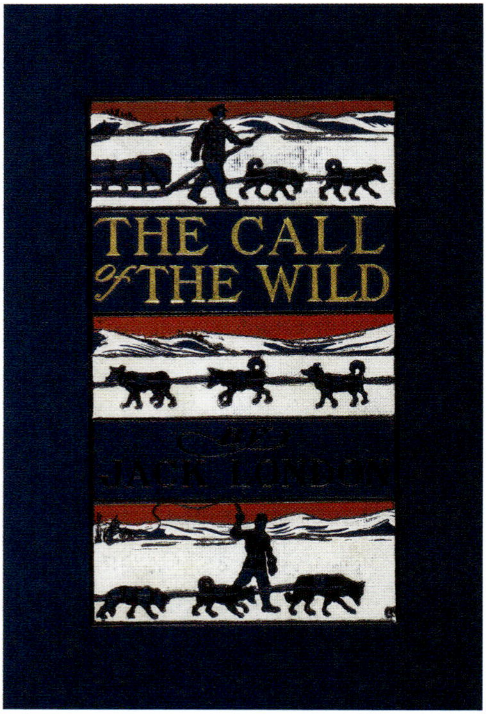

Autres romans de Jack London

Croc-Blanc
Avant Adam
Martin Eden
La Peste écarlate
La Vallée de la lune

S'il y a jamais eu un écrivain dont la vie énergique s'est reflétée dans ses livres, c'est bien Jack London. Né dans une famille pauvre qu'il quitta à 17 ans pour devenir marin au Japon, il avait le goût des voyages et des aventures. Celles-ci servirent de base à ses récits, qu'il publia pour la première fois à 24 ans. Sa prose évocatrice et lyrique relate des aventures captivantes dans des cadres bien réels. *L'Appel de la forêt* est considéré comme l'un de ses chefs-d'œuvre.

Le récit a pour héros un berger allemand, Buck, qui prend la tête d'une meute de loups. Tout commence lorsqu'il est vendu à des chercheurs d'or qui partent dans le Yukon. Il fait alors office de chien de traîneau et apprend à survivre dans la nature, recouvrant ses instincts naturels en passant d'un propriétaire à l'autre. London était fasciné par la théorie de l'évolution de Darwin, l'idée d'une sélection naturelle et de la survie du plus fort. C'est pourquoi, dans de nombreuses scènes tristes et souvent violentes, il dépeint avec force détails la nature dans ce qu'elle a de plus cruel, ainsi que la frontière ténue entre la vie et la mort.

« On le voyait courir en tête de la horde, sous la pâle clarté de la lune. »

À un moment, alors qu'il a été presque battu à mort, Buck est sauvé par un homme, John Thorton, qui devient son ami et qu'il protège jusqu'à ce que celui-ci soit tué par les Yeehat, des Indiens. Cela le met dans une rage indescriptible et l'incite à tuer plusieurs membres de la tribu. Il n'a plus d'autre solution que de retourner dans la nature et devient le chef d'une horde de loups. London fit dans ce livre les descriptions les plus mémorables de la vie d'un animal. **NH**

La Fille du corsaire noir

Emilio Salgari Alberto della Valle

Titre orig. *Jolanda la figlia del Corsaro Nero*, 1905
Nationalité Italie, 1862 (aut.), 1851 (ill.)
Édition française Tallandier
Thèmes aventure, roman historique

Dans cet épisode, le corsaire noir, après avoir retrouvé Honorata, celle qu'il aimait, en Floride, retourne à Vintimille, dans le Piémont. Quand son bateau, *La Folgore*, est trouvé endommagé et abandonné, on dit qu'il est mort dans une bataille en défendant le Piémont contre l'envahisseur français. Entre-temps, Honorata meurt, en mettant au monde Jolanda.

Celle-ci part en voyage dans les Caraïbes, et une nouvelle aventure commence. La jeune fille est enlevée par un vaisseau espagnol. Apprenant cela, Morgan, qui a sauvé le bateau du corsaire, décide de lui porter secours. Il découvre alors que le gouverneur de Maracaibo, le comte de Médina, n'est autre que le fils du vieil ennemi du corsaire noir, Van Guld. C'est lui qui a capturé Jolanda à son arrivée dans les Caraïbes. Morgan, en compagnie de Jolanda et de ses hommes, poursuit le comte jusqu'à Gibraltar où il s'est caché après l'attaque de Maracaibo. Les pirates doivent affronter les flots déchaînés de l'Atlantique. Jolanda est une fois de plus enlevée, ce qui entraîne l'attaque de la ville de Panama. Enfin, Morgan bat le comte de Médina au cours d'un duel. La situation politique change entre l'Angleterre et l'Espagne, et Morgan peut repartir avec d'autres pirates. Il choisit de s'installer en Jamaïque avec Jolanda. Il y devient vice-gouverneur et est fait chevalier par le roi d'Angleterre.

« [...] vêtue de noir comme son père, une plume dans les cheveux et une épée à son côté droit. »

Dans les contes de Salgari, le héros contrôle toujours tout et est moralement irréprochable. La fille du corsaire noir, Jolanda, est conforme à ce modèle, bien qu'elle doive compter sur Morgan pour être libérée. **SMT**

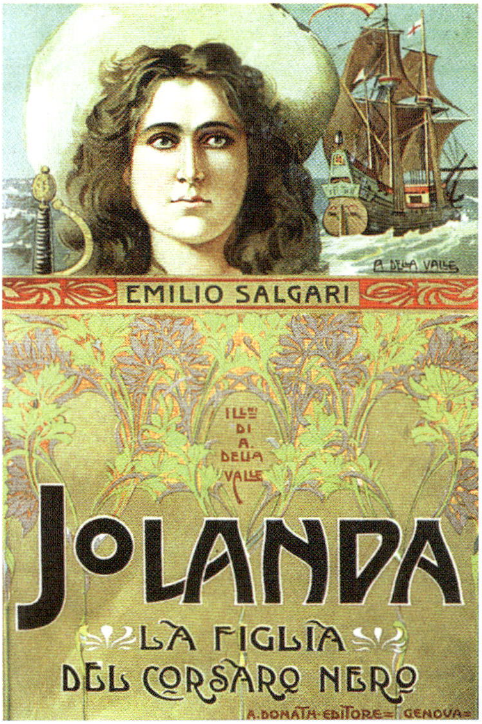

Autres livres d'aventure de Salgari

Le Corsaire noir (p. 434)
La Reine des Caraïbes (p. 439)
Les Derniers Flibustiers

12+

Croc-Blanc

Jack London

Titre original *White Fang*, 1906
Nationalité États-Unis, 1876
Édition française multiples éditeurs
Thèmes histoires d'animaux, classiques, aventure, roman historique

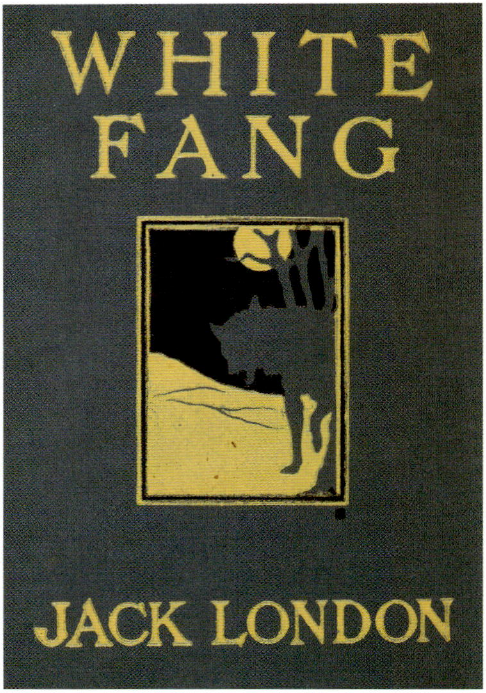

Autres récits classiques d'animaux

Cheval de guerre, Michael Mopurgo (p. 620)
Jock, chien du Veld, Percy Fitzpatrick (p. 745)
Tarka la loutre, Henry Williamson (p. 755)
The Silver Brumby, Elyne Mitchell (p. 788)

À l'opposé de *L'Appel de la forêt*, ce livre raconte l'histoire d'un loup qui devient un animal domestique au contact des hommes. Le récit commence au sein des magnifiques paysages du Yukon. Deux hommes, Bill et Henry, tirent un traîneau auquel est attaché un cercueil, le long d'un cours d'eau gelé, poursuivis par une meute de loups. Les chiens de traîneau disparaissent peu à peu. L'un des deux hommes s'éloigne de sa place près du feu de camp et ne revient jamais. Celui qui reste, Henry, est sauvé *in extremis* par des hommes à la recherche du cercueil.

La seconde partie du roman raconte la même histoire vue cette fois par une louve de la meute. Elle donnera naissance à Croc-Blanc, qui sera à moitié un loup, à moitié un chien. Le louveteau a de nombreux maîtres, apprend à survivre et finit entre les mains de Beauty Smith, un homme d'une grande cruauté. Il se bat pour survivre. Manquant d'être déchiqueté par un bouledogue, il est sauvé à la dernière minute.

> *« La sombre forêt de résineux se resserrait de chaque côté du fleuve gelé. »*

Son nouveau maître, Scott, l'apprivoise et l'emmène en Californie. Devenu le chien de la famille, il sauve même un membre de celle-ci menacé par un criminel en fuite. Les dernières pages du livre le montrent entouré de chiots qu'il a eus avec un colley. Il est à présent appelé le « loup providentiel ».

Avec son style précis, en alternant les points de vue des hommes et des animaux, ce récit présente l'univers des animaux et celui des hommes comme étant tout aussi violents, et montre que certaines actions peuvent sceller des destins. **NH**

The Railway Children

E. Nesbit

Un soir à Londres, deux hommes pénètrent dans la maison de Bobbie, Peter et Phyllis et emmènent leur père. Bien qu'elle soit manifestement bouleversée, leur mère leur dit de ne pas lui demander où leur père est parti. Comme l'argent manque, la mère congédie les domestiques et part s'installer à la campagne avec ses enfants. Elle passe toutes ses journées à écrire des histoires pour gagner un peu d'argent.

Les enfants sont fascinés par la voie de chemin de fer qui se trouve non loin de leur maison. Ils deviennent les amis de Peter, qui est porteur à la gare. Chaque jour, ils saluent d'un geste de la main un train qu'ils appellent le « Dragon vert », lui demandant de transmettre leur amour à leur père. À l'intérieur, un vieil homme répond à leur salut en agitant lui aussi la main. Quand leur mère tombe malade, les enfants demandent de l'aide à ce vieil homme, qui devient leur grand ami. Le livre regorge d'aventures. Les enfants deviennent des héros en empêchant une catastrophe sur la voie ferrée. Ils sauvent un émigré russe sans ressources et un garçon blessé qui gît dans un tunnel. Puis un jour, Bobbie apprend en lisant un vieux journal que leur père a été emprisonné pour espionnage. Elle demande au vieil homme de les aider une fois de plus. Ce dernier réussit à faire libérer leur père et le vrai criminel est arrêté.

« Ils furent de simples enfants vivant en banlieue avant d'être les enfants du chemin de fer. »

Un film très fidèle au récit fut tourné en 1970 et connut un grand succès. Le récit peut sembler un peu sentimental, mais la fin, lorsque le père apparaît sur le quai de la gare et que Bobbie s'écrie : « Papa, mon cher papa ! », est vraiment émouvante. **CW**

Nationalité Grande-Bretagne, 1858
Édition Wells Gardner, Darton, G-B, 1906
Thèmes classiques, famille, aventure, roman historique

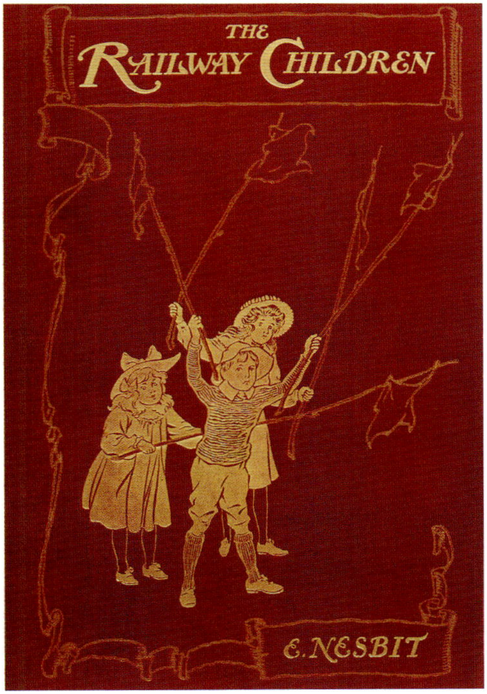

12+

Autres livres célèbres de E. Nesbit

La Chasse au trésor (p. 435)
Cinq enfants et moi (p. 440)
Le Secret de l'amulette

The FORTUNES of PHILIPPA

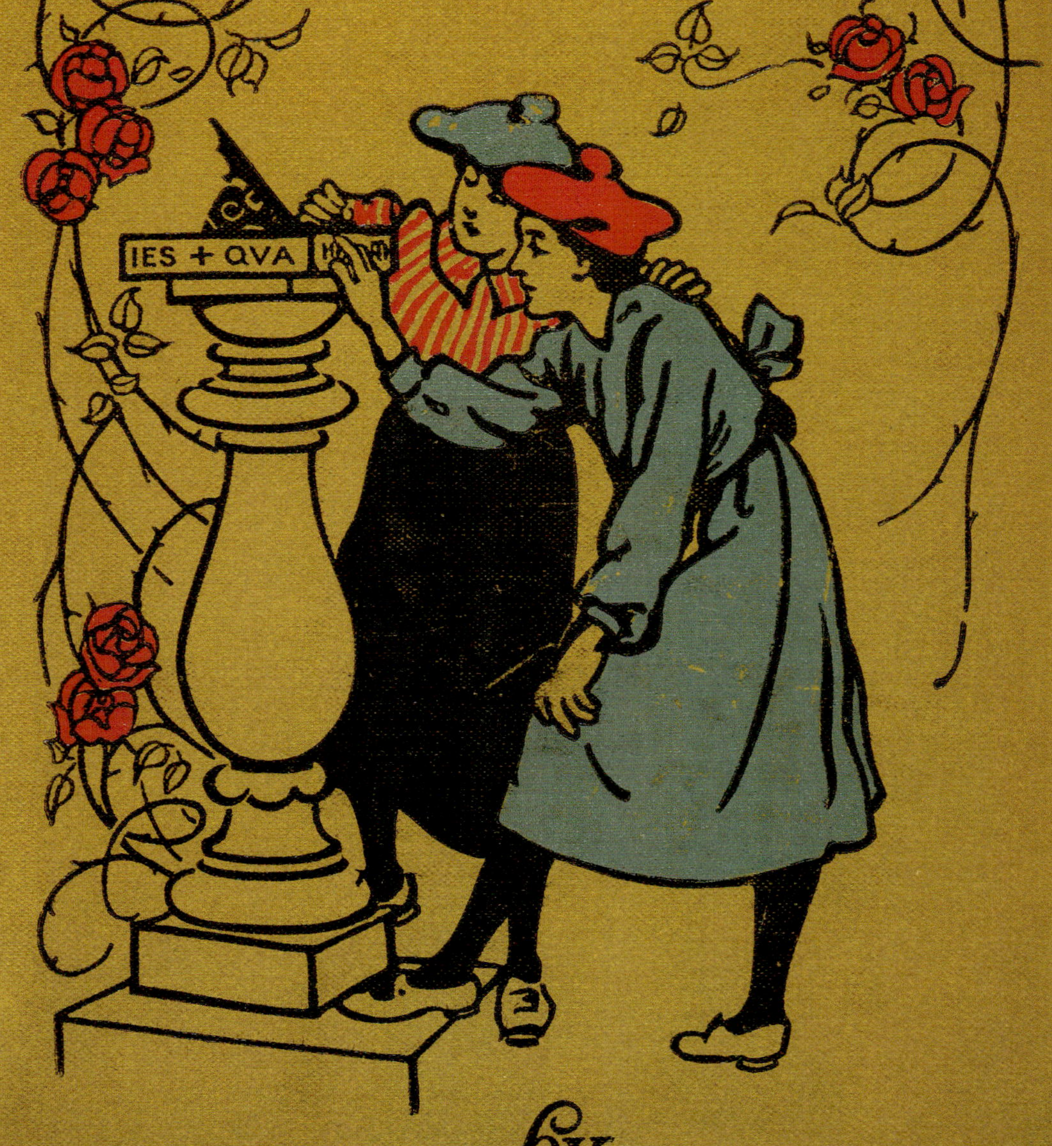

by ANGELA BRAZIL

The Fortunes of Philippa

Angela Brazil

Nationalité Grande-Bretagne, 1868
Édition Blackie and Son, Grande-Bretagne, 1906
Thèmes école, amitié, guerre, roman historique

The Fortunes of Philippa est le seul livre d'Angela Brazil écrit à la première personne. Peut-être est-ce dû au fait qu'elle y romança l'enfance de sa mère qu'elle adorait, lorsque celle-ci, à peine arrivée de Rio de Janeiro, fut plongée dans la vie d'un pensionnat de l'époque victorienne. Le livre est aussi atypique par rapport à ceux (plus de 40) qui suivirent, car il brosse un tableau sombre de l'école, présentée comme un univers de tyrannie et d'oppression. Brazil se souciait davantage de divertir que de prêcher la morale. Elle a dit à ce propos : « Être capable d'écrire des livres pour les jeunes dépend, me semble-t-il, en grande partie de votre aptitude à conserver votre fraîcheur d'esprit, tout en apprenant à manier la plume. »

Elle fut peut-être le premier auteur qui s'intéressa à la vie des écolières de la classe moyenne, parlant des matchs de hockey et des soirées, sans oublier les tensions de l'amitié. Dans chaque volume, elle réinventa ses personnages (aux noms extraordinaires comme Lesbia, Ethelburga, Morvyth). Les filles parlent l'argot de l'époque. Leur comportement, notamment dans les livres écrits durant la Première Guerre mondiale, est daté. Néanmoins, les représentations des professeurs fermes mais justes, de l'amitié entre jeunes filles, de leur jubilation et de leurs secrets n'ont pas tellement veilli, du moins en ce qui concerne la Grande-Bretagne. Les rumeurs concernant le caractère lesbien du récit ne sont que malveillance et Brazil a encore des admiratrices. **VN**

Jock, chien du Veld

Percy Fitzpatrick E. Caldwell

Titre original *Jock of the Bushveld*, 1907
Nationalité Afrique du Sud, 1862 (aut.)
Édition française Rageot
Thèmes roman historique, histoires d'animaux

Dans les années 1880, dans le Transvaal, à l'époque de la ruée vers l'or, des trains constitués de wagons remplis de bœufs faisaient des allers-retours pour ravitailler les mineurs. Ces voyages étaient longs et pénibles. Les hommes qui conduisaient ces trains devaient chasser pour se nourrir et avaient donc besoin d'un chien. Le narrateur anonyme du récit sauve de la noyade le chiot le plus vilain d'une portée, alors qu'il aurait pu avoir le plus beau de tous. Il l'appelle Jock. Maigre et laid, ce dernier survit et devient plus robuste. Jock le bull-terrier remercie son nouveau maître de l'avoir sauvé en devenant son fidèle compagnon.

Dans le livre, Jock refuse plusieurs fois d'abandonner la chasse ou achève lui-même le gibier. Il poursuit même un crocodile le long d'une rivière et se bat contre un babouin. Quand il devient sourd à la suite du coup de sabot d'une antilope, il surmonte son infirmité en faisant travailler davantage ses autres sens.

Enfin, quand un bœuf meurt après avoir été piqué par une mouche tsé-tsé, le narrateur est licencié. Il cherche un autre emploi et trouve à contrecœur une nouvelle maison pour Jock. Ce dernier est tué par erreur alors qu'il se bat contre un autre chien pour défendre la maison de son maître. Dans ce récit devenu un classique en Afrique du Sud, Fitzpatrick évoque un mode de vie qui a disparu depuis longtemps et l'amitié qui unit un homme et son meilleur ami. Le livre est magnifiquement illustré par les dessins à la plume de E. Caldwell. **JF**

Le Mystère de la chambre jaune

Gaston Leroux

Nationalité France, 1868
Édition *L'Illustration*, France, 1907 (puis multiples éditeurs)
Thème enquête policière

Ce roman a pour thème la tentative de meurtre dont a été victime Miss Strangerson au château du Glandier, dans une chambre hermétiquement fermée appelée la chambre jaune, chambre qui jouxte le laboratoire de son célèbre père, le professeur Strangerson. Joseph Rouletabille, prodige de 18 ans, qui travaille comme reporter pour un célèbre journal parisien, entreprend d'éclaircir le mystère qui entoure cette tentative de meurtre et celles qui suivront, car toutes les enquêtes débouchent sur des fausses pistes. Le mystère semble aussi impénétrable que la fameuse chambre, conférant de ce fait au roman une atmosphère surnaturelle. Mais ce n'est qu'un stratagème destiné à captiver l'attention du lecteur, tout en faisant oublier le véritable crime. La clé de l'énigme sera trouvée grâce à une méthode de pur raisonnement que Rouletabille expose de manière inlassable et qu'il manie à la perfection, comme le remarque son fidèle ami M. Sinclair, le narrateur du roman.

Gaston Leroux est plus connu pour son *Fantôme de l'Opéra*. Son Rouletabille ressemble plus à un précurseur du Tintin d'Hergé qu'à un protégé de Sherlock Holmes, non seulement parce qu'il a comme le premier une tête ronde (d'où son surnom), mais aussi parce que les deux reporters intrépides représentent une jeunesse qui, audacieusement, voire naïvement, défie et débrouille le monde embrouillé des adultes où se mêlent politique et intrigues amoureuses. **AR**

12+

A Girl of the Limberlost

Gene Stratton-Porter W. T. Benda

Nationalité États-Unis, 1863 (aut.), Pologne, 1873 (ill.)
Édition Doubleday, Page and Co., États-Unis, 1909
Thèmes amour, adolescence, école

A Girl of the Limberlost raconte l'histoire d'Elnora Comstock, jeune fille pauvre vivant isolée à la campagne avec sa mère, une veuve éplorée. Éprouvant à la fois un intérêt scientifique et romantique pour les zones humides et les créatures qui y vivent, Gene Stratton-Porter, photographe de la faune et de la flore, créa une histoire d'amour dont l'héroïne, grâce à sa patience et à son intelligence, décode le monde qui l'entoure.

Ce récit sur le passage à l'âge adulte suit les progrès d'Elnora depuis le collège, où elle souffre de la comparaison avec des camarades de classe plus riches qu'elle, jusqu'au moment où elle trouve les moyens de surmonter sa pauvreté. Avec l'aide d'un voisin, elle réalise qu'en trouvant et en vendant les phalènes des marais, elle peut gagner de l'argent pour poursuivre ses études. La toile de fond luxuriante et naturelle du marais l'inspire et la motive, et quand elle découvre le violon de son père, tout un monde romantique et musical s'ouvre à elle.

Paisible et féminine, Elnora est très conventionnelle, mais sa force de caractère et son aptitude à reconnaître les choses importantes de la vie en font un excellent exemple pour les jeunes lectrices. En travaillant dur et en persévérant, elle parvient à transcender sa condition sociale, réussit à faire sortir sa mère de son chagrin, gagne le respect de ses pairs et de ses détracteurs, et enfin tombe amoureuse, ce qu'elle a bien mérité. **LK**

« Elnora [...] cueillit quelques violettes et les donna à Philippe. »

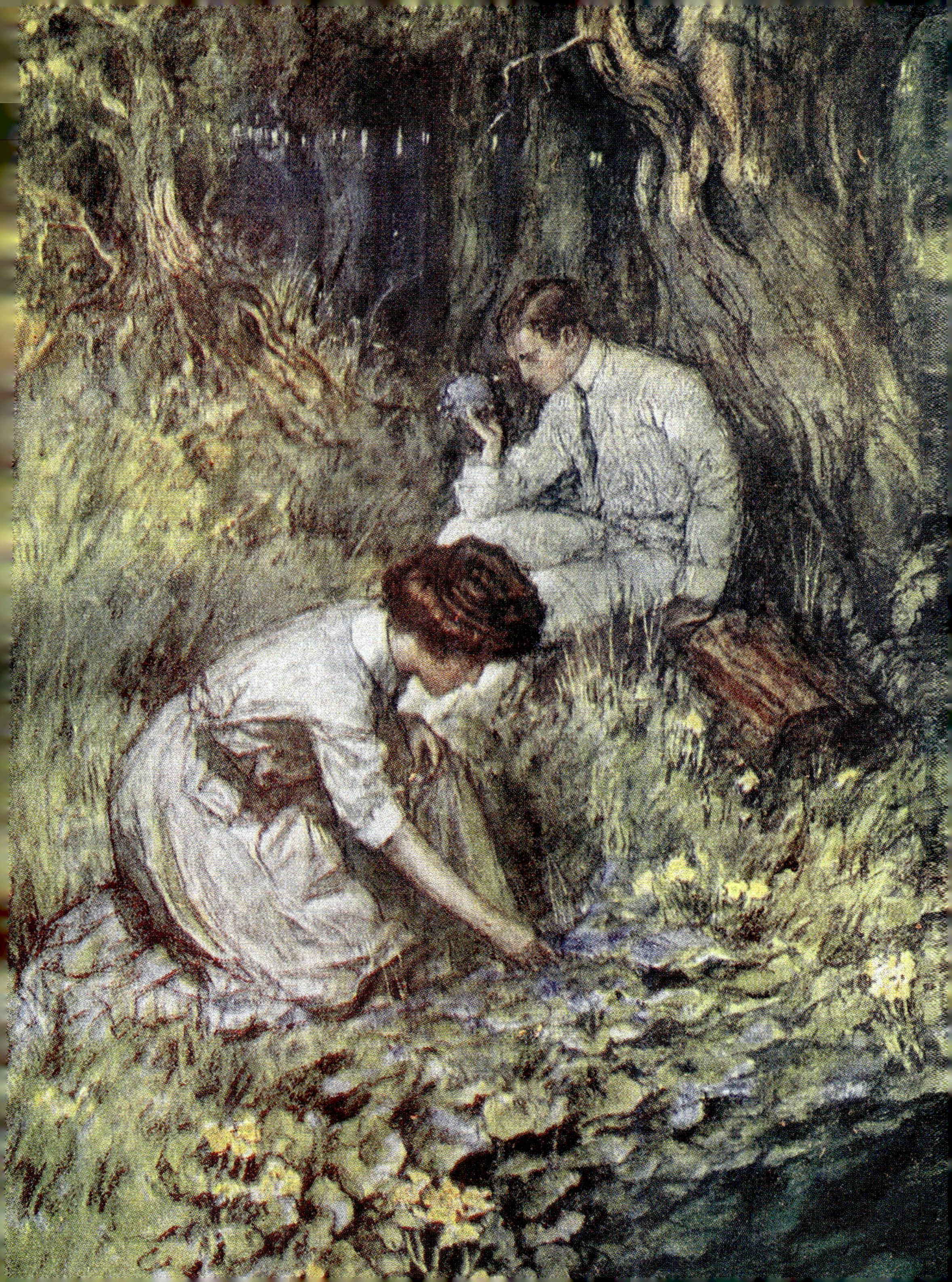

La Guerre des boutons

Louis Pergaud

Nationalité France, 1882
Édition Mercure de France, France, 1912 (puis multiples éditeurs)
Thèmes guerre, amitié, famille

C'est le début de l'automne et, comme chaque année, de terribles combats ont secrètement lieu dans les bois bordant les communes de Longeverne et de Velrans. Le grand Lebrac, commandant en chef d'une fière armée de soldats en culottes courtes, réunit ses troupes à la suite d'une insulte lancée par un des « peigne-culs » du village voisin. La tension monte très vite entre les deux camps et chaque enfant de la troupe se voit bientôt assigné à un poste clé. Camus est nommé second lieutenant, Tintin est chargé de la trésorerie. Les deux bandes rivales se livrent maintenant une guerre sans merci. Malheur à celui qui sera fait prisonnier, car le châtiment infligé est des plus humiliants ! Lebrac et son armée décident donc naturellement de combattre tout nus, simplement armés de cailloux. La courageuse troupe parvient à se constituer un véritable trésor de guerre de lacets, boutons et cordons.

Au fil des défaites et des revanches se succèdent des batailles héroïques où il est question d'honneur et de vengeance. Mais *La Guerre des boutons* est aussi un roman ludique où le monde de l'enfance, à la fois tendre et impitoyable, est merveilleusement dépeint. On s'amuse en particulier des mots colorés de l'argot de l'époque (le roman se situe dans les années 1890), qui contribuent à doter le récit d'une certaine nostalgie. En 1962, l'histoire a inspiré un film qui est, lui aussi, devenu un classique. Le roman de Louis Pergaud saura encore certainement divertir et étonner des générations de jeunes lecteurs. **SL**

Contes de la forêt vierge

Horacio Quiroga

Titre original *Cuentos de la selva* , 1918
Nationalité Uruguay, 1878
Édition française multiples éditeurs
Thème histoires d'animaux

Ces contes comprennent, entre autres, les récits *La Tortue géante*, *Les Chaussettes des flamants* et *Le Perroquet plumé.* Avec une créativité et une imagination extraordinaires, et de magnifiques illustrations en gravure sur bois, l'auteur dépeint l'atmosphère sauvage de la province de Misiones, en Argentine.

Bien que sa prose soit simple, puisque sa langue est épurée et dépourvue des fioritures de style typiques de l'époque, ses descriptions de la nature sont très évocatrices. Décrits de manière très vivante, les personnages sont des animaux anthropomorphiques. Ils éprouvent les mêmes émotions que les hommes, peuvent parler, rire et haïr. Et surtout, ils peuvent être jaloux et vaniteux. Ainsi, quand les serpents invitent tous les animaux à la plus grande fête jamais organisée dans la jungle, les flamants sont à la fois excités et furieux, car ils sont terriblement jaloux de l'étonnante peau striée de rouge du serpent corail. Cette parabole douce-amère sur les mensonges et la vanité (les flamants trouvent un moyen de confectionner des chaussettes ressemblant à la peau du serpent, mais sont accusés de tromperie à la fin) reflète bien l'esprit de l'ensemble des contes.

Quiroga se sert de ses animaux pour dénoncer gentiment les défauts et les vices des êtres humains. Ses flamants vaniteux, ses jaguars effroyables, ses alligators belliqueux et ses petites abeilles naïves sont plus que les simples protagonistes d'aventures se déroulant dans un monde éloigné : ils témoignent de vérités universelles sur l'humanité. **LB**

Die Höhlenkinder

Alois Theodor Sonnleitner

Nationalité Allemagne, né Alois Tluchoi, 1869
Édition Franckh-Kosmos, Allemagne, 1918
Thèmes aventure, roman historique

Cette histoire captivante se déroule au XVIIe siècle, peu après la guerre de Trente Ans. Eva et Peter sont orphelins. Ils vivent avec la grand-mère d'Eva et son frère Hans dans une région reculée des Dolomites. Un jour, ils sont obligés de fuir car la grand-mère est accusée de sorcellerie.

Hans meurt au cours d'une tempête. Peu après, la grand-mère d'Eva meurt d'épuisement. Les enfants se retrouvent seuls dans une vallée coupée du reste du monde en raison d'un éboulement. Dans l'impossibilité de s'enfuir, ils sont obligés – à la manière d'hommes préhistoriques – de se confectionner des outils avec ce qu'ils ont sous la main.

Dans les trois livres qui regroupent les aventures d'Eva et de Peter, l'auteur brosse le tableau de l'évolution de l'humanité depuis l'âge de la pierre, du bronze et du fer. Les enfants se débrouillent avec ce qu'ils trouvent pour survivre. Ils vivent dans une caverne, allument leur premier feu de camp grâce à un tronc d'arbre foudroyé par un éclair et errent dans la vallée à la recherche de nourriture, prêts à affronter de nouveaux dangers.

Sonnleitner est le pseudonyme choisi par Alois Tluchoi, qui descendait d'une famille de paysans de Bohême. Il écrivit des poèmes et des contes de fées, mais c'est la série des « enfants des cavernes » qui lui valut une renommée internationale. Faisant découvrir de façon originale aux jeunes lecteurs la vie que menaient nos ancêtres à l'époque préhistorique, l'œuvre fascina et éduqua des générations d'enfants. **GS**

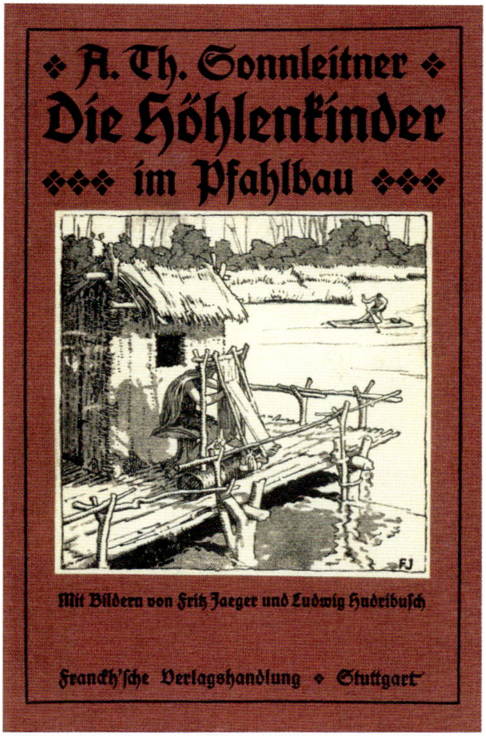

« […] ils escaladèrent des éboulis pour gagner un défilé montagneux menant plus au sud. »

Histoires d'enfants coupés du monde

Le Royaume de Kensuké, M. Morpurgo (p. 675)
Sa Majesté des Mouches, William Golding (p. 779)
Les Robinsons de la nuit, Véronique Day

12+

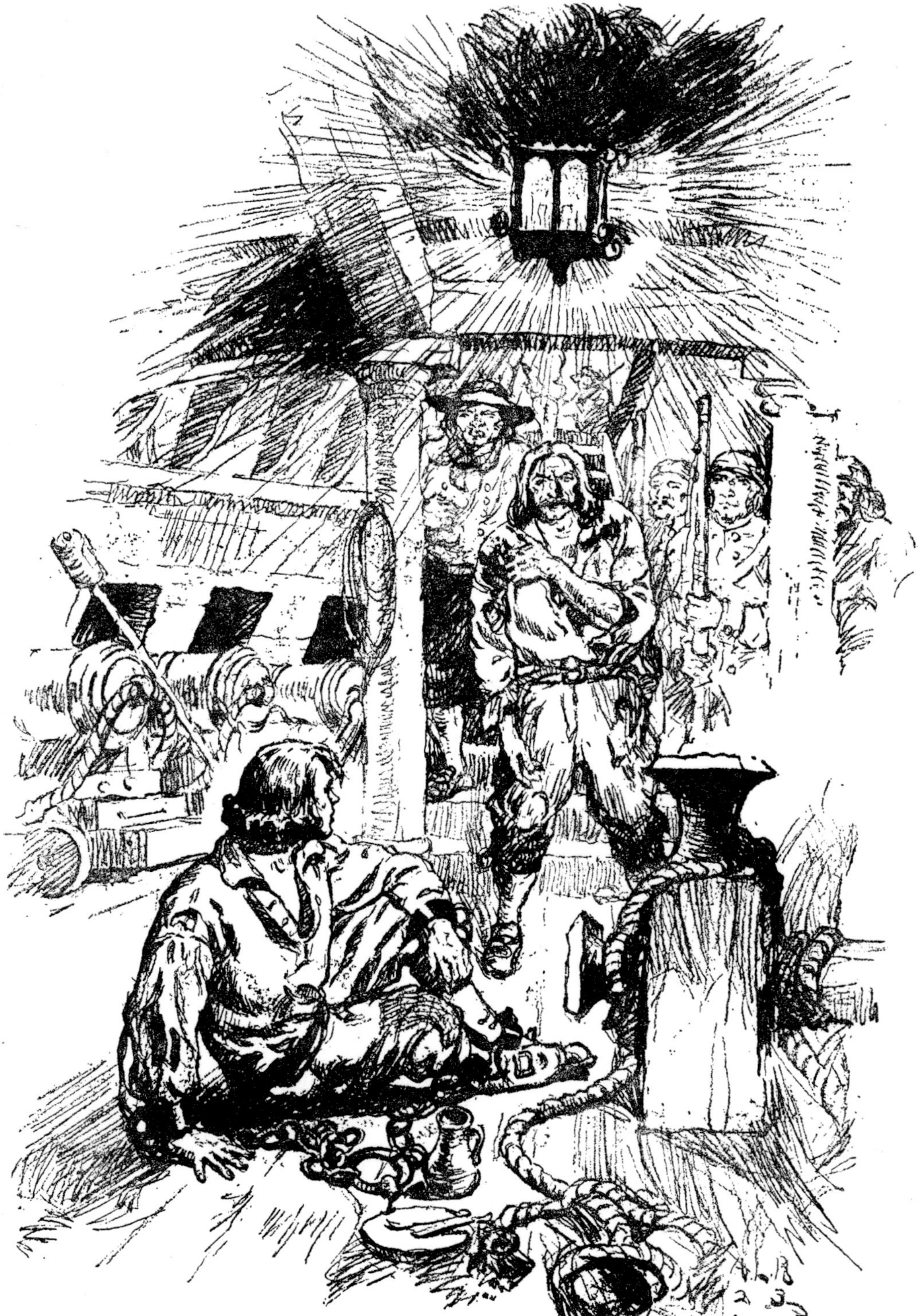

The Dark Frigate

Charles B. Hawes   A. L. Ripley

Nationalité É.-U., 1889 (aut.), É.-U. (ill.)
Édition Atlantic Monthly Press, États-Unis, 1923
Thèmes roman historique, aventure, guerre

Dans ce récit haut en couleur, Charles Hawes évoque les dangers et la violence de la mer. Le récit de l'orphelin anglais Philip Marsham prend une tournure tragique lorsqu'il tire accidentellement avec le pistolet d'un homme, semant la pagaille. Après cela, il devient marin sur la *Rose du Devon*, une frégate du XVIIe siècle. Celle-ci est attaquée par de redoutables bandits qui deviennent les maîtres à bord. Philip est alors obligé d'accompagner ces derniers dans leurs expéditions meurtrières, devenant malgré lui un pirate et un gibier de potence sur la terre ferme.

Hawes ne donne pas une version romantique des aventures en mer. Ses pirates sont des hommes monstrueux, cupides, cruels et définitivement perdus, et Philip n'a d'autre choix que de leur obéir. Tout au long de la narration, l'auteur s'écarte des schémas du récit d'aventures romantique. Philip ne se marie pas avec la jeune fille à laquelle il est fiancé, il ne retrouve pas ses grands-parents et sa fortune est dilapidée. Prônant le réalisme en littérature, Hawes s'attache à donner une version fidèle d'une aventure en mer, allant même jusqu'à décrire les meurtres accomplis par les pirates dans leurs détails les plus macabres. Le réalisme s'étend aussi au langage employé : les hommes de la *Rose du Devon* emploient des termes et des tournures d'époque.

« La frégate sombre » est l'histoire d'un voyage fascinant bien que périlleux et du dilemme moral devant lequel est placé le héros, un bon garçon qui se retrouve en bien mauvaise compagnie. Cependant, Hawes n'est jamais moralisateur. Il laisse aux lecteurs le soin de se faire leur opinion sur Philip Marsham. **RA**

La Medeleni

Ionel Teodoreanu

Nationalité Roumanie, 1897
Édition inconnue, 1925
Thèmes roman historique, famille, classiques

La trilogie de Ionel Teodoreanu, « La Frontière changeante », « Routes » et « Au milieu du vent », raconte l'histoire d'une famille roumaine de la haute bourgeoisie, les Deleanu, et de leur propriété de campagne, Medeleni. Il y est surtout question des enfants : Danut, Olguta et Monica – qui a été adoptée. Brossant le tableau d'une enfance idéalisée, le premier volume est plus accessible aux jeunes lecteurs.

Les trois enfants habitent dans une région féerique où ils peuvent donner libre cours à leur exubérance. Leurs farces puériles sont encouragées par le chauffeur de la famille, un homme âgé qui est pour eux une présence intemporelle et bienveillante, presque mythique. Le premier volume se termine d'ailleurs par la mort de celui-ci. Ce décès, avec sa solennité inattendue, symbolise la fin de la joie et de l'innocence des enfants. Le ton de la trilogie devient ensuite plus sombre, voire inquiétant. Le deuxième volume est consacré à la période agitée que constitue l'adolescence et se concentre en particulier sur le personnage de Danut. Le dernier volume est encore plus sombre, puisque le petit monde de Medeleni disparaît. Les rêves de jeunesse des protagonistes ne se réalisent pas : Medeleni doit être vendue, Danut qui n'est pas devenu écrivain est obligé de travailler comme avocat, mais a quand même la joie d'épouser celle qu'il aime. Minée par un amour non partagé et une maladie incurable, Olguta se suicide.

La Medeleni est un livre très profond sur la jeunesse et le chemin qu'il faut parcourir pour devenir adulte. Cet ouvrage qui fait réfléchir est aujourd'hui un des grands classiques de la littérature roumaine. **AWS**

12+

« Holà, ô toi, le plus brave des maîtres d'équipage ! Il me semble que si je devais être pendu, je ne serais pas seul. »

Le choix de **Berlie Doherty**

Émilie de la Nouvelle Lune

Lucy Maud Montgomery

Titre original *Emily Climbs*, 1925
Nationalité Canada, 1874
Édition francophone (Canada) Tisseyre
Thèmes classiques, personnages préférés, famille, amitié, école

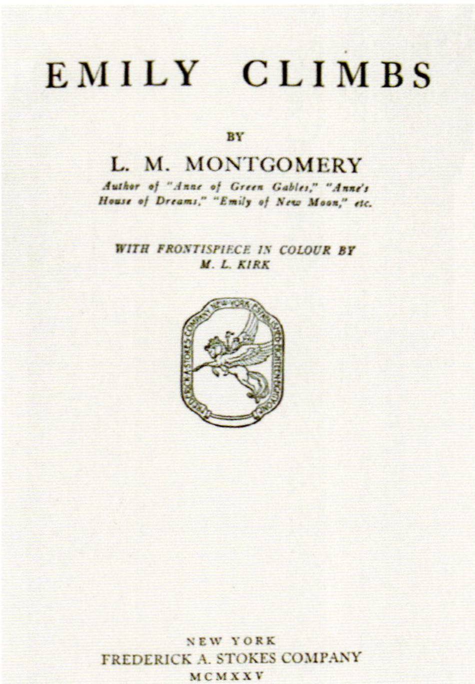
EMILY CLIMBS

BY

L. M. MONTGOMERY

Author of "Anne of Green Gables," "Anne's House of Dreams," "Emily of New Moon," etc.

WITH FRONTISPIECE IN COLOUR BY M. L. KIRK

NEW YORK
FREDERICK A. STOKES COMPANY
MCMXXV

12+

Autres livres de Lucy Maud Montgomery

Anne… La maison aux pignons verts (p. 452)
Anne d'Avonlea
Rilla d'Ingleside
La Vallée arc-en-ciel

Du même auteur, la série *Anne… La maison aux pignons verts* que j'ai adorée étant enfant est plus connue et a toujours du succès. Cependant, une fois adolescente, je me suis mise à lire la série « Émilie de la nouvelle lune ». Le deuxième volume, *Emily Climbs*, est celui qui m'a le plus plu.

Émilie avait une vie très différente de la mienne. Orpheline, elle vivait dans une ferme au Canada avec sa tante, très stricte. À de nombreux égards, son enfance reflète celle de l'auteur. Émilie et moi avions un point commun : nous voulions toutes deux devenir écrivains. Dans le premier paragraphe, Émilie est assise dans sa chambre au coin du feu. Dehors, il fait froid et la tempête se déchaîne, mais elle est complètement absorbée par ses pensées, occupée à écrire dans le calepin noir qu'on lui a offert. Elle voit son reflet dans le miroir de la chambre, comme je vois le mien en ce moment. Pleinement consciente de la beauté de la nature qui l'entoure, elle tente de la décrire. Si seulement elle pouvait trouver les mots justes ! Ce qui est le plus frustrant pour elle, c'est d'être envoyée à l'école à la seule condition de ne plus écrire de récit durant ses études. Au lieu de créer un monde fantastique, elle va donc décrire sa propre vie, ses amours d'adolescente, sa famille et ses amis. Elle inscrit ses pensées et ses commentaires dans son journal. La lecture de ce livre permet de faire la connaissance d'une jeune fille en train de grandir, de partager avec elle les moments comiques et tragiques que cela implique.

Et puis, son amour des mots est communicatif. J'avais noté sur les deux pages vierges à la fin de mon exemplaire les termes que j'avais le plus appréciés et rayé ceux que j'étais capable de réutiliser. Émilie m'a appris beaucoup de choses, et comme les meilleurs personnages romanesques, elle est restée avec moi toute ma vie.

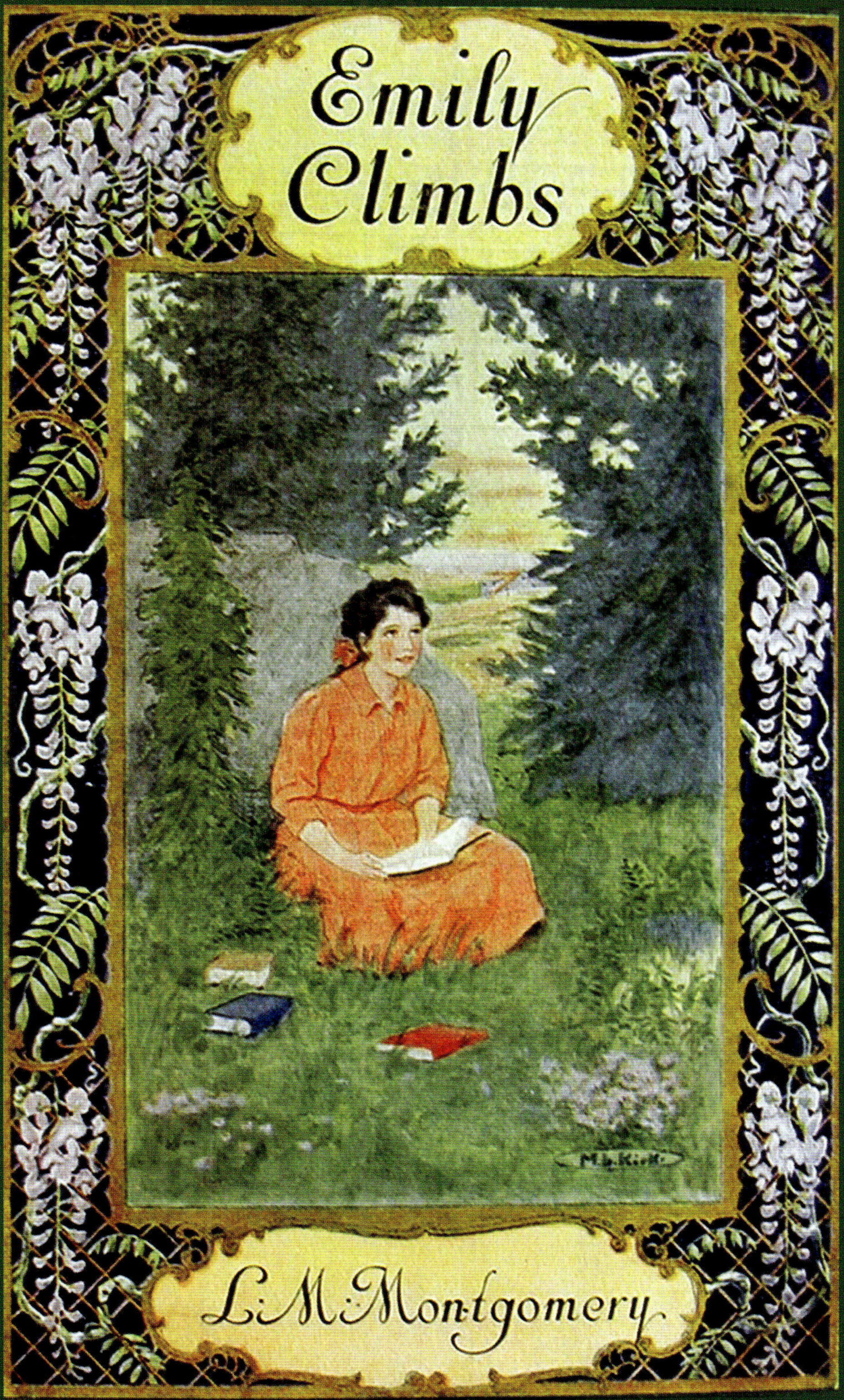
Emily Climbs
L. M. Montgomery
M. L. Kirk

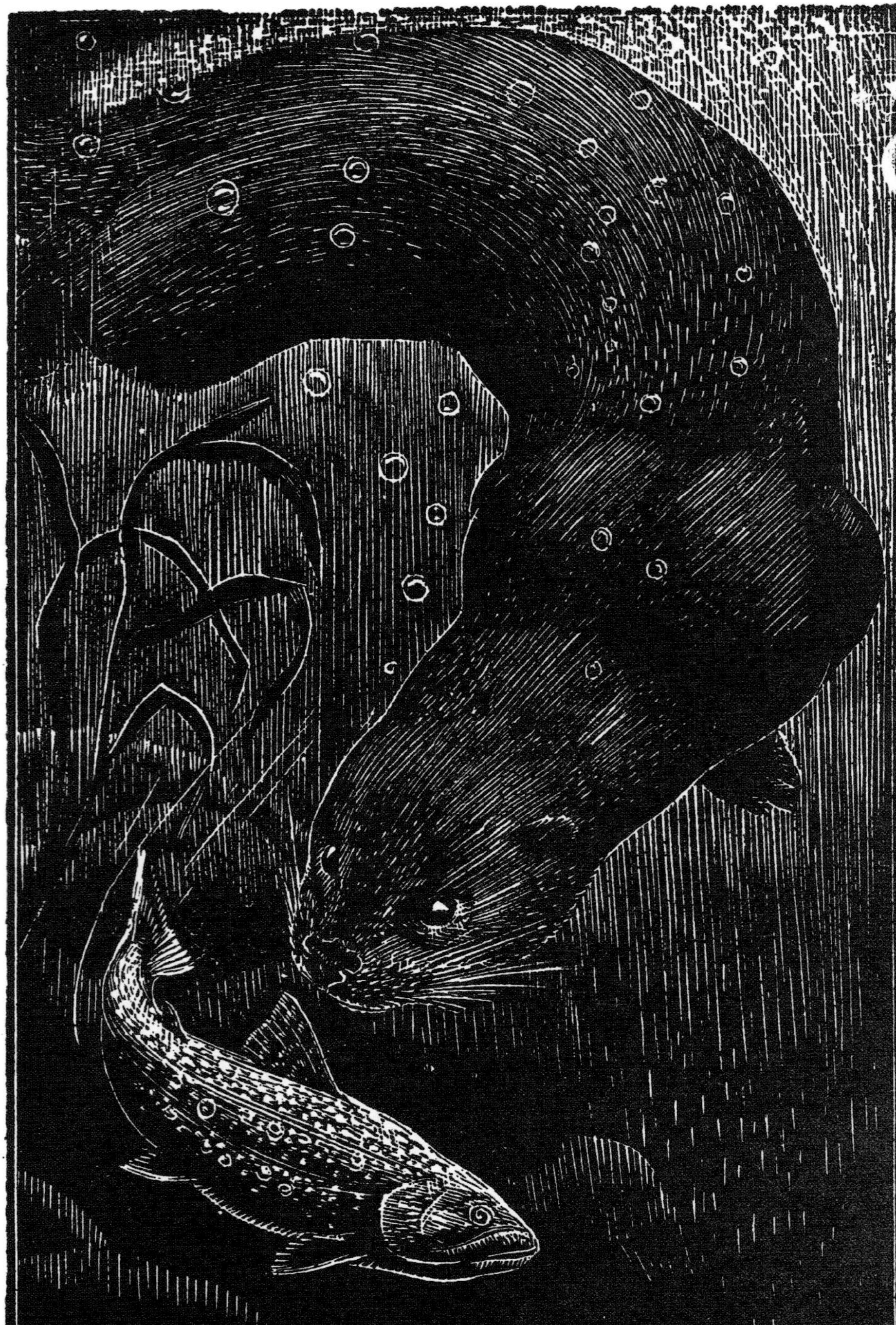

Tarka la loutre

Henry Williamson — C. F. Tunnicliffe

Titre original *Tarka the Otter*, 1927
Nationalité G-B, 1895 (aut.), 1901 (ill.)
Édition française multiples éditeurs
Thèmes classiques, histoires d'animaux

Tarka est une jeune loutre mâle qui vit dans le nord du comté anglais du Devon. Magnifiquement écrit et illustré, ce roman raconte de manière très convaincante sa vie, en se plaçant de son point de vue. Le paysage, les odeurs et les bruits de la campagne semblent ainsi évoqués par la loutre quand elle se promène sur terre ou dans l'eau.

Mais il s'agit aussi d'un récit sur sa lutte pour survivre et d'une merveilleuse description de la campagne anglaise. Tarka est en effet un animal traqué et le prédateur le plus menaçant est un chien de meute que détient un habitant de la région. Ce côté sombre du récit est peut-être dû à l'expérience vécue par l'auteur lors de la Seconde Guerre mondiale. Combattant dans l'armée anglaise, Henry Williamson fut très éprouvé par les visions de carnage et de gâchis de vies humaines. À son retour, il se mit à écrire des romans sur la guerre, les émaillant de récits sur la nature. La menace ressentie par Tarka, constamment en alerte et surveillant tout ennemi potentiel, est peut-être comparable à celle qui planait sur les soldats dans les tranchées.

Magnifiques, les illustrations sont de Charles Frederick Tunnicliffe, artiste éminent et spécialiste de la faune et de la flore. Très précises, elles sont aussi pleines de vie et confèrent aux animaux un aspect anthropomorphe. Un film très populaire fut tourné d'après le livre en 1979. Dans le nord du Devon, des sentiers pédestres et des pistes cyclables qui suivent le chemin emprunté par Tarka ont été baptisés les « sentiers de Tarka ». **CK**

Ede und Unku

Alex Wedding

Nationalité Allemagne, née Margarete Bernheim, 1905
Édition Malik-Verlag, Allemagne, 1931
Thèmes famille, amitié, classiques

L'action se passe à Berlin sous la république de Weimar. Ede Sperling est un garçon de 12 ans appartenant à la classe ouvrière, dont le père, outilleur, est au chômage à la suite d'une grève. Souhaitant aider sa famille, il décide de travailler comme livreur de journaux, mais son père s'y oppose. Sa grande sœur lui donne l'argent nécessaire à l'achat de la bicyclette indispensable pour effectuer ce travail.

Ede a pour amie Unku, une jeune Tsigane qu'il a rencontrée dans un parc d'attractions. La fillette vit dans une roulotte avec ses parents et n'est pas très assidue à l'école. Elle l'aide à livrer ses journaux. Quand M. Sperling est taxé de briseur de grève, Max, l'ami d'Ede, intervient pour régler le problème. Les enfants vont aussi aider le père de Max, impliqué dans une grève illégale, à échapper à la police. Après les avoir d'abord rejetés, M. Sperling finit par accepter les amis de son fils.

Décrivant les conflits sociaux de la première moitié du XXe siècle, ce livre est un classique de la littérature prolétarienne pour enfants. Pour créer ses principaux personnages, l'auteur s'est inspirée de personnes qu'elle a connues. Dans sa préface à l'édition de 1958, elle parle du temps qu'elle a passé avec elles. Malgré son sujet, l'histoire comprend des passages moins graves et n'est pas dénuée d'humour. En 1933, après l'arrivée au pouvoir des nazis, des exemplaires du livre furent détruits lors des autodafés organisés. L'auteur (née Margarete Bernheim) et son mari, l'écrivain tchèque Franz Carl Weiskop, durent s'exiler. Ils s'installèrent plus tard en Allemagne de l'Est. **CS**

Tarka batifolant sous l'eau, par Charles F. Tunnicliffe.

Captain W. E. Johns-Biggles

William Earl Johns

Titre original *Biggles: The Camels are Coming*, 1932
Nationalité Grande-Bretagne, 1893
Édition française Les Presses de la Cité
Thèmes personnages préférés, guerre, aventure

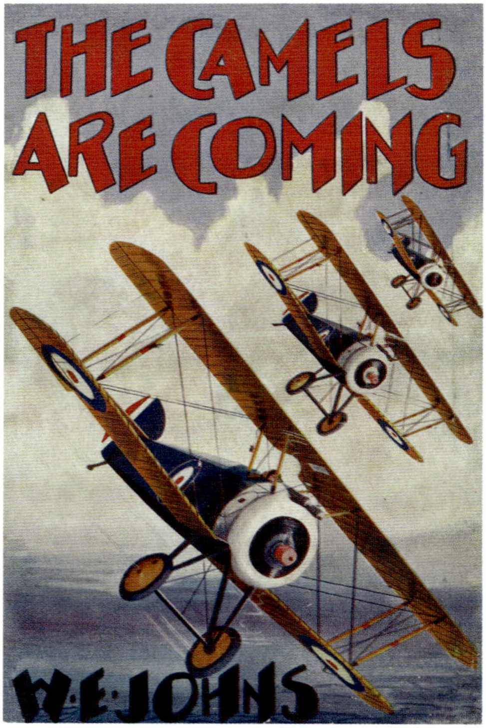

Autres aventures de Biggles

Biggles en extrême-Orient
Biggles en danger
Biggles dans la jungle
Biggles dans le désert

12+

C'est la Première Guerre mondiale et le commandant d'escadrille James Bigglesworth, universellement connu sous le nom de Biggles, survole tous les jours à bord de son biplan, un Sopwith Camel, le front allemand en France. Il est encore très jeune, mais fait plus vieux que son âge et a déjà perdu beaucoup d'amis au cours de combats aériens. Véritable tête brûlée, il risque régulièrement sa vie. C'est en effet un as de l'aviation, qui maîtrise parfaitement les commandes de son appareil. Percevant les moindres faiblesses de l'ennemi, il n'a peur de rien, même quand tout semble perdu. Cependant, il sait être magnanime lorsqu'il est victorieux, respectant les pilotes allemands quand leurs avions sont abattus, alors que quelques minutes auparavant il faisait tout son possible pour les tuer. Légèrement porté sur la boisson, il n'est pas indifférent aux belles femmes, ce qui l'amène à frôler la trahison dans l'un des récits. Il est respecté par son clan et de plus en plus craint par les pilotes ennemis.

« Il savait qu'il devrait mourir un jour et avait depuis longtemps cessé d'y penser. »

L'auteur fut lui-même pilote de la RAF durant la Première Guerre mondiale et réussit à s'échapper en 1918. Il écrivit des livres sur son héros, près d'une centaine en tout, jusqu'à sa mort, en 1968. Le présent livre regroupe 17 histoires indépendantes ayant pour figures centrales Biggles et ses meilleurs amis, Ginger et Algy. D'autres titres suivirent. Biggles gagna en maturité et, prenant conscience de son rôle de modèle pour les jeunes, cessa de boire. Truffé de détails intéressants montrant ce que signifiait piloter un avion léger sans presque aucune protection à l'époque, ce premier livre est aussi l'un des meilleurs. **NT**

Die Kinder aus Nummer 67

Lisa Tetzner et Kurt Held

Nationalité Allemagne, 1894 (Tetzner), Allemagne/Suisse, 1897 (né Kurt Kläber)
Édition D. Gundert, Allemagne, 1933
Thèmes guerre, famille, amitié

Le premier volume de la série « Les enfants du numéro 67 » lancée en 1931 nous présente ses héros, un groupe d'enfants vivant dans le même immeuble. Il a à sa tête Erwin et Paul, deux amis inséparables. Comme son père est au chômage, Paul se met à voler les choses dont il a envie. Erwin, dont le père, lui, a un travail, essaie d'aider son ami. En raison de leurs frasques continuelles, les enfants de l'immeuble ont souvent des ennuis, mais les remontrances des adultes ne font que les rendre plus solidaires.

Le récit évoque la crise financière traversée par l'Allemagne au début des années 1930, décrivant la manière dont les gens se débrouillaient alors pour s'en sortir. Certains des garçons adhéreront par la suite à un groupe apparenté aux jeunesses hitlériennes et auront une attitude antisémite. Tetzner et Held montrent comment la politique peut séparer des amis. Quand les nazis prennent le pouvoir, Erwin et sa famille fuient en Suède ; alors que son père trouve enfin un emploi, Paul devient un des membres des jeunesses hitlériennes. Pour finir sur une note plus optimiste, des enfants du numéro 67 se retrouvent après la guerre en Suisse, afin d'y former une association destinée à promouvoir la tolérance et la liberté.

« Je me demande souvent à quoi ressemble une maison habitée par plusieurs personnes… »

Cette série brosse un tableau saisissant de l'une des périodes les plus difficiles et les plus odieuses de l'histoire de l'Allemagne. Tetzner, qui fut obligée de fuir les nazis avec son mari et coauteur, Kurt Held, ne s'érige jamais en juge. Elle se contente de décrire ces événements d'une manière évocatrice, qui incite les lecteurs à réfléchir. **GS**

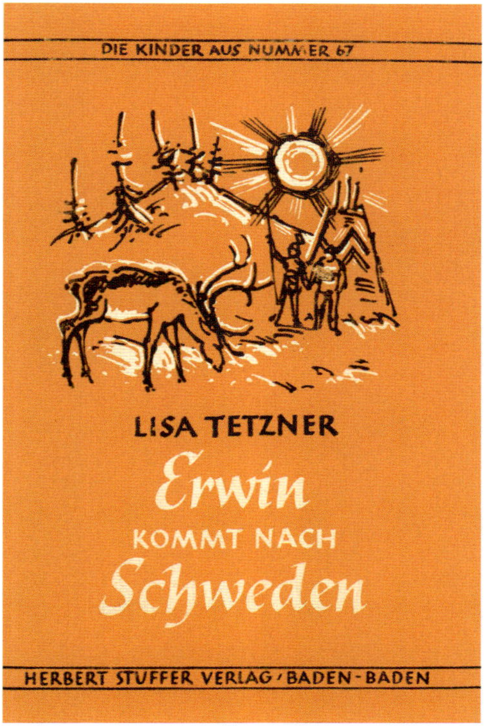

12+

Autres histoires similaires

Mon ami Frédéric, Hans Peter Richter (p. 797)
Mon enfance en Allemagne nazie, Ilse Koehn
À la guerre comme à la guerre, Tomi Ungerer

Les Disparus de Saint-Agil

Pierre Véry

Nationalité France, 1900
Édition Gallimard, France, 1935
Thèmes école, aventure, amitié

L'histoire des *Disparus de Saint-Agil* se déroule juste avant la Première Guerre mondiale, dans le collège de la petite ville de Meaux. Au cœur de la pension, trois adolescents en dernière année d'études se désignent sous leur numéro d'identification : Mathieu Sorgues, le 95, Philippe Macroy, le 22, et André Baume, le 7. Ils ont fondé depuis trois ans une société secrète nommée « Chiche-Capon ». La nuit, ils se rendent dans un lieu secret de la salle des sciences. C'est dans le placard où se trouve le squelette Martin qu'ils cachent leur trésor, un gros cahier où ils consignent leurs exploits.

Les Chiche-Capon ont un rêve : s'enfuir un jour aux États-Unis pour y vivre une vie d'aventuriers. Un soir, Mathieu disparaît. A-t-il réalisé leur rêve ? Trois semaines après, une carte arrive de Chicago ! Mais André se montre sceptique et plusieurs anomalies semblent lui donner raison. Puis Philippe disparaît à son tour. Suit la mort suspecte de M. Lemmel. André décide alors de mener son enquête. Avec l'aide de M. Raymon, un faux moniteur d'éducation physique qui est en fait un inspecteur de police, et de M. Mirambeau, un surveillant, le dernier des Chiche-Capon dévoilera au grand jour un atelier de fabrication de fausse monnaie dans l'enceinte même de la pension. On délivrera Mathieu des mains de ses ravisseurs, dont l'un des chefs est le directeur de l'école. Quant à Philippe, il a bel et bien réussi à rejoindre les États-Unis, où il fera sa vie, exactement de la manière dont l'avaient rêvé les Chiche-Capon. **CD**

Les Enfants aux cheveux de flammes

Carol Ryrie Brink Kate Seredy

Titre original *Caddie Woodlawn*, 1935
Nationalité É.-U., 1895 (aut.), Hon./É.-U., 1899 (ill.)
Édition française Bourrelier
Thèmes roman historique, famille, classiques

Pour écrire ce livre, Carol Ryrie Brink s'appuya sur des faits réels, notamment sur la vie de sa grand-mère qui, en 1857, quitta Boston avec sa famille pour vivre à la campagne, dans le Wisconsin.

Garçon manqué de 11 ans, Caddie Woodlawn est entraînée avec ses frères, Tom et Warren, dans toutes sortes d'aventures. Les trois enfants courent à perdre haleine dans les prairies, se lient d'amitié avec des Indiens, en particulier avec l'un d'eux, qu'ils nomment « John l'Indien ». Caddie, la préférée de son père, est considérée comme un véritable fléau par sa mère, qui souhaiterait qu'elle se comporte comme une demoiselle de bonne famille et ait les occupations traditionnelles d'une jeune fille, c'est-à-dire qu'elle fasse de la couture. Mais Caddie est une sauvageonne qui choque ses voisins et sa cousine snob de Boston, Annabelle. Son père tolère son esprit éperdu de liberté, car il a perdu une fille, Mary, morte de la tuberculose. Il souhaite donc avant tout que Caddie soit en bonne santé.

Il s'agit d'un récit sur l'adolescence, mais aussi d'un roman qui parle des choix qu'il faut opérer dans la vie. Ainsi, la famille doit décider de rester dans la communauté de pionniers du Wisconsin ou d'aller en Angleterre, où le père de Caddie vient d'hériter d'une propriété. Bien que le livre reflète son époque comme l'atteste la langue utilisée, il suggère, fait rare alors, que les Indiens étaient aussi menacés par les pionniers blancs que ces derniers l'étaient par les Indiens. L'auteur prône la tolérance et la compréhension. **CK**

Capitaine Hornblower

C. S. Forester

Titre original *The Happy Return*, 1937
Nationalité Grande-Bretagne, 1899
Édition française multiples éditeurs
Thèmes aventure, roman historique, guerre

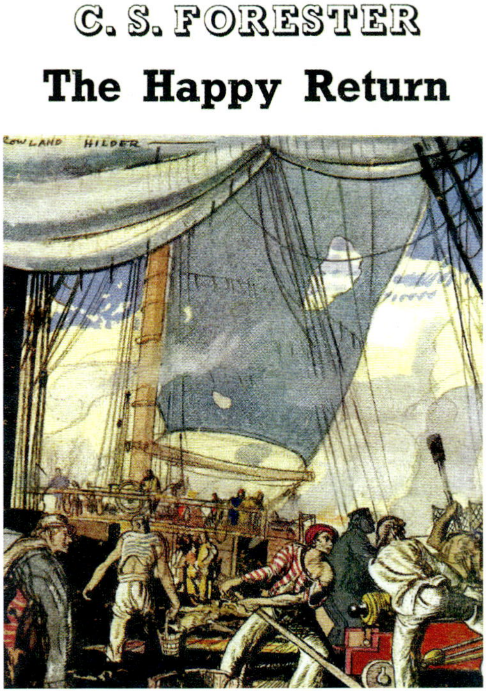

Le capitaine Horatio Hornblower de la Royal Navy est le héros typique d'un récit d'aventures en mer : il est courageux, honnête et admiré par ses hommes. Ce livre est le premier que lui consacra Forester, mais le cinquième d'une série de onze ouvrages. Le capitaine servit de modèle à tous les héros des mers qui suivirent. Malgré son courage et ses qualités de marin, notre héros est tenaillé par le doute et a le mal de mer au début de chacun de ses voyages.

Près des côtes du Nicaragua, au début des guerres napoléoniennes, à l'époque où la Grande-Bretagne était en guerre à la fois contre la France et l'Espagne, le capitaine reçoit de l'Amirauté l'ordre de porter assistance à un rebelle nicaraguayen, El Supremo, dans le but de renverser le gouvernement espagnol et de s'emparer d'un vaisseau espagnol, le *Natividad*. Il s'exécute et s'aperçoit que l'Espagne a changé de camp entre-temps et est à présent l'alliée de la Grande-Bretagne. Il ne lui reste donc plus qu'à récupérer le *Natividad*, détenu par les hommes d'El Supremo.

Au milieu d'une énorme tempête, les deux bateaux s'affrontent et subissent d'énormes dégâts, mais Hornblower l'emporte et fait couler le bateau espagnol. L'histoire se complique lorsqu'il doit prendre à son bord Lady Barbara Wellesley, sœur du futur duc de Wellington. Toute la série des livres consacrée au capitaine est restée populaire pendant des années et a été adaptée à la télévision avec succès. **JF**

« Les hommes capables de parler et de rire de cette façon n'étaient pas prêts à se mutiner. »

Autres livres avec Hornblower

Un vaisseau de ligne
Lord Hornblower
Aspirant de marine
Lieutenant de marine
Au cœur de la mêlée

12+

Jody et le faon

Marjorie Kinnan Rawlings N. C. Wyeth

Titre original *The Yearling*, 1938
Nationalité États-Unis, 1896 (aut.), 1882 (ill.)
Édition française multiples éditeurs
Thèmes histoires d'animaux, classiques

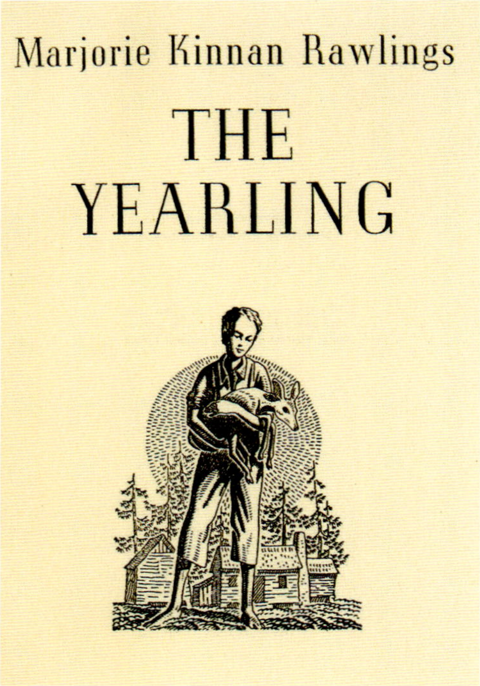

En 1945, un soir de printemps, ma mère ouvrit un livre et commença à me lire à voix haute le premier chapitre de *Jody et le faon*. J'avais 8 ans. Alors qu'elle me lisait les premières pages, il me semblait voir un nuage de fumée bleu-gris s'échapper de la cheminée d'une simple cabane. Un petit garçon nommé Jody Baxter regardait calmement la fumée s'élever dans le ciel. Je l'avais tout de suite reconnu. Il me ressemblait tellement. Ma mère lisait, et j'avais l'impression de marcher dans la clairière de la région marécageuse de Floride où les Baxter vivaient misérablement. Je pouvais entendre les insectes bourdonner et la petite source bouillonner, voir scintiller les feuilles sombres des magnolias et sentir l'odeur des pins. C'était la première fois que j'imaginais aussi facilement le paysage d'un roman et je ne voulais pas le quitter.

« N'est-il pas mignon, maman ? Regarde ses grands yeux ! N'est-il pas mignon ? »

Jody et le faon brosse un paysage désolé d'une pauvreté désespérée avec une ferme située dans les marécages de Floride, et parle d'un petit garçon, un enfant unique dont les parents sévères ont été brisés par la vie. Dans la sienne entre un faon, un petit orphelin qui lui permet de se sentir moins seul. Quand, à la suite d'un événement tragique, il le perd, Jody s'enfuit.

Dans les paragraphes de conclusion, Jody revient chez lui. Il est plus conciliant et plus mature. Couché, mais éveillé, il se remémore son enfance et le bruit que faisait Flag en dormant par terre à côté de son lit : « Il ne croyait pas qu'il puisse un jour aimer un homme ou une femme ou son propre enfant comme il avait aimé ce faon. Il serait seul toute sa vie. Mais un homme doit accepter son destin et poursuivre son chemin. »

Autres livres sur la misère

***Le Prince et le Pauvre*, Marc Twain (p. 421)**
***Adieu Walter Malinsky*, Helen Recorvits**
***Case mensonge*, Gisèle Pineau**
***Le Voyageur clandestin*, Loïc Barrière**
***Prince des rues*, Elizabeth Laird**

THE YEARLING

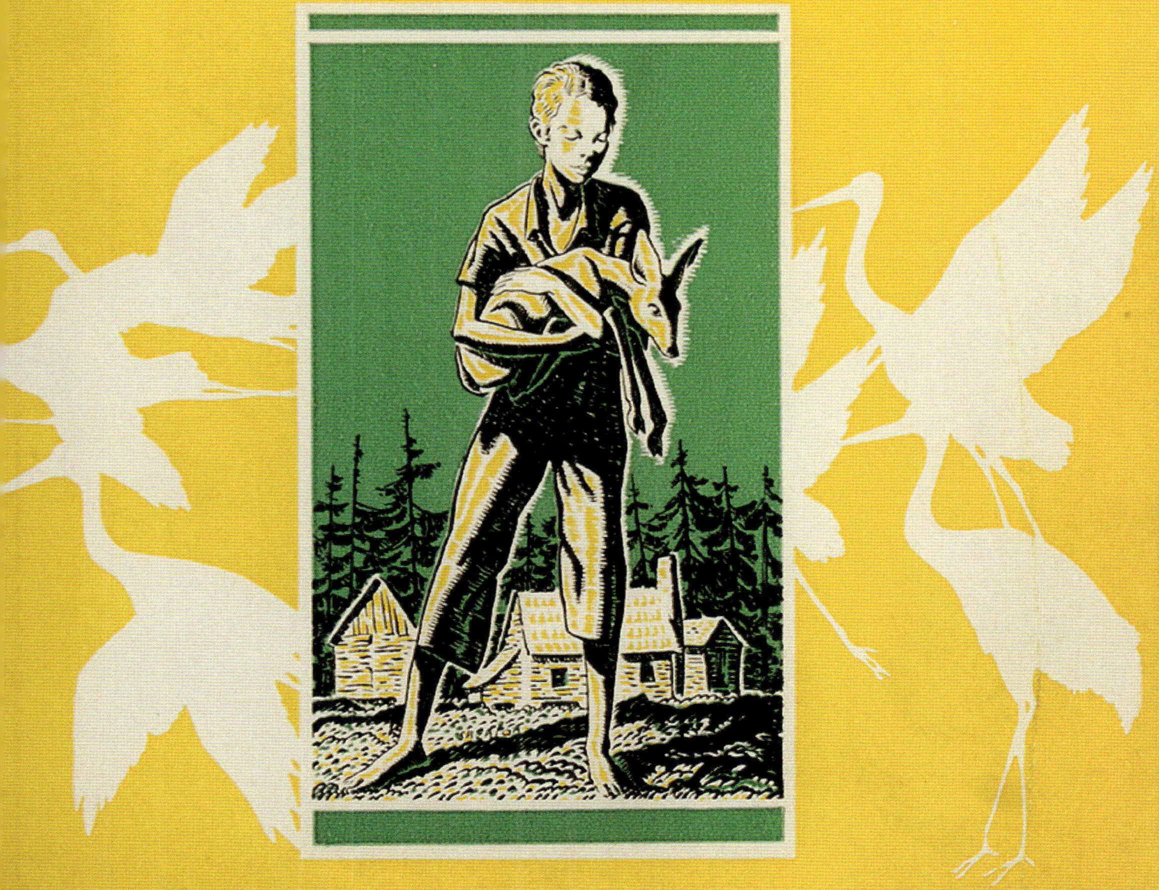

Marjorie Kinnan Rawlings

AUTHOR OF

SOUTH MOON UNDER

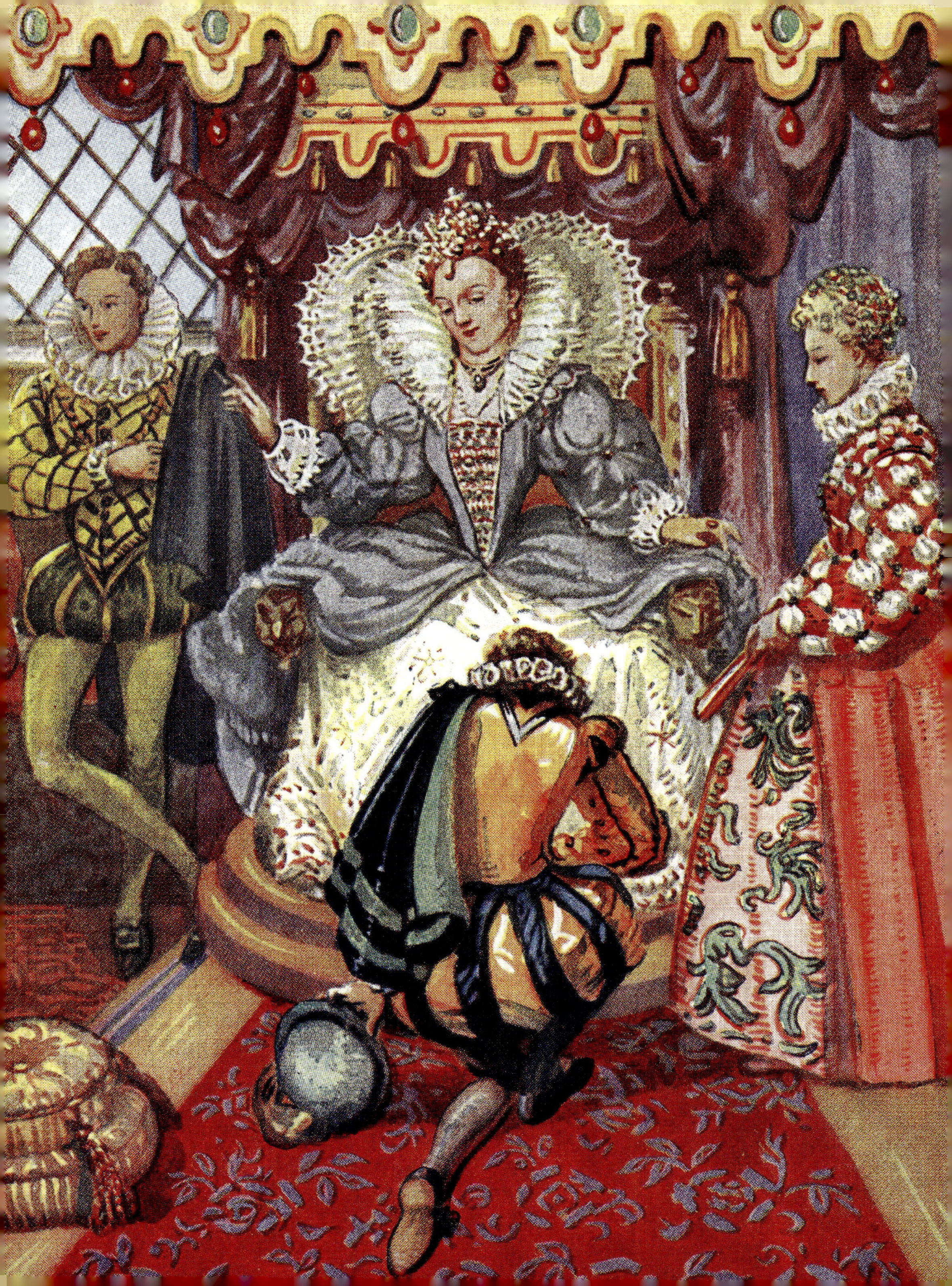

Cue for Treason

Geoffrey Trease, Beatrice Goldsmith

Nationalité Grande-Bretagne, 1909 (aut.), 1895 (ill.)
Édition Blackwell, Grande-Bretagne, 1940
Thèmes roman historique, aventure

La plupart des romans historiques que Geoffrey Trease écrivit pour les enfants sont parfaitement documentés. L'intrigue du présent livre se déroule au cours des dernières années du règne d'Élisabeth Ire, considérées comme l'âge d'or de l'Angleterre élisabéthaine.

Âgé de 14 ans, le héros, Peter Brownrigg, doit quitter sa maison de Cumberland Fells après avoir été identifié comme appartenant au groupe d'enfants qui a détruit le mur érigé par le seigneur du manoir sur l'ancien terrain communal. Il fuit, se cachant dans le coffre rempli de déguisements d'une troupe d'acteurs. Il fait alors la connaissance d'un autre fugitif, Kit Kirstone. Les deux garçons deviennent les élèves de William Shakespeare et se produisent sur la scène du célèbre Globe de Londres. Peter découvre vite le secret de Kit. C'est une fille et elle fuit le seigneur du manoir, sir Philip Morton, qui veut l'épouser pour avoir sa dot. Déguisée en garçon, elle joue les rôles de femmes, notamment celui de Juliette, qui a beaucoup de succès. Un jour, alors que Peter a égaré son exemplaire de la nouvelle pièce de Shakespeare et que Kit l'aide à le chercher, ils apprennent qu'on veut tuer Élisabeth Ire lors d'une représentation théâtrale. Ils vont alors partir à cheval dans le nord du pays pour servir d'espions à sir Robert Cecil et découvrir tous les détails du complot. Mais l'aventure se solde par un meurtre, et ils doivent fuir pour rester en vie. **JF**

Autre livre de Geoffrey Trease traduit en français

Des anges à la cave

Zora la rousse…

Kurt Held

Titre original *Die rote Zora und ihre Bande*, 1941
Nationalité All./Suisse, né Kurt Kläber, 1897
Édition française L'École des loisirs
Thèmes amitié, aventure

Pour écrire ce livre terriblement romantique, l'auteur s'est inspiré de personnages rencontrés alors qu'il voyageait en Yougoslavie. Branko, un petit garçon de 12 ans, qui vit en Croatie dans la ville de Senj, se retrouve seul après la mort soudaine de sa mère. Comme son père, célèbre violoniste constamment en tournée, ignore la mort de celle-ci, il doit se débrouiller seul pour vivre. Quand il est accusé de vol et jeté en prison, Zora la rousse vient à son secours.

Elle est à la tête d'une bande d'enfants abandonnés que Branko a rejoints. Les enfants ont choisi de s'appeler les Uskoci, nom désignant des résistants aux Ottomans, car ils mènent comme eux une vie dure et aventureuse. Pour survivre, ils volent, mais ils aident aussi ceux qui sont dans le besoin. Ce sont des hors-la-loi qui se battent avec les enfants riches des villes et jouent des tours pendables à tous ceux qui les insultent. Quand les habitants de Senj réalisent qu'ils sont responsables de la situation de ces orphelins, ils décident de les accueillir chez eux à condition que leur bande cesse d'exister. Les enfants acceptent, mais continuent à se rencontrer en secret.

Zora la rousse et sa bande ne raconte pas seulement une aventure captivante, il critique aussi la manière dont la société traite les marginaux. Kläber fut forcé de quitter l'Allemagne en 1933 après avoir été impliqué dans l'incendie du Reichstag. En se mettant à écrire des livres pour enfants sous le pseudonyme de Held, il continua à fustiger les injustices sociales. *Zora la rousse et sa bande* est une œuvre riche d'enseignements pour tous les lecteurs, quel que soit leur âge. **GS**

Le roman de Trease est un jeu théâtral dans l'Angleterre élisabéthaine.

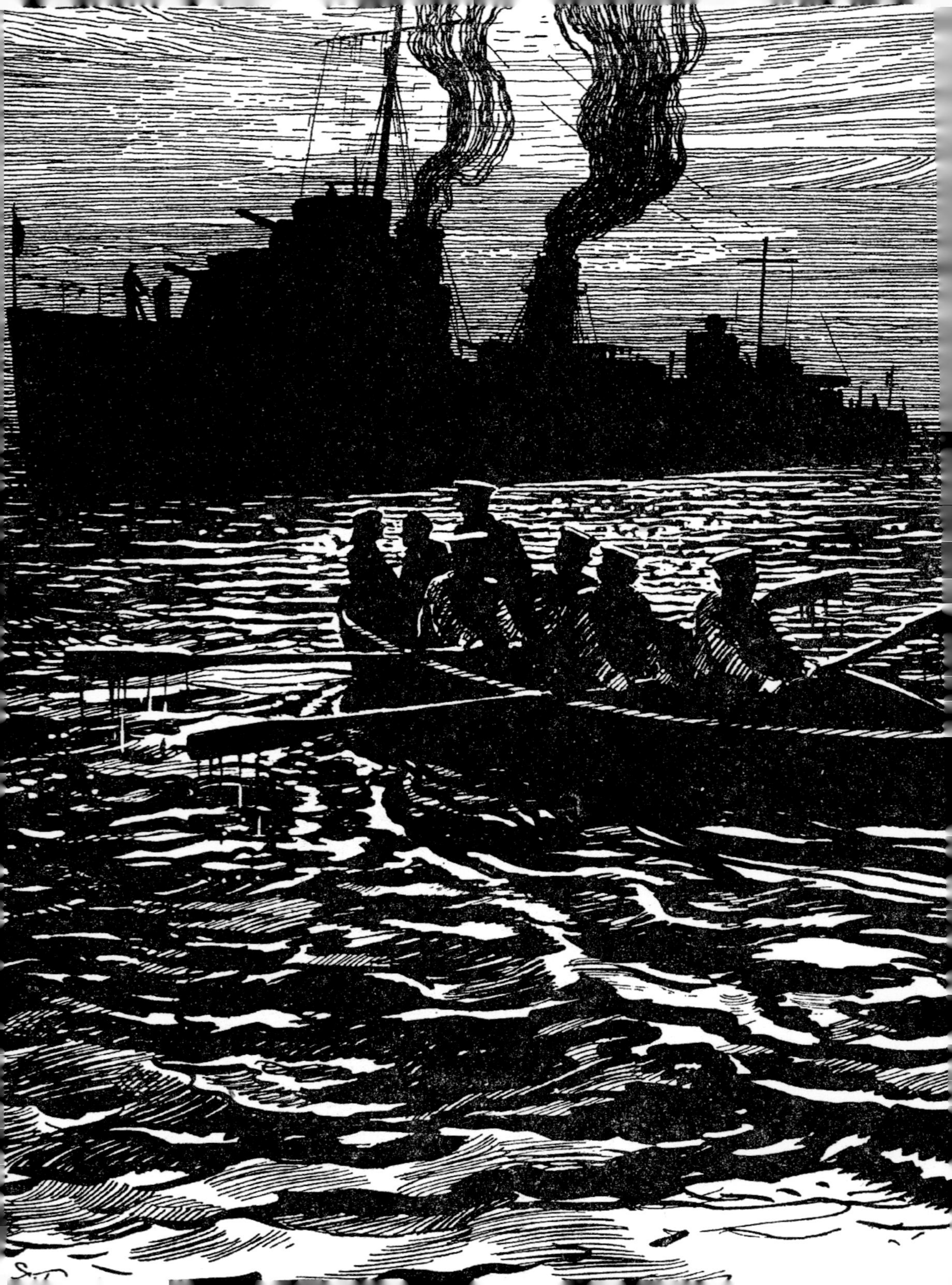

Vacances de guerre

Mary Treadgold   S. Tresilian

Titre original *We Couldn' Leave Dinah*, 1941
Nationalité G.-B., 1910 (aut.), 1891 (ill.)
Édition française Rageot
Thèmes aventure, histoires d'animaux

Cette aventure palpitante, qui est aussi une histoire de cheval, a lieu durant la Première Guerre mondiale sur une île fictive de la Manche. Caroline n'a d'autre idée en tête que de se rendre au club de poney, mais tout change quand elle apprend que les nazis sont sur le point d'envahir la petite île.

Celle-ci est évacuée au milieu de la nuit, mais Caroline et son frère Mick ratent le départ du bateau. Les enfants se réfugient dans une grotte qui tient lieu de siège au club de poney et dans laquelle il y a par hasard des aliments, des couvertures et de l'eau. Ils se méfient d'un homme qui aide les nazis, mais qui se révèle en fait être un agent double. Ils découvrent qu'un espion a laissé des documents importants et se lancent dans une course contre la montre pour empêcher l'invasion de l'Angleterre par les Allemands. Ce livre comprend tous les ingrédients classiques du roman d'aventures : des parents absents, des enfants campant dans une grotte, un ennemi qu'il faut vaincre et un peu d'espionnage. Caroline et Mick sont des héros courageux auxquels leurs parents manquent, certes, mais pas tant que ça.

Mary Treadgold écrivit ce livre en 1940 dans un abri contre les attaques aériennes parce qu'elle croyait qu'elle pouvait écrire une histoire de cheval meilleure que celles qu'on lui soumettait alors qu'elle travaillait comme éditrice. Elle devint plus tard la première éditrice de livres pour enfants des éditions Heinemann. En 1941, elle reçut un prix pour cet ouvrage. **JF**

Mon amie Flicka

Mary O'Hara   John Steuart Curry

Titre original *My Friend Flicka*, 1941
Nationalité États-Unis, 1885 (aut.), 1897 (ill.)
Édition française multiples éditeurs
Thèmes histoires d'animaux, amitié, classiques

Mary O'Hara s'inspira de sa vie dans un ranch isolé du Wyoming pour écrire ce livre. Le héros est Ken McLaughlin, un garçon de 10 ans, fils d'un propriétaire de ranch. Rêveur, il déçoit beaucoup son père. Il doit en effet redoubler son année scolaire pour avoir rendu une copie blanche lors de l'examen d'anglais. Ken veut à tout prix avoir un cheval afin de pouvoir l'élever seul. Son père s'y oppose, mais sa femme, Nell, intervient et lui demande d'exaucer le rêve de leur fils.

Flicka, la pouliche que Ken choisit, n'est pas de pure race. Elle se comporte comme un cheval « fou » ou sauvage en raison du sang de mustang qui coule dans ses veines. Mais peu à peu, Flicka et Ken parviennent à s'entendre. Le garçon la sauve quand elle a de la fièvre en la gardant dans l'eau toute une nuit, au péril de sa propre vie.

Les tensions existant dans le couple de Rob et Nell, notamment dans la relation très différente qu'ils entretiennent avec leur fils, sont clairement montrées, ce qui explique que le livre ait d'abord été destiné aux adultes. Cela l'a rendu plus profond, en faisant autre chose qu'une simple histoire de cheval. Le caractère isolé du ranch du Wyoming, le paysage magnifique et la situation critique des propriétaires de ranchs et des fermiers constituent la toile de fond de cette histoire consacrée à un petit garçon qui grandit et à son attachement pour un cheval. La trilogie de Flicka fait partie des livres les plus mémorables d'O'Hara. Des films ont été tournés d'après les trois livres. **JF**

« Le petit bateau traversant la baie. »

Johnny Tremain

Esther Forbes

Titre original *Johnny Tremain*, 1943
Nationalité États-Unis, 1891
Édition française multiples éditeurs
Thèmes roman historique, guerre, classiques

Esther Forbes était tout à fait qualifiée pour écrire cette histoire dont l'action a lieu la veille de la révolution américaine. Déjà romancière pour adultes, elle remporta le prix Pulitzer en 1942 pour sa biographie *Paul Revere and the World He Lived in*.

Certains personnages importants de la révolution apparaissent dans ce roman, le seul que Forbes ait écrit pour les enfants. Cependant, les personnages les plus mémorables sont ceux qu'elle inventa, notamment Johnny qui, franc et impudent, se détache du lot. Son espoir de devenir orfèvre à Boston s'évanouit quand il se brûle la main dans un atelier au cours d'un horrible accident. Il doit lutter pour survivre jusqu'à ce qu'il se lie d'amitié avec Rab, jeune homme taciturne travaillant pour l'imprimeur de l'un des journaux de Boston. Cette amitié a un effet apaisant sur Johnny, mais elle le conduit aussi à fréquenter des cercles révolutionnaires. Johnny prend ainsi part à la Tea Party de Boston et assiste, de loin, aux premiers combats entre l'armée britannique et les forces révolutionnaires.

Esther Forbes dépeint à la perfection la vie sociale et politique de Boston, mais ne laisse jamais celle-ci supplanter l'histoire de Johnny qui parle aussi bien de l'adolescence que du combat pour la liberté. De même, elle n'a pas destiné ce livre aux seuls Américains : Johnny a des amis anglais, et comme le livre fut écrit pendant la Seconde Guerre mondiale, quand les deux pays étaient alliés, la révolution devient une quête de démocratie aux racines britanniques. Ce roman est publié en France sous deux titres : *Johnny Tremain* et *Des étoiles nouvelles*. **CB**

Woods of Windri

Violet Needham Joyce Bruce

Nationalité G-B, 1876 (aut.)
Édition Collins, Royaume-Uni, 1944
Thèmes amitié, aventure, roman historique

« La forêt de Windri est étrange. Elle est amicale et agréable pour les habitants de Windri, mais mystérieuse et menaçante pour les étrangers », c'est en ces termes que la décrit le livre consacré à l'amour liant Philippa de Windri et Sigismund, comte de Monte Lucio, et aux ennemis qui veulent tuer ce dernier. Le récit est un conte où se mêlent intrigue médiévale, amour, meurtre et mystère et où l'on trouve de fiers chevaliers, de dangereux hors-la-loi et des moines fidèles.

Le seigneur de Windri a deux filles. Philippa, la plus âgée, est promise au comte de Monte Lucio. Magdalen est un garçon manqué et saisit toutes les occasions pour s'échapper du château et se promener dans la forêt de Windri qu'elle chérit tant. C'est au cours d'une de ses promenades secrètes qu'elle rencontre Theodore Felix Amadeus, un jeune garçon qui a quitté l'abbé de Windri et qui désire entrer au service du seigneur de Windri. Son apparence honnête et son bon caractère plaisent au souverain, qui décide d'en faire un page.

Devenu un membre dévoué du personnel du château, Theodore, secondé par un ermite téméraire et la jeune mais courageuse Magdalen, parvient à démasquer un complot contre le comte de Monte Lucio et à contrecarrer les projets des criminels. Le dénouement a lieu dans la solitude du château de Windri et dans le comté de Monte Lucio, mais le récit doit beaucoup à sa toile de fond, la vaste et mystérieuse forêt de Windri. Les mystères, le danger et le suspense ne manquent pas dans les histoires passionnantes de Violet Needham. **LB**

12+

The Otterbury Incident

Cecil Day-Lewis   Edward Ardizzone

Nationalité G-B, 1904 (aut.), 1900 (ill.)
Édition G. P. Putnam's Sons, Royaume-Uni, 1948
Thèmes aventure, école, amitié, guerre

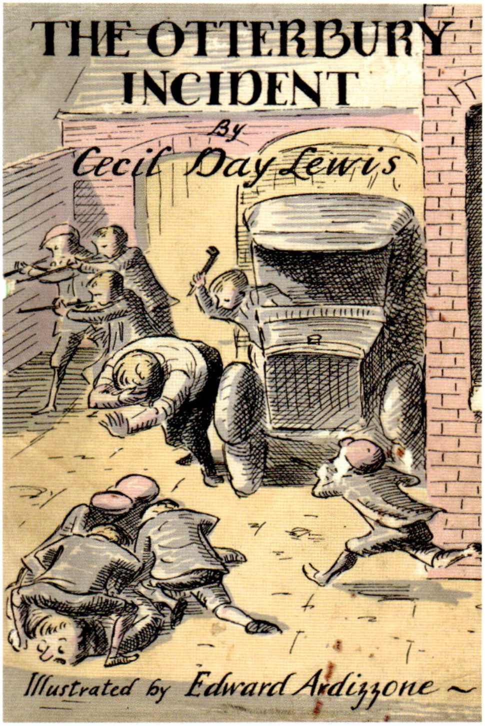

Inspiré du scénario du film français *Nous les gosses* tourné en 1941, c'est le seul livre pour enfants de Cecil Day-Lewis qui ait connu un certain succès.

Dans le Londres de la classe ouvrière, Nick casse une vitre de sa classe avec son ballon de football. Cela ne serait pas arrivé si la bande de Ted ne s'était pas bagarrée avec celle de Toppy. C'est pourquoi les élèves se réunissent pour gagner l'argent nécessaire au remplacement de la vitre. Il s'agit du début de leurs aventures, au cours desquelles ils vont affronter un chevalier d'industrie, un de ces personnages véreux qui, dans leur esprit, vit au sein de la pègre du Londres de l'après-guerre.

Le bien nommé Johnny Sharp (« le Tranchant ») et son homme de main, La Verrue, deviennent leurs adversaires. L'histoire dans le style des récits d'aventures d'autrefois est captivante. Day-Lewis a su à merveille évoquer l'amitié qui unit les adolescents.

Deux lignes narratives sont particulièrement réussies. George, le narrateur, a des aspirations littéraires, et ses prétentions, notamment en matière de style, sont très drôles. Les descriptions de la ville de Londres, détruite par les bombardements, des décombres et du délabrement général, au milieu desquels les enfants ont leurs planques et leurs points de rencontre, contribuent à créer un univers fascinant où les garçons reconstituent des batailles et des scènes de guerre. Nick n'est plus lui-même depuis que sa maison a été détruite par un bombardement dans l'« incident » qui est évoqué dans le titre. Mais les garçons ont-ils repris ce nom pour faire le bien ? **VN**

« La Verrue lâcha un chapelet de jurons et fit un mouvement brusque en avant pour atteindre son complice. »

Autres livres sur la guerre

Cheval de guerre, Michael Morpurgo (p. 620)
Le Poignard d'argent, Ian Serrallier (p. 785)
La Guerre de Fanny, Nina Bawden (p. 831)

12+

Le Château de Cassandra

Dodie Smith

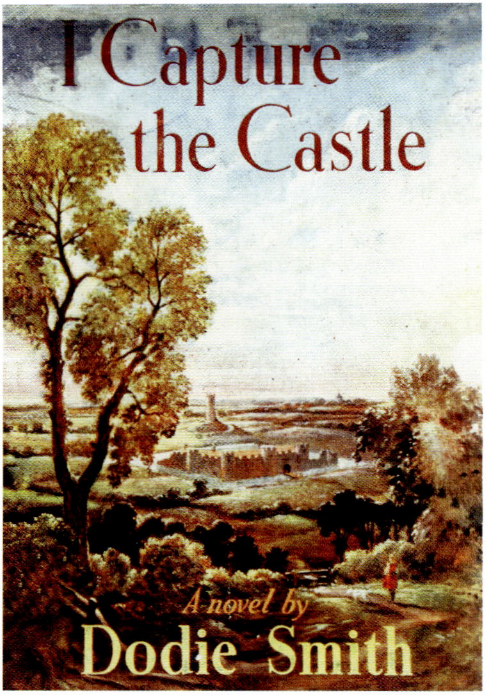

Titre original *Capture the Castle*, 1949
Nationalité Grande-Bretagne, 1896
Édition française multiples éditeurs
Thèmes amour, famille, littérature classiques

Bien qu'elle soit plus connue pour *Les Cent Un Dalmatiens*, Dodie Smith écrivit au début de sa carrière des scénarios pour le théâtre et le cinéma. Elle habitait en Californie. L'Angleterre lui manquait quand elle commença ce conte spirituel sur un premier amour et le destin d'une famille bohème. L'action se passe dans les années 1930, dans un château en ruine.

C'est aussi l'histoire de la naissance d'un écrivain, car la narratrice, Cassandra Mortmain, la plus jeune fille d'un auteur désargenté en mal d'inspiration, compense le manque de productivité de son père en écrivant abondamment dans son journal. Âgée de 17 ans, elle décrit les autres occupants du château en tentant de « cerner » leur personnalité. L'épaisseur de son journal reflète les changements au sein de sa famille. Une fois diplômée, elle a des carnets plus gros et de meilleure qualité. Finalement, elle achète un cahier à deux guinées, symbolisant certes sa richesse mais aussi les complications dues aux fiançailles de sa sœur aînée, Rose, avec un des héritiers du château.

Cassandra déclare la guerre à une forme d'arrogance du milieu artistique de la métropole. Sa belle-mère, Topaze, est la muse d'artistes, mais Cassandra nous encourage à l'admirer davantage quand elle est le plus nécessaire, en tant que vaillante femme d'intérieur. Cassandra conquiert le cœur des lecteurs quand elle souffre en tombant amoureuse de l'homme qui est épris de sa sœur, rejette celui qui l'aime, et pour finir choisit de privilégier son art. Nous avons le sentiment qu'il s'agit d'une jeune femme capable d'affronter ce que la vie lui réserve. **GB**

« [Rose dit] qu'elle n'avait rien vu de romantique dans le fait d'être cloîtrée dans un château en ruine, entouré d'une mer de boue. »

Autres livres sur la vocation d'écrivain

Harriet l'espionne, Louise Fitzhugh (p. 563)
Les Quatre Filles du docteur March, Louisa May Alcott (p. 724)
« Émilie de la nouvelle lune », Lucy Maud Montgomery (p. 752)

12+

Metropolis

Osamu Tezuka

Titre original *Metoroporisu*, 1949
Nationalité Japon, 1928
Édition française Taifu Comics
Thèmes bande dessinée, fantastique

Sans l'écrivain et créateur de mangas Osamu Tezuka, la bande dessinée japonaise ne serait pas devenue la forme d'art populaire qu'elle est aujourd'hui. Tezuka s'est servi des mangas pour créer des histoires divertissantes et sophistiquées sur le plan visuel, qui abordent des sujets difficiles comme les préjugés, l'écologie et la nature humaine. Tous ces thèmes sont présents dans *Metropolis*, l'un de ses premiers grands ouvrages.

Le titre est emprunté à un film de Fritz Lang de 1927, un classique du cinéma allemand. Tezuka n'avait cependant pas réellement vu *Metropolis* lorsqu'il écrivit son livre, mais seulement aperçu l'image d'un robot du film dans une revue. L'histoire du manga a pour cadre une société du futur, très avancée sur le plan technologique, dans laquelle une organisation secrète, à la tête de laquelle se trouve le duc Rouge, parvient à faire émettre au Soleil des radiations entraînant une mutation des cellules vivantes. Le duc Rouge oblige un scientifique à utiliser ces cellules mutantes pour créer Michi, un enfant artificiel doté de pouvoirs surhumains. Quand il apprend ses véritables origines, Michi pousse les robots à se rebeller contre la société humaine.

Metropolis préfigure un grand nombre d'éléments qui apparaîtront dans les livres suivants de Tezuka, comme *Astro Boy*, notamment dans sa description de la relation instable et fortement politisée qu'entretiennent les hommes avec la technologie. Tezuka n'offre jamais de réponses faciles aux questions difficiles qu'il pose, mais sa force en tant qu'écrivain est d'avoir la volonté de s'attaquer à ces problèmes. **CR**

Le Chemin

Miguel Delibes

Titre original *El Camino*, 1950
Nationalité Espagne, 1920
Édition française multiples éditeurs
Thèmes classiques, famille, amitié

Le Chemin raconte l'histoire d'un petit garçon dans l'Espagne rurale et recrée ce moment de l'enfance où un individu est à l'aube d'un grand changement dans sa vie, un changement déterminant pour son avenir. L'auteur se sert de ce titre pour introduire le thème central du livre : la découverte de la voie que l'on choisit dans la vie et l'importance de rester fidèle à soi-même.

Âgé de 12 ans, Daniel el Mochuelo est sur le point d'être envoyé par son père en ville dans un pensionnat réputé. La nuit qui précède son départ, il reste éveillé, se souvenant de ses amis et des différents habitants de son village. Il n'est pas content de partir loin, dans un monde qu'il ne comprend pas. Le personnage de Daniel incarne l'inquiétude de Miguel Delibes face au progrès et sa défense du monde rural. Ce dernier, qui est la joie et la richesse du garçon, représente les valeurs intemporelles de l'intégrité et de la simplicité. Le ton de Delibes est précis et lyrique lorsqu'il décrit la campagne ainsi que les habitants hauts en couleur du village.

Les souvenirs d'enfance et les problèmes de la jeunesse sont au centre de l'œuvre littéraire de Delibes. Ce dernier était très critique à l'égard de l'expansion urbaine qui empiétait sur la campagne. Il fustigeait ce qu'il considérait comme une déshumanisation de la société. Malgré l'indifférence du public lors de sa parution, ce livre a fait connaître Delibes. Il s'agit d'un roman simple mais puissant, plein d'humour, de charme et de philosophie, qui évoque avec brio le romantisme d'une petite ville. C'est à présent un classique de la littérature d'après-guerre. **EB**

Big Tiger and Christian

Fritz Mühlenweg Raffaello Busoni

Nationalité Allemagne, 1898 (aut.), Allemagne/États-Unis, 1900 (aut.)
Édition Herder, Allemagne, 1950
Thèmes aventure, amitié

À la fin des années 1920, le chimiste Fritz Mühlenweg prit part à une expédition en Mongolie, afin d'étudier la possibilité de mettre en place une liaison aérienne de la Lufthansa entre Berlin et Pékin. Il tint un journal de son voyage et, plus tard, il eut l'idée d'en faire un roman pour les enfants. Le livre fut publié en 1950 sous le titre *In geheimer Mission durch due Wüste Gobi* (« Mission secrète dans le désert de Gobi »).

Les protagonistes sont deux garçons de 12 ans (respectivement originaires de Chine et d'Allemagne) enlevés par des soldats aux portes de Pékin pendant les troubles politiques de la fin des années 1920. Réalisant que leurs vies seront en danger s'il les autorise à retourner dans la ville qu'il est sur le point d'attaquer, le général ennemi les charge de se rendre au nord-ouest de la Chine afin de porter un message aux autorités militaires qui s'y trouvent. À l'arrière d'un vieux camion, les enfants traversent le désert de Gobi. En chemin, ils croisent des gens divers, amicaux ou hostiles, et apprennent à se comporter comme des Mongols. La fascination de Mühlenweg pour la Mongolie transparaît dans ses descriptions très évocatrices, mais aussi lorsqu'il évoque la rencontre de deux cultures très différentes. **CS**

Autre livre de Fritz Mühlenweg traduit en français

L'Heure du dragon

12+

L'Attrape-cœurs

J. D. Salinger

Titre original *The Catcher in the Rye*, 1951
Nationalité États-Unis, 1919
Édition française multiples éditeurs
Thèmes classiques, adolescence, controverse

Sur le point d'être mis pour la quatrième fois à la porte d'une école privée, Holden Caulfield, 16 ans, décide de s'amuser à New York quelques jours. Il essaie de convaincre son ancienne petite amie de venir avec lui, broie du noir en pensant à son frère qui est mort, se rend dans un bar. Puis il va au zoo avec sa petite sœur, Phoebé, sachant pertinemment qu'il devra tôt ou tard affronter ses parents. Son humeur change en permanence. Il est tantôt libidineux, tantôt nostalgique et émouvant. N'étant plus un enfant et pas encore un adulte, il essaie de devenir un homme en conservant l'innocence de l'enfance que son frère personnifie. Il se verrait bien dans le rôle de l'« attrape-cœurs » d'une chanson de Robert Burns, pensant qu'il s'agit d'un protecteur qui vient en aide aux enfants.

Un grand nombre d'adultes conservateurs ont détesté ce livre et tenté de le faire interdire en raison de son contenu sexuel, de l'emploi de mots d'argot et de l'irrespect qu'affiche le héros à l'égard de l'hypocrisie des adultes. Cependant, beaucoup d'adolescents l'ont, eux, dévoré, trouvant dans cette prose laconique et fraîche des échos de leurs propres problèmes. Salinger était âgé de 32 ans quand le livre parut, mais la voix de son héros paraît authentique. Bien que ce dernier n'évolue pas beaucoup au cours des 48 heures du récit, une forme d'espoir est suggérée. Nombreux sont ceux qui jugent encore ce roman comme une fenêtre permettant de voir le vortex des émotions et des angoisses des adolescents. **VN**

the CATCHER in the RYE

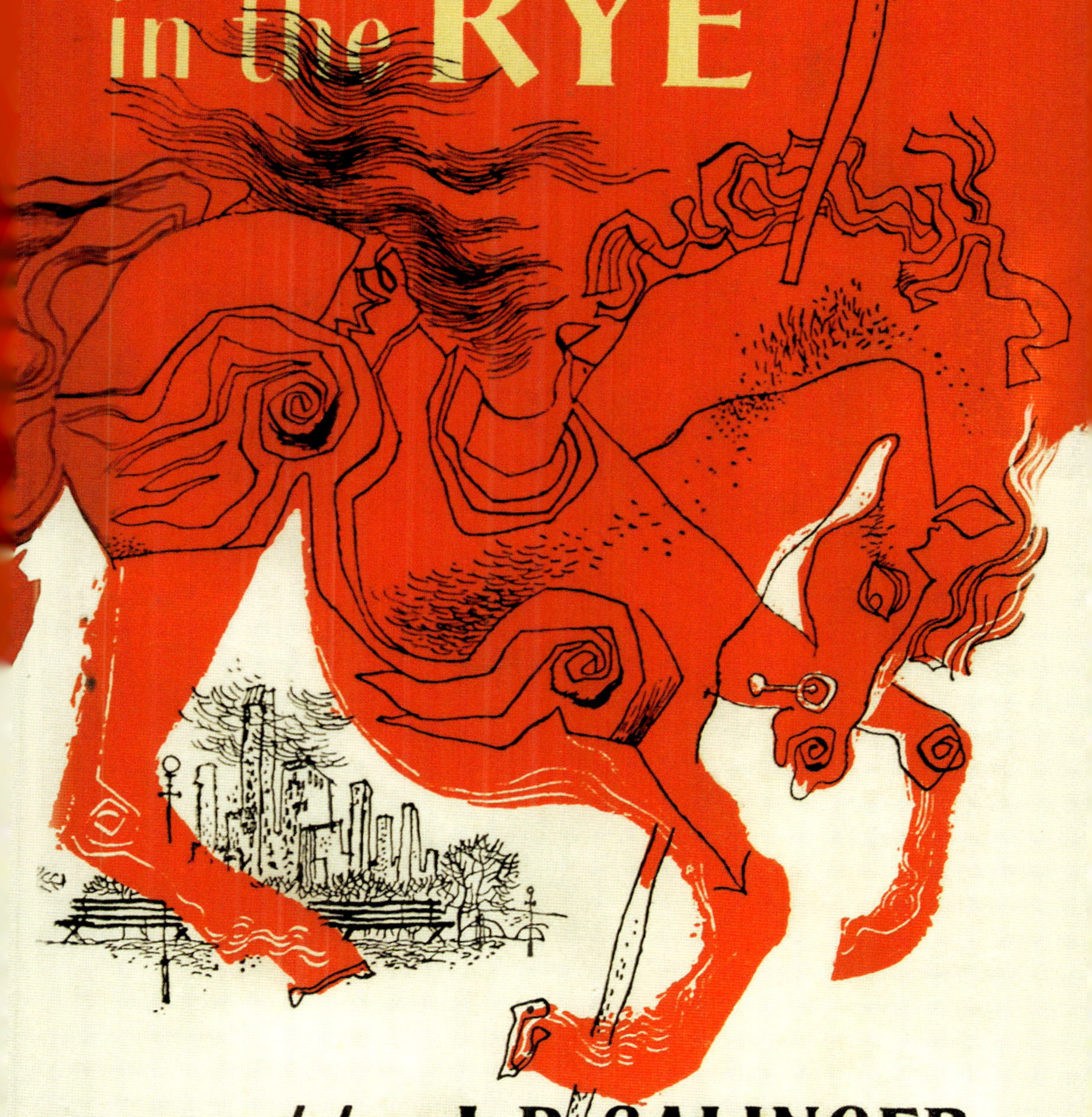

a novel by **J. D. SALINGER**

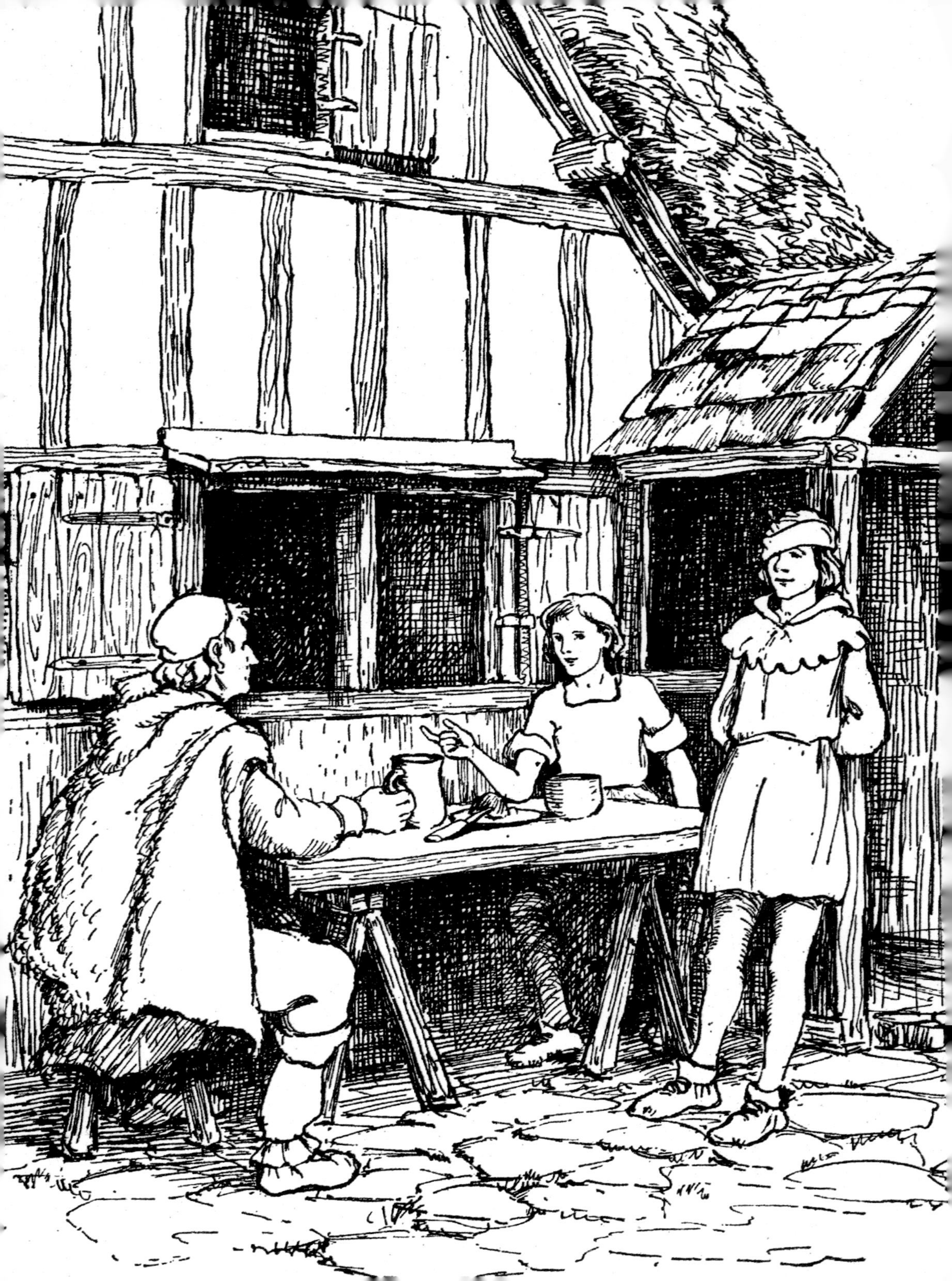

Maître Thomas et les contrebandiers

Cynthia Harnett

Titre orig. *The Wool-Pack: a Tale of Adventure*, 1951
Nationalité Grande-Bretagne, 1893
Édition française Gallimard Jeunesse
Thèmes roman historique, aventure

Le père de Nicholas Fetterlock est un membre de la prestigieuse confrérie des marchands lainiers. Or, Nicholas a des doutes sur les hommes d'affaires florentins avec lesquels son père fait des transactions. Il se méfie d'eux et des relations qu'ils entretiennent avec un employé de son père chargé d'emballer la marchandise. Cependant, son père ne tient pas compte de ses inquiétudes. Il est trop préoccupé par les fiançailles de son fils avec la fille d'un drapier prospère.

Malgré les doutes de Nicholas, Cecily, la fiancée en question, s'avère vive et intelligente. Après un été au cours duquel le commerce de son père est menacé par le succès de la laine teinte et le développement des ventes illégales en Europe, Nicholas décide avec Cecily et le fils du berger, Hal, de se mesurer aux agents fourbes des Médicis. Leur ingéniosité et leur persévérance finissent bien sûr par triompher. Les multiples rebondissements du récit créent des effets de tension et permettent l'émergence d'une véritable intrigue.

Les aventures des jeunes gens sont l'occasion pour l'auteur d'offrir un tableau détaillé de la vie en Angleterre au début du règne des Tudor. La mère de Nicholas est obnubilée par les règles du savoir-vivre et l'on peut remarquer qu'une relation gênante de maître à serviteur s'établit peu à peu entre Nicholas et Hal. Une carte permettant de suivre l'itinéraire emprunté par Nicholas dans le sud de l'Angleterre rappelle aux lecteurs que l'action a lieu dans des villes et des villages facilement reconnaissables. **KA**

Die Söhne der großen Bärin

Liselotte Welskopf-Henrich

Nationalité Allemagne, 1901
Édition Altberliner Verlag, Allemagne, 1951
Thèmes roman historique, aventure

Ce roman (dont le titre signifie « Les fils de Grand Ours ») décrit la vie d'une tribu indienne des Grandes Plaines dans la seconde moitié du XIXe siècle.

Mattotaupa, ancien chef de la tribu de l'Ours, est le père de Harka. Accusé d'avoir révélé, alors qu'il était ivre, les endroits secrets où l'on peut trouver de l'or au Dakota, il est contraint à l'exil avec son fils. Au cours de leurs pérégrinations, tous deux doivent relever de nombreux défis pour survivre alors qu'ils sont devenus des parias. Quand son père est tué, Harka revient dans sa tribu. Il en deviendra plus tard le chef. Quand le Dakota est transformé en réserve, Harka décide de partir avec son peuple au Canada pour y cultiver la terre et commencer une nouvelle vie.

Le livre, qui fut divisé plus tard en six romans, est l'un des nombreux récits sur le Far West qui eurent beaucoup de succès en Allemagne au début du XXe siècle. Liselotte Welskopf-Henrich s'était très bien documentée sur la question en étudiant les travaux de George Catlin et de Charles Eastman. Ses romans ont donc un contenu ethnologique qui les distingue de simples romans d'aventures. Les enfants apprécient en général les histoires qui parlent de l'éthique d'une société et mettent en valeur l'honneur et la moralité. Dans ce roman, le lecteur prend conscience des difficultés qui existent pour s'adapter à un monde en constante mutation et évolution ; ce thème sera d'ailleurs largement traité par l'auteur dans ses romans ultérieurs. **GS**

12+

« Ils étaient assis dehors, et les histoires du garçon l'amusèrent d'abord. »

Ruses et aventures d'Alfanhui

Rafael Sánchez Ferlosio

Titre orig. *Industrias y andanzas de Alfanhuí*, 1951
Nationalité Espagne, 1927
Édition française Verdier
Thèmes aventure, fantastique

L'auteur appartient à une génération littéraire qui a rassemblé les meilleurs romanciers espagnols apparus après la guerre civile. Divisé en trois parties, ce roman picaresque est la chronique du voyage initiatique d'un jeune garçon innocent.

Alfanhui est l'élève d'un empailleur. Il est appelé ainsi par son maître en raison de ses yeux jaunes. Sous sa tutelle, il effectue des expériences étranges et merveilleuses qui lui permettent de fabriquer des plumes à l'aide de feuilles d'arbre et ainsi de créer des oiseaux couverts de feuilles et des lézards dorés. Il apprend aussi à connaître les couleurs. Il parvient à reproduire la teinte rouge sang du coucher de soleil et à la conserver. Quand la maison de l'empailleur brûle, notre héros décide de faire le tour de la Castille afin de développer ses connaissances. Ses aventures extraordinaires sont narrées à l'aide d'images frappantes. Il rencontre un pantin qui s'imagine un homme, ainsi que sa grand-mère âgée qui « couve des oisillons dans son giron et possède un treillis de vignes donnant du raisin muscat ». En grandissant, il se met à regarder le monde de façon plus sage, et devient aussi plus triste, découvrant que la vie est truffée de « vrais mensonges ».

Ce premier roman fut éclipsé à tort par la publication de son livre suivant, *El Jarama*, qui remporta le prix Nadal. Sa qualité littéraire tient à l'étonnante richesse et à l'originalité de la langue utilisée par l'auteur. C'est un petit bijou surréaliste qui a sa place dans la bibliothèque d'un jeune adulte. **EB**

Le Vicomte pourfendu

Italo Calvino

Titre original *Il visconte dimezzato*, 1952
Nationalité Italie, 1923
Édition française multiples éditeurs
Thèmes conte de fées, fantastique, classiques

C'est avec ce roman qu'Italo Calvino se fit un nom en tant que fabuliste ou auteur de contes fantastiques riches en significations allégoriques. Se déroulant au XVIIe siècle, il raconte l'histoire du vicomte Médard de Terralba, coupé en deux par un boulet de canon. Il peut se lire comme un conte de fées, mais étant dû à Calvino, auteur très politisé, il a été souvent interprété comme le reflet du malaise grandissant de ce dernier face aux divisions de la guerre froide. Ce fut le premier volet de ce qu'on appela plus tard la « trilogie héraldique ».

Il relate le voyage du vicomte à travers la Bohême en compagnie de son fidèle écuyer, Kurt, dans le but de rejoindre l'armée chrétienne qui lutte contre les Turcs. Le premier jour de la bataille, le vicomte est désarçonné par un Turc brandissant un cimeterre. Bien qu'inexpérimenté, le vicomte ne se laisse pas décourager et avance sur le champ de bataille, l'épée à la main. Il est alors terrassé par un boulet de canon qui le frappe à la poitrine. Tout n'est pas terminé pour le noble blessé, car les médecins militaires accomplissent un exploit en le sauvant de façon miraculeuse. Cependant, le vicomte n'est plus qu'une moitié d'homme. Il revient triomphalement chez lui à Terralba avec un œil, une narine, et une moitié de visage, animé du désir macabre de tout couper en deux, des animaux aux fleurs et aux plantes. Heureusement, son autre moitié, qui est peut-être la meilleure, réapparaît et il retrouve son intégrité. **CK**

12+

King Arthur and His Knights of the Round Table

Roger Lancelyn Green   Arthur Hall

Nationalité Grande-Bretagne, 1918 (aut.)
Édition Penguin,
Royaume-Uni, 1953
Thèmes mythes et légendes, contes populaires

Tiré du folklore et des romances médiévales, la légende du roi Arthur est l'un des mythes du monde occidental le plus important. Son cadre fantastique fascine les enfants. Doté d'un réel talent pour faire revivre de manière concise et intelligible les mythes anciens, Lancelyn Green, professeur à Oxford, a réécrit les histoires du XVe siècle de sir Thomas Malory pour les rendre accessibles aux jeunes lecteurs. Avec le « roi Arthur et ses chevaliers de la Table ronde », il rend plus cohérente une intrigue assez embrouillée et crée une épopée en un volume très appréciée.

L'histoire débute vers la fin du Ve siècle, quand le roi Uther Pendragon s'éprend d'Ygerne, la femme de Gorlois, son fidèle disciple. Les deux hommes se battent, et Gorlois meurt. Uther et Ygerne ont par la suite un fils, que Merlin l'Enchanteur enlève et cache. Quand Uther meurt, empoisonné par un traître saxon, le pays se retrouve sans roi et traverse une période de chaos. Après plusieurs années d'instabilité, Merlin réapparaît. Il place une dalle de marbre dans laquelle est fichée une épée au centre du cimetière de l'abbaye de Londres. Un écriteau signale que celui qui sera capable d'en retirer l'épée sera de plein droit roi d'Angleterre. Tous les chevaliers tentent leur chance, mais aucun ne réussit cet exploit hormis Arthur, un jeune garçon de 16 ans. Il devient donc roi, ramène la paix sur l'île et crée la Table ronde autour de laquelle il réunit des chevaliers influents qui lui sont fidèles avant de se lancer dans la quête du Saint-Graal. **DaH**

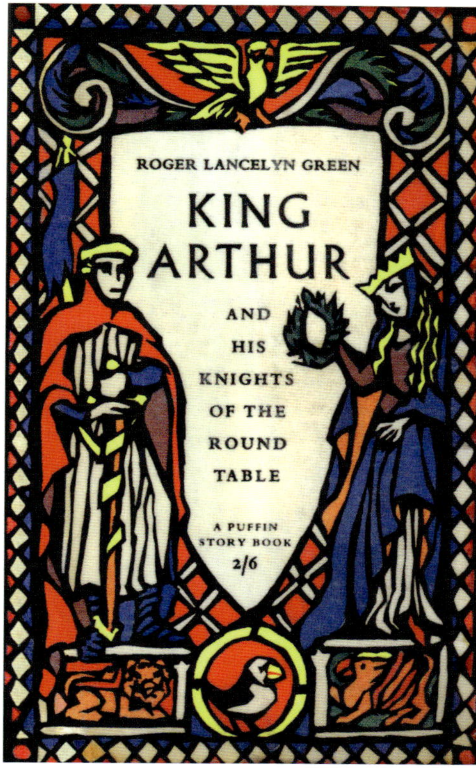

« […] et cette nuit tout s'accomplira. »

12+

Autres contes avec le roi Arthur

Excalibur : l'épée dans la pierre, T. H. White (p. 487)
À l'assaut des ténèbres, Susan Cooper (p. 830)
Arthur, la pierre prophétique, Kevin Crossley-Holland (p. 912)
Avalon High, un amour légendaire, Meg Cabot

Wonderful stories
by the author of
THE GOLDEN APPLES
OF THE SUN

RAY
BRADBURY

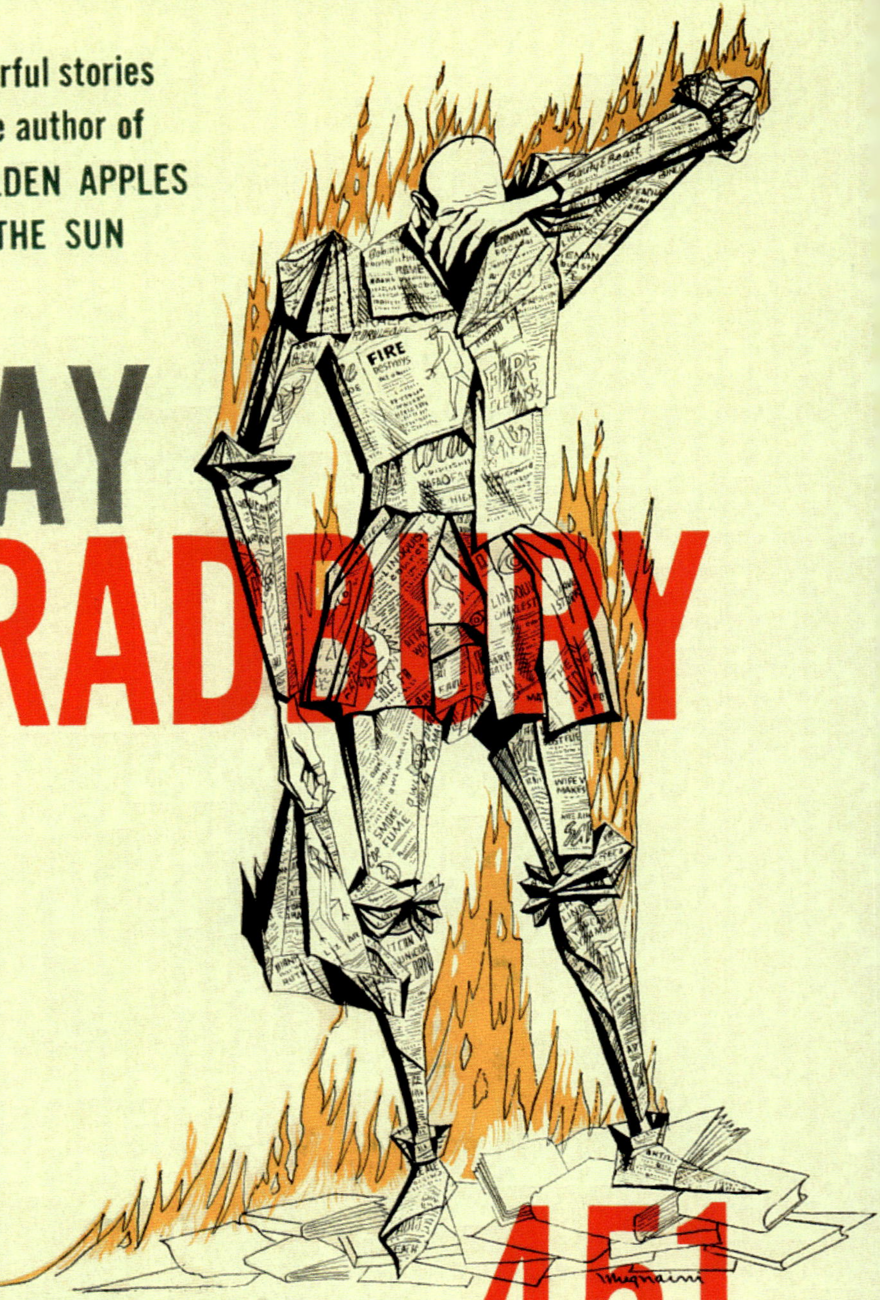

FAHRENHEIT 451

BALLANTINE BOOKS

Fahrenheit 451

Ray Bradbury

Titre original *Fahrenheit 451*, 1953
Nationalité États-Unis, 1920
Édition française multiples éditeurs
Thèmes science-fiction, classiques

Ray Bradbury imagina un futur où les livres seraient interdits et où la population serait maintenue dans la soumission par des mass media contrôlés par l'État. Bradbury trouve horribles les inventions modernes qui anéantissent l'aptitude des hommes à réfléchir par eux-mêmes. Son style puissant, avec ses métaphores sombres, ses interjections et ses tournures frappantes, marqua l'imagination du public.

Fahrenheit 451 a pour cadre le XXIVe siècle. Guy Montag gagne sa vie en faisant brûler des livres illégaux, ainsi que le domicile de leurs propriétaires. Selon Bradbury, les livres brûlent à la température de 451 degrés Fahrenheit ; le nombre 451 est d'ailleurs inscrit sur le casque de Montag. S'entendant mal avec sa femme, ce dernier commence soudain à remettre en question la société répressive dans laquelle il vit. Il vole un livre qu'il trouve sur un bûcher où une femme agonise. Sa femme et son chef le sermonnent, affirmant le bien-fondé du conformisme, mais il se met à lire pour de bon. Très vite sa femme, qui est sotte, le trahit, révélant son secret au corps spécial de pompiers auquel il appartient. Alors que ses livres partent en fumée, Montag tue son chef et est chassé de la ville. Il rejoint un réseau secret réunissant des personnes adeptes de la lecture et de l'écriture. Chacune d'elles a mémorisé un livre de façon que celui-ci puisse à nouveau être imprimé un jour. Quand une catastrophe atomique détruit la ville et son régime oppressif, les survivants lettrés ont l'espoir de créer un futur meilleur. **VN**

L'Aigle de la 9e légion

Rosemary Sutcliff C. W. Hodges

Titre original *Eagle of the Ninth*, 1954
Nationalité G-B, 1920 (aut.), 1909 (ill.)
Édition française Gallimard Jeunesse
Thèmes roman historique, aventure

C'est le plus connu de tous les romans historiques à succès de Rosemary Sutcliff. La Grande-Bretagne froide et humide du IIe siècle n'est pas un lieu très accueillant pour un jeune légionnaire romain, mais c'est pourtant là que le centurion Marcus Flavius Aquila demande à être envoyé. En effet, c'est là, dans le brouillard, près du mur d'Hadrien, que son père a disparu avec la 9e légion.

Quand une blessure force Marcus à quitter l'armée, il décide de retrouver la légion en question et de laver son honneur. Accompagné d'Esca, un esclave affranchi devenu son ami, il effectue un voyage pénible en direction du nord, allant d'un village à un autre déguisé en oculiste. Il finit par tomber sur un ancien centurion de la 9e légion qui lui décrit de manière horrible la fin de cette dernière.

Cette description le rend plus triste, mais peut-être plus sage. Persévérant, il découvre plus tard l'aigle qui symbolise la légion, à présent miteux et sans ailes. Les défis successifs qu'il doit relever par la suite lui permettent d'en savoir plus sur la conduite valeureuse de son père et de tester son propre courage et sa propre endurance.

Le livre, qui oppose les idéaux romains de l'ordre et de la civilisation, voue une admiration implicite aux êtres vivants, hommes et animaux confondus, qui résistent à l'oppression. Cette histoire riche en aventures, émaillée de touches d'humour et très moralisatrice reste populaire aujourd'hui, même si elle est un peu datée. **KA**

La Communauté de l'anneau

J. R. R. Tolkien

Titre original *The Fellowship of the Ring*, 1954
Nationalité Grande-Bretagne, né John Ronald Reuel Tolkien en Afrique du Sud, 1892
Édition française multiples éditeurs
Thèmes fantastique, classiques, aventure

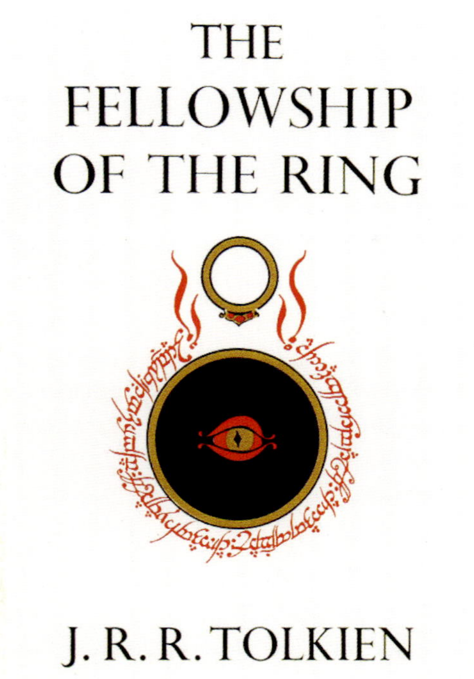

12+

Comprenant plus de 1 000 pages, la trilogie du *Seigneur des anneaux*, qui devait à l'origine ne comporter qu'un seul volume, reste depuis sa publication la plus importante œuvre de ce genre littéraire. Elle fut éditée en trois volumes après la guerre, en raison du manque de papier. Les éditeurs pensaient qu'ils allaient perdre de l'argent plutôt qu'en gagner.

Fortement inspirée de la littérature épique médiévale qu'enseignait Tolkien à Oxford, elle raconte à travers trois histoires distinctes comment Frodon, héros malgré lui, finit par sauver l'univers de la Terre du Milieu. Il réussit cet exploit en héritant de l'anneau magique qui rend tout-puissant celui qui le porte, puis en le rapportant au fin fond des montagnes. Sa

« Dans le pays de Mordor [...], il existe un anneau capable de gouverner tout le monde... »

quête entraîne de nombreuses batailles et beaucoup de souffrances. Mais il bat finalement le seigneur des Ténèbres, Sauron, qui était déterminé à dominer le monde depuis sa base des sombres terres de Mordor.

Frodon est lui-même un hobbit, race déjà décrite dans un roman antérieur de Tolkien. Avec sa bande de fidèles amis, il lutte contre les gobelins, les bêtes et les autres forces du mal. Les références au langage parlé inventé par l'auteur (féru de langues) intensifient encore l'atmosphère de croyance qui imprègne toute la trilogie. Les descriptions d'une campagne idéalisée, contrastant avec la sombre vision de terres désolées et de destructions, correspondent bien aux préoccupations écologiques actuelles. Cette épopée extraordinaire qui plut à nombre de lecteurs petits ou grands est l'une des plus grandes réussites du XXe siècle pour son côté imaginatif. **NT**

Autres romans fantastiques

Les Chroniques de Prydain, Lloyd Alexander (p. 566)
Terremer, Ursula Le Guin (p. 578)
À l'assaut des ténèbres, Susan Cooper (p. 830)

Sa Majesté des Mouches

William Golding

Titre original *Lord of the Flies*, 1954
Nationalité Grande-Bretagne, 1911
Édition française multiples éditeurs
Thèmes classiques, aventure, amitié

Écrit au départ pour les adultes, ce célèbre roman a toujours été très apprécié des jeunes lecteurs qui admettent l'existence d'une violence humaine latente prête à se déchaîner. Sa version anglaise se vendit à plus de 25 millions d'exemplaires. Il donna lieu à des adaptations à la radio, au cinéma et au théâtre.

Des garçons préadolescents échouent sur une île déserte à la suite d'un accident d'avion. Mais loin de déployer tous leurs efforts pour survivre comme Robinson Crusoé et d'autres héros dans cette situation, ils commencent à se battre. Avec ses amis, dont le nombre ne cesse de diminuer, Ralph essaie de rétablir l'ordre et d'entretenir jour et nuit le feu de camp qui peut leur permettre d'être repérés et sauvés. Son ennemi, Jack, prend le pouvoir, entraînant ses partisans dans une escalade de la violence. Finalement, traqué par ses anciens amis maintenant prêts à le tuer, Ralph est secouru à la dernière minute par un officier de la marine britannique.

« Crasseux, les cheveux emmêlés et le nez sale, Ralph pleurait la fin de son innocence. »

Ancien professeur, William Golding comprenait bien les enfants. Il écrivit ce roman peu après la Seconde Guerre mondiale, à une époque où de nombreux Britanniques et Américains imputaient les horreurs de la guerre à leurs anciens ennemis allemands ou japonais. Golding pensait que chaque individu est responsable de l'ordre moral de la société et il abordait souvent dans ses livres des problèmes ayant trait à la spiritualité. Ce roman, superbe mais troublant, montre comment des écoliers ordinaires et turbulents peuvent très vite, lorsqu'ils sont embrigadés, se transformer en persécuteurs cruels et impitoyables. **NT**

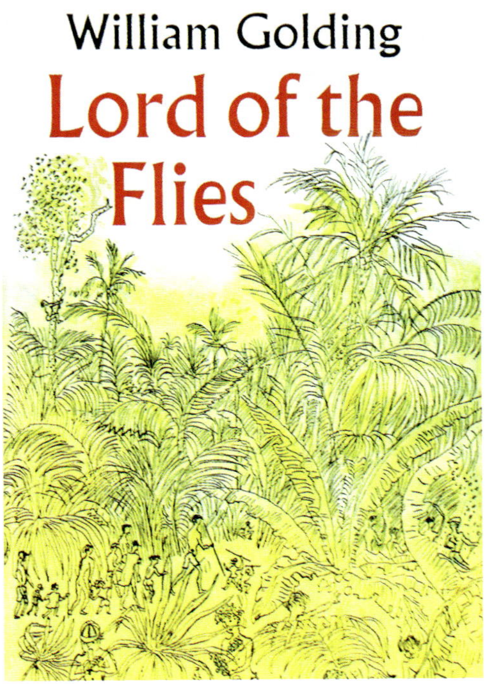

Autres aventures sur une île déserte

Le Robinson suisse, Johan D. Wyss (p. 401)
L'Île de corail, R. M. Ballantyne (p. 718)
Les Aventures de David Balfour, Robert Louis Stevenson (p. 733)
L'Île des dauphins bleus, Scott O'Dell (p. 795)
L'Île mystérieuse, Jules Verne

Carry On, Mr. Bowditch

Jean Lee Latham

Nationalité États-Unis, 1902
Édition Houghton Mifflin, États-Unis, 1955
Thèmes roman historique, aventure

Jean Lee Latham a toujours su écrire la biographie de personnages historiques dans ses livres pour enfants. Dans ce roman, elle s'est intéressée à Nathaniel Bowditch, marin et mathématicien considéré comme le fondateur de la navigation moderne et auteur de *The New American Practical Navigator* (1802), un manuel d'océanographie et de météorologie devenu une institution dans les milieux nautiques.

Le récit commence en 1779. Nathaniel, 6 ans, vit dans la ville maritime de Salem, dans le Massachusetts. Il est fasciné par les mathématiques et rêve d'entrer à Harvard. Cependant, quand sa mère puis sa grand-mère meurent, sa famille sombre dans la misère et il ne peut poursuivre ses études. Il devient pendant neuf ans l'apprenti d'un comptable travaillant dans un magasin d'équipements nautiques. Malgré ce revers de fortune, il est bien décidé à continuer d'étudier, même sans aller à l'école. Il apprend seul l'algèbre, le calcul, même le français et le latin afin de pouvoir lire des ouvrages de mathématiques comme le *Philosophiae Naturalis Principia Mathematica* (1687) d'Isaac Newton.

Quand il commence à déceler des erreurs dans les tableaux de navigation dont dépend la vie des marins, il décide de les réviser et d'obtenir un bateau afin de prouver l'exactitude de ses théories à la communauté des marins. Ce livre décrit de manière très vivante les aventures de Nathaniel en mer et constitue un récit édifiant sur la détermination d'un homme à réaliser son rêve. **CK**

12+

Viking's Dawn

Henry Treece   Christine Price

Nationalité G-B, 1911 (aut.), 1928 (ill.)
Édition Bodley Head, Grande-Bretagne, 1955
Thèmes roman historique, aventure

Personne n'a écrit de meilleur livre sur les Vikings qu'Henry Treece. Dans celui-ci, le premier de la trilogie qu'il consacra aux guerriers du Nord, il raconte le premier voyage qu'Harald Sigurdsson effectua avec Thorkell à bord du *Nameless* pour rapporter des biens dans leur village natal (sa mort en 1066 est souvent considérée comme marquant la fin de la période viking).

Harald et son père décident de fuir après l'incendie de leur maison. Ils arrivent juste à temps pour embarquer. Harald doit laisser derrière lui son père, blessé au cours d'un accident. Thorkell devient pour lui un père de substitution au cours de ce voyage. Des problèmes surviennent quand Ragnar, le frère de sang de Thorkell, va à l'encontre de la philosophie des Vikings en pillant les trésors de leurs hôtes. Thorkell, devenu aveugle, ne recouvre la vue que lorsqu'ils font naufrage près des côtes irlandaises pour livrer leur dernière bataille, cette fois contre la mer. Harald est le seul survivant. À la fin du récit, il prépare un autre voyage en compagnie de son père.

Cette grande fresque décrit le mode de vie des Vikings et la fraternité qui les unissait. Treece était fasciné par les migrations des peuples au cours de l'histoire. Les Vikings et leurs pérégrinations étaient donc un sujet idéal pour un livre destiné aux enfants. **JF**

Autre livre d'Henry Treece traduit en français

La Croisade des enfants

Une gravure sur linoléum spectaculaire de Christine Price montrant les flots déchaînés.

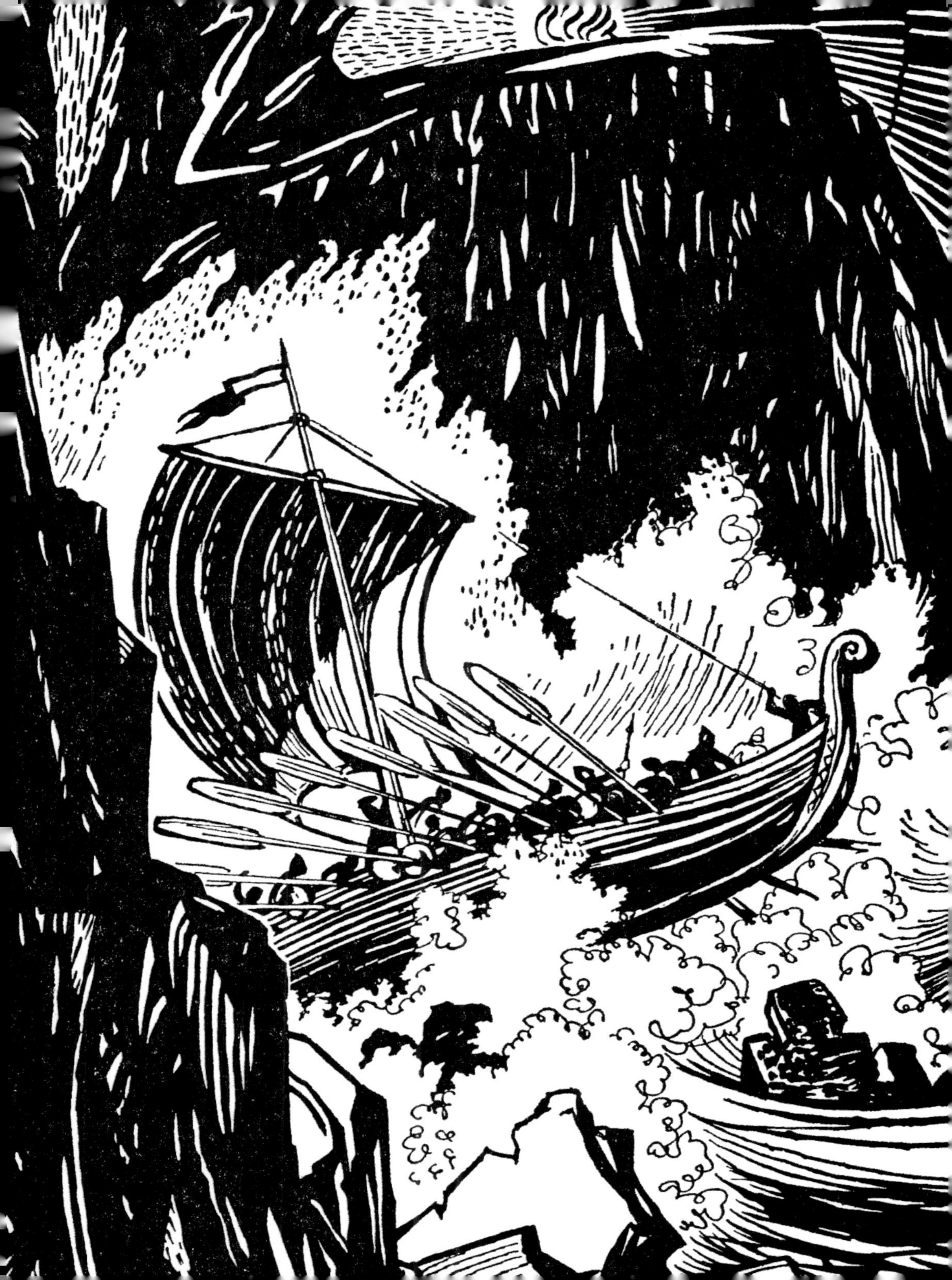

Trueno le paladin

Victor Mora Ambrós

Titre original *El Capitán Trueno*, 1956
Nationalité Espagne, 1931 (aut.), 1931, né Miguel Ambrosio Zaragoza (ill.)
Édition française Vaisseau d'argent
Thèmes bande dessinée, aventure

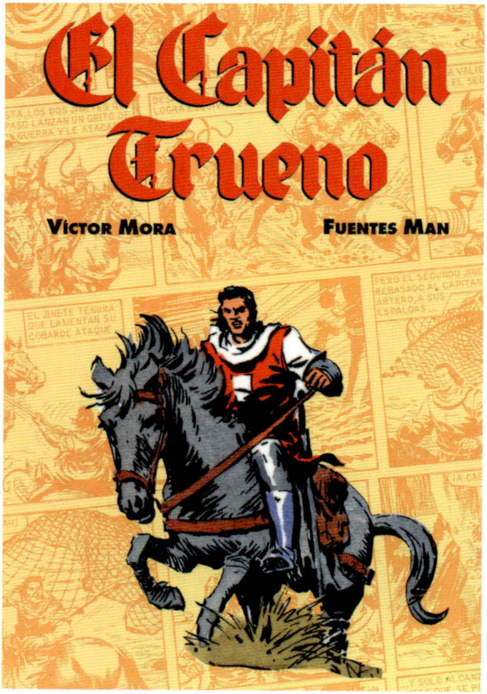

Autres récits d'aventures palpitants

Les Trois Mousquetaires, A. Dumas (p. 714)
Le Capitaine Fracasse, Théophile Gautier (p. 720)
Le Prisonnier de Zenda, Anthony Hope (p. 735)
Les Tigres de Mompracem, Emilio Salgari (p. 738)
Série des « Capitaine Hornblower », C. S. Forester (p. 759)

El Capitán Trueno est l'un des héros les plus emblématiques de la bande dessinée espagnole. Inspiré d'autres personnages de bandes dessinées célèbres comme le prince Valiant et le capitaine Marvel, il n'a rien du héros manichéen imposé par la dictature franquiste, ni du héros galactique d'Amérique du Nord. Il s'agit d'un chevalier errant du XIIe siècle possédant une épée, un bouclier et une cotte de mailles. Personne ne connaît son vrai nom ni ne sait d'où il vient.

Certains critiques pensaient que le succès de la série dans les années 1950, période de répression et de censure du régime de Franco, était lié au rôle de libérateur de son héros, toujours prêt à défendre les femmes et les opprimés. Trueno le paladin rappelle plutôt un Don Quichotte plus sain d'esprit et plus réaliste. L'une de ses principales caractéristiques est son humanité, qui se reflète dans son sourire amical. Il n'en demeure pas moins toujours sur ses gardes. Il fait des erreurs, fréquente toutes sortes de gens et les aide à résoudre leurs problèmes.

Dans ses nombreuses aventures, ses compagnons sont Goliath, un grand garçon toujours de bonne humeur, et Crispin, un jeune page qui donne au récit un ton enfantin. Un autre personnage important du roman est Sigrid, la bien-aimée de Trueno, qui s'avère plus tard être la reine de Thule, une île située au nord de l'Europe. À la différence des personnages féminins stéréotypés de l'époque, Sigrid est certes féminine et douce, mais aussi déterminée et indépendante.

Bien que la série ait eu immédiatement du succès, Ambrós l'abandonna en 1959. Il fut remplacé par d'autres dessinateurs comme Pardo, Buylla, Oset ou encore John M. Burns, illustrateur de l'édition française. Cependant, le succès de l'œuvre était dû manifestement à son travail et à la complicité qui le liait au scénariste, tous deux partageant la même philosophie. **EB**

12+

Neitah ein Mädchen im hohen Norden

Edith Klatt

Dans cette histoire simple mais instructive, une petite fille appelée Neitah est enlevée par des nomades Sámi (des Lapons) qui, conformément à leurs coutumes, ont l'intention de la vendre en Norvège. Per, un éleveur de rennes, l'aime beaucoup et veut qu'elle reste parmi eux. Ses proches finissent par se laisser fléchir. La situation de la fillette est néanmoins difficile, car elle est séparée de sa véritable famille. Elle est autorisée à aider Per dans son travai. Enfant, il a lui aussi été enlevé et élevé par des fermiers norvégiens. Il a réussi à s'échapper juste au moment où il devait prendre la tête de la ferme. Revenu dans son pays natal, il est devenu éleveur de rennes. À présent, il est heureux d'apprendre à Neitah tout ce qu'il connaît sur la nature et de lui montrer comment travailler avec les animaux. La fillette expérimente la vie d'un gardien de rennes : les hivers sont froids et rigoureux, mais les étés chauds et agréables. Elle fréquente d'autres enfants de sa vaste famille d'adoption, bien qu'elle ne connaisse pas leur langue. Après avoir pendant des années subsisté grâce à l'élevage des rennes, le clan endure de nombreux accidents qui menacent son existence. Leurs rennes meurent et la famille se décompose.

Le récit est surtout consacré à la dure vie des nomades Sámi. Les gens des « rives du Sud » (c'est-à-dire des territoires situés entre la Norvège et la Suède) sont de plus en plus nombreux et ne peuvent conserver leur style de vie traditionnel. Les contraintes sociales et les exigences physiques de la vie de nomade forcent beaucoup de familles à devenir sédentaires. Finalement, Neitah va elle aussi fonder une famille.

Les personnages sont placés devant de graves dilemmes. Edith Klatt dépeint de manière à la fois précise et poétique les paysages nordiques, ainsi qu'un peuple y vivant joyeusement en harmonie avec la nature. **CS**

Nationalité Allemagne, 1895
Édition Altberliner Verlag, Allemagne, 1956
Thèmes famille, amitié, science et nature

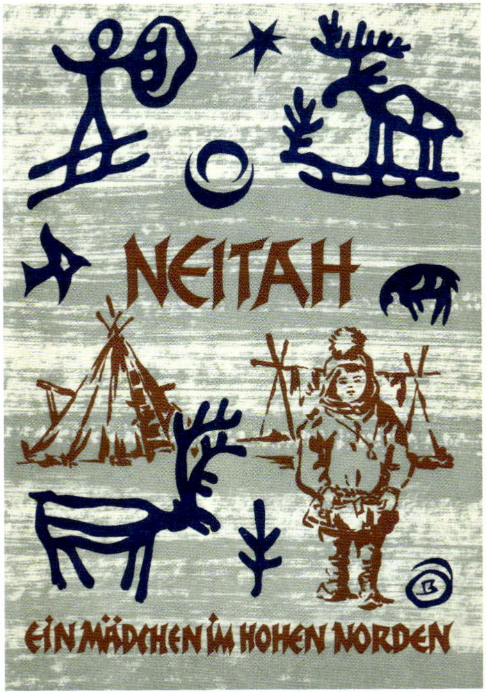

12+

Autres jeunes filles courageuses

Ronya, fille de brigand, Astrid Lindgren (p. 613)
Le Château de Cassandra, Dodie Smith (p. 768)
Zazie dans le métro, Raymond Queneau (p. 792)

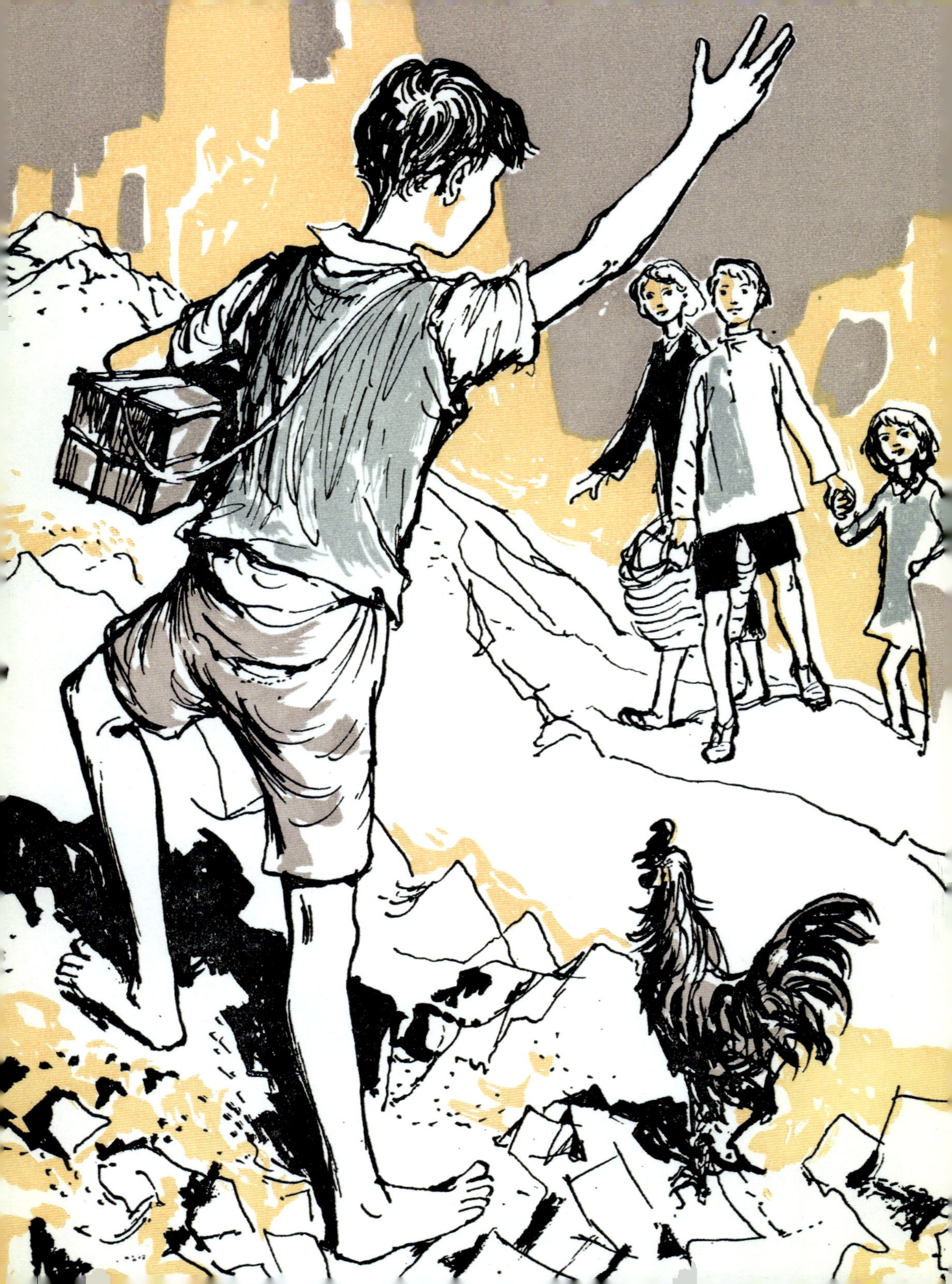

Le Poignard d'argent

Ian Serraillier C. Walter Hodges

Titre original *The Silver Sword*, 1956
Nationalité G-B, 1912 (aut.), 1909 (ill.)
Édition française multiples éditeurs
Thèmes classiques, guerre, aventure

Devenu un classique de la littérature enfantine, ce livre montre comment la guerre sépare les gens et comment ces derniers parviennent quand même à se retrouver. Le récit se déroule en Europe entre 1945 et 1946. Le poignard d'argent (un coupe-papier) est un talisman qui symbolise l'espoir, celui qui pousse la famille Balicki à chercher à se réunir.

En 1940, Joseph, le père, est arrêté pour avoir défié les nazis et envoyé dans un camp de prisonniers polonais. Il s'échappe, mais quand il revient à Varsovie, il apprend que sa femme a été envoyée en camp de travail et constate que sa maison a été détruite. Ses trois enfants, Ruth, 13 ans, Edek, 11 ans, et Bronia, 3 ans, ont disparu. On pense qu'ils sont morts. Avant de quitter la ville, le père donne son talisman, un poignard d'argent, à Jan, un jeune orphelin, en lui demandant de s'occuper des enfants et de les aider à passer en Suisse. En fait, Edek a lui aussi été fait prisonnier par les Allemands et souffre de malnutrition, mais à la fin de la guerre il parvient à s'échapper. Les quatre enfants entreprendront par la suite un voyage difficile au cours duquel Jan sera distrait par un chimpanzé échappé du zoo de Berlin, et où Edek attrapera la tuberculose, puis sera injustement arrêté et jugé pour pillage. Les enfants manqueront en outre de se noyer en traversant le lac de Constance en bateau.

Malgré les terribles dangers affrontés par les héros, le livre affirme de manière émouvante les principes du respect de la personne humaine et de la loyauté. Les enfants veillent les uns sur les autres et essaient de bien faire les choses. **VN**

Ciresarii

Constantin Chirita

Nationalité Roumanie, 1925
Édition Tineretului,
Roumanie, 1956
Thème aventure

Cette merveilleuse série en cinq volumes raconte les aventure d'un groupe de sept enfants habitant rue des Cerisiers (*Ciresarii* signifie « cerisiers ») : Victor, Ionel, Dan, Ursu (« Ours »), Maria et Lucia, des adolescents, et Tic, le petit frère de Maria. Dans le premier livre (« Terreur noire »), ils partent à l'aventure dans la forêt Noire, essayant de reconstituer le plan d'une grotte souterraine, et découvrant à cette occasion les activités illégales d'un célèbre espion.

Dans le deuxième volume, les jeunes trouvent, alors qu'ils sont en train d'explorer les ruines d'un château, une mystérieuse fille en blanc. Ils pensent qu'elle est prisonnière des lieux, mais elle se révélera plus tard être la fille d'un archéologue qui travaille et vit là. Dans le troisième livre, les enfants découvrent sept statues romaines volées dans un musée de la région et dissimulées dans les prix de la roue de la Fortune, à la foire.

Dans le quatrième, ils sont bloqués dans un refuge de montagne en hiver et doivent affronter de dangereux ennemis à la recherche d'une « boîte bleue », relique de guerre énigmatique. Dans le dernier volume, ils découvrent la tombe d'Ovide au fond de la mer Noire.

Écrite entre 1956 et 1968, la série inclut des cartes et des notes manuscrites qui transforment la lecture en une aventure en soi. Très bien écrite, elle a remporté le prix de l'Union des écrivains roumains en 1965. **AWS**

12+

Les enfants Balicki au cours de leur périlleux voyage, par C. Walter Hodges.

Rifles for Watie

Harold Keith

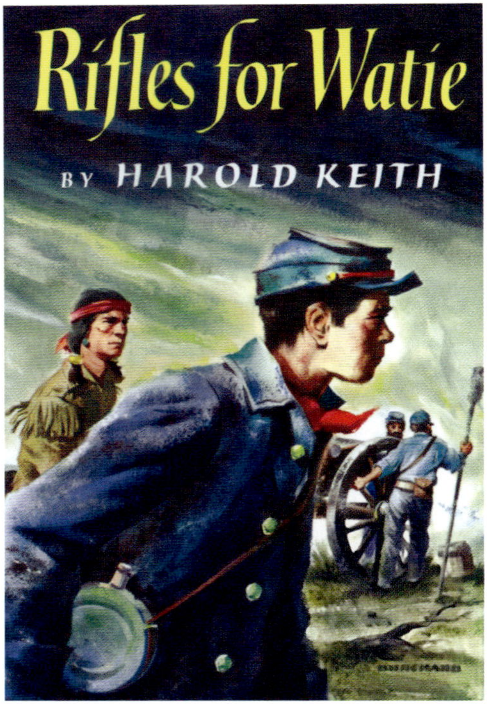

12+

Nationalité États-Unis, 1903
Édition Thomas Y. Crowell, États-Unis, 1957
Thèmes guerre, roman historique

Jefferson Davis Bussey est âgé de 16 ans quand il décide de s'engager avec deux amis parmi les volontaires du Kansas au début de la guerre de Sécession, en 1861. Il a entendu le discours d'Abraham Lincoln et a envie d'en découdre, mais après s'être brouillé avec le lieutenant Clardy, il reste à l'arrière pendant un certain temps. Quand il est envoyé comme éclaireur clandestin parmi les troupes du général Watie, il réalise qu'il y a toujours deux côtés dans un conflit. Cela ne fait que s'aggraver quand il tombe amoureux de Lucy, la fille d'un soldat confédéré d'origine cherokee. L'arrière-plan complexe de la bataille menée par les combattants cherokee ainsi que les mariages entre les Indiens et les colons blancs sont bien expliqués, tout comme le changement du héros qui devient un homme, et un soldat plus mature.

Bien que l'intrigue soit inventée de toutes pièces, l'auteur a pour écrire ce livre interviewé des vétérans de la guerre de Sécession, et des personnages réels apparaissent dans la trame du récit comme le général Stand Watie, un Cherokee qui lutta du côté des confédérés. Ce roman présente la guerre du point de vue d'un soldat ordinaire et dans un décor inhabituel, à l'ouest du Mississipi, ce qui est atypique dans les livres traitant de la guerre de Sécession. La poussière, la saleté et la faim dont souffrent les combattants sont évoquées, tout comme la confusion et la violence des batailles. La fusillade du frère de Lucy est un moment particulièrement émouvant et montre au lecteur le coût douloureux de la guerre. **JF**

« Quand le commandement "Feu !" retentit, Jeff eut l'estomac noué… »

Autres grands livres sur la guerre

Cheval de guerre, Michael Mopurgo (p. 620)
Les Héros, Robert Cormier
Nord contre Sud, Jules Verne

Le Baron perché

Italo Calvino

Titre original *Il barone rampante*, 1957
Nationalité Italie, 1923
Édition française mutiples éditeurs
Thème fantastique

Le deuxième roman de la « trilogie héraldique » *Nos ancêtres* d'Italo Calvino est également consacré à la chevalerie. Ce conte fantastique traite de manière caustique et spirituelle du rôle de l'individu dans la société et de la nature de la destinée. Calvino quitta le parti communiste italien en 1957 et le roman reflète son nouveau rôle d'outsider.

Se déroulant au XVIIe siècle, le récit raconte l'histoire d'un jeune garçon, Côme, qui ne peut plus faire face à l'avenir qui l'attend. Il en a assez de l'obstination de son père, de la souffrance de sa sœur, de la folie de sa mère et de leurs espoirs de le voir devenir un baron. Il décide de défier l'autorité parentale et de rejeter la société. Un jour, il grimpe dans un arbre, jurant de ne plus jamais en redescendre. Au départ, son jeune frère, un conformiste, qui est aussi le narrateur de l'histoire, l'aide à survivre. Mais au bout d'un moment, Côme commence à vivre en autarcie et constate le développement de son éveil avec une certaine distance.

Cependant, plus il cherche à échapper à la société, plus il est impliqué dans celle-ci. Sa nouvelle vie est ébranlée quand son amour d'enfance, Violette, revient. Bien qu'il soit tout le temps sur son arbre, Côme croise toutes sortes de personnages pittoresques : pirates, philosophes, paysans ou prêtres. D'un certain point de vue, ce livre raconte l'histoire d'une aliénation. L'écriture magnifique de Calvino rend la lecture de ce conte de fées moderne agréable et réconfortante. **CK**

The Witch of Blackbird Pond

Elizabeth George Speare

Nationalité États-Unis, 1908
Édition Houghton Miffin, États-Unis, 1958
Thèmes roman historique, adolescence

Kit Tyler est originaire de la Barbade, où son grand-père possédait une plantation. Après sa mort, elle s'enfuit chez la sœur de sa mère dans le Connecticut. Comme elle ne l'a pas prévenue, son arrivée avec ses sept malles remplies de ses plus beaux atours est un choc pour les Wood qui sont des puritains.

L'action se passe en 1687. Kit doit travailler pour vivre. Elle est pleine de ressentiment, mais doit faire attention à ce qu'elle dit. Elle trouve du réconfort auprès d'Hannah Tupper, une vieille femme mise au ban de la société parce qu'elle est quaker. À l'église, elle rencontre Ashby, un riche jeune homme de 19 ans qui lui fait la cour. Il la trouve très jolie et pense qu'elle sera la femme décorative qu'il recherche. Elle pense, elle, que le mariage peut être un bon moyen d'échapper à toutes ses corvées.

Lorsque plusieurs enfants de la famille sont terrassés par une fièvre, Kit, parce qu'étrangère, se voit accusée d'être une sorcière. Ce livre est cependant loin de présenter une version en noir et blanc du puritanisme. L'auteur dépeint une communauté qui finit par résoudre les problèmes avec bon sens, malgré ses superstitions. L'histoire de Kit est, elle, racontée de façon convaincante. **JF**

Livre de Elizabeth G. Speare traduit en français

Le Signe du castor

12+

Le Lion

Joseph Kessel

Nationalité France, 1898
Édition mutiples éditeurs depuis 1958
Thèmes histoires d'animaux, science et nature

Quand le journaliste qui est le narrateur de ce roman découvre pour la première fois la réserve naturelle située sur les versants du Kilimandjaro, au Kenya, il est immédiatement fasciné par les animaux sauvages qui s'y promènent en liberté. Il est aussi intéressé par Patricia, la fille de 10 ans de l'administrateur de la réserve, John Bullit. Elle passe ses journées à déambuler dans la savane au milieu des buffles, des zèbres, des gazelles, des girafes et des rhinocéros. Elle est très patiente avec les animaux et entretient une relation extraordinaire avec un lion majestueux prénommé King, qu'elle a élevé lorsqu'il était lionceau. D'ailleurs dans la région, une rumeur fantastique selon laquelle elle serait en fait l'enfant d'un lion circule. Gagnant la confiance de la fillette, le narrateur devient un témoin privilégié de ses jeux avec le lion.

Il dépeint aussi le monde plein de vie de la réserve, qu'il observe lors d'excursions avec John Bullit. Le lecteur découvre les odeurs et les couleurs de la savane et fait l'expérience du monde terrifiant du bush africain, à la fois émouvant et cruel. Le narrateur décrit aussi les traditions des Massaï qui vivent au pied du Kilimandjaro.

Oriounga, un jeune Massaï, veut être respecté par Patricia et, pour cela, décide de tuer un lion. Il choisit King. Le père de Patricia est obligé d'abattre ce dernier pour qu'Ouriounga ne meure pas. Patricia, dont l'idéalisme est anéanti, se laisse alors convaincre d'aller dans un pensionnat de Nairobi. *Le Lion* raconte de manière émouvante la sortie de l'enfance et de son innocence. Kessel rend hommage aux relations complexes existant entre les hommes et la nature. **SL**

Friday's Tunnel

John Verney

Nationalité Grande-Bretagne, 1913
Édition Collins, Royaume-Uni, 1959
Thèmes famille, aventure, roman historique

Les Callendar sont une famille amusante et bizarre. Le père, Gus, est chroniqueur dans un journal. Il a épousé January, une Américaine qui a étudié l'art à Paris. Bien sûr, ils prénomment leur fils aîné Vendredi, du nom du jour de sa naissance. La narratrice, Février, est née un dimanche, c'est pourquoi ils ont préféré lui donner le nom du mois de sa naissance. Gus et Jan, fatigués de suivre le calendrier, ont appelé leurs quatre autres enfants en suivant l'ordre alphabétique. Il y a donc Abigail, Berylium, Chrysogon et Desdemona.

Février Callendar est une fillette astucieuse de 13 ans. Elle adore les chevaux, est une écolière moyenne et est continuellement amusée par les fredaines de son frère Vendredi, la dernière consistant à essayer de creuser un tunnel dans une falaise calcaire située à l'arrière de leur propriété. Alors qu'il progresse à l'intérieur de la falaise, Vendredi trouve d'étranges objets. Un jour, Gus rapporte du « caprium », un matériau magnétique étrange et explosif. La découverte sous leur jardin d'un tunnel différent rempli du même matériau marque le début d'une aventure palpitante où il sera question de gangsters armés, de tunnels sombres et de caisses d'explosifs.

Cette histoire racontée dans une langue simple mais puissante allie de façon convaincante l'aventure proprement dite et l'Histoire, donnant un aperçu de l'atmosphère politique de l'époque avec ses secrets technologiques et ses hauts fonctionnaires douteux. Elle brosse surtout un délicieux tableau d'enfants de la classe moyenne anglaise. Verney écrivit quatre autres livres sur la famille Callendar, narrés chaque fois par un membre différent de la fratrie. **LB**

12+

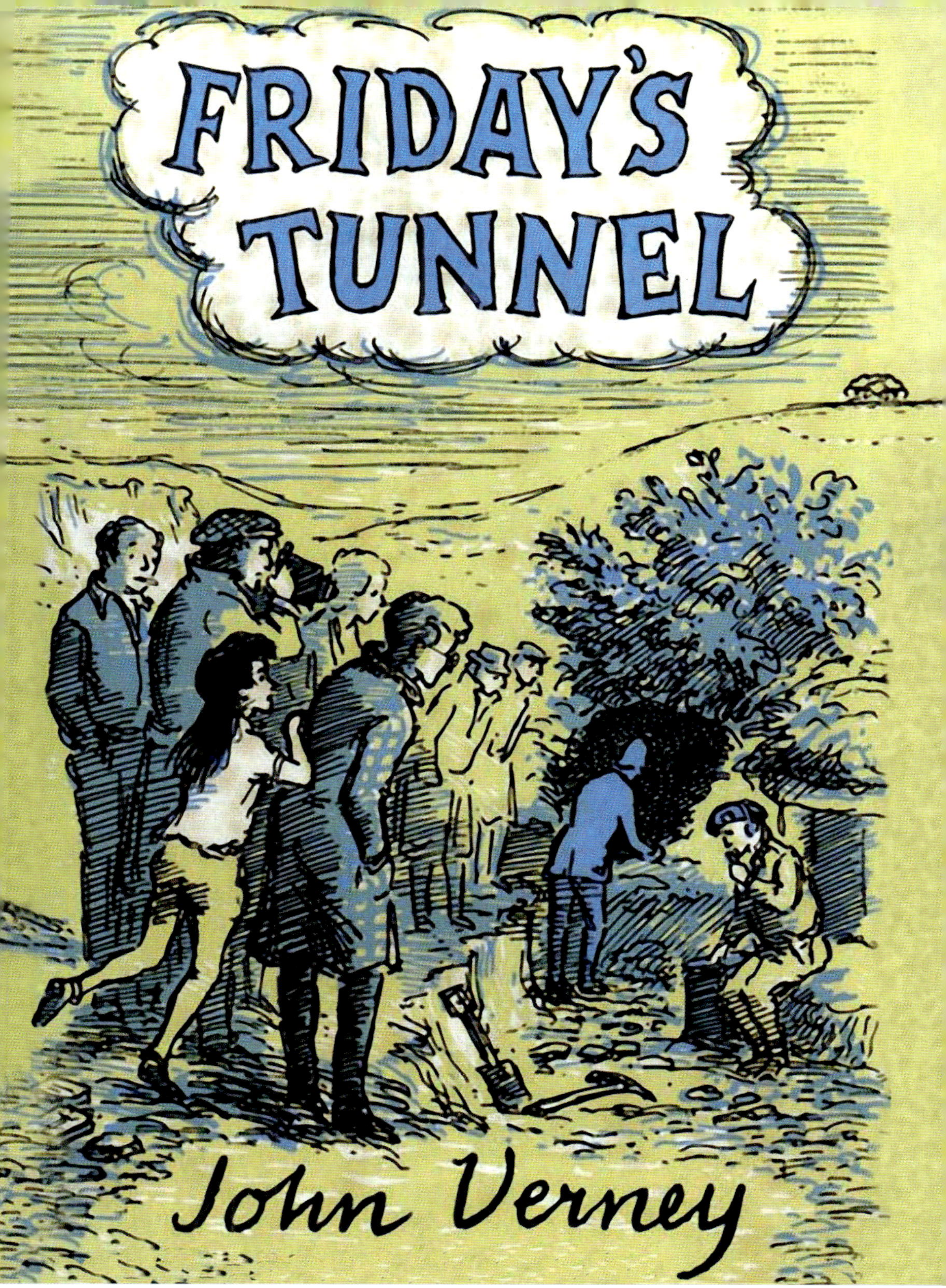
FRIDAY'S TUNNEL
John Verney

Ne tirez pas sur l'oiseau moqueur

Harper Lee

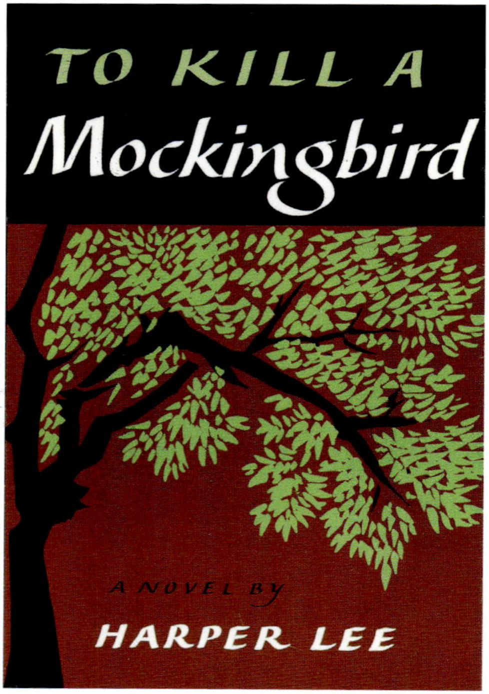

Titre original *To Kill a Mocking Bird*, 1960
Nationalité États-Unis, 1926
Édition française LGF
Thèmes classiques, racisme, controverse

Cette histoire de racisme et de viol se déroule dans une petite ville du sud profond des États-Unis. Le récit est marqué par l'emploi sans mesure d'épithètes de dénigrement (bien qu'employés uniquement par les fanatiques) et parfois par des détails crus.

Inspiré des souvenirs d'enfance de l'auteur concernant la vie et l'injustice dans l'Alabama rural, le livre allie comédie sociale réaliste et rhétorique morale puissante. On ressent une profonde empathie envers ceux qui sont dépossédés de tout, qu'il s'agisse de l'homme noir jeté à tort en prison, de l'homme blanc emprisonné à tort dans sa propre maison ou de la victime du viol attaquée à tort par son père.

L'histoire est vue à travers les yeux de Scout, la fille de 8 ans d'Atticus Finch, avocat dans la petite ville de Maycomb. Scout et son frère aîné, Jem, sont fascinés par un vieil homme, Boo Radley, qui vit en reclus à côté de chez eux. Ils mènent une vie plutôt ordinaire : ils vont à l'école, jouent et font des sottises. Leur mère est morte et c'est la gouvernante noire, Calpurnia, qui s'occupe d'eux, ainsi que de temps à autre leur tante Alexandra. Les choses changent quand Atticus est choisi pour défendre un homme noir, Tom Robinson, accusé de viol. Le racisme couve et se déchaîne, donnant lieu à des lynchages et des campagnes diffamatoires. L'attitude des gens ne s'améliore pas quand l'avocat prouve que Robinson a été accusé à tort. Et il existe un danger plus important qui sera écarté grâce à une intervention inhabituelle. **VN**

« Vous ne comprenez vraiment jamais une personne tant que vous ne voyez pas les choses de son point de vue. »

Autres livres parlant du racisme

Tonnerre, entends mon cri, Mildred D. Taylor (p. 840)
Entre chiens et loups, Malorie Blackman (p. 914)
La Case de l'oncle Tom, Harriet Beecher Stowe
Journey to Jo'burg, Beverley Naidoo (p. 627)

12+

The Weirdstone of Brisingamen

Alan Garner

Nationalité Grande-Bretagne, 1934
Édition Collins, Royaume-Uni, 1960
Thèmes fantastique, mythes et légendes, contes de fées, contes populaires, histoires de magie

Le premier roman d'Alan Garner est une pure fantaisie dans la veine de celles de Tolkien. L'action se déroule dans le Cheshire, en Angleterre. Susan et Colin résident dans la ferme de leurs oncle et tante pendant que leurs parents sont à l'étranger. Ils découvrent un royaume magique parallèle et sont entraînés dans un conflit très ancien entre les forces du bien et du mal.

Garner a emprunté des éléments aux légendes celtiques, vikings et à celle d'Arthur pour créer l'intrigue de son roman, qui s'appuie sur une histoire que lui raconta son grand-père lorsqu'il était petit. Il y était question d'un fermier qui vend sa jument blanche à un sorcier. Le magicien, Cadellin, a en effet besoin du cheval pour l'un de ses chevaliers endormis qui, un jour, sera appelé à sauver le monde quand l'esprit des Ténèbres, Nastrond, reviendra de son exil.

Alors qu'il sort de la caverne de Cadellin, le fermier vole une larme de cristal appelée la Pierre étrange, dans laquelle le sorcier a scellé ses pouvoirs magiques. Quand le livre débute, la pierre s'est transmise d'une génération de mortels à une autre. C'est l'une de celles qui ornent le bracelet de Susan. Quand la fillette fait son apparition dans la ferme, les enfants sont poursuivis non seulement par les forces du mal de Nastrond, mais aussi par la sorcière Morrigan et le sorcier Grimnir. Les dangers qu'ils doivent affronter se multiplient, l'impression de terreur et de claustrophobie est intense ; l'écriture, dense, est suffisamment dynamique pour intéresser les jeunes lecteurs. **GB**

L'Île des dauphins bleus

Scott O'Dell

Titre original *Island of the Blue Dolphins*, 1960
Nationalité États-Unis, 1898
Édition française Pocket Jeunesse
Thème aventure

Le premier livre de Scott O'Dell destiné aux jeunes lecteurs est peut-être l'un des romans les plus appréciés et les plus récompensés jamais écrits pour des enfants. Il est inspiré de l'histoire vraie d'une fillette qui, après avoir été abandonnée sur une île près de la côte de la Californie du Sud, y vécut seule pendant dix-huit ans. Attendant d'être secourue, elle resta en vie en se construisant un abri, en trouvant de la nourriture et en luttant contre des chiens sauvages. Elle finit par être sauvée, mais mourut peu après. La fillette de l'histoire de Scott O'Dell connaîtra une fin plus heureuse. Traduit dans 23 langues, le roman est apprécié des enfants du monde entier.

Dans le Pacifique, près de la côte de Californie se trouve une île semblable à un gros poisson prenant un bain de soleil dans la mer. Pendant de nombreuses années, une tribu y vit, mais menacée par l'arrivée d'un Aléoute venu chasser une faune abondante, elle s'en va, laissant derrière elle une petite fille, Karana.

Les années passent. La fillette voit défiler les saisons, attendant patiemment la venue d'un bateau. Elle apprend à survivre. Elle se construit un abri, confectionne des armes et des habits, trouve de la nourriture.... Il n'est pas question seulement ici de sa survie et de sa découverte d'une forme de joie dans la solitude. Il s'agit aussi d'un conte qui évoque la beauté de la nature et parle de la découverte de soi. Les jeunes lecteurs n'oublieront pas de sitôt l'histoire édifiante de Karana. **KD**

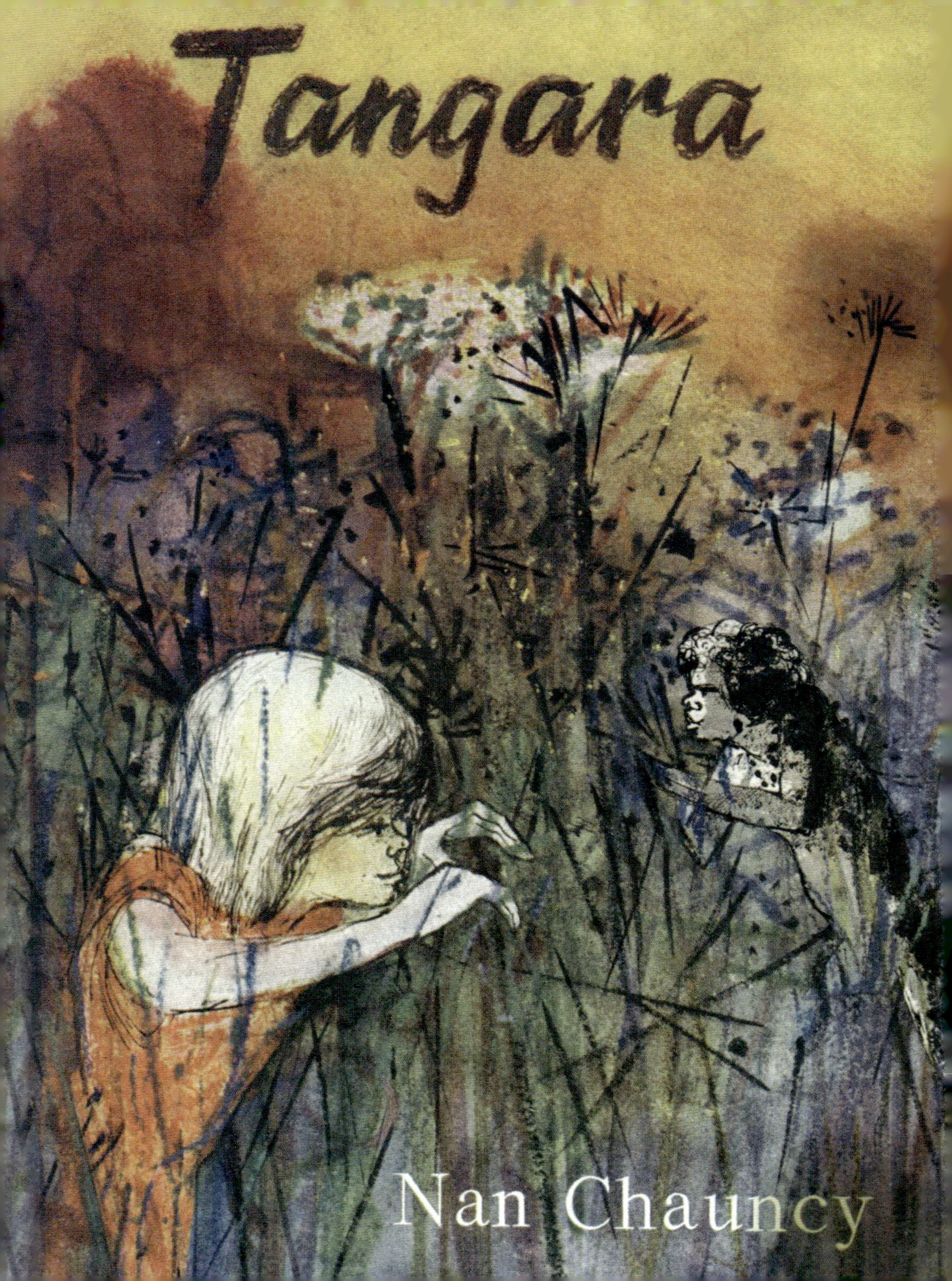
Tangara
Nan Chauncy

Tangara

Nan Chauncy

Titre original *Tangara: Let Us Set Off Again*, 1961
Nationalité Grande-Bretagne/Australie, 1900
Édition Oxford University Press, Royaume-Uni
Thèmes fantastique, amitié

Tangara est une histoire fantaisiste, poétique et inoubliable inspirée d'un événement réel : le massacre d'une tribu aborigène en Tasmanie. Lexie n'a que 9 ans quand elle passe autour de son cou un mystérieux collier constitué de coquillages, un bijou que détenait à l'origine son arrière-arrière-grand-tante. Lexie n'a pas le droit de se rendre dans la ravine de Blackman, mais elle est attirée par la beauté mystique du lieu. Grâce à son collier, elle rencontre Merrina avec qui jouait son arrière-grand-tante, 130 ans auparavant.

Au cours d'une scène profondément émouvante, Lexie est témoin du massacre des Aborigènes. Le plus horrible est qu'ils pensent que c'est elle qui les a trahis. Elle s'enfuit, choquée. Pendant de nombreuses années, elle refoule tout cela dans son subconscient. À l'adolescence, elle affronte le passé enfoui dans sa mémoire brumeuse et simultanément sauve son frère qui gît blessé dans la ravine de Blackman.

Nan Chauncy immigra en Australie à l'âge de 12 ans. Elle revint en Angleterre à 30 ans. Elle voyagea en Europe et c'est à cette époque qu'elle se mit à écrire. Lors du trajet de retour vers son pays, huit ans plus tard, elle rencontra un réfugié allemand, Helmut Rosenfeld, qu'elle épousa. Ils prirent le nom de Chauncy pour éviter l'antigermanisme, très fort en ce temps-là. Nan Chauncy fut l'un des premiers écrivains à parler des Aborigènes. Dans ce livre, elle recrée un moment terrible de l'histoire en montrant une réelle empathie envers ses personnages et une excellente compréhension des faits. Les relations entre Merrina et Lexie sont décrites de manière émouvante. **BA**

Mon ami Frédéric

Hans-Peter Richter

Titre original *Friedrich*, 1961
Nationalité Allemagne, 1925
Édition française Hachette Jeunesse
Thèmes famille, amitié, guerre

Mon ami Frédéric est consacré à la montée de l'antisémitisme dans l'Allemagne nazie, antisémitisme qui conduisit au génocide des Juifs. Le narrateur est un Allemand à peu près du même âge que l'auteur. Il se souvient de son enfance et de son ami, Frédéric, un garçon juif qui habitait à l'étage au-dessus du sien.

Le roman est constitué de chapitres courts, chaque titre étant une date précise. Les bonheurs et les tristesses ordinaires sont entrecoupés d'épisodes montrant le développement de la persécution au fil des ans. Tout commence avec les préjugés du grand-père du narrateur, puis vient le boycott des commerces et des professionnels juifs encouragé de manière officieuse par le jeune parti nazi. Quand Hitler accède au pouvoir, l'antisémitisme est érigé en loi et donne lieu à de violentes attaques contre les Juifs ainsi qu'au pillage de leurs maisons et de leurs commerces. Cela finit par leur envoi dans des camps de concentration.

L'histoire de ces deux familles au sein desquelles l'innommable devient anodin met en cause toute une génération de personnes. Le narrateur anonyme et sa famille représentent tous ces Allemands bien intentionnés qui, pourtant, n'ont ni protesté ni résisté. Ils symbolisent aussi tous ceux qui, par complaisance, intérêt ou peur, n'ont pas osé défier l'injustice et la cruauté. Hans Peter Richter, professeur de psychologie et de sociologie, qui a grandi sous le nazisme et servi dans l'armée allemande au cours de la Seconde Guerre mondiale, a écrit deux autres romans pour les jeunes en s'appuyant sur sa propre expérience. **CB**

Un raccourci dans le temps

Madeleine L'Engle

Titre original *A Wrinkle in Time*, 1962
Nationalité États-Unis, 1918
Édition française Pocket Jeunesse
Thèmes fantastique, science-fiction, adolescence, aventure

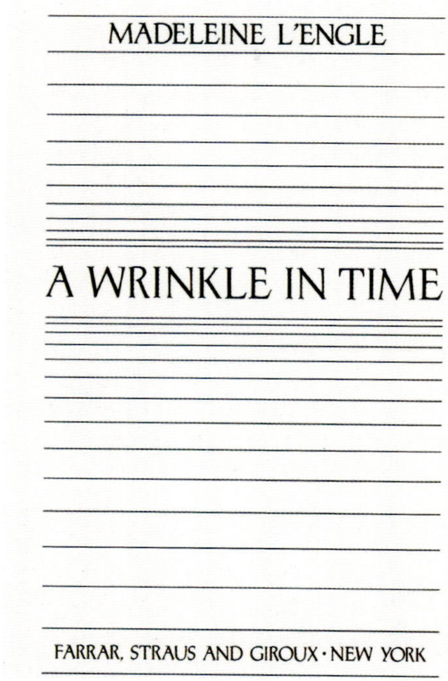
MADELEINE L'ENGLE

A WRINKLE IN TIME

FARRAR, STRAUS AND GIROUX · NEW YORK

Autres livres de voyages dans le temps

La Machine à explorer le temps, H. G. Wells
A Traveller in Time, Alison Uttley (p. 489)
Les Aventures de Johnny Maxwell, Terry Pratchett (p. 661)

12+

Dans les années 1960, *Un raccourci dans le temps* était une lecture obligatoire pour tous les adolescents américains studieux. L'héroïne, une jeune adolescente mal intégrée aux cheveux en bataille et aux lunettes épaisses, s'appelle Margaret. Le récit échappe à toute classification. Il s'agit en partie d'un récit fantastique, en partie de science-fiction, en partie d'un roman sur le passage à l'âge adulte. Margaret et Charles (son petit frère, qui est un génie) réfléchissent à la mystérieuse disparition de leur père, un scientifique. Très vite, trois femmes étranges, Mmes Qui, Quiproque et Quidam, font irruption dans le jardin situé à l'arrière de leur maison et les chassent. Les enfants se rendent grâce à un raccourci dans le temps sur la planète Camazotz,

> *« Une ligne droite n'est pas la distance la plus courte entre deux points. »*

qui a été engloutie dans le nuage sombre du mal. Afin de préparer les enfants à livrer une terrible bataille à un cerveau désincarné, les trois femmes étranges distribuent au compte-gouttes des cadeaux. Frustrée et déçue, Meg reçoit ses défauts en guise de présent. Épouvantée au départ, notre héroïne découvre à la fin que l'opiniâtreté, l'impatience et la passion sont les seules armes efficaces contre le pouvoir du mal et la conformité gratuite.

À la différence de *Ne tirez pas sur l'oiseau moqueur* ou de *L'Attrape-cœurs*, *Un raccourci dans le temps* n'a jamais été destiné aux adultes. Madeleine L'Engle s'est adressée aux enfants et son utilisation de concepts moraux et scientifiques complexes a suscité l'enthousiasme de nombreux lecteurs. Et près d'un demi-siècle plus tard, le livre continue à avoir beaucoup de succès.

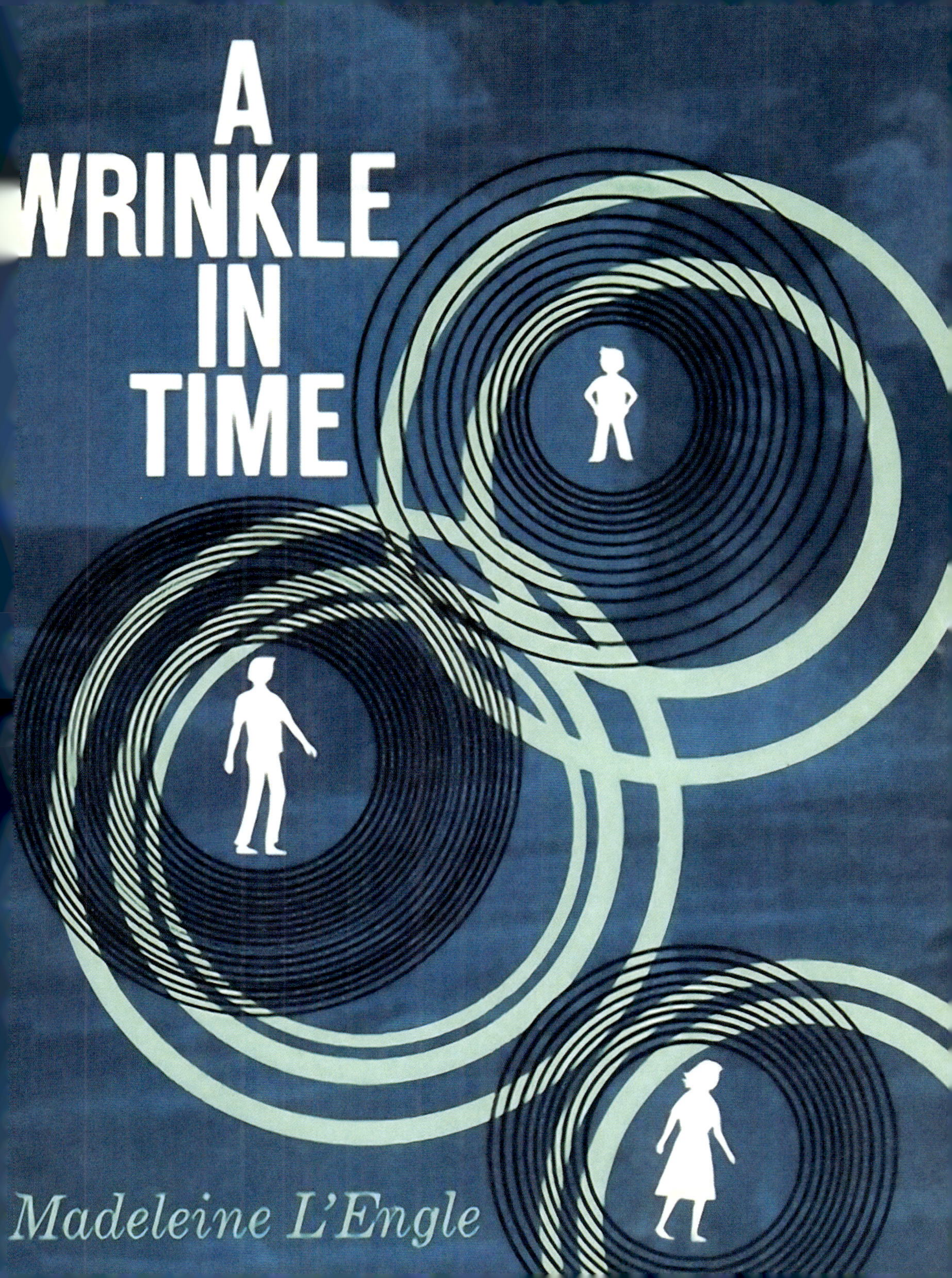
A WRINKLE IN TIME
Madeleine L'Engle

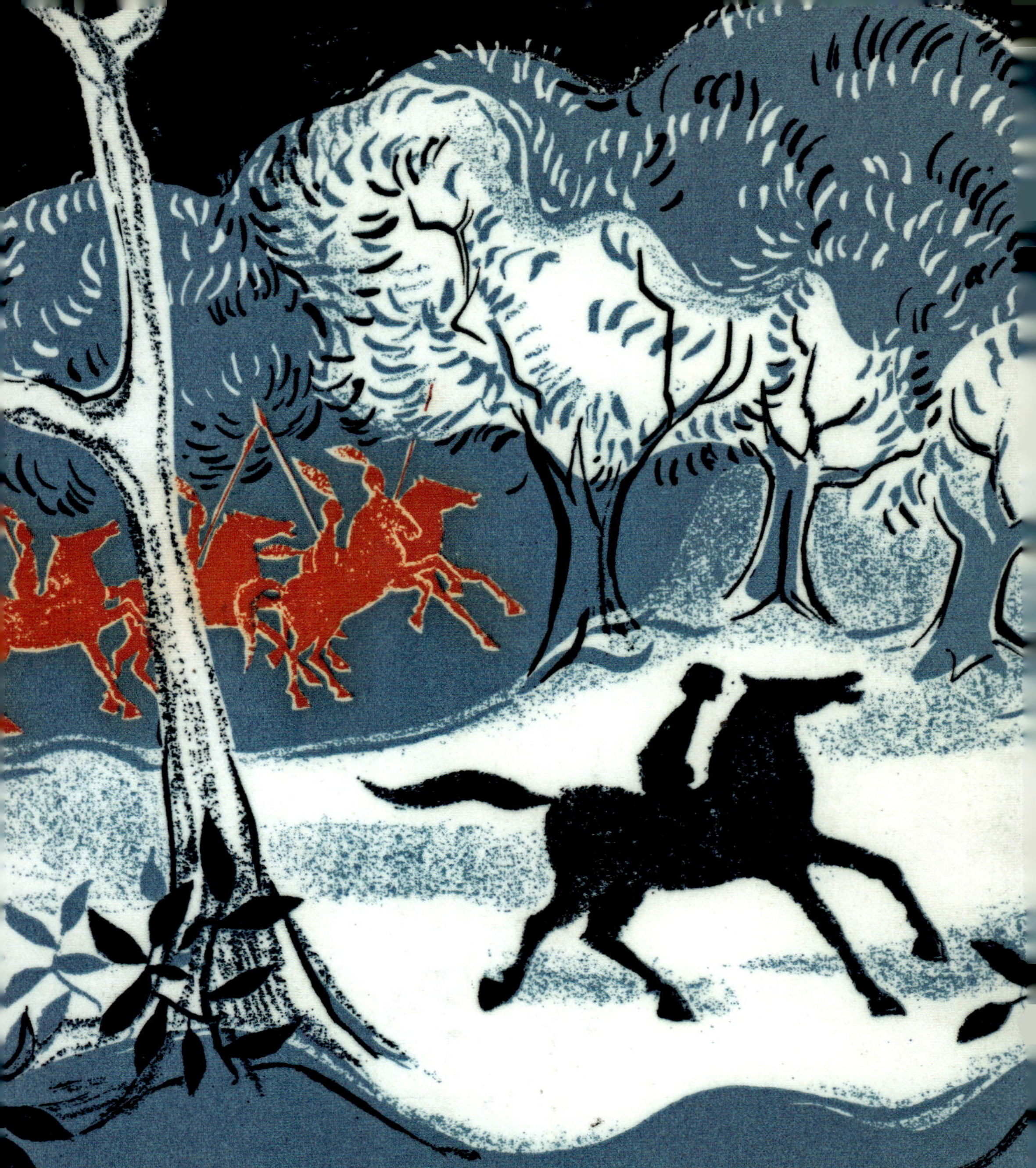

TONKE DRAGT

De brief voor de Koning

Le Messager du chevalier noir

Tonke Dragt

Titre original *De brief voor de koning*, 1962
Nationalité Pays-Bas, 1930
Édition française Calligram
Thèmes roman historique, aventure

Avant que le jeune Tiuri soit armé chevalier, il doit veiller une nuit entière dans une chapelle. Cependant, il abandonne la veillée en entendant un cri de détresse. Il rencontre un vieil homme qui le supplie de partir à la recherche d'un chevalier noir au bouclier blanc et de lui donner une lettre de la part du roi d'Unauwen. Tiuri retrouve le chevalier, qui est gravement blessé et qui, juste avant de mourir, lui demande de poursuivre sa mission. Il accepte, ce qui le mène d'une situation dangereuse à une autre. Après de nombreux revers, il atteint enfin la capitale d'Unauwen. Le pays est presque tombé dans le piège que lui a tendu le pays voisin, Eveillan, ce qui risque d'entraîner une guerre.

Comme il n'a pas respecté son vœu de silence, Tiuri a compromis ses chances d'être adoubé chevalier. L'histoire prouve toutefois qu'il est possible de se conduire comme un chevalier sans en avoir le titre. Tiuri reste fidèle à la promesse qu'il a faite au vieil homme et au chevalier noir, et se retrouve à cause de cela dans des situations dangereuses qui lui permettent de prouver qu'il est un véritable chevalier. Souvent placé face à un dilemme, il doit prendre la bonne décision.

L'histoire a la structure d'un récit épique et offre aux lecteurs une série d'aventures palpitantes se déroulant au Moyen Âge. Tonke Dragt a introduit dans son récit un grand nombre de motifs de contes de fées ainsi que des éléments empruntés à la légende du roi Arthur. Aux Pays-Bas en 1963, le livre a été proclamé meilleur livre de l'année pour les enfants. **AD**

The Twelve and the Genii

Pauline Clarke

Nationalité Grande-Bretagne, 1921
Édition Faber and Faber, Royaume-Uni, 1962
Thèmes fantastique, aventure, amitié, histoires de magie

Max, âgé de 8 ans, emménage dans une maison du Yorkshire et trouve une collection de douze soldats dans le grenier. À sa grande surprise, les soldats ne sont pas des jouets, mais des personnes miniatures ayant leur caractère et farouchement indépendantes. Ils sont capables de raconter des récits captivants sur des aventures fort anciennes.

C'est à ce moment qu'un professeur américain offre une énorme récompense à qui trouvera ces soldats. Le frère aîné de Max, très intéressé par l'argent et ignorant les qualités humaines des soldats, lui écrit en l'invitant à venir les voir. Max est, lui, bien résolu à ne pas laisser les soldats partir en Amérique. Conscients de leur situation désespérée, les soldats sont déterminés à se rendre seuls chez eux à Haworth. Menacés par l'intérêt que leur portent les habitants de la région devenus de vrais chasseurs de prime et par les animaux de la campagne, ils affrontent avec courage les dangers du voyage, faisant tour à tour preuve d'humour, de force d'âme et d'ingéniosité. La nuit, ils reçoivent l'aide de Max et de sa sœur, ainsi que d'un adulte, Mr Howson. Cependant, il faudra une réconciliation avec le frère aîné, Philip, pour que le récit ait une fin heureuse.

Pour un lecteur actuel, la liberté accordée à Max et le raffinement des relations sociales évoquées feront paraître le livre démodé, mais les thèmes centraux et les tensions ont, eux, bien résisté à l'épreuve du temps. **KA**

David, c'est moi

Anne Holm

Titre original *David*, 1963
Nationalité Danemark, née E. A.Jørgensen, 1922
Édition française multiples éditeurs
Thèmes adolescence, guerre

L'histoire racontée par Anne Holm commence par un mystère : qu'est-il arrivé à David ? Ce dernier a passé toute sa vie dans un camp de concentration d'Europe de l'Est. De nombreux professeurs et écoliers ont déployé de gros efforts afin d'essayer de déterminer s'il avait été victime des purges staliniennes.

Un jour, dans les années 1950, le garde d'un camp anonyme situé dans un pays anonyme quitte l'enceinte de ce dernier juste assez longtemps pour permettre à un garçon de 12 ans, David, de s'échapper. Nous ne saurons jamais pourquoi ce dernier s'y trouvait. Le garde lui donne du pain, de l'eau et une boussole, et lui dit de se rendre à Salonique, d'embarquer clandestinement pour l'Italie, puis de marcher vers le nord, jusqu'à ce qu'il atteigne le Danemark. C'est ainsi que David part.

Il réalise vite que les techniques apprises au camp pour survivre : ne jamais penser à autre chose qu'au prochain repas, être conscient qu'« ils » le surveillent, ne sont que d'un usage limité dans le monde libre. Il découvre lentement, en même temps que le goût des oranges et le plaisir d'utiliser une savonnette, que permettre à des personnes comme Maria, qu'il sauve d'un incendie, de devenir plus proches de lui est plus gratifiant qu'un repas. Son voyage symbolise l'apprentissage complexe de la liberté par une personne qui a été opprimée, ainsi que la difficulté pour celle-ci de recouvrer sa liberté intérieure. Il s'agit peut-être aussi d'une métaphore de l'Europe dans les années qui suivirent la Seconde Guerre mondiale. **VN**

Time of Trial

Hester Burton

Nationalité Grande-Bretagne, 1913
Édition Oxford University Press, Royaume-Uni, 1963
Thèmes roman historique, famille, adolescence

Après l'effondrement tragique de l'immeuble d'habitation voisin, le gentil libraire Mr Pargeter publie un pamphlet dans lequel il parle d'un monde où les maisons appartiendraient à la commune et où les médecins seraient payés par l'État. L'action se passe en 1801, l'Angleterre est dans la crainte d'une rébellion et la fille de Mr Pargeter, Margaret, ainsi que son filleul, Robert, savent bien que le pamphlet est séditieux et que Mr Pargeter risque la prison.

Cependant, ils ne peuvent prévoir la terrifiante hostilité de la populace ivre qui détruit leur maison et leur librairie. Margaret se retrouve à la merci du père de Robert, le Dr Kerridge, un homme froid et ambitieux, qui veut visiblement éviter toute relation amoureuse entre son fils et la jeune femme. Il fait donc partir celle-ci sur la côte, dans le Suffolk.

Là-bas, dans une ville désolée balayée par les vents, Margaret est malheureuse, solitaire, mais reste amoureuse. Petit à petit, cependant, au cours d'un hiver glacial où elle se fait de nouveaux amis qui lui apportent un peu de réconfort, elle commence à mieux se connaître elle-même et à mieux comprendre les motifs idéalistes de son père. Margaret et Robert se marient, abandonnant leurs ambitions matérielles au profit du projet plus pragmatique cher à Mr Pargeter : apprendre à lire aux gens.

Le récit a un rythme peut-être lent et des phrases complexes par rapport au style des livres actuels, mais les préoccupations des personnages et les dilemmes toujours d'actualité devant lesquels ils sont placés ne laisseront pas les lecteurs indifférents. **KA**

Pastures of the Blue Crane

H. F. Brinsmead Annette Macarthur-Onslow

Nationalité Australie, 1922 (aut.), 1933 (ill.)
Édition Oxford University Press, Royaume-Uni, 1964
Thèmes famille, amitié, adolescence

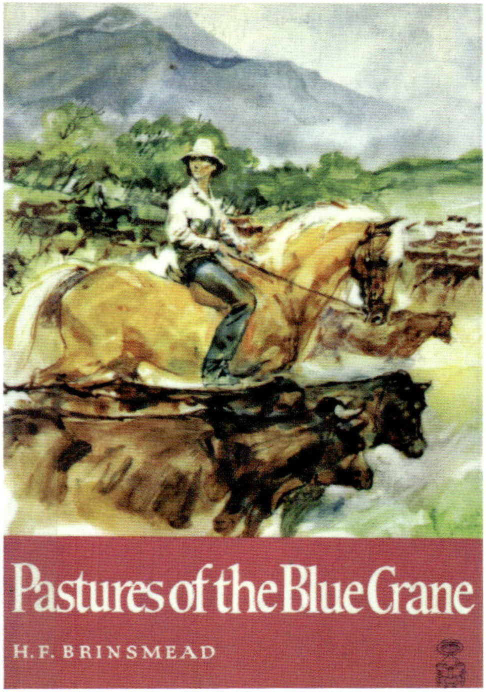

Ryl, réservée et indépendante, a été plus ou moins délaissée par son père, et passe sa vie entre le pensionnat et ses amis. Elle a 16 ans quand le notaire de la famille lui apprend la mort de son père et l'existence de son grand-père. Ils héritent d'une ferme délabrée de la Nouvelle-Galles du Sud, et s'y installent tous les deux. Ensemble, Ryl et Dusty se mettent au travail pour transformer et moderniser la ferme. Dusty achète des animaux et Ryl emploie tout son talent à rénover l'intérieur de la maison. Ryl se fait de vrais amis pour la première fois de sa vie et apprend à aimer son grand-père.

La première personne qu'elle rencontre en Nouvelle-Galles du Sud est un garçon métis, Perry. Bien qu'au départ, pour une question de snobisme, elle ne voie pas en lui un ami potentiel, elle découvre peu à peu qu'ils ont des points communs et le défend finalement contre les brutalités racistes de certains de ses prétendus amis. Peu à peu, Perry se met à aider Ryl et son grand-père, qui l'aident, eux aussi, à s'en sortir avec son grand-père âgé. Au cours de sa première année à la ferme, Ryl se sent bien dans sa peau et comprend qu'elle a une vraie famille. Le magnifique littoral de la partie nord de la Nouvelle-Galles du Sud, que H. F. Brinsmead connaissait bien, fait partie intégrante de l'histoire et est aussi évoqué dans d'autres de ses livres. L'auteur remporta deux fois le prix décerné par le Conseil des livres pour enfants d'Australie, pour *Pastures of the Blue Crane* et pour *Longtime Passing.* **JF**

« Ryl toisa avec dédain Dusty […] Dusty lui lança un regard tout aussi méprisant en fronçant ses sourcils broussailleux… »

Livres de H. F. Brinsmead traduits en français

Naufragés des sables
Un jour, un vagabond

12+

Le Passager clandestin

Ana María Matute

Titre original *El polizón del Ulises*, 1965
Nationalité Espagne, 1926
Édition française La Farandole
Thèmes amitié, aventure

12+

Ce roman retrace l'histoire de Jujú, un garçon de 11 ans élevé par ses trois tantes adoptives. Chacune d'elles a un caractère différent et essaie de faire de lui un homme instruit. Etelvina est susceptible, Leocadia a de bonnes manières, tout en étant très forte, et Manuelita est travailleuse. Cependant, quand Jujú monte au grenier, il ne rêve plus que de mer à bord de l'*Ulysse*. Un jour, il trouve au grenier un fuyard qui s'y est caché. Ensemble ils projettent de partir à l'aventure. Cette histoire captive le lecteur dès la première page. Commençant plutôt comme un conte de fées, elle se transforme vite en roman sur l'apprentissage de la vie. Elle traite non seulement de la tromperie et de la trahison, mais aussi de l'amitié, de la solidarité, de la loyauté et de la responsabilité de chacun.

Ana Maria Matute est un auteur espagnol qui domina la littérature enfantine pendant la *posguerra*, c'est-à-dire la période qui suivit immédiatement la guerre civile. Dans ses livres, le point de vue des enfants prévaut et ses personnages sont, comme elle, rebelles. Ce sont des jeunes gens exceptionnels condamnés à perdre leur innocence, désespérés car ils sont à la frontière entre la réalité et l'imaginaire.

Auteur très prisé, Ana María Matute a été plusieurs fois inscrite sur la liste des possibles lauréats du Nobel. C'est la seule femme à avoir été admise à l'Académie royale espagnole. Elle n'écrit pas uniquement des livres pour enfants, mais leur univers est au cœur de son œuvre. **EB**

Le Grand Ours et l'Enfant

Walt Morey John Schoenherr

Titre original *Gentle Ben*, 1965
Nationalité États-Unis, 1907 (aut.), 1935 (ill.)
Édition française Hachette Jeunesse
Thèmes famille, science et nature

L'existence difficile d'un pêcheur de saumons près de la côte de l'Alaska est la toile de fond de ce récit. Ben, l'ours, a vécu cinq ans en captivité et Mark Wedloe est devenu son ami. Le frère de Mark est mort de la tuberculose et sa mère pense que s'occuper de l'ours permet à Mark de mener une vie saine au grand air. Le père, Karl, est plus prudent, car il sait que les ours bruns ont la réputation d'être méchants et agressifs, mais cela ne semble pas être le cas de Ben. Tout va bien jusqu'à ce que le propriétaire précédent décide de montrer à ses amis comment dresser un ours. Cela se passe mal. L'ours l'attaque. Les habitants de la ville décident alors qu'il doit partir.

Ben doit être relâché sur une île de la région, mais lors d'une tempête il passe par-dessus bord. Le garçon et l'ours seront réunis, mais après une période difficile pour Karl et sa famille et après la conversion d'un chasseur de gros gibier en photographe naturaliste.

L'amitié improbable entre un garçon et un ours est traitée sans sensiblerie. Les tensions que cette relation suscite ainsi que les problèmes d'argent de la famille de Karl confèrent une certaine profondeur et une certaine épaisseur au récit. L'excitation provoquée par l'arrivée des saumons pendant les quelques semaines qui permettent aux pêcheurs de gagner suffisamment d'argent pour vivre toute une année, au sein du superbe décor de l'Alaska, rend la lecture de ce livre très enrichissante. Le récit a servi de sujet à de nombreux films de cinéma et de télévision. **JF**

Mark appuyé contre Ben sur l'une des illustrations de John Schoenherr. →

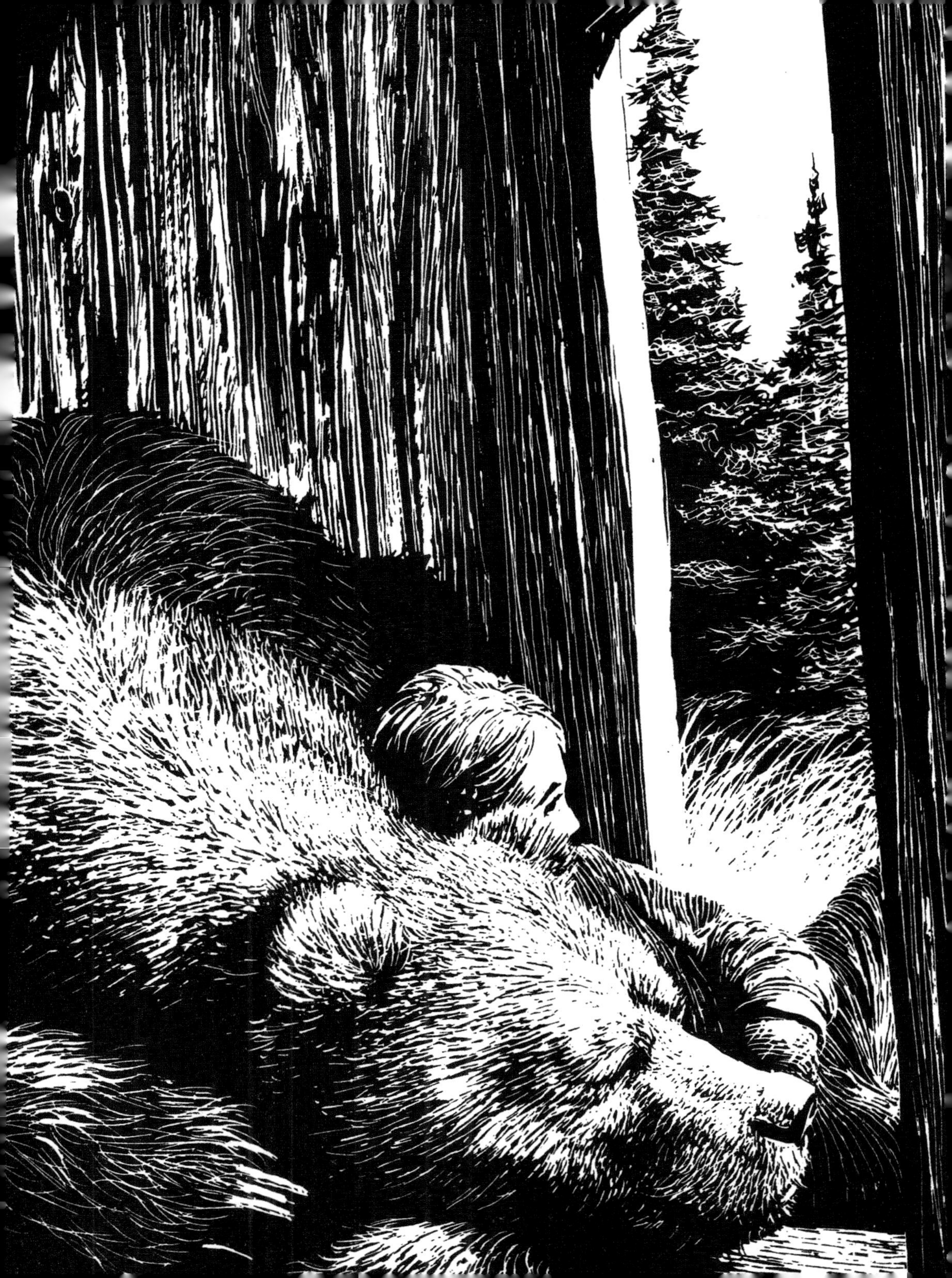

The Min-Min

Mavis Thorpe Clark Genevieve Melrose

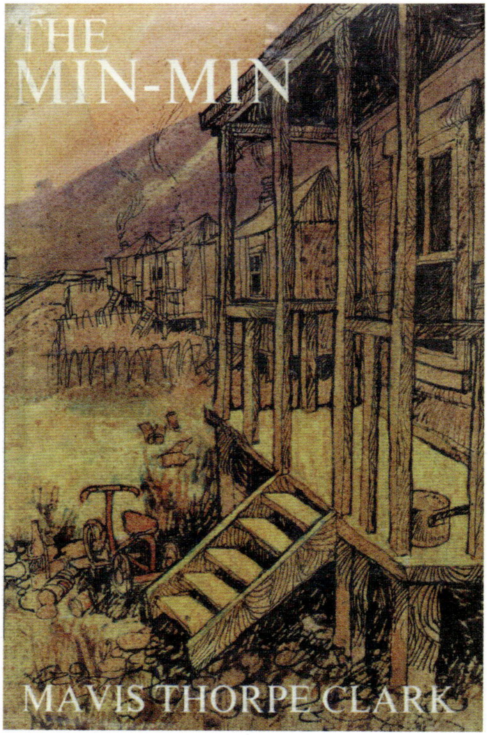

Nationalité Australie, 1909 (aut.)
Édition Lansdowne Press, Australie, 1966
Thèmes aventure, famille, adolescence

S'enfuir de chez soi peut parfois sembler être l'unique solution ; mais que se passe-t-il quand des enfants doivent traverser le désert australien avec des sandwichs à la confiture, deux bouteilles d'eau et des chaussures qui leur font mal ? Sylvie aime l'école grâce à un professeur jeune et dynamique, mais tout s'arrête quand son frère de 11 ans, Reg, et ses amis démolissent la salle de classe. En raison de sa conduite antérieure, Reg sait qu'il risque de finir dans un centre de détention. Leur mère, dépressive et malade, se repose sur Sylvie pour élever ses frères et sœurs. Le père boit et pique de violentes colères. C'est son mystérieux passé qui a conduit toute la famille dans ce village isolé.

Désespérés, Sylvie et Reg sautent dans un train de marchandises, puis parcourent à pied 50 kilomètres afin de voir Mrs Tucker qui, espèrent-ils, leur donnera des conseils. La poussière, la chaleur et le danger de leur voyage dans le désert leur font une forte impression. Les enfants Tucker ont tout ce dont Sylvie et Reg manquent : des parents qui les respectent et les encouragent, qui les aident dans leurs études et les incitent à réussir. Plus il voit les enfants Tucker, plus Reg est déprimé en pensant à son avenir. Les Tucker débrouillent lentement la situation et contactent la famille de ces derniers et les autorités. La fin du livre est réaliste mais comprend quand même une lueur d'espoir : la famille de Sylvie fait face à ses difficultés et prend un nouveau départ. Clark est réputée pour ses romans sur les adolescents mettant en scène des personnages forts, ainsi que pour ses cadres historiques précis et évocateurs. **BA**

« Vous ne pouvez pas vous cacher ou vous enfuir dans ce pays. Il n'y a pas vraiment d'endroit où aller. »

Autres récits d'adolescents à problèmes

L'Attrape-cœurs, J. D. Salinger (p. 770)
De la tendresse, R. Cornier
La Guerre sous mon toit, A. Fine
Sous le règne de Bone, R. Banks

12+

The Owl Service

Alan Garner

Nationalité Grande-Bretagne, 1934
Édition Collins, Royaume-Uni, 1967
Thèmes mythes et légendes, histoires de fantômes

Trois adolescents, condamnés par leurs parents à partager un été peu agréable, sont mêlés à un conflit tragique, qui plonge ses racines dans l'ancienne légende galloise de Bloudewedd, une femme créée à partir de fleurs, mais qui s'est transformée en chouette pour inciter son amant à tuer son mari.

Le drame impliquant Alison, Roger, son demi-frère, et Gwyn, le fils de Nancy, leur gouvernante, est lié à une histoire de fantôme insupportablement tendue dont le mystère sera résolu à la dernière ligne. Des événements troublants commencent lorsque Alison découvre un service à dîner aux motifs étranges dans le grenier de la maison de vacances qu'elle a héritée de son père. Dans le décor de la vallée galloise isolée, où les montagnes, les arbres et la rivière ressemblent à des geôliers, aucun des jeunes gens ne peut échapper au rôle qui lui est destiné. Ainsi Gwyn est-il forcé de rebrousser chemin quand il essaie de quitter la vallée.

Le roman reflète une kyrielle de tensions culturelles et sociales : entre les Gallois et les Anglais, entre la famille de propriétaires terriens d'Alison et le beau-père de celle-ci qui est un self-made-man, entre Nancy qui maintenant vit en ville et la communauté rurale, entre le désir de Gwyn de mieux connaître la culture galloise et celui de sa mère de l'oublier.

Ayant résisté à l'épreuve du temps, le roman fit partie des livres choisis pour recevoir le prix de Carnegie du meilleur livre de tous les temps en 2007. Il est considéré comme l'un des dix livres pour enfants les plus importants publiés au cours des 70 dernières années. **GB**

Les Outsiders

S. E. Hinton

Titre original *The Outsiders* 1967
Nationalité États-Unis, 1950
Édition française multiples éditeurs
Thèmes classiques, adolescence, amitié

Outsiders est un récit sur la guerre opposant des bandes d'adolescents et a pour cadre une ville américaine des années 1960. Ponyboy est fidèle à ses amis, les « Greasers », des blousons noirs qui filent un mauvais coton, mais en même temps, il est conscient de la stupidité de leurs sempiternelles bagarres avec les « Socs » de la haute société. En une semaine, il est témoin de trois morts : la première au cours d'une bataille d'ivrognes dans un parc, la deuxième résultant de la tentative de sauver des enfants dans une église en feu, et la troisième étant celle de l'un de ses amis abattu dans la rue par des policiers.

Écrit à l'époque où Hinton était, elle-même, au lycée, ce roman montre la vie d'un adolescent, sans condescendance ou leçons de morale, mais de façon assez mélodramatique. Il n'y a pas de personnages adultes importants dans le livre. Les parents du héros sont morts et il vit avec ses grands frères. Bien que tous les personnages principaux aient des problèmes dans leur famille, c'est la façon dont ils se comprennent et se soutiennent, qui contraste si souvent avec la manière dont les gens extérieurs les voient, qui est particulièrement émouvante. C'est une histoire dans laquelle les jeunes gens, pour le meilleur ou le pire, sont responsables de leurs actions.

En dépit des sous-entendus propres aux romans écrits pour les jeunes à l'époque (il n'y a pas d'horreurs explicites et seulement des références indirectes au sexe), la voix et le récit de Ponyboy, avec son mélange d'insouciance, de vulnérabilité, de sentimentalisme et de fatalisme, demeurent très convaincants. **CB**

Flambards

K. M. Peyton

Nationalité Grande-Bretagne, 1929
Édition Oxford University Press, Royaume-Uni, 1967
Thèmes amitié, roman historique, amour, famille

En 1908, l'orpheline Christina Parsons, 12 ans, est envoyée chez son oncle Russell à Flambards, une propriété en ruine de l'Essex. Russell n'a qu'une idée en tête : marier Christina quand elle sera plus âgée à son fils aîné, Mark, et utiliser son héritage pour remettre en état sa maison et, surtout, ses écuries.

Cependant, Christina est une jeune femme indépendante et pleine d'entrain, plus que capable de se défendre dans la maison de son oncle misanthrope. Elle a pour compagnons ses cousins : Mark semble aussi rétrograde que son père, mais son jeune frère William, qui est intelligent, devient pour elle un véritable ami. Blessé à la suite d'une chute de cheval, William rejette les valeurs déjà démodées de sa famille et passe son temps à concevoir et à faire voler des avions.

Christina est surprise de constater à quel point elle aime l'équitation. Elle l'aime même de plus en plus depuis que Dick, un jeune domestique, lui donne des leçons. L'affection de ce dernier pour la jeune fille lui fera presque perdre sa place. La façon très dure dont son oncle traite Dick et sa sœur, Violet, qui attend un bébé de Mark, semble féodale. William et l'héroïne tombent amoureux l'un de l'autre et décident de partir en quête d'une vie meilleure.

Il s'agit d'une évocation captivante de l'Angleterre à la veille de la guerre alors que l'ancien ordre et sa structure hiérarchisée de classes laissent la place aux technologies nouvelles et à un style de vie plus méritocratique. Les personnages, convaincants et sympathiques, parviennent à s'affirmer dans un monde en pleine mutation. **KA**

12+

Smith

Leon Garfield Antony Maitland

Titre original *Smith*, 1967
Nationalité G-B, 1921 (aut.), date inconnue (ill.)
Édition française Hachette jeunesse
Thèmes roman historique, aventure

Smith a 12 ans mais en paraît bien plus. Il réussit grâce à sa débrouillardise à vivre seul dans les rues de Londres au XVIIIe siècle. Un matin, il est le témoin d'un meurtre commis de sang-froid et devient donc la prochaine victime de l'assassin car il en sait trop. Arrêté à la suite d'accusations forgées de toutes pièces et de son lourd passé de pickpocket, il parvient à s'échapper de prison la nuit qui précède son exécution. Il est en possession d'un document qu'il sait être extrêmement important, mais a besoin de trouver une personne de confiance pour le lire car il est analphabète. Cela se révèle plus difficile que prévu. Il devra faire face à d'autres trahisons et encourra de nombreux dangers avant de se retrouver en sécurité et d'avoir un foyer.

Leon Garfield est capable de rendre le passé très vivant, en particulier quand un danger menace le héros. Il sait aussi à merveille montrer que ceux qui au départ semblent ignobles peuvent parfois se révéler bien supérieurs à ceux qui, à première vue, paraissaient au lecteur sympathiques.

Inventant sans cesse de nouvelles métaphores, Garfield parvient à faire surgir dans l'esprit du lecteur des images aussi puissantes que celles d'un film ou d'un tableau. Un grand nombre de ses autres romans ont également pour cadre le Londres du XVIIIe siècle, qui a toujours été pour lui une ville à la fois fascinante et dangereuse. L'intrigue est à peu près la même dans beaucoup de ses récits : un personnage méritant mais humble finit par trouver une famille. Le livre doit beaucoup à Dickens ainsi qu'au Londres de cette période. **NT**

« Deux hommes vêtus de brun apparurent dans la ruelle. Ils avaient un drôle d'aspect… »

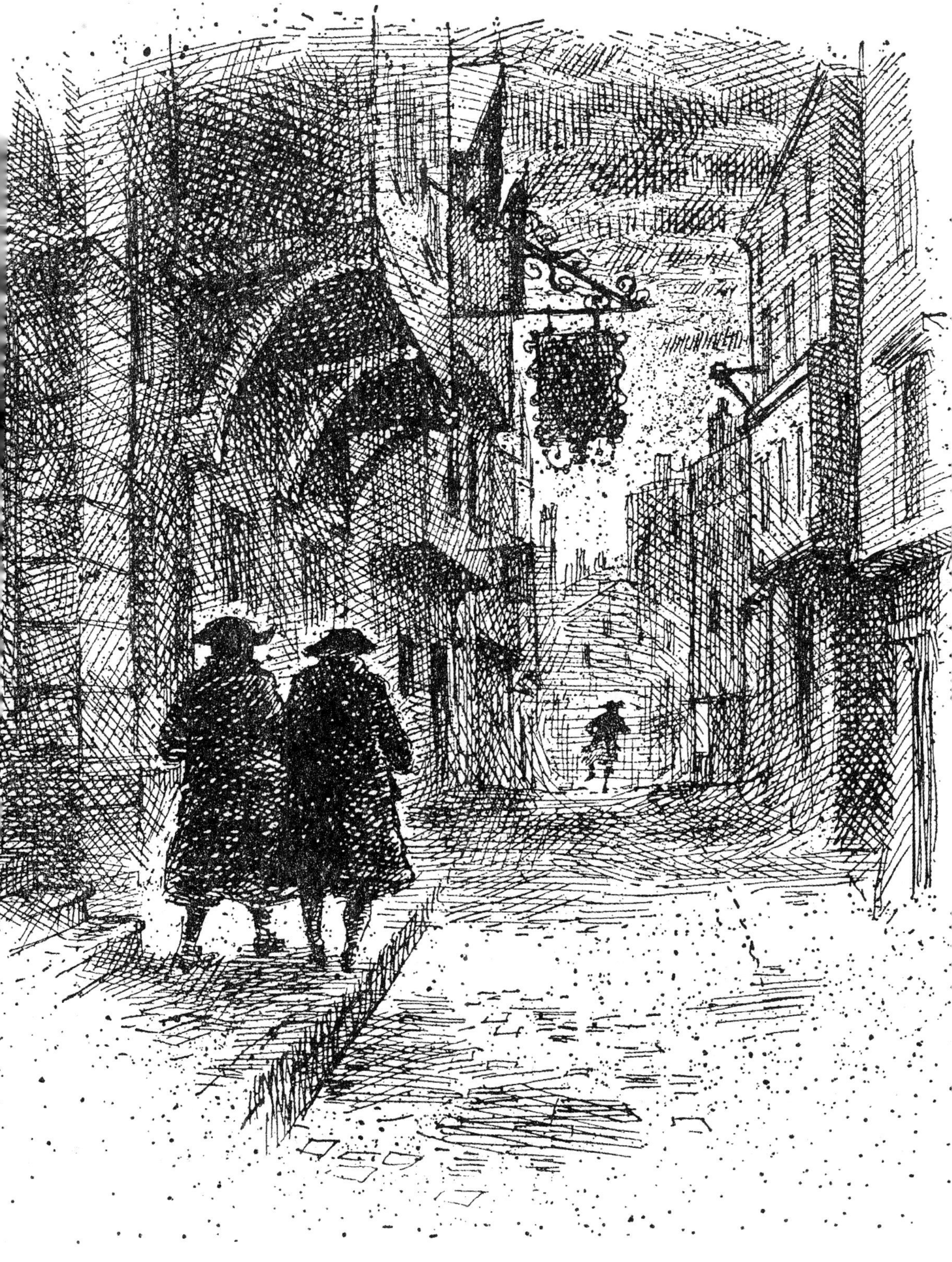

The Dolphin Crossing

Jill Paton Walsh

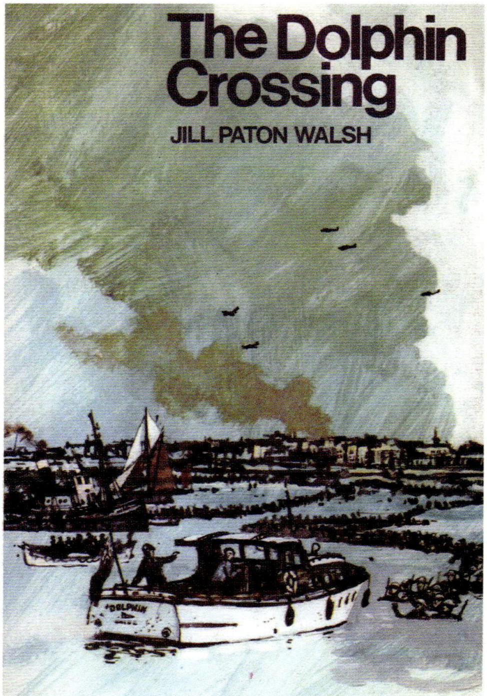

Nationalité Grande-Bretagne, 1937
Édition Macmillan, Royaume-Uni, 1967
Thèmes guerre, aventure, amitié, roman historique

12+

« On voyait un mur de flammes s'élever au-dessus de l'eau, près du bateau de sauvetage. »

Livres sur la Seconde Guerre mondiale

La Guerre de Fanny, Nina Bawden (p. 831)
Chassy s'en va-t-en guerre, Robert Westall (p. 836)
Compte les étoiles, Lois Lowry (p. 872)
La Maison des quatre vents, C.Vivier
Voyage à Pitchipoï, J.-C. Moscovici

Le sauvetage épique de soldats britanniques sur les plages de Dunkerque au cours de la Seconde Guerre mondiale est le thème de ce récit d'aventure. Deux adolescents n'appartenant pas à la même classe sociale se rencontrent après un épisode brutal. John, fils d'une famille riche, est épouvanté par les conditions de vie de Pat, un cockney de Londres, et de sa belle-mère qui est enceinte. Ensemble, ils aménagent les écuries où Pat et sa belle-mère vivent.

John suit l'évolution de la guerre grâce aux informations limitées fournies par la radio et les journaux. Il commence à soupçonner qu'on ne leur dit pas tout. Constatant la situation critique des soldats sur les plages et voyant que de nombreux petits bateaux quittent le port, John et Pat décident de participer au sauvetage, surtout depuis qu'ils savent que le père de Pat se trouve quelque part dans la région évacuée. Les scènes qui suivent dépeignent le carnage et le danger de l'évacuation de Dunkerque.

John est blessé. Le retour en héros des deux garçons est gâché par la blessure de John et la disparition de Pat. La force morale de John transparaît quand il couvre de honte le chef malhonnête d'un chantier naval qui vend du carburant au marché noir. Le livre souligne la légère froideur des relations entre les deux adolescents en raison de leurs origines sociales différentes, ainsi que les difficultés de ceux qui, restés à la maison, attendent désespérément des nouvelles. Il s'agit aussi d'un récit sur l'amitié et le courage. **JF**

Picnic at Hanging Rock

Joan Lindsay

Titre original *Picnic at Hanging Rock*, 1967
Nationalité Australie, 1896
Édition Flammarion, France
Thèmes école, amitié, aventure, adolescence

Cette histoire mystérieuse, qui est aussi un récit sur le passage à l'âge adulte et la perte de l'innocence de l'enfance, a pour cadre l'Australie en 1900. C'est le jour de la Saint-Valentin et un groupe de filles du collège de jeunes filles d'Appleyard fait une sortie à Hanging Rock.

Tout au long de la journée, des événements étranges se produisent. La montre de deux des filles s'arrête mystérieusement. Au cours de la promenade, trois autres jeunes filles et un des professeurs s'évaporent sans laisser de trace. Une des filles, Edith, revient terrifiée et comme folle. Plus tard, elle dira ne se souvenir de rien. Deux garçons, Mike et Albert, qui ont vu les filles partir se promener, se rendent à Hanging Rock afin de les chercher, mais ne les trouvent pas. Le roman traite de la manière dont la disparition affecte l'école, les familles et les amis des disparues, ainsi que ses répercussions sur toute la communauté au sens plus large du terme.

Le livre débute par ce qui est censé être un document authentique et on croit souvent à tort que le roman a été écrit à partir d'une histoire réelle. Lindsay a alimenté la polémique en refusant de répondre aux questions des journalistes sur la véracité des faits. En 1987, après sa mort, une « solution » a été publiée. L'éditeur a affirmé que l'auteur avait retiré cette résolution surnaturelle de l'énigme appelée « Chapitre 18 » ou « Le secret de Hanging Rock » du manuscrit originel juste avant sa publication. **LH**

John et Laura

Paul Zindel

Titre original *The Pigman*, 1968
Nationalité États-Unis, 1936
Édition française Hachette Jeunesse
Thèmes école, amitié

Considéré par de nombreuses personnes comme le premier livre américain s'adressant à des adolescents, le roman de Paul Zindel continue encore aujourd'hui à plaire et à intéresser les jeunes lecteurs. C'est essentiellement l'histoire d'une amitié entre les adolescents Laura Jensen et John Conlan, élèves au lycée Franklin, et un homme âgé, Angelo Pignati. Les adolescents font une farce en téléphonant à M. Pignati, soi-disant de la part d'une association de bienfaisance chargée de collecter des fonds. Ils se rendent ensuite chez lui, l'accompagnent au zoo pour voir Bobo, son babouin préféré, et sont peu à peu témoins des nombreuses excentricités de l'individu. Ils apprennent des choses sur son passé, notamment sur la mort de sa femme.

L'amitié qui se développe entre eux permet aux adolescents de se libérer des tensions qu'ils subissent à l'école et dans leur famille. Ainsi, John est en liberté surveillée. En aidant comme ils le croient cet homme âgé à se sentir moins seul, ils surmontent en fait leurs propres problèmes.

La relation entre les adolescents et M. Pignati va changer quand ce dernier est hospitalisé à la suite d'une crise cardiaque. Pendant ce temps, John et Laura décident d'organiser chez lui la « soirée de l'année ». Il en résulte un véritable chaos, et une tragédie au retour de M. Pignati. Raconté en alternance, suivant les chapitres, par John et par Laura, ce livre allie émotion et humour de manière convaincante et captivante. **RD**

Kes

Barry Hines

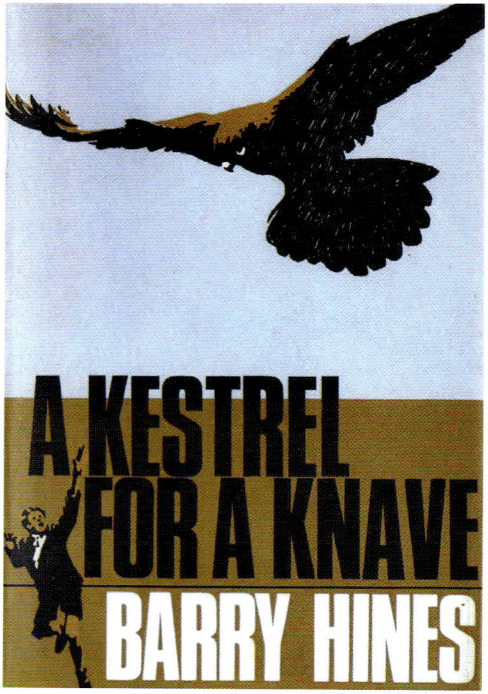

« Aucun rideau n'était levé. La fenêtre était un bloc aux contours nets de la couleur du ciel la nuit… »

Autres livres parlant de héros solitaires

L'Attrape-cœurs, J. D. Salinger (p. 770)
1984, George Orwell
Notre petite vie cernée de rêves, Barbara Wersba
Pas raccord, Stephen Chbosky

12+

Titre original *A Kestrel for a Knave*, 1968
Nationalité Angleterre, 1939
Édition française Gallimard Jeunesse
Thèmes adolescence, histoires d'animaux, école, amitié, famille

Ayant pour cadre le Yorkshire dans le nord de l'Angleterre, ce récit raconte sans fard et sans complaisance l'histoire de Billy, un pauvre garçon sans amis, négligé par sa mère et rudoyé par son demi-frère et son professeur d'éducation physique. Les personnes ayant de l'autorité qui seraient susceptibles de l'aider, comme le directeur de l'école et la personne chargée de l'agence pour l'emploi, manquent à leurs devoirs, s'en tenant aux châtiments corporels et aux clichés.

Billy se rend dans un monastère en ruine et prend un oisillon dans le nid d'un faucon crécerelle. Il apprend tout seul l'art de la fauconnerie grâce à un livre qu'il a volé à la bibliothèque et dresse l'oiseau, qu'il appelle Kes.

Dans un long passage très émouvant, un professeur plein de compassion qui encourage Billy à s'exprimer en classe découvre le lien extraordinaire unissant le garçon et le faucon. Le même professeur, M. Farthing, vient voir Billy quand celui-ci dresse et nourrit Kes. Il semble que Billy, qui a gagné le respect d'une personne ayant de l'autorité, une personne qui s'occupe de lui, ait une chance de sortir de la pauvreté et du désespoir caractérisant la communauté de mineurs au sein de laquelle il vit. Néanmoins, la fin de l'histoire est aussi dure et triste que son début. Il n'y a pas d'issue pour Billy, de même qu'il n'y en a pas pour son frère violent ni sa mère aux mœurs légères qui ne se montre pas à la hauteur. Cependant, comme Billy est sensible à la nature, ce qui le rend différent des autres, un léger espoir subsiste. **WO**

Chocky

John Wyndham

Titre original *Chocky*, 1968
Nationalité Grande-Bretagne, né John Wyndham Parkes Lucas Beynon Harris, 1903
Édition française OPTA (*in* Les Chrysalides)
Thèmes science-fiction, classiques

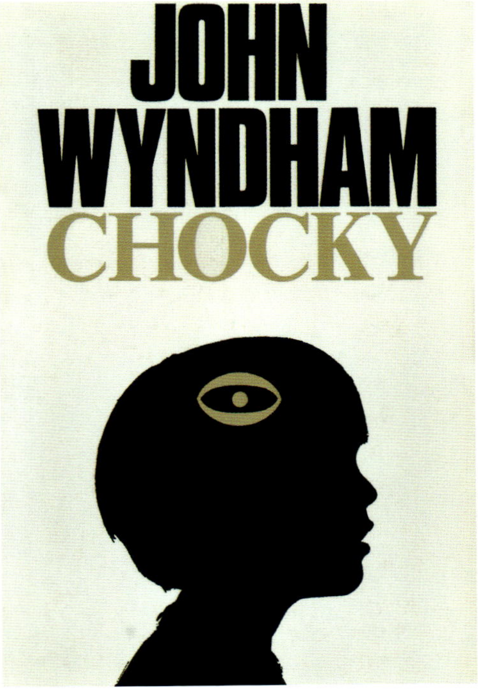

12+

Ce livre du créateur du roman classique de science-fiction *Le Jour des Triffides* a pour héros un garçon appelé Matthew, qui entend résonner la voix d'un certain Chocky dans sa tête. L'histoire est racontée par le père de l'enfant. Elle commence quand celui-ci entend son fils crier dans la cour. En enquêtant, il découvre que son fils se dispute tout seul. Au départ, il pense qu'il s'est créé un ami imaginaire, mais quand des événements mystérieux se produisent et que Matthew devient de plus en plus perturbé par les questions permanentes de Chocky, il en vient à croire que la voix qui retentit dans la tête de son fils provient par télépathie d'une autre planète.

Chocky ne semble pas être un extraterrestre malveillant. Il veut juste en savoir plus sur la Terre, où il découvre des comportements et des technologies primitifs. C'est le ton moqueur de Chocky qui fait enrager Matthew. Les ennuis commencent vraiment quand celui-ci se met à faire des choses qu'il ne faisait pas auparavant. Il réalise entre autres des œuvres d'art réalistes à l'aspect étrange, se met à débattre de problèmes de mathématiques complexes et sauve sa sœur de la noyade alors qu'il ne sait pas nager.

Chocky est un conte plein de suspense. Comme toutes les meilleures histoires mystérieuses de science-fiction, il vous laisse perplexe jusqu'à la fin. Il prouve l'imagination évocatrice de John Wyndham, son talent pour décrire le comportement humain et ses espoirs dans le développement futur de l'humanité. **JaM**

« … cette conversation unilatérale éveilla suffisamment ma curiosité pour que je passe la tête dans l'embrasure de la fenêtre ouverte. »

Autres grands livres de science-fiction

Vingt mille lieues sous les mers, Jules Verne (p. 726)
Métropolis, Osama Tezuka (p. 769)
Le Chant du dragon, Anne McCaffrey (p. 839)
Taronga, Victor Kelleher (p. 865)
La Machine à explorer le temps, H. G. Wells

Le Petit Garçon dans l'île

Theodore Taylor

Titre original *The Cay*, 1969
Nationalité États-Unis, 1921
Édition française mutilples éditeurs
Thèmes guerre, aventure, adolescence

L'histoire personnelle de Theodore Taylor est aussi palpitante que celle de ses personnages. Ayant grandi en Caroline du Nord, cet auteur de livres, de scénarios de films et d'articles de fond affirme n'avoir jamais vraiment étudié. Cependant, il écrivit plus de 50 livres, le plus célèbre étant une histoire éternelle sur les préjugés raciaux.

Le présent livre est un roman classique sur le racisme et sur le fait que la couleur de la peau importe peu. Philippe, le personnage principal, sait depuis qu'il est petit que sa mère a des préjugés raciaux. S'il n'a jamais pensé qu'elle avait raison, il n'a jamais pensé non plus qu'elle avait autant tort.

Philippe a 11 ans et vit aux Antilles. Quand la Seconde Guerre mondiale éclate, il part avec sa mère qui veut rentrer en Virginie pour être en lieu sûr. Leur bateau est coulé par les Allemands, et Philippe et sa mère sont séparés car ils grimpent sur des radeaux de sauvetage différents. Philippe, qui a reçu une poutre sur la tête, se réveille aveugle avec pour unique compagnon Timothée, un vieux mousse afro-américain.

Ils passent plusieurs jours sur le radeau avant d'échouer sur une petite île déserte. Philippe doit apprendre à vivre en aveugle et à surmonter son antipathie et ses préjugés à l'égard de Timothée qui l'aide à survivre. Après la mort de Timothée, il continue de vivre sur l'île grâce à ce que ce dernier lui a appris. Il est finalement secouru et retrouve sa famille. **KD**

Un jour, un enfant noir

William H. Armstrong

Titre original *Sounder*, 1969
Nationalité États-Unis, 1911
Édition française Rageot
Thème histoires d'animaux

Sounder est un chien de chasse appartenant à un métayer afro-américain du sud des États-Unis. Son maître est enchaîné et condamné aux travaux forcés pour un vol sans importance. Durant son arrestation, l'adjoint du shérif tire avec son fusil sur le chien. Ce dernier survit, estropié, attendant patiemment le retour de son maître. Ce roman raconte l'histoire du fils du métayer, qui passe sa jeunesse à travailler pour faire vivre sa famille et qui va de camp de travail en camp de travail à la recherche de son père.

Écrit par un auteur blanc dans les années 1960 et 1970, lors de l'avènement du mouvement pour les droits civils et du Black Power, ce roman est un hommage à la résistance de générations d'habitants pauvres du Sud américain. Loué par certains, le récit fut critiqué par d'autres pour son manque de compréhension de la communauté afro-américaine. Écrit dans une langue neutre et montrant avec modération et dignité la douleur et la souffrance, il a cependant la simplicité et la puissance d'un mythe universel.

Ce livre, dans lequel seul le chien a un nom, dépeint le courage et l'endurance non seulement des Afro-Américains, mais aussi de tous les gens qui souffrent de la pauvreté et de l'injustice. Le tableau de cette oppression, ainsi que de la frustration et de la colère qu'elle provoque chez le jeune garçon, est impitoyable. Néanmoins, l'ouvrage laisse une impression finale d'amour, de détermination et d'espoir, symbolisée par le chien et le garçon. **CB**

Mary de la vallée haute

Vera et Bill Cleaver Jim Spanfeller

Titre original *Where the Lilies Bloom*, 1969
Nationalité É.-U., 1919 et 1920 (aut.), 1930 (ill.)
Édition française La Farandole
Thème famille

« Un jour à une époque presque oubliée, un voyageur se frayant à pied un chemin dans les montagnes s'aventura dans notre vallée qui porte le nom de Trial. » Ainsi débute ce roman, plusieurs fois primé, dont l'action montre la dure réalité de la vie dans les Appalaches. Mary Call Luther, 14 ans, est peut-être l'héroïne la plus irascible, la plus têtue et la plus édifiante de la littérature pour enfants. Elle a promis à son père mourant qu'elle s'occuperait de leur famille et rejette la charité et l'aide des voisins indiscrets. Avec ses frères et sœurs Ima, Dean, Romey et Devola, elle met sur pied une affaire pour faire vivre la famille, en cueillant des herbes et des racines dans les montagnes.

Mary nous fait part de ses pensées et de ses craintes bien qu'elle les cache à ses frères et sœurs : « Tu es horrible », lui disent-ils. « N'aie pas l'air aussi sévère, Mary. Tu en deviens laide. » Mais Mary connaît ses obligations. Elle finit par tomber malade à force de travailler pour nourrir ses frères et sœurs. Une série de mésaventures la pousse enfin à accepter l'aide d'un voisin, Kiser Pease. Bien qu'elle ait juré de ne jamais le laisser se marier avec sa sœur aînée, Devola, elle s'aperçoit qu'il n'est pas son pire ennemi, mais au contraire un ami plein de générosité.

Mary de la vallée haute, dont l'action se déroule dans les années 1950 ou 1960, oppose les traditions montagnardes d'autarcie et la nécessité d'une plus grande ouverture d'esprit. Bien que certains lecteurs puissent être surpris par sa confiance dans la providence divine, Mary fait preuve d'indépendance et de persévérance. **CER**

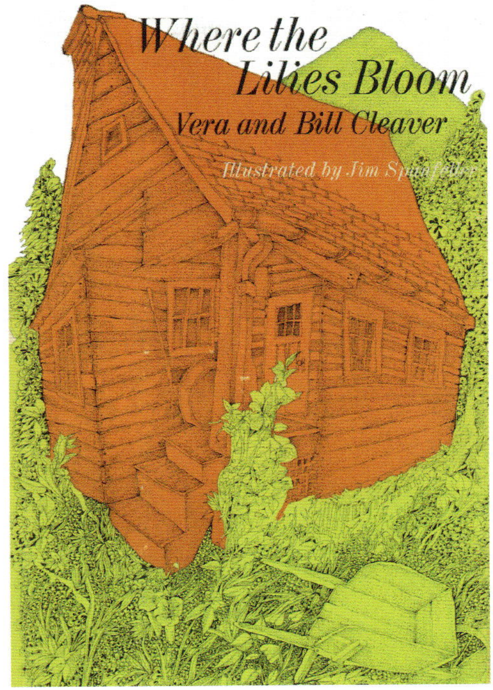

« Je n'ai jamais oublié ce qu'il a dit, que ce pays était un pays juste, le plus juste de tous. C'est là que fleurit le lis. »

Autres histoires de frères et sœurs

Les Quatre filles du docteur March, Louisa May Alcott (p. 724)
Oh, Boy !, Marie-Aude Murail (p. 911)
Sans un cri, Siobhan Dowd
Seven Little Australians, Ethel Turner (p. 734)

12+

The Edge of the Cloud

K. M. Peyton

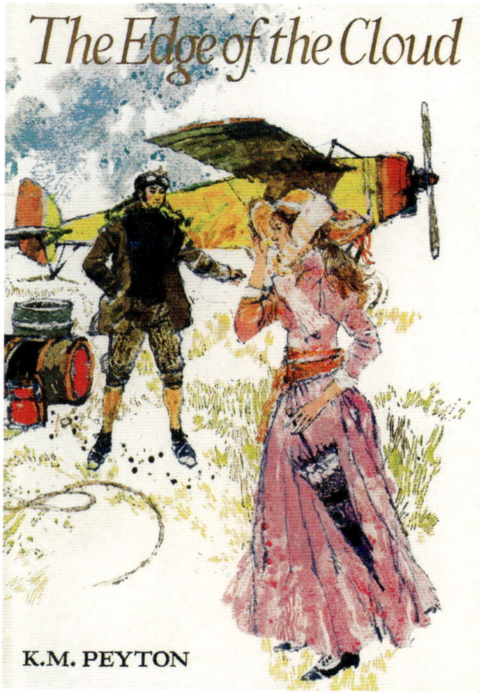

Nationalité Grande-Bretagne, 1929
Édition Oxford University Press, G-B, 1969
Thèmes roman historique, amour, amitié, guerre, aventure

Ce livre décrit de façon grisante l'essor des libertés dont jouirent les jeunes gens en général et les jeunes femmes en particulier dans les mois qui précédèrent la Première Guerre mondiale. Ayant pour décor un aérodrome, ce récit retrace le développement de l'aviation, son attrait et ses dangers, et permet aux lecteurs comme aux personnages de savourer la liberté sociale de l'époque, en ignorant les tensions entre les générations.

Le récit commence en 1913 là où celui de *Flambards* s'était arrêté. Christina et Will se sont enfuis, décidés à se marier dès qu'ils auront l'âge requis. Cependant, leur tante Grace leur fait comprendre dès qu'ils franchissent sa porte que William doit travailler pour vivre. Quand celui-ci finit par avoir un travail sur le terrain d'aviation, Christina, qui a envie d'être à ses côtés, trouve un job dans un hôtel de la région. Elle se lie d'amitié avec la dynamique Dorothy qui, faisant fi des convenances et habituée à agir à sa guise, les introduit dans la joyeuse société gravitant autour de l'aérodrome, un monde à l'écart des valeurs archaïques de Flambards et de l'oncle Russell. Après une opération éprouvante destinée à soigner sa jambe estropiée, William et son ami Sandy sont chargés d'effectuer des vols spectaculaires, dont l'issue tragique tranche avec la gaieté antérieure du récit. Celui-ci se termine sur une note sérieuse et sur une attente, avec le mariage de Will et de Christina quelques jours seulement après la déclaration de guerre. **KA**

« Elle pensa qu'elle n'avait jamais été aussi heureuse, ou aussi près de pleurer. »

Autres récits autour des avions

Les Naufragés du ciel, Daniel Vaxelaire
Amelia Earhart : le mystère de l'aviatrice disparue, Pascale Perrier et Jeanne Zaka
Courrier sud, Antoine de Saint-Exupéry

12+

Oscar en el Polo Sur

Carmen Kurtz

Nationalité Espagne, 1911
Édition Juventud, Espagne, 1970
Thème aventure

Oscar est un garçon ordinaire qui apprécie les aventures extraordinaires dans des lieux dont la plupart des enfants de son âge rêvent. Les histoires de ce livre rappellent les voyages étonnants des romans de Jules Verne. Oscar accompagne son ami Enrique qui recherche une pierre aux pouvoirs spéciaux au pôle Sud. Oscar et Enrique montent clandestinement sur le *Juliana*, commandé par le capitaine Dirk, qui plus tard les laisse se joindre à l'expédition. Ils sont sous la garde d'Anton, qui a mauvais caractère mais bon cœur. Dans ce premier livre, Oscar n'a pas sa compagne habituelle, Kina l'oie. À la place, il a un manchot, Pelagio.

Carmen de Rafael Mares vécut en exil en France entre 1935 et 1943. C'est là qu'elle rencontra son mari, Peter Kurtz, dont elle prit le nom pour signer ses œuvres littéraires. En 1962, elle commença la collection consacrée à Oscar alors qu'elle considérait jusque-là la littérature pour enfants comme un « genre difficile ». Ses livres abordent des problèmes contemporains qu'elle développe avec beaucoup d'imagination, dans un style plein de tendresse et d'humour.

Oscar, enfant amusant, intelligent et généreux, apparaît dans six récits. Dans le premier, il est cosmonaute. Dans ceux qui suivent, il est aussi tour à tour agent secret, explorateur en Afrique, spéléologue et même espion. Bien que Carmen Kurtz ait écrit beaucoup de livres pour les adultes, elle est surtout réputée pour ses romans destinés aux enfants. **EB**

Rude journée pour Sara !

Betsy Byars Ted Coconis

Titre original *The Summer of the Swans*, 1970
Nationalité États-Unis, 1928 (aut.), 1927 (ill.)
Édition française Flammarion
Thèmes famille, adolescence

À l'issue de longues vacances d'été passées en Virginie-Occidentale, Sara, 14 ans, se demande pourquoi la vie lui semble soudain si différente. Elle se sent trop grande et trop maigre comparée à sa sœur aînée. Ses goûts ont changé et ses sentiments lui échappent. Sa situation familiale est bonne mais pas idéale. Après la mort de leur mère, c'est tante Willie qui veille sur Sara, sa sœur Wanda et leur jeune frère, Charlie. Leur père ne vient les voir que parfois, le week-end. À 10 ans, Charlie souffre d'un handicap mental qui l'empêche de parler et Sara est devenue sa protectrice.

Un jour, les enfants vont voir des cygnes devant lesquels Charlie tombe en extase. Le lendemain, quand la famille se réveille, il a disparu. Alors que tout le monde cherche, Sara apprend d'une personne inattendue à mieux connaître ses sentiments et la valeur de l'amitié. Le texte est facile à lire sans être simpliste et l'angoisse existentielle de l'adolescence est traitée de façon discrète et sincère. Le fait que l'action se déroule sur quelques jours donne un sentiment d'immédiateté. Typiques du style de la fin des années 1960 et du début des années 1970, les illustrations en noir et blanc de Ted Coconis témoignent bien de l'atmosphère de l'époque.

Betsy Bryars est un auteur prolifique qui sait aborder les problèmes inhérents à l'adolescente, et ce livre s'inscrit parfaitement dans cette lignée. Sara a 14 ans mais son histoire s'adresserait aujourd'hui à un lectorat sensiblement plus jeune. **AK**

The Lark and the Laurel

Barbara Willard

Nationalité Angleterre, 1909
Édition Longmans, Grande-Bretagne, 1970
Thèmes roman historique, aventure, amour

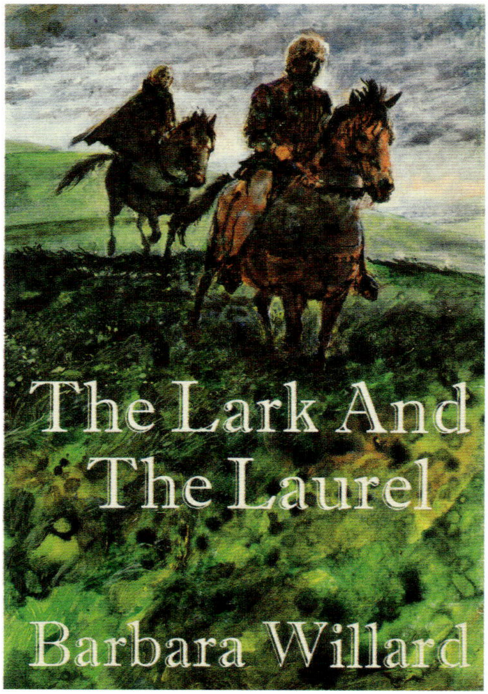

Autres livres de Barbara Willard

La Saison des moissons

Barbara Willard est l'auteur de la saga de Mantlemass, une série très populaire consacrée à la vie de deux familles du Sussex au cours d'une période allant de 1485 à la première révolution anglaise (1650 environ). Le premier volume, *The Lark and the Laurel*, débute peu après la bataille de Bosworth. Henri Tudor est monté sur le trône et le père de Cecily Jollands, un renégat de la guerre des Deux-Roses, s'enfuit en France et laisse sa fille de 15 ans avec sa tante à Mantlemass, son manoir de la forêt d'Ashdown.

Après une enfance insouciante à Londres, Cecily méprise les classes sociales inférieures et le monde rural, mais sa tante, Elizabeth, une personne énergique, place le bon sens et l'intégrité au-dessus des apparences. Elle est la première d'une lignée de femmes fortes et indépendantes qui marqueront toute la saga de Mantlemass. Cecily tombe amoureuse de Lewis Mallory, un jeune garçon qui, comme elle, doit vivre avec de proches parents. Elle sait que c'est son père voudra qui choisira son mari et que leur avenir est incertain, mais elle est aussi hantée par un vague souvenir de trahison enfantine.

> *« […] Souviens-toi que Dieu t'a donné une voix pour parler fort, pas pour marmonner. »*

C'est l'impact des événements sur les gens ordinaires qui est privilégié dans ce roman historique évocateur. Comme les autres volumes de la série, il a pour thèmes centraux le changement et la continuité ou encore l'apparence et la réalité, mais le lecteur adolescent s'intéressera surtout à l'importance qu'il y a à trouver et construire en toute indépendance sa propre identité. **KA**

Grover

Vera et Bill Cleaver

Nationalité États-Unis, 1919 (Vera), 1920 (Bill)
Édition Lippincott, États-Unis, 1970
Thèmes maladie et mort, famille

Il est rare de ne pas voir sa propre vie affectée par la maladie d'un être cher. Dans *Grover*, Vera et Bill Cleaver s'intéressent aux épisodes pénibles de l'existence en montrant un jeune garçon tenter de comprendre les émotions que suscitent en lui une tragédie personnelle.

Après une sortie en compagnie de son oncle Ab et de son amie Ellen Grae, Grover rentre à la maison pour trouver sa mère souffrante et son père anxieux. Il comprend qu'il se passe quelque chose, mais son oncle et sa tante refusent de répondre à ses questions. Ils préfèrent lui trouver toutes sortes d'occupations et lui apporter des semi-vérités qui ne font n'apaisent pas ses craintes. Grover s'inquiète quand son père offre à sa mère ce qu'elle désirait depuis longtemps, un lave-vaisselle ou l'air conditionné, et il comprend qu'elle est mourante. Il est cependant complètement désemparé quand elle met fin à ses jours en faisant usage d'une arme à feu.

« Quelque chose n'allait pas mais c'était un secret. Il n'était pas assez grand pour qu'on lui en parle. »

Accablé de chagrin par ce suicide, le père de Grover se renferme sur lui-même, et le jeune garçon n'a plus que ses amis sur qui compter. Grâce à leur soutien et à celui de quelques adultes compréhensifs, il parvient à saisir la douleur qui assaille son père et à mieux comprendre l'homme qu'il est.

Un tel roman est toujours d'actualité. *Grover* traite de la confusion qu'éprouvent les enfants confrontés soudain à la mort tout en montrant comment des adultes, éprouvés eux aussi, ignorent parfois le désir silencieux de communication. **CVB**

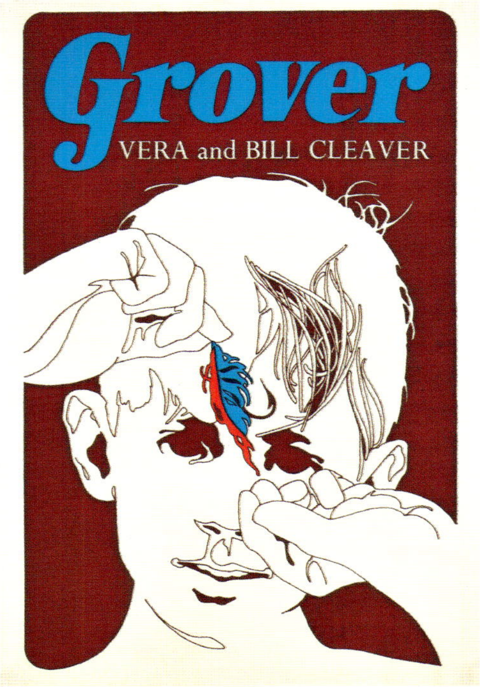

12+

Autres titres sur la perte

Le Garçon de la rivière, Tim Bowler (p. 900)
Un Été pour mourir, Lois Lowry
Frère, T. Van Lieshout
Le Jeu de la mort, David Almond
Je veux vivre, Jenny Downham

Je suis le seigneur du château

Susan Hill

Titre original *I'm the King of the Castle*, 1970
Nationalité Angleterre, 1942
Édition française mutiples éditeurs
Thèmes maladie et mort, famille

Mrs Kingshaw s'est installée avec son fils Charles, 11 ans, dans la grande demeure où elle a été engagée comme gouvernante. Cette maison est celle de Joseph Hooper qui y vit en compagnie de son fils, Edmund, 11 ans lui aussi. Si les adultes s'entendent bien, Edmund fait tout pour rendre la vie impossible à Charles. Trop sensible, trop vulnérable, Charles ne peut se défendre ; pour ne rien arranger, ils fréquentent tous deux la même pension. Pendant qu'Edmund est envoyé brièvement à l'hôpital après une mauvaise chute, Charles se fait un camarade mais cela ne durera pas. En apprenant que sa mère va épouser le père d'Edmund, le jeune garçon est gagné par le désespoir.

Susan Hill a déclaré que son roman parlait de « la cruauté et du pouvoir du mal ». On ne peut qu'être d'accord, surtout quand Edmund exulte après la mort de Charles : « Quand il vit le corps de Kingshaw flotter dans l'eau, Hooper se dit soudain, c'est à cause de moi, j'ai fait ça, oui c'est à cause de moi, et un sentiment de triomphe s'empara de lui ». Incapable de partager ses problèmes, Charles n'a jamais eu la moindre chance.

La majeure partie du roman consiste en un dialogue entre les deux garçons. La plupart des enfants savent ce qu'est tyranniser ou être persécuté, et ils apprécieront la précision avec laquelle ce roman terrible et fascinant décrit le danger qu'il y a à tomber sous la coupe d'une tierce personne. **NT**

12+

A Long Way from Verona

Jane Gardam

Nationalité Angleterre, 1928
Édition Hamish Hamilton, Grande-Bretagne, 1971
Thèmes roman historique, école, amitié, famille

Dans *A Long Way from Verona*, Jessica Vye, écrivain en herbe de 13 ans, raconte sa propre histoire dans un récit aussi égocentrique que passionnant. La Seconde Guerre mondiale apporte une touche dramatique quand on voit Jessica rencontrer un prisonnier de guerre italien et affronter la menace des bombardements aériens. La guerre est omniprésente dans la façon de Gardam de montrer les espérances et les limites des jeunes filles de bonne famille de l'époque. La monotonie de la vie à l'école de Jessica dans une terne ville thermale a quelque chose de lénifiant, mais elle explique ses plaintes et ses prétentions. Sa façon de croire en elle en tant qu'écrivain est assez fascinante.

Le style de Gardam et la structure du livre mettent en valeur les pensées les plus excentriques de Jessica, et le lecteur ne peut qu'être solidaire quand elle est rabaissée par des professeurs ou doit subir la gaieté forcée d'une réception familiale, entourée d'âmes creuses et vêtue d'une robe inappropriée. Et lorsque la rencontre d'un garçon dans cette même réception n'engendre que de la déception, nous nous réjouissons de voir Jessica apprécier de pouvoir trouver en elle le bonheur. **GB**

Autres livres de Jane Gardam traduits en français

Le Poney dans la neige
L'Homme vert
Peur de rien, peur de tout

Michel

Jan Terlouw   Jan Wesseling

Titre original *Oorlogswinter*, 1972
Nationalité Hollande, 1931
Édition française G.P.
Thèmes guerre, aventure

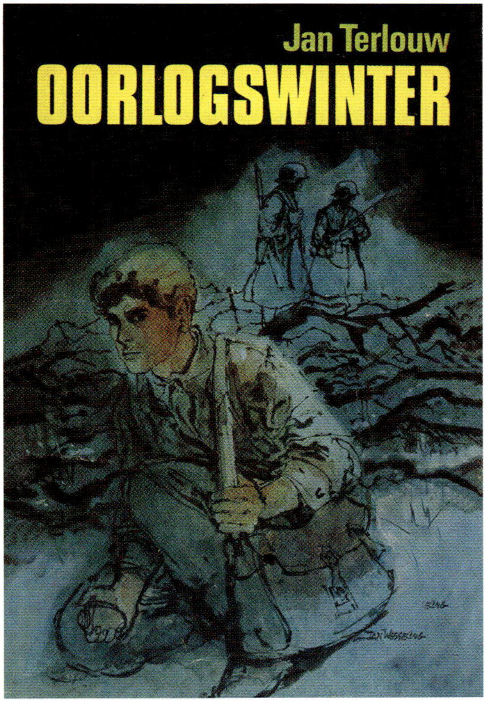

Michel a 16 ans. Il vit près d'une route sur laquelle marchent des populations affamées en quête de nourriture au cours du terrible « hiver de la faim ». La fin de la Seconde Guerre mondiale est proche, mais les Allemands occupent encore les Pays-Bas et Michel se retrouve, un peu par accident, à se battre au côté de la résistance hollandaise. Il sent qu'il ne peut plus faire confiance à personne et ne doit compter que sur lui-même.

Jan Terlouw tenait à raconter une histoire réaliste qui ne soit pas seulement haletante. Il brosse un tableau sans concession de la situation pendant cet hiver éprouvant ainsi que des dangers et des tensions auxquels la résistance est exposée. Il montre aussi les aspects les plus durs de la guerre. Le père de Michel est pris en otage et son exécution attise la haine des Hollandais à l'égard des Allemands. Michel va pourtant comprendre qu'il existe de « bons » Allemands. Celui qu'on croyait être un collaborateur cache des juifs tandis qu'un ami proche de Michel se révèle être un traître. Dans la vie, rien n'est tout noir ou tout blanc, et les idées toutes faites ne doivent pas l'emporter.

Oorlogswinter, « un hiver en temps de guerre », repose sur l'expérience personnelle de son auteur. Terlouw apporte à ses lecteurs des informations claires, bien équilibrées, au sein d'un récit passionnant et bien structuré que l'humour vient parfois alléger. Physicien de formation, Terlouw s'est tourné vers la politique, et cela se sent souvent dans ses écrits. **AD**

« Ce n'était pas normal qu'il sache ça, lui d'habitude si calme et réservé. »

Autres récits en temps de guerre

Le Poignard d'argent, Ian Serrallier (p. 785)
Mon ami Frédéric, Hans-Peter Richter (p. 797)
Chassy s'en va-t-en guerre, Robert Westall (p. 836)

12+

No Way of Telling

Emma Smith

Nationalité Angleterre, 1923
Édition Bodley Head, Grande-Bretagne, 1972
Thèmes famille, aventure, amitié

Amy est une jeune fille qui vit avec sa grand-mère dans une région montagneuse du pays de Galles. Les flocons de neige qui tombent sur le toit de la ferme isolée lui paraissent très beaux jusqu'à ce que sa grand-mère soit prise dans une tempête de neige. Mais le mauvais temps n'est pas leur seul problème car les deux héroïnes se trouvent bientôt confrontées à d'étranges personnages. En premier lieu, un homme robuste fait irruption dans la cuisine, fouille la maison, prend nourriture et couvertures, et disparaît sans dire un mot. Est-ce un criminel ? Une victime ? Impossible de le dire, comme le souligne le titre du roman («aucun moyen de le dire»).

Le lendemain, deux hommes à ski arrivent et traquent visiblement le visiteur inconnu. Ils se disent de la police mais leur comportement est tel que la grand-mère d'Amy nourrit des doutes à leur égard. Au fil des pages, Amy, mais aussi le lecteur, comprend que les intrus sont liés à des criminels internationaux très dangereux.

Remarquée par la critique pour son travail, Emma Smith livre ici un roman à suspense qui ne peut qu'envoûter le lecteur. La tension du récit n'interdit pas une subtile description des relations unissant la grand-mère et la jeune fille, relations fondées sur la sagesse de la vieillesse et la vitalité de la jeunesse. Ce livre offre également de belles descriptions des terres sauvages du pays de Galles. **LB**

Au-delà des barricades

Joan Lingard

Titre original *Across the Barricades*, 1972
Nationalité Écosse, 1932
Édition francophone (Belgique) Casterman
Thèmes amitié, famille, amour

L'action se passe à Belfast, en Irlande du Nord, au début des années 1970. Les protagonistes en sont un catholique, Kevin, et une protestante, Sadie, dont l'amitié a pour toile de fond la violence qui déchire le pays.

Trois ans plus tôt (dans le roman précédent, *Le 12 juillet*), Kevin et Sadie étaient des ennemis jurés et des bandes d'enfants s'affrontaient à l'occasion de la marche des orangistes dans les quartiers catholiques. Le hasard les fait se retrouver et découvrir leurs points communs : tous deux sont tenaces, infatigables, loyaux et passionnés. Les communautés se déchirent et leur amitié semble compromise. Ils refusent de se séparer, mais Kevin est frappé et la maison d'un professeur incendiée : il leur est désormais impossible de rester unis.

Cette histoire dramatique incite à réfléchir à l'impact des événements politiques et sociaux sur la vie des être ordinaires. Milieux catholiques et protestants y sont également décrits, ce qui pousse le lecteur à s'interroger sur les ressemblances et les différences des deux communautés. Rebelles, les deux héros du livre ne ressemblent pas non plus aux autres membres de leurs familles, et l'on entrevoit les problèmes que pose leur relation. Si l'histoire est très forte, elle est aussi parcourue d'un humour noir qui apporte quelques moments de répit. L'auteur écrira trois autres romans où l'on verra le couple s'établir en Angleterre. **KA**

Le Livre d'un été

Tove Jansson

Titre original *Sommarboken*, 1972
Nationalité Finlande, 1914
Édition française Albin Michel
Thèmes famille, amitié

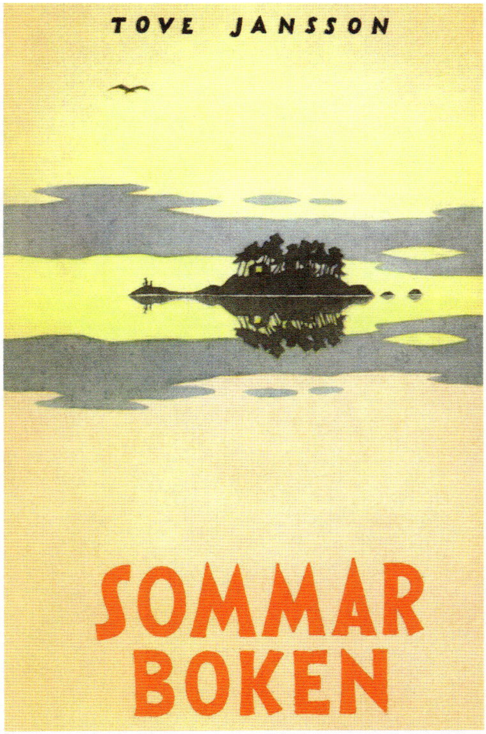

Une vieille artiste et sa petite-fille âgée de 6 ans débarquent sur une petite île finlandaise pour y passer des vacances. La mère de Sophie est morte et, même si elle est rarement mentionnée, son absence et le sentiment de perte très fort la rendent cependant omniprésente.

Cet été-là, la petite-fille et la grand-mère ont ensemble de longues conversations parfois assez animées. Elles apprennent à accepter leurs faiblesses mutuelles, mais aussi à partager leurs craintes et leurs désirs. Vers la fin du livre, leur amour est bien plus fort et elles se comprennent mieux. Un jour, elles s'aventurent dans une maison récemment construite sur une île voisine : il s'agit de la résidence d'été d'un riche homme d'affaires qui d'ailleurs n'y vient jamais. La maison vide n'a pas d'âme et elles entreprennent d'y entrer pour lui donner vie.

Sophie surmonte aussi la peur que lui inspire la mer, et l'on voit ainsi l'enfant gagner peu à peu son indépendance. Malgré leur grande différence d'âge, Sophie et sa grand-mère se trouvent des points communs et discutent des petits comme des grands problèmes, qu'il s'agisse d'insectes et de bateaux, d'amour, de religion et de mort. Le livre est ponctué de remarques aussi discrètes que pertinentes, comme : « c'était toujours le même long été, où tout vivait et grandissait à son propre rythme ». Drôle, sage et sentimental, *Le Livre d'un été* est un classique de la littérature scandinave. **LH**

« Toutes les valises étaient ouvertes, pleines de noirceur et de moisissure. »

Autres histoires de grands-parents

Le Voyage à rebours, Sharon Creech (p. 891)
Mamie mystère, Marie-Sophie Vermot
Pépé la Boulange, Yvon Mauffret
Quand Anna riait, Yaël Hassan

12+

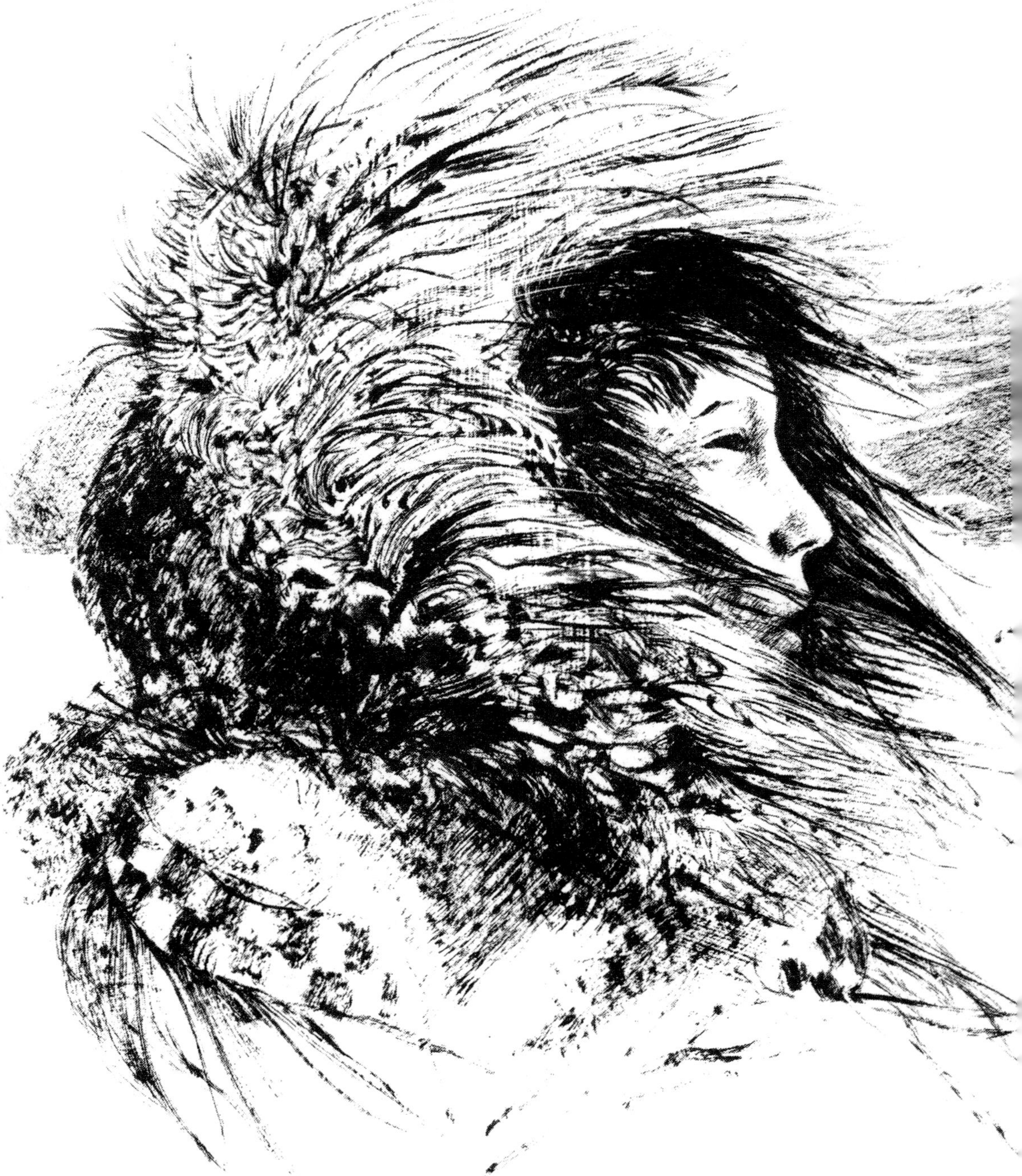

Julie des loups

J. Craighead George — J. Schoenherr

Titre original *Julie of the Wolves*, 1972
Nationalité États-Unis, 1919 (aut.), 1935 (ill.)
Édition française multiples éditeurs
Thèmes aventure, animaux, amitié

Julie a 13 ans. Sa mère est décédée depuis longtemps et son père est un grand chasseur qui a disparu lors d'une partie de chasse et que l'on croit mort. Elle décide de s'échapper. Sa seule amie au monde est sa correspondante, Amy, qui vit à San Francisco, de sorte que Julie décide de traverser la toundra arctique pour rejoindre l'océan ; là, elle trouvera du travail sur un bateau qui l'emmènera à San Francisco.

À peine est-elle sortie de chez elle qu'elle se perd, et c'est en luttant dans le paysage arctique qu'elle commence à se trouver. Après avoir passé des heures à observer les loups en compagnie de son père, elle apprend à communiquer avec eux ; plus tard, elle entrera même dans une bande de loups. Le début de la saison de chasse est synonyme de danger. Julie doit décider comment se protéger sans toutefois nuire à ses nouveaux amis.

Ce conflit intérieur s'accompagne de problèmes posés par son héritage culturel. Après la mort de sa mère, elle a été élevée selon la tradition esquimaude, elle portait alors le nom de Miyax. Cependant, après la disparition de son père, sa tante l'a inscrite dans une école américaine, loin de sa communauté d'origine, et elle a reçu le nom de Julie. Avec la menace d'extinction des loups, Julie voit la possible disparition de sa culture. Qui sera-t-elle à l'avenir, Julie ou Miyax ? Son histoire nous montre que la communication entre espèces ou cultures est vitale à la survie des unes et des autres. **JSD**

Storie dell'anno mille

Tonino Guerra — Adriano Zannino

Nationalité Italie, 1920 (aut.)
Édition Bompiani, Italie, 1972
Thèmes aventure, amitié, guerre

Tonino Guerra est poète mais aussi dramaturge, scénariste, écrivain et artiste. Son style visuel, parfois extravagant, imprègne nombre de ses œuvres.

Dans ces « histoires de l'an mille », le héros, Millemosche (« Mille-Mouches »), est un mercenaire qui parcourt la campagne ravagée par la guerre avec ses compagnons Pannochia (« Épi de maïs) et Carestia (« Famine »). Il a déserté l'armée parce qu'il s'oppose aux combats qui déchirent le pays. La guerre fait rage et la nourriture est rare, de sorte que la priorité des trois vagabonds est de trouver à manger. Dans un paysage inhospitalier, tout qui peut calmer leurs estomacs fait l'affaire. Leurs tentatives souvent vouées à l'échec sont parfois comiques. Qui aura le courage de tuer ce cochon qu'ils viennent d'enlever ? Les trois amis sont fréquemment confrontés à l'inattendu ainsi qu'à des paysans qui n'apprécient en rien leurs facéties.

Les aventures de Millemosche montrent que malgré des conditions défavorables, l'on peut s'en sortir en faisant preuve de solidarité et d'intelligence. Dans la même veine que les aventures de Bertoldo, ces récits comiques ont été écrits sur plusieurs années en collaboration avec Luigi Malerba. Les illustrations d'Adriano Zannino renforcent le caractère enjoué du recueil. **SMT**

Autre livre illustré par A. Zannino

Mille Mouches

12+

Portrait de Miyax par John Schoenherr.

The Spirit Wind

Max Fatchen   Trevor Stubley

Nationalité Australie, 1920 (aut.), 1932 (ill.)
Édition Hicks Smith, Australie, 1973
Thème aventure

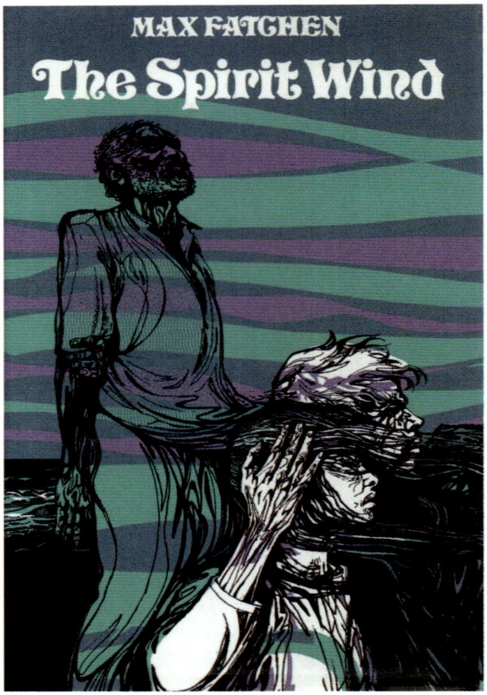

12+

Ce livre raconte les aventures mouvementées de Jarl Hansen, jeune mousse en proie au mauvais caractère d'Heinrich the Bull (« le taureau »), second d'un navire à voiles norvégien, le *Hootzen*. Le bateau fait route vers l'Australie-Méridionale où il doit charger une cargaison de céréales.

Jarl envisage d'abandonner le navire une fois à destination sans toutefois imaginer ce qui pourra lui arriver par la suite. Alors qu'il pagaye, il sauve un vieil Aborigène, Nunagee, qu'une raie pastenague prise dans son filet de pêcheur allait entraîner au fond de l'eau. Nunagee cache Jarl dans sa hutte, alors que le capitaine et ses hommes le traquent sans relâche. Dans sa fuite, Jarl met en danger plusieurs personnes

« Loi ou pas, Harry Horson, ce garçon ne remontera pas sur cet horrible navire. »

dont une famille indigène qui le prend en amitié. Un tribunal décide que le consul de Norvège devra l'autoriser à rester en Australie. Furieux, le second du bateau s'acoquine avec Ned Ganger, un prisonnier en cavale qui en veut également après Jarl parce que ce dernier a contribué à le faire reprendre. Les deux hommes partent à sa poursuite.

Les derniers chapitres montrent comment le Vent Esprit (*Spirit Wind*), un vent de tempête conjuré par Nunagee, va sauver Jarl et couler le *Hootzen*. Les amis de Jarl vont toutefois s'employer à sauver les marins de la noyade. *The Spirit Wind* raconte une Australie d'un autre siècle, quand les habitudes d'hommes venus de tous les horizons se heurtent aux coutumes d'un pays alors qu'ils tentent de survivre dans un environnement parfois hostile. **BH**

Autres auteurs australiens à lire

Les Sept Clés du pouvoir, Garth Nix (p. 922)
Terre des monstres, David Cornish (p. 935)
Combat de frères, Markus Zusak
Une enfance australienne, Sonya Hartnett

Hanneton, vole !

Christine Nöstlinger

Christel Göth est une jeune fille farouchement indépendante qui vit à Vienne à la fin de la Seconde Guerre mondiale. La ville est occupée par les Russes et son immeuble a été bombardé mais sa famille a pu se réfugier dans une grande villa de Neuwaldegg, riche localité précédemment occupée par des partisans des nazis, passés pour la plupart à l'Ouest. Le père de Christel, déserteur de l'armée allemande, entre en contact avec eux mais est contraint de rester caché pour échapper aux soldats russes et allemands : les deux camps voient en effet en lui un ennemi.

À Neuwaldegg, Christel devient l'amie des petits-enfants des propriétaires de la villa. Ensemble, avec sa sœur aînée, ils font toutes sortes de bêtises. Quand

« Je ne me rappelle pas un jour où il n'y avait pas la guerre. »

un groupe de Russes vient réquisitionner la villa, Christel et sa famille établissent avec eux une fragile camaraderie.

Sa propre expérience a permis à Nöstlinger d'écrire ce livre où l'on assiste aux transformations émotionnelles et physiques d'une jeune fille à une époque où la plupart des gens ne sont plus que l'ombre d'eux-mêmes. L'atmosphère de l'histoire est solennelle, on le comprend, mais l'auteur sait appliquer çà et là des touches humoristiques.

Dans ce livre où la guerre est en permanence en toile de fond, les efforts de survie de Christel et de sa famille nous rappellent de manière poignante les horreurs des conflits armés. **CVB**

Titre original *Maikäfer, flieg !*, 1973
Nationalité Autrichienne, 1936
Édition française Hachette Jeunesse
Thèmes aventure, famille, guerre

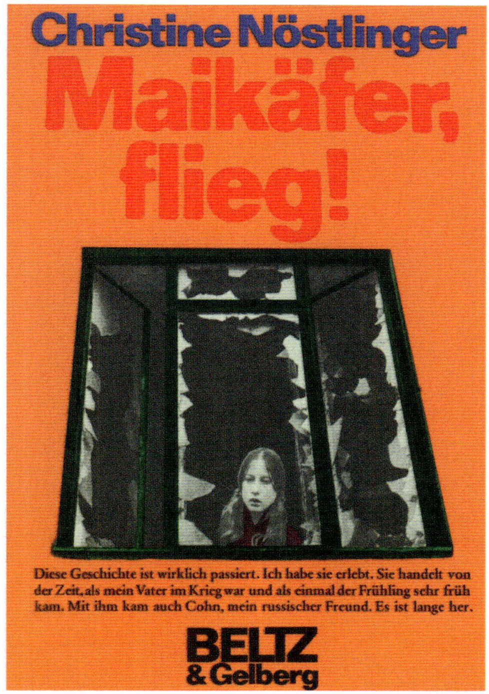

Autres livres de Christine Nöstlinger

Le Môme en conserve (p. 598)
Jacob, Julia et Jéricho
On m'appelle Tamanoir
L'un et l'autre
J'ai aussi un père
Le lundi, tout est différent

12+

The Nargun and the Stars

Patricia Wrightson   Robert Ingpen

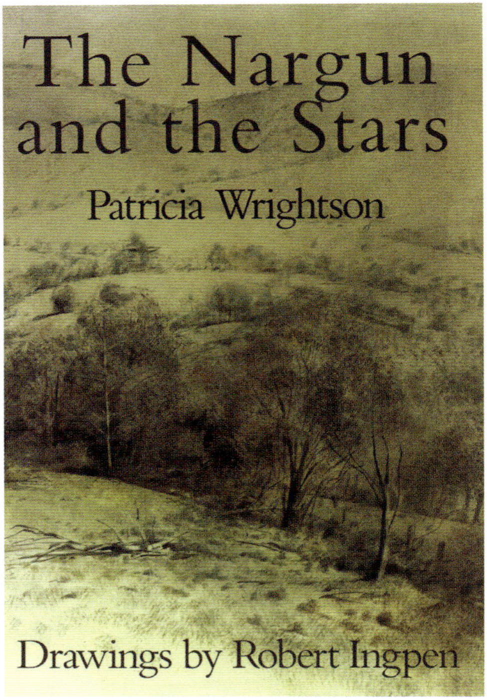

Nationalité Australie, 1921 (aut), 1936 (ill.)
Édition Hutchinson, Australie, 1973
Thèmes contes populaires, fantastique

« Il voulut tendre la main pour savoir ce qui bougeait près de lui, mais une partie de son cerveau lui dicta de n'en rien faire. »

Le Nargun est un personnage aussi original qu'intéressant : très ancien, né de la roche et du feu, tantôt pacifique et tantôt déchaîné, ni bon ni mauvais, il représente le paysage australien dans ses diverses humeurs. Le périple incessant du Nargun dans toute l'Australie l'amène à Wongadilla, immense bergerie appartenant à Charlie et Edie. Simon Brent vient vivre avec ses cousins après la mort de ses parents dans un accident de voiture. Il découvre alors la fureur du Nargun ; l'amusant Potkoorok, le magicien des marais ; les frêles et taquins Turongs qui vivent dans les arbres ; enfin, le sinistre Nyols qui se terre dans une grotte de la montagne. Tous sont décrits fidèlement aux récits populaires aborigènes.

Le Nargun n'appartient toutefois pas à cette région et sa présence est indésirable. Menaçant, imprévisible, il se dirige vers la maison où vivent Simon et ses cousins. Les habitants de Wongadilla élaborent un plan pour l'arrêter et ramener la paix, mais leur projet, inventif, est aussi dangereux. Un humour discret parcourt ce roman où humains et créatures mythologiques s'affrontent en permanence. La fin est violente mais des plus satisfaisantes.

Le style de Wrightson est si éloquent que son monde fantastique semble bien réel. L'édition de 1988 est accompagnée de superbes illustrations de Robert Ingpen. Elles renforcent l'atmosphère si particulière de ce livre et reflètent fidèlement la beauté des paysages australiens. **BA**

Autres grands récits fantastiques

Les Chroniques de Prydain, Lloyd Alexander (p. 566)
Farenheit 451, Ray Bradbury (p. 777)
Les Portes du temps, Susan Cooper (p. 830)

12+

Le Voyage du négrier

Paula Fox   Eros Keith

Titre original *The Slave Dancer*, 1973
Nationalité États-Unis, 1923
Édition française Hachette jeunesse
Thèmes aventure, roman historique

Dans ce roman poignant, Jessie Bollier est enlevé et emmené à bord d'un vaisseau négrier. Entre l'instant où une toile est jetée sur sa tête dans une ruelle de la Nouvelle-Orléans jusqu'à son arrivée sur les côtes cubaines après le naufrage du *Moonlight*, Jessie lutte pour survivre à l'infâme trafic dont il est la victime. L'histoire se passe à une époque où le commerce des esclaves était interdit en Europe mais se pratiquait toujours aux États-Unis. Pour échapper aux diverses lois, le *Moonlight* doit sans cesse changer de pavillon.

Arraché à sa famille, Jessie cherche à conserver le respect de soi et à trouver parmi l'équipage quelqu'un en qui il puisse avoir confiance, mais les hommes sont dégradés par le travail et leur brutalité réciproque n'a d'égale que leur manière de traiter les esclaves. Jessie joue du fifre pour faire danser les esclaves que l'on monte sur le pont, enchaînés, mais au moment où il compatit avec leur sinistre destin, il découvre avec horreur que lui aussi les hait : « Je voudrais qu'ils soient tous morts ! Ne plus les entendre ! Ne plus les sentir ! Ne rien savoir de leur existence ! »

Jessie se rachète en aidant un petit esclave, Ras, dans le naufrage du *Moonlight*. Son expérience de l'esclavage le marquera à vie. Ce roman a contribué à la réputation de Paula Fox en montrant sans concession aucune comment l'être humain peut survivre dans les pires conditions. **CB**

The Friends

Rosa Guy

Nationalité États-Unis, 1925
Édition Holt, Rinehart & Winston, États-Unis, 1973
Thèmes famille, amitié, école

Calvin, père ambitieux, a fait venir à New York Phyllisia, 14 ans, et sa famille. Le livre raconte l'histoire trouble de son adolescence et décrit comment la pauvreté et les conflits sociaux de la communauté afro-américaine se reflètent de façon tragique dans ses amitiés et sa vie familiale.

Le roman débute en été, dans une salle de classe étouffante où les frustrations et les tensions d'une femme professeur blanche et de ses élèves noirs menacent à tout instant d'éclater. C'est ensuite l'automne et l'hiver dans le petit appartement familial où la mère de Phyllisias est en train de mourir du cancer. Consciente qu'elle est en train de devenir une jeune femme, Phyllisias se lie d'amitié avec la rude mais généreuse Edith, dont le père a disparu et le frère a été tué par la police, qui lutte pour la cohésion de sa famille en effectuant des tâches domestiques sous-payée.

Le style de Rosa Guy mêle adroitement la cadence caribéenne à la poésie sauvage des rues d'Harlem et à la langue de la Bible. Phyllisia comprend dans la douleur qui elle est et qui sont les autres. Elle découvre peu à peu que son ^père, vantard et parfois violent, n'est ni le grand homme qu'il prétend être ni un être cruel et irréfléchi. Son amitié avec Edith lui montre aussi qu'elle a sans s'en rendre compte adopté bien des idées de son père. **CB**

Livre de Rosa Guy traduit en français

Musique d'été

Les Portes du Temps – 2

Susan Cooper   Alan E. Cober

12+

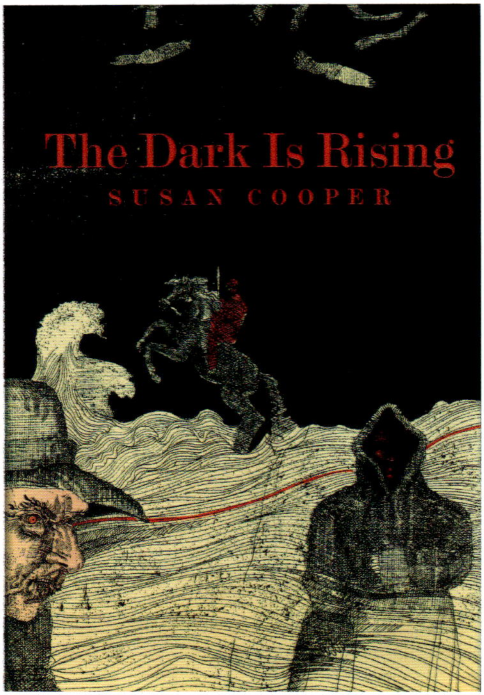

Titre original *The Dark is Rising*, 1973
Nationalité Angleterre, 1935
Édition française multiples éditeurs
Thèmes fantastique, mythes et légendes

Les Portes du temps : À l'assaut des ténèbres est le deuxième volume d'une série composée de cinq romans. Cette histoire est empreinte de magie et de légendes arthuriennes et celtiques. Cela commence comme un conte de Noël : le ciel est gris et un jeune garçon attend la neige avec impatience. Il s'inquiète parce que ses lapins semblent effrayés et se demande qui est cette étrange créature bossue aperçue derrière un arbre..

Pour son onzième anniversaire, Will a bien de la neige, mais il se retrouve dans un monde antique, encerclé par le mal. Will est le septième fils d'un septième fils et sa vie se déroule en parallèle avec celle des Grands Anciens qui doivent aider les forces de la Lumière à vaincre les Ténèbres. Il doit suivre son instinct, apprendre à qui faire confiance, mettre à profit ses dons et échapper à ceux qui veulent le dominer.

Over Sea, Under Stone, premier volume de la série, présentait les personnages de Simon, Jane et Barney, engagés dans la même lutte que Will et guidés par leur mystérieux grand-oncle, Merriman, une sorte de Merlin qui est aussi le mentor de Will. *Les Portes du temps : À l'assaut des ténèbres* peut être lu le premier car il explore le monde mythique de l'Angleterre, mais aussi la nature humaine et l'ambiguïté de chacun.

L'histoire de Will permet aux enfants de croire en l'existence des mythes et à comprendre l'origine du Mal. Il ne vient pas seulement des préjugés et de la haine, mais aussi de l'incapacité des gens à prendre leurs responsabilités. **GB**

« Le ciel était uniformément gris d'une neige qui refusait de tomber. Toute couleur avait disparu. »

Autres livres de Susan Cooper

La Leçon de natation
L'Enfant contre la nuit

La Guerre de Fanny

Nina Bawden

Titre original *Carrie's War*, 1973
Nationalité Angleterre, 1925
Édition française L'École des loisirs
Thèmes famille, guerre, classiques

L'action se passe pendant la Seconde Guerre mondiale mais les mésaventures des héros ne peuvent que parler aux lecteurs contemporains. Fanny et son frère Nick sont évacués de Londres et mis à l'abri dans un petit village du pays de Galles. Ils regrettent leur foyer et ont du mal à s'adapter aux exigences de leur hôte, M. Evans, un commerçant sévère et pingre.

Leur seule consolation est d'être ensemble et de fréquenter Lou, la sœur opprimée d'Evans. Ils se font bientôt d'autres amis : Hepzibah Green, gouvernante d'une autre sœur d'Evans, madame Vatolly, et Albert, un enfant évacué comme eux. Les récits d'Hepzibah enflamment l'imagination de Fanny qui peu à peu reconstitue l'histoire de la famille d'Evans. Fanny et Nick font désormais partie de la vie du village et le lecteur voit vivre la petite communauté à travers le regard des deux enfants.

Au fil de ce récit tendre et subtil, Fanny mûrit et apprend à ne pas tirer de conclusions trop hâtives devant le comportement d'autrui. Elle commence même à partager certains points de vue de M. Evans et à comprendre sa lassitude et son désespoir ; parallèlement, la passivité de Lou l'exaspère. Elle quittera le village, convaincue d'avoir mal agi en soutenant Hepzibah après la mort de madame Vatolly. L'histoire s'achève 30 ans plus tard, quand Fanny revient au village avec ses propres enfants. **GB**

M. C. Higgins

Virginia Hamilton

Nationalité États-Unis, 1936
Édition MacMillan,
États-Unis, 1974
Thèmes famille, amitié

Virginia Hamilton est l'écrivain pour la jeunesse le plus célèbre de sa génération. Ce roman, l'un de ses premiers, reçut de nombreuses récompenses. *M. C. Higgins, the Great* est l'histoire d'un jeune garçon qui vit avec sa famille sur le flanc d'une montagne de l'Ohio. Ses parents travaillent à la ville tandis que sa sœur, ses frères cadets et lui-même mènent une existence insouciante, chassant, nageant et passant du temps avec leur ami à six doigts, Ben Killburn. Perché sur une selle de vélo tout en haut d'un poteau en acier de plus de 10 mètres de haut, M. C. scrute le royaume familial, établi ici depuis que sa grand-mère, Sarah, s'y installa après avoir arraché ses enfants à l'esclavage. La propriété des Higgins est à présent menacée par des travaux miniers au sommet de la montagne et une décharge qui menace à tout instant de s'écrouler.

L'amitié de M. C. et de deux nouveaux venus est au cœur de l'histoire. Le premier est un collecteur de chansons populaires. Le second est une fille ouverte à toute expérience, à l'opposé de la vie bien rangée de M. C. Personnages attachants, lieux uniques et culture populaire américaine, noire surtout, animent ce roman dont le style a toutes les qualités d'une conversation de haut niveau. La plume de Virginia Hamilton sait rendre à la fois séduisant et lumineux un univers on ne peut plus réaliste. **CB**

Livres de Virginia Hamilton traduits en français

Quand les hommes savaient voler **(p. 329)**

Personne ne peut changer sa famille

Louise Fitzhugh

Titre orig. *Nobody's Family is Going to Change*, 1974
Nationalité États-Unis, 1928
Édition française Gallimard Jeunesse
Thèmes famille, amitié

Dans *Harriet l'espionne* (1964), premier livre de Louise Fitzhugh, l'héroïne passe son temps à observer les autres et à reporter dans un carnet des remarques pas toujours flatteuses. Les critiques furent partagées : manière satirique de camper les personnages pour certaines, vision amère pour d'autres.

Avec *Personne ne peut changer sa famille*, on entre dans l'esprit d'Emma Sheridan qui raconte avec ses propres mots ses relations avec un père dominateur et une mère plutôt soumise. Emma est une fille brillante qui n'aime pas l'injustice, surtout quand son père refuse à Willie, son frère plein de talent, de mener une carrière de danseur. Frustrée par des parents qui affirment qu'elle s'épanouira dans la maternité et le mariage alors qu'elle veut devenir avocate, elle prend ardemment la défense de Willie et entre dans une organisation secrète d'enfants en lutte contre les abus parentaux.

Avec un humour incisif digne des meilleures comédies américaines, ce roman pose le problème des droits de l'enfant et des rôles stéréotypés attribués aux deux sexes. Les discussions entre parents et enfants alternent entre le désespoir et la farce quand Emma se met à plaider comme au tribunal. C'est un personnage fascinant, perspicace, aussi peu sûre d'elle qu'elle est pleine de ressources, décidée à affirmer sa personnalité. C'est parmi des filles de son âge qu'elle se fera des amis, même si elle se rend compte que ses parents ne la comprendront jamais. **CB**

The Trouble with Donovan Croft

Bernard Ashley Fermin Rocker

Nationalité Angleterre, 1935
Édition Oxford University Press, Grande-Bretagne, 1974
Thèmes famille, amitié, école, aventure

Le petit monde douillet de Keith Chapman est chamboulé le jour où ses parents décident de recueillir chez eux Donovan, un jeune Jamaïcain dont la mère est rentrée au pays et dont le père ne peut à la fois travailler et s'occuper de son fils. Donovan souffre tellement de l'absence de sa mère qu'il ne parle plus. La présence d'un muet volontaire dans la maison est difficile à supporter et les choses empirent quand Donovan devient à l'école la tête de turc. Elles s'améliorent toutefois avec l'arrivée du père de Donovan, qui voit son fils empêcher Keith de se faire écraser par une voiture en lui criant de faire attention – les premiers mots prononcés depuis longtemps. Donovan va lentement réapprendre à parler et l'espoir semble renaître.

Bernard Ashley est enseignant et écrivain : à ce titre, il connaît bien l'univers des enfants, à l'école comme à la maison. Il sait par expérience que les jeunes lecteurs n'aiment pas qu'on leur fasse la morale. Les personnages racontent leurs propres histoires à travers leurs propres gestes et leurs conversations. Grand amateur de football, Keith est un gentil garçon mais pas un saint : il refuse d'être exclu par ses amis lorsqu'ils commencent à s'en prendre à Donovan. Il n'empêche qu'il met un point d'honneur à protéger ce dernier qu'il apprend à connaître malgré le manque de communication. Appel à la tolérance et à la compréhension mutuelle, ce roman est brillant et haletant. **NT**

12+

Kire Ütött ez a Gyerek?

Éva Janikovszky   Lázsló Réber

Nationalité Hongrie, 1926 et 1920
Édition Móra Könyvkiadó, Hongrie, 1974
Thèmes famille, adolescence

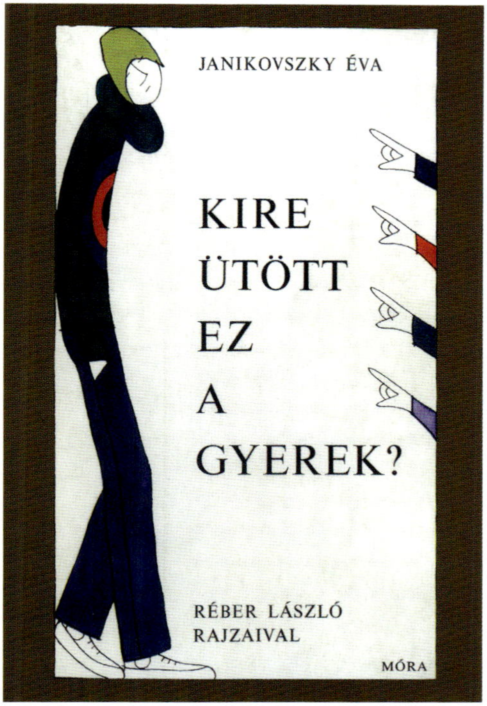

Le héros de ce livre dont le titre signifie « Qui s'occupe de cet enfant ? » est un adolescent lunatique, jadis considéré comme « doux et docile » par ses parents, mais aujourd'hui assez gauche, un vrai mystère pour les adultes. Ce livre charmant veut faire comprendre aux adolescents qu'ils ne sont pas seuls tout en rappelant aux adultes ce qu'est être jeune.

Éva Janikovszky est l'un des meilleurs écrivains hongrois pour la jeunesse. Couronnée par un prix littéraire allemand en 1983, elle a vu ses livres traduits dans 35 langues. En dehors de son pays d'origine, son ouvrage le plus connu est *Si j'étais grand*, où un enfant pense qu'il vaut mieux être adulte et responsable plutôt que de s'entendre dire ce qu'il convient de faire. Dans un autre roman, l'enfant en vient à comprendre que les autres ne sont pas là uniquement pour le satisfaire et se rend compte que rendre son entourage heureux est un bonheur en soi.

L'œuvre de Janikovszky tourne autour des relations complexes entre enfants et parents, grands-parents ou encore oncle et tante. Elle crée un univers unique dans lesquels les événements quotidiens sont toujours vus à travers le regard d'un enfant ; en cela, elle sape bien souvent l'autorité des adultes. Le charme des livres d'Éva Janikovszky tient en partie aux illustrations de son complice de toujours, Lázló Réber. Simples et pleins d'humour, comme on le voit sur la couverture de l'édition hongroise de ce livre, ils témoignent parfaitement de ce qu'un adolescent peut éprouver en entrant dans l'âge adulte. **HJ**

« Je suis grand et cinglé, désinvolte et disgracieux. »

Livre d'Éva Janikovszky traduit en français

Ça n'arrice qu'à lui
Moi, j'ai de la chance
Si j'étais grand
Réponds gentiment, mon petit

12+

La Guerre des chocolats

Robert Cormier

Titre original *The Chocolate War*, 1974
Nationalité États-Unis, 1925
Édition française L'École des loisirs
Thèmes école, aventure

Dans un placard d'un lycée catholique, un poster vient illustrer une citation bien connue du poète T. S. Eliot : « Oserai-je perturber l'univers ? » Le poster en question appartient à un adolescent du nom de Jerry Renault et la question fondamentale qu'il pose est au cœur de ce roman de Cormier virulent et controversé. Le lycée catholique qu'il fréquente est répressif et autoritaire, dirigé en théorie pendant l'absence du principal par le tyrannique frère Léon, mais en réalité par une « société secrète » d'élèves.

On se rend rapidement compte que l'élément le plus dérangeant de ce livre est l'affrontement permanent entre adultes et les enfants. La société secrète est dirigée par un certain Archie Costello dont la corruption et la cruauté n'ont rien à envier à celles de frère Léon.

Désigné comme victime potentielle par Archie et sa secte, Jerry refuse de participer à la vente de charité annuelle du lycée. Il résiste un temps mais son statut de héros est vite réduit à néant suite à un déferlement de violence psychologique et physique. L'humiliation ultime est le fait d'Emile Janza, la petite brute la plus célèbre de l'établissement scolaire. Le lecteur est alors obligé de s'interroger sur le lourd prix que doit payer quiconque veut « oser perturber l'univers », que ce soit au lycée ou dans le cadre plus vaste de la société. C'est une histoire d'une noirceur surprenante, inscrite dans un monde tout aussi sinistre. **RD**

12+

Twopence a Tub

Susan Price

Nationalité Angleterre, 1955
Édition Faber & Faber, Grande-Bretagne, 1975
Thèmes roman historique, famille, amitié

Le deuxième roman de Susan Price est l'un des rares ouvrages de littérature enfantine britannique à évoquer les tensions du monde industriel. Il s'inspire sans doute de la mémoire populaire de la communauté où grandit l'auteur et raconte une grève des mineurs de charbon dans le « pays noir » anglais du XIXe siècle.

L'auteur emprunte le point de vue des mineurs pour décrire avec compassion la pauvreté et les conditions de vie déplorables d'une famille et d'une communauté qui, confrontées à tant de difficultés, pourraient facilement basculer dans la violence. La grève est vue à travers le regard de Jek qui constate avec effroi comment les propriétaires de la mine dressent les mineurs les uns contre les autres et refusent tout compromis.

L'auteur brosse un tableau très convaincant d'un monde ouvrier où l'amitié, la dignité et la revendication des droits cohabitent avec l'ignorance, la peur et l'esprit de clan. La grève est un échec et le dernier chapitre raconte toute l'amertume de Jek. Le livre finit cependant sur une note d'espoir car le jeune homme fait la connaissance de Rachel, fille d'un artisan de la ville voisine. L'intelligence et la calme détermination de la jeune fille font écho au courage et à l'impétuosité de Jek.

Susan Price est l'auteur de plusieurs romans de grande qualité où fantastique, surnaturel et cadre historique se marient toujours au réalisme social et émotionnel. **CB**

La Source enchantée

Natalie Babbitt

Titre original *Tuck Everlasting*, 1975
Nationalité États-Unis, 1932
Édition française Flammarion
Thèmes fantastique, famille, classiques

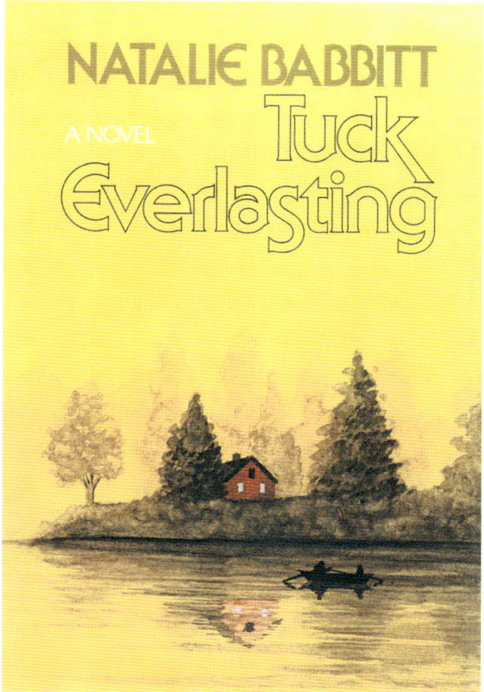

12+

La source dans les bois détient-elle le secret de la vie éternelle ? La famille Tuck en est persuadée. Quand Willie la fugueuse découvre la source par le plus grand des hasards, elle est éblouie par la vision de Jesse Tuck qui se trouve non loin de là. Winnie suit avec enthousiasme les Tuck dans leur « fantasme », puis le doute s'insinue et la pousse à rentrer chez elle. Un soir, Jesse emmène Winnie au bord du lac et lui explique ce que l'on éprouve à avoir en permanence 17 ans et à ne vieillir jamais.

Un homme inconnu vêtu d'un costume jaune a entendu les Tuck parler à Winnie du secret de la source. Il essaye d'enlever Mae et ne la rendra à sa famille que si celle-ci accepte de lui vendre les bois. Son projet tourne court quand Mae le tue pour ne pas prendre le risque de le voir exploiter le secret de la source et réduire sa famille à néant.

Mae est jetée en prison en attente de son procès et sa condamnation à mort certaine par pendaison, mais la famille Tuck et Winnie échafaudent un plan destiné à la faire évader. Avant cela, Jessie donne à Winnie une bouteille d'eau qu'elle boira quand elle aura 17 ans afin qu'ils soient à tout jamais ensemble. Winnie choisit de ne pas la boire parce que le mari de Mae lui explique que « tout ce qui vit doit changer » et que les Tuck se contentent d'« être ».

C'est une histoire fantastique profonde, parfois très sombre, propre à la réflexion et à la discussion avec ses proches. **JF**

« Pour Mae Tuck et son mari, Miles, tout était exactement pareil depuis 97 ans. »

Autres livres de Natalie Babbitt

Les Yeux de l'Amaryllis
Dix histoires de diable
Le Mugigruff
Tom et Lola

Chassy s'en va-t'en guerre

Robert Westall John Williamson

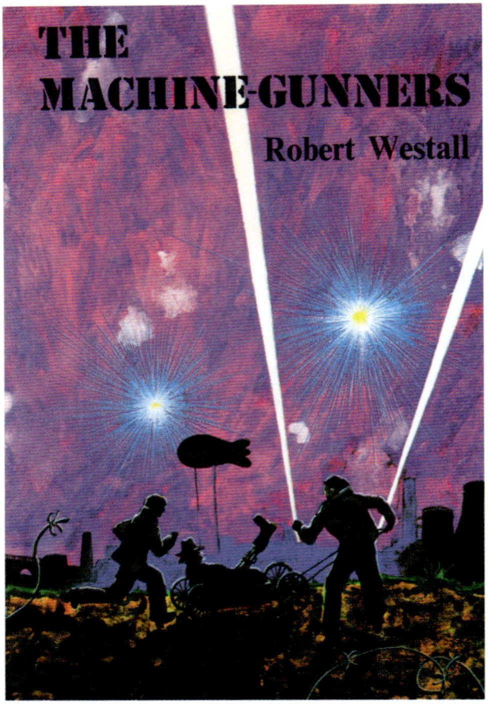

Titre original *The Machine Gunners*, 1975
Nationalité Angleterre, 1929
Édition française éditeurs multiples
Thèmes roman historique, école, guerre

Chas McGill, écolier passionné par tout ce qui touche à la guerre, trouve un jour une mitrailleuse dans l'épave d'un avion allemand. Tandis que les adultes sont préoccupés par les bombardements nocturnes, Chas et sa bande volent l'arme et l'installent en même temps qu'un campement dans le jardin d'une maison bombardée.

L'invasion est apparemment imminente. La façon dont les camarades de Chas supplantent les adultes et leurs questions donne une certaine plausibilité à leurs exploits. Même quand la bande fait prisonnier et enferme un sergent de la Luftwaffe, le récit donne une explication logique et émotionnelle à ses tentatives d'évasion, infructueuses par ailleurs. Les hiérarchies bien établies et le confort domestique ont été réduits à néant par la guerre, mais dans leur campement, les enfants se soutiennent et reconstituent une sorte de famille. Ils seront cependant découverts : la pension en attend certains tandis que d'autres vont se retrouver en orphelinat.

Westall se refuse à donner une fin heureuse à cette histoire. Unique consolation, certains parents reconnaissent le « cran » de leurs enfants, tandis que la défense civile admire l'ingéniosité de leurs installations. La force du livre réside dans son réalisme, mais aussi dans la structure du récit où alternent voix et décors différents. La maîtrise du sujet, les tensions et les personnages sont très représentatifs de l'œuvre de Westall. **KA**

« La mitrailleuse était encore là, accrochée à sa tourelle, étincelante et noire. »

Autres livres de Robert Westall

La Tête haute
Le Fantôme de Noël
La Guerre au fond des yeux
Le Vagabond de la côte
The Scarecrows (p. 851)

12+

Un petit cochon de poche

Nina Bawden — Charles Lilly

Titre original *The Peppermint Pig*, 1975
Nationalité Angleterre, 1925
Édition française L'École des loisirs
Thèmes famille, roman historique, amitié

Dans l'Angleterre de la fin du XIXe siècle, voici l'étonnante histoire de Poll et de sa famille. Son père perd son emploi après avoir endossé un crime qu'il n'a pas commis, dans le seul but d'empêcher son employeur de découvrir que le criminel est son propre fils. La mère de Poll et les enfants doivent quitter leur maison pour aller vivre chez leurs tantes, dans la campagne du Norfolk, tandis que le père rejoint son frère en Amérique pour y tenter sa chance.

Poll recherche son frère, Theo, qui bien que plus âgé qu'elle, est de taille assez petite. Theo fait preuve de courage et d'ingéniosité, et réussit à battre la brute du village. Poll trouve en Annie une amie « peu digne d'elle », comme le dit sa mère, et manque de mourir après lui avoir rendu visite.

Le cochon du titre est le plus petit de la portée. Domestiqué, il devient cependant trop gros et connaît un triste destin que Poll a beaucoup de mal à accepter. Les sœurs de son père, toutes les deux enseignantes, aident la famille à bien des égards, tandis que la mère ravale sa fierté et cherche un emploi de couturière. Curieusement, la pauvreté de la famille est quelque peu cachée au lecteur, autant qu'elle l'est à Poll.

Ce sont les petits détails de la vie quotidienne qui rendent si convaincante cette histoire, mais l'élément capital et sous-jacent, c'est la force de l'unité familiale, même en l'absence du père. Poll grandit au cours du roman mais elle est toujours protégée par l'amour des siens. **JF**

Alerte au plateau 10

Monica Hughes — G. Humpreys

Titre original *Crisis on Conshelf Ten*, 1975
Nationalité Angleterre/Canada, 1925
Édition francophone (Belgique) Duculot
Thèmes aventure, fantastique, science-fiction

An 2005. Les humains vivent depuis plusieurs années sur la lune (ou plutôt « Lune », comme on l'appelle communément). La petite colonie d'origine a évolué en une société originale, avec ses rêves bien à elle, et un courant d'opinion incite les Nations Unies à lui donner le droit à l'autodétermination. Kepler Masterman, 15 ans, premier enfant né sur Lune, accompagne son père, le chef de Lune, sur Terre pour y plaider sa cause. Hélas, il réagit assez mal à la gravité de notre planète et doit aller passer la fin de son séjour avec des cousins dans une colonie sous-marine. C'est là que l'aventure commence vraiment.

Alerte au plateau 10 décrit un univers sous-marin gangrené par les intrigues et la dissidence, où le jeune narrateur est impliqué non pas dans une mais bien dans trois luttes pour l'indépendance marquées par le terrorisme politique et la dénégation des minorités. Les loyautés sont mises à l'épreuve, les clivages souvent flous, la morale très relative et l'esprit de la guerre froide imprègne la colonie.

La description des relations internationales telles qu'on les perçoit depuis l'espace fait de ce livre un roman d'aventures, genre très prisé de l'auteur. Même si la conclusion est un peu simple après tant de bouleversements politiques, c'est un ouvrage riche que les retournements de situation et le caractère intemporel de l'action placent indubitablement parmi les meilleurs titres de la littérature pour la jeunesse. **GTS**

The October Child

Eleanor Spence   Malcolm Green

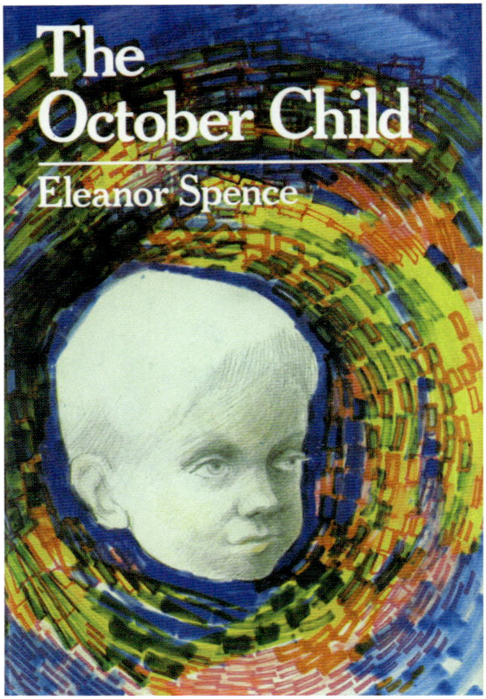

Nationalité Australie, 1928
Édition Oxford University Press, Grand-Bretagne, 1976
Thème famille

Peu de livres décrivent aussi bien le bouleversement d'une famille avec un enfant autiste. Comme l'a écrit un critique, Spence est connue pour « son étude sans concession des problèmes sociaux délicats ». Elle est bien placée pour décrire cette situation, ayant en effet enseigné plusieurs années à des enfants et des adolescents autistes. Il ne s'agit pourtant pas ici de l'étude d'un cas clinique. De façon convaincante et vivante, elle présente la famille Mariner, surtout Douglas, très proche de son frère autiste, Carl.

La maladie de Carl a contraint les Mariner à quitter leur entreprise d'une petite ville côtière pour s'installer à Sydney. La différence de mode de vie est une parfaite métaphore des mutations que connaît la famille. D'ordinaire, dans les romans pour adolescents, la présentation des parents n'est pas très précise, mais ils sont ici suffisamment décrits pour révéler la réaction des adultes dans de telles circonstances. Les pressions familiales écrasent la mère et le maintien de la paix familiale déprime le père : Douglas devient le soutien principal de Carl. Plus âgé, Kenneth projette de quitter le foyer tandis que la plus jeune, Adrienne, est scotchée devant la télévision. Les scènes les plus évocatrices montrent Carl, incapable de parler, en proie à des crises de fureur ou d'une étonnante sérénité. Le personnage de Douglas est bien dessiné et c'est par son regard que le lecteur observe Carl, comprend l'autisme et éprouve de l'empathie pour la famille Mariner. La fin est très réaliste : Douglas a trouvé le moyen d'aider Carl tout en s'adonnant à son goût pour la musique. **BA**

« Tu n'es pas mon frère, murmura Douglas, tu n'as jamais été mon frère ! »

Autre livre d'Eleanor Spence

Les Pionniers du bout du monde

12+

Le Chant du dragon

Anne McCaffrey

Titre original *Dragonsong*, 1976
Nationalité États-Unis, 1926
Édition française multiples éditeurs
Thèmes aventure, fantastique, science-fiction

Grand écrivain de fantastique et de science-fiction, Anne McCaffrey est surtout célèbre pour le cycle de la « Ballade de Pern » qui passionne ses lecteurs depuis des décennies. *Le Chant du dragon* est le premier de la trilogie consacrée à Harper Hall, les deux autres titres étant *La Chanteuse-dragon de Pern* et *Les Tambours de Pern*. La planète Pern forme le cadre de tous les ouvrages. Le jour où des spores mortelles s'abattent sur elle, seuls les dragons, aidés de leurs cavaliers humains avec qui ils ont des relations télépathiques, réussissent à les détruire en crachant du feu.

La trilogie d'Harper Hall s'intéresse moins aux dragons que les autres livres et plus aux activités musicales de ce lieu de savoir, dédié à la recherche scientifique avant que la destruction programmée de la planète ne la renvoie à une phase moins technologique de son existence. L'adolescente Menolly est le personnage central : elle est douée pour la musique mais son entourage, dont ses parents, considère que ce n'est pas une activité très féminine. Elle s'enfuit de chez elle et doit surmonter seule les difficultés qu'elle rencontre. Elle sera enfin récompensée le jour où le maître-harpiste de Pern découvre son talent et en fait sa disciple.

L'auteur s'intéresse aux rôles assignés aux deux sexes et expose son propre amour de la musique, mais l'aventure et le suspense sont bien là, ainsi que cette évasion dans un montre « autre » qui plaît tant aux enfants et aux adolescents. **AK**

Une éducation sentimentale

Jane Gardam

Titre original *Bilgewater*, 1976
Nationalité Angleterre, 1928
Édition française Gallimard Jeunesse
Thèmes école, amour, amitié

Marigold, 17 ans, n'est pas prête à s'engager sur le chemin tortueux qui mène à l'amour et au-delà. Élevée dans une pension pour garçons dont son père, veuf, est le responsable des internes, elle est maltraitée par tous parce que faisant partie de l'institution. (Les garçons la surnomment « Bilgewater », déformation de « Bill's daughter », la fille de Bill.) Chérie par son père et l'infirmière, elle ne peut toutefois rivaliser avec la fille du directeur, aussi belle qu'expérimentée.

Dans sa propre école, l'introversion de Marigold l'isole de ses camarades jusqu'au jour où elle réussit brillamment le concours d'entrée à Cambridge. Inspirée des poètes Keats et Shelley, sa vision de l'amour romantique s'accorde mal avec la duplicité des garçons. Maquillage et nouveaux vêtements ne peuvent faire oublier sa timidité, et c'était une époque où Internet n'existait pas pour lui faire connaître des filles éprouvant les mêmes sentiments. Les lecteurs un peu plus jeunes que Marigold comprendront ses problèmes.

Deux événements lui permettront de se faire une place dans le monde : une visite humiliante à la riche famille de son premier amour, et une excursion idyllique avec des « âmes sœurs » n'ayant jamais été bien loin d'elle. Un certain nombre de coïncidences formeront une sorte de filet de sécurité au moment où Marigold fera le grand bond dans l'inconnu. Le message du livre est clair : il ne faut pas juger selon les apparences, ne pas s'en tenir aux préjugés et surtout se fier aux vieilles connaissances. **GB**

Tonnerre, entends mon cri

Mildred D. Taylor   Jerry Pinkney

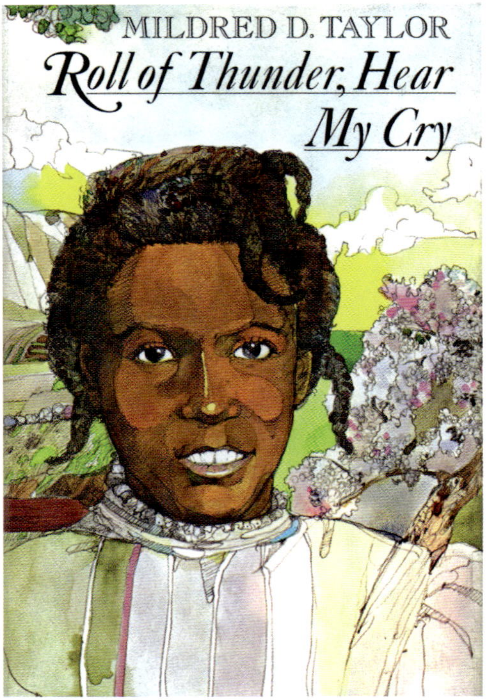

Titre original *Roll of Thunder, Hear My Cry*, 1976
Nationalité États-Unis, 1943
Édition française La Farandole
Thèmes famille, roman historique

« Un type est arrivé… pour me frapper, mais je ne laisserai personne avoir le dessus sur moi. »

Autres titres de Mildred D. Taylor

La Cadillac d'or
Le Puits
Restons unis ! tome 1
Restons unis ! tome 2

Ce grand roman historique traitant de la ségrégation s'inspire de la propre histoire de la famille afro-américaine de l'auteur. L'action se passe pendant la crise économique des années 1930, dans le Mississippi rural où Cassie Logan et sa famille subissent chaque jour les préjugés et la discrimination raciale. Ils connaissent bien des difficultés mais en ressortent chaque fois plus sages et plus heureux car ils ont appris une chose : peu importe ce qui arrive, personne ne peut prendre à une famille son courage et sa fierté.

La terre joue un rôle capital dans cette famille : elle la possède (alors que la plupart des membres de leur communauté sont de simples employés), la travaille et en vit. Comme le père de Cassie le lui dit un jour : « Écoute, ma Cassie, tout cela t'appartient. Tu n'as jamais vécu que chez toi et tu n'auras jamais à partir tant que je serai là et que la famille survivra. C'est important. Un jour, tu me comprendras. »

L'histoire se déroule sur douze mois plutôt agités et raconte comment Cassie et sa famille sont confrontées à toutes sortes d'épreuves : attaques, maladie, problèmes financiers, lynchage ou encore trahison. Les leçons de la vie sont dures à avaler : Cassie découvre le racisme, à travers les agissements des cavaliers qui frappent la nuit, mais elle survit et devient plus forte.

D'autres romans de Mildred D. Taylor sont consacrés à la saga de la famille Logan : c'est le cas de *Restons unis !* et d'autres ouvrages qui n'ont hélas pas été traduits en français. **KD**

First of Midnight

Marjorie Darke Anthony Morris

Nationalité Angleterre, 1929 (aut.) ; (ill.)
Édition Kestrel Books, Grande-Bretagne, 1977
Thèmes aventure, roman historique

Ce roman dont l'action se situe en 1797 raconte l'histoire très forte de deux esclaves, un Noir et un Blanc. L'Africain Midnight vivait dans une plantation sucrière où il a appris à lire et à écrire, mais le voici vendu au capitaine Meredith, un marchand d'esclaves anglais. Jess, 17 ans, orpheline travaillant à l'atelier, a été vendue plusieurs fois au cours de sa courte existence. Après s'être enfuie habillée en garçon, Jess rencontre Midnight quand ils sont embarqués sur le même bateau.

Après une réunion des actionnaires de la société propriétaire du bateau de Meredith et du représentant de la compagnie d'assurance dans la maison des Jarman où Jess travaille, Midnight est sauvagement frappé mais Jess va le soigner. Elle le cache dans les écuries d'Harriet Jarman. Midnight apprend à se battre et peut acheter son retour en Afrique, mais Jess et lui comprennent que la jeune fille ne pourrait survivre sur ce continent si elle l'y accompagnait.

La sauvagerie du commerce des esclaves et le caractère pitoyable des trafiquants ont pour cadre les docks de Bristol. Le langage des personnages peut paraître ardu au premier abord mais les descriptions rendent la lecture très agréable. **JF**

Livre de Marjorie Darke traduit en français

Le Chien fantôme et autres nouvelles

Victor victorieux

Jan Mark

Titre original *Thunder and Lightnings*, 1976
Nationalité Angleterre, 1943
Édition française Gallimard Jeunesse
Thèmes aventure, fantastique

Andrew emménage dans le Norfolk, en Angleterre, loin de l'école qu'il détestait, et l'on comprend qu'il soit nerveux à l'idée d'entrer dans un établissement inconnu. Son nouvel ami, Victor, lui facilite la tâche tout en étant comme lui fasciné par les avions militaires qui survolent souvent le paysage. Malheureux à la maison auprès de parents stricts qui ne lui donnent aucune affection, Victor ne vit que pour les avions, en particulier les Lightnings. Il redoute le jour où ils seront remplacés par des Jaguars mais, aidé par Andrews, commence à accepter le caractère inéluctable du changement tout en se découvrant de nouveaux centres d'intérêt.

Le premier roman de Jan Mark est riche d'un style qui marquera tous ses autres livres. Les personnages sont définis par leurs propos et de nombreuses remarques comiques viennent détendre l'atmosphère. L'intrigue centrale est toutefois prise très au sérieux : le jeune Victor cherche à faire ressortir sa vraie personnalité en dépit du découragement et de la cruauté de ceux qui devraient le soutenir.

Le lecteur se réjouira de le voir enfin capable d'apprécier les souvenirs du passé tout en cherchant à vivre de nouvelles expériences. Émouvant, drôle et finement observé, ce roman apportera beaucoup à ceux contraints d'accepter le changement chez eux comme chez autrui sans pour autant oublier les moments et les souvenirs heureux de leur existence passée. **NT**

Les Chemins secrets de la liberté

Barbara Smucker Imre Hofbauer

Titre original *Underground to Canada*, 1977
Nationalité Canada, 1915 (aut.), Hongrie, 1905 (ill.)
Édition française Flammarion
Thèmes aventure, famille, roman historique

12+

Ce qu'on a appelé le « Underground Railway » était une filière clandestine permettant aux esclaves de fuir le Sud des États-Unis et de se réfugier au Canada. Julilly, 12 ans, est vendue et arrachée à sa mère ainsi qu'à la plantation où elle a grandi. Elle aboutit dans une autre plantation, dirigée par le cruel et vieux Sims : c'est là qu'elle rencontre Liza, qui a été fouettée et frappée à de nombreuses reprises au point d'en être handicapée.

Avant son départ, Sally, sa mère, avait révélé à Julilly l'existence d'un possible havre de paix : « Les esclaves parlent d'un endroit appelé Canada où la loi interdit l'esclavage ». Quand le Canadien Alexander Ross (personnage ayant réellement existé) arrive dans la plantation en se faisant passer pour un collectionneur d'oiseaux, Julilly décide de s'enfuir. Malgré ses blessures, Liza se joint à elle. Elles font des provisions et s'échappent pour aller trouver M. Ross.

S'échapper, voilà qui est plus facile à dire qu'à faire. Deux esclaves adultes également en fuite, Lester et Adam, sont repris mais les filles parviennent à échapper aux chiens et atteignent finalement le Canada après avoir été aidées par de braves quakers et M. Ross en personne. En suivant le tracé de la route joint au roman, le lecteur comprend toutes les difficultés du long voyage entrepris par les deux héroïnes.

Julilly et Liza s'arrêteront à St Catherine, dans l'Ontario, pour y découvrir que les préjugés gangrènent aussi ce pays, mais elles sont libres, enfin. Surtout, Sally est là pour les accueillir. **JF**

The Westing Game

Ellen Raskin

Nationalité États-Unis, 1928
Édition E. P. Dutton,
États-Unis, 1978
Thèmes aventure, policier

Après la mort subite de Samuel W. Westing – grand amateur d'échecs et fondateur de la ville de Westingtown, dans le Wisconsin, et de la Westing Paper Products Co. –, les seize occupants des Sunset Towers sont convoqués pour la lecture de son testament. Celui-ci établit les « règles du jeu ». Les seize personnes sont réparties en huit groupes, chacun détenant un des huit indices permettant d'élucider la mort de Westing. Les théories échafaudées par les participants sont plus fantaisistes les unes que les autres mais un groupe finit par réunir les pièces du puzzle et découvrir ce qui se trouvait sous leur nez depuis longtemps.

Sorte de version pré-adolescente du film *Gosford Park*, l'énigme centrale n'est qu'un prétexte pour montrer les interactions d'un groupe formé de personnages très divers. Les habitants des Sunset Towers forment un ensemble multi-ethnique composé de médecins, juges, restaurateurs ou enfants, mais la résolution commune du crime leur permet de surmonter leurs différences et d'apprendre à se respecter. Le prénom du défunt est Sam et il appelle ses héritiers « ses neveux et nièces » : il ne s'agit donc pas seulement d'une énigme policière mais d'un roman sur le « rêve américain » où l'action en commun constitue la meilleure façon d'hériter des valeurs de « l'Oncle Sam ».

Original et humoristique, *The Westing Game* est un pur plaisir, un roman que doit absolument lire tout jeune désireux de bâtir la société avec conviction. **SY**

Une caricature des Sunset Towers de l'Oncle Sam.

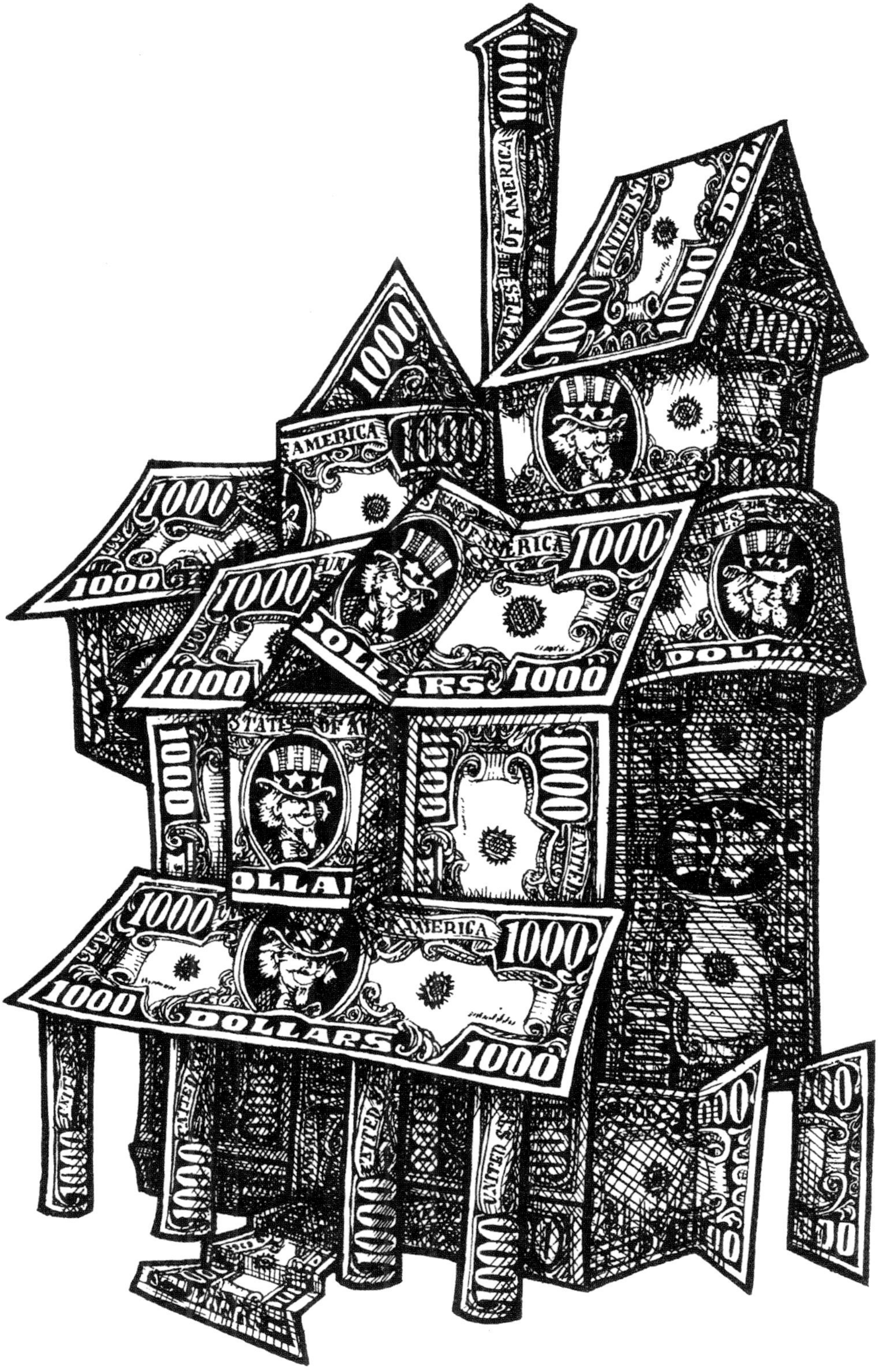
1000
OF AMERICA
UNITED STATES
AMERICA
DOLLARS

Valérie et Chloé : quatre saisons à New York

Deborah Hautzig

Titre original *Hey, Dollface*, 1978
Nationalité États-Unis, 1957
Édition française L'École des loisirs
Thèmes amitié, amour, maladie, mort

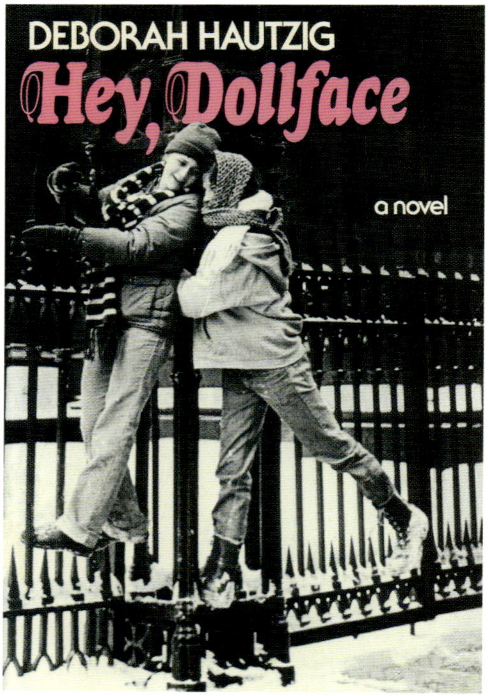

« Rite de passage » au féminin abordant les thèmes de la mort, de l'attirance pour le lesbianisme et de l'éveil sexuel, *Hey, Dollface* est le récit sous forme de journal intime de la vie quotidienne de Valérie Hoffman, nouvellement arrivée dans une école privée assez élitiste de New York. Contre l'arrogance des autres élèves, Valérie n'a qu'une amie, nouvelle elle aussi, Chloé Fox. Leurs relations très étroites les mènent à faire l'école buissonnière et à traîner dans les boutiques de mode et les cafés de Manhattan tout en parlant de leurs condisciples et surtout de la grande préoccupation adolescente que sont l'amour, le désir et la sexualité.

« Je ne crois pas avoir jamais dit à quel point Chloé était belle, mais belle comme personne d'autre. »

Après la mort subite du père de Chloé, les filles se rapprochent davantage et Valérie se rend compte que ce qu'elle éprouve pour Chloé va au-delà de la simple amitié. Elle a peur d'avouer ses sentiments à son amie qui risquerait de la rejeter, et elle sombre dans la dépression. À la fin du livre, toutes deux admettent leur attirance sexuelle mais décident de rester simplement amies.

Ce roman aborde avec bonheur les questions que se pose tout adolescent et insiste sur l'importance de l'amitié sans pour autant rejeter les conseils des parents et des personnes plus âgées. L'histoire doit sans aucun doute son authenticité au fait qu'elle fut publiée alors que Deborah Hautzig était encore étudiante au Sarah Lawrence College. Elle a depuis écrit plusieurs romans dont *Second Star to the Right* (1981) et plusieurs versions personnelles et originales de contes de fées classiques. **ML**

Autres titres sur l'éveil des sens

Kire Ütött ez a Gyerek ?, Éva Janikovszky (p. 833)
Ce que j'étais, Meg Rosoff
Ce que j'ai vu et pourquoi j'ai menti, Judy Blundell

Après la première mort

Robert Cormier

Titre original *After the First Death*, 1979
Nationalité États-Unis, 1925
Édition française L'École des loisirs
Thèmes aventure, adolescence, amitié, amour

La lycéenne Kate Forrester, 17 ans, emmène un groupe d'enfants d'âge préscolaire en colonie de vacances dans le Massachusetts, mais leur car est pris d'assaut par quatre terroristes armés. Intraitables, ils ne relâcheront leurs otages qu'en échange d'énormes sommes d'argent et de la libération de leurs camarades emprisonnés. La situation se détériore quand un enfant meurt par réaction allergique. Après une tentative d'évasion, Kate est étroitement surveillée par Miro qui, à 16 ans, est le plus jeune des ravisseurs. Même si leurs relations s'améliorent au fil des pages du roman, Miro se révélera impitoyable le moment venu. Parallèlement, nous voyons intervenir Ben, porteur de la rançon fournie par le général Briggs, chef d'une unité antiterroriste dont les ravisseurs exigent la suppression. L'histoire se terminera cependant de façon tragique. Blessé, Miro se prépare à de prochaines atrocités.

« Je te tuerai s'il le faut, Kate. Les ordres, depuis le début, c'est de te descendre. »

Cormier est un écrivain déterminé qui ne craint jamais d'aborder des thèmes provocateurs ainsi qu'on le voit dans *La Guerre des chocolats*, paru en France en 1985. Il n'éprouve pas de sympathie pour les ravisseurs, on s'en doute, mais présente leur point de vue et s'intéresse tout particulièrement à Miro. Attiré par Kate – une jeune fille à la fois belle, brave et bonne –, il ne cesse de s'interroger sur la valeur de la cause qu'il défend et comprend qu'il y a d'autres façons que le terrorisme d'atteindre le but politique qu'on s'est fixé. Écrit bien des années avant le 11-septembre, ce beau roman propose une vision de la mentalité terroriste plus intéressante aujourd'hui que jamais. **NT**

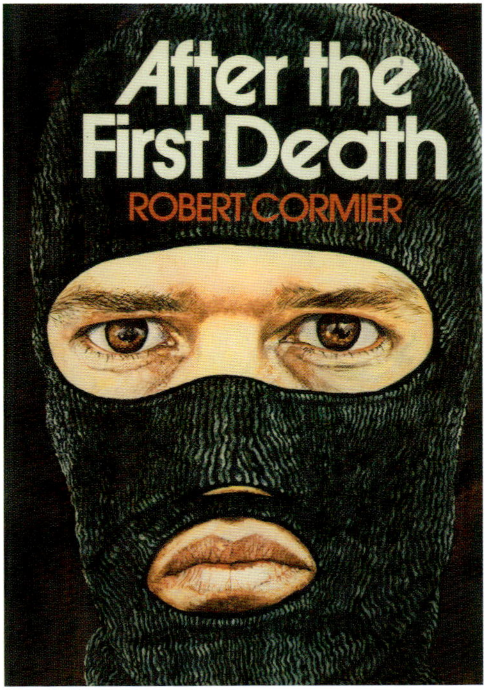

12+

Autres livres de Robert Cornier

À la brocante du cœur
La Balle est dans ton camp
En pleine nuit
Les Héros
Huit plus une

Tulku

Peter Dickinson

Nationalité Angleterre, 1927
Édition Gollancz, Grande-Bretagne ; Dutton, États-Unis, 1979
Thème aventure

Theodore, 13 ans, vit avec son père missionnaire dans une partie reculée de la Chine du XIXe siècle. Par une nuit d'horreur, l'assaut donné à leur maison par une bande de soldats chinois rebelles se traduit par la mort du père et la ruine de tous leurs projets.

En fuite, Theodore rencontre Mrs Jones, botaniste farfelue en route pour le Tibet avec d'autres voyageurs. Ce personnage entre deux âges au passé plus que douteux évite avec bonheur des repaires de bandits et parvient à franchir la frontière avec son groupe.

Peu après, ils rencontrent le vieux lama qui régit le monastère à coupole dorée de Dong Pe, quelque part dans les montagnes tibétaines. Theodore comprend qu'ensemble, ils détiennent la clef de la renaissance de Tulku, un maître spirituel attendu depuis longtemps pour asseoir sa suprématie sur le pays. Theodore se doit toutefois de revenir en Angleterre et d'y commencer une nouvelle vie.

Peter Dickinson est né en Afrique, mais a grandi en Angleterre. Journaliste, il travailla pendant 17 ans à Londres pour le célèbre magazine satirique *Punch*. De tous les écrivains pour la jeunesse, il est de ceux dont l'imagination est la plus fertile, et ce roman le montre sous son meilleur jour.

Sa description de la vie à la cour du lama est si vivante et si précise qu'on croirait lire un reportage. Théories botaniques du XIXe siècle et croyances tibétaines ne lui sont pas étrangères. Le livre est palpitant et regorge de nombreuses surprises jusqu'aux dernières pages. **NT**

L'Histoire sans fin

Michael Ende Roswitha Quadflieg

Titre original *Die unendliche Geschichte*, 1979
Nationalité All., 1929, 1928 (aut.), 1949 (ill.)
Édition française multiples éditeurs
Thèmes classiques, fantastique

Bastien Balthasar Bux est un nom qui ne peut appartenir qu'à un garçon extraordinaire. Il se prend toutefois pour un raté, et ses camarades pensent la même chose de lui. Ils ne cessent de se moquer de sa petite taille ou de son embonpoint. Il est de plus terriblement seul depuis la mort de sa mère.

Un jour, il trouve dans une librairie un livre relié en satin rouge (comme le vrai livre de Michael Ende) et décide de le voler. Il s'avérera plus tard que ce livre était censé le trouver, lui, pour qu'un enfant humain pénètre dans le monde magique du Pays fantastique et sauve la Petite Impératrice en proie à une étrange maladie. Bien avant de comprendre qu'il est le protagoniste du livre qu'il dévore, Bastien est de plus en plus passionné par les aventures qu'il découvre. Il parviendra finalement à entrer au Pays fantastique, à sauver l'impératrice, à lui donner un nouveau nom et à vaincre le Néant qui menace de détruire le pays imaginaire.

L'empathie que Bastien et l'impératrice éprouvent pour les habitants de ce pays magique se révèle positive dans les deux mondes parallèles. Dans le monde « réel », l'enfant prend confiance en soi et se rapproche de son père, qui s'était réfugié dans le travail après la mort de sa femme. Ende évoque de façon captivante un pays qui transcende le temps et l'espace tout en délivrant un message philosophique : une société sans imagination ni créativité ne peut perdurer et est condamnée à disparaître un jour ou l'autre. **CS**

12+

Les illustrations de Roswitha Quadflieg rappellent les manuscrits enluminés du Moyen Âge.

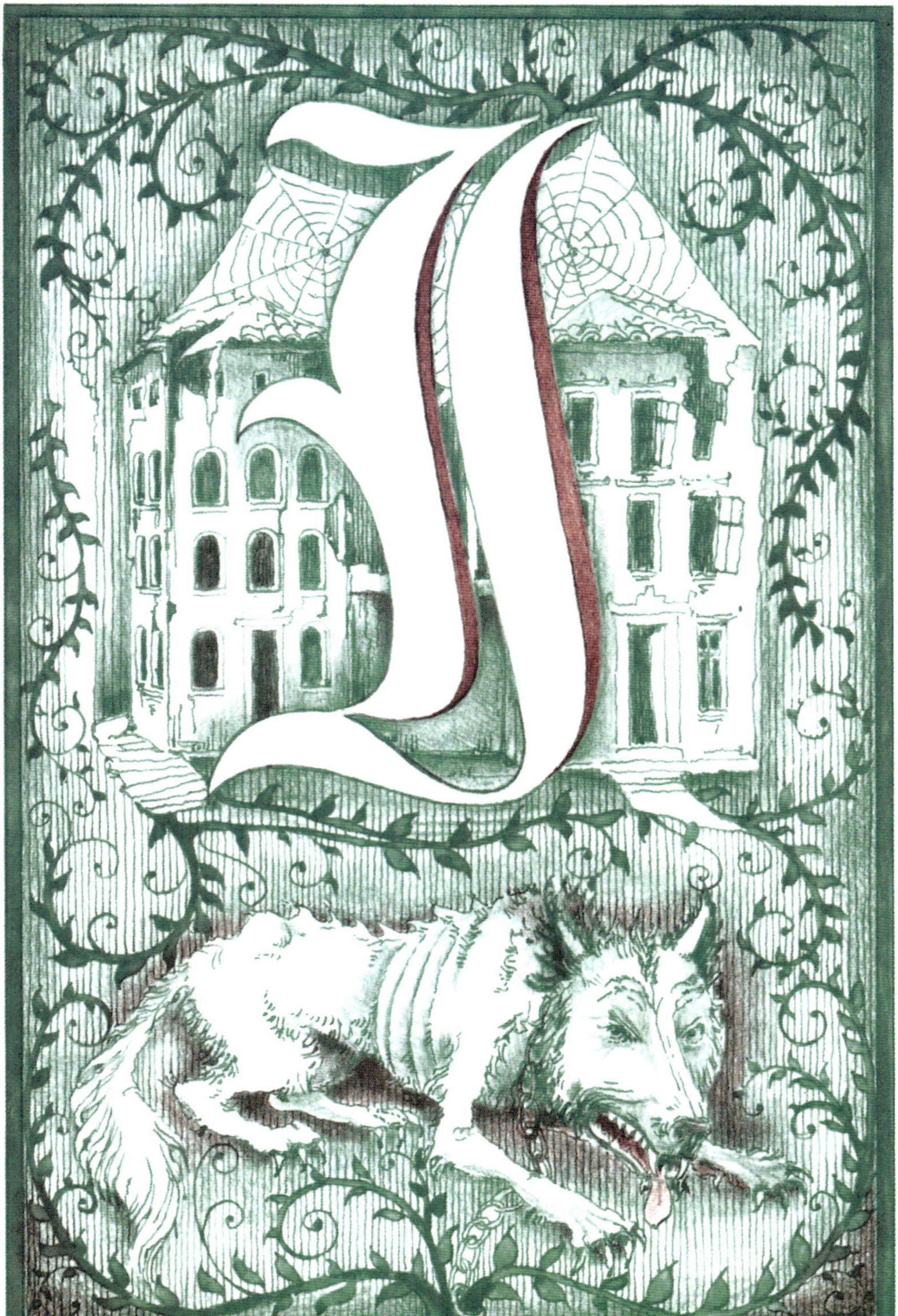

The Sentinels

Peter Carter

Nationalité Grande-Bretagne, 1929
Édition Oxford University Press, Grande-Bretagne, 1980
Thème roman historique

À l'âge de 15 ans, l'orphelin John Spencer apprend que son oncle a décidé de son avenir en le faisant entrer dans la marine de guerre britannique, plus spécialement dans une unité chargée de lutter contre l'esclavage en Afrique occidentale. Parallèlement aux aventures de John, le livre raconte les expériences de Lyapo, un Africain asservi, du capitaine et de l'équipage du *HMS Sentinel*.

La difficulté à commander qu'éprouve le capitaine Murray et la description de la vie dans les cales, dont la détérioration des réserves alimentaires, font que ce livre va au-delà des romans d'aventures maritimes traditionnels. La puanteur à l'ouverture des cales, les nuées d'insectes, la peur constante de la maladie, la dépendance à la mer et des maraudeurs… offrent un tableau très réaliste de la vie en mer dans les années 1840. Le commerce des êtres humains – avec des Africains vendant d'autres Africains – est montré dans toute sa cruauté. John connaît une expérience à la Robinson Crusoé quand il se retrouve sur une île déserte en compagnie de Lyapo. Les deux garçons apprennent chacun la langue de l'autre et se lancent dans des parties d'échecs acharnées. Le roman repose en partie sur des faits bien réels.

Issu d'un milieu modeste, Peter Carter travailla dans le bâtiment avant d'entrer à l'université d'Oxford et d'écrire des romans historiques. Il a voyagé en Europe, au Japon, en Amérique du Nord et au Proche-Orient, allant même jusqu'à traverser le Sahara. **JF**

12+

C'est encore loin, la maison ?

Cynthia Voigt   Sharon Scotland

Titre original *Homecoming*, 1981
Nationalité États-Unis, 1942
Édition française Flammarion
Thèmes famille, aventure

Dicey Tillerman est l'un des grands personnages de la littérature américaine pour la jeunesse. Elle apparaît pour la première fois dans *C'est encore loin, la maison ?*, le premier de sept romans de la série *Les Enfants Tillerman*. À 13 ans, elle doit veiller sur James, Sammy et Maybeth après que leur mère les a abandonnés sur le parking d'un supermarché. Ils quittent alors le Connecticut pour aller vivre chez une tante qu'ils n'ont jamais rencontrée.

Ils ont très peu d'argent, achètent des aliments à bas prix, attrapent du poisson et dorment à la belle étoile. Quand ils trouvent la maison de la tante, c'est pour apprendre que ses lettres sont fictives et qu'elle est morte depuis un certain temps. Sa fille, leur cousine Eunice, les aide parce qu'elle sent que c'est là son devoir, mais tout indique que cette petite famille se séparera bientôt.

Ils reprennent donc la route pour aller chez une grand-mère dans le Maryland. À leur arrivée dans une vieille ferme proche de la mer, Eunice et Dicey voient leurs personnalités s'opposer. Dicey trouve du travail pour prolonger leur séjour et montre aux siens que leur mère les aimait vraiment. Cette histoire émouvante n'est pas dénuée de suspense et d'humour.

Cynthia Voight est née dans le Massachusetts. D'abord secrétaire puis enseignante, elle se lança dans l'écriture à la naissance de son fils, Peter. Comme elle le dit : « J'apprécie presque tout ce que je fais parce que si ce n'est pas le cas, je ne le fais pas ! » **JF**

The Scarecrows

Robert Westall

Nationalité Angleterre, 1929
Édition Chatto and Windus, Grande-Bretagne, 1981
Thèmes famille, fantômes

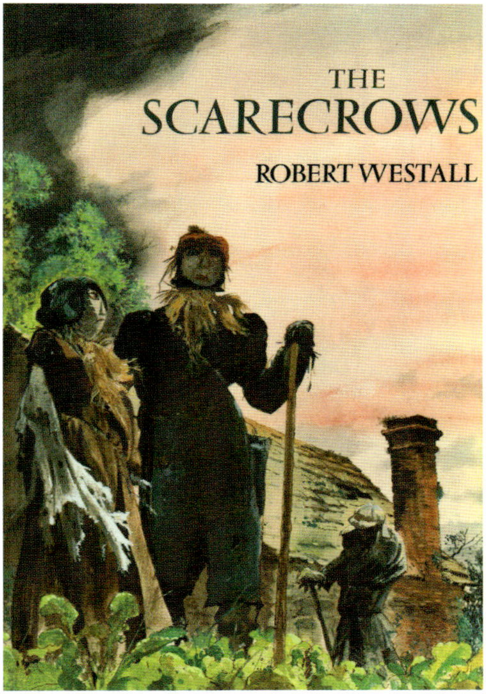

12+

Trois épouvantails veillent d'un air menaçant sur le champ de navets près duquel Simon a emménagé avec sa petite sœur, sa mère et le nouveau compagnon de celle-ci. Simon a 13 ans et il se sent très proche de son père défunt, omniprésent dans ses souvenirs sous la forme d'un héros militaire invincible. C'est aussi le seul à le comprendre. La colère et l'amertume s'emparent bientôt de Simon et une série d'incidents vont émailler sa vie, tant à l'école qu'à la maison.

Quand sa mère s'éprend de Joe, un artiste à succès, Simon se sent trahi. Près de la maison de Joe, Simon découvre un moulin en ruine plutôt étrange. Quand la maison et leur moulin révèlent leurs terribles secrets, Simon est possédé par ses propres démons mais aussi par ceux d'autrui. Les trois épouvantails incarnent alors de redoutables forces surnaturelles.

L'œuvre de Westall dépasse toujours les limites du roman pour adolescents. Comme son premier livre, *Chassy s'en va-t'en guerre*, *The Scarecrows* a choqué plus d'un lecteur. Très bien écrit et puissant, il est aussi direct et dérangeant. Les thèmes familiers de Westall sont tous là : la guerre (l'auteur était enfant pendant la Seconde Guerre mondiale), les forces inconnues, le surnaturel, les bâtiments présentant des caractéristiques humaines. Il se penche sur les sentiments intenses de colère et de trouble qu'éprouvent souvent les adolescents : la mort du fils de Westall dans un accident de moto y est sûrement pour quelque chose. Même si ce livre parle d'une tranche de la société britannique en 1975, ses idées toucheront facilement un lectorat contemporain. **AK**

« Couché dans un tunnel vert de feuilles de navet, il se releva péniblement et se retrouva dans la brume dorée du soleil levant. »

Autres histoires de fantômes

***Qui est à l'appareil ?*, Maria Gripe (p. 852)**
***The Owl Service*, Alan Garner (p. 807)**
***Le Rêve d'Anthéa*, Margaret Mahy**
***Le Maléfice*, Cliff McNish**
***Le Château de Hurle*, Diana Wynne Jones**

Une histoire étrange – 1

Maria Gripe

Titre original *Agnes Cecilia en sällson historia*, 1981
Nationalité Suède, 1923
Édition française Flammarion
Thèmes fantômes, famille, amitié

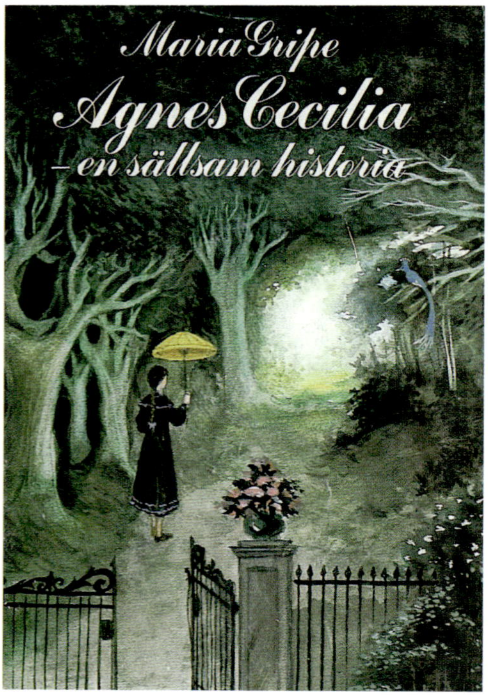

Ce livre de Maria Gripe est paru en France en deux tomes : *Qui est à l'appareil ?* et *Cécilia retrouvée*. S'il s'agit essentiellement d'une histoire de fantômes, ce qui reste après la lecture de *Qui est à l'appareil ?* n'est pas tant le souvenir d'une intrigue tendue, riche en suspense, que l'émotion que dégagent les personnages. Maria Gripe associe les événements surnaturels à un voyage émotionnel d'une grande sincérité.

Nora vit des choses étranges depuis qu'elle a emménagé avec sa famille adoptive dans un nouvel appartement. Par deux fois, elle a eu la vie sauve ; elle entend des pas et sent une présence dans sa chambre ; enfin, elle se voit offrir une superbe poupée – la Cécilia du titre – lors d'une série d'événements inexplicables. Elle doit résoudre le mystère de la présence étrange, associée à la perte de ses propres parents. En y parvenant, Nora éprouve un sentiment de paix nouveau tout en se faisant une nouvelle amie, par ailleurs associée à ses parents et au fantôme qui hante sa chambre.

« Elle le sentait dans l'air… cette atmosphère irréelle qu'elle ne réussissait pas à décrire. »

Le temps et l'espace semblent noyés dans un rêve. Le monde où évoluent les personnages est riche en possibilités surnaturelles. Au cœur de l'histoire, il y a le désir d'une orpheline d'être aimée et désirée. S'il est clair que sa famille adoptive prend bien soin d'elle, l'auteur montre que tous les enfants ne connaissent pas le même sort. La psychologie des personnages constitue le point fort de cette histoire : Maria Gripe parvient à faire croire à leur réalité tout autant qu'à la possibilité d'événements surnaturels. **RA**

Autres histoires étranges

Le Fantôme de Canterville, Oscar Wilde (p. 430)
L'Étrange Vie de Nobody Owens, Neil Gaiman (p. 704)

12+

Une île, rue des Oiseaux

Uri Orlev

Ce roman captivant dont l'action se passe à Varsovie en 1943 raconte l'histoire d'Alex, un enfant juif âgé de 11 ans. Le monde est en guerre. Sa mère a mystérieusement disparu et son père a été arrêté par les Allemands. Il reste seul dans le ghetto avec pour seule compagnie une petite souris blanche. Il ne comprend pas vraiment ce qui se passe autour de lui, mais se construit un abri dans un vieil immeuble de la rue des Oiseaux.

Comme son héros, Robinson Crusoé, Alex explore son environnement et accumule assez de nourritures et de vêtements pour survivre. Il apprend à se défendre et est assez brave pour aider autrui, même si cela met sa vie en péril. De son « île », il voit le ghetto mais aussi le monde de l'autre côté du mur, où les enfants vivent et jouent normalement. Il lui arrive de s'y aventurer en empruntant des passages secrets et des tunnels. S'il revient toujours au ghetto, c'est pour y attendre le retour de son père – dans une semaine, dans un an, peut-être.

« J'ai lancé une corde et remonté le paquet qui y était attaché. Il était plein de bonnes choses. »

Dans ce roman inspiré de la propre jeunesse de l'auteur, les sons et les images sont étonnamment réalistes : silence de la ville la nuit, crissement des pas dans la neige, tirs inattendus, découverte de bunkers secrets ou encore goût d'un vrai repas après des semaines de privation. C'est un livre d'aventures passionnant où la bravoure et le suspense sont présents à chaque page. **GFM**

Titre original *Ha-Ibi-Rehov ha Zipporim*, 1981
Nationalité Pologne/Israël, 1931
Édition française hachette Jeunesse
Thèmes guerre, roman historique

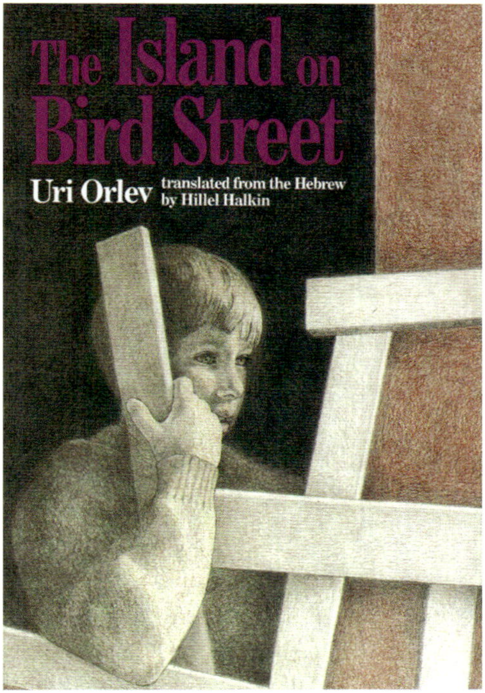

12+

Autres livres d'Uri Orlev

Baptiste et le Lion
Grand-mère tricot
L'Homme de l'autre côté
Cours sans te retourner
Le Chant des baleines

Journal secret d'Adrien, 13 ans ¾

Sue Townsend Caroline Holden

Titre original *The Secret Diary of Adrian Mole, aged 13 ¾*, 1982
Nationalité Angleterre, 1946 (aut.), 1954 (ill.)
Édition française multiples éditeurs
Thèmes famille, école, humour

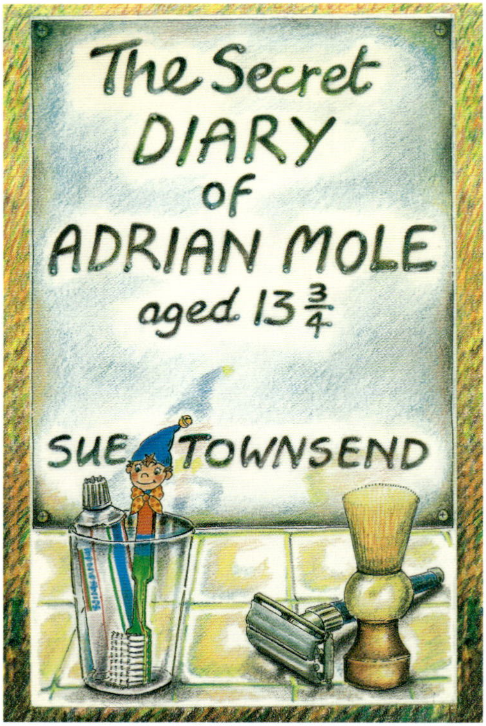

Autres titres consacrés à Adrian Mole

Les Aventures d'Adrian Mole, 15 ans
Adrian Mole, 23 ans ¾ : les années galère

12+

Depuis sa publication en Angleterre en 1982, Adrian Mole constitue un véritable phénomène. Le premier livre de la série rencontra un succès immédiat auprès des adolescents, des pré-adolescents et de leurs parents. Il raconte, avec des détails involontairement hilarants, les tribulations de l'adolescence d'Adrian.

Le Journal secret est la chronique de quinze mois d'angoisse existentielle de la vie du jeune diariste. Cela commence par ses bonnes résolutions à l'occasion du nouvel an 1981 : « Je ne commencerai pas à fumer [...]. J'arrêterai de percer mes boutons [...]. Après avoir entendu des bruits dégoûtants en bas de l'escalier hier soir, j'ai également juré de ne pas boire d'alcool. » Le journal raconte de manière candide les aventures extraconjugales des parents, la frustration d'être un intellectuel méconnu, ses poésies (qu'il envoie régulièrement à la BBC), son amour pour Pandora Braithwaite, enfin son désespoir quand son copain Nigel se voit non seulement offrir un vélo de course, mais sort aussi avec Pandora. Adrian triomphe cependant quand ils se séparent et que, par copains interposés, ils s'avouent enfin leur amour.

« Pandora m'a souri aujourd'hui mais je mâchonnais un bout de viande et je n'ai pas pu lui répondre. »

Un tel livre mérite d'être relu plusieurs fois et certaines scènes sont devenues des classiques : la visite en car au British Museum, par exemple, ou encore l'affaire des « chaussettes rouges ». Certains personnages secondaires sont vraiment remarquables : Bert Baxter, vieillard aux sales manières ; Sabre, son berger allemand redoutable ; ou encore la famille Singh, qui vit non loin de chez Adrian. **LH**

« Je ne supporte plus mon papier peint avec Oui-Oui. »

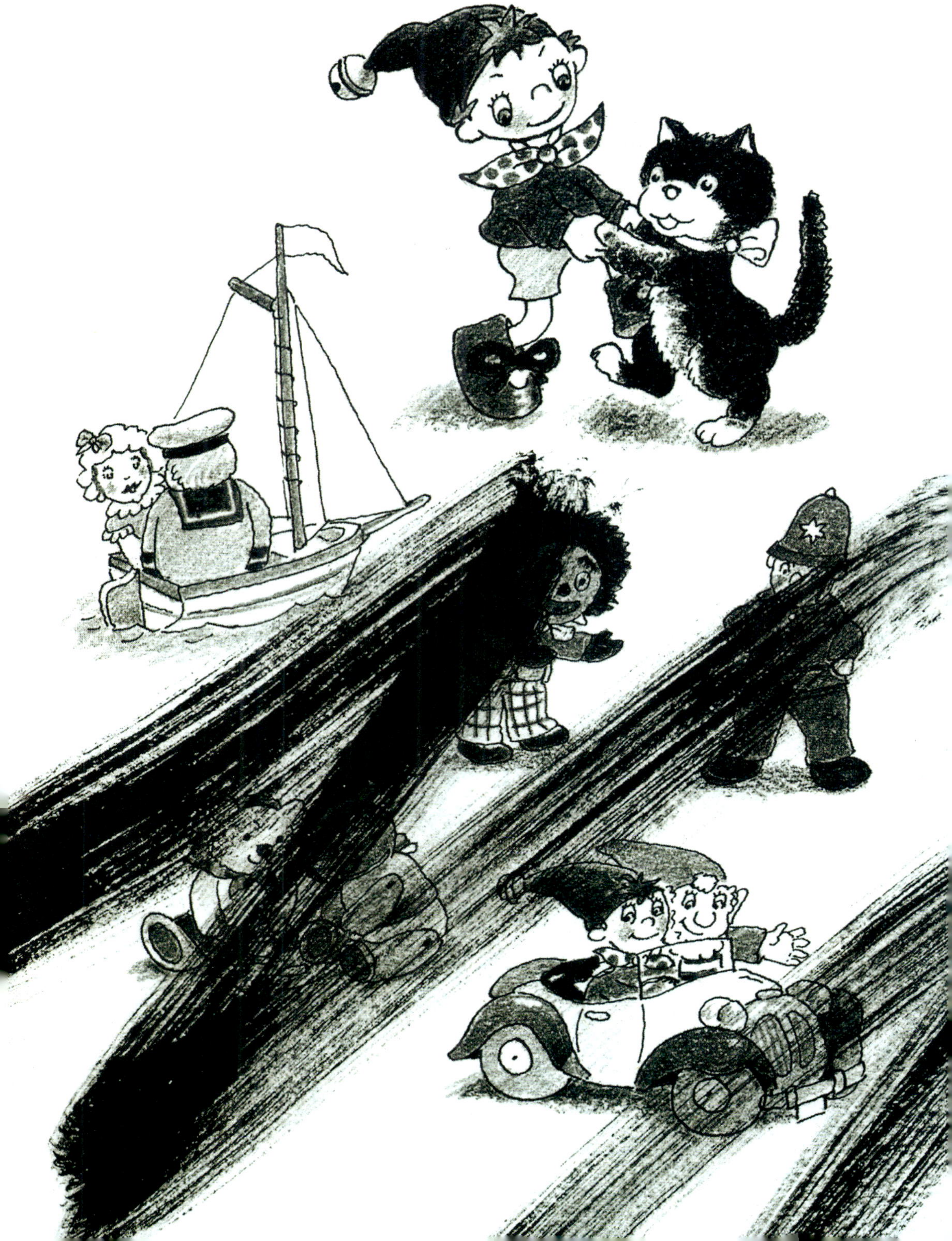

Un village près de la mer

Anita Desai

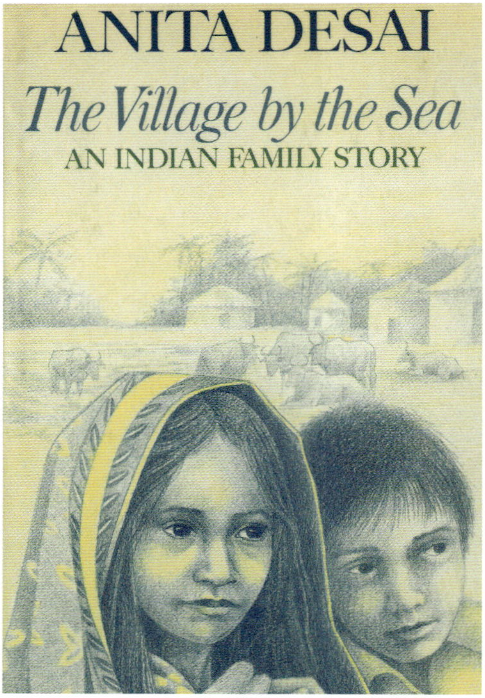

Titre original *The Village by the Sea*, 1982
Nationalité Inde, 1937
Édition française Gallimard Jeunesse
Thème famille

Hari et sa sœur Lila sont les deux aînés d'une famille vivant à Thul, sur le littoral occidental de l'Inde. Leur mère est très malade et leur père, un ancien pêcheur, est presque toujours ivre. Il n'y a pas de travail sur place et Hari se rend à Bombay pour y gagner un peu d'argent. Il laisse derrière lui Lila, qui s'occupera des deux sœurs cadettes.

Il trouve un emploi de plongeur dans un restaurant et peut ainsi envoyer sa mère à l'hôpital où sa santé s'améliore lentement. Hari est cependant heureux de revenir au village quand il apprend qu'une usine d'engrais va bientôt s'y installer. La beauté naturelle du site est mise à mal par la nouvelle industrie – la faune en particulier –, mais c'est là un nouvel espoir pour les villageois.

Thul existe vraiment et Anita Desai y est souvent venue en vacances. Elle en parle de façon objective, regrettant les changements qui augmenteront inévitablement la pollution, mais comprenant que la population pourra enfin avoir du travail. Desai est toujours du côté d'Hari et Lila : elle admire leur façon d'assumer les responsabilités familiales sans jamais se plaindre et sait raconter leur histoire poignante avec tout le talent d'une romancière née.

Née d'une mère allemande et d'un père bengali, Anita Desai est professeur émérite en sciences humaines au Massachusetts Institute of Technology. Son nom a souvent été cité à l'occasion de la remise de prix littéraires. **NT**

« Le soleil s'est levé sur les cocotiers alignés le long de la plage et a envoyé ses longs rayons sur le sable argenté. »

Autres sagas familiales

La Petite Maison dans la prairie, Laura Ingalls (p. 475)
Mary de la Vallée Haute, Vera et Bill Cleaver (p. 815)
Seven Little Australians, Ethel Turner (p. 734)
Ede und Unku, AlexWedding (p. 755)

Nausicaä

Hayao Miyazaki

Titre original *Kaze no Tani no Naushika*, 1982
Nationalité Japon, 1941
Édition française Glénat
Thèmes fantastique, bande dessinée

Il ne faut pas s'étonner si un très grand nombre de mangas ont pour cadre un avenir post-apocalyptique, où les personnages luttent pour leur survie après qu'un cataclysme a décimé la population humaine. *Nausicaä*, la série de Hayao Miyazaki (sept volumes à ce jour), aborde la question de manière extrêmement poignante et s'attaque à des thèmes tels que la guerre, l'oppression politique et la destruction de l'environnement.

Ce qui subsiste de l'humanité vit dans une société féodale à la lisière d'immenses forêts habitées par des insectes géants. Cette « mer de la Corruption » abrite des plantes et des champignons mortels. Quand la guerre éclate entre deux puissants empires, Nausicaä doit partir se battre pour protéger son territoire. Son périple l'amène à comprendre la véritable signification de la forêt et de ses occupants, puis à se confronter avec les êtres quasi divins qui ont conçu ce monde nouveau. Dans cette quête, elle est à la fois sauveur et destructeur, et elle trace un chemin vers un nouvel avenir où le respect de la vie et de la nature pourra servir de guide à la race humaine.

On connaît surtout Miyazaki comme scénariste et réalisateur de films d'animation (*Le Château dans le ciel, Princesse Mononoké*…) où les personnages féminins jouent un rôle prépondérant. *Nausicaä* est d'ailleurs sorti sous cette forme en 1984. Même s'il explique avec modestie qu'il n'est qu'un humble auteur de mangas, Miyazaki signe avec *Nausicaä* l'un des plus beaux et des plus poignants exemples de ce genre de littérature pour la jeunesse. **CR**

L'Ami retrouvé

Fred Uhlman

Titre original *Reunion*, 1971
Nationalité Allemagne, 1901
Édition française Gallimard
Thèmes adolescence, amitié, nazisme

Ce court roman est étonnant. Par sa forme d'abord – une volte-face finale donne la clef du titre –, mais aussi dans sa façon d'aborder les principales questions que posent la Shoah et la Seconde Guerre mondiale. La question du mal, de sa raison d'être ou pas, du scandale, de l'injustice. La question de la fraternité entre les hommes, de leur capacité et de leur volonté à dépasser les différences entre classes sociales, religions et convictions différentes.

Étonnant aussi par son style : précis, pudique, très clair, très efficace. Fred Uhlman laisse au lecteur toute la place qu'il lui faut pour s'installer dans ce récit. Le nazisme, s'il est à l'origine de tous les événements qui changeront la vie de Hans, n'est évoqué qu'en creux. Car il s'agit pour l'auteur de donner toute la place à l'être humain, de proposer, par-delà les monstruosités générées par le nazisme, l'espoir d'une parcelle d'humanité, l'espoir d'une réponse qui serait donnée par chaque individu, y compris chez ceux dont on n'espère plus rien !

Cette humanité trouve une de ses expressions dans l'amitié entre ces deux garçons que tout sépare. Hans Schwarz, fils d'un médecin juif, n'a pas vraiment d'amis car aucun de ses camarades ne répond à son idéal romanesque de l'amitié. Jusqu'au jour où Conrad von Hohenfels, descendant d'une très illustre famille d'aristocrates, entre dans la vie de Hans. Leur amitié dure un an. Elle est brisée par le départ de Hans pour les États-Unis, et par la position pro-nazie que Conrad adopte. Cet ami perdu pour Hans sera retrouvé, mais pas comme on peut le croire ! **AB**

A Parcel of Patterns

Jill Paton Walsh

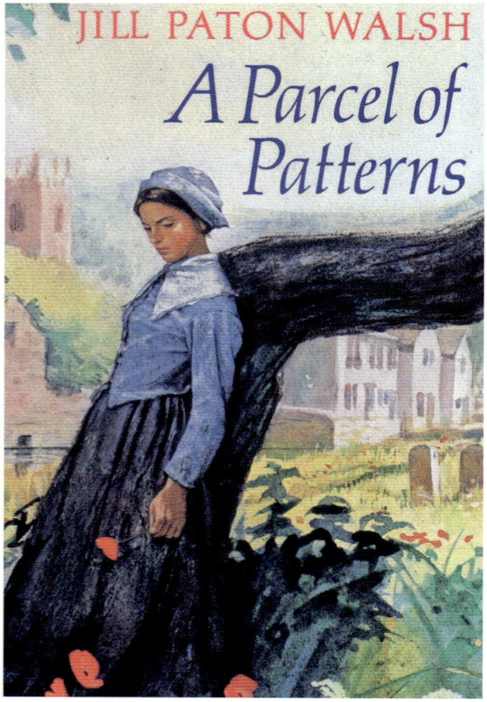

Nationalité Angleterre, 1937
Édition Viking Kestrel, G-B, 1983
Thème roman historique

« […] Pour cette action d'écrire que j'ai entreprise, je manque d'esprit et de talent, et j'expose les faits avec gaucherie. »

Autres romans historiques

Les Orangers de Versailles, Annie Piétri (p. 678)
Le Messager du chevalier noir, Tonke Dragt (p. 801)
Smith, Leon Garfield (p. 808)
Le Journal d'Anne Frank

12+

Inspirée de faits authentiques, cette histoire poignante se déroule dans les années1660 dans le petit village anglais d'Eyam, dans le Derbyshire, à l'époque de la peste bubonique. C'est aussi l'époque de la Restauration : le roi Charles II remonte sur le trône, tandis que le puritanisme d'Oliver Cromwell est supplanté par l'Église d'Angleterre. Eyam se retrouve avec deux ministres du culte qui, en dépit de leurs divergences d'ordre religieux, s'unissent pour mettre le village en quarantaine afin d'empêcher la dissémination de la maladie.

L'histoire est racontée de façon touchante par Mall Percival, une villageoise de 16 ans, amoureuse de Thomas, jeune homme d'un village voisin. Mall rassemble tout son courage pour ne plus emmener ses moutons paître dans les collines et s'interdit aussi de revoir Thomas. Au désespoir, Thomas vient la trouver dans son village tout en sachant qu'il ne pourra plus en ressortir. Ils se marient, mais après un bref épisode de bonheur partagé, la peste arrive et on ne peut plus rien faire pour sauver les villageois. Quand la maladie se retire, 267 villageois sur 350 sont morts, parmi eux Thomas. Accablée de chagrin, Mall décide d'écrire la chronique de tout ce qu'elle a enduré.

Si Mall expose toutes les émotions conflictuelles engendrées par la tragédie, Jill Paton Walsh utilise pour sa part la langue du XVIIe siècle, un procédé à la fois passionnant et instructif. Le lecteur est plongé dans les difficultés nées des tensions religieuses, mais aussi des horreurs suscitées par la peste. **JF**

Talking in Whispers

James Watson

Nationalité Angleterre, 1936
Édition Gollancz, Grande-Bretagne, 1983
Thèmes roman, science-fiction

Cette histoire d'un passage à l'âge adulte dispose d'un scénario bien plus élaboré que les autres romans du même genre. L'action se passe au Chili, « entre le présent et le futur ». Le pays tout entier souffre de la répression politique exercée par une junte militaire brutale. L'allusion à l'histoire récente du Chili est flagrante, mais James Watson se doit de reconnaître dans la préface que de tels événements ne se déroulent pas seulement au Chili mais aussi « dans de nombreux pays où la force armée dirige le peuple au lieu que règnent la démocratie et la justice ».

Au début du livre, Andres voit son père, militant politique, emmené par les hommes de la sécurité du gouvernement militaire. Andres est en fuite et sa vie devient un cauchemar quand il découvre que sa famille a été spoliée, qu'il voit la violence et l'oppression où qu'il se rende et qu'il comprend qu'il ne peut faire confiance à personne. Il ne réussit pas à échapper aux militaires et se retrouve bientôt dans la « maison du Rire », surnom aussi ironique que glacial donné à un centre de détention et de torture. À la fin, des photos compromettantes permettent à Andres et à ses amis de continuer le combat pour la justice et la liberté.

Watson s'adresse à de jeunes lecteurs quand il parle de l'histoire et des droits de l'homme dans diverses régions du monde. Son style est sobre, direct et neutre, sauf quand il décrit de façon personnelle les tortures qu'endure Andres. Ce passage et son dialogue incisif sont révélateurs de ses autres activités, celles de journalisme et d'auteur dramatique pour la radio. **AK**

Hating Alison Ashley

Robin Klein

Nationalité Australie, 1936
Édition Penguin, Australie, 1984
Thèmes école, amitié, humour

Erica Yurken a décidé que sa vie serait extraordinaire. Dès qu'elle sera assez âgée pour changer son nom en quelque chose de plus élégant, sa véritable existence commencera. En attendant, elle se contente de se sentir supérieure à ceux qui l'entourent. C'est alors qu'arrive Alison Ashley. Rivaliser avec cette fille belle et posée devient son obsession. La colonie de vacances est proche, et Erica veut montrer à Alison – et au reste du monde – qu'elle est prédestinée à de grandes choses.

Erica, à la fois narratrice et héroïne du livre, est un personnage amusant et divertissant. Elle jouit d'une imagination des plus riches, tout en se servant de l'hypocondrie et du désespoir pour échapper aux petits problèmes de la vie. Elle brosse un tableau vivant de son école « socialement désavantagée », de sa famille embarrassante et de ses fantasmes les plus secrets. Elle découvre toutefois que les choses ne sont pas telles qu'elle le voudrait. Sa recherche de la perfection peut l'entraîner sur des routes inattendues et assez drôles.

La comédie de Robin Klein fait preuve d'une vive compréhension des adolescents et de leur faculté d'adaptation face à la difficulté de grandir. Ce livre a connu un grand succès au point d'être adapté au théâtre et au cinéma. N'importe quelle jeune fille comprendra l'angoisse existentielle d'Erica et appréciera ses démêlés avec Alison Ashley. Sous son apparence comique, ce roman parle de la recherche du bonheur et de la perfection, de la difficulté de mûrir et du pouvoir de l'amitié. **KW**

The Changeover

Margaret Mahy

Nationalité Nouvelle-Zélande, 1936
Édition Dent, Grande-Bretagne, 1984
Thèmes fantômes, amour

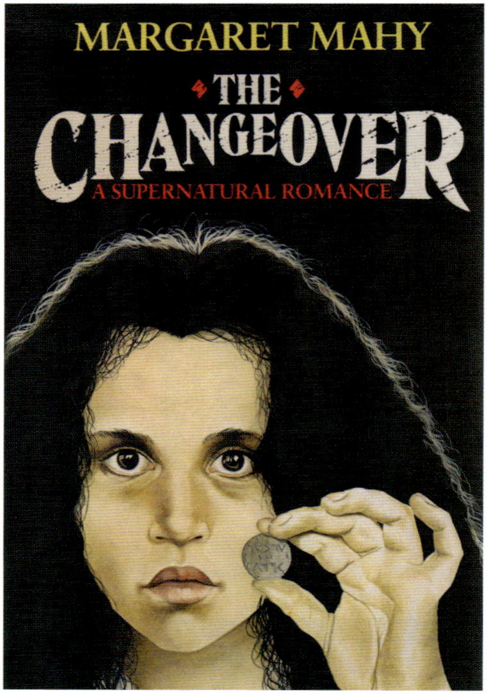

12+

The Changeover, c'est-à-dire « le passage », est sous-titré « roman surnaturel ». Cette histoire fascinante et parfois terrifiante est sans aucun doute l'une des meilleures de Margaret Mahy. Elle montre comment Laura Chant, 14 ans, mène une existence banale à Christchurch, en Nouvelle-Zélande, aux côtés de sa mère divorcée. Elle se trouve impliquée dans un combat à mort pour sauver son frère Jacko, âgé de 3 ans. Il est la victime de Braque, un esprit maléfique en quête de rajeunissement qui se fait passer pour le propriétaire d'une brocante.

Braque progresse aux dépens de Jacko et Laura fait appel aux dons de Sorensen Carlisle, un garçon de son école doté de pouvoirs étranges. Sa mère, sa grand-mère et lui-même disent à Laura qu'elle doit devenir une sorcière pour sauver Jacko ; après des épreuves spirituelles parfois très dures, elle est enfin une « femme de la lune ». Laura sera vainqueur, mais elle est aussi entrée dans l'adolescence, et Sorensen devient son petit ami attitré.

« Tu feras un trou en lui par lequel il s'écoulera jusqu'à se tarir. »

Pour décrire le voyage émotionnel qui permet à un enfant de devenir un adolescent, Mahy évoque un processus magique ponctué de dangers, mais prometteur. Le sang que répand Laura symbolise ses premières règles, tandis que le premier baiser échangé avec Sorensen ouvre la porte à toutes sortes d'émotions. Mahy rappelle à ses lecteurs que les vrais changements survenus dans la vie peuvent être aussi étonnants qu'une histoire surnaturelle. Merveilleusement écrit et toujours captivant, c'est un roman inoubliable. **NT**

Autres récits surnaturels

Twilight : Fascination, Stephanie Meyer (p. 930)
The Haunting, Margaret Mahy (p. 615)
Le Supernaturaliste, Eoin Colfer
Les Chrysalides, John Wyndham

Sally Lockhart : La Malédiction du rubis

Philip Pullman

Titre original *The Ruby in the Smoke*, 1985
Nationalité Angleterre, 1946
Édition française Gallimard Jeunesse
Thèmes roman historique, aventure

Dans le premier roman de la tétralogie de Sally Lockhart, la jeune fille âgée de 16 ans arrive dans les bureaux de son père décédé où, dans le quart d'heure qui suit, elle va « tuer un homme ». Le lecteur est aussitôt plongé dans un thriller historique haletant où un langage clair et direct s'accompagne d'une minutieuse description de Londres au XIXe siècle.

Sally a reçu une lettre la mettant en garde contre les « sept bénédictions ». Elle commence à enquêter et apprend très vite qu'elle est en danger. En entendant les mots « sept bénédictions », le secrétaire de son père meurt subitement. Jim Taylor, l'employé de bureau, décide d'aider Sally. Un certain M. Marchbanks lui offre un livre parlant de son père et la met en garde contre son ennemie, Mrs Holland. Le livre parle de la vie de son père en Inde et d'un certain rubis. Sally échappe à Mrs Holland et devient l'amie d'un photographe, Frederick Garland.

« C'est la fille… je vais l'avoir et je l'éventrerai, oui. Je suis furieux et je lui prendrai sa vie. »

Le livre est volé, à l'exception d'une page, et M. Marchbanks est assassiné par Mrs Holland, laquelle fait du chantage à l'associé du père de Sally, s'arrange pour récupérer la page disparue et veut tuer Sally. Cette dernière lui échappe avant d'emménager avec Frederick et sa sœur qu'elle aide à récupérer le livre. L'histoire se complique alors en faisant intervenir toutes sortes d'éléments – commerce de l'opium, pirates, enlèvement, meurtre et trahison –, puis se termine de manière étonnante.

Dans le même esprit que *Pierre de Lune* de Wilkie Collins, c'est un récit d'aventures de tout premier ordre écrit par un maître conteur. **WO**

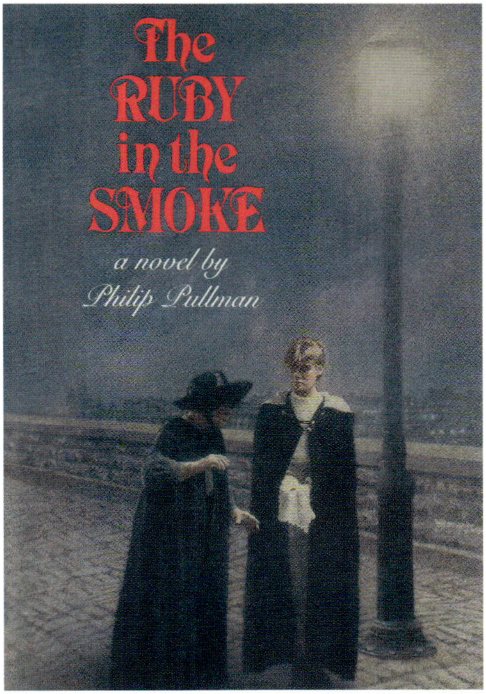

12+

Autres livres de Philip Pullman

La Mécanique du diable
À la croisée des mondes, 3 volumes
Le Papillon tatoué
J'étais un rat
Le Comte Karlstein

Jan, mon ami

Peter Pohl

Titre original *Janne, min vän*, 1985
Nationalité Suède, 1940
Édition française Gallimard Jeunesse
Thèmes amitié, école

12+

Le texte de *Jan, mon ami* semble tout droit sorti de la tête du narrateur, Chris, et le lecteur plonge dès les premières lignes dans ce roman très fort. Jan est un mystère : c'est un garçon roux, au visage couvert de taches de rousseur, qui émerveille Chris et ses copains par son habileté à bicyclette et son don pour la réparation de tout problème mécanique : « Au moindre grincement ou cliquetis, Jan est à l'établi pour visser, serrer des boulons, huiler, tester et murmurer des formules magiques. » Même s'il est petit et ressemble à une fille, Jan a des poings solides avec lesquels il peut affronter n'importe qui. Jan semble sortir de nulle part, et Chris passe tout le roman à essayer de comprendre le mystère que son ami constitue.

L'histoire débute quand Chris est interrogé par la police, qui détient le vélo de Jan et son pantalon orange, deux choses dont il ne se départit jamais. Les policiers veulent tout savoir de Jan, mais Chris ne possède pas toutes les réponses. Une série de flashbacks permet de reconstituer toute l'histoire. Mais même à la fin du roman, nous ne savons pas tout. Le mystère au cœur de *Jan, mon ami* est toujours aussi impénétrable.

L'histoire, extrêmement réaliste, a pour cadre un lycée de Stockholm et sa banlieue. Les livres de Pohl ont souvent des éléments autobiographiques, et il décrit des personnages adolescents avec honnêteté et bienveillance. *Jan, mon ami* n'échappe pas à la règle et il est difficile de le faire entrer dans une catégorie. Il va au-delà du roman pour jeune adulte et aborde des thèmes universels comme la solitude et le mystère de la vie. **RA**

Hatchet

Gary Paulsen

Titre original *Hatchet*, 1986
Nationalité États-Unis, 1939
Édition française multiples éditeurs
Thème aventure

Souvent primé, Gary Paulsen a écrit plus d'une centaine d'ouvrages pour enfants et jeunes adultes. Aventurier lui-même, Paulsen a par deux fois participé à l'Iditarod, une course de chiens de traîneau organisée en Alaska, et son expérience de survie dans le paysage désolé de cet État américain est à la base de cette histoire. Ses livres présentent souvent des personnages masculins qui doivent compter sur leur courage, leur intelligence et leur force pour s'arracher à des situations éprouvantes. *Hatchet* est en cela un roman qu'il est difficile d'oublier.

Alors qu'il voyage en avion monomoteur pour aller voir son père, le pilote meurt d'une crise cardiaque et contraint Brian à se poser d'urgence sur un lac gelé du Canada. Ignorant combien de temps il va rester là, Brian doit apprendre à survivre, faire du feu, manger ce qu'il trouve et surtout vivre avec les bêtes sauvages. La hachette que son père lui a donnée est son seul outil, et il s'en sert pour se fabriquer un arc, des flèches et une lance. Seul dans les bois pendant 54 jours, Brian comprend le divorce de ses parents et l'aventure pas si secrète que ça de sa mère qui a entraîné la scission du couple.

Après avoir failli mourir, il manque de perdre sa fameuse hachette. Brian est finalement sauvé et il retrouve son père, mais il est toujours incapable de lui parler de la liaison de sa mère. Les lecteurs férus d'aventures ne pourront que dévorer ce livre, si réaliste dans le détail et si lyrique dans la langue qu'il emploie. **KD**

Taronga

Victor Kelleher

Nationalité Angleterre/Australie, 1938
Édition Viking Kestrel, Australie, 1986
Thèmes science-fiction, aventure, adolescence

Dans une Australie post-apocalyptique, Ben, 14 ans, vit dans le bush en compagnie d'un garçon plus âgé. Ben a une certaine valeur parce qu'il a le don étrange de dominer les animaux que chasse son compagnon, mais il y voit aussi une trahison à l'égard des bêtes. Il s'enfuit à Sydney et découvre alors une ville véritablement cauchemardesque. Seul le zoo de Taronga est une forteresse contre la barbarie. Il y rencontre Ellie, son premier véritable ami depuis la fin des jours. Protéger les animaux du zoo lui apparaît comme une chance de racheter ses anciennes trahisons, mais Ellie et lui comprennent vite que ce zoo n'est pas un lieu sûr, ni pour les bêtes ni pour les hommes. Ils élaborent un plan insensé pour libérer tous les animaux. À la fin du livre, Taronga est en ruine tandis que Ben, Ellie et les animaux quittent lentement la ville en quête d'un endroit où la folie des hommes ne les atteindra pas.

Victor Kelleher est né à Londres et a voyagé en Afrique pendant sa jeunesse. Il y a vécu vingt ans avant de s'installer en Nouvelle-Zélande, puis en Australie. *Taronga* montre l'influence des deux continents : on y voit des tigres et des léopards errer dans les rues de Sydney. Le thème central du livre est le combat ou l'alliance de Ben avec les fauves, principalement avec le féroce tigre Raja. L'auteur brosse le tableau d'un possible avenir, sombre puis plein d'espoir, qui est aussi un récit d'aventures exaltant. Les plus jeunes lecteurs ne saisiront peut-être pas la philosophie du récit, mais ils apprécieront les dangers encourus par les héros et leurs projets désespérés. **JM**

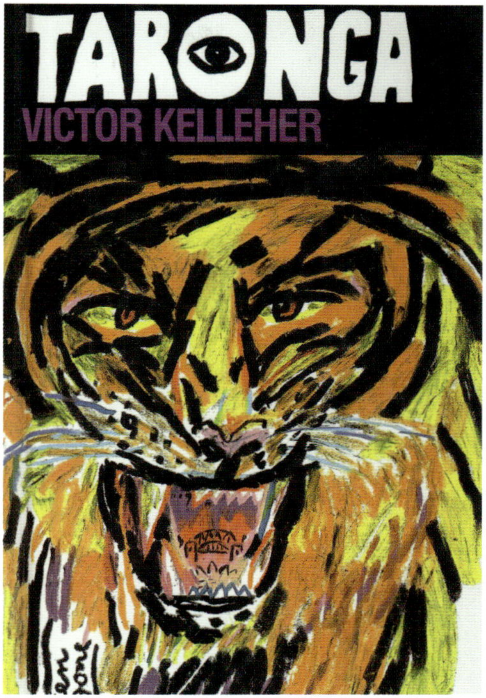

« [Taronga] est une sorte de grande cage. Tout ce qui posait problème à Sydney y est déjà enfermé mais espère se déchaîner à nouveau. »

12+

Autres récits de science-fiction

Fahrenheit 451, Ray Bradbury (p. 777)
Les Chrysalides/Choky, John Wyndham (p. 813)
Alerte au plateau dix, Monica Hughes (p. 837)
Les Mémoires d'Idhún : la Résistance, Laura Gallego (p. 929)

The Ghost Drum

Susan Price

Nationalité Angleterre, 1955
Édition Faber and Faber,
Grande-Bretagne, 1987
Thème magie

Susan Price a publié son premier roman à 16 ans ; depuis, elle se consacre aux romans et aux récits fantastiques pour adolescents et jeunes adultes. Premier tome de la trilogie *Ghost World* (« Le monde fantôme »), *The Ghost Drum* a pour cadre la Russie impériale. Un chat lettré raconte l'histoire de la rivalité entre magie et royauté. Quand le cruel tsar Guidon a un fils, Safa, il devient paranoïaque et le fait enfermer dans un donjon.

Safa a pour seule amie la servante Marien. Celle-ci est assassinée quand elle reproche au roi d'avoir séquestré son fils. Dans la forêt, la sorcière Chingis apprend la magie auprès de sa mère et découvre qu'elle a le don d'utiliser un tambour susceptible d'envoyer des messages dans tout le pays. Le message où Marien évoquait le sort de Safa lui parvient ; elle décide de l'aider et de lui apprendre un monde dont il ne connaît rien. À la mort du tsar, sa sœur Margaretta lui succède. Bien décidée à protéger son empire, elle envoie des soldats dans la forêt pour tuer son neveu. Chingis essaie d'apprendre des formules magiques à Safa avant de découvrir qu'un conseiller et puissant sorcier, Kuzma, est jaloux de ses pouvoirs et veut la tuer. Chingis devra se battre contre le mal pour se défendre ainsi que Safa et tout le pays.

Magie noire, langue très riche et légendes anciennes font de *The Ghost Drum* un livre passionnant. Les mobiles de chaque personnage sont complexes et l'intrigue est tout aussi élaborée. Les lecteurs y trouveront beaucoup de satisfaction. **SD**

12+

Madame Doubtfire

Anne Fine

Titre original *Madame Doubtfire*, 1987
Nationalité Angleterre, 1947
Édition française L'École des loisirs
Thèmes famille, humour

Voici l'histoire délirante d'une famille subissant les conséquences d'un divorce difficile. Le père, Daniel, est un comédien au chômage qui déclenche la colère de sa femme, Miranda, par ses retards à régler ses dettes et la façon dont il « entretient » son appartement. La mère laisse cependant ses enfants seuls assez souvent, au point que Daniel menace de lui « trancher la gorge ».

Pris entre deux feux, les enfants, Lydia, Christophe et Nathalie, ont élaboré des techniques bien à eux pour ne pas être atteints par les remarques sarcastiques que se lancent leurs parents. La mère veut engager une gouvernante ; Daniel en profite pour se grimer en vieille femme très active et décroche le poste. Les enfants découvrent vite le stratagème, mais la mère ne s'aperçoit de rien et entretient même des conversations animées avec la gouvernante à propos des défauts de son ex-mari. Cet arrangement semble profiter à tout le monde et tout va bien pour Daniel, qui commence toutefois à comprendre les problèmes rencontrés par son ex-femme.

Un jour, les enfants en ont assez de jouer la comédie et le pot aux roses est révélé. Caractérisé par un dialogue étincelant entre des personnages à la personnalité très forte, *Quand Papa était femme de ménage : Madame Doubtfire* est le tableau sans complaisance et d'une étonnante drôlerie d'une famille contemporaine. Le film homonyme, sorti en 1994, a pour vedette principale Robin Williams, irrésistible dans son rôle de vieille gouvernante. Le roman a également fait l'objet d'une adaptation au théâtre. **KA**

Madame Doubtfire

ANNE FINE

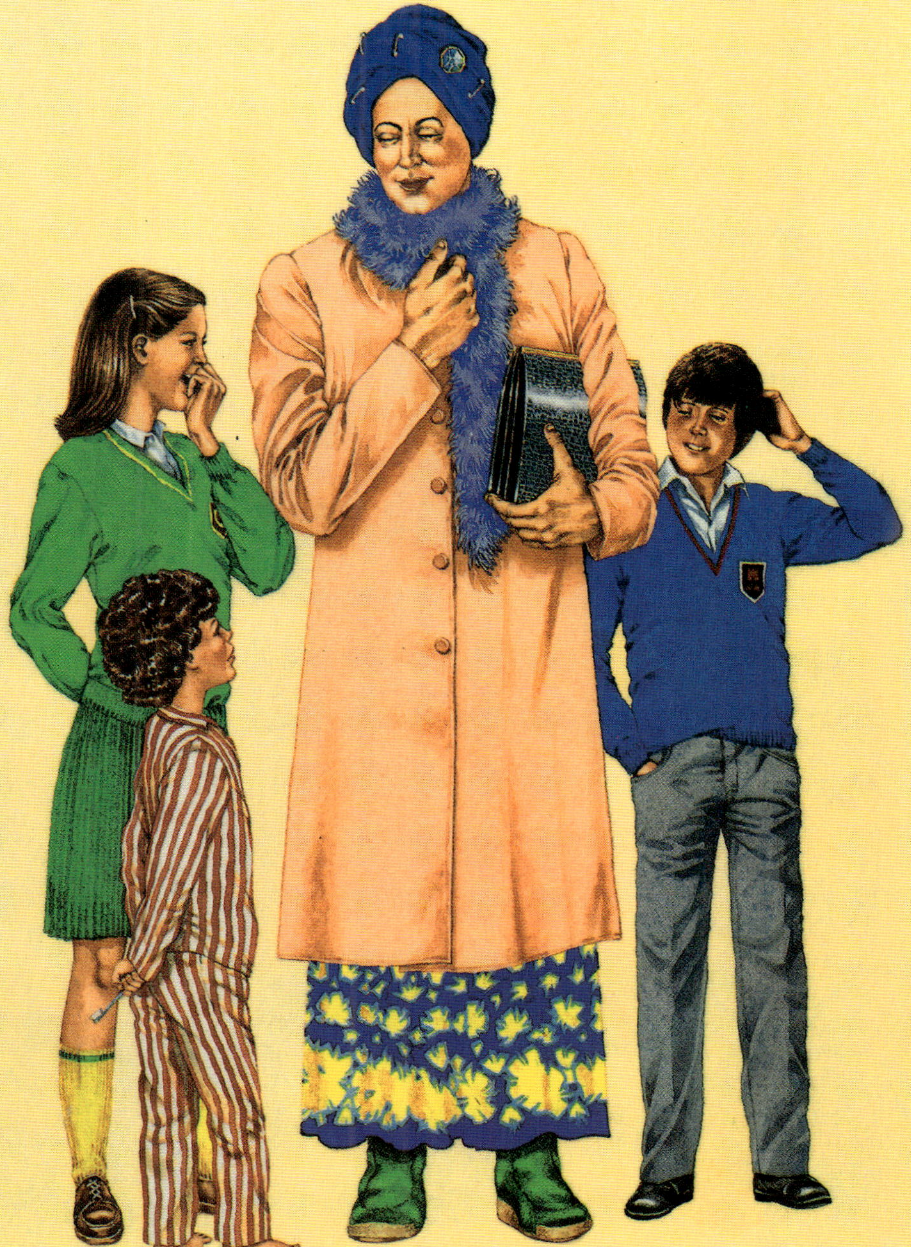

Sans domicile fixe

Lesley Beake

Titre original *Strollers*, 1987
Nationalité Afrique du Sud, 1949
Édition française L'École des loisirs
Thèmes aventure, famille

Bien que fugueurs, les enfants de ce récit ne s'intègrent pas à des bandes. Ils subsistent tant qu'ils peuvent mendier, fouiller dans les ordures, voler ou recourir à des stratagèmes comme inventer des œuvres caritatives qui n'existent pas. Le héros du livre est Johnny, huitième et dernier enfant d'une famille vivant dans un township. Ses sept frères ont fugué avant lui et ont été « engloutis dans la masse des gens qui n'habitent plus à leur adresse ». Abraham est le chef d'une bande criminelle qui, pour son trafic de drogue, a recruté des enfants des rues. Koosie, le chef du groupe de Johnny, le dénonce après avoir été arrêté par la police. Cela lui vaut d'être banni à Johannesburg. Johnny prend alors la direction de la bande.

L'histoire entraîne Johnny dans la ville du Cap et ses environs : communauté d'enfants perdus sur la montagne de la Table, marché du samedi où des musiciens jouent pour les clients, prison enfin. Cet itinéraire initiatique le convainc de rentrer chez ses parents et lui fait comprendre qu'une vie errante n'est en aucun cas une vie de liberté. La seule liberté qu'elle procure, c'est celle de se droguer, d'être malade et de mourir (c'est en effet ce qui arrive à un enfant tuberculeux de sa bande).

Ce roman passionnant et d'une écriture exceptionnelle porte une attention sincère aux injustices sociales et aux dysfonctionnements de la société urbaine. Lesley Beake réussit à ajouter chaleur et même humour à l'histoire de Johnny. L'intérêt suscité par ce livre dans de nombreux pays est tout à fait mérité. **LB**

Le Nuage

Gudrun Pausewang

Titre original *Die Volke*, 1987
Nationalité Allemagne, 1928
Édition française Pocket
Thème catastrophe

Publié un an seulement après la catastrophe de Tchernobyl, le roman palpitant de Gudrun Pausewang décrit un désastre du même ordre survenu en Allemagne. Le personnage central est Jana-Berta. À 14 ans, après l'explosion d'un réacteur nucléaire dans un village voisin, elle doit prendre soin de son petit frère, Uli, et fuir devant le nuage toxique. Leurs parents meurent des retombées radioactives et Uli périt dans un accident. Jana-Berta n'a plus d'intérêt pour rien et se moque bien de savoir où elle va. Prise dans une pluie toxique, elle se retrouve dans une infirmerie. La catastrophe a déjà fait plus de 18 000 morts et de nombreux irradiés.

Comme Jana-Berta, les victimes sont facilement identifiables à leur crâne chauve, et les personnes non touchées par la catastrophe font de leur mieux pour les éviter. Le monde veut aller de l'avant et oublier ce désastre, mais Jana-Berta refuse ce mode de pensée. Elle va vivre avec des membres de sa famille venus en aide aux victimes et retrouve ainsi l'envie de vivre.

Le récit de Pausewang a de toute évidence pour but de nous prévenir des dangers de l'énergie nucléaire. L'usine atomique accidentée continue à fonctionner après la catastrophe. L'auteur montre bien comment les victimes sont souvent accusées de rafraîchir la mémoire à ceux qui s'en sont sortis indemnes. Elle insiste sur le fait que nul ne choisit d'être une victime ou un réfugié et critique la société qui préfère oublier au lieu d'assumer ses responsabilités. **GS**

Alex

Tessa Duder

Nationalité Nouvelle-Zélande, 1940
Édition Oxford University Press, Nouvelle-Zélande, 1987
Thèmes école, famille, amitié

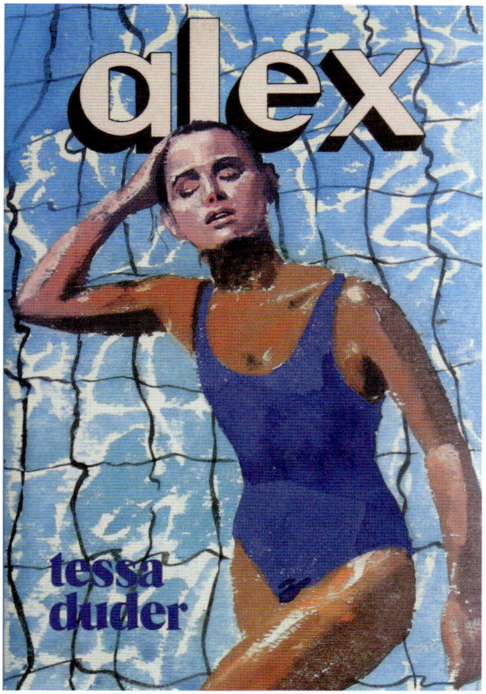

Alexandra Archer, 15 ans, est différente des filles de son âge : grande, musclée, elle attire l'attention de tous, souvent pour de mauvaises raisons. Seul son entraînement l'intéresse : elle veut entrer dans l'équipe de natation de la Nouvelle-Zélande en vue des JO de 1960. Sa rivale, Maggie, a les mêmes objectifs, et sa mère, l'implacable Mrs Benton, est bien décidée à voir sa fille décrocher la médaille d'or à Rome. Le roman suit Alex, confrontée à pas mal d'événements puisqu'elle tombe amoureuse, subit une perte tragique et passe par tous les petits problèmes d'une fille de son âge, ce qui ne l'empêche pas de se montrer assez mûre et responsable pour voir ses rêves se réaliser.

Ce roman s'inspire librement de la vie de l'auteur, qui représenta la Nouvelle-Zélande aux Jeux du Commonwealth organisés alors qu'elle avait 18 ans. Comme son personnage, Tessa Duder pratiqua aussi pas mal de disciplines (hockey, théâtre au collège, danse), mais se consacra tout entière à la natation en grandissant. Son expérience donne corps à la description de la vie d'une jeune championne de natation : Alex doit se battre pour exceller dans les compétitions, mais aussi dans la vie de tous les jours.

Alex aborde aussi les tensions physiques et psychologiques des jeunes sportifs. Alex intéresse déjà les médias à 15 ans, et Duder pose la question des pressions que subissent les sportifs de haut niveau. C'est malgré tout un roman susceptible d'inspirer les jeunes lecteurs désireux d'aller le plus loin possible, dans quelque domaine que ce soit. **CVB**

« Le style [de Maggie] est moins bon. Sa mère la regarde, livide, pétrifiée. Elle se dit que tout est fichu. »

Autres histoires d'école

Les Disparus de Saint-Agil, Pierre Véry (p. 758)
La Guerre des chocolats, Robert Cormier (p. 834)
Signé Stargirl, Jerry Spinelli
Hating Alison Ashley, Robin Klein (p. 859)

12+

The Devil's Arithmetic

Jane Yolen

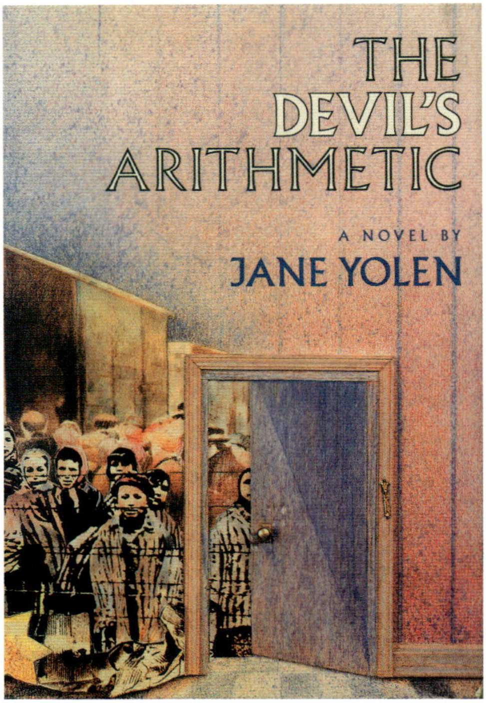

« Gitl secoua la tête. "Il n'y a nulle part où s'enfuir, Fayge. Nous sommes où nous sommes. Chut." »

Autres romans sur la guerre

Quand Hitler s'empara du lapin rose, Judith Kerr (p. 585)
Le Garçon en pyjama rayé, John Boyne (p. 700)
Du soleil sur la joue, Marylin Sachs
Le Journal d'Anne Frank

12+

Nationalité États-Unis, 1939
Édition Viking Penguin, États-Unis, 1988
Thème roman historique

Souvent primée, Jane Yolen a été surnommée le Hans Christian Andersen américain ou encore l'Ésope du XXe siècle. Ce roman superbement écrit se lit d'une traite, mais parle ouvertement de la Shoah et peut choquer les tout jeunes lecteurs.

Hannah est une jeune fille qui, au début du roman, célèbre la Pâque juive avec sa famille. Elle en a un peu assez d'entendre parler jour après jour, année après année, de la survie de ses grands-parents après la Shoah et ne s'intéresse pas aux numéros tatoués sur leurs bras, pas plus qu'à leurs souvenirs. Comment peut-on se rappeler une chose survenue avant sa naissance ? Le rituel de la Pâque implique, à un moment donné, l'ouverture d'une porte donnant sur la rue pour laisser entrer le prophète Élie. Hannah se voit demander d'effectuer ce geste et se trouve alors transportée dans le temps. Elle est à présent Chana, une orpheline qui va être emmenée à Auschwitz avec d'autres membres de sa famille. Ce qu'elle vit là-bas, ainsi que sa volonté d'accomplir le sacrifice ultime pour ceux qu'elle aime, changera à tout jamais son avis sur le souvenir.

Chana/Hannah va survivre. Au dernier instant, elle est ramenée dans la salle à manger familiale et apprend qu'elle vient de revivre l'histoire de sa propre grand-mère dans le camp de concentration. Désormais, Hannah prêtera attention aux propos de ses grands-parents et comprendra ce que leurs souffrances signifient pour elle-même, pour sa famille, pour tous les autres aussi. **KD**

A Pack of Lies

Geraldine McCaughrean

Nationalité Angleterre, 1951
Édition Oxford University Press, Royaume-Uni, 1988
Thème décalé

Alisa travaille avec sa mère dans son magasin d'antiquités. Un jour, elle rencontre un jeune homme chômeur et excentrique qui lui dit s'appeler MCC Berkshire. Elle ne le croit pas mais lui propose tout de même de travailler au magasin, ce qu'il accepte sans se faire payer. À partir de ce jour, chaque fois qu'un client hésitera avant d'acheter un objet, MCC Berkshire lui racontera une histoire si passionnante qu'il cédera et l'achètera. Alisa s'inquiète, toutes ces histoires ne sont certainement que des mensonges. Mais au fait, qui est vraiment MCC Berkshire ?

D'innombrables surprises parsèment jusqu'à la fin ce roman d'une grande originalité. Geraldine McCaughrean est un écrivain très imaginatif. Comme MCC Berkshire, son esprit fourmille d'histoires plus fantastiques les unes que les autres, mais la part de vérité est telle qu'on ne peut qu'y croire. Que le mystérieux jeune homme parle de courses de chevaux, de bijoux disparus, de céramiques chinoises, de passage clandestin ou de parapluie magique, il réussit toujours à captiver son interlocuteur. Chaque histoire pourrait faire l'objet d'un roman, mais l'auteur prend plaisir à les raconter les l'une après l'autre, éventuellement pour les étoffer dans un futur livre.

En 2005, Geraldine McCaughrean a eu le grand honneur d'écrire sous le titre *L'Habit rouge de Peter Pan* la suite « autorisée » des aventures du garçon qui ne veut pas grandir créé par J. M. Barrie. **NT**

Le Petit Chaperon rouge à Manhattan

Carmen Martín Gaite

Titre original *Caperucita en Manhattan*, 1989
Nationalité Espagne, 1925
Édition française Flammarion
Thème mythes et légendes

Le Petit Chaperon rouge de Perrault a connu de nombreuses versions modernes et les plus intéressantes sont souvent celles où l'on voit la fillette désemparée se laisser charmer par le loup.

Dans ce roman, Sara Allen, une jeune New-Yorkaise de 10 ans, joue le rôle du Petit Chaperon rouge. La forêt est remplacée par le trajet Brooklyn-Manhattan qu'elle doit parcourir pour aller voir sa grand-mère. Tous les samedis, elle effectue ces visites de routine en compagnie de sa mère, toujours inquiète. Un jour, ses parents sont absents et, sans écouter leurs conseils, Sara va seule à Manhattan pour apporter une part de tarte à sa grand-mère. Cet épisode conclut la première partie du livre « Rêves de liberté », qui présente les personnages et le cadre du récit. Alors commence la véritable aventure : Sara rencontre Miss Lunatic, sorte de bonne fée qui l'aide à affronter ses peurs et à se diriger dans la ville ; plus tard, à Central Park, elle tombe sur Mr Wolf (« M. Loup »), un pâtissier milliardaire qui lui fait du charme pour lui voler la recette familiale de la tarte aux fraises.

Sara Allen et Carmen Martín Gaite sont toutes deux défenseurs de l'imagination et font en sorte que cette histoire étonnante ne connaisse pas de fin. Le roman s'achève là où débute *Alice au pays des merveilles* : comme Alice, Sara pénètre dans un souterrain, qui la conduit en un lieu magique et hautement symbolique : la statue de la Liberté. **EB**

Compte les étoiles

Lois Lowry

Titre original *Number the Stars*, 1989
Nationalité États-Unis, 1937
Édition française L'École des loisirs
Thèmes guerre, amitié

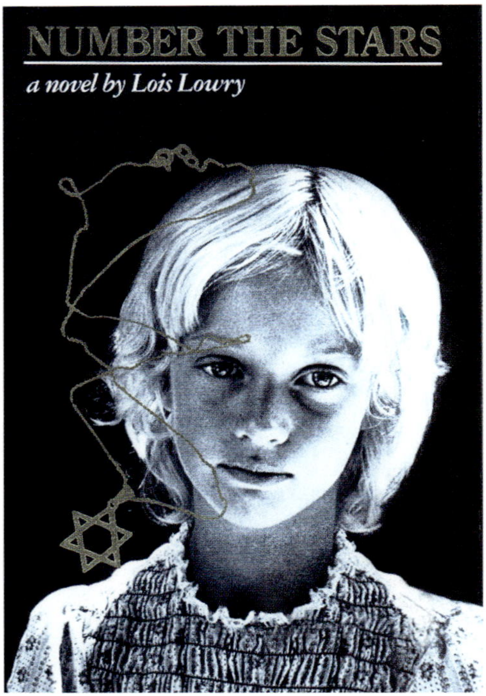

12+

Livres recommandés du même auteur

Anastasia Krupnik (p. 606)
Le Passeur (p. 651)
La Centième Chose que j'aime chez toi, Caroline Messager
Le Garçon qui se taisait

Compte les étoiles a pour sujet l'évacuation des juifs du Danemark occupé par les nazis pendant la Seconde Guerre mondiale. Le 29 septembre 1943, la nouvelle se répandit au Danemark que les juifs étaient emmenés dans des camps puis assassinés. En quelques heures, la police, la population et la résistance danoises organisèrent une petite flottille pour emmener en Suède 7000 juifs. Lois Lowry propose ici une version romancée de cet événement en donnant la parole à ses deux héroïnes, Annemarie Johansen et sa meilleure amie, Ellen Rosen.

La veille du grand départ, la famille d'Annemarie et leur ami Peter, membre de la résistance (ancien fiancé de la sœur aînée d'Annemarie, aujourd'hui décédée), font sortir du pays la famille Rosen. La bravoure de cette famille qui risque une mort certaine si elle se fait prendre, les épreuves des Rosen pendant leur fuite et de nombreux autres épisodes difficiles rendent fascinante la lecture de ce livre. À la fin, nous découvrons comment la sœur d'Annemarie est morte en aidant la résistance, comment aussi les Rosen – et d'autres familles juives – sont accueillis à leur retour au Danemark. Contrairement à de nombreux récits sur la Shoah destinés aux jeunes lecteurs, celui-ci se termine bien, même si la sauvagerie de la guerre n'est jamais passée sous silence.

« "Quand aurons-nous à nouveau des gâteaux ? – Quand la guerre sera finie, dit Mme Johansen." »

Lois Lowry dit : « Mes livres ont des contenus et des styles variés. Il semble pourtant qu'ils traitent tous d'un même grand thème : l'importance des relations humaines. *Compte les étoiles* parle du rôle que les humains jouent dans la vie de leurs semblables. » **KD**

Thunderwith

Libby Hathorn

Nationalité Australie, 1943
Édition Reed Heinemann, Australie, 1989
Thèmes adolescence, famille, contes populaires, amitié, animaux

Quand sa mère meurt d'un cancer, Lara est envoyée vivre chez un père dont elle se souvient à peine. Isolée dans l'arrière-pays sauvage de l'Australie, la fillette de 14 ans doit affronter cette perte douloureuse, mais également l'hostilité ouverte de sa nouvelle famille. Sa belle-mère, Gladwyn, n'apprécie pas d'avoir une bouche de plus à nourrir alors que sa ferme va déjà mal. Pour ne rien arranger, le père de Lara, son seul allié, part en voyage d'affaires.

En plus de ces tensions domestiques, Lara subit dans le car scolaire les sarcasmes d'un voisin délinquant. Lors d'un épisode très intense, un chien apparaît, surgi de nulle part, une nuit d'orage. Lara lui donne le nom de Thunderwith. La compagnie affectueuse de l'animal l'aide à pallier la perte de sa mère. Un jour, Thunderwith est abattu et l'on apprend que sous son véritable nom, Rover, il appartenait à la petite brute du car scolaire. Lara comprend que son lien avec le chien l'a aidée dans sa solitude, puis elle se réconcilie avec Gladwyn quand celle-ci se rend compte qu'elle s'est montrée trop dure avec elle.

« Dans le tonnerre, dans le tonnerre, viens vers moi dans le tonnerre. »

Le succès du roman s'explique par sa prose affirmée, ses dialogues incisifs et ses personnages bien dessinés. L'auteur mêle description des paysages de Nouvelle-Galles du Sud, souvenirs maternels de Lara, récits d'un conteur aborigène et expérience personnelle de la vie. **MK**

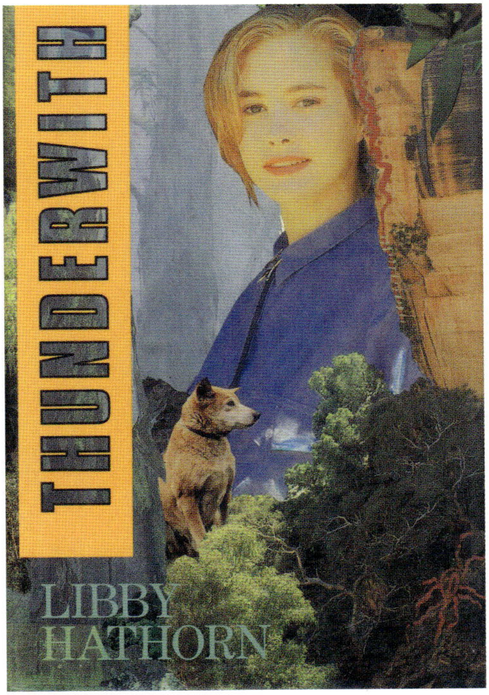

12+

Autres histoires d'animaux

L'Enfant qui chassait la nuit, Wilson Rawls (p. 551)
Babe, le cochon devenu berger, Dick King-Smith (p. 621)
Jody et le faon, Marjorie Rawlings (p. 760)
Julie des loups, Jean Craighead George (p. 825)

Strange Objects

Gary Crew

Nationalité Australie, 1947
Édition Heinemann, Australie, 1990
Thèmes aventure, roman historique

12+

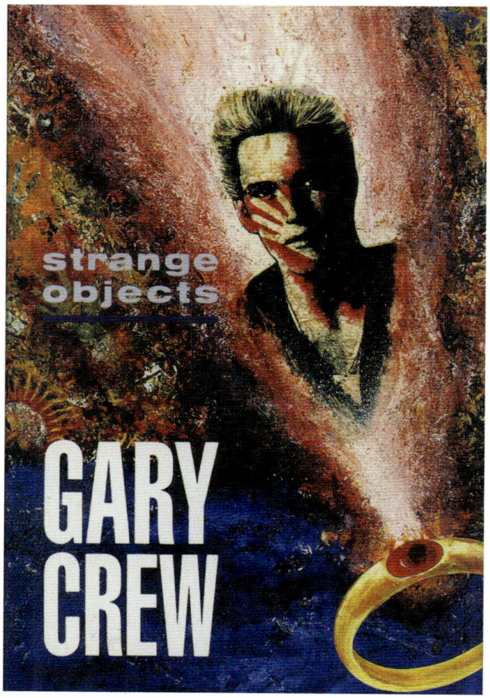

Ce roman complexe mêle plusieurs histoires. La première est la découverte par un écolier, Steven Messenger, d'un vieux journal intime et d'une main momifiée dans un pot en métal. Steven choisit de ne pas révéler le troisième objet du pot, un anneau. Le journal est identifié et traduit du hollandais ancien, et son auteur porte le nom de Wouter Loos.

Autre histoire, le naufrage en 1629 du *Batavia*. Il y a 260 survivants. Le capitaine part chercher de l'aide. Quand il revient, au bout de 14 semaines, plus de 120 de ces survivants ont été sauvagement massacrés. Les coupables sont exécutés, à l'exception de Jan Pelgrom et de Wouter Loos, exilés et dont on n'entendra plus jamais parler.

« Si quelqu'un a pris l'anneau et l'a enfermé dans une vitrine, qu'est-ce que cela prouve ? »

L'anneau trouvé par Steven exerce sur lui un étrange pouvoir : il a des visions et des rêves mystiques qu'il cherche à élucider. La seule personne susceptible de l'aider est Charlie, un très vieil Aborigène. La main momifiée est celle d'Eli, une jeune Européenne victime d'un autre naufrage, que Pelgrom et Loos ont trouvée alors qu'elle vivait chez les Aborigènes.

Le livre se présente sous la forme d'extraits de journaux intimes, de coupures de presse, de récits personnels, de lettres et de réflexions psychologiques. Il mêle fiction et faits historiques pour créer un thriller d'une intensité assez effrayante. La description du paysage de l'Ouest australien est un autre élément du roman : la chaleur et la sécheresse permanentes envahissent chaque page. La fin ouverte du livre ajoute encore au mystère. **JG**

Autres livres à énigmes

***Skellig*, David Almond (p. 667)**
***Sally Lockhart : la Malédiction du rubis*, Philip Pullman (p. 863)**
***La Mémoire de l'eau*, Silvana Gandolfi**

Redwork

Michael Bedard

Les romans de cet auteur mêlent souvent réalisme, fantastique, mystère et thriller psychologique. *Redwork* raconte l'histoire de Cass, 15 ans, et de son emménagement dans une vieille maison délabrée de Toronto. Sa mère rédige une thèse consacrée au poète anglais William Blake ; Cass se retrouve livré à lui-même. Il travaille à mi-temps comme ouvreur dans un vieux cinéma sous les ordres d'un patron vindicatif dont le comportement l'intrigue de plus en plus : Mr Magnus vit en reclus et se livre la nuit à de curieuses expériences dans son garage. Cass et sa nouvelle amie, Maddy, décident d'enquêter, mais Mr Magnus les surprend et menace Cass de renvoi.

Peu à peu, le vieil homme se montre moins hostile et permet aux adolescents de participer à ses activités secrètes. Vétéran de la Première Guerre mondiale, traumatisé par la vie dans les tranchées, il est obsédé par l'« œuvre au rouge » (*redwork*), processus alchimique censé lui rendre la jeunesse – plus exactement sa sérénité d'avant les traumatismes émotionnels liés à la guerre. Cass s'implique de plus en plus dans ses expériences et un lien psychique sinistre s'établit entre l'adolescent et l'ancien combattant. Cass est hanté par des cauchemars (attaques au gaz, sang, douleur, peur) aux conséquences potentiellement désastreuses.

Michael Bedard explore l'inconnu et s'intéresse aux restrictions que le rythme frénétique de la vie moderne impose à l'imagination. « Il faut la solitude pour affronter les ténèbres », dit-il. Il se fait l'avocat de la réflexion paisible et solitaire qui permet d'affronter les sombres mystères de notre monde. Gracieux et poétique, *Redwork* est une fable philosophique envoûtante. **MK**

Nationalité Canada, 1949
Édition Atheneum Books, États-Unis, 1990
Thèmes fantastique, guerre

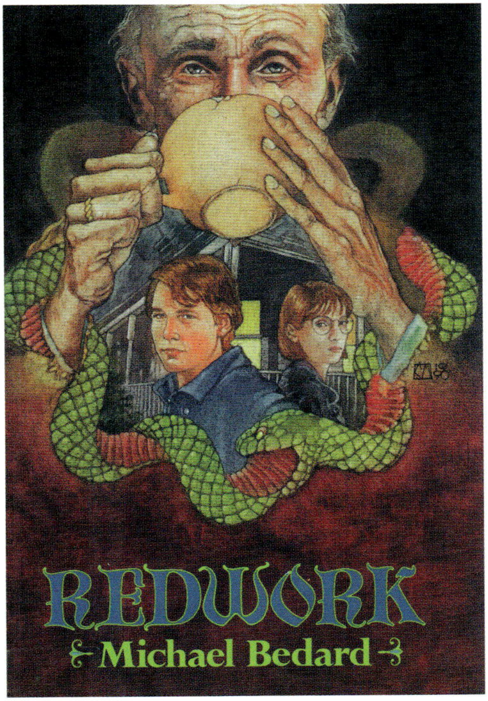

Autres romans fantastiques

***Bilbo le hobbit*, J. R. R. Tolkien (p. 485)**
***La Communauté de l'anneau*, J. R. R. Tolkien (p. 778)**

12+

Rocco

Sherryl Jordan

Nationalité Nouvelle-Zélande, 1949
Édition Ashton Scholastic, Nouvelle-Zélande, 1990
Thème fantastique

Sherryl Jordan avoue avoir écrit douze romans jamais publiés avant de produire *Rocco*, histoire fantastique et futuriste également connue sous le titre *A Time of Darkness*. Ce fut le début d'une carrière triomphale puisqu'elle a depuis écrit dix-sept livres pour la jeunesse, bien souvent primés.

Rocco est un adolescent ordinaire que vient toutefois hanter un rêve étrange mettant en scène un loup et une grotte. Un jour, il est transporté dans une vallée isolée habitée par une peuplade primitive. Il n'est pas le bienvenu dans un premier temps, puis le chef de la tribu, une vieille femme du nom d'Ayoshe, le reconnaît comme l'un des leurs. Rocco apprend les techniques de survie et découvre beaucoup de choses relatives à la vie et à la mort, à la confiance et aux valeurs familiales. Il veut savoir pourquoi il vit à présent ici et reproche à Ayoshe de ne rien lui dire. Son retour au XXe siècle est tout aussi brutal : il se retrouve couché dans un lit d'hôpital. Il comprend bientôt que ce voyage étrange l'a emmené dans un futur possible, pas dans le passé comme il le croyait. Il découvre enfin qu'il est lié à Ayoshe bien plus étroitement qu'il ne l'aurait cru.

Sherryl Jordan est un écrivain inspiré qui explore la frontière floue entre réalité et fantastique, entre la vérité réelle et celle que nous imaginons. Pour elle, la réalité imaginaire est à la base d'un bon récit fantastique et ce dernier est le terreau fertile des penseurs, inventeurs et philosophes de l'avenir. **LO**

Las Visitas

Silvia Schujer

Nationalité Argentine, 1956
Édition Editorial Alfaguara, 1991
Thèmes fantastique, adolescence, famille, amitié

Fernando, 12 ans, raconte l'histoire d'une famille argentine apparemment banale. Un jour, il découvre brutalement qu'on lui a menti pendant toute son enfance. Fernando avait 4 ans quand son père a disparu, mais on lui a expliqué qu'il était parti pour un long voyage. Il sentait bien alors que ce n'était pas vrai, mais n'en a rien dit. À 5 ans, sa mère lui avoua qu'il était en prison. Dès lors, Fernando et sa mère lui rendirent visite tous les dimanches et l'enfant développa rapidement des liens étroits avec son père. À l'école, il ment pour dissimuler la réalité et ne révèle qu'à son ami, Tolle, ce secret qu'il considère comme honteux.

La situation familiale se détériore quand la mère de Fernando rencontre un homme et que les relations entre ses parents se dégradent. Il se réfugie alors dans un monde fantastique. À 12 ans, il tombe amoureux d'une fille et trouve le courage de lui raconter la véritable histoire de sa famille. Cette histoire prend la forme d'un long monologue non linéaire où alternent la confession des souvenirs et leur répression. Le roman est écrit dans la langue d'un adolescent argentin, avec tous les tics et expressions familières que cela implique, ce qui confère une grande authenticité à ce livre mémorable. Surtout, Silvia Schujer parvient à montrer que tout individu, quelles que soient les difficultés qu'il a connues dans son enfance, peut aspirer au bonheur. **LB**

Cher inconnu

Berlie Doherty

Titre original *Dear Nobody*, 1991
Nationalité Angleterre, 1943
Édition française Gallimard Jeunesse
Thèmes adolescence, amour, famille, débat

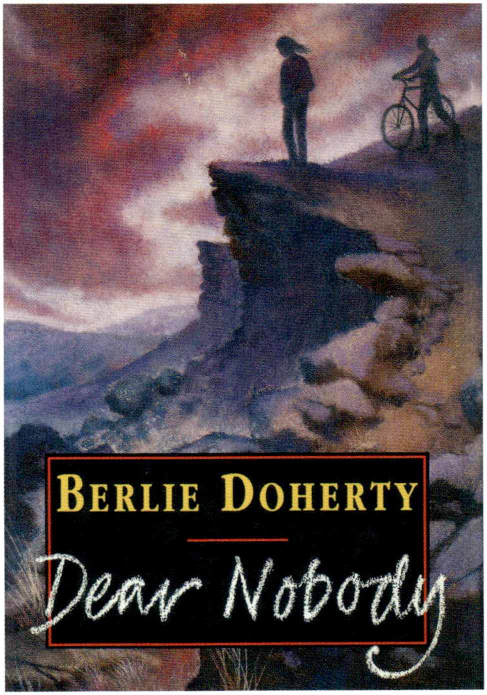

12+

Cher inconnu parle de l'intensité du premier amour, des problèmes causés par une grossesse adolescente non désirée et de l'effet de celle-ci sur deux familles. Il raconte comment deux lycéens amoureux, Hélène et Chris, sortent de l'enfance pour ensuite comprendre leurs parents. Cette grossesse inattendue va les obliger à prendre conscience du rôle de parent. Dans un premier temps, Hélène n'a personne à qui l'avouer, et elle écrit à son enfant à naître. Chris raconte pour sa part l'histoire de leur couple et expose la surprise et l'angoisse que suscite en lui la grande nouvelle annoncée par son amie.

Une fois leur secret révélé à tous, Hélène et Chris sortent de leur isolement et se rendent compte qu'ils font désormais partie d'un tissu familial à un âge où la plupart de leurs camarades ne songent qu'à leur avenir. L'expérience et les réflexions des générations précédentes sont exposées avec finesse, de sorte que les lecteurs en viennent à comprendre les réactions des deux familles.

Avec Hélène, Doherty a inventé un personnage qui, par sa forte volonté et sa clairvoyance, réussit à prendre des décisions unilatérales difficiles et à faire face aux défis qu'elles entraînent. En un mot, ce roman montre qu'il faut assumer la responsabilité de ses propres décisions et comprendre que tout ce qu'on fait affecte autrui. Doherty n'a jamais écrit la suite que tous les lecteurs attendaient mais, dans un autre de ses romans, des événements du même ordre sont analysés par un enfant adopté qui décide de retrouver sa vraie mère. **GB**

« Elle savait que je la regardais, de même que je savais qu'elle me gardait une place de choix au cœur de ses pensées. »

Autres livres du même auteur

Abela
Je m'appelle Holly Starcross
La Pierre serpent
Profond secret
Une famille à secrets

Ascolta il mio cuore

Bianca Pitzorno

Nationalité Italie, 1942
Édition Mondadori, Italie, 1991
Thèmes école, amitié, famille

Avec ce roman dont le titre signifie « Écoute mon cœur », Bianca Pitzorno guide ses lecteurs dans le labyrinthe des expériences de l'enfance. L'histoire se passe en Sardaigne dans les années 1950 et suit pendant une année la vie de lycéennes italiennes. C'est un moment important pour Prisca, Elisa et Rosalba parce qu'elles ont un nouveau professeur, véritable tyran. Le récit montre comment elles s'adaptent et rendent leur détestable professeur, Mlle Argia Sforza (surnommée Arpia Sferza, « fouet heureux »), plus tolérant à leur égard et envers le reste de la classe.

Pitzorno décrit minutieusement les interactions, émotions et intérêts des lycéennes. C'est un de ses romans les plus autobiographiques, écrit sous la forme d'une lettre adressée aux enfants d'aujourd'hui pour leur montrer quelle était sa vie à l'époque. La sévérité de la morale des enseignants d'alors est puissamment exposée. Mlle Argia Sforza recourt à des méthodes disciplinaires très dures. Elle met aussi à l'écart Prisca, véritable héroïne du livre, dont le sentiment d'injustice ne cesse de grandir jusqu'au jour où elle est capable de faire front à ce professeur tyrannique.

Pitzorno expose les joies et les défis des trois jeunes filles, tout en mettant en valeur les relations qui leur sont le plus importantes : avec leurs camarades, leurs professeurs et leurs parents. Les jeunes lectrices apprécieront tout particulièrement cette plongée dans l'intimité de l'univers féminin. **SMT**

Mémoires d'une vache

Bernardo Atxaga

Titre original *Memorias de una vaca*, 1991
Nationalité Espagne, 1951
Édition française Gallimard Jeunesse
Thèmes amitié, animaux

Que peut bien dire d'intéressant une vache ? Comme ce livre le démontre, tout dépend de la vache en question. Dans ses mémoires, Mo, une vache basque espagnole, raconte sa vie à Balanzategui et ses aventures avec sa meilleure amie, Vache-qui-rit, à la fin de la guerre civile espagnole.

Mo est aujourd'hui fort âgée et soignée par une religieuse, Bernadette. Sur l'insistance de « Pesado » – une voix intérieure qu'elle a entendue dès sa naissance –, Mo entreprend de rédiger ses mémoires pour se rappeler quelle fut sa vie et répondre aux « innombrables questions » qu'elle n'a cessé de se poser. Au début de son existence, Mo avait compris, horrifiée, qu'elle n'était qu'une vache anonyme, mais elle fit de son mieux pour échapper à la routine, à l'ennui et au doute. Ses efforts lui ont permis de réfléchir et de penser de façon plus logique.

Le roman aborde différents thèmes : amitié, respect des autres, solitude mais aussi relations entre hommes et bêtes. Atxaga y parvient avec un langage simple, enjolivé toutefois de jeux linguistiques et de riches dialogues permettant d'enrichir le propos et de le rendre accessible aux lecteurs les plus jeunes.

Bernardo Atxaga, pseudonyme de Joseba Irazu, a été professeur de basque, scénariste, libraire et même économiste avant de se consacrer pleinement à l'écriture au début des années 1980. Son roman *Obabakoak : les gens d'Obaba* a reçu le Prix national de littérature en 1989. **EB**

Looking for Alibrandi

Melina Marchetta

Nationalité Australie, 1965
Édition Penguin, Australie, 1992
Thèmes adolescence, maladie et mort, famille

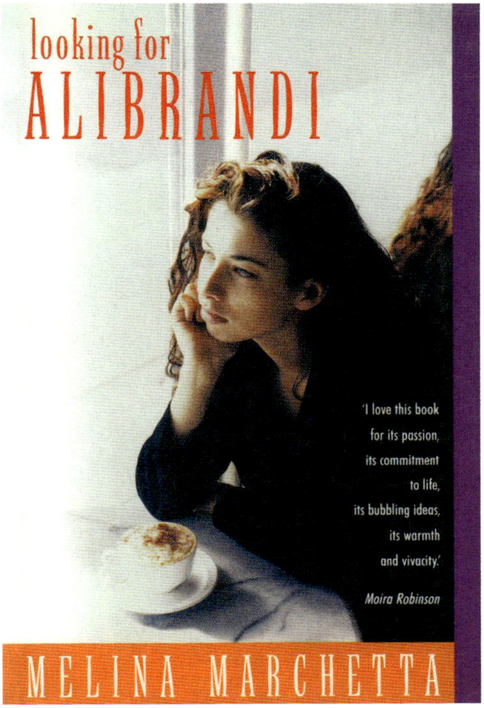

12+

Ce livre, dont le titre signifie « À la recherche d'Alibrandi », traite du passage à l'âge adulte en racontant les expériences de Joséphine Alibrandi, 17 ans. Sensible mais impertinente jeune fille de la deuxième génération d'Italo-Australiens, Josie est tiraillée entre les valeurs du vieux monde et la lutte pour la reconnaissance par la riche élite de Sydney à laquelle elle aspire à ressembler.

L'histoire se déroule pendant sa dernière année de lycée. Elle est confrontée à d'importants examens, mais aussi au retour de son père après seize ans d'absence. D'autres tensions naissent de ses affrontements avec sa grand-mère et d'un fort sentiment d'illégitimité.

Ce roman décrit de façon convaincante les préoccupations des adolescents. Les dialogues nerveux donnent de l'authenticité au récit et les personnages sont des amalgames de plusieurs personnes bien réelles, dont des membres de la propre famille de l'auteur. Les diatribes de la grand-mère ont un caractère comique non négligeable.

L'ouvrage a été très remarqué pour sa façon d'exposer les problèmes des émigrés italiens en Australie. À la fin, Josie se considère à la fois comme italienne et comme australienne. Plus responsable, plus respectueuse d'autrui et acceptant mieux sa propre personnalité, elle parvient à maîtriser les choix que lui imposera la vie. **MK**

« Je ne suis pas certaine que quelqu'un ait pu mourir à cause d'une petite-fille négligée. »

Autres livres pour jeunes adultes

Le Journal secret d'Adrian Mole, Sue Townsend (p. 854)
Le Passage, Louis Sachar (p. 902)
Quatre Sœurs, Malika Ferdjoukh (p. 920)

There Will Be Wolves

Karleen Bradford

Nationalité Canada, 1936
Édition Harper Collins, Canada, 1992
Thèmes roman historique, aventure, amour, famille, guerre

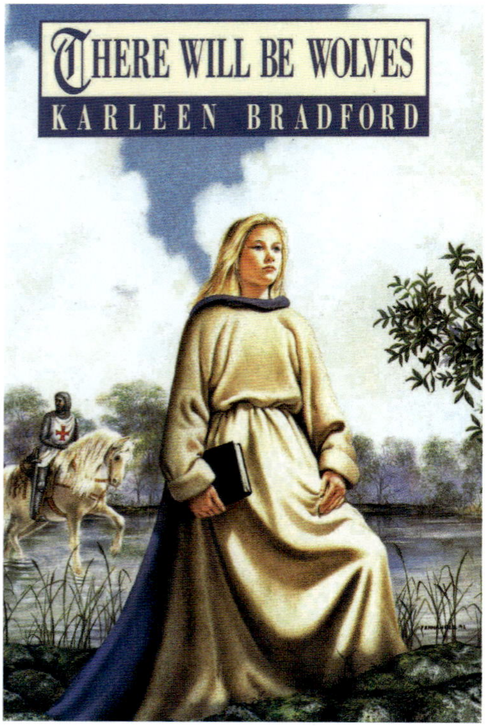

Autres livres de Karleen Bradford

Du désespoir à la liberté
Le Royaume aux deux visages

There Will Be Wolves est le premier ouvrage d'une trilogie dont l'action se situe à l'époque des croisades. À Cologne, Ursula, 16 ans, a appris auprès de son père apothicaire le pouvoir des plantes médicinales. Elle connaît aussi des méthodes nouvelles et « radicales » pour soigner les problèmes de santé, poser des attelles sur des fractures par exemple. La superstition va bon train dans cette ville où les ordures abondent dans les rues (la peste a tué sa mère et ses frères). La franchise d'Ursula, ses habitudes et son goût pour l'étude et le bain la rendent « différente ». Quand un voisin médisant l'accuse de sorcellerie, Ursula demande pour prouver sa bonne foi à rejoindre les croisés partis délivrer Jérusalem.

« La puanteur des rues était masquée par des senteurs âcres, pour ne pas dire mystérieuses. »

L'étude des contradictions morales inhérentes à la croisade de 1096 constitue un arrière-plan intéressant à l'histoire de cette jeune fille qui devient femme. Bradford décrit ainsi le massacre des juifs du Rhin par les chrétiens attirés par leurs biens. Ursula échappe au bûcher, mais son voyage avec les croisés est tout aussi périlleux. Ses ressources intérieures lui permettent de survivre, au même titre que l'aide apportée par son meilleur ami (et futur mari).

En dépit du cadre historique, *There Will Be Wolves* s'adresse aux lecteurs contemporains par sa critique des préjugés, de l'intolérance et de la discrimination. Ursula est une héroïne moderne qui croit fermement à la solidarité avec les individus les plus faibles et les plus démunis. **MK**

12+

Pagan's Crusade

Catherine Jinks

Pagan est un gamin des rues de Jérusalem au temps des croisades. Désireux de rembourser une dette, il cherche du travail auprès des templiers et devient l'écuyer du seigneur Roland. Les deux personnages sont très différents : Pagan a l'esprit vif, frondeur, et n'aime pas trop obéir alors que Roland est un idéaliste qui ne voit que par le code d'honneur de son ordre. Pagan ment facilement alors que cette idée même révolte Roland. Jinks montre de façon subtile comment ils en viennent à se comprendre mutuellement. Roland va apprendre à Pagan à survivre à la guerre et s'efforce de lui inculquer sa propre morale. Quand l'armée de Saladin se rapproche, Roland découvre que le comportement idéaliste n'est peut-être pas la meilleure façon d'atteindre son objectif.

« Si un templier veut prendre un bain, il n'a qu'à sortir sous la pluie, c'est dans ce but que Dieu l'a créée. »

Jinks se passionne pour l'histoire des croisades. Elle a découvert une sorte de guide de voyage à l'intention des pèlerins et s'est demandé s'ils se comportaient comme les touristes modernes en voyage organisé. Un épisode comique du livre montre justement Pagan et Roland escortant un tel groupe vers les rives du Jourdain. Il y a beaucoup de récriminations, le risque d'attaque de brigands, et l'eau de la rivière sainte impérativement limitée à douze bouteilles par pèlerin. En Pagan se trouvent réunis un jeune garçon du Moyen Âge et un gamin des rues moderne. D'autres romans de la même série sont consacrés à l'évolution des rapports entre Roland et lui. **JG**

Nationalité Australie, 1963
Édition Oxford University Press, Australie, 1992
Thèmes roman historique, aventure, guerre, amitié

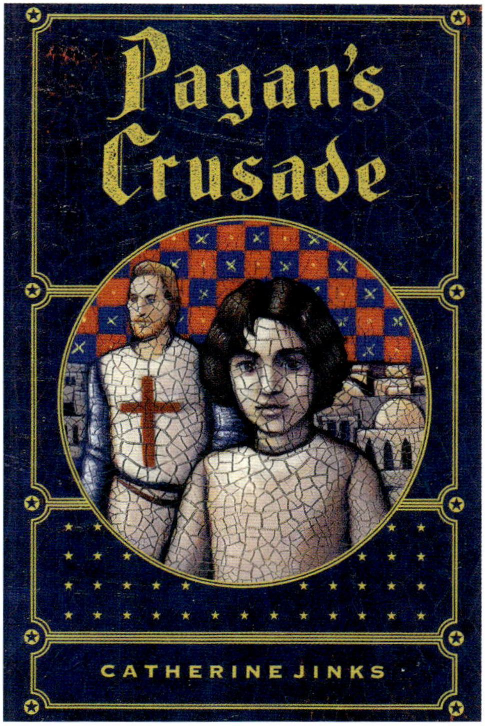

12+

Autres livres de Catherine Jinks

Evil genius : Les Aventures de Cadell Piggott
Vacances catastrophes

Bébés de farine

Anne Fine

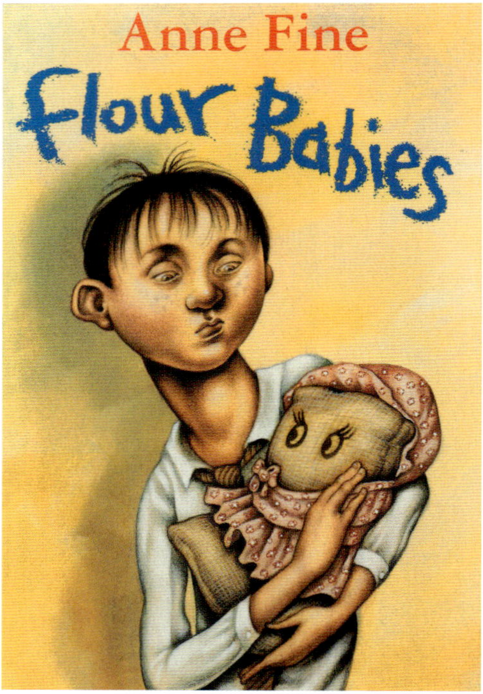

« La moitié d'entre eux semblait avoir laissé leurs cerveaux chez eux, l'autre moitié semblait ne pas en avoir du tout. »

Autres livres consacrés à l'école

Le Proviseur démoniaque, Gillian Cross (p. 619)
Le Livre de tous les écoliers, Allan Ahlberg
The School for Cats, Esther Averill (p. 505)
Down with Skool!, Geoffrey Willans (p. 524)

Titre original *Flour Babies*, 1992
Nationalité Angleterre, 1947
Édition française L'École des loisirs
Thèmes école, famille

Simon Martin n'apprécie pas trop l'école, surtout quand ses camarades et lui se voient demander d'emporter chez eux un énorme sac de farine et de veiller dessus. Le but : faire comprendre aux adolescents ce que signifie être entièrement responsable d'une chose et *a fortiori* de quelqu'un. Les adolescents doivent réfléchir à deux fois avant de songer à être parents : ils sont pour l'instant naïfs et sans information aucune sur ce qu'une telle aventure implique.

Simon doit consigner ses sentiments dans un journal. Après une phase initiale de dégoût, il en vient à comprendre pour la première fois pourquoi sa mère est si souvent irritable et pourquoi son père a quitté le domicile familial alors que lui n'avait que quelques semaines. À la fin, Simon est plus sage, en tout cas il s'en tire mieux avec son « bébé de farine » que ses camarades.

Anne Fine est l'un des meilleurs auteurs pour jeunes lecteurs. Elle a écrit plus de cinquante romans qui, sous couvert de comédie, abordent des problèmes très sérieux – comme *Madame Doubtfire*. La gravité se cache souvent derrière les dialogues comiques. Elle comprend à merveille les enfants, mais aussi les adultes qui prennent soin d'eux. De plus, elle ne perd jamais de vue que l'enfant cherche toujours amour et sécurité auprès de ceux avec qui il se querelle chaque jour. **NT**

12+

Titeuf

Zep

Nationalité Suisse, 1967
Édition Glénat, France, 1992
Thèmes bandes dessinées, adolescence, amitié, école

Depuis le premier volume, paru en 1992, le personnage de bandes dessinées qu'est Titeuf a déferlé sur les cours d'école et supplanté en popularité Astérix, Spirou et Tintin. Avec son pantalon blanc très branché, son T-shirt rouge, sa touffe de cheveux et son langage plus que familier (« C'est pô juste ! »), Titeuf est à l'image des enfants des villes d'aujourd'hui, tiraillés entre les plaisirs enfantins et les jeux vidéo, la télévision et l'Internet.

Le concept de cette série à succès est tout simple. Chaque album présente les aventures (ou plutôt mésaventures) de Titeuf qui tente de faire une nouvelle blague au gardien de l'école, évite un contrôle de maths ou invite chez lui la belle Nadia. La plupart des histoires se déroulent dans la cour de l'école avec plusieurs personnages récurrents : Manu, timide et binoclard, meilleur ami de Titeuf, le gros et pénible Hugo, qui sait tout de l'amour, et Vomito, ainsi surnommé parce qu'il est malade à la première émotion. Le nom de ce dernier montre que l'humour de ces albums est parfois scatologique, ce qui ne peut qu'amuser les petits… et les grands. Les problèmes graves ne sont jamais absents (amour, infirmité, guerre, divorce, chômage, sexualité), mais ils sont toujours traités avec beaucoup d'humour.

La collection des Titeuf compte à ce jour treize titres auxquels il faut ajouter des hors-série comme *Le Guide du zizi sexuel* ou encore *Petite poésie des saisons*. Les albums ont été traduits en plusieurs langues, dont le créole et le breton. **CFR**

See Ya, Simon

David Hill

Nationalité Nouvelle-Zélande, 1942
Édition Mallinson Rendel, Nouvelle-Zélande, 1992
Thèmes maladie et mort, amitié, école, adolescence

Simon Shaw est un adolescent semblable en tout point aux autres, sauf qu'il souffre d'une dystrophie musculaire qui l'oblige à se déplacer en fauteuil roulant. Il arrive chaque jour au lycée dans une camionnette dont le plateau hydraulique le dépose sur le trottoir. La maladie s'aggrave. La physiothérapie et les meilleurs médicaments n'y font rien. Simon pressent sa fin imminente, parce que la plupart des malades meurent à cet âge-là.

Ses camarades de classe et son professeur, la talentueuse Miss Kidman, admirent son envie de vivre. Le sens de l'humour de Simon est parfois caustique, mais il touche tout le monde au lycée. Sa nature candide et l'acceptation de son destin obligent chacun, dont son meilleur ami, Nathan, à remettre en question sa propre existence.

Simon et Nathan passent la majeure partie de leur temps ensemble à tenir des rôles et à parler des filles. Il y a beaucoup d'épisodes plus légers, comme lorsque Simon met les freins de son fauteuil alors que Nathan le pousse dans une montée. Simon meurt, inévitablement. Nathan est effondré, mais il apprend avec le temps à accepter le fait que sa propre vie doit continuer.

Récompensé par de nombreux prix littéraires, cet émouvant roman a touché de très nombreux lecteurs dans les pays anglo-saxons. Il est vraiment dommage qu'il n'ait pas été traduit en français, car l'histoire du jeune Simon est on ne peut plus universelle. **WM**

Faux raccord

Per Nilsson

Titre original *Hjärtans fröjd*, 1992
Nationalité Suède, 1954
Édition française Thierry Magnier
Thèmes adolescence, amour

Avec *Faux raccord*, Per Nilsson s'intéresse à l'intensité et aux souffrances d'un premier amour adolescent. Ce roman venu du cœur expose un point de vue suédois très original devant le thème universel de l'amour perdu.

Un garçon de 16 ans est seul dans sa chambre, entouré des objets qui lui rappellent sa brève relation avec Ann-Katrin – la fille du bus, la fille aux cheveux roux, celle qui l'a envoûté, l'élue de son cœur en un mot. Il déchire en mille morceaux le ticket de bus de leur première rencontre, lance par la fenêtre comme un Frisbee le disque qu'ils écoutaient ensemble, brûle la carte postale qu'elle lui a donnée… Chaque fois qu'il se débarrasse d'un objet, le lecteur en sait un peu plus sur les événements qu'il ressasse sans trêve. À chaque objet est lié un souvenir qui raconte son histoire – douce, étrange et finalement déchirante. Même si l'histoire ne se finit pas bien, cette authenticité montre parfaitement l'angoisse des adolescents.

La structure du livre est inhabituelle et fait alterner passages racontés à la première personne et regard extérieur à la troisième personne. La tension naît de ce point de vue original mais aussi de la prose nerveuse de l'auteur. Maître du roman pour jeunes adultes, Nilsson montre clairement ce que signifie être jeune et amoureux pour la première fois. **RA**

Apocalypse

John Marsden

Titre original *Tomorrow, When the War Began*, 1993
Nationalité Australie, 1950
Édition française J'ai Lu
Thèmes aventure, guerre, amitié, famille

La survie à tout prix, tel est le sujet de cet ouvrage, le premier d'une série qui en compte sept. Ellie raconte comment un groupe d'amis part dans le bush australien pour passer les fêtes de Noël à camper dans un endroit qu'ils appellent l'Enfer. À leur retour, ils découvrent que leur ville a été envahie par un ennemi inconnu. La maison d'Ellie est vide, les animaux sont morts et ses parents ont été faits prisonniers. Le groupe repart pour l'Enfer. Plusieurs options s'offrent à eux : se cacher, se rendre ou se battre. Ils choisissent cette dernière solution et recourent à une stratégie double : vivre des ordures et attaquer.

Lors de leur première incursion en ville pour comprendre ce qui est arrivé, Ellie doit affronter la réalité de ce qu'il leur faut faire pour survivre. Un membre du groupe, Lee, est blessé, et Ellie le sauve en le cachant puis en volant une Jeep. Les jeunes vivent leur peur chacun à sa façon et l'esprit de ce groupe jadis si insouciant change du tout au tout. Quatre d'entre eux attaquent l'ennemi en mettant le feu à un réservoir de gaz afin de détruire un pont utilisé par les forces hostiles. Leur succès est assombri par la mort du meilleur ami d'Ellie.

Au fil de la narration d'Ellie, nous assistons à sa transformation ainsi qu'à celle de ses amis quand chacun découvre l'intensité de son propre courage et sa loyauté à l'égard de ses camarades, de sa famille et de son pays. **KW/JF**

Some of the Kinder Planets

Tim Wynne-Jones

Nationalité Angleterre/Canada, 1948
Édition Groundwood Books, Canada, 1993
Thèmes magie, aventure, science et nature

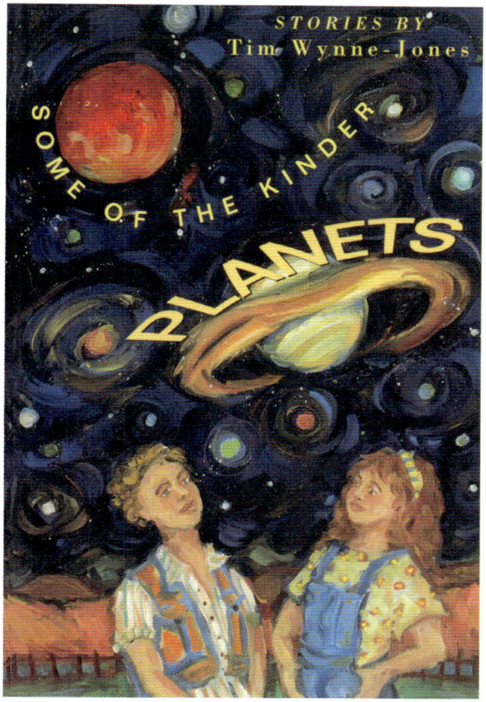

Les neuf nouvelles de ce recueil ont pour dénominateur commun les préoccupations ésotériques d'adolescents canadiens. Dans « La nuit de la grenade », une écolière nommée Harriet est émerveillée par deux découvertes : une image rarement montrée de la planète Mars et l'intérieur étrange d'une grenade, ce fruit aux graines rouges enchâssées dans une matière blanche et douce. Son observation du ciel nocturne retombe dans le prosaïsme avec la désintégration de la maquette de la galaxie élaborée pour le lycée, construite à la hâte à partir de papier mâché, de ruban de masquage et de chewing-gum. Même si la maquette en question manque de précision, elle fait l'admiration de toute la classe.

Les autres histoires penchent du côté de la philosophie. Dans « Sauvez la lune pour Kerdy Dickus », une jeune fille veut publier un magazine consacré aux personnes au nom étrange. Une autre nouvelle raconte les expériences d'un voyageur égaré qui finit par croire avoir fait une « rencontre du troisième type ». Une autre encore montre un invalide cloué au lit qui imagine voyager dans des pays exotiques dont il inscrit le nom sur sa poitrine et son ventre.

Le charme de ce recueil hors norme réside dans le détail et les descriptions évocatrices. Tim Wynne-Jones a étudié l'art et sait utiliser la magie des mots pour susciter un impact visuel très fort. Le portrait intelligent et sensible de ces « années d'émerveillement » ne peut qu'enchanter le lecteur. **MK**

« Jusqu'à hier soir, Harriet n'avait jamais vu l'intérieur d'une grenade. »

Quelques romans philosophiques

Le Petit Prince,
Antoine de Saint-Exupéry (p. 495)
Jonathan Livingston le goéland,
Richard Bach (p. 591)

12+

La Montagne de glace

Emily Rodda

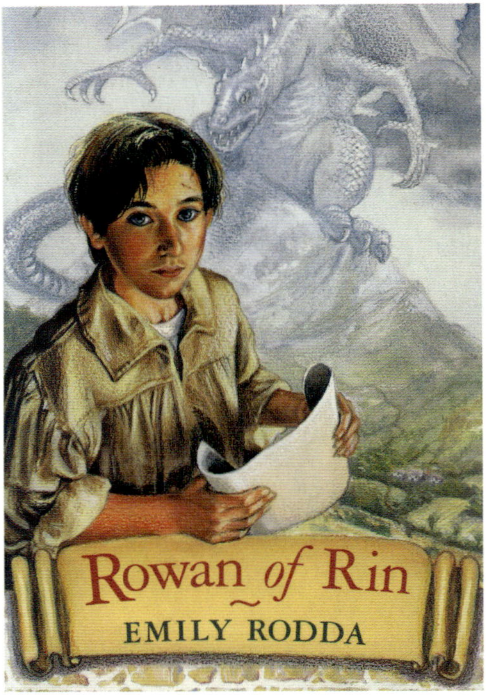

« Il n'abandonnerait jamais. Le plus petit et le plus faible d'entre nous s'est révélé être le plus fort et le plus brave. »

Autres livres d'Emily Rodda

La « Quête de Deltora », 8 tomes, dont :

La Forêt du silence
Le Lac des pleurs
La Cité des rats
Les Sables mouvants

Titre original *Rowan of Rin*, 1993
Nationalité Australie, 1948
Édition française Hachette Jeunesse
Thèmes fantastique, aventure, famille

Avec *La Montagne de glace*, Emily Rodda – nom de plume d'un des auteurs à succès les plus prolifiques d'Australie, Jennifer Rowe – raconte aux lecteurs adolescents une histoire où l'on affronte ses peurs et où l'on trouve le courage de se battre pour ce que l'on considère comme juste. Rowan vit avec sa mère, Jiller, et sa sœur, Annad, dans le petit village de Rin, situé au pied d'une montagne où l'on entend sans cesse les rugissements d'un dragon.

Connu pour sa timidité, Rowan garde un troupeau de bukshahs, une activité normalement réservée aux enfants plus jeunes que lui. Sefton, son père rempli de bravoure, est mort en arrachant sa famille aux flammes qui ravageaient leur maison. Rowan prend son travail très au sérieux et entretient des liens privilégiés avec un animal bien précis. Quand la mare où boivent les bukshahs s'assèche, il est tout aussi inquiet que le restant du village. Sheba, une femme pleine de sagesse qui ne s'exprime que par énigmes, lui offre une carte magique que lui seul peut déchiffrer. Il se joint aux villageois partis dans la montagne à la recherche de la source de la rivière. Les épreuves qui les attendent sont nombreuses, mais le courage et la détermination de Rowan les empêchent d'abandonner.

Les cinq tomes de la série sont fidèles à la tradition de la quête initiatique. L'auteur inclut habilement des énigmes que doit déchiffrer le lecteur. Rowan est un héros malgré lui, car il sauve son village, ses habitants et enfin le troupeau de bêtes dont chacun dépend. **BH**

The Gathering

Isobelle Carmody

Nationalité Australie, 1958
Édition Penguin, Australie, 1993
Thèmes fantastique, adolescence

Isobelle Carmody est l'auteur de nombreux récits de science-fiction, de fantastique et d'horreur. On la connaît surtout pour ses *Chroniques d'Obernewtyn*, dont le premier volume, publié en 1987, fut en fait écrit alors qu'elle était encore à l'école.

Nathaniel Delaney et sa mère ont encore une fois déménagé. Il avait de bonnes notes et il était heureux dans son ancien collège, mais il ne l'est pas dans la ville balnéaire de Cheshunt et sa nouvelle école, Three North. Il sent le mal rôder autour de lui, aussi omniprésent que la puanteur émanant de l'abattoir voisin. Une malveillance palpable semble s'abattre sur Cheshunt à la tombée de la nuit et des chiens dangereux errent dans les rues.

Gathering (« Réunion ») est le nom d'un groupe de petites brutes dominé par un certain Buddha qui fait régner sa loi dans l'école. Nathaniel refuse de se joindre à eux ; il comprend le prix à payer pour son individualisme le jour où il se fait agresser lors d'un match de basket placé sous la surveillance de Mr Karle, le sinistre surveillant général. Le pire reste à venir.

Nathaniel rencontre un autre groupe, la « Chaîne », qui prétend s'être créé pour lutter contre le mal régnant en ville. Il découvre alors que sa présence à Cheshunt n'est pas due au hasard. Mystique fragile, Lallie le définit comme le cinquième maillon de cette chaîne, mais quel rituel permettra de chasser le mal à tout jamais et de guérir une Terre blessée ? **MH**

Gold Dust

Geraldine McCaughrean

Nationalité Angleterre, 1951
Édition Oxford University Press, Royaume-Uni, 1993
Thème aventure

Un jour, Maro et sa sœur, Inez, constatent qu'un grand trou a été creusé devant la boutique de leur père dans la petite ville brésilienne où ils vivent. D'autres trous apparaissent bientôt et la rue devient impraticable. Les deux enfants comprennent qu'il s'agit d'une ruée vers l'or moderne et que les adultes fébriles se comportent de façon grotesque quand les rumeurs les plus fantaisistes se mettent à circuler.

Maro et Inez gardent la tête froide et font preuve de davantage de maturité que les spéculateurs désireux d'immobiliser la ville pour trouver une chose qui n'existe peut-être pas. À la fin de l'histoire, les deux protagonistes sont plus qu'heureux de reprendre leurs études : ils comprennent que le travail acharné est plus gratifiant à long terme que la course effrénée à la richesse instantanée.

Le récit est passionnant d'un bout à l'autre. Les deux personnages principaux sont si bien décrits que le lecteur a l'impression de les avoir toujours connus. La sensation de vivre dans un contexte très différent est tout aussi palpable. L'auteur ne cherche pas à condamner les pauvres qui croient pouvoir s'enrichir en peu de temps, mais montre les conséquences de leurs actes. D'autres personnages de la ville savent aussi, comme les deux enfants, garder la tête froide.

McCaughrean est un auteur maintes fois récompensé qui a eu en 2005 l'insigne honneur d'écrire la suite « officielle » des aventures de Peter Pan avec *L'Habit rouge de Peter Pan*. **NT**

Dougy

James Moloney

Nationalité Australie, 1954
Édition University of Queensland Press, Australie, 1993
Thèmes adolescence, famille, école

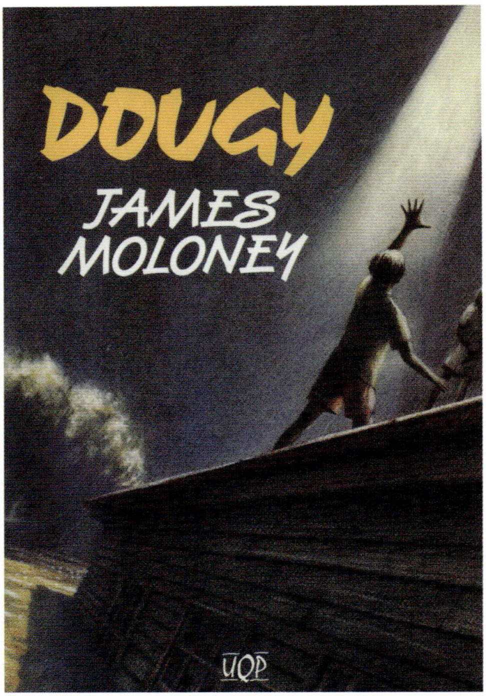

Autres récits campant des Aborigènes

***Dans le grand désert*, James Vance Marshall (p. 539)**
***On l'appelait Tempête*, Colin Thiele (p. 603)**
***Tangara*, Nan Chauncy (p. 797)**
***Stradbroke Dreamtime*, Noonuccal Oodgeroo (p. 593)**

12+

James Moloney est un auteur très prolifique, dont les romans pour enfants et jeunes adultes ont souvent été récompensés par des prix littéraires. À l'époque où il était bibliothécaire et professeur, il enseignait dans des villes pas très différentes de celle dépeinte dans *Dougy*. Cette expérience a, selon lui, influencé ses écrits.

Premier ouvrage d'une trilogie consacrée à un jeune athlète aborigène, *Dougy* a été suivi de *Gracey* (1994) et d'*Angela* (1999). Dougy est le frère cadet de Gracie, un timide garçon de 13 ans qui se prend pour un raté. Malgré son âge, il est toujours en primaire, où il est le plus grand de tous les écoliers. Il est cependant l'un des rares Aborigènes de la ville à comprendre encore les récits du « temps du rêve » et à aimer les entendre raconter.

« Je ne sais pas ce que pensent les gens quand ils sentent le poids d'une arme dans leurs mains. »

Dans une ville où le racisme est sous-jacent, tous se réjouissent quand Dougy remporte un championnat d'athlétisme, mais les Blancs n'apprécient pas qu'il se voie offrir une bourse d'études à Brisbane. Puis une jeune fille est retrouvée inconsciente dans les dunes et un jeune Aborigène est accusé suite à un rapport circonstancié. L'hostilité entre les deux communautés se transforme en violence. Pendant ce temps, les fortes pluies ont fait déborder la rivière, et le jeune Dougy se découvre un courage et des ressources dont il ignorait tout.

L'auteur a dédié ce livre à l'un de ses étudiants, Douglas, mort au cours d'un match de rugby. **MH**

Sans abri

Robert Swindells

L'auteur a couché dans les rues de Londres pour écrire ce livre et cette histoire de SDF est marquée d'une réelle authenticité. Le prix littéraire pour la jeunesse obtenu par ce roman a révolté ceux qui le trouvaient trop dur pour de jeunes lecteurs. En revanche, d'autres critiques ont apprécié de voir de vrais problèmes ainsi exposés à des adolescents. Le principal protagoniste du livre est Link (« correspondance »), nom qu'il s'est donné en souvenir des trains de Londres. Cet adolescent du nord de l'Angleterre a vécu dans un milieu familial désastreux, marqué par les abus les plus divers, et s'est enfui pour maintenant coucher sur le pas des portes des immeubles de la capitale.

« Les choses n'étaient pas roses à la maison et il fallait que je mette les voiles… »

Le livre est parfois brutal, dominé par des dialogues convaincants. Parallèlement, on découvre les propos d'un serial killer, ancien de l'armée, bien décidé à débarrasser les rues des « glandeurs, camés et autres poivrots ». Il cache le corps de ses victimes sous le plancher de son appartement de Camden. Le danger n'est pas loin quand Ginger, le camarade d'infortune de Link, disparaît. Rien ne s'arrange quand le héros tombe amoureux de Gail, une nouvelle venue dans la rue qui s'accroche désespérément à lui. Elle détient un secret qu'il ne parvient pas à percer.

Les romans de Robert Swindells s'intéressent aux problèmes sociaux les plus vifs, tout en reflétant son expérience personnelle. Ancien militaire, il avait quitté l'école à 15 ans pour finir par devenir professeur. Il éprouve une réelle empathie pour ceux qui luttent pour survivre. **AK**

Titre original *Stone Cold*, 1993
Nationalité Angleterre, 1939
Édition française Gallimard Jeunesse
Thèmes adolescence, débat

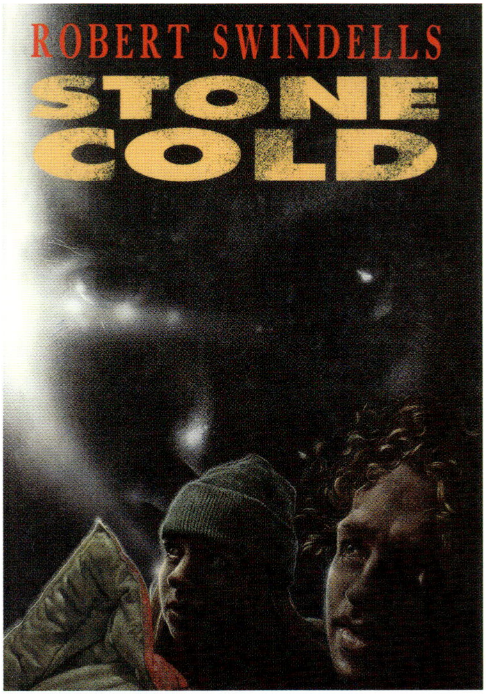

Autres livres de Robert Swindells

Passage interdit
Contes égyptiens

12+

Foxspell

Gillian Rubinstein

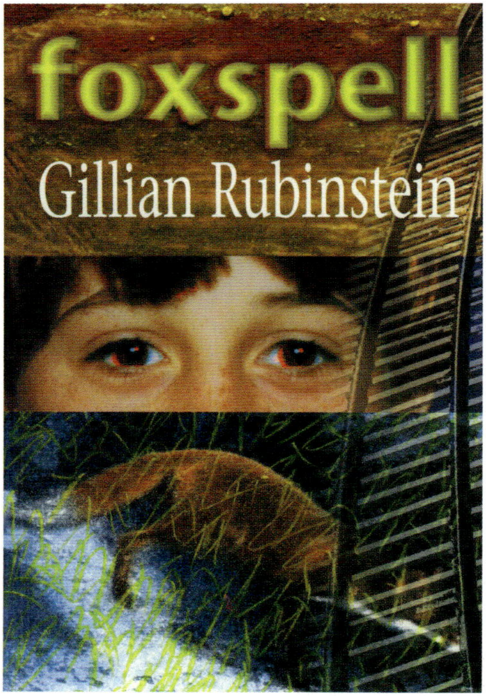

Nationalité Angleterre, Australie, 1942
Édition Hyland House, Australie, 1994
Thèmes adolescence, fantastique, famille

12+

Gillian Rubinstein est fidèle à sa réputation d'écrivain pour jeunes adultes avec ce roman dont les thèmes sont l'exil ou l'éloignement. Après que son père l'a abandonné, Tod Mahoney, un préadolescent, est contraint avec sa mère et ses sœurs de quitter sa maison de Sydney pour aller vivre chez sa grand-mère maternelle, dans la banlieue d'Adélaïde. Le renard mort découvert sur le chemin de sa nouvelle école symbolise ce que lui a coûté le déménagement dans ce monde inconnu : son passé et un fort sentiment d'appartenance à un lieu donné.

L'identification progressive de Tod avec les renards lui permet d'accéder à un monde spirituel où l'esprit-renard lui offre l'immortalité s'il se transforme en cet animal et demeure ainsi pour toujours. Dans une interview donnée en 1984, Rubinstein affirme croire que la fiction a pour rôle d'aider les humains à « résoudre leurs problèmes ». Après avoir rétabli des éléments qui avaient été effacés du paysage, tels les légendes et l'art rupestre, Tod commence à apprécier les valeurs de sa demeure, de ses ancêtres et de sa communauté. La fin du livre est toutefois ambiguë. Tod résout-il le problème de l'absence de son père par le biais du fantastique ou échappe-t-il à la réalité en se réfugiant dans le monde fantasmagorique d'un renard sauvage ?

Gillian Rubinstein est née en Angleterre, mais réside en Australie depuis 1973. C'est un auteur prolifique qui a eu recours à de nombreux pseudonymes comme G. M. Hanson (son nom de jeune fille) ou encore Lian Hearn. **RC**

« Tod était figé…
Il avait l'impression que quelque chose de sauvage jaillissait des yeux de l'animal… »

Autres livres de Gillian Rubinstein

Jour de chance
Saga *Le Clan des Otori* (5 tomes), écrite sous le nom de Lian Hearn

Le Voyage à rebours

Sharon Creech

Titre original *Walk Two Moons*, 1994
Nationalité États-Unis, 1945
Édition française Gallimard Jeunesse
Thèmes adolescence, amitié, famille

Salamanca « Sal » Hiddle est une jeune fille de 13 ans, fière d'avoir du sang indien dans les veines. Son univers change après le départ de sa mère. Emmenée par son père dans un Ohio qu'elle ne connaît pas, Sal devient bientôt l'amie de Phoebe Winterbottom, une fille de son âge dont la mère a également disparu il y a peu. Intriguée par les messages étranges laissés sur sa porte et par le « dément » caché dans sa maison, Phoebe avoue ses craintes à Sal qui, à son tour, parle de son étrange amie à ses grands-parents pendant l'interminable voyage qui les emmène en Idaho. Ils font ce périple pour rendre visite à la mère de Sal dans l'espoir qu'elle rentre à la maison. La mère de Phoebe acceptera, elle, de revenir, mais Sal comprend qu'il n'en sera jamais de même pour la sienne.

Ce roman très riche associe la quête de l'identité d'une jeune fille à sa confrontation avec la séparation et le chagrin. Tantôt drôle, tantôt triste, il abonde en personnages mémorables tels les grands-parents de Sal, toujours prêts pour une nouvelle aventure si cela peut servir à leur petite-fille chérie. Les histoires parallèles de Sal et de Phoebe finiront par converger quand les deux filles apprendront mutuellement l'une de l'autre. Les lecteurs se passionneront pour cette histoire originale et poignante où rien ne ressemble à ce qu'il paraît être et dont on ne découvre l'issue qu'à la toute dernière page.

Sharon Creech est l'auteur de nombreux romans pour la jeunesse. Née dans l'Ohio, elle a longtemps vécu en Suisse et en Angleterre avant de revenir aux États-Unis. **NT**

Switchers

Kate Thompson

Nationalité Angleterre, 1956
Édition Aran Press, Irlande, 1994
Thèmes fantastique, mythes et légendes, amitié, aventure

Bien que née en Angleterre, Kate Thompson a longtemps vécu en Irlande, pays qui lui a inspiré le thème d'un grand nombre de ses livres pour la jeunesse. Diverses régions ont servi de décor à ses histoires empreintes de mythologie, de légendes et de folklore. Avec *Switchers*, son premier roman, elle s'intéresse en particulier au phénomène de la mutation, auquel se mêle une conscience aiguë des problèmes du siècle, qu'il s'agisse de climatologie ou d'éco-politique.

Tess, 13 ans, vit à Dublin, où elle rencontre Kevin qui en a presque 15. Elle découvre assez vite qu'il possède comme elle la capacité de se « transformer » (*to switch* en anglais, d'où le titre), c'est-à-dire de prendre la forme de l'animal de son choix. Il lui demande de l'accompagner chez Lizzie, une ancienne *switcher* maintenant fort âgée. Lizzie leur raconte que des créatures ressemblant à des limaces, les Grokes (ou Krools, dans la nouvelle version du roman), vivent dans l'Arctique avec la ferme intention de ramener la Terre à l'ère glaciaire. Tess et Kevin embarquent pour le pôle Nord, où leur don de se transformer leur sera très utile. Selon les circonstances, ils se changent en rats, en baleines, en mammouths ou encore en dragons. Comme si les Grokes ne suffisaient pas, ils doivent aussi affronter l'armée américaine. Kevin disparaît tragiquement, mais Tess, peu après son retour en Irlande, reçoit la visite de son ami qui a pris la forme d'un phénix. *Switchers* est un roman fantastique au sens premier du terme, une véritable célébration de la richesse de l'imagination humaine. **RD**

Whispers in the Graveyard

Theresa Breslin

Nationalité Écosse
Édition Methuen, Royaume-Uni, 1994
Thèmes mythes et légendes, adolescence

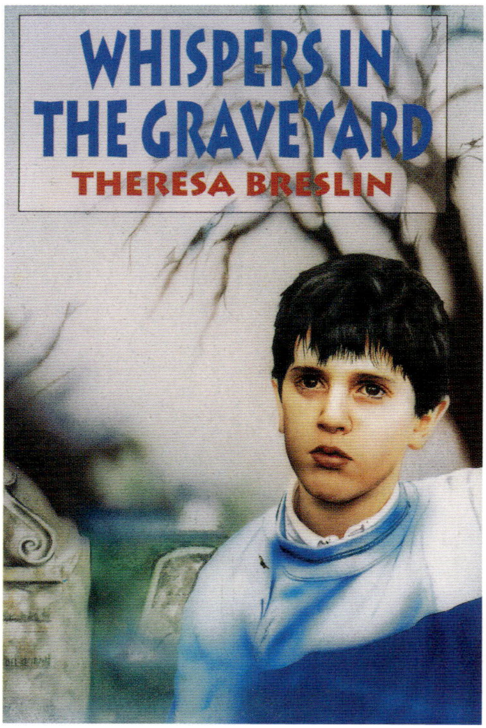

12+

Livres de T. Breslin traduits en français

Le Maître des rêves
Gladiateur
Le Sceau des Médicis
La Prophétie de Nostradamus

Solomon est un enfant à problèmes. Il souffre de dyslexie profonde et déteste l'école, où ses professeurs le maltraitent. Sa vie à la maison n'est pas meilleure : sa mère est partie et son père est alcoolique. Très perturbé, il aime se promener dans un vieux cimetière écossais. Quand les fossoyeurs mettent au jour une tombe ancienne, il entend des murmures alors que se libèrent d'étranges forces. Solomon découvre que le cimetière est frappé d'une malédiction et qu'il doit affronter ces forces pour sauver Amy, la fille d'un professeur proche de l'église.

L'atmosphère de l'Écosse, son paysage, ses mythes et ses légendes font de *Whispers in the Graveyard* un roman passionnant. L'auteur explique

« Je dois maintenant faire le grand saut. J'écris les lettres. Avec soin… Solomon, c'est mon nom. »

que ce n'est pas seulement du fantastique, mais aussi une quête et une découverte de soi. Solomon est mis à l'épreuve quand il lui faut choisir entre le bien et le mal : le défi que lui lance le cimetière est une métaphore de son affrontement avec le monde qui l'entoure. C'est en découvrant qui il est qu'il finit par triompher. Il se bat pour sauver Amy et arracher son père à l'alcoolisme. Devenu plus fort, il va maintenant s'attaquer à sa dyslexie.

Theresa Breslin est l'auteur de plus de 30 livres. Elle a commencé à écrire adolescente et a abordé tous les domaines, de la science-fiction aux romans ayant pour cadre l'école. Ses lecteurs peuvent être des enfants ou de jeunes adultes. Avec des ouvrages souvent étudiés en classe, Breslin accorde une réelle importance aux enfants souffrant de problèmes multiples. **HJ**

See How They Run

David McRobbie

Ce thriller tient en haleine de bout en bout. Le lecteur découvre au fil des pages comment la narratrice, Emma Cassidy, 15 ans, et sa famille réussissent à vivre dans un monde bouleversé. Don, le père d'Emma, est comptable. Il accepte de témoigner contre l'un de ses clients, accusé de crime. Le suspense qui s'ensuit est quasi insoutenable.

Emma, sa sœur cadette Nicola, leur mère Lil, et Don vivent confortablement à Manchester, en Angleterre, mais il leur faut un jour s'enfuir et se cacher, abandonnant derrière eux leur chien Barney, les photos de famille et la Daimler qu'ils aimaient tant. Leur vie va dès lors être aussi dangereuse qu'imprévisible.

« Tendre l'autre joue ? Et pourquoi pas revenir au temps de la Gorgone ? »

La famille Cassidy s'installe dans une ville nouvelle, mais quand leur ancienne maison est ravagée par un incendie, Don retourne estimer les dégâts et tombe dans un piège. Il est suivi jusqu'à sa nouvelle demeure et la famille doit fuir en Australie, terre d'origine de Don. Même au bout du monde, la famille doit rester sur ses gardes, ce qui n'est pas toujours facile. Vivre dans le mensonge et le secret tout en essayant de demeurer intègres face au crime fait payer un lourd tribut à Emma et aux siens.

La date du procès approche et les hommes de main du criminel cherchent à éloigner Don du tribunal. Après maintes hésitations, il se rappelle les mots de sa fille et se décide à réapparaître. Revenu à Manchester, il aide par son courage les autres témoins à parler pour que la vérité triomphe enfin. **BH**

Nationalité Écosse/Australie, 1934
Édition Penguin, Australie, 1994
Thèmes aventure, famille, thriller, adolescence

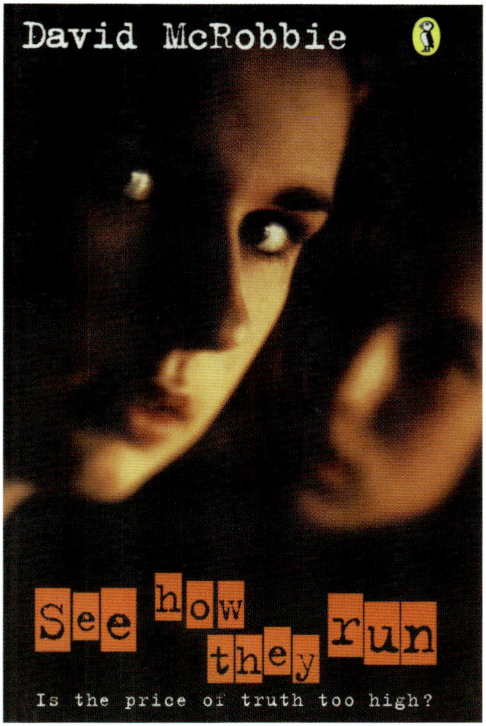

12+

Autres romans à suspense

L'Île au trésor, Robert Louis Stevenson (p. 424)
Le Cheval sans tête, Paul Berna (p. 532)
Le Chien des Baskerville, A. Conan Doyle (p. 739)
Les Chrysalides/Chocky, John Wyndham (p. 813)

Salto nell'Ultramondo

✎ Bruno Tognolini ✎ Roberto Luciani

Nationalité Italie, 1951 (aut.), 1954 (ill.)
Édition Giunti, Italie, 1994
Thèmes fantastique, école, amitié

12+

Cinq adolescents sont tous dans la même classe. Ils ont pour nom Ernesto (Ce), Andrea (Dos), Alessia (Ale magna), Martino et Francesca. Leur camarade Angelo Buioli (Buio) a fait « un saut dans l'Autre Monde » (comme l'indique le titre) et ses amis sont déterminés à l'arracher à cet univers parallèle. Une corde leur permet de descendre dans cet Autre Monde qui, selon leur professeur, n'est que le fruit de leur imagination débordante. « À certains moments, chacun de nous utilise une sorte d'écran invisible pour s'isoler de son environnement, leur dit-il. Rêves, désirs et fantasmes voient alors le jour. On parle avec des gens qui n'existent pas, des amis imaginaires, des animaux imaginaires ; par l'imagination, on visite des endroits merveilleux et légendaires ; on devient un héros, un champion, un guerrier. Mais croit-on que ce monde existe vraiment ? » Pendant qu'il recherche Angelo, retenu dans l'Autre Monde par son imagination, chaque adolescent découvre le « réel » inhérent à ses propres rêves et à sa propre identité. Tognolini recourt au langage, aux expressions et au mode de raisonnement de ses lecteurs pour interpeller les adolescents et les amener à s'interroger sur leur place dans le monde et la signification de celui-ci.

Tognolini ne se contente pas d'écrire des poèmes et des livres pour la jeunesse. Il est également scénariste pour la télévision. *Salto nell'Ultramondo* a reçu en 1994 le prix Andersen du meilleur roman pour la jeunesse. **SMT**

Quand le monde était jeune

✎ Jürg Schubiger ✎ R. Susanne Berner

Titre original *Als die Welt noch jung war*, 1995
Nationalité Suisse, 1936
Édition francophone (Suisse) La Joie de lire
Thèmes fantastique, décalé

Ce recueil de nouvelles attachantes et propices à la réflexion entraîne le lecteur dans un monde fantastique où l'on trouve pêle-mêle des étoiles qui chantent, des manteaux lapons vastes comme des maisons et des oiseaux sachant compter. La version allemande du texte comportait 43 récits répartis sur six chapitres ; la traduction française n'en présente que 24, regroupés en trois chapitres (le ciel et la terre, les choses, les animaux). Tous réinventent d'une façon ou d'une autre la création du monde.

Ces histoires ont un dénominateur commun : elles ne correspondent jamais à ce qu'attendait le lecteur. Elles défient la logique, pourtant Schubiger les présente comme rationnelles et inévitables. Les images oniriques deviennent bien réelles et les notions philosophiques les plus complexes se changent en simples distractions. Rien ne ressemble à ce qu'il devrait être. Ce recueil est, d'une certaine façon, semblable à la vie de l'auteur. Il n'y a apparemment aucun travail qu'il n'ait essayé. Il a en effet été successivement jardinier, bûcheron, copiste, éditeur et même psychothérapeute. Ces expériences plutôt éclectiques et la diversité des personnes rencontrées tout au long de son existence ont exercé une grande influence sur son écriture. Ce livre est à la fois très instructif pour les enfants et fascinant pour les adultes.

Les histoires sont illustrées de nombreux dessins naïfs, ocre, noir et blanc ou multicolores, dus à Susanne Rotraut. **GS**

À la croisée des mondes – 1
Les Royaumes du Nord

Philip Pullman

Titre original *Northern Lights*, 1995
Nationalité Angleterre, 1946
Édition française Gallimard
Thèmes fantastique, aventure, classiques

Classique moderne de la littérature jeunesse, ce roman, le premier tome de la trilogie «À la croisée des mondes», alterne entre des univers différents du nôtre mais aussi les uns des autres, assez semblables toutefois pour que les réflexions sur le bien et le mal nous touchent au premier degré.

Le lecteur adulte ne doit surtout pas imposer sa propre vision quand il propose *À la croisée des mondes* à de jeunes lecteurs. Le début des *Royaumes du Nord* est une présentation du personnage de Lyra, élément central des trois volumes : c'est une sorte de garçon manqué qui ne laisse pas les érudits du Jordan College l'empêcher de traîner dans les rues d'Oxford. Sa soif d'aventure et son esprit curieux l'entraînent dans des situations dangereuses quand elle déjoue la tentative de meurtre à l'encontre de son oncle, Lord Asriel. Entre la disparition d'enfants, dont ses amis Roger et Billy, les affaires de Lord Asriel et une certaine Mrs Coulter, un lien s'établit sous la forme d'une substance mystérieuse, la Poussière, qu'on ne trouve que dans les étendues glacées des Royaumes du Nord et qui est censée pouvoir briser les frontières entre les mondes. Lyra va devoir se montrer très courageuse pour affronter des forces dont elle ne soupçonnait même pas l'existence. Elle a cependant pour alliés des gitans et d'étranges ours en armure.

Pullman a créé un univers d'une grande originalité où les expériences les plus sinistres ne constituent que la partie émergée de cet iceberg littéraire. **GB**

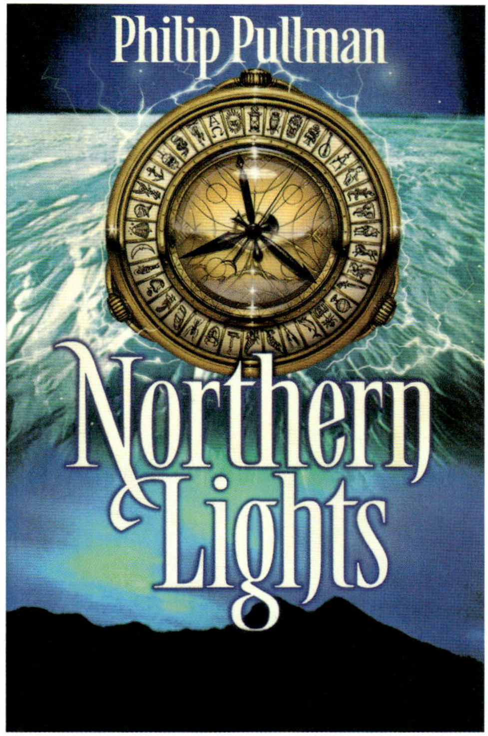

« Quelque chose dans la présence de l'ours lui faisait sentir la proximité du froid, du danger et de la force brutale. »

Autres livres de Philip Pullman

Sally Lockhart (4 tomes, dont *La Malédiction du rubis*, p. 863)
La Mécanique du diable
Lyra et les oiseaux
Le Papillon tatoué
Il était une fois dans le Nord

12+

Pojken som sov med snö i sin säng

Henning Mankell

Nationalité Suède, 1948
Édition Rabén & Sjögren, Suède, 1996
Thèmes adolescence, amour

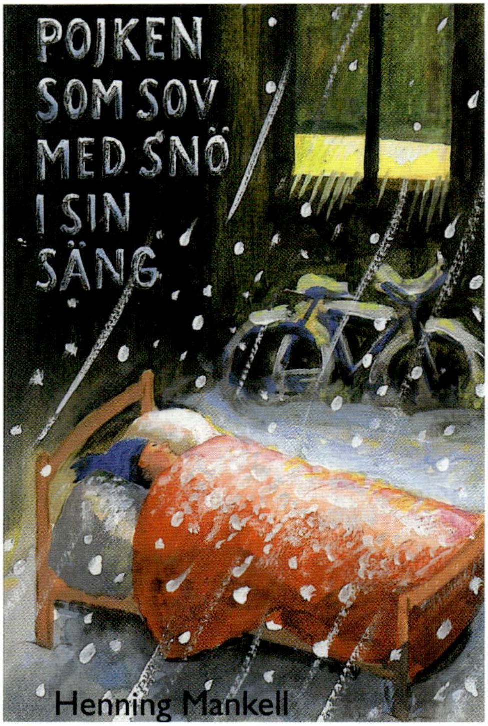

Autres livres d'Henning Mankell

Le Chat qui aimait la pluie
Le Mystère du feu
Le Secret du feu
La Société secrète

On connaît peut-être mieux Henning Mankell par ses nombreux romans pour adultes et les aventures de l'inspecteur Kurt Wallander. Mais lorsqu'il écrit pour de jeunes lecteurs, c'est pour aborder des problèmes universels dans une intrigue aussi dense que passionnante. Ses personnages et les situations qu'ils vivent sont on ne peut plus crédibles.

Ce livre est le troisième de la série consacrée à Joel Gustafson. Joel, 13 ans, est sur le point de dire adieu à son enfance. Le petit village du nord de la Suède où il a grandi lui paraît étriqué et il éprouve pour la première fois un sentiment amoureux. La fille de ses rêves a, hélas, dix ans de plus que lui. Pour résoudre ce problème, Joel décide de devenir une rock star : il aurait ainsi la possibilité de quitter son village et de voyager.

« La neige ressemblait à un Indien qui se déplace en silence et arrive au moment où l'on s'y attend le moins. »

La compassion et l'empathie propres aux romans de Mankell sont ici bien présentes. Ses livres sont toujours poétiques, pleins de sagesse et extrêmement touchants. Ce récit s'adresse aux grands adolescents.

Mankell est l'auteur d'une autre série pour la jeunesse dont l'héroïne a pour nom Sofia. Il a également écrit de nombreux romans pour adultes, des pièces de théâtre et des adaptations pour la télévision lui ont valu de multiples récompenses. Il a créé sa propre maison d'édition, au sein de laquelle il s'attache à défendre et à soutenir les jeunes talents en Suède, mais aussi en Afrique. **CC**

12+

Peeling the Onion

Wendy Orr

Nationalité Canada, 1953
Édition Allen & Unwin, Australie, 1996
Thèmes adolescence, famille, amitié

À 17 ans, Anna Duncan est championne de karaté et tout lui sourit jusqu'au jour où, suite à un accident de voiture, elle se retrouve la nuque brisée. Tout le monde pense qu'elle a eu de la chance de s'en sortir, mais ce n'est pas son avis puisqu'elle ne pourra plus jamais marcher ni voir son petit ami et que sa meilleure amie la délaisse.

Au cours de l'année suivant l'accident, Anna se bat avec un corps qui refuse de lui obéir et n'est pas loin de sombrer dans le désespoir. Mais elle tombe amoureuse et comprend qu'il faut parfois regarder en face ce que l'on a perdu pour mieux apprécier ce que l'on a gagné. Anna n'oubliera jamais son accident, mais elle est farouchement heureuse d'être en vie.

« J'ai si peur que si j'enlève toutes les couches, il ne restera plus qu'un grand trou… et rien à l'intérieur. »

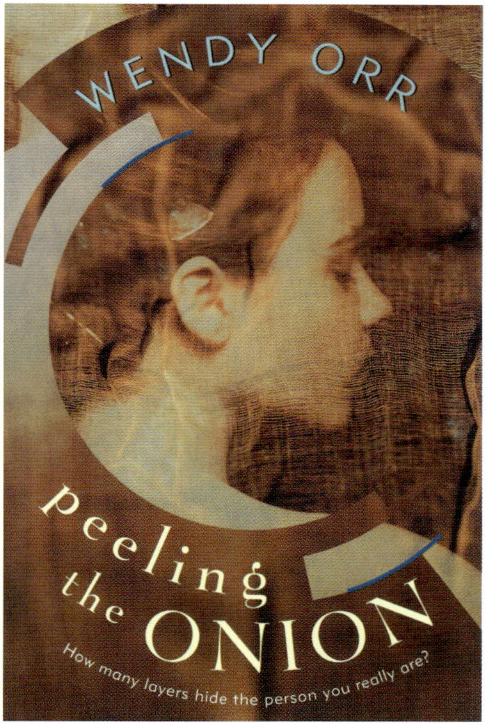

Peeling the Onion s'inspire en partie du grave accident de voiture dont Orr a été victime en 1991 et dont elle s'est remise. D'autres livres ont été consacrés aux suites d'accidents, mais celui-ci est écrit dans un style léger, et l'on passe facilement d'une scène à une autre. Les événements les plus graves sont toujours teintés d'humour et d'un puissant message d'espoir. C'est aussi le récit d'un passage à l'âge adulte et d'une histoire d'amour qui ne peut que plaire aux lecteurs adolescents.

Wendy Orr est née au Canada. Après sa scolarité, elle passa trois ans en Angleterre pour y apprendre l'ergothérapie. Plus tard, elle s'installa en Australie où elle épousa un exploitant agricole. Elle a écrit de nombreux livres pour enfants et un seul roman pour les adultes. **JM**

Autres livres de Wendy Orr

L'Arche des Noé
L'Île de Nim

12+

The Gifting

Sophie Masson

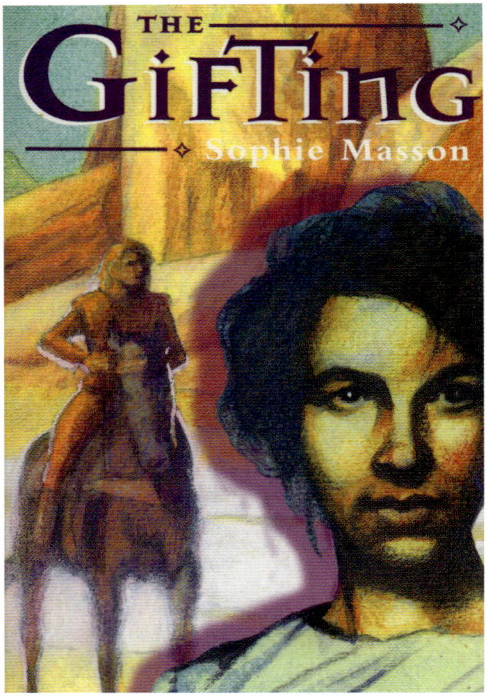

Nationalité Australie, 1959
Édition Harper Collins, Australie, 1996
Thèmes fantastique, aventure, famille, amitié

Née en Indonésie de parents français, Sophie Masson a déménagé en Australie à l'âge de 5 ans. Dans son autobiographie, elle explique : « Je ne me contente pas de rêver de fantastique et de légendes, je les vis. » Dans le brillant roman fantastique qu'est *The Gifting*, Masson met en lumière l'importance du passé et son influence sur le présent et l'avenir. Sa description d'une civilisation en pleine décadence lui permet aussi de s'intéresser au rôle que joue le passé dans l'établissement d'une vérité historique et culturelle.

L'action se passe au IIIe siècle de notre ère. Après la mort de son père, Sulia quitte Rome pour chercher une mère qu'elle n'a jamais connue. Son désir de renouer des liens ancestraux anime aussi son compagnon de voyage, Rufus, parti quant à lui à la recherche de son père. Le voyage en mer, puis dans Alainan et Gealan, est une quête permettant d'oublier les souffrances du déracinement.

Des circonstances surnaturelles déterminent quelle version du passé est acceptable, mais Sulia la refuse en traversant le monde réel et celui des esprits. Une force supérieure s'approprie les hommes et les choses, et décide quels aspects du passé seront transmis en héritage. Pour résister à l'oubli, Sulia unit les voix des morts et autres échos du passé. Elle incarne ainsi les idées exprimées par Masson dans son essai de 1997, *Times Past, Times to Come* (« Temps passés, temps à venir ») : « L'étude du passé est essentielle pour qui veut pressentir l'avenir et apprécier le présent. » **RC**

« Le royaume se meurt… Et tous ceux qui y vivent sont contaminés. Mais il existe un autre lieu, impérissable. »

Autres grands classiques fantastiques

L'Histoire sans fin, Michael Ende (p. 846)
Le Vent de feu : les secrets d'Aramanth, William Nicholson (p. 908)
Les Mémoires d'Idhún : la Résistance, Laura Gallego (p. 929)

Out of the Dust

Karen Hesse

Nationalité États-Unis, 1952
Édition Scholastic, États-Unis, 1997
Thèmes adolescence, famille

L'histoire de Billie Jo, fille d'un fermier de l'Oklahoma, couvre deux années de sa vie et débute pendant l'hiver 1934. C'est un récit poignant et sans complaisance. « Papa m'a appelée Billie Jo. Il voulait un garçon, à la place il a eu une fille aux longues jambes, à la grande bouche, aux pommettes en guidon de vélo. Il a eu une fille rousse, pleine de taches de son, aux hanches étroites, qui adore les pommes et ne pense qu'à jouer du piano comme une folle. »

Billie Jo est fille unique et elle a hérité du don pour la musique de sa mère, Ma. Elle la persuade de la laisser jouer du piano sur scène, même si ce n'est pas le genre de musique qu'apprécie sa mère. Ma tombe enceinte et la vie est riche d'espoir, même dans cette région poussiéreuse où il ne pleut jamais.

Un terrible accident survient lorsqu'un seau de kérosène laissé près du poêle prend feu. Billie Jo et sa mère sont grièvement brûlées. La mère meurt quelques jours plus tard en donnant le jour à un enfant mourra lui aussi. Le chagrin éloigne le père et la fille qui, avec ses mains brûlées, n'aura même pas la consolation de jouer du piano. Elle cherche à partir, mais l'attrait de la maison est le plus fort. L'histoire s'achève sur une note d'espoir quand le père de Billie Jo décide de diversifier ses cultures et prend une nouvelle femme, que Billie Jo apprend à aimer. **JF**

Autres livres de Karen Hesse traduits en français

Si je t'écris
Vers des terres inconnues
La Musique des dauphins

Deadly, Unna ?

Phillip Gwynne

Nationalité Australie, 1958
Édition Penguin, Australie, 1997
Thèmes adolescence, amitié

Avant de devenir un écrivain récompensé par de multiples prix, Phillip Gwynne a exercé toutes sortes de métiers, dont celui de footballeur. Ce n'est donc pas étonnant si l'action de son premier roman, semi-autobiographique, se déroule dans une petite ville côtière d'Australie-Méridionale où l'on pratique ce sport. L'intrigue est complexe et les personnages attachants, comme Arks, l'entraîneur, ou le vieux Darcy, qui se fait quelques sous en élevant des vers destinés à la pêche.

Le narrateur est Blacky (Gary Black), un adolescent fou de football dont le père est un alcoolique violent. Blacky est blanc mais est fier d'avoir pour ami Dumby Red, qui vit dans la mission aborigène toute proche. Dumby est le meilleur joueur de l'équipe, capable de mettre un but de n'importe quel endroit du terrain. Il a aussi une jeune sœur fougueuse dont Blacky est amoureux. Dumby est tué lors d'une rixe et Blacky doit affronter la réalité.

Parcouru des tensions et de la violence que suscite le racisme, c'est un livre sans concession sur le passage à l'âge adulte où le message politique ne vient pas occulter l'intrigue. La victoire remportée par Blacky et ses camarades peut sembler futile, mais c'est une métaphore du triomphe sur le racisme.

L'histoire de Blacky se poursuit dans *Nukkin Ya* : les préjugés de la petite ville de province sont encore là, surtout quand le jeune héros tombe amoureux d'une jeune fille aborigène. Ces deux romans ont été adaptés au cinéma en un seul film, *Australian Rules*, sorti en 2002. **MH**

Le Garçon de la rivière

Tim Bowler

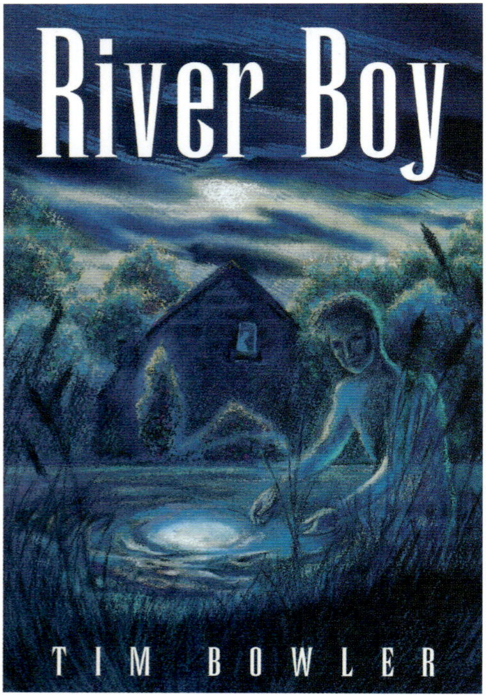

« [...] curieusement, ce garçon avait toujours fait partie d'elle, comme le fragment d'un rêve. »

Autres livres sur la perte

Unis pour la vie, Guus Kuijer (p. 915)
Grover, Vera et Bill Cleaver (p. 879)
Looking for Alibrandi, Melina Marchetta (p. 879)
See Ya, Simon, David Hill (p. 883)
Out of the Dust, Karen Hesse (p. 899)

12+

Titre original *River Boy*, 1997
Nationalité Angleterre, 1953
Édition française Pocket Jeunesse
Thèmes maladie et mort, famille, amitié

Ce roman merveilleusement écrit a pour thème central la relation qui unit Jess, une jeune fille de 15 ans, à son grand-père, un artiste amateur irascible. Bien que mourant, le grand-père veut revoir la vallée isolée où il a grandi. Jess et ses parents l'accompagnent et tous sont fascinés, pour diverses raisons, par la rivière qui illumine le paysage. Pour le grand-père, c'est le sujet d'une toile obsédante qui aura pour titre *Le Garçon de la rivière* même s'il n'y a aucun garçon. La même rivière permet à Jess d'assouvir sa passion pour la natation, sport pour lequel elle est très douée.

Jess prend peu à peu conscience de la présence d'un mystérieux adolescent, excellent nageur lui aussi. Quand il lui propose de parcourir avec lui à la nage les 60 km qui séparent la source de la rivière de son embouchure, elle relève le défi. Cette entreprise prendra tout son sens quand elle apprendra la mort de son grand-père bien-aimé. Elle coïncide avec la disparition du garçon, mais pas avant que celui-ci ait suggéré à Jess d'achever le tableau de son grand-père.

Ce roman a quelque chose d'envoûtant et de puissant : l'histoire émouvante associe intelligemment le réalisme au surnaturel. La prose lyrique reflète la fluidité de la rivière et ses humeurs changeantes. Dans le domaine des romans destinés aux jeunes adultes, on a rarement vu les thèmes de la mort, de la perte et de l'amour familial traités avec autant de finesse et de sensibilité. **RD**

Pig-heart Boy

Malorie Blackman

Nationalité Angleterre, 1962
Édition Doubleday, Royaume-Uni, 1997
Thèmes adolescence, famille, maladie et mort

Cameron, 13 ans, est très sportif mais son cœur souffre d'une maladie virale. Seule une transplantation le sauvera mais aucun cœur humain n'est disponible. On ne peut lui greffer qu'un cœur de cochon, mais une telle opération n'a jamais été tentée. Après de nombreuses discussions, Cameron et sa famille commencent à se faire à cette idée. Les personnes extérieures demeurent critiques et Cameron suscite, bien malgré lui, l'intérêt des médias. Certains de ses amis sont même franchement hostiles ou moqueurs. L'opération est effectuée mais elle n'est pas couronnée de succès. Cameron a perdu tout espoir mais l'amour de sa grand-mère le pousse à tenter une nouvelle opération, un succès cette fois-ci.

Ce roman intelligent et émouvant a pour cadre une famille afro-anglaise très soudée. Cela n'empêche pas les parents de Cameron d'avoir des idées divergentes à propos de l'opération. Le lecteur est véritablement impliqué dans les discussions parfois vives qui émaillent les pages du livre. On ne doute toutefois jamais du courage et de la sensibilité de Cameron, bien décidé à faire ce qui est le mieux pour lui mais aussi pour tous ceux qui l'aiment.

Pig-heart Boy est vraiment un livre qu'il faut avoir lu. Le thème en est assez inhabituel (bien que traité de façon différente par l'auteur russe Boulgakov dans *Cœur de chien*, roman pour adultes) et les lecteurs sont tenus en haleine jusqu'à la dernière page. Malorie Blackman est un auteur très prolifique dont les romans destinés aux enfants et aux jeunes adultes ont été souvent récompensés. **NT**

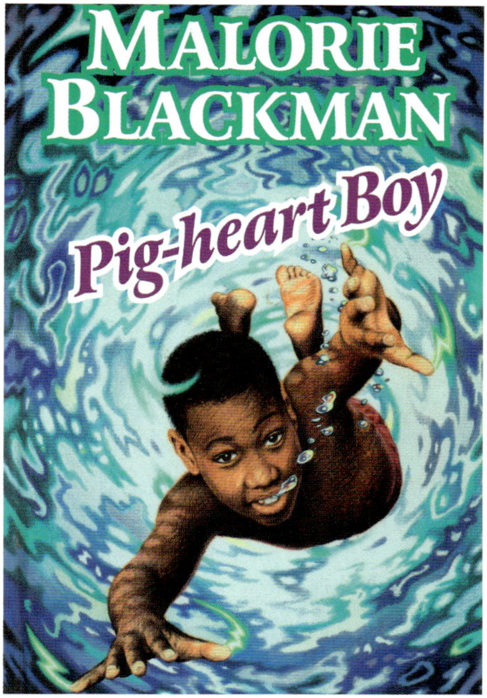

« Le choix est simple. Nous pouvons laisser notre fils recevoir un cœur de cochon, nous pouvons aussi le regarder mourir. »

Autres livres de Malorie Blackman

Entre chiens et loups
La Couleur de la haine
Le Choix d'aimer
La Couleur de la peur
Le Retour de l'aube

12+

Le Passage

Louis Sachar

Titre original *Holes*, 1998
Nationalité États-Unis, 1954
Édition française L'École des loisirs
Thèmes aventure, adolescence

Stanley Yelnats, un adolescent obèse, n'a jamais eu beaucoup de chance, comme le reste de sa famille d'ailleurs, et il n'est pas surpris quand après une parodie de justice il se retrouve placé à Camp Green Lake, centre de détention pour mineurs situé en plein désert du Texas. Sous le regard d'une surveillante impitoyable, les garçons doivent chaque jour creuser un grand trou sous un soleil brûlant. On comprendra plus tard qu'elle cherche un trésor enfoui de longue date et que les détenus lui servent de main-d'œuvre à bas prix.

Avec deux acolytes, Sir et Pendanski, elle instaure un véritable régime de terreur et menace de griffer les garçons avec ses ongles enduits de venin de serpent à sonnette. Stanley se révèle cependant bien plus résistant qu'on ne l'aurait cru et, en compagnie de Zéro, son meilleur ami, il réussit à s'évader, à trouver le trésor et à faire traîner la gardienne devant les tribunaux.

Ce roman d'une incroyable originalité s'est vendu à plus de cinq millions d'exemplaires dans le monde. Tantôt satirique, tantôt passionnante et dramatique, l'histoire ne connaît pas le moindre temps mort. Elle parle aussi de la résilience dans les conditions les plus dures. Stanley Yelnats n'est pas un héros par nature, mais son intelligence et son sens de l'équité le conduisent vers une fin heureuse et bien méritée, même si les aventures et les souffrances parsèment son chemin. **NT**

12+

Sauterelle

Dick King-Smith

Titre original *The Crowstarver*, 1998
Nationalité Angleterre, 1922
Édition française Gallimard Jeunesse
Thèmes animaux, maladie et mort

Le jeune Spider Sparrow (« araignée moineau ») n'est pas très doué pour parler mais a énormément d'affinités avec les animaux. Il vit au cœur de la campagne anglaise avec ses parents adoptifs, Tom et Kathie Sparrow, qui l'ont trouvé tout bébé. En quittant l'école (qu'il n'a jamais aimée), Spider trouve un emploi peu banal : il doit effrayer les corbeaux en tapant sur une boîte de conserve, mais cela lui laisse du temps pour se faire d'autres amis parmi les animaux. Le roman suit Spider de l'âge d'un mois jusqu'à sa mort prématurée à l'âge de 16 ans. Ses parents affligés se consolent en se disant qu'il a toujours été heureux, entouré de ces animaux qui comptaient tant pour lui.

Dick King-Smith est lui-même fermier et, dans ce récit aussi beau qu'émouvant, il décrit la campagne telle qu'il l'a connue dans sa jeunesse. Ses personnages sont tous très réalistes : Tom est berger, d'autres taillent les haies, labourent les champs aidés de leurs chevaux ou lui prêtent main forte à la moisson. D'étranges choses se produisent parfois, comme cet avion allemand qui s'écrase pendant la guerre, mais rien qui perturbe vraiment cette vie paisible. Spider est en harmonie avec son milieu, cependant il est certain qu'il aurait eu du mal à affronter le changement s'il avait vécu plus longtemps. Sa vie fut brève mais il en a tiré le maximum. Les lecteurs ne peuvent qu'apprécier cette histoire d'une grande sincérité due à un auteur fort de sa propre expérience. **NT**

I Am Not Esther

Fleur Beale

Nationalité Nouvelle-Zélande, 1945
Édition Longacre Press, Nouvelle-Zélande, 1998
Thèmes adolescence, famille

Fleur Beale fut d'abord enseignante et elle eut l'idée de ce thriller psychologique haletant quand l'un de ses élèves fut chassé par sa famille à cause de ses croyances religieuses.

La mère de Kirby disparaît, prétendument pour s'occuper de réfugiés, après l'avoir laissée chez Caleb, un oncle qu'elle ne connaissait pas et qui appartient à une secte, les Enfants de la foi. Cette secte rejette tout ce qui est moderne : télévision, radio, journaux, livres et miroirs. Ses membres se consacrent au travail et à l'étude de la Bible. Kirby est rebaptisée Esther ; elle trouve un peu de réconfort auprès de ses jeunes cousins dont le cerveau n'a pas été entièrement « lavé ». Elle va de surprise en surprise : elle découvre en effet l'existence d'une cousine plus âgée, chassée de sa famille pour avoir fait un dessin, tandis qu'un autre cousin, Daniel, se voit refuser d'aller à l'université pour devenir médecin. De plus, Kirby ne cesse de s'interroger sur la disparition inexpliquée de sa mère. Dans une série de scènes assez dures, on voit Daniel se faire frapper et expulser de la secte, Kirby se découvrir un demi-frère inconnu puis apprendre enfin la vérité sur sa mère.

À première vue, ce roman raconte l'histoire d'une jeune fille qui affronte la bigoterie et la cruauté, mais il aborde en fait un thème plus général, celui de l'adolescent en quête d'identité. Fleur Beale est un écrivain prolifique qui écrit dans des genres très divers. Ses romans pour adolescents abordent souvent des sujets délicats : conflits parentaux, origines familiales, relations amicales ou encore responsabilité familiale. **LO**

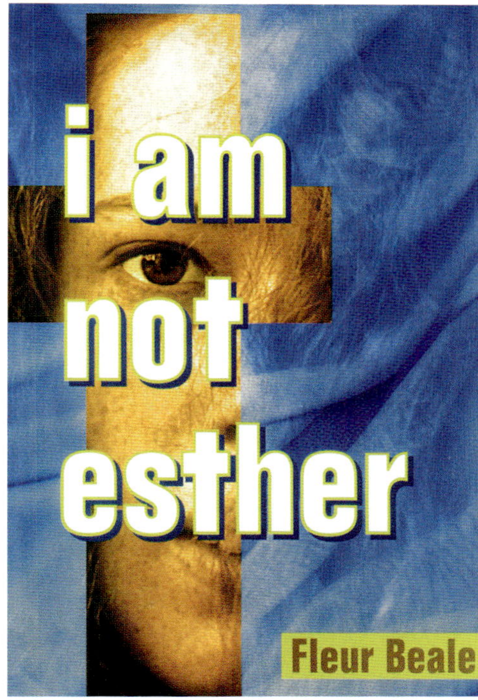

« Je me suis mise à genoux sur le plancher et j'ai serré fort les dents pour ne pas me mettre à hurler. »

12+

Autres romans similaires

Le Journal secret d'Adrien, Sue Townsend (p. 854)
Le Passage, Louis Sachar (p. 902)
Journal d'une sorcière, Celia Rees (p. 911)
35 kilos d'espoir, Anna Gavalda (p. 918)

Buddy, Not Buddy

Christopher Paul Curtis

Nationalité États-Unis, 1953
Édition Delacorte, États-Unis, 1999
Thèmes racisme, famille

Lauréat de nombreux prix littéraires, Christopher Paul Curtis raconte ici les difficultés rencontrées pendant la crise économique des années 1930 par un orphelin afro-américain qui tente de retrouver le père qu'il n'a jamais connu. La quête de Bud commence par la lecture d'un prospectus publicitaire oublié dans une valise par sa mère avant sa mort : c'est l'annonce d'un concert du jazz-band d'Herman E. Calloway. Bud est convaincu que le musicien est son père et qu'il doit se rendre à Grand Rapids, dans le Michigan.

À 10 ans, Bud quitte l'orphelinat puis s'enfuit du foyer d'accueil où il était maltraité. Il n'a avec lui qu'une valise refermant les rares objets qu'il possède, dont un livre qu'il a lui-même écrit – un ensemble de règles et de préceptes pour mener une vie plus heureuse. Bud est décidé à mener à bien son projet. En chemin, il rencontre le racisme, les effets déshumanisants de la crise économique, la peur et la faim. Il fait aussi quelques belles rencontres, principalement dans la communauté afro-américaine, et découvre comment le jazz apporte à ladite communauté le respect de soi.

Bien que relevant de la fiction, cette histoire est d'une grande précision historique. À la fois triste et drôle, elle peut être lue par tous, jeunes ou vieux, et surtout par les lecteurs d'ascendance africaine. **KD**

Livre de Christopher Paul Curtis traduit en français

Voyage à Birmingham

12+

Stony Heart Country

David Metzenthen

Nationalité Australie, 1958
Édition Penguin, Australie, 1999
Thèmes aventure, amitié

Stony Heart Country raconte l'histoire passionnante du jeune Aaron Knott qui abandonne une vie aisée de citadin pour une bourgade de province où son père est chargé de « restructurer » l'usine locale, Walkers. Aaron a beaucoup déménagé dans sa vie, mais c'est la première fois qu'il se trouve confronté à une ville aussi petite. Dès le début, on le considère comme un étranger. Sa famille s'installe aux abords de la ville dans une belle demeure moderne, le « bocal à poissons ». Chacun sait qui il est et ce que son père est venu faire, et il est évident qu'ils ne sont pas les bienvenus. Les enfants de l'école ont entendu dire par leurs parents qu'ils risquent d'être licenciés, de sorte qu'Aaron doit faire face à l'hostilité de tous.

Les Tolliver sont les voisins des Knott. Ils sont surtout à l'autre extrémité du spectre social. Mick Tolliver travaille chez Walkers ; sa femme, Brigid, ne quitte jamais la maison ; leur fils, Bernie, est un jeune footballeur prometteur et leur fille, Rose, se remet tout juste d'une dépression nerveuse. Seuls les adolescents se montreront amicaux envers Aaron, lequel sortira de cette épreuve plus fort et plus déterminé lorsque l'heure sera venue de retrouver la grande ville.

Les romans de Metzenthen ont toujours une préoccupation morale. Il a ici concocté une histoire à la thématique multiple. *Stony Heart Country* parle en premier lieu de la tolérance, de l'acceptation, de l'espoir et d'une harmonie possible quand les gens apprennent à accepter leurs différences et travaillent de concert en vue d'un changement positif. **BH**

Maman, ma sœur et moi

Jacqueline Wilson   Nick Sharratt

Titre original *The Illustrated Mum*, 1999
Nationalité Angleterre, 1945 (aut.), 1962 (ill.)
Édition française Gallimard Jeunesse
Thème famille

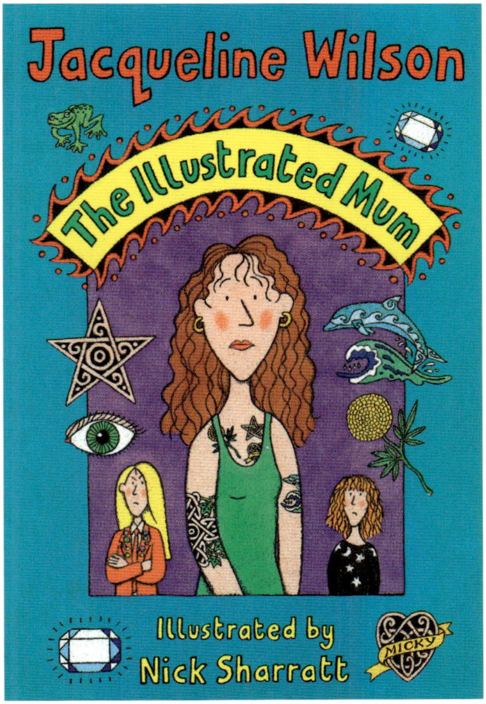

Jacqueline Wilson a l'art de raconter les pires difficultés qu'une famille puisse rencontrer en adoptant un style facilement compréhensible par les enfants, sans jamais compromettre la qualité de l'histoire.

La situation de Pétunia, alcoolique souffrant de dépression nerveuse, et de ses deux filles, Dol et Star, est particulièrement difficile. Les bons jours, Pétunia est une mère attentive qui aime s'habiller, inventer des jeux et raconter des histoires. Les mauvais jours, ses filles doivent la prendre complètement en charge. Pour Star, 13 ans, l'amour se teinte de cynisme, de honte et de mépris. Il revient à Dol, la narratrice, de raconter l'histoire de sa fragile famille et de mettre en lumière les qualités de sa mère charismatique. Dol est fascinée par les tatouages dont le corps de sa mère est couvert et que l'illustrateur Nick Sharratt inclut dans ses dessins. Il revient au lecteur d'imaginer l'enfance de Star et de se dire qu'elle a jadis peut-être aimé Pétunia de façon moins complexe que Dol.

Pétunia ne fait pas peur à ses filles ; ce qui est effrayant, ce sont les situations dans lesquelles elle les plonge. Les adultes ont souvent peur du côté « cinglé » de Pétunia et les filles en souffrent quand leurs pères respectifs ne peuvent rien quand tout va mal. L'espoir n'est pas absent : Dol trouve du soutien à l'école et auprès d'une bibliothécaire. Une compassion ne donnant pas dans la sensiblerie rend accessible aux jeunes lecteurs une intrigue qui pourrait facilement sombrer dans le pathos. **GB**

« Certaines mères ont un papillon tatoué sur l'épaule, aucune n'a autant de tatouages que Pétunia. »

Autres livres sur la famille

Le Journal secret d'Adrian Mole, Sue Townsend (p. 854)
The Min-Min, Mavis Thorpe Clark (p. 806)

12+

Nicht Chicago, Nicht Hier

Kirsten Boie

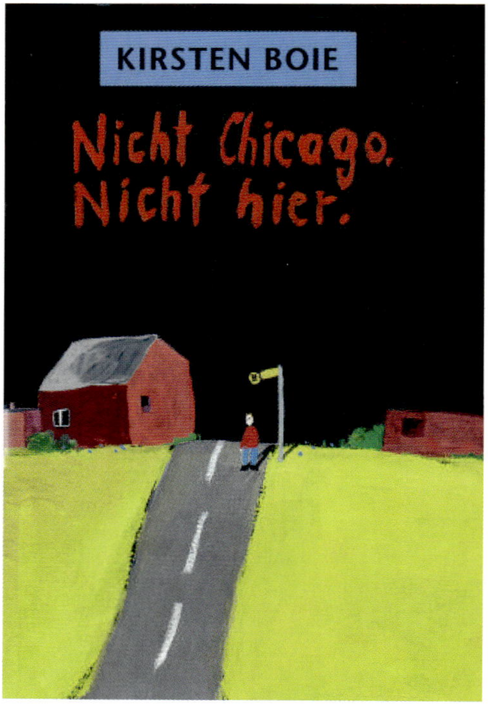

12+

« Niklas appréhende : de tous les élèves, il est celui qui doit faire équipe avec Karl. »

Autres livres sur le même sujet

La Guerre des chocolats, Robert Cormier
Stepping on the Cracks, Mary Downing Hahn (p. 876)

Nationalité Allemagne, 1950
Édition Friedrich Oetinger, Allemagne, 1999
Thèmes école, amitié

Ce roman haletant, dû à l'un des meilleurs auteurs allemands pour la jeunesse, aborde un sujet qui fait malheureusement partie du quotidien de bien des gens : les brimades et la brutalité. Le protagoniste est Niklas, un collégien de 13 ans, à qui l'on demande de faire équipe avec un nouveau venu du nom de Karl. Celui-ci se montre distant et peu sympathique. Bientôt, un CD appartenant à la sœur de Niklas disparaît, puis Karl emprunte le lecteur de CD-ROM du père de Niklas et ne le lui rend pas. Même lorsque Karl devient physiquement violent à l'égard de Niklas, ce dernier n'en parle à personne pour ne pas passer pour une mauviette.

Un jour, pourtant, Niklas en a assez du comportement de Karl et décide d'en parler à ses parents. Ils refusent tout d'abord de le croire puis, quand ils s'y résolvent enfin, c'est pour se rendre compte que les personnes extérieures ne le croient pas non plus. Les parents de Karl protègent leur fils et même la police tient ces incidents pour mineurs.

Cette histoire tragique d'un jeune garçon qui perd l'estime de soi n'est pas d'une lecture facile mais cela n'empêche pas le lecteur d'être passionné. La description détaillée des effets de la brutalité, sans doute inspirée par la carrière d'enseignante de l'auteur, et le désespoir des victimes ne peuvent que nous ouvrir les yeux sur ce problème. Cela n'a donc rien d'étonnant si les établissements scolaires allemands conseillent fortement la lecture de ce livre à leurs élèves. **GS**

Postcards from No Man's Land

Aidan Chambers

Nationalité Angleterre, 1934
Édition Bodley Head, Royaume-Uni, 1999
Thèmes famille, controverse

Ce roman d'Aidan Chambers comporte deux récits. Le premier a pour cadre les années 1990 et suit Jacob, un adolescent vif et gauche, qui se rend aux Pays-Bas pour y rencontrer Geertrui, une vieille infirmière qui s'est occupée de son grand-père, 50 ans plus tôt. Jacob est malheureusement agressé avant de pouvoir la voir et doit séjourner auprès de Dan, personnage haut en couleur et petit-fils de celle-ci. Dans l'autre récit, Geertrui raconte son aventure amoureuse avec le grand-père de Jacob. Les deux histoires se recoupent évidemment à la fin du livre.

Ces deux récits traitent de la difficulté à affirmer sa personnalité. Le roman de Chambers reste ambigu… La maladie qui emportera Geertrui est décrite sans le moindre sentimentalisme. Jacob accepte sa bisexualité, de même qu'il accepte que le souvenir de son grand-père soit très différent de celui de Geertrui. Le livre aborde de nombreux problèmes comme la bisexualité, l'adultère et l'euthanasie, mais ils sont là pour explorer les choix de vie et non pour donner des leçons de morale. Les découvertes de Geertrui sont d'une grande richesse émotionnelle et superbement décrites. *Postcards from No Man's Land* est un livre des plus enrichissants. **SD**

Livres d'Aidan Chambers traduits en français

La Danse du coucou
Le Secret de la grotte
Racket

Thursday's Child

Sonya Hartnett

Nationalité Australie, 1968
Édition Penguin, Australie, 2000
Thèmes roman historique, famille

Ce récit passionnant d'un passage à l'âge adulte est raconté par Harper Flute qui, au début de l'histoire, est une petite fille de 7 ans, vivant dans une famille rurale pauvre dans l'Australie des années 1930. Un jour, ses parents lui demandent de surveiller Tin, son petit frère de 4 ans (l'enfant du jeudi du titre original) : avec horreur, elle le voit disparaître dans une coulée de boue. Tin est sauvé *in extremis* mais il ne pense plus qu'à vivre sous terre et creuse des tunnels sous la cabane misérable où habitent les siens. Des calamités arrivent en série. Quand son père sombre dans l'alcool, Tin disparaît pour de bon dans son labyrinthe de tunnels. Il ne reverra Harper qu'une seule fois, à l'âge de 12 ans.

Sonya Hartnett a reçu de nombreux prix littéraires, dont le prestigieux Astrid Lindgren Memorial Award en 2008. Avec ce roman, elle crée une atmosphère onirique tout en évoquant brillamment la pauvreté rurale dont elle a été témoin pendant son enfance. Cette histoire déchirante marie une vision poétique à des dialogues parfois très crus ainsi qu'à une description sans concession des personnages, tel le détestable voisin, M. Cable, qui a des vues sur la sœur aînée de Harper, Audrey. Chaque phrase de ce livre est ciselée avec soin. Les jeunes lecteurs ne pourront que l'apprécier à sa juste valeur. **NT**

Livre de Sonya Hartnett traduit en français

Une enfance australienne

Le Vent de feu : les Secrets d'Aramanth

William Nicholson

Titre original *The Wind Singer*, 2000
Nationalité Angleterre, 1948
Édition française Gallimard Jeunesse
Thèmes fantastique, aventure

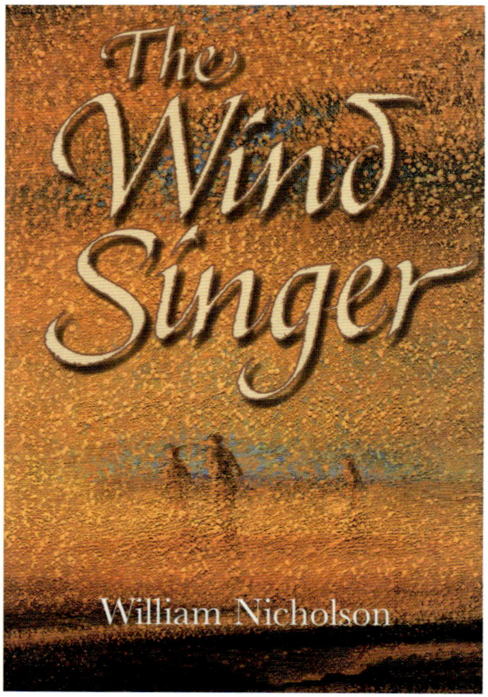

La légende raconte qu'il y a bien longtemps, tout le monde était heureux quand chantait le mystérieux « chanteur de Vent » au cœur de la cité fortifiée d'Aramanth. Le bonheur de la population rendit furieux le sinistre seigneur Morah, qui envoya son armée de Zars détruire la ville. Les habitants donnèrent à Morah la voix du chanteur de Vent et les Zars firent demi-tour.

Quand Kestrel (Kess) ose se rebeller contre le système hiérarchique de la ville reposant sur une série d'épreuves, les châtiments s'abattent sur sa famille. Forte d'une carte que lui a donnée le jeune empereur, Kess quitte la ville en compagnie de son frère et de Mumpo pour retrouver la voix du chanteur de Vent et libérer la ville.

« Nous sommes le Morah,
lui disent un million d'yeux.
Nous sommes légion.
Nous sommes tout. »

Cette quête les mène dans un monde souterrain dont les êtres vivent dans la boue, puis chez les belliqueux Chakas et les Barakas qui habitent une ville dotée d'une voile que le vent pousse à travers le désert. En arrivant au palais de Morah, les enfants réveillent par accident celui-ci. L'armée des Zars marche sur Aramanth en poussant de terribles cris de guerre. Les enfants les précèdent. Ils parviennent à retrouver la voix du chanteur de Vent qui, en se faisant entendre à nouveau, fait tomber en poussière les Zars. Le bonheur va à nouveau régner sur la ville.

Nicholson invente ici un monde d'une grande complexité. Cette étonnante aventure fantastique connaît une fin telle que le lecteur ne peut que se jeter sur les deux autres tomes de la trilogie. **CW**

Autres livres de William Nicholson

La trilogie du Vent de feu :
Les Esclaves de la seigneurie, tome 2
Le Chant des flammes, tome 3
Trilogie des Nobles guerriers, trois tomes

Troy

Adèle Geras

Nationalité Angleterre, 1944
Édition Scholastic, Royaume-Uni, 2000
Thèmes roman historique, guerre, amour

Adèle Geras, en reprenant l'histoire du siège de Troie, a écrit un roman à plusieurs niveaux avec les protagonistes : Hélène, Pâris, Achille et Hector. À cette histoire est mêlée celle de deux sœurs, Xanthé et Marpessa. Xanthé travaille dans l'hospice où sont conduits les soldats blessés et c'est là qu'elle tombe amoureuse de l'un d'eux, Alastor. L'intervention de la déesse Aphrodite fait que sa sœur, Marpessa, s'éprend également de lui et que son amour est payé de retour.

Pendant ce temps, le siège de Troie traîne en longueur (dix ans !) et les habitants manquent cruellement de vivres. Ils se demandent quand leurs épreuves vont finir mais tout dépend, bien entendu, des dieux qui apparaissent et parlent aux divers personnages.

« Le pauvre petit bébé fut projeté contre des pierres tranchantes et pointues. »

Hector est tué par Achille et son corps traîné autour des remparts de la ville, au mépris de toute convention. Son épouse, Andromaque, est inconsolable. Comme annoncé par les dieux, sa mort est vengée par Pâris, dont la flèche frappe Achille au talon, avant qu'il soit tué à son tour. Les Grecs jouent alors leur va-tout avec le fameux cheval de bois géant qui leur permet de s'introduire dans la ville. Ils se déchaînent sur les Troyens en enlevant les femmes, tuant les hommes et jetant le fils d'Hector du haut des remparts.

La richesse de cette histoire ne néglige jamais les personnages individuels. La description de Troie est aussi passionnante que détaillée. Geras a écrit plus de 90 romans pour la jeunesse dont plusieurs ouvrages fantastiques et d'autres consacrés à la danse. Elle excelle avec cette histoire d'amour mouvementée sur fond de guerre et d'héroïsme. **JF**

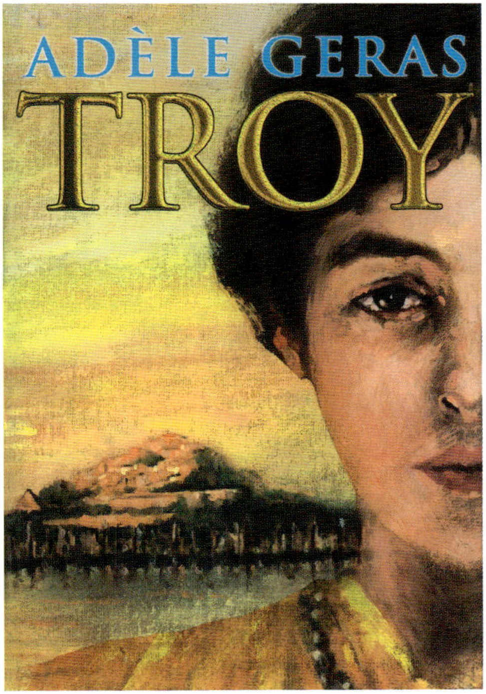

Autres livres d'Adèle Geras

Cléopâtre
Les Chats du square Édouard
Les Dossiers de la famille Fantora
Vas-y Louisa

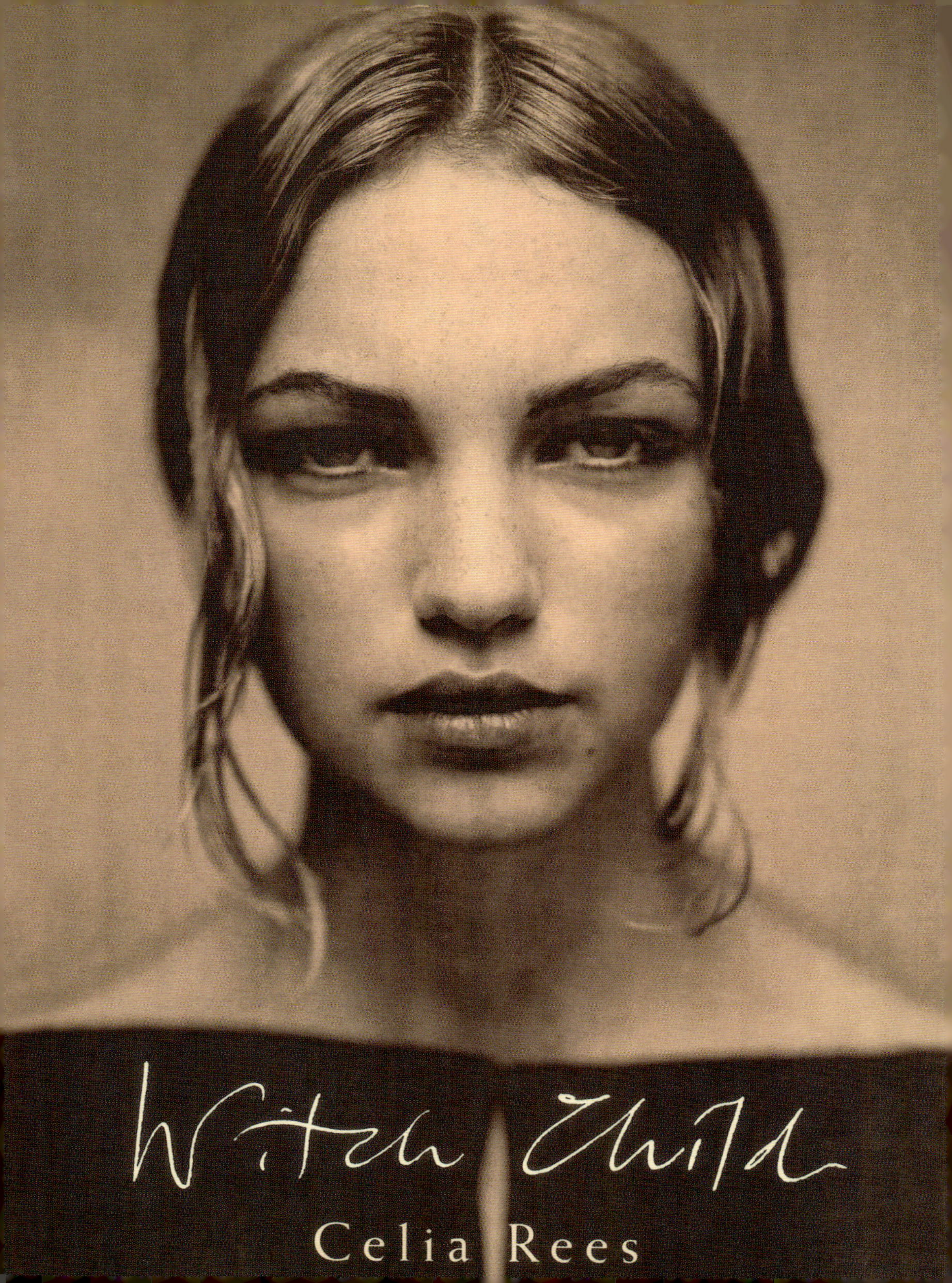
Witch Child
Celia Rees

Journal d'une sorcière

Celia Rees

Titre original *Witch Child*, 2000
Nationalité Angleterre, 1949
Édition française Seuil
Thèmes roman historique, aventure

Ce titre intrigant est celui d'un roman consacré à la bigoterie et à la haine au nom de la religion. L'action se déroule en partie dans l'Angleterre puritaine, en partie à Salem et Beulah, dans les nouvelles colonies de l'Amérique du XVIIe siècle. La grand-mère de Mary, soupçonnée d'être une sorcière, est pendue par ceux-là mêmes qui venaient se faire soigner chez elles. Mary, craignant pour sa vie, rejoint un groupe de protestants en route pour le Nouveau Monde. Quelqu'un lui a conseillé de ne jamais parler de son don de double vue. La petite communauté vit tout entière sur un pont du bateau et ses conditions de vie sont décrites dans le moindre détail dans le journal intime que tient Mary, au même titre que tous les événements pouvant survenir. Le bateau accoste à Salem et, après s'être reposé quelques semaines, le groupe part rejoindre la colonie de Beulah. La communauté qui y vit est dominée par le révérend Johnson et ses fidèles, plus bigots et superstitieux les uns que les autres.

Martha prend Mary sous sa protection en même temps que Jonah et Tobias, deux personnages un peu en dehors de la communauté. Ils construisent une maison et un jardin. Mary part dans la forêt chercher des plantes et des herbes médicinales et y rencontre un Indien désireux de l'aider. Ses petites expéditions alimentent les ragots, et l'hystérie s'empare de la communauté qui en vient tout naturellement à accuser Mary de sorcellerie. Cette histoire passionnante est racontée sous forme de bribes de journal intime. **JF**

Oh, boy !

Marie-Aude Murail

Nationalité France, 1954
Édition L'École des loisirs, France, 2000
Thèmes famille, amitié, controverse

« Oh, boy ! », voilà ce que s'écrie Barthélémy Morlevent quand trois demi-frères et sœurs qu'il ne connaissait pas lui tombent littéralement sur les bras. Après le départ soudain de leur père et le suicide tragique de leur mère, les trois enfants jurent de ne jamais se quitter. Extrêmement intelligent, Siméon, 14 ans, prépare son baccalauréat. Morgane, 8 ans, est elle aussi brillante mais connaît les problèmes propres au deuxième enfant d'une fratrie : les adultes ont tendance à l'oublier. La plus jeune, Venise, a 5 ans, des cheveux blonds et des yeux bleus : elle adore inventer des histoires d'amour passionné avec ses poupées Barbie. Après consultation, les trois enfants décident de chercher une famille susceptible de les recueillir.

Deux parents proches pourraient être intéressés : leur demi-frère, Barthélémy, 25 ans, surnommé Bart, est à la fois homosexuel et irresponsable ; et leur demi-sœur, Josiane, jeune opticienne mariée mais sans enfants, ne plaît pas trop aux orphelins.

Marie-Aude Murail a écrit plus de 80 romans pour la jeunesse. Chaque fois, elle exploite toutes les ressources comiques ou dramatiques des familles contemporaines. Dans *Oh, boy !*, le langage est simple mais l'histoire pleine de sensibilité est d'une grande profondeur psychologique. Le récit aborde des sujets graves et délicats comme l'amitié et l'amour, le deuil familial et l'homosexualité (thème très rarement traité dans la littérature destinée aux adolescents), avec beaucoup de subtilité et d'émotion, mais aussi une bonne dose d'humour. **LB**

Entre chiens et loups

Malorie Blackman

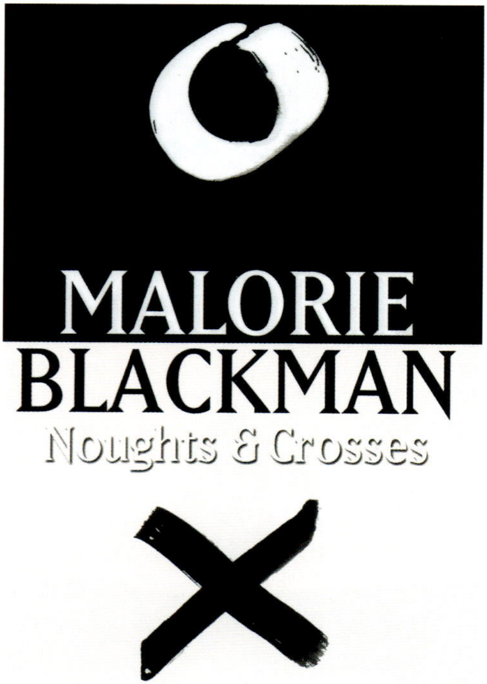

« Tant que les écoles seront dirigées par les Croix, nous serons traités comme des rien du tout. »

Autres livres traitant du racisme

Les Aventures d'Huckleberry Finn, Mark Twain (p. 426)
Ne tirez pas sur l'oiseau moqueur, Harper Lee (p. 794)
Tonnerre, entends mon cri, Mildred Taylor (p. 840)

Titre original *Noughts and Crosses*, 2001
Nationalité Angleterre, 1962
Édition française Milan
Thèmes racisme, famille, amitié, controverse

Entre chiens et loups fut le seul livre d'un auteur noir sur la liste des 100 meilleurs titres établie par la BBC en 2003. C'est le premier ouvrage d'une série de quatre où Blackman se penche sur le problème du racisme, de la haine et de la violence, par le biais de la contre-utopie : on voit ainsi une classe inférieure blanche dominée par une élite noire. Cette inversion des rôles n'est révélée qu'assez tardivement. À la fois thriller politique et histoire d'amours adolescentes vouées à l'échec, ce livre encourage la réflexion sur la société contemporaine.

Sephy est la fille privilégiée d'un éminent politicien corrompu de la classe des « Croix » ; son ami d'enfance, Callum, fils de la femme de ménage de sa mère, est l'un des rares « Ronds » autorisés à fréquenter une école respectable. Sous le regard de leurs amis et de leurs relations, cette amitié se transforme bientôt en amour. Tous deux passent pour des traîtres, surtout quand la famille de Callum se rapproche d'un groupuscule terroriste violent bien décidé à renverser le pouvoir en place. Les événements ne sont pas sans rapport avec ce qui s'est déroulé en Irlande du Nord, en Afrique du Sud au temps de l'apartheid et en Grande-Bretagne.

Blackman a créé un monde assez sinistre, où les deux côtés de la fracture raciale souffrent, que ce soit directement ou indirectement par leur incapacité à se rencontrer. Ce livre est un message adressé aux jeunes confrontés tous les jours au racisme. Même si sa conclusion est assez dure, la fille de Callum et Sephy est en soi un symbole d'espérance. **GB**

12+

Walking Naked

Alyssa Brugman

Nationalité Australie, 1974
Édition Allen & Unwin,
Australie, 2002
Thèmes amitié, école

Chaque établissement scolaire a sa Perdita Wiguiggan. Qualifiées de « différentes » – pour un problème physique ou un comportement étrange –, ces élèves sont méprisées. Avec cette étude de l'amitié entre adolescentes, Brugman montre que la peur d'être rejeté explique souvent l'appartenance à un groupe de « petites brutes ». Perdita passe pour une « cinglée » à cause de son refus de se conformer à la règle, et elle cultive délibérément ce trait de caractère en apprenant des poésies aux plus jeunes.

Son existence solitaire est très loin de la sphère sociale affairée de la narratrice, Megan Tuw, membre fondateur du « groupe », une coterie des plus sélectives. Leurs chemins vont se croiser alors qu'elles se trouvent toutes deux en retenue. Bien que dégoûtée dans un premier temps par la réputation de Perdita et son hygiène buccale douteuse, Megan est de plus en plus impressionnée par ses compositions ironiques et spirituelles. Une relation improbable s'établit entre elles et Perdita initie Megan au monde de la poésie. Cependant, quand le groupe est mis au courant, Megan se voit obligée de choisir : elles ou la « cinglée ».

Le cercle des prétendues amies de Megan forme une hiérarchie complexe où la manipulation émotionnelle est omniprésente. Le système des « interventions » influe sur toutes les décisions, qu'il s'agisse du style de coiffure, du petit ami ou du travail scolaire. Megan est aussi victime de la jalousie typique de l'adolescence. Brugman décrit avec précision le dilemme des adolescents qui veulent la sécurité d'un groupe tout en conservant leur individualité. **MK**

Ik ben Polleke hoor !

Guus Kuijer Alice Hoogstat

Nationalité Pays-Bas, 1942
Édition Querido,
Hollande, 2001
Thème maladie et mort

Pauline (Polleke) a presque 13 ans et affronte la vie avec courage en dépit de ce qui lui arrive. Elle a une façon très prosaïque d'aborder le monde et les adultes qui l'entourent, et le moins qu'on puisse dire, c'est que certains sont plutôt étranges. Son grand-père vient de mourir et elle doit faire face à cette disparition, ce qui n'est pas facile étant donné que ce sont les vacances d'été et qu'elle est un peu seule. Son ami Mimoun est au Maroc mais son autre amie, Consuela, est encore là : c'est une jeune Mexicaine, avec une façon bien à elle d'aborder la mort.

Pauline est l'héroïne effrontée et têtue mais toujours sympathique d'une série de cinq livres. Elle prend la vie très au sérieux, observe les choses d'un œil critique et s'attaque au problème le plus ardu qui soit : apprendre à vivre. Elle est sur le point de quitter l'enfance pour entrer dans l'adolescence. Le dernier chapitre est d'une brièveté exemplaire puisqu'il ne comporte qu'une seule et unique phrase : « Ça y est, j'ai 13 ans. »

Guud Kuijer est ouvertement du côté de son héroïne. La simplicité et la clarté de son récit forment un équilibre parfait entre les problèmes bien réels et la fausse naïveté avec laquelle Polleke les aborde. Le lecteur s'identifie rapidement au mode de pensée de Polleke et à son comportement. Kuijer est l'auteur d'une autre série très populaire dont le personnage central a pour nom Madelief : elle est peut-être plus jeune mais tout aussi obstinée et curieuse que Polleke. Cet écrivain hollandais a reçu de nombreuses récompenses littéraires et c'est l'un des auteurs pour la jeunesse les plus lus dans son pays. **AD**

The Slightly True Story of Cedar B. Hartley

Martine Murray

12+

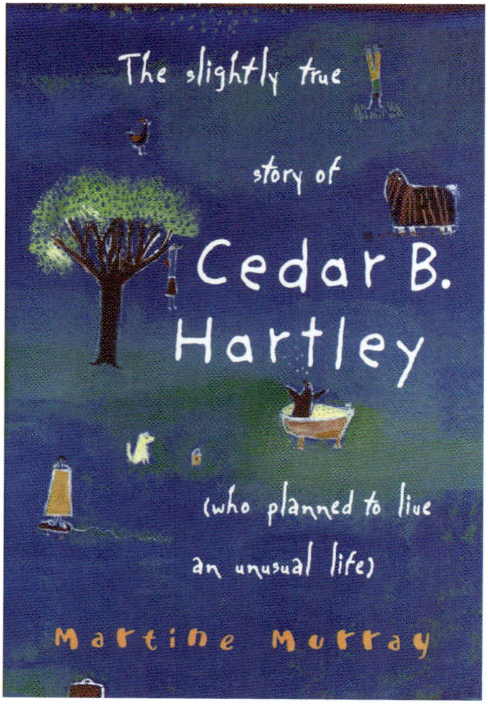

Nationalité Australie, 1965
Édition Allen & Unwin, Australie, 2002
Thèmes famille, amitié, adolescence, décalé

Martine Murray a étudié l'art, l'acrobatie et la danse, et toutes ces disciplines se retrouvent dans ses histoires humoristiques et décalées destinées à la jeunesse. Ce roman est consacré au personnage pétillant et singulier de Cedar (qui préférerait être appelée Lana Munroe), jeune personne perspicace et extravertie, plus sage que ne le voudraient ses 13 ans.

Le livre s'attache aux petits événements et présente toutes sortes de personnages intéressants. En abordant avec légèreté des thèmes sérieux, Murray nous fait découvrir Caramella la potelée, Oscar, le poète au cerveau atteint, Kite, blessé par les rapports difficiles entre ses parents, et enfin Cedar en personne, perturbée par l'absence de son frère et la mort mystérieuse de son père. Kite est la première liaison de Cedar, qui est à la fois troublée, enthousiasmée et irritée par ce jeune homme talentueux. Ce groupe assez improbable forme les Acrobates qui mettent sur pied un programme artistique pour financer les soins médicaux dont a besoin le chien d'un voisin.

Cedar entre dans l'adolescence. Elle ne cesse de s'interroger sur ses émotions, ses sentiments, ses relations familiales et ses amitiés. Murray exprime les pensées et les émotions que connaissent tous les enfants du monde à travers un récit limpide où des personnages venus de divers univers travaillent de concert pour résoudre des problèmes. Ses illustrations minimalistes parsèment le livre, fidèles à l'essence du récit. **BA**

« C'est la façon de parler des filles qui est différente… elles vont droit au but. »

Autres récits décalés

Zazie dans le métro, Raymond Queneau (p. 792)
Ma rencontre avec Violet Park, Jenny Valentine (p. 937)
Pas raccord, Stephen Chobsky

Le Clan des Otori : le Silence du rossignol

Lian Hearn

Titre original *Across the Nightingale Floor*, 2002
Nationalité Angleterre/Australie, 1942
Édition française Gallimard
Thèmes fantastique, aventure

Pour se protéger d'éventuels assassins, Iida Sadumu, redoutable seigneur de la guerre, installe dans sa chambre un « parquet du rossignol », qui « chante » quand quelqu'un tente de le traverser. Dans sa forteresse, sombre et menaçante, Takeo, le héros âgé de 16 ans, va devoir recourir à ses pouvoirs surnaturels pour aborder le parquet, vaincre son ennemi et accomplir son destin.

Le Silence du rossignol est le premier volume d'une épopée, *Le Clan des Otori*. Avec pour cadre une société japonaise féodale mythique, voici une histoire pleine de clans ennemis, de trahisons, de vengeances et d'honneur. Takeo est tiraillé entre la loyauté envers sa propre communauté religieuse persécutée et le clan des Otori dont il est l'obligé parce qu'il lui a sauvé la vie dans le passé. C'est aussi l'histoire d'un impossible amour entre Takeo et Kaede Shirakawa, femme forte et impétueuse que l'on dit maudite.

Lian Hearn n'est autre que Gillian Rubinstein, auteur pour la jeunesse maintes fois primé, mais elle a préféré recourir à un pseudonyme pour cette série (cinq volumes à ce jour) quelque peu différente de ses productions habituelles et s'adressant à un public plus mûr. Elle a appris le japonais et s'est toujours intéressée à la culture et l'histoire du Japon de sorte que ses romans sont empreints d'une grande authenticité. *Le Clan des Otori* est une série haletante qui entraîne le lecteur dans un monde imaginaire au code d'honneur complexe et aux personnages inoubliables. **HJ**

Le Voyage de Parvana

Deborah Ellis

Titre original *Parvana's Journey*, 2002
Nationalité Canada, 1960
Édition française Hachette Jeunesse
Thèmes aventure, guerre, famille, amitié

Ce livre dont l'action se passe en Afghanistan incite le lecteur à la réflexion par sa façon d'exposer la responsabilisation des femmes en période de crise. Parvana a tout juste 11 ans quand les talibans prennent le pouvoir. Son avenir s'assombrit un peu plus quand son père chéri, professeur d'histoire ayant fait ses études en Angleterre, est jeté en prison. C'est là qu'entre en jeu une militante, Weera, qui échafaude un plan pour aider sa famille à survivre. Parvana sera déguisée en garçon. Cette audacieuse transformation est au cœur du livre et l'auteur relate avec habileté le « voyage » de Parvana, jeune fille peureuse et frustrée devenue un adolescent fier qui se rapproche des talibans et gagne de l'argent.

Ce roman engagé se caractérise par sa façon de traiter avec sensibilité des problèmes propres à toutes les filles. L'amie de Parvana voit avec angoisse venir la puberté et se demande ce que l'avenir lui réserve. Le monde de Parvana est dominé par les décisions des adultes qui contribuent activement aux problèmes qu'elle doit affronter, mais elle saura trouver sa propre voie et se faire entendre.

Deborah Ellis est un auteur passionné qui propose aux jeunes lecteurs une description sans concession de la guerre. Ce livre majeur montre comment l'espoir associé au courage dans l'action peut changer des existences, même dans les conditions de vie les plus terribles. **CATN**

35 kilos d'espoir

Anna Gavalda

Nationalité France, 1970
Édition Bayard Jeunesse, France, 2002
Thèmes école, famille

Anna Gavalda est très connue du public pour ses nouvelles et ses romans publiés depuis 1999.

Tous ses livres, publiés aux éditions Le Dilettante, rencontrent un grand succès. Son premier roman, *Je voudrais que quelqu'un m'attende quelque part*, a obtenu le prix RTL-Lire en 2000. *Je l'aimais* a été publié en 2002, *Ensemble c'est tout* en 2004 (adapté au cinéma par Claude Berri en 2007), *La Consolante* en 2008 et *L'Échappée belle* en 2009.

Ancienne professeur de français et chroniqueuse de la rubrique de livres pour enfants de la revue *Elle*, Anna Gavalda fait une incursion dans la littérature jeunesse avec une plume réaliste et un thème qui peut toucher plus d'un enfant : celui du rejet et de l'inadaptation à l'école. Son héros, Grégoire, est âgé de 13 ans et est en sixième ; il a redoublé deux fois et déteste l'école depuis son entrée en maternelle. Elle ne l'intéresse pas.

Il n'est pas idiot, loin s'en faut, mais il préfère inventer et bricoler. Il sait percer, scier, décoller du papier peint, démonter le moteur d'une tondeuse… Et il a déjà inventé, entre autres, une machine à éplucher les bananes et des chaussures à talon déplaçable pour marcher en montagne. Une des ses maîtresses l'a décrit ainsi : « Ce garçon a une tête en forme de passoire, des doigts de fée et un cœur gros comme ça. » C'est dans le cabanon de son grand-père que Grégoire trouve une écoute et les activités qui le comblent. Il a la chance d'avoir un allié aimant et indéfectible qui va lui permettre de réagir et d'avancer en prenant sa vie en main. **NB**

12+

Liu et le vieux dragon

Carole Wilkinson

Titre original *Dragonkeeper*, 2003
Nationalité Angleterre/Australie, 1950
Édition française Bayard Jeunesse
Thèmes fantastique, roman historique

Liu (Ping dans la version anglaise), la jeune héroïne courageuse de ce roman, n'est pas vraiment chanceuse mais elle se comporte avec bravoure dans des situations inextricables, prend conscience de ses talents bien particuliers et sort triomphante des épreuves. En d'autres termes, les péripéties de ce récit ne peuvent que passionner les jeunes lecteurs.

L'action se passe en Chine en 141, sous la dynastie Han. Liu est une fillette de 10 ou 11 ans (son incapacité à compter au-delà de 10 la fait douter de son âge) que ses parents ont vendue comme esclave. Elle vit dans un palais impérial isolé où l'empereur ne vient jamais mais dont Lan, le cruel seigneur, est le gardien des deux derniers dragons impériaux. L'un d'eux meurt et Liu parvient à s'échapper avec l'autre, appelé Danzi, lequel possède le pouvoir de se métamorphoser et de s'adonner aux réflexions philosophiques du genre « La sagesse consiste à reconnaître ses limites ». Hua, le rat apprivoisé de Liu, se joint à eux et ils entreprennent un périlleux voyage vers l'Océan, poursuivis par un redoutable chasseur de dragons. Liu doit à tout prix protéger la « pierre du dragon » pour assumer son rôle de gardienne des dragons, même si elle en ignore la nature exacte.

Le roman de Wilkinson, réputée pour son goût de l'histoire et ses recherches méticuleuses, est fascinant, la langue fluide et poétique. Le mariage de faits réels et d'aventures permet au lecteur de s'interroger sur le sens de l'histoire et les difficultés du passage à l'adolescence. Deux autres tomes suivent celui-ci, *Liu et le Dragon pourpre* et *Liu et les Dragons sauvages*. **AK**

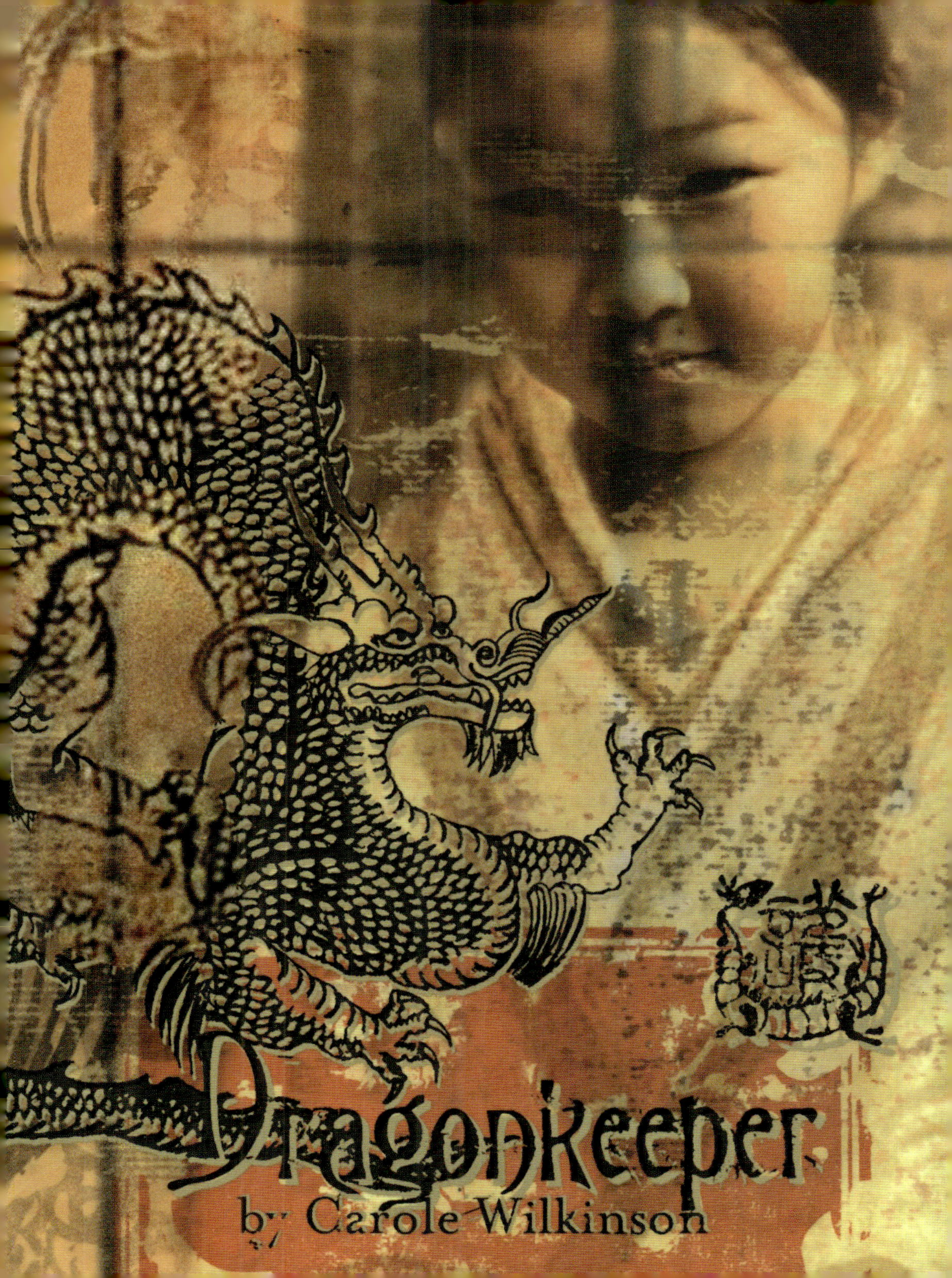
Dragonkeeper
by Carole Wilkinson

Le Dernier Seigneur

Avi

Titre original *Crispin: The Cross of Lead*, 2002
Nationalité Angleterre, 1937
Édition française Milan
Thème roman historique

Le Dernier Seigneur a pour cadre l'Angleterre du roi Édouard III, époque où les nobles avaient droit de vie et de mort sur le peuple. Famine, pauvreté, saleté, impôts et labeur sont leur lot quotidien. L'orphelin Guillaume (appelé en anglais Crispin) n'a strictement rien : ni famille, ni nom, ni même avenir. Il subit l'hostilité du représentant royal, qui le déclare voleur et assassin avant de le bannir. Sa seule chance de survie est de s'enfuir du village. Sa véritable identité est inscrite sur la croix de plomb de sa mère mais Guillaume ne sait pas lire. Bien décidé à connaître le secret qu'elle révèle, seul et traqué, Guillaume voit sa vie basculer quand il rencontre l'Ours, un personnage hors du commun.

L'Ours se montre d'abord bourru avant de prendre Guillaume sous sa protection et de lui enseigner la musique et la jonglerie. Cet artiste errant rêve d'une vie meilleure, où les hommes ne seraient plus asservis. Même s'ils ne s'en rendent pas compte, l'union des rêves de l'Ours et l'héritage caché de Guillaume va les mettre tous les deux en péril.

Avi (surnom que sa sœur jumelle a donné à l'auteur Edward Irving Wortis) comprend parfaitement les lecteurs à qui il s'adresse. Ses nombreux livres – *Le Dernier Seigneur* est son cinquantième – relatent les aventures de ses jeunes personnages dans le monde qu'ils habitent, qu'il soit historique, fantastique ou moderne. Guillaume, par exemple, cherche une personne à qui accorder sa confiance et son amour, et l'auteur montre habilement l'évolution des sentiments entre l'Ours et lui-même. **CER**

Quatre sœurs

Malika Ferdjoukh

Nationalité France, 1957
Édition L'École des loisirs, France, 2003
Thèmes famille, amitié, amour

Quatre histoires, quatre protagonistes et quatre saisons. Enid, 9 ans, est l'héroïne du premier roman. C'est la plus jeune des sœurs Verdelaine (elles sont en réalité cinq : Charlotte, l'aînée, puis Enid, Hortense, Bettina et Geneviève). Enid dort avec ses chats, Ingrid et Roberto, et fait un rêve : découvrir le fantôme qui hante leur maison. Bien entendu, aucune de ses sœurs ne la croit. Ses parents l'auraient peut-être crue mais ils sont morts près d'un an plus tôt. Sa chauve-souris apprivoisée l'aurait crue, elle aussi, mais elle a mystérieusement disparu pendant un orage. Hortense, la deuxième sœur, a 11 ans : elle est plus réservée et passe son temps à lire et à tenir un journal intime où elle évoque la difficulté d'avoir tant de sœurs. Elle se demande aussi si elle sera chirurgienne, comédienne ou architecte. La troisième histoire est celle de Bettina, 13 ans, toujours entourée de ses fidèles amis, Denise et Béhotéguy. Elle tombe amoureuse de Tancrède, 28 ans, qui loue une chambre dans leur maison – une passion qui ne peut que susciter des problèmes parmi les sœurs. La dernière histoire présente Geneviève, qui, sous prétexte de faire du baby-sitting, en profite pour vivre différentes expériences. Elle rencontre le mystérieux Vigo pendant l'été alors qu'elle vend des glaces sur la plage.

Les dialogues et l'action s'entrecroisent de manière très originale dans cette curieuse série de quatre romans. Dans *Quatre sœurs*, l'histoire parfaitement menée marie avec humour les problèmes les plus graves, le deuil par exemple, à des thèmes plus légers comme les petits amis, le mensonge et l'amour. **LB**

12+

Slaves of Quentaris

Paul Collins

Nationalité Australie, 1954
Édition Lothian Books, Australie, 2003
Thèmes fantastique, aventure, histoires magiques, jeune adulte

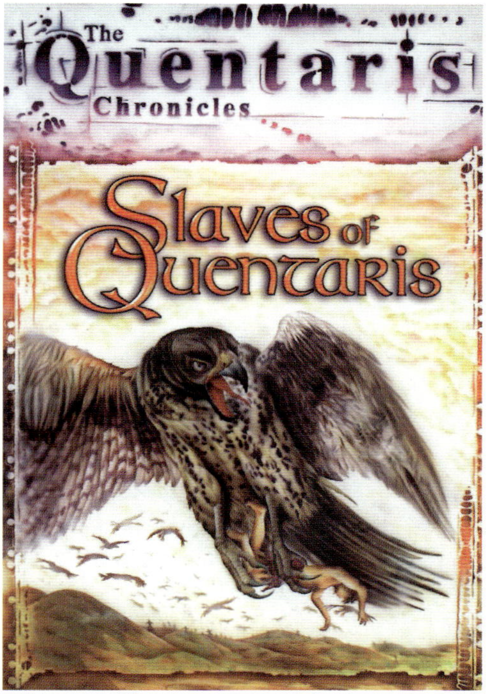

Les « Chroniques de Quentaris » sont nées de l'esprit fécond de deux auteurs australiens, Paul Collins et Michael Pryor. En 2003, ils imaginèrent la cité magique de Quentaris avec son histoire, sa cartographie, son climat et ses coutumes. S'ils écrivent des romans dont l'action se situe dans ce monde fantastique, ils invitent aussi d'autres auteurs à les rejoindre : ils sont maintenant plus de quatorze à participer à ce grandiose projet. Dans la première série, chaque roman peut se lire indépendamment des autres ; dans la seconde, ils forment une suite. Un paysage familier, quelques personnages récurrents et une aventure exaltante sont le trait d'union entre tous les titres.

Slaves of Quentaris (« Les esclaves de Quentaris »), quatrième titre de la première série de Collins, suit le destin du vaillant Yukin et de son compagnon, Yuden, qui vivent dans une paisible tribu nomade. Les trafiquants d'esclaves d'Akcarum envoient leurs monstrueux oiseaux-chasseurs les enlever dans leurs serres. Ils sont emmenés dans le monde étranger de Quentaris en franchissant un mystérieux réseau de grottes au sein des collines bordant la ville. Là, des déchirures temporelles dans le tissu de l'Univers permettent d'accéder à d'autres mondes. Après être entré en harmonie avec les énergies du site, Yukin parvient à démasquer une redoutable source de pouvoir qui, maîtrisée, permettra la libération des esclaves.

Récit tendu et dramatique pouvant se suffire à lui-même, *Slaves of Quantaris* est aussi un bon complément des autres titres de cette série consacrée à un monde fantastique très convaincant. **MK**

« Les serres gainées de cuir d'un oiseau-chasseur s'abattirent sur ses épaules et il fut emporté dans les airs. »

Autres romans fantastiques

Liu et le vieux dragon, Carole Wilkinson (p. 918)
Twilight: Fascination, Stephenie Meyer (p. 930)
Terre des monstres : l'Enfant trouvé, David Cornish (p. 935)
Mercredi sous les flots, Garth Nix

Les Sept Clés du pouvoir : Lundi mystérieux

Garth Nix

Titre original *The Keys to the Kingdom: Mister Monday*, 2003
Nationalité Australie, 1963
Édition française Gallimard Jeunesse
Thèmes fantastique, jeune adulte, aventure, amitié

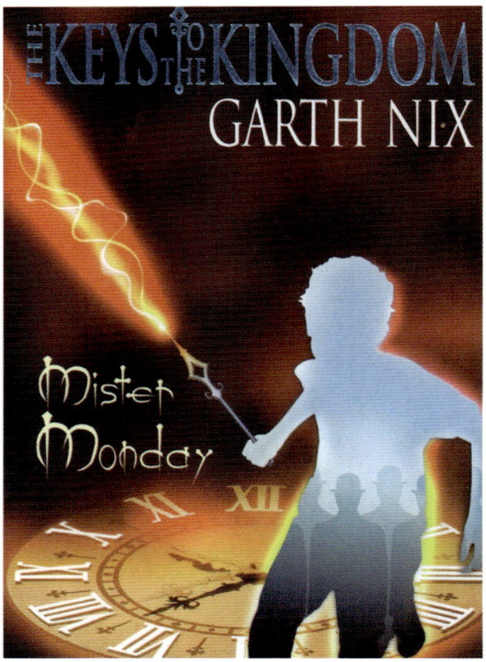

12+

Lundi mystérieux, premier volume de la série des *Sept Clés du pouvoir*, présente Arthur Penhaligon, héros malgré lui qui, pour n'avoir pas commis de faute, a été choisi comme Héritier légitime, celui qui réunira les sept parties du Testament.

Arthur vient encore une fois de changer d'école. Le premier jour, une grave crise d'asthme le fait s'évanouir et voir d'étranges personnages, dont maître Lundi et ses sbires à tête de chien, les Nithlings. Seuls Arthur, d'autres élèves et leur bibliothécaire peuvent les voir. Maître Lundi donne à Arthur une « clé » ressemblant beaucoup à l'aiguille d'une horloge ainsi qu'un petit atlas. Tenir cette clé met immédiatement un terme à sa crise d'asthme mais en même temps, la bibliothèque de l'école brûle et une quarantaine est décrétée quand des gens succombent à un virus mortel.

Arthur comprend qu'il y a un rapport avec la mystérieuse Maison que lui seul peut voir. Aidé de la Petite Aiguille et de son atlas, il parvient à y pénétrer en espérant stopper la progression du virus. La vie et les aventures fantastiques ne sont pas hélas aussi simples. Il fait face à de nouveaux défis et demande la Grande Aiguille à maître Lundi. En revenant à lui pour reprendre une vie normale d'écolier, Arthur croit sa quête terminée, mais ce n'est qu'un début. Les sept volumes de la série, chacun portant le nom d'un jour de la semaine, témoignent de l'imagination débordante de Garth Nix.

On doit également à cet auteur une série fantastique plus empreinte d'horreur (*Lirael, Sabriël, Abhorsën*). Il a aussi collaboré à la série télévisée « Aux frontières du réel ». **BH**

Dans la même série

Sombre mardi
Mercredi sous les flots
Jeudi meurtrier
Vendredi maléfique
Samedi suprême

Le Bizarre Incident du chien pendant la nuit

Mark Haddon

Christopher, 15 ans et narrateur de cet extraordinaire roman, a le syndrome d'Asperger : étonnamment bon dans certaines disciplines scolaires, il a en revanche beaucoup de mal à communiquer avec autrui. Il panique facilement et voit une menace dans tout ce qui ne rentre pas dans le cadre de sa routine quotidienne. Il fréquente une école spécialisée et vit avec son père, affectueux mais souvent sous pression (sa mère a abandonné le domicile familial). Quand Wellington, le caniche noir de sa voisine, Mme Shears, est retrouvé transpercé d'une fourche, Christopher décide d'enquêter mais ses appréhensions l'empêchent d'interpréter le monde extérieur comme il le désirerait. Il entreprend de relater ses expériences dans un livre, *Le Bizarre Incident du chien pendant la nuit*.

Racontée avec chaleur et humour, cette histoire explique à la fois comment Christopher perçoit le monde et comment les adultes le considèrent. Par exemple, le nombre de voitures de la même couleur vues en une journée va ordonner sa vie (quatre rouges d'affilée, c'est une belle journée ; quatre jaunes, il doit se recoucher tout de suite). Christopher lutte pour faire d'étonnantes découvertes, sur lui et sa famille. Le courage et les difficultés rencontrées rendent ce roman séduisant et vivifiant.

Pour ce qui est du caniche mort, Christopher résout un mystère qui a échappé à tout le monde mais ce faisant, il approche des secrets familiaux très lourds. Le livre s'achève toutefois sur une note d'espoir, pour Christopher comme pour les siens. Mark Haddon a écrit d'autres livres consacrés à des familles « hors du commun ». **NT**

Titre original *The Curious Incident of the Dog in the Night-time*, 2003
Nationalité Angleterre, 1962
Édition française multiples éditeurs
Thèmes roman policier, décalé, jeune adulte

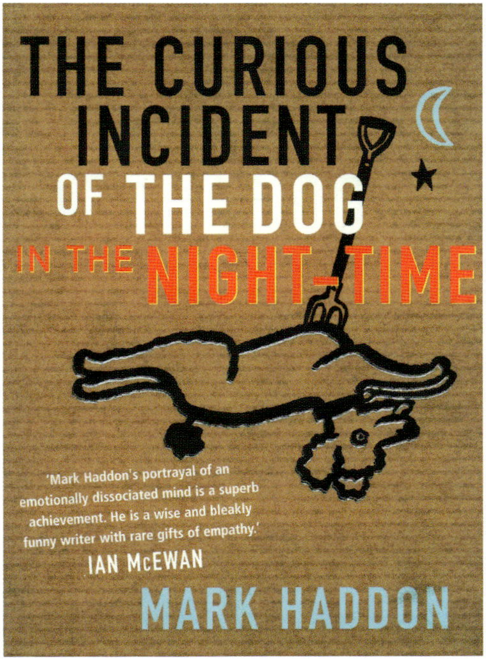

Autres grands romans à suspense

Le Chien des Baskerville, A. Conan Doyle (p. 739)
Les Chrysalides/Chocky, John Wyndham (p. 813)

12+

Le Cracheur de feu

David Almond

Titre original *The Fire-Eaters*, 2003
Nationalité Angleterre, 1951
Édition française Gallimard Jeunesse
Thèmes école, amitié

Bobby Burns, 11 ans, semble avoir tout pour lui. Il vit au bord dans la mer, dans le Northumberland, auprès de sa famille et d'excellents amis, et a jusqu'à ce jour mené une existence bénie. Les choses vont toutefois changer à l'automne 1962. D'après ce qu'il comprend à la crise des missiles cubains, le monde pourrait bientôt être en proie à une épouvantable guerre atomique. La santé de son père s'est mise à décliner et Bobby, coupé de ses amis pour la première fois, vient d'entrer dans une nouvelle école qu'il trouve froide et brutale. Il est de plus hanté par un étrange personnage, McNulty, un ancien forain cracheur de feu, un homme aux yeux fous et au torse puissant, dont la peau est recouverte de cicatrices, de marques et de tatouages.

Almond est un écrivain visionnaire qui se souvient ici de sa propre enfance. Les livres pour la jeunesse de ce conteur émérite ont été plusieurs fois primés : c'est le cas de *Skellig* et du *Jeu de la mort*. Il sait donner un sens second à ce qu'il raconte et parle souvent de ces « parias » de la société que sont les personnes malades, perdues ou blessées par la vie. Tous ses personnages sont incroyablement réels, même le mystérieux McNulty créé à partir de souvenirs d'un illusionniste et hercule de foire rencontré dans son enfance. *Le Cracheur de feu* s'intéresse à la nature des classes sociales autant qu'aux craintes d'un jeune garçon. Tantôt poétique, tantôt très prosaïque, ce roman superbement écrit est vraiment une réussite du genre. **NT**

12+

Les Larmes de l'assassin

Anne-Laure Bondoux

Nationalité France, 1943
Édition Bayard Jeunesse, France, 2003
Thèmes bien et mal, relations adultes-enfants

Depuis l'an 2000, Anne-Laure Bondoux a entraîné ses lecteurs dans des aventures palpitantes avec des personnages hauts en couleur et dans des contrées dont elle restitue admirablement les atmosphères. *Les Larmes de l'assassin*, ont pour cadre l'extrême sud du Chili, ce bout du monde où « mêmes les pierres semblaient souffrir ». Là se dresse la ferme des Poloverdo. Ils ont eu sans amour un enfant, Paolo, qu'ils laissent pousser à sa guise.

Cette vie peu enviable tourne au drame dès les premières pages du récit quand arrive Angel Allegria (« Ange Joie »), étrange nom pour un assassin. Sitôt entré, il tue par habitude le père et la mère. Mais il n'a jamais tué d'enfant, alors il épargne Paolo et reste vivre avec lui. Un an plus tard, l'arrivée de Luis Secunda, un homme lassé de la ville, vient troubler la vie paisible qu'ils se sont inventée. L'assassin a trouvé un sens à sa vie et l'enfant a grandi sous son regard. Le nouveau venu révèle les sentiments dans toute leur fragilité. Angel, aux prises avec la jalousie, la trahison, va-t-il à nouveau tuer ? Jusqu'au dernier moment, tout peut basculer. Quelle confiance peut-on avoir dans le changement de comportement d'un criminel ? Qu'est-ce que l'innocence ? Où est la limite entre le bien et le mal ? Ces terribles interrogations sont posées par un récit haletant, tendu qui va toujours à l'essentiel tout en permettant au lecteur d'imaginer les personnages, les scènes, les lieux. Un roman impossible à lâcher avant la dernière page.

Le Gardien

Mal Peet

Titre original *Keeper*, 2003
Nationalité Angleterre, date inconnue
Édition française Gallimard Jeunesse
Thèmes aventure, histoires de fantômes

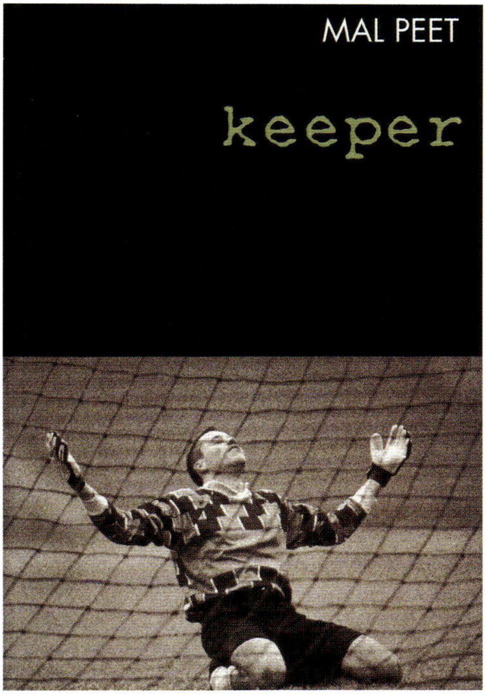

Ce roman ne se contente pas de parler de football. Chargé de mystère et de suspense, il transforme en histoire de fantômes les mythes sud-américains et les inquiétudes quant à l'avenir de la forêt vierge. Il pose aussi des questions philosophiques sur la manière de nourrir son talent et le symbolisme du rôle du gardien de but, ce qui ne l'empêche pas d'être limpide. L'amateur de football y trouvera son compte mais celui qui n'a rien à faire de ce sport appréciera lui aussi la passion avec laquelle Peet décrit l'art du gardien de but et les joies de jouer ensemble.

Le narrateur est Paul Faustino, un journaliste sportif sud-américain désabusé. Peet situe son roman dans un pays d'Amérique latine fictif au passé sanglant et au présent incertain. *Le Gardien* s'intéresse à un aspect bien précis de ce pays instable : la destruction de la forêt vierge et partant, celle des peuples indigènes. On comprend aussi qu'il s'agit d'une société corrompue, divisée et raciste, même si le football peut unir les hommes et permettre à quelques-uns de s'arracher à la pauvreté.

Faustino pose les questions que tout lecteur a à l'esprit quand il interviewe le gardien de but de la Coupe du monde qui, surnommé El Gato (« le chat »), est né dans une communauté forestière. Le journaliste est au début très sceptique quand la star du football lui parle du Gardien, un fantôme qui lui aurait enseigné son art dans une clairière de la jungle. Peu à peu, le journaliste commence à comprendre que le gardien de but ne se contente pas de défendre sa cage. **GB**

« Et là, juste devant les arbres, il y avait une cage. Un but. Deux montants et une barre transversale. Et un filet. »

Autres récits fantastiques

La Quête d'Ewilan, Pierre Bottero (p. 926)
Grimpow, le chemin invisible, Rafael Ábalos (p. 930)

12+

L'Amulette de Samarcande

Jonathan Stroud

Titre original *The Amulet of Samarkand*, 2003
Nationalité Angleterre, 1970
Édition française multiples éditeurs
Thèmes aventure, histoires magiques

Il s'agit là du premier volume de *La Trilogie de Bartiméus*, œuvre d'une incroyable invention et d'une lecture fascinante. Nathaniel, un jeune apprenti magicien londonien, invoque secrètement un djinn pour se venger du puissant et sinistre Simon Lovelace en lui dérobant la fameuse amulette du titre. Le djinn en question a pour nom Bartiméus : cynique, blagueur et protéiforme, il est le guide sardonique qui nous entraîne dans l'univers de Stroud, un monde qui, de par son histoire et sa topographie, est une habile déformation du nôtre. Par exemple, Gladstone est le brillant Premier ministre britannique que l'on sait, mais également un grand magicien qui a remporté la guerre l'opposant aux forces magiques de Prague. Les magiciens forment la classe supérieure qui, par sa capacité à conjurer et à asservir les esprits, domine le commun des mortels.

La subtilité et la complexité ne viennent jamais assombrir la verve et l'esprit du narrateur. La relation entre Nathaniel, peu sûr de lui mais courageux, et le rebelle Bartiméus est magnifiquement exposée et l'action se déroule à un rythme effréné tandis qu'abondent énigmes et mystères. L'introduction de la Résistance, mouvement terroriste secret voué au renversement du gouvernement des magiciens, met en scène Kitty Jones, une héroïne attachante que l'on retrouvera dans les deux volumes suivants. La trilogie de Stroud est d'une grande originalité avec son humour communicatif et son imagination débridée. **RG**

La Quête d'Ewilan

Pierre Bottero

Nationalité France, 1964
Édition Rageot,
France, 2003
Thèmes fantastique, amitié

La Quête d'Ewilan est un cycle fabuleux, dans tous les sens du terme : il nous emporte dans un monde magique, avec une efficacité, une grâce et un humour exceptionnels.

L'héroïne du roman, Camille – nommée ainsi par Bottero en hommage à sa fille –, est surdouée ; et comme c'est souvent le cas pour tous les enfants, elle s'ennuie terriblement à l'école. Chez elle, ce n'est pas mieux : elle a été adoptée par des gens qui ne l'aiment pas. Heureusement, il y a Salim, son meilleur ami, qui la soutient toujours, et croit en elle. Grâce à lui, elle se dépasse, et découvre dans leur histoire la source d'une énergie et d'un optimisme sans borne. Dans cette aventure où Camille va être la seule à pouvoir sauver le monde de ses parents, ce soutien sera sans prix.

Dans cette quête, il s'agit de se réaliser soi-même. Le pouvoir dont Pierre Bottero choisit de doter son héroïne est, de ce point de vue, très parlant : il s'appelle sobrement « le dessin », et permet de matérialiser en dur et en vrai ce qui est créé par l'esprit. Concrètement, cela permet d'opposer un obstacle à un assaillant, comme une haie d'épines infranchissable !

Le talent des dessinateurs assure la cohésion des deux mondes, réel et imaginaire. Si l'on admet qu'un artiste est une personne qui par son regard nous donne une lecture du monde si forte, si nourricière qu'elle nous relance dans notre vie grandi et enrichi, alors c'est le cas de Pierre Bottero. C'est tout à fait ce que nous offrent les trois cycles qu'il a écrits. **AB**

By the River

Steven Herrick

Nationalité Australie, 1958
Édition Allen & Unwin, Australie, 2004
Thème adolescence

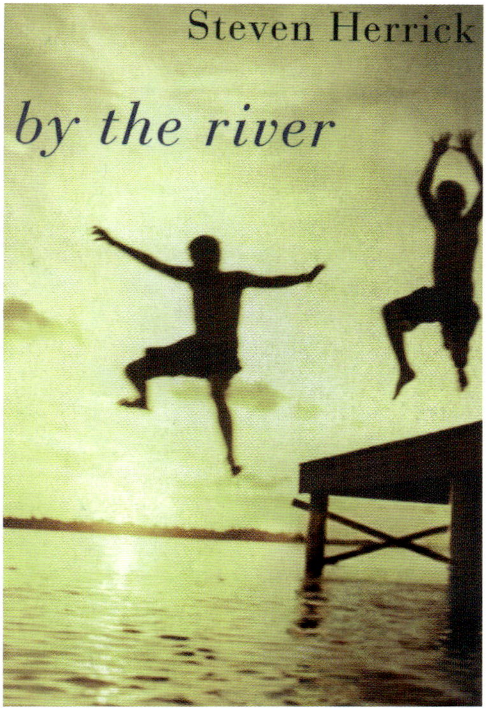

Avec *By the River*, Steven Herrick a conçu un beau roman en vers constitué de sept chapitres formés de courts poèmes. Ils racontent une histoire de passage à l'âge adulte pleine de sensibilité.

Après la mort de sa mère, Harry Hodby vit avec son frère Keith et leur père dans une petite ville de province. Il décrit les événements, petits ou grands, qui forment sa vie et celle des autres habitants : son ancien adversaire et nouvel ami, Johnny Barlow ; Linda Mahony, cette fille que tous deux aimaient bien et qui a été emportée dans les inondations de l'année dernière ; la secrétaire de l'école, Miss Spencer, qui, suite à une erreur de conduite, doit quitter la ville. Harry imagine ce que peut être une vie en dehors de la bourgade alors que tous les autres en ont fait l'expérience.

C'est dans la description de ses rapports avec son frère et son père que se révèle surtout le caractère d'Harry. Certains tableaux montrent les garçons occupés aux tâches ménagères quand leur père est de sombre humeur, ou ce dernier les embrassant quand il revient du travail après y avoir perdu un doigt. La dernière fois qu'il les avait embrassés, c'était le lendemain de la mort de leur mère. *By the River* nous parle aussi d'espoir. Harry a toutes les cartes en main pour quitter la ville et bientôt, il lui faudra faire un choix.

Herrick est un auteur australien dont la spécialité est les romans en vers destinés aux adultes ou aux enfants. À de nombreuses reprises, ses livres ont reçu des récompenses littéraires dans son pays. **BH**

« Les jambes [de mon père] étaient musclées et burinées à force de faire cinq kilomètres à vélo pour aller travailler… »

Autres récits sur le passage à l'âge adulte

Pollyanna, Eleanor H. Porter (p. 457)
Piscine de nuit, Betsy Byars (p. 608)
L'Enfant du dimanche, Gudrun Mebs (p. 621)

12+

Una barca nel bosco

Paola Mastrocola

Nationalité Italie, 1956
Édition Guanda, Italie, 2004
Thèmes école, amitié

Que se passe-t-il quand un adolescent qui connaît le latin est arraché à sa ville et transporté dans un autre monde ? Notre protagoniste se retrouve à Turin alors qu'il vient d'une île située au sud de l'Italie : les différences sont suffisantes pour qu'il vive un réel « choc des cultures ». Le livre suit la transformation de Gasparre, adolescent sympathique intéressé par les études avant de devenir un jeune homme très cultivé qui ne se sent pas à l'aise dans ce nouvel environnement. Quand il lui faut faire passer au second plan ses propres centres d'intérêt, Gasparre comble le vide en se créant une nouvelle identité et tente de se mettre à la hauteur des « autres ».

Le titre (« Le bateau dans la forêt ») met en lumière l'incongruité d'un tel déplacement et le livre pose des questions relatives à l'intégrité, l'identité et l'adéquation à un monde étranger. Cela ne l'empêche pas d'être très drôle. Gasparre est sans cesse confronté à des expériences qui le désorientent : technologie inconnue, vocabulaire de ses camarades de classe, étrangeté d'un plan de ville.

Doté d'un sens de l'ironie hors du commun, Gasparre réussit à survivre. Son amour du latin perdure et, une fois entré à l'université, il n'a plus à dissimuler l'objet de sa passion. À la fin du roman, il doit faire un choix crucial : rester à Turin ou retrouver son île. *Una barca nel bosco* a été très apprécié de la critique et ses thèmes propres à la réflexion continuent à émouvoir des milliers de jeunes lecteurs. **SMT**

Maintenant, c'est ma vie

Meg Rosoff

Titre original *How I Live Now*, 2004
Nationalité États-Unis, 1956
Édition française multiples éditeurs
Thèmes famille, guerre, adolescence

Le thème de *Maintenant, c'est ma vie* est triple : comment appréhender un univers (mal) régi par les adultes, apprendre à être brave, et prendre le contrôle de son existence dans un monde qui se désagrège. L'action se passe aujourd'hui ou dans un futur proche, dans une Angleterre occupée par une puissance ennemie.

Daisy est une adolescente cynique et révoltée de New York que ses parents ont envoyée passer l'été avec ses cousins anglais. Elle reproche à son père son remariage et souffre de problèmes de nutrition. Sa voix envoûtante force le lecteur à envisager une guerre du XXIe siècle qui ramènerait la société à des conditions de vie primitives et ferait ressortir tout ce qu'il y a de bon ou de mal chez des individus par ailleurs respectables. Les blessures de Daisy semblent guérir, surtout quand elle tombe amoureuse de son cousin Edmond. La nourriture se fait rare, les problèmes de santé se multiplient, les enfants sont évacués : Daisy et Piper, la sœur cadette d'Edmond, sont évacuées.

Tant que le désir de Daisy de réunir sa famille semble réalisable, l'histoire se lit comme un roman d'aventures où l'on s'attend à une conclusion positive. Mais les filles assistent à un déchaînement de violence et soudain, tout semble fragile. Daisy s'aperçoit que la menace de famine lui a fait oublier ses problèmes. Le récit montre comment la guerre affaiblit ceux qui souffrent déjà et comment quiconque possède un foyer se bat pour le retrouver. **GB**

Le Destin d'Idhún : la Résistance

Laura Gallego

Titre orig. *Memorias de Idhún, La Resistencia*, 2004
Nationalité Espagne, 1977
Édition française Bayard Jeunesse
Thèmes science-fiction, aventure

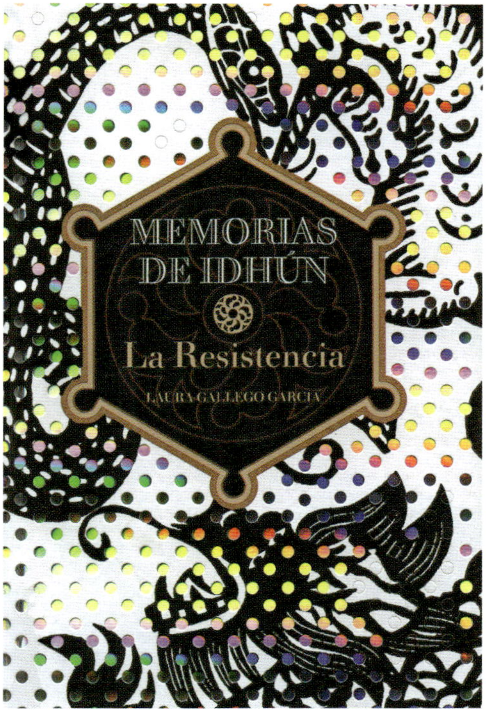

12+

L'intrigue complexe de la trilogie d'Idhún se déroule entre la Terre et Idhún, monde magique où se côtoient des races différentes dont la survie est menacée par le nécromancien Ashran. Dans ce premier volume, sous-titré *La Résistance*, un guerrier et un sorcier exilés d'Idhún sont rejoints par Jack et Victoria, deux adolescents venus de notre planète. Ensemble, ils se battent pour mettre un terme au règne des serpents et retrouver la dernière licorne ailée ainsi que le dernier dragon.

Fées, sorciers, dragons et licornes parsèment le livre – une combinaison apparemment synonyme de succès littéraire. Cette trilogie de science-fiction ne se limite toutefois pas à un défilé d'étranges créatures : mythologie, fragments épiques poignants, descriptions évocatrices permettant d'expliquer la magie et histoire d'amour en sont les autres éléments.

Auteur primé, Laura Gallego a commencé à écrire cette trilogie à l'âge de 15 ans. Elle a étudié la philologie hispanique à l'université et est une spécialiste des ouvrages de chevalerie du XVIe siècle. Elle a déjà publié une vingtaine de livres dont des romans et des recueils de nouvelles, de science-fiction principalement, son genre littéraire favori. Cela n'empêche pas ses histoires d'inciter à la réflexion. Ses livres, celui-ci en particulier, s'adressent aux jeunes adultes et parviennent à amener à la lecture ceux que cette activité rebute parfois. « Triade » et « Panthéon » sont les deux autres volumes de la trilogie. **EB**

« Il n'y avait pas de doute. Le regard de sa mère était vide, inexpressif. Ses yeux étaient morts. »

Autres livres de Laura Gallego

Le Collectionneur d'horloges extraordinaires
La Légende du roi errant
Chroniques de la tour, 4 volumes
Deux Cierges pour le diable
L'Impératrice des Éthérés

Twilight : Fascination

Stephenie Meyer

Titre original *Twilight*, 2005
Nationalité États-Unis, 1973
Édition française Hachette
Thèmes amour, horreur, controverse, fantastique

Fascination est le premier volume d'une série de romans racontant l'histoire de Bella Swan et de ses liens avec une famille de vampires. C'est aussi une histoire d'amour d'adolescents.

Bella quitte la ville chaude et poussiéreuse de Phoenix, dans l'Arizona, pour aller vivre chez son père à Forks, dans l'État de Washington, où le soleil ne brille que rarement. Au lycée, elle se fait vite des amis et est fascinée par les enfants Cullen, très beaux et tout aussi mystérieux. Ils restent entre eux et la plupart des lycéens les trouvent bizarres. Bella est fascinée par Edward : il insiste pour qu'elle se tienne à l'écart, mais la fascination de la jeune fille augmente et elle découvre bientôt la vérité sur sa « famille » et lui-même. Edward est né en 1901 et aura toujours 17 ans. Leur amour aura de graves répercussions sur Bella, humaine « appétissante » dans un monde de vampires ; il suscite aussi des craintes chez Edward dont les pouvoirs surnaturels lui permettent d'entrevoir les terribles dangers encourus par son amie.

Edward et les siens se qualifient de « vampires végétariens » : ils ne se repaissent pas d'humains, seulement d'animaux. Au fil des ans, ils ont supprimé leurs besoins en sang humain : puisqu'ils mangeaient du gibier quand ils avaient forme humaine, pourquoi ne pas continuer à traquer les bêtes sauvages maintenant que ce sont des immortels buveurs de sang ? Bella va découvrir qu'ils ne sont pas les seuls vampires à hanter ce monde crépusculaire. **LH**

Grimpow, le chemin invisible

Rafael Ábalos

Titre original *Grimpow, el camino invisible*, 2005
Nationalité Espagne, 1956
Édition française Albin Michel
Thèmes roman historique, aventure, amitié

Grimpow est un petit voleur du XIVe siècle qui, dans le premier tome de la série, *Grimpow, l'élu des Templiers*, trouve un jour le cadavre d'un homme enfoui dans la neige. Après cette découverte, le corps disparaît mystérieusement sous ses yeux, et Grimpow se lance dans un périple qui va changer son destin. *Grimpow, le chemin invisible* relate la suite des aventures de Grimpow, maintenant en possession de la Pierre Philosophale qui, selon les alchimistes octroie l'immortalité et peut transformer n'importe quel métal en or.

Ce roman pour la jeunesse se situe à la fin du Moyen Âge et le protagoniste est un adolescent assoiffé de connaissance. Le livre mêle habilement les meilleurs éléments du roman historique, du thriller et du roman d'aventures. C'est aussi un roman que l'on dévore, un merveilleux antidote à la prose parfois pesante de ce genre d'œuvre. Son succès a été immédiat.

Cette production de Rafael Ábalos est arrivée à une époque où la frontière entre roman pour adolescent et livre pour adulte n'est plus clairement définie. L'auteur, quasiment inconnu, a vendu les droits de traduction de son œuvre dans neuf pays avant qu'elle ne soit publiée en Espagne.

Avocat de profession, Rafael Ábalos fut publié pour la première fois au début de ce siècle. En moins d'une décennie, il est parvenu à se consacrer entièrement à l'écriture. **EB**

12+

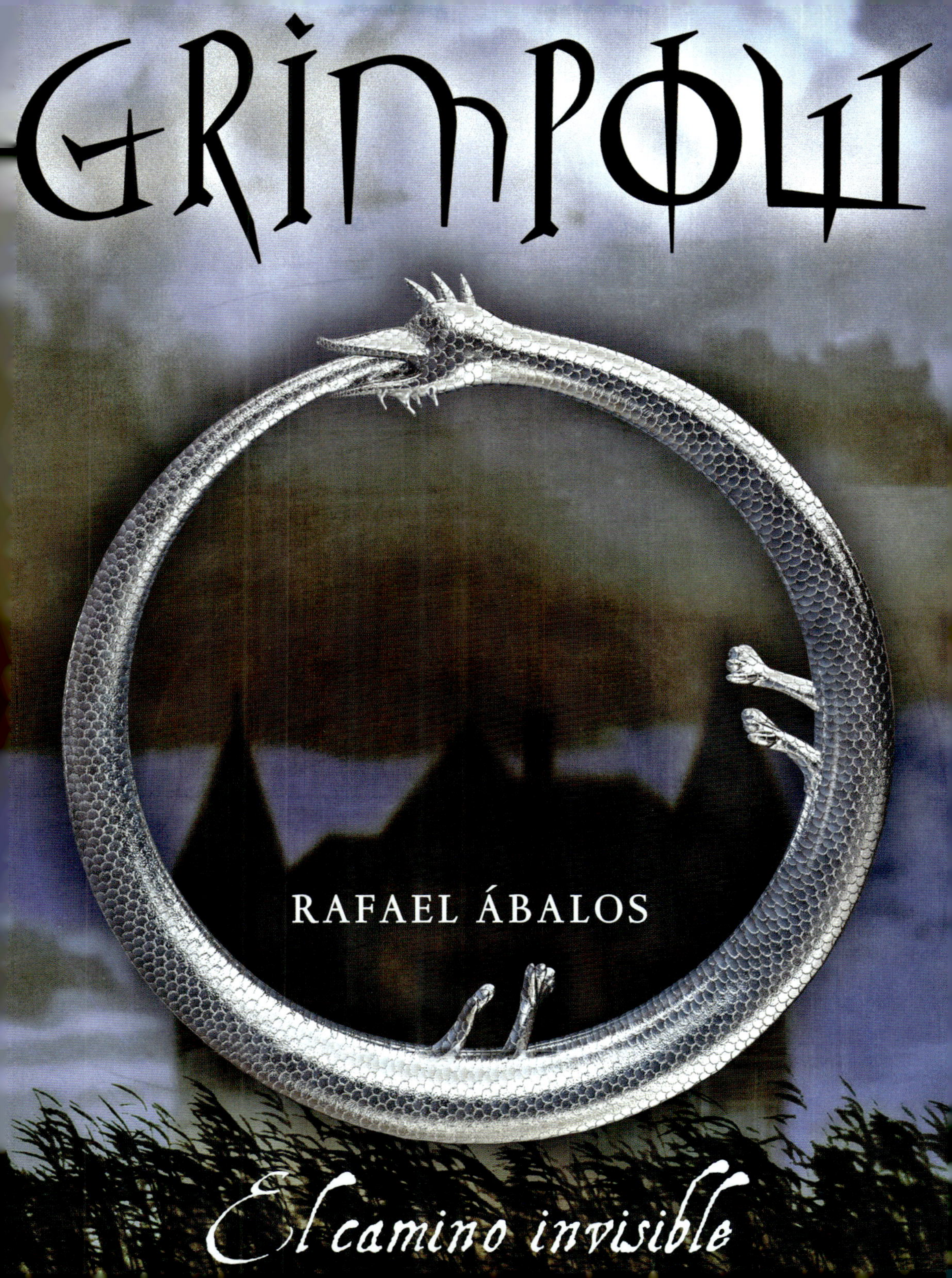
GRIMPOW
RAFAEL ÁBALOS
El camino invisible

New Policeman

Kate Thompson

Nationalité Angleterre, 1956
Édition Bodley Head, Royaume-Uni, 2005
Thème fantastique

Les Liddy de Kinvara sont depuis des générations des musiciens populaires et JJ, 15 ans, s'inscrit dans la tradition familiale. Il subit un grand choc le jour où un camarade de classe lui apprend que son grand-père a assassiné le prêtre du village. Ce n'est pas tout : pour chacun, le temps passe bien trop vite, et la mère de JJ supplie son fils de lui offrir bien plus qu'un cadeau d'anniversaire. Il pense que ce n'est qu'une lubie de sa part mais voudrait tout de même savoir ce qui se passe. Il entame donc un voyage de découverte qui le conduira à Tir na n'Óg, pays de l'éternelle jeunesse dont l'existence est parallèle à notre monde. Là, il découvre la vérité à propos de son grand-père et pourquoi le temps s'écoule à un rythme aussi inquiétant. Il lui revient de sauver son propre monde et ses nouveaux amis.

Kate Thompson est également violoniste et chaque chapitre de ce roman exaltant débute par une strophe tirée d'un air traditionnel irlandais. C'est aussi par le biais de la musique que parviennent à communiquer le monde des hommes et l'univers fantastique. Même Larry O'Dwyer, le nouveau *policeman* du titre, se révèle être un violoniste très doué. Pourtant, comme tous les autres éléments de l'histoire, il n'est pas exactement ce qu'il paraît être. Il occupe une place importante dans l'intrigue mais son identité n'est révélée qu'à la fin.

Aucun résumé ne peut rendre justice à cette histoire riche, fascinante et très originale, racontée par un auteur proche des réalités de l'Irlande moderne mais aussi très convaincant lorsqu'il s'agit d'entraîner le lecteur dans un monde imaginaire. **NT**

My Big Birkett

Lisa Shanahan

Nationalité Australie
Édition Allen & Unwin, Australie, 2006
Thèmes amitié, adolescence

Sous-titré « L'année douce, terrible et glorieuse où j'ai failli vraiment tout perdre », voici un roman étonnant sur le passage à l'âge adulte. Gemma apprécie sa vie toute simple et se réjouit d'être le seul membre un peu sensé de sa famille, jusqu'au jour où sa sœur Donna annonce brusquement ses fiançailles avec Brian. Son précédent petit ami – une vraie catastrophe ! – n'existe plus dans les souvenirs que par son nom de famille, Birkett, lequel décrit désormais tout problème d'ordre émotionnel (« subir un Birkett », par exemple). Les fiançailles en question ont des conséquences inattendues. Donna a des idées très précises sur son mariage. Elle choisit pour thème « les animaux qui s'unissent pour la vie » et entend que Gemma et la sœur de Brian, demoiselles d'honneur, portent des costumes de cygnes. Pour ne rien arranger, la famille de Brian est obsédée par la guerre : sa sœur porte en permanence un treillis et est prête au combat.

En classe, Gemma, qui est si timide qu'elle vomit régulièrement devant un public, passe une audition pour jouer *La Tempête* et se rapproche ainsi de son amoureux, Nick Raven De Head, membre d'une famille vivant des subsides de la ville, qui auditionne à son tour pour le rôle de Caliban et veut répéter avec Gemma. Elle a des préjugés sur les De Head, surtout quand elle se rend dans leur maison délabrée, mais elle joue Miranda et la pièce a d'étranges résonances en elle. Elle se surprend à changer d'opinion sur la famille de Raven.

Lisa Shanahan recourt à l'arme de l'humour pour s'intéresser au grave problème des préjugés et son livre est à la fois sérieux et distrayant. **JG**

12+

The Red Shoe

Ursula Dubosarsky

Nationalité Australie
Édition Allen & Unwin, Australie, 2006
Thèmes famille, adolescence

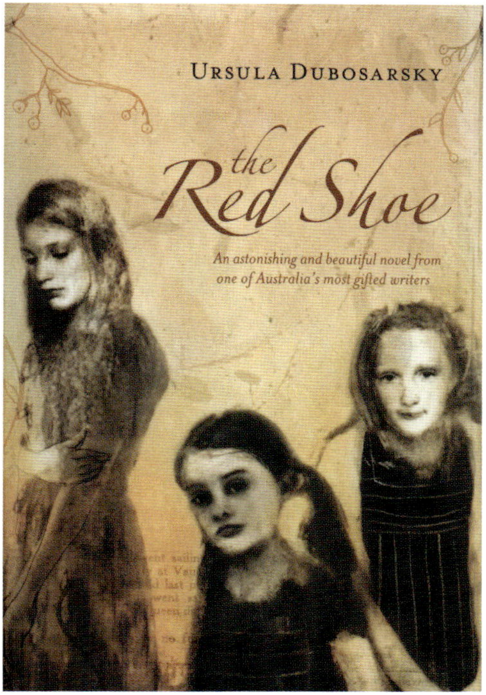

L'histoire raconte la vie d'une famille australienne de banlieue dans les années 1950, vue à travers le regard de trois sœurs. Elizabeth a 15 ans et souffre de dépression nerveuse. Elle reste à la maison avec son journal, le *Sydney Morning Herald* dont sont reproduits çà et là des extraits. Frances, 11 ans, est calme et maîtrise ses émotions. Mais c'est surtout le petit monde de Matilda qui nous est donné à voir : elle a 6 ans et, dans son esprit, la frontière entre probable, possible et fantastique est encore mal définie. On lui dit de ne pas se lier avec des étrangers, mais elle maintient catégoriquement qu'elle sera amie « même avec des pierres, des maisons et de gros blocs de bois et de verre ». Elle a un ami invisible, Floreal, qui lui murmure des choses qu'elle préférerait ne pas entendre.

La vie de ces trois filles est apparemment ordinaire, si ce n'était les longues absences de leur père, capitaine dans la marine marchande : concours d'animaux domestiques à l'école, séance de cinéma, pique-nique sur la plage ou visites de l'oncle Paul quand le père n'est pas là. Ils paraissent pourtant étranges sous le regard de Matilda. Au fil des pages, il devient évident que la vie des filles a des aspects plutôt troublants, et chacune d'elles a trouvé le moyen de se tenir à l'écart du tumulte du monde.

Ce roman étonnant expose dans un langage amusant, voire déconcertant, les peurs et les joies de l'enfance confrontée à une réalité sociale un peu particulière. Ursula Dubosarsky est un écrivain qui mériterait d'être mieux connu en dehors de son pays. **CB**

« […] tout le monde trouvait grossier qu'elle [Karen] porte des chaussures rouges à l'église. »

Autres histoires de fratrie

Le Château de Cassandra, Dodie Smith (p. 768)
Les Enfants Tillerman, 3 vol., Cynthia Voigt (p. 850)
Maman, ma sœur et moi, Jacqueline Wilson (p. 905)

12+

Tobie Lolness : la Vie suspendue

Timothée de Fombelle François Place

Nationalité France, 1973 (aut.), 1957 (ill.)
Édition Gallimard Jeunesse, France, 2006
Thème aventure

12+

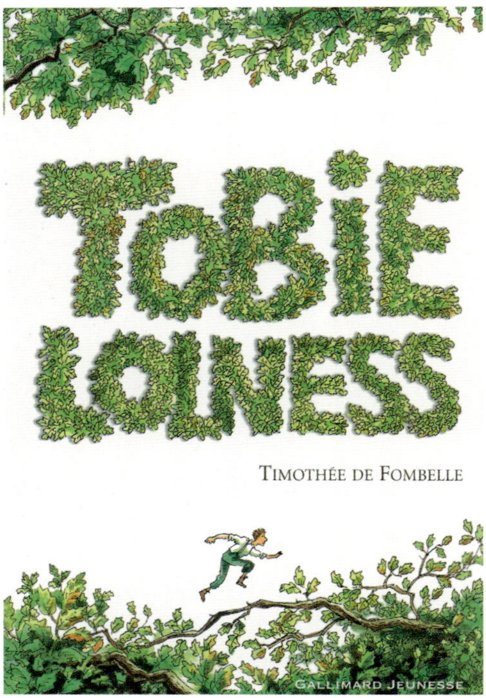

Le protagoniste, Tobie, est un enfant très particulier : il ne mesure en effet qu'un millimètre et demi et vit dans un chêne en compagnie de sa famille. Son existence dans le majestueux feuillage est douce et paisible jusqu'au jour où son père, philosophe et savant talentueux, refuse de divulguer le secret d'une source d'énergie révolutionnaire de crainte de faire exploser son arbre. Tombée en disgrâce auprès du Grand Conseil des Arbres, sa famille est bannie dans le domaine sauvage et obscur des « branches inférieures ». C'est là que Tobie fait la connaissance d'Elisha qui devient très vite sa meilleure amie. Sa famille est alors condamnée à mort. Seul Tobie parvient à s'enfuir et il tente de sauver ses parents, poursuivis par l'armée des insectes.

« Il avait une blessure à la jambe, des coupures aux deux épaules et les cheveux collés par le sang. »

L'auteur dévoile en habiles flash-back une intrigue à plusieurs niveaux qui relate les aventures des minuscules personnages tout en abordant les thèmes de la trahison, de l'amitié et de l'amour. Avec beaucoup de poésie, il crée un microcosme peuplé de pucerons apprivoisés, de limaces attachantes et d'horribles fourmis combattantes. De Fombelle présente l'arbre avec son labyrinthe de branches, ses plaques de mousse et son feuillage, un habitat digne d'être protégé. Ce monde magique aborde aussi des thèmes plus controversés tels que la pénurie de ressources naturelles et les changements climatiques, mais aussi la xénophobie et l'émergence des dictatures. Dans le second tome, *Les Yeux d'Elisha*, Tobie regagne son arbre après deux ans passés en compagnie du peuple de l'herbe. **LB**

Autres livres de Timothée de Fombelle

***Tobie Lolness : les Yeux d'Elisha*, tome 2**
Céleste ma planète
Vango*, vol. 1 : *Entre ciel et terre

Terre des monstres : l'Enfant trouvé

David Cornish

Pendant treize ans, David Cornish se servit de petits carnets noirs pour rapporter, en mots et en images, l'incroyable monde alternatif né de son imagination fertile. Quand le carnet numéro 23 tomba littéralement aux pieds d'une éditrice, celle-ci fut étonnée par la richesse des détails et engagea l'auteur à en faire un roman. Ce fut le premier volume de la série *Terre des monstres*.

Rosamonde espérait de Mme Opéra et de son Estimable Société pour l'insertion des garçons et filles trouvés de pouvoir entrer dans la marine. Au lieu de ça, il se retrouva allumeur de réverbères. Il était plutôt heureux de quitter l'orphelinat où l'on se moquait de lui à cause de son prénom à consonance féminine. Son périple l'emmène dans le Demi-Continent, lieu dangereux peuplé de monstres et de scélérats, mais

« Rosamonde attendait des railleries ou des menaces mais il n'y avait que cette… hésitation. »

aussi d'individus encore plus redoutables que la chirurgie a transformés dans le but de les combattre. Dès l'instant où il embarque sur un bateau, il ne sait à qui faire confiance et se demande parfois s'il réussira à joindre la Guilde des Allumeurs de réverbère.

On découvre là un monde des plus complexes, où cartes et illustrations détaillées permettent au lecteur de bien comprendre ce qui s'y passe. On trouve aussi en fin de livre un glossaire, ou Explicarium, destiné à en définir les différents termes. Des appendices présentent, entre autres, le calendrier, les costumes et les armes du Demi-Continent, ainsi que les divers bateaux. Tous ces éléments font que le lecteur peut se concentrer sur l'histoire ou s'arrêter sur les explications. Les deux autres tomes sont sous-titrés *Marques de sang* et *Sombres complots*. **JG**

Titre orig. *Monster Blood tatoo: Foundling*, 2006
Nationalité Australie, 1972
Édition française Milan
Thème fantastique

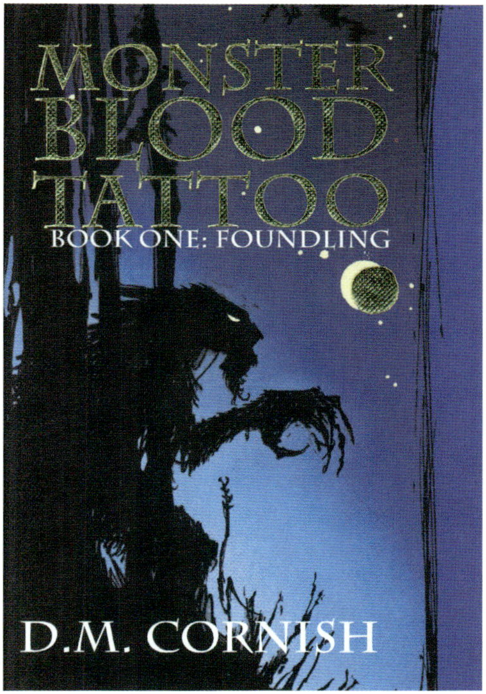

12+

Autres livres de science-fiction

Fahrenheit 451, Ray Bradbury (p. 777)
Alerte au plateau dix, Monica Hughes (p. 837)
Le Destin d'Idhún : la Résistance, Laura Gallego (p. 929)

Le Combat d'hiver

Jean-Claude Mourlevat

Nationalité France, 1952
Édition Gallimard Jeunesse, France, 2006
Thèmes aventure, amitié, fantastique

La jeune et douce Milena Bach s'est enfuie de l'orphelinat austère où elle vivait séquestrée depuis plusieurs années. Dans un pays imaginaire gouverné par La Phalange, régime tyrannique et cruel au pouvoir depuis quinze ans, quatre adolescents en fuite reprennent le combat mené autrefois par leurs parents, figures de la résistance contre la barbarie. Traqués jusque dans les montagnes enneigées par un terrifiant groupe d'hommes-chiens, ils font preuve d'un immense courage avant de se découvrir de nombreux alliés, le peuple-cheval, créatures bienveillantes et dévouées, et d'embrasser la cause d'une organisation secrète et de tous ceux qui ont choisi le combat pour la liberté. Adorée de tous, la voix merveilleuse de Milena redonnera espoir à chacun et unira les forces de la révolte.

Dans ce roman souvent sombre, les sentiments sont profonds et la chaleur humaine réconfortante. Les consoleuses en sont un parfait exemple : ces figures maternelles pleines d'amour offrent de vrais moments de respiration dans une aventure haletante. Les quatre héros quittent le triste monde de leur enfance pour découvrir l'amour et l'amitié. Résistants et courageux, ils luttent de toute leur âme sans jamais cesser d'espérer entrevoir le petit bout de ciel bleu peint au fond du cachot ou les couleurs vives d'un grand oiseau porte-bonheur.

L'histoire est palpitante et le réalisme, fantastique ; l'intrigue forte aux nombreux rebondissements et les personnages attachants plairont à tous les publics. **SL**

Der silberne Jaguar

Hermann Schulz

Nationalité Allemagne, 1938
Édition Carlsen, Allemagne, 2007
Thèmes amitié, adolescence

Rufus est un adolescent qui vit avec sa tante, Joséphine, lorsque ses parents s'absentent. Très concernée par le sort des Biélorusses victimes de Tchernobyl, Joséphine est sur le point de partir en Biélorussie pour apporter un fauteuil roulant à une jeune femme. Arrivé en Biélorussie après un interminable voyage en train, Rufus est désemparé en constatant les différences entre les deux pays. Les adolescents d'ici entretiennent de solides liens d'amitié. L'ancien leader d'un petit groupe de jeunes adolescents, brillant étudiant handicapé à la suite de l'accident nucléaire, avait imaginé des courses avant de mourir d'un cancer. Les garçons courent à présent en son honneur en utilisant les vieux fauteuils remisés dans les sous-sols de l'hôpital.

L'un d'eux vole le fauteuil de Joséphine parce qu'il veut impressionner ses camarades. Son design parfait à l'européenne lui vaut d'être surnommé le « Jaguar d'argent », d'où le titre du livre. Pendant que tout le monde part à la recherche du précieux appareil, Rufus se lie d'amitié avec les jeunes Biélorusses.

Les romans de Schulz abordent souvent le sort des individus vivant en marge de la société et, dans cet ouvrage captivant, le lecteur découvrira les conditions de vie d'un peuple pour qui sécurité sociale et liberté d'expression ne sont que des mots. **CS**

Livre d'Hermann Schulz traduit en français

Son premier poisson

Ma rencontre avec Violet Park

Jenny Valentine

Titre original *Finding Violet Park*, 2007
Nationalité Angleterre, 1970
Édition française L'École des loisirs
Thème adolescence

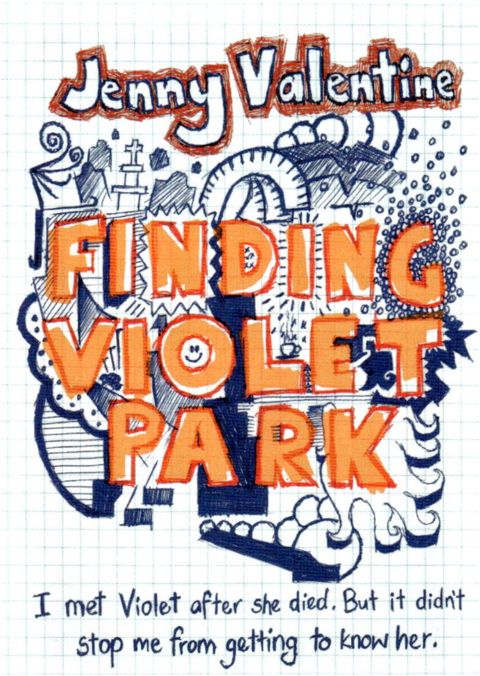

Lucas Swain, 15 ans, se trouve mystérieusement attiré par une urne posée sur l'étagère d'un bureau d'une compagnie de taxis. Quatre ans plus tôt, elle a été retrouvée sur la banquette d'une voiture. Elle contient les cendres d'une ancienne pianiste de concert, Violet Park, et Lucas est convaincu qu'elle cherche à communiquer avec lui. Il s'empare discrètement de l'urne et s'engage dans une série de découvertes au cours desquelles il apprendra beaucoup de choses sur lui-même et sa propre famille. Son père, qui a quitté le foyer quelques années auparavant, était journaliste et il avait interviewé Violet Park avant de disparaître à son tour. Quel rapport pouvait-il y avoir entre eux et qu'est-ce que la défunte essaie de dire à Lucas ?

Écrit dans un style limpide, ce premier roman s'intéresse à cette phase de l'adolescence où les jeunes gens commencent à mieux comprendre leurs familles et eux-mêmes. Au cours de ce processus, Lucas doit abandonner l'image paternelle idéale qu'il s'était forgée et ne plus porter ses vieux vêtements. Il comprend aussi sa mère bien mieux qu'avant, même s'il la trouve toujours assez énervante. Et surtout, il découvre en lui-même des forces insoupçonnées, tout particulièrement sa capacité à effectuer un brillant travail de détective qui lui permettra de percer les secrets du passé. Lucas est un personnage très attachant, souvent plein d'esprit, qui ne s'apitoie jamais sur lui-même. Sa présence dans cet habile roman est un enchantement de tous les instants, surtout lorsque tous les éléments du puzzle se trouvent réunis aux dernières pages. **NT**

« Quand papa est parti, ce qui nous unissait, c'était le manque de papa… Le vide qu'il a laissé agissait comme un ciment. »

Autres livres pour grands adolescents

Le Journal secret d'Adrien, Sue Townsend (p. 854)
Le Passage, Louis Sachar (p. 902)
Oh, boy !, Marie-Aude Murail (p. 911)
Quatre sœurs, Malika Ferdjoukh (p. 920)

Index des titres

Les chiffres en **gras** *renvoient à la page où figure l'entrée se rapportant au titre. Les chiffres en maigre renvoient aux lectures complémentaires proposées dans les cartouches ou aux ouvrages cités dans le corps du texte.*

B

C

D

E

M

T

U

V

W

Y

Z

Chroniqueurs

Certains titres de cet ouvrage sont présentés par des chroniqueurs qui viennent s'ajouter aux collaborateurs rédacteurs du livre. Ces chroniqueurs sont des auteurs d'ouvrages pour enfants, des spécialistes ou des passionnés de littérature enfantine. Ils sont signalisés par un bandeau gris au-dessus de chacune de leurs entrées.

Isabel Allende (page 430) est une écrivain chilienne connue pour son style littéraire vivant. En plus de ses romans, nouvelles, et mémoires, elle a écrit de nombreux livres pour enfants.

David Almond (page 358) a remporté la Carnegie Medal et le Whitbread Children's Book Award pour son premier roman pour enfants, *Skellig* (1998). Nombreux de ses autres romans ont également été primés. Il vit avec sa famille dans le Northumberland, en Angleterre.

Margaret Atwood (page 452) est surtout connu pour ses romans pour les adultes. Enfant, elle aimait les contes de fées et les histoires sur les animaux, une passion qui a probablement inspiré sa poésie.

Nathalie Beau (pages 56, 145, 151, 167, 360, 384, 591, 629, 638, 920) a présidé l'Association des libraires spécialisés pour la jeunesse. Elle est actuellement responsable du secteur international du Centre national de la littérature pour la jeunesse-La Joie par les livres au sein de la Bibliothèque nationale de France, et s'occupe également de la rubrique albums de *La Revue des livres pour enfants*.

Gavin Bishop (page 200), est écrivain et illustrateur. Il a publié plus de quarante livres illustrés. Il a reçu de nombreux prix dont le Noma Grand (Japon, 1984) et la Médaille Margaret Mahy 2000. Il a également écrit pour la télévision et le Royal New Zealand Ballet.

Judy Blume (page 78) est une romancière américaine, auteur de best-seller dont le travail a souvent été controversé. Elle écrit des livres humoristiques, surtout pour les enfants et les adolescents, qui abordent des sujets sensibles comme la maltraitance et le racisme. Plus de 80 millions d'exemplaires de ses livres ont été vendus dans le monde.

John Burningham (page 496) a étudié à la Central School of Arts à Londres. Il a écrit et illustré plus de trente livres et a également collaboré à des livres pour adultes. Il a reçu deux fois la médaille Kate Greenaway ainsi que de nombreux autres prix.

Nick Butterworth (page 424) est un auteur et illustrateur. Il aime rencontrer les enfants au cours de séances de lecture et de dessin qui inspirent ses livres. Son œuvre la plus réussie a inspiré une série d'animation pour la télévision.

Eric Carle (page 406) a été élevé en Allemagne et a été enrôlé dans l'armée à l'âge de quinze ans. Il a écrit plus de cinquante livres, surtout pour les très jeunes enfants. Plusieurs de ses livres sont illustrés dans son style unique, avec des collages, à partir de couches de papier de couleur vive. Il a publié son premier best-seller, *The Very Hungry Caterpillar*, en 1969.

Lauren Child (page 586) a connu la gloire en 1999 avec *Clarice Bean, c'est moi*, son premier livre en tant qu'auteur et illustrateur. Elle est la gagnante d'une médaille Kate Greenaway ainsi que de nombreux autres prix. Son travail inclut le collage, la photographie et l'aquarelle, mais elle fixe toujours ses personnages au crayon.

Teresa Cremisi (page 422) est éditeur. Elle est née à Alexandrie en Égypte. Elle a travaillé en Italie avant de rejoindre les éditions Gallimard en tant que directeur éditorial pendant seize ans. Elle dirige aujourd'hui le Groupe Flammarion.

Timothée de Fombelle (page 714) a commencé sa carrière comme enseignant et conférencier, mais est maintenant reconnu en France en tant que dramaturge. En 2006, il publie le premier livre de la série «Tobie Lolness», *La Vie suspendue*, qui a depuis été traduit en 23 langues. Le second tome, *Les Yeux d'Elisha*, a suivi en 2007.

Berlie Doherty (page 752) a été travailleur social et enseignante avant de devenir écrivain. Elle est célèbre pour sa littérature pour la jeunesse et est lauréate du célèbre prix Canergie. Elle est notamment l'auteur de *L'Oiseau d'or* (1999) et *Profond Secret* (2006). Elle écrit aussi des poèmes et des pièces de théâtre.

Tessa Duder (page 202) a publié près de quarante livres, dont des romans, des récits, des pièces de théâtre et un certain nombre d'anthologies.

Anne Fine (page 502) est un auteur prolifique de romans pour adultes et enfants. Plusieurs de ses livres traitent de problématiques difficiles et de questions sociales, et pourtant les lecteurs ne perdent pas l'envie de rire. Anne continue à écrire de nouveaux livres. Elle vit avec son compagnon dans le comté de Durham, en Angleterre.

Gustavo Martín Garzo (page 444) est un écrivain espagnol qui a été formé en tant que psychologue avant de devenir écrivain à temps plein et collaborateur de revues littéraires dans les années 1990. En plus de plus de vingt livres écrits pour les adultes, ses livres pour enfants comprennent *Chapelure* (2000) et *Trois Contes* (2003), pour lequel il a obtenu le prix national espagnol des livres pour enfants, en 2004.

Jamila Gavin (page 192) est née en Inde et est arrivée en Angleterre quand elle avait douze ans. Elle a travaillé sur des programmes culturels pour la BBC et la télévision avant de devenir écrivain à l'âge de trente-huit. Son roman *Coram Boy* a été adapté à la scène à Londres et à New York.

Jean Craighead George (page 426) est un auteur américain. Elle a écrit plus de cent livres pour enfants et adolescents, et son amour des animaux et la nature se reflète souvent dans son travail. Sa *Julie of the Wolves* (1972) a reçu la médaille Newbery.

Adèle Geras (page 724) a écrit plus de vingt livres, beaucoup d'entre eux inspirés par les lieux qu'elle a visités. Née à Jérusalem, elle a vécu dans différents pays. Elle a travaillé comme comédienne, chanteuse et professeur de français avant de devenir écrivain en 1976.

Mary Hoffman (page 670) est Britannique, auteur, critique et journaliste qui a créé *Armadillo*, le magazine littéraire pour enfants. Elle aime l'Italie et passe beaucoup de temps dans ce pays, ce qui se reflète dans sa série « Stravaganza ».

Lois Lowry (page 760) rêvait depuis l'enfance d'être un écrivain mais a travaillé comme photographe et journaliste avant de publier son premier livre, en 1977. Elle a remporté la médaille Newbery deux fois, pour *Number the Stars* (1989) et *The Giver* (1993).

Michael Morpurgo (page 208) a découvert sa vocation alors qu'il travaillait comme enseignant. Quand il a lu aux élèves une de ses propres histoires, il a « constaté qu'il y avait une forme de magie. » Il a remporté de nombreux prix dont le prix Nestlé Children's Book.

Marie-Aude Murail (page 416) écrit depuis l'âge de douze ans. Elle est l'auteur de nombreux best-seller. Elle a écrit plus de quatre-vingts livres. Son livre le plus populaire, *Oh, Boy !* (2000), a reçu le Deutscher Jugendliteraturpreis attribué par un jury d'adolescents allemands à la Foire du livre de Francfort

Jenny Nimmo (page 204) a grandi dans une ferme dans le Surrey, en Angleterre, et a travaillé dans le théâtre de répertoire après avoir quitté l'école. Elle est convaincue que la lecture qu'elle fait à ses enfants lui permet d'être un meilleur écrivain. Le paysage et la mythologie du pays de Galles, où elle vit aujourd'hui, ont inspiré ses romans d'aventures.

Helen Oxenbury (page 476) spécialisée dans la création de théâtre à la Central School of Art, Londres. Elle a travaillé pour le théâtre et la télévision avant de devenir illustrateur de livres pour enfants. Elle a gagné deux fois la médaille Kate Greenaway et a remporté le prix Kurt Maschler.

François Place (page 236) est l'un des principaux artistes illustrateurs français. Il écrit également des romans de fiction, dont Les Derniers Géants et Le Vieux Fou de dessin. Parmi les livres pour enfants les plus connus qu'il a illustrés, citons *Cheval de guerre* de Michael Morpurgo et *La Vie suspendue* de Timothée de Fombelle.

Philip Pullman (page 524) est surtout connu pour la trilogie «His Dark Materials », qui a commencé avec *Northern Lights* en 1995, puis s'est poursuivie avec *The Subtle Knife* en 1997, et s'est terminée avec *The Amber Spyglass* en 2000. Ces livres ont été honorés par de nombreux prix, dont la médaille Carnegie et le Whitbread Book of the Year Award, première fois dans l'histoire du prix où celui-ci a été attribué à un livre pour enfants.

Michael Rosen (page 98) est un poète primé britannique, romancier pour la jeunesse, et éditeur. Son humour dans des livres tels que *Mind Your Own Business* et *Quick, Let's Get Out of Here* s'inspire largement de sa propre enfance. Il a joué un rôle important dans la diffusion de la poésie auprès des jeunes enfants. Il a été nommé Chevalier de l'Ordre des Arts et des Lettres, en 2008.

Meg Rosoff (page 798) a remporté plusieurs prix dont le Prix Michael L. Printz pour son premier roman, *How I live now* (2004). Elle a travaillé dans l'édition et la publicité à New York pendant neuf ans avant d'écrire son premier livre. Son deuxième roman, *Just in Case* (2006), lui a valu la médaille Carnegie.

Darren Shan (page 704) est le nom de plume de Darren O'Shaughnessy, auteur irlandais de livres fantaisie dont nombreux ont été des best-seller mondiaux. Bien qu'il ait acquis sa renommée en tant qu'écrivain pour la jeunesse avec son premier livre *L'Assistant du vampire* (2000), à l'origine il écrivait pour les adultes et continue de le faire sous le pseudonyme de DB Shan.

Grégoire Solotareff (page 260) est né à Alexandrie, en Égypte ; il est le fils d'un médecin libanais et d'une peintre russe, Olga Lecaye, elle aussi un auteur de livres pour enfants. Il a pratiqué la médecine pendant plusieurs années, et depuis 1985, a écrit environ cent cinquante livres, dont de nombreux traduits en plusieurs langues, principalement en Europe et en Asie. Il vit et travaille à Paris.

Jacqueline Wilson (page 28) avait écrit une quarantaine de livres avant d'accéder à la célébrité avec *The Story of Tracy Beaker* en 1991. Ses livres abordent des thèmes souvent controversés, comme l'adoption et de divorce, et sont généralement illustrés par artistes renommés tels Nick Sharratt. Auteur multi-primé, ses livres se sont vendus à plus de 25 millions d'exemplaires dans le seul Royaume-Uni.

Collaborateurs

Kate Agnew (KA) est libraire à temps partiel. Elle collabore avec de nombreux éditeurs et intervient en milieu scolaire.

Dr. Belle Alderman (BA) est professeur émérite de littérature jeunesse à l'Université de Canberra. Elle a été nommée membre de l'Ordre d'Australie, en reconnaissance de sa contribution à la littérature pour enfants.

Neil Archer (NA) est professeur et écrivain. Il a joué dans quelques films français et en parallèle prépare un livre sur le voyage.

Romy Ash (RA) est auteur indépendant. Elle écrit également pour le magazines *Frankie* et *Big Issue Australia*.

Clive Barnes (CB) est bibliothécaire retraité et écrivain. Il écrit notamment sur la littérature pour enfants au XXe siècle.

Lorenzo Bellettini (LB) est titulaire d'un master en philosophie et d'un doctorat en langues modernes de l'université de Cambridge, en Angleterre.

Estrella Borrego del Castillo (EB) a une grande connaissance de la littérature pour la jeunesse. Elle est éditrice de livres de jeunesse.

Adèle de Boucherville (AB) s'est formée à l'école des éditions d'art chez MeMo, où elle a travaillé en tant qu'assistante d'édition et attachée de presse pendant cinq ans. Depuis trois ans en libéral, elle progresse entre projets d'éditions, relations presse et textes critiques.

Nelly Bourgeois (NB) est libraire spécialisée jeunesse depuis 1987. Elle a été membre de l'Association des Libraires Spécialisés Jeunesse (ALSJ) jusqu'en 2004 et a fait partie du jury à la foire internationale du livre pour enfants de Bologne en 2001. Elle participe à de nombreux comités de lecture et de sélection ainsi qu'à des cessions de formation sur le métier de libraire et sur la production jeunesse.

Geraldine Brennan (GB) est rédacteur en chef du *Times Educational Supplement*, dont le lectorat, plus d'un demi million de personnes, est situé dans le monde de l'éducation. Outre l'édition de livres pour enfants, elle élabore des projets, avec de jeunes écrivains, visant à lutter contre l'exclusion sociale à travers la lecture.

Rachael Cameron (RC) est écrivain, Australienne, spécialisée dans la littérature pour enfants.

Charlotte Celsing (CC) est une journaliste suédoise et auteur de livres pour enfants dont *The Adventure of Alexander the Great* (2005).

Helena Choong (HC) ; après avoir poursuivi des études au Hornsey School of Art de Londres, elle a entrepris d'étudier le design au London College of Fashion. Aujourd'hui, elle est créatrice de bijoux. .

Philip Contos (PC) a étudié la littérature anglaise et italienne à Columbia et à Oxford. Il travaille actuellement comme rédacteur à Londres.

Kaylee Davis (KD) a été rédacteur en chef du Children's Book-Of-The-Month Club, aux États-Unis.

Catherine Despinoy (CD) est écrivain et journaliste de radio à Paris. Elle a également donné des cours dans une école de journalisme.

Jenny Doubt (JSD) après avoir obtenu une maîtrise à l'Université de Sussex, en Angleterre, elle a commencé à travailler en tant qu'éditrice de livres illustrés pour une maison d'édition à Londres.

Sarah Drinkwater (SD) est écrivain et journaliste. Elle écrit pour des magazines et journaux et a obtenu une maîtrise en littérature de la Renaissance de l'Université College de Londres.

Robert Dunbar (RD) a enseigné la littérature dans les collèges et lycées, en Irlande. Il est critique de littérature pour la jeunesse. Il participe régulièrement à des programmes de radio.

Toin (Antonius) Duijx (AD) a été pendant des années professeur agrégé de littérature pour la jeunesse à l'Université de Leiden, Pays-Bas. Il est aujourd'hui journaliste et notamment rédacteur en chef de la revue *Literature Without Age*, le seul magazine néerlandais sur la littérature pour la jeunesse.

Cécilia Falgas-Ravry (CFR) est née en 1985 d'un père français et une mère suédoise. Elle termine un doctorat en littérature française à l'Université de Cambridge, en Angleterre..

Janet Fisher (JF) est aujourd'hui bibliothécaire dans une école. Elle rédige également des fiches de lecture pour plusieurs revues.

Marine Ganofsky (MGR) est née en 1985 à Marseille, France. Elle a obtenu une maîtrise en littérature anglaise à l'Université de Provence.

Jo Goodman (JG) vit à Melbourne où elle a été bibliothécaire pendant de nombreuses années. Elle a publié des collections de poésie et d'histoires courtes.

Reg Grant (RG) est un auteur prolifique. Il éprouve un véritable plaisir à lire des histoires à ses enfants tous les soirs depuis plus de dix ans.

Frederik H. Green (FHG) est professeur au Collège Macalester à Saint Paul, Minnesota. Il a étudié la littérature du XXe siècle chinois et japonais.

Margaret Hargrave (MH) est professeur anglais à la retraite, aujourd'hui élue locale. Son deuxième roman, *A Woman of Air*, a obtenu le prix Elle / Random House Fiction en 1996.

Lucinda Hawksley (LH) est historienne de l'art, biographe et écrivain, spécialisée dans le XIXe et début du XXe siècle.

Bridget Haylock (BH) vit dans les régions rurales de Victoria, en Australie, où elle travaille à l'alphabétisation.

Neal Hoskins (NH) est à l'origine du Wingedchariot Press, qui a contribué à importer d'Europe au Royaume-Uni, le meilleur de la littérature pour la jeunesse.

Alina Hoyne (AH) n'a pas vraiment grandi. Elle aime toujours se promener à minuit et visiter des musées bizarres. Elle finit son doctorat et insiste pour être ensuite appelée « docteur ».

David Hutter (DaH) est né en Allemagne et a brièvement vécu en Angleterre et en France durant son adolescence. Il travaille aujourd'hui en tant journaliste et rédacteur en chef, à Londres.

Ann James (AJ) est illustratrice et auteur pour enfants, avec plus de soixante livres publiés. En collaboration avec Ann Haddon elle dirige Books Illustrated, une galerie spécialisée dans les expositions d'illustrations de livres.

Helen Jones (HJ) est journaliste et écrit pour des journaux et magazines nationaux au Royaume-Uni et aux États-Unis.

Miwa Kaneko (MKG) travaille à New York en tant qu'assistante de production pour des théâtres de Broadway.

Lara Kavanagh (LK) est journaliste, éditrice et créatrice de sites web. Elle a notamment travaillé à Paris et à Londres dans des secteurs très variés.

Ann Kay (AK) est auteur et éditrice. Les mots ont été sa passion à un âge très précoce, aussi elle se réjouit de l'opportunité que lui donne ce livre pour promouvoir l'écriture auprès des enfants d'aujourd'hui.

Carol King (CK) est journaliste indépendante. Elle a étudié la littérature anglaise à l'Université de Sussex, en Angleterre.

Melanie Kramers (MK) est journaliste et rédactrice en chef. Elle partage son temps entre Londres et Buenos Aires.

Laura Kyllönen (LKK) a suivi des études sur la création littéraire à l'université du Middlesex à Londres avant de retourner en Finlande poursuivre une maîtrise à l'université de Jyväskylä.

Signe Mellergaard Larsen (SML) est écrivain et chercheuse. Elle a obtenu une maîtrise en histoire de l'art à l'université de Plymouth, en Angleterre, et une maîtrise en histoire de l'art au Courtauld Institute of Art de Londres.

Maya Linden (ML) est écrivain, chercheuse, critique gastronomique et professeur à l'université de Melbourne, en Australie, où elle termine son doctorat.

Sophie Lucas (SL) est née en 1973 à Amiens, en France, et a étudié la philosophie à l'université de Bordeaux. Basée à Paris, elle enseigne le français en tant que langue étrangère et participe à des projets d'illustrations pour enfants.

Ulla Lundqvist (UL) est conférencière, critique et auteur de fiction, en particulier pour la jeunesse. Elle est membre du jury Astrid Lindgren Memorial Award.

Jamie Middleton (JaM) est écrivain et correctrice pour des magazines de mode et des livres. Elle apprécie la chance de revoir les livres de sa jeunesse en les lisant à son fils.

Giulia F. Miller (GFM) est titulaire d'un doctorat en littérature hébraïque moderne de l'université de Cambridge, en Angleterre.

Wayne Mills (WM) est maître de conférences à la faculté d'Auckland, Nouvelle-Zélande, et est le créateur de international Kids' Lit Quiz.

Sue Mooney (SM) a étudié le graphisme avant d'obtenir un diplôme en littérature anglaise à l'université de Melbourne et est illustratrice de livres.

Jarrah Moore (JM) est écrivain de fiction pour les adolescents. Elle est basée à Melbourne, en Australie, où elle a écrit une thèse sur les contes de fées.

Carina Nandlal (CATN) prépare un doctorat en histoire de l'art à l'université de Melbourne, en Australie

Victoria Neumark (VN) a commencé son histoire d'amour avec les livres à l'âge de quatre ans avec Beatrix Potter. L'aventure s'est poursuivie avec ses trois fils. Elle écrit régulièrement des nouvelles et collabore pour la presse nationale.

Petr Onufer (PO) est un traducteur et critique de la République tchèque. Il travaille comme rédacteur en chef aux éditions l'Albatros et contribue à une importante revue littéraire.

Lorraine Orman (LO) est une ancienne critique littéraire et bibliothécaire spécialisée dans la littérature pour la jeunesse. Elle est l'auteur de neuf livres pour les enfants et les jeunes adultes.

Wendy Osgerby (WO) est historien de l'art, conservateur et écrivain.

Cynthia Quarry (CQ) est actuellement en train de rédiger sa thèse de doctorat sur le roman britannique contemporain à l'université de Toronto, Canada.

Dr. Stephanie Owen Reeder (SOR) est immergée dans la littérature pour enfants en Australie depuis plus de vingt ans, à la fois comme éditrice et auteur. Elle rédige des chroniques de livres pour enfants pour différents journaux.

Ulla Rhedin (UR) a écrit de nombreux livres et articles depuis 1977.

Depuis 1980, elle est critique dans le quotidien *Dagens Nyheter*.

Clare Rhoden (CER) est orthophoniste. Elle a beaucoup travaillé avec les enfants de l'âge de la maternelle au collège.

Simon Robertson (SR)

Astarte Rowe (AR), installée en Australie, prépare un doctorat en arts et culture autochtones à l'université de Melbourne.

Christopher Rowe (CR) a obtenu sa maîtrise en littérature comparée à l'université de Western Ontario, Canada.

Jana Rumannová (JR) a étudié la littérature pour la jeunesse à l'université de Trnava, en Slovaquie. Elle travaille actuellement pour un éditeur à Londres

Glen T. Sheppard (GTS)

Georg Sponholz (GS) est traducteur et imprégné de la littérature allemande pour la jeunesse. Il est également écrivain et partage son temps entre l'Allemagne et le Royaume-Uni.

Christa Stegemann (CS) est responsable depuis 1981 de la Bibliothèque internationale de la jeunesse à Munich, en Allemagne, la plus grande bibliothèque de jeunesse au monde.

Robert Stroud (RS) est né dans le Worcestershire, Angleterre. À Londres, il poursuit une carrière dans la musique et travaille à son premier roman.

Silvana Tuccio (SMT) achève actuellement un doctorat à l'université de Melbourne, en Australie. Elle a publié plusieurs articles sur le cinéma contemporain australien.

Nicholas Tucker (NT) est maître de conférence honoraire à l'université de Sussex, en Angleterre. Ancien enseignant et psychologue scolaire, il est l'auteur de neuf livres sur les enfants, l'enfance et la lecture. Ses publications récentes incluent des récits de fiction et des classiques contemporains de la littérature enfantine.

Catherine Van Bergen (CVB) vient de terminer sa dernière année à l'université Deakin à Geelong, en Australie, se spécialisant dans le journalisme et la littérature.

Claire Watts (CW) a un diplôme en français du King's College de Londres. Durant les vingt dernières années, elle a été journaliste et rédactrice en chef.

Andreea Weisl-Shaw (AWS) est originaire de Roumanie. Après avoir fait des études au Trinity College de Cambridge, en Angleterre, elle termine un doctorat en littérature française et espagnole médiévale.

Ilana Wistinetzki (IW) est titulaire d'un diplôme en langue chinoise et en littérature de l'université Yale. Elle enseigne actuellement le chinois et le français à l'école en Pierrepont Westport, Connecticut.

Katie Wyatt (KW) Australienne, est écrivain. Elle s'intéresse tout particulièrement à l'édition de livres pour les jeunes.

Stephen Yeager (SY) possède un doctorat en littérature anglaise. Il vit à Toronto, Canada.

Crédits photographiques

Nous nous sommes efforcés d'attribuer correctement les copyright des photographies utilisées à leurs ayant-droits. Toutefois, si malgré toute notre attention, une erreur ou omission s'était produite, nous tenons à nous en excuser d'ores et déjà et serons heureux d'apporter la (es) correction (s) nécessaires (s) lors d'une prochaine réédition.

"Book cover", copyright ©1961, 1989, from Go, Dog. Go! par P.D. Eastman, copyright ©1961 par P.D. Eastman. Copyright révision 1989 par Mary L. Easatman. Avec l'autorisation de Random House Children's Books, a division of Random House, Inc. **95** "Book cover", copyright ©1962 par Random House, Inc., from The Big Honey Hunt par Stan et Jan Berenstain, copyright © 1962, révision 1990 par Stanley et Janice Berenstain. Avec l'autorisation de Random House Children's Books, a division of Random House, Inc. **96** ©1962 Oliver Postgate **98** Avec l'autorisation de HarperCollins Publishers ©1963 Maurice Sendak **99** Avec l'autorisation de HarperCollins Publishers ©1963 Maurice Sendak **100** Houghton Mifflin ©1965 Bernard Waber **101** Avec l'autorisation de Bodleian Library. Houghton Mifflin ©1967 Bill Martin Jr. **102** Beltz & Gelberg ©1967 Josef Guggenmos **103** Random House ©1968 Richard Scarry **104** Viking Children's Books. Courtesy Roy Freeman ©1968 Don Freeman **105** The Swedish Institute for Children's Books ©1969 Ulf Lögren **106** Avec l'autorisation de HarperCollins Publishers ©1970 Maurice Sendak **108** The Swedish Institute for Children's Books/Rabén & Sjögren ©1971 Astrid Lindgren **110** Simon et Schuster ©1972 Graham Oakley **111** HarperCollins ©1972 Russell Hoban **112** © Raymond Briggs, 1973 **113** © Eve Sutton, 1973. Illustrations © Lynley Dodd, 1973 **115** The Finnish Institute for Children's Literature **116** Texte et illustrations ©Janet et Allan Ahlberg, 1977 **117** Texte et illustrations ©Janet et Allan Ahlberg, 1977 **118** Random House ©1977 Shirley Hughes **119** Canadian Children's Book Centre ©1978 par Margaret Atwood, O.W. Toad Ltd. Avec l'autorisation de Groundwood Books Ltd. **120** ©Raymond Briggs, 1978 **121** ©Raymond Briggs, 1978 **122–123** HarperCollins ©1978 Donald Crews **125** HarperCollins ©1980 Jill Murphy **126** HarperCollins ©1980 Pamela Allen **127** Bauard Jeunesse ©1980 Marie-Agnes Gaudrat **128** Avec l'autorisation de Bodleian Library. Carlton ©1981 John Cunliffe **129** Editions Casterman ©1981 Gabrielle Vincent **131** Random House ©1982 John Burningham **132** Couverture ©1983 Anthony Browne. Avec l'autorisation de Walker Books Ltd, Londres SE11 5HJ **133** Penguin ©1983 Katharine Holabird **134** Rabén & Sjögren ©1983 Inger et Lasse Sandberg **135** Arin ©1983 Roser Capdevila **136** Mallinson Rendel ©1983 Lynley Dodd **137** From Possum Magic par Mem Fox et Julie Vivas. Texte © Mem Fox, 1983; illustrations © Julie Vivas, 1983. First published par Omnibus Books, a division of Scholastic Australia Pty Ltd, 1993. Avec l'autorisation de Scholastic Australia Pty Ltd. **138** Oxford University Press ©1985 Terry Denton **141** Random House ©1986 Jane Hissey **142** Penguin ©1987 Jane Yolen **143** Oxford University Press ©1987 Valerie Thomas **144** Couverture ©1988 Patrick Benson. Avec l'autorisation de Walker Books Ltd, Londres SE11 5HJ **146** The Swedish Institute for Children's Books ©1989 Lena Andersson **147** Allen et Unwin ©1989 Janet McLean **148** HarperCollins Publishers Ltd ©1989 Nick Butterworth **149** Couverture ©1990 Nicola Bayley. Avec l'autorisation de Walker Books Ltd, Londres SE11 5HJ **150** Frances Lincoln ©1991 Mary Hoffman **153** National Library , Pays-Bas ©1992 Max Velthuijs **154** Couverture ©1992 Jez Alborough. Avec l'autorisation de Walker Books Ltd, Londres SE11 5HJ **156** Sauerländer ©1993 Quint et Quinn Buchholz **157** Sauerländer ©1993 Quint et Quinn Buchholz **158** Pan Macmillan ©1993 Michael Rosen **159** Couverture ©1994 Anita Jeram. Avec l'autorisation de Walker Books Ltd, Londres SE11 5HJ **160** Holzwarth/Erlbruch, Vom kleinen Maulwurf, der wissen wollte, wer ihm auf den Kopf gemacht hat Peter Hammer Verlag Wuppertal, 1989 **161** Gallimard Jeunesse, Giboulées © Antoon Krings, 1994 **162** Random House ©1995 Quentin Blake **164** © Babette Cole, 1998 **165** Random House ©1998 Helen Cooper **166** The Swedish Institute for Children's Books ©1998 Eva Eriksson **168** Frances Lincoln ©1999 Niki Daly **169** Texte ©Ian Whybrow, 1999/Illustrations ©Adrian Reynolds, 1999 **170** Pan Macmillan ©1999 Julia Donaldson **172** Couverture ©2000 Blackbird Design Pty Ltd. Avec l'autorisation de Walker Books Ltd, Londres SE11 5HJ **173** Simon et Schuster ©2000 Ian Falconer**174** Avec l'autorisation de Farrar, Straus et Giroux, LLC. Graphisme jaquette par Peter Sis from MADLENKA par Peter Sis. Jacket design copyright © 2000 par Peter Sis **175** Editorial Kokinos ©2001 Gabriela Kesselman **176** Didier Jeunesse ©2001 Francine Vidal **177** The Finnish Institute for Children's Literature ©2003 Aino Havukainen **178** Hyperion ©2003 Mo Willems**179** Hyperion ©2004 Mo Willems **180** Hachette Livre ©2004 Philippe Lechermeier **181** HarperCollins Publishers Ltd ©2005 Oliver Jeffers **182–183** Houghton Mifflin ©2006 David Wiesner **184** © Shanghai People's Art Publisher **185** Collection privée **186** Mary Evans Picture Library **189** Getty Images **190** Collection privée **192** Courtesy of Henry Sotheran Ltd**193** akg-images/Ullstein **195** Avec l'autorisation de Bodleian Library **196** akg-images **197** akg-images **198** Avec l'autorisation de Bodleian Library **199** Bodleian Library, Oxford, UK **200** National Library of Australia **201** National Library of Australia **202** Lebrecht Photo Library **203** Lebrecht Photo Library **204** Courtesy Peter Harrington Antiquarian Bookseller. **205** Courtesy Peter Harrington Antiquarian Bookseller. **206** Mary Evans Picture Library **208** Peter Harrington Antiquarian Bookseller **209** The Granger Collection, NYC/TopFoto **210** Avec l'autorisation de Bodleian Library. Collection privée **212** Avec l'autorisation de Bodleian Library. HarperCollins ©1918 Norman Lindsay **213** HarperCollins ©1933 May Gibbs **214** Hachette ©1920 Constance Heward **216** Courtesy Peter Harrington Antiquarian Bookseller. © Elizabeth Banks **218** © E.H. Shepard, colouring 1989 par Mark Burgess et Egmont Books Ltd. Avec l'autorisation de Curtis Brown Group Ltd./Tiré de WHEN WE WERE VERY YOUNG par A.A.Milne, illustrations par E.H.Shepard, copyright 1924 par E.P.Dutton, révision 1952 par A.A.Milne. Avec l'autorisation de Dutton Children's Books, A Division of Penguin Young Readers Group, A Member of Penguin Group (USA) Inc., 345 Hudson Street, New York, NY 10014. All rights reserved. **221** Avec l'autorisation de Bodleian Library. Egmont ©1929 Alison Uttley **222** ©1929 Josef Capek **224** © Edward Ardizzone, 1936 from Little Tim et the Brave Sea Captain (published par Frances Lincoln) **227** HarperCollins ©1940 & 1947 Esphyr Slobodkina. Copyright révision 1968 par Esphyr Slobodkina **228** Editions Flammarion ©1941 Marie Colmont **229** Avec l'autorisation de Bodleian Library. Faber & Faber ©1942 Diana Ross **231** Rabén & Sjögren/SALTKRÅKAN AB ©1945 Astrid Lindgren **232** Simon et Schuster ©1947 Marcia Brown**233** © Rumer Godden, 1971 **234** "Book cover", copyright ©1948 par Random House, Inc., from My Father's Dragon par Ruth Stiles Gannett. Avec l'autorisation de Random House Children's Books, a division of Random House, Inc. **236** Edition Flammarion ©1948 Paul Emile Victor **237** Edition Flammarion ©1948 Paul Emile Victor **238** Jacket cover from Foxie, the Singing Dog par D'Auliare. Avec l'autorisation de Yearling, an imprint of Random House Children's Books, a division of Random House, Inc. **239** Peanuts © United Feature Syndicate, Inc. **240** Edition Flammarion ©1950 Natha Caputo **241** Edition Flammarion ©1950 Natha Caputo **242** Penguin ©1952 Robert McCloskey **243** Simon et Schuster ©1952 Alice Dalgliesh **244** Houghton Mifflin ©1952 Lynd Ward **245** Peter Harrington Antiquarian Bookseller. © Graham Greene, 1952 **246** HarperCollins US/cover art ©révision par the Estate of Garth Williams **249** HarperCollins US/texte ©1955 par Crockett Johnson, © révision par Ruth Krauss **250** Faber et Faber ©1955 Catherine Storr **253** From Captain Pugwash par John Ryan published par France Lincoln Ltd, © John Ryan 1957. Avec l'autorisation de Frances Lincoln Ltd. **254** Avec l'autorisation de HarperCollins Publishers. Avec l'autorisation de Bodleian Library. **255** Avec l'autorisation de HarperCollins Publishers **256** Avec l'autorisation de HarperCollins Publishers **259** Edition Flammarion ©1961 Nathan Hale **260** Tomi Ungerer Die Drei Räuber ©1967 Diogenes Verlag AG Zürich. All rights reserved **261** Tomi Ungerer Die Drei Räuber ©1967 Diogenes Verlag AG Zürich. All rights reserved **263** Otfried Preußler, Der Räuber Hotzenplotz, mit Illustrationen von FJTripp ©1962 par Thienemann Verlag (Thienemann Verlag GmbH), Stuttgart - Wien **264** Avec l'autorisation de Bodleian Library. Penguin ©1962 Ezra Jack Keats **265** Avec l'autorisation de HarperCollins Publishers ©1962 Charlotte Zolotow **266** Avec l'autorisation de Bodleian Library. Random House ©1963 John Burningham **267** "couverture", copyright ©1963, 1991 par Knopf Children, tiré de Swimmy par Leo Lionni. Avec l'autorisation de Alfred A. Knopf, an imprint of Random House Children's Books, a division of Random House, Inc. **268** Avec l'autorisation de Bodleian Library. Avec l'autorisation de HarperCollins Publishers **271** ©1964 Evil Eye Music, LLC. **273** Hachette ©1966 Val Biro**275** HarperCollins Publishers Ltd ©1968 Judith Kerr **276** "Book cover", copyright ©1968, 1996 par Random House, Inc., from The Best Nest par P.D. Eastman. Avec l'autorisation de Random House Children's Books, a division of Random House, Inc. **278** Avec l'autorisation de Bodleian Library. From A Necklace of Raindrops, texte ©1968 Joan Aiken, illustration ©1968 Jan Pieńkowski. Avec l'autorisation de Random House **281** Avec l'autorisation de Bodleian Library. Oxford University Press ©1969 Charles Keeping **282** Couverture ©1970 Arnold Lobel**283** HarperCollins Publishers Ltd ©1970 Judith Kerr **284** Pan Macmillan ©1970 Charles Causley. Courtesy of Launceston Bookshop **285** Gyldendal ©1970 Ole Lund Kirkegaard. Courtesy of Center for Børnelitteratur, Danmarks Pædagogiske Universitetsskole/Centre for Children's Literature, Danish School of Education **286** Pluk van de Petteflet par Annie MG Schmidt et Fiep Westendorp, Amsterdam, 1971, Em. Querido's Uitgeverij B.V. **287** "Book cover", copyright ©1968, 1996 par Random House, Inc., from What Do People Do All Day? par Richard Scarry, copyright ©1968 par Richard Scarry, copyright révision 1996 par Richard Scarry II. Avec l'autorisation de Random House Children's Books, a division of Random House, Inc. **288** Avec l'autorisation de Farrar, Straus et Giroux, LLC. Jacket design par William Steig from AMOS & BORIS par William Steig. Jacket design copyright © 1971 par William Steig **289** Lebrecht Photo Library **290** Simon et Schuster ©1972 Judith Viorst **291** Avec l'autorisation de Bodleian Library. Random House ©1972 John Vernon Lord **292** Avec l'autorisation de Bodleian Library. © Michael Foreman, 1974 **295** ©1974, révision 2002 Evil Eye, LLC. Reprinted with permission from the estate of Shel Silverstein et HarperCollins Children's Books. **297** Simon et Schuster ©1975 Tomie DePaola **299** Avec l'autorisation de Bodleian Library. Pan Macmillan ©1976 Mary Rayner **300** Penguin Books (Australia) ©1977 Jenny Wagner **301** Random House ©1977 John Burningham **302** Carlton ©1977 Rhonda Armitage **305** © Raymond Briggs, 1977 **307** Houghton Mifflin ©1977 Harry Allard **308** Lebrecht Photo Library **309** Lebrecht Photo Library**311** Simon et Schuster ©1978 Paul Goble **312** Courtesy Roy Freeman ©1968 Don Freeman **313** HarperCollins ©1978 Percy Trezise et Dick Roughsey **314** Random House ©1978 Roald Dahl **315** Egmont ©1979 Jan Pieńkowski **316** Gallimard Jeunesse, Albums Gallimard Jeunesse © Pef, 1980 **317** Avec l'autorisation de Bodleian Library. Random House ©1980 David McKee **318** Avec l'autorisation de Bodleian Library. Couverture par Michael Martchenko. From The Paper Bag Princess, written par Robert Munsch, et published par Annick Press, Toronto, Canada © 1980 **319** Houghton Mifflin ©1981 Chris Van Allsburg **320** ©1982 Gavin Bishop **321** Avec l'autorisation de Bodleian Library. HarperCollins Publishers/©1982 par Vera B. Williams**322** Avec l'autorisation de Farrar, Straus et Giroux, LLC. Illustration par William Steig from DOCTOR DE SOTO par William Steig. Illustrations copyright © 1982 par William Steig**325** ©Humphrey Carpenter, 1984/Illustrations © Frank Rodgers, 1984 **326** Avec l'autorisation de HarperCollins Publishers **329** Illustrations ©1985 par Felicia Bond **330** Avec l'autorisation de Bodleian Library. Hachette ©1985 Niki Daly **331** Rabén & Sjögren ©1985 Christina Björk **332** Houghton Mifflin ©1985 Chris Van Allsburg **333** Egmont ©1986 Allan Ahlberg **335** Avec l'autorisation de Farrar, Straus et Giroux, LLC. Illustration par Richard Egielski from HEY, AL par Arthur Yorinks. Illustrations copyright © 1986 par Arthur Yorinks **336** Ediciones Ekaré ©1986 Ana Maria Machado **337** Hachette ©1988 John Agard **338** Simon et Schuster ©1987 Cynthia Rylant **340** Hachette ©1988 Nigel Gray **342** Random House ©1988 Roald Dahl**344** L'École des Loisirs ©1989 Grégoire Solotareff **345** Penguin ©1989 John Scieszka **346** "couverture", copyright ©1990 par Random House, Inc., from Oh, The Places You'll Go ™ & © 1990 Dr. Seuss Enterprises, L.P. Avec l'autorisation de Random House Children's Books, a division of Random House, Inc. **347** Oh, The Places You'll Go ™ & © 1990 Dr. Seuss Enterprises, L.P. All rights reserved. Used by permission. **348** The Swedish Institute for Children's Books/Bonnier ©1990 Pija Lindenbaum **349** The Swedish Institute for Children's Books/Bonnier ©1991 Ulf Stark **350** "Book cover", copyright ©1991 par Crown Children, from Tar Beach par Faith Ringgold. Avec l'autorisation de Crown Publishers, an imprint of Random House Children's Books, a division of Random House, Inc. **351** Penguin ©1992 John Scieszka **352** HarperCollins India ©1993 Paro Anand **353** Verlagsgruppe Oetinger ©1997 Gloria Anzaldúa **355** Penguin Books (Australia) ©1994 Leigh Hobbs **356** HarperCollins Canada ©1995 Frieda Wishinsky **358** HarperCollins Publishers/Art ©1996 par Kevin Henkes **359** HarperCollins Publishers/Art ©1996 par Kevin Henkes **361** HarperCollins ©1997 Tohpar Riddle **362** From Henry et Amy par Stephen Michael King. Texte et illustrations © Stephen Michael King, 1998. First published par Scholastic Press, a division of Scholastic Australia Pty Ltd, 1998. Avec l'autorisation de Scholastic Australia Pty Ltd. **363** From A Bad Case of Stripes par David Shannon. Scholastic Inc./The Blue Sky Press. ©1998 David Shannon. Reprinted by permission. **364** Faber et Faber ©1999 Carol Ann Duffy **365** The Swedish Institute for Children's Books/Rabén & Sjögren ©1999 Pernilla Stalfelt **366** Couverture de I Will Not Ever Never Eat a Tomato. Hachette ©2000 Lauren Child **367** Allen et Unwin ©2000 Margaret Wild**368** Houghton Mifflin ©2001 David Wiesner **369** Simon et Schuster ©2001 Petra Mathers **370** Random House ©2001 Raymond Briggs **371** The Swedish Institute for Children's Books/Rabén & Sjögren ©2001 Pernilla Stalfelt **372** Cover art from That Pesky Rat. Hachette ©2002 Lauren Child **373** Random House ©2003 Alexis Deacon **374** The Swedish Institute for Children's Books/Rabén & Sjögren ©2004 Pija Lindenbaum **376** Random House ©2003 Jeanne Willis **377** Penguin ©2003 Judith Byron Schachner **379** The Finnish Institute for Children's Literature/ Bonnier ©2004 Riitta Jalonen **380** Candlewick Press ©2004 Sam McBratney **381** Penguin Books (Australia) ©2004 Alison Lester **382** Random House ©2005 Christopher Wormell

383 From Zen Shorts par Jon J Muth. Scholastic Inc./Scholastic Press. ©2005 Jon J Muth. Reprinted by permission **385** From LLAMA, LLAMA RED PAJAMA par Anna Dewdney, copyright © par 2005 Anna Dewdney. Avec l'autorisation de Viking Children's Books, A Division of Penguin Young Readers Group, A Member of Penguin Group (USA) Inc., 345 Hudson Street, New York, NY 10014. All rihgts reserved. **386** Pan Macmillan ©2005 Emily Gravett **387** Texte ©2005 par Jen Wojtowicz/Illustrations ©2005 par Steve Adams/ permission granted by Barefoot Books, Inc., 2067 Massachusetts Avenue, Cambridge, MA 02140 **388** Hachette ©2005 Mara Bergman **389** Egmont ©2005 Pete Harris **390–391** Houghton Mifflin ©2006 David Wiesner **392** Random House ©2006 Mini Grey **393** From The Dish et the Spoon, texte et illustrations ©2006 Mini Grey. Avec l'autorisation de Random House **394–395** Collection privée © Chris Beetles, Londres, UK/Bridgeman Art Library **397** Collection privée/Roger Perrin/Bridgeman Art Library **399** akg-images **400** Collection privée © Chris Beetles, Londres, UK/Bridgeman Art Library **402** akg-images/Ehrt **404** Peter Harrington Antiquarian Bookseller **405** Art Archive **406** akg-images **407** akg-images **409** Lebrecht Photo Library **410** Collection privée/Bridgeman Art Library **412** Collection privée **414** Mary Evans Picture Library **416** Collection privée/Archives Charmet/Bridgeman Art Library **417** The Art Archive **418** Collection privée **419** Collection privée **420** Peter Harrington Antiquarian Bookseller **421** Courtesy Peter Harrington Antiquarian Bookseller **423** Collection privée/Archives Charmet/Bridgeman Art Library **424** Mary Evans Picture Library **425** Collection privée/Bridgeman Art Library **426** Courtesy Peter Harrington Antiquarian Bookseller et Random House **427** Peter Harrington Antiquarian Bookseller et Random House **428** Avec l'autorisation de Bodleian Library et Simon et Schuster **429** Avec l'autorisation de Bodleian Library. Simon et Schuster **430** Avec l'autorisation de Bodleian Library **431** Avec l'autorisation de Bodleian Library **432** Courtesy Peter Harrington Antiquarian Bookseller **434** Dr. Corinne D'Angelo **435** Avec l'autorisation de Bodleian Library et HarperCollins UK **436** Courtesy Peter Harrington Antiquarian Bookseller **437** Courtesy Peter Harrington Antiquarian Bookseller **438** Dr. Corinne D'Angelo **440** Avec l'autorisation de Bodleian Library et HarperCollins UK **441** Avec l'autorisation de Bodleian Library et Houghton Mifflin **443** Avec l'autorisation de Bodleian Library et Penguin UK **444** Dr. Corinne D'Angelo **445** Avec l'autorisation du Dr. Corinne D'Angelo **447** Courtesy Peter Harrington Antiquarian Bookseller **448** Collection privée **449** Bibliotheque Nationale, Paris, France/Lauros/Giraudon/Bridgeman Art Library **450** ©1907 Selma Lagerlöf **451** Courtesy Peter Harrington Antiquarian Bookseller. Methuen ©1908 Kenneth Grahame et Arthur Rackham **452** Courtesy Peter Harrington Antiquarian Bookseller. Penguin Canada ©1908 LM Montgomery **453** Courtesy Peter Harrington Antiquarian Bookseller. Penguin Canada ©1908 LM Montgomery **454** Editorial Casals ©1910 Josep Maria Folch i Camarasa **456** akg-images **459** Courtesy Peter Harrington Antiquarian Bookseller. ©1920 Hugh Lofting **460** Pan Macmillan ©1922 Richmal Crompton **462** Avec l'autorisation de Bodleian Library. Hachette ©1925 Elinor M. Brent-Dyer **463** Penguin ©1927 Franklin W. Dixon **464** © Hergé/Moulinsart 2009 **465** akg-images **467** Courtesy Peter Harrington Antiquarian Bookseller. Random House ©1930 Arthur Ransome **468** Thanks to Jennifer Fisher, www.nancydrewsleuth.com **471** Avec l'autorisation de Bodleian Library. HarperCollins Publishers/Illustrations ©1953, 1981 par Garth Williams **473** Bunpodo ©1934 Kenji Miyazawa **474** Avec l'autorisation de Bodleian Library. Houghton Mifflin ©1934 PL Travers **476** Penguin ©1935 Kate Seredy **477** tiré de THE GOOD MASTER par Kate Seredy, copyright 1935 par Kate Seredy, révision © 1963 par Kate Seredy. Avec l'autorisation de Viking Penguin, A Division of Penguin Young Readers Group, A Member of Penguin Group (USA) Inc., 345 Hudson Street, New York, NY 10014. All rights reserved. **479** Harriet Jordan, http://www.whitegauntlet.com.au **480** Oxford University Press ©1936 Barbara Euphan Todd **483** Lebrecht Photo Library **484** Peter Harrington Antiquarian Bookseller. HarperCollins Publishers Ltd ©1937 JRR Tolkien **487** Courtesy Peter Harrington Antiquarian Bookseller. HarperCollins Publishers Ltd ©1938 TH White **488** Peter Harrington Antiquarian Bookseller. Faber et Faber ©1939 TS Eliot **491** "couverture", copyright ©1941, 1969 par Random House, Inc., tiré de The Black Stallion par Walter Farley, copyright © 1941, 1969 par Walter Farley. Avec l'autorisation de Random House Children's Books, a division of Random House, Inc. **493** Tony Summerfield of the Enid Blyton Society, http://www.enidblytonsociety.co.uk **494** Courtesy Peter Harrington Antiquarian Bookseller. Editions Gallimard, Collection Folio © Antoine de Saint-Exupéry, 1943 **496** Jane Nissen Books/© BB/DJ Watkins-Pitchford **497** Avec l'autorisation de Bodleian Library. Jane Nissen Books/© BB/DJ Watkins-Pitchford **499** Courtesy Peter Harrington Antiquarian Bookseller. HarperCollins/Cover art révision ©1973 par Garth Williams **501** Deborah Gaudin, www.elizabethgoudge.org/ **502** Courtesy of Henry Sotheran Ltd/©TH White, 1963 **503** © TH White, 1963 **504** Schildts Förlags Ab ©1946 Tove Jansson **506** Simon et Schuster ©1947 Marguerite Henry**508** Avec l'autorisation de Bodleian Library. Hurray for St. Trinians © Ronald Searle, 1948. Avec l'autorisation de l'artiste et de The Sayle Literary Agency **510** Sue Sims/Faber et Faber ©1948 Antonia Forest **512** The National Library, Pays-Bas/Ploegsma ©1949 Anna Rutgers van der Loeff **514** Courtesy Peter Harrington Antiquarian Bookseller. Illustration par Pauline Bryant tiré de The Lion, the Witch et the Wardrobe par CS Lewis ©CS Lewis Pte. Ltd. 1950 **515** Peter Harrington Antiquarian Bookseller. Illustration par Pauline Bryant from The Lion, the Witch et the Wardrobe par CS Lewis © CS Lewis Pte. Ltd. 1950 **516** Editorial Iquiema ©1950 Maria Luisa Gefaell **519** ©1951 Gianna Rodari**520** Courtesy Peter Harrington Antiquarian Bookseller. Illustration par Pauline Bryant from The Voyage of the Dawn Treader par CS Lewis © CS Lewis Pte. Ltd. 1952 **521** Courtesy Peter Harrington Antiquarian Bookseller. Hachette ©1952 Mary Norton **523** HarperCollins Publishers Ltd ©1952 Anthony Buckeridge **524** Avec l'autorisation de Bodleian Library. ©1953 Geoffrey Willans **525** Avec l'autorisation de Bodleian Library. Down With Skool! © Ronald Searle, 1953. Reproduced with kind permission of the Artist et The Sayle Literary Agency **526** Lebrecht Photo Library **527** Houghton Mifflin ©1954 Edward Eager **528** Avec l'autorisation de Bodleian Library. Diana Boston, owner of Green Knowe **530** Courtesy of Henry Sotheran Ltd. ©1955 KM Briggs **532** Bibliotheque Rouge et Or ©1955 Paul Berna **533** Avec l'autorisation de Bodleian Library. HarperCollins ©1956 Fred Gipson **534** Courtesy Peter Harrington Antiquarian Bookseller. Egmont ©1956 Dodie Smith **535** ©1957 Gillian Avery **537** Oxford University Press ©1958 Philippa Pearce **538** Oxford University Press ©1958 Rosemary Sutcliff **540** Doncel ©1959 Miguel Buñuel **541** Doncel ©1959 Miguel Buñuel **542** Institut für Jugendliteratur, Vienna/Verlagsgruppe Oetinger ©1959 James Krüss **544** Oxford University Press ©1960 Rosemary Sutcliff **545** Institut für Jugendliteratur, Vienna/Michael Ende, Jim Knopf und Lukas der Lokomotivführer, mit Illustrationen von FJ Tripp ©1960 par Thienemann Verlag (Thienemann Verlag GmbH), Stuttgart - Wien **546** www.asterix.com ©2009 Les Éditions Albert René/Goscinny-Uderzo **548** Courtesy Peter Harrington Antiquarian Bookseller. Random House ©1961 Roald Dahl **550** "Book cover", copyright ©1961, 1989, from The Phantom Tollbooth par Norton Juster, illustré par Jules Feiffer. Avec l'autorisation de Random House Children's Books, a division of Random House, Inc. **553** Avec l'autorisation de Farrar, Straus et Giroux, LLC. Jacket design par Hilda Van Stockum from THE WINGED WATCHMAN par Hilda Van Stockum. Jacketdesign copyright © 1962 par Hilda Van Stockum **555** Random House ©1962 Joan Aiken **556** Courtesy Peter Harrington Antiquarian Bookseller. Dobson Books ©1963 Spike Milligan **558** © Edward Ardizzone from Stig of the Dump, published by Penguin 1963/Permission granted by the Artist's Estate **559** Courtesy Peter Harrington Antiquarian Bookseller. Random House ©1963 JP Martin **560** Peter Harrington Antiquarian Bookseller. Random House ©1964 Ian Fleming/Avec l'autorisation de Fleming estate **561** Random House ©1964 John Burningham **562** The Swedish Institute for Children's Books/Bonnier ©1964 Gunnel Linde **563** Avec l'autorisation de Bodleian Library. HarperCollins ©1964 Louise Fitzhugh**565** Courtesy Peter Harrington Antiquarian Bookseller. Random House ©1964 Roald Dahl **567** Avec l'autorisation de Bodleian Library. Bloomsbury ©1964 Christianna Brand **569** National Széchényi Library (Országos Széchényi Könyvtár) ©1965 István Fekete **570** HarperCollins ©1965 Beverley Cleary **573** Penguin ©1966 Roald Dahl **575** Courtesy of Henry Sotheran Ltd/Reprinted by arrangement with the author et Writers House LLC, acting as agent for the author **576** Simon et Schuster ©1967 EL Kongisburg **579** Avec l'autorisation de Bodleian Library. Faber et Faber ©1968 Ted Hughes **581** Random House ©1969 Sylvia Sherry **582** Random House ©1968 Penelope Farmer **583** The National Library, Pays-Bas/Uitgeverij Hollande ©1970 Paul Biegel **584** Jacket cover from Are You There God? It's Me, Margaret par Judy Blume. Avec l'autorisation de Yearling, et de Random House Children's Books, a division of Random House, Inc. **586** Illustrations published by arrangement with The Edward Gorey Charitable Trust **587** Illustrations published by arrangement with The Edward Gorey Charitable Trust **589** Institut für Jugendliteratur, Vienna/Beltz et Gelberg ©1970 Christine Nöstlinger **590** Courtesy Peter Harrington Antiquarian Bookseller. © Richard Adams, 1972 **592** HarperCollins Aus ©1972 Noonuccal Oodgeroo **595** Rabén & Sjögren ©1973 Astrid Lindgren **596**The National Library, Pays-Bas/Lemniscaat ©1973 Thea Beckman**598** Institut für Jugendliteratur, Vienna/Verlagsgruppe Oetinger ©1975 Christine Nöstlinger **600** Faber et Faber ©1977 Helen Cresswell **601** HarperCollins ©1977 Katherine Paterson **602** Faber et Faber ©1977 Gene Kemp **605** ©1979 Maurice Gee **607** Penguin ©1980 Katherine Paterson **609** Penguin ©1980 Judy Blume **610** Hachette ©1980 Lynne Reid Banks**612** Courtesy of Henry Sotheran Ltd/© Michelle Magorian, 1981 **613** The Swedish Institute for Children's Books/Rabén & Sjögren ©1981 Astrid Lindgren **614** Random House ©1982 Roald Dahl **616** © Raymond Briggs, 1982 **618** © Shanghai People's Art Publisher **620** Avec l'autorisation de Bodleian Library. Egmont ©1982 Michael Morpurgo **622** © Allan Ahlberg, 1983**625** Egmont ©1985 Kevin Crossley-Hollande **626** HarperCollins Publishers/Jacket art ©1985 par Marcia Sewall **628** Egmont ©1985 Michael Morpurgo **630** Oxford University Press ©1985 Pat O'Shea **631** Random House ©1986 Brian Jacques **632** Methuen ©1986 Jenny Nimmo **633** HarperCollins ©1986 Sid Fleischman **634** HarperCollins ©1987 Libby Gleeson**635** Penguin Books (Australie) ©1987 Paul Jennings **636** Penguin ©1987 John Steptoe **639** Penguin © Morris Gleitzman, 1989 **640** The Finnish Institute for Children's Literature. Bonnier ©1989 Sinikka et Tiina Nopola **641** University of Queensland Press ©1989 Brian Caswell **642** Methuen ©1989 Anne Fine **643** Courtesy Peter Harrington Antiquarian Bookseller. Hachette ©1989 Terry Pratchett **644** Courtesy Peter Harrington Antiquarian Bookseller. ©Salman Rushdie, 1990 **645** The Barahona Center, California State University San Marcos/Ediciones S.M. ©1990 Montserrat del Amo **646** Hachette ©1990 Jerry Spinelli **648** Random House ©1991 Jacqueline Wilson **651** Random House ©1993 Lois Lowry **653** Random House ©1994 Jacqueline Wilson **655** Staatsbibliothek zu Berlin ©1994 Mirjam Pressler **657** Allen et Unwin ©1995 Elizabeth Honey **658** Allen et Unwin ©1995 Anna Fienberg **660** ©1996 EL Konigsburg. Avec l'autorisation de Walker Books Ltd, Londres SE11 5HJ **662** Bloomsbury ©1997 JK Rowling **663** Bloomsbury ©1997 JK Rowling **664** ©1997 Henrietta Branford. Avec l'autorisation de Walker Books Ltd, Londres SE11 5HJ **665** Courtesy of Michele Piumini/Einaudi Ragazzi ©1997 Roberto Piumini **667** Hachette ©1998 David Almond **668** Pan Macmillan ©1998 Andy Griffiths **669** Allen et Unwin ©1998 Meme et Boori Macdonald **670** Scholastic ©1998 Susan Price **671** HarperCollins Children's Books ©Peter Bollinger **673** HarperCollins ©1998 Lemony Snicket **674** Bloomsbury ©1999 JK Rowling **675** Egmont ©1999 Michael Morpurgo **676** HarperCollins ©1999 Jackie French**677** Allen et Unwin ©2000 Hirsh Odo **679** HarperCollins Publishers Ltd ©2000 Darren Shan **680** Candlewick Press ©2000 Kate DiCamillo **681** The Finnish Institute for Children's Literature/Bonnier ©2000 Tomi Kontio **682** ©2001 Anthony Horowitz. Boy with torch logo™ & Alex Rider™ © 2005 Stormbreaker Productions, Ltd. Avec l'autorisation de Walker Books Ltd, Londres SE11 5HJ **684** The Finnish Institute for Children's Literature/Bonnier ©2001 Sinikka et Tiina Nopola **685** Scholastic ©2001 Philip Reeve **687** Pan Macmillan ©2001 Eva Ibbotson **688** Random House Mondadori 2002 **689** Cover art from Utterly Me Clarice Bean. Hachette ©2002 Lauren Child **691** Simon et Schuster ©2003 Holly Black **692** ABC Books, a division of HarperCollins Publishers, Australia ©2003 Glenda Millard **693** © Cecilie Dressler Verlag **695** Candlewick Press ©2003 Kate DiCamillo **696** Pan Macmillan ©2004 Frank Cotrell Boyce **697** Hachette ©2004 Michelle Paver **699** Carl Hanser Verlag GmbH & Co. ©2006 Jutta Richter **700** Random House ©2006 John Boyne **701** Lothian Children's Book, Hachette Australia ©2006 Shaun Tan **702** From The Invention of Hugo Cabret par Brian Selznick. Scholastic Inc./Scholastic Press. ©2007 Brian Selznick. Reprinted by permission **703** Tiré de The Invention of Hugo Cabret de Brian Selznick. Scholastic Inc./Scholastic Press. ©2007 Brian Selznick. Reprinted by permission **704** Bloomsbury © Neil Gaiman/Chris Riddell 2008 **705** © Chris Riddell 2008 **706–707** Leemage/Lebrecht Photo Library **709** Henry Sotheran Ltd **710** Peter Harrington Antiquarian Bookseller. **711** The Art Archive/Kharbine-Tapabor **712** akg-images **713** akg-images **714** Bibliotheque des Arts Decoratifs, Paris, France/Archives Charmet/Bridgeman Art Library **715** Leemage/Lebrecht Photo Library **717** Avec l'autorisation de Bodleian Library. **719** Collection privée/© Look et Learn/Bridgeman Art Library **721** akg-images/Bibl. Amiens Métropole **722** Collection privée/ Archives Charmet/Bridgeman Art Library **723** Collection privée/Archives Charmet/Bridgeman Art Library **724** Collection privée **725** Avec l'autorisation de Bodleian Library. **726** akg-images **727** Avec l'autorisation de Bodleian Library. **729** akg-images **730** Avec l'autorisation de Bodleian Library **732** Mary Evans Picture Library **734** Penguin Books (Australia) ©1912 Ethel Turner**735** Collection privée **736** akg-images **737** National Széchényi Library (Országos Széchényi Könyvtár) **738** Dr. Corinne D'Angelo **739** Peter

Harrington Antiquarian Bookseller **740** Avec l'autorisation de Bodleian Library **741** Dr. Corinne D'Angelo **742** Avec l'autorisation de Bodleian Library **743** Peter Harrington Antiquarian Bookseller**744** Avec l'autorisation de Bodleian Library. ©1906 Angela Brazil **747** Avec l'autorisation de Bodleian Library. Random House ©1909 Gene Stratton-Porter **749** Die Bildagentur für Kunst, Kultur und Geschichte. Staatsbibliothek zu Berlin PK/Kinder- und Jugendbuchabteilung. Fotografin: Carola Seifert/© BPK, Berlin **750** Avec l'autorisation de Bodleian Library **752** Courtesy of Cameron at Aquilla Books. ©1925 LM Montgomery **753** Courtesy of Cameron at Aquilla Books. ©1925 LM Montgomery **754** Avec l'autorisation de Bodleian Library. Avec l'autorisation de Estate of CF Tunnicliffe OBE RA **756** ©1932 WE Johns **757** Die Bildagentur für Kunst, Kultur und Geschichte ©1933 Lisa Tetzner. Staatsbibliothek zu Berlin PK/Kinder- und Jugendbuchabteilung. Fotografin: Carola Seifert/© BPK, Berlin **759** © CS Forester, 1951 **760** Courtesy Peter Harrington Antiquarian Bookseller. Simon et Schuster ©1938 Marjorie Kinnan Rawlings **761** Courtesy Peter Harrington Antiquarian Bookseller. Simon et Schuster ©1938 Marjorie Kinnan Rawlings **762** Avec l'autorisation de Bodleian Library. Wiley ©1940 Geoffrey Trease **764** Avec l'autorisation de Bodleian Library. Random House ©1941 Mary Treadgold **767** Texte © Cecil Day-Lewis, 1961/Illustrations © Edward Ardizzone from The Otterbury Incident, published by Putnam & Company 1948/Permission granted by the Artist's Estate **768** Courtesy Peter Harrington Antiquarian Bookseller. Hachette ©1949 Dodie Smith**771** Hachette ©1951 JD Salinger **772** Avec l'autorisation de Bodleian Library. Methuen ©1951 Cynthia Harnett **775** courtesy of Tony Henderson Books **776** "Book cover", copyright ©1953, 1981, from Fahrenheit 451 par Ray Bradbury, copyright © 1953, 1981 par Ray Bradbury. Avec l'autorisation de Ballantine Books, a division of Random House, Inc. Courtesy Phantom Bookshop et John Anthony Miller, artist **778** Courtesy Peter Harrington Antiquarian Bookseller. HarperCollins Publishers Ltd ©1954 JRR Tolkien **779** Courtesy Peter Harrington Antiquarian Bookseller. Faber et Faber ©1954 William Golding **781** Avec l'autorisation de Bodleian Library. Random House ©1955 Henry Treece **782** The Barahona Center, California State University San Marcos ©1956 Victor Mora **783** Altberliner Verlag ©1956 Edith Klatt **784** Avec l'autorisation de Bodleian Library. By permission of C Walter Hodges' Estate **786** HarperCollins ©1957 Harold Keith **788** HarperCollins ©1958 Elyne Mitchell **789** www.booksfoundfast.co.ok © 1956 Catherine Storr **791** HarperCollins Publishers Ltd ©1959 John Verney **792** Courtesy of Brickbat Books. Gallimard Jeunesse, Collection Folio Junior, texte © Raymond Queneau, 1959; illustration © Catherine Meurisse, 1959 **794** HarperCollins ©1960 Harper Lee **796** ©1961 Nan Chauncy **798** Avec l'autorisation de Farrar, Straus et Giroux, LLC. Jacket design par Ellen Raskin from A WRINKLE IN TIME par Madeleine L'Engle. Jacket design copyright © 1962 par Ellen Raskin **799** Avec l'autorisation de Farrar, Straus et Giroux, LLC. Title page from A WRINKLE IN TIME (1979 Edition) par Madeleine L'Engle. Copyright © 1979 par Farrar, Strauss et Giroux **800** The National Library, Pays-Bas/Brief voor de Koning–Leopold Amsterdam **803** ©1964 HF Brinsmead **805** From GENTLE BEN par Walt Morey, illustré par John Schoenherr, copyright © 1965 par Walt Morey. Avec l'autorisation de Dutton Children's Books, A Division of Penguin Young Readers Group, A Member of Penguin Group (USA) Inc., 345 Hudson Street, New York, NY 10014. DR. **806** ©1966 Mavis Thorpe Clark **809** Avec l'autorisation de Bodleian Library. ©1967 Anthony Maitland **810** Pan Macmillan ©1967 Jill Paton Walsh **812** www.jamesmpickard.com/©Barry Hines, 1968 **813** © John Wyndham, 1970 **815** ©1969 Vera et Bill Cleaver **816** Oxford University Press ©1969 KM Peyton **818** ©1970 Gareth Floyd **819** ©1970 Vera et Bill Cleaver **821** The National Library Pays-Bas/Lemniscaat ©1972 Jan Terlouv **823** The Finnish Institute for Children's Literature/Schildts ©1972 Tove Jansson **824** Avec l'autorisation de Bodleian Library. HarperCollins Publishers/illustrations ©1972 par John Schoenherr **826** Methuen ©1973 Max Fatchen **827** Institut für Jugendliteratur, Vienna/Beltz et Gelberg ©1973 Christine Nöstlinger **828** Random House ©1973 Patricia Wrightson **830** Random House ©1973 Susan Cooper **833** National Széchényi Library (Országos Széchényi Könyvtár)/Mora Konyvkiado ©1974 Éva Janikovsky **835** Avec l'autorisation de Farrar, Straus et Giroux, LLC. Jacket design par Natalie Babbitt from TUCK EVERLASTING. Jacket design copyright © 1975, révision 2003 par Natalie Babbitt **836** Pan Macmillan ©1975 Robert Westall **838** ©1976 Eleanor Spence **840** Jacket cover from Roll of Thunder, Hear My Cry par Mildred Taylor. Avec l'autorisation de Bantam Books, a division of Random House Inc. **843** Avec l'autorisation de Bodleian Library. From THE WESTING GAME par Ellen Raskin, copyright © 1978 par Ellen Raskin. Avec l'autorisation de Dutton Children's Books, A Division of Penguin Young Readers Group, A Member of Penguin Group (USA) Inc., 345 Hudson Street, New York, NY 10014. All rights reserved. **844** Avec l'autorisation de HarperCollins Publishers **845** "Book cover", copyright ©1979 par Random House, Inc., from After the First Death par Robert Cormier. Avec l'autorisation de Alfred A. Knopf, an imprint of Random House Children's Books, a division of Random House, Inc. **847** Michael Ende, Die unendliche Geschichte, mit Illustrationen von Roswitha Quadflieg ©1979 par Thienemann Verlag (Thienemann Verlag GmbH), Stuttgart - Wien **848** The Finnish Institute for Children's Literature/WSOY ©1980 Anna-Liisa Haakana **849** Penguin Books (Australia) ©1980 Ruth Park **851** Random House ©1981 Robert Westall **852** Bonnier ©1981 Maria Gripe **853** Houghton Mifflin ©1981 Uri Orlev **854** Methuen ©1982 Sue Townsend **855** Methuen ©1982 Sue Townsend **856** Egmont ©1982 Anita Desai **858** © Jill Paton Walsh, 1983 **860** Oxford University Press ©1984 Robert Swindells **861** ©1984 Janni Howker. Avec l'autorisation de Walker Books Ltd, Londres SE11 5HJ **862** Storylines, Nouvelle-Zélance/Hachette ©1984 Margaret Mahy**863** Oxford University Press ©1985 Philip Pullman **865** Penguin Books (Australia) ©1986 Victor Kelleher **867** © Anne Fine, 1987 **869** ©1987 Tessa Duder **870** Penguin US ©1988 Jane Yolen **872** Houghton Mifflin ©1989 Lois Lowry **873** ©1989 Libby Hathorn **874** Mammoth Australia, Hachette Australia ©1990 Gary Crew **875** Canadian Children's Book Centre/Simon et Schuster ©1990 Michael Bedard **877** © Berlie Doherty, 1991 **879** Penguin Books (Australia) ©1992 Melina Marchetta **880** HarperCollins Canada ©1992 Karleen Bradford **881** ©1992 Catherine Jinks **882** © Anne Fine, 1992 **885** ©1993 par Tim Wynne-Jones. Publié au Canada par Groundwood Books Ltd. Avec l'autorisation de l'éditeur. **886** From Rowan of Rin par Emily Rodda. Texte © Emily Rodda, 1993; cover © Jane Tanner, 1993. Publié par Omnibus Books, a division of Scholastic Australia Pty Ltd, 1993. Avec l'autorisation de Scholastic Australia Pty Ltd. **888** University of Queensland Press ©1993 James Moloney **889** © Robert Swindells, 1993 **890** Hyland House ©1994 Gillian Rubinstein **892** Methuen ©1994 Theresa Breslin **893** Penguin Books (Australie) ©1996 David McRobbie **895** Scholastic ©1995 Philip Pullman **896** The Swedish Institute for Children's Books/Rabén & Sjögren ©1996 Henning Mankell **897** Allen et Unwin ©1996 Wendy Orr **898** HarperCollins ©1996 Sophie Masson **900** Oxford University Press ©1997 Tim Bowler **901** Random House ©1997 Malorie Blackman **903** Longacre Press ©1998 Fleur Beale **905** Random House ©1999 Jacqueline Wilson **906** Verlagsgruppe Oetinger ©1999 Kirsten Boie **908** Courtesy of Henry Sotheran Ltd. Egmont ©2000 William Nicholson **909** Scholastic ©2000 Adéle Geras **910** Bloomsbury ©2000 Celia Rees **913** Bloomsbury ©2001 Benjamin Zephaniah **914** Random House ©2001 Malorie Blackman **916** Allen et Unwin ©2002 Martine Murray **919** Hyperion ©2003 Carole Wilkinson **921** Lothian Children's Book, an imprint of Hachette Australia ©2003 Paul Collins **922** Allen et Unwin ©2003 Garth Nix **923** Random House ©2003 Mark Haddon **924** HarperCollins Publishers Ltd ©2003 Michael Morpurgo **925** ©2003 Mal Peet. Avec l'autorisation de Walker Books Ltd, Londres SE11 5HJ **927** Allen et Unwin ©2004 Steven Herrick **929** The Barahona Center, California State University San Marcos/Ediciones SM ©2004 Laura Gallego **931** Montena ©2005 Rafael Ábalos **933** Allen et Unwin ©2006 Ursula Dubosarsky **934** Gallimard Jeunesse, Hors-Série Littérature, texte © Timothée de Fombelle, 2006; illustration © François Place, 2006 **935** Extrait de Monster Blood Tattoo: No. 1 par DM Cornish. Texte © DM Cornish, 2006; Cover et texte © DM Cornish, 2006; Maps © DM Cornish, 2006. First published par Omnibus Press, a division of Scholastic Australia Pty Ltd, 2006. Avec l'autorisation de Scholastic Australia Pty Ltd. **937** HarperCollins ©2007 Jenny Valentine.

Remerciements

L'éditeur remercie chaleureusement les personnes ou organismes suivants pour leur aide précieuse : Dr. Belle Alderman, University of Canberra, Lu Rees Archive • Brian Aldersen, Bodleian Library • James Allen, Bodleian Library • Rex Anderson • Mathew Andrews, Bodleian Library • Aquilla Books • Helena Baser Ghislaine Bavoillot, Flammarion • Andrew Berkhut, Scholastic Australia Maxime Boucknooghe • Corinne D'Angelo, www.emiliosalgari.it • Dr. Samuel Fanous, Bodleian Library • Jennifer Fisher, www.nancydrewsleuth.com • Sue Grabham • Pom Harrington, Peter Harrington Antiquarian Booksellers Lucinda Hawksley • Heather Haynes • Clive Hurst, Bodleian Library • Joe Jameson, Peter Harrington Antiquarian Booksellers • Aubrey Lawrence, Rosetta Translations • Josie Lister, Bodleian Library • Irene Lyford • Camille Mandron • Ann Marangos • Hélène Millot, L'Ecole des Loisirs • Hannah O'Connell, British Library • Agnès Rigou • Christelle Roucheray, L'Ecole des Loisirs • Jacqueline Sanson, Bibliotheque National de France • Ruth Segarra, Peter Harrington Antiquarian Booksellers • Rosie Shannon, Save the Children Southerans Antique Books, www.southerans.co.uk • Erik Titusson, Astrid Lindgren Memorial Fund • Hélène Wadowski, Père Castor • www.jamespicard.com • Christine Young, Storylines Children's Literature Trust (NZ)

L'éditrice française tient à remercier Nathalie Beau qui a dirigé l'adaptation française de cet ouvrage et a collaboré à la rédaction des nouvelles entrées. Merci également à Teresa Cremisi, Nelly Bourgeois et Adèle de Boucherville qui ont également rédigé des notices pour l'édition française. Un grand merci à Louis Delas et Hélène Wadowski pour leurs précieux conseils. Merci aux traducteurs Stéphanie Alglave, Cécile Giroldi, Jacques Guiod, Amandine Mathieu et Anne Marcy-Benitez, à Marie-Laure Miranda et David Fourré qui ont assuré le suivi de ce livre, ainsi qu'à Carla Verley, Nicolas Rouault et Nina Goussé qui ont suivi avec attention toutes les phases du livre.

1002 et plus… (notes personnelles)